Völkerrechtliche Verträge

D1827536

dtv

Schnellübersicht

Völkerrechtliche Verträge

Vereinte Nationen
Beistandspakte
Menschenrechte
See-, Luft- und Weltraumrecht
Umweltrecht
Kriegsverhütungsrecht
Kriegsrecht

Textausgabe
Herausgegeben von
Universitätsprofessor Dr. Albrecht Randelzhofer

8., neubearbeitete Auflage
Stand November 1998

Deutscher Taschenbuch Verlag

StadtBibliothek

Stadt Köln

Herausgegeben und redaktionell betreut von
Prof. Dr. Albrecht Randelzhofer, Berlin
Umschlagtypographie auf der Grundlage
der Gestaltung von Celestino Piatti
Gesamtherstellung: C. H. Beck'sche Buchdruckerei, Nördlingen
ISBN 3 423 05031 4 (dtv)
ISBN 3 406 44990 5 (C. H. Beck)

Vorwort zur 8. Auflage

Die 8. Auflage ist nicht nur erforderlich geworden, weil die 7. Auflage verkauft ist, sondern in erster Linie, weil sich im Bereich der Menschenrechte wichtige Änderungen ergeben haben.

Das 11. Protokoll zur Europäischen Menschenrechtskonvention, das am 1. November 1998 in Kraft getreten ist, hat den Text der Konvention bedeutsam umgestaltet. Mit dem neuen Text entfallen das zweite, neunte und zehnte Protokoll.

Im Bereich des Umweltrechts wurde unter 24 d das Protokoll vom 13. Juni 1994 betreffend die weitere Verringerung von Schwefelemissionen in den Band aufgenommen. In den Text des Montrealer Protokolls sind die Anpassungen seit Erscheinen der 7. Auflage eingearbeitet; die 1997 beschlossenen, aber noch nicht in Kraft getretenen Änderungen sind nicht berücksichtigt.

Bei etlichen Abkommen konnte als internationale Quelle eine Fundstelle in den International Legal Materials angegeben werden.

Durch Notenwechsel vom 18. Dezember 1992/1. Januar 1993 haben sich die Regierung der Bundesrepublik Deutschland und die Regierung der Tschechischen Republik bzw. der Slowakischen Republik darauf verständigt, die zwischen der Bundesrepublik Deutschland und der ehemaligen Tschechischen und Slowakischen Föderativen Republik geschlossenen Verträge im Verhältnis zwischen der Bundesrepublik Deutschland und der Tschechischen Republik bzw. der Slowakischen Republik solange weiter anzuwenden, bis beide Seiten etwas Abweichendes vereinbaren (siehe BGBl. 1993 II S. 762). Durch entsprechende Notenwechsel oder Gemeinsame Erklärungen ist die Fortgeltung der zwischen der Bundesrepublik Deutschland und der ehemaligen Sowjetunion abgeschlossenen Verträge vereinbart mit folgenden Nachfolgestaaten: Russische Föderation (BGBl. 1992 II S. 1016); Kirgistan (BGBl. 1992 II S. 1015); Georgien (BGBl. 1992 II S. 1128); Kasachstan (BGBl. 1991 II S. 1120); Armenien (BGBl. 1993 II S. 169); Ukraine (BGBl. 1993 II S. 1189); Usbekistan (BGBl. 1993 II S. 2038); Weißrußland (BGBl. 1994 II S. 2533); Tadschikistan (BGBl. 1995 II S. 255); Moldau (BGBl. 1996 II S. 768); Aserbaidschan (BGBl. 1996 II S. 2471).

Meinen wiss. Assistenten, Herrn Marko Baumert und Herrn Ulrich Forsthoff, danke ich sehr für engagierte Mitarbeit.

Berlin, Dezember 1998   A. Randelzhofer

Inhaltsverzeichnis

Inhalt

VII. Streitbeilegung, Kriegsverhütung, Abrüstung

VIII. Kriegsrecht

Abkürzungsverzeichnis

AS	Sammlung der eidgenössischen Gesetze [Schweiz]
BBl.	Bundesblatt [Schweiz]
BGBl.	Bundesgesetzblatt
BReg.	Bundesregierung
BT-Drucks.	Deutscher Bundestag, Drucksachen
Doc.	Document
ECE	Economic Commission for Europe [Vereinte Nationen]
ETS	European Treaty Series
GAOR	General Assembly Official Records
IAEA	International Atomic Energy Agency
IGH	Internationaler Gerichtshof
ILM	International Legal Materials
LNTS	League of Nations Treaty Series
NATO	North Atlantic Treaty Organization
NRG	Nouveau Recueil Géneral
p	page (Seite)
RGBl.	Reichsgesetzblatt
Sartorius II	Internationale Verträge, Europarecht (Textsammlung)
sér	série (Reihe)
Suppl.	Supplement
TIAS	Treaties and Other International Acts Series [Vereinigte Staaten]
UN	United Nations
UNCIO	United Nations Conference on International Organization
UNEP	United Nations Environment Programme
UNTS	United Nations Treaty Series
UST	United States Treaties and Other International Agreements
VN	Vereinte Nationen
Vol.	Volume (Band)
WEU	Westeuropäische Union

I. Internationale Organisationen

1. Charta der Vereinten Nationen[1]·[2]

(26. 6. 1945)

WIR, DIE VÖLKER DER VEREINTEN NATIONEN –
FEST ENTSCHLOSSEN,

künftige Geschlechter vor der Geißel des Krieges zu bewahren, die zweimal zu unseren Lebzeiten unsagbares Leid über die Menschheit gebracht hat,

unseren Glauben an die Grundrechte des Menschen, an Würde und Wert der menschlichen Persönlichkeit, an die Gleichberechtigung von Mann und Frau sowie von allen Nationen, ob groß oder klein, erneut zu bekräftigen,

Bedingungen zu schaffen, unter denen Gerechtigkeit und die Achtung vor den Verpflichtungen aus Verträgen und anderen Quellen des Völkerrechts gewahrt werden können,

den sozialen Fortschritt und einen besseren Lebensstandard in größerer Freiheit zu fördern,

UND FÜR DIESE ZWECKE

Duldsamkeit zu üben und als gute Nachbarn in Frieden miteinander zu leben,

unsere Kräfte zu vereinen, um den Weltfrieden und die internationale Sicherheit zu wahren,

Grundsätze anzunehmen und Verfahren einzuführen, die gewährleisten, daß Waffengewalt nur noch im gemeinsamen Interesse angewendet wird, und internationale Einrichtungen in Anspruch zu nehmen, um den wirtschaftlichen und sozialen Fortschritt aller Völker zu fördern –

HABEN BESCHLOSSEN, IN UNSEREM BEMÜHEN UM DIE ERREICHUNG DIESER ZIELE ZUSAMMENZUWIRKEN.

Dementsprechend haben unsere Regierungen durch ihre in der Stadt San Franzisko versammelten Vertreter, deren Vollmachten vorgelegt und in guter und gehöriger Form befunden wurden, diese Charta der Vereinten Nationen angenommen und errichten hiermit eine internationale Organisation, die den Namen „Vereinte Nationen" führen soll.

Kapitel I. Ziele und Grundsätze

Art. 1 [Ziele der Vereinten Nationen] Die Vereinten Nationen setzen sich folgende Ziele:

1. den Weltfrieden und die internationale Sicherheit zu wahren und zu diesem Zweck wirksame Kollektivmaßnahmen zu treffen, um Bedrohungen des Friedens zu verhüten und zu beseitigen, Angriffshandlungen und an-

---

[1] Aus BGBl. 1973 II S. 431; 1974 II S. 770; 1980 II S. 1252.
[2] Internationale Quelle: Yearbook of the United Nations 1969, p. 953.

dere Friedensbrüche zu unterdrücken und internationale Streitigkeiten oder Situationen, die zu einem Friedensbruch führen könnten, durch friedliche Mittel nach den Grundsätzen der Gerechtigkeit und des Völkerrechts zu bereinigen oder beizulegen;

2. freundschaftliche, auf der Achtung vor dem Grundsatz der Gleichberechtigung und Selbstbestimmung der Völker beruhende Beziehungen zwischen den Nationen zu entwickeln und andere geeignete Maßnahmen zur Festigung des Weltfriedens zu treffen;

3. eine internationale Zusammenarbeit herbeizuführen, um internationale Probleme wirtschaftlicher, sozialer, kultureller und humanitärer Art zu lösen und die Achtung vor den Menschenrechten und Grundfreiheiten für alle ohne Unterschied der Rasse, des Geschlechts, der Sprache oder der Religion zu fördern und zu festigen;

4. ein Mittelpunkt zu sein, in dem die Bemühungen der Nationen zur Verwirklichung dieser gemeinsamen Ziele aufeinander abgestimmt werden.

Art. 2 [Grundsätze] Die Organisation und ihre Mitglieder handeln im Verfolg der in Artikel 1 dargelegten Ziele nach folgenden Grundsätzen:

1. Die Organisation beruht auf dem Grundsatz der souveränen Gleichheit aller ihrer Mitglieder.

2. Alle Mitglieder erfüllen, um ihnen allen die aus der Mitgliedschaft erwachsenden Rechte und Vorteile zu sichern, nach Treu und Glauben die Verpflichtungen, die sie mit dieser Charta übernehmen.

3. Alle Mitglieder legen ihre internationalen Streitigkeiten durch friedliche Mittel so bei, daß der Weltfriede, die internationale Sicherheit und die Gerechtigkeit nicht gefährdet werden.

4. Alle Mitglieder unterlassen in ihren internationalen Beziehungen jede gegen die territoriale Unversehrtheit oder die politische Unabhängigkeit eines Staates gerichtete oder sonst mit den Zielen der Vereinten Nationen unvereinbare Androhung oder Anwendung von Gewalt.

5. Alle Mitglieder leisten den Vereinten Nationen jeglichen Beistand bei jeder Maßnahme, welche die Organisation im Einklang mit dieser Charta ergreift; sie leisten einem Staat, gegen den die Organisation Vorbeugungs- oder Zwangsmaßnahmen ergreift, keinen Beistand.

6. Die Organisation trägt dafür Sorge, daß Staaten, die nicht Mitglieder der Vereinten Nationen sind, insoweit nach diesen Grundsätzen handeln, als dies zur Wahrung des Weltfriedens und der internationalen Sicherheit erforderlich ist.

7. Aus dieser Charta kann eine Befugnis der Vereinten Nationen zum Eingreifen in Angelegenheiten, die ihrem Wesen nach zur inneren Zuständigkeit eines Staates gehören, oder eine Verpflichtung der Mitglieder, solche Angelegenheiten einer Regelung auf Grund dieser Charta zu unterwerfen, nicht abgeleitet werden; die Anwendung von Zwangsmaßnahmen nach Kapitel VII wird durch diesen Grundsatz nicht berührt.

Kapitel II. Mitgliedschaft

Art. 3 [Ursprüngliche Mitglieder] Ursprüngliche Mitglieder der Vereinten Nationen sind die Staaten, welche an der Konferenz der Vereinten Nationen über eine Internationale Organisation in San Franzisko teilgenommen oder bereits vorher die Erklärung der Vereinten Nationen vom 1. Januar 1942 unterzeichnet haben und nunmehr diese Charta unterzeichnen und nach Artikel 110 ratifizieren.

Art. 4 [Aufnahme neuer Mitglieder] (1) Mitglied der Vereinten Nationen können alle sonstigen friedliebenden Staaten werden, welche die Verpflichtungen aus dieser Charta übernehmen und nach dem Urteil der Organisation fähig und willens sind, diese Verpflichtungen zu erfüllen.

(2) Die Aufnahme eines solchen Staates als Mitglied der Vereinten Nationen erfolgt auf Empfehlung des Sicherheitsrats durch Beschluß der Generalversammlung.

Art. 5 [Suspension] Einem Mitglied der Vereinten Nationen, gegen das der Sicherheitsrat Vorbeugungs- oder Zwangsmaßnahmen getroffen hat, kann die Generalversammlung auf Empfehlung des Sicherheitsrats die Ausübung der Rechte und Vorrechte aus seiner Mitgliedschaft zeitweilig entziehen. Der Sicherheitsrat kann die Ausübung dieser Rechte und Vorrechte wieder zulassen.

Art. 6 [Ausschluß] Ein Mitglied der Vereinten Nationen, das die Grundsätze dieser Charta beharrlich verletzt, kann auf Empfehlung des Sicherheitsrats durch die Generalversammlung aus der Organisation ausgeschlossen werden.

Kapitel III. Organe

Art. 7 [Haupt- und Nebenorgane] (1) Als Hauptorgane der Vereinten Nationen werden eine Generalversammlung, ein Sicherheitsrat, ein Wirtschafts- und Sozialrat, ein Treuhandrat, ein Internationaler Gerichtshof und ein Sekretariat eingesetzt.

(2) Je nach Bedarf können in Übereinstimmung mit dieser Charta Nebenorgane eingesetzt werden.

Art. 8 [Gleichheit von Mann und Frau] Die Vereinten Nationen schränken hinsichtlich der Anwartschaft auf alle Stellen in ihren Haupt- und Nebenorganen die Gleichberechtigung von Männern und Frauen nicht ein.

Kapitel IV. Die Generalversammlung

Zusammensetzung

Art. 9 [Mitglieder] (1) Die Generalversammlung besteht aus allen Mitgliedern der Vereinten Nationen.

(2) Jedes Mitglied hat höchstens fünf Vertreter in der Generalversammlung.

Aufgaben und Befugnisse

Art. 10 [Zuständigkeit] Die Generalversammlung kann alle Fragen und Angelegenheiten erörtern, die in den Rahmen dieser Charta fallen oder Befugnisse und Aufgaben eines in dieser Charta vorgesehenen Organs betreffen; vorbehaltlich des Artikels 12 kann sie zu diesen Fragen und Angelegenheiten Empfehlungen an die Mitglieder der Vereinten Nationen oder den Sicherheitsrat oder an beide richten.

Art. 11 [Wahrung des Weltfriedens] (1) Die Generalversammlung kann sich mit den allgemeinen Grundsätzen der Zusammenarbeit zur Wahrung des Weltfriedens und der internationalen Sicherheit einschließlich der Grundsätze für die Abrüstung und Rüstungsregelung befassen und in bezug auf diese Grundsätze Empfehlungen an die Mitglieder oder den Sicherheitsrat oder an beide richten.

(2) Die Generalversammlung kann alle die Wahrung des Weltfriedens und der internationalen Sicherheit betreffenden Fragen erörtern, die ihr ein Mitglied der Vereinten Nationen oder der Sicherheitsrat oder nach Artikel 35 Absatz 2 ein Nichtmitgliedstaat der Vereinten Nationen vorlegt; vorbehaltlich des Artikels 12 kann sie zu diesen Fragen Empfehlungen an den oder die betreffenden Staaten oder den Sicherheitsrat oder an beide richten. Macht eine derartige Frage Maßnahmen erforderlich, so wird sie von der Generalversammlung vor oder nach der Erörterung an den Sicherheitsrat überwiesen.

(3) Die Generalversammlung kann die Aufmerksamkeit des Sicherheitsrats auf Situationen lenken, die geeignet sind, den Weltfrieden und die internationale Sicherheit zu gefährden.

(4) Die in diesem Artikel aufgeführten Befugnisse der Generalversammlung schränken die allgemeine Tragweite des Artikels 10 nicht ein.

Art. 12 [Vorrang des Sicherheitsrates] (1) Solange der Sicherheitsrat in einer Streitigkeit oder einer Situation die ihm in dieser Charta zugewiesenen Aufgaben wahrnimmt, darf die Generalversammlung zu dieser Streitigkeit oder Situation keine Empfehlung abgeben, es sei denn auf Ersuchen des Sicherheitsrats.

(2) Der Generalsekretär unterrichtet mit Zustimmung des Sicherheitsrats die Generalversammlung bei jeder Tagung über alle die Wahrung des Weltfriedens und der internationalen Sicherheit betreffenden Angelegenheiten, die der Sicherheitsrat behandelt; desgleichen unterrichtet er unverzüglich die Generalversammlung oder, wenn diese nicht tagt, die Mitglieder der Vereinten Nationen, sobald der Sicherheitsrat die Behandlung einer solchen Angelegenheit einstellt.

Art. 13 [Förderung der internationalen Zusammenarbeit, Kodifizierung des Völkerrechtes] (1) Die Generalversammlung veranlaßt Untersuchungen und gibt Empfehlungen ab,
a) um die internationale Zusammenarbeit auf politischem Gebiet zu fördern und die fortschreitende Entwicklung des Völkerrechts sowie seine Kodifizierung zu begünstigen;
b) um die internationale Zusammenarbeit auf den Gebieten der Wirtschaft, des Sozialwesens, der Kultur, der Erziehung und der Gesundheit zu för-

dern und zur Verwirklichung der Menschenrechte und Grundfreiheiten für alle ohne Unterschied der Rasse, des Geschlechts, der Sprache oder der Religion beizutragen.

(2) Die weiteren Verantwortlichkeiten, Aufgaben und Befugnisse der Generalversammlung in bezug auf die in Absatz 1 Buchstabe b genannten Angelegenheiten sind in den Kapiteln IX und X dargelegt.

Art. 14 [Maßnahmen der Generalversammlung] Vorbehaltlich des Artikels 12 kann die Generalversammlung Maßnahmen zur friedlichen Bereinigung jeder Situation empfehlen, gleichviel wie sie entstanden ist, wenn diese Situation nach ihrer Auffassung geeignet ist, das allgemeine Wohl oder die freundschaftlichen Beziehungen zwischen Nationen zu beeinträchtigen; dies gilt auch für Situationen, die aus einer Verletzung der Bestimmungen dieser Charta über die Ziele und Grundsätze der Vereinten Nationen entstehen.

Art. 15 [Berichte des Sicherheitsrats an die Generalversammlung]
(1) Die Generalversammlung erhält und prüft Jahresberichte und Sonderberichte des Sicherheitsrats; diese Berichte enthalten auch eine Darstellung der Maßnahmen, die der Sicherheitsrat zur Wahrung des Weltfriedens und der internationalen Sicherheit beschlossen oder getroffen hat.

(2) Die Generalversammlung erhält und prüft Berichte der anderen Organe der Vereinten Nationen.

Art. 16 [Aufsicht über das Treuhandwesen] Die Generalversammlung nimmt die ihr bezüglich des internationalen Treuhandsystems in den Kapiteln XII und XIII zugewiesenen Aufgaben wahr; hierzu gehört die Genehmigung der Treuhandabkommen für Gebiete, die nicht als strategische Zonen bezeichnet sind.

Art. 17 [Haushaltsrecht] (1) Die Generalversammlung prüft und genehmigt den Haushaltsplan der Organisation.

(2) Die Ausgaben der Organisation werden von den Mitgliedern nach einem von der Generalversammlung festzusetzenden Verteilungsschlüssel getragen.

(3) Die Generalversammlung prüft und genehmigt alle Finanz- und Haushaltsabmachungen mit den in Artikel 57 bezeichneten Sonderorganisationen; sie prüft deren Verwaltungshaushalt mit dem Ziel, Empfehlungen an sie zu richten.

Abstimmung

Art. 18 [Abstimmungsmehrheiten] (1) Jedes Mitglied der Generalversammlung hat eine Stimme.

(2) Beschlüsse der Generalversammlung über wichtige Fragen bedürfen einer Zweidrittelmehrheit der anwesenden und abstimmenden Mitglieder. Zu diesen Fragen gehören: Empfehlungen hinsichtlich der Wahrung des Weltfriedens und der internationalen Sicherheit, die Wahl der nichtständigen Mitglieder des Sicherheitsrats, die Wahl der Mitglieder des Wirtschafts- und Sozialrats, die Wahl von Mitgliedern des Treuhandrats nach Artikel 86 Absatz 1

Buchstabe c, die Aufnahme neuer Mitglieder in die Vereinten Nationen, der zeitweilige Entzug der Rechte und Vorrechte aus der Mitgliedschaft, der Ausschluß von Mitgliedern, Fragen betreffend die Wirkungsweise des Treuhandsystems sowie Haushaltsfragen.

(3) Beschlüsse über andere Fragen, einschließlich der Bestimmung weiterer Gruppen von Fragen, über die mit Zweidrittelmehrheit zu beschließen ist, bedürfen der Mehrheit der anwesenden und abstimmenden Mitglieder.

Art. 19 [Stimmrecht bei Beitragsrückstand] Ein Mitglied der Vereinten Nationen, das mit der Zahlung seiner finanziellen Beiträge an die Organisation im Rückstand ist, hat in der Generalversammlung kein Stimmrecht, wenn der rückständige Betrag die Höhe der Beiträge erreicht oder übersteigt, die dieses Mitglied für die vorausgegangenen zwei vollen Jahre schuldet. Die Generalversammlung kann ihm jedoch die Ausübung des Stimmrechts gestatten, wenn nach ihrer Überzeugung der Zahlungsverzug auf Umständen beruht, die dieses Mitglied nicht zu vertreten hat.

Verfahren

Art. 20 [Ordentliche und außerordentliche Tagungen] Die Generalversammlung tritt zu ordentlichen Jahrestagungen und, wenn die Umstände es erfordern, zu außerordentlichen Tagungen zusammen. Außerordentliche Tagungen hat der Generalsekretär auf Antrag des Sicherheitsrats oder der Mehrheit der Mitglieder der Vereinten Nationen einzuberufen.

Art. 21 [Geschäftsordnung, Präsident] Die Generalversammlung gibt sich eine Geschäftsordnung. Sie wählt für jede Tagung ihren Präsidenten.

Art. 22 [Nebenorgane] Die Generalversammlung kann Nebenorgane einsetzen, soweit sie dies zur Wahrnehmung ihrer Aufgaben für erforderlich hält.

Kapitel V. Der Sicherheitsrat

Zusammensetzung

Art. 23 [Mitglieder] (1) Der Sicherheitsrat besteht aus fünfzehn Mitgliedern der Vereinten Nationen. Die Republik China, Frankreich, die Union der Sozialistischen Sowjetrepubliken, das Vereinigte Königreich Großbritannien und Nordirland sowie die Vereinigten Staaten von Amerika sind ständige Mitglieder des Sicherheitsrats. Die Generalversammlung wählt zehn weitere Mitglieder der Vereinten Nationen zu nichtständigen Mitgliedern des Sicherheitsrats; hierbei sind folgende Gesichtspunkte besonders zu berücksichtigen: in erster Linie der Beitrag von Mitgliedern der Vereinten Nationen zur Wahrung des Weltfriedens und der internationalen Sicherheit und zur Verwirklichung der sonstigen Ziele der Organisation sowie ferner eine angemessene geographische Verteilung der Sitze.

(2) Die nichtständigen Mitglieder des Sicherheitsrats werden für zwei Jahre gewählt. Bei der ersten Wahl der nichtständigen Mitglieder, die nach Erhöhung der Zahl der Ratsmitglieder von elf auf fünfzehn stattfindet, werden

zwei der vier zusätzlichen Mitglieder für ein Jahr gewählt. Ausscheidende Mitglieder können nicht unmittelbar wiedergewählt werden.

(3) Jedes Mitglied des Sicherheitsrats hat in diesem einen Vertreter.

Aufgaben und Befugnisse

Art. 24 [Aufgaben] (1) Um ein schnelles und wirksames Handeln der Vereinten Nationen zu gewährleisten, übertragen ihre Mitglieder dem Sicherheitsrat die Hauptverantwortung für die Wahrung des Weltfriedens und der internationalen Sicherheit und erkennen an, daß der Sicherheitsrat bei der Wahrnehmung der sich aus dieser Verantwortung ergebenden Pflichten in ihrem Namen handelt.

(2) Bei der Erfüllung dieser Pflichten handelt der Sicherheitsrat im Einklang mit den Zielen und Grundsätzen der Vereinten Nationen. Die ihm hierfür eingeräumten besonderen Befugnisse sind in den Kapiteln VI, VII, VIII und XII aufgeführt.

(3) Der Sicherheitsrat legt der Generalversammlung Jahresberichte und erforderlichenfalls Sonderberichte zur Prüfung vor.

Art. 25 [Bindende Wirkung der Beschlüsse] Die Mitglieder der Vereinten Nationen kommen überein, die Beschlüsse des Sicherheitsrats im Einklang mit dieser Charta anzunehmen und durchzuführen.

Art. 26 [System einer Rüstungsregelung] Um die Herstellung und Wahrung des Weltfriedens und der internationalen Sicherheit so zu fördern, daß von den menschlichen und wirtschaftlichen Hilfsquellen der Welt möglichst wenig für Rüstungszwecke abgezweigt wird, ist der Sicherheitsrat beauftragt, mit Unterstützung des in Artikel 47 vorgesehenen Generalstabsausschusses Pläne auszuarbeiten, die den Mitgliedern der Vereinten Nationen zwecks Errichtung eines Systems der Rüstungsregelung vorzulegen sind.

Abstimmung

Art. 27 [Stimmrecht, Vetorecht] (1) Jedes Mitglied des Sicherheitsrats hat eine Stimme.

(2) Beschlüsse des Sicherheitsrats über Verfahrensfragen bedürfen der Zustimmung von neun Mitgliedern.

(3) Beschlüsse des Sicherheitsrats über alle sonstigen Fragen bedürfen der Zustimmung von neun Mitgliedern einschließlich sämtlicher ständigen Mitglieder, jedoch mit der Maßgabe, daß sich bei Beschlüssen aufgrund des Kapitels VI und des Artikels 52 Absatz 3 die Streitparteien der Stimme enthalten.

Verfahren

Art. 28 [Ständige Wahrnehmung der Aufgaben] (1) Der Sicherheitsrat wird so organisiert, daß er seine Aufgaben ständig wahrnehmen kann. Jedes seiner Mitglieder muß zu diesem Zweck jederzeit am Sitz der Organisation vertreten sein.

(2) Der Sicherheitsrat tritt regelmäßig zu Sitzungen zusammen; bei diesen kann jedes seiner Mitglieder nach Wunsch durch ein Regierungsmitglied oder durch einen anderen eigens hierfür bestellten Delegierten vertreten sein.

(3) Der Sicherheitsrat kann außer am Sitz der Organisation auch an anderen Orten zusammentreten, wenn dies nach seinem Urteil seiner Arbeit am dienlichsten ist.

Art. 29 [Nebenorgane] Der Sicherheitsrat kann Nebenorgane einsetzen, soweit er dies zur Wahrnehmung seiner Aufgaben für erforderlich hält.

Art. 30 [Geschäftsordnung, Präsident] Der Sicherheitsrat gibt sich eine Geschäftsordnung; in dieser regelt er auch das Verfahren für die Wahl seines Präsidenten.

Art. 31 [Teilnahme anderer Mitglieder des VN] Ein Mitglied der Vereinten Nationen, das nicht Mitglied des Sicherheitsrats ist, kann ohne Stimmrecht an der Erörterung jeder vor den Sicherheitsrat gebrachten Frage teilnehmen, wenn dieser der Auffassung ist, daß die Interessen dieses Mitglieds besonders betroffen sind.

Art. 32 [Teilnahme der Streitparteien] Mitglieder der Vereinten Nationen, die nicht Mitglied des Sicherheitsrats sind, sowie Nichtmitgliedstaaten der Vereinten Nationen werden eingeladen, an den Erörterungen des Sicherheitsrats über eine Streitigkeit, mit der dieser befaßt ist, ohne Stimmrecht teilzunehmen, wenn sie Streitpartei sind. Für die Teilnahme eines Nichtmitgliedstaats der Vereinten Nationen setzt der Sicherheitsrat die Bedingungen fest, die er für gerecht hält.

Kapitel VI. Die friedliche Beilegung von Streitigkeiten

Art. 33 [Verpflichtung zur friedlichen Streiterledigung] (1) Die Parteien einer Streitigkeit, deren Fortdauer geeignet ist, die Wahrung des Weltfriedens und der internationalen Sicherheit zu gefährden, bemühen sich zunächst um eine Beilegung durch Verhandlung, Untersuchung, Vermittlung, Vergleich, Schiedsspruch, gerichtliche Entscheidung, Inanspruchnahme regionaler Einrichtungen oder Abmachungen oder durch andere friedliche Mittel eigener Wahl.

(2) Der Sicherheitsrat fordert die Parteien auf, wenn er dies für notwendig hält, ihre Streitigkeit durch solche Mittel beizulegen.

Art. 34 [Untersuchungsrecht des Sicherheitsrates] Der Sicherheitsrat kann jede Streitigkeit sowie jede Situation, die zu internationalen Reibungen führen oder eine Streitigkeit hervorrufen könnte, untersuchen, um festzustellen, ob die Fortdauer der Streitigkeit oder der Situation die Wahrung des Weltfriedens und der internationalen Sicherheit gefährden könnte.

Art. 35 [Zuständigkeit bei Friedensgefährdung] (1) Jedes Mitglied der Vereinten Nationen kann die Aufmerksamkeit des Sicherheitsrats oder der

Generalversammlung auf jede Streitigkeit sowie auf jede Situation der in Artikel 34 bezeichneten Art lenken.

(2) Ein Nichtmitgliedstaat der vereinten Nationen kann die Aufmerksamkeit des Sicherheitsrats oder der Generalversammlung auf jede Streitigkeit lenken, in der er Partei ist, wenn er im voraus hinsichtlich dieser Streitigkeit die in dieser Charta für eine friedliche Beilegung festgelegten Verpflichtungen annimmt.

(3) Das Verfahren der Generalversammlung in Angelegenheiten, auf die ihre Aufmerksamkeit gemäß diesem Artikel gelenkt wird, bestimmt sich nach den Artikeln 11 und 12.

Art. 36 [Empfehlungen zur Bereinigung von Streitigkeiten] (1) Der Sicherheitsrat kann in jedem Stadium einer Streitigkeit im Sinne des Artikels 33 oder einer Situation gleicher Art geeignete Verfahren oder Methoden für deren Bereinigung empfehlen.

(2) Der Sicherheitsrat soll alle Verfahren in Betracht ziehen, welche die Parteien zur Beilegung der Streitigkeit bereits angenommen haben.

(3) Bei seinen Empfehlungen aufgrund dieses Artikels soll der Sicherheitsrat ferner berücksichtigen, daß Rechtsstreitigkeiten im allgemeinen von den Parteien dem Internationalen Gerichtshof im Einklang mit dessen Statut zu unterbreiten sind.

Art. 37 [Entscheidung des Sicherheitsrates] (1) Gelingt es den Parteien einer Streitigkeit der in Artikel 33 bezeichneten Art nicht, diese mit den dort angegebenen Mitteln beizulegen, so legen sie die Streitigkeit dem Sicherheitsrat vor.

(2) Könnte nach Auffassung des Sicherheitsrats die Fortdauer der Streitigkeit tatsächlich die Wahrung des Weltfriedens und der internationalen Sicherheit gefährden, so beschließt er, ob er nach Artikel 36 tätig werden oder die ihm angemessen erscheinenden Empfehlungen für eine Beilegung abgeben will.

Art. 38 [Vermittlungsvorschlag] Unbeschadet der Artikel 33 und 37 kann der Sicherheitsrat, wenn alle Parteien einer Streitigkeit dies beantragen, Empfehlungen zu deren friedlicher Beilegung an die Streitparteien richten.

Kapitel VII. Maßnahmen bei Bedrohung oder Bruch des Friedens und bei Angriffshandlungen

Art. 39 [Feststellung der Friedensgefährdung] Der Sicherheitsrat stellt fest, ob eine Bedrohung oder ein Bruch des Friedens oder eine Angriffshandlung vorliegt; er gibt Empfehlungen ab oder beschließt, welche Maßnahmen auf Grund der Artikel 41 und 42 zu treffen sind, um den Weltfrieden und die internationale Sicherheit zu wahren oder wiederherzustellen.

Art. 40 [Vorläufige Maßnahmen] Um einer Verschärfung der Lage vorzubeugen, kann der Sicherheitsrat, bevor er nach Artikel 39 Empfehlungen abgibt oder Maßnahmen beschließt, die beteiligten Parteien auffordern, den von ihm für notwendig oder erwünscht erachteten vorläufigen Maßnahmen Folge zu leisten. Diese vorläufigen Maßnahmen lassen die Rechte, die Ansprüche und die Stellung der beteiligten Parteien unberührt. Wird den vorläufigen Maßnahmen nicht Folge geleistet, so trägt der Sicherheitsrat diesem Versagen gebührend Rechnung.

Art. 41 [Friedliche Sanktionsmaßnahmen] Der Sicherheitsrat kann beschließen, welche Maßnahmen – unter Ausschluß von Waffengewalt – zu ergreifen sind, um seinen Beschlüssen Wirksamkeit zu verleihen; er kann die Mitglieder der Vereinten Nationen auffordern, diese Maßnahmen durchzuführen. Sie können die vollständige oder teilweise Unterbrechung der Wirtschaftsbeziehungen, des Eisenbahn-, See- und Luftverkehrs, der Post-, Telegraphen- und Funkverbindungen sowie sonstiger Verkehrsmöglichkeiten und den Abbruch der diplomatischen Beziehungen einschließen.

Art. 42 [Militärische Sanktionsmaßnahmen] Ist der Sicherheitsrat der Auffassung, daß die in Artikel 41 vorgesehenen Maßnahmen unzulänglich sein würden oder sich als unzulänglich erwiesen haben, so kann er mit Luft-, See- oder Landstreitkräften die zur Wahrung oder Wiederherstellung des Weltfriedens und der internationalen Sicherheit erforderlichen Maßnahmen durchführen. Sie können Demonstrationen, Blockaden und sonstige Einsätze der Luft-, See- oder Landstreitkräfte von Mitgliedern der Vereinten Nationen einschließen.

Art. 43 [Beistandspflicht aller Mitglieder der VN] (1) Alle Mitglieder der Vereinten Nationen verpflichten sich, zur Wahrung des Weltfriedens und der internationalen Sicherheit dadurch beizutragen, daß sie nach Maßgabe eines oder mehrerer Sonderabkommen dem Sicherheitsrat auf sein Ersuchen Streitkräfte zur Verfügung stellen, Beistand leisten und Erleichterungen einschließlich des Durchmarschrechts gewähren, soweit dies zur Wahrung des Weltfriedens und der internationalen Sicherheit erforderlich ist.

(2) Diese Abkommen haben die Zahl und Art der Streitkräfte, ihren Bereitschaftsgrad, ihren allgemeinen Standort sowie die Art der Erleichterungen und des Beistands vorzusehen.

(3) Die Abkommen werden auf Veranlassung des Sicherheitsrats so bald wie möglich im Verhandlungswege ausgearbeitet. Sie werden zwischen dem Sicherheitsrat einerseits und Einzelmitgliedern oder Mitgliedergruppen anderseits geschlossen und von den Unterzeichnerstaaten nach Maßgabe ihres Verfassungsrechts ratifiziert.

Art. 44 [Gehör eines zur Hilfe aufgeforderten Mitgliedes] Hat der Sicherheitsrat die Anwendung von Gewalt beschlossen, so lädt er ein in ihm nicht vertretenes Mitglied, bevor er es zur Stellung von Streitkräften auf Grund der nach Artikel 43 übernommenen Verpflichtungen auffordert, auf dessen Wunsch ein, an seinen Beschlüssen über den Einsatz von Kontingenten der Streitkräfte dieses Mitglieds teilzunehmen.

Art. 45 [Bereithaltung von Luftstreitkräften] Um die Vereinten Nationen zur Durchführung dringender militärischer Maßnahmen zu befähigen, halten Mitglieder der Organisation Kontingente ihrer Luftstreitkräfte zum sofortigen Einsatz bei gemeinsamen internationalen Zwangsmaßnahmen bereit. Stärke und Bereitschaftsgrad dieser Kontingente sowie die Pläne für ihre gemeinsamen Maßnahmen legt der Sicherheitsrat mit Unterstützung des Generalstabsausschusses im Rahmen der in Artikel 43 erwähnten Sonderabkommen fest.

Art. 46 [Pläne für Anwendung von Waffengewalt] Die Pläne für die Anwendung von Waffengewalt werden vom Sicherheitsrat mit Unterstützung des Generalstabsausschusses aufgestellt.

Art. 47 [Generalstabsausschuß] (1) Es wird ein Generalstabsausschuß eingesetzt, um den Sicherheitsrat in allen Fragen zu beraten und zu unterstützen, die dessen militärische Bedürfnisse zur Wahrung des Weltfriedens und der internationalen Sicherheit, den Einsatz und die Führung der dem Sicherheitsrat zur Verfügung gestellten Streitkräfte, die Rüstungsregelung und eine etwaige Abrüstung betreffen.

(2) Der Generalstabsausschuß besteht aus den Generalstabschefs der ständigen Mitglieder des Sicherheitsrats oder ihren Vertretern. Ein nicht ständig im Ausschuß vertretenes Mitglied der Vereinten Nationen wird vom Ausschuß eingeladen, sich ihm zu assoziieren, wenn die Mitarbeit dieses Mitglieds für die wirksame Durchführung der Aufgaben des Ausschusses erforderlich ist.

(3) Der Generalstabsausschuß ist unter der Autorität des Sicherheitsrats für die strategische Leitung aller dem Sicherheitsrat zur Verfügung gestellten Streitkräfte verantwortlich. Die Fragen bezüglich der Führung dieser Streitkräfte werden später geregelt.

(4) Der Generalstabsausschuß kann mit Ermächtigung des Sicherheitsrats nach Konsultation mit geeigneten regionalen Einrichtungen regionale Unterausschüsse einsetzen.

Art. 48 [Durchführung der Beschlüsse] (1) Die Maßnahmen, die für die Durchführung der Beschlüsse des Sicherheitsrats zur Wahrung des Weltfriedens und der internationalen Sicherheit erforderlich sind, werden je nach dem Ermessen des Sicherheitsrats von allen oder von einigen Mitgliedern der Vereinten Nationen getroffen.

(2) Diese Beschlüsse werden von den Mitgliedern der Vereinten Nationen unmittelbar sowie durch Maßnahmen in den geeigneten internationalen Einrichtungen durchgeführt, deren Mitglieder sie sind.

Art. 49 [Gegenseitige Beistandspflicht] Bei der Durchführung der vom Sicherheitsrat beschlossenen Maßnahmen leisten die Mitglieder der Vereinten Nationen einander gemeinsam handelnd Beistand.

Art. 50 [Mitbetroffene dritte Staaten] Ergreift der Sicherheitsrat gegen einen Staat Vorbeugungs- oder Zwangsmaßnahmen, so kann jeder andere Staat, ob Mitglied der Vereinten Nationen oder nicht, den die Durchführung dieser Maßnahmen vor besondere wirtschaftliche Probleme stellt, den Sicherheitsrat zwecks Lösung dieser Probleme konsultieren.

Art. 51 [Selbstverteidigungsrecht] Diese Charta beeinträchtigt im Falle eines bewaffneten Angriffs gegen ein Mitglied der Vereinten Nationen keineswegs das naturgegebene Recht zur individuellen oder kollektiven Selbstverteidigung, bis der Sicherheitsrat die zur Wahrung des Weltfriedens und der internationalen Sicherheit erforderlichen Maßnahmen getroffen hat. Maßnahmen, die ein Mitglied in Ausübung dieses Selbstverteidigungsrechts trifft, sind dem Sicherheitsrat sofort anzuzeigen; sie berühren in keiner Weise dessen auf dieser Charta beruhende Befugnis und Pflicht, jederzeit die Maßnahmen zu treffen, die er zur Wahrung oder Wiederherstellung des Weltfriedens und der internationalen Sicherheit für erforderlich hält.

Kapitel VIII. Regionale Abmachungen

Art. 52 [Regionale Abmachungen zur Wahrung des Friedens]

(1) Diese Charta schließt das Bestehen regionaler Abmachungen oder Einrichtungen zur Behandlung derjenigen die Wahrung des Weltfriedens und der internationalen Sicherheit betreffenden Angelegenheiten nicht aus, bei denen Maßnahmen regionaler Art angebracht sind; Voraussetzung hierfür ist, daß diese Abmachungen oder Einrichtungen und ihr Wirken mit den Zielen und Grundsätzen der Vereinten Nationen vereinbar sind.

(2) Mitglieder der Vereinten Nationen, die solche Abmachungen treffen oder solche Einrichtungen schaffen, werden sich nach besten Kräften bemühen, durch Inanspruchnahme dieser Abmachungen oder Einrichtungen örtlich begrenzte Streitigkeiten friedlich beizulegen, bevor sie den Sicherheitsrat damit befassen.

(3) Der Sicherheitsrat wird die Entwicklung des Verfahrens fördern, örtlich begrenzte Streitigkeiten durch Inanspruchnahme dieser regionalen Abmachungen oder Einrichtungen friedlich beizulegen, sei es auf Veranlassung der beteiligten Staaten oder aufgrund von Überweisungen durch ihn selbst.

(4) Die Anwendung der Artikel 34 und 35 wird durch diesen Artikel nicht beeinträchtigt.

Art. 53 [Zwangsmaßnahmen auf Grund von Regionalabmachungen]

(1) Der Sicherheitsrat nimmt gegebenenfalls diese regionalen Abmachungen oder Einrichtungen zur Durchführung von Zwangsmaßnahmen unter seiner Autorität in Anspruch. Ohne Ermächtigung des Sicherheitsrats dürfen Zwangsmaßnahmen aufgrund regionaler Abmachungen oder seitens regionaler Einrichtungen nicht ergriffen werden; ausgenommen sind Maßnahmen gegen einen Feindstaat im Sinne des Absatzes 2, soweit sie in Artikel 107 oder in regionalen, gegen die Wiederaufnahme der Angriffspolitik eines solchen Staates gerichteten Abmachungen vorgesehen sind; die Ausnahme gilt, bis der Organisation auf Ersuchen der beteiligten Regierungen die Aufgabe zugewiesen wird, neue Angriffe eines solchen Staates zu verhüten.

(2) Der Ausdruck „Feindstaat" in Absatz 1 bezeichnet jeden Staat, der während des zweiten Weltkriegs Feind eines Unterzeichners dieser Charta war.

Art. 54 [Benachrichtigung des Sicherheitsrates] Der Sicherheitsrat ist jederzeit vollständig über die Maßnahmen auf dem laufenden zu halten, die zur Wahrung des Weltfriedens und der internationalen Sicherheit aufgrund

regionaler Abmachungen oder seitens regionaler Einrichtungen getroffen oder in Aussicht genommen werden.

Kapitel IX. Internationale Zusammenarbeit auf wirtschaftlichem und sozialem Gebiet

Art. 55 [Wirtschaftliche und soziale Ziele] Um jenen Zustand der Stabilität und Wohlfahrt herbeizuführen, der erforderlich ist, damit zwischen den Nationen friedliche und freundschaftliche, auf der Achtung vor dem Grundsatz der Gleichberechtigung und Selbstbestimmung der Völker beruhende Beziehungen herrschen, fördern die Vereinten Nationen

a) die Verbesserung des Lebensstandards, die Vollbeschäftigung und die Voraussetzungen für wirtschaftlichen und sozialen Fortschritt und Aufstieg;

b) die Lösung internationaler Probleme wirtschaftlicher, sozialer, gesundheitlicher und verwandter Art sowie die internationale Zusammenarbeit auf den Gebieten der Kultur und der Erziehung;

c) die allgemeine Achtung und Verwirklichung der Menschenrechte und Grundfreiheiten für alle ohne Unterschied der Rasse, des Geschlechts, der Sprache oder der Religion.

Art. 56 [Zusammenarbeit der Mitglieder] Alle Mitgliedstaaten verpflichten sich, gemeinsam und jeder für sich mit der Organisation zusammenzuarbeiten, um die in Artikel 55 dargelegten Ziele zu erreichen.

Art. 57 [Sonderorganisationen] (1) Die verschiedenen durch zwischenstaatliche Übereinkünfte errichteten Sonderorganisationen, die auf den Gebieten der Wirtschaft, des Sozialwesens, der Kultur, der Erziehung, der Gesundheit und auf verwandten Gebieten weitreichende, in ihren maßgebenden Urkunden umschriebene internationale Aufgaben zu erfüllen haben, werden gemäß Artikel 63 mit den Vereinten Nationen in Beziehung gebracht.

(2) Diese mit den Vereinten Nationen in Beziehung gebrachten Organisationen sind im folgenden als „Sonderorganisationen" bezeichnet.

Art. 58 [Empfehlungen für die Sonderorganisationen] Die Organisation gibt Empfehlungen ab, um die Bestrebungen und Tätigkeiten dieser Sonderorganisationen zu koordinieren.

Art. 59 [Errichtung von Sonderorganisationen] Die Organisation veranlaßt gegebenenfalls zwischen den in Betracht kommenden Staaten Verhandlungen zur Errichtung neuer Sonderorganisationen, soweit solche zur Verwirklichung der in Artikel 55 dargelegten Ziele erforderlich sind.

Art. 60 [Verantwortung der Generalversammlung] Für die Wahrnehmung der in diesem Kapitel genannten Aufgaben der Organisation sind die Generalversammlung und unter ihrer Autorität der Wirtschafts- und Sozialrat verantwortlich; dieser besitzt zu diesem Zweck die ihm in Kapitel X zugewiesenen Befugnisse.

Kapitel X. Der Wirtschafts- und Sozialrat

Zusammensetzung

Art. 61 [Mitglieder] (1) Der Wirtschafts- und Sozialrat besteht aus vierundfünfzig von der Generalversammlung gewählten Mitgliedern der Vereinten Nationen.

(2) Vorbehaltlich des Absatzes 3 werden alljährlich achtzehn Mitglieder des Wirtschafts- und Sozialrats für drei Jahre gewählt. Ein ausscheidendes Mitglied kann unmittelbar wiedergewählt werden.

(3) Bei der ersten Wahl, die nach Erhöhung der Zahl der Ratsmitglieder von siebenundzwanzig auf vierundfünfzig stattfindet, werden zusätzlich zu den Mitgliedern, die anstelle der neun Mitglieder gewählt werden, deren Amtszeit mit dem betreffenden Jahr endet, siebenundzwanzig weitere Mitglieder des Wirtschafts- und Sozialrats gewählt. Die Amtszeit von neun dieser siebenundzwanzig zusätzlichen Mitglieder endet nach einem Jahr, diejenige von neun weiteren Mitgliedern nach zwei Jahren; das Nähere regelt die Generalversammlung.

(4) Jedes Mitglied des Wirtschafts- und Sozialrats hat in diesem einen Vertreter.

Aufgaben und Befugnisse

Art. 62 [Zuständigkeit] (1) Der Wirtschafts- und Sozialrat kann über internationale Angelegenheiten auf den Gebieten der Wirtschaft, des Sozialwesens, der Kultur, der Erziehung, der Gesundheit und auf verwandten Gebieten Untersuchungen durchführen oder bewirken sowie Berichte abfassen oder veranlassen; er kann zu jeder derartigen Angelegenheit an die Generalversammlung, die Mitglieder der Vereinten Nationen und die in Betracht kommenden Sonderorganisationen Empfehlungen richten.

(2) Er kann Empfehlungen abgeben, um die Achtung und Verwirklichung der Menschenrechte und Grundfreiheiten für alle zu fördern.

(3) Er kann über Angelegenheiten, für die er zuständig ist, Übereinkommen entwerfen und der Generalversammlung vorlegen.

(4) Er kann nach den von den Vereinten Nationen festgesetzten Regeln internationale Konferenzen über Angelegenheiten einberufen, für die er zuständig ist.

Art. 63 [Verhältnis zu den Sonderorganisationen] (1) Der Wirtschafts- und Sozialrat kann mit jeder der in Artikel 57 bezeichneten Organisationen Abkommen schließen, in denen die Beziehungen der betreffenden Organisation zu den Vereinten Nationen geregelt werden. Diese Abkommen bedürfen der Genehmigung durch die Generalversammlung.

(2) Er kann die Tätigkeit der Sonderorganisationen koordinieren, indem er Konsultationen mit ihnen führt und an sie, an die Generalversammlung und die Mitglieder der Vereinten Nationen Empfehlungen richtet.

Art. 64 [Berichte der Sonderorganisationen] (1) Der Wirtschafts- und Sozialrat kann geeignete Schritte unternehmen, um von den Sonderorganisa-

tionen regelmäßig Berichte zu erhalten. Er kann mit den Mitgliedern der
Vereinten Nationen und mit den Sonderorganisationen Abmachungen treffen, um Berichte über die Maßnahmen zu erhalten, die zur Durchführung
seiner Empfehlungen und der Empfehlungen der Generalversammlung über
Angelegenheiten getroffen werden, für die er zuständig ist.

(2) Er kann der Generalversammlung seine Bemerkungen zu diesen Berichten mitteilen.

Art. 65 [Verhältnis zum Sicherheitsrat] Der Wirtschafts- und Sozialrat
kann dem Sicherheitsrat Auskünfte erteilen und ihn auf dessen Ersuchen unterstützen.

Art. 66 [Aufgaben] (1) Der Wirtschafts- und Sozialrat nimmt alle Aufgaben
wahr, für die er im Zusammenhang mit der Durchführung von Empfehlungen der Generalversammlung zuständig ist.

(2) Er kann mit Genehmigung der Generalversammlung alle Dienste leisten, um die ihn Mitglieder der Vereinten Nationen oder Sonderorganisationen ersuchen.

(3) Er nimmt alle sonstigen Aufgaben wahr, die ihm in dieser Charta oder
durch die Generalversammlung zugewiesen werden.

Abstimmung

Art. 67 [Stimmrecht, Stimmenmehrheit] (1) Jedes Mitglied des Wirt-
schafts- und Sozialrats hat eine Stimme.

(2) Beschlüsse des Wirtschafts- und Sozialrats bedürfen der Mehrheit der
anwesenden und abstimmenden Mitglieder.

Verfahren

Art. 68 [Kommissionen] Der Wirtschafts- und Sozialrat setzt Kommissionen für wirtschaftliche und soziale Fragen und für die Förderung der Menschenrechte sowie alle sonstigen zur Wahrnehmung seiner Aufgaben erforderlichen Kommissionen ein.

Art. 69 [Teilnahme anderer Mitglieder der VN] Behandelt der Wirt-
schafts- und Sozialrat eine Angelegenheit, die für ein Mitglied der Vereinten
Nationen von besonderem Belang ist, so lädt er es ein, ohne Stimmrecht an
seinen Beratungen teilzunehmen.

Art. 70 [Zusammenwirken mit den Sonderorganisationen] Der Wirt-
schafts- und Sozialrat kann Abmachungen dahingehend treffen, daß Vertreter
der Sonderorganisationen ohne Stimmrecht an seinen Beratungen und an den
Beratungen der von ihm eingesetzten Kommissionen teilnehmen und daß
seine eigenen Vertreter an den Beratungen der Sonderorganisationen teilnehmen.

Art. 71 [Mitwirkung nichtstaatlicher Organisationen] Der Wirtschafts-
und Sozialrat kann geeignete Abmachungen zwecks Konsultation mit nicht-

staatlichen Organisationen treffen, die sich mit Angelegenheiten seiner Zuständigkeit befassen. Solche Abmachungen können mit internationalen Organisationen und, soweit angebracht, nach Konsultationen des betreffenden Mitglieds der Vereinten Nationen auch mit nationalen Organisationen getroffen werden.

Art. 72 [Geschäftsordnung, Präsident] (1) Der Wirtschafts- und Sozialrat gibt sich eine Geschäftsordnung; in dieser regelt er auch das Verfahren für die Wahl seines Präsidenten.

(2) Der Wirtschafts- und Sozialrat tritt nach Bedarf gemäß seiner Geschäftsordnung zusammen; in dieser ist auch die Einberufung von Sitzungen auf Antrag der Mehrheit seiner Mitglieder vorzusehen.

Kapitel XI. Erklärung über Hoheitsgebiete ohne Selbstregierung

Art. 73 [Förderung von Hoheitsgebieten ohne Selbstregierung] Mitglieder der Vereinten Nationen, welche die Verantwortung für die Verwaltung von Hoheitsgebieten haben oder übernehmen, deren Völker noch nicht die volle Selbstregierung erreicht haben, bekennen sich zu dem Grundsatz, daß die Interessen der Einwohner dieser Hoheitsgebiete Vorrang haben; sie übernehmen als heiligen Auftrag die Verpflichtung, im Rahmen des durch diese Charta errichteten Systems des Weltfriedens und der internationalen Sicherheit das Wohl dieser Einwohner aufs äußerste zu fördern; zu diesem Zweck verpflichten sie sich,

a) den politischen, wirtschaftlichen, sozialen und erzieherischen Fortschritt, die gerechte Behandlung und den Schutz dieser Völker gegen Mißbräuche unter gebührender Achtung vor ihrer Kultur zu gewährleisten;

b) die Selbstregierung zu entwickeln, die politischen Bestrebungen dieser Völker gebührend zu berücksichtigen und sie bei der fortschreitenden Entwicklung ihrer freien politischen Einrichtungen zu unterstützen, und zwar je nach den besonderen Verhältnissen jedes Hoheitsgebietes, seiner Bevölkerung und deren jeweiliger Entwicklungsstufe;

c) den Weltfrieden und die internationale Sicherheit zu festigen;

d) Aufbau- und Entwicklungsmaßnahmen zu fördern, die Forschungstätigkeit zu unterstützen sowie miteinander und gegebenenfalls mit internationalen Fachorganisationen zusammenzuarbeiten, um die in diesem Artikel dargelegten sozialen, wirtschaftlichen und wissenschaftlichen Ziele zu verwirklichen;

e) dem Generalsekretär mit der durch die Rücksichtnahme auf Sicherheit und Verfassung gebotenen Einschränkung zu seiner Unterrichtung regelmäßig statistische und sonstige Informationen technischer Art über das Wirtschafts-, Sozial- und Erziehungswesen in den nicht unter die Kapitel XII und XIII fallenden Hoheitsgebieten zu übermitteln, für die sie verantwortlich sind.

Art. 74 [Gute Nachbarschaft zu Gebieten ohne Selbstregierung] Die Mitglieder der Vereinten Nationen sind sich ferner darin einig, daß die Politik, die sie für die unter dieses Kapitel fallenden Hoheitsgebiete verfolgen, nicht minder auf dem allgemeinen Grundsatz der guten Nachbarschaft in sozialen, wirtschaftlichen und Handelsangelegenheiten beruhen muß als die Politik, die sie für ihr Mutterland verfolgen; hierbei sind die Interessen und das Wohl der übrigen Welt gebührend zu berücksichtigen.

Kapitel XII. Das Internationale Treuhandsystem

Art. 75 [Treuhandgebiete] Die Vereinten Nationen errichten unter ihrer Autorität ein internationales Treuhandsystem für die Verwaltung und Beaufsichtigung der Hoheitsgebiete, die aufgrund späterer Einzelabkommen in dieses System einbezogen werden. Diese Hoheitsgebiete werden im folgenden als Treuhandgebiete bezeichnet.

Art. 76 [Zweck des Treuhandsystem] Im Einklang mit den in Artikel 1 dieser Charta dargelegten Zielen der Vereinten Nationen dient das Treuhandsystem hauptsächlich folgenden Zwecken:
a) den Weltfrieden und die internationale Sicherheit zu festigen;
b) den politischen, wirtschaftlichen, sozialen und erzieherischen Fortschritt der Einwohner der Treuhandgebiete und ihre fortschreitende Entwicklung zur Selbstregierung oder Unabhängigkeit so zu fördern, wie es den besonderen Verhältnissen eines jeden dieser Hoheitsgebiete und seiner Bevölkerung sowie deren frei geäußerten Wünschen entspricht und in dem diesbezüglichen Treuhandabkommen vorgesehen ist;
c) die Achtung vor den Menschenrechten und Grundfreiheiten für alle ohne Unterschied der Rasse, des Geschlechts, der Sprache oder der Religion zu fördern und das Bewußtsein der gegenseitigen Abhängigkeit der Völker der Welt zu stärken;
d) die Gleichbehandlung aller Mitglieder der Vereinten Nationen und ihrer Staatsangehörigen in sozialen, wirtschaftlichen und Handelsangelegenheiten sowie die Gleichbehandlung dieser Staatsangehörigen in der Rechtspflege sicherzustellen, ohne jedoch die Verwirklichung der vorgenannten Zwecke zu beeinträchtigen; Artikel 80 bleibt unberührt.

Art. 77 [Anwendung des Treuhandsystems] (1) Das Treuhandsystem findet auf die zu den folgenden Gruppen gehörenden Hoheitsgebiete Anwendung, soweit sie aufgrund von Treuhandabkommen in dieses System einbezogen werden:
a) gegenwärtig bestehende Mandatsgebiete;
b) Hoheitsgebiete, die infolge des zweiten Weltkriegs von Feindstaaten abgetrennt werden;
c) Hoheitsgebiete, die von den für ihre Verwaltung verantwortlichen Staaten freiwillig in das System einbezogen werden.

(2) Die Feststellung, welche Hoheitsgebiete aus den genannten Gruppen in das Treuhandsystem einbezogen werden und welche Bestimmungen hierfür gelten, bleibt einer späteren Übereinkunft vorbehalten.

Art. 78 [Keine Anwendung auf Mitglieder der VN] Das Treuhandsystem findet keine Anwendung auf Hoheitsgebiete, die Mitglied der Vereinten

Nationen geworden sind; die Beziehungen zwischen Mitgliedern beruhen auf der Achtung des Grundsatzes der souveränen Gleichheit.

Art. 79 [Treuhandabkommen] Für jedes in das Treuhandsystem einzubeziehende Hoheitsgebiet werden die Treuhandbestimmungen einschließlich aller ihrer Änderungen und Ergänzungen von den unmittelbar beteiligten Staaten, zu denen bei Mandatsgebieten eines Mitglieds der Vereinten Nationen auch die Mandatsmacht zählt, in Form eines Abkommens vereinbart: sie bedürfen der Genehmigung nach den Artikeln 83 und 85.

Art. 80 [Vorbehalt für bestehende Rechte] (1) Soweit in einzelnen, aufgrund der Artikel 77, 79 und 81 geschlossenen Treuhandabkommen zur Einbeziehung eines Treuhandgebiets in das Treuhandsystem nichts anderes vereinbart wird und solange derartige Abkommen noch nicht geschlossen sind, ist dieses Kapitel nicht so auszulegen, als ändere es unmittelbar oder mittelbar die Rechte von Staaten oder Völkern oder in Kraft befindliche internationale Übereinkünfte, deren Vertragsparteien Mitglieder der Vereinten Nationen sind.

(2) Aus Absatz 1 kann keine Rechtfertigung dafür abgeleitet werden, Verhandlungen über Abkommen zu der in Artikel 77 vorgesehenen Einbeziehung von Mandatsgebieten und sonstigen Hoheitsgebieten in das Treuhandsystem oder den Abschluß solcher Abkommen zu verzögern oder aufzuschieben.

Art. 81 [Verwaltung des Treuhandgebietes] Jedes Treuhandabkommen enthält die Bestimmungen, nach denen das Treuhandgebiet zu verwalten ist, und bezeichnet die verwaltende Obrigkeit. Diese, im folgenden als „Verwaltungsmacht" bezeichnet, kann ein Staat oder eine Staatengruppe oder die Organisation selbst sein.

Art. 82 [Strategische Zonen] Jedes Treuhandabkommen kann eine oder mehrere strategische Zonen bezeichnen, die das ganze Treuhandgebiet, für welches das Abkommen gilt, oder einen Teil davon umfassen; Sonderabkommen nach Artikel 43 bleiben unberührt.

Art. 83 [Aufgaben des Sicherheitsrates] (1) Alle Aufgaben der Vereinten Nationen in bezug auf strategische Zonen, einschließlich der Genehmigung der Treuhandabkommen sowie ihrer Änderungen und Ergänzungen, nimmt der Sicherheitsrat wahr.

(2) Die in Artikel 76 dargelegten Hauptzwecke gelten auch für die Bevölkerung jeder strategischen Zone.

(3) Unter Beachtung der Treuhandabkommen nimmt der Sicherheitsrat vorbehaltlich der Sicherheitserfordernisse die Unterstützung des Treuhandrats in Anspruch, um im Rahmen des Treuhandsystems diejenigen Aufgaben der Vereinten Nationen wahrzunehmen, die politische, wirtschaftliche, soziale und erzieherische Angelegenheiten in den strategischen Zonen betreffen.

Art. 84 [Militärische Beiträge der Treuhandgebiete] Die Verwaltungsmacht hat die Pflicht, dafür zu sorgen, daß das Treuhandgebiet seinen Beitrag zur Wahrung des Weltfriedens und der internationalen Sicherheit leistet. Zu diesem Zweck kann sie freiwillige Streitkräfte, Erleichterungen und Beistand von dem Treuhandgebiet in Anspruch nehmen, um die Verpflichtungen zu erfüllen, die sie in dieser Hinsicht gegenüber dem Sicherheitsrat übernommen hat, und um die örtliche Verteidigung und die Aufrechterhaltung von Recht und Ordnung innerhalb des Treuhandgebiets sicherzustellen.

Art. 85 [Aufgaben der Generalversammlung] (1) Die Aufgaben der Vereinten Nationen in bezug auf Treuhandabkommen für alle nicht als strategische Zonen bezeichneten Gebiete, einschließlich der Genehmigung der Treuhandabkommen sowie ihrer Änderungen und Ergänzungen, werden von der Generalversammlung wahrgenommen.

(2) Bei der Durchführung dieser Aufgaben wird die Generalversammlung von dem unter ihrer Autorität handelnden Treuhandrat unterstützt.

Kapitel XIII. Der Treuhandrat

Zusammensetzung

Art. 86 [Mitglieder] (1) Der Treuhandrat besteht aus folgenden Mitgliedern der Vereinten Nationen:
a) den Mitgliedern, die Treuhandgebiete verwalten;
b) den in Artikel 23 namentlich aufgeführten Mitgliedern, soweit sie keine Treuhandgebiete verwalten;
c) so vielen weiteren von der Generalversammlung für je drei Jahre gewählten Mitgliedern, wie erforderlich sind, damit der Treuhandrat insgesamt zur Hälfte aus Mitgliedern der Vereinten Nationen besteht, die Treuhandgebiete verwalten und zur Hälfte aus solchen, die keine verwalten.

(2) Jedes Mitglied des Treuhandrats bestellt eine besonders geeignete Person zu seinem Vertreter im Treuhandrat.

Aufgaben und Befugnisse

Art. 87 [Befugnisse] Die Generalversammlung und unter ihrer Autorität der Treuhandrat können bei der Wahrnehmung ihrer Aufgaben
a) von der Verwaltungsmacht vorgelegte Berichte prüfen;
b) Gesuche entgegennehmen und sie in Konsultation mit der Verwaltungsmacht prüfen;
c) regelmäßige Bereisungen der einzelnen Treuhandgebiete veranlassen, deren Zeitpunkt mit der Verwaltungsmacht vereinbart wird;
d) diese und sonstige Maßnahmen in Übereinstimmung mit den Treuhandabkommen treffen.

Art. 88 [Jährlicher Bericht] Der Treuhandrat arbeitet einen Fragebogen über den politischen, wirtschaftlichen, sozialen und erzieherischen Fortschritt der Einwohner jedes Treuhandgebiets aus; die Verwaltungsmacht jedes Treuhandgebiets, für das die Generalversammlung zuständig ist, erstattet dieser aufgrund des Fragebogens alljährlich Bericht.

Abstimmung

Art. 89 [Stimmrecht, Stimmenmehrheit] (1) Jedes Mitglied des Treuhandrats hat eine Stimme.

(2) Beschlüsse des Treuhandrats bedürfen der Mehrheit der anwesenden und abstimmenden Mitglieder.

Verfahren

Art. 90 [Geschäftsordnung, Präsident, Zusammentritt] (1) Der Treuhandrat gibt sich eine Geschäftsordnung; in dieser regelt er auch das Verfahren für die Wahl seines Präsidenten.

(2) Der Treuhandrat tritt nach Bedarf gemäß seiner Geschäftsordnung zusammen; in dieser ist auch die Einberufung von Sitzungen auf Antrag der Mehrheit seiner Mitglieder vorzusehen.

Art. 91 [Unterstützung durch den Wirtschafts- und Sozialrat] Der Treuhandrat nimmt gegebenenfalls die Unterstützung des Wirtschafts- und Sozialrats und der Sonderorganisationen in Angelegenheiten in Anspruch, für die sie zuständig sind.

Kapitel XIV. Der Internationale Gerichtshof

Art. 92 [Aufgaben] Der Internationale Gerichtshof ist das Hauptrechtsprechungsorgan der Vereinten Nationen. Er nimmt seine Aufgaben nach Maßgabe des beigefügten Statuts wahr, das auf dem Statut des Ständigen Internationalen Gerichtshofs beruht und Bestandteil dieser Charta ist.

Art. 93 [Vertragsparteien der Satzung] (1) Alle Mitglieder der Vereinten Nationen sind ohne weiteres Vertragsparteien des Statuts des Internationalen Gerichtshofs.

(2) Ein Staat, der nicht Mitglied der Vereinten Nationen ist, kann zu Bedingungen, welche die Generalversammlung jeweils auf Empfehlung des Sicherheitsrats festsetzt, Vertragspartei des Statuts des Internationalen Gerichtshofs werden.

Art. 94 [Wirksamkeit der Entscheidungen] (1) Jedes Mitglied der Vereinten Nationen verpflichtet sich, bei jeder Streitigkeit, in der es Partei ist, die Entscheidungen des Internationalen Gerichtshofs zu befolgen.

(2) Kommt eine Streitpartei ihren Verpflichtungen aus einem Urteil des Gerichtshofs nicht nach, so kann sich die andere Partei an den Sicherheitsrat wenden; dieser kann, wenn er es für erforderlich hält, Empfehlungen abgeben oder Maßnahmen beschließen, um dem Urteil Wirksamkeit zu verschaffen.

Art. 95 [Andere Gerichte] Diese Charta schließt nicht aus, daß Mitglieder der Vereinten Nationen aufgrund bestehender oder künftiger Abkommen die Beilegung ihrer Streitigkeiten anderen Gerichten zuweisen.

Art. 96 [Gutachten des Gerichtshofes] (1) Die Generalversammlung oder der Sicherheitsrat kann über jede Rechtsfrage ein Gutachten des Internationalen Gerichtshofs anfordern.

(2) Andere Organe der Vereinten Nationen und Sonderorganisationen können mit jeweiliger Ermächtigung durch die Generalversammlung ebenfalls Gutachten des Gerichtshofs über Rechtsfragen anfordern, die sich in ihrem Tätigkeitsbereich stellen.

Kapitel XV. Das Sekretariat

Art. 97 [Generalsekretär und sonstige Bedienstete] Das Sekretariat besteht aus einem Generalsekretär und den sonstigen von der Organisation benötigten Bediensteten. Der Generalsekretär wird auf Empfehlung des Sicherheitsrats von der Generalversammlung ernannt. Er ist der höchste Verwaltungsbeamte der Organisation.

Art. 98 [Aufgaben des Generalsekretärs] Der Generalsekretär ist in dieser Eigenschaft bei allen Sitzungen der Generalversammlung, des Sicherheitsrats, des Wirtschafts- und Sozialrats und des Treuhandrats tätig und nimmt alle sonstigen ihm von diesen Organen zugewiesenen Aufgaben wahr. Er erstattet der Generalversammlung alljährlich über die Tätigkeit der Organisation Bericht.

Art. 99 [Befugnis bei Friedensgefährdung] Der Generalsekretär kann die Aufmerksamkeit des Sicherheitsrats auf jede Angelegenheit lenken, die nach seinem Dafürhalten geeignet ist, die Wahrung des Weltfriedens und der internationalen Sicherheit zu gefährden.

Art. 100 [Unabhängigkeit] (1) Der Generalsekretär und die sonstigen Bediensteten dürfen bei der Wahrnehmung ihrer Pflichten von einer Regierung oder von einer Autorität außerhalb der Organisation Weisungen weder erbitten noch entgegennehmen. Sie haben jede Handlung zu unterlassen, die ihrer Stellung als internationale, nur der Organisation verantwortliche Bedienstete abträglich sein könnte.

(2) Jedes Mitglied der Vereinten Nationen verpflichtet sich, den ausschließlich internationalen Charakter der Verantwortung des Generalsekretärs und der sonstigen Bediensteten zu achten und nicht zu versuchen, sie bei der Wahrnehmung ihrer Aufgaben zu beeinflussen.

Art. 101 [Bedienstete] (1) Die Bediensteten werden vom Generalsekretär im Einklang mit Regelungen ernannt, welche die Generalversammlung erläßt.

(2) Dem Wirtschafts- und Sozialrat, dem Treuhandrat und erforderlichenfalls anderen Organen der Vereinten Nationen werden geeignete ständige Bedienstete zugeteilt. Sie gehören dem Sekretariat an.

(3) Bei der Einstellung der Bediensteten und der Regelung ihres Dienstverhältnisses gilt als ausschlaggebend der Gesichtspunkt, daß es notwendig ist, ein Höchstmaß an Leistungsfähigkeit, fachlicher Eignung und Ehrenhaftigkeit

zu gewährleisten. Der Umstand, daß es wichtig ist, die Auswahl der Bediensteten auf möglichst breiter geographischer Grundlage vorzunehmen, ist gebührend zu berücksichtigen.

Kapitel XVI. Verschiedenes

Art. 102 [Registrierung von Verträgen] (1) Alle Verträge und sonstigen internationalen Übereinkünfte, die ein Mitglied der Vereinten Nationen nach dem Inkrafttreten dieser Charta schließt, werden so bald wie möglich beim Sekretariat registriert und von ihm veröffentlicht.

(2) Werden solche Verträge oder internationalen Übereinkünfte nicht nach Absatz 1 registriert, so können sich ihre Vertragsparteien bei einem Organ der Vereinten Nationen nicht auf sie berufen.

Art. 103 [Vorrang der Charta] Widersprechen sich die Verpflichtungen von Mitgliedern der Vereinten Nationen aus dieser Charta und ihre Verpflichtungen aus anderen internationalen Übereinkünften, so haben die Verpflichtungen aus dieser Charta Vorrang.

Art. 104 [Rechtsstellung der VN] Die Organisation genießt im Hoheitsgebiet jedes Mitglieds die Rechts- und Geschäftsfähigkeit, die zur Wahrnehmung ihrer Aufgaben und zur Verwirklichung ihrer Ziele erforderlich ist.

Art. 105 [Vorrechte der VN] (1) Die Organisation genießt im Hoheitsgebiet jedes Mitglieds die Vorrechte und Immunitäten, die zur Verwirklichung ihrer Ziele erforderlich sind.

(2) Vertreter der Mitglieder der Vereinten Nationen und Bedienstete der Organisation genießen ebenfalls die Vorrechte und Immunitäten, deren sie bedürfen, um ihre mit der Organisation zusammenhängenden Aufgaben in voller Unabhängigkeit wahrnehmen zu können.

(3) Die Generalversammlung kann Empfehlungen abgeben, um die Anwendung der Absätze 1 und 2 im einzelnen zu regeln, oder sie kann den Mitgliedern der Vereinten Nationen zu diesem Zweck Übereinkommen vorschlagen.

Kapitel XVII. Übergangsbestimmungen betreffend die Sicherheit

Art. 106 [Vorbehalt aus dem Abkommen von Moskau von 1943] Bis das Inkrafttreten von Sonderabkommen der in Artikel 43 bezeichneten Art den Sicherheitsrat nach seiner Auffassung befähigt, mit der Ausübung der ihm in Artikel 42 zugewiesenen Verantwortlichkeiten zu beginnen, konsultieren die Parteien der am 30. Oktober 1943 in Moskau unterzeichneten Viermächte-Erklärung und Frankreich nach Absatz 5 dieser Erklärung einander und gegebenenfalls andere Mitglieder der Vereinten Nationen, um gemeinsam alle etwa erforderlichen Maßnahmen zur Wahrung des Weltfriedens und der internationalen Sicherheit im Namen der Organisation zu treffen.

Art. 107 [Vorbehalt gegenüber Feindstaaten des 2. Weltkrieges]
Maßnahmen, welche die hierfür verantwortlichen Regierungen als Folge des
zweiten Weltkrieges in bezug auf einen Staat ergreifen oder genehmigen, der
während dieses Krieges Feind eines Unterzeichnerstaats dieser Charta war,
werden durch diese Charta weder außer Kraft gesetzt noch untersagt.

Kapitel XVIII. Änderungen

Art. 108 [Änderungen der Charta] Änderungen dieser Charta treten für
alle Mitglieder der Vereinten Nationen in Kraft, wenn sie mit Zweidrittelmehrheit der Mitglieder der Generalversammlung angenommen und von
zwei Dritteln der Mitglieder der Vereinten Nationen einschließlich aller ständigen Mitglieder des Sicherheitsrats nach Maßgabe ihres Verfassungsrechts ratifiziert worden sind.

Art. 109 [Revision der Charta] (1) Zur Revision dieser Charta kann eine
Allgemeine Konferenz der Mitglieder der Vereinten Nationen zusammentreten; Zeitpunkt und Ort werden durch Beschluß einer Zweidrittelmehrheit
der Mitglieder der Generalversammlung und durch Beschluß von neun beliebigen Mitgliedern des Sicherheitsrats bestimmt. Jedes Mitglied der Vereinten
Nationen hat auf der Konferenz eine Stimme.

(2) Jede Änderung dieser Charta, die von der Konferenz mit Zweidrittelmehrheit empfohlen wird, tritt in Kraft, sobald sie von zwei Dritteln der Mitglieder der Vereinten Nationen einschließlich aller ständigen Mitglieder des
Sicherheitsrats nach Maßgabe ihres Verfassungsrechts ratifiziert worden ist.

(3) Ist eine solche Konferenz nicht vor der zehnten Jahrestagung der Generalversammlung nach Inkrafttreten dieser Charta zusammengetreten, so
wird der Vorschlag, eine solche Konferenz einzuberufen, auf die Tagesordnung jener Tagung gesetzt; die Konferenz findet statt, wenn dies durch Beschluß der Mehrheit der Mitglieder der Generalversammlung und durch Beschluß von sieben beliebigen Mitgliedern des Sicherheitsrats bestimmt wird.

Kapitel XIX. Ratifizierung und Unterzeichnung

Art. 110 [Ratifizierung] (1) Diese Charta bedarf der Ratifizierung durch
die Unterzeichnerstaaten nach Maßgabe ihres Verfassungsrechts.

(2) Die Ratifikationsurkunden werden bei der Regierung der Vereinigten
Staaten von Amerika hinterlegt; diese notifiziert jede Hinterlegung allen Unterzeichnerstaaten sowie dem Generalsekretär der Organisation, sobald er ernannt ist.

(3) Diese Charta tritt in Kraft, sobald die Republik China, Frankreich, die
Union der Sozialistischen Sowjetrepubliken, das Vereinigte Königreich Großbritannien und Nordirland und die Vereinigten Staaten von Amerika sowie
die Mehrheit der anderen Unterzeichnerstaaten ihre Ratifikationsurkunden
hinterlegt haben. Die Regierung der Vereinigten Staaten von Amerika errichtet sodann über die Hinterlegung der Ratifikationsurkunden ein Protokoll, von dem sie allen Unterzeichnerstaaten Abschriften übermittelt.

(4) Die Unterzeichnerstaaten dieser Charta, die sie nach ihrem Inkrafttreten ratifizieren, werden mit dem Tag der Hinterlegung ihrer Ratifikationsurkunden ursprüngliche Mitglieder der Vereinten Nationen.

Art. 111 [Authentischer Text, Hinterlegung] Diese Charta, deren chinesischer, französischer, russischer, englischer und spanischer Wortlaut gleichermaßen verbindlich ist, wird im Archiv der Regierung der Vereinigten Staaten von Amerika hinterlegt. Diese übermittelt den Regierungen der anderen Unterzeichnerstaaten gehörig beglaubigte Abschriften.

ZU URKUND DESSEN haben die Vertreter der Regierungen der Vereinten Nationen diese Charta unterzeichnet.

GESCHEHEN in der Stadt San Franzisko am 26. Juni 1945.

2. Satzung des Europarates[1]·[2]

(5. 5. 1949)

Die Regierungen des Königreichs Belgien, des Königreichs Dänemark, der Französischen Republik, der Republik Irland, der Italienischen Republik, des Großherzogtums Luxemburg, des Königreichs der Niederlande, des Königreichs Norwegen, des Königreichs Schweden und des Vereinigten Königreichs von Großbritannien und Nordirland[3] haben,

in der Überzeugung, daß die Festigung des Friedens auf den Grundlagen der Gerechtigkeit und internationalen Zusammenarbeit für die Erhaltung der menschlichen Gesellschaft und der Zivilisation von lebenswichtigem Interesse ist;

in unerschütterlicher Verbundenheit mit den geistigen und sittlichen Werten, die das gemeinsame Erbe ihrer Völker sind und der persönlichen Freiheit, der politischen Freiheit und der Herrschaft des Rechtes zugrunde liegen, auf denen jede wahre Demokratie beruht;

in der Überzeugung, daß zum Schutze und zur fortschreitenden Verwirklichung dieses Ideals und zur Förderung des sozialen und wirtschaftlichen Fortschritts zwischen den europäischen Ländern, die von demselben Geiste beseelt sind, eine engere Verbindung hergestellt werden muß;

in der Erwägung, daß, um diesem Bedürfnis und den offenkundigen Bestrebungen ihrer Völker Rechnung zu tragen, schon jetzt eine Organisation errichtet werden muß, in der die europäischen Staaten enger zusammengeschlossen werden,

beschlossen, einen Europarat zu gründen, der aus einem Komitee von Vertretern der Regierungen und einer Beratenden Versammlung besteht, und zu diesem Zweck diese Satzung angenommen.

Kapitel I. Aufgabe des Europarates

Art. 1. (a) Der Europarat hat zur Aufgabe, eine engere Verbindung zwischen seinen Mitgliedern zum Schutze und zur Förderung der Ideale und Grundsätze, die ihr gemeinsames Erbe bilden, herzustellen und ihren wirtschaftlichen und sozialen Fortschritt zu fördern.

(b) Diese Aufgabe wird von den Organen des Rates erfüllt durch Beratung von Fragen von gemeinsamem Interesse, durch den Abschluß von Abkommen und durch gemeinschaftliches Vorgehen auf wirtschaftlichem, sozialem, kulturellem und wissenschaftlichem Gebiet und auf den Gebieten des Rechts

---

[1] In der Fassung der Bekanntmachung über die Änderung der Satzung des Europarates v. 30. 11. 1954, Anlage B, BGBl. II S. 1126, zuletzt geändert durch Bekanntmachung v. 9. 12. 1996, BGBl. 1997 II S. 159.
[2] Internationale Quelle: UNTS Vol. 87 p. 103.
[3] Die vollständige Aufzählung der gegenwärtigen Mitglieder des Europarates findet sich in Art. 26 der Satzung.

und der Verwaltung sowie durch den Schutz und die Fortentwicklung der Menschenrechte und Grundfreiheiten.

(c) Die Beteiligung der Mitglieder an den Arbeiten des Europarates darf ihre Mitwirkung am Werk der Vereinten Nationen und der anderen internationalen Organisationen oder Vereinigungen, denen sie angehören, nicht beeinträchtigen.

(d) Fragen der nationalen Verteidigung gehören nicht zur Zuständigkeit des Europarates.

Kapitel II. Zusammensetzung

Art. 2. Mitglieder des Europarates sind die Vertragspartner dieser Satzung.

Art. 3. Jedes Mitglied des Europarates erkennt den Grundsatz der Vorherrschaft des Rechts und den Grundsatz an, daß jeder, der seiner Hoheitsgewalt unterliegt, der Menschenrechte und Grundfreiheiten teilhaftig werden soll. Es verpflichtet sich, bei der Erfüllung der in Kapitel I bestimmten Aufgaben aufrichtig und tatkräftig mitzuarbeiten.

Art. 4. Jeder europäische Staat, der für fähig und gewillt befunden wird, die Bestimmungen des Artikels 3 zu erfüllen, kann vom Ministerkomitee eingeladen werden, Mitglied des Europarates zu werden. Jeder auf diese Weise eingeladene Staat erwirbt die Mitgliedschaft mit der in seinem Namen erfolgenden Hinterlegung einer Urkunde über den Beitritt zu dieser Satzung beim Generalsekretär.

Art. 5. (a) Unter besonderen Umständen kann ein europäisches Land, das für fähig und gewillt befunden wird, die Bestimmungen des Artikels 3 zu erfüllen, vom Ministerkomitee eingeladen werden, assoziiertes Mitglied des Europarates zu werden. Jedes auf diese Weise eingeladene Land erwirbt die Eigenschaft eines assoziierten Mitgliedes mit der in seinem Namen erfolgenden Hinterlegung einer Urkunde über die Annahme dieser Satzung beim Generalsekretär. Die assoziierten Mitglieder können nur in der Beratenden Versammlung vertreten sein.

(b) In dieser Satzung umfaßt der Ausdruck „Mitglied" auch die assoziierten Mitglieder, soweit es sich nicht um die Vertretung im Ministerkomitee handelt.

Art. 6. Vor der Absendung einer der in den Artikeln 4 oder 5 vorgesehenen Einladung setzt das Ministerkomitee die Zahl der dem zukünftigen Mitglied in der Beratenden Versammlung zustehenden Sitze und seinen Beitrag zu den finanziellen Aufwendungen fest.

Art. 7. Jedes Mitglied des Europarates kann aus diesem ausscheiden, indem es dem Generalsekretär gegenüber eine förmliche Erklärung hierüber abgibt. Die Austrittserklärung wird mit dem Ende des laufenden Rechnungsjahres wirksam, wenn sie innerhalb der ersten neun Monate dieses Jahres, und mit dem Ende des folgenden Rechnungsjahres, wenn sie in den letzten drei Monaten dieses Jahres abgegeben worden ist.

Art. 8. Jedem Mitglied des Europarates, das sich einer schweren Verletzung der Bestimmungen des Artikels 3 schuldig macht, kann sein Recht auf Vertretung vorläufig entzogen und es kann vom Ministerkomitee aufgefordert werden, gemäß den in Artikel 7 vorgesehenen Bestimmungen seinen Austritt zu erklären. Kommt es dieser Aufforderung nicht nach, so kann das Komitee beschließen, daß das Mitglied von einem vom Komitee bestimmten Zeitpunkt an dem Rat nicht mehr angehört.

Art. 9. Erfüllt ein Mitglied seine finanziellen Verpflichtungen nicht, so kann ihm das Ministerkomitee das Recht auf Vertretung im Komiteeund in der Beratenden Versammlung entziehen, und zwar für so lange, als es seinen Verpflichtungen nicht nachkommt.

Kapitel III. Allgemeine Bestimmungen

Art. 10. Die Organe des Europarates sind

(i) das Ministerkomitee;

(ii) die Beratende Versammlung.

Diesen beiden Organen steht das Sekretariat des Europarates zur Seite.

Art. 11. Der Europarat hat seinen Sitz in Straßburg.

Art. 12. Die Amtssprachen des Europarates sind Französisch und Englisch. Die Geschäftsordnungen des Ministerkomitees und der Beratenden Versammlung bestimmen die Umstände und Voraussetzungen, unter denen andere Sprachen verwendet werden können.

Kapitel IV. Das Ministerkomitee

Art. 13. Das Ministerkomitee ist das Organ, das dafür zuständig ist, im Namen des Europarates gemäß Artikeln 15 und 16 zu handeln.

Art. 14. Jedes Mitglied hat im Ministerkomitee einen Vertreter, jeder Vertreter hat eine Stimme. Vertreter im Komitee sind die Außenminister. Kann ein Außenminister an den Sitzungen nicht teilnehmen, oder lassen andere Umstände es wünschenswert erscheinen, so kann ein Beauftragter bestellt werden, der für ihn tätig wird. Der Beauftragte soll, wenn irgend möglich, ein Mitglied der Regierung seines Landes sein.

Art. 15. (a) Das Ministerkomitee prüft auf Empfehlung der Beratenden Versammlung oder von Amts wegen die Maßnahmen, die zur Erfüllung der Aufgaben des Europarates geeignet sind, einschließlich des Abschlusses von Abkommen und Vereinbarungen und der Annahme einer gemeinsamen Politik durch die Regierungen in bestimmten Fragen. Seine Beschlüsse werden vom Generalsekretär den Mitgliedern mitgeteilt.

(b) Die Beschlüsse des Ministerkomitees können gegebenenfalls die Form von Empfehlungen an die Regierungen annehmen. Das Komitee kann die

Regierungen auffordern, ihm über die auf Grund der Empfehlungen getroffenen Maßnahmen zu berichten.

Art. 16. Vorbehaltlich der Bestimmungen der Artikel 24, 28, 30, 32, 33 und 35 über die Befugnisse der Beratenden Versammlung regelt das Ministerkomitee mit bindender Wirkung alle Fragen der Organisation und des inneren Dienstes des Europarates. Es erläßt zu diesem Zweck die erforderlichen Haushalts- und Verwaltungsordnungen.

Art. 17. Das Ministerkomitee kann zu den von ihm für wünschenswert erachteten Zwecken Komitees oder Ausschüsse beratenden oder technischen Charakters bilden.

Art. 18. Das Ministerkomitee gibt sich eine Geschäftsordnung; diese regelt insbesondere

(i) die zur Beschlußfähigkeit notwendige Mitgliederzahl;

(ii) den Modus für die Bestellung des Vorsitzenden und die Dauer seines Mandats;

(iii) das Verfahren für die Aufstellung der Tagesordnung und für die Einreichung der Entschließungsanträge;

(iv) die Art und Weise der Mitteilung der Bestellung von Beauftragten gemäß Artikel 14.

Art. 19. In jeder Sitzungsperiode der Beratenden Versammlung unterbreitet ihr das Ministerkomitee Berichte über seine Tätigkeit unter Beifügung der einschlägigen Unterlagen.

Art. 20. (a) Einstimmigkeit der abgegebenen Stimmen und die Stimmen der Mehrheit der Vertreter, die Anspruch auf einen Sitz im Ministerkomitee haben, sind für Entschließungen des Komitees über folgende wichtige Fragen erforderlich:

(i) Empfehlungen nach Artikel 15 (b);

(ii) Fragen nach Artikel 19;

(iii) Fragen nach Artikel 21 (a) (i) und (b);

(iv) Fragen nach Artikel 33;

(v) Empfehlungen für die Abänderung der Artikel 1 (d), 7, 15, 20 und 22; und

(vi) alle sonstigen Fragen, für die das Komitee wegen ihrer Bedeutung durch eine unter den Voraussetzungen des nachstehenden Absatzes (d) angenommene Entschließung gegebenenfalls die Einstimmigkeit vorschreibt.

(b) Fragen aus dem Bereich der Geschäftsordnung oder der Haushalts- oder Verwaltungsordnungen können den Gegenstand einer Entscheidung bilden, die mit einfacher Mehrheit der Stimmen aller Vertreter, die Anspruch auf einen Sitz im Ministerkomitee haben, gefaßt wird.

(c) Die in Anwendung der Artikel 4 und 5 gefaßten Entschließungen des Komitees bedürfen der Annahme durch eine Zweidrittelmehrheit aller Vertreter, die Anspruch auf einen Sitz im Ministerkomitee haben.

(d) Alle sonstigen Entschließungen des Komitees werden mit Zweidrittelmehrheit der abgegebenen Stimmen und der einfachen Mehrheit der Stimmen aller Vertreter, die Anspruch auf einen Sitz im Ministerkomitee haben, gefaßt. Zu diesen Entschließungen gehören insbesondere diejenigen über die Annahme des Haushaltsplans, der Geschäftsordnung, der Haushalts- und Verwaltungsordnungen, die Empfehlungen über die Änderung der vorstehend unter (a) (v) nicht erwähnten Artikel dieser Satzung sowie darüber, welcher Absatz dieses Artikels im Zweifelsfalle anzuwenden ist.

Art. 21. (a) Die Sitzungen des Ministerkomitees finden, wenn dieses keine andere Entscheidung trifft, statt

(i) unter Ausschluß der Öffentlichkeit und

(ii) am Sitze des Rates.

(b) Das Komitee bestimmt selbst, welche Mitteilungen über die nichtöffentlichen Beratungen und über ihre Beschlüsse zu veröffentlichen sind.

(c) Das Komitee muß vor der Eröffnung der Sitzungsperioden der Beratenden Versammlung und zu Beginn dieser Sitzungsperioden zusammentreten; es tritt außerdem zusammen, wenn es von ihm für zweckmäßig erachtet wird.

Kapitel V. Beratende Versammlung

Art. 22. Die Beratende Versammlung ist das beratende Organ des Europarates. Sie erörtert Fragen, die in ihr Aufgabengebiet fallen, wie es in dieser Satzung umschrieben ist, und übermittelt ihre Beschlüsse dem Ministerkomitee in der Form von Empfehlungen.

Art. 23. (a) Die Beratende Versammlung kann über alle Fragen, die nach den Begriffsbestimmungen des Kapitels I der Aufgabe des Europarates entsprechen und in dessen Zuständigkeit fallen, beraten und Empfehlungen ausarbeiten; sie berät ferner über jede Frage, die ihr vom Ministerkomitee zur Stellungnahme unterbreitet wird, und kann dazu Empfehlungen ausarbeiten.

(b) Die Versammlung setzt ihre Tagesordnung in Einklang mit den Bestimmungen des vorstehenden Absatzes (a) und unter Berücksichtigung der Tätigkeit der anderen europäischen zwischenstaatlichen Organisationen, denen einige oder alle Mitglieder des Rates angehören, fest.

(c) Der Präsident der Versammlung entscheidet im Zweifelsfalle, ob eine im Laufe einer Sitzungsperiode aufgeworfene Frage auf die Tagesordnung der Versammlung gehört.

Art. 24. Die Beratende Versammlung kann unter Berücksichtigung der Bestimmungen des Artikels 38 (d) Komitees oder Ausschüsse bilden, die beauftragt sind, alle Fragen im Rahmen ihrer Zuständigkeit im Sinne der Begriffsbestimmung des Artikels 23 zu prüfen, ihr Bericht zu erstatten und zu den auf ihre Tagesordnung gesetzten Angelegenheiten sowie zu allen Verfahrensfragen Stellung zu nehmen.

Art. 25. (a) Die Beratende Versammlung besteht aus Vertretern jedes Mitglieds, die von dessen Parlament aus seiner Mitte gewählt oder nach einem vom Parlament bestimmten Verfahren aus seiner Mitte ernannt werden; jedoch kann die Regierung eines jeden Mitglieds ergänzende Ernennungen vornehmen, wenn das Parlament nicht tagt und das in diesem Fall anzuwendende Verfahren nicht bestimmt hat. Jeder Vertreter muß Staatsangehöriger des von ihm vertretenen Mitglieds sein und darf nicht gleichzeitig Mitglied des Ministerkomitees sein.

Die Amtszeit der auf diese Weise ernannten Vertreter beginnt mit der Eröffnung der auf ihre Erinnerung folgenden ordentlichen Sitzungsperiode; sie endet mit der Eröffnung der darauffolgenden oder einer späteren ordentlichen Sitzungsperiode; jedoch können Mitglieder nach Parlamentswahlen neue Erinnerungen vornehmen.

Nimmt ein Mitglied, weil ein Sitz durch Tod oder Rücktritt verwaist ist, oder infolge von Parlamentswahlen Neuernennungen vor, so beginnt die Amtszeit der neuen Vertreter mit der ersten auf die Ernennung folgenden Sitzung der Versammlung.

(b) Kein Vertreter kann im Laufe einer Sitzungsperiode der Versammlung ohne deren Zustimmung seines Mandates enthoben werden.

(c) Jeder Vertreter kann einen Ersatzmann haben, der im Falle der Abwesenheit des Vertreters berechtigt ist, an seiner Stelle an den Sitzungen teilzunehmen, das Wort zu ergreifen und abzustimmen. Die Bestimmungen des vorstehenden Absatzes (a) finden auch auf die Bezeichnung der Ersatzleute Anwendung.

Art. 26. Die Mitglieder haben Anspruch auf die nachstehend angegebene Zahl von Sitzen:

Albanien	4
Andorra	2
Österreich	6
Belgien	7
Bulgarien	6
Kroatien	5
Zypern	3
Tschechische Republik	7
Dänemark	5
Estland	3
Finnland	5
Frankreich	18
Deutschland	18
Griechenland	7
Ungarn	7
Island	3
Irland	4
Italien	18
Lettland	3
Liechtenstein	2
Litauen	4
Luxemburg	3
Malta	3
Mazedonien	3
Moldau	5
Niederlande	7

Norwegen	5
Polen...	12
Portugal...	7
Rumänien	10
Russische Föderation	18
San Marino..	2
Slowakische Republik	5
Slowenien..	3
Spanien..	12
Schweden...	6
Schweiz..	6
Türkei..	12
Ukraine	12
Vereinigtes Königreich Großbritannien und Nordirland..	18

Art. 27. Die Bedingungen, unter denen das Ministerkomitee insgesamt bei den Aussprachen der Beratenden Versammlung vertreten sein kann, und diejenigen, unter denen die Vertreter im Komitee und ihre Beauftragten einzeln das Wort vor der Versammlung ergreifen können, unterliegen den einschlägigen Bestimmungen der Geschäftsordnung, die nach Anhörung der Versammlung vom Komitee beschlossen werden können.

Art. 28. (a) Die Beratende Versammlung gibt sich ihre Geschäftsordnung. Sie wählt aus ihrer Mitte ihren Präsidenten, der bis zur folgenden ordentlichen Sitzungsperiode im Amt bleibt.

(b) Der Präsident leitet die Arbeiten, nimmt aber weder an den Aussprachen noch an der Abstimmung teil. Der Ersatzmann des Präsidenten ist befugt, an seiner Stelle an den Sitzungen teilzunehmen, das Wort zu ergreifen und abzustimmen.

(c) Die Geschäftsordnung regelt insbesondere

(i) die Frage der Beschlußfähigkeit;

(ii) das Verfahren für die Wahl und die Dauer des Amts des Präsidenten und der anderen Mitglieder des Büros;

(iii) Das Verfahren für die Aufstellung der Tagesordnung und für deren Bekanntgabe an die Vertreter;

(iv) Zeitpunkt und Verfahren der Bekanntgabe der Namen der Vertreter und ihrer Ersatzleute.

Art. 29. Vorbehaltlich der Bestimmungen des Artikels 30 bedürfen alle Entschließungen der Beratenden Versammlung der Zweidrittelmehrheit der abgegebenen Stimmen, einschließlich der Entschließungen, die zum Gegenstand haben:

(i) Empfehlungen an das Ministerkomitee;

(ii) Vorschläge an das Komitee über die auf die Tagesordnung der Versammlung zu setzenden Fragen;

(iii) die Bildung der Komitees oder Ausschüsse;

(iv) die Festsetzung des Eröffnungstages der Sitzungsperioden;

(v) die Bestimmung der erforderlichen Mehrheit für die Annahme der Entschließungen, die nicht unter die vorstehenden Ziffern (i) bis (iv) fallen oder in Zweifelsfällen die Bestimmung der angemessenen Mehrheitsregel.

Art. 30. Die Entschließungen der Beratenden Versammlung über Fragen des inneren Geschäftsganges, insbesondere über die Wahl der Mitglieder des Büros, die Ernennung der Mitglieder für die Komitees und Ausschüsse und die Annahme der Geschäftsordnung, bedürfen der von der Versammlung gemäß Artikel 29 (v) zu bestimmenden Mehrheit.

Art. 31. Die Beratungen über die dem Ministerkomitee zu unterbreitenden Vorschläge über die Aufnahme einer Frage auf die Tagesordnung der Beratenden Versammlung dürfen sich nach Abgrenzung des Gegenstandes der Frage nur auf die Gründe beziehen, die für oder gegen diese Aufnahme sprechen.

Art. 32. Die Beratende Versammlung tritt alljährlich zu einer ordentlichen Sitzungsperiode zusammen, deren Zeitpunkt und Dauer von der Versammlung so festgesetzt werden, daß jedes Zusammentreffen mit den Sitzungsperioden der Parlamente der Mitglieder und der Generalversammlung der Vereinten Nationen nach Möglichkeit vermieden wird. Die Dauer der ordentlichen Sitzungsperioden darf einen Monat nicht überschreiten, es sei denn, daß die Versammlung und das Ministerkomitee in beiderseitigem Einvernehmen etwas anderes beschließen.

Art. 33. Die ordentlichen Sitzungsperioden der Beratenden Versammlung finden am Sitze des Rates statt, es sei denn, daß die Versammlung und das Ministerkomitee in beiderseitigem Einvernehmen anders entscheiden.

Art. 34. Die Beratende Versammlung kann auf Vorschlag des Ministerkomitees oder des Präsidenten der Versammlung nach einem zwischen ihnen erzielten diesbezüglichen Einvernehmen, das sich auch auf den Zeitpunkt und den Ort bezieht, zu einer außerordentlichen Sitzungsperiode einberufen werden.

Art. 35. Die Sitzungen der Beratenden Versammlung sind öffentlich, es sei denn, daß die Versammlung anders entscheidet.

Kapitel VI. Sekretariat

Art. 36. (a) Das Sekretariat besteht aus dem Generalsekretär, einem stellvertretenden Generalsekretär und dem erforderlichen Personal.

(b) Der Generalsekretär und der stellvertretende Generalsekretär werden von der Beratenden Versammlung auf Empfehlung des Ministerkomitees ernannt.

(c) Die übrigen Mitglieder des Sekretariats werden vom Generalsekretär nach Maßgabe der Verwaltungsordnung ernannt.

(d) Kein Mitglied des Sekretariats kann eine entgeltliche Stellung bei einer Regierung innehaben, Mitglied der Beratenden Versammlung oder eines nationalen Parlaments sein oder eine Tätigkeit ausüben, die mit seinen Pflichten unvereinbar ist.

(e) Jeder Angehöriger des Personals des Sekretariats hat in einer feierlichen Erklärung seine Treuepflicht gegenüber dem Europarat zu bekräftigen und zu geloben, daß er die Pflichten seiner Stellung gewissenhaft erfüllen wird, ohne sich dabei durch Erwägungen nationaler Art beeinflussen zu lassen, und daß er Weisungen im Zusammenhang mit der Erfüllung seiner Aufgaben von keiner Regierung und keiner anderen Behörde als dem Rat anfordern oder entgegennehmen und sich jeder Handlung enthalten wird, die mit seiner Stellung als eines internationalen ausschließlich dem Rat verantwortlichen Beamten unvereinbar ist. Der Generalsekretär und der stellvertretende Generalsekretär geben diese Erklärung vor dem Komitee ab; die übrigen Mitglieder des Personals geben die Erklärung vor dem Generalsekretär ab.

(f) Jedes Mitglied hat den ausschließlich internationalen Charakter der Aufgaben des Generalsekretärs und des Personals des Sekretariats zu achten und davon Abstand zu nehmen, diese Personen bei der Erfüllung ihrer Aufgaben zu beeinflussen.

Art. 37. (a) Das Sekretariat wird am Sitze des Rates eingerichtet.

(b) Der Generalsekretär ist für die Tätigkeit des Sekretariats dem Ministerkomitee gegenüber verantwortlich. Er hat insbesondere, vorbehaltlich der Bestimmungen des Artikels 38 (d), der Beratenden Versammlung die von ihr etwa benötigten Verwaltungsdienste und sonstigen Dienste zur Verfügung zu stellen.

Kapitel VII. Finanzen

Art. 38. (a) Jedes Mitglied trägt die Kosten seiner eigenen Vertretung im Ministerkomitee und in der Beratenden Versammlung.

(b) Die Aufwendungen des Sekretariats und alle sonstigen gemeinsamen Aufwendungen werden in dem vom Komitee unter Zugrundelegung der Bevölkerungszahl jedes Mitglieds bestimmten Verhältnis auf alle Mitglieder umgelegt.
Der Beitrag eines jeden assoziierten Mitglieds wird vom Komitee festgesetzt.

(c) Der Haushalt des Rates wird alljährlich vom Generalsekretär unter Beachtung der Haushaltsordnung dem Komitee zur Genehmigung unterbreitet.

(d) Der Generalsekretär unterbreitet dem Ministerkomitee die Anforderungen der Versammlung, die geeignet sind, Ausgaben zu verursachen, welche den Betrag im Haushalt für die Versammlung und ihre Arbeiten bereits bewilligten Ansätze überschreiten.

(e) Der Generalsekretär unterbreitet dem Ministerkomitee ferner einen Voranschlag der Ausgaben, die mit der Durchführung jeder der dem Komitee vorgelegten Empfehlungen verbunden sind. Ein Beschluß, dessen Durchführung zusätzliche Ausgaben verursacht, gilt erst dann als vom Ministerkomitee angenommen, wenn dieses die darauf bezüglichen zusätzlichen Kostenvoranschläge genehmigt hat.

Art. 39. Der Generalsekretär gibt alljährlich den Regierungen der Mitglieder die Höhe ihres Beitrages bekannt. Die Beiträge gelten als am Tage dieser Bekanntgabe fällig; sie sind dem Generalsekretär spätestens innerhalb von sechs Monaten zu überweisen.

Kapitel VIII. Vorrechte und Immunitäten

Art. 40. (a) Dem Europarat, den Vertretern der Mitglieder und dem Sekretariat stehen im Gebiete der Mitglieder die Immunitäten und Vorrechte zu, die für die Erfüllung ihrer Aufgaben erforderlich sind. Auf Grund dieser Immunitäten dürfen insbesondere die Vertreter der Beratenden Versammlung im Gebiete der Mitglieder wegen der im Laufe der Beratungen der Versammlung, ihrer Komitees und Ausschüsse zum Ausdruck gebrachten Auffassungen oder wegen ihrer Stimmabgabe weder festgenommen noch verfolgt werden.

(b) Die Mitglieder verpflichten sich, so bald wie möglich ein Abkommen abzuschließen, um die Anwendung des vorstehenden Absatzes (a) in vollem Maße sicherzustellen. Zu diesem Zweck wird das Ministerkomitee den Regierungen der Mitglieder den Abschluß eines Abkommens empfehlen, das die in ihren Gebieten gewährten Vorrechte und Immunitäten näher bezeichnet. Außerdem wird mit der Regierung der Französischen Republik ein besonderes Abkommen getroffen, das die Vorrechte und Immunitäten bezeichnet, die dem Rat an seinem Sitze zustehen.

Kapitel IX. Satzungsänderungen

Art. 41. (a) Vorschläge auf Änderung dieser Satzung können dem Ministerkomitee oder, unter den in Artikel 23 vorgesehenen Bedingungen, der Beratenden Versammlung unterbreitet werden.

(b) Das Komitee empfiehlt die von ihm für wünschenswert erachteten Änderungen der Satzung und sorgt für ihre Aufnahme in ein Protokoll.

(c) Jedes Änderungsprotokoll tritt in Kraft, sobald es von zwei Dritteln der Mitglieder ratifiziert ist.

(d) Unbeschadet der Bestimmungen der vorstehenden Absätze dieses Artikels treten die Änderungen der Artikel 23 bis 35, 38 und 39 nach ihrer jeweiligen Billigung durch das Komitee und die Versammlung mit dem Datum der vom Generalsekretär ausgestellten Bescheinigung, die den Regierungen der Mitglieder zu übersenden ist und die Billigung der genannten Änderungen beglaubigt, in Kraft. Die Bestimmungen dieses Absatzes können erst vom Schluß der zweiten ordentlichen Sitzungsperiode der Versammlung an Anwendung finden.

Kapitel X. Schlußbestimmungen

Art. 42. (a) Diese Satzung bedarf der Ratifizierung. Die Ratifikationsurkunden werden bei der Regierung des Vereinigten Königreichs von Großbritannien und Nordirland hinterlegt.

(b) Diese Satzung tritt nach der Hinterlegung von sieben Ratifikationsurkunden in Kraft. Die Regierung des Vereinigten Königreichs gibt allen Unterzeichnerregierungen das Inkrafttreten der Satzung und die Namen der derzeitigen Mitglieder des Europarates bekannt.

(c) In der Folge wird jeder weitere Unterzeichner mit dem Tage der Hinterlegung seiner Ratifikationsurkunde Vertragspartner dieser Satzung.

ZU URKUND DESSEN haben die unterzeichneten, zu diesem Zweck ordnungsgemäß beglaubigten Vertreter diese Satzung unterschrieben.

GESCHEHEN zu London am 5. Mai 1949 in französischer und englischer Sprache, wobei beide Fassungen gleichermaßen authentisch sind, in einem einzigen Exemplar, das in den Archiven der Regierung des Vereinigten Königreichs hinterlegt wird; diese übersendet beglaubigte Abschriften den anderen Regierungen der Unterzeichnerstaaten.

II. Beistands-, Freundschafts-, Partnerschaftsverträge und Verträge zum Status Deutschlands

3. Vertrag zwischen Belgien, Frankreich, Luxemburg, den Niederlanden und dem Vereinigten Königreich von Großbritannien und Nordirland[1)·2)·3)] (WEU; ehemals Brüsseler Pakt)

(17. 3. 1948)

Seine Königliche Hoheit der Prinzregent von Belgien, der Präsident der Französischen Republik und Präsident der Französischen Union, Ihre Königliche Hoheit die Großherzogin von Luxemburg, Ihre Majestät die Königin der Niederlande und Seine Majestät der König von Großbritannien, Irland und der britischen Dominien jenseits der Meere,

ENTSCHLOSSEN,

Ihren Glauben an die grundlegenden Menschenrechte, an die Würde und den Wert der menschlichen Persönlichkeit und an die anderen in der Satzung der Vereinten Nationen verkündeten Ideale erneut zu bekräftigen;

Die Grundsätze der Demokratie, die persönliche und politische Freiheit, die verfassungsmäßige Überlieferung und die Achtung vor dem Gesetz, die ihr gemeinsames Erbe sind, zu festigen und zu erhalten;

In Verfolgung dieser Ziele die wirtschaftlichen, sozialen und kulturellen Bande, die sie bereits vereinen, zu stärken;

Loyal zusammenzuarbeiten und ihre Bemühungen, in Westeuropa eine feste Grundlage für die wirtschaftliche Erholung Europas zu schaffen, aufeinander abzustimmen;

In Übereinstimmung mit der Satzung der Vereinten Nationen einander Beistand zu leisten bei der Aufrechterhaltung des internationalen Friedens und der internationalen Sicherheit und im Widerstand gegen jede Angriffspolitik;

Die Einheit Europas zu fördern und seiner fortschreitenden Integrierung Antrieb zu geben;

In der Verfolgung dieser Ziele nach und nach andere Staaten hinzuzuziehen, die von den gleichen Idealen geleitet und von der gleichen Entschlossenheit beseelt sind;

[1)] Durch Protokoll vom 23. 10. 1954 sind die Bundesrepublik Deutschland und Italien dem Vertrag beigetreten. Portugal und Spanien sind auf Grund des Protokolls vom 14. 11. 1988 Vertragsparteien, Griechenland auf Grund des Protokolls vom 20.11.1992. Zu diesem Zeipunkt sind Island, Norwegen und die Türkei assoziierte Mitglieder geworden.

[2)] Aus BGBl. 1955 II S. 283 (Wortlaut des Vertrages in der durch das Protokoll zur Änderung und Ergänzung des Brüsseler Vertrags vom 23. Oktober 1954 geänderten Fassung).

[3)] Internationale Quelle: UNTS Vol. 19 p. 51 i. V. m. UNTS Vol. 211 p. 342.

In dem Wunsche, zu diesem Zweck einen Vertrag über Zusammenarbeit in wirtschaftlichen, sozialen und kulturellen Angelegenheiten und zur kollektiven Selbstverteidigung abzuschließen;

HABEN zu ihren Bevollmächtigten ERNANNT:

(Es folgen die Namen der einzelnen Bevollmächtigten)

die nach Vorlage ihrer Vollmachten, die als gut und gehörig befunden wurden,

wie folgt ÜBEREINGEKOMMEN SIND:

Art. I. Überzeugt von der engen Gemeinschaft ihrer Interessen und von der Notwendigkeit, sich zu vereinigen, um die wirtschaftliche Erholung Europas zu fördern, werden die Hohen Vertragschließenden Teile ihre wirtschaftlichen Maßnahmen so gestalten und aufeinander abstimmen, daß sie durch die Beseitigung von Gegensätzen in ihrer Wirtschaftspolitik, durch die Koordinierung der Produktion und durch die Entwicklung des Handels- und Zahlungsverkehrs zu den bestmöglichen Ergebnissen gelangen.

Die in vorstehendem Absatz vorgesehene Zusammenarbeit, die durch den in Artikel VIII genannten Rat erfolgt, soll weder eine Überschneidung noch eine Behinderung der Arbeit anderer wirtschaftlicher Organisationen zur Folge haben, in denen die Hohen Vertragschließenden Teile vertreten sind oder vertreten sein werden; sie soll vielmehr die Arbeit dieser Organisationen unterstützen.

Art. II. Die Hohen Vertragschließenden Teile werden gemeinsam sowohl in unmittelbarer Beratung als auch in besonders hierzu eingerichteten Stellen jede Anstrengung unternehmen, um einen höheren Lebensstandard ihrer Völker herbeizuführen und die in ihren Staaten bestehenden sozialen und sonstigen Einrichtungen dieser Art in diesem Sinne zu entwickeln.

Die Hohen Vertragschließenden Teile werden sich gegenseitig mit dem Ziel konsultieren, die Empfehlungen von unmittelbarem praktischen Interesse, die sich auf soziale Angelegenheiten beziehen und die mit ihrer Zustimmung in den besonders hierzu eingerichteten Stellen angenommen wurden, so bald wie möglich zu verwirklichen.

Sie werden sich bemühen, so bald wie möglich auf dem Gebiet der sozialen Sicherheit Übereinkommen miteinander abzuschließen.

Art. III. Die Hohen Vertragschließenden Teile werden gemeinsam jede Anstrengung unternehmen, um ihre Völker zu einem besseren Verständnis der Grundsätze, welche die Grundlage ihrer gemeinsamen Zivilisation bilden, zu führen und durch gegenseitige Übereinkommen oder sonstige Mittel den kulturellen Austausch zu fördern.

Art. IV. Bei der Durchführung des Vertrags arbeiten die Hohen Vertragschließenden Teile und alle von ihnen im Rahmen des Vertrags geschaffenen Organe eng mit der Organisation des Nordatlantikvertrags zusammen.

Da der Aufbau einer Parallelorganisation zu den militärischen NATO-Stäben unerwünscht ist, sind der Rat und sein Amt in militärischen Angelegenheiten hinsichtlich Auskunftserteilung und Beratung auf die zuständigen militärischen NATO-Stellen angewiesen.

Art. V. Sollte einer der Hohen Vertragschließenden Teile das Ziel eines bewaffneten Angriffs in Europa werden, so werden ihm die anderen Hohen Vertragschließenden Teile im Einklang mit den Bestimmungen des Artikels 51 der Satzung der Vereinten Nationen alle in ihrer Macht stehende militärische und sonstige Hilfe und Unterstützung leisten.

Art. VI. Alle auf Grund des vorstehenden Artikels getroffenen Maßnahmen sind unverzüglich dem Sicherheitsrat zu berichten. Sie werden eingestellt, sobald der Sicherheitsrat die erforderlichen Maßnahmen getroffen hat, um den internationalen Frieden und die internationale Sicherheit aufrechtzuerhalten oder wiederherzustellen.

Dieser Vertrag beeinträchtigt in keiner Weise die Verpflichtungen, die sich für die Hohen Vertragschließenden Teile aus den Bestimmungen der Satzung der Vereinten Nationen ergeben. Er darf nicht so ausgelegt werden, als berühre er in irgendeiner Weise die dem Sicherheitsrat auf Grund der Satzung zustehende Befugnis und Verantwortlichkeit, jederzeit die Maßnahmen zu treffen, die er für erforderlich hält, um den internationalen Frieden und die internationale Sicherheit aufrechtzuerhalten oder wiederherzustellen.

Art. VII. Die Hohen Vertragschließenden Teile erklären jeder für sich, daß keines der internationalen Abkommen, die zwischen ihnen und einem anderen Hohen Vertragschließenden Teil oder einem dritten Staat gegenwärtig besteht, den Bestimmungen dieses Vertrags widerspricht.

Keiner der Hohen Vertragschließenden Teile wird ein Bündnis eingehen oder an einer Koalition teilnehmen, die sich gegen einen der Hohen Vertragschließenden Teile richten.

Art. VIII. Um den Frieden und die Sicherheit zu festigen und die Einheit Europas zu fördern und seiner fortschreitenden Integrierung Antrieb zu geben sowie eine engere Zusammenarbeit zwischen den Mitgliedstaaten und mit anderen europäischen Organisationen zu unterstützen, setzen die Hohen Vertragschließenden Teile des Brüsseler Vertrags einen Rat ein, der sich mit der Durchführung dieses Vertrags, seiner Protokolle und deren Anlagen befaßt.

Der Rat führt die Bezeichnung „Rat der Westeuropäischen Union"; er ist so eingerichtet, daß er ständig tätig sein kann; soweit erforderlich, richtet er nachgeordnete Stellen ein, insbesondere errichtet er unverzüglich ein Amt für Rüstungskontrolle mit den in Protokoll Nr. IV bestimmten Aufgaben.

Auf Antrag eines der Hohen Vertragschließenden Teile wird der Rat unverzüglich einberufen, um eine Beratung bei jeder Lage zu ermöglichen, die eine Bedrohung des Friedens, gleichviel in welchem Gebiet, oder eine Gefährdung der wirtschaftlichen Stabilität darstellt.

Über Fragen, für die ein anderes Abstimmungsverfahren nicht vereinbart ist oder vereinbart wird, beschließt der Rat einstimmig. In den Fällen der Protokolle Nr. II, III und IV wendet er die verschiedenen darin vorgesehenen Abstimmungsverfahren an – Einstimmigkeit, Zweidrittelmehrheit, einfache Mehrheit. Er entscheidet mit einfacher Mehrheit über Fragen, die ihm vom Amt für Rüstungskontrolle vorgelegt werden.

Art. IX. Der Rat der Westeuropäischen Union erstattet einer Versammlung, die aus Vertretern der Brüsseler Vertragsmächte bei der Beratenden Versammlung des Europarates besteht, jährlich einen Bericht über seine Tätigkeit, insbesondere über die Rüstungskontrolle.

Art. X.[1] Getreu ihrem Entschluß, Streitigkeiten nur durch friedliche Mittel beizulegen, werden die Hohen Vertragschließenden Teile bei Streitigkeiten untereinander die folgenden Bestimmungen anwenden:

Die Hohen Vertragschließenden Teile werden für die Dauer dieses Vertrags alle unter Artikel 36 Abs. 2 des Statuts des Internationalen Gerichtshofs fallenden Streitigkeiten diesem Gerichtshof unterbreiten; diese Bestimmung gilt lediglich mit der Maßgabe, daß bei jedem der Hohen Vertragschließenden Teile die von diesem Teil bei der Annahme dieser Klausel über die verbindliche Gerichtsbarkeit gemachten Vorbehalte soweit gewahrt bleiben, wie dieser Teil sie aufrechterhalten sollte.

Ferner werden die Hohen Vertragschließenden Teile alle nicht unter Artikel 36 Abs. 2 des Statuts des Internationalen Gerichtshofs fallenden Streitigkeiten im Wege des Vergleichsverfahrens regeln.

Bei Streitigkeiten, sie sowohl Fragen umfassen, die einem Vergleichsverfahren, als auch solche, die einem gerichtlichen Verfahren unterliegen, hat jede der streitenden Parteien das Recht zu verlangen, daß die gerichtliche Entscheidung der Rechtsfragen dem Vergleichsverfahren vorangehen soll.

Die vorstehenden Bestimmungen dieses Artikels berühren in keiner Weise die Anwendung von Bestimmungen oder Abkommen, welche irgendein anderes Verfahren für eine friedliche Regelung vorsehen.

Art. XI. Die Hohen Vertragschließenden Teile können in gegenseitigem Einvernehmen jeden anderen Staat einladen, diesem Vertrag unter den Bedingungen beizutreten, auf die sie sich mit dem eingeladenen Staat geeinigt haben.

Jeder so eingeladene Staat kann Mitglied des Vertrags werden, indem er eine Beitrittsurkunde bei der belgischen Regierung hinterlegt.

Die belgische Regierung wird jeden der Hohen Vertragschließenden Teile von der Hinterlegung der Beitrittsurkunden in Kenntnis setzen.

Art. XII. Dieser Vertrag ist zu ratifizieren; die Ratifikationsurkunden sind so bald wie möglich bei der belgischen Regierung zu hinterlegen.

Der Vertrag tritt am Tage der Hinterlegung der letzten Ratifikationsurkunde in Kraft und bleibt danach fünfzig Jahre lang in Kraft.

Nach Ablauf des Zeitraums von fünfzig Jahren ist jeder der Hohen Vertragschließenden Teile berechtigt, als Vertragspartner auszuscheiden, vorausgesetzt, daß er der belgischen Regierung ein Jahr vorher eine Kündigung eingereicht hat.

Die belgische Regierung unterrichtet die Regierungen der anderen Hohen Vertragschließenden Teile von der Hinterlegung jeder Ratifikationsurkunde und jeder Kündigungsmitteilung.

ZU URKUND DESSEN haben die genannten Bevollmächtigten diesen Vertrag unterzeichnet und mit ihrem Siegel versehen.

---

[1] Bekanntmachung vom 6. 7. 1956, BGBl. II S. 809 über die Unterwerfung der Bundesrepublik Deutschland unter die Gerichtsbarkeit des IGH.

GESCHEHEN zu Brüssel, am siebzehnten März 1948, in englischer und französischer Sprache, wobei jeder Wortlaut in gleicher Weise maßgebend ist, in einem Urstück, das in den Archiven der belgischen Regierung hinterlegt wird; diese übermittelt jedem der anderen Unterzeichnerstaaten beglaubigte Abschriften.

4. Nordatlantikvertrag[1] [2]
(NATO)

(4. 4. 1949)

Die Parteien dieses Vertrags[3]
bekräftigen erneut ihren Glauben an die Ziele und Grundsätze der Satzung der Vereinten Nationen und ihren Wunsch, mit allen Völkern und allen Regierungen in Frieden zu leben.

Sie sind entschlossen, die Freiheit, das gemeinsame Erbe und die Zivilisation ihrer Völker, die auf den Grundsätzen der Demokratie, der Freiheit der Person und der Herrschaft des Rechts beruhen, zu gewährleisten.

Sie sind bestrebt, die innere Festigkeit und das Wohlergehen im nordatlantischen Gebiet zu fördern.

Sie sind entschlossen, ihre Bemühungen für die gemeinsame Verteidigung und für die Erhaltung des Friedens und der Sicherheit zu vereinigen.

Sie vereinbaren daher diesen Nordatlantikvertrag:

Art. 1. Die Parteien verpflichten sich, in Übereinstimmung mit der Satzung der Vereinten Nationen jeden internationalen Streitfall, an dem sie beteiligt sind, auf friedlichem Wege so zu regeln, daß der internationale Friede, die Sicherheit und die Gerechtigkeit nicht gefährdet werden, und sich in ihren internationalen Beziehungen jeder Gewaltandrohung oder Gewaltanwendung zu enthalten, die mit den Zielen der Vereinten Nationen nicht vereinbar ist.

Art. 2. Die Parteien werden zur weiteren Entwicklung friedlicher und freundschaftlicher internationaler Beziehungen beitragen, indem sie ihre freien Einrichtungen festigen, ein besseres Verständnis für die Grundsätze herbeiführen, auf denen diese Einrichtungen beruhen, und indem sie die Voraussetzungen für die innere Festigkeit und das Wohlergehen fördern. Sie werden bestrebt sein, Gegensätze in ihrer internationalen Wirtschaftspolitik zu beseitigen und die wirtschaftliche Zusammenarbeit zwischen einzelnen oder allen Parteien zu fördern.

Art. 3. Um die Ziele dieses Vertrags besser zu verwirklichen, werden die Parteien einzeln und gemeinsam durch ständige und wirksame Selbsthilfe und gegenseitige Unterstützung die eigene und die gemeinsame Widerstandskraft gegen bewaffnete Angriffe erhalten und fortentwickeln.

---

[1] Aus BGBl. 1955 II S. 289, Art. 6 in der Fassung des Protokolls zum Nordatlantikvertrag über den Beitritt des Königreichs Griechenland und der Türkischen Republik vom 17. 10. 1951 (BGBl. 1955 II S. 293).
[2] Internationale Quelle: UNTS Vol. 34 p. 243 (Nordatlantikvertrag) und UNTS Vol. 126 p. 350 (Protokoll vom 17. 10. 1951).
[3] Belgien, Dänemark, Deutschland, Frankreich, Griechenland, Island, Italien, Kanada, Luxemburg, Niederlande, Norwegen, Portugal, Spanien, Türkei, Vereinigtes Königreich und Vereinigte Staaten. Polen, die Tschechische Republik und Ungarn sind durch Protokoll vom 16. Dezember 1997 eingeladen worden, der Nato beizutreten, BGBl. 1998 II S. 363.

Art. 4. Die Parteien werden einander konsultieren, wenn nach Auffassung einer von ihnen die Unversehrtheit des Gebiets, die politische Unabhängigkeit oder die Sicherheit einer der Parteien bedroht sind.

Art. 5. Die Parteien vereinbaren, daß ein bewaffneter Angriff gegen eine oder mehrere von ihnen in Europa oder Nordamerika als ein Angriff gegen sie alle angesehen werden wird; sie vereinbaren daher, daß im Falle eines solchen bewaffneten Angriffs jede von ihnen in Ausübung des in Artikel 51 der Satzung der Vereinten Nationen anerkannten Rechts der individuellen oder kollektiven Selbstverteidigung der Partei oder den Parteien, die angegriffen werden, Beistand leistet, indem jede von ihnen unverzüglich für sich und im Zusammenwirken mit den anderen Parteien die Maßnahmen, einschließlich der Anwendung von Waffengewalt, trifft, die sie für erforderlich erachtet, um die Sicherheit des nordatlantischen Gebiets wiederherzustellen und zu erhalten.

Von jedem bewaffneten Angriff und allen daraufhin getroffenen Gegenmaßnahmen ist unverzüglich dem Sicherheitsrat Mitteilung zu machen. Die Maßnahmen sind einzustellen, sobald der Sicherheitsrat diejenigen Schritte unternommen hat, die notwendig sind, um den internationalen Frieden und die internationale Sicherheit wiederherzustellen und zu erhalten.

Art. 6. Im Sinne des Artikels 5 gilt als bewaffneter Angriff auf eine oder mehrere der Parteien jeder bewaffnete Angriff

(i) auf das Gebiet eines dieser Staaten in Europa oder Nordamerika, auf die algerischen Departements Frankreichs, auf das Gebiet der Türkei oder auf die Gebietshoheit einer der Parteien unterliegenden Inseln im nordatlantischen Gebiet nördlich des Wendekreises des Krebses;

(ii) auf die Streitkräfte, Schiffe oder Flugzeuge einer der Parteien, wenn sie sich in oder über diesen Gebieten oder irgendeinem anderen europäischen Gebiet, in dem eine der Parteien bei Inkrafttreten des Vertrags eine Besatzung unterhält, oder wenn sie sich im Mittelmeer oder im nordatlantischen Gebiet nördlich des Wendekreises des Krebses befinden.

Art. 7. Dieser Vertrag berührt weder die Rechte und Pflichten, welche sich für die Parteien, die Mitglieder der Vereinten Nationen sind, aus deren Satzung ergeben, oder die in erster Linie bestehende Verantwortlichkeit des Sicherheitsrats für die Erhaltung des internationalen Friedens und der internationalen Sicherheit, noch kann er in solcher Weise ausgelegt werden.

Art. 8. Jede Partei erklärt, daß keine der internationalen Verpflichtungen, die gegenwärtig zwischen ihr und einer anderen Partei oder einem dritten Staat bestehen, den Bestimmungen dieses Vertrags widersprechen, und verpflichtet sich, keine diesem Vertrag widersprechende internationale Verpflichtung einzugehen.

Art. 9. Die Parteien errichten hiermit einen Rat, in dem jede von ihnen vertreten ist, um Fragen zu prüfen, welche die Durchführung dieses Vertrags betreffen. Der Aufbau dieses Rats ist so zu gestalten, daß er jederzeit schnell zusammentreten kann. Der Rat errichtet, soweit erforderlich, nachgeordnete Stellen; insbesondere setzt er unverzüglich einen Verteidigungsausschuß ein, der Maßnahmen zur Durchführung der Artikel 3 und 5 zu empfehlen hat.

Art. 10. Die Parteien können durch einstimmigen Beschluß jeden anderen europäischen Staat, der in der Lage ist, die Grundsätze dieses Vertrags zu fördern und zur Sicherheit des nordatlantischen Gebiets beizutragen, zum Beitritt einladen. Jeder so eingeladene Staat kann durch Hinterlegung seiner Beitrittsurkunde bei der Regierung der Vereinigten Staaten von Amerika Mitglied dieses Vertrages werden. Die Regierung der Vereinigten Staaten von Amerika unterrichtet jede der Parteien von der Hinterlegung einer solchen Beitrittsurkunde.

Art. 11. Der Vertrag ist von den Parteien in Übereinstimmung mit ihren verfassungsmäßigen Verfahren zu ratifizieren und in seinen Bestimmungen durchzuführen. Die Ratifikationsurkunden werden sobald wie möglich bei der Regierung der Vereinigten Staaten von Amerika hinterlegt, die alle anderen Unterzeichnerstaaten von jeder Hinterlegung unterrichtet. Der Vertrag tritt zwischen den Staaten, die ihn ratifiziert haben, in Kraft, sobald die Ratifikationsurkunden der Mehrzahl der Unterzeichnerstaaten, einschließlich derjenigen Belgiens, Kanadas, Frankreichs, Luxemburgs, der Niederlande, des Vereinigten Königreichs und der Vereinigten Staaten, hinterlegt worden sind; für andere Staaten tritt er am Tage der Hinterlegung ihrer Ratifikationsurkunden in Kraft.

Art. 12. Nach zehnjähriger Geltungsdauer des Vertrags oder zu jedem späteren Zeitpunkt werden die Parteien auf Verlangen einer von ihnen miteinander beraten, um den Vertrag unter Berücksichtigung der Umstände zu überprüfen, die dann den Frieden und die Sicherheit des nordatlantischen Gebiets berühren, zu denen auch die Entwicklung allgemeiner und regionaler Vereinbarungen gehört, die im Rahmen der Satzung der Vereinten Nationen zur Aufrechterhaltung des internationalen Friedens und der internationalen Sicherheit dienen.

Art. 13. Nach zwanzigjähriger Geltungsdauer des Vertrags kann jede Partei aus dem Vertrag ausscheiden, und zwar ein Jahr, nachdem sie der Regierung der Vereinigten Staaten von Amerika die Kündigung mitgeteilt hat; diese unterrichtet die Regierungen der anderen Parteien von der Hinterlegung jeder Kündigungsmitteilung.

Art. 14. Der Vertrag, dessen englischer und französischer Wortlaut in gleicher Weise maßgebend ist, wird in den Archiven der Vereinigten Staaten von Amerika hinterlegt. Diese Regierung übermittelt den Regierungen der anderen Unterzeichnerstaaten ordnungsgemäß beglaubigte Abschriften.

ZU URKUND DESSEN haben die unterzeichneten Bevollmächtigten diesen Vertrag unterschrieben.

GESCHEHEN zu Washington am 4. April 1949.

5. Vertrag
zwischen der Bundesrepublik Deutschland und der Französischen Republik über die deutsch-französische Zusammenarbeit[1)·2)]

(22. 1. 1963)

Im Anschluß an die Gemeinsame Erklärung des Bundeskanzlers der Bundesrepublik Deutschland und des Präsidenten der Französischen Republik vom 22. Januar 1963 über die Organisation und die Grundsätze der Zusammenarbeit zwischen den beiden Staaten[3)] wurden die folgenden Bestimmungen vereinbart:

I. Organisation

1. Die Staats- und Regierungschefs geben nach Bedarf die erforderlichen Weisungen und verfolgen laufend die Ausführung des im folgenden festgelegten Programms. Sie treten zu diesem Zweck zusammen, sooft es erforderlich ist und grundsätzlich mindestens zweimal jährlich.

2. Die Außenminister tragen für die Ausführung des Programms in seiner Gesamtheit Sorge. Sie treten mindestens alle drei Monate zusammen. Unbeschadet der normalen Kontakte über die Botschaften treten diejenigen leitenden Beamten der beiden Außenministerien, denen die politischen, wirtschaftlichen und kulturellen Angelegenheiten obliegen, allmonatlich abwechselnd in Bonn und Paris zusammen, um den Stand der vorliegenden Fragen festzustellen und die Zusammenkunft der Minister vorzubereiten. Ferner nehmen die diplomatischen Vertretungen bei den internationalen Organisationen die notwendige Verbindung in den Fragen gemeinsamen Interesses auf.

3. Zwischen den zuständigen Behörden beider Staaten finden regelmäßige Zusammenkünfte auf den Gebieten der Verteidigung, der Erziehung und der Jugendfragen statt. Sie beeinträchtigen in keiner Weise die Tätigkeit der bereits bestehenden Organe – Deutsch-Französische Kulturkommission, Ständige Gruppe der Generalstäbe –, deren Tätigkeit vielmehr erweitert wird. Die Außenminister sind bei diesen Zusammenkünften vertreten, um die Gesamtkoordinierung der Zusammenarbeit zu gewährleisten.

a) Der Verteidigungs- und der Armeeminister treten wenigstens einmal alle drei Monate zusammen. Ferner trifft sich der französische Erziehungsminister in den gleichen Zeitabständen mit derjenigen Persönlichkeit, die auf deutscher Seite benannt wird, um die Ausführung des Programms der Zusammenarbeit auf kulturellem Gebiet zu verfolgen.

b) Die Generalstabschefs beider Staaten treten wenigstens einmal alle zwei Monate zusammen; im Verhinderungsfalle werden sie durch ihre verantwortlichen Vertreter ersetzt.

[1)] Aus BGBl. 1963 II S. 707.
[2)] Internationale Quelle: UNTS Vol. 821 p. 323.
[3)] Siehe unten Nr. 5 a.

c) Der Bundesminister für Familien- und Jugendfragen oder sein Vertreter trifft sich wenigstens einmal alle zwei Monate mit dem französischen Hohen Kommissar für Jugend und Sport.

4. In jedem der beiden Staaten wird eine interministerielle Kommission beauftragt, die Fragen der Zusammenarbeit zu verfolgen. In dieser Kommission, der Vertreter aller beteiligten Ministerien angehören, führt ein hoher Beamter des Außenministeriums den Vorsitz. Ihre Aufgabe besteht darin, das Vorgehen der beteiligten Ministerien zu koordinieren und in regelmäßigen Abständen ihrer Regierung einen Bericht über den Stand der deutsch-französischen Zusammenarbeit zu erstatten. Die Kommission hat ferner die Aufgabe, zweckmäßige Anregungen für die Ausführung des Programms der Zusammenarbeit und dessen etwaige Ausdehnung auf neue Gebiete zu geben.

II. Programm

A. Auswärtige Angelegenheiten

1. Die beiden Regierungen konsultieren sich vor jeder Entscheidung in allen wichtigen Fragen der Außenpolitik und in erster Linie in den Fragen von gemeinsamem Interesse, um so weit wie möglich zu einer gleichgerichteten Haltung zu gelangen. Diese Konsultation betrifft unter anderem folgende Gegenstände:

– Fragen der Europäischen Gemeinschaften und der europäischen politischen Zusammenarbeit;

– Ost-West-Beziehungen sowohl im politischen als auch im wirtschaftlichen Bereich;

– Angelegenheiten, die in der Nordatlantikvertragsorganisation und in den verschiedenen internationalen Organisationen behandelt werden und an denen die beiden Regierungen interessiert sind, insbesondere im Europarat, in der Westeuropäischen Union, in der Organisation für Wirtschaftliche Zusammenarbeit und Entwicklung, in den Vereinten Nationen und ihren Sonderorganisationen.

2. Die auf dem Gebiet des Informationswesens bereits bestehende Zusammenarbeit wird zwischen den beteiligten Dienststellen in Bonn und Paris und zwischen den Vertretungen in Drittstaaten fortgeführt und ausgebaut.

3. Hinsichtlich der Entwicklungshilfe stellen die beiden Regierungen ihre Programme einander systematisch gegenüber, um dauernd eine enge Koordinierung durchzuführen. Sie prüfen die Möglichkeit, Vorhaben gemeinsam in Angriff zu nehmen. Da sowohl auf deutscher als auch auf französischer Seite mehrere Ministerien für diese Angelegenheit zuständig sind, wird es Sache der beiden Außenministerien sein, die praktischen Grundlagen dieser Zusammenarbeit gemeinsam festzulegen.

4. Die beiden Regierungen prüfen gemeinsam die Mittel und Wege dazu, ihre Zusammenarbeit im Rahmen des Gemeinsamen Marktes in anderen wichtigen Bereichen der Wirtschaftspolitik, zum Beispiel der Land- und Forstwirtschaftspolitik, der Energiepolitik, der Verkehrs- und Transportfragen, der industriellen Entwicklung ebenso wie der Ausfuhrkreditpolitik, zu verstärken.

B. Verteidigung

I. Auf diesem Gebiet werden nachstehende Ziele verfolgt:

1. Auf dem Gebiet der Strategie und der Taktik bemühen sich die zuständigen Stellen beider Länder, ihre Auffassungen einander anzunähern, um zu gemeinsamen Konzeptionen zu gelangen. Es werden deutsch-französische Institute für operative Forschung errichtet.

2. Der Personalaustausch zwischen den Streitkräften wird verstärkt; er betrifft insbesondere die Lehrkräfte und Schüler der Generalstabsschulen; der Austausch kann sich auf die zeitweilige Abordnung ganzer Einheiten erstrekken. Zur Erleichterung dieses Austausches werden beide Seiten um den praktischen Sprachunterricht für das in Betracht kommende Personal bemüht sein.

3. Auf dem Gebiet der Rüstung bemühen sich die beiden Regierungen, eine Gemeinschaftsarbeit vom Stadium der Ausarbeitung geeigneter Rüstungsvorhaben und der Vorbereitung der Finanzierungspläne an zu organisieren.

Zu diesem Zweck untersuchen gemischte Kommissionen die in beiden Ländern hierfür betriebenen Forschungsvorhaben und nehmen eine vergleichende Prüfung vor. Sie unterbreiten den Ministerien Vorschläge, die diese bei ihren dreimonatlichen Zusammenkünften prüfen und zu deren Ausführung sie die notwendigen Richtlinien geben.

II. Die Regierungen prüfen die Voraussetzungen, unter denen eine deutsch-französische Zusammenarbeit auf dem Gebiet des zivilen Bevölkerungsschutzes hergestellt werden kann.

C. Erziehungs- und Jugendfragen

Auf dem Gebiet des Erziehungswesens und der Jugendfragen werden die Vorschläge, die in den französischen und deutschen Memoranden vom 19. September und 8. November 1962 enthalten sind, nach dem oben erwähnten Verfahren einer Prüfung unterzogen.

1. Auf dem Gebiet des Erziehungswesens richten sich die Bemühungen hauptsächlich auf folgende Punkte:

a) Sprachunterricht

Die beiden Regierungen erkennen die wesentliche Bedeutung an, die der Kenntnis der Sprache des anderen in jedem der beiden Länder für die deutsch-französische Zusammenarbeit zukommt. Zu diesem Zweck werden sie sich bemühen, konkrete Maßnahmen zu ergreifen, um die Zahl der deutschen Schüler, die Französisch lernen, und die der französischen Schüler, die Deutsch lernen, zu erhöhen.

Die Bundesregierung wird in Verbindung mit den Länderregierungen, die hierfür zuständig sind, prüfen, wie es möglich ist, eine Regelung einzuführen, die es gestattet, dieses Ziel zu erreichen.

Es erscheint angebracht, an allen Hochschulen in Deutschland einen für alle Studierenden zugänglichen praktischen Unterricht in der französischen Sprache und in Frankreich einen solchen in der deutschen Sprache einzurichten.

b) Frage der Gleichwertigkeit der Diplome

Die zuständigen Behörden beider Staaten sollen gebeten werden, beschleunigt Bestimmungen über die Gleichwertigkeit der Schulzeiten, der Prüfungen, der Hochschultitel und -diplome zu erlassen.

c) Zusammenarbeit auf dem Gebiet der wissenschaftlichen Forschung

Die Forschungsstellen und die wissenschaftlichen Institute bauen ihre Verbindungen untereinander aus, wobei sie mit einer gründlicheren gegenseitigen Unterrichtung beginnen; vereinbarte Forschungsprogramme werden in den Disziplinen aufgestellt, in denen sich dies als möglich erweist.

2. Der deutschen und französischen Jugend sollen alle Möglichkeiten geboten werden, um die Bande, die zwischen ihnen bestehen, enger zu gestalten und ihr Verständnis füreinander zu vertiefen. Insbesondere wird der Gruppenaustausch weiter ausgebaut.

Es wird ein Austausch- und Förderungswerk der beiden Länder errichtet, an dessen Spitze ein unabhängiges Kuratorium steht. Diesem Werk wird ein deutsch-französischer Gemeinschaftsfonds zur Verfügung gestellt, der der Begegnung und dem Austausch von Schülern, Studenten, jungen Handwerkern und jungen Arbeitern zwischen beiden Ländern dient.

III. Schlußbestimmungen

1. In beiden Ländern werden die erforderlichen Anordnungen zur unverzüglichen Verwirklichung des Vorstehenden getroffen. Die Außenminister stellen bei jeder ihrer Zusammenkünfte fest, welche Fortschritte erzielt worden sind.

2. Die beiden Regierungen werden die Regierungen der übrigen Mitgliedstaaten der Europäischen Gemeinschaften über die Entwicklung der deutsch-französischen Zusammenarbeit laufend unterrichtet halten.

3. Dieser Vertrag gilt mit Ausnahme der die Verteidigung betreffenden Bestimmungen auch für das Land Berlin, sofern nicht die Regierung der Bundesrepublik Deutschland gegenüber der Regierung der Französischen Republik innerhalb von drei Monaten nach Inkrafttreten des Vertrages eine gegenteilige Erklärung abgibt.

4. Die beiden Regierungen können die Anpassungen vornehmen, die sich zur Ausführung dieses Vertrages als wünschenswert erweisen.

5. Dieser Vertrag tritt in Kraft, sobald jeder der beiden Vertragschließenden dem anderen mitgeteilt hat, daß die dazu erforderlichen innerstaatlichen Voraussetzungen erfüllt sind.[1]

---

[1] In Kraft getreten am 2. 7. 1963 (siehe Bekanntmachung vom 31. 7. 1963, BGBl. II S. 1153).

5 a. Gemeinsame Erklärung[1]

(22. 1. 1963)

Der Bundeskanzler der Bundesrepublik Deutschland, Dr. Konrad Adenauer, und der Präsident der Französischen Republik, General de Gaulle, haben sich

– zum Abschluß der Konferenz vom 21. und 22. Januar 1963 in Paris, an der auf deutscher Seite der Bundesminister des Auswärtigen, der Bundesminister der Verteidigung und der Bundesminister für Familien- und Jugendfragen; auf französischer Seite der Premierminister, der Außenminister, der Armeeminister und der Erziehungsminister teilgenommen haben,

– in der Überzeugung, daß die Versöhnung zwischen dem deutschen und dem französischen Volk, die eine Jahrhunderte alte Rivalität beendet, ein geschichtliches Ereignis darstellt, das das Verhältnis der beiden Völker zueinander von Grund auf neu gestaltet,

– in dem Bewußtsein, daß eine enge Solidarität die beiden Völker sowohl hinsichtlich ihrer Sicherheit als auch hinsichtlich ihrer wirtschaftlichen und kulturellen Entwicklung miteinander verbindet,

– angesichts der Tatsache, daß insbesondere die Jugend sich dieser Solidarität bewußt geworden ist, und daß ihr eine entscheidende Rolle bei der Festigung der deutsch-französischen Freundschaft zukommt,

– in der Erkenntnis, daß die Verstärkung der Zusammenarbeit zwischen den beiden Ländern einen unerläßlichen Schritt auf dem Wege zu dem vereinigten Europa bedeutet, welches das Ziel beider Völker ist,

mit der Organisation und den Grundsätzen der Zusammenarbeit zwischen den beiden Staaten, wie sie in dem heute unterzeichneten Vertrag niedergelegt sind, einverstanden erklärt.

GESCHEHEN zu Paris am 22. Januar 1963 in zwei Urschriften in deutscher und französischer Sprache.

Der Bundeskanzler
der Bundesrepublik Deutschland:

Adenauer

Der Präsident
der Französischen Republik:

C. de Gaulle

---

[1] Aus BGBl. 1963 II S. 706.

5 b. Vorspruch zum deutschen Zustimmungsgesetz[1]

(15. 6. 1963)

In der Überzeugung,
- daß der Vertrag zwischen der Bundesrepublik Deutschland und der Französischen Republik vom 22. Januar 1963 die Aussöhnung und Freundschaft zwischen dem deutschen und dem französischen Volk vertiefen und ausgestalten wird;

mit der Feststellung,
- daß durch diesen Vertrag die Rechte und Pflichten aus den von der Bundesrepublik Deutschland abgeschlossenen multilateralen Verträgen unberührt bleiben;

mit dem Willen,
- durch die Anwendung dieses Vertrages die großen Ziele zu fördern, die die Bundesrepublik Deutschland in Gemeinschaft mit den anderen ihr verbündeten Staaten seit Jahren anstrebt und die ihre Politik bestimmen,

nämlich

die Erhaltung und Festigung des Zusammenschlusses der freien Völker, insbesondere einer engen Partnerschaft zwischen Europa und den Vereinigten Staaten von Amerika,

die Verwirklichung des Selbstbestimmungsrechts für das deutsche Volk und die Wiederherstellung der deutschen Einheit,

die gemeinsame Verteidigung im Rahmen des nordatlantischen Bündnisses und die Integrierung der Streitkräfte der in diesem Bündnis zusammengeschlossenen Staaten,

die Einigung Europas auf dem durch die Schaffung der Europäischen Gemeinschaften begonnenen Wege unter Einbeziehung Großbritanniens und anderer zum Beitritt gewillter Staaten und die weitere Stärkung dieser Gemeinschaften,

den Abbau der Handelsschranken durch Verhandlungen zwischen der Europäischen Wirtschaftsgemeinschaft, Großbritannien und den Vereinigten Staaten von Amerika sowie anderen Staaten im Rahmen des „Allgemeinen Zoll- und Handelsabkommens";

in dem Bewußtsein,
- daß eine deutsch-französische Zusammenarbeit, die sich von diesen Zielen leiten läßt, allen Völkern Nutzen bringen, dem Frieden in der Welt dienen und dadurch zugleich dem deutschen und dem französischen Volke zum Wohl gereichen wird;

hat der Bundestag das folgende Gesetz beschlossen ...

---

[1] Aus BGBl. 1963 II S. 705.

6. Vertrag über die abschließende Regelung in bezug auf Deutschland[1)]

(12. 9. 1990)

Die Bundesrepublik Deutschland, die Deutsche Demokratische Republik, die Französische Republik, die Union der Sozialistischen Sowjetrepubliken,[2)] das Vereinigte Königreich Großbritannien und Nordirland und die Vereinigten Staaten von Amerika –

in dem Bewußtsein, daß ihre Völker seit 1945 miteinander in Frieden leben,

eingedenk der jüngsten historischen Veränderungen in Europa, die es ermöglichen, die Spaltung des Kontinents zu überwinden,

unter Berücksichtigung der Rechte und Verantwortlichkeiten der Vier Mächte in bezug auf Berlin und Deutschland als Ganzes und der entsprechenden Vereinbarungen und Beschlüsse der Vier Mächte aus der Kriegs- und Nachkriegszeit,

entschlossen, in Übereinstimmung mit ihren Verpflichtungen aus der Charta der Vereinten Nationen freundschaftliche, auf der Achtung vor dem Grundsatz der Gleichberechtigung und Selbstbestimmung der Völker beruhende Beziehungen zwischen den Nationen zu entwickeln und andere geeignete Maßnahmen zur Festigung des Weltfriedens zu treffen,

eingedenk der Prinzipien der in Helsinki unterzeichneten Schlußakte der Konferenz über Sicherheit und Zusammenarbeit in Europa,

in Anerkennung, daß diese Prinzipien feste Grundlagen für den Aufbau einer gerechten und dauerhaften Friedensordnung in Europa geschaffen haben,

entschlossen, die Sicherheitsinteressen eines jeden zu berücksichtigen,

überzeugt von der Notwendigkeit, Gegensätze endgültig zu überwinden und die Zusammenarbeit in Europa fortzuentwickeln,

in Bekräftigung ihrer Bereitschaft, die Sicherheit zu stärken, insbesondere durch wirksame Maßnahmen zur Rüstungskontrolle, Abrüstung und Vertrauensbildung; ihrer Bereitschaft, sich gegenseitig nicht als Gegner zu betrachten, sondern auf ein Verhältnis des Vertrauens und der Zusammenarbeit hinzuarbeiten, sowie dementsprechend ihrer Bereitschaft, die Schaffung geeigneter institutioneller Vorkehrungen im Rahmen der Konferenz über Sicherheit und Zusammenarbeit in Europa positiv in Betracht zu ziehen,

in Würdigung dessen, daß das deutsche Volk in freier Ausübung des Selbstbestimmungsrechts seinen Willen bekundet hat, die staatliche Einheit Deutschlands herzustellen, um als gleichberechtigtes und souveränes Glied in einem vereinten Europa dem Frieden der Welt zu dienen,

in der Überzeugung, daß die Vereinigung Deutschlands als Staat mit endgültigen Grenzen ein bedeutsamer Beitrag zu Frieden und Stabilität in Europa ist,

mit dem Ziel, die abschließende Regelung in bezug auf Deutschland zu vereinbaren,

---

[1)] Aus BGBl. 1990 II S. 1318.
[2)] Zum Problem der Fortgeltung bezüglich der Nachfolgestaaten siehe Vorwort.

in Anerkennung dessen, daß dadurch und mit der Vereinigung Deutschlands als einem demokratischen und friedlichen Staat die Rechte und Verantwortlichkeiten der Vier Mächte in bezug auf Berlin und Deutschland als Ganzes ihre Bedeutung verlieren,

vertreten durch ihre Außenminister, die entsprechend der Erklärung von Ottawa vom 13. Februar 1990 am 5. Mai 1990 in Bonn, am 22. Juni 1990 in Berlin, am 17. Juli 1990 in Paris unter Beteiligung des Außenministers der Republik Polen und am 12. September 1990 in Moskau zusammengetroffen sind –

sind wie folgt übereingekommen:

Art. 1. (1) Das vereinte Deutschland wird die Gebiete der Bundesrepublik Deutschland, der Deutschen Demokratischen Republik und ganz Berlins umfassen. Seine Außengrenzen werden die Grenzen der Bundesrepublik Deutschland und der Deutschen Demokratischen Republik sein und werden am Tage des Inkrafttretens dieses Vertrags endgültig sein. Die Bestätigung des endgültigen Charakters der Grenzen des vereinten Deutschland ist ein wesentlicher Bestandteil der Friedensordnung in Europa.

(2) Das vereinte Deutschland und die Republik Polen bestätigen die zwischen ihnen bestehende Grenze in einem völkerrechtlich verbindlichen Vertrag.

(3) Das vereinte Deutschland hat keinerlei Gebietsansprüche gegen andere Staaten und wird solche auch nicht in Zukunft erheben.

(4) Die Regierungen der Bundesrepublik Deutschland und der Deutschen Demokratischen Republik werden sicherstellen, daß die Verfassung des vereinten Deutschland keinerlei Bestimmungen enthalten wird, die mit diesen Prinzipien unvereinbar sind. Dies gilt dementsprechend für die Bestimmungen, die in der Präambel und in den Artikeln 23 Satz 2 und 146 des Grundgesetzes für die Bundesrepublik Deutschland niedergelegt sind.

(5) Die Regierungen der Französischen Republik, der Union der Sozialistischen Sowjetrepubliken, des Vereinigten Königreichs Großbritannien und Nordirland und der Vereinigten Staaten von Amerika nehmen die entsprechenden Verpflichtungen und Erklärungen der Regierungen der Bundesrepublik Deutschland und der Deutschen Demokratischen Republik förmlich entgegen und erklären, daß mit deren Verwirklichung der endgültige Charakter der Grenzen des vereinten Deutschland bestätigt wird.

Art. 2. Die Regierungen der Bundesrepublik Deutschland und der Deutschen Demokratischen Republik bekräftigen ihre Erklärungen, daß von deutschem Boden nur Frieden ausgehen wird. Nach der Verfassung des vereinten Deutschland sind Handlungen, die geeignet sind und in der Absicht vorgenommen werden, das friedliche Zusammenleben der Völker zu stören, insbesondere die Führung eines Angriffskrieges vorzubereiten, verfassungswidrig und strafbar. Die Regierungen der Bundesrepublik Deutschland und der Deutschen Demokratischen Republik erklären, daß das vereinte Deutschland keine seiner Waffen jemals einsetzen wird, es sei denn in Übereinstimmung mit seiner Verfassung und der Charta der Vereinten Nationen.

Art. 3. (1) Die Regierungen der Bundesrepublik Deutschland und der Deutschen Demokratischen Republik bekräftigen ihren Verzicht auf Herstellung und Besitz von und auf Verfügungsgewalt über atomare, biologische und chemische Waffen. Sie erklären, daß auch das vereinte Deutschland sich an diese Verpflichtungen halten wird. Insbesondere gelten die Rechte und Verpflichtungen aus dem Vertrag über die Nichtverbreitung von Kernwaffen vom 1. Juli 1968 für das vereinte Deutschland fort.

(2) Die Regierung der Bundesrepublik Deutschland hat in vollem Einvernehmen mit der Regierung der Deutschen Demokratischen Republik am 30. August 1990 in Wien bei den Verhandlungen über konventionelle Streitkräfte in Europa folgende Erklärung abgegeben:

„Die Regierung der Bundesrepublik Deutschland verpflichtet sich, die Streitkräfte des vereinten Deutschland innerhalb von drei bis vier Jahren auf eine Personalstärke von 370 000 Mann (Land-, Luft- und Seestreitkräfte) zu reduzieren. Diese Reduzierung soll mit dem Inkrafttreten des ersten KSE-Vertrags beginnen. Im Rahmen dieser Gesamtobergrenze werden nicht mehr als 345 000 Mann den Land- und Luftstreitkräften angehören, die gemäß vereinbartem Mandat allein Gegenstand der Verhandlungen über konventionelle Streitkräfte in Europa sind. Die Bundesregierung sieht in ihrer Verpflichtung zur Reduzierung von Land- und Luftstreitkräften einen bedeutsamen deutschen Beitrag zur Reduzierung der konventionellen Streitkräfte in Europa. Sie geht davon aus, daß in Folgeverhandlungen auch die anderen Verhandlungsteilnehmer ihren Beitrag zur Festigung von Sicherheit und Stabilität in Europa, einschließlich Maßnahmen zur Begrenzung der Personalstärken, leisten werden."

Die Regierung der Deutschen Demokratischen Republik hat sich dieser Erklärung ausdrücklich angeschlossen.

(3) Die Regierungen der Französischen Republik, der Union der Sozialistischen Sowjetrepubliken, des Vereinigten Königreichs Großbritannien und Nordirland und der Vereinigten Staaten von Amerika nehmen diese Erklärungen der Regierungen der Bundesrepublik Deutschland und der Deutschen Demokratischen Republik zur Kenntnis.

Art. 4. (1) Die Regierungen der Bundesrepublik Deutschland, der Deutschen Demokratischen Republik und der Union der Sozialistischen Sowjetrepubliken erklären, daß das vereinte Deutschland und die Union der Sozialistischen Sowjetrepubliken in vertraglicher Form die Bedingungen und die Dauer des Aufenthalts der sowjetischen Streitkräfte auf dem Gebiet der heutigen Deutschen Demokratischen Republik und Berlins sowie die Abwicklung des Abzugs dieser Streitkräfte regeln werden, der bis zum Ende des Jahres 1994 im Zusammenhang mit der Verwirklichung der Verpflichtungen der Regierungen der Bundesrepublik Deutschland und der Deutschen Demokratischen Republik, auf die sich Absatz 2 des Artikels 3 dieses Vertrags bezieht, vollzogen sein wird.

(2) Die Regierungen der Französischen Republik, des Vereinigten Königreichs Großbritannien und Nordirland und der Vereinigten Staaten von Amerika nehmen diese Erklärung zur Kenntnis.

Art. 5. (1) Bis zum Abschluß des Abzugs der sowjetischen Streitkräfte vom Gebiet der heutigen Deutschen Demokratischen Republik und Berlins in Übereinstimmung mit Artikel 4 dieses Vertrags werden auf diesem Gebiet als Streitkräfte des vereinten Deutschland ausschließlich deutsche Verbände der

Territorialverteidigung stationiert sein, die nicht in die Bündnisstrukturen integriert sind, denen deutsche Streitkräfte auf dem übrigen deutschen Hoheitsgebiet zugeordnet sind. Unbeschadet der Regelung in Absatz 2 dieses Artikels werden während dieses Zeitraums Streitkräfte anderer Staaten auf diesem Gebiet nicht stationiert oder irgendwelche andere militärische Tätigkeiten dort ausüben.

(2) Für die Dauer des Aufenthalts sowjetischer Streitkräfte auf dem Gebiet der heutigen Deutschen Demokratischen Republik und Berlins werden auf deutschen Wunsch Streitkräfte der Französischen Republik, des Vereinigten Königreichs Großbritannien und Nordirland und der Vereinigten Staaten von Amerika auf der Grundlage entsprechender vertraglicher Vereinbarung zwischen der Regierung des vereinten Deutschland und den Regierungen der betreffenden Staaten in Berlin stationiert bleiben. Die Zahl aller nichtdeutschen in Berlin stationierten Streitkräfte und deren Ausrüstungsumfang werden nicht stärker sein als zum Zeitpunkt der Unterzeichnung dieses Vertrags. Neue Waffenkategorien werden von nichtdeutschen Streitkräften dort nicht eingeführt. Die Regierung des vereinten Deutschland wird mit den Regierungen der Staaten, die Streitkräfte in Berlin stationiert haben, Verträge zu gerechten Bedingungen unter Berücksichtigung der zu den betreffenden Staaten bestehenden Beziehungen abschließen.

(3) Nach dem Abschluß des Abzugs der sowjetischen Streitkräfte vom Gebiet der heutigen Deutschen Demokratischen Republik und Berlins können in diesem Teil Deutschlands auch deutsche Streitkräfteverbände stationiert werden, die in gleicher Weise militärischen Bündnisstrukturen zugeordnet sind wie diejenigen auf dem übrigen deutschen Hoheitsgebiet, allerdings ohne Kernwaffenträger. Darunter fallen nicht konventionelle Waffensysteme, die neben konventioneller anderer Einsatzfähigkeiten haben können, die jedoch in diesem Teil Deutschlands für eine konventionelle Rolle ausgerüstet und nur dafür vorgesehen sind. Ausländische Streitkräfte und Atomwaffen oder deren Träger werden in diesem Teil Deutschlands weder stationiert noch dorthin verlegt.

Art. 6. Das Recht des vereinten Deutschland, Bündnissen mit allen sich daraus ergebenden Rechten und Pflichten anzugehören, wird von diesem Vertrag nicht berührt.

Art. 7. (1) Die Französische Republik, die Union der Sozialistischen Sowjetrepubliken, das Vereinigte Königreich Großbritannien und Nordirland und die Vereinigten Staaten von Amerika beenden hiermit ihre Rechte und Verantwortlichkeiten in bezug auf Berlin und Deutschland als Ganzes. Als Ergebnis werden die entsprechenden, damit zusammenhängenden vierseitigen Vereinbarungen, Beschlüsse und Praktiken beendet und alle entsprechenden Einrichtungen der Vier Mächte aufgelöst.

(2) Das vereinte Deutschland hat demgemäß volle Souveränität über seine inneren und äußeren Angelegenheiten.

Art. 8. (1) Dieser Vertrag bedarf der Ratifikation oder Annahme, die so bald wie möglich herbeigeführt werden soll. Die Ratifikation erfolgt auf deutscher Seite durch das vereinte Deutschland. Dieser Vertrag gilt daher für das vereinte Deutschland.

(2) Die Ratifikations- oder Annahmeurkunden werden bei der Regierung des vereinten Deutschland hinterlegt. Diese unterrichtet die Regierungen der anderen Vertragschließenden Seiten von der Hinterlegung jeder Ratifikations- oder Annahmeurkunde.

Art. 9. Dieser Vertrag tritt für das vereinte Deutschland, die Union der Sozialistischen Sowjetrepubliken, die Französische Republik, das Vereinigte Königreich Großbritannien und Nordirland und die Vereinigten Staaten von Amerika am Tag der Hinterlegung der letzten Ratifikations- oder Annahmeurkunde durch diese Staaten in Kraft.

Art. 10. Die Urschrift dieses Vertrags, dessen deutscher, englischer, französischer und russischer Wortlaut gleichermaßen verbindlich ist, wird bei der Regierung der Bundesrepublik Deutschland hinterlegt, die den Regierungen der anderen Vertragschließenden Seiten beglaubigte Ausfertigungen übermittelt.

ZU URKUND DESSEN haben die unterzeichneten, hierzu gehörig Bevollmächtigten diesen Vertrag unterschrieben.

GESCHEHEN zu Moskau am 12. September 1990

Für die Bundesrepublik Deutschland
Hans-Dietrich Genscher

Für die Deutsche Demokratische Republik
Lothar de Maizière

Für die Französische Republik
Roland Dumas

Für die Union der Sozialistischen Sowjetrepubliken
E. Schewardnadse

Für das Vereinigte Königreich Großbritannien und Nordirland
Douglas Hurd

Für die Vereinigten Staaten von Amerika
James Baker

7. Vertrag über gute Nachbarschaft, Partnerschaft und Zusammenarbeit zwischen der Bundesrepublik Deutschland und der Union der Sozialistischen Sowjetrepubliken[1)·2)]

(9. 11. 1990)

Die Bundesrepublik Deutschland und die Union der Sozialistischen Sowjetrepubliken –

IM BEWUSSTSEIN ihrer Verantwortung für die Erhaltung des Friedens in Europa und in der Welt,

IN DEM WUNSCH, mit der Vergangenheit endgültig abzuschließen und durch Verständigung und Versöhnung einen gewichtigen Beitrag zur Überwindung der Trennung Europas zu leisten,

ÜBERZEUGT von der Notwendigkeit, ein neues, durch gemeinsame Werte vereintes Europa aufzubauen und eine dauerhafte und gerechte europäische Friedensordnung einschließlich stabiler Strukturen der Sicherheit zu schaffen,

IN DER ÜBERZEUGUNG, daß den Menschenrechten und Grundfreiheiten als Teil des gesamteuropäischen Erbes hohe Bedeutung zukommt und daß ihre Achtung wesentliche Voraussetzung für einen Fortschritt beim Aufbau dieser Friedensordnung ist,

IN BEKRÄFTIGUNG ihres Bekenntnisses zu den Zielen und Grundsätzen der Charta der Vereinten Nationen und zu den Bestimmungen der Schlußakte von Helsinki vom 1. August 1975 sowie der nachfolgenden Dokumente der Konferenz über Sicherheit und Zusammenarbeit in Europa,

ENTSCHLOSSEN, an die guten Traditionen ihrer jahrhundertelangen Geschichte anzuknüpfen, gute Nachbarschaft, Partnerschaft und Zusammenarbeit zur Grundlage ihrer Beziehungen zu machen und den historischen Herausforderungen an der Schwelle zum dritten Jahrtausend gerecht zu werden,

GESTÜTZT AUF DIE GRUNDLAGEN, die in den vergangenen Jahren durch die Entwicklung der Zusammenarbeit zwischen der Bundesrepublik Deutschland sowie der Deutschen Demokratischen Republik und der Union der Sozialistischen Sowjetrepubliken geschaffen wurden,

ERFÜLLT VON DEM WUNSCH, die fruchtbare und gegenseitig vorteilhafte Zusammenarbeit zwischen den beiden Staaten auf allen Gebieten weiter zu entwickeln und zu vertiefen und ihrem Verständnis zueinander im Interesse ihrer Völker und des Friedens in Europa eine neue Qualität zu verleihen,

UNTER BERÜCKSICHTIGUNG der Unterzeichnung des Vertrages über die abschließende Regelung in bezug auf Deutschland vom 12. September 1990, mit dem die äußeren Aspekte der Herstellung der deutschen Einheit geregelt wurden –

SIND wie folgt ÜBEREINGEKOMMEN:

[1)] Aus BGBl. 1991 II S. 703.
[2)] Zum Problem der Fortgeltung bezüglich der Nachfolgestaaten, siehe Vorwort.

Art. 1. Die Bundesrepublik Deutschland und die Union der Sozialistischen Sowjetrepubliken lassen sich bei der Gestaltung ihrer Beziehungen von folgenden Grundsätzen leiten:

Sie achten gegenseitig ihre souveräne Gleichheit und ihre territoriale Integrität und politische Unabhängigkeit.

Sie stellen den Menschen mit seiner Würde und mit seinen Rechten, die Sorge für das Überleben der Menschheit und die Erhaltung der natürlichen Umwelt in den Mittelpunkt ihrer Politik.

Sie bekräftigen das Recht aller Völker und Staaten, ihr Schicksal frei und ohne äußere Einmischung zu bestimmen und ihre politische, wirtschaftliche, soziale und kulturelle Entwicklung nach eigenen Wünschen zu gestalten.

Sie bekennen sich zu dem Grundsatz, daß jeder Krieg, ob nuklear oder konventionell, zuverlässig verhindert und der Frieden erhalten und gestaltet werden muß.

Sie gewährleisten den Vorrang der allgemeinen Regeln des Völkerrechts in der Innen- und internationalen Politik und bekräftigen ihre Entschlossenheit, ihre vertraglichen Verpflichtungen gewissenhaft zu erfüllen.

Sie bekennen sich dazu, das schöpferische Potential des Menschen und der modernen Gesellschaft für die Sicherung des Friedens und für die Mehrung des Wohlstands aller Völker zu nutzen.

Art. 2. Die Bundesrepublik Deutschland und die Union der Sozialistischen Sowjetrepubliken verpflichten sich, die territoriale Integrität aller Staaten in Europa in ihren heutigen Grenzen uneingeschränkt zu achten.

Sie erklären, daß sie keine Gebietsansprüche gegen irgend jemand haben und solche auch in Zukunft nicht erheben werden.

Sie betrachten heute und künftig die Grenzen aller Staaten in Europa als unverletzlich, wie sie am Tage der Unterzeichnung dieses Vertrags verlaufen.

Art. 3. Die Bundesrepublik Deutschland und die Union der Sozialistischen Sowjetrepubliken bekräftigen, daß sie sich der Androhung oder Anwendung von Gewalt enthalten werden, die gegen die territoriale Integrität oder politische Unabhängigkeit der anderen Seite gerichtet oder auf irgendeine andere Art und Weise mit den Zielen und Grundsätzen der Charta der Vereinten Nationen oder mit der KSZE-Schlußakte unvereinbar ist.

Sie werden ihre Streitigkeiten ausschließlich mit friedlichen Mitteln lösen und keine ihrer Waffen jemals anwenden, es sei denn zur individuellen oder kollektiven Selbstverteidigung. Sie werden niemals und unter keinen Umständen als erste Streitkräfte gegeneinander oder gegen dritte Staaten einsetzen. Sie fordern alle anderen Staaten auf, sich dieser Verpflichtung zum Nichtangriff anzuschließen.

Sollte eine der beiden Seiten zum Gegenstand eines Angriffs werden, so wird die andere Seite dem Angreifer keine militärische Hilfe oder sonstigen Beistand leisten und alle Maßnahmen ergreifen, um den Konflikt unter Anwendung der Grundsätze und Verfahren der Vereinten Nationen und anderer Strukturen kollektiver Sicherheit beizulegen.

Art. 4. Die Bundesrepublik Deutschland und die Union der Sozialistischen Sowjetrepubliken werden darauf hinwirken, daß durch verbindliche, wirksam nachprüfbare Vereinbarungen Streitkräfte und Rüstungen wesentlich reduziert werden, so daß, zusammen mit einseitigen Maßnahmen, ein stabiles Gleichgewicht auf niedrigerem Niveau insbesondere in Europa hergestellt wird, das zur Verteidigung, aber nicht zum Angriff ausreicht.

Das gleiche gilt für einen multilateralen wie bilateralen Ausbau vertrauensbildender und stabilisierender Maßnahmen.

Art. 5. Beide Seiten werden den Prozeß der Sicherheit und Zusammenarbeit in Europa auf der Grundlage der Schlußakte von Helsinki vom 1. August 1975 nach Kräften unterstützen und unter Mitwirkung aller Teilnehmerstaaten weiter stärken und entwickeln, namentlich durch Schaffung ständiger Einrichtungen und Organe. Ziel dieser Bemühungen ist die Festigung von Frieden, Stabilität und Sicherheit und das Zusammenwachsen Europas zu einem einheitlichen Raum des Rechts, der Demokratie und der Zusammenarbeit im Bereich der Wirtschaft, der Kultur und der Information.

Art. 6. Die Bundesrepublik Deutschland und die Union der Sozialistischen Sowjetrepubliken sind übereingekommen, regelmäßige Konsultationen abzuhalten, um eine Weiterentwicklung und Vertiefung der bilateralen Beziehungen sicherzustellen und ihre Haltung zu internationalen Fragen abzustimmen.

Konsultationen auf höchster politischer Ebene finden so oft wie erforderlich, mindestens jedoch einmal jährlich statt.

Die Außenminister treffen mindestens zweimal im Jahr zusammen.

Die Verteidigungsminister werden zu regelmäßigen Treffen zusammenkommen.

Zwischen den zuständigen Fachministern beider Staaten finden nach Bedarf Zusammenkünfte zu beiderseitig interessierenden Themen statt.

Die bereits existierenden gemeinsamen Kommissionen werden Möglichkeiten der Intensivierung ihrer Arbeit prüfen. Neue gemischte Kommissionen werden bei Bedarf nach gegenseitiger Absprache gegründet.

Art. 7. Falls eine Situation entsteht, die nach Meinung einer Seite eine Bedrohung für den Frieden oder eine Verletzung des Friedens darstellt oder gefährliche internationale Verwicklungen hervorrufen kann, so werden beide Seiten unverzüglich miteinander Verbindung aufnehmen und bemüht sein, ihre Positionen abzustimmen und Einverständnis über Maßnahmen zu erzielen, die geeignet sind, die Lage zu verbessern oder zu bewältigen.

Art. 8. Die Bundesrepublik Deutschland und die Union der Sozialistischen Sowjetrepubliken sind sich darüber einig, ihre zweiseitige Zusammenarbeit, insbesondere auf wirtschaftlichem, industriellem und wissenschaftlich-technischem Gebiet und auf dem Gebiet des Umweltschutzes wesentlich auszubauen und zu vertiefen, um die beiderseitigen Beziehungen auf einer stabilen und langfristigen Grundlage zu entwickeln und das Vertrauen zwischen beiden Staaten und Völkern zu stärken. Sie werden zu diesem Zweck einen umfassenden Vertrag über die Entwicklung der Zusammenarbeit auf dem Gebiet der Wirtschaft, Industrie, Wissenschaft und Technik und, soweit erforderlich, besondere Vereinbarungen für einzelne Sachgebiete schließen.

Beide Seiten messen der Zusammenarbeit in der Aus- und Weiterbildung von Fach- und Führungskräften der Wirtschaft eine wichtige Bedeutung für die Ausgestaltung der bilateralen Beziehungen bei und sind bereit, sie wesentlich auszubauen und zu vertiefen.

Art. 9. Die Bundesrepublik Deutschland und die Union der Sozialistischen Sowjetrepubliken werden die wirtschaftliche Zusammenarbeit zum gegenseitigen Nutzen weiter ausbauen und vertiefen. Sie werden für Bürger, Unternehmen und staatliche sowie nichtstaatliche Einrichtungen der jeweils anderen Seite die günstigsten Rahmenbedingungen für unternehmerische und sonstige wirtschaftliche Tätigkeit schaffen, die nach ihrer innerstaatlichen Gesetzgebung und ihren Verpflichtungen aus internationalen Verträgen möglich sind. Das gilt insbesondere für die Behandlung von Kapitalanlagen und Investoren.

Beide Seiten werden die für die wirtschaftliche Zusammenarbeit notwendigen Initiativen der unmittelbar Interessierten fördern, insbesondere mit dem Ziel, die Möglichkeiten der geschlossenen Verträge und vereinbarten Programme voll auszuschöpfen.

Art. 10. Beide Seiten werden auf der Grundlage des Abkommens vom 22. Juli 1986 über wissenschaftlich-technische Zusammenarbeit den Austausch auf diesem Gebiet weiter entwickeln und gemeinsame Vorhaben durchführen. Sie wollen die Leistungen moderner Wissenschaft und Technik im Interesse der Menschen, ihrer Gesundheit und ihres Wohlstands nutzen. Sie fördern und unterstützen gleichgerichtete Initiativen der Forscher und Forschungseinrichtungen in diesem Bereich.

Art. 11. In der Überzeugung, daß die Erhaltung der natürlichen Lebensgrundlagen für eine gedeihliche wirtschaftliche und gesellschaftliche Entwicklung unverzichtbar ist, bekräftigen beide Seiten ihre Entschlossenheit, die Zusammenarbeit auf dem Gebiet des Umweltschutzes auf der Grundlage des Abkommens vom 25. Oktober 1988 fortzuführen und zu intensivieren.

Sie wollen wichtige Probleme des Umweltschutzes gemeinsam lösen, schädliche Einwirkungen auf die Umwelt untersuchen und Maßnahmen zu ihrer Verhütung entwickeln. Sie beteiligen sich an der Entwicklung abgestimmter Strategien und Konzepte einer Staatsgrenzen überschreitenden Umweltpolitik im internationalen, insbesondere europäischen Rahmen.

Art. 12. Beide Seiten streben eine Erweiterung der Transportverbindungen (Luft-, Eisenbahn-, See-, Binnenschiffahrts- und Straßenverkehr) zwischen derBundesrepublik Deutschland und der Union der Sozialistischen Sowjetrepubliken unter Nutzung modernster Technologien an.

Art. 13. Beide Seiten werden sich bemühen, das Visumsverfahren für Reisen von Bürgern beider Länder, in erster Linie zu geschäftlichen, wirtschaftlichen und kulturellen Zwecken und zu Zwecken der wissenschaftlich-technischen Zusammenarbeit, auf der Grundlage der Gegenseitigkeit erheblich zu vereinfachen.

Art. 14. Beide Seiten unterstützen die umfassende Begegnung der Menschen aus beiden Ländern und den Ausbau der Zusammenarbeit von Parteien,

Gewerkschaften, Stiftungen, Schulen, Hochschulen, Sportorganisationen, Kirchen und sozialen Einrichtungen, Frauen-, Umweltschutz- und sonstigen gesellschaftlichen Organisationen und Verbänden.

Besondere Aufmerksamkeit wird der Vertiefung der Kontakte zwischen den Parlamenten beider Staaten gewidmet.

Sie begrüßen die partnerschaftliche Zusammenarbeit zwischen Gemeinden, Regionen, Bundesländern und Unionsrepubliken.

Eine bedeutende Rolle kommt dem deutsch-sowjetischen Gesprächsforum sowie der Zusammenarbeit der Medien zu.

Beide Seiten werden es allen Jugendlichen und ihren Organisationen erleichtern, an Austausch, Begegnungen und gemeinsamen Vorhaben teilzunehmen.

Art. 15. Die Bundesrepublik Deutschland und die Union der Sozialistischen Sowjetrepubliken werden im Bewußtsein der jahrhundertelangen gegenseitigen Bereicherung der Kulturen ihrer Völker und deren unverwechselbaren Beitrags zum gemeinsamen kulturellen Erbe Europas sowie der Bedeutung des kulturellen Austausches für die gegenseitige Verständigung der Völker ihre kulturelle Zusammenarbeit wesentlich ausbauen.

Beide Seiten werden das Abkommen über die Errichtung und die Tätigkeit von Kulturzentren mit Leben erfüllen und voll ausschöpfen.

Beide Seiten bekräftigen ihre Bereitschaft, allen interessierten Personen umfassenden Zugang zu Sprachen und Kultur der anderen Seite zu ermöglichen und fördern staatliche und private Initiativen.

Beide Seiten setzen sich nachdrücklich dafür ein, die Möglichkeiten auszubauen, in Schulen, Hochschulen und anderen Bildungseinrichtungen die Sprache des anderen Landes zu erlernen und dazu der jeweils anderen Seite bei der Aus- und Fortbildung von Lehrkräften zu helfen sowie Lehrmittel, einschließlich des Einsatzes von Fernsehen, Hörfunk, Audio-, Video- und Computertechnik zur Verfügung zu stellen. Sie werden Inititativen zur Errichtung zweisprachiger Schulen unterstützen.

Sowjetischen Bürgern deutscher Nationalität sowie aus der Union der Sozialistischen Sowjetrepubliken stammenden und ständig in der Bundesrepublik Deutschland wohnenden Bürgern, die ihre Sprache, Kultur oder Tradition bewahren wollen, wird es ermöglicht, ihre nationale, sprachliche und kulturelle Identität zu entfalten. Dementsprechend ermöglichen und erleichtern sie im Rahmen der geltenden Gesetze der anderen Seite Förderungsmaßnahmen zugunsten dieser Personen oder ihrer Organisationen.

Art. 16. Die Bundesrepublik Deutschland und die Union der Sozialistischen Sowjetrepubliken werden sich für die Erhaltung der in ihrem Gebiet befindlichen Kulturgüter der anderen Seite einsetzen.

Sie stimmen darin überein, daß verschollene oder unrechtmäßig verbrachte Kunstschätze, die sich auf ihrem Territorium befinden, an den Eigentümer oder seinen Rechtsnachfolger zurückgegeben werden.

Art. 17. Beide Seiten unterstreichen die besondere Bedeutung der humanitären Zusammenarbeit in ihren bilateralen Beziehungen. Sie werden diese Zusammenarbeit auch unter Einbeziehung der karitativen Organisationen beider Seiten verstärken.

Art. 18. Die Regierung der Bundesrepublik Deutschland erklärt, daß die auf deutschem Boden errichteten Denkmäler, die den sowjetischen Opfern des Krieges und der Gewaltherrschaft gewidmet sind, geachtet werden und unter dem Schutz deutscher Gesetze stehen. Das Gleiche gilt für die sowjetischen Kriegsgräber, sie werden erhalten und gepflegt.

Die Regierung der Union der Sozialistischen Sowjetrepubliken gewährleistet den Zugang zu Gräbern von Deutschen auf sowjetischem Gebiet, ihre Erhaltung und Pflege.

Die zuständigen Organisationen beider Seiten werden ihre Zusammenarbeit in diesen Bereichen verstärken.

Art. 19. Die Bundesrepublik Deutschland und die Union der Sozialistischen Sowjetrepubliken werden den Rechtshilfeverkehr in Zivilrechts- und Familienrechtssachen auf der Grundlage des zwischen ihnen geltenden Haager Übereinkommens über den Zivilprozeß intensivieren. Beide Seiten werden unter Berücksichtigung ihrer Rechtsordnungen und im Einklang mit dem Völkerrecht den Rechtshilfeverkehr in Strafsachen zwischen beiden Staaten weiterentwickeln.

Die zuständigen Behörden der Bundesrepublik Deutschland und der Union der Sozialistischen Sowjetrepubliken werden zusammenwirken bei der Bekämpfung des organisierten Verbrechens, des Terrorismus, der Rauschgiftkriminalität, der rechtswidrigen Eingriffe in die Zivilluftfahrt und in die Seeschiffahrt, der Herstellung oder Verbreitung von Falschgeld, des Schmuggels, einschließlich der illegalen Verschiebung von Kunstgegenständen über die Grenzen. Verfahren und Bedingungen für das Zusammenwirken beider Seiten werden gesondert vereinbart.

Art. 20. Die beiden Regierungen werden unter Berücksichtigung der beiderseitigen Interessen und der beiderseits bestehenden Zusammenarbeit mit anderen Ländern ihre Zusammenarbeit im Rahmen der internationalen Organisationen verstärken. Sie werden einander behilflich sein, die Zusammenarbeit mit internationalen, insbesondere europäischen Organisationen und Institutionen zu entwickeln, denen eine Seite als Mitglied angehört, falls die andere Seite ein entsprechendes Interesse bekundet.

Art. 21. Dieser Vertrag berührt nicht die Rechte und Verpflichtungen aus geltenden zweiseitigen und mehrseitigen Übereinkünften, die von beiden Seiten mit anderen Staaten geschlossen wurden. Dieser Vertrag richtet sich gegen niemanden, beide Seiten betrachten ihre Zusammenarbeit als einen Bestandteil und ein dynamisches Element der Weiterentwicklung des KSZE-Prozesses.

Art. 22. Dieser Vertrag bedarf der Ratifikation; die Ratifikationsurkunden werden so bald wie möglich in Moskau ausgetauscht.

Dieser Vertrag tritt am Tage des Austauschs der Ratifikationsurkunden in Kraft.

Dieser Vertrag gilt für die Dauer von zwanzig Jahren. Danach verlängert er sich stillschweigend um jeweils weitere fünf Jahre, sofern nicht einer der Vertragsstaaten den Vertrag unter Einhaltung einer Frist von einem Jahr vor Ablauf der jeweiligen Geltungsdauer schriftlich kündigt.

GESCHEHEN zu Bonn am 9. November 1990
in zwei Urschriften, jede in deutscher und russischer Sprache, wobei jeder
Wortlaut gleichermaßen verbindlich ist.

Für die Bundesrepublik Deutschland
Dr. Helmut Kohl

Für die Union der Sozialistischen Sowjetrepubliken
Michail S. Gorbatschow

8. Vertrag zwischen der Bundesrepublik Deutschland und der Republik Polen über gute Nachbarschaft und freundschaftliche Zusammenarbeit[1]

(17. 6. 1991)

Die Bundesrepublik Deutschland und die Republik Polen –

in dem Bestreben, die leidvollen Kapitel der Vergangenheit abzuschließen und entschlossen, an die guten Traditionen und das freundschaftliche Zusammenleben in der jahrhundertelangen Geschichte Deutschlands und Polens anzuknüpfen,

angesichts der historischen Veränderungen in Europa, insbesondere der Herstellung der Einheit Deutschlands und des tiefgreifenden politischen, wirtschaftlichen und sozialen Wandels in Polen,

überzeugt von der Notwendigkeit, die Trennung Europas endgültig zu überwinden und eine gerechte und dauerhafte europäische Friedensordnung zu schaffen,

im Bewußtsein ihrer gemeinsamen Interessen und ihrer gemeinsamen Verantwortung für den Aufbau eines neuen, durch Menschenrechte, Demokratie und Rechtsstaatlichkeit vereinten und freien Europas,

in der festen Überzeugung, daß sie durch die Verwirklichung des lang gehegten Wunsches ihrer beiden Völker nach Verständigung und Versöhnung einen gewichtigen Beitrag für die Erhaltung des Friedens in Europa leisten,

in der Erkenntnis, daß die wirtschaftliche Zusammenarbeit ein notwendiges Element der Entwicklung umfassender beiderseitiger Beziehungen auf einer stabilen und festen Grundlage sowie beim Abbau des Entwicklungsgefälles und bei der Stärkung des Vertrauens zwischen beiden Ländern und ihren Völkern ist, sowie in dem Wunsch, diese Zusammenarbeit in der Zukunft wesentlich auszubauen und zu vertiefen,

im Bewußtsein der Bedeutung, welche die Mitgliedschaft der Bundesrepublik Deutschland in der Europäischen Gemeinschaft und die politische und wirtschaftliche Heranführung der Republik Polen an die Europäische Gemeinschaft für die künftigen Beziehungen der beiden Staaten haben,

eingedenk des unverwechselbaren Beitrags des deutschen und des polnischen Volkes zum gemeinsamen kulturellen Erbe Europas und der jahrhundertelangen gegenseitigen Bereicherung der Kulturen beider Völker sowie der Bedeutung des Kulturaustauschs für das gegenseitige Verständnis und für die Aussöhnung der Völker,

überzeugt, daß der jungen Generation bei der Neugestaltung des Verhältnisses beider Länder und Völker und der Vertrauensbildung zwischen ihnen eine besondere Rolle zukommt,

in Würdigung des Vertrags vom 14. November 1990 zwischen der Bundesrepublik Deutschland und der Republik Polen über die Bestätigung der zwischen ihnen bestehenden Grenze –

sind wie folgt übereingekommen:

---

[1] Aus BGBl. 1991 II S. 1315.

Art. 1. (1) Die Vertragsparteien werden ihre Beziehungen im Geiste guter Nachbarschaft und Freundschaft gestalten. Sie streben eine enge friedliche und partnerschaftliche Zusammenarbeit auf allen Gebieten an. In europäischer Verantwortung werden sie ihre Kräfte dafür einsetzen, den Wunsch ihrer beiden Völker nach dauerhafter Verständigung und Versöhnung in die Tat umzusetzen.

(2) Die Vertragsparteien streben die Schaffung eines Europa an, in dem die Menschenrechte und Grundfreiheiten geachtet werden und die Grenzen ihren trennenden Charakter auch dadurch verlieren, daß wirtschaftliche und soziale Unterschiede überwunden werden.

Art. 2. Die Vertragsparteien bekennen sich bei der Gestaltung ihrer Beziehungen und in Fragen des Friedens, der Sicherheit und Zusammenarbeit in Europa und in der Welt insbesondere zu folgenden Grundsätzen:

Oberstes Ziel ihrer Politik ist es, den Frieden zu wahren und zu festigen und jede Art von Krieg zuverlässig zu verhindern.

Sie handeln in Übereinstimmung mit dem Völkerrecht, insbesondere der Charta der Vereinten Nationen, sowie mit der Schlußakte von Helsinki vom 1. August 1975, der Charta von Paris für ein neues Europa vom 21. November 1990 sowie den Dokumenten der KSZE-Folgetreffen.

Sie achten gegenseitig ihre souveräne Gleichheit, ihre territoriale Integrität, die Unantastbarkeit ihrer Grenzen, ihre politische Unabhängigkeit sowie den Grundsatz des Verbots der Drohung mit oder Anwendung von Gewalt.

Sie bekräftigen das Recht aller Völker und Staaten, ihr Schicksal frei und ohne äußere Einmischung zu bestimmen und ihre politische, wirtschaftliche, soziale und kulturelle Entwicklung nach eigenen Wünschen zu gestalten.

Sie stellen den Menschen mit seiner Würde und mit seinen Rechten, die Sorge für das Überleben der Menschheit und die Erhaltung der natürlichen Umwelt in den Mittelpunkt ihrer Politik.

Sie verurteilen klar und unmißverständlich Totalitarismus, Rassenhaß und Haß zwischen Volksgruppen, Antisemitismus, Fremdenhaß und Diskriminierung irgendeines Menschen sowie die Verfolgung aus religiösen und ideologischen Gründen.

Sie betrachten Minderheiten und gleichgestellte Gruppen als natürliche Brücken zwischen dem deutschen und dem polnischen Volk und sind zuversichtlich, daß diese Minderheiten und Gruppen einen wertvollen Beitrag zum Leben ihrer Gesellschaften leisten.

Sie bekräftigen die unmittelbare Geltung der allgemeinen Regeln des Völkerrechts im innerstaatlichen Recht und in den internationalen Beziehungen und sind entschlossen, ihre vertraglichen Verpflichtungen gewissenhaft zu erfüllen. Sie werden die Schlußakte von Helsinki, die Charta von Paris für ein neues Europa und die anderen KSZE-Dokumente in allen Bereichen verwirklichen.

Art. 3. (1) Die Vertragsparteien werden regelmäßige Konsultationen abhalten, um eine Weiterentwicklung und Vertiefung der bilateralen Beziehungen sicherzustellen und ihre Haltung zu internationalen Fragen abzustimmen.

(2) Konsultationen auf der Ebene der Regierungschefs finden so oft wie erforderlich, mindestens einmal jährlich statt.

(3) Die Außenminister tragen für die Durchführung dieses Vertrags in seiner Gesamtheit Sorge. Sie werden mindestens einmal jährlich zu Konsultationen zusammentreffen. Leitende Beamte der beiden Außenministerien, denen politische, wirtschaftliche und kulturelle Angelegeheiten obliegen, treffen regelmäßig, mindestens einmal jährlich, zu Konsultationen zusammen.

(4) Die Minister anderer Ressorts, darunter die Verteidigungsminister, werden regelmäßig miteinander in Kontakt treten. Das gleiche gilt für die leitenden Beamten dieser Ressorts.

(5) Die bereits bestehenden gemeinsamen Kommissionen werden ihre Arbeit nach Möglichkeit intensivieren. Neue gemischte Kommissionen werden bei Bedarf nach gegenseitiger Absprache gebildet.

Art. 4. Die Vertragsparteien unterstützen die Kontakte und den Erfahrungsaustausch zwischen den Parlamenten zur Förderung der bilateralen Beziehungen und im Hinblick auf die internationalen parlamentarische Zusammenarbeit.

Art. 5. (1) Die Vertragsparteien bekräftigen, daß sie sich der Drohung mit oder Anwendung von Gewalt enthalten werden, die gegen die territoriale Integrität oder die politische Unabhängigkeit der jeweils anderen Vertragspartei gerichtet oder auf irgendeine andere Art und Weise mit den Zielen und Prinzipien der Charta der Vereinten Nationen oder mit der Schlußakte von Helsinki unvereinbar ist.

(2) Die Vertragsparteien werden ihre Steitigkeiten ausschließlich mit friedlichen Mitteln lösen und keine ihrer Waffen jemals anwenden, es sei denn zur individuellen oder kollektiven Selbstverteidigung. Sie werden niemals und unter keinen Umständen als erste Streitkräfte gegeneinander einsetzen.

(3) Die Vertragsparteien werden den Frieden durch den Aufbau kooperativer Strukturen der Sicherheit für ganz Europa festigen. Sie werden dementsprechend in voller Verwirklichung der Schlußakte von Helsinki, der Charta von Paris für ein neues Europa sowie der anderen KSZE-Dokumente den Prozeß der Sicherheit und Zusammenarbeit in Europa nach Kräften unterstützen und unter Mitwirkung aller Teilnehmerstaaten der KSZE weiter stärken und entwickeln.

Art. 6. (1) Die Vertragsparteien haben in einem sich wandelnden politischen und militärischen Umfeld in Europa das gemeinsame Ziel, auf eine Stärkung der Stabilität und Erhöhung der Sicherheit hinzuwirken. Sie werden insbesondere zusammenarbeiten, um die sich ergebenden neuen Möglichkeiten gemeinsamer Anstrengungen im Bereich der Sicherheit zu nutzen.

(2) Die Vertragsparteien treten dafür ein, daß Steitkräfte und Rüstungen durch verbindliche und wirksam überprüfbare Vereinbarungen auf ein möglichst niedriges Niveau reduziert werden, das zur Verteidigung ausreicht, aber nicht zum Angriff befähigt.

(3) Die Vertragsparteien werden sich, auch gemeinsam, für den multilateralen und bilateralen Ausbau vertrauensbildender und stabilisierender sowie anderer rüstungskontrollpolitischer Maßnahmen einsetzen, die Stabilität und Vertrauen stärken und zu größerer Offenheit führen.

Art. 7. Falls eine Situation entsteht, die nach Meinung einer Vertragspartei eine Bedrohung für den Frieden oder eine Verletzung des Friedens darstellt oder gefährliche internationale Verwicklungen hervorrufen kann, so werden beide Vertragsparteien unverzüglich miteinander Verbindung aufnehmen und bemüht sein, ihre Positionen abzustimmen und Einverständnis über Maßnahmen zu erzielen, die geeignet sind, die Lage zu verbessern oder zu bewältigen.

Art. 8. (1) Die Vertragsparteien messen dem Ziel der Europäischen Einheit auf der Grundlage der Menschenrechte, Demokratie und Rechtsstaatlichkeit höchste Bedeutung bei und werden sich für die Erreichung dieser Einheit einsetzen.

(2) Mit dem Abschluß eines Assoziierungsabkommens zwischen den Europäischen Gemeinschaften und der Republik Polen legen die Europäischen Gemeinschaften, ihre Mitgliedstaaten und die Republik Polen die Grundlage für eine politische und wirtschaftliche Heranführung der Republik Polen an die Europäische Gemeinschaft. Die Heranführung wird von der Bundesrepublik Deutschland im Rahmen ihrer Möglichkeiten nach Kräften gefördert.

(3) Die Bundesrepublik Deutschland steht positiv zur Perspektive eines Beitritts der Republik Polen zur Europäischen Gemeinschaft, sobald die Voraussetzungen dafür gegeben sind.

Art. 9. (1) Die Vertragsparteien werden sich für die Ausweitung und Diversifizierung ihrer wirtschaftlichen Beziehungen in allen Bereichen einsetzen. Sie werden im Rahmen ihrer innerstaatlichen Gesetzgebung und ihrer Verpflichtungen aus internationalen Verträgen, darunter den Verpflichtungen der Bundesrepublik Deutschland aus der Mitgliedschaft in der Europäischen Gemeinschaft, die günstigsten Rahmenbedingungen, insbesondere auf wirtschaftlichem, rechtlichem und organisatorischem Gebiet, für natürliche und juristische Personen für wirtschaftliche, darunter unternehmerische Tätigkeiten schaffen.

(2) Die Vertragsparteien sind sich einig darüber, daß der in der Republik Polen eingeleitete wirtschaftliche Umgestaltungsprozeß durch internationale Zusammenarbeit gefördert werden soll. Die Bundesrepublik Deutschland ist bereit, sowohl bilateral wie auch multilateral auf die Unterstützung der wirtschaftlichen Entwicklung Polens im Rahmen einer voll entwickelten sozialen Marktwirtschaft hinzuwirken. Damit sollen auch die Bedingungen für eine wesentliche Verringerung der Entwicklungsunterschiede geschaffen werden.

(3) Die Vertragsparteien werden insbesondere die Entwicklung der Zusammenarbeit in den Bereichen Investitionen und Kapitalanlagen sowie industrieller Kooperationen zwischen deutschen und polnischen Unternehmen unter voller Ausnutzung aller verfügbaren Förderungsinstrumente unterstützen. Dabei wird der Zusammenarbeit zwischen kleinen und mittleren Firmen und Betrieben besondere Aufmerksamkeit gelten.

(4) Die Vertragsparteien messen der Zusammenarbeit in der Aus- und Weiterbildung von Fach- und Führungskräften der Wirtschaft eine wichtige Bedeutung für die Ausgestaltung der bilateralen Beziehungen bei und sind bereit, sie wesentlich auszubauen und zu vertiefen.

Art. 10. (1) Die Vertragsparteien erkennen die Bedeutung normaler Finanz- und Kreditbeziehungen als einen Faktor für den Prozeß der wirtschaftlichen Umgestaltung in der Republik Polen sowie für die Festigung und Belebung ihrer Gesamtbeziehungen an. Sie werden im Rahmen ihrer Verpflichtungen aus internationalen Übereinkünften und im Rahmen ihrer innerstaatlichen Regeln ihre Anstrengungen fortsetzen, um günstige Voraussetzungen für die weitere Entwicklung ihrer finanziellen Zusammenarbeit zu schaffen. In diesem Zusammenhang sind sie sich der Bedeutung bewußt, die den Exportkreditgewährleistungen für die Stärkung ihrer Wirtschaftsbeziehungen zukommt.

(2) Die Vertragsparteien bestätigen ihre Bereitschaft, unter Berücksichtigung der beiderseitigen Interessen und der beiderseits bestehenden Zusammenarbeit mit anderen Ländern, im Rahmen der Europäischen Bank für Wiederaufbau und Entwicklung sowie anderer multilateraler Finanzinstitutionen, insbesondere des Internationalen Währungsfonds und der Weltbank, zusammenzuarbeiten.

(3) Die Vertragsparteien sind der Auffassung, daß die Lösung des Problems der polnischen Verschuldung eine wichtige Voraussetzung für den Erfolg der in der Republik Polen eingeleiteten Wirtschaftsreformen ist. Dementsprechend werden sie in diesem Bereich weiter zusammenarbeiten.

Art. 11. Die Vertragsparteien sind sich einig über die besondere Bedeutung ihrer Zusammenarbeit bei der Produktion landwirtschaftlicher Erzeugnisse, bei deren Verarbeitung, Transport und Lagerung sowie der Schaffung und Förderung moderner, hochleistungsfähiger landwirtschaftlicher Betriebe, die Kooperationsbeziehungen mit der Nahrungsmittel- und Verarbeitungsindustrie sowie dem Handel unterhalten.

Art. 12. (1) Die Vertragsparteien messen der partnerschaftlichen Zusammenarbeit zwischen Regionen, Städten, Gemeinden und anderen Gebietskörperschaften, insbesondere im grenznahen Bereich, hohe Bedeutung bei.

(2) Die Vertragsparteien werden diese Zusammenarbeit, insbesondere die Tätigkeit der Regierungskommission für regionale und grenznahe Zusammenarbeit, auf allen Gebieten erleichtern und fördern.

(3) Die Vertragsparteien lassen sich in der regionalen und grenznahen Zusammenarbeit insbesondere von den entsprechenden Konventionen des Europarats leiten. Sie streben die Einbeziehung dieser Zusammenarbeit in die Tätigkeit der entsprechenden europäischen Gremien an.

Art. 13. Die Vertragsparteien stimmen darin überein, daß in einem zusammenwachsenden Europa die Abstimmung der Raumordnungspolitik der einzelnen Staaten, insbesondere zwischen unmittelbaren Nachbarstaaten, notwendig ist. Sie werden deshalb in der Raumordnung und der räumlichen Planung auf allen Ebenen grenzüberschreitend zusammenarbeiten.

Art. 14. (1) Die Vertragsparteien werden auf der Grundlage ihrer Übereinkünfte im Bereich der sozialen Sicherung und der arbeits- und sozialpolitischen Zusammenarbeit ihre Beziehungen ausbauen und vertiefen.

(2) Die Bundesrepublik Deutschland wird der Republik Polen bei der Umgestaltung der Systeme der sozialen Sicherung, der Arbeitsförderung und der Arbeitsbeziehungen beratende Hilfestellung leisten.

Art. 15. (1) Die Vertragsparteien werden die wissenschaftliche und technische Zusammenarbeit zwischen beiden Staaten nach den Prinzipien der Gleichberechtigung und des gegenseitigen Nutzens unter Berücksichtigung der Möglichkeiten moderner Wissenschaft und Technologie zum Wohl der Menschen, zu friedlichen Zwecken und zur Mehrung des Wohlstands entwickeln und erleichtern.

(2) Die Vertragsparteien werden auf der Grundlage bestehender Übereinkünfte die Zusammenarbeit auf diesen Gebieten erweitern und ihre Ergebnisse in gemeinsamen Vorhaben umsetzen.

(3) Die Vertragsparteien werden Initiativen von Wissenschaftlern und Forschungseinrichtungen unterstützen, die auf eine dynamische, harmonische und umfassende Entwicklung dieser Zusammenarbeit gerichtet sind.

(4) Die Vertragsparteien werden den intensiven Austausch von Informationen und wissenschaftlich-technischer Dokumentation unterstützen und den Zugang zu wissenschaftlichen Forschungsinstituten, Archiven, Bibliotheken und ähnlichen Einrichtungen erleichtern.

Art. 16. (1) Die Vertragsparteien messen der Abwehr drohender Gefahren für die Umwelt und der Erhaltung der natürlichen Lebensgrundlagen auch im Interesse künftiger Generationen große Bedeutung bei. Sie bekräftigen ihre Entschlossenheit, die Zusammenarbeit auf dem Gebiet des Umweltschutzes auf der Grundlage bestehender Übereinkünfte fortzusetzen und auch vertraglich weiter auszubauen.

(2) Im Vordergrund der Zusammenarbeit soll die Erfassung und Beseitigung von Umweltbelastungen in der Grenzregion, insbesondere im Einzugsgebiet der Oder, stehen.

(3) Die Vertragsparteien werden sich darüber hinaus für die Entwicklung abgestimmter Strategien für eine regionale und internationale Umweltpolitik einsetzen mit dem Ziel einer dauerhaften und umweltverträglichen Entwicklung in Europa.

Art. 17. Die Vertragsparteien werden zusammenwirken, um sich gegenseitig bei Katastrophen und schweren Unglücksfällen Hilfe zu leisten.

Art. 18. (1) Die Vertragsparteien streben eine Erweiterung der Transportverbindungen im Luft-, Eisenbahn- und Straßenverkehr sowie in der See- und Binnenschiffahrt unter Nutzung modernster Technologien an.

(2) Die Vertragsparteien bemühen sich, günstige Rahmenbedingungen für die Nutzung ihrer Verkehrswege bei Beförderungen zwischen ihren Hoheitsgebieten und im Durchgangsverkehr zu schaffen.

(3) Die Vertragsparteien streben eine Erweiterung, Verbesserung und Harmonisierung der Kommunikationsverbindungen unter Berücksichtigung der europäischen und internationalen Entwicklung in Normung und Technologie an. Das gilt insbesondere für Telefon-, Telex- und Datenverbindungen.

Art. 19. (1) Die Vertragsparteien werden alle geeigneten Maßnahmen treffen, um den Reise- und Fremdenverkehr zu fördern und zu erleichtern.

(2) Die Vertragsparteien werden sich bemühen, die Zoll- und Grenzabfertigung auf der Grundlage der Gegenseitigkeit zu verbessern und zu beschleunigen sowie die Zusammenarbeit der jeweiligen Verwaltung weiter zu entwickeln.

(3) Die Vertragsparteien beabsichtigen, bestehende Grenzübergänge entsprechend dem Verkehrsaufkommen auszubauen und zu modernisieren sowie neue erforderliche Grenzübergänge einzurichten.

Art. 20. (1) Die Angehörigen der deutschen Minderheit in der Republik Polen, das heißt Personen polnischer Staatsangehörigkeit, die deutscher Abstammung sind oder die sich zur deutschen Sprache, Kultur oder Tradition bekennen, sowie Personen deutscher Staatsangehörigkeit in der Bundesrepublik Deutschland, die polnischer Abstammung sind oder die sich zur polnischen Sprache, Kultur oder Tradition bekennen, haben das Recht, einzeln oder in Gemeinschaft mit anderen Mitgliedern ihrer Gruppe ihre ethnische, kulturelle, sprachliche und religiöse Identität frei zum Ausdruck zu bringen, zu bewahren und weiterzuentwickeln, frei von jeglichen Versuchen, gegen ihren Willen assimiliert zu werden. Sie haben das Recht, ihre Menschenrechte und Grundfreiheiten ohne jegliche Diskriminierung und in voller Gleichheit vor dem Gesetz voll und wirksam auszuüben.

(2) Die Vertragsparteien verwirklichen die Rechte und Verpflichtungen des internationalen Standards für Minderheiten, insbesondere gemäß der Allgemeinen Erklärung der Menschenrechte der Vereinten Nationen vom 10. Dezember 1948, der Europäischen Konvention vom 4. November 1950 zum Schutz der Menschenrechte und Grundfreiheiten, des Internationalen Übereinkommens vom 7. März 1966 zur Beseitigung jeder Form von Rassendiskriminierung, des Internationalen Pakts vom 16. Dezember 1966 über bürgerliche und politische Rechte, der Schlußakte von Helsinki vom 1. August 1975, des Dokuments des Kopenhagener Treffens über die menschliche Dimension der KSZE vom 29. Juni 1990 sowie der Charta von Paris für ein neues Europa vom 21. November 1990.

(3) Die Vertragsparteien erklären, daß die in Absatz 1 genannten Personen insbesondere das Recht haben, einzeln oder in Gemeinschaft mit anderen Mitgliedern ihrer Gruppe
- sich privat und in der Öffentlichkeit ihrer Muttersprache frei zu bedienen, in ihr Informationen zu verbreiten und auszutauschen und dazu Zugang zu haben,
- ihre eigenen Bildungs-, Kultur- und Religionseinrichtungen, -organisationen oder -vereinigungen zu gründen und zu unterhalten, die um freiwillige Beiträge finanzieller oder anderer Art sowie öffentliche Unterstützung im Einklang mit den nationalen Rechtsvorschriften ersuchen können und gleichberechtigten Zugang zu den Medien ihrer Region haben,
- sich zu ihrer Religion zu bekennen und diese auszuüben, einschließlich des Erwerbs und Besitzes sowie der Verwendung religiösen Materials, und den Religionsunterricht in ihrer Muttersprache abzuhalten,
- untereinander ungehinderte Kontakte innerhalb des Landes sowie Kontakte über Grenzen hinweg mit Bürgern anderer Staaten herzustellen und zu pflegen, mit denen sie eine gemeinsame ethnische oder nationale Herkunft, ein gemeinsames kulturelles Erbe oder religiöses Bekenntnis teilen,
- ihre Vor- und Familiennamen in der Form der Muttersprache zu führen,

– Organisationen oder Vereinigungen in ihrem Land einzurichten und zu unterhalten und in internationalen nichtstaatlichen Organisationen mitzuarbeiten,

– sich wie jedermann wirksamer Rechtsmittel zur Verwirklichung ihrer Rechte im Einklang mit den nationalen Rechtsvorschriften zu bedienen.

(4) Die Vertragsparteien bekräftigen, daß die Zugehörigkeit zu den in Absatz 1 genannten Gruppen Angelegenheit der persönlichen Entscheidung eines Menschen ist, die für ihn keinen Nachteil mit sich bringen darf.

Art. 21. (1) Die Vertragsparteien werden die ethnische, kulturelle, sprachliche und religiöse Identität der in Artikel 20 Absatz 1 genannten Gruppen auf ihrem Hoheitsgebiet schützen und Bedingungen für die Förderung dieser Identität schaffen. Sie erkennen die besondere Bedeutung einer verstärkten konstruktiven Zusammenarbeit in diesem Bereich an. Diese soll das friedliche Zusammenleben und die gute Nachbarschaft des deutschen und des polnischen Volkes verstärken und zur Verständigung und Versöhnung zwischen ihnen beitragen.

(2) Die Vertragsparteien werden insbesondere

– im Rahmen der geltenden Gesetze einander Förderungsmaßnahmen zugunsten der Angehörigen der in Artikel 20 Absatz 1 genannten Gruppen oder ihrer Organisationen ermöglichen und erleichtern,

– sich bemühen, den Angehörigen der in Artikel 20 Absatz 1 genannten Gruppen, ungeachtet der Notwendigkeit, die offizielle Sprache des betreffenden Staates zu erlernen, in Einklang mit den anwendbaren nationalen Rechtsvorschriften entsprechende Möglichkeiten für den Unterricht ihrer Muttersprache oder in ihrer Muttersprache in öffentlichen Bildungseinrichtungen sowie, wo immer dies möglich und notwendig ist, für deren Gebrauch bei Behörden zu gewährleisten,

– im Zusammenhang mit dem Unterricht von Geschichte und Kultur in Bildungseinrichtungen die Geschichte und Kultur der in Artikel 20 Absatz 1 genannten Gruppen berücksichtigen,

– das Recht der Angehörigen der in Artikel 20 Absatz 1 genannten Gruppen achten, wirksam an öffentlichen Angelegenheiten teilzunehmen, einschließlich der Mitwirkung in Angelegenheiten betreffend den Schutz und die Förderung ihrer Identität,

– diesbezüglich die notwendigen Maßnahmen ergreifen, und zwar nach entsprechenden Konsultationen im Einklang mit den Entscheidungsverfahren des jeweiligen Staates, wobei diese Konsultationen Kontakte mit Organisationen oder Vereinigungen der in Artikel 20 Absatz 1 genannten Gruppen einschließen.

(3) Die Vertragsparteien werden im Hinblick auf die in diesem Artikel und in den Artikeln 20 und 22 angesprochenen Fragen die Bestimmungen von Artikel 3 anwenden.

Art. 22. (1) Keine der Verpflichtungen aus den Artikeln 20 und 21 darf so ausgelegt werden, daß sie das Recht begründet, eine Tätigkeit auszuüben oder eine Handlung zu begehen, die in Widerspruch zu den Zielen und Prinzipien der Charta der Vereinten Nationen, anderen völkerrechtlichen Verpflichtungen oder den Bestimmungen der Schlußakte von Helsinki einschließlich des Prinzips der territorialen Integrität der Staaten steht.

(2) Jeder Angehörige der in Artikel 20 Absatz 1 genannten Gruppen in der Republik Polen beziehungsweise in der Bundesrepublik Deutschland ist nach Maßgabe vorstehender Bestimmungen gehalten, sich wie jeder Staatsbürger loyal gegenüber dem jeweiligen Staat zu verhalten, indem er sich nach den Verpflichtungen richtet, die sich auf Grund der Gesetze dieses Staates ergeben.

Art. 23. (1) Die Vertragsparteien werden auf der Grundlage der zwischen ihnen bestehenden Abkommen und Programme den Kulturaustausch in allen Bereichen und auf allen Ebenen intensivieren und ausbauen und damit zur europäischen kulturellen Identität beitragen. Sie werden insbesondere die Zusammenarbeit zwischen Vereinigungen von Künstlern, kulturellen Institutionen und Organisationen unterstützen sowie die direkten Kontakte zwischen deutschen und polnischen Künstlern fördern.

(2) Die bestehende Gemischte Kommission wird mindestens einmal jährlich zusammentreten, um den Stand des Kulturaustauschs in allen Bereichen zu prüfen und Vereinbarungen über die nächsten Vorhaben zu treffen.

Art. 24. Die Vertragsparteien werden das Abkommen über die Errichtung und die Tätigkeit von Kulturinstituten mit Leben erfüllen und voll ausschöpfen.

Art. 25. (1) Die Vertragsparteien bekräftigen ihre Bereitschaft, allen interessierten Personen umfassenden Zugang zur Sprache und Kultur des anderen Landes zu ermöglichen, und sie unterstützen entsprechende staatliche und private Initiativen und Institutionen.

(2) Die Vertragsparteien werden die Verbreitung von klassischer und zeitgenössischer Literatur des anderen Landes in Originalsprache und Übersetzung verstärkt fördern.

(3) Die Vertragsparteien setzen sich nachdrücklich dafür ein, die Möglichkeiten auszubauen, in Schulen, Hochschulen und anderen Bildungseinrichtungen die Sprache des anderen Landes zu erlernen. Dabei wird auch die Gründung von Schulen angestrebt, in denen in beiden Sprachen unterrichtet wird. Weiterhin werden sie sich bemühen, die Möglichkeiten des Studiums der Germanistik und Polonistik an den Hochschulen des anderen Landes auszuweiten.

(4) Die Vertragsparteien werden bei der Entsendung von Lehrern, der Aus- und Fortbildung von Lehrkräften sowie der Entwicklung und Bereitstellung von Lehrmaterial, einschließlich des Einsatzes von Fernsehen, Hörfunk, Audio-, Video- und Computertechnik zusammenarbeiten.

(5) Die Arbeit der unabhängigen deutsch-polnischen Schulbuchkommission wird weiterhin gefördert.

Art. 26. (1) Die Vertragsparteien unterstreichen die Notwendigkeit einer erheblichen Erweiterung der wissenschaftlichen und schulischen Zusammenarbeit. Sie werden insbesondere die direkte Zusammenarbeit und den Austausch zwischen Schulen, Hochschulen und wissenschaftlichen Forschungseinrichtungen fördern und weiter ausbauen, und zwar sowohl durch den Austausch von Schülern, Studenten, Lehrern und wissenschaftlichen Lehrkräften als auch durch gemeinsame Vorhaben.

(2) Die Vertragsparteien bekräftigen ihre Absicht, die Möglichkeiten gegenseitiger Anerkennung von Studienzeiten und Hochschulabschlüssen zu prüfen.

Art. 27. Die Vertragsparteien messen der Zusammenarbeit in der beruflichen Bildung große Bedeutung bei und werden sie durch entsprechende Vereinbarungen wesentlich ausbauen und vertiefen.

Art. 28. (1) Die Vertragsparteien werden bei der Erhaltung und Pflege des europäischen kulturellen Erbes zusammenarbeiten. Sie werden sich für die Denkmalpflege einsetzen.

(2) Die Vertragsparteien werden sich der auf ihrem Gebiet befindlichen Orte und Kulturgüter, die von geschichtlichen Ereignissen sowie kulturellen und wissenschaftlichen Leistungen und Traditionen der anderen Seite zeugen, besonders annehmen und zu ihnen freien und ungehinderten Zugang gewährleisten beziehungsweise sich für einen solchen Zugang einsetzen, soweit dieser nicht in staatlicher Zuständigkeit geregelt werden kann. Die genannten Orte und Kulturgüter stehen unter dem Schutz der Gesetze der jeweiligen Vertragspartei. Die Vertragsparteien werden gemeinsame Initiativen in diesem Bereich im Geiste der Verständigung und der Versöhnung verwirklichen.

(3) Im gleichen Geiste sind die Vertragsparteien bestrebt, die Probleme im Zusammenhang mit Kulturgütern und Archivalien, beginnend mit Einzelfällen, zu lösen.

Art. 29. (1) Die Vertragsparteien werden in der Überzeugung, daß die Entwicklung zwischenmenschlicher Kontakte eine unerläßliche Voraussetzung für die Verständigung und Versöhnung beider Völker ist, umfassende persönliche Begegnungen zwischen ihren Bürgern fördern.

(2) Die Vertragsparteien unterstützen eine engere Zusammenarbeit zwischen den Parteien, Gewerkschaften, Kirchen und Glaubensgemeinschaften, Sportorganisationen, Stiftungen sowie anderen gesellschaftlichen Organisationen und Verbänden.

(3) Die Vertragsparteien unterstützen die Tätigkeit des Deutsch-Polnischen Forums. Sie begrüßen seine Bemühungen, unter Einbeziehung aller repräsentativen politischen und gesellschaftlichen Kräfte in der Bundesrepublik Deutschland und der Republik Polen, Konzeptionen für die Weiterentwicklung der deutsch-polnischen Beziehungen zu entwerfen und entsprechende Initiativen zu ergreifen.

Art. 30. (1) Die Vertragsparteien sind davon überzeugt, daß das gegenseitige Kennenlernen und das gegenseitige Verstehen der jungen Generation von grundlegender Bedeutung ist, um der Verständigung und der Versöhnung zwischen dem deutschen und polnischen Volk einen dauerhaften Charakter zu verleihen. Sie legen deshalb besonders großes Gewicht auf möglichst umfassende Kontakte und ein enges Zusammenwirken der deutschen und der polnischen Jugend. Die Vertragsparteien werden deshalb im Rahmen ihrer finanziellen Möglichkeiten die Begegnung und den Austausch von Jugendlichen in jeder Weise fördern. Allen Jugendlichen und Jugendorganisationen in beiden Ländern steht die Teilnahme an Begegnungen und gemeinsamen Vorhaben offen.

(2) Die Vertragsparteien errichten ein Deutsch-Polnisches Jugendwerk. Über seine Rechtsform, Aufgaben und Finanzierung schließen sie ein gesondertes Abkommen[1].

Art. 31. (1) Die Vertragsparteien setzen sich für die Zusammenarbeit der Medien, insbesondere von Fernsehen, Hörfunk und gedruckten Medien, ein. Diese Zusammenarbeit soll vor allem der Verständigung und der Versöhnung zwischen Deutschen und Polen dienen.

(2) Die Vertragsparteien kommen überein, daß Publikationen sowie Beilagen zu Tages- und Wochenzeitungen in der Sprache des anderen Landes frei hergestellt, vertrieben und gelesen werden können. Publikationen des anderen Landes können in Übereinstimmung mit den Artikeln 19 und 20 des Internationalen Paktes über bürgerliche und politische Rechte ungehindert eingeführt und vertrieben werden. Dies gilt auch für Geschenkabonnements und für Veröffentlichungen, die über ihre Auslandsvertretungen verteilt werden.

Art. 32. (1) Die Bundesrepublik Deutschland erklärt, daß polnische Gräber in der Bundesrepublik Deutschland geachtet werden und ihre Pflege ermöglicht wird. Die Gräber polnischer Opfer der Kriege und der Gewaltherrschaft, die sich in der Bundesrepublik Deutschland befinden, stehen unter dem Schutz der deutschen Gesetze und werden erhalten und gepflegt.

(2) Die Republik Polen erkärt, daß deutsche Gräber in der Republik Polen geachtet werden und ihre Pflege ermöglicht wird. Die Gräber deutscher Opfer der Kriege und der Gewaltherrschaft, die sich in der Republik Polen befinden, stehen unter dem Schutz der polnischen Gesetze und werden erhalten und gepflegt.

(3) Die Vertragsparteien unterstützen die Zusammenarbeit der Organisationen und Institutionen, die auf beiden Seiten für die Gräber von Opfern der Kriege und der Gewaltherrschaft zuständig sind. Sie ermöglichen insbesondere diesen Organisationen und Institutionen die Erfassung, Instandsetzung und Pflege solcher Gräber.

Art. 33. (1) Die Vertragsparteien werden die konsularischen und Rechtsbeziehungen, darunter den Rechtshilfeverkehr in Zivilsachen, Strafsachen sowie in Sozial- und Verwaltungsangelegenheiten unter Berücksichtigung ihrer Rechtsordnungen sowie bestehender multilateraler und bilateraler Übereinkünfte, insbesondere der Konventionen des Europarats, weiterentwickeln, intensivieren und zum Nutzen ihrer Bürger vereinfachen.

(2) Die Vertragsparteien werden zusammenwirken bei der Bekämpfung des organisierten Verbrechens, des Terrorismus, der Wirtschaftskriminalität, der Rauschgiftkriminalität, des strafbaren Handels mit Kunstwerken, der rechtswidrigen Eingriffe in die Zivilluftfahrt und in die Seeschiffahrt sowie der Herstellung und Verbreitung von Falschgeld. Verfahren und Bedingungen für diese Zusammenarbeit werden gesondert vereinbart[1].

Art. 34. (1) Die Vertragsparteien fördern eine umfassende Zusammenarbeit auf bestimmten Gebieten der Gesundheitsvorsorge und bei der gemeinsamen

---

[1] Abkommen in BGBl. 1992 II S. 622.

Bekämpfung von Seuchen sowie Krankheiten, wie zum Beispiel Herz-, Kreislauf- und Krebserkrankungen und Aids.

(2) Die Bundesrepublik Deutschland wird der Republik Polen Hilfestellung bei der Umstellung des staatlichen Gesundheitssystems auf ein Krankenversicherungssystem leisten.

Art. 35. Die Vertragsparteien stiften einen gemeinsamen Preis für besondere Verdienste um die Entwicklung der deutsch-polnischen Beziehungen. Der Preis wird alljährlich von einem Komitee verliehen, über dessen Statut eine gesonderte Vereinbarung geschlossen wird[1].

Art. 36. Die Vertragsparteien werden ihre Zusammenarbeit im Rahmen internationaler Organisationen, insbesondere europäischer Organisationen, verstärken. Sie werden einander behilflich sein, die Zusammenarbeit mit internationalen, insbesondere europäischen Organisationen und Institutionen, denen eine Vertragspartei als Mitglied angehört, zu entwickeln, falls die andere Vertragspartei ein entsprechendes Interesse bekundet.

Art. 37. Dieser Vertrag richtet sich gegen niemanden. Er berührt nicht die Rechte und Verpflichtungen aus geltenden zweiseitigen und mehrseitigen Übereinkünften, die von den Vertragsparteien mit anderen Staaten geschlossen wurden.

Art. 38. (1) Dieser Vertrag bedarf der Ratifikation; die Ratifikationsurkunden werden so bald wie möglich in Warschau ausgetauscht.

(2) Dieser Vertrag tritt am Tage des Austauschs der Ratifikationsurkunden in Kraft.

(3) Dieser Vertrag gilt für die Dauer von zehn Jahren. Danach verlängert er sich stillschweigend um jeweils weitere fünf Jahre, sofern nicht eine der Vertragsparteien den Vertrag unter Einhaltung einer Frist von einem Jahr vor Ablauf der jeweiligen Geltungsdauer schriftlich kündigt.

ZU URKUND DESSEN haben die Vertreter der Vertragsparteien diesen Vertrag unterzeichnet und mit Siegeln versehen.

GESCHEHEN zu Bonn am 17. Juni 1991 in zwei Urschriften, jede in deutscher und polnischer Sprache, wobei jeder Wortlaut gleichermaßen verbindlich ist.

Für die Bundesrepublik Deutschland

Dr. Helmut Kohl
Hans-Dietrich Genscher

Für die Republik Polen

Jan Krzysztof Bielecki
Krzysztof Skubiszewski

---

[1] Einleitende deutsche Note in BGBl. 1992 II S. 742.

9. Vertrag zwischen der Bundesrepublik Deutschland und der Republik Polen über die Bestätigung der zwischen ihnen bestehenden Grenze[1)]

(14. 11. 1990)

Die Bundesrepublik Deutschland und die Republik Polen –
IN DEM BESTREBEN, ihre gegenseitigen Beziehungen in Übereinstimmung mit dem Völkerrecht, insbesondere der Charta der Vereinten Nationen, und mit der in Helsinki unterzeichneten Schlußakte der Konferenz über Sicherheit und Zusammenarbeit in Europa sowie den Dokumenten der Folgekonferenzen zukunftsgewandt zu gestalten,
ENTSCHLOSSEN, gemeinsam einen Beitrag zum Aufbau einer europäischen Friedensordnung zu leisten, in der Grenzen nicht mehr trennen und die allen europäischen Völkern ein vertrauensvolles Zusammenleben und umfassende Zusammenarbeit zum Wohle aller sowie dauerhaften Frieden, Freiheit und Stabilität gewährleistet,
IN DER TIEFEN ÜBERZEUGUNG, daß die Vereinigung Deutschlands als Staat mit endgültigen Grenzen ein bedeutsamer Beitrag zu der Friedensordnung in Europa ist,
UNTER BERÜCKSICHTIGUNG des am 12. September 1990 unterzeichneten Vertrags über die abschließende Regelung in bezug auf Deutschland,
EINGEDENK dessen, daß seit Ende des Zweiten Weltkriegs 45 Jahre vergangen sind, und im Bewußtsein, daß das schwere Leid, das dieser Krieg mit sich gebracht hat, insbesondere auch der von zahlreichen Deutschen und Polen erlittene Verlust ihrer Heimat durch Vertreibung oder Aussiedlung, eine Mahnung und Herausforderung zur Gestaltung friedlicher Beziehungen zwischen den beiden Völkern und Staaten darstellt,
IN DEM WUNSCH, durch die Entwicklung ihrer Beziehungen feste Grundlagen für ein freundschaftliches Zusammenleben zu schaffen und die Politik der dauerhaften Verständigung und Versöhnung zwischen Deutschen und Polen fortzusetzen –
SIND wie folgt ÜBEREINGEKOMMEN:

Art. 1. Die Vertragsparteien bestätigen die zwischen ihnen bestehende Grenze, deren Verlauf sich nach dem Abkommen vom 6. Juli 1950 zwischen der Deutschen Demokratischen Republik und der Republik Polen über die Markierung der festgelegten und bestehenden deutsch-polnischen Staatsgrenze und den zu seiner Durchführung und Ergänzung geschlossenen Vereinbarungen (Akt vom 27. Januar 1951 über die Ausführung der Markierung der Staatsgrenze zwischen Deutschland und Polen; Vertrag vom 22. Mai 1989 zwischen der Deutschen Demokratischen Republik und der Volksrepublik Polen über die Abgrenzung der Seegebiete in der Oderbucht) sowie dem Vertrag vom 7. Dezember 1970 zwischen der Bundesrepublik Deutschland und der Volksrepublik Polen über die Grundlagen der Normalisierung ihrer gegenseitigen Beziehungen bestimmt.

[1)] Aus BGBl. 1991 II S. 1329.

Art. 2. Die Vertragsparteien erklären, daß die zwischen ihnen bestehende Grenze jetzt und in Zukunft unverletzlich ist und verpflichten sich gegenseitig zur uneingeschränkten Achtung ihrer Souveränität und territorialen Integrität.

Art. 3. Die Vertragsparteien erklären, daß sie gegeneinander keinerlei Gebietsansprüche haben und solche auch in Zukunft nicht erheben werden.

Art. 4. (1) Dieser Vertrag bedarf der Ratifikation; die Ratifikationsurkunden werden so bald wie möglich in Bonn ausgetauscht.

(2) Dieser Vertrag tritt am Tage des Austausches der Ratifikationsurkunden in Kraft.

ZU URKUND DESSEN haben die Vertreter der Vertragsparteien diesen Vertrag unterzeichnet und mit Siegeln versehen.

GESCHEHEN zu Warschau am 14. November 1990
in zwei Urschriften, jede in deutscher und polnischer Sprache, wobei jeder Wortlaut gleichermaßen verbindlich ist.

Für die Bundesrepublik Deutschland
Hans-Dietrich Genscher

Für die Republik Polen
Krzysztof Skubiszewski

10. Vertrag zwischen der Bundesrepublik Deutschland und der Tschechischen und Slowakischen Föderativen Republik über gute Nachbarschaft und freundschaftliche Zusammenarbeit[1) · 2)]

(27. 2. 1992)

Die Bundesrepublik Deutschland und die Tschechische und Slowakische Föderative Republik –

entschlossen, an die jahrhundertelangen fruchtbaren Traditionen gemeinsamer Geschichte und an die Ergebnisse der bisherigen Zusammenarbeit anzuknüpfen sowie ihre gegenseitigen Beziehungen im Geiste guter Nachbarschaft und freundschaftlicher Zusammenarbeit auf eine zukunftsweisende Grundlage zu stellen.

eingedenk der zahlreichen Opfer, die Gewaltherrschaft, Krieg und Vertreibung gefordert haben, und des schweren Leids, das vielen unschuldigen Menschen zugefügt wurde,

in dem festen Willen, ein für allemal der Anwendung von Gewalt, dem Unrecht und der Vergeltung von Unrecht mit neuer Ungerechtigkeit ein Ende zu machen und durch gemeinsame Bemühungen die Folgen der leidvollen Kapitel der gemeinsamen Geschichte in diesem Jahrhundert zu bewältigen.

in der Überzeugung, daß die Erfüllung der Sehnsucht ihrer Völker nach Verständigung und Versöhnung wesentlich zur Festigung des Friedens in Europa beiträgt,

zutiefst überzeugt von der Notwendigkeit, die Trennung Europas endgültig zu überwinden und eine gerechte und dauerhafte europäische Friedensordnung einschließlich kooperativer Strukturen der Sicherheit zu schaffen,

im Bewußtsein ihrer gemeinsamen Verantwortung als Nachbarn in der Mitte Europas für den Aufbau dieses neuen, durch ein gemeinsames Erbe und gemeinsame Werte vereinten Europa,

in Anerkennung der Tatsache, daß der tschechoslowakische Staat seit 1918 nie zu bestehen aufgehört hat,

in Bestätigung des Vertrags vom 11. Dezember 1973 über die gegenseitigen Beziehungen zwischen der Bundesrepublik Deutschland und der Tschechoslowakischen Sozialistischen Republik auch hinsichtlich einer Nichtigkeit des Münchener Abkommens vom 29. September 1938,

eingedenk des bedeutsamen Beitrags der Vollendung der Einheit Deutschlands und der demokratischen Veränderungen in der Tschechischen und Slowakischen Föderativen Republik für ein geeintes demokratisches Europa,

in Würdigung des Vertrags vom 12. September 1990 über die abschließende Regelung in bezug auf Deutschland,

im Bewußtsein der Bedeutung, welche die Mitgliedschaft der Bundesrepublik Deutschland in der Europäischen Gemeinschaft und die Intensivierung der Zusammenarbeit zwischen den Europäischen Gemeinschaften und der

---

[1)] Aus BGBl. 1992 II S. 463.
[2)] Zum Problem der Fortgeltung bezüglich der Nachfolgestaaten: siehe Vorwort.

Tschechischen und Slowakischen Föderativen Republik für ihre künftigen Beziehungen haben, sowie in Würdigung der Mitgliedschaft beider Staaten im Europarat,

eingedenk des schöpferischen Beitrags ihrer Völker zum gemeinsamen kulturellen Erbe Europas und der tiefen gegenseitigen Bereicherung ihrer Kulturen sowie der Bedeutung des Kulturaustauschs für das gegenseitige Verständnis,

in der Überzeugung, daß der jungen Generation bei der Neugestaltung der Beziehungen und der Zusammenarbeit zwischen ihren Völkern eine besondere Rolle zukommt –

sind wie folgt übereingekommen:

Art. 1. (1) Die Vertragsparteien werden ihre Beziehungen im Geiste guter Nachbarschaft und Freundschaft gestalten. Sie streben eine umfassende friedliche und partnerschaftliche Zusammenarbeit auf allen Gebieten an. Sie werden ihren Dialog in einer Atmosphäre gegenseitigen Vertrauens erweitern und vertiefen.

(2) Sie streben die Schaffung eines Europa an, in dem die Menschenrechte und Grundfreiheiten sowie die Grundsätze der Demokratie und der Rechtsstaatlichkeit geachtet werden und in dem die Grenzen ihren trennenden Charakter durch gegenseitiges Verständnis verlieren und auch durch den Abbau wirtschaftlicher und sozialer Unterschiede überwunden werden.

Art. 2. Die Vertragsparteien lassen sich bei der Gestaltung ihrer Beziehungen und in Fragen des Friedens, der Sicherheit und Zusammenarbeit in Europa und in der Welt insbesondere von folgenden Grundsätzen leiten:

Oberstes Ziel ihrer Politik ist es, den Frieden zu wahren und zu festigen sowie bewaffnete Konflikte und jede Art von Krieg wirksam zu verhindern.

Sie stellen den Menschen, seine Würde und seine Rechte, die Sorge für das Überleben der Menschheit und die Erhaltung der natürlichen Umwelt in den Mittelpunkt ihrer Politik.

Sie handeln in Übereinstimmung mit dem Völkerrecht, insbesondere der Charta der Vereinten Nationen, und erfüllen ihre völkerrechtlichen Verpflichtungen nach Treu und Glauben. Sie lassen sich leiten von der Schlußakte von Helsinki vom 1. August 1975 und den in der Folgezeit angenommenen KSZE-Dokumenten, insbesondere der Charta von Paris für ein neues Europa vom 21. November 1990.

Sie achten gegenseitig ihre souveräne Gleichheit, ihre territoriale Integrität, die Unverletzlichkeit ihrer Grenzen, ihre politische Unabhängigkeit sowie den Grundsatz der Nichteinmischung in innere Angelegenheiten und den Grundsatz des Verbots der Drohung mit oder Anwendung von Gewalt.

Sie bekräftigen das Recht aller Völker, ihr Schicksal frei und ohne äußere Einmischung zu bestimmen und ihre politische, wirtschaftliche, soziale und kulturelle Entwicklung nach eigenen Wünschen zu gestalten.

Art. 3. (1) Die Vertragsparteien bestätigen die zwischen ihnen bestehende Grenze. Sie bekräftigen, daß sie gegeneinander keinerlei Gebietsansprüche haben und solche auch in Zukunft nicht erheben werden.

(2) Sie verpflichten sich, die Souveränität und territoriale Integrität der anderen Vertragspartei uneingeschränkt zu achten.

(3) Sie werden einen Vertrag über die Feststellung, Berichtigung, Vermessung, Vermarkung und Erhaltung der gemeinsamen Grenze auf der Grundlage einer gemeinsamen kartographischen Dokumentation sowie über die Einrichtung einer ständigen gemischten Grenzkommission abschließen.

Art. 4. (1) Die Vertragsparteien bekräftigen, daß sie sich der Drohung mit oder Anwendung von Gewalt enthalten werden, die gegen die territoriale Integrität oder die politische Unabhängigkeit der jeweils anderen Vertragspartei gerichtet oder auf irgendeine andere Art und Weise mit den Zielen und Prinzipien der Charta der Vereinten Nationen oder mit der Schlußakte von Helsinki unvereinbar ist.

(2) Alle ihre Streitigkeiten werden sie ausschließlich mit friedlichen Mitteln lösen und keine ihrer Waffen jemals anwenden, es sei denn zur individuellen oder kollektiven Selbstverteidigung. Sie werden niemals und unter keinen Umständen als erste Streitkräfte gegeneinander einsetzen.

Art. 5. (1) Die Vertragsparteien werden den Prozeß der Sicherheit und Zusammenarbeit in Europa auf der Grundlage der Schlußakte von Helsinki und der nachfolgenden KSZE-Dokumente, insbesondere der Charta von Paris für ein neues Europa, unterstützen und unter Mitwirkung aller Teilnehmerstaaten weiter stärken und entwickeln, namentlich durch die Nutzung und den geeigneten Ausbau der neu geschaffenen Einrichtungen.

(2) Ziel dieser Bemühungen ist die Festigung von Frieden, Stabilität und Sicherheit und das Zusammenwachsen Europas zu einem einheitlichen Raum der Menschenrechte, der Demokratie und der Rechtsstaatlichkeit.

Art. 6. Die Vertragsparteien fördern umfassend die Festigung der Sicherheit und den Ausbau kooperativer Strukturen der Sicherheit für ganz Europa. Mit diesem Ziel werden sie die Einrichtung und Tätigkeit ständiger Institutionen und Organe unterstützen. Sie werden insbesondere zusammenarbeiten, um die neuen Möglichkeiten gemeinsamer Anstrengungen im Bereich der Sicherheit zu nutzen.

Art. 7. Falls eine Situation entsteht, die nach Meinung einer Vertragspartei eine Bedrohung für den Frieden oder eine Verletzung des Friedens darstellt oder gefährliche internationale Verwicklungen hervorrufen kann, so werden beide Vertragsparteien im Rahmen der Verfahren der KSZE wie auch der Vereinten Nationen zusammenarbeiten. Sie werden unverzüglich miteinander Verbindung aufnehmen und bemüht sein, ihre Positionen abzustimmen und Einverständnis über Maßnahmen zu erzielen, die geeignet sind, die Lage zu verbessern oder zu bewältigen.

Art. 8. Die Vertragsparteien treten dafür ein, daß Streitkräfte und Rüstungen durch verbindliche und wirksam überprüfbare Vereinbarungen auf ein möglichst niedriges Niveau reduziert werden, das zur Verteidigung ausreicht, aber nicht zum Angriff befähigt. Sie werden sich, auch gemeinsam, für den multilateralen und bilateralen Ausbau vertrauensbildender und stabilisierender sowie anderer rüstungskontrollpolitischer Maßnahmen einsetzen, die Stabilität und Vertrauen stärken und zu größerer Offenheit führen.

Art. 9. Die Vertragsparteien sind sich darüber einig, daß der in der Tschechischen und Slowakischen Föderativen Republik eingeleitete wirtschaftliche Umgestaltungsprozeß durch internationale Zusammenarbeit gefördert werden soll. Die Bundesrepublik Deutschland ist bereit, sowohl bilateral wie auch multilateral auf die Unterstützung der wirtschaftlichen Entwicklung der Tschechischen und Slowakischen Föderativen Republik im Rahmen einer vollentwickelten sozialen Marktwirtschaft hinzuwirken. Damit sollen auch die Bedingungen für eine wesentliche Verringerung der Unterschiede in der wirtschaftlichen und sozialen Entwicklung in Europa geschaffen werden.

Art. 10. (1) Mit dem Abschluß eines Assoziierungsabkommens zwischen den Europäischen Gemeinschaften und der Tschechischen und Slowakischen Föderativen Republik legen die Europäischen Gemeinschaften, ihre Mitgliedstaaten und die Tschechische und Slowakische Föderative Republik die Grundlage für eine politische und wirtschaftliche Heranführung der Tschechischen und Slowakischen Föderativen Republik an die Europäischen Gemeinschaften.

(2) Die Bundesrepublik Deutschland wird die Bemühungen der Tschechischen und Slowakischen Föderativen Republik um die Herbeiführung von Bedingungen für ihre volle Eingliederung in die Europäischen Gemeinschaften unterstützen.

Art. 11. (1) Die Vertragsparteien werden regelmäßige Konsultationen auf verschiedenen Ebenen abhalten, um eine Weiterentwicklung und Vertiefung ihrer bilateralen Beziehungen sicherzustellen und ihre Haltung zu internationalen Fragen abzustimmen.

(2) Konsultationen auf der Ebene der Regierungschefs finden so oft wie erforderlich, mindestens einmal jährlich, statt.

(3) Die Außenminister tragen für die Durchführung dieses Vertrags in seiner Gesamtheit Sorge. Sie werden mindestens einmal jährlich zu Konsultationen zusammentreffen. Leitende Beamte der beiden Außenministerien, denen politische, wirtschaftliche und kulturelle Angelegenheiten obliegen, treffen regelmäßig, mindestens einmal jährlich, zu Konsultationen zusammen.

(4) Andere Minister, darunter die Verteidigungsminister, werden sich regelmäßig miteinander konsultieren. Das gleiche gilt für die leitenden Beamten dieser Ministerien.

(5) Die bereits bestehenden gemeinsamen Kommissionen werden ihre Arbeit nach Möglichkeit intensivieren. Neue gemischte Kommissionen werden bei Bedarf nach gegenseitiger Absprache gebildet.

Art. 12. Die Vertragsparteien unterstützen die Kontakte und den Erfahrungsaustausch zwischen den Parlamenten zur Entwicklung der bilateralen Beziehungen und Stärkung der Zusammenarbeit in Europa.

Art. 13. (1) Die Vertragsparteien unterstützen und erleichtern die Zusammenarbeit zwischen den Ländern der Bundesrepublik Deutschland einerseits und der Tschechischen Republik und der Slowakischen Republik andererseits sowie die bilaterale und multilaterale Zusammenarbeit zwischen Regionen und anderen Gebietskörperschaften, insbesondere im Grenzbereich.

(2) Zu diesem Zweck wird eine Gemischte Kommission gebildet, an der insbesondere Vertreter der grenznahen regionalen und kommunalen Körperschaften sowie der nichtstaatlichen Organisationen beteiligt sind.

(3) Einzelheiten dieser Zusammenarbeit, insbesondere Zusammensetzung und Aufgabenstellung der Gemischten Kommission, werden in einer gesonderten Vereinbarung geregelt, die von internationalen Erfahrungen, insbesondere der Praxis des Europarats, ausgeht.

(4) Die Vertragsparteien fördern die partnerschaftliche Zusammenarbeit und die direkten Kontakte zwischen Städten und Gemeinden.

Art. 14. Die Vertragsparteien werden ihre Zusammenarbeit im Rahmen internationaler Organisationen, insbesondere europäischer Organisationen, vertiefen. Sie werden einander behilflich sein, die Zusammenarbeit mit internationalen, insbesondere europäischen Organisationen und Institutionen zu entwickeln, denen eine Vertragspartei als Mitglied angehört, falls die andere Vertragspartei Interesse bekundet.

Art. 15. (1) Die Vertragsparteien werden ihre wirtschaftliche und finanzielle Zusammenarbeit auf allen Gebieten weiterentwickeln. Sie werden im Rahmen ihrer Gesetzgebung und ihrer Verpflichtungen aus internationalen Verträgen, darunter den Verpflichtungen der Bundesrepublik Deutschland aus der Mitgliedschaft in der Europäischen Gemeinschaft, die günstigsten Rahmenbedingungen, insbesondere auf wirtschaftlichem, finanziellem, rechtlichem und organisatorischem Gebiet für natürliche und juristische Personen für unternehmerische und wirtschaftliche Tätigkeiten schaffen.

(2) Die Vertragsparteien bestätigen ihre Bereitschaft, unter Berücksichtigung ihrer beiderseitigen Interessen und der Zusammenarbeit mit anderen Ländern im Rahmen der multilateralen Finanzinstitutionen, insbesondere des Internationalen Währungsfonds, der Weltbank und der Europäischen Bank für Wiederaufbau und Entwicklung, zusammenzuarbeiten.

(3) Die Vertragsparteien werden insbesondere die Entwicklung der Zusammenarbeit zur Förderung und zum gegenseitigen Schutz von Investitionen sowie der industriellen Kooperation von Unternehmen unter voller Ausnutzung aller verfügbaren Instrumente fördern. Besondere Aufmerksamkeit wird der Zusammenarbeit zwischen kleineren und mittleren Firmen und Betrieben gelten.

(4) Sie werden darüber hinaus die Zusammenarbeit bei der Aus- und Weiterbildung von Fach- und Führungskräften der Wirtschaft unterstützen und wesentlich ausbauen.

Art. 16. (1) Die Vertragsparteien werden auf der Grundlage bestehender Übereinkünfte die Zusammenarbeit bei der Nutzung der Möglichkeiten moderner Wissenschaft und Technologie zum Wohl der Menschen und zur Sicherung des Friedens ausbauen.

(2) Sie werden an diesen Zielen orientierte Initiativen von Wissenschaftlern und Forschungseinrichtungen unterstützen.

(3) Sie werden den Zugang zu Archiven, Bibliotheken, Forschungsinstituten und ähnlichen Einrichtungen erleichtern.

Art. 17. (1) Die Vertragsparteien stimmen darin überein, daß die vorausschauende Abwehr drohender Gefahren für die Umwelt und die dauerhafte Erhaltung der natürlichen Lebensgrundlagen unverzichtbare Voraussetzungen für eine gedeihliche wirtschaftliche und gesellschaftliche Entwicklung sind. Sie bekräftigen ihre Entschlossenheit, die Zusammenarbeit auf dem Gebiet des Umweltschutzes auf der Grundlage bestehender Übereinkünfte fortzusetzen und auch vertraglich weiter auszubauen.

(2) Besondere Aufmerksamkeit werden sie dem Umweltschutz in den Grenzregionen sowie dem grenzüberschreitenden Umweltschutz widmen.

(3) Sie werden sich darüber hinaus für die Entwicklung abgestimmter Strategien für eine internationale und regionale Umweltpolitik einsetzen, die eine dauerhafte und umweltverträgliche Entwicklung in ganz Europa zum Ziel hat.

(4) Sie werden sich bei Katastrophen und schweren Unglücksfällen gegenseitig Hilfe leisten.

Art. 18. (1) Die Vertragsparteien streben eine Erweiterung der gegenseitigen Transportverbindungen im Luft-, Eisenbahn-, See-, Binnenschiffahrts- und Straßenverkehr sowie der Rohrleitungsverbindungen unter Nutzung modernster Technologien an.

(2) Sie werden sich in Übereinstimmung mit den Grundsätzen guter Nachbarschaft um die Einrichtung und den Ausbau einer größtmöglichen Zahl von Grenzübergängen an der gemeinsamen Grenze für den Eisenbahn- und Straßenverkehr sowie für Fußgänger bemühen. Sie werden dabei auch die Gesichtspunkte des Umweltschutzes und der örtlichen Verkehrsplanung berücksichtigen.

(3) Sie bemühen sich, die Zoll- und Grenzabfertigung zu verbessern und zu beschleunigen sowie die Zusammenarbeit der Zoll- und Grenzverwaltungen weiterzuentwickeln.

(4) Sie werden geeignete Maßnahmen zur Unterstützung und Erleichterung des Reise- und Fremdenverkehrs treffen.

(5) Sie streben auch die Erweiterung, Verbesserung und Harmonisierung der Kommunikationsverbindungen zwischen beiden Ländern unter Berücksichtigung der internationalen und insbesondere der europäischen Entwicklung in Normung und Technologie an. Dies gilt insbesondere für Telefon- und Telexverbindungen sowie für Verbindungen zur elektronischen Datenübertragung.

Art. 19. Die Vertragsparteien stimmen darin überein, daß in einem zusammenwachsenden Europa die Abstimmung der Raumordnungspolitik, insbesondere zwischen unmittelbaren Nachbarstaaten, notwendig ist. Sie werden deshalb bei der Raumordnung und der räumlichen Planung auf allen Ebenen, insbesondere in Fragen grenzüberschreitenden Charakters, zusammenarbeiten.

Art. 20. (1) Die Vertragsparteien erfüllen mindestens die in den KSZE-Dokumenten, insbesondere dem Dokument des Kopenhagener Treffens über die menschliche Dimension der KSZE vom 29. Juni 1990, verankerten politischen Verpflichtungen als rechtlich verbindliche Verpflichtungen.

(2) Die Angehörigen der deutschen Minderheit in der Tschechischen und Slowakischen Föderativen Republik, das heißt Personen tschechoslowakischer Staatsangehörigkeit, die deutscher Abstammung sind oder die sich zur deutschen Sprache, Kultur oder Tradition bekennen, haben demzufolge insbesondere das Recht, einzeln oder in Gemeinschaft mit anderen Mitgliedern ihrer Gruppe ihre ethnische, kulturelle, sprachliche und religiöse Identität frei zum Ausdruck zu bringen, zu bewahren und weiterzuentwickeln, frei von jeglichen Versuchen, gegen ihren Willen assimiliert zu werden. Sie haben das Recht, ihre Menschenrechte und Grundfreiheiten ohne jegliche Diskriminierung und in voller Gleichheit vor dem Gesetz voll und wirksam auszuüben.

(3) Die Zugehörigkeit zur deutschen Minderheit in der Tschechischen und Slowakischen Föderativen Republik ist persönliche Entscheidung jedes einzelnen, die für ihn keinen Nachteil mit sich bringen darf.

(4) Jeder Angehörige der deutschen Minderheit in der Tschechischen und Slowakischen Föderativen Republik ist nach Maßgabe vorstehender Bestimmungen gehalten, sich wie jeder Staatsbürger der Tschechischen und Slowakischen Föderativen Republik zu verhalten, indem er sich nach den Verpflichtungen richtet, die sich auf Grund der Gesetze dieses Staates ergeben.

(5) Die Tschechische und Slowakische Föderative Republik ermöglicht und erleichtert im Rahmen ihrer geltenden Gesetze der Bundesrepublik Deutschland Förderungsmaßnahmen zugunsten der deutschen Minderheit oder ihrer Organisationen.

Art. 21. (1) Personen tschechischer oder slowakischer Abstammung in der Bundesrepublik Deutschland haben das Recht, einzeln oder in Gemeinschaft mit anderen Mitgliedern ihrer Gruppe ihre ethnische, kulturelle, sprachliche und religiöse Identität zu pflegen und frei zu entfalten. Sie haben das Recht, ihre Menschenrechte und Grundfreiheiten ohne jegliche Diskriminierung und in voller Gleichheit vor dem Gesetz voll und wirksam auszuüben.

(2) Die Inanspruchnahme der in Absatz 1 genannten Rechte ist persönliche Entscheidung jedes einzelnen, die für ihn keinen Nachteil mit sich bringen darf.

(3) Die Bunderepublik Deutschland ermöglicht und erleichtert im Rahmen ihrer geltenden Gesetze der Tschechischen und Slowakischen Föderativen Republik Förderungsmaßnahmen zugunsten der in Absatz 1 genannten Personen oder ihrer Organisationen.

Art. 22. (1) Die Vertragsparteien werden insbesondere auf der Grundlage der zwischen ihnen bestehenden Abkommen und Programme den Kulturaustausch in allen Bereichen und auf allen Ebenen intensivieren und ausbauen und damit gleichzeitig zur europäischen kulturellen Identität beitragen.

(2) Die bestehende Gemischte Kommission wird künftig mindestens einmal jährlich zusammentreten, um den Stand des Kulturaustauschs in allen Bereichen zu prüfen und Vereinbarungen über die nächsten Vorhaben zu treffen.

(3) Die Vertragsparteien werden die Zusammenarbeit zwischen kulturellen Institutionen und Organisationen, Vereinigungen von Künstlern sowie direkte Kontakte zwischen Künstlern beider Länder unterstützen.

Art. 23. Die Vertragsparteien werden das Abkommen über die gegenseitige Errichtung und Tätigkeit von Kultur- und Informationszentren für eine umfassende Tätigkeit dieser Institutionen voll ausschöpfen.

Art. 24. (1) Die Vertragsparteien werden bei der Erhaltung und Pflege des europäischen kulturellen Erbes zusammenarbeiten. Besondere Aufmerksamkeit widmen sie der Denkmalpflege.

(2) Im Geiste der Verständigung und der Versöhnung werden sie gemeinsame Initiativen in diesem Bereich verwirklichen.

(3) Sie werden sich insbesondere der auf ihrem Gebiet befindlichen Orte und Kulturgüter, die von geschichtlichen Ereignissen sowie kulturellen und wissenschaftlichen Leistungen und Traditionen der anderen Seite zeugen, besonders annehmen und zu ihnen freien und ungehinderten Zugang ermöglichen. Die genannten Orte und Kulturgüter stehen unter dem Schutz der Gesetze.

Art. 25. (1) Die Vertragsparteien bekräftigen ihre Bereitschaft, allen interessierten Personen breiten Zugang zu Sprache und Kultur des anderen Landes zu ermöglichen, und sie unterstützen entsprechende staatliche und private Institutionen und Initiativen.

(2) Sie setzen sich mit Nachdruck dafür ein, den Unterricht der Sprache des anderen Landes an Schulen und anderen Bildungseinrichtungen zu erweitern. Sie werden auch Initiativen zur Gründung von Schulen mit Unterricht in beiden Sprachen unterstützen. Sie werden sich bemühen, an ihren Hochschulen die Möglichkeiten des Studiums der Kultur, Literatur und Sprachen des anderen Landes, das heißt der Germanistik beziehungsweise der Bohemistik und Slowakistik, auszubauen.

(3) Sie werden bei der Entsendung von Hochschullektoren, der Aus- und Fortbildung von Lehrkräften sowie bei der Entwicklung und Bereitstellung von Lehrmaterial, einschließlich der Nutzung von Fernsehen, Hörfunk, Audio-, Video- und Computertechnik, zusammenarbeiten.

Art. 26. (1) Die Vertragsparteien werden die Zusammenarbeit im schulischen Bereich vertiefen. Sie werden die Entsendung von Lehrern sowie den Austausch von Schülern und Lehrern ausbauen und die Anknüpfung von Schulpartnerschaften unterstützen.

(2) Sie streben eine erhebliche Erweiterung der wissenschaftlichen Zusammenarbeit auf allen Ebenen und zwischen entsprechenden Institutionen beider Seiten an. Sie werden die unmittelbare Zusammenarbeit zwischen Hochschulen und wissenschaftlichen Forschungsinstitutionen fördern und weiter ausbauen, und zwar sowohl durch den Austausch von Studenten und wissenschaftlichen Lehrkräften als auch durch gemeinsame Vorhaben.

(3) Sie messen der Zusammenarbeit in der beruflichen Bildung große Bedeutung bei und werden sie wesentlich ausbauen und vertiefen.

Art. 27. Die Vertragsparteien werden alle Aktivitäten unterstützen, die zu einem gemeinsamen Verständnis der deutsch-tschechoslowakischen Geschichte, vor allem dieses Jahrhunderts, beitragen. Dazu gehört auch die Arbeit der gemeinsamen Historikerkommission und der unabhängigen deutsch-tschechoslowakischen Schulbuchkonferenzen.

Art. 28. (1) Die Vertragsparteien werden umfassende Kontakte, insbesondere persönliche Begegnungen zwischen ihren Bürgern fördern, die sie als unerläßliche Voraussetzung für das gegenseitige Kennenlernen und die Vertiefung des Verständnisses zwischen ihren Völkern betrachten.

(2) Sie unterstützen die enge Zusammenarbeit zwischen den politischen Parteien, Gewerkschaften, Kirchen und Glaubensgemeinschaften, Stiftungen, Sportorganisationen, sozialen Einrichtungen, Frauen-, Umweltschutz- und anderen gesellschaftlichen Organisationen und Verbänden.

Art. 29. Die Vertragsparteien sind davon überzeugt, daß die künftige Gestaltung der beiderseitigen Beziehungen wesentlich von dem gegenseitigen Verständnis und der aktiven Beteiligung der jungen Generation abhängt. Sie treten deshalb für umfassende und enge Kontakte der deutschen mit der tschechischen und slowakischen Jugend ein. Sie werden daher die Begegnung, den Austausch und die Zusammenarbeit von Jugendlichen unterstützen und fördern.

Art. 30. (1) Die Vertragsparteien erklären, daß deutsche und tschechoslowakische Gräber auf ihrem Gebiet in gleicher Weise geachtet und geschützt werden; ihre Pflege wird ermöglicht.

(2) Die Gräber deutscher beziehungsweise tschechoslowakischer Opfer der Kriege und der Gewaltherrschaft, die sich auf ihrem Gebiet befinden, stehen unter dem Schutz der Gesetze und werden erhalten; ihre Erfassung und Pflege wird ermöglicht.

(3) Die Vertragsparteien werden die Zusammenarbeit zwischen den Organisationen, die für die Pflege dieser Gräber zuständig sind, unterstützen.

Art. 31. (1) Die Vertragsparteien werden im Einklang mit ihren Rechtsordnungen und unter Berücksichtigung der entsprechenden mehrseitigen Übereinkünfte den Rechtshilfeverkehr in Zivil- und Strafsachen sowie in Verwaltungsangelegenheiten weiter entwickeln. Zum Nutzen ihrer Bürger werden sie ihn vereinfachen und intensivieren.

(2) Sie werden bei der Bekämpfung der Kriminalität, insbesondere des organisierten Verbrechens, des internationalen Terrorismus, der unerlaubten Ein- oder Durchreise von Personen, der Rauschgiftkriminalität und des strafbaren Handels mit Kunstwerken zusammenwirken.

Art. 32. (1) Die Vertragsparteien werden im Bereich der sozialen Sicherung und der arbeits- und sozialpolitischen Zusammenarbeit ihre Beziehungen ausbauen und vertiefen.

(2) Sie werden sich um eine möglichst umfassende Zusammenarbeit auf dem Gebiet des Gesundheitswesens bemühen. Besondere Aufmerksamkeit werden sie der Bekämpfung von Infektionskrankheiten und anderen Krankheiten widmen.

Art. 33. Dieser Vertrag richtet sich gegen niemanden. Er berührt nicht die Rechte und Verpflichtungen aus geltenden zweiseitigen und mehrseitigen Übereinkünften, die von den Vertragsparteien mit anderen Staaten geschlossen wurden.

Art. 34. Bei Meinungsverschiedenheiten über die Auslegung und Verwirklichung dieses Vertrags werden die Vertragsparteien, unbeschadet der Bestimmungen des Artikels 11, das im Bericht über das KSZE-Expertentreffen über die Friedliche Regelung von Streitfällen in La Valletta vom 8. Februar 1991 beschriebene Verfahren anwenden.

Art. 35. (1) Dieser Vertrag bedarf der Ratifikation; die Ratifikationsurkunden werden so bald wie möglich in Bonn ausgetauscht.

(2) Dieser Vertrag tritt am Tag des Austauschs der Ratifikationsurkunden in Kraft.

(3) Dieser Vertrag gilt für die Dauer von zehn Jahren. Danach verlängert er sich um jeweils weitere fünf Jahre, sofern nicht eine der Vertragsparteien den Vertrag unter Einhaltung einer Frist von einem Jahr vor Ablauf der jeweiligen Geltungsdauer schriftlich kündigt.

ZU URKUND DESSEN haben die Bevollmächtigten beider Vertragsparteien diesen Vertrag unterzeichnet und mit Siegeln versehen.

Geschehen zu Prag am 27. Februar 1992 in zwei Urschriften, jede in deutscher und tschechischer Sprache, wobei jeder Wortlaut gleichermaßen verbindlich ist.

Für die Bundesrepublik Deutschland

Dr. Helmut Kohl
Hans-Dietrich Genscher

Für die Tschechische und Slowakische Föderative Republik

Václav Havel
Jiri Dienstbièr

11. Wiener Übereinkommen über diplomatische Beziehungen[1)·2)]

(18. 4. 1961)

DIE VERTRAGSSTAATEN DIESES ÜBEREINKOMMENS –
EINGEDENK DESSEN, daß die Völker aller Staaten von alters her die besondere Stellung des Diplomaten anerkannt haben,

IN ANBETRACHT der in der Charta der Vereinten Nationen verkündeten Ziele und Grundsätze in bezug auf die souveräne Gleichheit der Staaten, die Wahrung des Weltfriedens und der internationalen Sicherheit und auf die Förderung freundschaftlicher Beziehungen zwischen den Nationen,

ÜBERZEUGT, daß ein internationales Übereinkommen über den diplomatischen Verkehr, diplomatische Vorrechte und Immunitäten geeignet ist, ungeachtet der unterschiedlichen Verfassungs- und Sozialordnungen der Nationen zur Entwicklung freundschaftlicher Beziehungen zwischen ihnen beizutragen,

IN DER ERKENNTNIS, daß diese Vorrechte und Immunitäten nicht dem Zweck dienen, einzelne zu bevorzugen, sondern zum Ziel haben, den diplomatischen Missionen als Vertretungen von Staaten die wirksame Wahrnehmung ihrer Aufgaben zu gewährleisten,

UNTER BEKRÄFTIGUNG des Grundsatzes, daß die Regeln des Völkergewohnheitsrechts auch weiterhin für alle Fragen gelten sollen, die nicht ausdrücklich in diesem Übereinkommen geregelt sind –

HABEN FOLGENDES VEREINBART:

Art. 1. Im Sinne dieses Übereinkommens haben die nachstehenden Ausdrücke folgende Bedeutung:
a) der Ausdruck „Missionschef" bezeichnet die Person, die vom Entsendestaat beauftragt ist, in dieser Eigenschaft tätig zu sein;
b) der Ausdruck „Mitglieder der Mission" bezeichnet den Missionschef und die Mitglieder des Personals der Mission;
c) der Ausdruck „Mitglieder des Personals der Mission" bezeichnet die Mitglieder des diplomatischen Personals, des Verwaltungs- und technischen Personals und des dienstlichen Hauspersonals der Mission;
d) der Ausdruck „Mitglieder des diplomatischen Personals" bezeichnet die in diplomatischem Rang stehenden Mitglieder des Personals der Mission;
e) der Ausdruck „Diplomat" bezeichnet den Missionschef und die Mitglieder des diplomatischen Personals der Mission;
f) der Ausdruck „Mitglieder des Verwaltungs- und technischen Personals" bezeichnet die im Verwaltungs- und technischen Dienst der Mission beschäftigten Mitglieder ihres Personals;

[1)] Aus BGBl. 1964 II S. 958.
[2)] Internationale Quelle: UNTS Vol. 500 p. 95.

g) der Ausdruck „Mitglieder des dienstlichen Hauspersonals" bezeichnet die als Hausbedienstete bei der Mission beschäftigten Mitglieder ihres Personals;

h) der Ausdruck „privater Hausangestellter" bezeichnet eine im häuslichen Dienst eines Mitglieds der Mission beschäftigte Person, die nicht Bediensteter des Entsendestaats ist;

i) der Ausdruck „Räumlichkeiten der Mission" bezeichnet ungeachtet der Eigentumsverhältnisse die Gebäude oder Gebäudeteile und das dazugehörige Gelände, die für die Zwecke der Mission verwendet werden, einschließlich der Residenz des Missionschefs.

Art. 2. Die Aufnahme diplomatischer Beziehungen zwischen Staaten und die Errichtung ständiger diplomatischer Missionen erfolgen in gegenseitigem Einvernehmen.

Art. 3. (1) Aufgabe einer diplomatischen Mission ist es unter anderem,
a) den Entsendestaat im Empfangsstaat zu vertreten,
b) die Interessen des Entsendestaats und seiner Angehörigen im Empfangsstaat innerhalb der völkerrechtlich zulässigen Grenzen zu schützen,
c) mit der Regierung des Empfangsstaats zu verhandeln,
d) sich mit allen rechtmäßigen Mitteln über Verhältnisse und Entwicklungen im Empfangsstaat zu unterrichten und darüber an die Regierung des Entsendestaats zu berichten,
e) freundschaftliche Beziehungen zwischen Entsendestaat und Empfangsstaat zu fördern und ihre wirtschaftlichen, kulturellen und wissenschaftlichen Beziehungen auszubauen.

(2) Dieses Übereinkommen ist nicht so auszulegen, als schließe es die Wahrnehmung konsularischer Aufgaben durch eine diplomatische Mission aus.

Art. 4. (1) Der Entsendestaat hat sich zu vergewissern, daß die Person, die er als Missionschef bei dem Empfangsstaat zu beglaubigen beabsichtigt, dessen Agrément erhalten hat.

(2) Der Empfangsstaat ist nicht verpflichtet, dem Entsendestaat die Gründe für eine Verweigerung des Agréments mitzuteilen.

Art. 5. (1) Der Entsendestaat kann nach einer Notifikation an die beteiligten Empfangsstaaten die Beglaubigung eines Missionschefs oder gegebenenfalls die Bestellung eines Mitglieds des diplomatischen Personals für mehrere Staaten vornehmen, es sei denn, daß einer der Empfangsstaaten ausdrücklich Einspruch erhebt.

(2) Beglaubigt der Entsendestaat einen Missionschef bei einem oder mehreren weiteren Staaten, so kann er in jedem Staat, in dem der Missionschef nicht seinen ständigen Sitz hat, eine diplomatische Mission unter der Leitung eines Geschäftsträgers *ad interim* errichten.

(3) Ein Missionschef oder ein Mitglied des diplomatischen Personals der Mission kann den Entsendestaat bei jeder internationalen Organisation vertreten.

Art. 6. Mehrere Staaten können dieselbe Person bei einem anderen Staat als Missionschef beglaubigen, es sei denn, daß der Empfangsstaat Einspruch erhebt.

Art. 7. Vorbehaltlich der Artikel 5, 8, 9 und 11 kann der Entsendestaat die Mitglieder des Personals seiner Mission nach freiem Ermessen ernennen. Bei Militär-, Marine- und Luftwaffenattachés kann der Empfangsstaat verlangen, daß ihm ihre Namen vorher zwecks Zustimmung mitgeteilt werden.

Art. 8. (1) Die Mitglieder des diplomatischen Personals der Mission sollen grundsätzlich Angehörige des Entsendestaats sein.

(2) Angehörige des Empfangsstaats dürfen nur mit dessen Zustimmung zu Mitgliedern des diplomatischen Personals der Mission ernannt werden; die Zustimmung kann jederzeit widerrufen werden.

(3) Der Empfangsstaat kann sich das gleiche Recht in bezug auf Angehörige eines dritten Staates vorbehalten, die nicht gleichzeitig Angehörige des Entsendestaats sind.

Art. 9. (1) Der Empfangsstaat kann dem Entsendestaat jederzeit ohne Angabe von Gründen notifizieren, daß der Missionschef oder ein Mitglied des diplomatischen Personals der Mission *persona non grata* oder daß ein anderes Mitglied des Personals der Mission ihm nicht genehm ist. In diesen Fällen hat der Entsendestaat die betreffende Person entweder abzuberufen oder ihre Tätigkeit bei der Mission zu beenden. Eine Person kann als *non grata* oder nicht genehm erklärt werden, bevor sie im Hoheitsgebiet des Empfangsstats eintrifft.

(2) Weigert sich der Entsendestaat oder unterläßt er es innerhalb einer angemessenen Frist, seinen Verpflichtungen auf Grund des Absatzes 1 nachzukommen, so kann der Empfangsstaat es ablehnen, die betreffende Person als Mitglied der Mission anzuerkennen.

Art. 10. (1) Dem Ministerium für Auswärtige Angelegenheiten oder einem anderen in gegenseitigem Einvernehmen bestimmten Ministerium des Empfangsstaats ist folgendes zu notifizieren:
a) die Ernennung von Mitgliedern der Mission, ihre Ankunft und ihre endgültige Abreise oder die Beendigung ihrer dienstlichen Tätigkeit bei der Mission;
b) die Ankunft und die endgültige Abreise eines Familienangehörigen eines Mitglieds der Mission und gegebenenfalls die Tatsache, daß eine Person Familienangehöriger eines Mitglieds der Mission wird oder diese Eigenschaft verliert;
c) die Ankunft und die endgültige Abreise von privaten Hausangestellten, die bei den unter Buchstabe a bezeichneten Personen beschäftigt sind, und gegebenenfalls ihr Ausscheiden aus deren Dienst;
d) die Anstellung und die Entlassung von im Empfangsstaat ansässigen Personen als Mitglied der Mission oder als private Hausangestellte mit Anspruch auf Vorrechte und Immunitäten.

(2) Die Ankunft und die endgültige Abreise sind nach Möglichkeit im voraus zu notifizieren.

Art. 11. (1) Ist keine ausdrückliche Vereinbarung über den Personalbestand der Mission getroffen worden, so kann der Empfangsstaat verlangen, daß dieser Bestand in den Grenzen gehalten wird, die er in Anbetracht der bei ihm vorliegenden Umstände und Verhältnisse sowie der Bedürfnisse der betreffenden Mission für angemessen und normal hält.

(2) Der Empfangsstaat kann ferner innerhalb der gleichen Grenzen, aber ohne Diskriminierung, die Zulassung von Bediensteten einer bestimmten Kategorie ablehnen.

Art. 12. Der Entsendestaat darf ohne vorherige ausdrückliche Zustimmung des Empfangsstaats keine zur Mission gehörenden Büros an anderen Orten als denjenigen einrichten, in denen die Mission selbst ihren Sitz hat.

Art. 13. (1) Als Zeitpunkt des Amtsantritts des Missionschefs im Empfangsstaat gilt der Tag, an welchem er nach der im Empfangsstaat geübten und einheitlich anzuwendenden Praxis entweder sein Beglaubigungsschreiben überreicht hat oder aber dem Ministerium für Auswärtige Angelegenheiten oder einem anderen in gegenseitigem Einvernehmen bestimmten Ministerium des Empfangsstaats seine Ankunft notifiziert hat und diesem eine formgetreue Abschrift seines Beglaubigungsschreibens überreicht worden ist.

(2) Die Reihenfolge der Überreichung von Beglaubigungsschreiben oder von deren formgetreuen Abschriften richtet sich nach Tag und Zeit der Ankunft des Missionschefs.

Art. 14. (1) Die Missionschefs sind in folgende drei Klassen eingeteilt:
a) die Klasse der Botschafter oder Nuntien, die bei Staatsoberhäuptern beglaubigt sind, und sonstiger in gleichem Rang stehender Missionschefs;
b) die Klasse der Gesandten, Minister und Internuntien, die bei Staatsoberhäuptern beglaubigt sind;
c) die Klasse der Geschäftsträger, die bei Außenministern beglaubigt sind.

(2) Abgesehen von Fragen der Rangfolge und der Etikette wird zwischen den Missionschefs kein Unterschied auf Grund ihrer Klasse gemacht.

Art. 15. Die Staaten vereinbaren die Klasse, in welche ihre Missionschefs einzuordnen sind.

Art. 16. (1) Innerhalb jeder Klasse richtet sich die Rangfolge der Missionschefs nach Tag und Zeit ihres Amtsantritts gemäß Artikel 13.

(2) Änderungen im Beglaubigungsschreiben des Missionschefs, die keine Änderung der Klasse bewirken, lassen die Rangfolge unberührt.

(3) Dieser Artikel läßt die Übung unberührt, die ein Empfangsstaat hinsichtlich des Vorrangs des Vertreters des Heiligen Stuhls angenommen hat oder künftig annimmt.

Art. 17. Die Rangfolge der Mitglieder des diplomatischen Personals der Mission wird vom Missionschef dem Ministerium für Auswärtige Angelegenheiten oder dem anderen in gegenseitigem Einvernehmen bestimmten Ministerium notifiziert.

Art. 18. Das in einem Staat beim Empfang von Missionschefs zu befolgende Verfahren muß für jede Klasse einheitlich sein.

Art. 19. (1) Ist der Posten des Missionschefs unbesetzt oder ist der Missionschef außerstande, seine Aufgaben wahrzunehmen, so ist ein Geschäftsträger *ad interim* vorübergehend als Missionschef tätig. Den Namen des Geschäftsträgers *ad interim* notifiziert der Missionschef oder, wenn er dazu außerstande ist, das Ministerium für Auswärtige Angelegenheiten des Entsendestaats dem Ministerium für Auswärtige Angelegenheiten oder dem anderen in gegenseitigem Einvernehmen bestimmten Ministerium des Empfangsstaats.

(2) Ist kein Mitglied des diplomatischen Personals der Mission im Empfangsstaat anwesend, so kann der Entsendestaat mit Zustimmung des Empfangsstaats ein Mitglied des Verwaltungs- und technischen Personals mit der Leitung der laufenden Verwaltungsangelegenheiten der Mission beauftragen.

Art. 20. Die Mission und ihr Chef sind berechtigt, die Flagge und das Hoheitszeichen des Entsendestaats an den Räumlichkeiten der Mission einschließlich der Residenz des Missionschefs und an dessen Beförderungsmitteln zu führen.

Art. 21. (1) Der Empfangsstaat erleichtert nach Maßgabe seiner Rechtsvorschriften dem Entsendestaat den Erwerb der für dessen Mission in seinem Hoheitsgebiet benötigten Räumlichkeiten oder hilft ihm, sich auf andere Weise Räumlichkeiten zu beschaffen.

(2) Erforderlichenfalls hilft der Empfangsstaat ferner den Missionen bei der Beschaffung geeigneten Wohnraums für ihre Mitglieder.

Art. 22. (1) Die Räumlichkeiten der Mission sind unverletzlich. Vertreter des Empfangsstaats dürfen sie nur mit Zustimmung des Missionschefs betreten.

(2) Der Empfangsstaat hat die besondere Pflicht, alle geeigneten Maßnahmen zu treffen, um die Räumlichkeiten der Mission vor jedem Eindringen und jeder Beschädigung zu schützen und um zu verhindern, daß der Friede der Mission gestört oder ihre Würde beeinträchtigt wird.

(3) Die Räumlichkeiten der Mission, ihre Einrichtung und die sonstigen darin befindlichen Gegenstände sowie die Beförderungsmittel der Mission genießen Immunität von jeder Durchsuchung, Beschlagnahme, Pfändung oder Vollstreckung.

Art. 23. (1) Der Entsendestaat und der Missionschef sind hinsichtlich der in ihrem Eigentum stehenden und der von ihnen gemieteten bzw. gepachteten Räumlichkeiten der Mission von allen staatlichen, regionalen und kommunalen Steuern oder sonstigen Abgaben befreit, soweit diese nicht als Vergütung für bestimmte Dienstleistungen erhoben werden.

(2) Die in diesem Artikel vorgesehene Steuerbefreiung gilt nicht für Steuern und sonstige Abgaben, die nach den Rechtsvorschriften des Empfangsstaats von den Personen zu entrichten sind, die mit dem Entsendestaat oder dem Missionschef Verträge schließen.

Art. 24. Die Archive und Schriftstücke der Mission sind jederzeit unverletzlich, wo immer sie sich befinden.

Art. 25. Der Empfangsstaat gewährt der Mission jede Erleichterung zur Wahrnehmung ihrer Aufgaben.

Art. 26. Vorbehaltlich seiner Gesetze und anderen Rechtsvorschriften über Zonen, deren Betreten aus Gründen der nationalen Sicherheit verboten oder geregelt ist, gewährleistet der Empfangsstaat allen Mitgliedern der Mission volle Bewegungs- und Reisefreiheit in seinem Hoheitsgebiet.

Art. 27. (1) Der Empfangsstaat gestattet und schützt den freien Verkehr der Mission für alle amtlichen Zwecke. Die Mission kann sich im Verkehr mit der Regierung, den anderen Missionen und den Konsulaten des Entsendestaats, wo immer sie sich befinden, aller geeigneten Mittel einschließlich diplomatischer Kuriere und verschlüsselter Nachrichten bedienen. Das Errichten und Betreiben einer Funksendeanlage ist der Mission jedoch nur mit Zustimmung des Empfangsstaats gestattet.

(2) Die amtliche Korrespondenz der Mission ist unverletzlich. Als „amtliche Korrespondenz" gilt die gesamte Korrespondenz, welche die Mission und ihre Aufgaben betrifft.

(3) Das diplomatische Kuriergepäck darf weder geöffnet noch zurückgehalten werden.

(4) Gepäckstücke, die das diplomatische Kuriergepäck bilden, müssen äußerlich sichtbar als solches gekennzeichnet sein; sie dürfen nur diplomatische Schriftstücke oder für den amtlichen Gebrauch bestimmte Gegenstände enthalten.

(5) Der diplomatische Kurier muß ein amtliches Schriftstück mit sich führen, aus dem seine Stellung und die Anzahl der Gepäckstücke ersichtlich sind, die das diplomatische Kuriergepäck bilden; er wird vom Empfangsstaat bei der Wahrnehmung seiner Aufgaben geschützt. Er genießt persönliche Unverletzlichkeit und unterliegt keiner Festnahme oder Haft irgendwelcher Art.

(6) Der Entsendestaat oder die Mission kann diplomatische Kuriere *ad hoc* ernennen. Auch in diesen Fällen gilt Absatz 5; jedoch finden die darin erwähnten Immunitäten keine Anwendung mehr, sobald der Kurier das ihm anvertraute diplomatische Kuriergepäck dem Empfänger ausgehändigt hat.

(7) Diplomatisches Kuriergepäck kann dem Kommandanten eines gewerblichen Luftfahrzeugs anvertraut werden, dessen Bestimmungsort ein zugelassener Einreiseflugplatz ist. Der Kommandant muß ein amtliches Schriftstück mit sich führen, aus dem die Anzahl der Gepäckstücke ersichtlich ist, die das Kuriergepäck bilden; er gilt jedoch nicht als diplomatischer Kurier. Die Mission kann eines ihrer Mitglieder entsenden, um das diplomatische Kuriergepäck unmittelbar und ungehindert von dem Kommandanten des Luftfahrzeugs entgegenzunehmen.

Art. 28. Die Gebühren und Kosten, welche die Mission für Amtshandlungen erhebt, sind von allen Steuern und sonstigen Abgaben befreit.

Art. 29. Die Person des Diplomaten ist unverletzlich. Er unterliegt keiner Festnahme oder Haft irgendwelcher Art. Der Empfangsstaat behandelt ihn mit gebührender Achtung und trifft alle geeigneten Maßnahmen, um jeden Angriff auf seine Person, seine Freiheit oder seine Würde zu verhindern.

Art. 30. (1) Die Privatwohnung des Diplomaten genießt dieselbe Unverletzlichkeit und denselben Schutz wie die Räumlichkeiten der Mission.

(2) Seine Papiere, seine Korrespondenz und – vorbehaltlich des Artikels 31 Abs. 3 – sein Vermögen sind ebenfalls unverletzlich.

Art. 31. (1) Der Diplomat genießt Immunität von der Strafgerichtsbarkeit des Empfangsstaats. Ferner steht ihm Immunität von dessen Zivil- und Verwaltungsgerichtsbarkeit zu; ausgenommen hiervon sind folgende Fälle:

a) dingliche Klagen in bezug auf privates, im Hoheitsgebiet des Empfangsstaats gelegenes unbewegliches Vermögen, es sei denn, daß der Diplomat dieses im Auftrag des Entsendestaats für die Zwecke der Mission im Besitz hat;

b) Klagen in Nachlaßsachen, in denen der Diplomat als Testamentsvollstrecker, Verwalter, Erbe oder Vermächtnisnehmer in privater Eigenschaft und nicht als Vertreter des Entsendestaats beteiligt ist;

c) Klagen im Zusammenhang mit einem freien Beruf oder einer gewerblichen Tätigkeit, die der Diplomat im Empfangsstaat neben seiner amtlichen Tätigkeit ausübt.

(2) Der Diplomat ist nicht verpflichtet, als Zeuge auszusagen.

(3) Gegen einen Diplomaten dürfen Vollstreckungsmaßnahmen nur in den in Absatz 1 Buchstaben a, b und c vorgesehenen Fällen und nur unter der Voraussetzung getroffen werden, daß sie durchführbar sind, ohne die Unverletzlichkeit seiner Person oder seiner Wohnung zu beeinträchtigen.

(4) Die Immunität des Diplomaten von der Gerichtsbarkeit des Empfangsstaats befreit ihn nicht von der Gerichtsbarkeit des Entsendestaats.

Art. 32. (1) Auf die Immunität von der Gerichtsbarkeit, die einem Diplomaten oder nach Maßgabe des Artikels 37 einer anderen Person zusteht, kann der Entsendestaat verzichten.

(2) Der Verzicht muß stets ausdrücklich erklärt werden.

(3) Strengt ein Diplomat oder eine Person, die nach Maßgabe des Artikels 37 Immunität von der Gerichtsbarkeit genießt, ein Gerichtsverfahren an, so können sie sich in bezug auf eine Widerklage, die mit der Hauptklage in unmittelbarem Zusammenhang steht, nicht auf die Immunität von der Gerichtsbarkeit berufen.

(4) Der Verzicht auf die Immunität von der Gerichtsbarkeit in einem Zivil- oder Verwaltungsgerichtsverfahren gilt nicht als Verzicht auf die Immunität von der Urteilsvollstreckung; hierfür ist ein besonderer Verzicht erforderlich.

Art. 33. (1) Vorbehaltlich des Absatzes 3 ist ein Diplomat in bezug auf seine Dienste für den Entsendestaat von den im Empfangsstaat geltenden Vorschriften über soziale Sicherheit befreit.

(2) Die in Absatz 1 vorgesehene Befreiung gilt auch für private Hausangestellte, die ausschließlich bei einem Diplomaten beschäftigt sind, sofern sie

a) weder Angehörige des Empfangsstaats noch in demselben ständig ansässig sind und

b) den im Entsendestaat oder in einem dritten Staat geltenden Vorschriften über soziale Sicherheit unterstehen.

(3) Beschäftigt ein Diplomat Personen, auf welche die in Absatz 2 vorgesehene Befreiung keine Anwendung findet, so hat er die Vorschriften über soziale Sicherheit zu beachten, die im Empfangsstaat für Arbeitgeber gelten.

(4) Die in den Absätzen 1 und 2 vorgesehene Befreiung schließt die freiwillige Beteiligung an dem System der sozialen Sicherheit des Empfangsstaates nicht aus, sofern dieser eine solche Beteiligung zuläßt.

(5) Dieser Artikel läßt bereits geschlossene zwei- oder mehrseitige Übereinkünfte über soziale Sicherheit unberührt und steht dem künftigen Abschluß weiterer Übereinkünfte dieser Art nicht entgegen.

Art. 34. Der Diplomat ist von allen staatlichen, regionalen und kommunalen Personal- und Realsteuern oder -abgaben befreit; ausgenommen hiervon sind
a) die normalerweise im Preis von Waren oder Dienstleistungen enthaltenen indirekten Steuern;
b) Steuern und sonstige Abgaben von privatem, im Hoheitsgebiet des Empfangsstaats gelegenem unbeweglichem Vermögen, es sei denn, daß der Diplomat es im Auftrag des Entsendestaats für die Zwecke der Mission im Besitz hat;
c) Erbschaftssteuern, die der Empfangsstaat erhebt, jedoch vorbehaltlich des Artikels 39 Abs. 4;
d) Steuern und sonstige Abgaben von privaten Einkünften, deren Quelle sich im Empfangsstaat befindet, sowie Vermögenssteuern von Kapitalanlagen in gewerblichen Unternehmen, die im Empfangsstaat gelegen sind;
e) Steuern, Gebühren und sonstige Abgaben, die als Vergütung für bestimmte Dienstleistungen erhoben werden;
f) Eintragungs-, Gerichts-, Beurkundungs-, Beglaubigungs-, Hypotheken- und Stempelgebühren in bezug auf unbewegliches Vermögen, jedoch vorbehaltlich des Artikels 23.

Art. 35. Der Empfangsstaat befreit Diplomaten von allen persönlichen Dienstleistungen, von allen öffentlichen Dienstleistungen jeder Art und von militärischen Auflagen wie zum Beispiel Beschlagnahmen, Kontributionen und Einquartierungen.

Art. 36. (1) Nach Maßgabe seiner geltenden Gesetze und anderen Rechtsvorschriften gestattet der Empfangsstaat die Einfuhr der nachstehend genannten Gegenstände und befreit sie von allen Zöllen, Steuern und ähnlichen Abgaben mit Ausnahme von Gebühren für Einlagerung, Beförderung und ähnliche Dienstleistungen:
a) Gegenstände für den amtlichen Gebrauch der Mission;
b) Gegenstände für den persönlichen Gebrauch des Diplomaten oder eines zu seinem Haushalt gehörenden Familienmitglieds, einschließlich der für seine Einrichtung vorgesehenen Gegenstände.

(2) Der Diplomat genießt Befreiung von der Kontrolle seines persönlichen Gepäcks, sofern nicht triftige Gründe für die Vermutung vorliegen, daß es Gegenstände enthält, für welche die in Absatz 1 erwähnten Befreiungen nicht gelten oder deren Ein- oder Ausfuhr nach dem Recht des Empfangsstaats verboten oder durch Quarantänevorschriften geregelt ist. In solchen Fällen darf die Kontrolle nur in Anwesenheit des Diplomaten oder seines ermächtigten Vertreters stattfinden.

Art. 37. (1) Die zum Haushalt eines Diplomaten gehörenden Familienmitglieder genießen, wenn sie nicht Angehörige des Empfangsstaats sind, die in den Artikeln 29 bis 36 bezeichneten Vorrechte und Immunitäten.

(2) Mitglieder des Verwaltungs- und technischen Personals der Mission und die zu ihrem Haushalt gehörenden Familienmitglieder genießen, wenn sie weder Angehörige des Empfangsstaats noch in demselben ständig ansässig sind, die in den Artikeln 29 bis 35 bezeichneten Vorrechte und Immunitäten; jedoch sind ihre nicht in Ausübung ihrer dienstlichen Tätigkeit vorgenommenen Handlungen von der in Artikel 31 Abs. 1 bezeichneten Immunität von der Zivil- und Verwaltungsgerichtsbarkeit des Empfangsstaats ausgeschlossen. Sie genießen ferner die in Artikel 36 Abs. 1 bezeichneten Vorrechte in bezug auf Gegenstände, die anläßlich ihrer Ersteinrichtung eingeführt werden.

(3) Mitglieder des dienstlichen Hauspersonals der Mission, die weder Angehörige des Empfangsstaats noch in demselben ständig ansässig sind, genießen Immunität in bezug auf ihre in Ausübung ihrer dienstlichen Tätigkeit vorgenommenen Handlungen, Befreiung von Steuern und sonstigen Abgaben auf ihre Dienstbezüge sowie die in Artikel 33 vorgesehene Befreiung.

(4) Private Hausangestellte von Mitgliedern der Mission genießen, wenn sie weder Angehörige des Empfangsstaats noch in demselben ständig ansässig sind, Befreiung von Steuern und sonstigen Abgaben auf die Bezüge, die sie auf Grund ihres Arbeitsverhältnisses erhalten. Im übrigen stehen ihnen Vorrechte und Immunitäten nur in dem vom Empfangsstaat zugelassenen Umfang zu. Der Empfangsstaat darf jedoch seine Hoheitsgewalt über diese Personen nur so ausüben, daß er die Mission bei der Wahrnehmung ihrer Aufgaben nicht ungebührlich behindert.

Art. 38. (1) Soweit der Empfangsstaat nicht zusätzliche Vorrechte und Immunitäten gewährt, genießt ein Diplomat, der Angehöriger dieses Staates oder in demselben ständig ansässig ist, Immunität von der Gerichtsbarkeit und Unverletzlichkeit lediglich in bezug auf seine in Ausübung seiner dienstlichen Tätigkeit vorgenommenen Amtshandlungen.

(2) Anderen Mitgliedern des Personals der Mission und privaten Hausangestellten, die Angehörige des Empfangsstaats oder in demselben ständig ansässig sind, stehen Vorrechte und Immunitäten nur in dem vom Empfangsstaat zugelassenen Umfang zu. Der Empfangsstaat darf jedoch seine Hoheitsgewalt über diese Personen nur so ausüben, daß er die Mission bei der Wahrnehmung ihrer Aufgaben nicht ungebührlich behindert.

Art. 39. (1) Die Vorrechte und Immunitäten stehen den Berechtigten von dem Zeitpunkt an zu, in dem sie in das Hoheitsgebiet des Empfangsstaats einreisen, um dort ihren Posten anzutreten, oder, wenn sie sich bereits in diesem Hoheitsgebiet befinden, von dem Zeitpunkt an, in dem ihre Ernennung dem Ministerium für Auswärtige Angelegenheiten oder dem anderen in gegenseitigem Einvernehmen bestimmten Ministerium notifiziert wird.

(2) Die Vorrechte und Immunitäten einer Person, deren dienstliche Tätigkeit beendet ist, werden normalerweise im Zeitpunkt der Ausreise oder aber des Ablaufs einer hierfür gewährten angemessenen Frist hinfällig; bis zu diesem Zeitpunkt bleiben sie bestehen, und zwar auch im Fall eines bewaffneten Konflikts. In bezug auf die von der betreffenden Person in Ausübung ihrer dienstlichen Tätigkeit als Mitglied der Mission vorgenommenen Handlungen bleibt jedoch die Immunität auch weiterhin bestehen.

(3) Stirbt ein Mitglied der Mission, so genießen seine Familienangehörigen bis zum Ablauf einer angemessenen Frist für ihre Ausreise weiterhin die ihnen zustehenden Vorrechte und Immunitäten.

(4) Stirbt ein Mitglied der Mission, das weder Angehöriger des Empfangsstaats noch in demselben ständig ansässig ist, oder stirbt ein zu seinem Haushalt gehörendes Familienmitglied, so gestattet der Empfangsstaat die Ausfuhr des beweglichen Vermögens des Verstorbenen mit Ausnahme von im Inland erworbenen Vermögensgegenständen, deren Ausfuhr im Zeitpunkt des Todesfalles verboten war. Von beweglichem Vermögen, das sich nur deshalb im Empfangsstaat befindet, weil sich der Verstorbene als Mitglied der Mission oder als Familienangehöriger eines solchen in diesem Staat aufhielt, dürfen keine Erbschaftssteuern erhoben werden.

Art. 40. (1) Reist ein Diplomat, um sein Amt anzutreten oder um auf seinen Posten oder in seinen Heimatstaat zurückzukehren, durch das Hoheitsgebiet eines dritten Staates oder befindet er sich[1] im Hoheitsgebiet dieses Staates, der erforderlichenfalls seinen Paß mit einem Sichtvermerk versehen hat, so gewährt ihm dieser Staat Unverletzlichkeit und alle sonstigen für seine sichere Durchreise oder Rückkehr erforderlichen Immunitäten. Das gleiche gilt, wenn Familienangehörige des Diplomaten, denen Vorrechte und Immunitäten zustehen, ihn begleiten oder wenn sie getrennt von ihm reisen, um sich zu ihm zu begeben oder in ihren Heimatstaat zurückzukehren.

(2) Unter den Voraussetzungen des Absatzes 1 dürfen dritte Staaten auch die Reise von Mitgliedern des Verwaltungs- und technischen Personals und des dienstlichen Hauspersonals einer Mission sowie ihrer Familienangehörigen durch ihr Hoheitsgebiet nicht behindern.

(3) Dritte Staaten gewähren in bezug auf die amtliche Korrespondenz und sonstige amtliche Mitteilungen im Durchgangsverkehr, einschließlich verschlüsselter Nachrichten, die gleiche Freiheit und den gleichen Schutz wie der Empfangsstaat. Diplomatischen Kurieren, deren Paß erforderlichenfalls mit einem Sichtvermerk versehen wurde, und dem diplomatischen Kuriergepäck im Durchgangsverkehr gewähren sie die gleiche Unverletzlichkeit und den gleichen Schutz, die der Empfangsstaat zu gewähren verpflichtet ist.

(4) Die Verpflichtungen dritter Staaten auf Grund der Absätze 1, 2 und 3 gelten gegenüber den in jenen Absätzen bezeichneten Personen sowie in bezug auf amtliche Mitteilungen und das diplomatische Kuriergepäck auch dann, wenn diese sich infolge höherer Gewalt im Hoheitsgebiet des dritten Staates befinden.

Art. 41. (1) Alle Personen, die Vorrechte und Immunitäten genießen, sind unbeschadet derselben verpflichtet, die Gesetze und andere Rechtsvorschriften des Empfangsstaats zu beachten. Sie sind ferner verpflichtet, sich nicht in dessen innere Angelegenheiten einzumischen.

(2) Alle Amtsgeschäfte mit dem Empfangsstaat, mit deren Wahrnehmung der Entsendestaat die Mission beauftragt, sind mit dem Ministerium für Auswärtige Angelegenheiten oder dem anderen in gegenseitigem Einvernehmen bestimmten Ministerium des Empfangsstaats zu führen oder über diese zu leiten.

---

[1] Bei korrekter Übersetzung muß hier eingefügt werden: zu diesem Zweck.

(3) Die Räumlichkeiten der Mission dürfen nicht in einer Weise benutzt werden, die unvereinbar ist mit den Aufgaben der Mission, wie sie in diesem Übereinkommen, in anderen Regeln des allgemeinen Völkerrechts oder in besonderen, zwischen dem Entsendestaat und dem Empfangsstaat in Kraft befindlichen Übereinkünften niedergelegt sind.

Art. 42. Ein Diplomat darf im Empfangsstaat keinen freien Beruf und keine gewerbliche Tätigkeit ausüben, die auf persönlichen Gewinn gerichtet sind.

Art. 43. Die dienstliche Tätigkeit eines Diplomaten wird unter anderem dadurch beendet,
a) daß der Entsendestaat dem Empfangsstaat die Beendigung der dienstlichen Tätigkeit des Diplomaten notifiziert, oder
b) daß der Empfangsstaat dem Entsendestaat notifiziert, er lehne es gemäß Artikel 9 Abs. 2 ab, den Diplomaten als Mitglied der Mission anzuerkennen.

Art. 44. Auch im Fall eines bewaffneten Konflikts gewährt der Empfangsstaat den Personen, die Vorrechte und Immunitäten genießen und nicht seine Angehörigen sind, sowie ihren Familienmitgliedern ungeachtet ihrer Staatsangehörigkeit die erforderlichen Erleichterungen, um es ihnen zu ermöglichen, sein Hoheitsgebiet so bald wie möglich zu verlassen. Insbesondere stellt er ihnen im Bedarfsfall die benötigten Beförderungsmittel für sie selbst und ihre Vermögensgegenstände zur Verfügung.

Art. 45. Werden die diplomatischen Beziehungen zwischen zwei Staaten abgebrochen oder wird eine Mission endgültig oder vorübergehend abberufen,
a) so hat der Empfangsstaat auch im Fall eines bewaffneten Konflikts die Räumlichkeiten, das Vermögen und die Archive der Mission zu achten und zu schützen;
b) so kann der Entsendestaat einem dem Empfangsstaat genehmen dritten Staat die Obhut der Räumlichkeiten, des Vermögens und der Archive der Mission übertragen;
c) so kann der Entsendestaat einem dem Empfangsstaat genehmen dritten Staat den Schutz seiner Interessen und derjenigen seiner Angehörigen übertragen.

Art. 46. Ein Entsendestaat kann mit vorheriger Zustimmung des Empfangsstaats auf Ersuchen eines im Empfangsstaat nicht vertretenen dritten Staates den zeitweiligen Schutz der Interessen des dritten Staates und seiner Angehörigen übernehmen.

Art. 47. (1) Bei der Anwendung dieses Übereinkommens unterläßt der Empfangsstaat jede diskriminierende Behandlung von Staaten.
(2) Es gilt jedoch nicht als Diskriminierung,
a) wenn der Empfangsstaat eine Bestimmung dieses Übereinkommens deshalb einschränkend anwendet, weil sie im Entsendestaat auf seine eigene Mission einschränkend angewandt wird;
b) wenn Staaten auf Grund von Gewohnheit oder Vereinbarung einander eine günstigere Behandlung gewähren, als es nach diesem Übereinkommen erforderlich ist.

Art. 48. Dieses Übereinkommen liegt für alle Mitgliedstaaten der Vereinten Nationen oder ihrer Sonderorganisationen, für Vertragsstaaten der Satzung des Internationalen Gerichtshofs und für jeden anderen Staat, den die Generalversammlung der Vereinten Nationen einlädt, Vertragspartei des Übereinkommens zu werden, wie folgt zur Unterzeichnung auf: bis zum 31. Oktober 1961 im österreichischen Bundesministerium für Auswärtige Angelegenheiten und danach bis zum 31. März 1962 am Sitz der Vereinten Nationen in New York.

Art. 49. Dieses Übereinkommen bedarf der Ratifizierung. Die Ratifikationsurkunden sind beim Generalsekretär der Vereinten Nationen zu hinterlegen.

Art. 50. Dieses Übereinkommen liegt zum Beitritt für jeden Staat auf, der einer der in Artikel 48 bezeichneten vier Kategorien angehört. Die Beitrittsurkunden sind beim Generalsekretär der Vereinten Nationen zu hinterlegen.

Art. 51. (1) Dieses Übereinkommen tritt am dreißigsten Tag nach Hinterlegung der zweiundzwanzigsten Ratifikations- oder Beitrittsurkunde beim Generalsekretär der Vereinten Nationen in Kraft.

(2) Für jeden Staat, der nach Hinterlegung der zweiundzwanzigsten Ratifikations- und Beitrittsurkunde das Übereinkommen ratifiziert oder ihm beitritt, tritt es am dreißigsten Tag nach Hinterlegung seiner eigenen Ratifikations- oder Beitrittsurkunde in Kraft.

Art. 52. Der Generalsekretär der Vereinten Nationen notifiziert allen Staaten, die einer der in Artikel 48 bezeichneten vier Kategorien angehören,
a) die Unterzeichnungen dieses Übereinkommens und die Hinterlegung der Ratifikations- oder Beitrittsurkunden gemäß den Artikeln 48, 49 und 50;
b) den Tag, an dem dieses Übereinkommen gemäß Artikel 51 in Kraft tritt.

Art. 53. Die Urschrift dieses Übereinkommens, dessen chinesischer, englischer, französischer, russischer und spanischer Wortlaut gleichermaßen verbindlich ist, wird beim Generalsekretär der Vereinten Nationen hinterlegt; dieser übermittelt allen Staaten, die einer der in Artikel 48 bezeichneten vier Kategorien angehören, beglaubigte Abschriften.

ZU URKUND DESSEN haben die unterzeichneten, von ihren Regierungen hierzu gehörig befugten Bevollmächtigten dieses Übereinkommen unterschrieben.

GESCHEHEN zu Wien am 18. April 1961.

(Es folgen die Unterschriften der Vertreter von 109 Staaten.)

12. Wiener Übereinkommen über das Recht der Verträge[1]·[2]

(23. 5. 1969)

Die Vertragsstaaten dieses Übereinkommens –

in Anbetracht der grundlegenden Rolle der Verträge in der Geschichte der internationalen Beziehungen;

in Erkenntnis der ständig wachsenden Bedeutung der Verträge als Quelle des Völkerrechts und als Mittel zur Entwicklung der friedlichen Zusammenarbeit zwischen den Völkern ungeachtet ihrer Verfassungs- und Gesellschaftssysteme;

im Hinblick darauf, daß die Grundsätze der freien Zustimmung und von Treu und Glauben, sowie der Rechtsgrundsatz *pacta sunt servanda* allgemein anerkannt sind;

in Bekräftigung des Grundsatzes, daß Streitigkeiten über Verträge wie andere internationale Streitigkeiten durch friedliche Mittel nach den Grundsätzen der Gerechtigkeit und des Völkerrechts beigelegt werden sollen;

eingedenk der Entschlossenheit der Völker der Vereinten Nationen, Bedingungen zu schaffen, unter denen Gerechtigkeit und die Achtung vor den Verpflichtungen aus Verträgen gewahrt werden können;

im Bewußtsein der in der Charta der Vereinten Nationen enthaltenen völkerrechtlichen Grundsätze, darunter der Grundsätze der Gleichberechtigung und Selbstbestimmung der Völker, der souveränen Gleichheit und Unabhängigkeit aller Staaten, der Nichteinmischung in die inneren Angelegenheiten der Staaten, des Verbots der Androhung oder Anwendung von Gewalt sowie der allgemeinen Achtung und Wahrung der Menschenrechte und Grundfreiheiten für alle;

überzeugt, daß die in diesem Übereinkommen verwirklichte Kodifizierung und fortschreitende Entwicklung des Vertragsrechts die in der Charta der Vereinten Nationen verkündeten Ziele fördern wird, nämlich die Wahrung des Weltfriedens und der internationalen Sicherheit, die Entwicklung freundschaftlicher Beziehungen und die Verwirklichung der Zusammenarbeit zwischen den Nationen;

in Bekräftigung des Grundsatzes, daß die Sätze des Völkergewohnheitsrechts weiterhin für Fragen gelten, die in diesem Übereinkommen nicht geregelt sind –

haben folgendes vereinbart:

Teil I. Einleitung

Art. 1 Geltungsbereich dieses Übereinkommens. Dieses Übereinkommen findet auf Verträge zwischen Staaten Anwendung.

---

[1] Aus BGBl. 1985 II S. 927.
[2] Internationale Quelle: UNTS Vol. 1155 p. 331.

Art. 2 Begriffsbestimmungen. (1) Im Sinne dieses Übereinkommens

a) bedeutet „Vertrag" eine in Schriftform geschlossene und vom Völkerrecht bestimmte internationale Übereinkunft zwischen Staaten, gleichviel ob sie in einer oder in mehreren zusammengehörigen Urkunden enthalten ist und welche besondere Bezeichnung sie hat;

b) bedeutet „Ratifikation", „Annahme", „Genehmigung" und „Beitritt" jeweils die so bezeichnete völkerrechtliche Handlung, durch die ein Staat im internationalen Bereich seine Zustimmung bekundet, durch einen Vertrag gebunden zu sein;

c) bedeutet „Vollmacht" eine vom zuständigen Organ eines Staates errichtete Urkunde, durch die einzelne oder mehrere Personen benannt werden, um in Vertretung des Staates den Text eines Vertrags auszuhandeln oder als authentisch festzulegen, die Zustimmung des Staates auszudrücken, durch einen Vertrag gebunden zu sein, oder sonstige Handlungen in bezug auf einen Vertrag vorzunehmen;

d) bedeutet „Vorbehalt" eine wie auch immer formulierte oder bezeichnete, von einem Staat bei der Unterzeichnung, Ratifikation, Annahme oder Genehmigung eines Vertrags oder bei dem Beitritt zu einem Vertrag abgegebene einseitige Erklärung, durch die der Staat bezweckt, die Rechtswirkung einzelner Vertragsbestimmungen in der Anwendung auf diesen Staat auszuschließen oder zu ändern;

e) bedeutet „Verhandlungsstaat" einen Staat, der am Abfassen und Annehmen des Vertragstextes teilgenommen hat;

f) bedeutet „Vertragsstaat" einen Staat, der zugestimmt hat, durch den Vertrag gebunden zu sein, gleichviel ob der Vertrag in Kraft getreten ist oder nicht;

g) bedeutet „Vertragspartei" einen Staat, der zugestimmt hat, durch den Vertrag gebunden zu sein, und für den der Vertrag in Kraft ist;

h) bedeutet „Drittstaat" einen Staat, der nicht Vertragspartei ist;

i) bedeutet „internationale Organisation" eine zwischenstaatliche Organisation.

(2) Die Bestimmungen des Absatzes 1 über die in diesem Übereinkommen verwendeten Begriffe beeinträchtigen weder die Verwendung dieser Begriffe noch die Bedeutung, die ihnen im innerstaatlichen Recht gegebenenfalls zukommt.

Art. 3 Nicht in den Geltungsbereich dieses Übereinkommens fallende internationale Übereinkünfte. Der Umstand, daß dieses Übereinkommen weder auf die zwischen Staaten und anderen Völkerrechtssubjekten oder zwischen solchen anderen Völkerrechtssubjekten geschlossenen internationalen Übereinkünfte noch auf nicht schriftliche internationale Übereinkünfte Anwendung findet, berührt nicht

a) die rechtliche Gültigkeit solcher Übereinkünfte;

b) die Anwendung einer der in diesem Übereinkommen niedergelegten Regeln auf sie, denen sie auch unabhängig von diesem Übereinkommen auf Grund des Völkerrechts unterworfen wären;

c) die Anwendung des Übereinkommens auf die Beziehungen zwischen Staaten auf Grund internationaler Übereinkünfte, denen auch andere Völkerrechtssubjekte als Vertragsparteien angehören.

Art. 4 Nichtrückwirkung dieses Übereinkommens. Unbeschadet der Anwendung der in diesem Übereinkommen niedergelegten Regeln, denen Verträge unabhängig von dem Übereinkommen auf Grund des Völkerrechts unterworfen wären, findet das Übereinkommen nur auf Verträge Anwendung, die von Staaten geschlossen werden, nachdem das Übereinkommen für sie in Kraft getreten ist.

Art. 5 Gründungsverträge internationaler Organisationen und im Rahmen einer internationalen Organisation angenommene Verträge. Dieses Übereinkommen findet auf jeden Vertrag Anwendung, der die Gründungsurkunde einer internationalen Organisation bildet, sowie auf jeden im Rahmen einer internationalen Organisation angenommenen Vertrag, unbeschadet aller einschlägigen Vorschriften der Organisation.

Teil II. Abschluß und Inkrafttreten von Verträgen

Abschnitt 1. Abschluß von Verträgen

Art. 6 Vertragsfähigkeit der Staaten. Jeder Staat besitzt die Fähigkeit, Verträge zu schließen.

Art. 7 Vollmacht. (1) Eine Person gilt hinsichtlich des Annehmens des Textes eines Vertrages oder der Festlegung seines authentischen Textes oder der Abgabe der Zustimmung eines Staates, durch einen Vertrag gebunden zu sein, als Vertreter eines Staates,
a) wenn sie eine gehörige Vollmacht vorlegt oder
b) wenn aus der Übung der beteiligten Staaten oder aus anderen Umständen hervorgeht, daß sie die Absicht hatten, diese Person als Vertreter des Staates für die genannten Zwecke anzusehen und auch keine Vollmacht zu verlangen.

(2) Kraft ihres Amtes werden, ohne eine Vollmacht vorlegen zu müssen, als Vertreter ihres Staates angesehen
a) Staatsoberhäupter, Regierungschefs und Außenminister zur Vornahme aller sich auf den Abschluß eines Vertrags beziehenden Handlungen;
b) Chefs diplomatischer Missionen zum Annehmen des Textes eines Vertrags zwischen Entsende- und Empfangsstaat;
c) die von Staaten bei einer internationalen Konferenz oder bei einer internationalen Organisation oder einem ihrer Organe beglaubigten Vertreter zum Annehmen des Textes eines Vertrags im Rahmen der Konferenz, der Organisation oder des Organs.

Art. 8 Nachträgliche Bestätigung einer ohne Ermächtigung vorgenommenen Handlung. Eine sich auf den Abschluß eines Vertrags beziehende Handlung, die von einer Person vorgenommen wird, welche nicht nach Artikel 7 als zur Vertretung eines Staates zu diesem Zweck ermächtigt angesehen werden kann, ist ohne Rechtswirkung, sofern sie nicht nachträglich von dem Staat bestätigt wird.

Art. 9 Annehmen des Textes. (1) Der Text eines Vertrags wird durch Zustimmung aller an seiner Abfassung beteiligten Staaten angenommen, soweit Absatz 2 nichts anderes vorsieht.

(2) Auf einer internationalen Konferenz wird der Text eines Vertrags mit den Stimmen von zwei Dritteln der anwesenden und abstimmenden Staaten angenommen, sofern sie nicht mit der gleichen Mehrheit die Anwendung einer anderen Regel beschließen.

Art. 10 Festlegung des authentischen Textes. Der Text eines Vertrags wird als authentisch und endgültig festgelegt
a) nach dem Verfahren, das darin vorgesehen oder von den an seiner Abfassung beteiligten Staaten vereinbart wurde, oder,
b) in Ermangelung eines solchen Verfahrens, durch Unterzeichnung, Unterzeichnung *ad referendum* oder Paraphierung des Vertragswortlauts oder einer den Wortlaut enthaltenden Schlußakte einer Konferenz durch die Vertreter dieser Staaten.

Art. 11 Arten der Zustimmung, durch einen Vertrag gebunden zu sein. Die Zustimmung eines Staates, durch einen Vertrag gebunden zu sein, kann durch Unterzeichnung, Austausch von Urkunden, die einen Vertrag bilden, Ratifikation, Annahme, Genehmigung oder Beitritt oder auf eine andere vereinbarte Art ausgedrückt werden.

Art. 12 Zustimmung, durch einen Vertrag gebunden zu sein, durch Unterzeichnung. (1) Die Zustimmung eines Staates, durch einen Vertrag gebunden zu sein, wird durch Unterzeichnung seitens seines Vertreters ausgedrückt,
a) wenn der Vertrag vorsieht, daß der Unterzeichnung diese Wirkung zukommen soll;
b) wenn anderweitig feststeht, daß die Verhandlungsstaaten der Unterzeichnung einvernehmlich diese Wirkung beilegen wollten, oder
c) wenn die Absicht des Staates, der Unterzeichnung diese Wirkung beizulegen, aus der Vollmacht seines Vertreters hervorgeht oder während der Verhandlung zum Ausdruck gebracht wurde.
(2) Im Sinne des Absatzes 1
a) gilt die Paraphierung des Textes als Unterzeichnung des Vertrags, wenn feststeht, daß die Verhandlungsstaaten dies vereinbart haben;
b) gilt die Unterzeichnung eines Vertrags *ad referendum* durch den Vertreter eines Staates als unbedingte Vertragsunterzeichnung, wenn sie von dem Staat bestätigt wird.

Art. 13 Zustimmung, durch einen Vertrag gebunden zu sein, durch Austausch der einen Vertrag bildenden Urkunden. Die Zustimmung von Staaten, durch einen Vertrag gebunden zu sein, der durch zwischen ihnen ausgetauschte Urkunden begründet wird, findet in diesem Austausch ihren Ausdruck,
a) wenn die Urkunden vorsehen, daß ihrem Austausch diese Wirkung zukommen soll, oder
b) wenn anderweitig feststeht, daß diese Staaten dem Austausch der Urkunden einvernehmlich diese Wirkung beilegen wollten.

Art. 14 Zustimmung, durch einen Vertrag gebunden zu sein, durch Ratifikation, Annahme oder Genehmigung. (1) Die Zustimmung eines

Staates, durch einen Vertrag gebunden zu sein, wird durch Ratifikation ausgedrückt,
a) wenn der Vertrag vorsieht, daß diese Zustimmung durch Ratifikation ausgedrückt wird;
b) wenn anderweitig feststeht, daß die Verhandlungsstaaten die Ratifikation einvernehmlich für erforderlich hielten;
c) wenn der Vertreter des Staates den Vertrag unter Vorbehalt der Ratifikation unterzeichnet hat oder
d) wenn die Absicht des Staates, den Vertrag unter Vorbehalt der Ratifikation zu unterzeichnen, aus der Vollmacht seines Vertreters hervorgeht oder während der Verhandlungen zum Ausdruck gebracht wurde.

(2) Die Zustimmung eines Staates, durch einen Vertrag gebunden zu sein, wird durch Annahme oder Genehmigung unter ähnlichen Bedingungen ausgedrückt, wie sie für die Ratifikation gelten.

Art. 15 Zustimmung, durch einen Vertrag gebunden zu sein, durch Beitritt. Die Zustimmung eines Staates, durch einen Vertrag gebunden zu sein, wird durch Beitritt ausgedrückt,
a) wenn der Vertrag vorsieht, daß die Zustimmung von diesem Staat durch Beitritt ausgedrückt werden kann;
b) wenn anderweitig feststeht, daß die Verhandlungsstaaten vereinbart haben, daß die Zustimmung von diesem Staat durch Beitritt ausgedrückt werden kann, oder
c) wenn alle Vertragsparteien nachträglich vereinbart haben, daß die Zustimmung von diesem Staat durch Beitritt ausgedrückt werden kann.

Art. 16 Austausch oder Hinterlegung von Ratifikations-, Annahme-, Genehmigungs- oder Beitrittsurkunden. Sofern der Vertrag nichts anderes vorsieht, begründen Ratifikations-, Annahme-, Genehmigungs- oder Beitrittsurkunden die Zustimmung eines Staates, durch einen Vertrag gebunden zu sein, im Zeitpunkt
a) ihres Austausches zwischen den Vertragsstaaten;
b) ihrer Hinterlegung bei dem Verwahrer oder
c) ihrer Notifikation an die Vertragsstaaten oder den Verwahrer, wenn dies vereinbart wurde.

Art. 17 Zustimmung, durch einen Teil eines Vertrags gebunden zu sein, sowie Wahl zwischen unterschiedlichen Bestimmungen. (1) Unbeschadet der Artikel 19 bis 23 ist die Zustimmung eines Staates, durch einen Teil eines Vertrags gebunden zu sein, nur wirksam, wenn der Vertrag dies zuläßt oder die anderen Vertragsstaaten dem zustimmen.

(2) Die Zustimmung eines Staates, durch einen Vertrag gebunden zu sein, der eine Wahl zwischen unterschiedlichen Bestimmungen zuläßt, ist nur wirksam, wenn klargestellt wird, auf welche Bestimmungen sich die Zustimmung bezieht.

Art. 18 Verpflichtung, Ziel und Zweck eines Vertrags vor seinem Inkrafttreten nicht zu vereiteln. Ein Staat ist verpflichtet, sich aller Handlungen zu enthalten, die Ziel und Zweck eines Vertrags vereiteln würden,

a) wenn er unter Vorbehalt der Ratifikation, Annahme oder Genehmigung den Vertrag unterzeichnet oder Urkunden ausgetauscht hat, die einen Vertrag bilden, solange er seine Absicht nicht klar zu erkennen gegeben hat, nicht Vertragspartei zu werden, oder

b) wenn er seine Zustimmung, durch den Vertrag gebunden zu sein, ausgedrückt hat, und zwar bis zum Inkrafttreten des Vertrags und unter der Voraussetzung, daß sich das Inkrafttreten nicht ungebührlich verzögert.

Abschnitt 2. Vorbehalte

Art. 19 Anbringen von Vorbehalten. Ein Staat kann bei der Unterzeichnung, Ratifikation, Annahme oder Genehmigung eines Vertrags oder beim Beitritt einen Vorbehalt anbringen, sofern nicht

a) der Vertrag den Vorbehalt verbietet;

b) der Vertrag vorsieht, daß nur bestimmte Vorbehalte gemacht werden dürfen, zu denen der betreffende Vorbehalt nicht gehört, oder

c) in den unter Buchstabe a oder b nicht bezeichneten Fällen der Vorbehalt mit Ziel und Zweck des Vertrags unvereinbar ist.

Art. 20 Annahme von Vorbehalten und Einsprüche gegen Vorbehalte. (1) Ein durch einen Vertrag ausdrücklich zugelassener Vorbehalt bedarf der nachträglichen Annahme durch die anderen Vertragsstaaten nur, wenn der Vertrag dies vorsieht.

(2) Geht aus der begrenzten Zahl der Verhandlungsstaaten sowie aus Ziel und Zweck eines Vertrags hervor, daß die Anwendung des Vertrags in seiner Gesamtheit zwischen allen Vertragsparteien eine wesentliche Voraussetzung für die Zustimmung jeder Vertragspartei ist, durch den Vertrag gebunden zu sein, so bedarf ein Vorbehalt der Annahme durch alle Vertragsparteien.

(3) Bildet ein Vertrag die Gründungsurkunde einer internationalen Organisation und sieht er nichts anderes vor, so bedarf ein Vorbehalt der Annahme durch das zuständige Organ der Organisation.

(4) In den nicht in den Absätzen 1 bis 3 bezeichneten Fällen und sofern der Vertrag nichts anderes vorsieht,

a) macht die Annahme eines Vorbehalts durch einen anderen Vertragsstaat den den Vorbehalt anbringenden Staat zur Vertragspartei im Verhältnis zu jenem anderen Staat, sofern der Vertrag für diese Staaten in Kraft getreten ist oder sobald er für sie in Kraft tritt;

b) schließt der Einspruch eines anderen Vertragsstaats gegen einen Vorbehalt das Inkrafttreten des Vertrags zwischen dem den Einspruch erhebenden und dem den Vorbehalt anbringenden Staat nicht aus, sofern nicht der den Einspruch erhebende Staat seine gegenteilige Absicht eindeutig zum Ausdruck bringt;

c) wird eine Handlung, mit der die Zustimmung eines Staates, durch den Vertrag gebunden zu sein, ausgedrückt wird und die einen Vorbehalt in sich schließt, wirksam, sobald mindestens ein anderer Vertragsstaat den Vorbehalt angenommen hat.

(5) Im Sinne der Absätze 2 und 4 und sofern der Vertrag nichts anderes vorsieht, gilt ein Vorbehalt als von einem Staat angenommen, wenn dieser bis zum Ablauf von zwölf Monaten, nachdem ihm der Vorbehalt notifiziert wor-

den ist, oder bis zu dem Zeitpunkt, wenn dies der spätere ist, in dem er seine Zustimmung ausgedrückt hat, durch den Vertrag gebunden zu sein, keinen Einspruch gegen den Vorbehalt erhebt.

Art. 21 Rechtswirkungen von Vorbehalten und von Einsprüchen gegen Vorbehalte. (1) Ein gegenüber einer anderen Vertragspartei nach den Artikeln 19, 20 und 23 bestehender Vorbehalt

a) ändert für den den Vorbehalt anbringenden Staat im Verhältnis zu der anderen Vertragspartei die Vertragsbestimmungen, auf die sich der Vorbehalt bezieht, in dem darin vorgesehenen Ausmaß und

b) ändert diese Bestimmungen für die andere Vertragspartei im Verhältnis zu dem den Vorbehalt anbringenden Staat in demselben Ausmaß.

(2) Der Vorbehalt ändert die Vertragsbestimmungen für die anderen Vertragsparteien untereinander nicht.

(3) Hat ein Staat, der einen Einspruch gegen einen Vorbehalt erhoben hat, dem Inkrafttreten des Vertrags zwischen sich und dem den Vorbehalt anbringenden Staat nicht widersprochen, so finden die Bestimmungen, auf die sich der Vorbehalt bezieht, in dem darin vorgesehenen Ausmaß zwischen den beiden Staaten keine Anwendung.

Art. 22 Zurückziehen von Vorbehalten und von Einsprüchen gegen Vorbehalte. (1) Sofern der Vertrag nichts anderes vorsieht, kann ein Vorbehalt jederzeit zurückgezogen werden; das Zurückziehen bedarf nicht der Zustimmung eines Staates, der den Vorbehalt angenommen hat.

(2) Sofern der Vertrag nichts anders vorsieht, kann ein Einspruch gegen einen Vorbehalt jederzeit zurückgezogen werden.

(3) Sofern der Vertrag nichts anderes vorsieht oder sofern nichts anderes vereinbart ist,

a) wird das Zurückziehen eines Vorbehalts im Verhältnis zu einem anderen Vertragsstaat erst wirksam, wenn dieser Staat eine Notifikation des Zurückziehens erhalten hat;

b) wird das Zurückziehen eines Einspruchs gegen einen Vorbehalt erst wirksam, wenn der Staat, der den Vorbehalt angebracht hat, eine Notifikation des Zurückziehens erhalten hat.

Art. 23 Verfahren bei Vorbehalten. (1) Ein Vorbehalt, die ausdrückliche Annahme eines Vorbehalts und der Einspruch gegen einen Vorbehalt bedürfen der Schriftform und sind den Vertragsstaaten sowie sonstigen Staaten mitzuteilen, die Vertragsparteien zu werden berechtigt sind.

(2) Wenn der Vertrag vorbehaltlich der Ratifikation, Annahme oder Genehmigung unterzeichnet und hierbei ein Vorbehalt angebracht wird, so ist dieser von dem ihn anbringenden Staat in dem Zeitpunkt förmlich zu bestätigen, zu dem dieser Staat seine Zustimmung ausdrückt, durch den Vertrag gebunden zu sein. In diesem Fall gilt der Vorbehalt als im Zeitpunkt seiner Bestätigung angebracht.

(3) Die vor Bestätigung eines Vorbehalts erfolgte ausdrückliche Annahme des Vorbehalts oder der vor diesem Zeitpunkt erhobene Einspruch gegen den Vorbehalt bedarf selbst keiner Bestätigung.

(4) Das Zurückziehen eines Vorbehalts oder des Einspruchs gegen einen Vorbehalt bedarf der Schriftform.

Abschnitt 3. Inkrafttreten und vorläufige Anwendung von Verträgen

Art. 24 Inkrafttreten. (1) Ein Vertrag tritt in der Weise und zu dem Zeitpunkt in Kraft, die er vorsieht oder die von den Verhandlungsstaaten vereinbart werden.

(2) In Ermangelung einer solchen Bestimmung oder Vereinbarung tritt ein Vertrag in Kraft, sobald die Zustimmung aller Verhandlungsstaaten vorliegt, durch den Vertrag gebunden zu sein.

(3) Wird die Zustimmung, durch einen Vertrag gebunden zu sein, von einem Staat erst nach dem Zeitpunkt des Inkrafttretens erteilt, so tritt der Vertrag für diesen Staat zu diesem Zeitpunkt in Kraft, sofern er nichts anderes vorsieht.

(4) Vertragsbestimmungen über die Festlegung des authentischen Textes, die Zustimmung von Staaten, durch den Vertrag gebunden zu sein, die Art und den Zeitpunkt seines Inkrafttretens sowie über Vorbehalte, die Aufgaben des Verwahrers und sonstige sich notwendigerweise vor dem Inkrafttreten des Vertrags ergebende Fragen gelten von dem Zeitpunkt an, zu dem sein Text angenommen wird.

Art. 25 Vorläufige Anwendung. (1) Ein Vertrag oder ein Teil eines Vertrags wird bis zu seinem Inkrafttreten vorläufig angewendet,
a) wenn der Vertrag dies vorsieht oder
b) wenn die Verhandlungsstaaten dies auf andere Weise vereinbart haben.

(2) Sofern der Vertrag nichts anderes vorsieht oder die Verhandlungsstaaten nichts anderes vereinbart haben, endet die vorläufige Anwendung eines Vertrags oder eines Teiles eines Vertrags hinsichtlich eines Staates, wenn dieser den anderen Staaten, zwischen denen der Vertrag vorläufig angewendet wird, seine Absicht notifiziert, nicht Vertragspartei zu werden.

Teil III. Einhaltung, Anwendung und Auslegung von Verträgen

Abschnitt 1. Einhaltung von Verträgen

Art. 26 Pacta sunt servanda. Ist ein Vertrag in Kraft, so bindet er die Vertragsparteien und ist von ihnen nach Treu und Glauben zu erfüllen.

Art. 27 Innerstaatliches Recht und Einhaltung von Verträgen. Eine Vertragspartei kann sich nicht auf ihr innerstaatliches Recht berufen, um die Nichterfüllung eines Vertrags zu rechtfertigen. Diese Bestimmung läßt Artikel 46 unberührt.

Abschnitt 2. Anwendung von Verträgen

Art. 28 Nichtrückwirkung von Verträgen. Sofern keine abweichende Absicht aus dem Vertrag hervorgeht oder anderweitig festgestellt ist, binden seine Bestimmungen eine Vertragspartei nicht in bezug auf eine Handlung oder Tatsache, die vor dem Inkrafttreten des Vertrags hinsichtlich der betreffenden Vertragspartei vorgenommen wurde oder eingetreten ist, sowie in bezug auf eine Lage, die vor dem genannten Zeitpunkt zu bestehen aufgehört hat.

Art. 29 Räumlicher Geltungsbereich von Verträgen. Sofern keine abweichende Absicht aus dem Vertrag hervorgeht oder anderweitig festgestellt ist, bindet ein Vertrag jede Vertragspartei hinsichtlich ihres gesamten Hoheitsgebiets.

Art. 30 Anwendung aufeinanderfolgender Verträge über denselben Gegenstand. (1) Vorbehaltlich des Artikels 103 der Charta der Vereinten Nationen bestimmen sich die Rechte und Pflichten von Staaten, die Vertragsparteien aufeinanderfolgender Verträge über denselben Gegenstand sind, nach den folgenden Absätzen.

(2) Bestimmt ein Vertrag, daß er einem früher oder später geschlossenen Vertrag untergeordnet ist oder nicht als mit diesem unvereinbar anzusehen ist, so hat der andere Vertrag Vorrang.

(3) Sind alle Vertragsparteien eines früheren Vertrags zugleich Vertragsparteien eines späteren, ohne daß der frühere Vertrag beendet oder nach Artikel 59 suspendiert wird, so findet der frühere Vertrag nur insoweit Anwendung, als er mit dem späteren Vertrag vereinbar ist.

(4) Gehören nicht alle Vertragsparteien des früheren Vertrags zu den Vertragsparteien des späteren,
a) so findet zwischen Staaten, die Vertragsparteien beider Verträge sind, Abs. 3 Anwendung;
b) so regelt zwischen einem Staat, der Vertragspartei beider Verträge ist, und einem Staat, der Vertragspartei nur eines der beiden Verträge ist, der Vertrag, dem beide Staaten als Vertragsparteien angehören, ihre gegenseitigen Rechte und Pflichten.

(5) Absatz 4 gilt unbeschadet des Artikels 41 sowie unbeschadet aller Fragen der Beendigung oder der Suspendierung eines Vertrags nach Artikel 60 und aller Fragen der Verantwortlichkeit, die sich für einen Staat aus Abschluß oder Anwendung eines Vertrags ergeben können, dessen Bestimmungen mit seinen Pflichten gegenüber einem anderen Staat auf Grund eines anderen Vertrags unvereinbar sind.

Abschnitt 3. Auslegung von Verträgen

Art. 31 Allgemeine Auslegungsregel. (1) Ein Vertrag ist nach Treu und Glauben in Übereinstimmung mit der gewöhnlichen, seinen Bestimmungen in ihrem Zusammenhang zukommenden Bedeutung und im Lichte seines Zieles und Zweckes auszulegen.

(2) Für die Auslegung eines Vertrags bedeutet der Zusammenhang außer dem Vertragswortlaut samt Präambel und Anlagen

a) jede sich auf den Vertrag beziehende Übereinkunft, die zwischen allen Vertragsparteien anläßlich des Vertragsabschlusses getroffen wurde;
b) jede Urkunde, die von einer oder mehreren Vertragsparteien anläßlich des Vertragsabschlusses abgefaßt und von den anderen Vertragsparteien als eine sich auf den Vertrag beziehende Urkunde angenommen wurde.

(3) Außer dem Zusammenhang sind in gleicher Weise zu berücksichtigen
a) jede spätere Übereinkunft zwischen den Vertragsparteien über die Auslegung des Vertrags oder die Anwendung seiner Bestimmungen;
b) jede spätere Übung bei der Anwendung des Vertrags, aus der die Übereinstimmung der Vertragsparteien über seine Auslegung hervorgeht;
c) jeder in den Beziehungen zwischen den Vertragsparteien anwendbare einschlägige Völkerrechtssatz.

(4) Eine besondere Bedeutung ist einem Ausdruck beizulegen, wenn feststeht, daß die Vertragsparteien dies beabsichtigt haben.

Art. 32 Ergänzende Auslegungsmittel. Ergänzende Auslegungsmittel, insbesondere die vorbereitenden Arbeiten und die Umstände des Vertragsabschlusses, können herangezogen werden, um die sich unter Anwendung des Artikels 31 ergebende Bedeutung zu bestätigen oder die Bedeutung zu bestimmen, wenn die Auslegung nach Artikel 31
a) die Bedeutung mehrdeutig oder dunkel läßt oder
b) zu einem offensichtlich sinnwidrigen oder unvernünftigen Ergebnis führt.

Art. 33 Auslegung von Verträgen mit zwei oder mehr authentischen Sprachen. (1) Ist ein Vertrag in zwei oder mehr Sprachen als authentisch festgelegt worden, so ist der Text in jeder Sprache in gleicher Weise maßgebend, sofern nicht der Vertrag vorsieht oder die Vertragsparteien vereinbaren, daß bei Abweichungen ein bestimmter Text vorgehen soll.

(2) Eine Vertragsfassung in einer anderen Sprache als einer der Sprachen, deren Text als authentisch festgelegt wurde, gilt nur dann als authentischer Wortlaut, wenn der Vertrag dies vorsieht oder die Vertragsparteien dies vereinbaren.

(3) Es wird vermutet, daß die Ausdrücke des Vertrags in jedem authentischen Text dieselbe Bedeutung haben.

(4) Außer in Fällen, in denen ein bestimmter Text nach Absatz 1 vorgeht, wird, wenn ein Vergleich der authentischen Texte einen Bedeutungsunterschied aufdeckt, der durch die Anwendung der Artikel 31 und 32 nicht ausgeräumt werden kann, diejenige Bedeutung zugrunde gelegt, die unter Berücksichtigung von Ziel und Zweck des Vertrags die Wortlaute am besten miteinander in Einklang bringt.

Abschnitt 4. Verträge und Drittstaaten

Art. 34 Allgemeine Regel betreffend Drittstaaten. Ein Vertrag begründet für einen Drittstaat ohne dessen Zustimmung weder Pflichten noch Rechte.

Art. 35 Verträge zu Lasten von Drittstaaten. Ein Drittstaat wird durch eine Vertragsbestimmung verpflichtet, wenn die Vertragsparteien beabsichtigen, durch die Vertragsbestimmung eine Verpflichtung zu begründen, und der Drittstaat diese Verpflichtung ausdrücklich in Schriftform annimmt.

Art. 36 Verträge zugunsten von Drittstaaten. (1) Ein Drittstaat wird durch eine Vertragsbestimmung berechtigt, wenn die Vertragsparteien beabsichtigen, durch die Vertragsbestimmung dem Drittstaat oder einer Staatengruppe, zu der er gehört, oder allen Staaten ein Recht einzuräumen, und der Drittstaat dem zustimmt. Sofern der Vertrag nichts anderes vorsieht, wird die Zustimmung vermutet, solange nicht das Gegenteil erkennbar wird.

(2) Ein Staat, der ein Recht nach Absatz 1 ausübt, hat die hierfür in dem Vertrag niedergelegten oder im Einklang mit ihm aufgestellten Bindungen einzuhalten.

Art. 37 Aufhebung oder Änderung der Pflichten oder Rechte von Drittstaaten. (1) Ist nach Artikel 35 einem Drittstaat eine Verpflichtung erwachsen, so kann diese nur mit Zustimmung der Vertragsparteien und des Drittstaats aufgehoben oder geändert werden, sofern nicht feststeht, daß sie etwas anderes vereinbart hatten.

(2) Ist nach Artikel 36 einem Drittstaat ein Recht erwachsen, so kann dieses von den Vertragsparteien nicht aufgehoben oder geändert werden, wenn feststeht, daß beabsichtigt war, daß das Recht nur mit Zustimmung des Drittstaats aufgehoben oder geändert werden kann.

Art. 38 Vertragsbestimmungen, die kraft internationaler Gewohnheit für Drittstaaten verbindlich werden. Die Artikel 34 bis 37 schließen nicht aus, daß eine vertragliche Bestimmung als ein Satz des Völkergewohnheitsrechts, der als solcher anerkannt ist, für einen Drittstaat verbindlich wird.

Teil IV. Änderung und Modifikation von Verträgen

Art. 39 Allgemeine Regel über die Änderung von Verträgen. Ein Vertrag kann durch Übereinkunft zwischen den Vertragsparteien geändert werden. Teil II findet auf eine solche Übereinkunft insoweit Anwendung, als der Vertrag nichts anderes vorsieht.

Art. 40 Änderung mehrseitiger Verträge. (1) Sofern der Vertrag nichts anderes vorsieht, richtet sich die Änderung mehrseitiger Verträge nach den folgenden Absätzen.

(2) Vorschläge zur Änderung eines mehrseitigen Vertrags mit Wirkung zwischen allen Vertragsparteien sind allen Vertragsstaaten zu notifizieren; jeder von ihnen ist berechtigt,

a) an dem Beschluß über das auf einen solchen Vorschlag hin zu Veranlassende teilzunehmen;

b) am Aushandeln und am Abschluß einer Übereinkunft zur Änderung des Vertrags teilzunehmen.

(3) Jeder Staat, der berechtigt ist, Vertragspartei des Vertrags zu werden, ist auch berechtigt, Vertragspartei des geänderten Vertrags zu werden.

(4) Die Änderungsübereinkunft bindet keinen Staat, der schon Vertragspartei des Vertrags ist, jedoch nicht Vertragspartei der Änderungsübereinkunft

wird; auf einen solchen Staat findet Artikel 30 Absatz 4 Buchstabe b Anwendung.

(5) Ein Staat, der nach Inkrafttreten der Änderungsübereinkunft Vertragspartei des Vertrags wird, gilt, sofern er nicht eine abweichende Absicht äußert,

a) als Vertragspartei des geänderten Vertrags und

b) als Vertragspartei des nicht geänderten Vertrags im Verhältnis zu einer Vertragspartei, die durch die Änderungsübereinkunft nicht gebunden ist.

Art. 41 Übereinkünfte zur Modifikation mehrseitiger Verträge zwischen einzelnen Vertragsparteien. (1) Zwei oder mehr Vertragsparteien eines mehrseitigen Vertrags können eine Übereinkunft schließen, um den Vertrag ausschließlich im Verhältnis zueinander zu modifizieren,

a) wenn die Möglichkeit einer solchen Modifikation in dem Vertrag vorgesehen ist oder

b) wenn die betreffende Modifikation durch den Vertrag nicht verboten ist und

   i) die anderen Vertragsparteien in dem Genuß ihrer Rechte auf Grund des Vertrags oder in der Erfüllung ihrer Pflichten nicht beeinträchtigt und

   ii) sich nicht auf eine Bestimmung bezieht, von der abzuweichen mit der vollen Verwirklichung von Ziel und Zweck des gesamten Vertrags unvereinbar ist.

(2) Sofern der Vertrag in einem Fall des Absatzes 1 Buchstabe a nichts anderes vorsieht, haben die betreffenden Vertragsparteien den anderen Vertragsparteien ihre Absicht, eine Übereinkunft zu schließen, sowie die darin vorgesehene Modifikation zu notifizieren.

Teil V. Ungültigkeit, Beendigung und Suspendierung von Verträgen

Abschnitt 1. Allgemeine Bestimmungen

Art. 42 Gültigkeit und Weitergeltung von Verträgen. (1) Die Gültigkeit eines Vertrags oder der Zustimmung eines Staates, durch einen Vertrag gebunden zu sein, kann nur in Anwendung dieses Übereinkommens angefochten werden.

(2) Die Beendigung eines Vertrags, seine Kündigung oder der Rücktritt einer Vertragspartei kann nur in Anwendung der Bestimmungen des Vertrags oder dieses Übereinkommens erfolgen. Das gleiche gilt für die Suspendierung eines Vertrags.

Art. 43 Pflichten, die das Völkerrecht unabhängig von einem Vertrag auferlegt. Die Ungültigkeit, Beendigung oder Kündigung eines Vertrags, der Rücktritt einer Vertragspartei vom Vertrag oder seine Suspendierung beeinträchtigen, soweit sie sich aus der Anwendung dieses Übereinkommens oder des Vertrags ergeben, in keiner Hinsicht die Pflicht eines Staates, eine in dem Vertrag enthaltene Verpflichtung zu erfüllen, der er auch unabhängig von dem Vertrag auf Grund des Völkerrechts unterworfen ist.

Art. 44 Trennbarkeit von Vertragsbestimmungen. (1) Das in einem Vertrag vorgesehene oder sich aus Artikel 56 ergebende Recht einer Vertragspartei, zu kündigen, zurückzutreten oder den Vertrag zu suspendieren, kann nur hinsichtlich des gesamten Vertrags ausgeübt werden, sofern der Vertrag nichts anderes vorsieht oder die Vertragsparteien nichts anderes vereinbaren.

(2) Ein in diesem Übereinkommen anerkannter Grund dafür, einen Vertrag als ungültig zu erklären, ihn zu beenden, von ihm zurückzutreten oder ihn zu suspendieren, kann nur hinsichtlich des gesamten Vertrags geltend gemacht werden, sofern in den folgenden Absätzen oder in Artikel 60 nichts anderes vorgesehen ist.

(3) Trifft der Grund nur auf einzelne Bestimmungen zu, so kann er hinsichtlich dieser allein geltend gemacht werden,
a) wenn diese Bestimmungen von den übrigen Vertragsbestimmungen getrennt angewendet werden können;
b) wenn aus dem Vertrag hervorgeht oder anderweitig feststeht, daß die Annahme dieser Bestimmungen keine wesentliche Grundlage für die Zustimmung der anderen Vertragspartei oder Vertragsparteien war, durch den gesamten Vertrag gebunden zu sein, und
c) wenn die Weiteranwendung der übrigen Vertragsbestimmungen nicht unbillig ist.

(4) In den Fällen der Artikel 49 und 50 kann ein Staat, der berechtigt ist, Betrug oder Bestechung geltend zu machen, dies entweder hinsichtlich des gesamten Vertrags oder, vorbehaltlich des Absatzes 3, nur hinsichtlich einzelner Bestimmungen tun.

(5) In den Fällen der Artikel 51, 52 und 53 ist die Abtrennung einzelner Vertragsbestimmungen unzulässig.

Art. 45 Verlust des Rechtes, Gründe dafür geltend zu machen, einen Vertrag als ungültig zu erklären, ihn zu beenden, von ihm zurückzutreten oder ihn zu suspendieren. Ein Staat kann Gründe nach den Artikeln 46 bis 50 oder 60 und 62 nicht länger geltend machen, um einen Vertrag als ungültig zu erklären, ihn zu beenden, von ihm zurückzutreten oder ihn zu suspendieren, wenn, nachdem dem Staat der Sachverhalt bekanntgeworden ist,
a) er ausdrücklich zugestimmt hat, daß der Vertrag – je nach Lage des Falles – gültig ist, in Kraft bleibt oder weiterhin angewendet wird, oder
b) auf Grund seines Verhaltens angenommen werden muß, er habe – je nach Lage des Falles – der Gültigkeit des Vertrags, seinem Inkraftbleiben oder seiner Weiteranwendung stillschweigend zugestimmt.

Abschnitt 2. Ungültigkeit von Verträgen

Art. 46 Innerstaatliche Bestimmungen über die Zuständigkeit zum Abschluß von Verträgen. (1) Ein Staat kann sich nicht darauf berufen, daß seine Zustimmung, durch einen Vertrag gebunden zu sein, unter Verletzung einer Bestimmung seines innerstaatlichen Rechts über die Zuständigkeit zum Abschluß von Verträgen ausgedrückt wurde und daher ungültig sei, sofern nicht die Verletzung offenkundig war und eine innerstaatliche Rechtsvorschrift von grundlegender Bedeutung betraf.

(2) Eine Verletzung ist offenkundig, wenn sie für jeden Staat, der sich hierbei im Einklang mit der allgemeinen Übung und nach Treu und Glauben verhält, objektiv erkennbar ist.

Art. 47 Besondere Beschränkungen der Ermächtigung, die Zustimmung eines Staates zum Ausdruck zu bringen. Ist die Ermächtigung eines Vertreters, die Zustimmung eines Staates auszudrücken, durch einen bestimmten Vertrag gebunden zu sein, einer besonderen Beschränkung unterworfen worden, so kann nur dann geltend gemacht werden, daß diese Zustimmung wegen Nichtbeachtung der Beschränkung ungültig sei, wenn die Beschränkung den anderen Verhandlungsstaaten notifiziert worden war, bevor der Vertreter die Zustimmung zum Ausdruck brachte.

Art. 48 Irrtum. (1) Ein Staat kann geltend machen, daß seine Zustimmung, durch den Vertrag gebunden zu sein, wegen eines Irrtums im Vertrag ungültig sei, wenn sich der Irrtum auf eine Tatsache oder Lage bezieht, deren Bestehen der Staat im Zeitpunkt des Vertragsabschlusses annahm und die eine wesentliche Grundlage für seine Zustimmung bildete.

(2) Absatz 1 findet keine Anwendung, wenn der betreffende Staat durch sein eigenes Verhalten zu dem Irrtum beigetragen hat oder nach den Umständen mit der Möglichkeit eines Irrtums rechnen mußte.

(3) Ein ausschließlich redaktioneller Irrtum berührt die Gültigkeit eines Vertrags nicht; in diesem Fall findet Artikel 79 Anwendung.

Art. 49 Betrug. Ist ein Staat durch das betrügerische Verhalten eines anderen Verhandlungsstaats zum Vertragsabschluß veranlaßt worden, so kann er geltend machen, daß seine Zustimmung durch den Vertrag gebunden zu sein, wegen des Betrugs ungültig sei.

Art. 50 Bestechung eines Staatenvertreters. Hat ein Verhandlungsstaat die Zustimmung eines anderen Staates, durch einen Vertrag gebunden zu sein, mittelbar oder unmittelbar durch Bestechung des Vertreters dieses Staates herbeigeführt, so kann dieser Staat geltend machen, daß seine Zustimmung wegen der Bestechung ungültig sei.

Art. 51 Zwang gegen einen Staatenvertreter. Wurde die Zustimmung eines Staates, durch einen Vertrag gebunden zu sein, durch Zwang gegen seinen Vertreter mittels gegen diesen gerichteter Handlungen oder Drohungen herbeigeführt, so hat sie keine Rechtswirkung.

Art. 52 Zwang gegen einen Staat durch Androhung oder Anwendung von Gewalt. Ein Vertrag ist nichtig, wenn sein Beschluß durch Androhung oder Anwendung von Gewalt unter Verletzung der in der Charta der Vereinten Nationen niedergelegten Grundsätze des Völkerrechts herbeigeführt wurde.

Art. 53 Verträge im Widerspruch zu einer zwingenden Norm des allgemeinen Völkerrechts (ius cogens). Ein Vertrag ist nichtig, wenn er im Zeitpunkt seines Abschlusses im Widerspruch zu einer zwingenden Norm des allgemeinen Völkerrechts steht. Im Sinne dieses Übereinkommens ist eine zwingende Norm des allgemeinen Völkerrechts eine Norm, die von der internationalen Staatengemeinschaft in ihrer Gesamtheit angenommen und anerkannt wird als eine Norm, von der nicht abgewichen werden darf und die nur durch eine spätere Norm des allgemeinen Völkerrechts derselben Rechtsnatur geändert werden kann.

Abschnitt 3. Beendigung und Suspendierung von Verträgen

Art. 54 Beendigung eines Vertrags oder Rücktritt vom Vertrag auf Grund seiner Bestimmungen oder durch Einvernehmen zwischen den Vertragsparteien. Die Beendigung eines Vertrags oder der Rücktritt einer Vertragspartei vom Vertrag können erfolgen
a) nach Maßgabe der Vertragsbestimmungen oder
b) jederzeit durch Einvernehmen zwischen allen Vertragsparteien nach Konsultierung der anderen Vertragsstaaten.

Art. 55 Abnahme der Zahl der Vertragsparteien eines mehrseitigen Vertrags auf weniger als die für sein Inkrafttreten erforderliche Zahl. Sofern der Vertrag nichts anderes vorsieht, erlischt ein mehrseitiger Vertrag nicht schon deshalb, weil die Zahl der Vertragsparteien unter die für sein Inkrafttreten erforderliche Zahl sinkt.

Art. 56 Kündigung eines Vertrags oder Rücktritt von einem Vertrag, der keine Bestimmung über Beendigung, Kündigung oder Rücktritt enthält. (1) Ein Vertrag, der keine Bestimmung über seine Beendigung enthält und eine Kündigung oder einen Rücktritt nicht vorsieht, unterliegt weder der Kündigung noch dem Rücktritt, sofern
a) nicht feststeht, daß die Vertragsparteien die Möglichkeit einer Kündigung oder eines Rücktritts zuzulassen beabsichtigten, oder
b) ein Kündigungs- oder Rücktrittsrecht sich nicht aus der Natur des Vertrags herleiten läßt.

(2) Eine Vertragspartei hat ihre Absicht, nach Absatz 1 einen Vertrag zu kündigen oder von einem Vertrag zurückzutreten, mindestens zwölf Monate im voraus zu notifizieren.

Art. 57 Suspendierung eines Vertrags auf Grund seiner Bestimmungen oder durch Einvernehmen zwischen den Vertragsparteien. Ein Vertrag kann gegenüber allen oder einzelnen Vertragsparteien suspendiert werden
a) nach Maßgabe der Vertragsbestimmungen oder
b) jederzeit durch Einvernehmen zwischen allen Vertragsparteien nach Konsultierung der anderen Vertragsstaaten.

Art. 58 Suspendierung eines mehrseitigen Vertrags auf Grund einer Übereinkunft zwischen einzelnen Vertragsparteien. (1) Zwei oder mehr Vertragsparteien eines mehrseitigen Vertrags können eine Übereinkunft zur zeitweiligen, nur zwischen ihnen wirksamen Suspendierung einzelner Vertragsbestimmungen schließen,
a) wenn eine solche Suspendierungsmöglichkeit im Vertrag vorgesehen ist oder

b) wenn die Suspendierung durch den Vertrag nicht verboten ist, vorausgesetzt,
   i) daß sie die anderen Vertragsparteien im Genuß ihrer Rechte auf Grund
      des Vertrags oder in der Erfüllung ihrer Pflichten nicht beeinträchtigt
      und
   ii) daß sie mit Ziel und Zweck des Vertrags nicht unvereinbar ist.

(2) Sofern der Vertrag in einem Fall des Absatzes 1 Buchstabe a nichts anderes vorsieht, haben diese Vertragsparteien den anderen Vertragsparteien ihre
Absicht, die Übereinkunft zu schließen, sowie diejenigen Vertragsbestimmungen zu notifizieren, die sie suspendieren wollen.

**Art. 59 Beendigung oder Suspendierung eines Vertrags durch Ab-
schluß eines späteren Vertrags.** (1) Ein Vertrag gilt als beendet, wenn alle
Vertragsparteien später einen sich auf denselben Gegenstand beziehenden
Vertrag schließen und
a) aus dem späteren Vertrag hervorgeht oder anderweitig feststeht, daß die
   Vertragsparteien beabsichtigten, den Gegenstand durch den späteren Vertrag zu regeln, oder
b) die Bestimmungen des späteren Vertrags mit denen des früheren Vertrags
   in solchem Maße unvereinbar sind, daß die beiden Verträge eine gleichzeitige Anwendung nicht zulassen.

(2) Der frühere Vertrag gilt als nur suspendiert, wenn eine solche Absicht
der Vertragsparteien aus dem späteren Vertrag hervorgeht oder anderweitig
feststeht.

**Art. 60 Beendigung oder Suspendierung eines Vertrags infolge Ver-
tragsverletzung.** (1) Eine erhebliche Verletzung eines zweiseitigen Vertrags
durch eine Vertragspartei berechtigt die andere Vertragspartei, die Vertragsverletzung als Grund für die Beendigung des Vertrags oder für seine gänzliche
oder teilweise Suspendierung geltend zu machen.

(2) Eine erhebliche Verletzung eines mehrseitigen Vertrags durch eine
Vertragspartei
a) berechtigt die anderen Vertragsparteien, einvernehmlich den Vertrag ganz
   oder teilweise zu suspendieren oder ihn zu beenden
   i) entweder im Verhältnis zwischen ihnen und dem vertragsbrüchigen
      Staat
   ii) oder zwischen allen Vertragsparteien;
b) berechtigt eine durch die Vertragsverletzung besonders betroffene Vertragspartei, die Verletzung als Grund für die gänzliche oder teilweise Suspendierung des Vertrags im Verhältnis zwischen ihr und dem vertragsbrüchigen Staat geltend zu machen;
c) berechtigt jede Vertragspartei außer dem vertragsbrüchigen Staat, die Vertragsverletzung als Grund für die gänzliche oder teilweise Suspendierung
   des Vertrags in bezug auf sich selbst geltend zu machen, wenn der Vertrag
   so beschaffen ist, daß eine erhebliche Verletzung seiner Bestimmungen
   durch eine Vertragspartei die Lage jeder Vertragspartei hinsichtlich der
   weiteren Erfüllung ihrer Vertragsverpflichtungen grundlegend ändert.

(3) Eine erhebliche Verletzung im Sinne dieses Artikels liegt
a) in einer nach diesem Übereinkommen nicht zulässigen Ablehnung des
   Vertrags oder

b) in der Verletzung einer für die Erreichung des Vertragsziels oder des Vertragszwecks wesentlichen Bestimmung.

(4) Die Absätze 1 bis 3 lassen die Vertragsbestimmungen unberührt, die bei einer Verletzung des Vertrags anwendbar sind.

(5) Die Absätze 1 bis 3 finden keine Anwendung auf Bestimmungen über den Schutz der menschlichen Person in Verträgen humanitärer Art, insbesondere auf Bestimmungen zum Verbot von Repressalien jeder Art gegen die durch derartige Verträge geschützten Personen.

Art. 61 Nachträgliche Unmöglichkeit der Erfüllung. (1) Eine Vertragspartei kann die Unmöglichkeit der Vertragserfüllung als Grund für die Beendigung des Vertrags oder den Rücktritt vom Vertrag geltend machen, wenn sich die Unmöglichkeit aus dem endgültigen Verschwinden oder der Vernichtung eines zur Ausführung des Vertrags unerläßlichen Gegenstands ergibt. Eine vorübergehende Unmöglichkeit kann nur als Grund für die Suspendierung des Vertrags geltend gemacht werden.

(2) Eine Vertragspartei kann die Unmöglichkeit der Vertragserfüllung nicht als Grund für die Beendigung des Vertrags, den Rücktritt vom Vertrag, oder seine Suspendierung geltend machen, wenn sie die Unmöglichkeit durch die Verletzung einer Vertragsverpflichtung oder einer sonstigen, gegenüber einer anderen Vertragspartei bestehenden internationalen Verpflichtung selbst herbeigeführt hat.

Art. 62 Grundlegende Änderung der Umstände. (1) Eine grundlegende Änderung der beim Vertragsabschluß gegebenen Umstände, die von den Vertragsparteien nicht vorausgesehen wurde, kann nicht als Grund für die Beendigung des Vertrags oder den Rücktritt von ihm geltend gemacht werden, es sei denn

a) das Vorhandensein jener Umstände bildete eine wesentliche Grundlage für die Zustimmung der Vertragsparteien, durch den Vertrag gebunden zu sein, und

b) die Änderung der Umstände würde das Ausmaß der auf Grund des Vertrags noch zu erfüllenden Verpflichtungen tiefgreifend umgestalten.

(2) Eine grundlegende Änderung der Umstände kann nicht als Grund für die Beendigung des Vertrags oder den Rücktritt von ihm geltend gemacht werden,

a) wenn der Vertrag eine Grenze festlegt oder

b) wenn die Vertragspartei, welche die grundlegende Änderung der Umstände geltend macht, diese durch Verletzung einer Vertragsverpflichtung oder einer sonstigen, gegenüber einer anderen Vertragspartei bestehenden internationalen Verpflichtung selbst herbeigeführt hat.

(3) Kann eine Vertragspartei nach Absatz 1 oder 2 eine grundlegende Änderung der Umstände als Grund für die Beendigung des Vertrags oder den Rücktritt von ihm geltend machen, so kann sie die Änderung auch als Grund für die Suspendierung des Vertrags geltend machen.

Art. 63 Abbruch der diplomatischen oder konsularischen Beziehungen. Der Abbruch der diplomatischen oder konsularischen Beziehungen zwischen Parteien eines Vertrags läßt die zwischen ihnen durch den Vertrag begründeten Rechtsbeziehungen unberührt, es sei denn, das Bestehen diplomatischer oder konsularischer Beziehungen ist für die Anwendung des Vertrags unerläßlich.

Art. 64 Entstehung einer neuen zwingenden Norm des allgemeinen Völkerrechts (ius cogens). Entsteht eine neue zwingende Norm des allgemeinen Völkerrechts, so wird jeder zu dieser Norm im Widerspruch stehende Vertrag nichtig und erlischt.

Abschnitt 4. Verfahren

Art. 65 Verfahren bei Ungültigkeit oder Beendigung eines Vertrags, beim Rücktritt von einem Vertrag oder bei Suspendierung eines Vertrags. (1) Macht eine Vertragspartei auf Grund dieses Übereinkommens entweder einen Mangel in ihrer Zustimmung, durch einen Vertrag gebunden zu sein, oder einen Grund zur Anfechtung der Gültigkeit eines Vertrags, zu seiner Beendigung, zum Rücktritt vom Vertrag oder zu seiner Suspendierung geltend, so hat sie den anderen Vertragsparteien ihren Anspruch zu notifizieren. In der Notifikation sind die in bezug auf den Vertrag beabsichtigte Maßnahme und die Gründe dafür anzugeben.

(2) Erhebt innerhalb einer Frist, die – außer in besonders dringenden Fällen – nicht weniger als drei Monate nach Empfang der Notifikation beträgt, keine Vertragspartei Einspruch, so kann die notifizierende Vertragspartei in der in Artikel 67 vorgesehenen Form die angekündigte Maßnahme durchführen.

(3) Hat jedoch eine andere Vertragspartei Einspruch erhoben, so bemühen sich die Vertragsparteien um eine Lösung durch die in Artikel 33 der Charta der Vereinten Nationen genannten Mittel.

(4) Die Absätze 1 bis 3 berühren nicht die Rechte oder Pflichten der Vertragsparteien auf Grund in Kraft befindlicher und für die Vertragsparteien verbindlicher Bestimmungen über die Beilegung von Streitigkeiten.

(5) Unbeschadet des Artikels 45 hindert der Umstand, daß ein Staat die nach Absatz 1 vorgeschriebene Notifikation noch nicht abgegeben hat, diesen nicht daran, eine solche Notifikation als Antwort gegenüber einer anderen Vertragspartei abzugeben, die Vertragserfüllung fordert oder eine Vertragsverletzung behauptet.

Art. 66 Verfahren zur gerichtlichen oder schiedsgerichtlichen Beilegung oder zum Vergleich. Ist innerhalb von zwölf Monaten nach Erhebung eines Einspruchs keine Lösung nach Artikel 65 Absatz 3 erzielt worden, so sind folgende Verfahren anzuwenden:

a) Jede Partei einer Streitigkeit über die Anwendung oder Auslegung des Artikels 53 oder 64 kann die Streitigkeit durch eine Klageschrift dem Internationalen Gerichtshof zur Entscheidung unterbreiten, sofern die Parteien nicht vereinbaren, die Streitigkeit einem Schiedsverfahren zu unterwerfen;

b) jede Partei einer Streitigkeit über die Anwendung oder Auslegung eines sonstigen Artikels des Teiles V dieses Übereinkommens kann das im Anhang zu dem Übereinkommen bezeichnete Verfahren durch einen diesbezüglichen Antrag an den Generalsekretär der Vereinten Nationen einleiten.

Art. 67 Urkunden zur Ungültigerklärung oder Beendigung eines Vertrags, zum Rücktritt von einem Vertrag oder zur Suspendierung eines Vertrags. (1) Die Notifikation nach Artikel 65 Absatz 1 bedarf der Schriftform.

(2) Eine Handlung, durch die ein Vertrag auf Grund seiner Bestimmungen oder nach Artikel 65 Absatz 2 oder 3 dieses Übereinkommens für ungültig erklärt oder beendet wird, durch die der Rücktritt vom Vertrag erklärt oder dieser suspendiert wird, ist durch eine den anderen Vertragsparteien zu übermittelnde Urkunde vorzunehmen. Ist die Urkunde nicht vom Staatsoberhaupt, Regierungschef oder Außenminister unterzeichnet, so kann der Vertreter des die Urkunde übermittelnden Staates aufgefordert werden, seine Vollmacht vorzulegen.

Art. 68 Rücknahme von Notifikationen und Urkunden nach den Artikeln 65 und 67. Eine Notifikation oder eine Urkunde nach den Artikeln 65 und 67 kann jederzeit zurückgenommen werden, bevor sie wirksam wird.

Abschnitt 5. Folgen der Ungültigkeit, der Beendigung oder der Suspendierung eines Vertrags

Art. 69 Folgen der Ungültigkeit eines Vertrags. (1) Ein Vertrag, dessen Ungültigkeit auf Grund dieses Übereinkommens festgestellt wird, ist nichtig. Die Bestimmungen eines nichtigen Vertrags haben keine rechtliche Gültigkeit.

(2) Sind jedoch, gestützt auf einen solchen Vertrag, Handlungen vorgenommen worden,
a) so kann jede Vertragspartei von jeder anderen Vertragspartei verlangen, daß diese in ihren gegenseitigen Beziehungen soweit wie möglich die Lage wiederherstellt, die bestanden hätte, wenn die Handlungen nicht vorgenommen worden wären;
b) so werden Handlungen, die vor Geltendmachung der Ungültigkeit in gutem Glauben vorgenommen wurden, nicht schon durch die Ungültigkeit des Vertrags rechtswidrig.

(3) In den Fällen des Artikels 49, 50, 51 oder 52 findet Absatz 2 keine Anwendung in bezug auf die Vertragspartei, welcher der Betrug, die Bestechung oder der Zwang zuzurechnen ist.

(4) Ist die Zustimmung eines bestimmten Staates, durch einen mehrseitigen Vertrag gebunden zu sein, mit einem Mangel behaftet, so finden die Absätze 1 bis 3 im Verhältnis zwischen diesem Staat und den Vertragsparteien Anwendung.

Art. 70 Folgen der Beendigung eines Vertrags. (1) Sofern der Vertrag nichts anderes vorsieht oder die Vertragsparteien nichts anderes vereinbaren, hat die nach den Bestimmungen des Vertrags oder nach diesem Übereinkommen eingetretene Beendigung des Vertrags folgende Wirkungen:
a) Sie befreit die Vertragsparteien von der Verpflichtung, den Vertrag weiterhin zu erfüllen;

b) sie berührt nicht die vor Beendigung des Vertrags durch dessen Durchführung begründeten Rechte und Pflichten der Vertragsparteien und ihre dadurch geschaffene Rechtslage.

(2) Kündigt ein Staat einen mehrseitigen Vertrag oder tritt er von ihm zurück, so gilt Absatz 1 in den Beziehungen zwischen diesem Staat und jeder anderen Vertragspartei vom Zeitpunkt des Wirksamwerdens der Kündigung oder des Rücktritts an.

Art. 71 Folgen der Ungültigkeit eines Vertrags, der im Widerspruch zu einer zwingenden Norm des allgemeinen Völkerrechts steht. (1) Im Fall eines nach Artikel 53 nichtigen Vertrags haben die Vertragsparteien

a) soweit wie möglich die Folgen von Handlungen zu beseitigen, die, gestützt auf eine zu der zwingenden Norm des allgemeinen Völkerrechts im Widerspruch stehenden Bestimmung, vorgenommen wurden, und

b) ihre gegenseitigen Beziehungen mit der zwingenden Norm des allgemeinen Völkerrechts in Einklang zu bringen.

(2) Im Fall eines Vertrags, der nach Artikel 64 nichtig wird und erlischt, hat die Beendigung folgende Wirkungen:

a) Sie befreit die Vertragsparteien von der Verpflichtung, den Vertrag weiterhin zu erfüllen;

b) sie berührt nicht die vor Beendigung des Vertrags begründeten Rechte und Pflichten der Vertragsparteien und ihre dadurch geschaffene Rechtslage; solche Rechte, Pflichten und Rechtslagen dürfen danach jedoch nur insoweit aufrechterhalten werden, als ihre Aufrechterhaltung als solche nicht im Widerspruch zu der neuen zwingenden Norm des allgemeinen Völkerrechts steht.

Art. 72 Folgen der Suspendierung eines Vertrags. (1) Sofern der Vertrag nichts anderes vorsieht oder die Vertragsparteien nichts anderes vereinbaren, hat die nach den Bestimmungen des Vertrags oder nach diesem Übereinkommen erfolgte Suspendierung des Vertrags folgende Wirkungen:

a) Sie befreit die Vertragsparteien, zwischen denen der Vertrag suspendiert ist, in ihren gegenseitigen Beziehungen während der Suspendierung von der Verpflichtung, den Vertrag zu erfüllen;

b) sie berührt anderweitig die durch den Vertrag zwischen den Vertragsparteien begründeten Rechtsbeziehungen nicht.

(2) Während der Suspendierung haben sich die Vertragsparteien aller Handlungen zu enthalten, die der Wiederanwendung des Vertrags entgegenstehen könnten.

Teil VI. Verschiedene Bestimmungen

Art. 73 Fälle der Staatennachfolge, der Verantwortlichkeit der Staaten und des Ausbruchs von Feindseligkeiten. Dieses Übereinkommen läßt Fragen unberührt, die sich hinsichtlich eines Vertrags aus der Nachfolge von Staaten, aus der völkerrechtlichen Verantwortlichkeit eines Staates oder aus dem Ausbruch von Feindseligkeiten zwischen Staaten ergeben können.

Art. 74 Diplomatische und konsularische Beziehungen und der Abschluß von Verträgen. Der Abbruch oder das Fehlen diplomatischer oder konsularischer Beziehungen zwischen zwei oder mehr Staaten steht dem Abschluß von Verträgen zwischen diesen Staaten nicht entgegen. Der Abschluß eines Vertrags ist als solcher ohne Wirkung in bezug auf diplomatische oder konsularische Beziehungen.

Art. 75 Fall eines Angreiferstaats. Dieses Übereinkommen berührt keine mit einem Vertrag zusammenhängenden Verpflichtungen, welche sich für einen Angreiferstaat infolge von Maßnahmen ergeben können, die auf den Angriff des betreffenden Staates hin im Einklang mit der Charta der Vereinten Nationen getroffen wurden.

Teil VII. Verwahrer, Notifikationen, Berichtigungen und Registrierung

Art. 76 Verwahrer von Verträgen. (1) Der Verwahrer eines Vertrags kann von den Verhandlungsstaaten im Vertrag selbst oder in sonstiger Weise bestimmt werden. Einzelne oder mehrere Staaten, eine internationale Organisation oder der leitende Verwaltungsbeamte einer internationalen Organisation können Verwahrer sein.

(2) Die Aufgaben des Verwahrers haben internationalen Charakter; der Verwahrer ist verpflichtet, diese Aufgaben unparteiisch wahrzunehmen. Insbesondere wird diese Verpflichtung nicht davon berührt, daß ein Vertrag zwischen einzelnen Vertragsparteien nicht in Kraft getreten ist oder daß zwischen einem Staat und einem Verwahrer über die Erfüllung von dessen Aufgaben Meinungsverschiedenheiten aufgetreten sind.

Art. 77 Aufgaben des Verwahrers. (1) Sofern der Vertrag nichts anderes vorsieht oder die Vertragsstaaten nichts anderes vereinbaren, hat ein Verwahrer insbesondere folgende Aufgaben:
a) die Urschrift des Vertrags und der dem Verwahrer übergebenen Vollmachten zu verwahren;
b) beglaubigte Abschriften der Urschrift sowie weitere Texte des Vertrags in den nach dem Vertrag erforderlichen zusätzlichen Sprachen zu erstellen und sie den Vertragsparteien und den Staaten zu übermitteln, die berechtigt sind, Vertragsparteien zu werden;
c) Unterzeichnungen des Vertrags entgegenzunehmen sowie alle sich auf den Vertrag beziehenden Urkunden, Notifikationen und Mitteilungen entgegenzunehmen und zu verwahren;
d) zu prüfen, ob die Unterzeichnung und jede sich auf den Vertrag beziehende Urkunde, Notifikation oder Mitteilung in guter und gehöriger Form sind, und falls erforderlich, den betreffenden Staat darauf aufmerksam zu machen;
e) die Vertragsparteien sowie die Staaten, die berechtigt sind, Vertragsparteien zu werden, von Handlungen, Notifikationen und Mitteilungen zu unterrichten, die sich auf den Vertrag beziehen;
f) die Staaten, die berechtigt sind, Vertragsparteien zu werden, von dem Zeitpunkt zu unterrichten, zu dem die für das Inkrafttreten des Vertrags

erforderliche Anzahl von Unterzeichnungen oder von Ratifikations-, Annahme-, Genehmigungs- oder Beitrittsurkunden vorliegt oder hinterlegt
wurde;

g) den Vertrag beim Sekretariat der Vereinten Nationen registrieren zu lassen;

h) die in anderen Bestimmungen dieses Übereinkommens bezeichneten Aufgaben zu erfüllen.

(2) Treten zwischen einem Staat und dem Verwahrer über die Erfüllung
von dessen Aufgaben Meinungsverschiedenheiten auf, so macht dieser die
Unterzeichnerstaaten und die Vertragsstaaten, oder, wenn angebracht, das zuständige Organ der internationalen Organisation darauf aufmerksam.

Art. 78 Notifikationen und Mitteilungen. Sofern der Vertrag oder dieses
Übereinkommen nichts anderes vorsieht, gilt für Notifikationen und Mitteilungen, die ein Staat auf Grund dieses Übereinkommens abzugeben hat, folgendes:

a) Ist kein Verwahrer vorhanden, so sind sie unmittelbar den Staaten zu
übersenden, für die sie bestimmt sind; ist ein Verwahrer vorhanden, so sind
sie diesem zu übersenden;

b) sie gelten erst dann als von dem betreffenden Staat abgegeben, wenn sie –
je nach Lage des Falles – der Staat, dem sie übermittelt werden, oder der
Verwahrer empfangen hat;

c) werden sie einem Verwahrer übermittelt, so gelten sie erst in dem Zeitpunkt als von dem Staat, für den sie bestimmt sind, empfangen, zu dem
dieser nach Artikel 77 Absatz 1 Buchstabe e von dem Verwahrer unterrichtet wurde.

**Art. 79 Berichtigung von Fehlern im Text oder in den beglaubigten
Abschriften von Verträgen.** (1) Kommen die Unterzeichnerstaaten und die
Vertragsstaaten nach Festlegung des authentischen Textes eines Vertrags übereinstimmend zu der Ansicht, daß er einen Fehler enthält, so wird dieser, sofern die genannten Staaten nicht ein anderes Verfahren zur Berichtigung beschließen, wie folgt berichtigt:

a) Der Text wird entsprechend berichtigt und die Berichtigung von gehörig
ermächtigten Vertretern paraphiert;

b) über die vereinbarte Berichtigung wird eine Urkunde errichtet oder werden mehrere Urkunden ausgetauscht oder

c) ein berichtigter Text des gesamten Vertrags wird nach demselben Verfahren hergestellt wie der ursprüngliche Text.

(2) Ist für einen Vertrag ein Verwahrer vorhanden, so notifiziert dieser den
Unterzeichnerstaaten und den Vertragsstaaten den Fehler und den Berichtigungsvorschlag und setzt eine angemessene Frist, innerhalb welcher Einspruch
gegen die vorgeschlagene Berichtigung erhoben werden kann. Ist nach Ablauf
dieser Frist

a) kein Einspruch erhoben worden, so nimmt der Verwahrer die Berichtigung am Text vor und paraphiert sie; ferner fertigt er eine Niederschrift
über die Berichtigung an und übermittelt von dieser je eine Abschrift den
Vertragsparteien und den Staaten, die berechtigt sind, Vertragsparteien zu
werden;

b) Einspruch erhoben worden, so teilt der Verwahrer den Unterzeichnerstaaten und den Vertragsstaaten den Einspruch mit.

(3) Die Absätze 1 und 2 finden auch Anwendung, wenn der Text in zwei oder mehr Sprachen als authentisch festgelegt wurde und sich ein Mangel an Übereinstimmung herausstellt, der nach einhelliger Auffassung der Unterzeichnerstaaten und der Vertragsstaaten behoben werden soll.

(4) Der berichtigte Text tritt *ab initio* an die Stelle des mangelhaften Textes, sofern die Unterzeichnerstaaten und die Vertragsstaaten nichts anderes beschließen.

(5) Die Berichtigung des Textes eines registrierten Vertrags ist dem Sekretariat der Vereinten Nationen zu notifizieren.

(6) Wird in einer beglaubigten Abschrift eines Vertrags ein Fehler festgestellt, so fertigt der Verwahrer eine Niederschrift über die Berichtigung an und übermittelt den Unterzeichnerstaaten und den Vertragsstaaten von dieser je eine Abschrift.

Art. 80 Registrierung und Veröffentlichung von Verträgen. (1) Verträge werden nach ihrem Inkrafttreten dem Sekretariat der Vereinten Nationen zur Registrierung beziehungsweise Aufnahme in die Akten (filing and recording) und zur Veröffentlichung übermittelt.

(2) Ist ein Verwahrer bestimmt, so gilt er als befugt, die in Absatz 1 genannten Handlungen vorzunehmen.

Teil VIII. Schlußbestimmungen

Art. 81 Unterzeichnung. Dieses Übereinkommen liegt für alle Mitgliedstaaten der Vereinten Nationen, einer ihrer Sonderorganisationen oder der Internationalen Atomenergie-Organisation, für Vertragsparteien des Statuts des Internationalen Gerichtshofs und für jeden anderen Staat, den die Generalversammlung der Vereinten Nationen einlädt, Vertragspartei des Übereinkommens zu werden, wie folgt zur Unterzeichnung auf: bis zum 30. November 1969 im Bundesministerium für Auswärtige Angelegenheiten der Republik Österreich und danach bis zum 30. April 1970 am Sitz der Vereinten Nationen in New York.

Art. 82 Ratifikation. Dieses Übereinkommen bedarf der Ratifikation. Die Ratifikationsurkunden werden beim Generalsekretär der Vereinten Nationen hinterlegt.

Art. 83 Beitritt. Dieses Übereinkommen steht jedem Staat zum Beitritt offen, der einer der in Artikel 81 bezeichneten Kategorien angehört. Die Beitrittsurkunden werden beim Generalsekretär der Vereinten Nationen hinterlegt.

Art. 84 Inkrafttreten. (1) Dieses Übereinkommen tritt am dreißigsten Tag nach Hinterlegung der fünfunddreißigsten Ratifikations- oder Beitrittsurkunde in Kraft.

(2) Für jeden Staat, der nach Hinterlegung der fünfunddreißigsten Ratifikations- oder Beitrittsurkunde das Übereinkommen ratifiziert oder ihm beitritt, tritt es am dreißigsten Tag nach Hinterlegung seiner eigenen Ratifikations- oder Beitrittsurkunde in Kraft.

Art. 85 Authentische Texte. Die Urschrift dieses Übereinkommens, dessen chinesischer, englischer, französischer, russischer und spanischer Wortlaut gleichermaßen verbindlich ist, wird beim Generalsekretär der Vereinten Nationen hinterlegt.

ZU URKUND DESSEN haben die unterzeichneten, von ihren Regierungen hierzu gehörig befugten Bevollmächtigten dieses Übereinkommen unterschrieben.

GESCHEHEN zu Wien am 23. Mai 1969.

Anhang

(1) Der Generalsekretär der Vereinten Nationen erstellt und führt ein Verzeichnis qualifizierter Juristen als Vermittler. Zu diesem Zweck wird jeder Staat, der Mitglied der Vereinten Nationen oder Vertragspartei dieses Übereinkommens ist, ersucht, zwei Vermittler zu ernennen; die Namen der so Ernannten bilden das Verzeichnis. Die Vermittler, einschließlich der zur zeitweiligen Stellvertretung berufenen, werden für fünf Jahre ernannt; die Ernennung kann erneuert werden. Nach Ablauf der Zeit, für welche die Vermittler ernannt worden sind, nehmen diese weiterhin die Aufgaben wahr, für die sie nach Absatz 2 ausgewählt wurden.

(2) Ist nach Artikel 66 ein Antrag beim Generalsekretär gestellt worden, so legt dieser die Streitigkeiten einer Vergleichskommission vor, die sich wie folgt zusammensetzt:

Der Staat oder die Staaten, die eine der Streitparteien bilden, bestellen

a) einen Vermittler mit der Staatsangehörigkeit dieses Staates oder eines dieser Staaten, der aus dem in Absatz 1 genannten Verzeichnis ausgewählt werden kann, sowie

b) einen Vermittler, der nicht die Staatsangehörigkeit dieses Staates oder eines dieser Staaten besitzt und der aus dem Verzeichnis auszuwählen ist.

Der Staat oder die Staaten, welche die andere Streitpartei bilden, bestellen in derselben Weise zwei Vermittler. Die von den Parteien ausgewählten vier Vermittler sind innerhalb von sechzig Tagen zu bestellen, nachdem der Antrag beim Generalsekretär eingegangen ist.

Die vier Vermittler bestellen innerhalb von sechzig Tagen, nachdem der letzte von ihnen bestellt wurde, einen fünften Vermittler zum Vorsitzenden, der aus dem Verzeichnis auszuwählen ist.

Wird der Vorsitzende oder ein anderer Vermittler nicht innerhalb der oben hierfür vorgeschriebenen Frist bestellt, so wird er innerhalb von sechzig Tagen nach Ablauf der genannten Frist vom Generalsekretär bestellt. Der Generalsekretär kann eine der im Verzeichnis eingetragenen Personen oder ein Mitglied der Völkerrechtskommission zum Vorsitzenden ernennen. Sämtliche Fristen, innerhalb derer die Bestellungen vorzunehmen sind, können durch Vereinbarung zwischen den Streitparteien verlängert werden.

Wird die Stelle eines Vermittlers frei, so ist sie nach dem für die ursprüngliche Bestellung vorgeschriebenen Verfahren zu besetzen.

(3) Die Vergleichskommission beschließt ihr Verfahren. Mit Zustimmung der Streitparteien kann die Kommission jede Vertragspartei einladen, ihr ihre Ansichten schriftlich oder mündlich darzulegen. Entscheidungen und Empfehlungen der Kommission bedürfen der Mehrheit der fünf Mitglieder.

(4) Die Kommission kann den Streitparteien Maßnahmen aufzeigen, die eine gütliche Beilegung erleichtern könnten.

(5) Die Kommission hört die Parteien, prüft die Ansprüche und Einwendungen und macht den Parteien Vorschläge mit dem Ziel einer gütlichen Beilegung der Streitigkeit.

(6) Die Kommission erstattet innerhalb von zwölf Monaten nach ihrer Einsetzung Bericht. Der Bericht wird an den Generalsekretär gerichtet und den Streitparteien übermittelt. Der Bericht der Kommission, einschließlich der darin niedergelegten Schlußfolgerungen über Tatsachen oder in Rechtsfragen, bindet die Parteien nicht und hat nur den Charakter von Empfehlungen, die den Parteien zur Prüfung vorgelegt werden, um eine gütliche Beilegung der Streitigkeit zu erleichtern.

(7) Der Generalsekretär gewährt der Kommission jede Unterstützung und stellt ihr alle Einrichtungen zur Verfügung, deren sie bedarf. Die Kosten der Kommission werden von den Vereinten Nationen getragen.

13. Allgemeine Erklärung der Menschenrechte[1] · [2]

verkündet von der Generalversammlung der Vereinten Nationen
am 10. Dezember 1948

Präambel

Da die Anerkennung der allen Mitgliedern der menschlichen Familie innewohnenden Würde und ihrer gleichen und unveräußerlichen Rechte die
Grundlage der Freiheit, der Gerechtigkeit und des Friedens in der Welt bildet,

da Verkennung und Mißachtung der Menschenrechte zu Akten der Bar-
barei führten, die das Gewissen der Menschheit tief verletzt haben, und da die
Schaffung einer Welt, in der den Menschen, frei von Furcht und Not, Rede-
und Glaubensfreiheit zuteil wird, als das höchste Bestreben der Menschheit
verkündet worden ist,

da es wesentlich ist, die Menschenrechte durch die Herrschaft des Rechtes
zu schützen, damit der Mensch nicht zum Aufstand gegen Tyrannei und Unterdrückung als letztem Mittel gezwungen wird,

da es wesentlich ist, die Entwicklung freundschaftlicher Beziehungen zwischen den Nationen zu fördern,

da die Völker der Vereinten Nationen in der Satzung ihren Glauben an die
grundlegenden Menschenrechte, an die Würde und den Wert der menschlichen Person und an die Gleichberechtigung von Mann und Frau erneut be-
kräftigt und beschlossen haben, den sozialen Fortschritt und bessere Lebensbedingungen bei größerer Freiheit zu fördern,

da die Mitgliedstaaten sich verpflichtet haben, in Zusammenarbeit mit den
Vereinten Nationen die allgemeine Achtung und Verwirklichung der Menschenrechte und Grundfreiheiten durchzusetzen,

da eine gemeinsame Auffassung über diese Rechte und Freiheiten von
größter Wichtigkeit für die volle Erfüllung dieser Verpflichtung ist,

verkündet die Generalversammlung

die vorliegende Allgemeine Erklärung der Menschenrechte als das von allen
Völkern und Nationen zu erreichende gemeinsame Ideal, damit jeder einzelne
und alle Organe der Gesellschaft sich diese Erklärung stets gegenwärtig halten
und sich bemühen, durch Unterricht und Erziehung die Achtung dieser
Rechte und Freiheiten zu fördern und durch fortschreitende Maßnahmen im
nationalen und internationalen Bereiche ihre allgemeine und tatsächliche
Anerkennung und Verwirklichung bei der Bevölkerung sowohl der Mitgliedstaaten wie der ihrer Oberhoheit unterstehenden Gebiete zu gewährleisten.

---

[1] Aus Sartorius II, Nr. 19.
[2] Internationale Quelle: GAOR, III, Resolutions (UN-Doc. A/810) p. 71.

Art. 1 [Freiheit, Gleichheit, Brüderlichkeit] Alle Menschen sind frei und gleich an Würde und Rechten geboren. Sie sind mit Vernunft und Gewissen begabt und sollen einander im Geiste der Brüderlichkeit begegnen.

Art. 2 [Verbot der Diskriminierung]

1. Jeder Mensch hat Anspruch auf die in dieser Erklärung verkündeten Rechte und Freiheiten, ohne irgendeine Unterscheidung, wie etwa nach Rasse, Farbe, Geschlecht, Sprache, Religion, politischer und sonstiger Überzeugung, nationaler oder sozialer Herkunft, nach Eigentum, Geburt oder sonstigen Umständen.

2. Weiter darf keine Unterscheidung gemacht werden auf Grund der politischen, rechtlichen oder internationalen Stellung des Landes oder Gebietes, dem eine Person angehört, ohne Rücksicht darauf, ob es unabhängig ist, unter Treuhandschaft steht, keine Selbstregierung besitzt oder irgendeiner anderen Beschränkung seiner Souveränität unterworfen ist.

Art. 3 [Recht auf Leben und Freiheit] Jeder Mensch hat das Recht auf Leben, Freiheit und Sicherheit der Person.

Art. 4 [Verbot der Sklaverei und des Sklavenhandels] Niemand darf in Sklaverei oder Leibeigenschaft gehalten werden; Sklaverei und Sklavenhandel sind in allen Formen verboten.

Art. 5 [Verbot der Folter] Niemand darf der Folter oder grausamer, unmenschlicher oder erniedrigender Behandlung oder Strafe unterworfen werden.

Art. 6 [Anerkennung als Rechtsperson] Jeder Mensch hat überall Anspruch auf Anerkennung als Rechtsperson.

Art. 7 [Gleichheit vor dem Gesetz] Alle Menschen sind vor dem Gesetze gleich und haben ohne Unterschied Anspruch auf gleichen Schutz durch das Gesetz. Alle haben Anspruch auf den gleichen Schutz gegen jede unterschiedliche Behandlung, welche die vorliegende Erklärung verletzen würde, und gegen jede Aufreizung zu einer derartigen unterschiedlichen Behandlung.

Art. 8 [Anspruch auf Rechtsschutz] Jeder Mensch hat Anspruch auf wirksamen Rechtsschutz vor den zuständigen innerstaatlichen Gerichten gegen alle Handlungen, die seine ihm nach der Verfassung oder nach dem Gesetz zustehenden Grundrechte verletzen.

Art. 9 [Schutz vor Verhaftung und Ausweisung] Niemand darf willkürlich festgenommen, in Haft gehalten oder des Landes verwiesen werden.

Art. 10 [Anspruch auf rechtliches Gehör] Jeder Mensch hat in voller Gleichberechtigung Anspruch auf ein der Billigkeit entsprechendes und öffentliches Verfahren vor einem unabhängigen und unparteiischen Gericht, das über seine Rechte und Verpflichtungen oder aber über irgendeine gegen ihn erhobene strafrechtliche Beschuldigung zu entscheiden hat.

Art. 11 [Quivis censetur innocens; nulla poena sine lege]

1. Jeder Mensch, der einer strafbaren Handlung beschuldigt wird, ist so lange als unschuldig anzusehen, bis seine Schuld in einem öffentlichen Verfahren, in dem alle für seine Verteidigung nötigen Voraussetzungen gewährleistet waren, gemäß dem Gesetz nachgewiesen ist.

2. Niemand kann wegen einer Handlung oder Unterlassung verurteilt werden, die im Zeitpunkt, da sie erfolgte, auf Grund des nationalen oder internationalen Rechts nicht strafbar war. Desgleichen kann keine schwerere Strafe verhängt werden als die, welche im Zeitpunkt der Begehung der strafbaren Handlung anwendbar war.

Art. 12 [Freiheitssphäre des einzelnen] Niemand darf willkürlichen Eingriffen in sein Privatleben, seine Familie, sein Heim oder seinen Briefwechsel noch Angriffen auf seine Ehre und seinen Beruf ausgesetzt werden. Jeder Mensch hat Anspruch auf rechtlichen Schutz gegen derartige Eingriffe oder Anschläge.

Art. 13 [Freizügigkeit und Auswanderungsfreiheit]

1. Jeder Mensch hat das Recht auf Freizügigkeit und freie Wahl seines Wohnsitzes innerhalb eines Staates.

2. Jeder Mensch hat das Recht, jedes Land, einschließlich seines eigenen, zu verlassen sowie in sein Land zurückzukehren.

Art. 14 [Asylrecht]

1. Jeder Mensch hat das Recht, in anderen Ländern vor Verfolgungen Asyl zu suchen und zu genießen.

2. Dieses Recht kann jedoch im Falle seiner Verfolgung wegen nichtpolitischer Verbrechen oder wegen Handlungen, die gegen die Ziele und Grundsätze der Vereinten Nationen verstoßen, nicht in Anspruch genommen werden.

Art. 15 [Recht auf Staatsangehörigkeit]

1. Jeder Mensch hat Anspruch auf Staatsangehörigkeit.

2. Niemand darf seine Staatsangehörigkeit willkürlich entzogen noch ihm das Recht versagt werden, seine Staatsangehörigkeit zu wechseln.

Art. 16 [Freiheit der Eheschließung, Schutz der Familie]

1. Heiratsfähige Männer und Frauen haben ohne Beschränkung durch Rasse, Staatsbürgerschaft oder Religion das Recht, eine Ehe zu schließen und eine Familie zu gründen. Sie haben bei der Eheschließung, während der Ehe und bei deren Auflösung gleiche Rechte.

2. Die Ehe darf nur auf Grund der freien und vollen Willenseinigung der zukünftigen Ehegatten geschlossen werden.

3. Die Familie ist die natürliche und grundlegende Einheit der Gesellschaft und hat Anspruch auf Schutz durch Gesellschaft und Staat.

Art. 17 [Gewährleistung des Eigentums]

1. Jeder Mensch hat allein oder in der Gemeinschaft mit anderen Recht auf Eigentum.

2. Niemand darf willkürlich seines Eigentums beraubt werden.

Art. 18 [Gewissens- und Religionsfreiheit] Jeder Mensch hat Anspruch auf Gedanken-, Gewissens- und Religionsfreiheit; dieses Recht umfaßt die Freiheit, seine Religion oder seine Überzeugung zu wechseln, sowie die Freiheit, seine Religion oder seine Überzeugung allein oder in Gemeinschaft mit anderen, in der Öffentlichkeit oder privat, durch Lehre, Ausübung, Gottesdienst und Vollziehung von Riten zu bekunden.

Art. 19 [Meinungs- und Informationsfreiheit] Jeder Mensch hat das Recht auf freie Meinungsäußerung; dieses Recht umfaßt die Freiheit, Meinungen unangefochten anzuhängen und Informationen und Ideen mit allen Verständigungsmitteln ohne Rücksicht auf Grenzen zu suchen, zu empfangen und zu verbreiten.

Art. 20 [Versammlungs- und Vereinsfreiheit]

1. Jeder Mensch hat das Recht auf Versammlungs- und Vereinigungsfreiheit zu friedlichen Zwecken.
2. Niemand darf gezwungen werden, einer Vereinigung anzugehören.

Art. 21 [Allgemeines, gleiches Wahlrecht]

1. Jeder Mensch hat das Recht, an der Leitung öffentlicher Angelegenheiten seines Landes unmittelbar oder durch frei gewählte Vertreter teilzunehmen.
2. Jeder Mensch hat unter gleichen Bedingungen das Recht auf Zulassung zu öffentlichen Ämtern in seinem Lande.
3. Der Wille des Volkes bildet die Grundlage für die Autorität der öffentlichen Gewalt; dieser Wille muß durch periodische und unverfälschte Wahlen mit allgemeinem und gleichem Wahlrecht bei geheimer Stimmabgabe oder in einem gleichwertigen freien Wahlverfahren zum Ausdruck kommen.

Art. 22 [Soziale Sicherheit] Jeder Mensch hat als Mitglied der Gesellschaft Recht auf soziale Sicherheit; er hat Anspruch darauf, durch innerstaatliche Maßnahmen und internationale Zusammenarbeit unter Berücksichtigung der Organisation und der Hilfsmittel jedes Staates in den Genuß der für seine Würde und die freie Entwicklung seiner Persönlichkeit unentbehrlichen wirtschaftlichen, sozialen und kulturellen Rechte zu gelangen.

Art. 23 [Recht auf Arbeit und gleichen Lohn, Koalitionsfreiheit]

1. Jeder Mensch hat das Recht auf Arbeit, auf freie Berufswahl, auf angemessene und befriedigende Arbeitsbedingungen sowie auf Schutz gegen Arbeitslosigkeit.
2. Alle Menschen haben ohne jede unterschiedliche Behandlung das Recht auf gleichen Lohn für gleiche Arbeit.
3. Jeder Mensch, der arbeitet, hat das Recht auf angemessene und befriedigende Entlohnung, die ihm und seiner Familie eine der menschlichen Würde entsprechende Existenz sichert und die, wenn nötig, durch andere soziale Schutzmaßnahmen zu ergänzen ist.
4. Jeder Mensch hat das Recht, zum Schutze seiner Interessen Berufsvereinigungen zu bilden und solchen beizutreten.

Art. 24 [Erholung und Freizeit] Jeder Mensch hat Anspruch auf Erholung und Freizeit sowie auf eine vernünftige Begrenzung der Arbeitszeit und auf periodischen, bezahlten Urlaub.

Art. 25 [Soziale Betreuung]

1. Jeder Mensch hat Anspruch auf eine Lebenshaltung, die seine und seiner Familie Gesundheit und Wohlbefinden einschließlich Nahrung, Kleidung, Wohnung, ärztlicher Betreuung und der notwendigen Leistungen der sozialen Fürsorge gewährleistet; er hat das Recht auf Sicherheit im Falle von Arbeitslosigkeit, Krankheit, Invalidität, Verwitwung, Alter oder von anderweitigem Verlust seiner Unterhaltsmittel durch unverschuldete Umstände.

2. Mutter und Kind haben Anspruch auf besondere Hilfe und Unterstützung. Alle Kinder, eheliche und uneheliche, genießen den gleichen sozialen Schutz.

Art. 26 [Kulturelle Betreuung, Elternrecht]

1. Jeder Mensch hat Recht auf Bildung. Der Unterricht muß wenigstens in den Elementar- und Grundschulen unentgeltlich sein. Der Elementarunterricht ist obligatorisch. Fachlicher und beruflicher Unterricht soll allgemein zugänglich sein; die höheren Studien sollen allen nach Maßgabe ihrer Fähigkeiten und Leistungen in gleicher Weise offenstehen.

2. Die Ausbildung soll die volle Entfaltung der menschlichen Persönlichkeit und die Stärkung der Achtung der Menschenrechte und Grundfreiheiten zum Ziele haben. Sie soll Verständnis, Duldsamkeit und Freundschaft zwischen allen Nationen und allen rassischen oder religiösen Gruppen fördern und die Tätigkeit der Vereinten Nationen zur Aufrechterhaltung des Friedens begünstigen.

3. In erster Linie haben die Eltern das Recht, die Art der ihren Kindern zuteil werdenden Bildung zu bestimmen.

Art. 27 [Freiheit des Kulturlebens]

1. Jeder Mensch hat das Recht, am kulturellen Leben der Gemeinschaft frei teilzunehmen, sich der Künste zu erfreuen und am wissenschaftlichen Fortschritt und dessen Wohltaten teilzuhaben.

2. Jeder Mensch hat das Recht auf Schutz der moralischen und materiellen Interessen, die sich aus jeder wissenschaftlichen, literarischen oder künstlerischen Produktion ergeben, deren Urheber er ist.

Art. 28 [Angemessene Sozial- und Internationalordnung] Jeder Mensch hat Anspruch auf eine soziale und internationale Ordnung, in welcher die in der vorliegenden Erklärung angeführten Rechte und Freiheiten voll verwirklicht werden können.

Art. 29 [Grundpflichten]

1. Jeder Mensch hat Pflichten gegenüber der Gemeinschaft, in der allein die freie und volle Entwicklung seiner Persönlichkeit möglich ist.

2. Jeder Mensch ist in Ausübung seiner Rechte und Freiheiten nur den Beschränkungen unterworfen, die das Gesetz ausschließlich zu dem Zwecke

vorsieht, um die Anerkennung und Achtung der Rechte und Freiheiten der anderen zu gewährleisten und den gerechten Anforderungen der Moral, der öffentlichen Ordnung und der allgemeinen Wohlfahrt in einer demokratischen Gesellschaft zu genügen.

3. Rechte und Freiheiten dürfen in keinem Fall im Widerspruch zu den Zielen und Grundsätzen der Vereinten Nationen ausgeübt werden.

Art. 30 [Auslegungsvorschrift] Keine Bestimmung der vorliegenden Erklärung darf so ausgelegt werden, daß sich daraus für einen Staat, eine Gruppe oder eine Person irgendein Recht ergibt, eine Tätigkeit auszuüben oder eine Handlung vorzunehmen, welche auf die Vernichtung der in dieser Erklärung angeführten Rechte und Freiheiten abzielen.

14. Konvention über die Verhütung und Bestrafung des Völkermordes[1)·2)]

(9. 12. 1948)

Nach Erwägung der Erklärung, die von der Generalversammlung der Vereinten Nationen in ihrer Resolution 96 (I) vom 11. Dezember 1946 abgegeben wurde, daß Völkermord ein Verbrechen gemäß internationalem Recht ist, das dem Geist und den Zielen der Vereinten Nationen zuwiderläuft und von der zivilisierten Welt verurteilt wird,

In Anerkennung der Tatsache, daß der Völkermord der Menschheit in allen Zeiten der Geschichte große Verluste zugefügt hat, und

In der Überzeugung, daß zur Befreiung der Menschheit von einer solch verabscheuungswürdigen Geißel internationale Zusammenarbeit erforderlich ist,

sind die Vertragschließenden Parteien hiermit wie folgt übereingekommen:

Art. I. Die Vertragschließenden Parteien bestätigen, daß Völkermord, ob im Frieden oder im Krieg begangen, ein Verbrechen gemäß internationalem Recht ist, zu dessen Verhütung und Bestrafung sie sich verpflichten.

Art. II. In dieser Konvention bedeutet Völkermord eine der folgenden Handlungen, die in der Absicht begangen wird, eine nationale, ethnische, rassische oder religiöse Gruppe als solche ganz oder teilweise zu zerstören:
(a) Tötung von Mitgliedern der Gruppe;
(b) Verursachung von schwerem körperlichem oder seelischem Schaden an Mitgliedern der Gruppe;
(c) vorsätzliche Auferlegung von Lebensbedingungen für die Gruppe, die geeignet sind, ihre körperliche Zerstörung ganz oder teilweise herbeizuführen;
(d) Verhängung von Maßnahmen, die auf die Geburtenverhinderung innerhalb der Gruppe gerichtet sind;
(e) gewaltsame Überführung von Kindern der Gruppe in eine andere Gruppe.

Art. III. Die folgenden Handlungen sind zu bestrafen:
(a) Völkermord,
(b) Verschwörung zur Begehung von Völkermord,
(c) unmittelbare und öffentliche Anreizung zur Begehung von Völkermord,
(d) Versuch, Völkermord zu begehen,
(e) Teilnahme am Völkermord.

Art. IV. Personen, die Völkermord oder eine der sonstigen in Artikel III aufgeführten Handlungen begehen, sind zu bestrafen, gleichviel ob sie regierende Personen, öffentliche Beamte oder private Einzelpersonen sind.

[1)] Aus BGBl. 1954 II S. 730.
[2)] Internationale Quelle: UNTS Vol. 78 p. 277.

Art. V. Die Vertragschließenden Parteien verpflichten sich, in Übereinstimmung mit ihren jeweiligen Verfassungen die notwendigen gesetzgeberischen Maßnahmen zu ergreifen, um die Anwendung der Bestimmungen dieser Konvention sicherzustellen und insbesondere wirksame Strafen für Personen vorzusehen, die sich des Völkermordes oder einer der sonstigen in Artikel III aufgeführten Handlungen schuldig machen.

Art. VI. Personen, denen Völkermord oder eine der sonstigen in Artikel III aufgeführten Handlungen zur Last gelegt wird, werden vor ein zuständiges Gericht des Staates, in dessen Gebiet die Handlung begangen worden ist, oder vor das internationale Strafgericht gestellt, das für die Vertragschließenden Parteien, die seine Gerichtsbarkeit anerkannt haben, zuständig ist.

Art. VII. Völkermord und die sonstigen in Artikel III aufgeführten Handlungen gelten für Auslieferungszwecke nicht als politische Straftaten.

Die Vertragschließenden Parteien verpflichten sich, in derartigen Fällen die Auslieferung gemäß ihren geltenden Gesetzen und Verträgen zu bewilligen.

Art. VIII. Eine Vertragschließende Partei kann die zuständigen Organe der Vereinten Nationen damit befassen, gemäß der Charta der Vereinten Nationen die Maßnahmen zu ergreifen, die sie für die Verhütung und Bekämpfung von Völkermordhandlungen oder einer der sonstigen in Artikel III aufgeführten Handlungen für geeignet erachten.

Art. IX. Streitfälle zwischen den Vertragschließenden Parteien hinsichtlich der Auslegung, Anwendung oder Durchführung dieser Konvention einschließlich derjenigen, die sich auf die Verantwortlichkeit eines Staates für Völkermord oder einer der sonstigen in Artikel III aufgeführten Handlungen beziehen, werden auf Antrag einer der an dem Streitfall beteiligten Parteien dem Internationalen Gerichtshof unterbreitet.

Art. X. Diese Konvention, deren chinesischer, englischer, französischer, russischer und spanischer Text gleicherweise maßgebend ist, trägt das Datum des 9. Dezember 1948.

Art. XI. Diese Konvention steht bis zum 31. Dezember 1949 jedem Mitglied der Vereinten Nationen und jedem Nicht-Mitgliedstaat, an den die Generalversammlung eine Aufforderung zur Unterzeichnung gerichtet hat, zur Unterzeichnung offen.

Diese Konvention bedarf der Ratifizierung; die Ratifikationsurkunden sind bei dem Generalsekretär der Vereinten Nationen zu hinterlegen.

Nach dem 1. Januar 1950 kann jedes Mitglied der Vereinten Nationen und jeder Nicht-Mitgliedstaat, der eine Aufforderung gemäß Absatz 1 erhalten hat, der Konvention beitreten.

Die Beitrittsurkunden sind bei dem Generalsekretär der Vereinten Nationen zu hinterlegen.

Art. XII. Eine Vertragschließende Partei kann jederzeit durch Mitteilung an den Generalsekretär der Vereinten Nationen die Anwendung dieser Konvention auf alle oder eines der Gebiete erstrecken, für deren auswärtige Angelegenheiten diese Vertragschließende Partei verantwortlich ist.

Art. XIII. An dem Tag, an dem die ersten zwanzig Ratifikations- oder Beitrittsurkunden hinterlegt sind, erstellt der Generalsekretär ein Protokoll und übermittelt jedem Mitglied der Vereinten Nationen und jedem der in Artikel XI in Betracht gezogenen Nicht-Mitgliedstaaten eine Abschrift desselben.

Diese Konvention tritt am neunzigsten Tage nach dem Zeitpunkt der Hinterlegung der zwanzigsten Ratifikations- oder Beitrittsurkunde in Kraft.

Eine Ratifikation oder ein Beitritt, der nach dem letzteren Zeitpunkt erfolgt, wird am neunzigsten Tage nach der Hinterlegung der Ratifikations- oder Beitrittsurkunde wirksam.

Art. XIV. Diese Konvention bleibt für die Dauer von zehn Jahren vom Zeitpunkt ihres Inkrafttretens an in Kraft.

Danach bleibt sie für die Dauer von jeweils weiteren fünf Jahren für diejenigen Vertragschließenden Parteien in Kraft, die sie nicht mindestens sechs Monate vor Ablauf der laufenden Frist gekündigt haben.

Die Kündigung erfolgt durch schriftliche Mitteilung an den Generalsekretär der Vereinten Nationen.

Art. XV. Wenn als Ergebnis von Kündigungen die Zahl der Parteien der vorliegenden Konvention auf weniger als sechzehn sinkt, tritt die Konvention mit dem Zeitpunkt außer Kraft, in dem die letzte dieser Kündigungen rechtswirksam wird.

Art. XVI. Ein Antrag auf Revision dieser Konvention kann jederzeit von einer Vertragschließenden Partei durch eine schriftliche Mitteilung an den Generalsekretär gestellt werden.

Die Generalversammlung entscheidet über die Schritte, die gegebenenfalls auf einen solchen Antrag hin zu unternehmen sind.

Art. XVII. Der Generalsekretär der Vereinten Nationen macht allen Mitgliedern der Vereinten Nationen und den in Artikel XI in Betracht gezogenen Nicht-Mitgliedstaaten über die folgenden Angelegenheiten Mitteilung:
(a) Unterzeichnungen, Ratifikationen und Beitritte, die gemäß Artikel XI eingegangen sind;
(b) Mitteilungen, die gemäß Artikel XII eingegangen sind;
(c) den Zeitpunkt, zu dem diese Konvention gemäß Artikel XIII in Kraft tritt;
(d) Kündigungen, die gemäß Artikel XIV eingegangen sind;
(e) Außerkrafttreten der Konvention gemäß Artikel XV;
(f) Mitteilungen, die gemäß Artikel XVI eingegangen sind.

Art. XVIII. Das Original der vorliegenden Konvention wird in den Archiven der Vereinten Nationen hinterlegt.

Eine beglaubigte Abschrift der Konvention wird jedem Mitglied der Vereinten Nationen und jedem der in Artikel XI in Betracht gezogenen Nicht-Mitgliedstaaten übermittelt.

Art. XIX. Diese Konvention wird am Tage ihres Inkrafttretens von dem Generalsekretär der Vereinten Nationen registriert.

15. (Europäische) Konvention zum Schutze der Menschenrechte und Grundfreiheiten[1)·2)·3)·4)]

(4. 11. 1950)

In Erwägung der Universellen Erklärung der Menschenrechte, die von der Allgemeinen Versammlung der Vereinten Nationen am 10. Dezember 1948 verkündet wurde;

in der Erwägung, daß diese Erklärung bezweckt, die universelle und wirksame Anerkennung und Einhaltung der darin erklärten Rechte zu gewährleisten;

[1)] Aus BGBl. 1952 II S. 686, in der Fassung durch die Protokolle Nr. 3 vom 6. 5. 1963 (BGBl. 1968 II S. 1116), Nr. 5 vom 20. 1. 1966 (BGBl. 1968 II S. 1120), Nr. 8 vom 19. 3. 1985 (BGBl. 1989 II S. 547) und Protokoll Nr. 11 vom 11. 5. 1994 (BGBl. 1995 II S. 579). Mit Brief vom 13. 7. 1993 hat das Ministerkomitee des Europarats entschieden, daß – mit Wirkung vom 1. 1. 1993 – die Nachfolgestaaten der CSFR als Vertragspartner der Konvention und der Zusatzprotokolle angesehen werden. Das Wort „Europäische" ist im Originalwortlaut des Titels nicht enthalten.
[2)] Internationale Quelle: UNTS Vol. 213 p. 221 (Konvention), ETS No. 45 (Protokoll Nr. 3), ETS No. 55 (Protokoll Nr. 5), ETS No. 118 (Protokoll Nr. 8) und ETS No. 155 (Protokoll Nr. 11).
[3)] Die Konvention gilt für sämtliche Staaten, die in Art. 26 der Satzung des Europarats (Nr. 2) als Mitglieder genannt sind.
[4)] Beachte die Übergangsbestimmungen des Protokolls Nr. 11:

Art. 5. (1) Unbeschadet der Absätze 3 und 4 endet die Amtszeit der Richter, der Kommissionsmitglieder, des Kanzlers und des stellvertretenden Kanzlers am Tag des Inkrafttretens dieses Protokolls.

(2) Bei der Kommission anhängige Beschwerden, die bis zum Tag des Inkrafttretens dieses Protokolls noch nicht für zulässig erklärt worden sind, werden vom Gerichtshof nach Maßgabe dieses Protokolls geprüft.

(3) Beschwerden, die bis zum Tag des Inkrafttretens dieses Protokolls für zulässig erklärt worden sind, werden innerhalb eines Jahres von den Mitgliedern der Kommission weiter bearbeitet. Beschwerden, deren Prüfung von der Kommission innerhalb des genannten Zeitraums nicht abgeschlossen worden ist, werden dem Gerichtshof zugeleitet; dieser prüft sie nach Maßgabe dieses Protokolls als zulässige Beschwerden.

(4) Bei Beschwerden, zu denen die Kommission nach Inkrafttreten dieses Protokolls nach dem bisherigen Artikel 31 der Konvention einen Bericht angenommen hat, wird der Bericht den Parteien übermittelt, die das Recht haben, ihn zu veröffentlichen. Die Rechtssache kann nach den vor Inkrafttreten dieses Protokolls geltenden Bestimmungen dem Gerichtshof vorgelegt werden. Der Ausschuß der Großen Kammer bestimmt, ob eine der Kammern oder die Große Kammer die Sache entscheidet. Wird die Sache von einer Kammer entschieden, so ist ihre Entscheidung endgültig. Sachen, die nicht dem Gerichtshof vorgelegt werden, behandelt das Ministerkomitee nach dem bisherigen Artikel 32 der Konvention.

(5) Beim Gerichtshof anhängige Rechtssachen, die bis zum Tag des Inkrafttretens dieses Protokolls noch nicht entschieden sind, werden der Großen Kammer des Gerichtshofs vorgelegt; diese prüft sie nach Maßgabe dieses Protokolls.

(6) Beim Ministerkomitee anhängige Rechtssachen, die bis zum Tag des Inkrafttretens dieses Protokolls noch nicht nach dem bisherigen Artikel 32 der Konvention entschieden sind, werden vom Ministerkomitee nach jenem Artikel abgeschlossen.

Art. 6. Hat ein Hoher Vertragschließender Teil eine Erklärung abgegeben, mit der er nach den bisherigen Artikeln 25 oder 46 der Konvention die Zuständigkeit der Kommission oder die Gerichtsbarkeit des Gerichtshofs nur für Angelegenheiten anerkennt, die sich nach dieser Erklärung ergeben oder auf Sachverhalten beruhen, die nach dieser Erklärung eintreten, so bleibt diese Beschränkung für die Gerichtsbarkeit des Gerichtshofs nach diesem Protokoll gültig.

in der Erwägung, daß das Ziel des Europarats die Herbeiführung einer größeren Einigkeit unter seinen Mitgliedern ist und daß eines der Mittel zur Erreichung dieses Zieles in der Wahrung und in der Entwicklung der Menschenrechte und Grundfreiheiten besteht;

unter erneuter Bekräftigung ihres tiefen Glaubens an diese Grundfreiheiten, welche die Grundlage der Gerechtigkeit und des Friedens in der Welt bilden, und deren Aufrechterhaltung wesentlich auf einem wahrhaft demokratischen politischen Regime einerseits und auf einer gemeinsamen Auffassung und Achtung der Menschenrechte andererseits beruht, von denen sie sich herleiten;

entschlossen, als Regierungen europäischer Staaten, die vom gleichen Geiste beseelt sind und ein gemeinsames Erbe an geistigen Gütern, politischen Überlieferungen, Achtung der Freiheit und Vorherrschaft des Gesetzes besitzen, die ersten Schritte auf dem Wege zu einer kollektiven Garantie gewisser in der Universellen Erklärung verkündeter Rechte zu unternehmen;

vereinbaren die unterzeichneten Regierungen und Mitglieder des Europarats folgendes:

Art. 1 Verpflichtung zur Achtung der Menschenrechte. Die Hohen Vertragschließenden Teile sichern allen ihrer Herrschaftsgewalt unterstehenden Personen die in Abschnitt 1 dieser Konvention niedergelegten Rechte und Freiheiten zu.

Abschnitt I. Rechte und Freiheiten

Art. 2 Recht auf Leben. (1) Das Recht jedes Menschen auf das Leben wird gesetzlich geschützt. Abgesehen von der Vollstreckung eines Todesurteils, das von einem Gericht im Falle eines mit der Todesstrafe bedrohten Verbrechens ausgesprochen worden ist, darf eine absichtliche Tötung nicht vorgenommen werden.

(2) Die Tötung wird nicht als Verletzung dieses Artikels betrachtet, wenn sie sich aus einer unbedingt erforderlichen Gewaltanwendung ergibt:

a) um die Verteidigung eines Menschen gegenüber rechtswidriger Gewaltanwendung sicherzustellen;

b) um eine ordnungsgemäße Festnahme durchzuführen oder das Entkommen einer ordnungsgemäß festgehaltenen Person zu verhindern;

c) um im Rahmen der Gesetze einen Aufruhr oder einen Aufstand zu unterdrücken.

Art. 3 Verbot der Folter. Niemand darf der Folter oder unmenschlicher oder erniedrigender Strafe oder Behandlung unterworfen werden.

Art. 4 Verbot der Sklaverei und der Zwangsarbeit. (1) Niemand darf in Sklaverei oder Leibeigenschaft gehalten werden.

(2) Niemand darf gezwungen werden, Zwangs- oder Pflichtarbeit zu verrichten.

(3) Als „Zwangs- oder Pflichtarbeit" im Sinne dieses Artikels gilt nicht:

a) jede Arbeit, die normalerweise von einer Person verlangt wird, die unter den von Artikel 5 der vorliegenden Konvention vorgesehenen Bedingungen in Haft gehalten oder bedingt freigelassen worden ist;

b) jede Dienstleistung militärischen Charakters, oder im Falle der Verweigerung aus Gewissensgründen in Ländern, wo diese als berechtigt anerkannt ist, eine sonstige anstelle der militärischen Dienstpflicht tretende Dienstleistung;

c) jede Dienstleistung im Falle von Notständen und Katastrophen, die das Leben oder das Wohl der Gemeinschaft bedrohen;

d) jede Arbeit oder Dienstleistung, die zu den normalen Bürgerpflichten gehört.

Art. 5 Recht auf Freiheit und Sicherheit. (1) Jeder Mensch hat ein Recht auf Freiheit und Sicherheit. Die Freiheit darf einem Menschen nur in den folgenden Fällen und nur auf dem gesetzlich vorgeschriebenen Wege entzogen werden:

a) wenn er rechtmäßig nach Verurteilung durch ein zuständiges Gericht in Haft gehalten wird;

b) wenn er rechtmäßig festgenommen worden ist oder in Haft gehalten wird wegen Nichtbefolgung eines rechtmäßigen Gerichtsbeschlusses oder zur Erzwingung der Erfüllung einer durch das Gesetz vorgeschriebenen Verpflichtung;

c) wenn er rechtmäßig festgenommen worden ist oder in Haft gehalten wird zum Zwecke seiner Vorführung vor die zuständige Gerichtsbehörde, sofern hinreichender Verdacht dafür besteht, daß der Betreffende eine strafbare Handlung begangen hat, oder begründeter Anlaß zu der Annahme besteht, daß es notwendig ist, den Betreffenden an der Begehung einer strafbaren Handlung oder an der Flucht nach Begehung einer solchen zu verhindern;

d) wenn es sich um die rechtmäßige Haft eines Minderjährigen handelt, die zum Zwecke überwachter Erziehung angeordnet ist, oder um die rechtmäßige Haft eines solchen, die zwecks Vorführung vor die zuständige Behörde verhängt ist;

e) wenn er sich in rechtmäßiger Haft befindet, weil er eine Gefahrenquelle für die Ausbreitung ansteckender Krankheiten bildet, oder weil er geisteskrank, Alkoholiker, rauschgiftsüchtig oder Landstreicher ist;

f) wenn er rechtmäßig festgenommen worden ist oder in Haft gehalten wird, weil er daran gehindert werden soll, unberechtigt in das Staatsgebiet einzudringen, oder weil er von einem gegen ihn schwebenden Ausweisungs- oder Auslieferungsverfahren betroffen ist.

(2) Jeder Festgenommene muß unverzüglich und in einer ihm verständlichen Sprache über die Gründe seiner Festnahme und über die gegen ihn erhobenen Beschuldigungen unterrichtet werden.

(3) Jede nach der Vorschrift des Absatzes 1 c dieses Artikels festgenommene oder in Haft gehaltene Person muß unverzüglich einem Richter oder einem anderen gesetzlich zur Ausübung richterlicher Funktionen ermächtigten Beamten vorgeführt werden. Er hat Anspruch auf Aburteilung innerhalb einer angemessenen Frist oder auf Haftentlassung während des Verfahrens. Die Freilassung kann von der Leistung einer Sicherheit für das Erscheinen vor Gericht abhängig gemacht werden.

(4) Jeder, der seiner Freiheit durch Festnahme oder Haft beraubt ist, hat das Recht, ein Verfahren zu beantragen, in dem von einem Gericht unverzüglich über die Rechtmäßigkeit der Haft entschieden wird und im Falle der Widerrechtlichkeit seine Entlassung angeordnet wird.

(5) Jeder, der entgegen den Bestimmungen dieses Artikels von Festnahme oder Haft betroffen worden ist, hat Anspruch auf Schadenersatz.

Art. 6 Recht auf ein faires Verfahren. (1) Jedermann hat Anspruch darauf, daß seine Sache in billiger Weise öffentlich und innerhalb einer angemessenen Frist gehört wird, und zwar von einem unabhängigen und unparteiischen, auf Gesetz beruhenden Gericht, das über zivilrechtliche Ansprüche und Verpflichtungen oder über die Stichhaltigkeit der gegen ihn erhobenen strafrechtlichen Anklage zu entscheiden hat. Das Urteil muß öffentlich verkündet werden, jedoch kann die Presse und die Öffentlichkeit während der gesamten Verhandlung oder eines Teiles derselben im Interesse der Sittlichkeit, der öffentlichen Ordnung oder der nationalen Sicherheit in einem demokratischen Staat ausgeschlossen werden, oder wenn die Interessen von Jugendlichen oder der Schutz des Privatlebens der Prozeßparteien es verlangen oder, und zwar unter besonderen Umständen, wenn die öffentliche Verhandlung die Interessen der Gerechtigkeit beeinträchtigen würde, in diesem Falle jedoch nur in dem nach Auffassung des Gerichts erforderlichen Umfang.

(2) Bis zum gesetzlichen Nachweis seiner Schuld wird vermutet, daß der wegen einer strafbaren Handlung Angeklagte unschuldig ist.

(3) Jeder Angeklagte hat mindestens (englischer Text) insbesondere (französischer Text) die folgenden Rechte:

a) unverzüglich in einer für ihn verständlichen Sprache in allen Einzelheiten über die Art und den Grund der gegen ihn erhobenen Beschuldigung in Kenntnis gesetzt zu werden;

b) über ausreichende Zeit und Gelegenheit zur Vorbereitung seiner Verteidigung zu verfügen;

c) sich selbst zu verteidigen oder den Beistand eines Verteidigers seiner Wahl zu erhalten und, falls er nicht über die Mittel zur Bezahlung eines Verteidigers verfügt, unentgeltlich den Beistand eines Pflichtverteidigers zu erhalten, wenn dies im Interesse der Rechtspflege erforderlich ist;

d) Fragen an die Belastungszeugen zu stellen oder stellen zu lassen und die Ladung und Vernehmung der Entlastungszeugen unter denselben Bedingungen wie die der Belastungszeugen zu erwirken;

e) die unentgeltliche Beiziehung eines Dolmetschers zu verlangen, wenn er (der Angeklagte) die Verhandlungssprache des Gerichts nicht versteht oder sich nicht darin ausdrücken kann.

Art. 7 Keine Strafe ohne Gesetz. (1) Niemand kann wegen einer Handlung oder Unterlassung verurteilt werden, die zur Zeit ihrer Begehung nach inländischem oder internationalem Recht nicht strafbar war. Ebenso darf keine höhere Strafe als die im Zeitpunkt der Begehung der strafbaren Handlung angedrohte Strafe verhängt werden.

(2)[1] Durch diesen Artikel darf die Verurteilung oder Bestrafung einer Person nicht ausgeschlossen werden, die sich einer Handlung oder Unterlassung schuldig gemacht hat, welche im Zeitpunkt ihrer Begehung nach den allge-

---

[1] Die Bundesrepublik Deutschland machte bei der am 5. 12. 1952 erfolgten Ratifizierung folgenden Vorbehalt (BGBl. 1954 II S. 14):
„Gemäß Artikel 64 der Konvention macht die Bundesrepublik Deutschland den Vorbehalt, daß sie die Bestimmung des Artikels 7 Abs. 2 der Konvention nur in den Grenzen des Artikels 103 Abs. 2 des Grundgesetzes der Bundesrepublik Deutschland anwenden wird. Die letztgenannte Vorschrift lautet wie folgt:
Eine Tat kann nur bestraft werden, wenn die Strafbarkeit gesetzlich bestimmt war, bevor die Tat begangen wurde."

meinen von den zivilisierten Völkern anerkannten Rechtsgrundsätzen strafbar war.

Art. 8 Recht auf Achtung des Privat- und Familienlebens. (1) Jedermann hat Anspruch auf Achtung seines Privat- und Familienlebens, seiner Wohnung und seines Briefverkehrs.

(2) Der Eingriff einer öffentlichen Behörde in die Ausübung dieses Rechts ist nur statthaft, insoweit dieser Eingriff gesetzlich vorgesehen ist und eine Maßnahme darstellt, die in einer demokratischen Gesellschaft für die nationale Sicherheit, die öffentliche Ruhe und Ordnung, das wirtschaftliche Wohl des Landes, die Verteidigung der Ordnung und zur Verhinderung von strafbaren Handlungen, zum Schutz der Gesundheit und der Moral oder zum Schutz der Rechte und Freiheiten anderer notwendig ist.

Art. 9 Gedanken-, Gewissens- und Religionsfreiheit. (1) Jedermann hat Anspruch auf Gedanken-, Gewissens- und Religionsfreiheit; dieses Recht umfaßt die Freiheit des einzelnen zum Wechsel der Religion oder der Weltanschauung sowie die Freiheit, seine Religion oder Weltanschauung einzeln oder in Gemeinschaft mit anderen öffentlich oder privat, durch Gottesdienst, Unterricht, durch die Ausübung und Beachtung religiöser Gebräuche auszuüben.

(2) Die Religions- und Bekenntnisfreiheit darf nicht Gegenstand anderer als vom Gesetz vorgesehener Beschränkungen sein, die in einer demokratischen Gesellschaft notwendige Maßnahmen im Interesse der öffentlichen Sicherheit, der öffentlichen Ordnung, Gesundheit und Moral oder für den Schutz der Rechte und Freiheiten anderer sind.

Art. 10 Freiheit der Meinungsäußerung. (1) Jeder hat Anspruch auf freie Meinungsäußerung. Dieses Recht schließt die Freiheit der Meinung und die Freiheit zum Empfang und zur Mitteilung von Nachrichten oder Ideen ohne Eingriffe öffentlicher Behörden und ohne Rücksicht auf Landesgrenzen ein. Dieser Artikel schließt nicht aus, daß die Staaten Rundfunk-, Lichtspiel- oder Fernsehunternehmen einem Genehmigungsverfahren unterwerfen.

(2) Da die Ausübung dieser Freiheiten Pflichten und Verantwortung mit sich bringt, kann sie bestimmten, vom Gesetz vorgesehenen Formvorschriften, Bedingungen, Einschränkungen oder Strafdrohungen unterworfen werden, wie sie vom Gesetz vorgeschrieben und in einer demokratischen Gesellschaft im Interesse der nationalen Sicherheit, der territorialen Unversehrtheit oder der öffentlichen Sicherheit, der Aufrechterhaltung der Ordnung und der Verbrechensverhütung, des Schutzes der Gesundheit und der Moral, des Schutzes des guten Rufes oder der Rechte anderer, um die Verbreitung von vertraulichen Nachrichten zu verhindern oder das Ansehen und die Unparteilichkeit der Rechtsprechung zu gewährleisten, unentbehrlich sind.

Art. 11 Versammlungs- und Vereinigungsfreiheit. (1) Alle Menschen haben das Recht, sich friedlich zu versammeln und sich frei mit anderen zusammenzuschließen, einschließlich des Rechts, zum Schutze ihrer Interessen Gewerkschaften zu bilden und diesen beizutreten.

(2) Die Ausübung dieser Rechte darf keinen anderen Einschränkungen unterworfen werden als den vom Gesetz vorgesehenen, die in einer demo-

kratischen Gesellschaft im Interesse der äußeren und inneren Sicherheit, zur Aufrechterhaltung der Ordnung und zur Verbrechensverhütung, zum Schutze der Gesundheit und der Moral oder zum Schutze der Rechte und Freiheiten anderer notwendig sind. Dieser Artikel verbietet nicht, daß die Ausübung dieser Rechte für Mitglieder der Streitkräfte, der Polizei oder der Staatsverwaltung gesetzlichen Einschränkungen unterworfen wird.

Art. 12 Recht auf Eheschließung. Mit Erreichung des Heiratsalters haben Männer und Frauen das Recht, eine Ehe einzugehen und eine Familie nach den nationalen Gesetzen, die die Ausübung dieses Rechts regeln, zu gründen.

Art. 13 Recht auf wirksame Beschwerde. Sind die in der vorliegenden Konvention festgelegten Rechte und Freiheiten verletzt worden, so hat der Verletzte das Recht, eine wirksame Beschwerde bei einer nationalen Instanz einzulegen, selbst wenn die Verletzung von Personen begangen worden ist, die in amtlicher Eigenschaft gehandelt haben.

Art. 14 Verbot der Benachteiligung. Der Genuß der in der vorliegenden Konvention festgelegten Rechte und Freiheiten muß ohne Unterschied des Geschlechts, der Rasse, Hautfarbe, Sprache, Religion, politischen oder sonstigen Anschauungen, nationaler oder sozialer Herkunft, Zugehörigkeit zu einer nationalen Minderheit, des Vermögens, der Geburt oder des sonstigen Status gewährleistet werden.

Art. 15 Außerkraftsetzen im Notstandsfall. (1) Im Falle eines Krieges oder eines anderen öffentlichen Notstandes, der das Leben der Nation bedroht, kann jeder der Hohen Vertragschließenden Teile Maßnahmen ergreifen, welche die in dieser Konvention vorgesehenen Verpflichtungen in dem Umfang, den die Lage unbedingt erfordert, und unter der Bedingung außer Kraft setzen, daß diese Maßnahmen nicht in Widerspruch zu den sonstigen völkerrechtlichen Verpflichtungen stehen.

(2) Die vorstehende Bestimmung gestattet kein Außerkraftsetzen des Artikels 2 außer bei Todesfällen, die auf rechtmäßige Kriegshandlungen zurückzuführen sind, oder der Artikel 3, 4 (Absatz 1) und 7.

(3) Jeder Hohe Vertragschließende Teil, der dieses Recht der Außerkraftsetzung ausübt, hat den Generalsekretär des Europarats eingehend über die getroffenen Maßnahmen und deren Gründe zu unterrichten. Er muß den Generalsekretär des Europarats auch über den Zeitpunkt in Kenntnis setzen, in dem diese Maßnahmen außer Kraft getreten sind und die Vorschriften der Konvention wieder volle Anwendung finden.

Art. 16 Beschränkung der politischen Tätigkeit von Ausländern. Keine der Bestimmungen der Artikel 10, 11 und 14 darf so ausgelegt werden, daß sie den Hohen Vertragschließenden Parteien verbietet, die politische Tätigkeit von Ausländern Beschränkungen zu unterwerfen.

Art. 17 Verbot des Mißbrauchs der Rechte. Keine Bestimmung dieser Konvention darf dahin ausgelegt werden, daß sie für einen Staat, eine Gruppe oder eine Person das Recht begründet, eine Tätigkeit auszuüben oder eine Handlung zu begehen, die auf die Abschaffung der in der vorliegenden Konvention festgelegten Rechte und Freiheiten oder auf weitergehende Beschränkungen dieser Rechte und Freiheiten, als in der Konvention vorgesehen, hinzielt.

Art. 18 Begrenzung der Rechtseinschränkungen. Die nach der vorliegenden Konvention gestatteten Einschränkungen dieser Rechte und Freiheiten dürfen nicht für andere Zwecke als die vorgesehenen angewandt werden.

Abschnitt II. Europäischer Gerichtshof für Menschenrechte

Art. 19 Errichtung des Gerichtshofs. Um die Einhaltung der Verpflichtungen sicherzustellen, welche die Hohen Vertragschließenden Teile in dieser Konvention und den Protokollen dazu übernommen haben, wird ein Europäischer Gerichtshof für Menschenrechte, im folgenden als „Gerichtshof" bezeichnet, errichtet. Er nimmt seine Aufgaben als ständiger Gerichtshof wahr.

Art. 20 Zahl der Richter. Die Zahl der Richter des Gerichtshofs entspricht derjenigen der Hohen Vertragschließenden Teile.

Art. 21 Voraussetzungen für das Amt. (1) Die Richter müssen hohes sittliches Ansehen genießen und entweder die für die Ausübung hoher richterlicher Ämter erforderlichen Voraussetzungen erfüllen oder Rechtsgelehrte von anerkanntem Ruf sein.

(2) Die Richter gehören dem Gerichtshof in ihrer persönlichen Eigenschaft an.

(3) Während ihrer Amtszeit dürfen die Richter keine Tätigkeit ausüben, die mit ihrer Unabhängigkeit, ihrer Unparteilichkeit oder mit den Erfordernissen der Vollzeitbeschäftigung in diesem Amt unvereinbar ist; alle Fragen, die sich aus der Anwendung dieses Absatzes ergeben, werden vom Gerichtshof entschieden.

Art. 22 Wahl der Richter. (1) Die Richter werden von der Parlamentarischen Versammlung für jeden Hohen Vertragschließenden Teil mit Stimmenmehrheit aus einer Liste von drei Kandidaten gewählt, die von dem Hohen Vertragschließenden Teil vorgeschlagen werden.

(2) Dasselbe Verfahren wird angewendet, um den Gerichtshof im Fall des Beitritts neuer Hoher Vertragschließender Teile zu ergänzen und um freigewordene Sitze zu besetzen.

Art. 23 Amtszeit. (1) Die Richter werden für sechs Jahre gewählt. Ihre Wiederwahl ist zulässig. Jedoch endet die Amtszeit der Hälfte der bei der ersten Wahl gewählten Richter nach drei Jahren.

(2) Die Richter, deren Amtszeit nach drei Jahren endet, werden unmittelbar nach ihrer Wahl vom Generalsekretär des Europarats durch das Los bestimmt.

(3) Um soweit wie möglich sicherzustellen, daß die Hälfte der Richter alle drei Jahre neu gewählt wird, kann die Parlamentarische Versammlung vor jeder späteren Wahl beschließen, daß die Amtszeit eines oder mehrerer der zu

wählenden Richter nicht sechs Jahre betragen soll, wobei diese Amtszeit weder länger als neun noch kürzer als drei Jahre sein darf.

(4) Sind mehrere Ämter zu besetzen und wendet die Parlamentarische Versammlung Absatz 3 an, so wird die Zuteilung der Amtszeiten vom Generalsekretär des Europarats unmittelbar nach der Wahl durch das Los bestimmt.

(5) Ein Richter, der anstelle eines Richters gewählt wird, dessen Amtszeit noch nicht abgelaufen ist, übt sein Amt für die restliche Amtszeit seines Vorgängers aus.

(6) Die Amtszeit der Richter endet mit Vollendung des 70. Lebensjahres.

(7) Die Richter bleiben bis zum Amtsantritt ihrer Nachfolger im Amt. Sie bleiben jedoch in den Rechtssachen tätig, mit denen sie bereits befaßt sind.

Art. 24 Entlassung. Ein Richter kann nur entlassen werden, wenn die anderen Richter mit Zweidrittelmehrheit entscheiden, daß er die erforderlichen Voraussetzungen nicht mehr erfüllt.

Art. 25 Kanzlei und wissenschaftliche Mitarbeiter. Der Gerichtshof hat eine Kanzlei, deren Aufgaben und Organisation in der Verfahrensordnung des Gerichtshofs festgelegt werden. Der Gerichtshof wird durch wissenschaftliche Mitarbeiter unterstützt.

Art. 26 Plenum des Gerichtshofs. Das Plenum des Gerichtshofs
a) wählt seinen Präsidenten und einen oder zwei Vizepräsidenten für drei Jahre; ihre Wiederwahl ist zulässig,
b) bildet Kammern für einen bestimmten Zeitraum,
c) wählt die Präsidenten der Kammern des Gerichtshofs; ihre Wiederwahl ist zulässig,
d) beschließt die Verfahrensordnung des Gerichtshofs und
e) wählt den Kanzler und einen oder mehrere stellvertretende Kanzler.

Art. 27 Ausschüsse, Kammern und Große Kammer. (1) Zur Prüfung der Rechtssachen, die bei ihm anhängig gemacht werden, tagt der Gerichtshof in Ausschüssen mit drei Richtern, in Kammern mit sieben Richtern und in einer Großen Kammer mit siebzehn Richtern. Die Kammern des Gerichtshofs bilden die Ausschüsse für einen bestimmten Zeitraum.

(2) Der Kammer und der Großen Kammer gehört von Amts wegen der für den als Partei beteiligten Staat gewählte Richter oder, wenn ein solcher nicht vorhanden ist oder er an den Sitzungen nicht teilnehmen kann, eine von diesem Staat benannte Person an, die in der Eigenschaft eines Richters an den Sitzungen teilnimmt.

(3) Der Großen Kammer gehören ferner der Präsident des Gerichtshofs, die Vizepräsidenten, die Präsidenten der Kammern und andere nach der Verfahrensordnung des Gerichtshofs ausgewählte Richter an. Wird eine Rechtssache nach Artikel 43 an die Große Kammer verwiesen, so dürfen Richter der Kammer, die das Urteil gefällt hat, der Großen Kammer nicht angehören; das gilt nicht für den Präsidenten der Kammer und den Richter, welcher in der Kammer für den als Partei beteiligten Staat mitgewirkt hat.

Art. 28 Unzulässigkeitserklärungen der Ausschüsse. Ein Ausschuß kann durch einstimmigen Beschluß eine nach Artikel 34 erhobene Individualbeschwerde für unzulässig erklären oder im Register streichen, wenn eine solche Entscheidung ohne weitere Prüfung getroffen werden kann. Die Entscheidung ist endgültig.

Art. 29 Entscheidungen der Kammern über die Zulässigkeit und Begründetheit. (1) Ergeht keine Entscheidung nach Artikel 28, so entscheidet eine Kammer über die Zulässigkeit und Begründetheit der nach Artikel 34 erhobenen Individualbeschwerden.

(2) Eine Kammer entscheidet über die Zulässigkeit und Begründetheit der nach Artikel 33 erhobenen Staatenbeschwerden.

(3) Die Entscheidung über die Zulässigkeit ergeht gesondert, sofern nicht der Gerichtshof in Ausnahmefällen anders entscheidet.

Art. 30 Abgabe der Rechtssache an die Große Kammer. Wirft eine bei einer Kammer anhängige Rechtssache eine schwerwiegende Frage der Auslegung dieser Konvention oder der Protokolle dazu auf oder kann die Entscheidung einer ihr vorliegenden Frage zu einer Abweichung von einem früheren Urteil des Gerichtshofs führen, so kann die Kammer diese Sache jederzeit, bevor sie ihr Urteil gefällt hat, an die Große Kammer abgeben, sofern nicht eine Partei widerspricht.

Art. 31 Befugnisse der Großen Kammer. Die Große Kammer
a) entscheidet über nach Artikel 33 oder Artikel 34 erhobene Beschwerden, wenn eine Kammer die Rechtssache nach Artikel 30 an sie abgegeben hat oder wenn die Sache nach Artikel 43 an sie verwiesen worden ist, und
b) behandelt Anträge nach Artikel 47 auf Erstattung von Gutachten.

Art. 32 Zuständigkeit des Gerichtshofs. (1) Die Zuständigkeit des Gerichtshofs umfaßt alle die Auslegung und Anwendung dieser Konvention und der Protokolle dazu betreffenden Angelegenheiten, mit denen er nach den Artikeln 33, 34 und 47 befaßt wird.

(2) Besteht Streit über die Zuständigkeit des Gerichtshofs, so entscheidet der Gerichtshof.

Art. 33 Staatenbeschwerden. Jeder Hohe Vertragschließende Teil kann den Gerichtshof wegen jeder behaupteten Verletzung dieser Konvention und der Protokolle dazu durch einen anderen Hohen Vertragschließenden Teil anrufen.

Art. 34 Individualbeschwerden.[1] Der Gerichtshof kann von jeder natürlichen Person, nichtstaatlichen Organisation oder Personengruppe, die behauptet, durch einen der Hohen Vertragschließenden Teile in einem der in dieser Konvention oder den Protokollen dazu anerkannten Rechte verletzt zu sein, mit einer Beschwerde befaßt werden. Die Hohen Vertragschließenden Teile verpflichten sich, die wirksame Ausübung dieses Rechts nicht zu behindern.

---

[1] Vgl. hierzu Art. 6 des 11. Protokolls (abgedruckt in Fn. 4 zur Konvention).

Art. 35 Zulässigkeitsvoraussetzungen. (1) Der Gerichtshof kann sich mit einer Angelegenheit erst nach Erschöpfung aller innerstaatlichen Rechtsbehelfe* in Übereinstimmung mit den allgemein anerkannten Grundsätzen des Völkerrechts und nur innerhalb einer Frist von sechs Monaten nach der endgültigen innerstaatlichen Entscheidung befassen.

(2) Der Gerichtshof befaßt sich nicht mit einer nach Artikel 34 erhobenen Individualbeschwerde, die
a) anonym ist oder
b) im wesentlichen mit einer schon vorher vom Gerichtshof geprüften Beschwerde übereinstimmt oder schon einer anderen internationalen Untersuchungs- oder Vergleichsinstanz unterbreitet worden ist und keine neuen Tatsachen enthält.

(3) Der Gerichtshof erklärt eine nach Artikel 34 erhobene Individualbeschwerde für unzulässig, wenn er sie für unvereinbar mit dieser Konvention oder den Protokollen dazu, für offensichtlich unbegründet oder für einen Mißbrauch des Beschwerderechts hält.

(4) Der Gerichtshof weist eine Beschwerde zurück, die er nach diesem Artikel für unzulässig hält. Er kann dies in jedem Stadium des Verfahrens tun.

Art. 36 Beteiligung Dritter. (1) In allen bei einer Kammer oder der Großen Kammer anhängigen Rechtssachen ist der Hohe Vertragschließende Teil, dessen Staatsangehörigkeit der Beschwerdeführer besitzt, berechtigt, schriftliche Stellungnahmen abzugeben und an den mündlichen Verhandlungen teilzunehmen.

(2) Im Interesse der Rechtspflege kann der Präsident des Gerichtshofs jedem Hohen Vertragschließenden Teil, der in dem Verfahren nicht Partei ist, oder jeder betroffenen Person, die nicht Beschwerdeführer ist, Gelegenheit geben, schriftlich Stellung zu nehmen oder an den mündlichen Verhandlungen teilzunehmen.

Art. 37 Streichung von Beschwerden. (1) Der Gerichtshof kann jederzeit während des Verfahrens entscheiden, eine Beschwerde in seinem Register zu streichen, wenn die Umstände Grund zur Annahme geben, daß
a) der Beschwerdeführer seine Beschwerde nicht weiterzuverfolgen beabsichtigt,
b) die Streitigkeit einer Lösung zugeführt worden ist oder
c) eine weitere Prüfung der Beschwerde aus anderen vom Gerichtshof festgestellten Gründen nicht gerechtfertigt ist.
Der Gerichtshof setzt jedoch die Prüfung der Beschwerde fort, wenn die Achtung der Menschenrechte, wie sie in dieser Konvention und den Protokollen dazu anerkannt sind, dies erfordert.

(2) Der Gerichtshof kann die Wiedereintragung einer Beschwerde in sein Register anordnen, wenn er dies den Umständen nach für gerechtfertigt hält.

Art. 38 Prüfung der Rechtssache und gütliche Einigung. (1) Erklärt der Gerichtshof die Beschwerde für zulässig, so
a) setzt er mit den Vertretern der Parteien die Prüfung der Rechtssache fort und nimmt, falls erforderlich, Ermittlungen vor; die betreffenden Staaten

---

* Vorbehalt Österreichs, „Rechtsmittel" zu setzen.

haben alle zur wirksamen Durchführung der Ermittlungen erforderlichen Erleichterungen zu gewähren;

b) hält er sich zur Verfügung der Parteien mit dem Ziel, eine gütliche Einigung auf der Grundlage der Achtung der Menschenrechte, wie sie in dieser Konvention und den Protokollen dazu anerkannt sind, zu erreichen.

(2) Das Verfahren nach Absatz 1 Buchstabe b ist vertraulich.

Art. 39 Gütliche Einigung. Im Fall einer gütlichen Einigung streicht der Gerichtshof durch eine Entscheidung, die sich auf eine kurze Angabe des Sachverhalts und der erzielten Lösung beschränkt, die Rechtssache in seinem Register.

Art. 40 Öffentliche Verhandlung und Akteneinsicht. (1) Die Verhandlung ist öffentlich, soweit nicht der Gerichtshof auf Grund besonderer Umstände anders entscheidet.

(2) Die beim Kanzler verwahrten Schriftstücke sind der Öffentlichkeit zugänglich, soweit nicht der Präsident des Gerichtshofs anders entscheidet.

Art. 41 Gerechte Entschädigung. Stellt der Gerichtshof fest, daß diese Konvention oder die Protokolle dazu verletzt worden sind, und gestattet das innerstaatliche Recht des beteiligten Hohen Vertragschließenden Teiles nur eine unvollkommene Wiedergutmachung für die Folgen dieser Verletzung, so spricht der Gerichtshof der verletzten Partei eine gerechte Entschädigung zu, wenn dies notwendig ist.

Art. 42 Urteile der Kammern. Urteile der Kammern werden nach Maßgabe des Artikels 44 Absatz 2 endgültig.

Art. 43 Verweisung an die Große Kammer. (1) Innerhalb von drei Monaten nach dem Datum des Urteils der Kammer kann jede Partei in Ausnahmefällen die Verweisung der Rechtssache an die Große Kammer beantragen.

(2) Ein Ausschuß von fünf Richtern der Großen Kammer nimmt den Antrag an, wenn die Rechtssache eine schwerwiegende Frage der Auslegung oder Anwendung dieser Konvention oder der Protokolle dazu oder eine schwerwiegende Frage von allgemeiner Bedeutung aufwirft.

(3) Nimmt der Ausschuß den Antrag an, so entscheidet die Große Kammer die Sache durch Urteil.

Art. 44 Endgültige Urteile. (1) Das Urteil der Großen Kammer ist endgültig.

(2) Das Urteil einer Kammer wird endgültig,

a) wenn die Parteien erklären, daß sie die Verweisung der Rechtssache an die Große Kammer nicht beantragen werden,

b) drei Monate nach dem Datum des Urteils, wenn nicht die Verweisung der Rechtssache an die Große Kammer beantragt worden ist, oder

c) wenn der Ausschuß der Großen Kammer den Antrag auf Verweisung nach Artikel 43 abgelehnt hat.

(3) Das endgültige Urteil wird veröffentlicht.

Art. 45 Begründung der Urteile und Entscheidungen. (1) Urteile sowie Entscheidungen, mit denen Beschwerden für zulässig oder für unzulässig erklärt werden, werden begründet.

(2) Bringt ein Urteil ganz oder teilweise nicht die übereinstimmende Meinung der Richter zum Ausdruck, so ist jeder Richter berechtigt, seine abweichende Meinung darzulegen.

Art. 46 Verbindlichkeit und Durchführung* der Urteile. (1) Die Hohen Vertragschließenden Teile verpflichten sich, in allen Rechtssachen, in denen sie Partei sind, das endgültige Urteil des Gerichtshofs zu befolgen.

(2) Das endgültige Urteil des Gerichtshofs ist dem Ministerkomitee zuzuleiten; dieses überwacht seine Durchführung.

Art. 47 Gutachten. (1) Der Gerichtshof kann auf Antrag des Ministerkomitees Gutachten über Rechtsfragen erstatten, welche die Auslegung dieser Konvention und der Protokolle dazu betreffen.

(2) Diese Gutachten dürfen keine Fragen zum Gegenstand haben, die sich auf den Inhalt oder das Ausmaß der in Abschnitt I dieser Konvention und in den Protokollen dazu anerkannten Rechte und Freiheiten beziehen, noch andere Fragen, über die der Gerichtshof oder das Ministerkomitee auf Grund eines nach dieser Konvention eingeleiteten Verfahrens zu entscheiden haben könnte.

(3) Der Beschluß des Ministerkomitees, ein Gutachten beim Gerichtshof zu beantragen, bedarf der Stimmenmehrheit der zur Teilnahme an den Sitzungen des Komitees berechtigten Mitglieder.

Art. 48 Gutachterliche Zuständigkeit des Gerichtshofs. Der Gerichtshof entscheidet, ob ein vom Ministerkomitee gestellter Antrag auf Erstattung eines Gutachtens in seine Zuständigkeit nach Artikel 47 fällt.

Art. 49 Begründung der Gutachten. (1) Die Gutachten des Gerichtshofs werden begründet.

(2) Bringt das Gutachten ganz oder teilweise nicht die übereinstimmende Meinung der Richter zum Ausdruck, so ist jeder Richter berechtigt, seine abweichende Meinung darzulegen.

(3) Die Gutachten des Gerichtshofs werden dem Ministerkomitee übermittelt.

Art. 50 Kosten des Gerichtshofs. Die Kosten des Gerichtshofs werden vom Europarat getragen.

Art. 51 Vorrechte[1] und Immunitäten der Richter. Die Richter genießen bei der Ausübung ihres Amtes die Vorrechte und Immunitäten, die in Artikel 40 der Satzung des Europarats und den auf Grund jenes Artikels geschlossenen Übereinkünften vorgesehen sind.

Abschnitt III. Verschiedene Bestimmungen

Art. 52 Anfragen des Generalsekretärs. Nach Empfang einer entsprechenden Aufforderung durch den Generalsekretär des Europarats hat jeder

---

* Schweiz: Vollzug.
[1] Österreich und Schweiz: Privilegien.

Hohe Vertragschließende Teil die erforderlichen Erklärungen abzugeben, in welcher Weise sein internes Recht die wirksame Anwendung aller Bestimmungen dieser Konvention gewährleistet.

Art. 53 Wahrung anerkannter Menschenrechte. Keine Bestimmung dieser Konvention darf als Beschränkung oder Minderung eines der Menschenrechte und grundsätzlichen Freiheiten ausgelegt werden, die in den Gesetzen eines Hohen Vertragschließenden Teils oder einer anderen Vereinbarung, an der er beteiligt ist, festgelegt sind.

Art. 54 Befugnisse des Ministerkomitees. Keine Bestimmung dieser Konvention beschränkt die durch die Satzung des Europarats dem Ministerausschuß übertragenen Vollmachten.

Art. 55 Ausschluß anderer Verfahren zur Streitbeilegung. Die Hohen Vertragschließenden Teile kommen überein, daß sie, es sei denn auf Grund besonderer Vereinbarungen, keinen Gebrauch von zwischen ihnen geltenden Verträgen, Übereinkommen oder Erklärungen machen werden, um von sich aus einen Streit um die Auslegung oder Anwendung dieser Konvention einem anderen Verfahren zu unterwerfen, als in der Konvention vorgesehen ist.

Art. 56 Räumlicher Geltungsbereich. (1) Jeder Staat kann im Zeitpunkt der Ratifizierung oder in der Folge zu jedem anderen Zeitpunkt durch eine an den Generalsekretär des Europarats gerichtete Mitteilung erklären, daß diese Konvention vorbehaltlich des Absatzes 4 auf alle oder einzelne Gebiete Anwendung findet, für deren internationale Beziehungen er verantwortlich ist.

(2) Auf das oder die in der Erklärung bezeichneten Gebiete findet die Konvention vom dreißigsten Tage an, vom Eingang der Erklärung beim Generalsekretär des Europarats an gerechnet, Anwendung.

(3) In den genannten Gebieten werden Bestimmungen dieser Konvention unter Berücksichtigung der örtlichen Notwendigkeiten angewendet.

(4) Jeder Staat, der eine Erklärung gemäß Absatz 1 dieses Artikels abgegeben hat, kann zu jedem späteren Zeitpunkt für ein oder mehrere der in einer solchen Erklärung bezeichneten Gebiete erklären, daß er die Zuständigkeit des Gerichtshofs für die Entgegennahme von Beschwerden von natürlichen Personen, nichtstaatlichen Organisationen oder Personengruppen gemäß Artikel 34 annimmt.

Art. 57 Vorbehalte. (1) Jeder Staat kann bei Unterzeichnung dieser Konvention oder bei Hinterlegung seiner Ratifikationsurkunde bezüglich bestimmter Vorschriften der Konvention einen Vorbehalt machen, soweit ein zu dieser Zeit in seinem Gebiet geltendes Gesetz nicht mit der betreffenden Vorschrift übereinstimmt. Vorbehalte allgemeiner Art sind nach diesem Artikel nicht zulässig.[1]

(2) Jeder nach diesem Artikel gemachte Vorbehalt muß mit einer kurzen Inhaltsangabe des betreffenden Gesetzes verbunden sein.

---

[1] Siehe Vorbehalt der Bundesrepublik Deutschland zu Art. 7 Abs. 2.

Art. 58 Kündigung. (1) Ein Hoher Vertragschließender Teil kann diese Konvention nicht vor Ablauf von fünf Jahren nach dem Tage, an dem die Konvention für ihn wirksam wird, und nur nach einer sechs Monate vorher an den Generalsekretär des Europarats gerichteten Mitteilung kündigen; der Generalsekretär hat den anderen Hohen Vertragschließenden Teilen von der Kündigung Kenntnis zu geben.

(2) Eine derartige Kündigung bewirkt nicht, daß der betreffende Hohe Vertragschließende Teil in bezug auf irgendeine Handlung, welche eine Verletzung dieser Verpflichtungen darstellen könnte und von dem Hohen Vertragschließenden Teil vor dem Datum seines rechtswirksamen Ausscheidens vorgenommen wurde, von seinen Verpflichtungen nach dieser Konvention befreit wird.

(3) Unter dem gleichen Vorbehalt scheidet ein Vertragsteil aus dieser Konvention aus, der aus dem Europarat ausscheidet.

(4) Entsprechend den Bestimmungen der vorstehenden Absätze kann die Konvention auch für ein Gebiet gekündigt werden, auf das sie nach Artikel 56 ausgedehnt worden ist.

Art. 59 Unterzeichnung und Ratifikation. (1) Diese Konvention steht den Mitgliedern des Europarats zur Unterzeichnung offen; sie bedarf der Ratifikation. Die Ratifikationsurkunden sind beim Generalsekretär des Europarats zu hinterlegen.

(2) Diese Konvention tritt nach der Hinterlegung von zehn Ratifikationsurkunden in Kraft.

(3) Für einen Unterzeichnerstaat, dessen Ratifikation später erfolgt, tritt die Konvention am Tage der Hinterlegung seiner Ratifikationsurkunde in Kraft.

(4) Der Generalsekretär des Europarats hat allen Mitgliedern des Europarats das Inkrafttreten der Konvention, die Namen der Hohen Vertragschließenden Teile, die sie ratifiziert haben, sowie die Hinterlegung jeder später eingehenden Ratifikationsurkunde mitzuteilen.

GESCHEHEN zu Rom am 4. November 1950 in englischer und französischer Sprache, wobei die beiden Texte in gleicher Weise maßgebend sind, in einer einzigen Ausfertigung, die in den Archiven des Europarats verwahrt wird. Der Generalsekretär wird allen Unterzeichnern beglaubigte Abdrucke übermitteln.

15 a. Zusatzprotokoll
zur Konvention zum Schutze
der Menschenrechte und Grundfreiheiten[1] · [2] · [3]

(20. 3. 1952)

Entschlossen, Maßnahmen zur kollektiven Gewährleistung gewisser Rechte und Freiheiten außer denjenigen zu treffen, die bereits im Teil I der am 4. November 1950 in Rom unterzeichneten Konvention zum Schutze der Menschenrechte und Grundfreiheiten (nachstehend als „Konvention" bezeichnet) berücksichtigt sind,

vereinbaren die unterzeichneten Regierungen, die Mitglieder des Europarates sind, folgendes:

Art. 1 Schutz des Eigentums. Jede natürliche oder juristische Person hat ein Recht auf Achtung ihres Eigentums. Niemandem darf sein Eigentum entzogen werden, es sei denn, daß das öffentliche Interesse es verlangt, und nur unter den durch Gesetz und durch die allgemeinen Grundsätze des Völkerrechts vorgesehenen Bedingungen.

Die vorstehenden Bestimmungen beeinträchtigen jedoch in keiner Weise das Recht des Staates, diejenigen Gesetze anzuwenden, die er für die Regelung der Benutzung des Eigentums im Einklang mit dem Allgemeininteresse oder zur Sicherung der Zahlung der Steuern oder sonstigen Abgaben oder von Geldstrafen für erforderlich hält.

Art. 2 Recht auf Bildung. Das Recht auf Bildung darf niemandem verwehrt werden. Der Staat hat bei Ausübung der von ihm auf dem Gebiete der Erziehung und des Unterrichts übernommenen Aufgaben das Recht der Eltern zu achten, die Erziehung und den Unterricht entsprechend ihren eigenen religiösen und weltanschaulichen Überzeugungen sicherzustellen.

Art. 3 Recht auf freie Wahlen. Die Hohen Vertragschließenden Teile verpflichten sich, in angemessenen Zeitabständen freie und geheime Wahlen unter Bedingungen abzuhalten, welche die freie Äußerung der Meinung des Volkes bei der Wahl der gesetzgebenden Körperschaften gewährleisten.

Art. 4 Räumlicher Geltungsbereich. Jeder der Hohen Vertragschließenden Teile kann im Zeitpunkt der Unterzeichnung oder Ratifizierung oder in der Folge zu jedem anderen Zeitpunkt an den Generalsekretär des Europarates eine Erklärung darüber richten, in welchem Umfang er sich zur Anwendung der Bestimmungen dieses Protokolls auf die in der Erklärung angegebenen Gebiete, für deren internationale Beziehungen er verantwortlich ist, verpflichtet.

---

[1] Aus BGBl. 1956 II S. 1880.
[2] Internationale Quelle: UNTS Vol. 213 p. 262.
[3] Das Zusatzprotokoll gilt mit Ausnahme von Andorra (Protokoll nicht unterzeichnet) und der Schweiz (Protokoll nicht ratifiziert) für sämtliche Staaten, für die auch die Konvention gilt.

Jeder der Hohen Vertragschließenden Teile, der eine Erklärung gemäß dem vorstehenden Absatz abgegeben hat, kann von Zeit zu Zeit eine weitere Erklärung abgeben, die den Inhalt einer früheren Erklärung ändert oder die Anwendung der Vorschriften dieses Protokolls auf irgend einem Gebiet beendet.

Eine im Einklang mit diesem Artikel abgegebene Erklärung gilt als eine gemäß Artikel 56 der Konvention abgegebene Erklärung.

Art. 5 Verhältnis zur Konvention. Zwischen den Hohen Vertragschließenden Teilen gelten die Bestimmungen der Artikel 1, 2, 3 und 4 dieses Protokolls als Zusatzartikel zur Konvention; alle Vorschriften der Konvention sind dementsprechend anzuwenden.

Art. 6 Unterzeichnung und Ratifikation. Dieses Protokoll steht den Mitgliedern des Europarates, die die Konvention unterzeichnet haben, zur Unterzeichnung offen; es wird gleichzeitig mit der Konvention oder nach dem Zeitpunkt der Ratifikation der Konvention ratifiziert. Es tritt nach der Hinterlegung von zehn Ratifikationsurkunden in Kraft. Für einen Unterzeichnerstaat, der das Protokoll später ratifiziert, tritt das Protokoll am Tage der Hinterlegung seiner Ratifikationsurkunde in Kraft.

Die Ratifikationsurkunden werden beim Generalsekretär des Europarats hinterlegt, der allen Mitgliedern die Namen der Staaten, die das Protokoll ratifiziert haben, mitteilt.

GESCHEHEN zu Paris am 20. März 1952
in englischer und französischer Sprache, wobei die beiden Texte in gleicher Weise maßgebend sind, in einer einzigen Ausfertigung, die in den Archiven des Europarates hinterlegt wird. Der Generalsekretär übermittelt allen Unterzeichnern beglaubigte Abdrucke.

15 b. Protokoll Nr. 4 zur Konvention zum Schutze der Menschenrechte und Grundfreiheiten, durch das gewisse Rechte und Freiheiten gewährleistet werden, die nicht bereits in der Konvention oder im ersten Zusatzprotokoll enthalten sind[1] · [2] · [3]

(16. 9. 1963)

DIE UNTERZEICHNERREGIERUNGEN, die Mitglieder des Europarates sind –

ENTSCHLOSSEN, Maßnahmen zur kollektiven Gewährleistung gewisser Rechte und Freiheiten zu treffen, die in Abschnitt I der am 4. November 1950 in Rom unterzeichneten Konvention zum Schutze der Menschenrechte und Grundfreiheiten (im folgenden als „Konvention" bezeichnet) und in den Artikeln 1 bis 3 des am 20. März 1952 in Paris unterzeichneten ersten Zusatzprotokolls zur Konvention noch nicht enthalten sind –

HABEN FOLGENDES VEREINBART:

Art. 1 Verbot der Freiheitsentziehung wegen Schulden.[*] Niemand darf die Freiheit allein deshalb entzogen werden, weil er nicht in der Lage ist, eine vertragliche Verpflichtung zu erfüllen.

Art. 2 Freizügigkeit. (1) Jedermann, der sich rechtmäßig im Hoheitsgebiet eines Staates aufhält, hat das Recht, sich dort frei zu bewegen und seinen Wohnsitz frei zu wählen.

(2) Jedermann steht es frei, jedes Land, einschließlich seines eigenen, zu verlassen.

(3) Die Ausübung dieser Rechte darf keinen anderen Einschränkungen unterworfen werden als denen, die gesetzlich vorgesehen und in einer demokratischen Gesellschaft im Interesse der nationalen oder der öffentlichen Sicherheit, der Aufrechterhaltung der öffentlichen Ordnung, der Verhütung von Straftaten, des Schutzes der Gesundheit oder der Moral oder des Schutzes der Rechte und Freiheiten anderer notwendig sind.

· (4) Die in Absatz 1 anerkannten Rechte können ferner für bestimmte Gebiete Einschränkungen unterworfen werden, die gesetzlich vorgesehen und in einer demokratischen Gesellschaft durch das öffentliche Interesse gerechtfertigt sind.

---

[1] Aus BGBl. 1968 II S. 423.

[2] Internationale Quelle: ETS No. 46.

[3] Das Protokoll Nr. 4 gilt mit Ausnahme der nachfolgenden Staaten für sämtliche Staaten, für die die Konvention (Nr. 15) gilt: Andorra (nicht unterzeichnet), Bulgarien (nicht ratifiziert), Griechenland (nicht unterzeichnet), Liechtenstein (nicht unterzeichnet), Malta (nicht unterzeichnet), Spanien (nicht ratifiziert), Schweiz (nicht unterzeichnet), Türkei (nicht ratifiziert), Vereinigtes Königreich (nicht ratifiziert).

[*] Die Schweiz behält sich die Prüfung vor, ob „Verbot des Schuldverhafts" gesetzt werden soll.

Art. 3 Verbot der Ausweisung eigener Staatsangehöriger. (1) Niemand darf aus dem Hoheitsgebiet eines Staates, dessen Staatsangehöriger er ist, durch eine Einzel- oder eine Kollektivmaßnahme ausgewiesen werden.

(2) Niemand darf das Recht entzogen werden, in das Hoheitsgebiet des Staates einzureisen, dessen Staatsangehöriger er ist.

Art. 4 Verbot der Kollektivausweisung von Ausländern. Kollektivausweisungen von Ausländern sind nicht zulässig.

Art. 5 Räumlicher Geltungsbereich. (1) Jede Hohe Vertragspartei kann im Zeitpunkt der Unterzeichnung oder Ratifikation dieses Protokolls oder zu jedem späteren Zeitpunkt an den Generalsekretär des Europarats eine Erklärung darüber richten, in welchem Umfang sie sich zur Anwendung der Bestimmungen dieses Protokolls auf die in der Erklärung angegebenen Hoheitsgebiete, für deren internationale Beziehungen sie verantwortlich ist, verpflichtet.

(2) Jede Hohe Vertragspartei, die eine Erklärung gemäß Absatz 1 abgegeben hat, kann jederzeit eine weitere Erklärung abgeben, die den Inhalt einer früheren Erklärung ändert oder die Anwendung der Bestimmungen dieses Protokolls auf irgendein Hoheitsgebiet beendet.

(3) Eine gemäß diesem Artikel abgegebene Erklärung gilt als eine Erklärung im Sinne des Artikels 56 der Konvention.

(4) Das Hoheitsgebiet eines Staates, auf das dieses Protokoll auf Grund der Ratifizierung oder Annahme durch diesen Staat Anwendung findet, und jedes Hoheitsgebiet, auf das das Protokoll auf Grund einer von diesem Staat nach diesem Artikel abgegebenen Erklärung Anwendung findet, werden als getrennte Hoheitsgebiete betrachtet, soweit die Artikel 2 und 3 auf das Hoheitsgebiet eines Staates Bezug nehmen.

(5) Jeder Staat, der eine Erklärung nach Absatz 1 oder 2 abgegeben hat, kann jederzeit danach für eines oder mehrere der in der Erklärung bezeichneten Hoheitsgebiete erklären, daß er die Zuständigkeit des Gerichtshofs, Beschwerden von natürlichen Personen, nichtstaatlichen Organisationen oder Personengruppen nach Artikel 34 der Konvention entgegenzunehmen, für die Artikel 1 bis 4 dieses Protokolls insgesamt oder für einzelne dieser Artikel annimmt.

Art. 6 Verhältnis zur Konvention. Die Hohen Vertragsparteien betrachten die Artikel 1 bis 5 dieses Protokolls als Zusatzartikel zur Konvention; alle Bestimmungen der Konvention sind dementsprechend anzuwenden.

Art. 7 Unterzeichnung und Ratifikation. (1) Dieses Protokoll liegt für die Mitglieder des Europarats, die Unterzeichnerstaaten der Konvention sind, zur Unterzeichnung auf; es wird gleichzeitig mit der Konvention oder zu einem späteren Zeitpunkt ratifiziert. Es tritt nach Hinterlegung von fünf Ratifikationsurkunden in Kraft. Für jeden Unterzeichner, der das Protokoll später ratifiziert, tritt es mit der Hinterlegung der Ratifikationsurkunde in Kraft.

(2) Die Ratifikationsurkunden werden beim Generalsekretär des Europarats hinterlegt, der allen Mitgliedern die Namen derjenigen Staaten, die das Protokoll ratifiziert haben, notifiziert.

ZU URKUND DESSEN haben die hierzu gehörig befugten Unterzeichneten dieses Protokoll unterschrieben.

GESCHEHEN zu Straßburg am 16. September 1963 in englischer und französischer Sprache, wobei jeder Wortlaut gleichermaßen verbindlich ist, in einer Urschrift, die im Archiv des Europarats hinterlegt wird. Der Generalsekretär übermittelt allen Unterzeichnerstaaten beglaubigte Abschriften.

15 c. Protokoll Nr. 6 zur Konvention zum Schutze der Menschenrechte und Grundfreiheiten über die Abschaffung der Todesstrafe[1) · 2) · 3)]

(28. 4. 1983)

Die Mitgliedstaaten des Europarats, die dieses Protokoll zu der am 4. November 1950 in Rom unterzeichneten Konvention zum Schutze der Menschenrechte und Grundfreiheiten (im folgenden als „Konvention" bezeichnet) unterzeichnen –
in der Erwägung, daß die in verschiedenen Mitgliedstaaten des Europarats eingetretene Entwicklung eine allgemeine Tendenz zu Gunsten der Abschaffung der Todesstrafe zum Ausdruck bringt –
haben folgendes vereinbart:

Art. 1 Abschaffung der Todesstrafe. Die Todesstrafe ist abgeschafft. Niemand darf zu dieser Strafe verurteilt oder hingerichtet werden.

Art. 2 Todesstrafe in Kriegszeiten. Ein Staat kann in seinem Recht die Todesstrafe für Taten vorsehen, welche in Kriegszeiten oder bei unmittelbarer Kriegsgefahr begangen werden; diese Strafe darf nur in den Fällen, die im Recht vorgesehen sind, und in Übereinstimmung mit dessen Bestimmungen angewendet werden. Der Staat übermittelt dem Generalsekretär des Europarats die einschlägigen Rechtsvorschriften.

Art. 3 Verbot des Außerkraftsetzens. Die Bestimmungen dieses Protokolls dürfen nicht nach Art. 15 der Konvention außer Kraft gesetzt werden.

Art. 4 Verbot von Vorbehalten. Vorbehalte nach Artikel 57 der Konvention zu Bestimmungen dieses Protokolls sind nicht zulässig.

Art. 5 Räumlicher Geltungsbereich. (1) Jeder Staat kann bei der Unterzeichnung oder bei der Hinterlegung der Ratifikations-, Annahme- oder Genehmigungsurkunde einzelne oder mehrere Hoheitsgebiete bezeichnen, auf die dieses Protokoll Anwendung findet.

(2) Jeder Staat kann jederzeit danach durch eine an den Generalsekretär des Europarats gerichtete Erklärung die Anwendung dieses Protokolls auf jedes weitere in der Erklärung bezeichnete Hoheitsgebiet erstrecken. Das Protokoll tritt für dieses Hoheitsgebiet am ersten Tag des Monats in Kraft, der dem Eingang der Erklärung beim Generalsekretär folgt.

[1)] Aus BGBl. 1988 II S. 663.
[2)] Internationale Quelle: ETS No. 114.
[3)] Das Protokoll Nr. 6 gilt für Andorra, Dänemark, Deutschland, Estland, Finnland, Frankreich, Griechenland, Irland, Island, Italien, Kroatien, Liechtenstein, Luxemburg, Malta, Mazedonien, Moldau, Niederlande, Norwegen, Österreich, Portugal, Rumänien, San Marino, Schweden, Schweiz, Slowakei, Slowenien, Spanien, Tschechische Republik, Ungarn.

(3) Jede nach den Absätzen 1 und 2 abgegebene Erklärung kann in bezug auf jedes darin bezeichnete Hoheitsgebiet durch eine an den Generalsekretär gerichtete Notifikation zurückgenommen werden. Die Rücknahme wird am ersten Tag des Monats wirksam, der auf den Eingang der Notifikation beim Generalsekretär folgt.

Art. 6 Verhältnis zur Konvention. Die Vertragsstaaten betrachten die Art. 1 bis 5 dieses Protokolles als Zusatzartikel zur Konvention; alle Bestimmungen der Konvention sind dementsprechend anzuwenden.

Art. 7 Unterzeichnung und Ratifikation. Dieses Protokoll liegt für die Mitgliedstaaten des Europarats, welche die Konvention unterzeichnet haben, zur Unterzeichnung auf. Es bedarf der Ratifikation, Annahme oder Genehmigung. Ein Mitgliedstaat des Europarats kann dieses Protokoll nur ratifizieren, annehmen oder genehmigen, wenn er gleichzeitig oder früher die Konvention ratifiziert hat. Die Ratifikations-, Annahme- oder Genehmigungsurkunden werden beim Generalsekretär des Europarats hinterlegt.

Art. 8 Inkrafttreten. (1) Dieses Protokoll tritt am ersten Tag des Monats in Kraft, der auf den Tag folgt, an dem fünf Mitgliedstaaten des Europarats nach Art. 7 ihre Zustimmung ausgedrückt haben, durch das Protokoll gebunden zu sein.

(2) Für jeden Mitgliedstaat, der später seine Zustimmung ausdrückt, durch das Protokoll gebunden zu sein, tritt es am ersten Tag des Monats in Kraft, der auf die Hinterlegung der Ratifikations-, Annahme- oder Genehmigungsurkunde folgt.

Art. 9 Aufgaben des Verwahrers. Der Generalsekretär des Europarats notifiziert den Mitgliedstaaten des Europarats
a) jede Unterzeichnung;
b) jede Hinterlegung einer Ratifikations-, Annahme- oder Genehmigungsurkunde;
c) jeden Zeitpunkt des Inkrafttretens dieses Protokolls nach den Artikeln 5 und 8;
d) jede andere Handlung, Notifikation oder Mitteilung im Zusammenhang mit diesem Protokoll.

ZU URKUND DESSEN haben die hierzu gehörig befugten Unterzeichneten dieses Protokoll unterschrieben.

GESCHEHEN zu Straßburg am 28. April 1983 in englischer und französischer Sprache, wobei jeder Wortlaut gleichermaßen verbindlich ist, in einer Urschrift, die im Archiv des Europarats hinterlegt wird. Der Generalsekretär des Europarats übermittelt allen Mitgliedstaaten des Europarats beglaubigte Abschriften.

15 d. Protokoll Nr. 7 zur Konvention zum Schutze der Menschenrechte und Grundfreiheiten[1] · [2] · [3]

(22. 11. 1984)

Die Mitgliedstaaten des Europarats, die dieses Protokoll unterzeichnen, entschlossen, weitere Maßnahmen zur kollektiven Gewährleistung gewisser Rechte und Freiheiten durch die am 4. November 1950 in Rom unterzeichnete Konvention zum Schutze der Menschenrechte und Grundfreiheiten (im folgenden als „Konvention" bezeichnet) zu treffen,

haben folgendes vereinbart:

Art. 1 Verfahrensrechtliche Schutzvorschriften in bezug auf die Ausweisung von Ausländern. (1) Ein Ausländer, der seinen rechtmäßigen Aufenthalt im Hoheitsgebiet eines Staates hat, darf aus diesem nur aufgrund einer rechtmäßig ergangenen Entscheidung ausgewiesen werden; ihm muß gestattet werden,
a) Gründe vorzubringen, die gegen seine Ausweisung sprechen;
b) seinen Fall prüfen zu lassen und
c) sich zu diesem Zweck vor der zuständigen Behörde oder einer oder mehreren von dieser Behörde bestimmten Personen vertreten zu lassen.

(2) Ein Ausländer kann vor Ausübung der in Absatz 1 Buchstaben a, b und c genannten Rechte ausgewiesen werden, wenn die Ausweisung im Interesse der öffentlichen Ordnung erforderlich ist oder aus Gründen der nationalen Sicherheit erfolgt.

Art. 2 Rechtsmittel in Strafsachen. (1) Wer von einem Gericht wegen einer strafbaren Handlung verurteilt worden ist, hat das Recht, das Urteil von einem übergeordneten Gericht nachprüfen zu lassen. Die Ausübung dieses Rechts, einschließlich der Gründe, aus denen es ausgeübt werden kann, richtet sich nach dem Gesetz.

(2) Ausnahmen von diesem Recht sind für strafbare Handlungen geringfügiger Art, wie sie durch Gesetz näher bestimmt sind, oder in Fällen möglich, in denen das Verfahren gegen eine Person in erster Instanz vor dem obersten Gericht stattgefunden hat oder in denen sie nach einem gegen ihren Freispruch eingelegten Rechtsmittel verurteilt worden ist.

Art. 3 Recht auf Entschädigung bei Fehlurteilen. Ist jemand wegen einer strafbaren Handlung rechtskräftig verurteilt und ist das Urteil später aufge-

---

[1] Aus Schweizer BBl. 1986 II S. 628.
[2] Internationale Quelle: ETS No. 117.
[3] Das Protokoll Nr. 7 gilt für Albanien, Dänemark, Estland, Finnland, Frankreich, Griechenland, Island, Italien, Kroatien, Lettland, Litauen, Luxemburg, Mazedonien, Moldau, Norwegen, Österreich, Rumänien, Russische Förderation, San Marino, Schweden, Schweiz, Slowakische Republik, Slowenien, Tschechische Republik, Ukraine, Ungarn. Die Bundesrepublik Deutschland hat das Protokoll am 19. 3. 1985 unterzeichnet, aber noch nicht ratifiziert.

hoben oder der Verurteilte begnadigt worden, weil eine neue oder eine neu
bekannt gewordene Tatsache schlüssig beweist, daß ein Fehlurteil vorlag, so
ist derjenige, der aufgrund eines solchen Urteils eine Strafe verbüßt hat, entsprechend dem Gesetz oder der Übung des betreffenden Staates zu entschädigen, sofern nicht nachgewiesen wird, daß das nicht rechtzeitige Bekanntwerden der betreffenden Tatsache ganz oder teilweise ihm zuzuschreiben ist.

**Art. 4 Recht, wegen derselben Sache nicht zweimal vor Gericht ge-
stellt oder bestraft zu werden.** (1) Niemand darf wegen einer strafbaren
Handlung, wegen der er bereits nach dem Gesetz und dem Strafverfahrensrecht eines Staates rechtskräftig verurteilt oder freigesprochen worden ist, in
einem Strafverfahren desselben Staates erneut vor Gericht gestellt oder bestraft
werden.

(2) Absatz 1 schließt die Wiederaufnahme des Verfahrens nach dem Gesetz
und dem Strafverfahrensrecht des betreffenden Staates nicht aus, falls neue
oder neu bekannt gewordene Tatsachen vorliegen oder das vorausgegangene
Verfahren schwere, den Ausgang des Verfahrens berührende Mängel aufweist.

(3) Die Bestimmungen dieses Artikels dürfen nicht nach Artikel 15 der
Konvention außer Kraft gesetzt werden.

Art. 5 Gleichberechtigung der Ehegatten. Ehegatten haben untereinander und in ihren Beziehungen zu ihren Kindern gleiche Rechte und Pflichten
privatrechtlicher Art hinsichtlich der Eheschließung, während der Ehe und
bei Auflösung der Ehe. Dieser Artikel verwehrt es den Staaten nicht, die im
Interesse der Kinder notwendigen Maßnahmen zu treffen.

Art. 6 Räumlicher Geltungsbereich. (1) Jeder Staat kann bei der Unterzeichnung oder bei der Hinterlegung seiner Ratifikations-, Annahme- oder
Genehmigungsurkunde einzelne oder mehrere Hoheitsgebiete bezeichnen,
auf die dieses Protokoll Anwendung findet, und erklären, in welchem Umfang er sich zur Anwendung der Bestimmungen dieses Protokolls auf diese
Hoheitsgebiete verpflichtet.

(2) Jeder Staat kann jederzeit danach durch eine an den Generalsekretär des
Europarates gerichtete Erklärung die Anwendung dieses Protokolls auf jedes
weitere in der Erklärung bezeichnete Hoheitsgebiet erstrecken. Das Protokoll
tritt für dieses Hoheitsgebiet am ersten Tag des Monats in Kraft, der auf einen
Zeitabschnitt von zwei Monaten nach Eingang der Erklärung beim Generalsekretär folgt.

(3) Jede nach den Absätzen 1 und 2 abgegebene Erklärung kann in bezug
auf jedes darin bezeichnete Hoheitsgebiet durch eine an den Generalsekretär
gerichtete Notifikation zurückgenommen oder geändert werden. Die Rücknahme oder Änderung wird am ersten Tag des Monates wirksam, der auf einen Zeitabschnitt von zwei Monaten nach Eingang der Notifikation beim
Generalsekretär folgt.

(4) Eine nach diesem Artikel abgegebene Erklärung gilt als eine Erklärung
im Sinne des Artikels 56 der Konvention.

(5) Das Hoheitsgebiet eines Staates, auf das dieses Protokoll aufgrund der
Ratifikation, Annahme oder Genehmigung durch diesen Staat Anwendung
findet, und jedes Hoheitsgebiet, auf welches das Protokoll aufgrund einer von

diesem Staat nach diesem Artikel abgegebenen Erklärung Anwendung findet, können als getrennte Hoheitsgebiete betrachtet werden, soweit Artikel 1 auf das Hoheitsgebiet eines Staates Bezug nimmt.

(6) Jeder Staat, der eine Erklärung nach Absatz 1 oder 2 abgegeben hat, kann jederzeit danach für eines oder mehrere der in der Erklärung bezeichneten Hoheitsgebiete erklären, daß er die Zuständigkeit des Gerichtshofs, Beschwerden von natürlichen Personen, nichtstaatlichen Organisationen oder Personengruppen nach Artikel 34 der Konvention entgegenzunehmen, für die Artikel 1 bis 5 dieses Protokolls annimmt.

Art. 7 Verhältnis zur Konvention. Die Vertragsstaaten betrachten die Artikel 1–6 dieses Protokolls als Zusatzartikel zur Konvention; alle Bestimmungen der Konvention sind dementsprechend anzuwenden.

Art. 8 Unterzeichnung und Ratifikation. Dieses Protokoll liegt für die Mitgliedstaaten des Europarates, welche die Konvention unterzeichnet haben, zur Unterzeichnung auf. Es bedarf der Ratifikation, Annahme oder Genehmigung. Ein Mitgliedstaat des Europarats kann dieses Protokoll nicht ratifizieren, annehmen oder genehmigen, ohne die Konvention früher ratifiziert zu haben oder sie gleichzeitig zu ratifizieren. Die Ratifikations-, Annahme- oder Genehmigungsurkunden werden beim Generalsekretär des Europarates hinterlegt.

Art. 9 Inkrafttreten. (1) Dieses Protokoll tritt am ersten Tag des Monats in Kraft, der auf einen Zeitabschnitt von zwei Monaten nach dem Tag folgt, an dem sieben Mitgliedstaaten des Europarats nach Artikel 8 ihre Zustimmung ausgedrückt haben, durch das Protokoll gebunden zu sein.

(2) Für jeden Mitgliedstaat, der später seine Zustimmung ausdrückt, durch das Protokoll gebunden zu sein, tritt es am ersten Tag des Monats in Kraft, der auf einen Zeitabschnitt von zwei Monaten nach Hinterlegung der Ratifikations-, Annahme- oder Genehmigungsurkunde folgt.

Art. 10 Aufgaben des Verwahrers. Der Generalsekretär des Europarats notifiziert allen Mitgliedstaaten des Europarats
a) jede Unterzeichnung;
b) jede Hinterlegung einer Ratifikations-, Annahme- oder Genehmigungsurkunde;
c) jeden Zeitpunkt des Inkrafttretens dieses Protokolls nach den Artikeln 6 und 9;
d) jede andere Handlung, Notifikation oder Erklärung im Zusammenhang mit diesem Protokoll.

ZU URKUND DESSEN haben die hierzu gehörig befugten Unterzeichneten dieses Protokoll unterschrieben.

GESCHEHEN zu Straßburg am 22. November 1984 in englischer und französischer Sprache, wobei jeder Wortlaut gleichermaßen verbindlich ist, in einer Urschrift, die im Archiv des Europarats hinterlegt wird. Der Generalsekretär des Europarats übermittelt allen Mitgliedstaaten des Europarats beglaubigte Abschriften.

(Es folgen die Unterschriften)

16. Abkommen über die Rechtsstellung der Flüchtlinge[1) · 2)]

(28. 7. 1951)

Präambel

DIE HOHEN VERTRAGSCHLIESSENDEN TEILE
IN DER ERWÄGUNG, daß die Satzung der Vereinten Nationen und die am 10. Dezember 1948 von der Generalversammlung angenommene Allgemeine Erklärung der Menschenrechte den Grundsatz bestätigt haben, daß die Menschen ohne Unterschied die Menschenrechte und Grundfreiheiten genießen sollen,
IN DER ERWÄGUNG, daß die Organisation der Vereinten Nationen wiederholt die tiefe Verantwortung zum Ausdruck gebracht hat, die sie für die Flüchtlinge empfindet, und sich bemüht hat, diesen in möglichst großem Umfange die Ausübung der Menschenrechte und der Grundfreiheiten zu sichern,
IN DER ERWÄGUNG, daß es wünschenswert ist, frühere internationale Vereinbarungen über die Rechtsstellung der Flüchtlinge zu revidieren und zusammenzufassen und den Anwendungsbereich dieser Regelungen sowie den dadurch gewährleisteten Schutz durch eine neue Vereinbarung zu erweitern,
IN DER ERWÄGUNG, daß sich aus der Gewährung des Asylrechts nicht zumutbare schwere Belastungen für einzelne Länder ergeben können und daß eine befriedigende Lösung des Problems, dessen internationalen Umfang und Charakter die Organisation der Vereinten Nationen anerkannt hat, ohne internationale Zusammenarbeit unter diesen Umständen nicht erreicht werden kann,
IN DEM WUNSCHE, daß alle Staaten in Anerkennung des sozialen und humanitären Charakters des Flüchtlingsproblems alles in ihrer Macht Stehende tun, um zu vermeiden, daß dieses Problem zwischenstaatliche Spannungen verursacht,
IN ANERKENNTNIS dessen, daß dem Hohen Kommissar der Vereinten Nationen für Flüchtlinge die Aufgabe obliegt, die Durchführung der internationalen Abkommen zum Schutz der Flüchtlinge zu überwachen, und daß eine wirksame Koordinierung der zur Lösung dieses Problems getroffenen Maßnahmen von der Zusammenarbeit der Staaten mit dem Hohen Kommissar abhängen wird, –
HABEN FOLGENDES VEREINBART:

Kapitel I. Allgemeine Bestimmungen

Art. 1 Definition des Begriffs „Flüchtling". A. Im Sinne dieses Abkommens findet der Ausdruck „Flüchtling" auf jede Person Anwendung:

[1)] Aus BGBl. 1953 II S. 560.
[2)] Internationale Quelle: UNTS Vol. 189 p. 150.

1. Die in Anwendung der Vereinbarungen vom 12. Mai 1926 und 30. Juni 1928 oder in Anwendung der Abkommen vom 28. Oktober 1933 und 10. Februar 1938 und des Protokolls vom 14. September 1939 oder in Anwendung der Verfassung der Internationalen Flüchtlingsorganisation als Flüchtling gilt.

Die von der Internationalen Flüchtlingsorganisation während der Dauer ihrer Tätigkeit getroffenen Entscheidungen darüber, daß jemand nicht als Flüchtling im Sinne ihres Statuts anzusehen ist, stehen dem Umstand nicht entgegen, daß die Flüchtlingseigenschaft Personen zuerkannt wird, die die Voraussetzungen der Ziffer 2 dieses Artikels erfüllen.

2. Die infolge von Ereignissen, die vor dem 1. Januar 1951 eingetreten sind, und aus der begründeten Furcht vor Verfolgung wegen ihrer Rasse, Religion, Nationalität, Zugehörigkeit zu einer bestimmten sozialen Gruppe oder wegen ihrer politischen Überzeugung sich außerhalb des Landes befindet, dessen Staatsangehörigkeit sie besitzt, und den Schutz dieses Landes nicht in Anspruch nehmen kann oder wegen dieser Befürchtungen nicht in Anspruch nehmen will; oder die sich als staatenlose infolge solcher Ereignisse außerhalb des Landes befindet, in welchem sie ihren gewöhnlichen Aufenthalt hatte, und nicht dorthin zurückkehren kann oder wegen der erwähnten Befürchtungen nicht dorthin zurückkehren will.

Für den Fall, daß eine Person mehr als eine Staatsangehörigkeit hat, bezieht sich der Ausdruck „das Land, dessen Staatsangehörigkeit sie besitzt" auf jedes der Länder, dessen Staatsangehörigkeit diese Person hat. Als des Schutzes des Landes, dessen Staatsangehörigkeit sie hat, beraubt gilt nicht eine Person, die ohne einen stichhaltigen, auf eine begründete Befürchtung gestützten Grund den Schutz eines der Länder nicht in Anspruch genommen hat, deren Staatsangehörigkeit sie besitzt.

B. 1. Im Sinne dieses Abkommens können die im Artikel 1 Abschnitt A enthaltenen Worte „Ereignisse, die vor dem 1. Januar 1951 eingetreten sind" in dem Sinne verstanden werden, daß es sich entweder um

a) „Ereignisse, die vor dem 1. Januar 1951 in Europa eingetreten sind" oder
b) „Ereignisse, die vor dem 1. Januar 1951 in Europa oder anderswo eingetreten sind"

handelt. Jeder vertragschließende Staat wird zugleich mit der Unterzeichnung, der Ratifikation oder dem Beitritt eine Erklärung abgeben, welche Bedeutung er diesem Ausdruck vom Standpunkt der von ihm auf Grund dieses Abkommens übernommenen Verpflichtungen zu geben beabsichtigt.

2. Jeder vertragschließende Staat, der die Formulierung zu a) angenommen hat, kann jederzeit durch eine an den Generalsekretär der Vereinten Nationen gerichtete Notifikation seine Verpflichtungen durch Annahme der Formulierung b) erweitern.

C. Eine Person, auf die die Bestimmungen des Absatzes A zutreffen, fällt nicht mehr unter dieses Abkommen,

1. wenn sie sich freiwillig erneut dem Schutz des Landes, dessen Staatsangehörigkeit sie besitzt, unterstellt; oder

2. wenn sie nach dem Verlust ihrer Staatsangehörigkeit diese freiwillig wiedererlangt hat; oder

3. wenn sie eine neue Staatsangehörigkeit erworben hat und den Schutz des Landes, dessen Staatsangehörigkeit sie erworben hat, genießt; oder

4. wenn sie freiwillig in das Land, das sie aus Furcht vor Verfolgung verlassen hat oder außerhalb dessen sie sich befindet, zurückgekehrt ist und sich dort niedergelassen hat; oder

5. wenn sie nach Wegfall der Umstände, auf Grund deren sie als Flüchtling anerkannt worden ist, es nicht mehr ablehnen kann, den Schutz des Landes in Anspruch zu nehmen, dessen Staatsangehörigkeit sie besitzt.

Hierbei wird jedoch unterstellt, daß die Bestimmung dieser Ziffer auf keinen Flüchtling im Sinne der Ziffer 1 des Abschnittes A dieses Artikels Anwendung findet, der sich auf zwingende, auf früheren Verfolgungen beruhende Gründe berufen kann, um die Inanspruchnahme des Schutzes des Landes abzulehnen, dessen Staatsangehörigkeit er besitzt;

6. wenn es sich um eine Person handelt, die keine Staatsangehörigkeit besitzt, falls sie nach Wegfall der Umstände, auf Grund deren sie als Flüchtling anerkannt worden ist, in der Lage ist, in das Land zurückzukehren, in dem sie ihren gewöhnlichen Wohnsitz hat.

Dabei wird jedoch unterstellt, daß die Bestimmung dieser Ziffer auf keinen Flüchtling im Sinne der Ziffer 1 des Abschnittes A dieses Artikels Anwendung findet, der sich auf zwingende, auf früheren Verfolgungen beruhende Gründe berufen kann, um die Rückkehr in das Land abzulehnen, in dem er seinen gewöhnlichen Aufenthalt hatte.

D. Dieses Abkommen findet keine Anwendung auf Personen, die zur Zeit den Schutz oder Beistand einer Organisation oder einer Institution der Vereinten Nationen mit Ausnahme des Hohen Kommissars der Vereinten Nationen für Flüchtlinge genießen.

Ist dieser Schutz oder diese Unterstützung aus irgendeinem Grunde weggefallen, ohne daß das Schicksal dieser Personen endgültig gemäß den hierauf bezüglichen Entschließungen der Generalversammlung der Vereinten Nationen geregelt worden ist, so fallen diese Personen ipso facto unter die Bestimmungen dieses Abkommens.

E. Dieses Abkommen findet keine Anwendung auf eine Person, die von den zuständigen Behörden des Landes, in dem sie ihren Aufenthalt genommen hat, als eine Person anerkannt wird, welche die Rechte und Pflichten hat, die mit dem Besitz der Staatsangehörigkeit dieses Landes verknüpft sind.

F. Die Bestimmungen dieses Abkommens finden keine Anwendung auf Personen, in bezug auf die aus schwerwiegenden Gründen die Annahme gerechtfertigt ist,

a) daß sie ein Verbrechen gegen den Frieden, ein Kriegsverbrechen oder ein Verbrechen gegen die Menschlichkeit im Sinne der internationalen Vertragswerke begangen haben, die ausgearbeitet worden sind, um Bestimmungen bezüglich dieser Verbrechen zu treffen;

b) daß sie ein schweres nichtpolitisches Verbrechen außerhalb des Aufnahmelandes begangen haben, bevor sie dort als Flüchtling aufgenommen wurden;

c) daß sie sich Handlungen zuschulden kommen ließen, die den Zielen und Grundsätzen der Vereinten Nationen zuwiderlaufen.

Art. 2 Allgemeine Verpflichtungen. Jeder Flüchtling hat gegenüber dem Land, in dem er sich befindet, Pflichten, zu denen insbesondere die Verpflichtung gehört, die Gesetze und sonstigen Rechtsvorschriften sowie die zur

Aufrechterhaltung der öffentlichen Ordnung getroffenen Maßnahmen zu beachten.

Art. 3 Verbot unterschiedlicher Behandlung. Die vertragschließenden Staaten werden die Bestimmungen dieses Abkommens auf Flüchtlinge ohne unterschiedliche Behandlung aus Gründen der Rasse, der Religion oder des Herkunftslandes anwenden.

Art. 4 Religion. Die vertragschließenden Staaten werden den in ihrem Gebiet befindlichen Flüchtlingen in bezug auf die Freiheit der Religionsausübung und die Freiheit des Religionsunterrichts ihrer Kinder eine mindestens ebenso günstige Behandlung wie ihren eigenen Staatsangehörigen gewähren.

Art. 5 Unabhängig von diesem Abkommen gewährte Rechte. Rechte und Vergünstigungen, die unabhängig von diesem Abkommen den Flüchtlingen gewährt werden, bleiben von den Bestimmungen dieses Abkommens unberührt.

Art. 6 Der Ausdruck „unter den gleichen Umständen". Im Sinne dieses Abkommens ist der Ausdruck „unter den gleichen Umständen" dahingehend zu verstehen, daß die betreffende Person alle Bedingungen erfüllen muß (einschließlich derjenigen, die sich auf die Dauer und die Bedingungen des vorübergehenden oder des dauernden Aufenthalts beziehen), die sie erfüllen müßte, wenn sie nicht Flüchtling wäre, um das in Betracht kommende Recht in Anspruch zu nehmen, mit Ausnahme der Bedingungen, die ihrer Natur nach ein Flüchtling nicht erfüllen kann.

Art. 7 Befreiung von der Gegenseitigkeit. 1. Vorbehaltlich der in diesem Abkommen vorgesehenen günstigeren Bestimmungen wird jeder vertragschließende Staat den Flüchtlingen die Behandlung gewähren, die er Ausländern im allgemeinen gewährt.

2. Nach dreijährigem Aufenthalt werden alle Flüchtlinge in dem Gebiet der vertragschließenden Staaten Befreiung von dem Erfordernis der gesetzlichen Gegenseitigkeit genießen.

3. Jeder vertragschließende Staat wird den Flüchtlingen weiterhin die Rechte und Vergünstigungen gewähren, auf die sie auch bei fehlender Gegenseitigkeit beim Inkrafttreten dieses Abkommens für diesen Staat bereits Anspruch hatten.

4. Die vertragschließenden Staaten werden die Möglichkeit wohlwollend in Erwägung ziehen, bei fehlender Gegenseitigkeit den Flüchtlingen Rechte und Vergünstigungen außer denen, auf die sie nach Ziffer 2 und 3 Anspruch haben, sowie Befreiung von dem Erfordernis der Gegenseitigkeit den Flüchtlingen zu gewähren, welche die Bedingungen von Ziffer 2 und 3 nicht erfüllen.

5. Die Bestimmungen der Ziffern 2 und 3 finden nicht nur auf die in den Artikeln 13, 18, 19, 21 und 22 dieses Abkommens genannten Rechte und Vergünstigungen Anwendung, sondern auch auf die in diesem Abkommen nicht vorgesehenen Rechte und Vergünstigungen.

Art. 8 Befreiung von außergewöhnlichen Maßnahmen. Außergewöhnliche Maßnahmen, die gegen die Person, das Eigentum oder die Interessen der Staatsangehörigen eines bestimmten Staates ergriffen werden können, werden von den vertragschließenden Staaten auf einen Flüchtling, der formell ein Staatsangehöriger dieses Staates ist, allein wegen seiner Staatsangehörigkeit nicht angewendet. Die vertragschließenden Staaten, die nach dem bei ihnen geltenden Recht den in diesem Artikel aufgestellten allgemeinen Grundsatz nicht anwenden können, werden in geeigneten Fällen Befreiungen zugunsten solcher Flüchtlinge gewähren.

Art. 9 Vorläufige Maßnahmen. Keine der Bestimmungen dieses Abkommens hindert einen vertragschließenden Staat in Kriegszeiten oder bei Vorliegen sonstiger schwerwiegender und außergewöhnlicher Umstände daran, gegen eine bestimmte Person vorläufig die Maßnahmen zu ergreifen, die dieser Staat für seine Sicherheit für erforderlich hält, bis dieser vertragschließende Staat eine Entscheidung darüber getroffen hat, ob diese Person tatsächlich ein Flüchtling ist und die Aufrechterhaltung dieser Maßnahmen im vorliegenden Falle im Interesse der Sicherheit des Staates notwendig ist.

Art. 10 Fortdauer des Aufenthaltes. 1. Ist ein Flüchtling während des zweiten Weltkrieges zwangsverschickt und in das Gebiet eines der Vertragsstaaten verbracht worden und hält er sich dort auf, so wird die Dauer dieses Zwangsaufenthaltes als rechtmäßiger Aufenthalt in diesem Gebiet gelten.

2. Ist ein Flüchtling während des zweiten Weltkrieges aus dem Gebiet eines Vertragsstaates zwangsverschickt worden und vor Inkrafttreten dieses Abkommens dorthin zurückgekehrt, um dort seinen dauernden Aufenthalt zu nehmen, so wird die Zeit vor und nach dieser Zwangsverschickung für alle Zwecke, für die ein ununterbrochener Aufenthalt erforderlich ist, als ein ununterbrochener Aufenthalt gelten.

Art. 11 Geflüchtete Seeleute. Bei Flüchtlingen, die ordnungsgemäß als Besatzungsangehörige eines Schiffes angeheuert sind, das die Flagge eines Vertragsstaates führt, wird dieser Staat die Möglichkeit wohlwollend in Erwägung ziehen, diesen Flüchtlingen die Genehmigung zur Niederlassung in seinem Gebiet zu erteilen und ihnen Reiseausweise auszustellen oder ihnen vorläufig den Aufenthalt in seinem Gebiete zu gestatten, insbesondere um ihre Niederlassung in einem anderen Lande zu erleichtern.

Kapitel II. Rechtsstellung

Art. 12 Personalstatut. 1. Das Personalstatut jedes Flüchtlings bestimmt sich nach dem Recht des Landes seines Wohnsitzes oder, in Ermangelung eines Wohnsitzes, nach dem Recht seines Aufenthaltslandes.

2. Die von einem Flüchtling vorher erworbenen und sich aus seinem Personalstatut ergebenden Rechte, insbesondere die aus der Eheschließung, werden von jedem vertragschließenden Staat geachtet, gegebenenfalls vorbehaltlich der Formalitäten, die nach dem in diesem Staat geltenden Recht vorgesehen sind. Hierbei wird jedoch unterstellt, daß das betreffende Recht zu demjenigen gehört, das nach den Gesetzen dieses Staates anerkannt worden wäre, wenn die in Betracht kommende Person kein Flüchtling geworden wäre.

Art. 13 Bewegliches und unbewegliches Eigentum. Die vertragschließenden Staaten werden jedem Flüchtling hinsichtlich des Erwerbs von beweglichem und unbeweglichem Eigentum und sonstiger diesbezüglicher Rechte sowie hinsichtlich von Miet-, Pacht- und sonstigen Verträgen über bewegliches und unbewegliches Eigentum eine möglichst günstige und jedenfalls nicht weniger günstige Behandlung gewähren, als sie Ausländern im allgemeinen unter den gleichen Umständen gewährt wird.

Art. 14 Urheberrecht und gewerbliche Schutzrechte. Hinsichtlich des Schutzes von gewerblichen Rechten, insbesondere an Erfindungen, Mustern und Modellen, Warenzeichen und Handelsnamen, sowie des Schutzes von Rechten an Werken der Literatur, Kunst und Wissenschaft genießt jeder Flüchtling in dem Land, in dem er seinen gewöhnlichen Aufenthalt hat, den Schutz, der den Staatsangehörigen dieses Landes gewährt wird. Im Gebiete jedes anderen vertragschließenden Staates genießt er den Schutz, der in diesem Gebiet den Staatsangehörigen des Landes gewährt wird, in dem er seinen gewöhnlichen Aufenthalt hat.

Art. 15 Vereinigungsrecht. Die vertragschließenden Staaten werden den Flüchtlingen, die sich rechtmäßig in ihrem Gebiet aufhalten, hinsichtlich der Vereinigungen, die nicht politischen und nicht Erwerbszwecken dienen, und den Berufsverbänden die günstigste Behandlung wie den Staatsangehörigen eines fremden Landes unter den gleichen Umständen gewähren.

Art. 16 Zugang zu den Gerichten. 1. Jeder Flüchtling hat in dem Gebiet der vertragschließenden Staaten freien und ungehinderten Zugang zu den Gerichten.

2. In dem vertragschließenden Staat, in dem ein Flüchtling seinen gewöhnlichen Aufenthalt hat, genießt er hinsichtlich des Zugangs zu den Gerichten einschließlich des Armenrechts und der Befreiung von der Sicherheitsleistung für Prozeßkosten dieselbe Behandlung wie ein eigener Staatsangehöriger.

3. In den vertragschließenden Staaten, in denen ein Flüchtling nicht seinen gewöhnlichen Aufenthalt hat, genießt er hinsichtlich der in Ziffer 2 erwähnten Angelegenheit dieselbe Behandlung wie ein Staatsangehöriger des Landes, in dem er seinen gewöhnlichen Aufenthalt hat.

Kapitel III. Erwerbstätigkeit

Art. 17 Nichtselbständige Arbeit. 1. Die vertragschließenden Staaten werden hinsichtlich der Ausübung nichtselbständiger Arbeit jedem Flüchtling, der sich rechtmäßig in ihrem Gebiet aufhält, die günstigste Behandlung gewähren, die den Staatsangehörigen eines fremden Landes unter den gleichen Umständen gewährt wird.

2. In keinem Falle werden die einschränkenden Maßnahmen, die für Ausländer oder für die Beschäftigung von Ausländern zum Schutze des eigenen Arbeitsmarktes bestehen, Anwendung auf Flüchtlinge finden, die beim Inkrafttreten dieses Abkommens durch den betreffenden Vertragsstaat bereits davon befreit waren oder eine der folgenden Bedingungen erfüllen:

a) wenn sie sich drei Jahre im Lande aufgehalten haben;
b) wenn sie mit einer Person, die die Staatsangehörigkeit des Aufenthaltslandes besitzt, die Ehe geschlossen haben. Ein Flüchtling kann sich nicht auf die Vergünstigung dieser Bestimmung berufen, wenn er seinen Ehegatten verlassen hat;
c) wenn sie ein oder mehrere Kinder haben, die die Staatsangehörigkeit des Aufenthaltslandes besitzen.

3. Die vertragschließenden Staaten werden hinsichtlich der Ausübung nichtselbständiger Arbeit Maßnahmen wohlwollend in Erwägung ziehen, um alle Flüchtlinge, insbesondere diejenigen, die im Rahmen eines Programmes zur Anwerbung von Arbeitskräften oder eines Einwanderungsplanes in ihr Gebiet gekommen sind, den eigenen Staatsangehörigen rechtlich gleichzustellen.

Art. 18 Selbständige Tätigkeit. Die vertragschließenden Staaten werden den Flüchtlingen, die sich rechtmäßig in ihrem Gebiet befinden, hinsichtlich der Ausübung einer selbständigen Tätigkeit in Landwirtschaft, Industrie, Handwerk und Handel sowie der Errichtung von Handels- und industriellen Unternehmen eine möglichst günstige und jedenfalls nicht weniger günstige Behandlung gewähren, als sie Ausländern im allgemeinen unter den gleichen Umständen gewährt wird.

Art. 19 Freie Berufe. 1. Jeder vertragschließende Staat wird den Flüchtlingen, die sich rechtmäßig in seinem Gebiet aufhalten, Inhaber von durch die zuständigen Behörden dieses Staates anerkannten Diplomen sind und einen freien Beruf auszuüben wünschen, eine möglichst günstige und jedenfalls nicht weniger günstige Behandlung gewähren, als sie Ausländern im allgemeinen unter den gleichen Umständen gewährt wird.

2. Die vertragschließenden Staaten werden alles in ihrer Macht Stehende tun, um im Einklang mit ihren Gesetzen und Verfassungen die Niederlassung solcher Flüchtlinge in den außerhalb des Mutterlandes gelegenen Gebieten sicherzustellen, für deren internationale Beziehungen sie verantwortlich sind.

Kapitel IV. Wohlfahrt

Art. 20 Rationierung. Falls ein Rationierungssystem besteht, dem die Bevölkerung insgesamt unterworfen ist und das die allgemeine Verteilung von Erzeugnissen regelt, an denen Mangel herrscht, werden Flüchtlinge wie Staatsangehörige behandelt.

Art. 21 Wohnungswesen. Hinsichtlich des Wohnungswesens werden die vertragschließenden Staaten insoweit, als diese Angelegenheit durch Gesetze oder sonstige Rechtsvorschriften geregelt ist oder der Überwachung öffentlicher Behörden unterliegt, den sich rechtmäßig in ihrem Gebiet aufhaltenden Flüchtlingen eine möglichst günstige und jedenfalls nicht weniger günstige Behandlung gewähren, als sie Ausländern im allgemeinen unter den gleichen Umständen gewährt wird.

Art. 22 Öffentliche Erziehung. 1. Die vertragschließenden Staaten werden den Flüchtlingen dieselbe Behandlung wie ihren Staatsangehörigen hinsichtlich des Unterrichts in Volksschulen gewähren.

2. Für über die Volksschule hinausgehenden Unterricht, insbesondere die Zulassung zum Studium, die Anerkennung von ausländischen Studienzeugnissen, Diplomen und akademischen Titeln, den Erlaß von Gebühren und Abgaben und die Zuerkennung von Stipendien, werden die vertragschließenden Staaten eine möglichst günstige und in keinem Falle weniger günstige Behandlung gewähren, als sie Ausländern im allgemeinen unter den gleichen Bedingungen gewährt wird.

Art. 23 Öffentliche Fürsorge. Die vertragschließenden Staaten werden den Flüchtlingen, die sich rechtmäßig in ihrem Staatsgebiet aufhalten, auf dem Gebiet der öffentlichen Fürsorge und sonstigen Hilfeleistungen die gleiche Behandlung wie ihren eigenen Staatsangehörigen gewähren.

Art. 24 Arbeitsrecht und soziale Sicherheit. 1. Die vertragschließenden Staaten werden den Flüchtlingen, die sich rechtmäßig in ihrem Gebiet aufhalten, dieselbe Behandlung gewähren wie ihren Staatsangehörigen, wenn es sich um folgende Angelegenheiten handelt:
a) Lohn einschließlich Familienbeihilfen, wenn diese einen Teil des Arbeitsentgelts bilden, Arbeitszeit, Überstunden, bezahlten Urlaub, Einschränkungen der Heimarbeit, Mindestalter für die Beschäftigung, Lehrzeit und Berufsausbildung, Arbeit von Frauen und Jugendlichen und Genuß der durch Tarifverträge gebotenen Vergünstigungen, soweit alle diese Fragen durch das geltende Recht geregelt sind oder in die Zuständigkeit der Verwaltungsbehörden fallen;
b) Soziale Sicherheit (gesetzliche Bestimmungen bezüglich der Arbeitsunfälle, der Berufskrankheiten, der Mutterschaft, der Krankheit, der Arbeitsunfähigkeit, des Alters und des Todes, der Arbeitslosigkeit, des Familienunterhalts sowie jedes anderen Wagnisses, das nach dem im betreffenden Land geltenden Recht durch ein System der sozialen Sicherheit gedeckt wird) vorbehaltlich
  (i) geeigneter Abmachungen über die Aufrechterhaltung der erworbenen Rechte und Anwartschaften,
  (ii) besonderer Bestimmungen, die nach dem im Aufenthaltsland geltenden Recht vorgeschrieben sind und die Leistungen oder Teilleistungen betreffen, die ausschließlich aus öffentlichen Mitteln bestritten werden, sowie Zuwendungen an Personen, die nicht die für die Gewährung einer normalen Rente geforderten Bedingungen der Beitragsleistung erfüllen.

2. Das Recht auf Leistung, das durch den Tod eines Flüchtlings infolge eines Arbeitsunfalles oder einer Berufskrankheit entsteht, wird nicht dadurch berührt, daß sich der Berechtigte außerhalb des Gebietes des vertragschließenden Staates aufhält.

3. Die vertragschließenden Staaten werden auf die Flüchtlinge die Vorteile der Abkommen erstrecken, die sie hinsichtlich der Aufrechterhaltung der erworbenen Rechte und Anwartschaften auf dem Gebiete der sozialen Sicherheit untereinander abgeschlossen haben oder abschließen werden, soweit die Flüchtlinge die Bedingungen erfüllen, die für Staatsangehörige der Unterzeichnerstaaten der in Betracht kommenden Abkommen vorgesehen sind.

4. Die vertragschließenden Staaten werden wohlwollend die Möglichkeit prüfen, die Vorteile ähnlicher Abkommen, die zwischen diesen vertragschließenden Staaten und Nichtvertragsstaaten in Kraft sind oder sein werden, soweit wie möglich auf Flüchtlinge auszudehnen.

Kapitel V. Verwaltungsmaßnahmen

Art. 25 Verwaltungshilfe. 1. Würde die Ausübung eines Rechts durch einen Flüchtling normalerweise die Mitwirkung ausländischer Behörden erfordern, die er nicht in Anspruch nehmen kann, so werden die vertragschließenden Staaten, in deren Gebiet er sich aufhält, dafür sorgen, daß ihm diese Mitwirkung entweder durch ihre eigenen Behörden oder durch eine internationale Behörde zuteil wird.

2. Die in Ziffer 1 bezeichneten Behörden werden Flüchtlingen diejenigen Urkunden und Bescheinigungen ausstellen oder unter ihrer Aufsicht ausstellen lassen, die Ausländern normalerweise von den Behörden ihres Landes oder durch deren Vermittlung ausgestellt werden.

3. Die so ausgestellten Urkunden oder Bescheinigungen werden die amtlichen Schriftstücke ersetzen, die Ausländern von den Behörden ihres Landes oder durch deren Vermittlung ausgestellt werden; sie werden bis zum Beweis des Gegenteils als gültig angesehen.

4. Vorbehaltlich der Ausnahmen, die zugunsten Bedürftiger zuzulassen wären, können für die in diesem Artikel erwähnten Amtshandlungen Gebühren verlangt werden; diese Gebühren sollen jedoch niedrig sein und müssen denen entsprechen, die von eigenen Staatsangehörigen für ähnliche Amtshandlungen erhoben werden.

5. Die Bestimmungen dieses Artikels berühren nicht die Artikel 27 und 28.

Art. 26 Freizügigkeit. Jeder vertragschließende Staat wird den Flüchtlingen, die sich rechtmäßig in seinem Gebiet befinden, das Recht gewähren, dort ihren Aufenthalt zu wählen und sich frei zu bewegen, vorbehaltlich der Bestimmungen, die allgemein auf Ausländer unter den gleichen Umständen Anwendung finden.

Art. 27 Personalausweise. Die vertragschließenden Staaten werden jedem Flüchtling, der sich in ihrem Gebiet befindet und keinen gültigen Reiseausweis besitzt, einen Personalausweis ausstellen.

Art. 28 Reiseausweise. 1. Die vertragschließenden Staaten werden den Flüchtlingen, die sich rechtmäßig in ihrem Gebiet aufhalten, Reiseausweise ausstellen, die ihnen Reisen außerhalb dieses Gebietes gestatten, es sei denn, daß zwingende Gründe der öffentlichen Sicherheit oder Ordnung entgegenstehen; die Bestimmungen des Anhanges zu diesem Abkommen werden auf diese Ausweise Anwendung finden. Die vertragschließenden Staaten können einen solchen Reiseausweis jedem anderen Flüchtling ausstellen, der sich in ihrem Gebiet befindet; sie werden ihre Aufmerksamkeit besonders jenen Flüchtlingen zuwenden, die sich in ihrem Gebiet befinden und nicht in der Lage sind, einen Reiseausweis von dem Staat zu erhalten, in dem sie ihren rechtmäßigen Aufenthalt haben.

2. Reiseausweise, die auf Grund früherer internationaler Abkommen von den Unterzeichnerstaaten ausgestellt worden sind, werden von den vertragschließenden Staaten anerkannt und so behandelt werden, als ob sie den Flüchtlingen auf Grund dieses Artikels ausgestellt worden wären.

Art. 29 Steuerliche Lasten. 1. Die vertragschließenden Staaten werden von den Flüchtlingen keine anderen oder höheren Gebühren, Abgaben oder Steuern, gleichviel unter welcher Bezeichnung, erheben, als unter ähnlichen Verhältnissen von ihren eigenen Staatsangehörigen jetzt oder künftig erhoben werden.

2. Die Bestimmungen der vorstehenden Ziffer schließen nicht aus, die Gesetze und sonstigen Rechtsvorschriften über Gebühren für die Ausstellung von Verwaltungsurkunden einschließlich Personalausweisen an Ausländer auf Flüchtlinge anzuwenden.

Art. 30 Überführung von Vermögenswerten. 1. Jeder vertragschließende Staat wird in Übereinstimmung mit den Gesetzen und sonstigen Rechtsvorschriften des Landes den Flüchtlingen gestatten, die Vermögenswerte, die sie in sein Gebiet gebracht haben, in das Gebiet eines anderen Landes zu überführen, in dem sie zwecks Wiederansiedlung aufgenommen worden sind.

2. Jeder vertragschließende Staat wird die Anträge von Flüchtlingen wohlwollend in Erwägung ziehen, die auf die Erlaubnis gerichtet sind, alle anderen Vermögenswerte, die zu ihrer Wiederansiedlung erforderlich sind, in ein anderes Land zu überführen, in dem sie zur Wiederansiedlung aufgenommen worden sind.

Art. 31 Flüchtlinge, die sich nicht rechtmäßig im Aufnahmeland aufhalten. 1. Die vertragschließenden Staaten werden wegen unrechtmäßiger Einreise oder Aufenthalts keine Strafen gegen Flüchtlinge verhängen, die unmittelbar aus einem Gebiet kommen, in dem ihr Leben oder ihre Freiheit im Sinne von Artikel 1 bedroht waren und die ohne Erlaubnis in das Gebiet der vertragschließenden Staaten einreisen oder sich dort aufhalten, vorausgesetzt, daß sie sich unverzüglich bei den Behörden melden und Gründe darlegen, die ihre unrechtmäßige Einreise oder ihren unrechtmäßigen Aufenthalt rechtfertigen.

2. Die vertragschließenden Staaten werden den Flüchtlingen beim Wechsel des Aufenthaltsorts keine Beschränkungen auferlegen, außer denen, die notwendig sind; diese Beschränkungen werden jedoch nur solange Anwendung finden, bis die Rechtsstellung dieser Flüchtlinge im Aufnahmeland geregelt oder es ihnen gelungen ist, in einem anderen Land Aufnahme zu erhalten. Die vertragschließenden Staaten werden diesen Flüchtlingen eine angemessene Frist sowie alle notwendigen Erleichterungen zur Aufnahme in einem anderen Land gewähren.

Art. 32 Ausweisung. 1. Die vertragschließenden Staaten werden einen Flüchtling, der sich rechtmäßig in ihrem Gebiet befindet, nur aus Gründen der öffentlichen Sicherheit oder Ordnung ausweisen.

2. Die Ausweisung eines Flüchtlings darf nur in Ausführung einer Entscheidung erfolgen, die in einem durch gesetzliche Bestimmungen geregelten

Verfahren ergangen ist. Soweit nicht zwingende Gründe für die öffentliche Sicherheit entgegenstehen, soll dem Flüchtling gestattet werden, Beweise zu seiner Entlastung beizubringen, ein Rechtsmittel einzulegen und sich zu diesem Zweck vor einer zuständigen Behörde oder vor einer oder mehreren Personen, die von der zuständigen Behörde besonders bestimmt sind, vertreten zu lassen.

3. Die vertragschließenden Staaten werden einem solchen Flüchtling eine angemessene Frist gewähren, um ihm die Möglichkeit zu geben, in einem anderen Lande um rechtmäßige Aufnahme nachzusuchen. Die vertragschließenden Staaten behalten sich vor, während dieser Frist diejenigen Maßnahmen anzuwenden, die sie zur Aufrechterhaltung der inneren Ordnung für zweckdienlich erachten.

Art. 33 Verbot der Ausweisung und Zurückweisung. 1. Keiner der vertragschließenden Staaten wird einen Flüchtling auf irgendeine Weise über die Grenzen von Gebieten ausweisen oder zurückweisen, in denen sein Leben oder seine Freiheit wegen seiner Rasse, Religion, Staatsangehörigkeit, seiner Zugehörigkeit zu einer bestimmten sozialen Gruppe oder wegen seiner politischen Überzeugung bedroht sein würde.

2. Auf die Vergünstigung dieser Vorschrift kann sich jedoch ein Flüchtling nicht berufen, der aus schwerwiegenden Gründen als eine Gefahr für die Sicherheit des Landes anzusehen ist, in dem er sich befindet, oder der eine Gefahr für die Allgemeinheit dieses Staates bedeutet, weil er wegen eines Verbrechens oder eines besonders schweren Vergehens rechtskräftig verurteilt wurde.

Art. 34 Einbürgerung. Die vertragschließenden Staaten werden soweit wie möglich die Eingliederung und Einbürgerung der Flüchtlinge erleichtern. Sie werden insbesondere bestrebt sein, Einbürgerungsverfahren zu beschleunigen und die Kosten dieses Verfahrens soweit wie möglich herabzusetzen.

Kapitel VI. Durchführungs- und Übergangsbestimmungen

Art. 35 Zusammenarbeit der staatlichen Behörden mit den Vereinten Nationen. 1. Die vertragschließenden Staaten verpflichten sich zur Zusammenarbeit mit dem Amt des Hohen Kommissars der Vereinten Nationen für Flüchtlinge oder jeder ihm etwa nachfolgenden anderen Stelle der Vereinten Nationen bei der Ausübung seiner Befugnisse, insbesondere zur Erleichterung seiner Aufgabe, die Durchführung der Bestimmungen dieses Abkommens zu überwachen.

2. Um es dem Amt des Hohen Kommissars oder jeder ihm etwa nachfolgenden anderen Stelle der Vereinten Nationen zu ermöglichen, den zuständigen Organen der Vereinten Nationen Berichte vorzulegen, verpflichten sich die vertragschließenden Staaten, ihm in geeigneter Form die erbetenen Auskünfte und statistischen Angaben zu liefern über

a) die Lage der Flüchtlinge,

b) die Durchführung dieses Abkommens und

c) die Gesetze, Verordnungen und Verwaltungsvorschriften, die in bezug auf Flüchtlinge jetzt oder künftig in Kraft sind.

Art. 36 Auskünfte über innerstaatliche Rechtsvorschriften. Die vertragschließenden Staaten werden dem Generalsekretär der Vereinten Nationen den Wortlaut der Gesetze und sonstiger Rechtsvorschriften mitteilen, die sie etwa erlassen werden, um die Durchführung dieses Abkommens sicherzustellen.

Art. 37 Beziehung zu früher geschlossenen Abkommen. Unbeschadet der Bestimmungen seines Artikels 28 Ziffer 2 tritt dieses Abkommen im Verhältnis zwischen den vertragschließenden Staaten an die Stelle der Vereinbarungen vom 5. Juli 1922, 31. Mai 1924, 12. Mai 1926, 30. Juni 1928 und 30. Juli 1935 sowie der Abkommen vom 28. Oktober 1933, 10. Februar 1938, des Protokolls vom 14. September 1939 und der Vereinbarung vom 15. Oktober 1946.

Kapitel VII. Schlußbestimmungen

Art. 38 Regelung von Streitfällen. Jeder Streitfall zwischen den Parteien dieses Abkommens über dessen Auslegung oder Anwendung, der auf andere Weise nicht beigelegt werden kann, wird auf Antrag einer der an dem Streitfall beteiligten Parteien dem Internationalen Gerichtshof vorgelegt.

Art. 39 Unterzeichnung, Ratifikation und Beitritt. 1. Dieses Abkommen liegt in Genf am 28. Juli 1951 zur Unterzeichnung auf und wird nach diesem Zeitpunkt beim Generalsekretär der Vereinten Nationen hinterlegt. Es liegt vom 28. Juli bis 31. August 1951 im Europäischen Büro der Vereinten Nationen zur Unterzeichnung auf, sodann erneut vom 17. September 1951 bis 31. Dezember 1952 am Sitz der Organisation der Vereinten Nationen.

2. Dieses Abkommen liegt zur Unterzeichnung durch alle Mitgliedstaaten der Organisation der Vereinten Nationen, durch jeden Nicht-Mitgliedstaat, der zur Konferenz der Bevollmächtigten über die Rechtsstellung der Flüchtlinge und Staatenlosen eingeladen war, sowie durch jeden anderen Staat auf, den die Vollversammlung zur Unterzeichnung einlädt. Das Abkommen ist zu ratifizieren; die Ratifikations-Urkunden sind beim Generalsekretär der Vereinten Nationen zu hinterlegen.

3. Die in Ziffer 2 dieses Artikels bezeichneten Staaten können diesem Abkommen vom 28. Juli 1951 an beitreten. Der Beitritt erfolgt durch Hinterlegung einer Beitrittsurkunde beim Generalsekretär der Vereinten Nationen.

Art. 40 Klausel zur Anwendung auf andere Gebiete. 1. Jeder Staat kann im Zeitpunkt der Unterzeichnung, der Ratifikation oder des Beitritts erklären, daß sich die Geltung dieses Abkommens auf alle oder mehrere oder eins der Gebiete erstreckt, die er in den internationalen Beziehungen vertritt. Eine solche Erklärung wird zu dem Zeitpunkt wirksam, an dem dieses Abkommen für den betreffenden Staat in Kraft tritt.

2. Eine Ausdehnung des Geltungsbereichs zu einem späteren Zeitpunkt erfolgt durch eine an den Generalsekretär der Vereinten Nationen zu richtende Mitteilung und wird am neunzigsten Tage nach dem Zeitpunkt wirksam, zu dem der Generalsekretär der Vereinten Nationen die Mitteilung erhalten

hat, oder zu dem Zeitpunkt, an dem dieses Abkommen für den betreffenden Staat in Kraft tritt, wenn dieser letztgenannte Zeitpunkt später liegt.

3. Bei Gebieten, für die dieses Abkommen im Zeitpunkt der Unterzeichnung, Ratifikation oder des Beitritts nicht gilt, wird jeder beteiligte Staat die Möglichkeit prüfen, sobald wie möglich alle erforderlichen Maßnahmen zu ergreifen, um den Geltungsbereich dieses Abkommens auf diese Gebiete auszudehnen, gegebenenfalls unter dem Vorbehalt der Zustimmung der Regierungen dieser Gebiete, wenn eine solche aus verfassungsmäßigen Gründen erforderlich ist.

Art. 41 Klausel für Bundesstaaten. Im Falle eines Bundes oder Nichteinheitsstaates werden nachstehende Bestimmungen Anwendung finden:

a) Soweit es sich um die Artikel dieses Abkommens handelt, für die der Bund die Gesetzgebung hat, werden die Verpflichtungen der Bundesregierung dieselben sein wie diejenigen der Unterzeichnerstaaten, die keine Bundesstaaten sind.

b) Soweit es sich um die Artikel dieses Abkommens handelt, für die die einzelnen Länder, Provinzen oder Kantone, die auf Grund der Bundesverfassung zur Ergreifung gesetzgeberischer Maßnahmen nicht verpflichtet sind, die Gesetzgebung haben, wird die Bundesregierung sobald wie möglich diese Artikel den zuständigen Stellen der Länder, Provinzen oder Kantone befürwortend zur Kenntnis bringen.

c) Ein Bundesstaat als Unterzeichner dieses Abkommens wird auf das ihm durch den Generalsekretär der Vereinten Nationen übermittelte Ersuchen eines anderen vertragschließenden Staates hinsichtlich einzelner Bestimmungen des Abkommens eine Darstellung der geltenden Gesetzgebung und ihrer Anwendung innerhalb des Bundes und seiner Glieder übermitteln, aus der hervorgeht, inwieweit diese Bestimmungen durch Gesetzgebung oder sonstige Maßnahmen wirksam geworden sind.

Art. 42 Vorbehalte. 1. Im Zeitpunkt der Unterzeichnung, der Ratifikation oder des Beitritts kann jeder Staat zu den Artikeln des Abkommens, mit Ausnahme der Artikel 1, 3, 4, 16 (1), 33, 36 bis 46 einschließlich, Vorbehalte machen.

2. Jeder vertragschließende Staat, der gemäß Ziffer 1 dieses Artikels einen Vorbehalt gemacht hat, kann ihn jederzeit durch eine diesbezügliche an den Generalsekretär der Vereinten Nationen zu richtende Mitteilung zurücknehmen.

Art. 43 Inkrafttreten. 1. Dieses Abkommen tritt am neunzigsten Tage nach dem Zeitpunkt der Hinterlegung der sechsten Ratifikations- oder Beitrittsurkunde in Kraft.

2. Für jeden der Staaten, die das Abkommen nach Hinterlegung der sechsten Ratifikations- oder Beitrittsurkunde ratifizieren oder ihm beitreten, tritt es am neunzigsten Tage nach dem Zeitpunkt der Hinterlegung der Ratifikations- oder Beitrittsurkunde dieses Staates in Kraft.

Art. 44 Kündigung. 1. Jeder vertragschließende Staat kann das Abkommen jederzeit durch eine an den Generalsekretär der Vereinten Nationen zu richtende Mitteilung kündigen.

2. Die Kündigung wird für den betreffenden Staat ein Jahr nach dem Zeitpunkt wirksam, an dem sie beim Generalsekretär der Vereinten Nationen eingegangen ist.

3. Jeder Staat, der eine Erklärung oder Mitteilung gemäß Artikel 40 gegeben hat, kann jederzeit später dem Generalsekretär der Vereinten Nationen mitteilen, daß das Abkommen auf ein in der Mitteilung bezeichnetes Gebiet nicht mehr Anwendung findet. Das Abkommen findet sodann ein Jahr nach dem Zeitpunkt, an dem diese Mitteilung beim Generalsekretär eingegangen ist, auf das in Betracht kommende Gebiet keine Anwendung mehr.

Art. 45 Revision. 1. Jeder vertragschließende Staat kann jederzeit mittels einer an den Generalsekretär der Vereinten Nationen zu richtenden Mitteilung die Revision dieses Abkommens beantragen.

2. Die Vollversammlung der Vereinten Nationen empfiehlt die Maßnahmen, die gegebenenfalls in bezug auf diesen Antrag zu ergreifen sind.

Art. 46 Mitteilungen des Generalsekretärs der Vereinten Nationen. Der Generalsekretär der Vereinten Nationen macht allen Mitgliedstaaten der Vereinten Nationen und den im Artikel 39 bezeichneten Nicht-Mitgliedstaaten Mitteilung über:

a) Erklärungen und Mitteilungen gemäß Artikel 1, Abschnitt B;
b) Unterzeichnungen, Ratifikationen und Beitrittserklärungen gemäß Artikel 39;
c) Erklärungen und Anzeigen gemäß Artikel 40;
d) gemäß Artikel 42 erklärte oder zurückgenommene Vorbehalte;
e) den Zeitpunkt, an dem dieses Abkommen gemäß Artikel 43 in Kraft tritt;
f) Kündigungen und Mitteilungen gemäß Artikel 44;
g) Revisionsanträge gemäß Artikel 45.

ZU URKUND DESSEN haben die unterzeichneten gehörig beglaubigten Vertreter namens ihrer Regierungen dieses Abkommen unterschrieben.

GESCHEHEN zu Genf, am achtundzwanzigsten Juli neunzehnhundertundeinundfünfzig, in einem einzigen Exemplar, dessen englischer und französischer Wortlaut in gleicher Weise maßgebend ist, das in den Archiven der Organisation der Vereinten Nationen hinterlegt wird, und von dem beglaubigte Ausfertigungen allen Mitgliedstaaten der Vereinten Nationen und den im Artikel 39 bezeichneten Nicht-Mitgliedstaaten übermittelt werden.

16 a. Protokoll über die Rechtsstellung der Flüchtlinge[1) · 2)]

(31. 1. 1967)

DIE VERTRAGSSTAATEN DIESES PROTOKOLLS –
IN DER ERWÄGUNG, daß das am 28. Juli 1951 in Genf beschlossene Abkommen über die Rechtsstellung der Flüchtlinge (im folgenden als das Abkommen bezeichnet) nur auf Personen Anwendung findet, die infolge von vor dem 1. Januar 1951 eingetretenen Ereignissen Flüchtlinge geworden sind,

IN DER ERWÄGUNG, daß seit Annahme des Abkommens neue Kategorien von Flüchtlingen entstanden sind und daß die betreffenden Flüchtlinge daher möglicherweise nicht unter das Abkommen fallen,

IN DER ERWÄGUNG, daß es wünschenswert ist, allen Flüchtlingen im Sinne des Abkommens unabhängig von dem Stichtag des 1. Januar 1951 die gleiche Rechtsstellung zu gewähren –
SIND WIE FOLGT ÜBEREINGEKOMMEN:

Art. I Allgemeine Bestimmung. (1) Die Vertragsstaaten dieses Protokolls verpflichten sich, die Artikel 2 bis 34 des Abkommens auf Flüchtlinge im Sinne der nachstehenden Begriffsbestimmung anzuwenden.

(2) Außer für die Anwendung des Absatzes 3 dieses Artikels bezeichnet der Ausdruck „Flüchtling" im Sinne dieses Protokolls jede unter die Begriffsbestimmung des Artikels 1 des Abkommens fallende Person, als seien die Worte „infolge von Ereignissen, die vor dem 1. Januar 1951 eingetreten sind, und ..." sowie die Worte „... infolge solcher Ereignisse" in Artikel I Abschnitt A Absatz 2 nicht enthalten.

(3) Dieses Protokoll wird von seinen Vertragsstaaten ohne jede geographische Begrenzung angewendet; jedoch finden die bereits nach Artikel 1 Abschnitt B Absatz 1 Buchstabe a) des Abkommens abgegebenen Erklärungen von Staaten, die schon Vertragsstaaten des Abkommens sind, auch auf Grund dieses Protokolls Anwendung, sofern nicht die Verpflichtung des betreffenden Staates nach Artikel 1 Abschnitt B Absatz 2 des Abkommens erweitert worden sind.

Art. II Zusammenarbeit der staatlichen Behörden mit den Vereinten Nationen. (1) Die Vertragsstaaten dieses Protokolls verpflichten sich zur Zusammenarbeit mit dem Amt des Hohen Flüchtlingskommissars der Vereinten Nationen oder jeder ihm etwa nachfolgenden anderen Stelle der Vereinten Nationen bei der Ausübung ihrer Befugnisse, insbesondere zur Erleichterung ihrer Aufgabe, die Anwendung des Protokolls zu überwachen.

(2) Um es dem Amt des Hohen Kommissars oder jeder ihm etwa nachfolgenden anderen Stelle der Vereinten Nationen zu ermöglichen, den zuständigen Organen der Vereinten Nationen Berichte vorzulegen, verpflichten sich

---

[1)] Aus BGBl. 1969 II S. 1294.
[2)] Internationale Quelle: UNTS Vol. 606 p. 267.

die Vertragsstaaten dieses Protokolls, ihnen in geeigneter Form die erbetenen Auskünfte und statistischen Angaben zu liefern über
a) die Lage der Flüchtlinge,
b) die Durchführung dieses Protokolls,
c) die Gesetze, Verordnungen und Verwaltungsvorschriften, die in bezug auf Flüchtlinge jetzt in Kraft sind oder künftig in Kraft sein werden.

Art. III Auskünfte über innerstaatliche Rechtsvorschriften. Die Vertragsstaaten dieses Protokolls teilen dem Generalsekretär der Vereinten Nationen den Wortlaut der Gesetze und sonstigen Rechtsvorschriften mit, die sie gegebenenfalls erlassen werden, um die Anwendung dieses Protokolls sicherzustellen.

Art. IV Beilegung von Streitigkeiten. Jede Streitigkeit zwischen Vertragsstaaten dieses Protokolls über dessen Auslegung oder Anwendung, die nicht auf andere Weise beigelegt werden kann, wird auf Antrag einer der Streitparteien dem Internationalen Gerichtshof unterbreitet.

Art. V Beitritt. Dieses Protokoll liegt für alle Vertragsstaaten des Abkommens und für jeden anderen Mitgliedstaat der Vereinten Nationen oder einer ihrer Sonderorganisationen sowie für jeden Staat zum Beitritt auf, der von der Vollversammlung eingeladen wurde, dem Protokoll beizutreten. Der Beitritt erfolgt durch Hinterlegung einer Beitrittsurkunde beim Generalsekretär der Vereinten Nationen.

Art. VI Bundesstaatsklausel. Für Bundes- oder Nichteinheitstaaten gelten folgende Bestimmungen:
a) soweit für bestimmte Artikel des Abkommens, die nach Artikel I Absatz 1 dieses Protokolls anzuwenden sind, der Bund der Gesetzgebungszuständigkeit besitzt, hat die Bundesregierung die gleichen Verpflichtungen wie die Vertragsstaaten, die nicht Bundesstaaten sind;
b) soweit für bestimmte Artikel des Abkommens, die nach Artikel I Absatz 1 dieses Protokolls anzuwenden sind, die einzelnen Länder, Provinzen oder Kantone, die Gesetzgebungszuständigkeit besitzen, ohne nach der Verfassungsordnung des Bundes zum Erlaß von Rechtsvorschriften verpflichtet zu sein, bringt die Bundesregierung diese Artikel den zuständigen Stellen der einzelnen Länder, Provinzen oder Kantone so bald wie möglich befürwortend zur Kenntnis;
c) richtet ein Vertragsstaat dieses Protokolls über den Generalsekretär der Vereinten Nationen eine Anfrage hinsichtlich des Rechts und der Praxis des Bundes und seiner Glieder in bezug auf einzelne Bestimmungen des Abkommens, die nach Artikel I Absatz 1 des Protokolls anzuwenden sind, an einen Bundesstaat, der Vertragsstaat des Protokolls ist, so legt dieser eine Darstellung vor, aus der ersichtlich ist, inwieweit diese Bestimmungen durch den Erlaß von Rechtsvorschriften oder durch sonstige Maßnahmen wirksam geworden sind.

Art. VII Vorbehalte und Erklärungen. (1) Im Zeitpunkt seines Beitritts kann jeder Staat zu Artikel IV dieses Protokolls und zur Anwendung jeder Bestimmung des Abkommens – mit Ausnahme der Artikel 1, 3, 4, 16 Absatz 1 und 33 – nach Artikel 1 des Protokolls Vorbehalte machen, jedoch unter der Voraussetzung, daß im Falle eines Vertragsstaats des Abkommens die nach dem vorliegenden Artikel gemachten Vorbehalte sich nicht auf Flüchtlinge erstrecken, für die das Abkommen gilt.

(2) Die von Vertragsstaaten des Abkommens nach dessen Artikel 42 gemachten Vorbehalte finden, sofern sie nicht zurückgezogen werden, hinsichtlich ihrer Verpflichtungen aus diesem Protokoll Anwendung.

(3) Jeder Staat, der einen Vorbehalt nach Absatz 1 dieses Artikels macht, kann ihn jederzeit durch eine an den Generalsekretär der Vereinten Nationen gerichtete diesbezügliche Mitteilung zurückziehen.

(4) Erklärungen, die ein diesem Protokoll beitretender Vertragsstaat des Abkommens nach dessen Artikel 40 Absätze 1 und 2 abgibt, gelten auch in bezug auf das Protokoll, sofern nicht der betreffende Vertragsstaat bei seinem Beitritt eine gegenteilige Notifikation an den Generalsekretär der Vereinten Nationen richtet. Artikel 40 Absätze 2 und 3 und Artikel 44 Absatz 3 des Abkommens gelten entsprechend für dieses Protokoll.

Art. VIII Inkrafttreten. (1) Dieses Protokoll tritt am Tage der Hinterlegung der sechsten Beitrittsurkunde in Kraft.

(2) Für jeden Staat, der dem Protokoll nach Hinterlegung der sechsten Beitrittsurkunde beitritt, tritt es an dem Tage in Kraft, an dem der betreffende Staat eine Beitrittsurkunde hinterlegt.

Art. IX Kündigung. (1) Jeder Vertragsstaat dieses Protokolls kann es jederzeit durch eine an den Generalsekretär der Vereinten Nationen gerichtete Notifikation kündigen.

(2) Die Kündigung wird für den betreffenden Vertragsstaat ein Jahr nach dem Tage wirksam, an dem sie dem Generalsekretär der Vereinten Nationen zugegangen ist.

Art. X Notifikationen durch den Generalsekretär der Vereinten Nationen. Der Generalsekretär der Vereinten Nationen notifiziert allen in Artikel V bezeichneten Staaten den Zeitpunkt des Inkrafttretens dieses Protokolls, des Beitritts sowie der Hinterlegung und Zurücknahme von Vorbehalten zu demselben, der Kündigung sowie der darauf bezüglichen Erklärungen und Notifikationen.

Art. XI Hinterlegung des Protokolls im Archiv des Sekretariats der Vereinten Nationen. Eine Ausfertigung dieses Protokolls, dessen chinesischer, englischer, französischer, russischer und spanischer Wortlaut gleichermaßen verbindlich ist, wird nach Unterzeichnung durch den Präsidenten der Vollversammlung und dem Generalsekretär der Vereinten Nationen im Archiv des Sekretariats der Vereinten Nationen hinterlegt. Der Generalsekretär übermittelt allen Mitgliedstaaten der Vereinten Nationen und den anderen in Artikel V bezeichneten Staaten beglaubigte Abschriften.

Gemäß Artikel XI des Protokolls haben wir dasselbe am einunddreißigsten Januar neunzehnhundertsiebenundsechzig unterschrieben.

17. Internationaler Pakt über bürgerliche und politische Rechte[1]·[2]

(19. 12. 1966)

Präambel

DIE VERTRAGSSTAATEN DIESES PAKTES,

IN DER ERWÄGUNG, daß nach den in der Charta der Vereinten Nationen verkündeten Grundsätzen die Anerkennung der allen Mitgliedern der menschlichen Gesellschaft innewohnenden Würde und der Gleichheit und Unveräußerlichkeit ihrer Rechte die Grundlage von Freiheit, Gerechtigkeit und Frieden in der Welt bildet,

IN DER ERKENNTNIS, daß sich diese Rechte aus der dem Menschen innewohnenden Würde herleiten,

IN DER ERKENNTNIS, daß nach der Allgemeinen Erklärung der Menschenrechte das Ideal vom freien Menschen, der bürgerliche und politische Freiheit genießt und frei von Furcht und Not lebt, nur verwirklicht werden kann, wenn Verhältnisse geschaffen werden, in denen jeder seine bürgerlichen und politischen Rechte ebenso wie seine wirtschaftlichen, sozialen und kulturellen Rechte genießen kann,

IN DER ERWÄGUNG, daß die Charta der Vereinten Nationen die Staaten verpflichtet, die allgemeine und wirksame Achtung der Rechte und Freiheiten des Menschen zu fördern,

IM HINBLICK DARAUF, daß der einzelne gegenüber seinen Mitmenschen und der Gemeinschaft, der er angehört, Pflichten hat und gehalten ist, für die Förderung und Achtung der in diesem Pakt anerkannten Rechte einzutreten,

VEREINBAREN folgende Artikel:

Teil I

Art. 1. (1) Alle Völker haben das Recht auf Selbstbestimmung. Kraft dieses Rechts entscheiden sie frei über ihren politischen Status und gestalten in Freiheit ihre wirtschaftliche, soziale und kulturelle Entwicklung.

(2) Alle Völker können für ihre eigenen Zwecke frei über ihre natürlichen Reichtümer und Mittel verfügen, unbeschadet aller Verpflichtungen, die aus der internationalen wirtschaftlichen Zusammenarbeit auf der Grundlage des gegenseitigen Wohles sowie aus dem Völkerrecht erwachsen. In keinem Falle darf ein Volk seiner eigenen Existenzmittel beraubt werden.

(3) Die Vertragsstaaten, einschließlich der Staaten, die für die Verwaltung von Gebieten ohne Selbstregierung und von Treuhandgebieten verantwortlich sind, haben entsprechend den Bestimmungen der Charta der Vereinten

---

[1] Aus BGBl. 1973 II S. 1534.
[2] Internationale Quelle: UNTS Vol. 999 p. 171.

Nationen die Verwirklichung des Rechts auf Selbstbestimmung zu fördern und dieses Recht zu achten.

Teil II

Art. 2. (1) Jeder Vertragsstaat verpflichtet sich, die in diesem Pakt anerkannten Rechte zu achten und sie allen in seinem Gebiet befindlichen und seiner Herrschaftsgewalt unterstehenden Personen ohne Unterschied wie insbesondere der Rasse, der Hautfarbe, des Geschlechts, der Sprache, der Religion, der politischen oder sonstigen Anschauung, der nationalen oder sozialen Herkunft, des Vermögens, der Geburt oder des sonstigen Status zu gewährleisten.

(2) Jeder Vertragsstaat verpflichtet sich, im Einklang mit seinem verfassungsmäßigen Verfahren und mit den Bestimmungen dieses Paktes die erforderlichen Schritte zu unternehmen, um die gesetzgeberischen oder sonstigen Vorkehrungen zu treffen, die notwendig sind, um den in diesem Pakt anerkannten Rechten Wirksamkeit zu verleihen, soweit solche Vorkehrungen nicht bereits getroffen worden sind.

(3) Jeder Vertragsstaat verpflichtet sich,

a) dafür Sorge zu tragen, daß jeder, der in seinen in diesem Pakt anerkannten Rechten oder Freiheiten verletzt worden ist, das Recht hat, eine wirksame Beschwerde einzulegen, selbst wenn die Verletzung von Personen begangen worden ist, die in amtlicher Eigenschaft gehandelt haben;

b) dafür Sorge zu tragen, daß jeder, der eine solche Beschwerde erhebt, sein Recht durch das zuständige Gerichts-, Verwaltungs- oder Gesetzgebungsorgan oder durch eine andere, nach den Rechtsvorschriften des Staates zuständige Stelle feststellen lassen kann, und den gerichtlichen Rechtsschutz auszubauen;

c) dafür Sorge zu tragen, daß die zuständigen Stellen Beschwerden, denen stattgegeben wurde, Geltung verschaffen.

Art. 3. Die Vertragsstaaten verpflichten sich, die Gleichberechtigung von Mann und Frau bei der Ausübung aller in diesem Pakt festgelegten bürgerlichen und politischen Rechte sicherzustellen.

Art. 4. (1) Im Falle eines öffentlichen Notstandes, der das Leben der Nation bedroht und der amtlich verkündet ist, können die Vertragsstaaten Maßnahmen ergreifen, die ihre Verpflichtungen aus diesem Pakt in dem Umfang, den die Lage unbedingt erfordert, außer Kraft setzen, vorausgesetzt, daß diese Maßnahmen ihren sonstigen völkerrechtlichen Verpflichtungen nicht zuwiderlaufen und keine Diskriminierung allein wegen der Rasse, der Hautfarbe, des Geschlechts, der Sprache, der Religion oder der sozialen Herkunft enthalten.

(2) Auf Grund der vorstehenden Bestimmung dürfen die Artikel 6, 7, 8 (Absätze 1 und 2), 11, 15, 16 und 18 nicht außer Kraft gesetzt werden.

(3) Jeder Vertragsstaat, der das Recht, Verpflichtungen außer Kraft zu setzen, ausübt, hat den übrigen Vertragsstaaten durch Vermittlung des Generalsekretärs der Vereinten Nationen unverzüglich mitzuteilen, welche Bestimmungen er außer Kraft gesetzt hat und welche Gründe ihn dazu veranlaßt haben. Auf demselben Wege ist durch eine weitere Mitteilung der Zeitpunkt anzugeben, in dem eine solche Maßnahme endet.

Art. 5. (1) Keine Bestimmung dieses Paktes darf dahin ausgelegt werden, daß sie für einen Staat, eine Gruppe oder eine Person das Recht begründet, eine Tätigkeit auszuüben oder eine Handlung zu begehen, die auf die Abschaffung der in diesem Pakt anerkannten Rechte und Freiheiten oder auf weitergehende Beschränkungen dieser Rechte und Freiheiten, als in dem Pakt vorgesehen, hinzielt.

(2) Die in einem Vertragsstaat durch Gesetze, Übereinkommen, Verordnungen oder durch Gewohnheitsrecht anerkannten oder bestehenden grundlegenden Menschenrechte dürfen nicht unter dem Vorwand beschränkt oder außer Kraft gesetzt werden, daß dieser Pakt derartige Rechte nicht oder nur in einem geringeren Ausmaße anerkenne.

Teil III

Art. 6. (1) Jeder Mensch hat ein angeborenes Recht auf Leben. Dieses Recht ist gesetzlich zu schützen. Niemand darf willkürlich seines Lebens beraubt werden.

(2) In Staaten, in denen die Todesstrafe nicht abgeschafft worden ist, darf ein Todesurteil nur für schwerste Verbrechen auf Grund von Gesetzen verhängt werden, die zur Zeit der Begehung der Tat in Kraft waren und die den Bestimmungen dieses Paktes und der Konvention über die Verhütung und Bestrafung des Völkermordes nicht widersprechen. Diese Strafe darf nur auf Grund eines von einem zuständigen Gericht erlassenen rechtskräftigen Urteils vollstreckt werden.

(3) Erfüllt die Tötung den Tatbestand des Völkermordes, so ermächtigt dieser Artikel die Vertragsstaaten nicht, sich in irgendeiner Weise einer Verpflichtung zu entziehen, die sie nach den Bestimmungen der Konvention über die Verhütung und Bestrafung des Völkermordes übernommen haben.

(4) Jeder zum Tode Verurteilte hat das Recht, um Begnadigung oder Umwandlung der Strafe zu bitten. Amnestie, Begnadigung oder Umwandlung der Todesstrafe kann in allen Fällen gewährt werden.

(5) Die Todesstrafe darf für strafbare Handlungen, die von Jugendlichen unter 18 Jahren begangen worden sind, nicht verhängt und an schwangeren Frauen nicht vollstreckt werden.

(6) Keine Bestimmung dieses Artikels darf herangezogen werden, um die Abschaffung der Todesstrafe durch einen Vertragsstaat zu verzögern oder zu verhindern.

Art. 7. Niemand darf der Folter oder grausamer, unmenschlicher oder erniedrigender Behandlung oder Strafe unterworfen werden. Insbesondere darf niemand ohne seine freiwillige Zustimmung medizinischen oder wissenschaftlichen Versuchen unterworfen werden.

Art. 8. (1) Niemand darf in Sklaverei gehalten werden; Sklaverei und Sklavenhandel in allen ihren Formen sind verboten.

(2) Niemand darf in Leibeigenschaft gehalten werden.

(3) a) Niemand darf gezwungen werden, Zwangs- oder Pflichtarbeit zu verrichten;

b) Buchstabe a ist nicht so auszulegen, daß er in Staaten, in denen bestimmte Straftaten mit einem mit Zwangsarbeit verbundenen Freiheitsentzug geahndet werden können, die Leistung von Zwangsarbeit auf Grund einer Verurteilung durch ein zuständiges Gericht ausschließt;

c) als „Zwangs- oder Pflichtarbeit" im Sinne dieses Absatzes gilt nicht

i) jede nicht unter Buchstabe b genannte Arbeit oder Dienstleistung, die normalerweise von einer Person verlangt wird, der auf Grund einer rechtmäßigen Gerichtsentscheidung die Freiheit entzogen oder die aus einem solchen Freiheitsentzug bedingt entlassen worden ist;

ii) jede Dienstleistung militärischer Art sowie in Staaten, in denen die Wehrdienstverweigerung aus Gewissensgründen anerkannt wird, jede für Wehrdienstverweigerer gesetzlich vorgeschriebene nationale Dienstleistung;

iii) jede Dienstleistung im Falle von Notständen oder Katastrophen, die das Leben oder das Wohl der Gemeinschaft bedrohen;

iv) jede Arbeit oder Dienstleistung, die zu den normalen Bürgerpflichten gehört.

Art. 9. (1) Jedermann hat ein Recht auf persönliche Freiheit und Sicherheit. Niemand darf willkürlich festgenommen oder in Haft gehalten werden. Niemand darf seiner Freiheit entzogen werden, es sei denn aus gesetzlich bestimmten Gründen und unter Beachtung des im Gesetz vorgeschriebenen Verfahrens.

(2) Jeder Festgenommene ist bei seiner Festnahme über die Gründe der Festnahme zu unterrichten und die gegen ihn erhobenen Beschuldigungen sind ihm unverzüglich mitzuteilen.

(3) Jeder, der unter dem Vorwurf einer strafbaren Handlung festgenommen worden ist oder in Haft gehalten wird, muß unverzüglich einem Richter oder einer anderen gesetzlich zur Ausübung richterlicher Funktionen ermächtigten Amtsperson vorgeführt werden und hat Anspruch auf ein Gerichtsverfahren innerhalb angemessener Frist oder auf Entlassung aus der Haft. Es darf nicht die allgemeine Regel sein, daß Personen, die eine gerichtliche Aburteilung erwarten, in Haft gehalten werden, doch kann die Freilassung davon abhängig gemacht werden, daß für das Erscheinen zur Hauptverhandlung oder zu jeder anderen Verfahrenshandlung und gegebenenfalls zur Vollstreckung des Urteils Sicherheit geleistet wird.

(4) Jeder, dem seine Freiheit durch Festnahme oder Haft entzogen ist, hat das Recht, ein Verfahren vor einem Gericht zu beantragen, damit dieses unverzüglich über die Rechtmäßigkeit der Freiheitsentziehung entscheiden und seine Entlassung anordnen kann, falls die Freiheitsentziehung nicht rechtmäßig ist.

(5) Jeder, der unrechtmäßig festgenommen oder in Haft gehalten worden ist, hat einen Anspruch auf Entschädigung.

Art. 10. (1) Jeder, dem seine Freiheit entzogen ist, muß menschlich und mit Achtung vor der dem Menschen innewohnenden Würde behandelt werden.

(2) a) Beschuldigte sind, abgesehen von außergewöhnlichen Umständen, von Verurteilten getrennt unterzubringen und so zu behandeln, wie es ihrer Stellung als Nichtverurteilte entspricht;

b) jugendliche Beschuldigte sind von Erwachsenen zu trennen, und es hat so schnell wie möglich ein Urteil zu ergehen.

(3) Der Strafvollzug schließt eine Behandlung der Gefangenen ein, die vornehmlich auf ihre Besserung und gesellschaftliche Wiedereingliederung hinzielt. Jugendliche Straffällige sind von Erwachsenen zu trennen und ihrem Alter und ihrer Rechtsstellung entsprechend zu behandeln.

Art. 11. Niemand darf nur deswegen in Haft genommen werden, weil er nicht in der Lage ist, eine vertragliche Verpflichtung zu erfüllen.

Art. 12. (1) Jedermann, der sich rechtmäßig im Hoheitsgebiet eines Staates aufhält, hat das Recht, sich dort frei zu bewegen und seinen Wohnsitz frei zu wählen.

(2) Jedermann steht es frei, jedes Land einschließlich seines eigenen zu verlassen.

(3) Die oben erwähnten Rechte dürfen nur eingeschränkt werden, wenn dies gesetzlich vorgesehen und zum Schutz der nationalen Sicherheit, der öffentlichen Ordnung (ordre public), der Volksgesundheit, der öffentlichen Sittlichkeit oder der Rechte und Freiheiten anderer notwendig ist und die Einschränkungen mit den übrigen in diesem Pakt anerkannten Rechten vereinbar sind.

(4) Niemand darf willkürlich das Recht entzogen werden, in sein eigenes Land einzureisen.

Art. 13. Ein Ausländer, der sich rechtmäßig im Hoheitsgebiet eines Vertragsstaates aufhält, kann aus diesem nur auf Grund einer rechtmäßig ergangenen Entscheidung ausgewiesen werden, und es ist ihm, sofern nicht zwingende Gründe der nationalen Sicherheit entgegenstehen, Gelegenheit zu geben, die gegen seine Ausweisung sprechenden Gründe vorzubringen und diese Entscheidung durch die zuständige Behörde oder durch eine oder mehrere von dieser Behörde besonders bestimmte Personen nachprüfen und sich dabei vertreten zu lassen.

Art. 14. (1) Alle Menschen sind vor Gericht gleich. Jedermann hat Anspruch darauf, daß über eine gegen ihn erhobene strafrechtliche Anklage oder seine zivilrechtlichen Ansprüche und Verpflichtungen durch ein zuständiges, unabhängiges, unparteiisches und auf Gesetz beruhendes Gericht in billiger Weise und öffentlich verhandelt wird. Aus Gründen der Sittlichkeit, der öffentlichen Ordnung (ordre public) oder der nationalen Sicherheit in einer demokratischen Gesellschaft oder wenn es im Interesse des Privatlebens der Parteien erforderlich ist oder – soweit dies nach Auffassung des Gerichts unbedingt erforderlich ist – unter besonderen Umständen, in denen die Öffentlichkeit des Verfahrens die Interessen der Gerechtigkeit beeinträchtigen würde, können Presse und Öffentlichkeit während der ganzen oder eines Teils der Verhandlung ausgeschlossen werden; jedes Urteil in einer Straf- oder Zivilsache ist jedoch öffentlich zu verkünden, sofern nicht die Interessen Jugendlicher dem entgegenstehen oder das Verfahren Ehestreitigkeiten oder die Vormundschaft über Kinder betrifft.

(2) Jeder wegen einer strafbaren Handlung Angeklagte hat Anspruch darauf, bis zu dem im gesetzlichen Verfahren erbrachten Nachweis seiner Schuld als unschuldig zu gelten.

(3) Jeder wegen einer strafbaren Handlung Angeklagte hat in gleicher Weise im Verfahren Anspruch auf folgende Mindestgarantien:
a) Er ist unverzüglich und im einzelnen in einer ihm verständlichen Sprache über Art und Grund der gegen ihn erhobenen Anklage zu unterrichten;
b) er muß hinreichend Zeit und Gelegenheit zur Vorbereitung seiner Verteidigung und zum Verkehr mit einem Verteidiger seiner Wahl haben;
c) es muß ohne unangemessene Verzögerung ein Urteil gegen ihn ergehen;
d) er hat das Recht, bei der Verhandlung anwesend zu sein und sich selbst zu verteidigen oder durch einen Verteidiger seiner Wahl verteidigen zu lassen; falls er keinen Verteidiger hat, ist er über das Recht, einen Verteidiger in Anspruch zu nehmen, zu unterrichten; fehlen ihm die Mittel zur Bezahlung eines Verteidigers, so ist ihm ein Verteidiger unentgeltlich zu bestellen, wenn dies im Interesse der Rechtspflege erforderlich ist;
e) er darf Fragen an die Belastungszeugen stellen oder stellen lassen und das Erscheinen und die Vernehmung der Entlastungszeugen unter den für die Belastungszeugen geltenden Bedingungen erwirken;
f) er kann die unentgeltliche Beiziehung eines Dolmetschers verlangen, wenn er die Verhandlungssprache des Gerichts nicht versteht oder spricht;
g) er darf nicht gezwungen werden, gegen sich selbst als Zeuge auszusagen oder sich schuldig zu bekennen.

(4) Gegen Jugendliche ist das Verfahren in einer Weise zu führen, die ihrem Alter entspricht und ihre Wiedereingliederung in die Gesellschaft fördert.

(5) Jeder, der wegen einer strafbaren Handlung verurteilt worden ist, hat das Recht, das Urteil entsprechend dem Gesetz durch ein höheres Gericht nachprüfen zu lassen.

(6) Ist jemand wegen einer strafbaren Handlung rechtskräftig verurteilt und ist das Urteil später aufgehoben oder der Verurteilte begnadigt worden, weil eine neue oder eine neu bekannt gewordene Tatsache schlüssig beweist, daß ein Fehlurteil vorlag, so ist derjenige, der auf Grund eines solchen Urteils eine Strafe verbüßt hat, entsprechend dem Gesetz zu entschädigen, sofern nicht nachgewiesen wird, daß das nicht rechtzeitige Bekanntwerden der betreffenden Tatsache ganz oder teilweise ihm zuzuschreiben ist.

(7) Niemand darf wegen einer strafbaren Handlung, wegen der er bereits nach dem Gesetz und dem Strafverfahrensrecht des jeweiligen Landes rechtskräftig verurteilt oder freigesprochen worden ist, erneut verfolgt oder bestraft werden.

Art. 15. (1) Niemand darf wegen einer Handlung oder Unterlassung verurteilt werden, die zur Zeit ihrer Begehung nach inländischem oder nach internationalem Recht nicht strafbar war. Ebenso darf keine schwerere Strafe als die im Zeitpunkt der Begehung der strafbaren Handlung angedrohte Strafe verhängt werden. Wird nach Begehung einer strafbaren Handlung durch Gesetz eine mildere Strafe eingeführt, so ist das mildere Gesetz anzuwenden.

(2) Dieser Artikel schließt die Verurteilung oder Bestrafung einer Person wegen einer Handlung oder Unterlassung nicht aus, die im Zeitpunkt ihrer Begehung nach den von der Völkergemeinschaft anerkannten allgemeinen Rechtsgrundsätzen strafbar war.

Art. 16. Jedermann hat das Recht, überall als rechtsfähig anerkannt zu werden.

Art. 17. (1) Niemand darf willkürlichen oder rechtswidrigen Eingriffen in sein Privatleben, seine Familie, seine Wohnung und seinen Schriftverkehr oder rechtswidrigen Beeinträchtigungen seiner Ehre und seines Rufes ausgesetzt werden.

(2) Jedermann hat Anspruch auf rechtlichen Schutz gegen solche Eingriffe oder Beeinträchtigungen.

Art. 18. (1) Jedermann hat das Recht auf Gedanken-, Gewissens- und Religionsfreiheit. Dieses Recht umfaßt die Freiheit, eine Religion oder eine Weltanschauung eigener Wahl zu haben oder anzunehmen, und die Freiheit, seine Religion oder Weltanschauung allein oder in Gemeinschaft mit anderen, öffentlich oder privat durch Gottesdienst, Beachtung religiöser Bräuche, Ausübung und Unterricht zu bekunden.

(2) Niemand darf einem Zwang ausgesetzt werden, der seine Freiheit, eine Religion oder eine Weltanschauung seiner Wahl zu haben oder anzunehmen, beeinträchtigen würde.

(3) Die Freiheit, seine Religion oder Weltanschauung zu bekunden, darf nur den gesetzlich vorgesehenen Einschränkungen unterworfen werden, die zum Schutz der öffentlichen Sicherheit, Ordnung, Gesundheit, Sittlichkeit oder der Grundrechte und -freiheiten anderer erforderlich sind.

(4) Die Vertragsstaaten verpflichten sich, die Freiheit der Eltern und gegebenenfalls des Vormunds oder Pflegers zu achten, die religiöse und sittliche Erziehung ihrer Kinder in Übereinstimmung mit ihren eigenen Überzeugungen sicherzustellen.

Art. 19. (1) Jedermann hat das Recht auf unbehinderte Meinungsfreiheit.

(2) Jedermann hat das Recht auf freie Meinungsäußerung; dieses Recht schließt die Freiheit ein, ohne Rücksicht auf Staatsgrenzen Informationen und Gedankengut jeder Art in Wort, Schrift oder Druck, durch Kunstwerke oder andere Mittel eigener Wahl sich zu beschaffen, zu empfangen und weiterzugeben.

(3) Die Ausübung der in Absatz 2 vorgesehenen Rechte ist mit besonderen Pflichten und einer besonderen Verantwortung verbunden. Sie kann daher bestimmten, gesetzlich vorgesehenen Einschränkungen unterworfen werden, die erforderlich sind
a) für die Achtung der Rechte oder des Rufs anderer;
b) für den Schutz der nationalen Sicherheit, der öffentlichen Ordnung (ordre public), der Volksgesundheit oder der öffentlichen Sittlichkeit.

Art. 20. (1) Jede Kriegspropaganda wird durch Gesetz verboten.

(2) Jedes Eintreten für nationalen, rassischen oder religiösen Haß, durch das zu Diskriminierung, Feindseligkeit oder Gewalt aufgestachelt wird, wird durch Gesetz verboten.

Art. 21. Das Recht, sich friedlich zu versammeln, wird anerkannt. Die Ausübung dieses Rechts darf keinen anderen als den gesetzlich vorgesehenen Einschränkungen unterworfen werden, die in einer demokratischen Gesellschaft im Interesse der nationalen oder der öffentlichen Sicherheit, der öffentlichen Ordnung (ordre public), zum Schutz der Volksgesundheit, der öffentlichen Sittlichkeit oder zum Schutz der Rechte und Freiheiten anderer notwendig sind.

Art. 22. (1) Jedermann hat das Recht, sich frei mit anderen zusammenzuschließen sowie zum Schutz seiner Interessen Gewerkschaften zu bilden und ihnen beizutreten.

(2) Die Ausübung dieses Rechts darf keinen anderen als den gesetzlich vorgesehenen Einschränkungen unterworfen werden, die in einer demokratischen Gesellschaft im Interesse der nationalen oder der öffentlichen Sicherheit, der öffentlichen Ordnung (ordre public), zum Schutz der Volksgesundheit, der öffentlichen Sittlichkeit oder zum Schutz der Rechte und Freiheiten anderer notwendig sind. Dieser Artikel steht gesetzlichen Einschränkungen der Ausübung dieses Rechts für Angehörige der Streitkräfte oder der Polizei nicht entgegen.

(3) Keine Bestimmung dieses Artikels ermächtigt die Vertragsstaaten des Übereinkommens der Internationalen Arbeitsorganisation von 1948 über die Vereinigungsfreiheit und den Schutz des Vereinigungsrechts, gesetzgeberische Maßnahmen zu treffen oder Gesetze so anzuwenden, daß die Garantien des oben genannten Übereinkommens beeinträchtigt werden.

Art. 23. (1) Die Familie ist die natürliche Kernzelle der Gesellschaft und hat Anspruch auf Schutz durch Gesellschaft und Staat.

(2) Das Recht von Mann und Frau, im heiratsfähigen Alter eine Ehe einzugehen und eine Familie zu gründen, wird anerkannt.

(3) Eine Ehe darf nur im freien und vollen Einverständnis der künftigen Ehegatten geschlossen werden.

(4) Die Vertragsstaaten werden durch geeignete Maßnahmen sicherstellen, daß die Ehegatten gleiche Rechte und Pflichten bei der Eheschließung, während der Ehe und bei Auflösung der Ehe haben. Für den nötigen Schutz der Kinder im Falle einer Auflösung der Ehe ist Sorge zu tragen.

Art. 24. (1) Jedes Kind hat ohne Diskriminierung hinsichtlich der Rasse, der Hautfarbe, des Geschlechts, der Sprache, der Religion, der nationalen oder sozialen Herkunft, des Vermögens oder der Geburt das Recht auf diejenigen Schutzmaßnahmen durch seine Familie, die Gesellschaft und den Staat, die seine Rechtsstellung als Minderjähriger erfordert.

(2) Jedes Kind muß unverzüglich nach seiner Geburt in ein Register eingetragen werden und einen Namen erhalten.

(3) Jedes Kind hat das Recht, eine Staatsangehörigkeit zu erwerben.

Art. 25. Jeder Staatsbürger hat das Recht und die Möglichkeit, ohne Unterschied nach den in Artikel 2 genannten Merkmalen und ohne unangemessene Einschränkungen
a) an der Gestaltung der öffentlichen Angelegenheiten unmittelbar oder durch frei gewählte Vertreter teilzunehmen;
b) bei echten, wiederkehrenden, allgemeinen, gleichen und geheimen Wahlen, bei denen die freie Äußerung des Wählerwillens gewährleistet ist, zu wählen und gewählt zu werden;
c) unter allgemeinen Gesichtspunkten der Gleichheit zu öffentlichen Ämtern seines Landes Zugang zu haben.

Art. 26. Alle Menschen sind vor dem Gesetz gleich und haben ohne Diskriminierung Anspruch auf gleichen Schutz durch das Gesetz. In dieser Hinsicht hat das Gesetz jede Diskriminierung zu verbieten und allen Menschen gegen jede Diskriminierung, wie insbesondere wegen der Rasse, der Hautfarbe, des Geschlechts, der Sprache, der Religion, der politischen oder sonstigen Anschauung, der nationalen oder sozialen Herkunft, des Vermögens, der Geburt oder des sonstigen Status, gleichen und wirksamen Schutz zu gewährleisten.

Art. 27. In Staaten mit ethnischen, religiösen oder sprachlichen Minderheiten darf Angehörigen solcher Minderheiten nicht das Recht vorenthalten werden, gemeinsam mit anderen Angehörigen ihrer Gruppe ihr eigenes kulturelles Leben zu pflegen, ihre eigene Religion zu bekennen und auszuüben oder sich ihrer eigenen Sprache zu bedienen.

Teil IV

Art. 28. (1) Es wird ein Ausschuß für Menschenrechte (im folgenden als „Ausschuß" bezeichnet) errichtet. Er besteht aus achtzehn Mitgliedern und nimmt die nachstehend festgelegten Aufgaben wahr.

(2) Der Ausschuß setzt sich aus Staatsangehörigen der Vertragsstaaten zusammen, die Persönlichkeiten von hohem sittlichen Ansehen und anerkannter Sachkenntnis auf dem Gebiet der Menschenrechte sind, wobei die Zweckmäßigkeit der Beteiligung von Personen mit juristischer Erfahrung zu berücksichtigen ist.

(3) Die Mitglieder des Ausschusses werden in ihrer persönlichen Eigenschaft gewählt und sind in dieser Eigenschaft tätig.

Art. 29. (1) Die Mitglieder des Ausschusses werden in geheimer Wahl aus einer Liste von Personen gewählt, die die in Artikel 28 vorgeschriebenen Anforderungen erfüllen und von den Vertragsstaaten dafür vorgeschlagen worden sind.

(2) Jeder Vertragsstaat darf höchstens zwei Personen vorschlagen. Diese müssen Staatsangehörige des sie vorschlagenden Staates sein.

(3) Eine Person kann wieder vorgeschlagen werden.

Art. 30. (1) Die erste Wahl findet spätestens sechs Monate nach Inkrafttreten dieses Paktes statt.

(2) Spätestens vier Monate vor jeder Wahl zum Ausschuß – außer bei einer Wahl zur Besetzung eines gemäß Artikel 34 für frei geworden erklärten Sitzes – fordert der Generalsekretär der Vereinten Nationen die Vertragsstaaten schriftlich auf, ihre Kandidaten für den Ausschuß innerhalb von drei Monaten vorzuschlagen.

(3) Der Generalsekretär der Vereinten Nationen fertigt eine alphabetische Liste aller auf diese Weise vorgeschlagenen Personen unter Angabe der Vertragsstaaten, die sie vorgeschlagen haben, an und übermittelt sie den Vertragsstaaten spätestens einen Monat vor jeder Wahl.

(4) Die Wahl der Ausschußmitglieder findet in einer vom Generalsekretär der Vereinten Nationen am Sitz dieser Organisation einberufenen Versammlung der Vertragsstaaten statt. In dieser Versammlung, die beschlußfähig ist, wenn zwei Drittel der Vertragsstaaten vertreten sind, gelten diejenigen Kandidaten als in den Ausschuß gewählt, die die höchste Stimmenzahl und die absolute Stimmenmehrheit der anwesenden und abstimmenden Vertreter der Vertragsstaaten auf sich vereinigen.

Art. 31. (1) Dem Ausschuß darf nicht mehr als ein Angehöriger desselben Staates angehören.

(2) Bei den Wahlen zum Ausschuß ist auf eine gerechte geographische Verteilung der Sitze und auf die Vertretung der verschiedenen Zivilisationsformen sowie der hauptsächlichen Rechtssysteme zu achten.

Art. 32. (1) Die Ausschußmitglieder werden für vier Jahre gewählt. Auf erneuten Vorschlag können sie wiedergewählt werden. Die Amtszeit von neun der bei der ersten Wahl gewählten Mitglieder läuft jedoch nach zwei Jahren ab; unmittelbar nach der ersten Wahl werden die Namen dieser neun Mitglieder vom Vorsitzenden der in Artikel 30 Absatz 4 genannten Versammlung durch das Los bestimmt.

(2) Für Wahlen nach Ablauf einer Amtszeit gelten die vorstehenden Artikel dieses Teils des Paktes.

Art. 33. (1) Nimmt ein Ausschußmitglied nach einstimmiger Feststellung der anderen Mitglieder seine Aufgaben aus einem anderen Grund als wegen vorübergehender Abwesenheit nicht mehr wahr, so teilt der Vorsitzende des Ausschusses dies dem Generalsekretär der Vereinten Nationen mit, der daraufhin den Sitz des betreffenden Mitglieds für frei geworden erklärt.

(2) Der Vorsitzende teilt den Tod oder Rücktritt eines Ausschußmitglieds unverzüglich dem Generalsekretär der Vereinten Nationen mit, der den Sitz vom Tag des Todes oder vom Wirksamwerden des Rücktritts an für frei geworden erklärt.

Art. 34. (1) Wird ein Sitz nach Artikel 33 für frei geworden erklärt und läuft die Amtszeit des zu ersetzenden Mitglieds nicht innerhalb von sechs Monaten nach dieser Erklärung ab, so teilt der Generalsekretär der Vereinten Nationen dies allen Vertragsstaaten mit, die innerhalb von zwei Monaten nach Maßgabe des Artikels 29 Kandidaten zur Besetzung des frei gewordenen Sitzes vorschlagen können.

(2) Der Generalsekretär der Vereinten Nationen fertigt eine alphabetische Liste der auf diese Weise vorgeschlagenen Personen an und übermittelt sie den Vertragsstaaten. Sodann findet die Wahl zur Besetzung des frei gewordenen Sitzes entsprechend den einschlägigen Bestimmungen dieses Teils des Paktes statt.

(3) Die Amtszeit eines Ausschußmitglieds, das auf einen nach Artikel 33 für frei geworden erklärten Sitz gewählt worden ist, dauert bis zum Ende der Amtszeit des Mitglieds, dessen Sitz im Ausschuß nach Maßgabe des genannten Artikels frei geworden ist.

Art. 35. Die Ausschußmitglieder erhalten mit Zustimmung der Generalversammlung der Vereinten Nationen aus Mitteln der Vereinten Nationen Bezüge, wobei die Einzelheiten von der Generalversammlung unter Berücksichtigung der Bedeutung der Aufgaben des Ausschusses festgesetzt werden.

Art. 36. Der Generalsekretär der Vereinten Nationen stellt dem Ausschuß das Personal und die Einrichtungen zur Verfügung, die dieser zur wirksamen Durchführung der ihm nach diesem Pakt obliegenden Aufgaben benötigt.

Art. 37. (1) Der Generalsekretär der Vereinten Nationen beruft die erste Sitzung des Ausschusses am Sitz der Vereinten Nationen ein.

(2) Nach seiner ersten Sitzung tritt der Ausschuß zu den in seiner Geschäftsordnung vorgesehenen Zeiten zusammen.

(3) Die Sitzungen des Ausschusses finden in der Regel am Sitz der Vereinten Nationen oder beim Büro der Vereinten Nationen in Genf statt.

Art. 38. Jedes Ausschußmitglied hat vor Aufnahme seiner Amtstätigkeit in öffentlicher Sitzung des Ausschusses feierlich zu erklären, daß es sein Amt unparteiisch und gewissenhaft ausüben werde.

Art. 39. (1) Der Ausschuß wählt seinen Vorstand für zwei Jahre. Eine Wiederwahl der Mitglieder des Vorstands ist zulässig.

(2) Der Ausschuß gibt sich eine Geschäftsordnung, die unter anderem folgende Bestimmungen enthalten muß:
a) Der Ausschuß ist bei Anwesenheit von zwölf Mitgliedern beschlußfähig;
b) der Ausschuß faßt seine Beschlüsse mit der Mehrheit der anwesenden Mitglieder.

Art. 40. (1) Die Vertragsstaaten verpflichten sich, über die Maßnahmen, die sie zur Verwirklichung der in diesem Pakt anerkannten Rechte getroffen haben, und über die dabei erzielten Fortschritte Berichte vorzulegen, und zwar
a) innerhalb eines Jahres nach Inkrafttreten dieses Paktes für den betreffenden Vertragsstaat,
b) danach jeweils auf Anforderung des Ausschusses.

(2) Alle Berichte sind dem Generalsekretär der Vereinten Nationen zu übermitteln, der sie dem Ausschuß zur Prüfung zuleitet. In den Berichten ist auf etwa bestehende Umstände und Schwierigkeiten hinzuweisen, die die Durchführung dieses Paktes behindern.

(3) Der Generalsekretär der Vereinten Nationen kann nach Beratung mit dem Ausschuß den Sonderorganisationen Abschriften der in ihren Zuständigkeitsbereich fallenden Teile der Berichte zuleiten.

(4) Der Ausschuß prüft die von den Vertragsstaaten eingereichten Berichte. Er übersendet den Vertragsstaaten seine eigenen Berichte sowie ihm geeignet erscheinende allgemeine Bemerkungen. Der Ausschuß kann diese Bemerkungen zusammen mit Abschriften der von den Vertragsstaaten empfangenen Berichte auch dem Wirtschafts- und Sozialrat zuleiten.

(5) Die Vertragsstaaten können dem Ausschuß Stellungnahmen zu den nach Absatz 4 abgegebenen Bemerkungen übermitteln.

Art. 41. (1) Ein Vertragsstaat kann auf Grund dieses Artikels jederzeit erklären, daß er die Zuständigkeit des Ausschusses zur Entgegennahme und Prüfung von Mitteilungen anerkennt, in denen ein Vertragsstaat geltend macht, ein anderer Vertragsstaat komme seinen Verpflichtungen aus diesem Pakt nicht nach. Mitteilungen auf Grund dieses Artikels können nur entgegengenommen und geprüft werden, wenn sie von einem Vertragsstaat eingereicht werden, der für sich selbst die Zuständigkeit des Ausschusses durch eine Erklärung anerkannt hat. Der Ausschuß darf keine Mitteilung entgegennehmen, die einen Vertragsstaat betrifft, der keine derartige Erklärung abgegeben hat. Auf Mitteilungen, die auf Grund dieses Artikels eingehen, ist folgendes Verfahren anzuwenden:

a) Ist ein Vertragsstaat der Auffassung, daß ein anderer Vertragsstaat die Bestimmungen dieses Paktes nicht durchführt, so kann er den anderen Staat durch eine schriftliche Mitteilung darauf hinweisen. Innerhalb von drei Monaten nach Zugang der Mitteilung hat der Empfangsstaat dem Staat, der die Mitteilung übersandt hat, in bezug auf die Sache eine schriftliche Erklärung oder sonstige Stellungnahme zukommen zu lassen, die, soweit es möglich und angebracht ist, einen Hinweis auf die in der Sache durchgeführten, anhängigen oder zur Verfügung stehenden innerstaatlichen Verfahren und Rechtsbehelfe enthalten soll.

b) Wird die Sache nicht innerhalb von sechs Monaten nach Eingang der einleitenden Mitteilung bei dem Empfangsstaat zur Zufriedenheit der beiden beteiligten Vertragsstaaten geregelt, so hat jeder der beiden Staaten das Recht, die Sache dem Ausschuß zu unterbreiten, indem er diesem und dem anderen Staat eine entsprechende Mitteilung macht.

c) Der Ausschuß befaßt sich mit einer ihm unterbreiteten Sache erst dann, wenn er sich Gewißheit verschafft hat, daß alle in der Sache zur Verfügung stehenden innerstaatlichen Rechtsbehelfe in Übereinstimmung mit den allgemein anerkannten Grundsätzen des Völkerrechts eingelegt und erschöpft worden sind. Dies gilt nicht, wenn das Verfahren bei der Anwendung der Rechtsbehelfe unangemessen lange gedauert hat.

d) Der Ausschuß berät über Mitteilungen auf Grund dieses Artikels in nichtöffentlicher Sitzung.

e) Sofern die Voraussetzungen des Buchstaben c erfüllt sind, stellt der Ausschuß den beteiligten Vertragsstaaten seine guten Dienste zur Verfügung, um eine gütliche Regelung der Sache auf der Grundlage der Achtung der in diesem Pakt anerkannten Menschenrechte und Grundfreiheiten herbeizuführen.

f) Der Ausschuß kann in jeder ihm unterbreiteten Sache die unter Buchstabe b genannten beteiligten Vertragsstaaten auffordern, alle erheblichen Angaben beizubringen.

g) Die unter Buchstabe b genannten beteiligten Vertragsstaaten haben das Recht, sich vertreten zu lassen sowie mündlich und/oder schriftlich Stellung zu nehmen, wenn die Sache vom Ausschuß verhandelt wird.

h) Der Ausschuß legt innerhalb von zwölf Monaten nach Eingang der unter Buchstabe b vorgesehenen Mitteilung einen Bericht vor:
i) Wenn eine Regelung im Sinne von Buchstabe e zustandegekommen ist, beschränkt der Ausschuß seinen Bericht auf eine kurze Darstellung des Sachverhalts und der erzielten Regelung;
ii) wenn eine Regelung im Sinne von Buchstabe e nicht zustandegekommen ist, beschränkt der Ausschuß seinen Bericht auf eine kurze Dar-

stellung des Sachverhalts; die schriftlichen Stellungnahmen und das Protokoll über die mündlichen Stellungnahmen der beteiligten Vertragsparteien sind dem Bericht beizufügen.
In jedem Falle wird der Bericht den beteiligten Vertragsstaaten übermittelt.

(2) Die Bestimmungen dieses Artikels treten in Kraft, wenn zehn Vertragsstaaten Erklärungen nach Absatz 1 abgegeben haben. Diese Erklärungen werden von den Vertragsstaaten beim Generalsekretär der Vereinten Nationen hinterlegt, der den anderen Vertragsstaaten Abschriften davon übermittelt. Eine Erklärung kann jederzeit durch eine an den Generalsekretär gerichtete Notifikation zurückgenommen werden. Eine solche Zurücknahme berührt nicht die Prüfung einer Sache, die Gegenstand einer auf Grund dieses Artikels bereits vorgenommenen Mitteilung ist; nach Eingang der Notifikation über die Zurücknahme der Erklärung beim Generalsekretär wird keine weitere Mitteilung eines Vertragsstaates entgegengenommen, es sei denn, daß der betroffene Vertragsstaat eine neue Erklärung abgegeben hat.

Art. 42. (1) a) Wird eine nach Artikel 41 dem Ausschuß unterbreitete Sache nicht zur Zufriedenheit der beteiligten Vertragsstaaten geregelt, so kann der Ausschuß mit vorheriger Zustimmung der beteiligten Vertragsstaaten eine ad hoc-Vergleichskommission (im folgenden als „Kommission" bezeichnet) einsetzen. Die Kommission stellt den beteiligten Vertragsstaaten ihre guten Dienste zur Verfügung, um auf der Grundlage der Achtung dieses Paktes eine gütliche Regelung der Sache herbeizuführen.

b) Die Kommission besteht aus fünf mit Einverständnis der beteiligten Vertragsstaaten ernannten Personen. Können sich die beteiligten Vertragsstaaten nicht innerhalb von drei Monaten über die vollständige oder teilweise Zusammensetzung der Kommission einigen, so wählt der Ausschuß aus seiner Mitte die Kommissionsmitglieder, über die keine Einigung erzielt worden ist, in geheimer Abstimmung mit einer Mehrheit von zwei Dritteln seiner Mitglieder.

(2) Die Mitglieder der Kommission sind in ihrer persönlichen Eigenschaft tätig. Sie dürfen nicht Staatsangehörige der beteiligten Vertragsstaaten, eines Nichtvertragsstaates oder eines Vertragsstaates sein, der eine Erklärung gemäß Artikel 41 nicht abgegeben hat.

(3) Die Kommission wählt ihren Vorsitzenden und gibt sich eine Geschäftsordnung.

(4) Die Sitzungen der Kommission finden in der Regel am Sitz der Vereinten Nationen oder beim Büro der Vereinten Nationen in Genf statt.
Sie können jedoch auch an jedem anderen geeigneten Ort stattfinden, den die Kommission im Benehmen mit dem Generalsekretär der Vereinten Nationen und den beteiligten Vertragsstaaten bestimmt.

(5) Das in Artikel 36 vorgesehene Sekretariat steht auch den auf Grund dieses Artikels eingesetzten Kommissionen zur Verfügung.

(6) Die dem Ausschuß zugegangenen und von ihm zusammengestellten Angaben sind der Kommission zugänglich zu machen, und die Kommission kann die beteiligten Vertragsstaaten um weitere erhebliche Angaben ersuchen.

(7) Die Kommission legt, sobald sie die Sache vollständig geprüft hat, keinesfalls jedoch später als zwölf Monate, nachdem sie damit befaßt worden ist,

dem Vorsitzenden des Ausschusses einen Bericht zur Übermittlung an die beteiligten Vertragsstaaten vor:

a) Wenn die Kommission die Prüfung der Sache nicht innerhalb von zwölf Monaten abschließen kann, beschränkt sie ihren Bericht auf eine kurze Darstellung des Standes ihrer Prüfung;

b) wenn die Sache auf der Grundlage der Achtung der in diesem Pakt anerkannten Menschenrechte gütlich geregelt worden ist, beschränkt die Kommission ihren Bericht auf eine kurze Darstellung des Sachverhalts und der erzielten Regelung;

c) wenn eine Regelung im Sinne von Buchstabe b nicht erzielt worden ist, nimmt die Kommission in ihren Bericht ihre Feststellungen zu allen für den Streit zwischen den beteiligten Vertragsstaaten erheblichen Sachfragen sowie ihre Ansichten über Möglichkeiten einer gütlichen Regelung auf. Der Bericht enthält auch die schriftlichen Stellungnahmen der beteiligten Vertragsstaaten und ein Protokoll über ihre mündlichen Stellungnahmen;

d) wenn der Bericht der Kommission gemäß Buchstabe c vorgelegt wird, teilen die beteiligten Vertragsstaaten dem Vorsitzenden des Ausschusses innerhalb von drei Monaten nach Erhalt des Berichts mit, ob sie mit dem Inhalt des Kommissionsberichts einverstanden sind.

(8) Die Bestimmungen dieses Artikels lassen die in Artikel 41 vorgesehenen Aufgaben des Ausschusses unberührt.

(9) Die beteiligten Vertragsstaaten tragen gleichermaßen alle Ausgaben der Kommissionsmitglieder auf der Grundlage von Voranschlägen, die der Generalsekretär der Vereinten Nationen erstellt.

(10) Der Generalsekretär der Vereinten Nationen ist befugt, erforderlichenfalls für die Ausgaben der Kommissionsmitglieder aufzukommen, bevor die beteiligten Vertragsstaaten sie nach Absatz 9 erstattet haben.

Art. 43. Die Mitglieder des Ausschusses und der ad hoc-Vergleichskommissionen, die nach Artikel 42 bestimmt werden können, haben Anspruch auf die Erleichterungen, Vorrechte und Befreiungen, die in den einschlägigen Abschnitten des Übereinkommens über die Vorrechte und Befreiungen der Vereinten Nationen für die im Auftrag der Vereinten Nationen tätigen Sachverständigen vorgesehen sind.

Art. 44. Die Bestimmungen über die Durchführung dieses Paktes sind unbeschadet der Verfahren anzuwenden, die auf dem Gebiet der Menschenrechte durch oder auf Grund der Satzungen und Übereinkommen der Vereinten Nationen und der Sonderorganisationen vorgeschrieben sind und hindern die Vertragsstaaten nicht, in Übereinstimmung mit den zwischen ihnen in Kraft befindlichen allgemeinen oder besonderen internationalen Übereinkünften andere Verfahren zur Beilegung von Streitigkeiten anzuwenden.

Art. 45. Der Ausschuß legt der Generalversammlung der Vereinten Nationen auf dem Wege über den Wirtschafts- und Sozialrat einen Jahresbericht über seine Tätigkeit vor.

Teil V

Art. 46. Keine Bestimmung dieses Paktes ist so auszulegen, daß sie die Bestimmungen der Charta der Vereinten Nationen und der Satzungen der Sonderorganisationen beschränkt, in denen die jeweiligen Aufgaben der verschiedenen Organe der Vereinten Nationen und der Sonderorganisationen hinsichtlich der in diesem Pakt behandelten Fragen geregelt sind.

Art. 47. Keine Bestimmung dieses Paktes ist so auszulegen, daß sie das allen Völkern innewohnende Recht auf den Genuß und die volle und freie Nutzung ihrer natürlichen Reichtümer und Mittel beeinträchtigt.

Teil VI

Art. 48. (1) Dieser Pakt liegt für alle Mitgliedstaaten der Vereinten Nationen, für alle Mitglieder einer ihrer Sonderorganisationen, für alle Vertragsstaaten der Satzung des Internationalen Gerichtshofs und für jeden anderen Staat, den die Generalversammlung der Vereinten Nationen einlädt, Vertragspartei dieses Paktes zu werden, zur Unterzeichnung auf.

(2) Dieser Pakt bedarf der Ratifikation. Die Ratifikationsurkunden sind beim Generalsekretär der Vereinten Nationen zu hinterlegen.

(3) Dieser Pakt liegt für jeden in Absatz 1 bezeichneten Staat zum Beitritt auf.

(4) Der Beitritt erfolgt durch Hinterlegung einer Beitrittsurkunde beim Generalsekretär der Vereinten Nationen.

(5) Der Generalsekretär der Vereinten Nationen unterrichtet alle Staaten, die diesen Pakt unterzeichnet haben oder ihm beigetreten sind, von der Hinterlegung jeder Ratifikations- oder Beitrittsurkunde.

Art. 49. (1) Dieser Pakt tritt drei Monate nach Hinterlegung der fünfunddreißigsten Ratifikations- oder Beitrittsurkunde beim Generalsekretär der Vereinten Nationen in Kraft.

(2) Für jeden Staat, der nach Hinterlegung der fünfunddreißigsten Ratifikations- oder Beitrittsurkunde diesen Pakt ratifiziert oder ihm beitritt, tritt er drei Monate nach Hinterlegung seiner eigenen Ratifikations- oder Beitrittsurkunde in Kraft.

Art. 50. Die Bestimmungen dieses Paktes gelten ohne Einschränkung oder Ausnahme für alle Teile eines Bundesstaates.

Art. 51. (1) Jeder Vertragsstaat kann eine Änderung des Paktes vorschlagen und ihren Wortlaut beim Generalsekretär der Vereinten Nationen einreichen. Der Generalsekretär übermittelt sodann alle Änderungsvorschläge den Vertragsstaaten mit der Aufforderung, ihm mitzuteilen, ob sie eine Konferenz der Vertragsstaaten zur Beratung und Abstimmung über die Vorschläge befürworten. Befürwortet wenigstens ein Drittel der Vertragsstaaten eine solche Konferenz, so beruft der Generalsekretär die Konferenz unter der Schirmherrschaft der Vereinten Nationen ein. Jede Änderung, die von der Mehrheit der auf der Konferenz anwesenden und abstimmenden Vertragsstaaten angenommen wird, ist der Generalversammlung der Vereinten Nationen zur Billigung vorzulegen.

(2) Die Änderungen treten in Kraft, wenn sie von der Generalversammlung der Vereinten Nationen gebilligt und von einer Zweidrittelmehrheit der Vertragsstaaten nach Maßgabe der in ihrer Verfassung vorgesehenen Verfahren angenommen worden sind.

(3) Treten die Änderungen in Kraft, so sind sie für die Vertragsstaaten, die sie angenommen haben, verbindlich, während für die anderen Vertragsstaaten weiterhin die Bestimmungen dieses Paktes und alle früher von ihnen angenommenen Änderungen gelten.

Art. 52. Unabhängig von den Notifikationen nach Artikel 48 Absatz 5 unterrichtet der Generalsekretär der Vereinten Nationen alle in Absatz 1 jenes Artikels bezeichneten Staaten

a) von den Unterzeichnungen, Ratifikationen und Beitritten nach Artikel 48;
b) vom Zeitpunkt des Inkrafttretens dieses Paktes nach Artikel 49 und vom Zeitpunkt des Inkrafttretens von Änderungen nach Artikel 51.

Art. 53. (1) Dieser Pakt, dessen chinesischer, englischer, französischer, russischer und spanischer Wortlaut gleichermaßen verbindlich ist, wird im Archiv der Vereinten Nationen hinterlegt.

(2) Der Generalsekretär der Vereinten Nationen übermittelt allen in Artikel 48 bezeichneten Staaten beglaubigte Abschriften dieses Paktes.

17 a. Fakultativprotokoll zum Internationalen Pakt über bürgerliche und politische Rechte[1]·[2]

(19. 12. 1966)

(Übersetzung)

Die Vertragsstaaten dieses Protokolls –

in der Erwägung, daß es zur weiteren Verwirklichung der Ziele des Paktes über bürgerliche und politische Rechte (im folgenden als „Pakt" bezeichnet) und zur Durchführung seiner Bestimmungen angebracht wäre, den nach Teil IV des Paktes errichteten Ausschuß für Menschenrechte (im folgenden als „Ausschuß" bezeichnet) zu ermächtigen, nach Maßgabe dieses Protokolls Mitteilungen von Einzelpersonen, die behaupten, Opfer einer Verletzung eines in dem Pakt niedergelegten Rechts zu sein, entgegenzunehmen und zu prüfen –

haben folgendes vereinbart:

Art. 1. Jeder Vertragsstaat des Paktes, der Vertragspartei dieses Protokolls wird, erkennt die Zuständigkeit des Ausschusses für die Entgegennahme und Prüfung von Mitteilungen seiner Herrschaftsgewalt unterstehender Einzelpersonen an, die behaupten, Opfer einer Verletzung eines in dem Pakt niedergelegten Rechts durch diesen Vertragsstaat zu sein. Der Ausschuß nimmt keine Mitteilung entgegen, die einen Vertragsstaat des Paktes betrifft, der nicht Vertragspartei dieses Protokolls ist.

Art. 2. Vorbehaltlich des Artikels 1 können Einzelpersonen, die behaupten, in einem ihrer im Pakt niedergelegten Rechte verletzt zu sein, und die alle zur Verfügung stehenden innerstaatlichen Rechtsbehelfe erschöpft haben, dem Ausschuß eine schriftliche Mitteilung zur Prüfung einreichen.

Art. 3. Der Ausschuß erklärt jede nach diesem Protokoll eingereichte Mitteilung für unzulässig, die anonym ist oder die er für einen Mißbrauch des Rechts auf Einreichung solcher Mitteilungen oder für unvereinbar mit den Bestimmungen des Paktes hält.

Art. 4. (1) Vorbehaltlich des Artikels 3 bringt der Ausschuß jede ihm nach diesem Protokoll eingereichte Mitteilung dem Vertragsstaat dieses Protokolls zur Kenntnis, dem vorgeworfen wird, eine Bestimmung des Paktes verletzt zu haben.

(2) Der betroffene Staat hat dem Ausschuß innerhalb von sechs Monaten schriftliche Erklärungen oder Stellungnahmen zur Klärung der Sache zu übermitteln und die gegebenenfalls von ihm getroffenen Abhilfemaßnahmen mitzuteilen.

---

[1] Aus BGBl. 1992 II S. 1247.
[2] Internationale Quelle: UNTS Vol. 999 p. 171.

Art. 5. (1) Der Ausschuß prüft die ihm nach diesem Protokoll zugegangenen Mitteilungen unter Berücksichtigung aller ihm von der Einzelperson und dem betroffenen Vertragsstaat unterbreiteten schriftlichen Angaben.

(2) Der Ausschuß prüft die Mitteilung einer Einzelperson nur, wenn er sich vergewissert hat,

a) daß dieselbe Sache nicht bereits in einem anderen internationalen Untersuchungs- oder Streitregelungsverfahren geprüft wird;

b) daß die Einzelperson alle zur Verfügung stehenden innerstaatlichen Rechtsbehelfe erschöpft hat. Dies gilt jedoch nicht, wenn das Verfahren bei der Anwendung der Rechtsbehelfe unangemessen lange gedauert hat.

(3) Der Ausschuß berät über Mitteilungen auf Grund dieses Protokolls in nichtöffentlicher Sitzung.

(4) Der Ausschuß teilt seine Auffassungen dem betroffenen Vertragsstaat und der Einzelperson mit.

Art. 6. Der Ausschuß nimmt in seinen Jahresbericht nach Artikel 45 des Paktes eine Übersicht über seine Tätigkeit auf Grund dieses Protokolls auf.

Art. 7. Bis zur Verwirklichung der Ziele der Entschließung 1514 (XV) der Generalversammlung der Vereinten Nationen vom 14. Dezember 1960 betreffend die Erklärung über die Gewährung der Unabhängigkeit an Kolonialgebiete und Kolonialvölker wird das diesen Völkern durch die Charta der Vereinten Nationen und andere internationale Übereinkommen und Vereinbarungen im Rahmen der Vereinten Nationen und ihrer Sonderorganisationen gewährte Petitionsrecht durch dieses Protokoll in keiner Weise eingeschränkt.

Art. 8. (1) Dieses Protokoll liegt für jeden Staat, der den Pakt unterzeichnet hat, zur Unterzeichnung auf.

(2) Dieses Protokoll bedarf der Ratifikation, die von allen Staaten vorgenommen werden kann, die den Pakt ratifiziert haben oder ihm beigetreten sind. Die Ratifikationsurkunden sind beim Generalsekretär der Vereinten Nationen zu hinterlegen.

(3) Dieses Protokoll liegt für jeden Staat, der den Pakt ratifiziert hat oder ihm beigetreten ist, zum Beitritt auf.

(4) Der Beitritt erfolgt durch Hinterlegung einer Beitrittsurkunde beim Generalsekretär der Vereinten Nationen.

(5) Der Generalsekretär der Vereinten Nationen unterrichtet alle Staaten, die dieses Protokoll unterzeichnet haben oder ihm beigetreten sind, von der Hinterlegung jeder Ratifikations- oder Beitrittsurkunde.

Art. 9. (1) Vorbehaltlich des Inkrafttretens des Paktes tritt dieses Protokoll drei Monate nach Hinterlegung der zehnten Ratifikations- oder Beitrittsurkunde beim Generalsekretär der Vereinten Nationen in Kraft.

(2) Für jeden Staat, der nach Hinterlegung der zehnten Ratifikations- oder Beitrittsurkunde dieses Protokoll ratifiziert oder ihm beitritt, tritt es drei Monate nach Hinterlegung seiner eigenen Ratifikations- oder Beitrittsurkunde in Kraft.

Art. 10. Die Bestimmungen dieses Protokolls gelten ohne Einschränkung oder Ausnahme für alle Teile eines Bundesstaates.

Art. 11. (1) Jeder Vertragsstaat dieses Protokolls kann eine Änderung vorschlagen und ihren Wortlaut beim Generalsekretär der Vereinten Nationen einreichen. Der Generalsekretär übermittelt sodann alle Änderungsvorschläge den Vertragsstaaten dieses Protokolls mit der Aufforderung, ihm mitzuteilen, ob sie eine Konferenz der Vertragsstaaten zur Beratung und Abstimmung über die Vorschläge befürworten. Befürwortet wenigstens ein Drittel der Vertragsstaaten eine solche Konferenz, so beruft der Generalsekretär die Konferenz unter der Schirmherrschaft der Vereinten Nationen ein. Jede Änderung, die von der Mehrheit der auf der Konferenz anwesenden und abstimmenden Vertragsstaaten angenommen wird, ist der Generalversammlung der Vereinten Nationen zur Billigung vorzulegen.

(2) Die Änderungen treten in Kraft, wenn sie von der Generalversammlung der Vereinten Nationen gebilligt und von einer Zweidrittelmehrheit der Vertragsstaaten dieses Protokolls nach Maßgabe der in ihrer Verfassung vorgesehenen Verfahren angenommen worden sind.

(3) Treten die Änderungen in Kraft, so sind sie für die Vertragsstaaten, die sie angenommen haben, verbindlich, während für die anderen Vertragsstaaten weiterhin die Bestimmungen dieses Protokolls und alle früher von ihnen angenommenen Änderungen gelten.

Art. 12. (1) Jeder Vertragsstaat kann dieses Protokoll jederzeit durch schriftliche Notifikation an den Generalsekretär der Vereinten Nationen kündigen. Die Kündigung wird drei Monate nach Eingang der Notifikation beim Generalsekretär wirksam.

(2) Die Kündigung berührt nicht die weitere Anwendung dieses Protokolls auf Mitteilungen nach Artikel 2, die vor dem Wirksamwerden der Kündigung eingegangen sind.

Art. 13. Unabhängig von den Notifikationen nach Artikel 8 Absatz 5 dieses Protokolls unterrichtet der Generalsekretär der Vereinten Nationen alle in Artikel 48 Absatz 1 des Paktes bezeichneten Staaten
a) von den Unterzeichnungen, Ratifikationen und Beitritten nach Artikel 8;
b) vom Zeitpunkt des Inkrafttretens dieses Protokolls nach Artikel 9 und vom Zeitpunkt des Inkrafttretens von Änderungen nach Artikel 11;
c) von Kündigungen nach Artikel 12.

Art. 14. (1) Dieses Protokoll, dessen chinesischer, englischer, französischer, russischer und spanischer Wortlaut gleichermaßen verbindlich ist, wird im Archiv der Vereinten Nationen hinterlegt.

(2) Der Generalsekretär der Vereinten Nationen übermittelt allen in Artikel 48 des Paktes bezeichneten Staaten beglaubigte Abschriften dieses Protokolls.

17 b. Zweites Fakultativprotokoll zu dem Internationalen Pakt über bürgerliche und politische Rechte zur Abschaffung der Todesstrafe[1]·[2]

(15. 12. 1989)[3]

(Übersetzung)

Die Vertragsstaaten dieses Protokolls –

im Vertrauen darauf, daß die Abschaffung der Todesstrafe zur Förderung der Menschenwürde und zur fortschreitenden Entwicklung der Menschenrechte beiträgt,

unter Hinweis auf Artikel 3 der am 10. Dezember 1948 angenommenen Allgemeinen Erklärung der Menschenrechte und auf Artikel 6 des am 16. Dezember 1966 angenommenen Internationalen Paktes über bürgerliche und politische Rechte,

in Anbetracht dessen, daß Artikel 6 des Internationalen Paktes über bürgerliche und politische Rechte auf die Abschaffung der Todesstrafe in einer Weise Bezug nimmt, die eindeutig zu verstehen gibt, daß die Abschaffung wünschenswert ist,

überzeugt, daß alle Maßnahmen zur Abschaffung der Todesstrafe im Hinblick auf die Wahrung des Rechtes auf Leben einen Fortschritt bedeuten,

in dem Wunsch, hiermit eine internationale Verpflichtung zur Abschaffung der Todesstrafe einzugehen –

haben folgendes vereinbart:

Art. 1. (1) Niemand, der der Hoheitsgewalt eines Vertragsstaats dieses Fakultativprotokolls untersteht, darf hingerichtet werden.

(2) Jeder Vertragsstaat ergreift alle erforderlichen Maßnahmen, um die Todesstrafe in seinem Hoheitsbereich abzuschaffen.

Art. 2. Vorbehalte zu diesem Protokoll sind nicht zulässig, ausgenommen ein im Zeitpunkt der Ratifikation oder des Beitritts angebrachter Vorbehalt, der die Anwendung der Todesstrafe in Kriegszeiten aufgrund einer Verurteilung wegen eines in Kriegszeiten begangenen besonders schweren Verbrechens militärischer Art vorsieht.

(2) Ein Vertragsstaat, der einen solchen Vorbehalt anbringt, wird dem Generalsekretär der Vereinten Nationen im Zeitpunkt der Ratifikation oder des Beitritts die in Kriegszeiten anzuwendenden einschlägigen Bestimmungen seiner innerstaatlichen Rechtsvorschriften mitteilen.

(3) Ein Vertragsstaat, der einen solchen Vorbehalt angebracht hat, wird dem Generalsekretär der Vereinten Nationen Beginn und Ende eines für sein Hoheitsgebiet geltenden Kriegszustands notifizieren.

---

[1] Aus BGBl. 1992 II S. 391.
[2] Internationale Quelle: GAOR, 44th Session, Resolutions, Suppl. No. 49, Vol. I (UN-Doc. A/44/49) P. 206.
[3] Das Datum bezeichnet den Zeitpunkt, seit dem das Protokoll zur Unterzeichnung aufliegt.

Art. 3. Die Vertragsstaaten dieses Protokolls nehmen in die Berichte, die sie nach Artikel 40 des Paktes dem Ausschuß für Menschenrechte vorlegen, Angaben über die von ihnen zur Verwirklichung dieses Protokolls getroffenen Maßnahmen auf.

Art. 4. Für die Vertragsstaaten des Paktes, die eine Erklärung nach Artikel 41 abgegeben haben, erstreckt sich die Zuständigkeit des Ausschusses für Menschenrechte zur Entgegennahme und Prüfung von Mitteilungen, in denen ein Vertragsstaat geltend macht, ein anderer Vertragsstaat komme seinen Verpflichtungen nicht nach, auf dieses Protokoll, sofern nicht der betreffende Vertragsstaat im Zeitpunkt der Ratifikation oder des Beitritts eine gegenteilige Erklärung abgegeben hat.

Art. 5. Für die Vertragsstaaten des am 16. Dezember 1966 angenommenen (Ersten) Fakultativprotokolls zu dem Internationalen Pakt über bürgerliche und politische Rechte erstreckt sich die Zuständigkeit des Ausschusses für Menschenrechte zur Entgegennahme und Prüfung von Mitteilungen ihrer Hoheitsgewalt unterstehender Personen auf dieses Protokoll, sofern nicht der betreffende Vertragsstaat im Zeitpunkt der Ratifikation oder des Beitritts eine gegenteilige Erklärung abgegeben hat.

Art. 6. (1) Die Bestimmungen dieses Protokolls werden als Zusatzbestimmungen zu dem Pakt angewendet.

(2) Unbeschadet der Möglichkeit eines Vorbehalts nach Artikel 2 dieses Protokolls darf das in Artikel 1 Absatz 1 des Protokolls gewährleistete Recht nicht nach Artikel 4 des Paktes außer Kraft gesetzt werden.

Art. 7. (1) Dieses Protokoll liegt für jeden Staat, der den Pakt unterzeichnet hat, zur Unterzeichnung auf.

(2) Dieses Protokoll bedarf der Ratifikation, die von allen Staaten vorgenommen werden kann, die den Pakt ratifiziert haben oder ihm beigetreten sind. Die Ratifikationsurkunden werden beim Generalsekretär der Vereinten Nationen hinterlegt.

(3) Dieses Protokoll steht jedem Staat, der den Pakt ratifiziert hat oder ihm beigetreten ist, zum Beitritt offen.

(4) Der Beitritt erfolgt durch Hinterlegung einer Beitrittsurkunde beim Generalsekretär der Vereinten Nationen.

(5) Der Generalsekretär der Vereinten Nationen unterrichtet alle Staaten, die dieses Protokoll unterzeichnet haben oder ihm beigetreten sind, von der Hinterlegung jeder Ratifikations- oder Beitrittsurkunde.

Art. 8. (1) Dieses Protokoll tritt drei Monate nach Hinterlegung der zehnten Ratifikations- oder Beitrittsurkunde beim Generalsekretär der Vereinten Nationen in Kraft.

(2) Für jeden Staat, der nach Hinterlegung der zehnten Ratifikations- oder Beitrittsurkunde dieses Protokoll ratifiziert oder ihm beitritt, tritt es drei Monate nach Hinterlegung seiner eigenen Ratifikations- oder Beitrittsurkunde in Kraft.

Art. 9. Die Bestimmungen dieses Protokolls gelten ohne Einschränkung oder Ausnahme für alle Teile eines Bundesstaats.

Art. 10. Der Generalsekretär der Vereinten Nationen unterrichtet alle in Artikel 48 Absatz 1 des Paktes bezeichneten Staaten

a) von Vorbehalten, Mitteilungen und Notifikationen nach Artikel 2 dieses Protokolls;

b) von Erklärungen nach Artikel 4 oder 5 dieses Protokolls;

c) von Unterzeichnungen, Ratifikationen und Beitritten nach Artikel 7 dieses Protokolls;

d) vom Zeitpunkt des Inkrafttretens dieses Protokolls nach seinem Artikel 8.

Art. 11. (1) Dieses Protokoll, dessen arabischer, chinesischer, englischer, französischer, russischer und spanischer Wortlaut gleichermaßen verbindlich ist, wird im Archiv der Vereinten Nationen hinterlegt.

(2) Der Generalsekretär der Vereinten Nationen übermittelt allen in Artikel 48 des Paktes bezeichneten Staaten beglaubigte Abschriften dieses Protokolls.

18. Internationaler Pakt über wirtschaftliche, soziale und kulturelle Rechte[1] · [2]

(19. 12. 1966)

DIE VERTRAGSSTAATEN DIESES PAKTES–

IN DER ERWÄGUNG, daß nach den in der Charta der Vereinten Nationen verkündeten Grundsätzen die Anerkennung der allen Mitgliedern der menschlichen Gesellschaft innewohnenden Würde und der Gleichheit und Unveräußerlichkeit ihrer Rechte die Grundlage von Freiheit, Gerechtigkeit und Frieden in der Welt bildet,

IN DER ERKENNTNIS, daß sich diese Rechte aus der dem Menschen innewohnenden Würde herleiten,

IN DER ERKENNTNIS, daß nach der Allgemeinen Erklärung der Menschenrechte das Ideal vom freien Menschen, der frei von Furcht und Not lebt, nur verwirklicht werden kann, wenn Verhältnisse geschaffen werden, in denen jeder seine wirtschaftlichen, sozialen und kulturellen Rechte ebenso wie seine bürgerlichen und politischen Rechte genießen kann,

IN DER ERWÄGUNG, daß die Charta der Vereinten Nationen die Staaten verpflichtet, die allgemeine und wirksame Achtung der Rechte und Freiheiten des Menschen zu fördern,

IM HINBLICK DARAUF, daß der einzelne gegenüber seinen Mitmenschen und der Gemeinschaft, der er angehört, Pflichten hat und gehalten ist, für die Förderung und Achtung der in diesem Pakt anerkannten Rechte einzutreten –

VEREINBAREN folgende Artikel:

Teil I

Art. 1. (1) Alle Völker haben das Recht auf Selbstbestimmung. Kraft dieses Rechts entscheiden sie frei über ihren politischen Status und gestalten in Freiheit ihre wirtschaftliche, soziale und kulturelle Entwicklung.

(2) Alle Völker können für ihre eigenen Zwecke frei über ihre natürlichen Reichtümer und Mittel verfügen, unbeschadet aller Verpflichtungen, die aus der internationalen wirtschaftlichen Zusammenarbeit auf der Grundlage des gegenseitigen Wohles sowie aus dem Völkerrecht erwachsen. In keinem Fall darf ein Volk seiner eigenen Existenzmittel beraubt werden.

(3) Die Vertragsstaaten, einschließlich der Staaten, die für die Verwaltung von Gebieten ohne Selbstregierung und von Treuhandgebieten verantwortlich sind, haben entsprechend der Charta der Vereinten Nationen die Verwirklichung des Rechts auf Selbstbestimmung zu fördern und dieses Recht zu achten.

---

[1] Aus BGBl. 1973 II S. 1570.
[2] Internationale Quelle: UNTS Vol. 992 p. 3.

Teil II

Art. 2. (1) Jeder Vertragsstaat verpflichtet sich, einzeln und durch internationale Hilfe und Zusammenarbeit, insbesondere wirtschaftlicher und technischer Art, unter Ausschöpfung aller seiner Möglichkeiten Maßnahmen zu treffen, um nach und nach mit allen geeigneten Mitteln, vor allem durch gesetzgeberische Maßnahmen, die volle Verwirklichung der in diesem Pakt anerkannten Rechte zu erreichen.

(2) Die Vertragsstaaten verpflichten sich, zu gewährleisten, daß die in diesem Pakt verkündeten Rechte ohne Diskriminierung hinsichtlich der Rasse, der Hautfarbe, des Geschlechts, der Sprache, der Religion, der politischen oder sonstigen Anschauung, der nationalen oder sozialen Herkunft, des Vermögens, der Geburt oder des sonstigen Status ausgeübt werden.

(3) Entwicklungsländer können unter gebührender Berücksichtigung der Menschenrechte und der Erfordernisse ihrer Volkswirtschaft entscheiden, inwieweit sie Personen, die nicht ihre Staatsangehörigkeit besitzen, die in diesem Pakt anerkannten wirtschaftlichen Rechte gewährleisten wollen.

Art. 3. Die Vertragsstaaten verpflichten sich, die Gleichberechtigung von Mann und Frau bei der Ausübung aller in diesem Pakt festgelegten wirtschaftlichen, sozialen und kulturellen Rechte sicherzustellen.

Art. 4. Die Vertragsstaaten erkennen an, daß ein Staat die Ausübung der von ihm gemäß diesem Pakt gewährleisteten Rechte nur solchen Einschränkungen unterwerfen darf, die gesetzlich vorgesehen und mit der Natur dieser Rechte vereinbar sind und deren ausschließlicher Zweck es ist, das allgemeine Wohl in einer demokratischen Gesellschaft zu fördern.

Art. 5. (1) Keine Bestimmung dieses Paktes darf dahin ausgelegt werden, daß sie für einen Staat, eine Gruppe oder eine Person das Recht begründet, eine Tätigkeit auszuüben oder eine Handlung zu begehen, die auf die Abschaffung der in diesem Pakt anerkannten Rechte und Freiheiten oder auf weitergehende Beschränkungen dieser Rechte und Freiheiten, als in dem Pakt vorgesehen, hinzielt.

(2) Die in einem Land durch Gesetze, Übereinkommen, Verordnungen oder durch Gewohnheitsrecht anerkannten oder bestehenden grundlegenden Menschenrechte dürfen nicht unter dem Vorwand beschränkt oder außer Kraft gesetzt werden, daß dieser Pakt derartige Rechte nicht oder nur in einem geringen[1] Ausmaße anerkenne.

Teil III

Art. 6. (1) Die Vertragsstaaten erkennen das Recht auf Arbeit an, welches das Recht jedes einzelnen auf die Möglichkeit, seinen Lebensunterhalt durch frei gewählte oder angenommene Arbeit zu verdienen, umfaßt, und unternehmen geeignete Schritte zum Schutz dieses Rechts.

(2) Die von einem Vertragsstaat zur vollen Verwirklichung dieses Rechts zu unternehmenden Schritte umfassen fachliche und berufliche Beratung und

---

[1] Richtig übersetzt müßte es lauten: geringeren.

Ausbildungsprogramme sowie die Festlegung von Grundsätzen und Verfahren zur Erzielung einer stetigen wirtschaftlichen, sozialen und kulturellen Entwicklung und einer produktiven Vollbeschäftigung unter Bedingungen, welche die politischen und wirtschaftlichen Grundfreiheiten des einzelnen schützen.

Art. 7. Die Vertragsstaaten erkennen das Recht eines jeden auf gerechte und günstige Arbeitsbedingungen an, durch die insbesondere gewährleistet wird
a) ein Arbeitsentgelt, das allen Arbeitnehmern mindestens sichert
    i) angemessenen Lohn und gleiches Entgelt für gleichwertige Arbeit ohne Unterschied; insbesondere wird gewährleistet, daß Frauen keine ungünstigeren Arbeitsbedingungen als Männer haben und daß sie für gleiche Arbeit gleiches Entgelt erhalten,
    ii) einen angemessenen Lebensunterhalt für sie und ihre Familien in Übereinstimmung mit diesem Pakt;
b) sichere und gesunde Arbeitsbedingungen;
c) gleiche Möglichkeiten für jedermann, in seiner beruflichen Tätigkeit entsprechend aufzusteigen, wobei keine anderen Gesichtspunkte als Beschäftigungsdauer und Befähigung ausschlaggebend sein dürfen;
d) Arbeitspausen, Freizeit, eine angemessene Begrenzung der Arbeitszeit, regelmäßiger bezahlter Urlaub sowie Vergütung gesetzlicher Feiertage.

Art. 8. (1) Die Vertragsstaaten verpflichten sich, folgende Rechte zu gewährleisten:
a) das Recht eines jeden, zur Förderung und zum Schutz seiner wirtschaftlichen und sozialen Interessen Gewerkschaften zu bilden oder einer Gewerkschaft eigener Wahl allein nach Maßgabe ihrer Vorschriften beizutreten. Die Ausübung dieses Rechts darf nur solchen Einschränkungen unterworfen werden, die gesetzlich vorgesehen und in einer demokratischen Gesellschaft im Interesse der nationalen Sicherheit oder der öffentlichen Ordnung oder zum Schutz der Rechte und Freiheiten anderer erforderlich sind;
b) das Recht der Gewerkschaften, nationale Vereinigungen oder Verbände zu gründen, sowie deren Recht, internationale Gewerkschaftsorganisationen zu bilden oder solchen beizutreten;
c) das Recht der Gewerkschaften, sich frei zu betätigen, wobei nur solche Einschränkungen zulässig sind, die gesetzlich vorgesehen und in einer demokratischen Gesellschaft im Interesse der nationalen Sicherheit oder der öffentlichen Ordnung oder zum Schutz der Rechte und Freiheiten anderer erforderlich sind;
d) das Streikrecht, soweit es in Übereinstimmung mit der innerstaatlichen Rechtsordnung ausgeübt wird.

(2) Dieser Artikel schließt nicht aus, daß die Ausübung dieser Rechte durch Angehörige der Streitkräfte, der Polizei oder der öffentlichen Verwaltung rechtlichen Einschränkungen unterworfen wird.

(3) Keine Bestimmung dieses Artikels ermächtigt die Vertragsstaaten des Übereinkommens der Internationalen Arbeitsorganisation von 1948 über die Vereinigungsfreiheit und den Schutz des Vereinigungsrechts, gesetzgeberische Maßnahmen zu treffen oder Gesetze so anzuwenden, daß die Garantien des oben genannten Übereinkommens beeinträchtigt werden.

Art. 9. Die Vertragsstaaten erkennen das Recht eines jeden auf Soziale Sicherheit an; diese schließt die Sozialversicherung ein.

Art. 10. Die Vertragsstaaten erkennen an,

1. daß die Familie als die natürliche Kernzelle der Gesellschaft größtmöglichen Schutz und Beistand genießen soll, insbesondere im Hinblick auf ihre Gründung und solange sie für die Betreuung und Erziehung unterhaltsberechtigter Kinder verantwortlich ist. Eine Ehe darf nur im freien Einverständnis der künftigen Ehegatten geschlossen werden;

2. daß Mütter während einer angemessenen Zeit vor und nach der Niederkunft besonderen Schutz genießen sollen. Während dieser Zeit sollen berufstätige Mütter bezahlten Urlaub oder Urlaub mit angemessenen Leistungen aus der Sozialen Sicherheit erhalten;

3. daß Sondermaßnahmen zum Schutz und Beistand für alle Kinder und Jugendlichen ohne Diskriminierung aufgrund der Abstammung oder aus sonstigen Gründen getroffen werden sollen. Kinder und Jugendliche sollen vor wirtschaftlicher und sozialer Ausbeutung geschützt werden. Ihre Beschäftigung mit Arbeiten, die ihrer Moral oder Gesundheit schaden, ihr Leben gefährden oder voraussichtlich ihre normale Entwicklung behindern, soll gesetzlich strafbar sein. Die Staaten sollen ferner Altersgrenzen festsetzen, unterhalb derer die entgeltliche Beschäftigung von Kindern gesetzlich verboten und strafbar ist.

Art. 11. (1) Die Vertragsstaaten erkennen das Recht eines jeden auf einen angemessenen Lebensstandard für sich und seine Familie an, einschließlich ausreichender Ernährung, Bekleidung und Unterbringung, sowie auf eine stetige Verbesserung der Lebensbedingungen. Die Vertragsstaaten unternehmen geeignete Schritte, um die Verwirklichung dieses Rechts zu gewährleisten, und erkennen zu diesem Zweck die entscheidende Bedeutung einer internationalen, auf freier Zustimmung beruhenden Zusammenarbeit an.

(2) In Anerkennung des grundlegenden Rechts eines jeden, vor Hunger geschützt zu sein, werden die Vertragsstaaten einzeln und im Wege internationaler Zusammenarbeit die erforderlichen Maßnahmen, einschließlich besonderer Programme, durchführen

a) zur Verbesserung der Methoden der Erzeugung, Haltbarmachung und Verteilung von Nahrungsmitteln durch volle Nutzung der technischen und wissenschaftlichen Erkenntnisse, durch Verbreitung der ernährungswissenschaftlichen Grundsätze sowie durch die Entwicklung oder Reform landwirtschaftlicher Systeme mit dem Ziel einer möglichst wirksamen Erschließung und Nutzung der natürlichen Hilfsquellen;

b) zur Sicherung einer dem Bedarf entsprechenden gerechten Verteilung der Nahrungsmittelvorräte der Welt unter Berücksichtigung der Probleme der Nahrungsmittel einführenden und ausführenden Länder.

Art. 12. (1) Die Vertragsstaaten erkennen das Recht eines jeden auf das für ihn erreichbare Höchstmaß an körperlicher und geistiger Gesundheit an.

(2) Die von den Vertragsstaaten zu unternehmenden Schritte zur vollen Verwirklichung dieses Rechts umfassen die erforderlichen Maßnahmen

a) zur Senkung der Zahl der Totgeburten und der Kindersterblichkeit sowie zur gesunden Entwicklung des Kindes;

b) zur Verbesserung aller Aspekte der Umwelt- und der Arbeitshygiene;
c) zur Vorbeugung, Behandlung und Bekämpfung epidemischer, endemischer, Berufs- und sonstiger Krankheiten;
d) zur Schaffung der Voraussetzungen, die für jedermann im Krankheitsfall den Genuß medizinischer Einrichtungen und ärztlicher Betreuung sicherstellen.

Art. 13. (1) Die Vertragsstaaten erkennen das Recht eines jeden auf Bildung an. Sie stimmen überein, daß die Bildung auf die volle Entfaltung der menschlichen Persönlichkeit und des Bewußtseins ihrer Würde gerichtet sein und die Achtung vor den Menschenrechten und Grundfreiheiten stärken muß. Sie stimmen ferner überein, daß die Bildung es jedermann ermöglichen muß, eine nützliche Rolle in einer freien Gesellschaft zu spielen, daß sie Verständnis, Toleranz und Freundschaft unter allen Völkern und allen rassischen, ethnischen und religiösen Gruppen fördern sowie die Tätigkeit der Vereinten Nationen zur Erhaltung des Friedens unterstützen muß.

(2) Die Vertragsstaaten erkennen an, daß im Hinblick auf die volle Verwirklichung dieses Rechts
a) der Grundschulunterricht für jedermann Pflicht und allen unentgeltlich zugänglich sein muß;
b) die verschiedenen Formen des höheren Schulwesens einschließlich des höheren Fach- und Berufsschulwesens auf jede geeignete Weise, insbesondere durch allmähliche Einführung der Unentgeltlichkeit, allgemein verfügbar und jedermann zugänglich gemacht werden müssen;
c) der Hochschulunterricht auf jede geeignete Weise, insbesondere durch allmähliche Einführung der Unentgeltlichkeit, jedermann gleichermaßen entsprechend seinen Fähigkeiten zugänglich gemacht werden muß;
d) eine grundlegende Bildung für Personen, die eine Grundschule nicht besucht oder nicht beendet haben, so weit wie möglich zu fördern oder zu vertiefen ist;
e) die Entwicklung eines Schulsystems auf allen Stufen aktiv voranzutreiben, ein angemessenes Stipendiensystem einzurichten und die wirtschaftliche Lage der Lehrerschaft fortlaufend zu verbessern ist.

(3) Die Vertragsstaaten verpflichten sich, die Freiheit der Eltern und gegebenenfalls des Vormunds oder Pflegers zu achten, für ihre Kinder andere als öffentliche Schulen zu wählen, die den vom Staat gegebenenfalls festgesetzten oder gebilligten bildungspolitischen Mindestnormen entsprechen, sowie die religiöse und sittliche Erziehung ihrer Kinder in Übereinstimmung mit ihren eigenen Überzeugungen sicherzustellen.

(4) Keine Bestimmung dieses Artikels darf dahin ausgelegt werden, daß sie die Freiheit natürlicher oder juristischer Personen beeinträchtigt, Bildungseinrichtungen zu schaffen und zu leiten, sofern die in Absatz 1 niedergelegten Grundsätze beachtet werden und die in solchen Einrichtungen vermittelte Bildung den vom Staat gegebenenfalls festgesetzten Mindestnormen entspricht.

Art. 14. Jeder Vertragsstaat, der zu dem Zeitpunkt, da er Vertragspartei wird, im Mutterland oder in sonstigen seiner Hoheitsgewalt unterstehenden Gebieten noch nicht die Grundschulpflicht auf der Grundlage der Unentgeltlichkeit einführen konnte, verpflichtet sich, binnen zwei Jahren einen ausführlichen Aktionsplan auszuarbeiten und anzunehmen, der die schrittweise Verwirklichung des Grundsatzes der unentgeltlichen allgemeinen Schulpflicht innerhalb einer angemessenen, in dem Plan festzulegenden Zahl von Jahren vorsieht.

Art. 15. (1) Die Vertragsstaaten erkennen das Recht eines jeden an,
a) am kulturellen Leben teilzunehmen;
b) an den Errungenschaften des wissenschaftlichen Fortschritts und seiner Anwendung teilzuhaben;
c) den Schutz der geistigen und materiellen Interessen zu genießen, die ihm als Urheber von Werken der Wissenschaft, Literatur oder Kunst erwachsen.

(2) Die von den Vertragsstaaten zu unternehmenden Schritte zur vollen Verwirklichung dieses Rechts umfassen die zur Erhaltung, Entwicklung und Verbreitung von Wissenschaft und Kultur erforderlichen Maßnahmen.

(3) Die Vertragsstaaten verpflichten sich, die zu wissenschaftlicher Forschung und schöpferischer Tätigkeit unerläßliche Freiheit zu achten.

(4) Die Vertragsstaaten erkennen die Vorteile an, die sich aus der Förderung und Entwicklung internationaler Kontakte und Zusammenarbeit auf wissenschaftlichem und kulturellem Gebiet ergeben.

Teil IV

Art. 16. (1) Die Vertragsstaaten verpflichten sich, nach Maßgabe dieses Teiles Berichte über die von ihnen getroffenen Maßnahmen und über die Fortschritte vorzulegen, die hinsichtlich der Beachtung der in dem Pakt anerkannten Rechte erzielt wurden.

(2) a) Alle Berichte werden dem Generalsekretär der Vereinten Nationen vorgelegt, der sie abschriftlich dem Wirtschafts- und Sozialrat übermittelt, damit dieser sie nach Maßgabe dieses Paktes prüft.

b) Sind Vertragsstaaten gleichzeitig Mitglieder von Sonderorganisationen, so übermittelt der Generalsekretär der Vereinten Nationen ihre Berichte oder einschlägige Teile solcher Berichte abschriftlich auch den Sonderorganisationen, soweit diese Berichte oder Teile sich auf Angelegenheiten beziehen, die nach den Satzungen dieser Organisationen in deren Aufgabenbereich fallen.

Art. 17. (1) Die Vertragsstaaten legen ihre Berichte abschnittsweise nach Maßgabe eines Programms vor, das vom Wirtschafts- und Sozialrat binnen eines Jahres nach Inkrafttreten dieses Paktes nach Konsultation der Vertragsstaaten und der betroffenen Sonderorganisationen aufzustellen ist.

(2) Die Berichte können Hinweise auf Umstände und Schwierigkeiten enthalten, die das Ausmaß der Erfüllung der Verpflichtungen aus diesem Pakt beeinflussen.

(3) Hat ein Vertragsstaat den Vereinten Nationen oder einer Sonderorganisation bereits sachdienliche Angaben gemacht, so brauchen diese nicht wiederholt zu werden; vielmehr genügt eine genaue Bezugnahme auf diese Angaben.

Art. 18. Im Rahmen des ihm durch die Charta der Vereinten Nationen auf dem Gebiet der Menschenrechte und Grundfreiheiten zugewiesenen Aufgabenbereichs kann der Wirtschafts- und Sozialrat mit den Sonderorganisationen Vereinbarungen bezüglich ihrer Berichterstattung über die Fortschritte treffen, die bei der Beachtung der in ihren Tätigkeitsbereich fallenden Bestimmungen dieses Paktes erzielt wurden. Diese Berichte können Einzelheiten der von ihren zuständigen Organen angenommenen Beschlüsse und Empfehlungen über Maßnahmen zur Erfüllung dieser Bestimmungen enthalten.

Art. 19. Der Wirtschafts- und Sozialrat kann die von Staaten nach den Artikeln 16 und 17 und die von Sonderorganisationen nach Artikel 18 vorgelegten Berichte über Menschenrechte der Menschenrechtskommission zur Prüfung und allgemeinen Empfehlung oder gegebenenfalls zur Kenntnisnahme übermitteln.

Art. 20. Die Vertragsstaaten und die betroffenen Sonderorganisationen können dem Wirtschafts- und Sozialrat Bemerkungen zu jeder allgemeinen Empfehlung nach Artikel 19 oder zu jeder Bezugnahme auf eine solche Empfehlung vorlegen, die in einem Bericht der Menschenrechtskommission oder einem darin erwähnten Schriftstück enthalten ist.

Art. 21. Der Wirtschafts- und Sozialrat kann der Generalversammlung von Zeit zu Zeit Berichte mit Empfehlungen allgemeiner Art und einer Zusammenfassung der Angaben vorlegen, die er von den Vertragsstaaten und den Sonderorganisationen über Maßnahmen und Fortschritte hinsichtlich der allgemeinen Beachtung der in diesem Pakt anerkannten Rechte erhalten hat.

Art. 22. Der Wirtschafts- und Sozialrat kann anderen Organen der Vereinten Nationen, ihren Unterorganen und denjenigen Sonderorganisationen, die sich mit technischer Hilfe befassen, alles aus den in diesem Teil erwähnten Berichten mitteilen, was diesen Stellen helfen kann, in ihrem jeweiligen Zuständigkeitsbereich über die Zweckmäßigkeit internationaler Maßnahmen zur wirksamen schrittweisen Durchführung dieses Paktes zu entscheiden.

Art. 23. Die Vertragsstaaten stimmen überein, daß internationale Maßnahmen zur Verwirklichung der in diesem Pakt anerkannten Rechte u.a. folgendes einschließen: den Abschluß von Übereinkommen, die Annahme von Empfehlungen, die Gewährung technischer Hilfe sowie die Abhaltung von regionalen und Fachtagungen zu Konsultations- und Studienzwecken in Verbindung mit den betroffenen Regierungen.

Art. 24. Keine Bestimmung dieses Paktes ist so auszulegen, daß sie die Bestimmungen der Charta der Vereinten Nationen und der Satzungen der Sonderorganisationen beschränkt, in denen die jeweiligen Aufgaben der verschiedenen Organe der Vereinten Nationen und der Sonderorganisationen hinsichtlich der in diesem Pakt behandelten Fragen geregelt sind.

Art. 25. Keine Bestimmung dieses Paktes ist so auszulegen, daß sie das allen Völkern innewohnende Recht auf den Genuß und die volle und freie Nutzung ihrer natürlichen Reichtümer und Mittel beeinträchtigt.

Teil V

Art. 26. (1) Dieser Pakt liegt für alle Mitgliedstaaten der Vereinten Nationen, für alle Mitglieder einer ihrer Sonderorganisationen, für alle Vertragsstaaten der Satzung des Internationalen Gerichtshofs und für jeden anderen Staat, den die Generalversammlung der Vereinten Nationen einlädt, Vertragspartei dieses Paktes zu werden, zur Unterzeichnung auf.

(2) Dieser Pakt bedarf der Ratifikation. Die Ratifikationsurkunden sind beim Generalsekretär der Vereinten Nationen zu hinterlegen.

(3) Dieser Pakt liegt für jeden in Absatz 1 bezeichneten Staat zum Beitritt auf.

(4) Der Beitritt erfolgt durch Hinterlegung einer Beitrittsurkunde beim Generalsekretär der Vereinten Nationen.

(5) Der Generalsekretär der Vereinten Nationen unterrichtet alle Staaten, die diesen Pakt unterzeichnet haben oder ihm beigetreten sind, von der Hinterlegung jeder Ratifikations- oder Beitrittsurkunde.

Art. 27. (1) Dieser Pakt tritt drei Monate nach Hinterlegung der fünfunddreißigsten Ratifikations- oder Beitrittsurkunde beim Generalsekretär der Vereinten Nationen in Kraft.

(2) Für jeden Staat, der nach Hinterlegung der fünfunddreißigsten Ratifikations- oder Beitrittsurkunde diesen Pakt ratifiziert oder ihm beitritt, tritt er drei Monate nach Hinterlegung seiner eigenen Ratifikations- oder Beitrittsurkunde in Kraft.

Art. 28. Die Bestimmungen dieses Paktes gelten ohne Einschränkung oder Ausnahme für alle Teile eines Bundesstaates.

Art. 29. (1) Jeder Vertragsstaat kann eine Änderung des Paktes vorschlagen und ihren Wortlaut beim Generalsekretär der Vereinten Nationen einreichen. Der Generalsekretär übermittelt sodann alle Änderungsvorschläge den Vertragsstaaten mit der Aufforderung, ihm mitzuteilen, ob sie eine Konferenz der Vertragsstaaten zur Beratung und Abstimmung über die Vorschläge befürworten. Befürwortet wenigstens ein Drittel der Vertragsstaaten eine solche Konferenz, so beruft der Generalsekretär die Konferenz unter der Schirmherrschaft der Vereinten Nationen ein. Jede Änderung, die von der Mehrheit der auf der Konferenz anwesenden und abstimmenden Vertragsstaaten angenommen wird, ist der Generalversammlung der Vereinten Nationen zur Genehmigung vorzulegen.

(2) Die Änderungen treten in Kraft, wenn sie von der Generalversammlung der Vereinten Nationen genehmigt und von einer Zweidrittelmehrheit der Vertragsstaaten nach Maßgabe der in ihrer Verfassung vorgesehenen Verfahren angenommen worden sind.

(3) Treten die Änderungen in Kraft, so sind sie für die Vertragsstaaten, die sie angenommen haben, verbindlich, während für die anderen Vertragsstaaten weiterhin die Bestimmungen dieses Paktes und alle früher von ihnen angenommenen Änderungen gelten.

Art. 30. Unabhängig von den Notifikationen nach Artikel 26 Absatz 5 unterrichtet der Generalsekretär der Vereinten Nationen alle in Absatz 1 jenes Artikels bezeichneten Staaten

a) von den Unterzeichnungen, Ratifikationen und Beitritten nach Artikel 26;

b) vom Zeitpunkt des Inkrafttretens dieses Paktes nach Artikel 27 und vom Zeitpunkt des Inkrafttretens von Änderungen nach Artikel 29.

Art. 31. (1) Dieser Pakt, dessen chinesischer, englischer, französischer, russischer und spanischer Wortlaut gleichermaßen verbindlich ist, wird im Archiv der Vereinten Nationen hinterlegt.

(2) Der Generalsekretär der Vereinten Nationen übermittelt allen in Artikel 26 bezeichneten Staaten beglaubigte Abschriften dieses Paktes.

19. Übereinkommen gegen Folter und andere grausame, unmenschliche oder erniedrigende Behandlung oder Strafe[1) · 2)]

(10. 12. 1984)[3)]

Die Vertragsstaaten dieses Übereinkommens –

in der Erwägung, daß nach den in der Charta der Vereinten Nationen verkündeten Grundsätzen die Anerkennung der Gleichheit und Unveräußerlichkeit der Rechte aller Mitglieder der menschlichen Gesellschaft die Grundlage von Freiheit, Gerechtigkeit und Frieden in der Welt bildet,

in der Erkenntnis, daß sich diese Rechte aus der dem Menschen innewohnenden Würde herleiten,

in der Erwägung, daß die Charta, insbesondere Artikel 55, die Staaten verpflichtet, die allgemeine Achtung und Verwirklichung der Menschenrechte und Grundfreiheiten zu fördern,

im Hinblick auf Artikel 5 der Allgemeinen Erklärung der Menschenrechte und Artikel 7 des Internationalen Paktes über bürgerliche und politische Rechte, die beide vorsehen, daß niemand der Folter oder grausamer, unmenschlicher oder erniedrigender Behandlung oder Strafe unterworfen werden darf,

sowie im Hinblick auf die von der Generalversammlung am 9. Dezember 1975 angenommene Erklärung über den Schutz aller Personen vor Folter und anderer grausamer, unmenschlicher oder erniedrigender Behandlung oder Strafe,

in dem Wunsch, dem Kampf gegen Folter und andere grausame, unmenschliche oder erniedrigende Behandlung oder Strafe in der ganzen Welt größere Wirksamkeit zu verleihen –

sind wie folgt übereingekommen:

Teil I

Art. 1. (1) Im Sinne dieses Übereinkommens bezeichnet der Ausdruck „Folter" jede Handlung, durch die einer Person vorsätzlich große körperliche oder seelische Schmerzen oder Leiden zugefügt werden, zum Beispiel um von ihr oder einem Dritten eine Aussage oder ein Geständnis zu erlangen, um sie für eine tatsächlich oder mutmaßlich von ihr oder einem Dritten begangene Tat zu bestrafen oder um sie oder einen Dritten einzuschüchtern oder zu nötigen, oder aus einem anderen, auf irgendeiner Art von Diskriminierung beruhenden Grund, wenn diese Schmerzen oder Leiden von einem Angehörigen des öffentlichen Dienstes oder einer anderen in amtlicher Eigenschaft

---

[1)] Aus BGBl. 1990 II S. 247.
[2)] Internationale Quelle: GAOR, 39th Session, Resolutions, Suppl. No. 51 (UN-Doc. A/39/51) p. 197.
[3)] Das Datum bezeichnet den Zeitpunkt, seit dem das Übereinkommen zur Unterzeichnung aufliegt.

handelnden Person, auf deren Veranlassung oder mit deren ausdrücklichem oder stillschweigendem Einverständnis verursacht werden. Der Ausdruck umfaßt nicht Schmerzen oder Leiden, die sich lediglich aus gesetzlich zulässigen Sanktionen ergeben, dazu gehören oder damit verbunden sind.

(2) Dieser Artikel läßt alle internationalen Übereinkünfte oder innerstaatlichen Rechtsvorschriften unberührt, die weitergehende Bestimmungen enthalten.

Art. 2. (1) Jeder Vertragsstaat trifft wirksame gesetzgeberische, verwaltungsmäßige, gerichtliche oder sonstige Maßnahmen, um Folterungen in allen seiner Hoheitsgewalt unterstehenden Gebieten zu verhindern.

(2) Außergewöhnliche Umstände gleich welcher Art, sei es Krieg oder Kriegsgefahr, innenpolitische Instabilität oder ein sonstiger öffentlicher Notstand, dürfen nicht als Rechtfertigung für Folter geltend gemacht werden.

(3) Eine von einem Vorgesetzten oder einem Träger öffentlicher Gewalt erteilte Weisung darf nicht als Rechtfertigung für Folter geltend gemacht werden.

Art. 3. (1) Ein Vertragsstaat darf eine Person nicht in einen anderen Staat ausweisen, abschieben oder an diesen ausliefern, wenn stichhaltige Gründe für die Annahme bestehen, daß sie dort Gefahr liefe, gefoltert zu werden.

(2) Bei der Feststellung, ob solche Gründe vorliegen, berücksichtigen die zuständigen Behörden alle maßgeblichen Erwägungen einschließlich des Umstands, daß in dem betreffenden Staat eine ständige Praxis grober, offenkundiger oder massenhafter Verletzungen der Menschenrechte herrscht.

Art. 4. (1) Jeder Vertragsstaat trägt dafür Sorge, daß nach seinem Strafrecht alle Folterhandlungen als Straftaten gelten. Das gleiche gilt für versuchte Folterung und für von irgendeiner Person begangene Handlungen, die eine Mittäterschaft oder Teilnahme an einer Folterung darstellen.

(2) Jeder Vertragsstaat bedroht diese Straftaten mit angemessenen Strafen, welche die Schwere der Tat berücksichtigen.

Art. 5. (1) Jeder Vertragsstaat trifft die notwendigen Maßnahmen, um seine Gerichtsbarkeit über die in Artikel 4 genannten Straftaten in folgenden Fällen zu begründen:
a) wenn die Straftat in einem der Hoheitsgewalt des betreffenden Staates unterstehenden Gebiet oder an Bord eines in diesem Staat eingetragenen Schiffes oder Luftfahrzeugs begangen wird;
b) wenn der Verdächtige Angehöriger des betreffenden Staates ist;
c) wenn das Opfer Angehöriger des betreffenden Staates ist, sofern dieser Staat es für angebracht hält.

(2) Ebenso trifft jeder Vertragsstaat die notwendigen Maßnahmen, um seine Gerichtsbarkeit über diese Straftaten für den Fall zu begründen, daß der Verdächtige sich in einem der Hoheitsgewalt des betreffenden Staates unterstehenden Gebiet befindet und er ihn nicht nach Artikel 8 an einen der in Absatz 1 des vorliegenden Artikels bezeichneten Staaten ausliefert.

(3) Dieses Übereinkommen schließt eine Strafgerichtsbarkeit, die nach innerstaatlichem Recht ausgeübt wird, nicht aus.

Art. 6. (1) Hält ein Vertragsstaat, in dessen Hoheitsgebiet sich ein der Begehung einer in Artikel 4 genannten Straftat Verdächtiger befindet, es nach Prüfung der ihm vorliegenden Informationen in Anbetracht der Umstände für gerechtfertigt, so nimmt er ihn in Haft oder trifft andere rechtliche Maßnahmen, um seine Anwesenheit sicherzustellen. Die Haft und die anderen rechtlichen Maßnahmen müssen mit dem Recht dieses Staates übereinstimmen; sie dürfen nur so lange aufrechterhalten werden, wie es notwendig ist, um die Einleitung eines Straf- oder Auslieferungsverfahrens zu ermöglichen.

(2) Dieser Staat führt unverzüglich eine vorläufige Untersuchung zur Feststellung des Sachverhalts durch.

(3) Einer auf Grund des Absatzes 1 in Haft befindlichen Person wird jede Erleichterung gewährt, damit sie mit dem nächsten zuständigen Vertreter des Staates, dessen Staatsangehörigkeit sie besitzt, oder, wenn sie staatenlos ist, mit dem Vertreter des Staates, in dem sie sich gewöhnlich aufhält, unmittelbar verkehren kann.

(4) Hat ein Staat eine Person auf Grund dieses Artikels in Haft genommen, so zeigt er unverzüglich den in Artikel 5 Absatz 1 genannten Staaten die Tatsache, daß diese Person in Haft ist, sowie die Umstände an, welche die Haft rechtfertigen. Der Staat, der die vorläufige Untersuchung nach Absatz 2 durchführt, unterrichtet die genannten Staaten unverzüglich über das Ergebnis der Untersuchung und teilt ihnen mit, ob er seine Gerichtsbarkeit auszuüben beabsichtigt.

Art. 7. (1) Der Vertragsstaat, der die Hoheitsgewalt über das Gebiet ausübt, in dem der einer in Artikel 4 genannten Straftat Verdächtige aufgefunden wird, unterbreitet den Fall, wenn er den Betreffenden nicht ausliefert, in den in Artikel 5 genannten Fällen seinen zuständigen Behörden zum Zweck der Strafverfolgung.

(2) Diese Behörden treffen ihre Entscheidung in der gleichen Weise wie im Fall einer gemeinrechtlichen Straftat schwerer Art nach dem Recht dieses Staates. In den in Artikel 5 Absatz 2 genannten Fällen dürfen für die Strafverfolgung und Verurteilung keine weniger strengen Maßstäbe bei der Beweisführung angelegt werden als in den in Artikel 5 Absatz 1 genannten Fällen.

(3) Jedem, gegen den ein Verfahren wegen einer der in Artikel 4 genannten Straftaten durchgeführt wird, ist während des gesamten Verfahrens eine gerechte Behandlung zu gewährleisten.

Art. 8. (1) Die in Artikel 4 genannten Straftaten gelten als in jeden zwischen Vertragsstaaten bestehenden Auslieferungsvertrag einbezogene, der Auslieferung unterliegende Straftaten. Die Vertragsstaaten verpflichten sich, diese Straftaten als der Auslieferung unterliegende Straftaten in jeden zwischen ihnen zu schließenden Auslieferungsvertrag aufzunehmen.

(2) Erhält ein Vertragsstaat, der die Auslieferung vom Bestehen eines Vertrags abhängig macht, ein Auslieferungsersuchen von einem anderen Vertragsstaat, mit dem er keinen Auslieferungsvertrag hat, so kann er dieses Übereinkommen als Rechtsgrundlage für die Auslieferung in bezug auf solche Straftaten ansehen. Die Auslieferung unterliegt im übrigen den im Recht des ersuchten Staates vorgesehenen Bedingungen.

(3) Vertragsstaaten, welche die Auslieferung nicht vom Bestehen eines Vertrags abhängig machen, erkennen unter sich solche Straftaten als der Auslieferung unterliegende Straftaten vorbehaltlich der im Recht des ersuchten Staates vorgesehenen Bedingungen an.

(4) Solche Straftaten werden für die Zwecke der Auslieferung zwischen Vertragsstaaten so behandelt, als seien sie nicht nur an dem Ort, an dem sie sich ereignet haben, sondern auch in den Hoheitsgebieten der Staaten begangen worden, die verpflichtet sind, ihre Gerichtsbarkeit nach Artikel 5 Absatz 1 zu begründen.

Art. 9. (1) Die Vertragsstaaten gewähren einander die weitestgehende Hilfe im Zusammenhang mit Strafverfahren, die in bezug auf eine der in Artikel 4 genannten Straftaten eingeleitet werden, einschließlich der Überlassung aller ihnen zur Verfügung stehenden und für das Verfahren erforderlichen Beweismittel.

(2) Die Vertragsstaaten kommen ihren Verpflichtungen aus Absatz 1 im Einklang mit allen möglicherweise zwischen ihnen bestehenden Verträgen über gegenseitige Rechtshilfe nach.

Art. 10. (1) Jeder Vertragsstaat trägt dafür Sorge, daß die Erteilung von Unterricht und die Aufklärung über das Verbot der Folter als vollgültiger Bestandteil in die Ausbildung des mit dem Gesetzesvollzug betrauten zivilen und militärischen Personals, des medizinischen Personals, der Angehörigen des öffentlichen Dienstes und anderer Personen aufgenommen wird, die mit dem Gewahrsam, der Vernehmung oder der Behandlung einer Person befaßt werden können, die der Festnahme, der Haft, dem Strafvollzug oder irgendeiner anderen Form der Freiheitsentziehung unterworfen ist.

(2) Jeder Vertragsstaat nimmt dieses Verbot in die Vorschriften oder Anweisungen über die Pflichten und Aufgaben aller dieser Personen auf.

Art. 11. Jeder Vertragsstaat unterzieht die für Vernehmungen geltenden Vorschriften, Anweisungen, Methoden und Praktiken sowie die Vorkehrungen für den Gewahrsam und die Behandlung von Personen, die der Festnahme, der Haft, dem Strafvollzug oder irgendeiner anderen Form der Freiheitsentziehung unterworfen sind, in allen seiner Hoheitsgewalt unterstehenden Gebieten einer regelmäßigen systematischen Überprüfung, um jeden Fall von Folter zu verhüten.

Art. 12. Jeder Vertragsstaat trägt dafür Sorge, daß seine zuständigen Behörden umgehend eine unparteiische Untersuchung durchführen, sobald ein hinreichender Grund für die Annahme besteht, daß in einem seiner Hoheitsgewalt unterstehenden Gebiet eine Folterhandlung begangen wurde.

Art. 13. Jeder Vertragsstaat trägt dafür Sorge, daß jeder, der behauptet, er sei in einem der Hoheitsgewalt des betreffenden Staates unterstehenden Gebiet gefoltert worden, das Recht auf Anrufung der zuständigen Behörden und auf umgehende unparteiische Prüfung seines Falles durch diese Behörden hat. Es sind Vorkehrungen zu treffen, um sicherzustellen, daß der Beschwerdeführer und die Zeugen vor jeder Mißhandlung oder Einschüchterung wegen ihrer Beschwerde oder ihrer Aussagen geschützt sind.

Art. 14. (1) Jeder Vertragsstaat stellt in seiner Rechtsordnung sicher, daß das Opfer einer Folterhandlung Wiedergutmachung erhält und ein einklagbares Recht auf gerechte und angemessene Entschädigung einschließlich der Mittel für eine möglichst vollständige Rehabilitation hat. Stirbt das Opfer infolge der Folterhandlung, so haben seine Hinterbliebenen Anspruch auf Entschädigung.

(2) Dieser Artikel berührt nicht einen nach innerstaatlichem Recht bestehenden Anspruch des Opfers oder anderer Personen auf Entschädigung.

Art. 15. Jeder Vertragsstaat trägt dafür Sorge, daß Aussagen, die nachweislich durch Folter herbeigeführt worden sind, nicht als Beweis in einem Verfahren verwendet werden, es sei denn gegen eine der Folter angeklagte Person als Beweis dafür, daß die Aussage gemacht wurde.

Art. 16. (1) Jeder Vertragsstaat verpflichtet sich, in jedem seiner Hoheitsgewalt unterstehenden Gebiet andere Handlungen zu verhindern, die eine grausame, unmenschliche oder erniedrigende Behandlung oder Strafe darstellen, ohne der Folter im Sinne des Artikels 1 gleichzukommen, wenn diese Handlungen von einem Angehörigen des öffentlichen Dienstes oder einer anderen in amtlicher Eigenschaft handelnden Person, auf deren Veranlassung oder mit deren ausdrücklichem oder stillschweigendem Einverständnis begangen werden. Die in den Artikeln 10, 11, 12 und 13 aufgeführten Verpflichtungen bezüglich der Folter gelten auch entsprechend für andere Formen grausamer, unmenschlicher oder erniedrigender Behandlung oder Strafe.

(2) Dieses Übereinkommen berührt nicht die Bestimmungen anderer internationaler Übereinkünfte oder innerstaatlicher Rechtsvorschriften, die grausame, unmenschliche oder erniedrigende Behandlung oder Strafe verbieten oder die sich auf die Auslieferung oder Ausweisung beziehen.

Teil II

Art. 17. (1) Es wird ein Ausschuß gegen Folter (im folgenden als „Ausschuß" bezeichnet) errichtet, der die nachstehend festgelegten Aufgaben wahrnimmt. Der Ausschuß besteht aus zehn Sachverständigen von hohem sittlichen Ansehen und anerkannter Sachkenntnis auf dem Gebiet der Menschenrechte, die in ihrer persönlichen Eigenschaft tätig sind. Die Sachverständigen werden von den Vertragsstaaten gewählt, wobei eine ausgewogene geographische Verteilung und die Zweckmäßigkeit der Beteiligung von Personen mit juristischer Erfahrung zu berücksichtigen sind.

(2) Die Mitglieder des Ausschusses werden in geheimer Wahl aus einer Liste von Personen gewählt, die von den Vertragsstaaten vorgeschlagen worden sind. Jeder Vertragsstaat darf einen seiner Staatsangehörigen vorschlagen. Die Vertragsstaaten berücksichtigen dabei, daß es zweckmäßig ist, Personen vorzuschlagen, die auch Miglieder des aufgrund des Internationalen Paktes über bürgerliche und politische Rechte eingesetzten Ausschusses für Menschenrechte sind und die bereit sind, dem Ausschuß gegen Folter anzugehören.

(3) Die Wahl der Ausschußmitglieder findet alle zwei Jahre in vom Generalsekretär der Vereinten Nationen einberufenen Versammlungen der Vertragsstaaten statt. In diesen Versammlungen, die beschlußfähig sind, wenn

zwei Drittel der Vertragsstaaten vertreten sind, gelten diejenigen Kandidaten als in den Ausschuß gewählt, welche die höchste Stimmenzahl und die absolute Stimmenmehrheit der anwesenden und abstimmenden Vertreter der Vertragsstaaten auf sich vereinigen.

(4) Die erste Wahl findet spätestens sechs Monate nach Inkrafttreten dieses Übereinkommens statt. Spätestens vier Monate vor jeder Wahl fordert der Generalsekretär der Vereinten Nationen die Vertragsstaaten schriftlich auf, innerhalb von drei Monaten ihre Kandidaten vorzuschlagen. Der Generalsekretär fertigt eine alphabetische Liste aller auf diese Weise vorgeschlagenen Personen unter Angabe der Vertragsstaaten an, die sie vorgeschlagen haben, und übermittelt sie den Vertragsstaaten.

(5) Die Ausschußmitglieder werden für vier Jahre gewählt. Auf erneuten Vorschlag können sie wiedergewählt werden. Die Amtszeit von fünf der bei der ersten Wahl gewählten Mitglieder läuft jedoch nach zwei Jahren ab; unmittelbar nach der ersten Wahl werden die Namen dieser fünf Mitglieder vom Vorsitzenden der in Absatz 3 genannten Versammlung durch das Los bestimmt.

(6) Stirbt ein Ausschußmitglied, tritt es zurück oder kann es aus irgendeinem anderen Grund seine Aufgaben im Ausschuß nicht mehr wahrnehmen, so ernennt der Vertragsstaat, der es vorgeschlagen hat, vorbehaltlich der Zustimmung der Mehrheit der Vertragsstaaten einen anderen Sachverständigen seiner Staatsangehörigkeit, der dem Ausschuß während der restlichen Amtszeit angehört. Die Zustimmung gilt als erteilt, sofern sich nicht mindestens die Hälfte der Vertragsstaaten binnen sechs Wochen, nachdem sie vom Generalsekretär der Vereinten Nationen von der vorgeschlagenen Ernennung unterrichtet wurde, dagegen ausspricht.

(7)* Die Vertragsstaaten kommen für die Ausgaben auf, die den Ausschußmitgliedern bei der Wahrnehmung von Aufgaben des Ausschusses entstehen.

Art. 18. (1) Der Ausschuß wählt seinen Vorstand für zwei Jahre. Eine Wiederwahl der Mitglieder des Vorstands ist zulässig.

(2) Der Ausschuß gibt sich eine Geschäftsordnung, die unter anderem folgende Bestimmungen enthalten muß:
a) Der Ausschuß ist bei Anwesenheit von sechs Mitgliedern beschlußfähig;
b) der Ausschuß faßt seine Beschlüsse mit der Mehrheit der anwesenden Mitglieder.

(3) Der Generalsekretär der Vereinten Nationen stellt dem Ausschuß das Personal und die Einrichtungen zur Verfügung, die dieser zur wirksamen Durchführung der ihm nach diesem Übereinkommen obliegenden Aufgaben benötigt.

(4) Der Generalsekretär der Vereinten Nationen beruft die erste Sitzung des Ausschusses ein. Nach seiner ersten Sitzung tritt der Ausschuß zu den in seiner Geschäftsordnung vorgesehenen Zeiten zusammen.

---

* Durch Resolution vom 15. 1. 1992 sind Art. 17 Abs. 7 und Art. 18 Abs. 5 aufgehoben worden. Als neuer Art. 18 Abs. 4 wird folgende Bestimmung eingefügt: „Die Mitglieder des nach diesem Übereinkommen errichteten Ausschusses erhalten die von der Generalversammlung festzulegenden Bedingungen Bezüge aus den Mitteln der Vereinten Nationen." Der bisherige Art. 18 Abs. 4 wird Abs. 5 (BGBl. 1998 II S. 284). Die Änderungen sind noch nicht in Kraft getreten.

(5)* Die Vertragsstaaten kommen für die Ausgaben auf, die im Zusammenhang mit der Abhaltung von Versammlungen der Vertragsstaaten und Sitzungen des Ausschusses entstehen; dazu gehört auch die Erstattung aller Ausgaben, wie beispielsweise der Kosten für Personal und Einrichtungen, die den Vereinten Nationen nach Absatz 3 entstanden sind.

Art. 19. (1) Die Vertragsstaaten legen dem Ausschuß über den Generalsekretär der Vereinten Nationen innerhalb eines Jahres nach Inkrafttreten dieses Übereinkommens für den betreffenden Vertragsstaat Berichte über die Maßnahmen vor, die sie zur Erfüllung ihrer Verpflichtungen aus dem Übereinkommen getroffen haben. Danach legen die Vertragsstaaten alle vier Jahre ergänzende Berichte über alle weiteren Maßnahmen sowie alle sonstigen Berichte vor, die der Ausschuß anfordert.

(2) Der Generalsekretär der Vereinten Nationen leitet die Berichte allen Vertragsstaaten zu.

(3) Der Ausschuß prüft jeden Bericht; er kann ihn mit den ihm geeignet erscheinenden allgemeinen Bemerkungen versehen und leitet diese dem betreffenden Vertragsstaat zu. Dieser kann dem Ausschuß hierzu jede Stellungnahme übermitteln, die er abzugeben wünscht.

(4) Der Ausschuß kann nach eigenem Ermessen beschließen, seine Bemerkungen nach Absatz 3 zusammen mit den hierauf eingegangenen Stellungnahmen des betreffenden Vertragsstaats in seinen gemäß Artikel 24 erstellten Jahresbericht aufzunehmen. Auf Ersuchen des betreffenden Vertragsstaats kann der Ausschuß auch eine Abschrift des nach Absatz 1 vorgelegten Berichts beifügen.

Art. 20. (1) Erhält der Ausschuß zuverlässige Informationen, die nach seiner Meinung wohlbegründete Hinweise darauf enthalten, daß im Hoheitsgebiet eines Vertragsstaats systematisch Folterungen stattfinden, so fordert der Ausschuß diesen Vertragsstaat auf, bei der Prüfung der Informationen mitzuwirken und zu diesem Zweck Stellungnahmen zu den Informationen abzugeben.

(2) Wenn es der Ausschuß unter Berücksichtigung der von dem betreffenden Vertragsstaat abgegebenen Stellungnahmen sowie aller sonstigen ihm zur Verfügung stehenden einschlägigen Informationen für gerechtfertigt hält, kann er eines oder mehrere seiner Mitglieder beauftragen, eine vertrauliche Untersuchung durchzuführen und ihm sofort zu berichten.

(3) Wird eine Untersuchung nach Absatz 2 durchgeführt, so bemüht sich der Ausschuß um die Mitwirkung des betreffenden Vertragsstaats. Im Einvernehmen mit diesem Vertragsstaat kann eine solche Untersuchung einen Besuch in dessen Hoheitsgebiet einschließen.

(4) Nachdem der Ausschuß die von seinem Mitglied oder seinen Mitgliedern nach Absatz 2 vorgelegten Untersuchungsergebnisse geprüft hat, übermittelt er sie zusammen mit allen angesichts der Situation geeignet erscheinenden Bemerkungen oder Vorschlägen dem betreffenden Vertragsstaat.

---

* Durch Resolution vom 15. 1. 1992 sind Art. 17 Abs. 7 und Art. 18 Abs. 5 aufgehoben worden. Als neuer Art. 18 Abs. 4 wird folgende Bestimmung eingefügt: „Die Mitglieder des nach diesem Übereinkommen errichteten Ausschusses erhalten zu den von der Generalversammlung festzulegenden Bedingungen Bezüge aus den Mitteln der Vereinten Nationen." Der bisherige Art. 18 Abs. 4 wird Abs. 5 (BGBl. 1998 II S. 284). Die Änderungen sind noch nicht in Kraft getreten.

(5) Das gesamte in den Absätzen 1 bis 4 bezeichnete Verfahren des Ausschusses ist vertraulich; in jedem Stadium des Verfahrens wird die Mitwirkung des betreffenden Vertragsstaats angestrebt. Nachdem das mit einer Untersuchung gemäß Absatz 2 zusammenhängende Verfahren abgeschlossen ist, kann der Ausschuß nach Konsultation des betreffenden Vertragsstaats beschließen, eine Zusammenfassung der Ergebnisse des Verfahrens in seinen nach Artikel 24 erstellten Jahresbericht aufzunehmen.

Art. 21. (1) Ein Vertragsstaat kann auf Grund dieses Artikels jederzeit erklären, daß er die Zuständigkeit des Ausschusses zur Entgegennahme und Prüfung von Mitteilungen anerkennt, in denen ein Vertragsstaat geltend macht, ein anderer Vertragsstaat komme seinen Verpflichtungen aus diesem Übereinkommen nicht nach. Diese Mitteilungen können nur dann nach den in diesem Artikel festgelegten Verfahren entgegengenommen und geprüft werden, wenn sie von einem Vertragsstaat eingereicht werden, der für sich selbst die Zuständigkeit des Ausschusses durch eine Erklärung anerkannt hat. Der Ausschuß darf keine Mitteilung auf Grund dieses Artikels behandeln, die einen Vertragsstaat betrifft, der keine derartige Erklärung abgegeben hat. Auf Mitteilungen, die auf Grund dieses Artikels eingehen, ist folgendes Verfahren anzuwenden:

a) Ist ein Vertragsstaat der Auffassung, daß ein anderer Vertragsstaat die Bestimmungen dieses Übereinkommens nicht durchführt, so kann er den anderen Staat durch eine schriftliche Mitteilung darauf hinweisen. Innerhalb von drei Monaten nach Zugang der Mitteilung hat der Empfangsstaat dem Staat, der die Mitteilung übersandt hat, in bezug auf die Sache eine schriftliche Erklärung oder sonstige Stellungnahme zukommen zu lassen, die, soweit es möglich und angebracht ist, einen Hinweis auf die in der Sache durchgeführten, anhängigen oder zur Verfügung stehenden innerstaatlichen Verfahren und Rechtsbehelfe enthalten soll;

b) wird die Sache nicht innerhalb von sechs Monaten nach Eingang der einleitenden Mitteilung bei dem Empfangsstaat zur Zufriedenheit der beiden beteiligten Vertragsstaaten geregelt, so hat jeder der beiden Staaten das Recht, die Sache dem Ausschuß zu unterbreiten, indem er diesem und dem anderen Staat eine entsprechende Mitteilung macht;

c) der Ausschuß befaßt sich mit einer ihm auf Grund dieses Artikels unterbreiteten Sache erst dann, wenn er sich Gewißheit verschafft hat, daß in der Sache alle innerstaatlichen Rechtsbehelfe in Übereinstimmung mit den allgemein anerkannten Grundsätzen des Völkerrechts eingelegt und erschöpft worden sind. Dies gilt nicht, wenn das Verfahren bei der Anwendung der Rechtsbehelfe unangemessen lange gedauert hat oder für die Person, die das Opfer einer Verletzung dieses Übereinkommens geworden ist, keine wirksame Abhilfe erwarten läßt;

d) der Ausschuß berät über Mitteilungen auf Grund dieses Artikels in nichtöffentlicher Sitzung;

e) sofern die Voraussetzungen des Buchstabens c erfüllt sind, stellt der Ausschuß den beteiligten Vertragsstaaten seine guten Dienste zur Verfügung, um eine gütliche Regelung der Sache auf der Grundlage der Einhaltung der in diesem Übereinkommen vorgesehenen Verpflichtungen herbeizuführen. Zu diesem Zweck kann der Ausschuß gegebenenfalls eine Ad-hoc-Vergleichskommission einsetzen;

f) der Ausschuß kann in jeder ihm auf Grund dieses Artikels unterbreiteten Sache die unter Buchstabe b genannten beteiligten Vertragsstaaten auffordern, alle erheblichen Angaben beizubringen;

g) die unter Buchstabe b genannten beteiligten Vertragsstaaten haben das Recht, sich vertreten zu lassen sowie mündlich und/oder schriftlich Stellung zu nehmen, wenn die Sache vom Ausschuß verhandelt wird;

h) der Ausschuß legt innerhalb von zwölf Monaten nach Eingang der unter Buchstabe b vorgesehenen Mitteilung einen Bericht vor:

    i) Wenn eine Regelung im Sinne des Buchstabens e zustande gekommen ist, beschränkt der Ausschuß seinen Bericht auf eine kurze Darstellung des Sachverhalts und der erzielten Regelung;

    ii) wenn eine Regelung im Sinne des Buchstabens e nicht zustandegekommen ist, beschränkt der Ausschuß seinen Bericht auf eine kurze Darstellung des Sachverhalts; die schriftlichen Stellungnahmen und das Protokoll über die mündlichen Stellungnahmen der beteiligten Vertragsstaaten sind dem Bericht beizufügen.

In jedem Fall wird der Bericht den beteiligten Vertragsstaaten übermittelt.

(2) Die Bestimmungen dieses Artikels treten in Kraft, wenn fünf Vertragsstaaten Erklärungen nach Absatz 1 abgegeben haben. Diese Erklärungen werden von den Vertragsstaaten beim Generalsekretär der Vereinten Nationen hinterlegt, der den anderen Vertragsstaaten Abschriften davon übermittelt. Eine Erklärung kann jederzeit durch eine an den Generalsekretär gerichtete Notifikation zurückgenommen werden. Eine solche Zurücknahme berührt nicht die Prüfung einer Sache, die Gegenstand einer auf Grund dieses Artikels bereits vorgenommenen Mitteilung ist; nach Eingang der Notifikation über die Zurücknahme der Erklärung beim Generalsekretär wird keine weitere Mitteilung eines Vertragsstaats auf Grund dieses Artikels entgegengenommen, es sei denn, daß der betroffene Vertragsstaat eine neue Erklärung abgegeben hat.

Art. 22. (1) Ein Vertragsstaat kann auf Grund dieses Artikels jederzeit erklären, daß er die Zuständigkeit des Ausschusses zur Entgegennahme und Prüfung von Mitteilungen einzelner Personen oder im Namen einzelner Personen anerkennt, die der Hoheitsgewalt des betreffenden Staates unterstehen und die geltend machen, Opfer einer Verletzung dieses Übereinkommens durch einen Vertragsstaat zu sein. Der Ausschuß darf keine Mitteilung entgegennehmen, die einen Vertragsstaat betrifft, der keine derartige Erklärung abgegeben hat.

(2) Der Ausschuß erklärt jede nach diesem Artikel eingereichte Mitteilung für unzulässig, die anonym ist oder die er für einen Mißbrauch des Rechts auf Einreichung solcher Mitteilungen oder für unvereinbar mit den Bestimmungen dieses Übereinkommens hält.

(3) Vorbehaltlich des Absatzes 2 bringt der Ausschuß jede ihm nach diesem Artikel eingereichte Mitteilung dem Vertragsstaat zur Kenntnis, der eine Erklärung nach Absatz 1 abgegeben hat und dem vorgeworfen wird, eine Bestimmung dieses Übereinkommens verletzt zu haben. Der Empfangsstaat hat dem Ausschuß innerhalb von sechs Monaten schriftliche Erläuterungen oder Stellungnahmen zur Klärung der Sache zu übermitteln und die gegebenenfalls von ihm getroffenen Abhilfemaßnahmen mitzuteilen.

(4) Der Ausschuß prüft die ihm nach diesem Artikel zugegangenen Mitteilungen unter Berücksichtigung aller ihm von der Einzelperson oder in deren Namen und von dem betroffenen Vertragsstaat unterbreiteten Informationen.

(5) Der Ausschuß prüft Mitteilungen einer Einzelperson auf Grund dieses Artikels erst dann, wenn er sich Gewißheit verschafft hat,
a) daß dieselbe Sache nicht bereits in einem anderen internationalen Untersuchungs- oder Streitregelungsverfahren geprüft wurde oder wird;
b) daß die Einzelperson alle zur Verfügung stehenden innerstaatlichen Rechtsbehelfe erschöpft hat; dies gilt nicht, wenn das Verfahren bei der Anwendung der Rechtsbehelfe unangemessen lange gedauert hat oder für die Person, die das Opfer einer Verletzung dieses Übereinkommens geworden ist, keine wirksame Abhilfe erwarten läßt.

(6) Der Ausschuß berät über Mitteilungen auf Grund dieses Artikels in nichtöffentlicher Sitzung.

(7) Der Ausschuß teilt seine Auffassungen dem betroffenen Vertragsstaat und der Einzelperson mit.

(8) Die Bestimmungen dieses Artikels treten in Kraft, wenn fünf Vertragsstaaten Erklärungen nach Absatz 1 abgegeben haben. Diese Erklärungen werden von den Vertragsstaaten beim Generalsekretär der Vereinten Nationen hinterlegt, der den anderen Vertragsstaaten Abschriften davon übermittelt. Eine Erklärung kann jederzeit durch eine an den Generalsekretär gerichtete Notifikation zurückgenommen werden. Eine solche Zurücknahme berührt nicht die Prüfung einer Sache, die Gegenstand einer auf Grund dieses Artikels bereits vorgenommenen Mitteilung ist; nach Eingang der Notifikation über die Zurücknahme der Erklärung beim Generalsekretär wird keine weitere von einer Einzelperson oder in deren Namen gemachte Mitteilung auf Grund dieses Artikels entgegengenommen, es sei denn, daß der betroffene Vertragsstaat eine neue Erklärung abgegeben hat.

Art. 23. Die Mitglieder des Ausschusses und der Ad-hoc-Vergleichskommissionen, die nach Artikel 21 Absatz 1 Buchstabe e bestimmt werden können, haben Anspruch auf die Erleichterungen, Vorrechte und Immunitäten, die in den einschlägigen Abschnitten des Übereinkommens über die Vorrechte und Immunitäten der Vereinten Nationen für die im Auftrag der Vereinten Nationen tätigen Sachverständigen vorgesehen sind.

Art. 24. Der Ausschuß legt den Vertragsstaaten und der Generalversammlung der Vereinten Nationen einen Jahresbericht über seine Tätigkeit auf Grund dieses Übereinkommens vor.

Teil III

Art. 25. (1) Dieses Übereinkommen liegt für alle Staaten zur Unterzeichnung auf.

(2) Dieses Übereinkommen bedarf der Ratifikation. Die Ratifikationsurkunden werden beim Generalsekretär der Vereinten Nationen hinterlegt.

Art. 26. Dieses Übereinkommen steht allen Staaten zum Beitritt offen. Der Beitritt erfolgt durch Hinterlegung einer Beitrittsurkunde beim Generalsekretär der Vereinten Nationen.

Art. 27. (1) Dieses Übereinkommen tritt am dreißigsten Tag nach Hinterlegung der zwanzigsten Ratifikations- oder Beitrittsurkunde beim Generalsekretär der Vereinten Nationen in Kraft.

(2) Für jeden Staat, der nach Hinterlegung der zwanzigsten Ratifikations- oder Beitrittsurkunde dieses Übereinkommen ratifiziert oder ihm beitritt, tritt es am dreißigsten Tag nach Hinterlegung seiner eigenen Ratifikations- oder Beitrittsurkunde in Kraft.

Art. 28. (1) Jeder Staat kann bei der Unterzeichnung oder der Ratifikation dieses Übereinkommens oder dem Beitritt zu diesem erklären, daß er die in Artikel 20 vorgesehene Zuständigkeit des Ausschusses nicht anerkennt.

(2) Jeder Vertragsstaat, der einen Vorbehalt nach Absatz 1 gemacht hat, kann diesen Vorbehalt jederzeit durch eine an den Generalsekretär der Vereinten Nationen gerichtete Notifikation zurücknehmen.

Art. 29. (1) Jeder Vertragsstaat kann eine Änderung dieses Übereinkommens vorschlagen und seinen Vorschlag beim Generalsekretär der Vereinten Nationen einreichen. Der Generalsekretär übermittelt sodann den Änderungsvorschlag den Vertragsstaaten mit der Aufforderung, ihm mitzuteilen, ob sie eine Konferenz der Vertragsstaaten zur Beratung und Abstimmung über den Vorschlag befürworten. Befürwortet innerhalb von vier Monaten nach dem Datum der Übermittlung wenigstens ein Drittel der Vertragsstaaten eine solche Konferenz, so beruft der Generalsekretär die Konferenz unter der Schirmherrschaft der Vereinten Nationen ein. Jede Änderung, die von der Mehrheit der auf der Konferenz anwesenden und abstimmenden Vertragsstaaten beschlossen wird, wird vom Generalsekretär allen Vertragsstaaten zur Annahme vorgelegt.

(2) Eine nach Absatz 1 beschlossene Änderung tritt in Kraft, wenn zwei Drittel der Vertragsstaaten dem Generalsekretär der Vereinten Nationen notifiziert haben, daß sie die Änderung nach Maßgabe der in ihrer Verfassung vorgesehenen Verfahren angenommen haben.

(3) Treten die Änderungen in Kraft, so sind sie für die Vertragsstaaten, die sie angenommen haben, verbindlich, während für die anderen Vertragsstaaten weiterhin die Bestimmungen dieses Übereinkommens und alle früher von ihnen angenommenen Änderungen gelten.

Art. 30. (1) Jede Streitigkeit zwischen zwei oder mehr Vertragsstaaten über die Auslegung oder Anwendung dieses Übereinkommens, die nicht durch Verhandlungen beigelegt werden kann, ist auf Verlangen eines dieser Staaten einem Schiedsverfahren zu unterwerfen. Können sich die Parteien binnen sechs Monaten nach dem Zeitpunkt, zu dem das Schiedsverfahren verlangt worden ist, über seine Ausgestaltung nicht einigen, so kann jede dieser Parteien die Streitigkeit dem Internationalen Gerichtshof unterbreiten, indem sie einen seinem Statut entsprechenden Antrag stellt.

(2) Jeder Staat kann bei der Unterzeichnung oder der Ratifikation dieses Übereinkommens oder dem Beitritt zu diesem erklären, daß er sich durch

Absatz 1 nicht als gebunden betrachtet. Die anderen Vertragsstaaten sind gegenüber einem Vertragsstaat, der einen solchen Vorbehalt gemacht hat, durch Absatz 1 nicht gebunden.

(3) Ein Vertragsstaat, der einen Vorbehalt nach Absatz 2 gemacht hat, kann diesen Vorbehalt jederzeit durch eine an den Generalsekretär der Vereinten Nationen gerichtete Notifikation zurücknehmen.

Art. 31. (1) Ein Vertragsstaat kann dieses Übereinkommen durch eine an den Generalsekretär der Vereinten Nationen gerichtete schriftliche Notifikation kündigen. Die Kündigung wird ein Jahr nach Eingang der Notifikation beim Generalsekretär wirksam.

(2) Eine solche Kündigung enthebt den Vertragsstaat nicht der Verpflichtungen, die er auf Grund dieses Übereinkommens in bezug auf vor dem Wirksamwerden der Kündigung begangene Handlungen oder Unterlassungen hat; die Kündigung berührt auch nicht die weitere Prüfung einer Sache, mit welcher der Ausschuß bereits vor dem Wirksamwerden der Kündigung befaßt war.

(3) Nach dem Tag, an dem die Kündigung eines Vertragsstats wirksam wird, darf der Ausschuß nicht mit der Prüfung einer neuen diesen Staat betreffenden Sache beginnen.

Art. 32. Der Generalsekretär der Vereinten Nationen unterrichtet alle Mitgliedstaaten der Vereinten Nationen und alle Staaten, die dieses Übereinkommen unterzeichnet haben oder ihm beigetreten sind,
a) von den Unterzeichnungen, Ratifikationen und Beitritten nach den Artikeln 25 und 26;
b) vom Zeitpunkt des Inkrafttretens dieses Übereinkommens nach Artikel 27 und vom Zeitpunkt des Inkrafttretens von Änderungen nach Artikel 29;
c) von den Kündigungen nach Artikel 31.

Art. 33. (1) Dieses Übereinkommen, dessen arabischer, chinesischer, englischer, französischer, russischer und spanischer Wortlaut gleichermaßen verbindlich ist, wird beim Generalsekretär der Vereinten Nationen hinterlegt.

(2) Der Generalsekretär der Vereinten Nationen übermittelt allen Staaten beglaubigte Abschriften dieses Übereinkommens.

V. Internationales See-, Luft- und Weltraumrecht

20. Seerechtsübereinkommen der Vereinten Nationen[1] · [2] · [3]

(10. 12. 1982)

(Übersetzung)

Die Vertragsstaaten dieses Übereinkommens –
von dem Bestreben geleitet, alle das Seerecht betreffenden Fragen im Geiste gegenseitiger Verständigung und Zusammenarbeit zu regeln, und eingedenk der historischen Bedeutung dieses Übereinkommens als eines wichtigen Beitrags zur Erhaltung von Frieden, Gerechtigkeit und Fortschritt für alle Völker der Welt;

im Hinblick darauf, daß die Entwicklungen seit den 1958 und 1960 in Genf abgehaltenen Seerechtskonferenzen der Vereinten Nationen die Notwendigkeit eines neuen allgemein annehmbaren Seerechtsübereinkommens verstärkt haben;

in dem Bewußtsein, daß die Probleme des Meeresraums eng miteinander verbunden sind und als Ganzes betrachtet werden müssen;

in der Erkenntnis, daß es wünschenswert ist, durch dieses Übereinkommen unter gebührender Berücksichtigung der Souveränität aller Staaten eine Rechtsordnung für die Meere und Ozeane zu schaffen, die den internationalen Verkehr erleichtern sowie die Nutzung der Meere und Ozeane zu friedlichen Zwecken, die ausgewogene und wirkungsvolle Nutzung ihrer Ressourcen, die Erhaltung ihrer lebenden Ressourcen und die Untersuchung, den Schutz und die Bewahrung der Meeresumwelt fördern wird;

in dem Bewußtsein, daß die Erreichung dieser Ziele zur Verwirklichung einer gerechten und ausgewogenen internationalen Wirtschaftsordnung beitragen wird, welche die Interessen und Bedürfnisse der gesamten Menschheit und vor allem die besonderen Interessen und Bedürfnisse der Entwicklungsländer, ob Küsten- oder Binnenländer, berücksichtigt;

in dem Wunsch, durch dieses Übereinkommen die in der Resolution 2749 (XXV) vom 17. Dezember 1970 enthaltenen Grundsätze weiterzuentwickeln, in der die Generalversammlung der Vereinten Nationen feierlich unter anderem erklärte, daß das Gebiet des Meeresbodens und des Meeresuntergrunds jenseits der Grenzen des Bereichs nationaler Hoheitsbefugnisse sowie seine Ressourcen gemeinsames Erbe der Menschheit sind, deren Erforschung und

---

[1] Aus BGBl. 1994 II S. 1799.
[2] Internationale Quelle: ILM 21 (1982) p. 1261.
[3] Aus Platzgründen konnte nur die Anlage 6 in den Band aufgenommen werden. Anlage 1 (S. 1951) führt „weit wandernde Arten" auf, Anlage 2 (S. 1952) enthält nähere Bestimmungen zur Kommission und Anlage 3 (S. 1955) stellt Grundbedingungen für die Prospektion, Erforschung und Ausbeutung auf. Die Anlage 4 (S. 1981) enthält die Satzung des Unternehmens, Anlage 5 (S. 1992) regelt die Vergleichsverfahren, Anlage 7 (S. 2008) behandelt allgemeine, Anlage 8 (S. 2012) besondere Schiedsverfahren. Anlage 9 (S. 2015) regelt die Teilnahme internationaler Organisationen.

Ausbeutung zum Nutzen der gesamten Menschheit ungeachtet der geographischen Lage der Staaten durchgeführt werden;

überzeugt, daß die in diesem Übereinkommen verwirklichte Kodifizierung und fortschreitende Entwicklung des Seerechts zur Festigung des Friedens, der Sicherheit, der Zusammenarbeit und der freundschaftlichen Beziehungen zwischen allen Nationen in Übereinstimmung mit den Grundsätzen der Gerechtigkeit und Gleichberechtigung beitragen und den wirtschaftlichen und sozialen Fortschritt aller Völker der Welt in Übereinstimmung mit den Zielen und Grundsätzen der Vereinten Nationen fördern werden, wie sie in deren Charta verkündet sind;

in Bekräftigung des Grundsatzes, daß für Fragen, die in diesem Übereinkommen nicht geregelt sind, weiterhin die Regeln und Grundsätze des allgemeinen Völkerrechts gelten –

haben folgendes vereinbart:

Teil I. Einleitung

Art. 1 Begriffsbestimmungen und Geltungsbereich. (1) Im Sinne dieses Übereinkommens

1. bedeutet „Gebiet" den Meeresboden und den Meeresuntergrund jenseits der Grenzen des Bereichs nationaler Hoheitsbefugnisse;

2. bedeutet „Behörde" die Internationale Meeresbodenbehörde;

3. bedeutet „Tätigkeiten im Gebiet" alle Tätigkeiten zur Erforschung und Ausbeutung der Ressourcen des Gebiets;

4. bedeutet „Verschmutzung der Meeresumwelt" die unmittelbare oder mittelbare Zuführung von Stoffen oder Energie durch den Menschen in die Meeresumwelt einschließlich der Flußmündungen, aus der sich abträgliche Wirkungen wie eine Schädigung der lebenden Ressourcen sowie der Tier- und Pflanzenwelt des Meeres, eine Gefährdung der menschlichen Gesundheit, eine Behinderung der maritimen Tätigkeiten einschließlich der Fischerei und der sonstigen rechtmäßigen Nutzung des Meeres, eine Beeinträchtigung des Gebrauchswerts des Meerwassers und eine Verringerung der Annehmlichkeiten der Umwelt ergeben oder ergeben können;

5. a) bedeutet „Einbringen" (dumping)
   i) jede vorsätzliche Beseitigung von Abfällen oder sonstigen Stoffen von Schiffen, Luftfahrzeugen, Plattformen oder sonstigen auf See errichteten Bauwerken aus,
   ii) jede vorsätzliche Beseitigung von Schiffen, Luftfahrzeugen, Plattformen oder sonstigen auf See errichteten Bauwerken;
   b) umfaßt „Einbringen" nicht
   i) die Beseitigung von Abfällen oder sonstigen Stoffen, die mit dem normalen Betrieb von Schiffen, Luftfahrzeugen, Plattformen oder sonstigen auf See errichteten Bauwerken sowie mit ihrer Ausrüstung zusammenhängen oder davon herrühren, mit Ausnahme von Abfällen oder sonstigen Stoffen, die durch zur Beseitigung dieser Stoffe betriebene Schiffe, Luftfahrzeuge, Plattformen oder sonstige auf See errichtete Bauwerke befördert oder auf sie verladen werden, sowie von Abfällen oder sonstigen Stoffen, die aus der Behandlung solcher Ab-

fälle oder sonstigen Stoffe auf solchen Schiffen, Luftfahrzeugen, Plattformen oder Bauwerken herrühren,

ii) das Absetzen von Stoffen zu einem anderen Zweck als dem der blo-
ßen Beseitigung, sofern es nicht den Zielen dieses Übereinkommens
widerspricht.

(2) 1. „Vertragsstaaten" bedeutet Staaten, die zugestimmt haben, durch dieses
Übereinkommen gebunden zu sein; und für die es in Kraft ist.

2. Dieses Übereinkommen gilt sinngemäß für die in Artikel 305 Absatz 1
Buchstaben b, c, d, e und f bezeichneten Rechtsträger, die zu den jeweils für sie geltenden Bedingungen Vertragsparteien des Übereinkommens werden, und insoweit bezieht sich der Begriff „Vertragsstaaten" auf diese Rechtsträger.

Teil II. Küstenmeer und Anschlußzone

Abschnitt 1. Allgemeine Bestimmungen

**Art. 2 Rechtsstatus des Küstenmeers, des Luftraums über dem Kü-
stenmeer und des Meeresbodens und Meeresuntergrunds des Küstenmeers.** (1) Die Souveränität eines Küstenstaats erstreckt sich jenseits seines Landgebiets und seiner inneren Gewässer sowie im Fall eines Archipelstaats jenseits seiner Archipelgewässer auf einen angrenzenden Meeresstreifen,
der als Küstenmeer bezeichnet wird.

(2) Diese Souveränität erstreckt sich sowohl auf den Luftraum über dem
Küstenmeer als auch auf den Meeresboden und Meeresuntergrund des Küstenmeers.

(3) Die Souveränität über das Küstenmeer wird nach Maßgabe dieses
Übereinkommens und der sonstigen Regeln des Völkerrechts ausgeübt.

Abschnitt 2. Grenzen des Küstenmeers

Art. 3 Breite des Küstenmeers. Jeder Staat hat das Recht, die Breite seines
Küstenmeers bis zu einer Grenze festzulegen, die höchstens 12 Seemeilen von
den in Übereinstimmung mit diesem Übereinkommen festgelegten Basislinien
entfernt sein darf.

Art. 4 Seewärtige Grenze des Küstenmeers. Die seewärtige Grenze des
Küstenmeers ist die Linie, auf der jeder Punkt vom nächstgelegenen Punkt
der Basislinie um die Breite des Küstenmeers entfernt ist.

Art. 5 Normale Basislinie. Soweit in diesem Übereinkommen nichts an-
deres bestimmt wird, ist die normale Basislinie für die Messung der Breite des
Küstenmeers die Niedrigwasserlinie entlang der Küste, wie sie in den vom
Küstenstaat amtlich anerkannten Seekarten großen Maßstabs eingetragen ist.

Art. 6 Riffe. Bei Inseln, die sich auf Atollen befinden oder von Riffen ge-
säumt sind, ist die Basislinie für die Messung der Breite des Küstenmeers die
seewärtige Niedrigwasserlinie des Riffes, wie sie durch das entsprechende Sym-
bol auf den vom Küstenstaat amtlich anerkannten Seekarten angegeben ist.

Art. 7 Gerade Basislinien. (1) Wo die Küste tiefe Einbuchtungen und Einschnitte aufweist oder wo sich eine Inselkette entlang der Küste in ihrer unmittelbaren Nähe erstreckt, kann zur Festlegung der Basislinie, von der aus die Breite des Küstenmeers gemessen wird, die Methode der geraden Basislinien angewandt werden, die geeignete Punkte miteinander verbinden.

(2) Wo wegen eines Deltas oder anderer natürlicher Gegebenheiten die Küstenlinie sehr veränderlich ist, können die geeigneten Punkte auf der am weitesten seewärts verlaufenden Niedrigwasserlinie gewählt werden; diese geraden Basislinien bleiben ungeachtet eines späteren Rückgangs der Niedrigwasserlinie so lange gültig, bis sie vom Küstenstaat in Übereinstimmung mit diesem Übereinkommen geändert werden.

(3) Der Verlauf gerader Basislinien darf nicht erheblich von der allgemeinen Richtung der Küste abweichen; die innerhalb dieser Linien gelegenen Seegebiete müssen mit dem Landgebiet so eng verbunden sein, daß sie der Ordnung der inneren Gewässer unterstellt werden können.

(4) Gerade Basislinien dürfen nicht zu und von trockenfallenden Erhebungen gezogen werden, es sei denn, daß Leuchttürme oder ähnliche ständig über den Wasserspiegel hinausragende Anlagen auf ihnen errichtet sind oder daß die Ziehung der Basislinien zu und von solchen Erhebungen allgemeine internationale Anerkennung gefunden hat.

(5) Wo die Methode der geraden Basislinien nach Absatz 1 anwendbar ist, können bei der Festlegung bestimmter Basislinien die dem betreffenden Gebiet eigenen wirtschaftlichen Interessen, deren Vorhandensein und Bedeutung durch lange Übung eindeutig erwiesen sind, berücksichtigt werden.

(6) Ein Staat darf das System der geraden Basislinien nicht so anwenden, daß dadurch das Küstenmeer eines anderen Staates von der Hohen See oder einer ausschließlichen Wirtschaftszone abgeschnitten wird.

Art. 8 Innere Gewässer. (1) Soweit in Teil IV nichts anderes bestimmt ist, gehören die landwärts der Basislinie des Küstenmeers gelegenen Gewässer zu den inneren Gewässern des Staates.

(2) Wo die Festlegung einer geraden Basislinie nach der in Artikel 7 bezeichneten Methode dazu führt, daß Gebiete, die vorher nicht als innere Gewässer galten, in diese einbezogen werden, besteht in solchen Gewässern das in diesem Übereinkommen vorgesehene Recht der friedlichen Durchfahrt.

Art. 9 Flußmündungen. Mündet ein Fluß unmittelbar ins Meer, so ist die Basislinie eine Gerade, die quer über die Mündung des Flusses zwischen den Punkten gezogen wird, die auf der Niedrigwasserlinie seiner Ufer liegen.

Art. 10 Buchten. (1) Dieser Artikel bezieht sich nur auf Buchten, deren Küsten zu einem einzigen Staat gehören.

(2) Eine Bucht im Sinne dieses Übereinkommens ist ein deutlich erkennbarer Einschnitt, dessen Länge in einem solchen Verhältnis zur Breite seiner Öffnung steht, daß er von Land umschlossene Gewässer enthält und mehr als eine bloße Krümmung der Küste bildet. Ein Einschnitt gilt jedoch nur dann als Bucht, wenn seine Fläche so groß oder größer ist als die eines Halbkreises, dessen Durchmesser eine quer über die Öffnung dieses Einschnitts gezogene Linie ist.

(3) Für Messungszwecke ist die Fläche eines Einschnitts jene Fläche, die innerhalb der Niedrigwasserlinie entlang der Küste des Einschnitts und einer die Niedrigwassermarken seiner natürlichen Öffnungspunkte verbindenden Linie liegt. Hat ein Einschnitt wegen vorhandener Inseln mehr als eine Öffnung, so hat der Durchmesser des Halbkreises eine Länge, die der Summe jener Strecken gleich ist, die über die verschiedenen Öffnungen führen. Inseln innerhalb eines Einschnitts werden seiner Wasserfläche zugerechnet.

(4) Ist die Entfernung zwischen den Niedrigwassermarken der natürlichen Öffnungspunkte einer Bucht nicht größer als 24 Seemeilen, so kann eine Abschlußlinie zwischen diesen beiden Niedrigwassermarken gezogen werden; die so eingeschlossenen Gewässer gelten als innere Gewässer.

(5) Ist die Entfernung zwischen den Niedrigwassermarken der natürlichen Öffnungspunkte einer Bucht größer als 24 Seemeilen, so wird eine gerade Basislinie von 24 Seemeilen innerhalb der Bucht in der Weise gezogen, daß mit einer Linie dieser Länge die größtmögliche Wasserfläche eingeschlossen wird.

(6) Die vorstehenden Bestimmungen finden weder auf sogenannte „historische" Buchten noch auf Fälle Anwendung, in denen das in Artikel 7 vorgesehene System der geraden Basislinien angewandt wird.

Art. 11 Häfen. Für die Abgrenzung des Küstenmeers gelten die äußersten ständigen Hafenanlagen, die Bestandteil des Hafensystems sind, als Teil der Küste. Anlagen vor der Küste und künstliche Inseln gelten nicht als ständige Hafenanlagen.

Art. 12 Reeden. Reeden, die überlicherweise zum Laden, Entladen und Ankern von Schiffen dienen, werden in das Küstenmeer einbezogen, wenn sie ganz oder teilweise außerhalb der seewärtigen Grenze des Küstenmeers gelegen wären.

Art. 13 Trockenfallende Erhebungen. (1) Eine trockenfallende Erhebung ist natürlich entstandenes Land, das bei Ebbe von Wasser umgeben ist und über den Wasserspiegel hinausragt, bei Flut jedoch unter Wasser liegt. Ist eine trockenfallende Erhebung ganz oder teilweise um nicht mehr als die Breite des Küstenmeers vom Festland oder einer Insel entfernt, so kann die Niedrigwasserlinie dieser Erhebung als Basislinie für die Messung der Breite des Küstenmeers verwendet werden.

(2) Ist die gesamte trockenfallende Erhebung um mehr als die Breite des Küstenmeers vom Festland oder einer Insel entfernt, so hat die Erhebung kein eigenes Küstenmeer.

Art. 14 Kombination von Methoden zur Festlegung von Basislinien. Der Küstenstaat kann Basislinien nicht einer oder mehreren der in den vorstehenden Artikeln vorgesehenen Methoden festlegen, um unterschiedlichen Gegebenheiten gerecht zu werden.

Art. 15 Abgrenzung des Küstenmeers zwischen Staaten mit gegenüberliegenden oder aneinander angrenzenden Küsten. Liegen die Küsten zweier Staaten einander gegenüber oder grenzen sie aneinander an, so ist mangels einer gegenteiligen Vereinbarung zwischen diesen beiden Staaten keiner von ihnen berechtigt, sein Küstenmeer über die Mittellinie auszudehnen, auf der jeder Punkt gleich weit von den nächstgelegenen Punkten der Basislinien entfernt ist, von denen aus die Breite des Küstenmeers jedes der beiden Staaten gemessen wird. Diese Bestimmung findet jedoch keine Anwendung, wenn es aufgrund historischer Rechtstitel oder anderer besonderer Umstände erforderlich ist, die Küstenmeere der beiden Staaten abweichend davon gegeneinander abzugrenzen.

Art. 16 Seekarten und Verzeichnisse geographischer Koordinaten.
(1) Die in Übereinstimmung mit den Artikeln 7, 9 und 10 festgelegten Basislinien zur Messung der Breite des Küstenmeers oder die daraus abgeleiteten Grenzen sowie die in Übereinstimmung mit den Artikeln 12 und 15 gezogenen Abgrenzungslinien werden in Seekarten eingetragen, deren Maßstab oder Maßstäbe zur genauen Feststellung ihres Verlaufs ausreichen. Statt dessen kann auch ein Verzeichnis der geographischen Koordinaten von Punkten unter genauer Angabe der geodätischen Daten verwendet werden.

(2) Der Küstenstaat veröffentlicht diese Seekarten oder Verzeichnisse geographischer Koordinaten ordnungsgemäß und hinterlegt jeweils eine Ausfertigung davon beim Generalsekretär der Vereinten Nationen.

Abschnitt 3. Friedliche Durchfahrt im Küstenmeer

Unterabschnitt A. Regeln für alle Schiffe

Art. 17 Recht der friedlichen Durchfahrt. Vorbehaltlich dieses Übereinkommens genießen die Schiffe aller Staaten, ob Küsten- oder Binnenstaaten, das Recht der friedlichen Durchfahrt durch das Küstenmeer.

Art. 18 Bedeutung der Durchfahrt. (1) „Durchfahrt" bedeutet die Fahrt durch das Küstenmeer zu dem Zweck,
a) es ohne Einlaufen in die inneren Gewässer oder Anlaufen einer Reede oder Hafenanlage außerhalb der inneren Gewässer zu durchqueren oder
b) in die inneren Gewässer einzulaufen oder sie zu verlassen oder eine solche Reede oder Hafenanlage anzulaufen oder zu verlassen.

(2) Die Durchfahrt muß ohne Unterbrechung und zügig erfolgen. Die Durchfahrt schließt jedoch das Anhalten und Ankern ein, aber nur insoweit, als dies zur normalen Schiffahrt gehört oder infolge höherer Gewalt oder eines Notfalls oder zur Hilfeleistung für Personen, Schiffe oder Luftfahrzeuge in Gefahr oder Not erforderlich wird.

Art. 19 Bedeutung der friedlichen Durchfahrt. (1) Die Durchfahrt ist friedlich, solange sie nicht den Frieden, die Ordnung oder die Sicherheit des Küstenstaats beeinträchtigt. Die Durchfahrt hat in Übereinstimmung mit diesem Übereinkommen und den sonstigen Regeln des Völkerrechts zu erfolgen.

(2) Die Durchfahrt eines fremden Schiffes gilt als Beeinträchtigung des Friedens, der Ordnung oder der Sicherheit des Küstenstaats, wenn das Schiff im Küstenmeer eine der folgenden Tätigkeiten vornimmt:
a) eine Androhung oder Anwendung von Gewalt, die gegen die Souveränität, die territoriale Unversehrtheit oder die politische Unabhängigkeit des

Küstenstaats gerichtet ist oder sonst die in der Charta der Vereinten Nationen niedergelegten Grundsätze des Völkerrechts verletzt;
b) eine Übung oder ein Manöver mit Waffen jeder Art;
c) eine Handlung, die auf das Sammeln von Informationen zum Schaden der
   Verteidigung oder Sicherheit des Küstenstaats gerichtet ist;
d) eine Propagandahandlung, die auf die Beeinträchtigung der Verteidigung
   oder Sicherheit des Küstenstaats gerichtet ist;
e) das Starten, Landen oder Anbordnehmen von Luftfahrzeugen;
f) das Aussetzen, Landen oder Anbordnehmen von militärischem Gerät;
g) das Laden oder Entladen von Waren, Zahlungsmitteln oder Personen entgegen den Zoll- und sonstigen Finanzgesetzen, Einreise- oder Gesund-
   heitsgesetzen und diesbezüglichen sonstigen Vorschriften des Küstenstaats;
h) eine vorsätzliche schwere Verschmutzung entgegen diesem Übereinkommen;
i) Fischereitätigkeiten;
j) Forschungs- oder Vermessungsarbeiten;
k) eine Handlung, die auf die Störung eines Nachrichtenübermittlungssystems
   oder anderer Einrichtungen oder Anlagen des Küstenstaats gerichtet ist;
l) eine andere Tätigkeit, die nicht unmittelbar mit der Durchfahrt zusammenhängt.

Art. 20 Unterseeboote und andere Unterwasserfahrzeuge. Unterseeboote und andere Unterwasserfahrzeuge müssen im Küstenmeer über Wasser
fahren und ihre Flagge zeigen.

**Art. 21 Gesetze und sonstige Vorschriften des Küstenstaats über die
friedliche Durchfahrt.** (1) Der Küstenstaat kann in Übereinstimmung mit
diesem Übereinkommen und den sonstigen Regeln des Völkerrechts Gesetze
und sonstige Vorschriften über die friedliche Durchfahrt durch das Küstenmeer in bezug auf alle oder einzelne der folgenden Bereiche erlassen:
a) Sicherheit der Schiffahrt und Regelung des Seeverkehrs;
b) Schutz der Seezeichen und Navigationseinrichtungen und anderer Einrichtungen oder Anlagen;
c) Schutz von Kabeln und Rohrleitungen;
d) Erhaltung der lebenden Ressourcen des Meeres;
e) Verhütung von Verstößen gegen die Fischereigesetze und diesbezüglichen
   sonstigen Vorschriften des Küstenstaats;
f) Schutz der Umwelt des Küstenstaats und Verhütung, Verringerung und
   Überwachung ihrer Verschmutzung;
g) wissenschaftliche Meeresforschung und hydrographische Vermessungen;
h) Verhütung von Verstößen gegen die Zoll- und sonstigen Finanzgesetze,
   Einreise- oder Gesundheitsgesetze und diesbezüglichen sonstigen Vorschriften des Küstenstaats.

(2) Diese Gesetze und sonstigen Vorschriften dürfen sich nicht auf den
Entwurf, den Bau, die Bemannung oder die Ausrüstung von fremden Schiffen
erstrecken, sofern sie nicht allgemein anerkannten internationalen Regeln
oder Normen Wirksamkeit verleihen.

(3) Der Küstenstaat veröffentlicht diese Gesetze und sonstigen Vorschriften
ordnungsgemäß.

(4) Fremde Schiffe, die das Recht der friedlichen Durchfahrt durch das
Küstenmeer ausüben, müssen diese Gesetze und sonstigen Vorschriften sowie

alle allgemein anerkannten internationalen Vorschriften über die Verhütung von Zusammenstößen auf See einhalten.

Art. 22 Schiffahrtswege und Verkehrstrennungsgebiete im Küstenmeer. (1) Der Küstenstaat kann, wo es die Sicherheit der Schiffahrt erfordert, von fremden Schiffen, die das Recht der friedlichen Durchfahrt durch sein Küstenmeer ausüben, verlangen, daß sie diejenigen Schiffahrtswege und Verkehrstrennungsgebiete benutzen, die er zur Regelung der Durchfahrt von Schiffen festlegen oder vorschreiben kann.

(2) Insbesondere kann von Tankschiffen, Schiffen mit Kernenergieantrieb und Schiffen, die nukleare oder sonstige ihrer Natur nach gefährliche oder schädliche Stoffe oder Materialien befördern, verlangt werden, bei der Durchfahrt nur diese Schiffahrtswege zu benutzen.

(3) Wenn der Küstenstaat aufgrund dieses Artikels Schiffahrtswege festlegt und Verkehrstrennungsgebiete vorschreibt, hat er folgendes zu berücksichtigen:
a) die Empfehlungen der zuständigen internationalen Organisation;
b) alle üblicherweise für die internationale Schiffahrt benutzten Fahrwasser;
c) die besonderen Merkmale bestimmter Schiffe und Fahrwasser und
d) die Verkehrsdichte.

(4) Der Küstenstaat trägt diese Schiffahrtswege und Verkehrstrennungsgebiete deutlich in Seekarten ein und veröffentlicht diese ordnungsgemäß.

Art. 23 Fremde Schiffe mit Kernenergieantrieb und Schiffe, die nukleare oder sonstige ihrer Natur nach gefährliche oder schädliche Stoffe befördern. Fremde Schiffe mit Kernenergieantrieb und Schiffe, die nukleare oder sonstige ihrer Natur nach gefährliche oder schädliche Stoffe befördern, müssen bei der Ausübung des Rechts der friedlichen Durchfahrt durch das Küstenmeer die Dokumente mitführen und die besonderen Vorsichtsmaßnahmen beachten, die in internationalen Übereinkünften für solche Schiffe vorgeschrieben sind.

Art. 24 Pflichten des Küstenstaats. (1) Der Küstenstaat darf, außer in den von diesem Übereinkommen vorgesehenen Fällen, die friedliche Durchfahrt fremder Schiffe durch das Küstenmeer nicht behindern. Insbesondere darf der Küstenstaat bei der Anwendung des Übereinkommens oder der in Übereinstimmung mit ihm erlassenen Gesetze oder sonstigen Vorschriften nicht
a) fremden Schiffen Auflagen machen, die im Ergebnis eine Verweigerung oder Beeinträchtigung der Ausübung des Rechts der friedlichen Durchfahrt bewirken, oder
b) die Schiffe eines bestimmten Staates oder Schiffe, die Ladung nach oder von einem bestimmten Staat oder in dessen Auftrag befördern, rechtlich oder tatsächlich diskriminieren.

(2) Der Küstenstaat macht alle in seinem Küstenmeer für die Schiffahrt bestehenden und ihm zur Kenntnis gelangten Gefahren in geeigneter Weise bekannt.

Art. 25 Schutzrechte des Küstenstaats. (1) Der Küstenstaat kann in seinem Küstenmeer die erforderlichen Maßnahmen ergreifen, um eine nichtfriedliche Durchfahrt zu verhindern.

(2) Der Küstenstaat ist ferner berechtigt, in bezug auf Schiffe, die in seine inneren Gewässer einlaufen oder eine Hafenanlage außerhalb der inneren Gewässer anlaufen wollen, die erforderlichen Maßnahmen zu ergreifen, um jede Verletzung der Bedingungen zu verhindern, die für das Einlaufen solcher Schiffe in die inneren Gewässer oder für ihr Anlaufen solcher Anlagen bestehen.

(3) Der Küstenstaat kann, ohne fremde Schiffe untereinander rechtlich oder tatsächlich zu diskriminieren, in bestimmten Gebieten seines Küstenmeers die friedliche Durchfahrt fremder Schiffe vorübergehend aussetzen, sofern dies für den Schutz seiner Sicherheit, einschließlich Waffenübungen, unerläßlich ist. Eine solche Aussetzung wird erst nach ordnungsgemäßer Bekanntmachung wirksam.

Art. 26 Gebühren, die von fremden Schiffen erhoben werden können. (1) Für die bloße Durchfahrt durch das Küstenmeer dürfen von fremden Schiffen keine Abgaben erhoben werden.

(2) Von einem das Küstenmeer durchfahrenden fremden Schiff dürfen Gebühren nur als Vergütung für bestimmte, dem Schiff geleistete Dienste erhoben werden. Diese Gebühren sind ohne Diskriminierung zu erheben.

Unterabschnitt B. Regeln für Handelsschiffe und für Staatsschiffe, die Handelszwecken dienen

Art. 27 Strafgerichtsbarkeit an Bord eines fremden Schiffes. (1) Die Strafgerichtsbarkeit des Küstenstaats soll an Bord eines das Küstenmeer durchfahrenden fremden Schiffes nicht ausgeübt werden, um wegen einer während der Durchfahrt an Bord des Schiffes begangenen Straftat eine Person festzunehmen oder eine Untersuchung durchzuführen, außer in folgenden Fällen:
a) wenn sich die Folgen der Straftat auf den Küstenstaat erstrecken;
b) wenn die Straftat geeignet ist, den Frieden des Landes oder die Ordnung im Küstenmeer zu stören;
c) wenn die Hilfe der örtlichen Behörden vom Kapitän des Schiffes oder von einem Diplomaten oder Konsularbeamten des Flaggenstaats erbeten worden ist oder
d) wenn solche Maßnahmen zur Unterdrückung des unerlaubten Verkehrs mit Suchtstoffen oder psychotropen Stoffen erforderlich sind.

(2) Absatz 1 berührt nicht das Recht des Küstenstaats, alle nach seinen Gesetzen zulässigen Maßnahmen zur Festnahme oder Untersuchung an Bord eines fremden Schiffes zu ergreifen, die nach Verlassen der inneren Gewässer das Küstenmeer durchfährt.

(3) In den in den Absätzen 1 und 2 vorgesehenen Fällen hat der Küstenstaat, bevor er irgendwelche Maßnahmen ergreift, auf Ersuchen des Kapitäns einen Diplomaten oder Konsularbeamten des Flaggenstaats zu benachrichtigen und die Verbindung zwischen diesem Diplomaten oder Konsularbeamten und der Besatzung des Schiffes zu erleichtern. In dringenden Fällen kann diese Benachrichtigung erfolgen, während die Maßnahmen durchgeführt werden.

(4) Bei der Prüfung der Frage, ob oder auf welche Weise eine Festnahme erfolgen soll, tragen die örtlichen Behörden den Interessen der Schiffahrt gebührend Rechnung.

(5) Abgesehen von der Anwendung des Teiles XII oder von Fällen von Verstößen gegen die in Übereinstimmung mit Teil V erlassenen Gesetze und sonstigen Vorschriften darf der Küstenstaat an Bord eines sein Küstenmeer durchfahrenden fremden Schiffes keine Maßnahmen ergreifen, um wegen einer Straftat, die vor der Einfahrt des Schiffes in das Küstenmeer begangen wurde, eine Person festzunehmen oder eine Untersuchung durchzuführen, wenn dieses Schiff aus einem fremden Hafen kommt und das Küstenmeer nur durchfährt, ohne in die inneren Gewässer einzulaufen.

Art. 28 Zvilgerichtsbarkeit in bezug auf fremde Schiffe. (1) Der Küstenstaat soll ein das Küstenmeer durchfahrendes fremdes Schiff weder anhalten noch umleiten, um seine Zivilgerichtsbarkeit gegenüber einer an Bord des Schiffes befindlichen Person auszuüben.

(2) Der Küstenstaat darf Vollstreckungs- oder Sicherungsmaßnahmen in Zivilsachen gegen das Schiff nur wegen Verbindlichkeiten oder der Haftung ergreifen, die für das Schiff selbst während oder wegen seiner Durchfahrt durch die Gewässer des Küstenstaats entstanden sind.

(3) Absatz 2 berührt nicht das Recht des Küstenstaats, in Übereinstimmung mit seinen Rechtsvorschriften Vollstreckungs- oder Sicherungsmaßnahmen in Zivilsachen gegen ein fremdes Schiff zu ergreifen, das in seinem Küstenmeer liegt oder dieses nach Verlassen der inneren Gewässer durchfährt.

Unterabschnitt C.
Regeln für Kriegsschiffe und sonstige Staatsschiffe, die anderen als Handelszwecken dienen

Art. 29 Definition der Kriegsschiffe. Im Sinne dieses Übereinkommens bedeutet „Kriegsschiff" ein zu den Streitkräften eines Staates gehörendes Schiff, das die äußeren Kennzeichen eines solchen Schiffes seiner Staatszugehörigkeit trägt; es muß unter dem Befehl eines Offiziers stehen, der sich im Dienst des jeweiligen Staates befindet und dessen Name in der entsprechenden Rangliste der Streitkräfte oder in einer gleichwertigen Liste enthalten ist; die Besatzung muß den Regeln der militärischen Disziplin unterliegen.

Art. 30 Nichteinhaltung der Gesetze und sonstigen Vorschriften des Küstenstaats durch Kriegsschiffe. Wenn ein Kriegsschiff die Gesetze und sonstigen Vorschriften des Küstenstaats über die Durchfahrt durch das Küstenmeer nicht einhält und eine ihm übermittelte Aufforderung, sie einzuhalten, mißachtet, kann der Küstenstaat von dem Kriegsschiff verlangen, das Küstenmeer sofort zu verlassen.

Art. 31 Verantwortlichkeit des Flaggenstaats für Schäden, die ein Kriegsschiff oder ein sonstiges Staatsschiff, das anderen als Handelszwecken dient, verursacht. Der Flaggenstaat ist völkerrechtlich verantwortlich für jeden dem Küstenstaat zugefügten Verlust oder Schaden, der sich aus der Nichteinhaltung der Gesetze und sonstigen Vorschriften des Küstenstaats über die Durchfahrt durch das Küstenmeer oder der Bestimmungen dieses Übereinkommens oder der sonstigen Regeln des Völkerrechts durch ein Kriegsschiff oder ein sonstiges Staatsschiff, das anderen als Handelszwecken dient, ergibt.

Art. 32 Immunitäten der Kriegsschiffe und der sonstigen Staats-schiffe, die anderen als Handelszwecken dienen. Vorbehaltlich der in Unterabschnitt A und in den Artikeln 30 und 31 vorgesehenen Ausnahmen berührt dieses Übereinkommen nicht die Immunitäten der Kriegsschiffe und der sonstigen Staatsschiffe, die anderen als Handelszwecken dienen.

Abschnitt 4. Anschlußzone

Art. 33 Anschlußzone. (1) In einer an sein Küstenmeer angrenzenden Zone, die als Anschlußzone bezeichnet wird, kann der Küstenstaat die erforderliche Kontrolle ausüben, um

a) Verstöße gegen seine Zoll- und sonstigen Finanzgesetze, Einreise- oder Gesundheitsgesetze und diesbezüglichen sonstigen Vorschriften in seinem Hoheitsgebiet oder in seinem Küstenmeer zu verhindern;

b) Verstöße gegen diese Gesetze und sonstigen Vorschriften, die in seinem Hoheitsgebiet oder in seinem Küstenmeer begangen worden sind, zu ahnden.

(2) Die Anschlußzone darf sich nicht weiter als 24 Seemeilen über die Basislinien hinaus erstrecken, von denen aus die Breite des Küstenmeers gemessen wird.

Teil III. Meerengen, die der internationalen Schiffahrt dienen

Abschnitt 1. Allgemeine Bestimmungen

Art. 34 Rechtsstatus der Gewässer von Meerengen, die der internationalen Schiffahrt dienen. (1) Die in diesem Teil festgelegte Durchfahrtsordnung für Meerengen, die der internationalen Schiffahrt dienen, berührt im übrigen nicht den Rechtsstatus der solche Meerengen bildenden Gewässer oder die Ausübung der Souveränität oder der Hoheitsbefugnisse über diese Gewässer und deren Luftraum, Meeresboden und Meeresuntergrund durch die Meerengenanliegerstaaten.

(2) Die Souveränität oder die Hoheitsbefugnisse der Meerengenanliegerstaaten werden nach Maßgabe dieses Teiles und der sonstigen Regeln des Völkerrechts ausgeübt.

Art. 35 Geltungsbereich dieses Teiles. Dieser Teil berührt nicht

a) die Gebiete innerer Gewässer innerhalb einer Meerenge, es sei denn, die Festlegung einer geraden Basislinie nach der in Artikel 7 bezeichneten Methode führt dazu, daß Gebiete, die vorher nicht als innere Gewässer galten, in diese einbezogen werden;

b) den Rechtsstatus der Gewässer außerhalb der Küstenmeere der Meerengenanliegerstaaten als ausschließliche Wirtschaftszone oder als Hohe See oder

c) die Rechtsordnung in Meerengen, in denen die Durchfahrt ganz oder teilweise durch lange bestehende und in Kraft befindliche internationale Übereinkünfte geregelt ist, die sich im besonderen auf diese Meerengen beziehen.

**Art. 36 Durch Hohe See oder ausschließliche Wirtschaftszonen füh-
rende Seewege in Meerengen, die der internationalen Schiffahrt dienen.** Dieser Teil gilt nicht für eine Meerenge, die der internationalen Schifffahrt dient, wenn ein in navigatorischer und hydrographischer Hinsicht gleichermaßen geeigneter, durch die Hohe See oder eine ausschließliche Wirtschaftszone führender Seeweg durch die Meerenge vorhanden ist; auf diesen
Seewegen finden die anderen diesbezüglichen Teile dieses Übereinkommens
einschließlich der Bestimmungen über die Freiheit der Schiffahrt und des
Überflugs Anwendung.

Abschnitt 2. Transitdurchfahrt

Art. 37 Geltungsbereich dieses Abschnitts. Dieser Abschnitt gilt für
Meerengen, die der internationalen Schiffahrt zwischen einem Teil der Hohen See oder einer ausschließlichen Wirtschaftszone und einem anderen Teil
der Hohen See oder einer ausschließlichen Wirtschaftszone dienen.

Art. 38 Recht der Transitdurchfahrt. (1) In den in Artikel 37 bezeichneten Meerengen genießen alle Schiffe und Luftfahrzeuge das Recht der Transitdurchfahrt, die nicht behindert werden darf; jedoch gilt in einer Meerenge,
die durch eine Insel eines Meerengenanliegerstaats und sein Festland gebildet
wird, das Recht der Transitdurchfahrt nicht, wenn seewärts der Insel ein in navigatorischer und hydrographischer Hinsicht gleichermaßen geeigneter Seeweg
durch die Hohe See oder eine ausschließliche Wirtschaftszone vorhanden ist.

(2) „Transitdurchfahrt" bedeutet die in Übereinstimmung mit diesem Teil
erfolgende Ausübung der Freiheit der Schiffahrt und des Überflugs lediglich
zum Zweck des ununterbrochenen und zügigen Transits durch die Meerenge
zwischen einem Teil der Hohen See oder einer ausschließlichen Wirtschaftszone und einem anderen Teil der Hohen See oder einer ausschließlichen
Wirtschaftszone. Jedoch schließt das Erfordernis des ununterbrochenen und
zügigen Transits die Durchfahrt durch die Meerenge zu dem Zweck nicht
aus, einen Meerengenanliegerstaat unter Beachtung seiner Einreisebedingun-
gen aufzusuchen, zu verlassen oder von ihm zurückzukehren.

(3) Jede Tätigkeit, die keine Ausübung des Rechts der Transitdurchfahrt
durch eine Meerenge ist, unterliegt den anderen anwendbaren Bestimmungen
dieses Übereinkommens.

**Art. 39 Pflichten der Schiffe und Luftfahrzeuge während der Tran-
sitdurchfahrt.** (1) Schiffe und Luftfahrzeuge müssen, wenn sie das Recht der
Transitdurchfahrt ausüben,
a) die Meerenge unverzüglich durchfahren oder überfliegen;
b) sich jeder Androhung oder Anwendung von Gewalt enthalten, die gegen
   die Souveränität, die territoriale Unversehrtheit oder die politische Unabhängigkeit eines Meerengenanliegerstaats gerichtet ist oder sonst die in der
   Charta der Vereinten Nationen niedergelegten Grundsätze des Völkerrechts verletzt;
c) sich jeder Tätigkeit enthalten, die nicht mit ihrem normalen ununterbrochenen und zügigen Transit zusammenhängt, sofern sie nicht durch höhere
   Gewalt oder einen Notfall erforderlich wird;
d) die anderen einschlägigen Bestimmungen dieses Teiles befolgen.

(2) Schiffe in der Transitdurchfahrt müssen
a) die allgemein anerkannten internationalen Vorschriften, Verfahren und Gebräuche für die Sicherheit auf See einschließlich der Internationalen Regeln zur Verhütung von Zusammenstößen auf See befolgen;
b) die allgemein anerkannten internationalen Vorschriften, Verfahren und Gebräuche zur Verhütung, Verringerung und Überwachung der Verschmutzung durch Schiffe befolgen.

(3) Luftfahrzeuge in der Transitdurchfahrt müssen
a) die von der Internationalen Zivilluftfahrt-Organisation aufgestellten Regeln für die Luftfahrt einhalten, soweit sie auf zivile Luftfahrzeuge Anwendung finden; Staatsluftfahrzeuge halten sich in der Regel an solche Sicherheitsmaßnahmen und fliegen jederzeit mit der gebotenen Rücksicht auf die Sicherheit der Luftfahrt;
b) jederzeit die von der zuständigen international bestimmten Luftverkehrskontrollbehörde zugewiesene Funkfrequenz oder die entsprechende internationale Notfunkfrequenz abhören.

Art. 40 Forschungs- und Vermessungsarbeiten. Während der Transitdurchfahrt dürfen fremde Schiffe, einschließlich solcher für wissenschaftliche Meeresforschung oder hydrographische Vermessung, ohne vorherige Genehmigung der Meerengenanliegerstaaten keine Forschungs- oder Vermessungsarbeiten durchführen.

Art. 41 Schiffahrtswege und Verkehrstrennungsgebiete in Meerengen, die der internationalen Schiffahrt dienen. (1) In Übereinstimmung mit diesem Teil können Meerengenanliegerstaaten für die Schiffahrt in Meerengen Schiffahrtswege festlegen und Verkehrstrennungsgebiete vorschreiben, wo es die sichere Durchfahrt der Schiffe erfordert.

(2) Wenn es die Umstände erfordern, können diese Staaten nach ordnungsgemäßer Bekanntmachung vorher von ihnen festgelegte Schiffahrtswege oder vorgeschriebene Verkehrstrennungsgebiete durch andere Schiffahrtswege oder Verkehrstrennungsgebiete ersetzen.

(3) Diese Schiffahrtswege und Verkehrstrennungsgebiete haben den allgemein anerkannten internationalen Vorschriften zu entsprechen.

(4) Bevor die Meerengenanliegerstaaten Schiffahrtswege festlegen oder ersetzen oder Verkehrstrennungsgebiete vorschreiben oder ersetzen, unterbreiten sie der zuständigen internationalen Organisation Vorschläge zur Annahme. Die Organisation darf nur solche Schiffahrtswege und Verkehrstrennungsgebiete annehmen, die mit den Meerengenanliegerstaaten vereinbart werden konnten; danach können diese Staaten sie festlegen, vorschreiben oder ersetzen.

(5) Werden für eine Meerenge Schiffahrtswege oder Verkehrstrennungsgebiete durch die Gewässer von zwei oder mehr Meerengenanliegerstaaten vorgeschlagen, so arbeiten die betreffenden Staaten bei der Ausarbeitung der Vorschläge in Konsultation mit der zuständigen internationalen Organisation zusammen.

(6) Die Meerengenanliegerstaaten tragen alle von ihnen festgelegten Schiffahrtswege und vorgeschriebenen Verkehrstrennungsgebiete deutlich in Seekarten ein und veröffentlichen diese ordnungsgemäß.

(7) Schiffe in der Transitdurchfahrt müssen die in Übereinstimmung mit diesem Artikel festgelegten Schiffahrtswege und Verkehrstrennungsgebiete beachten.

Art. 42 Gesetze und sonstige Vorschriften der Meerengenanlieger-staaten zur Transitdurchfahrt. (1) Vorbehaltlich dieses Abschnitts können die Meerengenanliegerstaaten Gesetze und sonstige Vorschriften zur Transit-durchfahrt durch Meerengen für folgende Bereiche erlassen:

a) Sicherheit der Schiffahrt und Regelung des Seeverkehrs nach Artikel 41

b) Verhütung, Verringerung und Überwachung der Verschmutzung, indem sie den anwendbaren internationalen Vorschriften über das Einleiten von Öl, ölhaltigen Abfällen und anderen schädlichen Stoffen in der Meerenge Wirksamkeit verleihen;

c) für Fischereifahrzeuge ein Fischereiverbot einschließlich des Verstauens von Fischfanggerät;

d) das Laden oder Entladen von Waren, Zahlungsmitteln oder Personen ent-gegen den Zoll- und sonstigen Finanzgesetzen, Einreise- oder Gesund-heitsgesetzen und diesbezüglichen sonstigen Vorschriften der Meeren-genanliegerstaaten.

(2) Diese Gesetze und sonstigen Vorschriften dürfen fremde Schiffe un-tereinander weder rechtlich noch tatsächlich diskriminieren, und ihre Anwendung darf im Ergebnis nicht eine Verweigerung, Behinderung oder Beeinträchtigung des Rechts der Transitdurchfahrt nach diesem Abschnitt bewirken.

(3) Die Meerengenanliegerstaaten veröffentlichen diese Gesetze und sonsti-gen Vorschriften ordnungsgemäß.

(4) Fremde Schiffe, die das Recht der Transitdurchfahrt ausüben, müssen diese Gesetze und sonstigen Vorschriften einhalten.

(5) Verletzt ein Staatenimmunität genießendes Schiff oder Luftfahrzeug diese Gesetze und sonstigen Vorschriften oder andere Bestimmungen dieses Teiles, so trägt der Flaggenstaat des Schiffes beziehungsweise der Eintragungs-staat des Luftfahrzeugs die völkerrechtliche Verantwortlichkeit für jeden den Meerengenanliegerstaaten zugefügten Verlust oder Schaden.

Art. 43 Navigationshilfen, Sicherheitsanlagen und andere Einrich-tungen sowie Verhütung, Verringerung und Überwachung der Ver-schmutzung. Benutzerstaaten und Meerengenanliegerstaaten sollen einver-nehmlich zusammenarbeiten,

a) um in einer Meerenge die erforderlichen Navigationshilfen und Sicher-heitsanlagen oder andere Einrichtungen zur Erleichterung der internatio-nalen Schiffahrt einzurichten und zu unterhalten und

b) um Verschmutzung durch Schiffe zu verhüten, zu verringern und zu überwachen.

Art. 44 Pflichten der Meerengenanliegerstaaten. Meerengenanlieger-staaten dürfen die Transitdurchfahrt nicht behindern und machen alle ihnen bekannten Gefahren für die Schiffahrt in der Meerenge oder den Überflug über der Meerenge in geeigneter Weise bekannt. Die Ausübung des Rechts der Transitdurchfahrt darf nicht ausgesetzt werden.

Abschnitt 3. Friedliche Durchfahrt

Art. 45 Friedliche Durchfahrt. (1) Die Ordnung der friedlichen Durchfahrt nach Teil II Abschnitt 3 gilt in den der internationalen Schiffahrt dienenden Meerengen,

a) die nach Artikel 38 Absatz 1 von der Anwendung der Ordnung der Transitdurchfahrt ausgeschlossen sind oder

b) die das Küstenmeer eines Staates mit einem Teil der Hohen See oder mit der ausschließlichen Wirtschaftszone eines anderen Staates verbinden.

(2) Die Ausübung des Rechts der friedlichen Durchfahrt durch solche Meerengen darf nicht ausgesetzt werden.

Teil IV. Archipelstaaten

Art. 46 Begriffsbestimmungen. Im Sinne dieses Übereinkommens

a) bedeutet „Archipelstaat" einen Staat, der vollständig aus einem oder mehreren Archipelen und gegebenenfalls anderen Inseln besteht;

b) bedeutet „Archipel" eine Gruppe von Inseln einschließlich Teilen von Inseln, dazwischenliegende Gewässer und andere natürliche Gebilde, die so eng miteinander in Beziehung stehen, daß diese Inseln, Gewässer und anderen natürlichen Gebilde eine wirkliche geographische, wirtschaftliche und politische Einheit bilden, oder die von alters her als solche angesehen worden sind.

Art. 47 Archipelbasislinien. (1) Ein Archipelstaat kann gerade Archipelbasislinien ziehen, welche die äußersten Punkte der äußersten Inseln und trockenfallenden Riffe des Archipels verbinden, sofern davon die Hauptinseln und ein Gebiet umschlossen sind, in dem das Verhältnis der Wasserfläche zur Landfläche einschließlich der Atolle zwischen 1 zu 1 und 9 zu 1 beträgt.

(2) Die Länge derartiger Basislinien darf 100 Seemeilen nicht überschreiten; jedoch dürfen bis zu 3 Prozent der Gesamtzahl der einen einzelnen Archipel umschließenden Basislinien diese Länge überschreiten, wobei die Länge nicht mehr als 125 Seemeilen betragen darf.

(3) Der Verlauf dieser Basislinien darf nicht erheblich vom allgemeinen Umriß des Archipels abweichen.

(4) Derartige Basislinien dürfen nicht zu und von trockenfallenden Erhebungen gezogen werden, es sei denn, daß Leuchttürme oder ähnliche ständig über den Wasserspiegel hinausragende Anlagen auf ihnen errichtet sind oder daß die trockenfallende Erhebung ganz oder teilweise um mehr als die Breite des Küstenmeers von der nächstgelegenen Insel entfernt ist.

(5) Ein Archipelstaat darf das System derartiger Basislinien nicht so anwenden, daß dadurch das Küstenmeer eines anderen Staates von der Hohen See oder einer ausschließlichen Wirtschaftszone abgeschnitten wird.

(6) Liegt ein Teil der Archipelgewässer eines Archipelstaats zwischen zwei Teilen eines unmittelbar angrenzenden Nachbarstaats, so gelten die bestehenden Rechte und alle sonstigen berechtigten Interessen, die der letztgenannte Staat herkömmlicherweise in diesen Gewässern ausgeübt hat, sowie alle ver-

traglich zwischen beiden Staaten vereinbarten Rechte fort und sind zu beachten.

(7) Zum Zweck der Berechnung des Verhältnisses der Wasser- zur Landfläche nach Absatz 1 können zu Landflächen auch Gewässer gezählt werden, die innerhalb der Saumriffe von Inseln und Atollen liegen, einschließlich desjenigen Teiles eines steil abfallenden Ozeanplateaus, der von einer Kette am Rand des Plateaus liegender Kalksteininseln und trockenfallender Riffe ganz oder fast ganz umschlossen ist.

(8) Die nach diesem Artikel gezogenen Basislinien werden in Seekarten eingetragen, deren Maßstab oder Maßstäbe zur genauen Feststellung ihres Verlaufs ausreichen. Statt dessen können auch Verzeichnisse der geographischen Koordinaten von Punkten unter genauer Angabe der geodätischen Daten verwendet werden.

(9) Der Archipelstaat veröffentlicht diese Seekarten oder Verzeichnisse geographischer Koordinaten ordnungsgemäß und hinterlegt jeweils eine Ausfertigung davon beim Generalsekretär der Vereinten Nationen.

Art. 48 Messung der Breite des Küstenmeers, der Anschlußzone, der ausschließlichen Wirtschaftszone und des Festlandsockels. Die Breite des Küstenmeers, der Anschlußzone, der ausschließlichen Wirtschaftszone und des Festlandsockels wird von den in Übereinstimmung mit Artikel 47 gezogenen Archipelbasislinien aus gemessen.

Art. 49 Rechtsstatus der Archipelgewässer, des Luftraums über den Archipelgewässern sowie ihres Meeresbodens und Meeresuntergrunds. (1) Die Souveränität eines Archipelstaats erstreckt sich auf die Gewässer, die von den in Übereinstimmung mit Artikel 47 gezogenen Archipelbasislinien umschlossen sind; sie werden unabhängig von ihrer Tiefe oder ihrer Entfernung von der Küste als Archipelgewässer bezeichnet.

(2) Diese Souveränität erstreckt sich sowohl auf den Luftraum über den Archipelgewässern als auch auf deren Meeresboden und Meeresuntergrund und die darin enthaltenen Ressourcen.

(3) Diese Souveränität wird nach Maßgabe dieses Teiles ausgeübt.

(4) Die in diesem Teil festgelegte Ordnung der Durchfahrt auf Archipelschiffahrtswegen berührt im übrigen nicht den Rechtsstatus der Archipelgewässer einschließlich der Schiffahrtswege oder die Ausübung der Souveränität des Archipelstaats über diese Gewässer und deren Luftraum, Meeresboden und Meeresuntergrund sowie die darin enthaltenen Ressourcen.

Art. 50 Abgrenzung der inneren Gewässer. Innerhalb seiner Archipelgewässer kann der Archipelstaat in Übereinstimmung mit den Artikeln 9, 10 und 11 Abschlußlinien zur Abgrenzung der inneren Gewässer ziehen.

Art. 51 Bestehende Übereinkünfte, herkömmliche Fischereirechte und vorhandene unterseeische Kabel. (1) Unbeschadet des Artikels 49 beachtet ein Archipelstaat bestehende Übereinkünfte mit anderen Staaten und erkennt herkömmliche Fischereirechte sowie andere rechtmäßige Tätigkeiten der unmittelbar angrenzenden Nachbarstaaten in bestimmten Gebieten innerhalb der Archipelgewässer an. Die Bedingungen der Ausübung solcher

Rechte und Tätigkeiten, einschließlich ihrer Natur, ihres Ausmaßes und ihres Anwendungsbereichs, werden auf Ersuchen eines der betroffenen Staaten durch zweiseitige Übereinkünfte zwischen ihnen geregelt. Solche Rechte dürfen dritten Staaten oder ihren Angehörigen nicht übertragen und nicht mit ihnen geteilt werden.

(2) Ein Archipelstaat nimmt Rücksicht auf die vorhandenen von anderen Staaten gelegten unterseeischen Kabel, die durch seine Gewässer führen, ohne das Ufer zu berühren. Ein Archipelstaat gestattet die Unterhaltung und den Ersatz dieser Kabel, nachdem ihm ihre Lage und die Absicht, sie zu reparieren oder zu ersetzen, ordnungsgemäß mitgeteilt worden sind.

Art. 52 Recht der friedlichen Durchfahrt. (1) Vorbehaltlich des Artikels 53 und unbeschadet des Artikels 50 genießen die Schiffe aller Staaten das Recht der friedlichen Durchfahrt durch die Archipelgewässer, wie es in Teil II Abschnitt 3 geregelt ist.

(2) Der Archipelstaat kann, ohne fremde Schiffe untereinander rechtlich oder tatsächlich zu diskriminieren, in bestimmten Gebieten seiner Archipelgewässer die Ausübung des Rechts der friedlichen Durchfahrt fremder Schiffe vorübergehend aussetzen, sofern dies für den Schutz seiner Sicherheit unerläßlich ist. Eine solche Aussetzung wird erst nach ordnungsgemäßer Bekanntmachung wirksam.

Art. 53 Recht der Durchfahrt auf Archipelschiffahrtswegen. (1) Ein Archipelstaat kann in seinen Archipelgewässern und seinem angrenzenden Küstenmeer Schiffahrtswege und darüberliegende Flugstrecken festlegen, die für die ununterbrochene und zügige Durchfahrt fremder Schiffe sowie den ununterbrochenen und zügigen Durchflug fremder Luftfahrzeuge geeignet sind.

(2) Alle Schiffe und Luftfahrzeuge genießen auf diesen Schiffahrtswegen und Flugstrecken das Recht der Durchfahrt auf Archipelschiffahrtswegen.

(3) „Durchfahrt auf Archipelschiffahrtswegen" bedeutet die in Übereinstimmung mit diesem Übereinkommen erfolgende Ausübung des Rechts auf Schiffahrt und Überflug in normaler Weise lediglich zum Zweck des ununterbrochenen, zügigen und unbehinderten Transits zwischen einem Teil der Hohen See oder einer ausschließlichen Wirtschaftszone und einem anderen Teil der Hohen See oder einer ausschließlichen Wirtschaftszone.

(4) Diese Schiffahrtswege und Flugstrecken müssen durch die Archipelgewässer und das angrenzende Küstenmeer führen und alle üblichen Durchfahrtswege einschließen, die der internationalen Schiffahrt oder dem internationalen Überflug durch beziehungsweise über die Archipelgewässer dienen; diese Schiffahrtswege müssen den Fahrwassern folgen, die von der Schiffahrt üblicherweise genutzt werden, wobei jedoch die Einrichtung mehrerer gleichermaßen geeigneter Wege zwischen denselben Eingangs- und Ausgangspunkten nicht erforderlich ist.

(5) Diese Schiffahrtswege und Flugstrecken werden durch eine Reihe fortlaufender Mittellinien bestimmt, die von den Eingangspunkten zu den Ausgangspunkten der Durchfahrtswege führen. Bei der Durchfahrt auf Archipelschiffahrtswegen dürfen Schiffe und Luftfahrzeuge nicht mehr als 25 Seemeilen nach jeder Seite von diesen Mittellinien abweichen; sie dürfen sich dabei

aber den Küsten höchstens bis zu einer Entfernung nähern, die 10 Prozent der Gesamtentfernung zwischen den nächstgelegenen Punkten der Inseln beiderseits des Schiffahrtswegs beträgt.

(6) Ein Archipelstaat, der Schiffahrtswege aufgrund dieses Artikels festlegt, kann auch Verkehrstrennungsgebiete für die sichere Durchfahrt von Schiffen durch enge Fahrwasser innerhalb solcher Schiffahrtswege vorschreiben.

(7) Wenn es die Umstände erfordern, kann ein Archipelstaat nach ordnungsgemäßer Bekanntmachung die vorher von ihm festgelegten Schiffahrtswege oder vorgeschriebenen Verkehrstrennungsgebiete durch andere Schiffahrtswege oder Verkehrstrennungsgebiete ersetzen.

(8) Diese Schiffahrtswege und Verkehrstrennungsgebiete haben den allgemein anerkannten internationalen Vorschriften zu entsprechen.

(9) Wenn ein Archipelstaat Schiffahrtswege festlegt oder ersetzt oder Verkehrstrennungsgebiete vorschreibt oder ersetzt, unterbreitet er der zuständigen internationalen Organisation Vorschläge zur Annahme. Die Organisation darf nur solche Schiffahrtswege und Verkehrstrennungsgebiete annehmen, die mit dem Archipelstaat vereinbart werden konnten; danach kann er sie festlegen, vorschreiben oder ersetzen.

(10) Der Archipelstaat trägt die Mittellinien der von ihm festgelegten Schiffahrtswege und vorgeschriebenen Verkehrstrennungsgebiete deutlich in Seekarten ein und veröffentlicht diese ordnungsgemäß.

(11) Bei der Durchfahrt auf Archipelschiffahrtswegen müssen Schiffe die in Übereinstimmung mit diesem Artikel festgelegten Schiffahrtswege und Verkehrstrennungsgebiete beachten.

(12) Wenn ein Archipelstaat keine Schiffahrtswege oder Flugstrecken festgelegt hat, kann das Recht der Durchfahrt auf Archipelschiffahrtswegen auf den Wegen und Strecken ausgeübt werden, die üblicherweise der internationalen Schiffahrt und Luftfahrt dienen.

Art. 54 Pflichten der Schiffe und Luftfahrzeuge während ihrer Durchfahrt, Forschungs- und Vermessungsarbeiten, Pflichten des Archipelstaats und Gesetze und sonstige Vorschriften des Archipelstaats zur Durchfahrt auf Archipelschiffahrtswegen. Die Artikel 39, 40, 42 und 44 gelten sinngemäß für die Durchfahrt auf Archipelschiffahrtswegen.

Teil V. Ausschließliche Wirtschaftszone

Art. 55 Besondere Rechtsordnung der ausschließlichen Wirtschaftszone. Die ausschließliche Wirtschaftszone ist ein jenseits des Küstenmeers gelegenes und an dieses angrenzendes Gebiet, das der in diesem Teil festgelegten besonderen Rechtsordnung unterliegt, nach der die Rechte und Hoheitsbefugnisse des Küstenstaats und die Rechte und Freiheiten anderer Staaten durch die diesbezüglichen Bestimmungen dieses Übereinkommens geregelt werden.

Art. 56 Rechte, Hoheitsbefugnisse und Pflichten des Küstenstaats in der ausschließlichen Wirtschaftszone. (1) In der ausschließlichen Wirtschaftszone hat der Küstenstaat

a) souveräne Rechte zum Zweck der Erforschung und Ausbeutung, Erhaltung und Bewirtschaftung der lebenden und nichtlebenden natürlichen Ressourcen der Gewässer über dem Meeresboden, des Meeresbodens und seines Untergrunds sowie hinsichtlich anderer Tätigkeiten zur wirtschaftlichen Erforschung und Ausbeutung der Zone wie der Energieerzeugung aus Wasser, Strömung und Wind;
b) Hoheitsbefugnisse, wie in den diesbezüglichen Bestimmungen dieses Übereinkommens vorgesehen, in bezug auf
　i) die Errichtung und Nutzung von künstlichen Inseln, von Anlagen und Bauwerken;
　ii) die wissenschaftliche Meeresforschung;
　iii) den Schutz und die Bewahrung der Meeresumwelt;
c) andere in diesem Übereinkommen vorgesehene Rechte und Pflichten.

(2) Der Küstenstaat berücksichtigt bei der Ausübung seiner Rechte und der Erfüllung seiner Pflichten aus diesem Übereinkommen in der ausschließlichen Wirtschaftszone gebührend die Rechte und Pflichten anderer Staaten und handelt in einer Weise, die mit dem Übereinkommen vereinbar ist.

(3) Die in diesem Artikel niedergelegten Rechte hinsichtlich des Meeresbodens und seines Untergrunds werden in Übereinstimmung mit Teil VI ausgeübt.

Art. 57 Breite der ausschließlichen Wirtschaftszone. Die ausschließliche Wirtschaftszone darf sich nicht weiter als 200 Seemeilen von den Basislinien erstrecken, von denen aus die Breite des Küstenmeers gemessen wird.

Art. 58 Rechte und Pflichten anderer Staaten in der ausschließlichen Wirtschaftszone. (1) Alle Staaten, ob Küsten- oder Binnenstaaten, genießen in der ausschließlichen Wirtschaftszone vorbehaltlich der diesbezüglichen Bestimmungen dieses Übereinkommens die in Artikel 87 genannten Freiheiten der Schiffahrt, des Überflugs und der Verlegung unterseeischer Kabel und Rohrleitungen sowie andere völkerrechtlich zulässige, mit diesen Freiheiten zusammenhängende Nutzungen des Meeres, insbesondere im Rahmen des Einsatzes von Schiffen und Luftfahrzeugen sowie des Betriebs unterseeischer Kabel und Rohrleitungen, die mit den anderen Bestimmungen des Übereinkommens vereinbar sind.

(2) Die Artikel 88 bis 115 und sonstige diesbezügliche Regeln des Völkerrechts gelten für die ausschließliche Wirtschaftszone, soweit sie mit diesem Teil nicht unvereinbar sind.

(3) Die Staaten berücksichtigen bei der Ausübung ihrer Rechte und der Erfüllung ihrer Pflichten aus diesem Übereinkommen in der ausschließlichen Wirtschaftszone gebührend die Rechte und Pflichten des Küstenstaats und halten die von ihm in Übereinstimmung mit dem Übereinkommen und den sonstigen Regeln des Völkerrechts erlassenen Gesetze und sonstigen Vorschriften ein, soweit sie mit diesem Teil nicht unvereinbar sind.

Art. 59 Grundlage für die Lösung von Konflikten über die Zuweisung von Rechten und Hoheitsbefugnissen in der ausschließlichen Wirtschaftszone. In Fällen, in denen dieses Übereinkommen weder dem Küstenstaat noch anderen Staaten Rechte oder Hoheitsbefugnisse innerhalb der ausschließlichen Wirtschaftszone zuweist und ein Konflikt zwischen den

Interessen des Küstenstaats und denen eines oder mehrerer anderer Staaten entsteht, soll dieser Konflikt auf der Grundlage der Billigkeit und unter Berücksichtigung aller maßgeblichen Umstände gelöst werden, wobei der Bedeutung dieser Interessen für die einzelnen Parteien sowie für die internationale Gemeinschaft als Ganzes Rechnung zu tragen ist.

Art. 60 Künstliche Inseln, Anlagen und Bauwerke in der ausschließlichen Wirtschaftszone. (1) In der ausschließlichen Wirtschaftszone hat der Küstenstaat das ausschließliche Recht zur Errichtung sowie zur Genehmigung und Regelung der Errichtung, des Betriebs und der Nutzung von
a) künstlichen Inseln;
b) Anlagen und Bauwerken für die in Artikel 56 vorgesehenen und für andere wirtschaftliche Zwecke;
c) Anlagen und Bauwerken, welche die Ausübung der Rechte des Küstenstaats in der Zone beeinträchtigen können.

(2) Der Küstenstaat hat über diese künstlichen Inseln, Anlagen und Bauwerke ausschließliche Hoheitsbefugnisse, einschließlich derjenigen in bezug auf Zoll- und sonstige Finanzgesetze, Gesundheits-, Sicherheits- und Einreisegesetze und diesbezügliche sonstige Vorschriften.

(3) Die Errichtung solcher künstlichen Inseln, Anlagen oder Bauwerke ist ordnungsgemäß bekanntzumachen, und es sind ständige Warneinrichtungen zu unterhalten. Alle aufgegebenen oder nicht mehr benutzten Anlagen oder Bauwerke sind zu beseitigen, um die Sicherheit der Schiffahrt zu gewährleisten; dabei sind die allgemein anerkannten internationalen Normen zu berücksichtigen, die in dieser Hinsicht von der zuständigen internationalen Organisation festgelegt sind. Bei der Beseitigung ist auch auf die Fischerei, den Schutz der Meeresumwelt sowie auf die Rechte und Pflichten anderer Staaten gebührend Rücksicht zu nehmen. Tiefe, Lage und Ausdehnungen nicht vollständig beseitigter Anlagen oder Bauwerke sind in geeigneter Weise bekanntzumachen.

(4) Der Küstenstaat kann, wo es notwendig ist, um diese künstlichen Inseln, Anlagen und Bauwerke angemessene Sicherheitszonen einrichten, in denen er geeignete Maßnahmen ergreifen kann, um die Sicherheit der Schiffahrt sowie der künstlichen Inseln, Anlagen und Bauwerke zu gewährleisten.

(5) Die Breite der Sicherheitszonen wird vom Küstenstaat unter Berücksichtigung der geltenden internationalen Normen festgelegt. Diese Zonen sind so anzulegen, daß sie in sinnvoller Weise der Art und Aufgabe der künstlichen Inseln, Anlagen oder Bauwerke entsprechen; sie dürfen sich nicht über eine Entfernung von 500 Metern hinaus erstrecken, gemessen von jedem Punkt des äußeren Randes der künstlichen Inseln, Anlagen oder Bauwerke, sofern nicht allgemein anerkannte internationale Normen etwas anderes gestatten oder die zuständige internationale Organisation etwas anderes empfiehlt. Die Ausdehnung der Sicherheitszonen ist ordnungsgemäß bekanntzumachen.

(6) Alle Schiffe müssen diese Sicherheitszonen beachten und die allgemein anerkannten internationalen Normen über die Schiffahrt in der Nähe von künstlichen Inseln, Anlagen, Bauwerken und Sicherheitszonen einhalten.

(7) Künstliche Inseln, Anlagen und Bauwerke und die sie umgebenden Sicherheitszonen dürfen dort nicht errichtet werden, wo dies die Benutzung

anerkannter und für die internationale Schiffahrt wichtiger Schiffahrtswege behindern kann.

(8) Künstliche Inseln, Anlagen und Bauwerke haben nicht den Status von Inseln. Sie haben kein eigenes Küstenmeer, und ihr Vorhandensein berührt nicht die Abgrenzung des Küstenmeers, der ausschließlichen Wirtschaftszone oder des Festlandsockels.

Art. 61 Erhaltung der lebenden Ressourcen. (1) Der Küstenstaat legt die zulässige Fangmenge für die lebenden Ressourcen in seiner ausschließlichen Wirtschaftszone fest.

(2) Der Küstenstaat sorgt unter Berücksichtigung der besten ihm zur Verfügung stehenden wissenschaftlichen Angaben durch geeignete Erhaltungs- und Bewirtschaftungsmaßnahmen dafür, daß der Fortbestand der lebenden Ressourcen in der ausschließlichen Wirtschaftszone nicht durch übermäßige Ausbeutung gefährdet wird. Zur Erreichung dieses Zieles arbeiten der Küstenstaat und die zuständigen internationalen Organisationen, gleichviel ob subregionaler, regionaler oder weltweiter Art, soweit angemessen, zusammen.

(3) Diese Maßnahmen müssen auch darauf gerichtet sein, die Populationen befischter Arten auf einem Stand zu erhalten oder auf diesen zurückzuführen, der den größtmöglich erreichbaren Dauerertrag sichert, wie er sich im Hinblick auf die in Betracht kommenden Umwelt- und Wirtschaftsfaktoren, einschließlich der wirtschaftlichen Bedürfnisse der vom Fischfang lebenden Küstengemeinden und der besonderen Bedürfnisse der Entwicklungsstaaten, ergibt, wobei die Fischereistrukturen, die gegenseitige Abhängigkeit der Bestände sowie alle allgemein empfohlenen internationalen Mindestnormen, gleichviel ob subregionaler, regionaler oder weltweiter Art, zu berücksichtigen sind.

(4) Beim Ergreifen dieser Maßnahmen berücksichtigt der Küstenstaat die Wirkung auf jene Arten, die mit den befischten Arten vergesellschaftet oder von ihnen abhängig sind, um die Populationen dieser vergesellschafteten oder abhängigen Arten über einem Stand zu erhalten oder auf diesen zurückzuführen, auf dem ihre Fortpflanzung nicht ernstlich gefährdet wird.

(5) Die verfügbaren wissenschaftlichen Informationen, die statistischen Angaben über Fänge und Fischereiaufwand und andere für die Erhaltung der Fischbestände wesentliche Daten werden regelmäßig mitgeteilt und ausgetauscht, gegebenenfalls im Rahmen der zuständigen internationalen Organisationen, gleichviel ob subregionaler regionaler oder weltweiter Art, sowie unter Beteiligung aller betroffenen Staaten einschließlich derjenigen, deren Angehörige in der ausschließlichen Wirtschaftszone fischen dürfen.

Art. 62 Nutzung der lebenden Ressourcen. (1) Der Küstenstaat setzt sich zum Ziel, die optimale Nutzung der lebenden Ressourcen in der ausschließlichen Wirtschaftszone zu fördern; dies gilt unbeschadet des Artikels 61.

(2) Der Küstenstaat legt seine Kapazität zum Fang der lebenden Ressourcen in der ausschließlichen Wirtschaftszone fest. Hat der Küstenstaat nicht die Kapazität zum Fang der gesamten zulässigen Fangmenge, so gewährt er anderen Staaten durch Abkommen oder andere Vereinbarungen und entsprechend den in Absatz 4 vorgesehenen Bedingungen, Gesetzen und sonstigen Vor-

schriften Zugang zum Überschuß der zulässigen Fangmenge; dabei sind vor allem die Artikel 69 und 70 zu berücksichtigen, insbesondere in bezug auf die dort erwähnten Entwicklungsstaaten.

(3) Gewährt ein Küstenstaat anderen Staaten nach diesem Artikel Zugang zu seiner ausschließlichen Wirtschaftszone, so berücksichtigt er dabei alle in Betracht kommenden Faktoren, unter anderem die Bedeutung der lebenden Ressourcen des jeweiligen Gebiets für die Wirtschaft des betreffenden Küstenstaats und seine sonstigen nationalen Interessen, die Bestimmungen der Artikel 69 und 70, die Bedürfnisse der Entwicklungsstaaten der Subregion oder Region am Fang eines Teiles des Überschusses und die Notwendigkeit, wirtschaftliche Störungen in Staaten auf ein Mindestmaß zu beschränken, deren Angehörige gewohnheitsmäßig in dieser Zone gefischt haben oder die wesentliche Bemühungen zur Erforschung und Bestimmung der Bestände unternommen haben.

(4) Angehörige anderer Staaten, die in der ausschließlichen Wirtschaftszone fischen, haben die Erhaltungsmaßnahmen und die anderen Bedingungen einzuhalten, die in den Gesetzen und sonstigen Vorschriften des Küstenstaats festgelegt sind. Diese Gesetze und sonstigen Vorschriften müssen mit diesem Übereinkommen vereinbar sein; sie können sich insbesondere auf folgendes beziehen:

a) die Erteilung von Genehmigungen für Fischer, Fischereifahrzeuge und -ausrüstung, einschließlich der Zahlung von Gebühren und anderen Formen des Entgelts, die im Fall von Küstenstaaten, die Entwicklungsstaaten sind, aus einer angemessenen Gegenleistung im Bereich der Finanzierung, Ausrüstung und technischen Entwicklung der Fischereiwirtschaft bestehen können;

b) die Bestimmung der Arten, die gefangen werden dürfen, und die Festlegung von Fangquoten entweder in bezug auf einzelne Bestände oder Gruppen von Beständen oder in bezug auf den Fang durch jedes Schiff während eines bestimmten Zeitabschnitts oder in bezug auf den Fang durch Angehörige eines Staates während eines bestimmten Zeitabschnitts;

c) die Regelung der Fangzeiten und -gebiete, der Art, Größe und Anzahl von Fanggerät und der Art, Größe und Anzahl der Fischereifahrzeuge, die eingesetzt werden dürfen;

d) die Festlegung des Alters und der Größe von Fischen und anderen Arten, die gefangen werden dürfen;

e) die Bestimmung der Angaben, die von Fischereifahrzeugen zu machen sind, einschließlich statistischer Angaben über Fänge und Fischereiaufwand sowie Positionsmeldungen der Schiffe;

f) die Verpflichtung, bestimmte Fischereiforschungsprogramme mit Genehmigung und unter Kontrolle des Küstenstaats durchzuführen, und die Regelung der Durchführung dieser Forschungsaufgaben einschließlich der Probenentnahme aus den Fängen, der Verwendung der Proben sowie der Mitteilung damit verbundener wissenschaftlicher Daten;

g) die Entsendung von Beobachtern oder Praktikanten an Bord dieser Schiffe durch den Küstenstaat;

h) die Anlandung des gesamten oder eines Teiles des Fanges dieser Schiffe in den Häfen des Küstenstaats;

i) die Bedingungen für gemeinschaftliche Unternehmungen oder sonstige Formen der Zusammenarbeit;

j) die Erfordernisse für die Ausbildung von Personal und die Weitergabe von Fischereitechnologie einschließlich der Verbesserung der Fähigkeit des Küstenstaats, Fischereiforschung zu betreiben;
k) die Durchsetzungsverfahren.

(5) Die Küstenstaaten geben ihre Gesetze und sonstigen Vorschriften über Erhaltung und Bewirtschaftung ordnungsgemäß bekannt.

Art. 63 Bestände, die innerhalb der ausschließlichen Wirtschaftszonen mehrerer Küstenstaaten oder sowohl innerhalb der ausschließlichen Wirtschaftszone als auch in einem seewärts an sie angrenzenden Gebiet vorkommen. (1) Kommen derselbe Bestand oder Bestände miteinander vergesellschafteter Arten innerhalb der ausschließlichen Wirtschaftszonen von zwei oder mehr Küstenstaaten vor, so bemühen sich diese Staaten entweder unmittelbar oder im Rahmen geeigneter subregionaler oder regionaler Organisationen, die erforderlichen Maßnahmen zu vereinbaren, um unbeschadet der anderen Bestimmungen dieses Teiles die Erhaltung und Entwicklung dieser Bestände zu koordinieren und zu gewährleisten.

(2) Kommen derselbe Bestand oder Bestände miteinander vergesellschafteter Arten sowohl innerhalb der ausschließlichen Wirtschaftszone als auch in einem seewärts an sie angrenzenden Gebiet vor, so bemühen sich der Küstenstaat und die Staaten, die diese Bestände in dem angrenzenden Gebiet befischen, entweder unmittelbar oder im Rahmen geeigneter subregionaler oder regionaler Organisationen, die zur Erhaltung dieser Bestände in dem angrenzenden Gebiet erforderlichen Maßnahmen zu vereinbaren.

Art. 64 Weit wandernde Arten. (1) Der Küstenstaat und andere Staaten, deren Angehörige in der Region die in Anlage I aufgeführten weit wandernden Arten befischen, arbeiten unmittelbar oder im Rahmen geeigneter internationaler Organisationen zusammen, um die Erhaltung dieser Arten zu gewährleisten und ihre optimale Nutzung in der gesamten Region sowohl innerhalb als auch außerhalb der ausschließlichen Wirtschaftszone zu fördern. In Regionen, für die es keine geeignete internationale Organisation gibt, arbeiten der Küstenstaat und die anderen Staaten, deren Angehörige diese Arten in der Region befischen, bei der Errichtung einer solchen Organisation zusammen und beteiligen sich an ihrer Arbeit.

(2) Absatz 1 gilt zusätzlich zu den anderen Bestimmungen dieses Teiles.

Art. 65 Meeressäugetiere. Dieser Teil schränkt nicht das Recht eines Küstenstaats oder gegebenenfalls die Zuständigkeit einer internationalen Organisation ein, die Ausbeutung von Meeressäugetieren stärker als in diesem Teil vorgesehen zu verbieten, zu begrenzen oder zu regeln. Die Staaten arbeiten zusammen, um die Meeressäugetiere zu erhalten; sie setzen sich im Rahmen der geeigneten internationalen Organisationen insbesondere für die Erhaltung, Bewirtschaftung und Erforschung der Wale ein.

Art. 66 Anadrome Bestände. (1) Staaten, aus deren Flüssen anadrome Bestände stammen, haben das vorrangige Interesse an diesen Beständen und sind für sie in erster Linie verantwortlich.

(2) Der Ursprungsstaat anadromer Bestände gewährleistet ihre Erhaltung durch die Einführung geeigneter Maßnahmen zur Regelung der Fischerei in

allen Gewässern landwärts der äußeren Grenzen seiner ausschließlichen Wirtschaftszone und der in Absatz 3 Buchstabe b genannten Fischerei. Der Ursprungsstaat kann nach Konsultationen mit den anderen in den Absätzen 3 und 4 bezeichneten Staaten, die diese Bestände befischen, die zulässigen Gesamtfangmengen für die aus seinen Flüssen stammenden Bestände festlegen.

(3) a) Die Fischerei nach anadromen Beständen darf nur in den Gewässern landwärts der äußeren Grenzen der ausschließlichen Wirtschaftszonen ausgeübt werden; ausgenommen sind Fälle, in denen diese Bestimmung zu wirtschaftlichen Störungen für einen anderen als den Ursprungsstaat führen würde. Hinsichtlich der Fischerei außerhalb der äußeren Grenzen der ausschließlichen Wirtschaftszonen konsultieren die beteiligten Staaten einander, um Einvernehmen über die Bedingungen dieser Fischerei unter gebührender Berücksichtigung der Erhaltungserfordernisse und der Bedürfnisse des Ursprungsstaats in bezug auf diese Bestände zu erzielen.

b) Der Ursprungsstaat trägt dazu bei, wirtschaftliche Störungen in anderen Staaten, die diese Bestände befischen, auf ein Mindestmaß zu beschränken, wobei er die übliche Fangmenge und die Fangmethoden dieser anderen Staaten sowie alle Gebiete berücksichtigt, in denen diese Fischerei ausgeübt wird.

c) Die unter Buchstabe b bezeichneten Staaten, die durch Vereinbarung mit dem Ursprungsstaat an Maßnahmen zur Erneuerung anadromer Bestände, insbesondere durch Aufwendungen für diesen Zweck, teilnehmen, werden vom Ursprungsstaat bei der Befischung der aus seinen Flüssen stammenden Bestände besonders berücksichtigt.

d) Die Durchsetzung der Vorschriften über anadrome Bestände außerhalb der ausschließlichen Wirtschaftszone erfolgt auf der Grundlage von Vereinbarungen zwischen dem Ursprungsstaat und den anderen beteiligten Staaten.

(4) In Fällen, in denen anadrome Bestände in die Gewässer landwärts der äußeren Grenzen der ausschließlichen Wirtschaftszone eines anderen als des Ursprungsstaats wandern oder durch diese Gewässer wandern, arbeitet dieser andere Staat mit dem Ursprungsstaat bei der Erhaltung und Bewirtschaftung dieser Bestände zusammen.

(5) Der Ursprungsstaat anadromer Bestände und die anderen Staaten, die diese Bestände befischen, schließen Vereinbarungen zur Durchführung dieses Artikels, gegebenenfalls im Rahmen regionaler Organisationen.

Art. 67 Katadrome Arten. (1) Ein Küstenstaat, in dessen Gewässern katadrome Arten den größeren Teil ihres Lebenszyklus verbringen, ist für die Bewirtschaftung dieser Arten verantwortlich und leistet den Ein- und Austritt der wandernden Fische.

(2) Die Fischerei auf katadrome Arten darf nur in Gewässern landwärts der äußeren Grenzen der ausschließlichen Wirtschaftszonen ausgeübt werden. Wird die Fischerei in ausschließlichen Wirtschaftszonen ausgeübt, so erfolgt sie nach Maßgabe dieses Artikels und der anderen Bestimmungen dieses Übereinkommens über die Fischerei in diesen Zonen.

(3) In Fällen, in denen katadrome Fische durch die ausschließliche Wirtschaftszone eines anderen Staates wandern, sei es als Jungfisch oder als heranreifender Fisch, wird die Bewirtschaftung einschließlich des Fanges dieser Fische durch Vereinbarung zwischen dem in Absatz 1 genannten Staat und dem anderen beteiligten Staat geregelt. Diese Vereinbarung muß die rationelle

Bewirtschaftung der Arten gewährleisten und die Verantwortung des in Absatz 1 genannten Staates für den Fortbestand dieser Arten berücksichtigen.

Art. 68 Seßhafte Arten. Dieser Teil findet keine Anwendung auf seßhafte Arten, wie sie in Artikel 77 Absatz 4 definiert sind.

Art. 69 Recht der Binnenstaaten. (1) Binnenstaaten haben das Recht, auf der Grundlage der Billigkeit an der Ausbeutung eines angemessenen Teiles des Überschusses der lebenden Ressourcen der ausschließlichen Wirtschaftszonen von Küstenstaaten derselben Subregion oder Region teilzunehmen; dabei sind die in Betracht kommenden wirtschaftlichen und geographischen Gegebenheiten aller beteiligten Staaten zu berücksichtigen und die Bestimmungen dieses Artikels und der Artikel 61 und 62 zu beachten.

(2) Die Umstände und Einzelheiten für diese Teilnahme werden von den beteiligten Staaten durch zweiseitige, subregionale oder regionale Übereinkünfte festgelegt, wobei unter anderem folgendes zu berücksichtigen ist:
a) die Notwendigkeit, schädliche Auswirkungen auf Fischergemeinden oder auf die Fischereiwirtschaft des Küstenstaats zu vermeiden;
b) der Umfang, in dem der Binnenstaat in Übereinstimmung mit diesem Artikel aufgrund geltender zweiseitiger, subregionaler oder regionaler Übereinkünfte an der Ausbeutung der lebenden Ressourcen der ausschließlichen Wirtschaftszonen anderer Küstenstaaten teilnimmt oder teilzunehmen berechtigt ist;
c) der Umfang, in dem andere Binnenstaaten und geographisch benachteiligte Staaten an der Ausbeutung der lebenden Ressourcen der ausschließlichen Wirtschaftszone des Küstenstaats teilnehmen, und die daraus folgende Notwendigkeit, eine besondere Belastung für einen einzelnen Küstenstaat oder einen Teil davon zu vermeiden;
d) die Nahrungsmittelbedürfnisse der Bevölkerung der betreffenden Staaten.

(3) Nähert sich die Fangkapazität eines Küstenstaats einem Zustand, der ihn in die Lage versetzen würde, die gesamte zulässige Fangmenge der lebenden Ressourcen in seiner ausschließlichen Wirtschaftszone zu fischen, so arbeiten der Küstenstaat und die anderen beteiligten Staaten bei der Festlegung ausgewogener Vereinbarungen auf zweiseitiger, subregionaler oder regionaler Grundlage zusammen, um die Teilnahme von Binnenstaaten derselben Subregion oder Region, die Entwicklungsstaaten sind, an der Ausbeutung der lebenden Ressourcen der ausschließlichen Wirtschaftszonen von Küstenstaaten der Subregion oder Region zu ermöglichen, soweit dies unter den gegebenen Umständen angemessen ist, und zu Bedingungen, die für alle Parteien zufriedenstellend sind. Bei der Durchführung dieser Bestimmung sind die in Absatz 2 genannten Faktoren ebenfalls zu berücksichtigen.

(4) Entwickelte Binnenstaaten sind nach diesem Artikel berechtigt, an der Ausbeutung der lebenden Ressourcen nur in den ausschließlichen Wirtschaftszonen entwickelter Küstenstaaten derselben Subregion oder Region teilzunehmen, wobei zu berücksichtigen ist, in welchem Umfang der Küstenstaat, der anderen Staaten Zugang zu den lebenden Ressourcen seiner ausschließlichen Wirtschaftszone gewährt, der Notwendigkeit Rechnung getragen hat, schädliche Auswirkungen auf Fischergemeinden und wirtschaftliche Störungen in Staaten, deren Angehörige gewohnheitsmäßig in der Zone Fischfang betrieben haben, auf ein Mindestmaß zu beschränken.

(5) Die vorstehenden Bestimmungen berühren nicht die in Subregionen oder Regionen vereinbarten Regelungen, in denen die Küstenstaaten den Binnenstaaten derselben Subregion oder Region gleiche Rechte oder Vorzugsrechte für die Ausbeutung der lebenden Ressourcen in den ausschließlichen Wirtschaftszonen gewähren.

Art. 70 Recht der geographisch benachteiligten Staaten. (1) Geographisch benachteiligte Staaten haben das Recht, auf der Grundlage der Billigkeit an der Ausbeutung eines angemessenen Teiles des Überschusses der lebenden Ressourcen der ausschließlichen Wirtschaftszonen von Küstenstaaten derselben Subregion oder Region teilzunehmen; dabei sind die in Betracht kommenden wirtschaftlichen und geographischen Gegebenheiten aller beteiligten Staaten zu berücksichtigen und die Bestimmungen dieses Artikels und der Artikel 61 und 62 zu beachten.

(2) Im Sinne dieses Teiles bedeutet „geographisch benachteiligte Staaten" diejenigen Küstenstaaten – einschließlich Staaten, die an umschlossenen oder halbumschlossenen Meeren liegen –, deren geographische Lage sie von der Ausbeutung der lebenden Ressourcen der ausschließlichen Wirtschaftszonen anderer Staaten in der Subregion oder Region für die angemessene Versorgung mit Fisch zu Nahrungszwecken für ihre gesamte oder einen Teil ihrer Bevölkerung abhängig macht, sowie jene Küstenstaaten, die keine eigene ausschließliche Wirtschaftszone beanspruchen können.

(3) Die Umstände und Einzelheiten für diese Teilnahme werden von den beteiligten Staaten durch zweiseitige, subregionale oder regionale Übereinkünfte festgelegt, wobei unter anderem folgendes zu berücksichtigen ist:
a) die Notwendigkeit, schädliche Auswirkungen auf Fischergemeinden oder auf die Fischereiwirtschaft des Küstenstaats zu vermeiden;
b) der Umfang, in dem der geographisch benachteiligte Staat in Übereinstimmung mit diesem Artikel aufgrund geltender zweiseitiger, subregionaler oder regionaler Übereinkünfte an der Ausbeutung der lebenden Ressourcen der ausschließlichen Wirtschaftszonen anderer Küstenstaaten teilnimmt oder teilzunehmen berechtigt ist;
c) der Umfang, in dem andere geographisch benachteiligte Staaten und Binnenstaaten an der Ausbeutung der lebenden Ressourcen der ausschließlichen Wirtschaftszone des Küstenstaats teilnehmen, und die daraus folgende Notwendigkeit, eine besondere Belastung für einen einzelnen Küstenstaat oder einen Teil davon zu vermeiden;
d) die Nahrungsmittelbedürfnisse der Bevölkerung der betreffenden Staaten.

(4) Nähert sich die Fangkapazität eines Küstenstaats einem Zustand, der ihn in die Lage versetzen würde, die gesamte zulässige Fangmenge der lebenden Ressourcen in seiner ausschließlichen Wirtschaftszone zu fischen, so arbeiten der Küstenstaat und die anderen beteiligten Staaten bei der Festlegung ausgewogener Vereinbarungen auf zweiseitiger, subregionaler oder regionaler Grundlage zusammen, um die Teilnahme von geographisch benachteiligten Staaten derselben Subregion oder Region, die Entwicklungsstaaten sind, an der Ausbeutung der lebenden Ressourcen der ausschließlichen Wirtschaftszonen von Küstenstaaten der Subregion oder Region zu ermöglichen, soweit dies unter den gegebenen Umständen angemessen ist, und zu Bedingungen, die für alle Parteien zufriedenstellend sind. Bei der Durchführung dieser Bestimmung sind die in Absatz 3 genannten Faktoren ebenfalls zu berücksichtigen.

(5) Entwickelte geographisch benachteiligte Staaten sind nach diesem Artikel berechtigt, an der Ausbeutung der lebenden Ressourcen nur in den ausschließlichen Wirtschaftszonen entwickelter Küstenstaaten derselben Subregion oder Region teilzunehmen, wobei zu berücksichtigen ist, in welchem Umfang der Küstenstaat, der anderen Staaten Zugang zu den lebenden Ressourcen seiner ausschließlichen Wirtschaftszone gewährt, der Notwendigkeit Rechnung getragen hat, schädliche Auswirkungen auf Fischergemeinden und wirtschaftliche Störungen in Staaten, deren Angehörige gewohnheitsmäßig in der Zone Fischfang betrieben haben, auf ein Mindestmaß zu beschränken.

(6) Die vorstehenden Bestimmungen berühren nicht die in Subregionen oder Regionen vereinbarten Regelungen, in denen die Küstenstaaten den geographisch benachteiligten Staaten derselben Subregion oder Region gleiche Rechte oder Vorzugsrechte für die Ausbeutung der lebenden Ressourcen in den ausschließlichen Wirtschaftszonen gewähren.

Art. 71 Nichtanwendbarkeit der Artikel 69 und 70. Die Artikel 69 und 70 finden keine Anwendung auf einen Küstenstaat, dessen Wirtschaft weitestgehend von der Ausbeutung der lebenden Ressourcen seiner ausschließlichen Wirtschaftszone abhängig ist.

Art. 72 Einschränkungen der Übertragung von Rechten. (1) Die in den Artikeln 69 und 70 vorgesehenen Rechte zur Ausbeutung von lebenden Ressourcen dürfen, sofern die beteiligten Staaten nichts anderes vereinbaren, nicht unmittelbar oder mittelbar durch Verpachtung oder Lizenzerteilung, durch Schaffung gemeinschaftlicher Unternehmungen oder auf andere eine solche Übertragung bewirkende Weise auf dritte Staaten oder ihre Angehörigen übertragen werden.

(2) Der vorstehende Absatz schließt nicht aus, daß die beteiligten Staaten von dritten Staaten oder internationalen Organisationen technische oder finanzielle Hilfe erhalten, die ihnen die Ausübung ihrer Rechte nach den Artikeln 69 und 70 erleichtern soll, sofern dies nicht die in jenem Absatz genannte Wirkung hat.

Art. 73 Durchsetzung der Gesetze und sonstigen Vorschriften des Küstenstaats. (1) Der Küstenstaat kann bei der Ausübung seiner souveränen Rechte zur Erforschung, Ausbeutung, Erhaltung und Bewirtschaftung der lebenden Ressourcen in der ausschließlichen Wirtschaftszone die erforderlichen Maßnahmen einschließlich des Anhaltens, der Überprüfung, des Festhaltens und gerichtlicher Verfahren ergreifen, um die Einhaltung der von ihm in Übereinstimmung mit diesem Übereinkommen erlassenen Gesetze und sonstigen Vorschriften sicherzustellen.

(2) Festgehaltene Schiffe und ihre Besatzung werden nach Hinterlegung einer angemessenen Kaution oder anderen Sicherheit sofort freigegeben.

(3) Die vom Küstenstaat vorgesehenen Strafen für Verstöße gegen die Fischereigesetze und diesbezüglichen sonstigen Vorschriften in der ausschließlichen Wirtschaftszone dürfen Haft nicht einschließen, sofern die beteiligten Staaten nichts Gegenteiliges vereinbart haben, und auch keine sonstige Form der körperlichen Bestrafung.

(4) Wird ein fremdes Schiff festgehalten oder zurückgehalten, so setzt der Küstenstaat sofort den Flaggenstaat auf geeigneten Wegen von den ergriffenen Maßnahmen sowie von allen später verhängten Strafen in Kenntnis.

Art. 74 Abgrenzung der ausschließlichen Wirtschaftszone zwischen Staaten mit gegenüberliegenden oder aneinander angrenzenden Küsten. (1) Die Abgrenzung der ausschließlichen Wirtschaftszone zwischen Staaten mit gegenüberliegenden oder aneinander angrenzenden Küsten erfolgt durch Übereinkunft auf der Grundlage des Völkerrechts im Sinne des Artikels 38 des Statuts des Internationalen Gerichtshofs, um eine der Billigkeit entsprechende Lösung zu erzielen.

(2) Kommt innerhalb einer angemessenen Frist keine Übereinkunft zustande, so nehmen die beteiligten Staaten die in Teil XV vorgesehenen Verfahren in Anspruch.

(3) Bis zum Abschluß der in Absatz 1 vorgesehenen Übereinkunft bemühen sich die beteiligten Staaten nach besten Kräften und im Geist der Verständigung und Zusammenarbeit, vorläufige Vereinbarungen praktischer Art zu treffen und während dieser Übergangszeit die Erzielung der endgültigen Übereinkunft nicht zu gefährden oder zu verhindern. Diese Vereinbarungen lassen die endgültige Abgrenzung unberührt.

(4) Ist zwischen den beteiligten Staaten eine Übereinkunft in Kraft, so werden Fragen der Abgrenzung der ausschließlichen Wirtschaftszone in Übereinstimmung mit dieser Übereinkunft geregelt.

Art. 75 Seekarten und Verzeichnisse geographischer Koordinaten. (1) Vorbehaltlich dieses Teiles werden die seewärtigen Grenzlinien der ausschließlichen Wirtschaftszone und die in Übereinstimmung mit Artikel 74 gezogenen Abgrenzungslinien in Seekarten eingetragen, deren Maßstab oder Maßstäbe zur genauen Feststellung ihres Verlaufs ausreichen. Gegebenenfalls können statt dieser seewärtigen Grenzlinien oder Abgrenzungslinien auch Verzeichnisse der geographischen Koordinaten von Punkten unter genauer Angabe der geodätischen Daten verwendet werden.

(2) Der Küstenstaat veröffentlicht diese Seekarten oder Verzeichnisse geographischer Koordinaten ordnungsgemäß und hinterlegt jeweils eine Ausfertigung davon beim Generalsekretär der Vereinten Nationen.

Teil VI. Festlandsockel

Art. 76 Definition des Festlandsockels. (1) Der Festlandsockel eines Küstenstaats umfaßt den jenseits seines Küstenmeers gelegenen Meeresboden und Meeresuntergrund der Unterwassergebiete, die sich über die gesamte natürliche Verlängerung seines Landgebiets bis zur äußeren Kante des Festlandrands erstrecken oder bis zu einer Entfernung von 200 Seemeilen von den Basislinien, von denen aus die Breite des Küstenmeers gemessen wird, wo die äußere Kante des Festlandrands in einer geringeren Entfernung verläuft.

(2) Der Festlandsockel eines Küstenstaats erstreckt sich nicht über die in den Absätzen 4 bis 6 vorgesehenen Grenzen hinaus.

(3) Der Festlandrand umfaßt die unter Wasser gelegene Verlängerung der Landmasse des Küstenstaats und besteht aus dem Meeresboden und dem Meeresuntergrund des Sockels, des Abhangs und des Anstiegs. Er umfaßt weder den Tiefseeboden mit seinen unterseeischen Bergrücken noch dessen Untergrund.

(4) a) Wenn sich der Festlandrand über 200 Seemeilen von den Basislinien, von denen aus die Breite des Küstenmeers gemessen wird, hinaus erstreckt, legt der Küstenstaat die äußere Kante des Festlandrands für die Zwecke dieses Übereinkommens fest, und zwar entweder

    i) durch eine Linie, die nach Absatz 7 über die äußersten Festpunkte gezogen wird, an denen die Dicke des Sedimentgesteins jeweils mindestens 1 Prozent der kürzesten Entfernung von diesem Punkt bis zum Fuß des Festlandabhangs beträgt, oder

    ii) durch eine Linie, die nach Absatz 7 über Festpunkte gezogen wird, die nicht weiter als 60 Seemeilen vom Fuß des Festlandabhangs entfernt sind.

b) Solange das Gegenteil nicht bewiesen ist, wird der Fuß des Festlandabhangs als der Punkt des stärksten Gefällwechsels an seiner Basis festgelegt.

(5) Die Festpunkte auf der nach Absatz 4 Buchstabe a Ziffern i und ii gezogenen und auf dem Meeresboden verlaufenden Linie der äußeren Grenzen des Festlandsockels dürfen entweder nicht weiter als 350 Seemeilen von den Basislinien, von denen aus die Breite des Küstenmeers gemessen wird, oder nicht weiter als 100 Seemeilen von der 2500-Meter-Wassertiefenlinie, einer die Tiefenpunkte von 2500 Metern verbindenden Linie, entfernt sein.

(6) Ungeachtet des Absatzes 5 darf auf unterseeischen Bergrücken die äußere Grenze des Festlandsockels 350 Seemeilen von den Basislinien, von denen aus die Breite des Küstenmeers gemessen wird, nicht überschreiten. Dieser Absatz bezieht sich nicht auf unterseeische Erhebungen, die natürliche Bestandteile des Festlandrands sind, wie seine Plateaus, Anstiege, Gipfel, Bänke und Ausläufer.

(7) Wo sich der Festlandsockel über 200 Seemeilen von den Basislinien hinaus erstreckt, von denen aus die Breite des Küstenmeers gemessen wird, legt der Küstenstaat die äußeren Grenzen seines Festlandsockels durch gerade Linien fest, die nicht länger als 60 Seemeilen sind und die Festpunkte verbinden, welche durch Koordinaten der Breite und Länge angegeben werden.

(8) Der Küstenstaat übermittelt der Kommission zur Begrenzung des Festlandsockels, die nach Anlage II auf der Grundlage einer gerechten geographischen Vertretung gebildet wird, Angaben über die Grenzen seines Festlandsockels, sofern sich dieser über 200 Seemeilen von den Basislinien hinaus erstreckt, von denen aus die Breite des Küstenmeers gemessen wird. Die Kommission richtet an die Küstenstaaten Empfehlungen in Fragen, die sich auf die Festlegung der äußeren Grenzen ihrer Festlandsockel beziehen. Die von einem Küstenstaat auf der Grundlage dieser Empfehlungen festgelegten Grenzen des Festlandsockels sind endgültig und verbindlich.

(9) Der Küstenstaat hinterlegt beim Generalsekretär der Vereinten Nationen Seekarten und sachbezogene Unterlagen, einschließlich geodätischer Daten, welche die äußeren Grenzen seines Festlandsockels dauerhaft beschreiben. Der Generalsekretär veröffentlicht diese ordnungsgemäß.

(10) Dieser Artikel berührt nicht die Frage der Abgrenzung des Festlandsockels zwischen Staaten mit gegenüberliegenden oder aneinander angrenzenden Küsten.

Art. 77 Rechte des Küstenstaats am Festlandsockel. (1) Der Küstenstaat übt über den Festlandsockel souveräne Rechte zum Zweck seiner Erforschung und der Ausbeutung seiner natürlichen Ressourcen aus.

(2) Die in Absatz 1 genannten Rechte sind insoweit ausschließlich, als niemand ohne ausdrückliche Zustimmung des Küstenstaats den Festlandsockel erforschen oder seine natürlichen Ressourcen ausbeuten darf, selbst wenn der Küstenstaat diese Tätigkeiten unterläßt.

(3) Die Rechte des Küstenstaats am Festlandsockel sind weder von einer tatsächlichen oder nominellen Besitzergreifung noch von einer ausdrücklichen Erklärung abhängig.

(4) Die in diesem Teil genannten natürlichen Ressourcen umfassen die mineralischen und sonstigen nichtlebenden Ressourcen des Meeresbodens und seines Untergrunds sowie die zu den seßhaften Arten gehörenden Lebewesen, das heißt solche, die im nutzbaren Stadium entweder unbeweglich auf oder unter dem Meeresboden verbleiben oder sich nur in ständigem körperlichen Kontakt mit dem Meeresboden oder seinem Untergrund fortbewegen können.

Art. 78 Rechtsstatus der Gewässer und des Luftraums über dem Festlandsockel sowie Rechte und Freiheiten anderer Staaten. (1) Die Rechte des Küstenstaats am Festlandsockel berühren weder den Rechtsstatus der darüber befindlichen Gewässer noch den des Luftraums über diesen Gewässern.

(2) Die Ausübung der Rechte des Küstenstaats über den Festlandsockel darf die Schiffahrt sowie sonstige Rechte und Freiheiten anderer Staaten nach diesem Übereinkommen weder beeinträchtigen noch in ungerechtfertigter Weise behindern.

Art. 79 Unterseeische Kabel und Rohrleitungen auf dem Festlandsockel. (1) Alle Staaten haben das Recht, in Übereinstimmung mit diesem Artikel auf dem Festlandsockel unterseeische Kabel und Rohrleitungen zu legen.

(2) Der Küstenstaat darf das Legen oder die Unterhaltung dieser Kabel oder Rohrleitungen nicht behindern, vorbehaltlich seines Rechts, angemessene Maßnahmen zur Erforschung des Festlandsockels, zur Ausbeutung seiner natürlichen Ressourcen und zur Verhütung, Verringerung und Überwachung der Verschmutzung durch Rohrleitungen zu ergreifen.

(3) Die Festlegung der Trasse für das Legen solcher Rohrleitungen auf dem Festlandsockel bedarf der Zustimmung des Küstenstaats.

(4) Dieser Teil berührt nicht das Recht des Küstenstaats, Bedingungen für Kabel oder Rohrleitungen festzulegen, die in sein Hoheitsgebiet oder sein Küstenmeer führen, oder seine Hoheitsbefugnisse über Kabel und Rohrleitungen zu begründen, die im Zusammenhang mit der Erforschung seines Festlandsockels, der Ausbeutung seiner Ressourcen oder dem Betrieb von seinen Hoheitsbefugnissen unterliegenden künstlichen Inseln, Anlagen oder Bauwerken gebaut oder genutzt werden.

(5) Beim Legen unterseeischer Kabel oder Rohrleitungen nehmen die Staaten auf die bereits vorhandenen Kabel oder Rohrleitungen gebührend Rücksicht. Insbesondere dürfen die Möglichkeiten für die Reparatur vorhandener Kabel oder Rohrleitungen nicht beeinträchtigt werden.

Art. 80 Künstliche Inseln, Anlagen und Bauwerke auf dem Festlandsockel. Art. 60 gilt sinngemäß für künstliche Inseln, Anlagen und Bauwerke auf dem Festlandsockel.

Art. 81 Bohrarbeiten auf dem Festlandsockel. Der Küstenstaat hat das ausschließliche Recht, Bohrarbeiten auf dem Festlandsockel für alle Zwecke zu genehmigen und zu regeln.

Art. 82 Zahlungen und Leistungen aus der Ausbeutung des Festlandsockels jenseits von 200 Seemeilen. (1) Der Küstenstaat erbringt Zahlungen oder Sachleistungen im Zusammenhang mit der Ausbeutung der nichtlebenden Ressourcen des Festlandsockels jenseits von 200 Seemeilen von den Basislinien, von denen aus die Breite des Küstenmeers gemessen wird.

(2) Die Zahlungen und Leistungen erfolgen jährlich aus der gesamten Produktion einer Abbaustätte, nachdem die ersten fünf Jahre des Abbaus an dieser Stätte abgelaufen sind. Für das sechste Jahr beträgt der Satz der Zahlungen oder Leistungen 1 Prozent des Wertes oder des Umfangs der Produktion dieser Abbaustätte. Dieser Satz erhöht sich in jedem folgenden Jahr um 1 Prozent bis zum zwölften Jahr und verbleibt danach bei 7 Prozent. Ressourcen, die im Zusammenhang mit der Ausbeutung verwendet werden, gehören nicht zur Produktion.

(3) Ein Entwicklungsstaat, der Nettoimporteur einer von seinem Festlandsockel gewonnenen mineralischen Ressource ist, ist von solchen Zahlungen oder Leistungen in bezug auf diese mineralische Ressource befreit.

(4) Die Zahlungen oder Leistungen erfolgen über die Behörde; diese verteilt sie auf die Vertragsstaaten nach gerechten Verteilungsmaßstäben unter Berücksichtigung der Interessen und Bedürfnisse der Entwicklungsstaaten, insbesondere der am wenigsten entwickelten und der Binnenstaaten unter ihnen.

Art. 83 Abgrenzung des Festlandsockels zwischen Staaten mit gegenüberliegenden oder aneinander angrenzenden Küsten. (1) Die Abgrenzung des Festlandsockels zwischen Staaten mit gegenüberliegenden oder aneinander angrenzenden Küsten erfolgt durch Übereinkunft auf der Grundlage des Völkerrechts im Sinne des Artikels 38 des Statuts des Internationalen Gerichtshofs, um eine der Billigkeit entsprechende Lösung zu erzielen.

(2) Kommt innerhalb einer angemessenen Frist keine Übereinkunft zustande, so nehmen die beteiligten Staaten die in Teil XV vorgesehenen Verfahren in Anspruch.

(3) Bis zum Abschluß der in Absatz 1 vorgesehenen Übereinkunft bemühen sich die beteiligten Staaten nach besten Kräften und im Geist der Verständigung und Zusammenarbeit, vorläufige Vereinbarungen praktischer Art zu treffen und während dieser Übergangszeit die Erzielung der endgültigen Übereinkunft nicht zu gefährden oder zu verhindern. Diese Vereinbarungen lassen die endgültige Abgrenzung unberührt.

(4) Ist zwischen den beteiligten Staaten eine Übereinkunft in Kraft, so werden Fragen der Abgrenzung des Festlandsockels in Übereinstimmung mit dieser Übereinkunft geregelt.

Art. 84 Seekarten und Verzeichnisse geographischer Koordinaten.
(1) Vorbehaltlich dieses Teiles werden die äußeren Grenzlinien des Festlandsockels und die in Übereinstimmung mit Artikel 83 gezogenen Abgrenzungslinien in Seekarten eingetragen, deren Maßstab oder Maßstäbe zur genauen Feststellung ihres Verlaufs ausreichen. Gegebenenfalls können statt dieser äußeren Grenzlinien oder Abgrenzungslinien auch Verzeichnisse der geographischen Koordinaten von Punkten unter genauer Angabe der geodätischen Daten verwendet werden.

(2) Der Küstenstaat veröffentlicht diese Seekarten oder Verzeichnisse geographischer Koordinaten ordnungsgemäß und hinterlegt jeweils eine Ausfertigung davon beim Generalsekretär der Vereinten Nationen und, sofern die äußeren Grenzlinien des Festlandsockels darauf eingetragen sind, beim Generalsekretär der Behörde.

Art. 85 Anlage von Tunneln. Dieser Teil berührt nicht das Recht des Küstenstaats, den Meeresuntergrund unabhängig von der Tiefe des darüber befindlichen Wassers durch Anlage von Tunneln zu nutzen.

Teil VII. Hohe See

Abschnitt 1. Allgemeine Bestimmungen

Art. 86 Anwendung dieses Teiles. Dieser Teil gilt für alle Teile des Meeres, die nicht zur ausschließlichen Wirtschaftszone, zum Küstenmeer oder zu den inneren Gewässern eines Staates oder zu den Archipelgewässern eines Archipelstaats gehören. Dieser Artikel hat keinesfalls Beschränkungen der Freiheiten zur Folge, die alle Staaten in Übereinstimmung mit Artikel 58 in der ausschließlichen Wirtschaftszone genießen.

Art. 87 Freiheit der Hohen See. (1) Die Hohe See steht allen Staaten, ob Küsten- oder Binnenstaaten, offen. Die Freiheit der Hohen See wird gemäß den Bedingungen dieses Übereinkommens und den sonstigen Regeln des Völkerrechts ausgeübt. Sie umfaßt für Küsten- und Binnenstaaten unter anderem
a) die Freiheit der Schiffahrt,
b) die Freiheit des Überflugs,
c) die Freiheit, vorbehaltlich des Teiles VI, unterseeische Kabel und Rohrleitungen zu legen,
d) die Freiheit, vorbehaltlich des Teiles VI, künstliche Inseln und andere nach dem Völkerrecht zulässige Anlagen zu errichten,
e) die Freiheit der Fischerei unter den Bedingungen des Abschnitts 2,
f) die Freiheit der wissenschaftlichen Forschung vorbehaltlich der Teile VI und XIII.

(2) Diese Freiheiten werden von jedem Staat unter gebührender Berücksichtigung der Interessen anderer Staaten an der Ausübung der Freiheit der

Hohen See sowie der Rechte ausgeübt, die dieses Übereinkommen im Hinblick auf die Tätigkeiten im Gebiet vorsieht.

Art. 88 Bestimmung der Hohen See für friedliche Zwecke. Die Hohe See ist friedlichen Zwecken vorbehalten.

Art. 89 Ungültigkeit von Souveränitätsansprüchen über die Hohe See. Kein Staat darf den Anspruch erheben, irgendeinen Teil der Hohen See seiner Souveränität zu unterstellen.

Art. 90 Recht der Schiffahrt. Jeder Staat, ob Küsten- oder Binnenstaat, hat das Recht, Schiffe, die seine Flagge führen, auf der Hohen See fahren zu lassen.

Art. 91 Staatszugehörigkeit der Schiffe. (1) Jeder Staat legt die Bedingungen fest, zu denen er Schiffen seine Staatszugehörigkeit gewährt, sie in seinem Hoheitsgebiet in das Schiffsregister einträgt und ihnen das Recht einräumt, seine Flagge zu führen. Schiffe besitzen die Staatszugehörigkeit des Staates, dessen Flagge zu führen sie berechtigt sind. Zwischen dem Staat und dem Schiff muß eine echte Verbindung bestehen.

(2) Jeder Staat stellt den Schiffen, denen er das Recht einräumt, seine Flagge zu führen, entsprechende Dokumente aus.

Art. 92 Rechtsstellung der Schiffe. (1) Schiffe fahren unter der Flagge eines einzigen Staates und unterstehen auf Hoher See seiner ausschließlichen Hoheitsgewalt, mit Ausnahme der besonderen Fälle, die ausdrücklich in internationalen Verträgen oder in diesem Übereinkommen vorgesehen sind. Ein Schiff darf seine Flagge während einer Fahrt oder in einem angelaufenen Hafen nicht wechseln, außer im Fall eines tatsächlichen Eigentumsübergangs oder eines Wechsels des Registers.

(2) Ein Schiff, das unter den Flaggen von zwei oder mehr Staaten fährt, von denen es nach Belieben Gebrauch macht, kann keine dieser Staatszugehörigkeiten gegenüber dritten Staaten geltend machen; es kann einem Schiff ohne Staatszugehörigkeit gleichgestellt werden.

Art. 93 Schiffe, welche die Flagge der Vereinten Nationen, ihrer Sonderorganisationen oder der Internationalen Atomenergie-Organisation führen. Durch die vorstehenden Artikel wird die Frage der Schiffe, die im Dienst der Vereinten Nationen, ihrer Sonderorganisationen oder der Internationalen Atomenergie-Organisation stehen und deren Flagge führen, nicht berührt.

Art. 94 Pflichten des Flaggenstaats. (1) Jeder Staat übt seine Hoheitsgewalt und Kontrolle in verwaltungsmäßigen, technischen und sozialen Angelegenheiten über die seine Flagge führenden Schiffe wirksam aus.

(2) Insbesondere hat jeder Staat
a) ein Schiffsregister zu führen, das die Namen und Einzelheiten der seine Flagge führenden Schiffe enthält, mit Ausnahme derjenigen Schiffe, die wegen ihrer geringen Größe nicht unter die allgemein anerkannten internationalen Vorschriften fallen;

b) die Hoheitsgewalt nach seinem innerstaatlichen Recht über jedes seine Flagge führende Schiff sowie dessen Kapitän, Offiziere und Besatzung in bezug auf die das Schiff betreffenden verwaltungsmäßigen, technischen und sozialen Angelegenheiten auszuüben.

(3) Jeder Staat ergreift für die seine Flagge führenden Schiffe die Maßnahmen, die zur Gewährleistung der Sicherheit auf See erforderlich sind, unter anderem in bezug auf

a) den Bau, die Ausrüstung und die Seetüchtigkeit der Schiffe;

b) die Bemannung der Schiffe, die Arbeitsbedingungen und die Ausbildung der Besatzungen, unter Berücksichtigung der anwendbaren internationalen Übereinkünfte;

c) die Verwendung von Signalen, die Aufrechterhaltung von Nachrichtenverbindungen und die Verhütung von Zusammenstößen.

(4) Diese Maßnahmen umfassen solche, die notwendig sind, um sicherzustellen,

a) daß jedes Schiff vor der Eintragung in das Schiffsregister und danach in angemessenen Abständen von einem befähigten Schiffsbesichtiger besichtigt wird und diejenigen Seekarten, nautischen Veröffentlichungen sowie Navigationsausrüstungen und -instrumente an Bord hat, die für die sichere Fahrt des Schiffes erforderlich sind;

b) daß jedes Schiff einem Kapitän und Offizieren mit geeigneter Befähigung, insbesondere im Hinblick auf Seemannschaft, Navigation, Nachrichtenwesen und Schiffsmaschinentechnik, unterstellt ist und daß die Besatzung nach Befähigung und Anzahl dem Typ, der Größe, der Maschinenanlage und der Ausrüstung des Schiffes entspricht;

c) daß der Kapitän, die Offiziere und, soweit erforderlich, die Besatzung mit den anwendbaren internationalen Vorschriften zum Schutz des menschlichen Lebens auf See, zur Verhütung von Zusammenstößen, zur Verhütung, Verringerung und Überwachung der Meeresverschmutzung sowie zur Unterhaltung von Funkverbindungen vollständig vertraut und verpflichtet sind, sie zu beachten.

(5) Wenn ein Staat Maßnahmen nach den Absätzen 3 und 4 ergreift, ist er verpflichtet, sich an die allgemein anerkannten internationalen Vorschriften, Verfahren und Gebräuche zu halten und alle erforderlichen Vorkehrungen zu treffen, um ihre Beachtung sicherzustellen.

(6) Ein Staat, der eindeutige Gründe zu der Annahme hat, daß keine ordnungsgemäße Hoheitsgewalt und Kontrolle über ein Schiff ausgeübt worden sind, kann dem Flaggenstaat die Tatsachen mitteilen. Nach Empfang einer solchen Mitteilung untersucht der Flaggenstaat die Angelegenheit und ergreift gegebenenfalls die notwendigen Abhilfemaßnahmen.

(7) Jeder Staat läßt über jeden Seeunfall oder jedes andere mit der Führung eines Schiffes zusammenhängende Ereignis auf Hoher See, an dem ein seine Flagge führendes Schiff beteiligt war und wodurch der Tod oder schwere Verletzungen von Angehörigen eines anderen Staates oder schwere Schäden an Schiffen oder Anlagen eines anderen Staates oder an der Meeresumwelt verursacht wurden, von oder vor einer entsprechend befähigten Person oder Personen eine Untersuchung durchführen. Der Flaggenstaat und der andere Staat arbeiten bei der Durchführung jeder vom letzteren vorgenommenen Untersuchung über einen solchen Seeunfall oder ein solches mit der Führung eines Schiffes zusammenhängende Ereignis zusammen.

Art. 95 **Immunität von Kriegsschiffen auf Hoher See.** Kriegsschiffe genießen auf Hoher See vollständige Immunität von der Hoheitsgewalt jedes anderen als des Flaggenstaats.

Art. 96 **Immunität von Schiffen, die im Staatsdienst ausschließlich für andere als Handelszwecke genutzt werden.** Einem Staat gehörende oder von ihm eingesetzte Schiffe, die im Staatsdienst ausschließlich für andere als Handelszwecke genutzt werden, genießen auf Hoher See vollständige Immunität von der Hoheitsgewalt jedes anderen als des Flaggenstaats.

Art. 97 **Strafgerichtsbarkeit in bezug auf Zusammenstöße oder andere mit der Führung eines Schiffes zusammenhängende Ereignissse.**
(1) Im Fall eines Zusammenstoßes oder eines anderen mit der Führung eines Schiffes zusammenhängenden Ereignisses auf Hoher See, welche die strafrechtliche oder disziplinarische Verantwortlichkeit des Kapitäns oder einer sonstigen im Dienst des Schiffes stehenden Person nach sich ziehen könnten, darf ein Straf- oder Dizipinarverfahren gegen diese Personen nur vor den Justiz- oder Verwaltungsbehörden des Flaggenstaats oder des Staates eingeleitet werden, dessen Staatsangehörigkeit die betreffende Person besitzt.

(2) In Disziplinarangelegenheiten ist nur der Staat, der ein Kapitänspatent, ein Befähigungszeugnis oder eine andere Erlaubnis erteilt hat, zuständig, die Entziehung dieser Urkunden nach dem vorgeschriebenen gesetzlichen Verfahren zu erklären, auch wenn der Inhaber nicht die Staatsangehörigkeit des ausstellenden Staates besitzt.

(3) Ein Festhalten oder ein Zurückhalten des Schiffes darf, selbst zu Untersuchungszwecken, nur von den Behörden des Flaggenstaats angeordnet werden.

Art. 98 **Pflicht zur Hilfeleistung.** (1) Jeder Staat verpflichtet den Kapitän eines seine Flagge führenden Schiffes, soweit der Kapitän ohne ernste Gefährdung des Schiffes, der Besatzung oder der Fahrgäste dazu imstande ist,
a) jeder Person, die auf See in Lebensgefahr angetroffen wird, Hilfe zu leisten;
b) so schnell wie möglich Personen in Seenot zu Hilfe zu eilen, wenn er von ihrem Hilfsbedürfnis Kenntnis erhält, soweit diese Handlung vernünftigerweise von ihm erwartet werden kann;
c) nach einem Zusammenstoß dem anderen Schiff, dessen Besatzung und dessen Fahrgästen Hilfe zu leisten und diesem Schiff nach Möglichkeit den Namen seines eigenen Schiffes, den Registerhafen und den nächsten Anlaufhafen mitzuteilen.
(2) Alle Küstenstaaten fördern die Errichtung, den Einsatz und die Unterhaltung eines angemessenen und wirksamen Such- und Rettungsdienstes, um die Sicherheit auf und über der See zu gewährleisten; sie arbeiten erforderlichenfalls zu diesem Zweck mit den Nachbarstaaten mittels regionaler Übereinkünfte zusammen.

Art. 99 **Verbot der Beförderung von Sklaven.** Jeder Staat ergreift wirksame Maßnahmen, um die Beförderung von Sklaven auf Schiffen, die seine Flagge zu führen berechtigt sind, zu verhindern und zu bestrafen sowie die unrechtmäßige Verwendung seiner Flagge zu diesem Zweck zu verhindern. Jeder Sklave, der auf einem Schiff gleich welcher Flagge Zuflucht nimmt, ist ipso facto frei.

Art. 100 Pflicht zur Zusammenarbeit bei der Bekämpfung der Seeräuberei. Alle Staaten arbeiten in größtmöglichem Maße zusammen, um die Seeräuberei auf Hoher See oder an jedem anderen Ort zu bekämpfen, der keiner staatlichen Hoheitsgewalt untersteht.

Art. 101 Definition der Seeräuberei. Seeräuberei ist jede der folgenden Handlungen:

a) jede rechtswidrige Gewalttat oder Freiheitsberaubung oder jede Plünderung, welche die Besatzung oder die Fahrgäste eines privaten Schiffes oder Luftfahrzeugs zu privaten Zwecken begehen und die gerichtet ist
  i) auf Hoher See gegen ein anderes Schiff oder Luftfahrzeug oder gegen Personen oder Vermögenswerte an Bord dieses Schiffes oder Luftfahrzeugs;
  ii) an einem Ort, der keiner staatlichen Hoheitsgewalt untersteht, gegen ein Schiff, ein Luftfahrzeug, Personen oder Vermögenswerte;
b) jede freiwillige Beteiligung am Einsatz eines Schiffes oder Luftfahrzeugs in Kenntnis von Tatsachen, aus denen sich ergibt, daß es ein Seeräuberschiff oder -luftfahrzeug ist;
c) jede Anstiftung zu einer unter Buchstaben a oder b bezeichneten Handlung oder jede absichtliche Erleichterung einer solchen Handlung.

Art. 102 Seeräuberei durch ein Kriegsschiff, Staatsschiff oder staatliches Luftfahrzeug, dessen Besatzung gemeutert hat. Seeräuberische Handlungen, wie in Artikel 101 definiert, die von einem Kriegsschiff, Staatsschiff oder staatlichen Luftfahrzeug begangen werden, dessen Besatzung gemeutert und die Gewalt über das Schiff oder Luftfahrzeug erlangt hat, werden den von einem privaten Schiff oder Luftfahrzeug begangenen Handlungen gleichgestellt.

Art. 103 Definition eines Seeräuberschiffs oder -luftfahrzeugs. Ein Schiff oder Luftfahrzeug gilt als Seeräuberschiff oder -luftfahrzeug, wenn es von den Personen, unter deren tatsächlicher Gewalt es steht, dazu bestimmt ist, zur Begehung einer Handlung nach Artikel 101 benutzt zu werden. Das gleiche gilt für ein Schiff oder Luftfahrzeug, das zur Begehung einer derartigen Handlung benutzt worden ist, solange es unter der Gewalt der Personen verbleibt, die sich dieser Handlung schuldig gemacht haben.

Art. 104 Beibehaltung oder Verlust der Staatszugehörigkeit eines Seeräuberschiffs oder -luftfahrzeugs. Ein Schiff oder Luftfahrzeug kann seine Staatszugehörigkeit beibehalten, obwohl es zum Seeräuberschiff oder -luftfahrzeug geworden ist. Die Beibehaltung oder der Verlust der Staatszugehörigkeit bestimmt sich nach dem Recht des Staates, der sie gewährt hat.

Art. 105 Aufbringen eines Seeräuberschiffs oder -luftfahrzeugs. Jeder Staat kann auf Hoher See oder an jedem anderen Ort, der keiner staatlichen Hoheitsgewalt untersteht, ein Seeräuberschiff oder -luftfahrzeug oder ein durch Seeräuberei erbeutetes und in der Gewalt von Seeräubern stehendes Schiff oder Luftfahrzeug aufbringen, die Personen an Bord des Schiffes oder Luftfahrzeugs festnehmen und die dort befindlichen Vermögenswerte beschlagnahmen. Die Gerichte des Staates, der das Schiff oder Luftfahrzeug aufgebracht hat, können über die zu verhängenden Strafen entscheiden sowie die

Maßnahmen festlegen, die hinsichtlich des Schiffes, des Luftfahrzeugs oder der Vermögenswerte zu ergreifen sind, vorbehaltlich der Rechte gutgläubiger Dritter.

Art. 106 Haftung für Aufbringen ohne hinreichenden Grund. Erfolgte das Aufbringen eines der Seeräuberei verdächtigen Schiffes oder Luftfahrzeugs ohne hinreichenden Grund, so haftet der aufbringende Staat dem Staat, dessen Zugehörigkeit das Schiff oder Luftfahrzeug besitzt, für jeden durch das Aufbringen verursachten Verlust oder Schaden.

Art. 107 Schiffe und Luftfahrzeuge, die zum Aufbringen wegen Seeräuberei berechtigt sind. Ein Aufbringen wegen Seeräuberei darf nur von Kriegsschiffen oder Militärluftfahrzeugen oder von anderen Schiffen oder Luftfahrzeugen vorgenommen werden, die deutlich als im Staatsdienst stehend gekennzeichnet und als solche erkennbar sind und die hierzu befugt sind.

Art. 108 Unerlaubter Verkehr mit Suchtstoffen oder psychotropen Stoffen. (1) Alle Staaten arbeiten bei der Bekämpfung des unerlaubten Verkehrs mit Suchtstoffen und psychotropen Stoffen zusammen, an dem Schiffe auf Hoher See unter Verletzung internationaler Übereinkünfte beteiligt sind.

(2) Jeder Staat, der begründeten Anlaß zu der Annahme hat, daß ein seine Flagge führendes Schiff am unerlaubten Verkehr mit Suchtstoffen oder psychotropen Stoffen beteiligt ist, kann andere Staaten um Zusammenarbeit zur Unterbindung dieses Verkehrs ersuchen.

Art. 109 Nicht genehmigte Rundfunksendungen von Hoher See aus. (1) Alle Staaten arbeiten bei der Bekämpfung nicht genehmigter Rundfunksendungen von der Hohen See aus zusammen.

(2) Im Sinne dieses Übereinkommens bedeutet „nicht genehmigte Rundfunksendungen" die Übertragung von Hörfunk- oder Fernsehsendungen zum Empfang durch die Allgemeinheit von einem Schiff oder einer Anlage auf Hoher See aus unter Verletzung internationaler Vorschriften, jedoch ausschließlich der Übermittlung von Notrufen.

(3) Wer nicht genehmigte Rundfunksendungen verbreitet, kann gerichtlich verfolgt werden
a) vom Flaggenstaat des Schiffes;
b) vom Staat, in dem die Anlage eingetragen ist;
c) vom Staat, dessen Angehöriger die betreffende Person ist;
d) von jedem Staat, in dem die Sendungen empfangen werden können, oder
e) von jedem Staat, in dem genehmigte Funkverbindungen dadurch gestört werden.

(4) Auf Hoher See kann ein Staat, der nach Absatz 3 Gerichtsbarkeit hat, in Übereinstimmung mit Artikel 110 alle Personen festnehmen oder alle Schiffe festhalten, die nicht genehmigte Rundfunksendungen verbreiten, und das Sendegerät beschlagnahmen.

Art. 110 Recht zum Betreten. (1) Abgesehen von den Fällen, in denen ein Eingreifen auf vertraglich begründeten Befugnissen beruht, darf ein Kriegsschiff, das auf Hoher See einem fremden Schiff begegnet, ausgenommen ein Schiff, das nach den Artikeln 95 und 96 vollständige Immunität genießt, dieses nur anhalten, wenn begründeter Anlaß für den Verdacht besteht, daß

a) das Schiff Seeräuberei betreibt;
b) das Schiff Sklavenhandel betreibt;
c) das Schiff nicht genehmigte Rundfunksendungen verbreitet und der Flaggenstaat des Kriegsschiffs nach Artikel 109 Gerichtsbarkeit hat;
d) das Schiff keine Staatszugehörigkeit besitzt oder
e) das Schiff, obwohl es eine fremde Flagge führt oder sich weigert, seine Flagge zu zeigen, in Wirklichkeit dieselbe Staatszugehörigkeit wie das Kriegsschiff besitzt.

(2) In den in Absatz 1 vorgesehenen Fällen kann das Kriegsschiff die Berechtigung des Schiffes zur Flaggenführung überprüfen. Zu diesem Zweck kann es ein Boot unter dem Kommando eines Offiziers zu dem verdächtigen Schiff entsenden. Bleibt der Verdacht nach Prüfung der Dokumente bestehen, so kann es eine weitere Untersuchung an Bord des Schiffes vornehmen, die so rücksichtsvoll wie möglich durchzuführen ist.

(3) Erweist sich der Verdacht als unbegründet und hat das angehaltene Schiff keine den Verdacht rechtfertigende Handlung begangen, so ist ihm jeder Verlust oder Schaden zu ersetzen.

(4) Diese Bestimmungen gelten sinngemäß für Militärluftfahrzeuge.

(5) Diese Bestimmungen gelten auch für jedes andere ordnungsgemäß befugte Schiff oder Luftfahrzeug, das deutlich als im Staatsdienst stehend gekennzeichnet und als solches erkennbar ist.

Art. 111 Recht der Nacheile. (1) Die Nacheile nach einem fremden Schiff kann vorgenommen werden, wenn die zuständigen Behörden des Küstenstaats guten Grund zu der Annahme haben, daß das Schiff gegen die Gesetze und sonstigen Vorschriften dieses Staates verstoßen hat. Diese Nacheile muß beginnen, solange sich das fremde Schiff oder eines seiner Boote innerhalb der inneren Gewässer, der Archipelgewässer, des Küstenmeers oder der Anschlußzone des nacheilenden Staates befindet, und darf außerhalb des Küstenmeers oder der Anschlußzone nur dann fortgesetzt werden, wenn sie nicht unterbrochen wurde. Ein Schiff, das ein innerhalb des Küstenmeers oder der Anschlußzone fahrendes fremdes Schiff zum Stoppen auffordert, muß sich zum Zeitpunkt, in dem das fremde Schiff diese Aufforderung erhält, nicht selbst innerhalb des Küstenmeers oder der Anschlußzone befinden. Befindet sich das fremde Schiff in einer Anschlußzone, wie sie in Artikel 33 bestimmt ist, so darf die Nacheile nur wegen einer Verletzung der Rechte vorgenommen werden, zu deren Schutz diese Zone errichtet wurde.

(2) Das Recht der Nacheile gilt sinngemäß für die in der ausschließlichen Wirtschaftszone oder auf dem Festlandsockel einschließlich der Sicherheitszonen um Anlagen auf dem Festlandsockel begangenen Verstöße gegen die Gesetze und sonstigen Vorschriften des Küstenstaats, die in Übereinstimmung mit diesem Übereinkommen auf die ausschließliche Wirtschaftszone oder den Festlandsockel einschließlich dieser Sicherheitszonen anwendbar sind.

(3) Das Recht der Nacheile endet, sobald das verfolgte Schiff das Küstenmeer seines eigenen oder eines dritten Staates erreicht.

(4) Die Nacheile gilt erst dann als begonnen, wenn sich das nacheilende Schiff durch die ihm zur Verfügung stehenden geeigneten Mittel davon über-

zeugt hat, daß das verfolgte Schiff, eines seiner Boote oder andere im Verband arbeitende Fahrzeuge, die das verfolgte Schiff als Mutterschiff benutzen, sich innerhalb der Grenzen des Küstenmeers oder gegebenenfalls innerhalb der Anschlußzone, der ausschließlichen Wirtschaftszone oder über dem Festlandsockel befinden. Die Nacheile darf erst begonnen werden, nachdem ein Sicht- oder Schallsignal zum Stoppen aus einer Entfernung gegeben wurde, in der es von dem fremden Schiff wahrgenommen werden kann.

(5) Das Recht der Nacheile darf nur von Kriegsschiffen oder Militärluftfahrzeugen oder von anderen Schiffen oder Luftfahrzeugen ausgeübt werden, die deutlich als im Staatsdienst stehend gekennzeichnet und als solche erkennbar sind und die hierzu befugt sind.

(6) Erfolgt die Nacheile durch ein Luftfahrzeug, so
a) finden die Absätze 1 bis 4 sinngemäß Anwendung;
b) muß das Luftfahrzeug, welches das Schiff zum Stoppen auffordert, dieses so lange selbst aktiv verfolgen, bis ein von ihm herbeigerufenes Schiff oder anderes Luftfahrzeug des Küstenstaats an Ort und Stelle eintrifft, um die Nacheile fortzusetzen, es sei denn, das Luftfahrzeug kann das Schiff selbst festhalten. Um das Festhalten eines Schiffes außerhalb des Küstenmeers zu rechtfertigen, genügt es nicht, daß dieses von dem Luftfahrzeug bei einer tatsächlichen oder vermuteten Rechtsverletzung lediglich gesichtet wurde, sondern es muß auch von dem Luftfahrzeug selbst oder anderen Luftfahrzeugen oder Schiffen, welche die Nacheile ohne Unterbrechung fortsetzen, zum Stoppen aufgefordert und verfolgt worden sein.

(7) Die Freigabe eines Schiffes, das im Hoheitsbereich eines Staates festgehalten und zur Untersuchung durch die zuständigen Behörden dieses Staates in einen seiner Häfen geleitet wurde, kann nicht allein aus dem Grund gefordert werden, daß das Schiff auf seiner Fahrt, weil die Umstände dies erforderlich machten, über einen Teil der ausschließlichen Wirtschaftszone oder der Hohen See geleitet wurde.

(8) Wurde ein Schiff außerhalb des Küstenmeers unter Umständen gestoppt oder festgehalten, welche die Ausübung des Rechts der Nacheile nicht rechtfertigen, so ist ihm jeder dadurch erlittene Verlust oder Schaden zu ersetzen.

Art. 112 Recht zum Legen unterseeischer Kabel und Rohrleitungen.

(1) Jeder Staat hat das Recht, auf dem Boden der Hohen See jenseits des Festlandsockels unterseeische Kabel und Rohrleitungen zu legen.

(2) Artikel 79 Absatz 5 findet auf diese Kabel und Rohrleitungen Anwendung.

Art. 113 Unterbrechung oder Beschädigung eines unterseeischen Kabels oder einer unterseeischen Rohrleitung.

Jeder Staat erläßt die erforderlichen Gesetze und sonstigen Vorschriften, die vorsehen, daß jede vorsätzliche oder fahrlässige Unterbrechung oder Beschädigung eines unterseeischen Kabels auf Hoher See durch ein seine Flagge führendes Schiff oder durch eine seiner Gerichtsbarkeit unterstehende Person, wenn dadurch die Telegrafen- oder Fernsprechverbindungen unterbrochen oder gestört werden könnten, sowie jede in gleicher Weise erfolgte Unterbrechung oder Beschädigung unterseeischer Rohrleitungen oder Hochspannungskabel eine strafbare Handlung ist. Diese Bestimmung gilt auch für ein Verhalten, das darauf gerichtet oder dazu geeignet ist, eine solche Unterbrechung oder Beschädigung herbeizuführen. Sie findet jedoch keine Anwendung, wenn die Unterbrechung oder Beschädigung durch Personen verursacht wurde, die lediglich das rechtmäßige Ziel verfolgten, ihr Leben oder ihr Schiff zu schützen, nachdem sie alle erforderlichen Vorkehrungen zur Vermeidung einer derartigen Unterbrechung oder Beschädigung getroffen hatten.

Art. 114 Unterbrechung oder Beschädigung eines unterseeischen Kabels oder einer unterseeischen Rohrleitung durch Eigentümer eines anderen unterseeischen Kabels oder einer anderen unterseeischen Rohrleitung. Jeder Staat erläßt die erforderlichen Gesetze und sonstigen Vorschriften, die vorsehen, daß die seiner Gerichtsbarkeit unterstehenden Personen, die Eigentümer eines unterseeischen Kabels oder einer unterseeischen Rohrleitung auf Hoher See sind und beim Legen oder bei der Reparatur dieses Kabels oder dieser Rohrleitung die Unterbrechung oder Beschädigung eines anderen Kabels oder einer anderen Rohrleitung verursachen, die dadurch entstandenen Reparaturkosten tragen.

Art. 115 Entschädigung für Verluste, die durch die Vermeidung der Beschädigung eines unterseeischen Kabels oder einer unterseeischen Rohrleitung entstanden sind. Jeder Staat erläßt die erforderlichen Gesetze und sonstigen Vorschriften, um sicherzustellen, daß Schiffseigentümer, die beweisen können, daß sie einen Anker, ein Netz oder ein anderes Fischfanggerät geopfert haben, um die Beschädigung eines unterseeischen Kabels oder einer unterseeischen Rohrleitung zu vermeiden, vom Eigentümer des Kabels oder der Rohrleitung entschädigt werden, sofern der Schiffseigentümer zuvor alle angemessenen Vorsichtsmaßnahmen ergriffen hat.

Abschnitt 2. Erhaltung und Bewirtschaftung der lebenden Ressourcen der Hohen See

Art. 116 Recht zur Fischerei auf Hoher See. Jeder Staat hat das Recht, daß seine Angehörigen Fischerei auf Hoher See ausüben können, vorbehaltlich

a) seiner vertraglichen Verpflichtungen;
b) der Rechte und Pflichten sowie der Interessen der Küstenstaaten, wie sie unter anderem in Artikel 63 Absatz 2 und in den Artikeln 64 bis 67 vorgesehen sind, und
c) der Bestimmungen dieses Abschnitts.

Art. 117 Pflicht der Staaten, in bezug auf ihre Angehörigen Maßnahmen zur Erhaltung der lebenden Ressourcen der Hohen See zu ergreifen. Jeder Staat ist verpflichtet, in bezug auf seine Angehörigen die erforderlichen Maßnahmen zur Erhaltung der lebenden Ressourcen der Hohen See zu ergreifen oder mit anderen Staaten zu diesem Zweck zusammenzuarbeiten.

Art. 118 Zusammenarbeit der Staaten bei der Erhaltung und Bewirtschaftung der lebenden Ressourcen. Die Staaten arbeiten bei der Erhaltung und Bewirtschaftung der lebenden Ressourcen in den Gebieten der

Hohen See zusammen. Staaten, deren Angehörige dieselben lebenden Ressourcen oder verschiedene lebende Ressourcen in demselben Gebiet ausbeuten, nehmen Verhandlungen auf, um die für die Erhaltung der betreffenden lebenden Ressourcen erforderlichen Maßnahmen zu ergreifen. Gegebenenfalls arbeiten sie bei der Errichtung subregionaler oder regionaler Fischereiorganisationen zu diesem Zweck zusammen.

Art. 119 Erhaltung der lebenden Ressourcen der Hohen See. (1) Bei der Festlegung der zulässigen Fangmenge und anderer Maßnahmen für die Erhaltung der lebenden Ressourcen der Hohen See

a) ergreifen die Staaten Maßnahmen, die auf der Grundlage der besten den betreffenden Staaten zur Verfügung stehenden wissenschaftlichen Angaben darauf gerichtet sind, die Populationen befischter Arten auf einem Stand zu erhalten oder auf diesen zurückzuführen, der den größtmöglichen Dauerertrag sichert, wie er sich im Hinblick auf die in Betracht kommenden Umwelt- und Wirtschaftsfaktoren, einschließlich der besonderen Bedürfnisse der Entwicklungsstaaten ergibt, wobei die Fischereistrukturen, die gegenseitige Abhängigkeit der Bestände sowie alle allgemein empfohlenen internationalen Mindestnormen, gleichviel ob subregionaler, regionaler oder weltweiter Art, zu berücksichtigen sind;

b) berücksichtigen die Staaten die Wirkung auf jene Arten, die mit den befischten Arten vergesellschaftet oder von ihnen abhängig sind, um die Populationen dieser vergesellschafteten oder abhängigen Arten über einem Stand zu erhalten oder auf diesen zurückzuführen, auf dem ihre Fortpflanzung nicht ernstlich gefährdet wird.

(2) Die verfügbaren wissenschaftlichen Informationen, die statistischen Angaben über Fänge und Fischereiaufwand und andere für die Erhaltung der Fischbestände wesentliche Daten werden regelmäßig mitgeteilt und ausgetauscht, gegebenenfalls im Rahmen der zuständigen internationalen Organisationen, gleichviel ob subregionaler, regionaler oder weltweiter Art, sowie unter Beteiligung aller betroffenen Staaten.

(3) Die betroffenen Staaten stellen sicher, daß durch die Erhaltungsmaßnahmen und ihre Anwendung die Fischer irgendeines Staates weder rechtlich noch tatsächlich diskriminiert werden.

Art. 120 Meeressäugetiere. Artikel 65 findet auch auf die Erhaltung und Bewirtschaftung der Meeressäugetiere der Hohen See Anwendung.

Teil VIII. Ordnung der Inseln

Art. 121 Ordnung der Inseln. (1) Eine Insel ist eine natürlich entstandene Landfläche, die vom Wasser umgeben ist und bei Flut über den Wasserspiegel hinausragt.

(2) Sofern in Absatz 3 nichts anderes vorgesehen ist, bestimmen sich das Küstenmeer, die Anschlußzone, die ausschließliche Wirtschaftszone und der Festlandsockel einer Insel nach den für andere Landgebiete geltenden Bestimmungen dieses Übereinkommens.

(3) Felsen, die für die menschliche Besiedlung nicht geeignet sind oder ein wirtschaftliches Eigenleben nicht zulassen, haben keine ausschließliche Wirtschaftszone und keinen Festlandsockel.

Teil IX. Umschlossene oder halbumschlossene Meere

Art. 122 Definition. Im Sinne dieses Übereinkommens bedeutet „umschlossenes oder halbumschlossenes Meer" einen Meerbusen, ein Becken oder ein Meer, die von zwei oder mehr Staaten umgeben und mit einem anderen Meer oder dem Ozean durch einen engen Ausgang verbunden sind oder die ganz oder überwiegend aus den Küstenmeeren und den ausschließlichen Wirtschaftszonen von zwei oder mehr Küstenstaaten bestehen.

Art. 123 Zusammenarbeit der Anliegerstaaten von umschlossenen oder halbumschlossenen Meeren. Die Anliegerstaaten eines umschlossenen oder halbumschlosenen Meeres sollen bei der Ausübung ihrer Rechte und der Erfüllung ihrer Pflichten aus diesem Übereinkommen zusammenarbeiten. Zu diesem Zweck bemühen sie sich unmittelbar oder im Rahmen einer geeigneten regionalen Organisation,

a) die Bewirtschaftung, Erhaltung, Erforschung und Ausbeutung der lebenden Ressourcen des Meeres zu koordinieren;

b) die Ausübung ihrer Rechte und die Erfüllung ihrer Pflichten hinsichtlich des Schutzes und der Bewahrung der Meeresumwelt zu koordinieren;

c) ihre wissenschaftliche Forschungspolitik zu koordinieren und gegebenenfalls gemeinsame wissenschaftliche Forschungsprogramme in diesem Gebiet durchzuführen;

d) andere interessierte Staaten oder internationale Organisationen gegebenenfalls aufzufordern, mit ihnen bei der Verwirklichung der Bestimmungen dieses Artikels zusammenzuarbeiten.

Teil X. Recht der Binnenstaaten auf Zugang zum und vom Meer und Transitfreiheit

Art. 124 Begriffsbestimmungen. (1) Im Sinne dieses Übereinkommens

a) bedeutet „Binnenstaat" einen Staat, der keine Meeresküste hat;

b) bedeutet „Transitstaat" einen Staat mit oder ohne Meeresküste, der zwischen einem Binnenstaat und dem Meer liegt und durch dessen Hoheitsgebiet Transitverkehr geführt wird;

c) bedeutet „Transitverkehr" den Transit von Personen, Gepäck, Gütern und Verkehrsmitteln durch das Hoheitsgebiet eines oder mehrerer Transitstaaten, wenn der Durchgang durch dieses Hoheitsgebiet mit oder ohne Umladen, Lagern, Löschen von Ladung oder Wechsel des Verkehrsmittels nur Teil eines gesamten Weges ist, der im Hoheitsgebiet des Binnenstaats beginnt oder endet;

d) bedeutet „Verkehrsmittel"

i) rollendes Eisenbahnmaterial, See- und Binnenschiffe und Straßenfahrzeuge;

ii) Träger und Lasttiere, wenn es die örtlichen Bedingungen erfordern.

(2) Binnenstaaten und Transitstaaten können durch Vereinbarung in die Verkehrsmittel Rohrleitungen und Gasleitungen sowie andere als die in Absatz 1 genannten einbeziehen.

Art. 125 Recht auf Zugang zum und vom Meer und Transitfreiheit.
(1) Die Binnenstaaten haben das Recht auf Zugang zum und vom Meer zur Ausübung der in diesem Übereinkommen vorgesehenen Rechte einschließlich der Rechte, die sich auf die Freiheit der Hohen See und das gemeinsame Erbe der Menschheit beziehen. Zu diesem Zweck genießen die Binnenstaaten die Freiheit des Transits durch das Hoheitsgebiet der Transitstaaten mit allen Verkehrsmitteln.

(2) Die Umstände und Einzelheiten für die Ausübung der Transitfreiheit werden zwischen den betreffenden Binnenstaaten und Transitstaaten durch zweiseitige, subregionale oder regionale Übereinkünfte vereinbart.

(3) Die Transitstaaten haben in Ausübung ihrer vollen Souveränität über ihr Hoheitsgebiet das Recht, alle erforderlichen Maßnahmen zu ergreifen, um sicherzustellen, daß die in diesem Teil für die Binnenstaaten vorgesehenen Rechte und Erleichterungen in keiner Weise ihre berechtigten Interessen beeinträchtigen.

Art. 126 Ausschluß der Anwendung der Meistbegünstigungsklausel.
Die Bestimmungen dieses Übereinkommens sowie besondere Übereinkünfte betreffend die Ausübung des Rechts auf Zugang zum und vom Meer, die Rechte und Erleichterungen aufgrund der besonderen geographischen Lage der Binnenstaaten vorsehen, sind von der Anwendung der Meistbegünstigungsklausel ausgeschlossen.

Art. 127 Zölle, Steuern und sonstige Abgaben. (1) Der Transitverkehr unterliegt keinen Zöllen, Steuern oder sonstigen Abgaben mit Ausnahme der Gebühren, die für besondere Dienstleistungen im Zusammenhang mit diesem Verkehr erhoben werden.

(2) Die für die Binnenstaaten im Transit bereitgestellten und von ihnen benutzten Verkehrsmittel und anderen Einrichtungen unterliegen keinen höheren Steuern oder sonstigen Abgaben als denjenigen, die für die Benutzung von Verkehrsmitteln des Transitstaats erhoben werden.

Art. 128 Freizonen und andere Zollerleichterungen. Zur Erleichterung des Transitverkehrs können in den Ein- und Ausgangshäfen der Transitstaaten durch Vereinbarung zwischen diesen und den Binnenstaaten Freizonen oder andere Zollerleichterungen vorgesehen werden.

Art. 129 Zusammenarbeit beim Bau und bei der Verbesserung von Verkehrsmitteln. Sind in Transitstaaten keine Verkehrsmittel vorhanden, um die Transitfreiheit zu verwirklichen, oder sind die vorhandenen Mittel, einschließlich der Hafenanlagen und -ausrüstungen, in irgendeiner Hinsicht unzureichend, so können die betreffenden Transitstaaten und Binnenstaaten bei ihrem Bau oder ihrer Verbesserung zusammenarbeiten.

Art. 130 Maßnahmen zur Vermeidung oder Beseitigung von Verzögerungen oder sonstigen Schwierigkeiten technischer Art im Transitverkehr. (1) Die Transitstaaten ergreifen alle geeigneten Maßnahmen, um Verzögerungen oder sonstige Schwierigkeiten technischer Art im Transitverkehr zu vermeiden.

(2) Falls solche Verzögerungen oder Schwierigkeiten auftreten, arbeiten die zuständigen Behörden der betreffenden Transitstaaten und Binnenstaaten zusammen, um sie zügig zu beheben.

Art. 131 Gleichbehandlung in Seehäfen. Schiffe, welche die Flagge von Binnenstaaten führen, genießen in den Seehäfen dieselbe Behandlung wie andere fremde Schiffe.

Art. 132 Gewährung größerer Transiterleichterungen. Dieses Übereinkommen bewirkt nicht die Aufhebung von Transiterleichterungen, die größer als die in dem Übereinkommen vorgesehenen sind und zwischen seinen Vertragsstaaten vereinbart sind oder von einem Vertragsstaat gewährt werden. Es schließt auch die Gewährung größerer Erleichterungen in Zukunft nicht aus.

Teil XI. Das Gebiet[1]

Abschnitt 1. Allgemeine Bestimmungen

Art. 133 Begriffsbestimmungen. Im Sinne dieses Teiles
a) bedeutet „Ressourcen" alle festen, flüssigen oder gasförmigen mineralischen Ressourcen in situ, die sich im Gebiet auf oder unter dem Meeresboden befinden, einschließlich polymetallischer Knollen;
b) werden Ressourcen, die aus dem Gebiet gewonnen worden sind, als „Mineralien" bezeichnet.

Art. 134 Geltungsbereich dieses Teiles. (1) Dieser Teil gilt für das Gebiet.

(2) Die Tätigkeiten im Gebiet werden durch diesen Teil geregelt.

(3) Die Erfordernisse für die Hinterlegung und Veröffentlichung der Seekarten oder Verzeichnisse geographischer Koordinaten mit den in Artikel 1 Absatz 1 Nummer 1 genannten Grenzen sind in Teil VI wiedergegeben.

(4) Dieser Artikel berührt nicht die Festlegung der äußeren Grenzen des Festlandsockels nach Teil VI oder die Gültigkeit von Übereinkünften betreffend die Abgrenzung zwischen Staaten mit gegenüberliegenden oder aneinander angrenzenden Küsten.

Art. 135 Rechtsstatus der Gewässer und des Luftraums über dem Gebiet. Weder dieser Teil noch die aufgrund seiner Bestimmungen gewährten oder ausgeübten Rechte berühren den Rechtsstatus der Gewässer über dem Gebiet oder des Luftraums über ihnen.

Abschnitt 2. Für das Gebiet geltende Grundsätze

Art. 136 Gemeinsames Erbe der Menschheit. Das Gebiet und seine Ressourcen sind das gemeinsame Erbe der Menschheit.

---

[1] Beachte dazu insbesondere Art. 1 Abs. 1 und 2 des Durchführungsabkommens (Nr. 20 a).

Art. 137 Rechtsstatus des Gebiets und seiner Ressourcen. (1) Kein Staat darf über einen Teil des Gebiets oder seiner Ressourcen Souveränität oder souveräne Rechte beanspruchen oder ausüben; ebensowenig darf sich ein Staat oder eine natürliche oder juristische Person einen Teil des Gebiets oder seiner Ressourcen aneignen. Weder eine solche Beanspruchung oder Ausübung von Souveränität oder souveränen Rechten noch eine solche Aneignung wird anerkannt.

(2) Alle Rechte an den Ressourcen des Gebiets stehen der gesamten Menschheit zu, in deren Namen die Behörde handelt. Diese Ressourcen sind unveräußerlich. Die aus dem Gebiet gewonnenen Mineralien dürfen jedoch nur in Übereinstimmung mit diesem Teil und den Regeln, Vorschriften und Verfahren der Behörde veräußert werden.

(3) Ein Staat oder eine natürliche oder juristische Person kann Rechte in bezug auf die aus dem Gebiet gewonnenen Mineralien nur in Übereinstimmung mit diesem Teil beanspruchen, erwerben oder ausüben. Auf andere Weise beanspruchte, erworbene oder ausgeübte Rechte werden nicht anerkannt.

Art. 138 Allgemeines Verhalten der Staaten in bezug auf das Gebiet. Das allgemeine Verhalten der Staaten in bezug auf das Gebiet muß im Interesse der Erhaltung von Frieden und Sicherheit sowie der Förderung der internationalen Zusammenarbeit und gegenseitigen Verständigung den Bestimmungen dieses Teiles, den in der Charta der Vereinten Nationen niedergelegten Grundsätzen und den sonstigen Regeln des Völkerrechts entsprechen.

Art. 139 Verantwortlichkeit für die Einhaltung des Übereinkommens und Haftung für Schäden. (1) Die Vertragsstaaten sind verpflichtet sicherzustellen, daß die im Gebiet ausgeübten Tätigkeiten in Übereinstimmung mit diesem Teil durchgeführt werden, gleichviel ob es sich um Tätigkeiten dieser Staaten selbst oder um die ihrer staatlichen Unternehmen oder natürlicher oder juristischer Personen handelt, welche die Staatsangehörigkeit von Vertragsstaaten besitzen oder tatsächlich der Kontrolle dieser Staaten oder ihrer Staatsangehörigen unterliegen. Internationale Organisationen, die Tätigkeiten im Gebiet ausüben, sind in gleicher Weise verantwortlich.

(2) Unbeschadet der Regeln des Völkerrechts und der Anlage III Artikel 22 haftet ein Vertragsstaat oder eine internationale Organisation für einen Schaden, der auf das Versäumnis zurückzuführen ist, die ihnen aus diesem Teil erwachsenden Verantwortlichkeiten zu erfüllen; Vertragsstaaten oder internationale Organisationen, die gemeinsam handeln, haften gesamtschuldnerisch. Ein Vertragsstaat haftet jedoch nicht für einen Schaden, der durch Nichteinhaltung dieses Teiles durch eine von ihm nach Artikel 153 Absatz 2 Buchstabe b befürwortete Person verursacht wurde, sofern der Vertragsstaat alle notwendigen und angemessenen Maßnahmen ergriffen hat, um die wirksame Einhaltung nach Artikel 153 Absatz 4 und Anlage III Artikel 4 Absatz 4 zu gewährleisten.

(3) Vertragsstaaten, die Mitglied internationaler Organisationen sind, ergreifen angemessene Maßnahmen, um die Anwendung dieses Artikels in bezug auf diese Organisationen sicherzustellen.

Art. 140 Nutzen für die Menschheit. (1) Die Tätigkeiten im Gebiet werden, wie in diesem Teil ausdrücklich vorgesehen, zum Nutzen der gesamten Menschheit ausgeübt, ungeachtet der geographischen Lage der Staaten als Küsten- oder Binnenstaaten und unter besonderer Berücksichtigung der Interessen und Bedürfnisse der Entwicklungsstaaten und der Völker, die noch nicht die volle Unabhängigkeit oder einen sonstigen von den Vereinten Nationen in Übereinstimmung mit der Resolution 1514 (XV) und anderen einschlägigen Resolutionen der Generalversammlung anerkannten Status der Selbstregierung erlangt haben.

(2) Die Behörde sorgt mit Hilfe geeigneter Mechanismen in Übereinstimmung mit Artikel 160 Absatz 2 Buchstabe f Ziffer i auf der Grundlage der Nichtdiskriminierung für die gerechte Verteilung der finanziellen und der sonstigen wirtschaftlichen Vorteile, die aus Tätigkeiten im Gebiet stammen.

Art. 141 Nutzung des Gebiets für ausschließlich friedliche Zwecke. Das Gebiet steht allen Staaten, sowohl Küsten- als auch Binnenstaaten, ohne Diskriminierung und unbeschadet der sonstigen Bestimmungen dieses Teiles für eine ausschließlich friedlichen Zwecken dienende Nutzung offen.

Art. 142 Rechte und berechtigte Interessen der Küstenstaaten. (1) Die Tätigkeiten im Gebiet in bezug auf dort befindliche Vorkommen von Ressourcen, die beiderseits der Grenzen des Bereichs nationaler Hoheitsbefugnisse liegen, werden unter gebührender Berücksichtigung der Rechte und berechtigten Interessen des Küstenstaats ausgeübt, in dessen Bereich sich diese Vorkommen befinden.

(2) Um eine Beeinträchtigung solcher Rechte und Interessen zu vermeiden, werden mit dem betreffenden Staat Konsultationen einschließlich vorheriger Benachrichtigungen durchgeführt. In Fällen, in denen Tätigkeiten im Gebiet zur Ausbeutung von Ressourcen führen können, die sich im Bereich nationaler Hoheitsbefugnisse befinden, ist die vorherige Zustimmung des betreffenden Küstenstaats erforderlich.

(3) Dieser Teil und die aufgrund desselben gewährten oder ausgeübten Rechte berühren nicht das Recht der Küstenstaaten, die gegebenenfalls notwendigen, mit Teil XII übereinstimmenden Maßnahmen zur Verhütung, Verringerung oder Beseitigung einer ernsten und unmittelbar bevorstehenden Gefahr zu ergreifen, die ihre Küste oder damit zusammenhängende Interessen bedroht und durch vorhandene oder drohende Verschmutzung oder durch sonstige gefährliche Vorfälle entsteht, die sich aus Tätigkeiten im Gebiet ergeben oder durch sie verursacht werden.

Art. 143 Wissenschaftliche Meeresforschung. (1) Die wissenschaftliche Meeresforschung im Gebiet wird in Übereinstimmung mit Teil XIII für ausschließlich friedliche Zwecke und zum Nutzen der gesamten Menschheit durchgeführt.

(2) Die Behörde kann wissenschaftliche Meeresforschung in bezug auf das Gebiet und seine Ressourcen durchführen und zu diesem Zweck Verträge schließen. Die Behörde fördert und ermutigt die Durchführung wissenschaftlicher Meeresforschung im Gebiet; sie koordiniert und verbreitet die verfügbaren Ergebnisse dieser Forschungen und Analysen.

(3) Die Vertragsstaaten können wissenschaftliche Meeresforschung im Gebiet durchführen. Sie fördern die internationale Zusammenarbeit bei der wissenschaftlichen Meeresforschung im Gebiet,

a) indem sie sich an internationalen Programmen beteiligen und die Zusammenarbeit bei der wissenschaftlichen Meeresforschung durch Personal verschiedener Länder und der Behörde ermutigen;

b) indem sie dafür sorgen, daß durch die Behörde oder gegebenenfalls durch sonstige internationale Organisationen Programme zum Nutzen der Entwicklungsstaaten und der technisch weniger entwickelten Staaten ausgearbeitet werden, um

  i) deren Forschungspotential zu stärken;

  ii) deren Personal und das Personal der Behörde im Bereich der Technik und Anwendung der Forschung zu schulen;

  iii) den Einsatz deren befähigten Personals bei der Forschung im Gebiet zu fördern;

c) indem sie die verfügbaren Ergebnisse der Forschungen und Analysen über die Behörde oder gegebenenfalls auf anderem internationalem Weg wirksam verbreiten.

Art. 144 Weitergabe von Technologie[1]. (1) Die Behörde ergreift Maßnahmen in Übereinstimmung mit diesem Übereinkommen, um

a) Technologie und wissenschaftliche Kenntnisse betreffend Tätigkeiten im Gebiet zu erwerben und

b) die Weitergabe dieser Technologie und wissenschaftlichen Kenntnisse an Entwicklungsstaaten zu fördern und zu ermutigen, damit alle Vertragsstaaten daraus Nutzen ziehen können.

(2) Zu diesem Zweck arbeiten die Behörden und die Vertragsstaaten bei der Förderung der Weitergabe von Technologie und wissenschaftlichen Kenntnissen betreffend Tätigkeiten im Gebiet zusammen, damit das Unternehmen und alle Vertragsstaaten daraus Nutzen ziehen können. Sie veranlassen und fördern insbesondere

a) Programme zur Weitergabe von Technologie an das Unternehmen und an Entwicklungsstaaten im Zusammenhang mit Tätigkeiten im Gebiet, einschließlich solcher, die dem Unternehmen und den Entwicklungsstaaten den Zugang zu der betreffenden Technologie unter angemessenen und annehmbaren Bedingungen erleichtern;

b) Maßnahmen, die auf die Weiterentwicklung der Technologie des Unternehmens und der einheimischen Technologie der Entwicklungsstaaten gerichtet sind und die insbesondere für Personal des Unternehmens und der Entwicklungsstaaten Möglichkeiten schaffen, sich in der Meereswissenschaft und -technologie auszubilden und an Tätigkeiten im Gebiet voll teilzunehmen.

Art. 145 Schutz der Meeresumwelt. Hinsichtlich der Tätigkeiten im Gebiet werden in Übereinstimmung mit diesem Übereinkommen die notwendigen Maßnahmen ergriffen, um die Meeresumwelt vor schädlichen Auswirkungen, die sich aus diesen Tätigkeiten ergeben können, wirksam zu schützen. Zu diesem Zweck beschließt die Behörde geeignete Regeln, Vorschriften und Verfahren, um unter anderem

---

[1] Beachte Abschnitt 5 der Anlage zum Durchführungsabkommen (Nr. 20 a).

a) die Verschmutzung und sonstige Gefahren für die Meeresumwelt, einschließlich der Küste, sowie Störungen des ökologischen Gleichgewichts der Meeresumwelt zu verhüten, zu verringern und zu überwachen, wobei insbesondere auf die Notwendigkeit zu achten ist, die Meeresumwelt vor schädlichen Auswirkungen von Tätigkeiten wie Bohr-, Dredsch- und Baggerarbeiten, Abfallbeseitigung, Errichtung, Betrieb oder Unterhaltung von Anlagen, Rohrleitungen und sonstigen mit diesen Tätigkeiten im Zusammenhang stehenden Geräten zu schützen;

b) die natürlichen Ressourcen des Gebiets zu schützen und zu erhalten sowie Schäden für die Tiere und Pflanzen der Meeresumwelt zu vermeiden.

Art. 146 Schutz des menschlichen Lebens. Hinsichtlich der Tätigkeiten im Gebiet sind die notwendigen Maßnahmen zu ergreifen, um den wirksamen Schutz des menschlichen Lebens zu gewährleisten. Zu diesem Zweck beschließt die Behörde geeignete Regeln, Vorschriften und Verfahren, um das bestehende Völkerrecht, wie es in den einschlägigen Verträgen niedergelegt ist, zu ergänzen.

Art. 147 Vereinbarkeit der Tätigkeiten im Gebiet mit anderen Tätigkeiten in der Meeresumwelt. (1) Bei Tätigkeiten im Gebiet ist auf andere Tätigkeiten in der Meeresumwelt in angemessener Weise Rücksicht zu nehmen.

(2) Die für Tätigkeiten im Gebiet benutzten Anlagen müssen folgenden Bedingungen genügen:

a) Die Anlagen werden nur in Übereinstimmung mit diesem Teil und vorbehaltlich der Regeln, Vorschriften und Verfahren der Behörde errichtet, aufgestellt und entfernt. Ihre Errichtung, Aufstellung und Entfernung sind ordnungsgemäß bekanntzumachen, und es sind fest angebrachte Warneinrichtungen zu unterhalten, die auf das Vorhandensein der Anlagen hinweisen;

b) die Anlagen dürfen weder dort errichtet werden, wo die Benutzung anerkannter und für die internationale Schiffahrt wichtiger Schiffahrtswege behindert werden kann, noch in Gebieten, in denen intensive Fischerei betrieben wird;

c) um die Anlagen werden Sicherheitszonen mit entsprechenden Markierungen eingerichtet, um die Sicherheit sowohl der Schiffahrt als auch der Anlagen zu gewährleisten. Form und Lage dieser Sicherheitszonen dürfen nicht so beschaffen sein, daß sie einen Gürtel bilden, der den rechtmäßigen Zugang der Schiffe zu besonderen Meereszonen oder die Schiffahrt auf internationalen Schiffahrtswegen behindert;

d) die Anlagen werden für ausschließlich friedliche Zwecke genutzt;

e) die Anlagen haben nicht den Status von Inseln. Sie haben kein eigenes Küstenmeer, und ihr Vorhandensein hat keinen Einfluß auf die Abgrenzung des Küstenmeers, der ausschließlichen Wirtschaftszone oder des Festlandsockels.

(3) Bei anderen Tätigkeiten in der Meeresumwelt ist auf die Tätigkeiten im Gebiet in angemessener Weise Rücksicht zu nehmen.

Art. 148 Teilnahme von Entwicklungsstaaten an Tätigkeiten im Gebiet. Es wird eine wirksame Teilnahme der Entwicklungsstaaten an Tätigkeiten im Gebiet gefördert, wie in diesem Teil ausdrücklich vorgesehen, wobei deren besondere Interessen und Bedürfnisse und vor allem das besondere Bedürfnis der Binnenstaaten und geographisch benachteiligten Staaten unter ihnen zu berücksichtigen sind, die sich aus ihrer nachteiligen Lage ergebenden Hindernisse zu überwinden, insbesondere ihre Entlegenheit im Verhältnis zum Gebiet sowie die Schwierigkeit ihres Zugangs zum und vom Gebiet.

Art. 149 Archäologische und historische Gegenstände. Alle im Gebiet gefundenen Gegenstände archäologischer oder historischer Art werden zum Nutzen der gesamten Menschheit bewahrt oder verwendet, wobei die Vorzugsrechte des Ursprungsstaats oder -lands, des Staates des kulturellen Ursprungs oder des Staates des historischen oder archäologischen Ursprungs besonders zu beachten sind.

Abschnitt 3. Erschließung der Ressourcen im Gebiet

Art. 150 Leitsätze für die Tätigkeiten im Gebiet. Die Tätigkeiten im Gebiet werden, wie in diesem Teil ausdrücklich vorgesehen, so ausgeübt, daß sie die gesunde Entwicklung der Weltwirtschaft und das ausgewogene Wachstum des Welthandels begünstigen und die internationale Zusammenarbeit mit dem Ziel einer umfassenden Entwicklung aller Länder, insbesondere der Entwicklungsstaaten, fördern, und um folgendes sicherzustellen:
a) die Erschließung der Ressourcen des Gebiets;
b) die ordnungsgemäße, sichere und rationelle Bewirtschaftung der Ressourcen des Gebiets einschließlich der wirksamen Ausübung der Tätigkeiten im Gebiet, wobei in Übereinstimmung mit vernünftigen Grundsätzen der Erhaltung der Ressourcen eine unnötige Vergeudung zu vermeiden ist;
c) die Erweiterung von Möglichkeiten für eine Teilnahme an diesen Tätigkeiten, insbesondere im Einklang mit den Artikeln 144 und 148;
d) die Beteiligung der Behörde an den Einnahmen und die Weitergabe von Technologie an das Unternehmen und an Entwicklungsstaaten, wie in diesem Übereinkommen vorgesehen;
e) die zunehmende, bedarfsentsprechende Verfügbarkeit der aus dem Gebiet stammenden Mineralien zusammen mit den aus anderen Vorkommen stammenden Mineralien, um die Versorgung der Verbraucher dieser Mineralien sicherzustellen;
f) die Förderung gerechter und stabiler, für Erzeuger lohnender und für Verbraucher angemessener Preise sowohl für die aus dem Gebiet als auch aus anderen Vorkommen stammenden Mineralien und die Förderung eines langfristigen Gleichgewichts zwischen Angebot und Nachfrage;
g) die Erweiterung der Möglichkeiten für alle Vertragsstaaten ungeachtet ihres sozialen und wirtschaftlichen Systems oder ihrer geographischen Lage, an der Erschließung der Ressourcen des Gebiets teilzunehmen, und die Verhinderung einer Monopolisierung der Tätigkeiten im Gebiet;
h) den Schutz der Entwicklungsstaaten vor nachteiligen Auswirkungen auf ihre Wirtschaft oder ihre Ausfuhreinnahmen, die sich aus einem Rückgang des Preises des betroffenen Minerals oder der Ausfuhrmenge dieses Minerals ergeben, soweit ein solcher Rückgang auf Tätigkeiten im Gebiet zurückzuführen ist, wie in Artikel 151 vorgesehen;
i) die Entwicklung des gemeinsamen Erbes zum Nutzen der gesamten Menschheit;

j) Marktzugangsbedingungen für die Einfuhr der aus den Ressourcen des Gebiets erzeugten Mineralien sowie für die Einfuhr der aus diesen Mineralien erzeugten Rohstoffe, die nicht günstiger als die für Einfuhren aus anderen Vorkommen geltenden günstigsten Bedingungen sein dürfen.

Art. 151 Leitsätze für die Produktion[1]. (1) a) Unbeschadet der in Artikel 150 genannten Ziele und zur Durchführung des Artikels 150 Buchstabe h ergreift die Behörde im Rahmen bestehender Gremien oder gegebenenfalls erforderlicher neuer Vereinbarungen oder sonstiger Übereinkünfte, an denen alle interessierten Parteien, einschließlich Erzeuger und Verbraucher, beteiligt sind, die notwendigen Maßnahmen, um das Wachstum, die Leistungsfähigkeit und die Stabilität der Märkte für die aus den Mineralien des Gebiets erzeugten Rohstoffe zu Preisen zu fördern, die für die Erzeuger lohnend und für die Verbraucher angemessen sind. Alle Vertragsstaaten arbeiten zu diesem Zweck zusammen.

b) Die Behörde hat das Recht, an jeder Rohstoffkonferenz teilzunehmen, die sich mit diesen Rohstoffen befaßt und an der alle interessierten Parteien, einschließlich Erzeuger und Verbraucher, teilnehmen. Die Behörde hat das Recht, Vertragspartei der auf diesen Konferenzen geschlossenen Vereinbarungen oder sonstigen Übereinkünfte zu werden. Die Beteiligung der Behörde an den aufgrund der Vereinbarungen oder sonstigen Übereinkünfte geschaffenen Organen bezieht sich auf die Produktion im Gebiet und erfolgt in Übereinstimmung mit den einschlägigen Regeln dieser Organe.

c) Die Behörde erfüllt ihre Verpflichtungen aus den in diesem Absatz genannten Vereinbarungen oder sonstigen Übereinkünften derart, daß in bezug auf die Gesamtproduktion der betreffenden Mineralien im Gebiet einheitlich und ohne Diskriminierung verfahren wird. Dabei handelt die Behörde in einer Weise, die mit den Bedingungen geltender Verträge und bestätigter Arbeitspläne des Unternehmens vereinbar ist.

(2) a) Während der in Absatz 3 bezeichneten Übergangszeit kann die kommerzielle Produktion nach einem bestätigten Arbeitsplan erst dann aufgenommen werden, wenn der Unternehmer bei der Behörde eine Produktionsgenehmigung beantragt und von ihr erhalten hat. Die Produktionsgenehmigungen dürfen höchstens fünf Jahre vor dem dem Arbeitsplan beabsichtigten Aufnahme der kommerziellen Produktion beantragt oder erteilt werden, es sei denn, die Regeln, Vorschriften und Verfahren der Behörde schreiben unter Berücksichtigung der Art und des zeitlichen Ablaufs des Vorhabens eine andere Frist vor.

b) In dem Antrag auf Produktionsgenehmigung gibt der Unternehmer die jährliche Nickelmenge an, mit deren Gewinnung im Rahmen des bestätigten Arbeitsplans gerechnet wird. Der Antrag enthält eine Aufstellung der Kosten, die der Unternehmer nach Erhalt der Genehmigung aufwenden muß und die so hinreichend berechnet sind, daß er die kommerzielle Produktion zum beabsichtigten Zeitpunkt aufnehmen kann.

c) Für die Zwecke der Buchstaben a und b legt die Behörde in Übereinstimmung mit Anlage III Artikel 17 geeignete Leistungsanforderungen fest.

---

[1] Art. 151 wird durch die Anlage zum Durchführungsabkommen (Nr. 20a) in vielfacher Hinsicht modifiziert. Beachte allgemein Abschnitt 6. Für die Absätze 1–7 und 9 des Art. 151 beachte Abschnitt 6 Abs. 7 der Anlage. Für Abs. 10 beachte Abschnitt 7 Abs. 1 und 2 Satz 1.

d) Die Behörde erteilt eine Produktionsgenehmigung für die beantragte Produktionsmenge, sofern nicht die Summe dieser Menge und der bereits genehmigten Mengen in irgendeinem Jahr der geplanten Produktion während der Übergangzeit die nach Absatz 4 berechnete Höchstgrenze der Nickelproduktion für das Jahr übersteigt, in dem die Genehmigung erteilt wird.

e) Die Produktionsgenehmigung und der genehmigte Antrag werden, sobald sie erteilt sind, Teil des bestätigten Arbeitsplans.

f) Wird der Antrag des Unternehmers auf Produktionsgenehmigung nach Buchstabe d abgelehnt, so kann der Unternehmer jederzeit bei der Behörde einen neuen Antrag stellen.

(3) Die Übergangzeit beginnt fünf Jahre vor dem 1. Januar des Jahres, in dem die erste kommerzielle Produktion im Rahmen eines bestätigten Arbeitsplans aufgenommen werden soll. Verzögert sich der Anlauf dieser kommerziellen Produktion über das ursprünglich vorgesehene Jahr hinaus, so werden der Beginn der Übergangzeit und die ursprünglich berechnete Produktionshöchstgrenze entsprechend angeglichen. Die Übergangzeit dauert 25 Jahre oder bis zum Ende der in Artikel 155 genannten Überprüfungskonferenz oder aber bis zu dem Tag, an dem die in Absatz 1 genannten neuen Vereinbarungen oder sonstigen Übereinkünfte in Kraft treten, je nachdem, welches der frühere Zeitpunkt ist. Die Behörde nimmt die in diesem Artikel vorgesehenen Befugnisse für den Rest der Übergangzeit wieder in Anspruch, wenn die genannten Vereinbarungen oder sonstigen Übereinkünfte aus irgendeinem Grund hinfällig oder unwirksam werden.

(4) a) Die Produktionshöchstgrenze für jedes Jahr der Übergangzeit ergibt sich aus der Summe

   i) des Unterschieds zwischen den nach Buchstabe b berechneten Trendlinienwerten des Nickelverbrauchs des Jahres, das dem Anlauf der ersten kommerziellen Produktion unmittelbar vorausgeht, und des Jahres, das dem Beginn der Übergangzeit unmittelbar vorausgeht, und

   ii) von sechzig Prozent des Unterschieds zwischen den nach Buchstabe b berechneten Trendlinienwerten des Nickelverbrauchs des Jahres, für das die Produktionsgenehmigung beantragt wird, und des Jahres, das dem Anlauf der ersten kommerziellen Produktion unmittelbar vorausgeht.

b) Im Sinne des Buchstabens a

   i) sind die zur Berechnung der Höchstgrenze der Nickelproduktion verwendeten Trendlinienwerte die jährlichen Nickelverbrauchswerte auf einer Trendlinie, die während des Jahres errechnet wird, in dem die Produktionsgenehmigung erteilt wird. Die Trendlinie wird aus einer linearen Regression der Logarithmen des tatsächlichen jährlichen Nickelverbrauchs während der letzten 15 Jahre gewonnen, für die solche Angaben verfügbar sind, wobei die Zeit als unabhängige Variable angenommen wird. Diese Trendlinie wird als die ursprüngliche Trendlinie bezeichnet;

   ii) liegt die jährliche Steigerungsrate der ursprünglichen Trendlinie unter 3 Prozent, so verläuft die zur Festlegung der Mengen nach Buchstabe a verwendete Trendlinie statt dessen durch die ursprüngliche Trendlinie bei dem Wert für das erste Jahr des betreffenden Zeitabschnitts von 15 Jahren und steigt jährlich um 3 Prozent; allerdings darf die für irgendein Jahr der Übergangzeit festgelegte Produktionshöchstgrenze in keinem

269

Fall den Unterschied zwischen dem ursprünglichen Trendlinienwert für das betreffende Jahr und dem ursprünglichen Trendlinienwert für das Jahr unmittelbar vor Beginn der Übergangszeit überschreiten.

(5) Die Behörde behält dem Unternehmen für dessen Anfangsproduktion eine Menge von 38 000 metrischen Tonnen Nickel aus der nach Absatz 4 errechneten verfügbaren Produktionshöchstgrenze vor.

(6) a) Ein Unternehmer kann in einem Jahr weniger oder bis zu 8 Prozent mehr als die in seiner Produktionsgenehmigung festgelegte Jahresproduktion von Mineralien aus polymetallischen Knollen erzeugen, sofern die Gesamtproduktion die in der Genehmigung festgelegte Menge nicht überschreitet. Jede Überschreitung über 8 Prozent hinaus bis zu 20 Prozent innerhalb eines Jahres oder jede Überschreitung im ersten und in daran anschließenden Jahren nach zwei aufeinanderfolgenden Jahren, in denen Überschreitungen vorkommen, muß mit der Behörde ausgehandelt werden; diese kann vom Unternehmer verlangen, eine ergänzende Produktionsgenehmigung für die überschüssige Produktion zu erwirken.

b) Anträge auf diese ergänzenden Produktionsgenehmigungen werden von der Behörde erst dann geprüft, wenn alle eingereichten Anträge von Unternehmern, die noch keine Produktionsgenehmigung erhalten haben, bearbeitet und sonstige mögliche Antragsteller gebührend berücksichtigt worden sind. Die Behörde läßt sich von dem Grundsatz leiten, die Gesamtproduktion, die im Rahmen der Produktionshöchstgrenze jedes beliebigen Jahres der Übergangszeit genehmigt worden ist, nicht zu überschreiten. Sie genehmigt in keinem Arbeitsplan eine Produktionsmenge von mehr als 46 500 metrischen Tonnen Nickel im Jahr.

(7) Die Produktionsmengen anderer Metalle wie Kupfer, Kobalt und Mangan, die aus den im Rahmen einer Produktionsgenehmigung gewonnenen polymetallischen Knollen stammen, sollen nicht größer sein als diejenigen, die erzeugt worden wären, wenn der Unternehmer aus diesen Knollen die nach diesem Artikel berechnete Höchstmenge an Nickel erzeugt hätte. Die Behörde beschließt zur Durchführung dieses Absatzes Regeln, Vorschriften und Verfahren nach Anlage III Artikel 17.

(8) Die Rechte und Pflichten in bezug auf unlautere Wirtschaftspraktiken, die sich aus einschlägigen mehrseitigen Handelsübereinkünften ergeben, finden auf die Erforschung und Ausbeutung der Mineralien aus dem Gebiet Anwendung. Zur Beilegung von Streitigkeiten, die hinsichtlich dieser Bestimmung entstehen, nehmen die Vertragsstaaten, die diesen mehrseitigen Handelsübereinkünften angehören, die Streitbeilegungsverfahren dieser Übereinkünfte in Anspruch.

(9) Die Behörde ist befugt, die Produktionsmenge der Mineralien aus dem Gebiet, die nicht aus polymetallischen Knollen stammen, zu geeigneten Bedingungen und nach geeigneten Methoden durch Vorschriften nach Artikel 161 Absatz 8 zu beschränken.

(10) Auf Empfehlung des Rates, die sich auf Gutachten der Kommission für wirtschaftliche Planung stützt, errichtet die Versammlung ein System für Ausgleichszahlungen oder ergreift sonstige die wirtschaftliche Anpassung erleichternde Hilfsmaßnahmen, einschließlich Zusammenarbeit mit Sonderorganisationen und anderen internationalen Organisationen, zur Unterstützung von Entwicklungsländern, die ernste nachteilige Auswirkungen auf ihre Ausfuhr-

einnahmen oder ihre Wirtschaft aus einem Rückgang des Preises für das betroffene Mineral oder der Ausfuhrmenge dieses Minerals erleiden, soweit ein solcher Rückgang auf Tätigkeiten im Gebiet zurückzuführen ist. Auf Antrag veranlaßt die Behörde Untersuchungen über die Probleme derjenigen Staaten, die wahrscheinlich am schwersten betroffen werden, um ihre Schwierigkeiten auf ein Mindestmaß zu beschränken und ihnen bei ihrer wirtschaftlichen Anpassung zu helfen.

Art. 152 Wahrnehmung der Befugnisse und Aufgaben der Behörde.

(1) Die Behörde vermeidet jede Diskriminierung bei der Wahrnehmung ihrer Befugnisse und Aufgaben, einschließlich der Gewährung von Möglichkeiten zur Ausübung von Tätigkeiten im Gebiet.

(2) Dessen ungeachtet ist die in diesem Teil ausdrücklich vorgesehene besondere Berücksichtigung der Entwicklungsstaaten, vor allem der Binnenstaaten und der geographisch benachteiligten Staaten unter ihnen, zulässig.

Art. 153 System der Erforschung und Ausbeutung. (1) Die Tätigkeiten im Gebiet werden von der Behörde im Namen der gesamten Menschheit in Übereinstimmung mit diesem Artikel und mit den sonstigen einschlägigen Bestimmungen dieses Teiles und der einschlägigen Anlagen sowie mit den Regeln, Vorschriften und Verfahren der Behörde organisiert, ausgeübt und überwacht.

(2) Die Tätigkeiten im Gebiet werden nach Maßgabe des Absatzes 3 ausgeübt

a) vom Unternehmen und

b) unter Einbeziehung der Behörde von Vertragsstaaten, staatlichen Unternehmen sowie natürlichen oder juristischen Personen, welche die Staatsangehörigkeit eines Vertragsstaats besitzen oder von ihm oder seinen Staatsangehörigen tatsächlich kontrolliert werden, wenn sie von diesen Staaten befürwortet werden, oder von einer Gruppe der vorgenannten Kategorien, welche die in diesem Teil und in Anlage III genannten Voraussetzungen erfüllt.

(3) Die Tätigkeiten im Gebiet werden nach einem förmlichen schriftlichen Arbeitsplan ausgeübt, der in Übereinstimmung mit Anlage III aufgestellt und nach Prüfung durch die Rechts- und Fachkommission vom Rat bestätigt worden ist. Bei Tätigkeiten, die im Gebiet mit Genehmigung der Behörde von den in Absatz 2 Buchstabe b bezeichneten Rechtsträgern ausgeübt werden, erhält der Arbeitsplan in Übereinstimmung mit Anlage III Artikel 3 die Form eines Vertrags. Diese Verträge können gemeinschaftliche Vereinbarungen nach Anlage III Artikel 11 vorsehen.[1]

(4) Die Behörde übt die erforderliche Kontrolle über die Tätigkeiten im Gebiet aus, um die Einhaltung der einschlägigen Bestimmungen dieses Teiles und der betreffenden Anlagen sowie der Regeln, Vorschriften und Verfahren der Behörde und der in Übereinstimmung mit Absatz 3 bestätigten Arbeitspläne zu gewährleisten. Die Vertragsstaaten unterstützen die Behörde, indem sie alle notwendigen Maßnahmen ergreifen, um diese Einhaltung entsprechend Artikel 139 zu gewährleisten.

---

[1] Beachte Abschnitt 2 Abs. 4 S. 2 der Anlage zum Durchführungsabkommen (Nr. 20 a).

(5) Die Behörde ist berechtigt, jederzeit alle nach diesem Teil vorgesehenen Maßnahmen zu ergreifen, um zu gewährleisten, daß seine Bestimmungen eingehalten und daß die ihr aufgrund dieses Teiles oder aufgrund eines Vertrags obliegenden Kontroll- und Regelungsaufgaben wahrgenommen werden. Die Behörde ist berechtigt, alle Anlagen im Gebiet zu überprüfen, die im Zusammenhang mit Tätigkeiten im Gebiet benutzt werden.

(6) Ein Vertrag nach Absatz 3 gewährleistet die Rechte des Vertragsnehmers. Er kann daher nur in Übeeinstimmung mit Anlage III Artikel 18 und 19 geändert, ausgesetzt oder beendet werden.

Art. 154 Regelmäßige Überprüfung. Alle fünf Jahre nach Inkrafttreten dieses Übereinkommens führt die Versammlung eine allgemeine und systematische Überprüfung darüber durch, wie sich die in dem Übereinkommen festgelegte internationale Ordnung des Gebiets in der Praxis bewährt hat. Die Versammlung kann angesichts dieser Überprüfung Maßnahmen nach den Bestimmungen und Verfahren dieses Teiles und der betreffenden Anlagen ergreifen oder empfehlen, daß andere Organe solche Maßnahmen ergreifen, die zur größeren Wirksamkeit dieser Ordnung führen.

Art. 155 Die Überprüfungskonferenz.[1] (1) Fünfzehn Jahre nach dem 1. Januar des Jahres, in dem die erste kommerzielle Produktion aufgrund eines bestätigten Arbeitsplans aufgenommen wurde, beruft die Versammlung eine Konferenz zur Überprüfung derjenigen Bestimmungen dieses Teiles und der betreffenden Anlagen ein, die das System der Erforschung und Ausbeutung der Ressourcen des Gebiets regeln. Die Überprüfungskonferenz prüft im einzelnen angesichts der während dieser Zeit gesammelten Erfahrungen,
a) ob die Bestimmungen dieses Teiles, die das System der Erforschung und Ausbeutung der Ressourcen des Gebiets regeln, ihren Zweck in jeder Hinsicht erfüllt haben, insbesondere, ob sie für die gesamte Menschheit von Nutzen waren;
b) ob die reservierten Felder im Vergleich zu den nichtreservierten Feldern während der 15 Jahre-Frist in wirksamer und ausgewogener Weise ausgebeutet worden sind;
c) ob die Erschließung und Nutzung des Gebiets und seiner Ressourcen so durchgeführt wurden, daß sie die gesunde Entwicklung der Weltwirtschaft und ein ausgewogenes Wachstum des Welthandels begünstigen;
d) ob eine Monopolisierung der Tätigkeiten im Gebiet verhindert wurde;
e) ob die Leitsätze der Artikel 150 und 151 befolgt wurden und
f) ob das System unter besonderer Berücksichtigung der Interessen und Bedürfnisse der Entwicklungsstaaten zu einer gerechten Verteilung der aus Tätigkeiten im Gebiet stammenden Vorteile geführt hat.

(2) Die Überprüfungskonferenz gewährleistet, daß der Grundsatz des gemeinsamen Erbes der Menschheit, die internationale Ordnung zur Sicherung einer gerechten Ausbeutung der Ressourcen des Gebiets zum Nutzen aller Länder, insbesondere der Entwicklungsstaaten, und eine Behörde, welche die Tätigkeiten im Gebiet organisiert, ausübt und kontrolliert, erhalten bleiben. Sie gewährleistet ferner die Aufrechterhaltung der in diesem Teil niedergelegten Grundsätze in bezug auf den Ausschluß einer Beanspruchung oder

---

[1] Beachte Abschnitt 4 der Anlage zum Durchführungsabkommen (Nr. 20 a).

Ausübung von Souveränität über einen Teil des Gebiets, die Rechte der Staaten und ihr allgemeines Verhalten hinsichtlich des Gebiets, ihre Beteiligung an Tätigkeiten im Gebiet im Einklang mit diesem Übereinkommen, die Verhinderung einer Monopolisierung von Tätigkeiten im Gebiet, die Nutzung des Gebiets für ausschließlich friedliche Zwecke, die wirtschaftlichen Aspekte der Tätigkeiten im Gebiet, die wissenschaftliche Meeresforschung, die Weitergabe von Technologie, den Schutz der Meeresumwelt, den Schutz des menschlichen Lebens, die Rechte der Küstenstaaten, den Rechtsstatus der Gewässer über dem Gebiet und des Luftraums über ihnen sowie die Vereinbarkeit der Tätigkeiten im Gebiet mit anderen Tätigkeiten in der Meeresumwelt.

(3) Auf der Überprüfungskonferenz wird das gleiche Verfahren zur Beschlußfassung angewendet wie auf der Dritten Seerechtskonferenz der Vereinten Nationen. Die Konferenz bemüht sich nach Kräften, Änderungen durch Konsens zu vereinbaren; es soll erst dann darüber abgestimmt werden, wenn alle Bemühungen, einen Konsens zu erreichen, erschöpft sind.

(4) Hat die Überprüfungskonferenz fünf Jahre nach ihrem Beginn keine Einigung über das System der Erforschung und Ausbeutung der Ressourcen des Gebiets erzielt, so kann sie während der folgenden 12 Monate mit Dreiviertelmehrheit der Vertragsstaaten beschließen, die von ihr für notwendig und zweckmäßig erachteten Änderungen zur Abwandlung oder Modifikation des Systems anzunehmen und den Vertragsstaaten zur Ratifikation oder zum Beitritt vorzulegen. Diese Änderungen treten für alle Vertragsstaaten 12 Monate nach Hinterlegung der Ratifikations- oder Beitrittsurkunden durch drei Viertel der Vertragsstaaten in Kraft.

(5) Änderungen, die von der Überprüfungskonferenz nach diesem Artikel angenommen werden, berühren nicht aufgrund bestehender Verträge erworbene Rechte.

Abschnitt 4. Die Behörde[1]

Unterabschnitt A. Allgemeine Bestimmungen

Art. 156 Errichtung der Behörde. (1) Hiermit wird die Internationale Meeresbodenbehörde errichtet, die in Übereinstimmung mit diesem Teil tätig wird.

(2) Alle Vertragsstaaten sind ipso facto Mitglieder der Behörde.

(3) Beobachter auf der Dritten Seerechtskonferenz der Vereinten Nationen, welche die Schlußakte unterzeichnet haben, aber nicht in Artikel 305 Absatz 1 Buchstabe c, d, e oder f bezeichnet sind, haben das Recht, an den Arbeiten der Behörde in Übereinstimmung mit deren Regeln, Vorschriften und Verfahren als Beobachter teilzunehmen.

(4) Die Behörde hat ihren Sitz in Jamaika.

(5) Die Behörde kann regionale Zentren oder Büros errichten, die sie zur Wahrnehmung ihrer Aufgaben für notwendig hält.

---

[1] Beachte dazu Abschnitt 1 Abs. 17 der Anlage zum Durchführungsabkommen (Nr. 20 a).

Art. 157 Charakter und wesentliche Grundsätze der Behörde.
(1) Die Behörde ist die Organisation, durch welche die Vertragsstaaten in Übereinstimmung mit diesem Teil die Tätigkeiten im Gebiet organisieren und überwachen, insbesondere im Hinblick auf die Verwaltung der Ressourcen des Gebiets.

(2) Die Befugnisse und Aufgaben der Behörde sind diejenigen, die ihr durch dieses Übereinkommen ausdrücklich übertragen sind. Sie hat die mit dem Übereinkommen im Einklang stehenden Nebenbefugnisse, die mit der Wahrnehmung dieser Befugnisse und Aufgaben in bezug auf Tätigkeiten im Gebiet zusammenhängen und dafür erforderlich sind.

(3) Die Behörde stützt sich auf den Grundsatz der souveränen Gleichheit aller ihrer Mitglieder.

(4) Alle Mitglieder der Behörde erfüllen die von ihnen in Übereinstimmung mit diesem Teil übernommenen Verpflichtungen nach Treu und Glauben, damit jedem von ihnen die Rechte und Vorteile aus ihrer Mitgliedschaft gewährleistet werden.

Art. 158 Organe der Behörde. (1) Als Hauptorgane der Behörde werden hiermit eine Versammlung, ein Rat und ein Sekretariat gebildet.

(2) Als Organ, durch das die Behörde die in Artikel 170 Absatz 1 genannten Aufgaben wahrnimmt, wird hiermit das Unternehmen gegründet.

(3) In Übereinstimmung mit diesem Teil können die für notwendig befundenen Nebenorgane gebildet werden.

(4) Jedes Hauptorgan der Behörde und das Unternehmen sind für die Wahrnehmung der ihnen übertragenen Befugnisse und Aufgaben verantwortlich. Bei der Wahrnehmung dieser Befugnisse und Aufgaben vermeidet jedes Organ Handlungen, welche die Wahrnehmung der besonderen Befugnisse und Aufgaben, die einem anderen Organ übertragen wurden, beeinträchtigen oder verhindern könnten.

Unterabschnitt B. Die Versammlung[1]

Art. 159 Zusammensetzung, Verfahren und Abstimmung. (1) Die Versammlung besteht aus allen Mitgliedern der Behörde. Jedes Mitglied hat einen Vertreter in der Versammlung, den Stellvertreter und Berater begleiten können.

(2) Die Versammlung tritt zu ordentlichen Jahrestagungen sowie zu Sondertagungen zusammen, die von ihr beschlossen oder vom Generalsekretär auf Ersuchen des Rates oder der Mehrheit der Mitglieder der Behörde einberufen werden.

(3) Die Tagungen finden am Sitz der Behörde statt, sofern die Versammlung nichts anderes beschließt.

(4) Die Versammlung gibt sich eine Geschäftsordnung. Zu Beginn jeder ordentlichen Tagung wählt sie ihren Präsidenten und sonstige erforderliche Amtsträger. Sie bleiben so lange im Amt, bis auf der nächsten ordentlichen Tagung ein neuer Präsident und andere Amtsträger gewählt werden.

---

[1] Beachte Abschnitt 3 Abs. 14 der Anlage zum Durchführungsabkommen (Nr. 20 a).

(5) Die Versammlung ist beschlußfähig, wenn die Mehrheit ihrer Mitglieder anwesend ist.

(6) Jedes Mitglied der Versammlung hat eine Stimme.

(7)[1] Beschlüsse über Verfahrensfragen, einschließlich der Beschlüsse, Sondertagungen der Versammlung einzuberufen, bedürfen der Mehrheit der anwesenden und abstimmenden Mitglieder.

(8)[1] Beschlüsse über Sachfragen bedürfen einer Zweidrittelmehrheit der anwesenden und abstimmenden Mitglieder, wobei diese Mehrheit eine Mehrheit der an der Tagung teilnehmenden Mitglieder einschließen muß. Ist strittig, ob es sich um eine Sachfrage handelt, so wird diese Frage als Sachfrage behandelt, sofern nicht die Versammlung mit der für Beschlüsse über Sachfragen erforderlichen Mehrheit etwas anderes beschließt.

(9) Wird eine Sachfrage erstmalig zur Abstimmung gestellt, so kann der Präsident den Beschluß darüber, ob über diese Frage abgestimmt werden soll, um höchstens fünf Kalendertage verschieben; er ist dazu verpflichtet, wenn mindestens ein Fünftel der Mitglieder der Versammlung darum ersucht. Diese Regel darf auf dieselbe Frage nur einmal angewendet werden; ihre Anwendung darf nicht dazu führen, daß die Frage über des Ende der Tagung hinaus verschoben wird.

(10) Liegt dem Präsidenten ein von mindestens einem Viertel der Mitglieder der Behörde unterstützter schriftlicher Antrag auf Einholung eines Gutachtens darüber vor, ob ein der Versammlung in einer Angelegenheit vorliegender Vorschlag mit diesem Übereinkommen vereinbar ist, so ersucht die Versammlung die Kammer für Meeresbodenstreitigkeiten des Internationalen Seegerichtshofs um ein Gutachten dazu und vertagt die Abstimmung über diesen Vorschlag, bis ein Gutachten der Kammer eingegangen ist. Geht das Gutachten nicht vor der letzten Woche der Tagung ein, auf der es angefordert wurde, so beschließt die Versammlung, wann sie zur Abstimmung über den vertagten Vorschlag zusammentreten wird.

Art. 160 Befugnisse und Aufgaben. (1) Die Versammlung als einziges Organ der Behörde, das aus allen Mitgliedern besteht, gilt als oberstes Organ der Behörde, dem gegenüber die anderen Hauptorgane, wie in diesem Übereinkommen ausdrücklich vorgesehen, rechenschaftspflichtig sind. Die Versammlung ist befugt, im Einklang mit den diesbezüglichen Bestimmungen des Übereinkommens allgemeine Leitsätze zu allen Fragen oder Angelegenheiten aufzustellen, die in die Zuständigkeit der Behörde fallen.

(2) Die Versammlung hat außerdem folgende Befugnisse und Aufgaben:
a) Sie wählt die Mitglieder des Rates in Übereinstimmung mit Artikel 161;
b) sie wählt den Generalsekretär aus den vom Rat vorgeschlagenen Kandidaten;
c) sie wählt auf Empfehlung des Rates die Mitglieder des Verwaltungsrats des Unternehmens und den Generaldirektor des Unternehmens;
d) sie bildet die Nebenorgane, die sie zur Wahrnehmung ihrer Aufgaben in Übereinstimmung mit diesem Teil für notwendig hält. Bei der Zusammensetzung dieser Nebenorgane ist dem Grundsatz der gerechten geographischen Verteilung der Sitze, den besonderen Interessen und der Not-

---

[1] Beachte Abschnitt 3 Abs. 2 und 3 der Anlage zum Durchführungsabkommen (Nr. 20 a).

wendigkeit gebührend Rechnung zu tragen, die Mitarbeit befähigter Mitglieder zu gewinnen, die auf den von diesen Organen bearbeiteten Fachgebieten sachkundig sind;

e) sie berechnet die Beiträge der Mitglieder zum Verwaltungshaushalt der Behörde entsprechend einem vereinbarten Berechnungsschlüssel, dem der für den ordentlichen Haushalt der Vereinten Nationen angewandte Schlüssel zugrunde liegt, bis die Behörde über ausreichende Einnahmen aus anderen Quellen zur Bestreitung ihrer Verwaltungskosten verfügt;

f) i) sie prüft und genehmigt auf Empfehlung des Rates die Regeln, Vorschriften und Verfahren für die gerechte Verteilung der finanziellen und der sonstigen wirtschaftlichen Vorteile, die aus Tätigkeiten im Gebiet stammen, sowie für die Zahlungen und Leistungen nach Artikel 82, wobei die Interessen und Bedürfnisse der Entwicklungsstaaten und der Völker, die noch nicht die volle Unabhängigkeit oder einen sonstigen Status der Selbstregierung erlangt haben, besondere Berücksichtigung finden. Genehmigt die Versammlung die Empfehlungen des Rates nicht, so verweist sie diese an den Rat zurück, damit dieser sie im Lichte der von der Versammlung geäußerten Meinungen erneut prüft;

ii) sie prüft und genehmigt die vom Rat nach Artikel 162 Absatz 2 Buchstabe o Ziffer ii vorläufig angenommenen Regeln, Vorschriften und Verfahren der Behörde sowie diesbezügliche Änderungen. Diese Regeln, Vorschriften und Verfahren betreffen die Prospektion, Erforschung und Ausbeutung im Gebiet, die Verwaltung der Finanzen und die innere Verwaltung der Behörde sowie, auf Empfehlung des Verwaltungsrats des Unternehmens, die Weitergabe finanzieller Mittel vom Unternehmen an die Behörde;

g) sie entscheidet im Einklang mit diesem Übereinkommen und den Regeln, Vorschriften und Verfahren der Behörde über die gerechte Verteilung der finanziellen und der sonstigen wirtschaftlichen Vorteile, die aus Tätigkeiten im Gebiet stammen;

h) sie prüft und genehmigt den vom Rat vorgelegten Entwurf des jährlichen Haushalts der Behörde;

i) sie prüft die regelmäßigen Berichte des Rates und des Unternehmens sowie die vom Rat oder von jedem anderen Organ der Behörde angeforderten Sonderberichte;

j) sie leitet Untersuchungen ein und gibt Empfehlungen zur Förderung der internationalen Zusammenarbeit bei Tätigkeiten im Gebiet und fördert die fortschreitende Entwicklung und Kodifizierung des Völkerrechts in diesem Bereich;

k) sie prüft Probleme allgemeiner Art, die sich im Zusammenhang mit Tätigkeiten im Gebiet, insbesondere für Entwicklungsstaaten, ergeben, sowie solche Probleme, die sich für Staaten im Zusammenhang mit Tätigkeiten im Gebiet aufgrund ihrer geographischen Lage, insbesondere für Binnenstaaten und geographisch benachteiligte Staaten, ergeben;

l)[1] sie errichtet auf Empfehlung des Rates, die sich auf Gutachten der Kommission für wirtschaftliche Planung stützt, ein System für Ausgleichszahlungen oder ergreift sonstige die wirtschaftliche Anpassung erleichternde Hilfsmaßnahmen, wie in Artikel 151 Absatz 10 vorgesehen;

---

[1] Beachte Abschnitt 7 Abs. 2 S. 2 der Anlage zum Durchführungsabkommen (Nr. 20 a).

m) sie suspendiert die Ausübung der Rechte und Vorrechte aus der Mitgliedschaft nach Artikel 185;

n)[1] sie erörtert Fragen oder Angelegenheiten innerhalb des Zuständigkeitsbereichs der Behörde und entscheidet entsprechend der Befugnis und Aufgabenverteilung unter den Organen der Behörde, welches dieser Organe sich mit Fragen oder Angelegenheiten befassen soll, die nicht ausdrücklich einem bestimmten Organ übertragen sind.

Unterabschnitt C. Der Rat[2]

Art. 161 Zusammensetzung, Verfahren und Abstimmung. (1)[3] Der Rat besteht aus 36 Mitgliedern der Behörde, die von der Versammlung in folgender Reihenfolge gewählt werden:

a) vier Mitglieder aus den Vertragsstaaten, die während der letzten fünf Jahre, für die Statistiken vorliegen, entweder mehr als 2 Prozent des gesamten Weltverbrauchs der Rohstoffe, die aus den aus dem Gebiet gewinnbaren Mineraliengruppen erzeugt werden, verbraucht oder Nettoeinfuhren von mehr als 2 Prozent der gesamten Welteinfuhr dieser Rohstoffe vorgenommen haben; darunter muß sich in jedem Fall ein Staat der osteuropäischen (sozialistischen) Region sowie der größte Verbraucher befinden;

b) vier Mitglieder aus den acht Vertragsstaaten, die unmittelbar oder durch ihre Staatsangehörigen die umfangreichsten Investitionen zur Vorbereitung und Durchführung von Tätigkeiten im Gebiet vorgenommen haben; darunter muß sich mindestens ein Staat der osteuropäischen (sozialistischen) Region befinden;

c) vier Mitglieder aus den Vertragsstaaten, die aufgrund der Produktion im Bereich ihrer Hoheitsbefugnisse die wichtigsten Nettoexporteure der aus dem Gebiet gewinnbaren Mineraliengruppen sind; darunter müssen sich mindestens zwei Entwicklungsstaaten befinden, deren Wirtschaft in hohem Maße von der Ausfuhr dieser Mineralien abhängig ist;

d) sechs Mitglieder aus Entwicklungsstaaten, die Vertragsstaaten sind und die besondere Interesse vertreten. Zu diesen zu vertretenden besonderen Interessen gehören die von Staaten mit großer Bevölkerung, von Binnenstaaten oder geographisch benachteiligten Staaten, von Staaten, die wichtigste Importeure der aus dem Gebiet gewinnbaren Mineraliengruppen sind, von Staaten, die mögliche Erzeuger dieser Mineralien sind, und von am wenigsten entwickelten Staaten;

e) achtzehn Mitglieder, die nach dem Grundsatz der gerechten geographischen Verteilung der Gesamtheit der Sitze im Rat gewählt werden; aus jeder geographischen Region muß mindestens ein Mitglied nach diesem Buchstaben gewählt werden. Zu diesem Zweck gelten als geographische Regionen die folgenden: Afrika, Asien, (sozialistisches) Osteuropa, Lateinamerika sowie Westeuropa und andere Staaten.

(2) Bei der Wahl der Mitglieder des Rates nach Absatz 1 gewährleistet die Versammlung,

---

[1] Beachte Abschnitt 7 Abs. 2 S. 2 der Anlage zum Durchführungsabkommen (Nr. 20 a).
[2] Beachte Abschnitt 3 Abs. 14 der Anlage zum Durchführungsabkommen (Nr. 20 a).
[3] Beachte Abschnitt 3 Abs. 15 und 16 der Anlage zum Durchführungsabkommen (Nr. 20 a).

a) daß die Binnenstaaten und geographisch benachteiligten Staaten in einem Umfang vertreten sind, der ihrer Vertretung in der Versammlung in angemessener Weise entspricht;

b) daß die Küstenstaaten, insbesondere Entwicklungsstaaten, die nicht unter Absatz 1 Buchstabe a, b, c oder d fallen, in einem Umfang vertreten sind, der ihrer Vertretung in der Versammlung in angemessener Weise entspricht;

c) daß jede Gruppe von Vertragsstaaten, die im Rat vertreten sein muß, durch die Mitglieder vertreten ist, die gegebenenfalls von dieser Gruppe benannt werden.

(3) Die Wahlen finden auf ordentlichen Tagungen der Versammlung statt. Jedes Mitglied des Rates wird für vier Jahre gewählt. Bei der ersten Wahl beträgt jedoch die Amtszeit für die Hälfte der Mitglieder jeder der in Absatz 1 genannten Gruppen zwei Jahre.

(4) Die Mitglieder des Rates können wiedergewählt werden; allerdings ist eine Rotation in der Mitgliedschaft erwünscht.

(5) Der Rat amtiert am Sitz der Behörde; er tritt so oft zusammen, wie die Geschäfte der Behörde es erfordern, mindestens jedoch dreimal jährlich.

(6) Der Rat ist beschlußfähig, wenn die Mehrheit seiner Mitglieder anwesend ist.

(7) Jedes Mitglied des Rates hat eine Stimme.

(8) a) Beschlüsse über Verfahrensfragen bedürfen der Mehrheit der anwesenden und abstimmenden Mitglieder.

b)[1] Beschlüsse über Sachfragen hinsichtlich des Artikels 162 Absatz 2 Buchstaben f, g, h, j, n, p und v und des Artikels 191 bedürfen einer Zweidrittelmehrheit der anwesenden und abstimmenden Mitglieder, wobei diese Mehrheit eine Mehrheit der Mitglieder des Rates einschließen muß.

c)[1] Beschlüsse über Sachfragen hinsichtlich der folgenden Bestimmungen bedürfen einer Dreiviertelmehrheit der anwesenden und abstimmenden Mitglieder, wobei diese Mehrheit eine Mehrheit der Mitglieder des Rates einschließen muß: Artikel 162 Absatz 1; Artikel 162 Absatz 2 Buchstabe a, b, c, d, e, l, q, r, s und t; Buchstabe u im Fall der Nichteinhaltung durch einen Vertragsnehmer oder durch einen ihn befürwortenden Staat, Buchstabe w, vorausgesetzt, daß die hiernach erteilten Anordnungen nicht länger als 30 Tage verbindlich sind, sofern sie nicht durch einen Beschluß nach Buchstabe d bestätigt werden; Artikel 162 Absatz 2 Buchstaben x, y und z; Artikel 163 Absatz 2; Artikel 174 Absatz 3; Anlage IV Artikel 11.

d)[1] Beschlüsse über Sachfragen hinsichtlich des Artikels 162 Absatz 2 Buchstaben m und o sowie die Annahme von Änderungen des Teiles XI werden durch Konsens gefaßt.

e) Im Sinne der Buchstaben d, f und g bedeutet „Konsens" das Fehlen jedes förmlichen Einspruchs. Innerhalb von 14 Tagen nach Unterbreitung eines Vorschlags beim Rat stellt der Präsident des Rates fest, ob gegen die Annahme des Vorschlags förmlicher Einspruch erhoben würde. Stellt der Präsident fest, daß ein solcher Einspruch erhoben würde, so setzt und beruft er innerhalb von drei Tagen, nachdem er die Feststellung getroffen hat, einen aus höchstens neun Mitgliedern des Rates bestehenden Vergleichsausschuß

---

[1] Beachte Abschnitt 3 Abs. 14 der Anlage zum Durchführungsabkommen (Nr. 20 a).

ein, dessen Vorsitz er selbst wahrnimmt, um die Meinungsverschiedenheiten zu beseitigen und einen Vorschlag auszuarbeiten, der durch Konsens angenommen werden kann. Der Ausschuß führt seine Arbeit zügig durch und erstattet dem Rat innerhalb von 14 Tagen nach seiner Einsetzung Bericht. Ist es dem Ausschuß nicht möglich, einen Vorschlag zu empfehlen, der durch Konsens angenommen werden kann, so legt er in seinem Bericht die Gründe für den Einspruch gegen den Vorschlag dar.

f) Beschlüsse über oben nicht aufgeführten Fragen, die der Rat aufgrund der Regeln, Vorschriften und Verfahren der Behörde oder auf andere Weise zu fassen berechtigt ist, werden entsprechend den Buchstaben dieses Absatzes gefaßt, die in den Regeln, Vorschriften und Verfahren genannt sind, oder, falls sie dort nicht genannt sind, entsprechend dem vom Rat nach Möglichkeit vorher durch Konsens bestimmten Buchstaben.

g) Ist strittig, ob eine Frage unter Buchstabe a, b, c oder d fällt, so wird sie nach dem Buchstaben behandelt, der die größere oder größte Mehrheit oder gegebenenfalls Konsens erfordert, sofern der Rat nicht mit der genannten Mehrheit oder durch Konsens etwas anderes beschließt.

(9) Der Rat legt ein Verfahren fest, wonach ein Mitglied der Behörde, das nicht im Rat vertreten ist, einen Vertreter zur Teilnahme an einer Sitzung des Rates entsenden kann, wenn dieses Mitglied darum ersucht oder wenn eine Angelegenheit erörtert wird, die das Mitglied besonders betrifft. Der Vertreter ist berechtigt, ohne Stimmrecht an den Beratungen teilzunehmen.

Art. 162 Befugnisse und Aufgaben. (1) Der Rat ist das ausführende Organ der Behörde. Er ist befugt, im Einklang mit diesem Übereinkommen und den von der Versammlung aufgestellten allgemeinen Leitsätzen die von der Behörde zu befolgenden besonderen Leitsätze zu allen Fragen oder Angelegenheiten aufzustellen, die in die Zuständigkeit der Behörde fallen.

(2) Außerdem nimmt der Rat folgende Aufgaben wahr:

a) Er überwacht und koordiniert die Durchführung der Bestimmungen dieses Teiles in bezug auf alle Fragen und Angelegenheiten, die in die Zuständigkeit der Behörde fallen, und macht die Versammlung auf Fälle der Nichteinhaltung aufmerksam;

b) er schlägt der Versammlung eine Liste der Kandidaten für die Wahl des Generalsekretärs vor;

c) er empfiehlt der Versammlung Kandidaten für die Wahl der Mitglieder des Verwaltungsrats des Unternehmens und des Generaldirektors des Unternehmens;

d) er bildet gegebenenfalls und unter gebührender Beachtung von Wirtschaftlichkeit und Leistungsfähigkeit die Nebenorgane, die er zur Wahrnehmung seiner Aufgaben in Übereinstimmung mit diesem Teil für notwendig hält. Bei der Zusammensetzung der Nebenorgane ist vor allem auf die Notwendigkeit Gewicht zu legen, die Mitarbeit befähigter Mitglieder zu gewinnen, die auf den von diesen Organen bearbeiteten Fachgebieten sachkundig sind, wobei dem Grundsatz der gerechten geographischen Verteilung und den besonderen Interessen gebührend Rechnung zu tragen ist;

e) er gibt sich eine Geschäftsordnung, in der er auch das Verfahren für die Ernennung seines Präsidenten festlegt;

f) er schließt im Namen der Behörde im Rahmen seiner Zuständigkeit und vorbehaltlich der Genehmigung durch die Versammlung Übereinkünfte mit den Vereinten Nationen oder anderen internationalen Organisationen;

g) er prüft die Bereiche des Unternehmens und legt sie mit seinen Empfehlungen der Versammlung vor;

h) er unterbreitet der Versammlung Jahresberichte und die von ihr gegebenenfalls angeforderten Sonderberichte;

i)[1] er erläßt in Übereinstimmung mit Artikel 170 Richtlinien für das Unternehmen;

j) er bestätigt Arbeitspläne in Übereinstimmung mit Anlage III Artikel 6. Der Rat behandelt jeden Arbeitsplan innerhalb von 60 Tagen nach dessen Vorlage durch die Rechts- und Fachkommission auf einer Tagung des Rates nach folgenden Verfahren:

i) Empfiehlt die Kommission, einen Arbeitsplan zu bestätigen, so gilt er als vom Rat bestätigt, sofern kein Mitglied des Rates dem Präsidenten innerhalb von 14 Tagen schriftlich einen bestimmten Einspruch mit der Behauptung vorlegt, die Anforderungen der Anlage III Artikel 6 seien nicht erfüllt. Wird ein solcher Einspruch erhoben, so wird das in Artikel 161 Absatz 8 Buchstabe e vorgesehene Vergleichsverfahren angewendet. Wird nach Beendigung des Vergleichsverfahrens der Einspruch aufrecht erhalten, so gilt der Arbeitsplan als vom Rat bestätigt, sofern dieser ihn nicht durch Konsens ablehnt, wobei der Staat oder die Staaten vom Konsens ausgenommen sind, die den Antrag gestellt oder den Antragsteller befürwortet haben;

ii) empfiehlt die Kommission, einen Arbeitsplan abzulehnen, oder gibt sie keine Empfehlung, so kann der Rat den Arbeitsplan mit Dreiviertelmehrheit der anwesenden und abstimmenden Mitglieder bestätigen, wobei diese Mehrheit eine Mehrheit der an der Tagung teilnehmenden Mitglieder einschließen muß;

k) er bestätigt die vom Unternehmen in Übereinstimmung mit Anlage IV Artikel 12 vorgelegten Arbeitspläne und wendet dabei die Verfahren nach Buchstabe j sinngemäß an;

l) er übt in Übereinstimmung mit Artikel 153 Absatz 4 und den Regeln, Vorschriften und Verfahren der Behörde die Kontrolle über die Tätigkeiten im Gebiet aus;

m) er ergreift auf Empfehlung der Kommission für wirtschaftliche Planung die notwendigen und geeigneten Maßnahmen nach Artikel 150 Buchstabe h zum Schutz von den dort genannten nachteiligen wirtschaftlichen Auswirkungen;

n) er richtet auf der Grundlage eines Gutachtens der Kommission für wirtschaftliche Planung Empfehlungen an die Versammlung hinsichtlich eines Systems für Ausgleichszahlungen oder sonstiger die wirtschaftliche Anpassung erleichternder Hilfsmaßnahmen, wie in Artikel 151 Absatz 10 vorgesehen;

o) i) er empfiehlt der Versammlung Regeln, Vorschriften und Verfahren für eine gerechte Verteilung der finanziellen und der sonstigen wirtschaftlichen Vorteile, die aus Tätigkeiten im Gebiet stammen, sowie für die Zahlungen und Leistungen nach Artikel 82, wobei die Interessen und Bedürfnisse der Entwicklungsstaaten und der Völker, die noch nicht die volle Unabhängigkeit oder einen sonstigen Status der Selbstregierung erlangt haben, besondere Berücksichtigung finden;

---

[1] Beachte Abschnitt 3 Abs. 8 Buchst. b der Anlage zum Durchführungsabkommen (Nr. 20 a).

ii) er beschließt unter Berücksichtigung der Empfehlungen der Rechts-
und Fachkommission oder eines anderen betroffenen Unterorgans die
Regeln, Vorschriften und Verfahren der Behörde mit etwaigen Änderungen und wendet sie bis zu ihrer Genehmigung durch die Versammlung vorläufig an. Diese Regeln, Vorschriften und Verfahren betreffen die Prospektion, Erforschung und Ausbeutung im Gebiet sowie
die Verwaltung der Finanzen und die innere Verwaltung der Behörde.
Die Verabschiedung von Regeln, Vorschriften und Verfahren für die
Erforschung und Ausbeutung polymetallischer Knollen hat Vorrang.
Die Regeln, Vorschriften und Verfahren für die Erforschung und Ausbeutung anderer Ressourcen als polymetallischer Knollen werden innerhalb von drei Jahren nach dem Tag verabschiedet, an dem die Behörde von einem ihrer Mitglieder ersucht wurde, Regeln, Vorschriften
und Verfahren für diese Ressourcen zu verabschieden. Alle Regeln,
Vorschriften und Verfahren bleiben vorläufig in Kraft, bis sie von der
Versammlung genehmigt oder vom Rat im Lichte etwaiger von der
Versammlung geäußerter Meinungen geändert worden sind;

p) er überprüft alle Zahlungen durch oder an die Behörde, die im Zusammenhang mit Arbeiten aufgrund dieses Teiles geleistet werden müssen;

q)[1] er trifft nach Anlage III Artikel 7 eine Auswahl unter den Antragstellern
um Produktionsgenehmigungen, soweit eine solche Auswahl nach jenem
Artikel erforderlich ist;

r) er legt der Versammlung den Entwurf des jährlichen Haushalts der Behörde zur Genehmigung vor;

s) er richtet an die Versammlung Empfehlungen hinsichtlich der Leitsätze
zu jeder Frage oder Angelegenheit, die in die Zuständigkeit der Behörde
fällt;

t) er richtet an die Versammlung Empfehlungen über die Suspendierung der
Ausübung der Rechte und Vorrechte aus der Mitgliedschaft nach Artikel 185;

u) er leitet im Namen der Behörde in Fällen der Nichteinhaltung Verfahren
vor der Kammer für Meeresbodenstreitigkeiten ein;

v) er teilt der Versammlung die Entscheidung mit, die von der nach Buchstabe u angerufenen Kammer für Meeresbodenstreitigkeiten getroffen wurde,
und gibt die von ihm für notwendig gehaltenen Empfehlungen über zu
ergreifende Maßnahmen;

w) er erläßt Anordnungen für Notfälle, darunter gegebenenfalls Anordnungen
zur Unterbrechung oder Änderung von Arbeiten, um schwere Schäden
für die Meeresumwelt zu verhüten, die durch Tätigkeiten im Gebiet verursacht werden können;

x) er schließt bestimmte Felder von der Ausbeutung durch Vertragsnehmer
oder das Unternehmen aus, wenn ernsthafte Gründe für die Annahme bestehen, daß daraus schwere Schäden für die Meeresumwelt entstehen
könnten;

y)[2] er bildet ein Nebenorgan zur Ausarbeitung eines Entwurfs von Finanzregeln, -vorschriften und -verfahren in bezug auf
i) die Verwaltung der Finanzen in Übereinstimmung mit den Artikeln 171 bis 175 und

---

[1] Beachte Abschnitt 6 Abs. 7 der Anlage zum Durchführungsabkommen (Nr. 20 a).
[2] Beachte Abschnitt 9 Abs. 9 der Anlage zum Durchführungsabkommen (Nr. 20 a).

ii) die finanziellen Regelungen in Übereinstimmung mit Anlage III Artikel 13 und Artikel 17 Absatz 1 Buchstabe c;
z) er schafft geeignete Einrichtungen zu Leitung und Kontrolle und Kontrolle eines Stabes von Inspektoren, welche die Tätigkeiten im Gebiet überwachen, um festzustellen, ob dieser Teil, die Regeln, Vorschriften und Verfahren der Behörde sowie die Bedingungen der mit der Behörde geschlossenen Verträge eingehalten werden.

Art. 163 Organe des Rates. (1) Hiermit werden folgende Organe des Rates gebildet:
a) eine Kommission für wirtschaftliche Planung;
b) eine Rechts- und Fachkommission.

(2) Jede Kommission setzt sich aus 15 Mitgliedern zusammen, die vom Rat aus der von den Vertragsstaaten vorgeschlagenen Kandidaten gewählt werden. Der Rat kann jedoch erforderlichenfalls beschließen, jede Kommission unter gebührender Beachtung von Wirtschaftlichkeit und Leistungsfähigkeit zu vergrößern.

(3) Die Mitglieder einer Kommission müssen geeignete Fähigkeiten auf den Gebieten besitzen, für welche die betreffende Kommission zuständig ist. Um die wirksame Wahrnehmung der Aufgaben der Kommissionen zu gewährleisten, benennen die Vertragsstaaten Kandidaten, die ein Höchstmaß an fachlicher Eignung und Ehrenhaftigkeit sowie Fähigkeiten auf den entsprechenden Gebieten besitzen.

(4) Bei der Wahl der Mitglieder der Kommissionen ist der Notwendigkeit einer gerechten geographischen Verteilung und der Vertretung besonderer Interessen gebührend Rechnung zu tragen.

(5) Jeder Vertragsstaat darf nur einen Kandidaten für dieselbe Kommission vorschlagen. Keine Person darf in mehr als eine Kommission gewählt werden.

(6) Die Mitglieder der Kommissionen werden für die Dauer von fünf Jahren gewählt. Sie können für eine weitere Amtszeit wiedergewählt werden.

(7) Wenn ein Mitglied einer Kommission vor Ablauf seiner Amtszeit stirbt, dienstunfähig wird oder zurücktritt, wählt der Rat ein Mitglied, das derselben geographischen Region oder derselben Interessengruppe angehört, für die verbleibende Amtszeit seines Vorgängers.

(8) Die Mitglieder der Kommissionen dürfen an einer Tätigkeit im Zusammenhang mit der Erforschung und Ausbeutung im Gebiet nicht finanziell beteiligt sein. Vorbehaltlich ihrer Verpflichtungen gegenüber den Kommissionen, in denen sie tätig sind, dürfen sie, selbst nach Beendigung ihrer Aufgaben, keine Wirtschaftsgeheimnisse, keine rechtlich geschützten Daten, die nach Anlage III Artikel 14 an die Behörde weitergegeben wurden, und keine sonstigen vertraulichen Informationen preisgeben, die aufgrund ihrer Aufgaben im Dienst der Behörde zu ihrer Kenntnis gelangt sind.

(9) Jede Kommission nimmt ihre Aufgaben in Übereinstimmung mit den vom Rat beschlossenen Grundsätzen und Richtlinien wahr.

(10) Jede Kommission erarbeitet die für die wirksame Wahrnehmung ihrer Aufgaben notwendigen Regeln und Vorschriften und legt sie dem Rat zur Genehmigung vor.

(11) Die Verfahren zur Beschlußfassung in den Kommissionen werden in den Regeln, Vorschriften und Verfahren der Behörde festgelegt. Den an den

Rat gerichteten Empfehlungen wird erforderlichenfalls eine Zusammenfassung der in der Kommission aufgetretenen Meinungsverschiedenheiten beigefügt.

(12) Jede Kommission amtiert in der Regel am Sitz der Behörde und tritt so oft zusammen, wie es für die wirksame Wahrnehmung ihrer Aufgaben erforderlich ist.

(13) Bei der Wahrnehmung ihrer Aufgaben kann jede Kommission gegebenenfalls eine andere Kommission, ein zuständiges Organ der Vereinten Nationen oder ihrer Sonderorganisationen oder jede internationale Organisation, die für die betreffende Sachfrage zuständig ist, konsultieren.

Art. 164 Die Kommission für wirtschaftliche Planung. (1) Die Mitglieder der Kommission für wirtschaftliche Planung müssen geeignete Fähigkeiten, namentlich auf dem Gebiet des Bergbaus, der leitenden Tätigkeit im Zusammenhang mit mineralischen Ressourcen, des Welthandels oder der Weltwirtschaft besitzen. Der Rat trägt nach Kräften dafür Sorge, daß unter den Mitgliedern der Kommission alle erforderlichen Fähigkeiten vertreten sind. Der Kommission müssen mindestens zwei Mitglieder aus Entwicklungsstaaten angehören, deren Wirtschaft in hohem Maße von der Ausfuhr der aus dem Gebiet gewinnbaren Mineraliengruppen abhängig ist.

(2) Die Kommission
a) schlägt auf Ersuchen des Rates Maßnahmen vor, um die nach diesem Übereinkommen gefaßten Beschlüsse über Tätigkeiten im Gebiet durchzuführen;
b) überprüft Entwicklungstendenzen und Faktoren, die Angebot, Nachfrage und Preise der Mineralien beeinflussen, die aus dem Gebiet gewonnen werden können, wobei auf die Interessen sowohl der Einfuhr- als auch der Ausfuhrländer, vor allem jedoch der Entwicklungsstaaten unter ihnen, Rücksicht zu nehmen ist;
c) prüft jede Situation, die zu den in Artikel 150 Buchstabe h erwähnten nachteiligen Auswirkungen führen könnte, auf die sie von einem oder mehreren betroffenen Vertragsstaaten aufmerksam gemacht wurde, und richtet geeignete Empfehlungen an den Rat;
d)[1] schlägt dem Rat zur Vorlage an die Versammlung, wie in Artikel 151 Absatz 10 vorgesehen, ein System für Ausgleichszahlungen oder sonstige die wirtschaftliche Anpassung erleichternde Hilfsmaßnahmen zugunsten von Entwicklungsstaaten vor, die nachteilige Auswirkungen durch Tätigkeiten im Gebiet erleiden. Die Kommission richtet die erforderlichen Empfehlungen an den Rat, um das System oder die Maßnahmen, die von der Versammlung angenommen sind, in bestimmten Fällen anzuwenden.

Art. 165 Die Rechts- und Fachkommission. (1) Die Mitglieder der Rechts- und Fachkommission müssen geeignete Fähigkeiten, namentlich auf dem Gebiet der Erforschung, Ausbeutung und Verarbeitung von mineralischen Ressourcen, der Ozeanologie, des Schutzes der Meeresumwelt oder der Wirtschafts- oder Rechtsfragen des Meeresbergbaus und auf anderen damit in Zusammenhang stehenden Fachgebieten besitzen. Der Rat trägt nach Kräften

---

[1] Beachte Abschnitt 7 Abs. 2 S. 2 der Anlage zum Durchführungsabkommen (Nr. 20 a).

dafür Sorge, daß unter den Mitgliedern der Kommission alle erforderlichen Fähigkeiten vertreten sind.

(2) Die Kommission

a) gibt auf Ersuchen des Rates Empfehlungen hinsichtlich der Wahrnehmung der Aufgaben der Behörde;

b) überprüft förmliche schriftliche Arbeitspläne für Tätigkeiten im Gebiet in Übereinstimmung mit Artikel 153 Absatz 3 und richtet geeignete Empfehlungen an den Rat. Die Kommission stützt ihre Empfehlungen ausschließlich auf die Bestimmungen der Anlage III und erstattet dem Rat hierüber ausführlich Bericht;

c) überwacht auf Ersuchen des Rates die Tätigkeiten im Gebiet, gegebenenfalls in Konsultation und Zusammenarbeit mit jedem Rechtsträger, der diese Tätigkeiten ausübt, oder mit den betreffenden Staaten, und erstattet dem Rat Bericht;

d) arbeitet Einschätzungen der Auswirkungen von Tätigkeiten im Gebiet auf die Umwelt aus;

e) richtet an den Rat Empfehlungen zum Schutz der Meeresumwelt unter Berücksichtigung der Ansichten anerkannter Fachleute auf diesem Gebiet;

f) arbeitet die in Artikel 162 Absatz 2 Buchstabe o genannten Regeln, Vorschriften und Verfahren aus und legt sie dem Rat vor; dabei berücksichtigt sie alle maßgeblichen Faktoren, einschließlich von Einschätzungen der Auswirkungen von Tätigkeiten im Gebiet auf die Umwelt;

g) überprüft laufend diese Regeln, Vorschriften und Verfahren und empfiehlt dem Rat von Zeit zu Zeit die von ihr für notwendig oder wünschenswert erachteten Änderungen;

h) richtet an den Rat Empfehlungen zur Einführung eines Überwachungsprogramms, um die Gefahren oder Auswirkungen einer Verschmutzung der Meeresumwelt infolge von Tätigkeiten im Gebiet durch anerkannte wissenschaftliche Methoden regelmäßig zu beobachten, zu messen, auszuwerten und zu analysieren; sie sorgt dafür, daß geltende Vorschriften angemessen sind und eingehalten werden, und koordiniert die Durchführung des vom Rat genehmigten Überwachungsprogramms;

i) empfiehlt dem Rat, im Namen der Behörde Verfahren vor der Kammer für Meeresbodenstreitigkeiten in Übereinstimmung mit diesem Teil und den entsprechenden Anlagen unter besonderer Berücksichtigung des Artikels 187 einzuleiten;

j) richtet nach einer Entscheidung der gemäß Buchstabe i angerufenen Kammer für Meeresbodenstreitigkeiten an den Rat Empfehlungen über die zu ergreifenden Maßnahmen;

k) richtet an den Rat Empfehlungen, Anordnungen für Notfälle zu erlassen, darunter gegebenenfalls Anordnungen zur Unterbrechung oder Änderung von Arbeiten, um schwere Schäden für die Meeresumwelt zu verhüten, die durch Tätigkeiten im Gebiet verursacht werden können; diese Empfehlungen werden vom Rat vorrangig behandelt;

l) richtet an den Rat Empfehlungen, bestimmte Felder von der Ausbeutung durch Vertragsnehmer oder das Unternehmen auszuschließen, wenn ernsthafte Gründe für die Annahme bestehen, daß daraus schwere Schäden für die Meeresumwelt entstehen könnten;

m) richtet an den Rat Empfehlungen in bezug auf die Leitung und Kontrolle eines Stabes von Inspektoren, welche die Tätigkeiten im Gebiet überwachen, um festzustellen, ob dieser Teil, die Regeln, Vorschriften und Verfahren der Behörde sowie die Bedingungen der mit der Behörde geschlossenen Verträge eingehalten werden;

n)[1] berechnet die Produktionshöchstgrenze und erteilt Produktionsgenehmigungen im Namen der Behörde nach Artikel 151 Absätze 2 bis 7, nachdem der Rat die notwendige Auswahl unter den Antragstellern um Produktionsgenehmigungen in Übereinstimmung mit Anlage III Artikel 7 getroffen hat.

(3) Auf Ersuchen eines Vertragsstaats oder einer anderen betroffenen Partei werden die Mitglieder der Kommission bei der Durchführung ihrer Kontroll- und Überwachungsaufgaben von einem Vertreter dieses Vertragsstaats oder dieser anderen betroffenen Partei begleitet.

Unterabschnitt D. Das Sekretariat

Art. 166 Das Sekretariat. (1) Das Sekretariat der Behörde besteht aus einem Generalsekretär und dem von der Behörde benötigten Personal.

(2) Der Generalsekretär wird von der Versammlung aus den vom Rat vorgeschlagenen Kandidaten für die Dauer von vier Jahren gewählt; er kann wiedergewählt werden.

(3) Der Generalsekretär ist der höchste Verwaltungsbeamte der Behörde und ist in dieser Eigenschaft bei allen Sitzungen der Versammlung, des Rates sowie jedes Nebenorgans tätig; er nimmt alle sonstigen Verwaltungsaufgaben wahr, die ihm von diesen Organen übertragen werden.

(4) Der Generalsekretär erstattet der Versammlung einen Jahresbericht über die Arbeit der Behörde.

Art. 167 Das Personal der Behörde. (1) Das Personal der Behörde besteht aus denjenigen befähigten wissenschaftlichen, technischen und sonstigen Mitarbeitern, die zur Erfüllung der Verwaltungsaufgaben der Behörde erforderlich sind.

(2) Bei der Auswahl und Einstellung des Personals und der Festsetzung der Dienstverhältnisse ist vorrangig der Notwendigkeit Rechnung zu tragen, ein Höchstmaß an Leistungsfähigkeit, fachlicher Eignung und Ehrenhaftigkeit zu gewährleisten. Unter Beachtung dieses Erfordernisses ist die Wichtigkeit der Auswahl des Personals auf möglichst breiter geographischer Grundlage gebührend zu berücksichtigen.

(3) Das Personal wird vom Generalsekretär ernannt. Die Bedingungen für die Ernennung, Vergütung und Entlassung des Personals unterliegen den Regeln, Vorschriften und Verfahren der Behörde.

Art. 168 Internationaler Charakter des Sekretariats. (1) Der Generalsekretär und das Personal dürfen in Erfüllung ihrer Pflichten von einer Regierung oder von einer anderen Stelle außerhalb der Behörde Weisungen weder einholen noch entgegennehmen. Sie haben sich jeder Handlung zu enthalten, die ihrer Stellung als internationale, nur der Behörde verantwortliche Beamte abträglich sein könnte. Jeder Vertragsstaat verpflichtet sich, den ausschließlich internationalen Charakter der Aufgaben des Generalsekretärs und

---

[1] Beachte Abschnitt 6 Abs. 7 der Anlage zum Durchführungsabkommen (Nr. 20 a).

des Personals zu achten und nicht zu versuchen, sie bei der Wahrnehmung ihrer Aufgaben zu beeinflussen. Jeder Verstoß eines Mitglieds des Personals gegen seine Pflichten wird nach den Regeln, Vorschriften und Verfahren der Behörde dem zuständigen Verwaltungsgericht unterbreitet.

(2) Der Generalsekretär und das Personal dürfen an einer Tätigkeit im Zusammenhang mit der Erforschung und Ausbeutung im Gebiet nicht finanziell beteiligt sein. Vorbehaltlich ihrer Verpflichtungen gegenüber der Behörde dürfen sie, selbst nach Beendigung ihrer Aufgaben, keine Wirtschaftsgeheimnisse, keine rechtlich geschützten Daten, die in Übereinstimmung mit Anlage III Artikel 14 an die Behörde weitergegeben wurden, und keine sonstigen vertraulichen Informationen preisgeben, die aufgrund ihrer Aufgaben im Dienst der Behörde zu ihrer Kenntnis gelangt sind.

(3) Verstöße eines Mitglieds des Personals der Behörde gegen die in Absatz 2 genannten Verpflichtungen werden auf Ersuchen eines von dem Verstoß betroffenen Vertragsstaats oder einer natürlichen oder juristischen Person, die von einem Vertragsstaat nach Artikel 153 Absatz 2 Buchstabe b befürwortet wird und von diesem Verstoß betroffen ist, von der Behörde gegen das betreffende Mitglied des Personals einem nach den Regeln, Vorschriften und Verfahren der Behörde bestimmten Gericht unterbreitet. Die betroffene Partei hat das Recht, an dem Verfahren teilzunehmen. Auf Empfehlung des Gerichts entläßt der Generalsekretär das betreffende Mitglied des Personals.

(4) Die Regeln, Vorschriften und Verfahren der Behörde müssen die zur Durchführung dieses Artikels erforderlichen Bestimmungen enthalten.

Art. 169 Konsultation und Zusammenarbeit mit internationalen und nichtstaatlichen Organisationen. (1) Zu Angelegenheiten, die in die Zuständigkeit der Behörde fallen, schließt der Genralsekretär mit Genehmigung des Rates geeignete Vereinbarungen über Konsultation und Zusammenarbeit mit internationalen und nichtstaatlichen Organisationen, die vom Wirtschafts- und Sozialrat der Vereinten Nationen anerkannt sind.

(2) Jede Organisation, mit welcher der Generalsekretär eine Vereinbarung nach Absatz 1 geschlossen hat, kann Vertreter bestimmen, die als Beobachter an den Tagungen der Organe der Behörde in Übereinstimmung mit der Geschäftsordnung dieser Organe teilnehmen. Es werden Verfahren eingeführt, um in geeigneten Fällen die Ansichten dieser Organisation einzuholen.

(3) Der Generalsekretär kann an die Vertragsstaaten schriftliche Berichte weiterleiten, welche die in Absatz 1 bezeichneten nichtstaatlichen Organisationen zu Themen unterbreiten, für die sie besonders zuständig sind und die mit der Arbeit der Behörde in Zusammenhang stehen.

Unterabschnitt E. Das Unternehmen

Art. 170 Das Unternehmen. (1) Das Unternehmen ist das Organ der Behörde, das nach Artikel 153 Absatz 2 Buchstabe a unmittelbar Tätigkeiten im Gebiet sowie die Beförderung, die Verarbeitung und den Absatz der aus dem Gebiet gewonnenen Mineralien durchführt.

(2) Das Unternehmen besitzt im Rahmen der Völkerrechtspersönlichkeit der Behörde die Rechts- und Geschäftsfähigkeit, die in der in Anlage IV enthaltenen Satzung vorgesehen ist. Das Unternehmen handelt in Übereinstim-

mung mit diesem Übereinkommen und den Regeln, Vorschriften und Verfahren der Behörde sowie den von der Versammlung aufgestellten allgemeinen Leitsätzen und unterliegt den Richtlinien und der Kontrolle des Rates.[1]

(3) Das Unternehmen hat seine Hauptgeschäftsstelle am Sitz der Behörde.

(4)[2] Das Unternehmen wird in Übereinstimmung mit Artikel 173 Absatz 2 und Anlage IV Artikel 11 mit den finanziellen Mitteln ausgestattet, die es zur Wahrnehmung seiner Aufgaben benötigt; es enthält Technologie, wie in Artikel 144 und anderen einschlägigen Bestimmungen dieses Übereinkommens vorgesehen.

Unterabschnitt F. Finanzielle Regelungen der Behörde

Art. 171 Finanzielle Mittel der Behörde. Die finanziellen Mittel der Behörde umfassen

a) die in Übereinstimmung mit Artikel 160 Absatz 2 Buchstabe e berechneten Beiträge der Mitglieder der Behörde;

b) die von der Behörde nach Anlage III Artikel 13 im Zusammenhang mit Tätigkeiten im Gebiet vereinnahmten Mittel;

c) die vom Unternehmen in Übereinstimmung mit Anlage IV Artikel 10 überwiesenen Mittel;

d) die nach Artikel 174 aufgenommenen Kredite;

e) die freiwilligen Beiträge von Mitgliedern oder anderen Rechtsträgern und

f)[3] die Einzahlungen in einen Fonds für Ausgleichszahlungen in Übereinstimmung mit Artikel 151 Absatz 10, deren Quellen von der Kommission für wirtschaftliche Planung empfohlen werden sollen.

Art. 172 Jahreshaushalt der Behörde. Der Generalsekretär arbeitet den Entwurf des jährlichen Haushalts der Behörde aus und unterbreitet ihn dem Rat. Der Rat prüft den Entwurf und legt ihn mit seinen Empfehlungen der Versammlung vor. Die Versammlung prüft und genehmigt den Entwurf des jährlichen Haushalts in Übereinstimmung mit Artikel 160 Absatz 2 Buchstabe h.

Art. 173 Ausgaben der Behörde. (1) Die Beiträge nach Artikel 171 Buchstabe a werden auf ein Sonderkonto eingezahlt und dienen zur Bestreitung der Verwaltungskosten der Behörde, bis diese über ausreichende finanzielle Mittel aus anderen Quellen zur Bestreitung dieser Kosten verfügt.

(2) Aus den finanziellen Mitteln der Behörde werden zuerst die Kosten für die Verwaltung der Behörde bestritten. Mit Ausnahme der Beiträge nach Artikel 171 Buchstabe a können die nach Zahlung der Verwaltungskosten verbleibenden Mittel unter anderem

a) in Übereinstimmung mit Artikel 140 und Artikel 160 Absatz 2 Buchstabe g verteilt werden;

b) zur Ausstattung des Unternehmens mit Mitteln in Übereinstimmung mit Artikel 170 Absatz 4 genutzt werden;

c)[1] als Ausgleichszahlungen an Entwicklungsstaaten in Übereinstimmung mit Artikel 151 Absatz 10 und Artikel 160 Absatz 2 Buchstabe l genutzt werden.

---

[1] Beachte Abschnitt 2 Abs. 4 S. 1 der Anlage zum Durchführungsabkommen (Nr. 20 a).
[2] Beachte Abschnitt 2 Abs. 6 der Anlage zum Durchführungsabkommen (Nr. 20 a).
[3] Beachte Abschnitt 7 Abs. 2 S. 2 der Anlage zum Durchführungsabkommen (Nr. 20 a).

Art. 174 Befugnis der Behörde zur Kreditaufnahme. (1)[1] Die Behörde ist befugt, Kredite aufzunehmen.

(2) Die Versammlung legt die Grenzen für die Befugnis der Behörde zur Kreditaufnahme in den nach Artikel 160 Absatz 2 Buchstabe f angenommenen Finanzvorschriften fest.

(3) Der Rat übt die Befugnis der Behörde zur Kreditaufnahme aus.

(4) Die Vertragsstaaten haften nicht für die Schulden der Behörde.

Art. 175 Jährliche Rechnungsprüfung. Die Unterlagen, Bücher und Konten der Behörde, einschließlich ihrer Jahresabschlüsse, werden jedes Jahr von einem von der Versammlung bestellten unabhängigen Rechnungsprüfer geprüft.

Unterabschnitt G. Rechtsstellung, Vorrechte und Immunitäten

Art. 176 Rechtsstellung. Die Behörde besitzt Völkerrechtspersönlichkeit sowie die Rechts- und Geschäftsfähigkeit, die zur Wahrnehmung ihrer Aufgaben und zur Verwirklichung ihrer Ziele erforderlich ist.

Art. 177 Vorrechte und Immunitäten. Um der Behörde die Wahrnehmung ihrer Aufgaben zu ermöglichen, werden ihr im Hoheitsgebiet jedes Vertragsstaats die in diesem Unterabschnitt vorgesehenen Vorrechte und Immunitäten gewährt. Die Vorrechte und Immunitäten, die sich auf das Unternehmen beziehen, sind in Anlage IV Artikel 13 vorgesehen.

Art. 178 Immunität von der Gerichtsbarkeit. Die Behörde, ihr Vermögen und ihre Guthaben genießen Immunität von der Gerichtsbarkeit, sofern die Behörde nicht im Einzelfall ausdrücklich darauf verzichtet.

Art. 179 Immunität von Durchsuchung und jeder sonstigen Form des Zugriffs. Das Vermögen und die Guthaben der Behörde, gleichviel wo und in wessen Besitz sie sich befinden, sind der Durchsuchung, Beschlagnahme, Einziehung, Enteignung und jeder sonstigen Form des Zugriffs durch vollziehende oder gesetzgeberische Maßnahmen entzogen.

Art. 180 Befreiung von Beschränkungen, Vorschriften, Kontrollen und Moratorien. Das Vermögen und die Guthaben der Behörde sind von Beschränkungen, Vorschriften, Kontrollen und Moratorien jeder Art befreit.

Art. 181 Archive und amtlicher Nachrichtenverkehr der Behörde.
(1) Die Archive der Behörde sind unverletzlich, gleichviel wo sie sich befinden.

(2) Rechtlich geschützte Daten, Wirtschaftsgeheimnisse oder ähnliche Informationen sowie Personalakten dürfen nicht in Archiven aufbewahrt werden, die der Öffentlichkeit zugänglich sind.

(3) Jeder Vertragsstaat gewährt der Behörde für ihren amtlichen Nachrichtenverkehr keine weniger günstige Behandlung als diejenige, die er anderen internationalen Organisationen gewährt.

---

[1] Beachte Abschnitt 1 Abs. 14 S. 4 der Anlage zum Durchführungsabkommen (Nr. 20 a).

Art. 182 Vorrechte und Immunitäten bestimmter im Rahmen der Behörde tätiger Personen. Die Vertreter der Vertragsstaaten, die an Sitzungen der Versammlung, des Rates oder der Organe der Versammlung oder des Rates teilnehmen, sowie der Generalsekretär und das Personal der Behörde genießen im Hoheitsgebiet jedes Vertragsstaats

a) Immunität von der Gerichtsbarkeit für die in Wahrnehmung ihrer Aufgaben vorgenommenen Handlungen, sofern nicht der Staat, den sie vertreten, oder gegebenenfalls die Behörde im Einzelfall ausdrücklich darauf verzichtet;

b) sofern sie nicht Angehörige des betreffenden Vertragsstaats sind, die gleiche Befreiung von Einreisebeschränkungen von der Ausländermeldepflicht und von den Verpflichtungen zur nationalen Dienstleistung sowie die gleichen Erleichterungen in bezug auf Devisenbeschränkungen und die gleiche Behandlung im Hinblick auf Reiseerleichterungen, wie sie der betreffende Vertragsstaat den Vertretern, Beamten und Angestellten vergleichbaren Ranges anderer Vertragsstaaten gewährt.

Art. 183 Befreiung von Steuern und Zöllen. (1) Im Rahmen ihrer amtlichen Tätigkeit sind die Behörde, ihre Guthaben, ihr Vermögen, ihre Einkünfte und ihre nach diesem Übereinkommen zugelassenen Operationen und Transaktionen von jeder direkten Steuer befreit; die für ihren amtlichen Gebrauch ein- oder ausgeführten Güter sind von allen Zöllen befreit. Die Behörde beansprucht keine Befreiung von Steuern, bei denen es sich lediglich um eine Vergütung für Dienstleistungen handelt.

(2) Werden von oder im Namen der Behörde Güter oder Dienstleistungen von beträchtlichem Wert erworben, die für die amtliche Tätigkeit der Behörde erforderlich sind, und schließt der Preis solche Güter oder Dienstleistungen Steuern oder sonstige Abgaben ein, so ergreifen die Vertragsstaaten, soweit durchführbar, geeignete Maßnahmen, um eine Befreiung von diesen Steuern oder sonstigen Abgaben zu gewähren oder für ihre Erstattung zu sorgen. Güter, die im Rahmen einer in diesem Artikel vorgesehenen Befreiung eingeführt oder erworben werden, dürfen im Hoheitsgebiet des Vertragsstaats, der die Befreiung gewährt hat, weder verkauft noch anderweitig veräußert werden, es sei denn zu Bedingungen, die mit diesem Vertragsstaat vereinbart worden sind.

(3) Die Vertragsstaaten erheben keine Steuern, die sich auf Gehälter und andere Bezüge oder sonstige Zahlungen seitens der Behörde an den Generalsekretär und das Personal der Behörde sowie an Aufträge der Behörde ausführende Fachleute beziehen, sofern es sich nicht um ihre Staatsangehörigen handelt.

Unterabschnitt H. Suspendierung der Ausübung von Rechten und Vorrechten der Mitglieder

Art. 184 Suspendierung der Ausübung des Stimmrechts. Ein Vertragsstaat, der mit der Zahlung seiner finanziellen Beiträge an die Behörde im Rückstand ist, hat kein Stimmrecht, wenn seine Rückstände die Höhe seiner für die beiden vorangegangenen vollen Jahre fälligen Beiträge erreichen oder übersteigen. Die Versammlung kann jedoch einem solchen Mitglied die Teilnahme an Abstimmungen gestatten wenn sie davon überzeugt ist, daß das

Versäumnis auf Umstände zurückzuführen ist, auf die das Mitglied keinen Einfluß hat.

Art. 185 Suspendierung der Ausübung von Rechten und Vorrechten aus der Mitgliedschaft. (1) Ein Vertragsstaat, der gegen die Bestimmungen dieses Teiles grob und beharrlich verstößt, kann auf Empfehlung des Rates durch die Versammlung von der Ausübung der Rechte und Vorrechte aus seiner Mitgliedschaft suspendiert werden.

(2) Maßnahmen nach Absatz 1 dürfen nicht ergriffen werden, solange die Kammer für Meeresbodenstreitigkeiten nicht festgestellt hat, daß ein Vertragsstaat gegen die Bestimmungen dieses Teiles grob und beharrlich verstoßen hat.

Abschnitt 5. Beilegung von Streitigkeiten und Gutachten

Art. 186 Kammer für Meeresbodenstreitigkeiten des Internationalen Seegerichtshofs. Die Bildung der Kammer für Meeresbodenstreitigkeiten und die Art der Wahrnehmung ihrer Zuständigkeit sind in diesem Abschnitt, in Teil XV und in Anlage VI geregelt.

Art. 187 Zuständigkeit der Kammer für Meeresbodenstreitigkeiten. Die Kammer für Meeresbodenstreitigkeiten ist nach diesem Teil und den sich darauf beziehenden Anlagen für folgende Kategorien von Streitigkeiten zuständig, die Tätigkeiten im Gebiet betreffen:
a) Streitigkeiten zwischen Vertragsstaaten über die Auslegung oder Anwendung dieses Teiles und der sich darauf beziehenden Anlagen;
b) Streitigkeiten zwischen einem Vertragsstaat und der Behörde über
    i) Handlungen oder Unterlassungen der Behörde oder eines Vertragsstaats, von denen behauptet wird, daß sie einen Verstoß gegen diesen Teil, die sich darauf beziehenden Anlagen oder die in Übereinstimmung damit angenommenen Regeln, Vorschriften oder Verfahren der Behörde darstellen, oder
    ii) Handlungen der Behörde, von denen behauptet wird, daß sie deren Zuständigkeit überschreiten oder einen Mißbrauch ihrer Befugnisse darstellen;
c) Streitigkeiten zwischen Parteien eines Vertrags, die Vertragsstaaten sind, der Behörde oder dem Unternehmen, staatlichen Unternehmen und natürlichen oder juristischen Personen nach Artikel 153 Absatz 2 Buchstabe b über
    i) die Auslegung oder Anwendung eines entsprechenden Vertrags oder eines Arbeitsplans oder
    ii) Handlungen oder Unterlassungen einer Partei des Vertrags, die sich auf Tätigkeiten im Gebiet beziehen und gegen die andere Partei gerichtet sind oder deren berechtigte Interessen unmittelbar berühren;
d) Streitigkeiten zwischen der Behörde und einem künftigen Vertragsnehmer, den ein Staat nach Artikel 153 Absatz 2 Buchstabe b befürwortet und der die Bedingungen der Anlage III Artikel 4 Absatz 6 und Artikel 13 Absatz 2 ordnungsgemäß erfüllt hat, über die Ablehnung eines Vertrags oder eine bei der Aushandlung des Vertrags auftretende Rechtsfrage;
e) Streitigkeiten zwischen der Behörde und einem Vertragsstaat, einem staatlichen Unternehmen oder einer natürlichen oder juristischen Person, die

nach Artikel 153 Absatz 2 Buchstabe b von einem Vertragsstaat befürwortet wird, wenn behauptet wird, daß die Behörde nach Anlage III Artikel 22 haftet;

f) jede sonstige Streitigkeit, für die in diesem Übereinkommen die Zuständigkeit der Kammer ausdrücklich vorgesehen ist.

Art. 188 Verweisung von Streitigkeiten an eine Sonderkammer des internationalen Seegerichtshofs, eine Ad-hoc-Kammer der Kammer für Meeresbodenstreitigkeiten oder Unterwerfung unter ein bindendes Handelsschiedsverfahren. (1) Die in Artikel 187 Buchstabe a genannten Streitigkeiten zwischen Vertragsstaaten können unterbreitet werden

a) auf Antrag der Streitparteien einer in Übereinstimmung mit Anlage VI Artikel 15 und 17 zu bildenden Sonderkammer des Internationalen Seegerichtshofs oder

b) auf Antrag einer Streitpartei einer in Übereinstimmung mit Anlage VI Artikel 36 zu bildenden Ad-hoc-Kammer der Kammer für Meeresbodenstreitigkeiten.

(2) a) Die in Artikel 187 Buchstabe c Ziffer i genannten Streitigkeiten über die Auslegung oder Anwendung eines Vertrags werden auf Antrag einer Streitpartei einem bindenden Handelsschiedsverfahren unterworfen, sofern die Streitparteien nichts anderes vereinbaren. Ein Handelsschiedsgericht, dem eine solche Streitigkeit unterbreitet wird, ist für die Entscheidung über Fragen der Auslegung dieses Übereinkommens nicht zuständig. Ist mit dieser Streitigkeit auch eine Frage über die Auslegung des Teiles XI und der sich darauf beziehenden Anlagen verbunden, die Tätigkeiten im Gebiet betrifft, so wird diese Frage an die Kammer für Meeresbodenstreitigkeiten zur Entscheidung verwiesen.

b) Stellt das Schiedsgericht zu Beginn oder im Verlauf des Schiedsverfahrens entweder auf Antrag einer Streitpartei oder von Amts wegen fest, daß seine Entscheidung von einer Entscheidung der Kammer für Meeresbodenstreitigkeiten abhängt, so verweist das Schiedsgericht diese Frage zur Entscheidung an die Kammer für Meeresbodenstreitigkeiten. Das Schiedsgericht fällt dann seinen Spruch nach Maßgabe der Entscheidung der Kammer für Meeresbodenstreitigkeiten.

c) Enthält der Vertrag keine Bestimmung über das bei der Streitigkeit anzuwendende Schiedsverfahren, so wird, falls die Streitparteien nichts anderes vereinbaren, das Schiedsverfahren in Übereinstimmung mit der UNCITRAL-Schiedsordnung oder einer anderen Schiedsordnung durchgeführt, die in den Regeln, Vorschriften und Verfahren der Behörde vorgeschrieben sein kann.

Art. 189 Begrenzung der Zuständigkeit hinsichtlich der Beschlüsse der Behörde. Die Kammer für Meeresbodenstreitigkeiten ist nicht zuständig in bezug auf die Ausübung der Ermessensbefugnisse durch die Behörde in Übereinstimmung mit diesem Teil; sie darf keinesfalls das Ermessen der Behörde durch ihr eigenes ersetzen. Unbeschadet des Artikels 191 äußert sich die Kammer für Meeresbodenstreitigkeiten bei der Ausübung ihrer Zuständigkeit nach Artikel 187 nicht zu der Frage, ob Regeln, Vorschriften oder Verfahren der Behörde mit diesem Übereinkommen vereinbar sind, noch erklärt sie solche Regeln, Vorschriften oder Verfahren für ungültig. Ihre Zuständigkeit in dieser Hinsicht beschränkt sich auf die Entscheidung der Frage, ob die Anwendung von Regeln, Vorschriften oder Verfahren der Behörde im Einzelfall den vertraglichen Verpflichtungen der Streitparteien oder ihren Verpflichtungen aus diesem Übereinkommen widerspricht, der Frage eines Überschreitens der Zuständigkeit oder eines Mißbrauchs von Befugnissen sowie von Forderungen auf Schadenersatz oder sonstige Ersatzleistung, die der betroffenen Partei wegen Nichterfüllung der vertraglichen Verpflichtungen der anderen Partei oder deren Verpflichtungen aus diesem Übereinkommen zu gewähren ist.

Art. 190 Teilnahme und Auftreten der befürwortenden Vertragsstaaten in Verfahren. (1) Ist eine natürliche oder juristische Person Partei einer in Artikel 187 genannten Streitigkeit, so wird der sie befürwortende Staat davon unterrichtet und ist berechtigt, an dem Verfahren durch Abgabe schriftlicher oder mündlicher Erklärungen teilzunehmen.

(2) Wird in einer in Artikel 187 Buchstabe c genannten Streitigkeit von einer natürlichen oder juristischen Person, die von einem Vertragsstaat befürwortet wird, gegen einen anderen Vertragsstaat Klage erhoben, so kann der beklagte Staat den diese Person befürwortenden Staat ersuchen, im Namen dieser Person im Verfahren aufzutreten. Tritt jener Staat nicht in dem Verfahren auf, so kann sich der beklagte Staat durch eine juristische Person seiner Staatszugehörigkeit vertreten lassen.

Art. 191 Gutachten. Die Kammer für Meeresbodenstreitigkeiten gibt auf Antrag der Versammlung oder des Rates Gutachten zu Rechtsfragen ab, die sich aus dem Tätigkeitsbereich dieser Organe ergeben. Diese Gutachten werden so schnell wie möglich abgegeben.

Teil XII. Schutz und Bewahrung der Meeresumwelt

Abschnitt 1. Allgemeine Bestimmungen

Art. 192 Allgemeine Verpflichtung. Die Staaten sind verpflichtet, die Meeresumwelt zu schützen und zu bewahren.

Art. 193 Souveränes Recht der Staaten auf Ausbeutung ihrer natürlichen Ressourcen. Die Staaten haben das souveräne Recht, ihre natürlichen Ressourcen im Rahmen ihrer Umweltpolitik und in Übereinstimmung mit ihrer Pflicht zum Schutz und zur Bewahrung der Meeresumwelt auszubeuten.

Art. 194 Maßnahmen zur Verhütung, Verringerung und Überwachung der Verschmutzung der Meeresumwelt. (1) Die Staaten ergreifen, je nach den Umständen einzeln oder gemeinsam, alle mit diesem Übereinkommen übereinstimmenden Maßnahmen, die notwendig sind, um die Verschmutzung der Meeresumwelt ungeachtet ihrer Ursache zu verhüten, zu verringern und zu überwachen; sie setzen zu diesem Zweck die geeignetsten ihnen zur Verfügung stehenden Mittel entsprechend ihren Möglichkeiten ein und bemühen sich, ihre diesbezügliche Politik aufeinander abzustimmen.

(2) Die Staaten ergreifen alle notwendigen Maßnahmen, damit die ihren Hoheitsbefugnissen oder ihrer Kontrolle unterstehenden Tätigkeiten so durchgeführt werden, daß anderen Staaten und ihrer Umwelt kein Schaden durch Verschmutzung zugefügt wird, und damit eine Verschmutzung als Folge von Ereignissen oder Tätigkeiten, die ihren Hoheitsbefugnissen oder ihrer Kontrolle unterstehen, sich nicht über die Gebiete hinaus ausbreitet, in denen sie in Übereinstimmung mit diesem Übereinkommen souveräne Rechte ausüben.

(3) Die nach diesem Teil ergriffenen Maßnahmen haben alle Ursachen der Verschmutzung der Meeresumwelt zu erfassen. Zu diesen Maßnahmen gehören unter anderem solche, die darauf gerichtet sind, soweit wie möglich auf ein Mindestmaß zu beschränken

a) das Freisetzen von giftigen oder schädlichen Stoffen oder von Schadstoffen, insbesondere von solchen, die beständig sind, vom Land aus, aus der Luft oder durch die Luft oder durch Einbringen;

b) die Verschmutzung durch Schiffe, insbesondere Maßnahmen, um Unfälle zu verhüten und Notfällen zu begegnen, die Sicherheit beim Einsatz auf See zu gewährleisten, absichtliches oder unabsichtliches Einleiten zu verhüten und den Entwurf, den Bau, die Ausrüstung, den Betrieb und die Bemannung von Schiffen zu regeln;

c) die Verschmutzung durch Anlagen und Geräte, die bei der Erforschung oder Ausbeutung der natürlichen Ressourcen des Meeresbodens und seines Untergrunds eingesetzt werden, insbesondere Maßnahmen, um Unfälle zu verhüten und Notfällen zu begegnen, die Sicherheit beim Einsatz auf See zu gewährleisten und den Entwurf, den Bau, die Ausrüstung, den Betrieb und die Besetzung solcher Anlagen oder Geräte zu regeln;

d) die Verschmutzung durch andere Anlagen und Geräte, die in der Meeresumwelt betrieben werden, insbesondere Maßnahmen, um Unfälle zu verhüten und Notfällen zu begegnen, die Sicherheit beim Einsatz auf See zu gewährleisten und den Entwurf, den Bau, die Ausrüstung, den Betrieb und die Besetzung solcher Anlagen oder Geräte zu regeln.

(4) Beim Ergreifen von Maßnahmen zur Verhütung, Verringerung oder Überwachung der Verschmutzung der Meeresumwelt enthalten sich die Staaten jedes ungerechtfertigten Eingriffs in Tätigkeiten, die andere Staaten in Ausübung ihrer Rechte und in Erfüllung ihrer Pflichten im Einklang mit diesem Übereinkommen durchführen.

(5) Zu den in Übereinstimmung mit diesem Teil ergriffenen Maßnahmen gehören die erforderlichen Maßnahmen zum Schutz und zur Bewahrung seltener oder empfindlicher Ökosysteme sowie des Lebensraums gefährdeter, bedrohter oder vom Aussterben bedrohter Arten und anderer Formen der Tier- und Pflanzenwelt des Meeres.

Art. 195 Verpflichtung, keine Schäden oder Gefahren zu verlagern und keine Art der Verschmutzung in eine andere umzuwandeln.
Beim Ergreifen von Maßnahmen zur Verhütung, Verringerung und Überwachung der Verschmutzung der Meeresumwelt handeln die Staaten so, daß sie Schäden oder Gefahren weder unmittelbar noch mittelbar von einem Gebiet in ein anderes verlagern oder eine Art der Verschmutzung in eine andere umwandeln.

Art. 196 Anwendung von Technologien oder Zuführung fremder oder neuer Arten. (1) Die Staaten ergreifen alle notwendigen Maßnahmen zur Verhütung, Verringerung und Überwachung der Verschmutzung der Meeresumwelt, die sich aus der Anwendung von Technologien im Rahmen ihrer Hoheitsbefugnisse oder unter ihrer Kontrolle oder aus der absichtlichen oder zufälligen Zuführung fremder oder neuer Arten in einen bestimmten Teil der Meeresumwelt, die dort beträchtliche und schädliche Veränderungen hervorrufen können, ergibt.

(2) Dieser Artikel berührt nicht die Anwendung der Bestimmungen dieses Übereinkommens über die Verhütung, Verringerung und überwachung der Verschmutzung der Meeresumwelt.

Abschnitt 2. Weltweite und regionale Zusammenarbeit

Art. 197 Zusammenarbeit auf weltweiter oder regionaler Ebene. Die Staaten arbeiten auf weltweiter und gegebenenfalls auf regionaler Ebene unmittelbar oder im Rahmen der zuständigen internationalen Orgsanisationen bei der Abfassung und Ausarbeitung von mit diesem Übereinkommen übereinstimmenden internationalen Regeln, Normen und empfohlenen Gebräuchen und Verfahren zum Schutz und zur Bewahrung der Meeresumwelt zusammen, wobei sie charakteristische regionale Eigenheiten berücksichtigen.

Art. 198 Benachrichtigung über unmittelbar bevorstehende oder tatsächliche Schäden. Erhält ein Staat von Fällen Kenntnis, in denen die Meeresumwelt von Verschmutzungsschäden unmittelbar bedroht ist oder solche Schäden erlitten hat, so benachrichtigt er sofort die anderen Staaten, die nach seinem Dafürhalten von diesen Schäden betroffen werden können, sowie die zuständigen internationalen Organisationen.

Art. 199 Notfallpläne gegen Verschmutzung. In den in Artikel 198 bezeichneten Fällen arbeiten die Staaten des betroffenen Gebiets entsprechend ihren Möglichkeiten und die zuständigen internationalen Organisationen soweit wie möglich zusammen, um die Auswirkungen der Verschmutzung zu beseitigen und Schäden zu verhüten oder auf ein Mindestmaß zu beschränken. Zu diesem Zweck erarbeiten und fördern die Staaten gemeinsam Notfallpläne, um Verschmutzungsereignissen in der Meeresumwelt zu begegnen.

Art. 200 Studien, Forschungsprogramme und Austausch von Informationen und Daten. Die Staaten arbeiten unmittelbar oder im Rahmen der zuständigen internationalen Organisationen zusammen, um Studien zu fördern, wissenschaftliche Forschungsprogramme durchzuführen und den Austausch der über die Verschmutzung der Meeresumwelt gewonnenen Informationen und Daten anzuregen. Sie bemühen sich, aktiv an regionalen und weltweiten Programmen teilzunehmen, um Kenntnisse zur Beurteilung von Art und Umfang der Verschmutzung, ihrer Angriffsstellen, Wege und Gefahren sowie von Möglichkeiten der Abhilfe zu gewinnen.

Art. 201 Wissenschaftliche Kriterien für die Ausarbeitung von Vorschriften. Unter Berücksichtigung der nach Artikel 200 gewonnenen Informationen und Daten arbeiten die Staaten unmittelbar oder im Rahmen der zuständigen internationalen Organisationen bei der Festlegung geeigneter wissenschaftlicher Kriterien für die Abfassung und Ausarbeitung von Regeln, Normen und empfohlenen Gebräuchen und Verfahren zur Verhütung, Verringerung und Überwachung der Verschmutzung der Meeresumwelt zusammen.

Abschnitt 3. Technische Hilfe

Art. 202 Wissenschaftliche und technische Hilfe an Entwicklungsstaaten. Die Staaten werden unmittelbar oder im Rahmen der zuständigen internationalen Organisationen

a) Programme für Hilfe an die Entwicklungsstaaten im Bereich der Wissenschaft, des Bildungswesens, der Technik und in anderen Bereichen fördern, um die Meeresumwelt zu schützen und zu bewahren und die Meeresverschmutzung zu verhüten, zu verringern und zu überwachen. Diese Hilfe umfaßt unter anderem

  i) die Ausbildung ihres wissenschaftlichen und technischen Personals;
  ii) die Erleichterung ihrer Teilnahme an entsprechenden internationalen Programmen;
  iii) ihre Belieferung mit den erforderlichen Ausrüstungen und Einrichtungen;
  iv) die Verbesserung ihrer Fähigkeit zur Herstellung solcher Ausrüstungen;
  v) die Beratung über Einrichtungen für Forschungs-, Überwachungs-, Bildungs- und andere Programme und die Entwicklung solcher Einrichtungen;

b) insbesondere Entwicklungsstaaten geeignete Hilfe leisten, um die Auswirkungen größerer Ereignisse, die eine starke Verschmutzung der Meeresumwelt hervorrufen können, auf ein Mindestmaß zu beschränken;

c) insbesondere Entwicklungsstaaten geeignete Hilfe bei der Ausarbeitung ökologischer Beurteilungen leisten.

Art. 203 Vorrangige Behandlung der Entwicklungsstaaten. Die Entwicklungsstaaten erhalten für die Zwecke der Verhütung, Verringerung und Überwachung der Verschmutzung der Meeresumwelt oder der möglichst weitgehenden Einschränkung ihrer Auswirkungen eine vorrangige Behandlung durch internationale Organisationen

a) bei der Zuweisung entsprechender finanzieller Mittel und technischer Hilfe und

b) bei der Inanspruchnahme ihrer Sonderdienste.

Abschnitt 4. Ständige Überwachung und ökologische Beurteilung

Art. 204 Ständige Überwachung der Gefahren und der Auswirkungen der Verschmutzung. (1) Die Staaten bemühen sich, soweit möglich und im Einklang mit den Rechten anderer Staaten, unmittelbar oder im Rahmen der zuständigen internationalen Organisationen die Gefahren und Auswirkungen der Verschmutzung der Meeresumwelt mit anerkannten wissenschaftlichen Methoden zu beobachten, zu messen, zu beurteilen und zu analysieren.

(2) Insbesondere überwachen die Staaten ständig die Auswirkungen aller Tätigkeiten, die sie genehmigen oder selbst durchführen, um festzustellen, ob diese Tätigkeiten die Meeresumwelt verschmutzen können.

Art. 205 Veröffentlichung von Berichten. Die Staaten veröffentlichen Berichte über die in Anwendung des Artikels 204 erzielten Ergebnisse oder stellen solche Berichte in angemessenen Zeitabständen den zuständigen internationalen Organisationen zur Verfügung; diese sollen sie allen Staaten zugänglich machen.

Art. 206 Beurteilung möglicher Auswirkungen von Tätigkeiten. Haben Staaten begründeten Anlaß zu der Annahme, daß geplante, ihren Hoheitsbefugnissen oder ihrer Kontrolle unterstehende Tätigkeiten eine wesentliche Verschmutzung oder beträchtliche und schädliche Veränderungen der Meeresumwelt zur Folge haben können, so beurteilen sie soweit durchführbar die möglichen Auswirkungen dieser Tätigkeiten auf die Meeresumwelt und berichten über die Ergebnisse dieser Beurteilung in der in Artikel 205 vorgesehenen Weise.

Abschnitt 5. Internationale Regeln und innerstaatliche Rechtsvorschriften zur Verhütung, Verringerung und Überwachung der Verschmutzung der Meeresumwelt

Art. 207 Verschmutzung vom Land aus. (1) Die Staaten erlassen Gesetze und sonstige Vorschriften zur Verhütung, Verringerung und Überwachung der Verschmutzung der Meeresumwelt vom Land aus, einschließlich der von Flüssen, Flußmündungen, Rohrleitungen und Ausflußanlagen ausgehenden Verschmutzung; dabei berücksichtigen sie international vereinbarte Regeln, Normen und empfohlene Gebräuche und Verfahren.

(2) Die Staaten ergreifen andere Maßnahmen, die zur Verhütung, Verringerung und Überwachung einer solchen Verschmutzung notwendig sein können.

(3) Die Staaten bemühen sich, ihre diesbezügliche Politik auf geeigneter regionaler Ebene aufeinander abzustimmen.

(4) Die Staaten bemühen sich, insbesondere im Rahmen der zuständigen internationalen Organisationen oder einer diplomatischen Konferenz, weltweite und regionale Regeln, Normen und empfohlene Gebräuche und Verfahren zur Verhütung, Verringerung und Überwachung der Verschmutzung der Meeresumwelt vom Land aus aufzustellen, wobei sie charakteristische regionale Eigenheiten, die Wirtschaftskraft der Entwicklungsstaaten und die Notwendigkeit ihrer wirtschaftlichen Entwicklung berücksichtigen. Diese Regeln, Normen und empfohlenen Gebräuche und Verfahren werden nach Bedarf von Zeit zu Zeit überprüft.

(5) Zu den in den Absätzen 1, 2 und 4 genannten Gesetzen, sonstigen Vorschriften, Maßnahmen, Regeln, Normen und empfohlenen Gebräuchen und Verfahren gehören diejenigen, die darauf gerichtet sind, das Freisetzen von giftigen oder schädlichen Stoffen oder von Schadstoffen insbesondere von solchen, die beständig sind, in die Meeresumwelt soweit wie möglich auf ein Mindestmaß zu beschränken.

Art. 208 Verschmutzung durch Tätigkeiten auf dem Meeresboden, die unter nationale Hoheitsbefugnisse fallen. (1) Die Küstenstaaten erlassen Gesetze und sonstige Vorschriften zur Verhütung, Verringerung und Überwachung der Verschmutzung der Meeresumwelt, die sich aus oder im Zusammenhang mit unter ihre Hoheitsbefugnisse fallenden Tätigkeiten auf dem Meeresboden ergibt oder von künstlichen Inseln, Anlagen und Bauwerken herrührt, die aufgrund der Artikel 60 und 80 unter ihre Hoheitsbefugnisse fallen.

(2) Die Staaten ergreifen andere Maßnahmen, die zur Verhütung, Verringerung und Überwachung einer solchen Verschmutzung notwendig sein können.

(3) Diese Gesetze, sonstigen Vorschriften und Maßnahmen dürfen nicht weniger wirkungsvoll sein als die internationalen Regeln, Normen und empfohlenen Gebräuche und Verfahren.

(4) Die Staaten bemühen sich, ihre diesbezügliche Politik auf geeigneter regionaler Ebene aufeinander abzustimmen.

(5) Die Staaten stellen, insbesondere im Rahmen der zuständigen internationalen Organisationen oder einer diplomatischen Konferenz, weltweite und regionale Regeln, Normen und empfohlene Gebräuche und Verfahren zur Verhütung, Verringerung und Überwachung der in Absatz 1 genannten Verschmutzung der Meeresumwelt auf. Diese Regeln, Normen und empfohlenen Gebräuche und Verfahren werden nach Bedarf von Zeit zu Zeit überprüft.

Art. 209 Verschmutzung durch Tätigkeiten im Gebiet. (1) Zur Verhütung, Verringerung und Überwachung der Verschmutzung der Meeresumwelt durch Tätigkeiten im Gebiet werden in Übereinstimmung mit Teil XI internationale Regeln, Vorschriften und Verfahren aufgestellt. Diese Regeln, Vorschriften und Verfahren werden nach Bedarf von Zeit zu Zeit überprüft.

(2) Vorbehaltlich der einschlägigen Bestimmungen dieses Abschnitts erlassen die Staaten Gesetze und sonstige Vorschriften zur Verhütung, Verringerung und Überwachung der Verschmutzung der Meeresumwelt durch Tätigkeiten im Gebiet, die von Schiffen oder mittels Anlagen, Bauwerken und anderen Geräten durchgeführt werden, die ihre Flagge führen, in ihr Register eingetragen sind oder mit ihrer Genehmigung betrieben werden. Diese Gesetze und sonstigen Vorschriften dürfen nicht weniger wirkungsvoll sein als die in Absatz 1 genannten internationalen Regeln, Vorschriften und Verfahren.

Art. 210 Verschmutzung durch Einbringen. (1) Die Staaten erlassen Gesetze und sonstige Vorschriften zur Verhütung, Verringerung und Überwachung der Verschmutzung der Meeresumwelt durch Einbringen.

(2) Die Staaten ergreifen andere Maßnahmen, die zur Verhütung, Verringerung und Überwachung einer solchen Verschmutzung notwendig sein können.

(3) Diese Gesetze, sonstigen Vorschriften und Maßnahmen müssen sicherstellen, daß das Einbringen nicht ohne Erlaubnis der zuständigen Behörden der Staaten erfolgt.

(4) Die Staaten bemühen sich, insbesondere im Rahmen der zuständigen internationalen Organisationen oder einer diplomatischen Konferenz, weltweite und regionale Regeln, Normen und empfohlene Gebräuche und Verfahren zur Verhütung, Verringerung und Überwachung einer solchen Verschmutzung aufzustellen. Diese Regeln, Normen und empfohlenen Gebräuche und Verfahren werden nach Bedarf von Zeit zu Zeit überprüft.

(5) Das Einbringen innerhalb des Küstenmeers und der ausschließlichen Wirtschaftszone oder auf dem Festlandsockel darf nicht ohne ausdrückliche vorherige Genehmigung des Küstenstaats erfolgen; dieser ist berechtigt, ein solches Einbringen nach angemessener Erörterung mit anderen Staaten, die wegen ihrer geographischen Lage dadurch Nachteile erleiden könnten, zu erlauben, zu regeln und zu überwachen.

(6) Die innerstaatlichen Gesetze, sonstigen Vorschriften und Maßnahmen dürfen bei der Verhütung, Verringerung und Überwachung dieser Verschmutzung nicht weniger wirkungsvoll sein als die weltweiten Regeln und Normen.

Art. 211 Verschmutzung durch Schiffe. (1) Die Staaten stellen im Rahmen der zuständigen internationalen Organisation oder einer allgemeinen diplomatischen Konferenz internationale Regeln und Normen zur Verhütung, Verringerung und Überwachung der Verschmutzung der Meeresumwelt durch Schiffe auf und fördern, wo es angebracht ist in derselben Weise, die Annahme von Systemen der Schiffswegeführung, um die Gefahr von Unfällen, die eine Verschmutzung der Meeresumwelt, einschließlich der Küste, und eine Schädigung damit zusammenhängender Interessen der Küstenstaaten durch Verschmutzung verursachen könnten, auf ein Mindestmaß zu beschränken. Diese Regeln und Normen werden in derselben Weise nach Bedarf von Zeit zu Zeit überprüft.

(2) Die Staaten erlassen Gesetze und sonstige Vorschriften zur Verhütung, Verringerung und Überwachung der Verschmutzung der Meeresumwelt durch Schiffe, die ihre Flagge führen oder in ihr Schiffsregister eingetragen sind. Diese Gesetze und sonstigen Vorschriften dürfen nicht weniger wirkungsvoll sein als die allgemein anerkannten internationalen Regeln und Normen, die im Rahmen der zuständigen internationalen Organisation oder einer allgemeinen diplomatischen Konferenz aufgestellt worden sind.

(3) Staaten, die fremden Schiffen für das Einlaufen in ihre Häfen oder inneren Gewässer oder für das Anlegen an ihren vor der Küste liegenden Umschlagplätzen besondere Bedingungen zur Verhütung, Verringerung und Überwachung der Verschmutzung der Meeresumwelt auferlegen, machen diese ordnungsgemäß bekannt und teilen sie der zuständigen internationalen Organisation mit. Werden solche Bedingungen in gleichlautender Form von zwei oder mehr Küstenstaaten in dem Bestreben festgesetzt, ihre Politik aufeinander abzustimmen, so wird in der Mitteilung angegeben, welche Staaten an einer solchen gemeinsamen Regelung beteiligt sind. Jeder Staat verlangt von dem Kapitän eines seine Flagge führenden oder in sein Schiffsregister eingetragenen Schiffes, wenn es sich im Küstenmeer eines an der gemeinsamen Regelung beteiligten Staates befindet, daß er auf Ersuchen dieses Staates darüber Auskunft gibt, ob er zu einem Staat derselben Region weiterfährt, der an der gemeinsamen Regelung beteiligt ist, und, sofern dies zutrifft, angibt, ob das Schiff die von diesem Staat für das Einlaufen in seine Häfen festgelegten

Bedingungen erfüllt. Dieser Artikel berührt nicht die fortgesetzte Ausübung des Rechts eines Schiffes auf friedliche Durchfahrt oder die Anwendung des Artikels 25 Absatz 2.

(4) Die Küstenstaaten können in Ausübung ihrer Souveränität innerhalb ihres Küstenmeers Gesetze und sonstige Vorschriften zur Verhütung, Verringerung und Überwachung der Meeresverschmutzung durch fremde Schiffe, einschließlich der Schiffe, die das Recht der friedlichen Durchfahrt ausüben, erlassen. Diese Gesetze und sonstigen Vorschriften dürfen in Übereinstimmung mit Teil II Abschnitt 3 die friedliche Durchfahrt fremder Schiffe nicht behindern.

(5) Die Küstenstaaten können zum Zweck der Durchsetzung nach Abschnitt 6 für ihre ausschließlichen Wirtschaftszonen Gesetze und sonstige Vorschriften zur Verhütung, Verringerung und Überwachung der Verschmutzung durch Schiffe erlassen, die den allgemein anerkannten internationalen, im Rahmen der zuständigen internationalen Organisation oder einer allgemeinen diplomatischen Konferenz aufgestellten Regeln und Normen entsprechen und diesen Wirksamkeit verleihen.

(6) a) Reichen die in Absatz 1 genannten internationalen Regeln und Normen nicht aus, um besonderen Umständen gerecht zu werden, und hat ein Küstenstaat begründeten Anlaß zu der Annahme, daß es in einem bestimmten, genau bezeichneten Gebiet seiner ausschließlichen Wirtschaftszone aus anerkannten technischen Gründen im Zusammenhang mit den ozeanographischen und ökologischen Verhältnissen dieses Gebiets, mit seiner Nutzung oder dem Schutz seiner Ressourcen und mit der besonderen Art des Verkehrs in diesem Gebiet erforderlich ist, besondere obligatorische Maßnahmen zur Verhütung der Verschmutzung durch Schiffe zu ergreifen, so kann der Küstenstaat, nachdem er jeden anderen betroffenen Staat im Rahmen der zuständigen internationalen Organisation angemessen konsultiert hat, an diese Organisation eine Mitteilung über das betreffende Gebiet richten, in der er wissenschaftliche und technische Begründungen sowie Informationen über die notwendigen Auffanganlagen vorlegt. Innerhalb von 12 Monaten nach Empfehlung dieser Mitteilung entscheidet die Organisation, ob die Verhältnisse in dem Gebiet den obengenannten Erfordernissen entsprechen. Entscheidet die Organisation in diesem Sinne, so kann der Küstenstaat für dieses Gebiet zur Verhütung, Verringerung und Überwachung der Verschmutzung durch Schiffe Gesetze und sonstige Vorschriften erlassen, die den von der Organisation für Sondergebiete zugelassenen internationalen Regeln und Normen oder Schiffahrtsgebräuchen Wirksamkeit verleihen. Diese Gesetze und sonstigen Vorschriften werden auf fremde Schiffe erst nach Ablauf von 15 Monaten nach Vorlage der Mitteilung an die Organisation anwendbar.

b) Der Küstenstaat veröffentlicht die Grenzen jedes solchen bestimmten, genau bezeichneten Gebiets.

c) Beabsichtigt der Küstenstaat, für dasselbe Gebiet zusätzliche Gesetze und sonstige Vorschriften zur Verhütung, Verringerung und Überwachung der Verschmutzung durch Schiffe zu erlassen, so setzt er die Organisation zugleich mit der obengenannten Mitteilung davon in Kenntnis. Diese zusätzlichen Gesetze und sonstigen Vorschriften können sich auf das Einleiten oder auf Schiffahrtsgebräuche beziehen, dürfen jedoch fremde Schiffe nicht verpflichten, andere Normen betreffend Entwurf, Bau, Bemannung oder

Ausrüstung zu beachten als die allgemein anerkannten internationalen Regeln und Normen; sie werden auf fremde Schiffe nach Ablauf von 15 Monaten nach Vorlage der Mitteilung an die Organisation anwendbar, sofern die Organisation ihnen innerhalb von 12 Monaten nach Vorlage der Mitteilung zustimmt.

(7) Die in diesem Artikel genannten internationalen Regeln und Normen sollen unter anderem die Verpflichtung vorsehen, die Küstenstaaten umgehend zu benachrichtigen, deren Küsten oder damit zusammenhängende Interessen möglicherweise durch Ereignisse einschließlich Seeunfälle beeinträchtigt werden, bei denen es zu einem Einleiten kommt oder kommen könnte.

Art. 212 Verschmutzung aus der Luft oder durch die Luft. (1) Die Staaten erlassen Gesetze und sonstige Vorschriften zur Verhütung, Verringerung und Überwachung der Verschmutzung der Meeresumwelt aus der Luft oder durch die Luft für den ihrer Souveränität unterstehenden Luftraum und für Schiffe, die ihre Flagge führen, oder für Schiffe oder Luftfahrzeuge, die in ihr Register eingetragen sind; dabei berücksichtigen sie international vereinbarte Regeln, Normen und empfohlene Gebräuche und Verfahren sowie die Sicherheit der Luftfahrt.

(2) Die Staaten ergreifen andere Maßnahmen, die zur Verhütung, Verringerung und Überwachung einer solchen Verschmutzung notwendig sein können.

(3) Die Staaten bemühen sich, insbesondere im Rahmen der zuständigen internationalen Organisationen oder einer diplomatischen Konferenz, weltweite und regionale Regeln, Normen und empfohlene Gebräuche und Verfahren zur Verhütung, Verringerung und Überwachung einer solchen Verschmutzung aufzustellen.

Abschnitt 6. Durchsetzung

Art. 213 Durchsetzung in bezug auf Verschmutzung vom Land aus. Die Staaten setzen ihre in Übereinstimmung mit Artikel 207 erlassenen Gesetze und sonstige Vorschriften durch, sie erlassen Gesetze und sonstige Vorschriften und ergreifen andere Maßnahmen, die zur Durchführung anwendbarer internationaler Regeln und Normen notwendig sind, welche im Rahmen der zuständigen internationalen Organisationen oder einer diplomatischen Konferenz zur Verhütung, Verringerung und Überwachung der Verschmutzung der Meeresumwelt vom Land aus aufgestellt worden sind.

Art. 214 Durchsetzung in bezug auf Verschmutzung durch Tätigkeiten auf dem Meeresboden. Die Staaten setzen ihre in Übereinstimmung mit Artikel 208 erlassenen Gesetze und sonstige Vorschriften durch; sie erlassen Gesetze und sonstige Vorschriften und ergreifen andere Maßnahmen, die zur Durchführung anwendbarer internationaler Regeln und Normen notwendig sind, die im Rahmen der zuständigen internationalen Organisationen oder einer diplomatischen Konferenz zur Verhütung, Verringerung und Überwachung der Verschmutzung der Meeresumwelt aufgestellt worden sind, welche sich aus oder im Zusammenhang mit unter ihre Hoheitsbefugnisse fallenden Tätigkeiten auf dem Meeresboden ergibt oder von künstlichen

Inseln, Anlagen und Bauwerken herrührt, die aufgrund der Artikel 60 und 80 unter ihre Hoheitsbefugnisse fallen.

Art. 215 Durchsetzung in bezug auf Verschmutzung durch Tätig-keiten im Gebiet. Die Durchsetzung der in Übereinstimmung mit Teil XI aufgestellten internationalen Regeln, Vorschriften und Verfahren zur Verhü-tung, Verringerung und Überwachung der Verschmutzung der Meeresumwelt durch Tätigkeiten im Gebiet ist in jenem Teil geregelt.

Art. 216 Durchsetzung in bezug auf Verschmutzung durch Ein-bringen. (1) Die in Übereinstimmung mit diesem Übereinkommen erlasse-nen Gesetze und sonstigen Vorschriften und die im Rahmen der zuständigen internationalen Organisationen oder einer diplomatischen Konferenz aufge-stellten anwendbaren internationalen Regeln und Normen zur Verhütung, Verringerung und Überwachung der Verschmutzung der Meeresumwelt durch Einbringen werden durchgesetzt.
a) vom Küstenstaat im Hinblick auf das Einbringen in seinem Küstenmeer, in seiner ausschließlichen Wirtschaftszone oder auf seinem Festlandsockel;
b) vom Flaggenstaat im Hinblick auf Schiffe, die seine Flagge führen, oder Schiffe oder Luftfahrzeuge, die in sein Register eingetragen sind;
c) von jedem Staat im Hinblick auf das Laden von Abfällen oder sonstigen Stoffen in seinem Hoheitsgebiet oder auf seinen vor der Küste liegenden Umschlagplätzen.

(2) Kein Staat ist aufgrund dieses Artikels verpflichtet, ein Verfahren einzu-leiten, wenn ein anderer Staat ein solches Verfahren in Übereinstimmung mit diesem Artikel bereits eingeleitet hat.

Art. 217 Durchsetzung durch Flaggenstaaten. (1) Die Staaten stellen sicher, daß die ihre Flagge führenden oder in ihr Schiffsregister eingetragenen Schiffe die anwendbaren internationalen Regeln und Normen, die im Rah-men der zuständigen internationalen Organisation oder einer allgemeinen di-plomatischen Konferenz aufgestellt worden sind, sowie die Gesetze und son-stigen Vorschriften einhalten, die sie in Übereinstimmung mit diesem Über-einkommen erlassen haben, um die Verschmutzung der Meeresumwelt durch Schiffe zu verhüten, zu verringern und zu überwachen; demgemäß erlassen die Staaten Gesetze und sonstige Vorschriften und ergreifen die erforderlichen sonstigen Maßnahmen zu ihrer Durchführung. Die Flaggenstaaten sorgen da-für, daß diese Regeln, Normen, Gesetze und sonstigen Vorschriften wirksam durchgesetzt werden, unabhängig davon, wo ein Verstoß erfolgt.

(2) Die Staaten ergreifen insbesondere geeignete Maßnahmen, um Schiffen, die ihre Flagge führen oder in ihr Schiffsregister eingetragen sind, das Auslau-fen so lange zu verbieten, bis sie unter Einhaltung der in Absatz 1 genannten internationalen Regeln und Normen, einschließlich der Bestimmungen über Entwurf, Bau, Ausrüstung und Bemannung der Schiffe, in See gehen können.

(3) Die Staaten stellen sicher, daß die ihre Flagge führenden oder in ihr Schiffsregister eingetragenen Schiffe Zeugnisse an Bord mitführen, die nach den in Absatz 1 genannten internationalen Regeln und Normen erforderlich sind und demgemäß ausgestellt wurden. Die Staaten stellen sicher, daß die ihre Flagge führenden Schiffe regelmäßig überprüft werden, um festzustellen, ob die Zeugnisse mit dem tatsächlichen Zustand des Schiffes übereinstimmen.

Diese Zeugnisse werden von anderen Staaten als Nachweis für den Zustand des Schiffes anerkannt; sie messen ihnen die gleiche Gültigkeit wie den von ihnen selbst ausgestellten Zeugnissen bei, sofern nicht eindeutige Gründe für die Annahme bestehen, daß der Zustand des Schiffes in wesentlichen Punkten den Angaben der Zeugnisse nicht entspricht.

(4) Verstößt ein Schiff gegen die im Rahmen der zuständigen internationalen Organisation oder einer allgemeinen diplomatischen Konferenz aufgestellten Regeln und Normen, so sorgt der Flaggenstaat unbeschadet der Artikel 218, 220 und 228 für eine sofortige Untersuchung; gegebenenfalls leitet ein Verfahren betreffend den angeblichen Verstoß ein, unabhängig davon, wo dieser erfolgte oder wo die durch diesen Verstoß verursachte Verschmutzung eintrat oder festgestellt wurde.

(5) Die Flaggenstaaten können für die Untersuchung des Verstoßes jeden anderen Staat, dessen Mitarbeit bei der Klärung der Umstände des Falles nützlich sein könnte, um Hilfe ersuchen. Die Staaten bemühen sich, entsprechenden Ersuchen der Flaggenstaaten nachzukommen.

(6) Die Staaten untersuchen auf schriftliches Ersuchen eines jeden Staates jeden Verstoß, der angeblich von ihre Flagge führenden Schiffen begangen wurde. Sind die Flaggenstaaten überzeugt, daß genügend Beweise für die Einleitung eines Verfahrens wegen des angeblichen Verstoßes vorliegen, so leiten sie unverzüglich ein solches Verfahren in Übereinstimmung mit ihren Gesetzen ein.

(7) Die Flaggenstaaten unterrichten den ersuchenden Staat und die zuständige internationale Organisation umgehend über die ergriffenen Maßnahmen und deren Ergebnis. Diese Auskünfte stehen allen Staaten zur Verfügung.

(8) Die Strafen, die in den Gesetzen und sonstigen Vorschriften der Staaten für die ihre Flagge führenden Schiffe vorgesehen sind, müssen streng genug sein, um von Verstößen abzuschrecken, gleichviel wo diese erfolgen.

Art. 218 Durchsetzung durch Hafenstaaten. (1) Befindet sich ein Schiff freiwillig in einem Hafen oder an einem vor der Küste liegenden Umschlagplatz eines Staates, so kann dieser Staat Untersuchungen durchführen und, wenn die Beweislage dies rechtfertigt, ein Verfahren wegen jedes Einleitens aus diesem Schiff außerhalb der inneren Gewässer, des Küstenmeers oder der ausschließlichen Wirtschaftszone dieses Staates eröffnen, wenn das Einleiten gegen die anwendbaren internationalen Regeln und Normen verstößt, die im Rahmen der zuständigen internationalen Organisation oder einer allgemeinen diplomatischen Konferenz aufgestellt worden sind.

(2) Ein Verfahren nach Absatz 1 darf nicht wegen eines Verstoßes durch Einleiten in den inneren Gewässern, dem Küstenmeer oder der ausschließlichen Wirtschaftszone eines anderen Staates eröffnet werden, sofern nicht dieser Staat, der Flaggenstaat oder ein durch einen Verstoß durch Einleiten geschädigter oder bedrohter Staat darum ersucht oder der Verstoß eine Verschmutzung in den inneren Gewässern, dem Küstenmeer oder der ausschließlichen Wirtschaftszone des das Verfahren eröffnenden Staates verursacht hat oder wahrscheinlich verursachen wird.

(3) Befindet sich ein Schiff freiwillig in einem Hafen oder an einem vor der Küste liegenden Umschlagplatz eines Staates, so entspricht dieser Staat nach Möglichkeit dem Ersuchen jedes anderen Staates, einen in Absatz 1 genannten

Verstoß durch Einleiten zu untersuchen, von dem angenommen wird, daß er in den inneren Gewässern, dem Küstenmeer oder der ausschließlichen Wirtschaftszone des ersuchenden Staates erfolgt ist und diese Zonen schädigte oder zu schädigen drohte. Ebenso entspricht der Staat nach Möglichkeit dem Ersuchen des Flaggenstaats, einen solchen Verstoß unabhängig davon zu untersuchen, wo er erfolgte.

(4) Die Unterlagen über die von einem Hafenstaat nach diesem Artikel durchgeführte Untersuchung werden dem Flaggenstaat oder dem Küstenstaat auf Ersuchen übermittelt. Jedes Verfahren, das der Hafenstaat auf der Grundlage dieser Untersuchung einleitet, kann vorbehaltlich des Abschnitts 7 auf Ersuchen des Küstenstaats ausgesetzt werden, wenn der Verstoß in seinen inneren Gewässern, seinem Küstenmeer oder seiner ausschließlichen Wirtschaftszone erfolgt ist. Das Beweismaterial, die Unterlagen des Falles sowie jede Kaution oder andere finanzielle Sicherheit, die bei den Behörden des Hafenstaats hinterlegt worden ist, werden dann dem Küstenstaat übermittelt. Diese Übermittlung schließt die Fortsetzung des Verfahrens im Hafenstaat aus.

Art. 219 Maßnahmen betreffend die Seetüchtigkeit von Schiffen zur Vermeidung von Verschmutzung. Vorbehaltlich des Abschnitts 7 ergreifen Staaten, die auf Ersuchen oder von sich aus festgestellt haben, daß ein Schiff in einem ihrer Häfen oder an einem ihrer vor der Küste liegenden Umschlagplätze gegen anwendbare internationale Regeln und Normen über die Seetüchtigkeit der Schiffe verstößt und dadurch die Meeresumwelt zu schädigen droht, nach Möglichkeit Verwaltungsmaßnahmen, um das Schiff am Auslaufen zu hindern. Diese Staaten können dem Schiff lediglich das Anlaufen der nächstgelegenen geeigneten Reparaturwerft erlauben; sobald die Ursachen des Verstoßes behoben sind, gestatten sie dem Schiff, seine Fahrt sogleich fortzusetzen.

Art. 220 Durchsetzung durch Küstenstaaten. (1) Befindet sich ein Schiff freiwillig in einem Hafen oder an einem vor der Küste liegenden Umschlagplatz eines Staates, so kann dieser Staat vorbehaltlich des Abschnitts 7 ein Verfahren wegen jedes Verstoßes gegen seine in Übereinstimmung mit diesem Übereinkommen erlassenen Gesetze und sonstigen Vorschriften oder anwendbare internationale Regeln und Normen zur Verhütung, Verringerung und Überwachung der Verschmutzung durch Schiffe einleiten, wenn der Verstoß im Küstenmeer oder in der ausschließlichen Wirtschaftszone dieses Staates erfolgt ist.

(2) Bestehen eindeutige Gründe für die Annahme, daß ein im Küstenmeer eines Staates fahrendes Schiff während seiner Durchfahrt durch das Küstenmeer gegen die in Übereinstimmung mit diesem Übereinkommen erlassenen Gesetze und sonstigen Vorschriften dieses Staates oder gegen anwendbare internationale Regeln und Normen zur Verhütung, Verringerung und Überwachung der Verschmutzung durch Schiffe verstoßen hat, so kann dieser Staat unbeschadet der Anwendung der diesbezüglichen Bestimmungen des Teiles II Abschnitt 3 im Zusammenhang mit dem Verstoß eine Überprüfung an Bord des Schiffes durchführen und, wenn die Beweislage dies rechtfertigt, in Übereinstimmung mit seinem innerstaatlichen Recht und vorbehaltlich des Abschnitts 7 ein Verfahren einleiten und insbesondere das Zurückhalten des Schiffes anordnen.

(3) Bestehen eindeutige Gründe für die Annahme, daß ein in der ausschließlichen Wirtschaftszone oder im Küstenmeer eines Staates fahrendes Schiff in der ausschließlichen Wirtschaftszone gegen anwendbare internationale Regeln und Normen zur Verhütung, Verringerung und Überwachung der Verschmutzung durch Schiffe oder gegen die solchen Regeln und Normen entsprechenden und ihnen Wirksamkeit verleihenden Gesetze und sonstigen Vorschriften dieses Staates verstoßen hat, so kann dieser Staat das Schiff auffordern, Angaben über seine Identität und seinen Registerhafen, seinen letzten und nächsten Anlaufhafen und andere sachdienliche Angaben zu machen, die erforderlich sind, um festzustellen, ob ein Verstoß erfolgt ist.

(4) Die Staaten erlassen Gesetze und sonstige Vorschriften und ergreifen andere Maßnahmen, damit ihre Flagge führende Schiffe den Ersuchen um Angaben nach Absatz 3 entsprechen.

(5) Bestehen eindeutige Gründe für die Annahme, daß ein in der ausschließlichen Wirtschaftszone oder im Küstenmeer eines Staates fahrendes Schiff in der ausschließlichen Wirtschaftszone einen in Absatz 3 genannten Verstoß begangen hat, der zu einem beträchtlichen Einleiten führt, das eine erhebliche Verschmutzung der Meeresumwelt verursacht oder zu verursachen droht, so kann dieser Staat, um festzustellen, ob ein Verstoß vorliegt, eine Überprüfung an Bord des Schiffes durchführen, wenn sich das Schiff geweigert hat, Angaben zu machen, oder wenn die seitens des Schiffes gemachten Angaben offensichtlich von der tatsächlichen Lage abweichen und die Umstände des Falles eine solche Überprüfung rechtfertigen.

(6) Gibt es einen eindeutigen objektiven Beweis dafür, daß ein in der ausschließlichen Wirtschaftszone oder im Küstenmeer eines Staates fahrendes Schiff in der ausschließlichen Wirtschaftszone einen in Absatz 3 genannten Verstoß begangen hat, der zu einem Einleiten führt, das schwere Schäden für die Küste oder damit zusammenhängende Interessen des Küstenstaats oder für Ressourcen seines Küstenmeers oder seiner ausschließlichen Wirtschaftszone verursacht oder zu verursachen droht, so kann dieser Staat, wenn die Beweislage dies rechtfertigt, in Übereinstimmung mit seinem innerstaatlichen Recht und vorbehaltlich des Abschnitts 7 ein Verfahren einleiten und insbesondere das Zurückhalten des Schiffes anordnen.

(7) Ungeachtet des Absatzes 6 gestattet der Küstenstaat dem Schiff die Weiterfahrt in allen Fällen, für die geeignete Verfahren durch die zuständige internationale Organisation festgelegt oder anderweitig vereinbart wurden, um die Erfüllung der Verpflichtungen betreffend die Hinterlegung einer Kaution oder eine andere geeignete finanzielle Sicherheit zu gewährleisten, wenn der Küstenstaat durch diese Verfahren gebunden ist.

(8) Die Absätze 3, 4, 5, 6 und 7 gelten auch für die nach Artikel 211 Absatz 6 erlassenen innerstaatlichen Gesetze und sonstigen Vorschriften.

Art. 221 Maßnahmen zur Vermeidung von Verschmutzung durch Seeunfälle. (1) Dieser Teil berührt nicht das Recht der Staaten, nach Völkergewohnheitsrecht und aufgrund völkerrechtlicher Verträge außerhalb des Küstenmeers dem tatsächlichen oder drohenden Schaden angepaßte Maßnahmen zu ergreifen und durchzusetzen, um ihre Küste oder damit zusammenhängende Interessen, einschließlich der Fischerei, vor tatsächlicher oder drohender Verschmutzung infolge eines Seeunfalls oder damit zusammenhängender Handlungen zu schützen, welche erwartungsgemäß schädliche Folgen größeren Umfangs haben können.

(2) Im Sinne dieses Artikels bedeutet „Seeunfall" einen Schiffszusammenstoß, das Stranden, ein sonstiges mit der Führung eines Schiffes zusammenhängendes Ereignis oder einen anderen Vorfall an Bord oder außerhalb eines Schiffes, durch die Sachschaden an Schiff oder Ladung entsteht oder unmittelbar zu entstehen droht.

Art. 222 Durchsetzung in bezug auf Verschmutzung aus der Luft oder durch die Luft. Die Staaten setzen in dem ihrer Souveränität unterstehenden Luftraum oder hinsichtlich der Schiffe, die ihre Flagge führen, oder der Schiffe oder Luftfahrzeuge, die in ihr Register eingetragen sind, ihre in Übereinstimmung mit Artikel 212 Absatz 1 und mit anderen Bestimmungen dieses Übereinkommens erlassenen Gesetze und sonstigen Vorschriften durch; sie erlassen Gesetze und sonstige Vorschriften und ergreifen andere Maßnahmen, um die im Rahmen der zuständigen internationalen Organisationen oder einer diplomatischen Konferenz aufgestellten anwendbaren internationalen Regeln und Normen zur Verhütung, Verringerung und Überwachung der Verschmutzung der Meeresumwelt aus der Luft oder durch die Luft im Einklang mit allen diesbezüglichen internationalen Regeln und Normen betreffend die Sicherheit der Luftfahrt durchzuführen.

Abschnitt 7. Schutzbestimmungen

Art. 223 Maßnahmen zur Erleichterung der Verfahren. Ist nach diesem Teil ein Verfahren eingeleitet worden, so ergreifen die Staaten Maßnahmen zur Erleichterung der Anhörung von Zeugen und der Zulassung des Beweismaterials, das von Behörden eines anderen Staates oder von der zuständigen internationalen Organisation vorgelegt wird, und erleichtern die Teilnahme amtlicher Vertreter der zuständigen internationalen Organisation, des Flaggenstaats und jedes Staates, der von einer Verschmutzung aufgrund eines Verstoßes betroffen ist, an diesem Verfahren. Die an einem solchen Verfahren teilnehmenden amtlichen Vertreter haben alle Rechte und Pflichten, die ihnen nach innerstaatlichem Recht oder Völkerrecht zustehen.

Art. 224 Ausübung von Durchsetzungsbefugnissen. Die Durchsetzungsbefugnisse gegenüber fremden Schiffen aufgrund dieses Teiles dürfen nur von amtlich beauftragten Personen oder von Kriegsschiffen, Militärluftfahrzeugen oder anderen Schiffen oder Luftfahrzeugen ausgeübt werden, die deutlich als im Staatsdienst stehend gekennzeichnet und als solche erkennbar sind und die hierzu befugt sind.

Art. 225 Pflicht zur Vermeidung nachteiliger Folgen bei der Ausübung von Durchsetzungsbefugnissen. Bei der Ausübung ihrer Durchsetzungsbefugnisse gegenüber fremden Schiffen aufgrund dieses Übereinkommens dürfen die Staaten die Sicherheit der Schiffahrt nicht gefährden und ein Schiff nicht auf andere Weise gefährden oder zu einem unsicheren Hafen oder Ankerplatz bringen oder die Meeresumwelt einer unverhältnismäßig großen Gefahr aussetzen.

Art. 226 Untersuchung fremder Schiffe. (1) a) Die Staaten dürfen ein fremdes Schiff nicht länger aufhalten, als es für die Zwecke der in den Artikeln 216, 218 und 220 vorgesehenen Untersuchungen unerläßlich ist. Jede Überprüfung an Bord eines fremden Schiffes hat sich auf eine Prüfung der Zeugnisse, Aufzeichnungen und sonstigen Dokumente zu beschränken, die das Schiff nach allgemein anerkannten internationalen Regeln und Normen mitführen muß, oder auf die Prüfung ähnlicher mitgeführter Dokumente; eine weitergehende Überprüfung an Bord des Schiffes darf nur nach einer solchen Prüfung und nur dann vorgenommen werden, wenn

> i) eindeutige Gründe für die Annahme bestehen, daß der Zustand des Schiffes oder seiner Ausrüstung in wesentlichen Punkten den Angaben dieser Dokumente nicht entspricht;
>
> ii) der Inhalt dieser Dokumente nicht ausreicht, um einen mutmaßlichen Verstoß zu bestätigen oder nachzuweisen oder
>
> iii) das Schiff keine gültigen Zeugnisse und Aufzeichnungen mitführt.

b) Ergibt die Untersuchung, daß ein Verstoß gegen die anwendbaren Gesetze und sonstigen Vorschriften oder internationale Regeln und Normen zum Schutz und zur Bewahrung der Meeresumwelt vorliegt, so wird das Schiff in Anwendung angemessener Verfahren, wie der Hinterlegung einer Kaution oder der Leistung einer anderen geeigneten finanziellen Sicherheit, sofort freigegeben.

c) Unbeschadet der anwendbaren internationalen Regeln und Normen über die Seetüchtigkeit von Schiffen kann die Freigabe eines Schiffes, wenn sie eine unverhältnismäßig große Gefahr einer Schädigung der Meeresumwelt darstellen würde, verweigert oder davon abhängig gemacht werden, daß das Schiff die nächstgelegene geeignete Reparaturwerft anläuft. Wird die Freigabe verweigert oder von Bedingungen abhängig gemacht, so muß der Flaggenstaat des Schiffes sofort benachrichtigt werden; er kann in Übereinstimmung mit Teil XV die Freigabe des Schiffes zu erreichen suchen.

(2) Die Staaten arbeiten bei der Entwicklung von Verfahren zur Vermeidung unnötiger Überprüfungen an Bord von Schiffen auf See zusammen.

Art. 227 Nichtdiskriminierung in bezug auf fremde Schiffe. Bei der Ausübung ihrer Rechte und der Erfüllung ihrer Pflichten aus diesem Teil dürfen die Staaten die Schiffe eines anderen Staates rechtlich oder tatsächlich nicht diskriminieren.

Art. 228 Aussetzung und Beschränkungen im Fall von Strafverfahren. (1) Ein Verfahren zur Ahndung eines Verstoßes gegen die anwendbaren Gesetze und sonstigen Vorschriften oder internationale Regeln und Normen zur Verhütung, Verringerung und Überwachung der Verschmutzung durch Schiffe, den ein fremdes Schiff außerhalb des Küstenmeers des das Verfahren einleitenden Staates begangen hat, wird ausgesetzt, wenn der Flaggenstaat innerhalb von sechs Monaten nach Einleitung des ersten Verfahrens selbst ein Verfahren zur Ahndung desselben Verstoßes einleitet, sofern sich das erste Verfahren nicht auf eine schwere Schädigung des Küstenstaats bezieht oder der betreffende Flaggenstaat wiederholt seine Verpflichtung mißachtet hat, die anwendbaren internationalen Regeln und Normen in bezug auf die von seinen Schiffen begangenen Verstöße wirksam durchzusetzen. Hat der Flaggenstaat die Aussetzung des Verfahrens in Übereinstimmung mit diesem Artikel verlangt, so stellt er dem Staat, der zuvor das Verfahren eingeleitet hat, zu gegebener Zeit die vollständigen Unterlagen des Falles und die Verhandlungsprotokolle zur Verfügung. Ist das vom Flaggenstaat eingeleitete Verfahren zum Abschluß gebracht worden, so wird das ausgesetzte Verfahren eingestellt. Nach Zahlung der Verfahrenskosten wird jede im Zusammenhang mit dem ausgesetzten Verfahren hinterlegte Kaution oder andere finanzielle Sicherheit vom Küstenstaat freigegeben.

(2) Ein Verfahren gegen ein fremdes Schiff zur Ahndung von Verstößen darf nicht mehr eingeleitet werden, wenn seit dem Tag, an dem der Verstoß begangen wurde, drei Jahre vergangen sind; ein Verfahren darf auch dann nicht von einem Staat eingeleitet werden, wenn ein anderer Staat unter Beachtung des Absatzes 1 ein Verfahren eingeleitet hat.

(3) Dieser Artikel berührt nicht das Recht des Flaggenstaats, ungeachtet früherer Verfahren seitens eines anderen Staates nach seinen eigenen Gesetzen Maßnahmen einschließlich eines Verfahrens zur Ahndung von Verstößen zu ergreifen.

Art. 229 Einleitung zivilgerichtlicher Verfahren. Dieses Übereinkommen berührt nicht das Recht auf Einleitung eines zivilgerichtlichen Verfahrens wegen einer Forderung aus Verlusten oder Schäden, die durch Verschmutzung der Meeresumwelt entstanden sind.

Art. 230 Geldstrafen und Wahrung der anerkannten Rechte des Angeklagten. (1) Bei Verstößen von fremden Schiffen außerhalb des Küstenmeers gegen innerstaatliche Gesetze und sonstige Vorschriften oder anwendbare internationale Regeln und Normen zur Verhütung, Verringerung und Überwachung der Verschmutzung der Meeresumwelt dürfen nur Geldstrafen verhängt werden.

(2) Bei Verstößen von fremden Schiffen im Küstenmeer gegen innerstaatliche Gesetze und sonstige Vorschriften oder anwendbare internationale Regeln und Normen zur Verhütung, Verringerung und Überwachung der Verschmutzung der Meeresumwelt dürfen nur Geldstrafen verhängt werden, ausgenommen im Fall einer vorsätzlichen schweren Verschmutzungshandlung im Küstenmeer.

(3) Bei der Durchführung eines Verfahrens wegen solcher von einem fremden Schiff begangener Verstöße, die zur Verhängung von Strafen führen können, sind die anerkannten Rechte des Angeklagten zu wahren.

Art. 231 Benachrichtigung des Flaggenstaats und anderer betroffener Staaten. Die Staaten benachrichtigen den Flaggenstaat und jeden anderen betroffenen Staat umgehend von allen nach Abschnitt 6 gegen fremde Schiffe ergriffenen Maßnahmen und legen dem Flaggenstaat alle amtlichen Berichte über diese Maßnahmen vor. Bei Verstößen, die im Küstenmeer begangen wurden, ist der Küstenstaat an diese Verpflichtungen nur in bezug auf Maßnahmen gebunden, die im Verlauf eines Verfahrens ergriffen wurden. Die Diplomaten oder Konsularbeamten und, soweit möglich, die Schiffahrtsbehörde des Flaggenstaats werden sofort von allen nach Abschnitt 6 gegen ein fremdes Schiff ergriffenen Maßnahmen unterrichtet.

Art. 232 Haftung der Staaten aufgrund von Durchsetzungsmaßnahmen. Die Staaten haften für ihnen zuzurechnende Schäden oder Verluste, die sich aus den nach Abschnitt 6 ergriffenen Maßnahmen ergeben, wenn diese Maßnahmen unrechtmäßig sind oder über die in Anbetracht der verfügbaren Informationen vernünftigerweise erforderlichen Maßnahmen hinausgehen. Die Staaten sehen den Rechtsweg zu ihren Gerichten für Klagen wegen solcher Schäden oder Verluste vor.

Art. 233 Schutzbestimmungen in bezug auf Meerengen, die der internationalen Schiffahrt dienen. Die Abschnitte 5, 6 und 7 berühren nicht die Rechtsordnung von Meerengen, die der internationalen Schiffahrt dienen. Hat jedoch ein fremdes Schiff, das nicht in Abschnitt 10 genannt ist, einen Verstoß gegen die in Artikel 42 Absatz 1 Buchstaben a und b genannten Gesetze und sonstigen Vorschriften begangen, durch den ein schwerer Schaden für die Meeresumwelt der Meerengen entstanden ist oder zu entstehen droht, so können die Meerengenanliegerstaaten geeignete Durchsetzungsmaßnahmen ergreifen, wobei sie diesen Abschnitt sinngemäß beachten.

Abschnitt 8. Eisbedeckte Gebiete

Art. 234 Eisbedeckte Gebiete. Die Küstenstaaten haben das Recht, nichtdiskriminierende Gesetze und sonstige Vorschriften zur Verhütung, Verringerung und Überwachung der Meeresverschmutzung durch Schiffe in eisbedeckten Gebieten innerhalb der ausschließlichen Wirtschaftszone zu erlassen und durchzusetzen, wenn dort besonders strenge klimatische Bedingungen und das diese Gebiete während des größten Teiles des Jahres bedeckende Eis Hindernisse oder außergewöhnliche Gefahren für die Schiffahrt schaffen und die Verschmutzung der Meeresumwelt das ökologische Gleichgewicht ernstlich schädigen oder endgültig zerstören könnte. Diese Gesetze und sonstigen Vorschriften müssen die Schiffahrt sowie den Schutz und die Bewahrung der Meeresumwelt auf der Grundlage der besten verfügbaren wissenschaftlichen Angaben gebührend berücksichtigen.

Abschnitt 9. Verantwortlichkeit und Haftung

Art. 235 Verantwortlichkeit und Haftung. (1) Die Staaten sind für die Erfüllung ihrer internationalen Verpflichtungen betreffend den Schutz und die Bewahrung der Meeresumwelt verantwortlich. Sie haften in Übereinstimmung mit dem Völkerrecht.

(2) Die Staaten stellen sicher, daß in Übereinstimmung mit ihrem Rechtssystem der Rechtsweg für umgehende und angemessene Entschädigung oder sonstigen Ersatz für Schäden gegeben ist, die durch Verschmutzung der Meeresumwelt seitens ihrer Gerichtsbarkeit unterstehender natürlicher oder juristischer Personen verursacht wurden.

(3) Um eine umgehende und angemessene Entschädigung für alle durch Verschmutzung der Meeresumwelt verursachten Schäden zu gewährleisten, arbeiten die Staaten bei der Anwendung des geltenden Völkerrechts und der Weiterentwicklung des Völkerrechts betreffend die Verantwortlichkeit und Haftung bezüglich der Bewertung von Schäden, der Entschädigung und der Beilegung damit zusammenhängender Streitigkeiten sowie gegebenenfalls bei

der Entwicklung von Kriterien und Verfahren für die Leistung einer angemessenen Entschädigung, wie etwa Pflichtversicherung oder Entschädigungs-
fonds, zusammen.

Abschnitt 10. Staatenimmunität

Art. 236 Staatenimmunität. Die Bestimmungen dieses Übereinkommens
über den Schutz und die Bewahrung der Meeresumwelt finden keine Anwendung auf Kriegsschiffe, Flottenhilfsschiffe oder sonstige Schiffe oder Luftfahrzeuge, die einem Staat gehören oder von ihm eingesetzt sind und die zum
gegebenen Zeitpunkt im Staatsdienst ausschließlich für andere als Handelszwecke genutzt werden. Jedoch stellt jeder Staat durch geeignete Maßnahmen, die den Einsatz oder die Einsatzfähigkeit solcher ihm gehörender oder
von ihm eingesetzter Schiffe oder Luftfahrzeuge nicht beeinträchtigen, sicher,
daß diese, soweit zumutbar und durchführbar, in einer Weise betrieben werden, die mit dem Übereinkommen vereinbar ist.

Abschnitt 11. Verpflichtung aufgrund anderer Übereinkünfte über den Schutz und die Bewahrung der Meeresumwelt

**Art. 237 Verpflichtungen aufgrund anderer Übereinkünfte über den
Schutz und die Bewahrung der Meeresumwelt.** (1) Dieser Teil berührt
weder die bestimmten Verpflichtungen, die Staaten aufgrund früher ge-
schlossener besonderer Übereinkommen und Abkommen über den Schutz
und die Bewahrung der Meeresumwelt übernommen haben, noch Übereinkünfte, die zur Ausgestaltung der in diesem Übereinkommen enthaltenen allgemeinen Grundsätze geschlossen werden können.

(2) Die von den Staaten aufgrund besonderer Übereinkünfte übernommenen bestimmten Verpflichtungen hinsichtlich des Schutzes und der Bewahrung der Meeresumwelt sollen in einer Weise erfüllt werden, die mit den allgemeinen Grundsätzen und Zielen dieses Übereinkommens vereinbar ist.

Teil XIII. Wissenschaftliche Meeresforschung

Abschnitt 1. Allgemeine Bestimmungen

Art. 238 Recht auf wissenschaftliche Meeresforschung. Alle Staaten –
ungeachtet ihrer geographischen Lage – und die zuständigen internationalen
Organisationen haben das Recht, wissenschaftliche Meeresforschung zu betreiben, vorbehaltlich der in diesem Übereinkommen festgelegten Rechte
und Pflichten anderer Staaten.

Art. 239 Förderung der wissenschaftlichen Meeresforschung. Die
Staaten und die zuständigen internationalen Organisationen fördern und erleichtern die Entwicklung und Durchführung der wissenschaftlichen Meeresforschung in Übereinstimmung mit diesem Übereinkommen.

**Art. 240 Allgemeine Grundsätze für die Durchführung der wissen-
schaftlichen Meeresforschung.** Für die Durchführung der wissenschaftlichen Meeresforschung gelten folgende Grundsätze:

a) Die wissenschaftliche Meeresforschung darf nur für friedliche Zwecke betrieben werden;

b) die wissenschaftliche Meeresforschung wird mit den geeigneten wissenschaftlichen Methoden und Mitteln betrieben, die mit diesem Übereinkommen vereinbar sind;

c) die wissenschaftliche Meeresforschung darf die sonstige rechtmäßige, mit diesem Übereinkommen zu vereinbarende Nutzung des Meeres nicht ungerechtfertigt beeinträchtigen; sie wird bei dieser Nutzung gebührend berücksichtigt;

d) die wissenschaftliche Meeresforschung wird in Übereinstimmung mit allen diesbezüglichen, im Einklang mit diesem Übereinkommen erlassenen Vorschriften, einschließlich derjenigen zum Schutz und zur Bewahrung der Meeresumwelt, betrieben.

Art. 241 Nichtanerkennung von Tätigkeiten der wissenschaftlichen Meeresforschung als Rechtsgrundlage für Ansprüche. Tätigkeiten der wissenschaftlichen Meeresforschung bilden keine Rechtsgrundlage für einen Anspruch auf irgendeinen Teil der Meeresumwelt oder ihrer Ressourcen.

Abschnitt 2. Internationale Zusammenarbeit

Art. 242 Förderung der internationalen Zusammenarbeit. (1) Die Staaten und die zuständigen internationalen Organisationen fördern in Übereinstimmung mit dem Grundsatz der Achtung der Souveränität und der Hoheitsbefugnisse sowie auf der Grundlage des gegenseitigen Nutzens die internationale Zusammenarbeit bei der wissenschaftlichen Meeresforschung für friedliche Zwecke.

(2) In diesem Zusammenhang und unbeschadet der Rechte und Pflichten der Staaten aus diesem Übereinkommen gibt ein Staat bei der Anwendung dieses Teiles gegebenenfalls anderen Staaten ausreichend Gelegenheit, von ihm oder unter seiner Mitwirkung die notwendigen Informationen zu erhalten, um Schäden an der Gesundheit und Sicherheit der Menschen sowie an der Meeresumwelt zu verhüten und einzudämmen.

Art. 243 Schaffung günstiger Bedingungen. Die Staaten und die zuständigen internationalen Organisationen arbeiten durch den Abschluß zweiseitiger und mehrseitiger Übereinkünfte zusammen, um günstige Bedingungen für die Durchführung der wissenschaftlichen Meeresforschung in der Meeresumwelt zu schaffen und um die Bemühungen der Wissenschaftler bei der Untersuchung des Wesens der in der Meeresumwelt vorkommenden Erscheinungen und Vorgänge und ihrer Wechselbeziehungen zu vereinen.

Art. 244 Veröffentlichung und Verbreitung von Informationen und Kenntnissen. (1) Die Staaten und die zuständigen internationalen Organisationen stellen in Übereinstimmung mit diesem Übereinkommen durch Veröffentlichung und Verbreitung auf geeigneten Wegen Informationen über die geplanten größeren Programme und ihre Ziele sowie die aus der wissenschaftlichen Meeresforschung gewonnenen Kenntnisse zur Verfügung.

(2) Zu diesem Zweck fördern die Staaten sowohl einzeln als auch in Zusammenarbeit mit anderen Staaten und mit den zuständigen internationalen

Organisationen aktiv den Fluß wissenschaftlicher Daten und Informationen, die Weitergabe der aus der wissenschaftlichen Meeresforschung gewonnenen Kenntnisse vor allem an Entwicklungsstaaten sowie die Stärkung der Fähigkeit dieser Staaten, selbständig wissenschaftliche Meeresforschung zu betreiben, unter anderem durch Programme zur angemessenen Ausbildung und Schulung ihres technischen und wissenschaftlichen Personals.

Abschnitt 3. Durchführung und Förderung der wissenschaftlichen Meeresforschung

Art. 245 Wissenschaftliche Meeresforschung im Küstenmeer. Die Küstenstaaten haben in Ausübung ihrer Souveränität das ausschließliche Recht, die wissenschaftliche Meeresforschung in ihrem Küstenmeer zu regeln, zu genehmigen und zu betreiben. Die wissenschaftliche Meeresforschung darf dort nur mit ausdrücklicher Zustimmung des Küstenstaats und zu den von ihm festgelegten Bedingungen betrieben werden.

Art. 246 Wissenschaftliche Meeresforschung in der ausschließlichen Wirtschaftszone und auf dem Festlandsockel. (1) Die Küstenstaaten haben in Ausübung ihrer Hoheitsbefugnisse das Recht, die wissenschaftliche Meeresforschung in ihrer ausschließlichen Wirtschaftszone und auf ihrem Festlandsockel in Übereinstimmung mit den diesbezüglichen Bestimmungen dieses Übereinkommens zu regeln, zu genehmigen und zu betreiben.

(2) Die wissenschaftliche Meeresforschung in der ausschließlichen Wirtschaftszone und auf dem Festlandsockel wird mit Zustimmung des Küstenstaats betrieben.

(3) Unter normalen Umständen erteilen die Küstenstaaten ihre Zustimmung zu Vorhaben der wissenschaftlichen Meeresforschung anderer Staaten oder zuständiger internationaler Organisationen in ihrer ausschließlichen Wirtschaftszone oder auf ihrem Festlandsockel, die in Übereinstimmung mit diesem Übereinkommen für ausschließlich friedliche Zwecke und zur Erweiterung der wissenschaftlichen Kenntnisse über die Meeresumwelt zum Nutzen der gesamten Menschheit durchzuführen sind. Zu diesem Zweck stellen die Küstenstaaten Regeln und Verfahren auf, durch die sichergestellt wird, daß diese Zustimmung nicht unangemessen verzögert oder mißbräuchlich verweigert wird.

(4) Für die Anwendung des Absatzes 3 können normale Umstände auch dann gegeben sein, wenn zwischen dem Küstenstaat und dem Forschungsstaat diplomatische Beziehungen fehlen.

(5) Die Küstenstaaten können jedoch nach eigenem Ermessen ihre Zustimmung zur Durchführung eines Vorhabens der wissenschaftlichen Meeresforschung durch einen anderen Staat oder eine zuständige internationale Organisation in ihrer ausschließlichen Wirtschaftszone oder auf ihrem Festlandsockel versagen, wenn das Vorhaben
a) von unmittelbarer Bedeutung für die Erforschung und Ausbeutung der lebenden oder nichtlebenden Ressourcen ist;
b) Bohrungen im Festlandsockel, die Verwendung von Sprengstoffen oder die Zuführung von Schadstoffen in die Meeresumwelt vorsieht;
c) die Errichtung, den Betrieb oder die Nutzung der in den Artikeln 60 und 80 genannten künstlichen Inseln, Anlagen und Bauwerke vorsieht;

d) nach Artikel 248 übermittelte Informationen über Art und Ziele des Vorhabens enthält, die unzutreffend sind, oder wenn der Staat oder die zuständige internationale Organisation, welche die Forschung betreiben, aus einem früheren Forschungsvorhaben herrührende Verpflichtungen gegenüber dem Küstenstaat nicht erfüllt hat.

(6) Ungeachtet des Absatzes 5 dürfen die Küstenstaaten ihr Ermessen nicht so ausüben, daß sie ihre Zustimmung nach Buchstabe a jenes Absatzes für Vorhaben der wissenschaftlichen Meeresforschung versagen, die in Übereinstimmung mit diesem Teil auf dem Festlandsockel jenseits von 200 Seemeilen von den Basislinien, von denen aus die Breite des Küstenmeers gemessen wird, außerhalb der bestimmten Gebiete durchgeführt werden sollen, welche die Küstenstaaten jederzeit öffentlich als Gebiete bezeichnen können, in denen auf diese Gebiete bezogene Ausbeutung oder eingehende Aufsuchungsarbeiten erfolgen oder innerhalb einer angemessenen Frist erfolgen werden. Die Küstenstaaten geben die von ihnen bezeichneten Gebiete und alle sich auf sie beziehenden Änderungen innerhalb einer angemessenen Frist bekannt; sie sind jedoch nicht verpflichtet, Einzelheiten der dort durchgeführten Arbeiten bekanntzugeben.

(7) Absatz 6 berührt nicht die Rechte der Küstenstaaten am Festlandsockel nach Artikel 77.

(8) Die in diesem Artikel genannten Tätigkeiten der wissenschaftlichen Meeresforschung dürfen die Tätigkeiten, die von den Küstenstaaten in Ausübung ihrer in diesem Übereinkommen vorgesehenen souveränen Rechte und Hoheitsbefugnisse durchgeführt werden, nicht ungerechtfertigt behindern.

Art. 247 Vorhaben der wissenschaftlichen Meeresforschung, die von internationalen Organisationen oder unter ihrer Schirmherrschaft durchgeführt werden. Die Genehmigung eines Küstenstaats, der Mitglied einer internationalen Organisation ist oder eine zweiseitige Übereinkunft mit einer solchen Organisation geschlossen hat und in dessen ausschließlicher Wirtschaftszone oder auf dessen Festlandsockel diese Organisation beabsichtigt, ein Vorhaben der wissenschaftlichen Meeresforschung selbst durchzuführen oder unter ihrer Schirmherrschaft durchführen zu lassen, gilt bezüglich des Vorhabens als erteilt, das entsprechend den vereinbarten Einzelheiten durchgeführt werden soll, sofern der Küstenstaat das Vorhaben in allen Einzelheiten billigte, als die Organisation die Durchführung des Vorhabens beschloß, oder sofern er zur Teilnahme daran bereit ist und nicht binnen vier Monaten nach dem Zeitpunkt, zu dem die Organisation ihn von dem Vorhaben unterrichtet hat, dagegen Einspruch erhebt.

Art. 248 Informationspflicht gegenüber dem Küstenstaat. Die Staaten und die zuständigen internationalen Organisationen, die wissenschaftliche Meeresforschung in der ausschließlichen Wirtschaftszone oder auf dem Festlandsockel eines Küstenstaats zu betreiben beabsichtigen, unterbreiten diesem Staat mindestens sechs Monate vor dem vorgesehenen Beginn des Vorhabens der wissenschaftlichen Meeresforschung vollständige Angaben über
a) die Art und die Ziele des Vorhabens;
b) die Methode und die Mittel, die angewendet werden sollen, einschließlich des Namens, des Raumgehalts, des Typs und der Klasse der Schiffe und eine Beschreibung der wissenschaftlichen Ausrüstung;

c) die genauen geographischen Gebiete, in denen das Vorhaben durchgeführt werden soll;

d) das vorgesehene Datum des ersten Eintreffens und der endgültigen Abfahrt der Forschungsschiffe beziehungsweise des Aufstellens und der Entfernung der Ausrüstung;

e) den Namen der das Vorhaben befürwortenden Institution, ihres Leiters und der für das Vorhaben verantwortlichen Person und

f) das Ausmaß, in dem sich der Küstenstaat voraussichtlich an dem Vorhaben beteiligen oder dabei vertreten lassen kann.

Art. 249 Pflicht zur Erfüllung bestimmter Auflagen. (1) Die Staaten und die zuständigen internationalen Organisationen erfüllen bei der Durchführung der wissenschaftlichen Meeresforschung in der ausschließlichen Wirtschaftszone oder auf dem Festlandsockel eines Küstenstaats folgende Auflagen:

a) Sie stellen das Recht des Küstenstaats sicher, auf Wunsch an dem Vorhaben der wissenschaftlichen Meeresforschung teilzunehmen oder dabei vertreten zu sein, insbesondere, soweit dies möglich ist, an Bord von Forschungsschiffen und sonstigen Fahrzeugen oder auf wissenschaftlichen Forschungsanlagen, und zwar ohne Zahlung einer Vergütung an die Wissenschaftler des Küstenstaats und ohne Verpflichtung für diesen, sich an den Kosten des Vorhabens zu beteiligen;

b) sie stellen dem Küstenstaat auf dessen Ersuchen so bald wie möglich vorläufige Berichte und nach Abschluß der Forschungsarbeiten die endgültigen Ergebnisse und Schlußfolgerungen zur Verfügung;

c) sie verpflichten sich, dem Küstenstaat auf dessen Ersuchen Zugang zu allen aus dem Vorhaben der wissenschaftlichen Meeresforschung gewonnenen Daten und Proben zu gewähren sowie ihm Daten, die vervielfältigt werden können, und Proben, die ohne Beeinträchtigung ihres wissenschaftlichen Wertes geteilt werden können, zur Verfügung zu stellen;

d) sie stellen dem Küstenstaat auf dessen Ersuchen eine Beurteilung dieser Daten, Proben und Forschungsergebnisse zur Verfügung oder unterstützen ihn bei ihrer Beurteilung oder Auslegung;

e) sie stellen vorbehaltlich des Absatzes 2 sicher, daß die Forschungsergebnisse so bald wie möglich auf geeigneten nationalen oder internationalen Wegen international zugänglich gemacht werden;

f) sie teilen dem Küstenstaat sofort jede größere Änderung im Forschungsprogramm mit;

g) sie entfernen, wenn nichts anderes vereinbart ist, die Anlagen oder Ausrüstungen für die wissenschaftliche Forschung, sobald die Forschungsarbeiten abgeschlossen sind.

(2) Dieser Artikel berührt nicht die durch Gesetze und sonstige Vorschriften des Küstenstaats festgelegten Bedingungen für die Ausübung seines Ermessens, nach Artikel 246 Absatz 5 die Zustimmung zu erteilen oder zu versagen, einschließlich der Verpflichtung, sein vorheriges Einverständnis einzuholen, um die Forschungsergebnisse eines Vorhabens, das von unmittelbarer Bedeutung für die Erforschung und Ausbeutung von Ressourcen ist, international zugänglich zu machen.

Art. 250 Mitteilungen über Vorhaben der wissenschaftlichen Meeresforschung. Mitteilungen über Vorhaben der wissenschaftlichen Meeresforschung erfolgen auf geeigneten amtlichen Wegen, sofern nichts anderes vereinbart ist.

Art. 251 Allgemeine Kriterien und Richtlinien. Die Staaten bemühen sich, durch die zuständigen internationalen Organisationen die Aufstellung allgemeiner Kriterien und Richtlinien zu fördern, um den Staaten bei der Bestimmung der Art und der Folgen der wissenschaftlichen Meeresforschung zu helfen.

Art. 252 Stillschweigende Zustimmung. Die Staaten oder die zuständigen internationalen Organisationen können mit einem Vorhaben der wissenschaftlichen Meeresforschung sechs Monate nach dem Tag beginnen, an dem die nach Artikel 248 erforderlichen Informationen dem Küstenstaat zur Verfügung gestellt wurden, sofern dieser Staat nicht innerhalb von vier Monaten nach Eingang der Informationen dem Staat oder der Organisation, welche die Forschung betreiben, mitgeteilt hat,

a) daß er seine Zustimmung nach Artikel 246 versagt;

b) daß die von dem betreffenden Staat oder der betreffenden zuständigen internationalen Organisation übermittelten Informationen über die Art oder die Ziele des Vorhabens nicht den offensichtlichen Tatsachen entsprechen;

c) daß er zusätzliche Informationen bezüglich der in den Artikeln 248 und 249 vorgesehenen Auflagen und Informationen benötigt oder

d) daß Verpflichtungen hinsichtlich der Auflagen des Artikels 249 in bezug auf ein von diesem Staat oder dieser Organisation durchgeführtes früheres Vorhaben der wissenschaftlichen Meeresforschung noch nicht erfüllt sind.

Art. 253 Unterbrechung oder Einstellung von Tätigkeiten der wissenschaftlichen Meeresforschung. (1) Der Küstenstaat hat das Recht, die Unterbrechung jeder in seiner ausschließlichen Wirtschaftszone oder auf seinem Festlandsockel bereits aufgenommenen Tätigkeit der wissenschaftlichen Meeresforschung zu verlangen,

a) wenn die Forschungstätigkeit nicht in Übereinstimmung mit den nach Artikel 248 übermittelten Informationen durchgeführt wird, auf die sich die Zustimmung des Küstenstaats stützte, oder

b) wenn der Staat oder die zuständige internationale Organisation, welche die Forschungstätigkeit durchführen, die Bestimmungen des Artikels 249 über die Rechte des Küstenstaats in bezug auf das Vorhaben der wissenschaftlichen Meeresforschung nicht einhält.

(2) Der Küstenstaat hat das Recht, bei Nichteinhaltung der Bestimmungen des Artikels 248, die zu einer größeren Änderung des Forschungsvorhabens oder der Forschungstätigkeit führt, die Einstellung aller Tätigkeiten der wissenschaftlichen Meeresforschung zu verlangen.

(3) Der Küstenstaat kann auch die Einstellung von Tätigkeiten der wissenschaftlichen Meeresforschung verlangen, wenn einer der in Absatz 1 genannten Umstände nicht innerhalb einer angemessenen Frist behoben ist.

(4) Nach Eingang der Notifikation des Küstenstaats über seinen Beschluß, die Unterbrechung oder Einstellung von Tätigkeiten der wissenschaftlichen Meeresforschung anzuordnen, beenden die zur Durchführung dieser Tätigkeiten befugten Staaten oder zuständigen internationalen Organisationen die Forschungstätigkeiten, die Gegenstand dieser Notifikation sind.

(5) Eine Anordnung auf Unterbrechung nach Absatz 1 wird vom Küstenstaat aufgehoben, und die Tätigkeiten der wissenschaftlichen Meeresforschung dürfen fortgeführt werden, sobald der Staat oder die zuständige internationale Organisation, welche die Forschung betreiben, die Auflagen nach den Artikeln 248 und 249 erfüllt hat.

Art. 254 Rechte benachbarter Binnenstaaten und geographisch benachteiligter Staaten. (1) Die Staaten und die zuständigen internationalen Organisationen, die einem Küstenstaat ein Vorhaben der wissenschaftlichen Meeresforschung nach Artikel 246 Absatz 3 unterbreitet haben, unterrichten die benachbarten Binnenstaaten und geographisch benachteiligten Staaten von dem geplanten Forschungsvorhaben und teilen dies dem Küstenstaat mit.

(2) Nachdem der betreffende Küstenstaat in Übereinstimmung mit Artikel 246 und anderen einschlägigen Bestimmungen dieses Übereinkommens die Zustimmung zu dem geplanten Vorhaben der wissenschaftlichen Meeresforschung erteilt hat, stellen die Staaten und die zuständigen internationalen Organisationen, die das Vorhaben durchführen, den benachbarten Binnenstaaten und geographisch benachteiligten Staaten auf deren Ersuchen gegebenenfalls sachdienliche Informationen nach Maßgabe des Artikels 248 und des Artikels 249 Absatz 1 Buchstabe f zur Verfügung.

(3) Die obengenannten benachbarten Binnenstaaten und geographisch benachteiligten Staaten erhalten auf ihr Ersuchen Gelegenheit, soweit es durchführbar ist, durch von ihnen benannte und vom Küstenstaat nicht abgelehnte befähigte Fachleute an dem geplanten Vorhaben der wissenschaftlichen Meeresforschung in Übereinstimmung mit den Auflagen teilzunehmen, die zwischen dem betreffenden Küstenstaat und dem Staat oder den zuständigen internationalen Organisationen, welche die wissenschaftliche Meeresforschung betreiben, im Einklang mit diesem Übereinkommen für das Vorhaben vereinbart worden sind.

(4) Die in Absatz 1 bezeichneten Staaten und zuständigen internationalen Organisationen stellen den obengenannten Binnenstaaten und geographisch benachteiligten Staaten auf ihr Ersuchen die Informationen und die Unterstützung nach Artikel 249 Absatz 1 Buchstabe d vorbehaltlich des Artikels 249 Absatz 2 zur Verfügung.

Art. 255 Maßnahmen zur Erleichterung der wissenschaftlichen Meeresforschung und zur Unterstützung von Forschungsschiffen. Die Staaten bemühen sich, geeignete Regeln, Vorschriften und Verfahren zu erlassen, um die in Übereinstimmung mit diesem Übereinkommen außerhalb ihres Küstenmeers betriebene wissenschaftliche Meeresforschung zu fördern und zu erleichtern und um gegebenenfalls, vorbehaltlich ihrer Gesetze und sonstigen Vorschriften, den der wissenschaftlichen Meeresforschung dienenden Schiffen, welche die einschlägigen Bestimmungen dieses Teiles einhalten, den Zugang zu ihren Häfen zu erleichtern und die Unterstützung dieser Schiffe zu fördern.

Art. 256 Wissenschaftliche Meeresforschung im Gebiet. Alle Staaten – ungeachtet ihrer geographischen Lage – und die zuständigen internationalen Organisationen haben das Recht, im Einklang mit Teil XI wissenschaftliche Meeresforschung im Gebiet zu betreiben.

Art. **257** Wissenschaftliche Meeresforschung in der Wassersäule jenseits der Grenzen der ausschließlichen Wirtschaftszone. Alle Staaten – ungeachtet ihrer geographischen Lage – und die zuständigen internationalen Organisationen haben das Recht, im Einklang mit diesem Übereinkommen wissenschaftliche Meeresforschung in der Wassersäule jenseits der Grenzen der ausschließlichen Wirtschaftszone zu betreiben.

Abschnitt 4. Anlagen und Ausrüstungen für die wissenschaftliche Forschung in der Meeresumwelt

Art. **258** Aufstellung und Nutzung. Die Aufstellung und Nutzung von Anlagen oder Ausrüstungen jeder Art für die wissenschaftliche Forschung in irgendeinem Gebiet der Meeresumwelt unterliegen denselben Auflagen, die in diesem Übereinkommen für die Durchführung wissenschaftlicher Meeresforschung in einem solchen Gebiet vorgeschrieben sind.

Art. **259** Rechtsstatus. Die in diesem Abschnitt bezeichneten Anlagen oder Ausrüstungen haben nicht den Status von Inseln. Sie haben kein eigenes Küstenmeer, und ihr Vorhandensein berührt nicht die Abgrenzung des Küstenmeers, der ausschließlichen Wirtschaftszone oder des Festlandsockels.

Art. **260** Sicherheitszonen. Um die wissenschaftlichen Forschungsanlagen herum können in Übereinstimmung mit den diesbezüglichen Bestimmungen dieses Übereinkommens Sicherheitszonen mit einer angemessenen Breite von höchstens 500 Metern festgelegt werden. Alle Staaten stellen sicher, daß ihre Schiffe diese Sicherheitszonen beachten.

Art. **261** Nichtbehinderung auf Schiffahrtswegen. Die Aufstellung und Nutzung von Anlagen oder Ausrüstungen jeder Art für die wissenschaftliche Forschung dürfen die Schiffahrt auf den international genutzten Schiffahrtswegen nicht behindern.

Art. **262** Kennzeichnungen und Warnsignale. Die in diesem Abschnitt genannten Anlagen oder Ausrüstungen müssen Kennzeichnungen tragen, die angeben, in welchem Staat sie registriert sind oder welcher internationalen Organisation sie gehören; sie müssen mit geeigneten international vereinbarten Warnsignalen versehen sein, um die Sicherheit auf See und die Sicherheit der Luftfahrt zu gewährleisten, wobei die von den zuständigen internationalen Organisationen aufgestellten Regeln und Normen berücksichtigt werden.

Abschnitt 5. Verantwortlichkeit und Haftung

Art. **263** Verantwortlichkeit und Haftung. (1) Die Staaten und die zuständigen internationalen Organisationen sind verpflichtet sicherzustellen, daß die von ihnen oder in ihrem Namen betriebene wissenschaftliche Meeresforschung in Übereinstimmung mit diesem Übereinkommen durchgeführt wird.

(2) Die Staaten und die zuständigen internationalen Organisationen sind für Maßnahmen verantwortlich und haftbar, die sie unter Verletzung dieses Übereinkommens hinsichtlich der von anderen Staaten, ihren natürlichen oder juristischen Personen oder von zuständigen internationalen Organisatio-

nen betriebenen wissenschaftlichen Meeresforschung ergreifen, und leisten
Schadenersatz für die sich aus diesen Maßnahmen ergebenden Schäden.

(3) Die Staaten und die zuständigen internationalen Organisationen sind
nach Artikel 235 für Schäden verantwortlich und haftbar, die durch Verschmutzung der Meeresumwelt infolge der von ihnen oder in ihrem Namen
durchgeführten wissenschaftlichen Meeresforschung verursacht wurden.

Abschnitt 6. Beilegung von Streitigkeiten und einstweilige Maßnahmen

Art. 264 Beilegung von Streitigkeiten. Streitigkeiten über die Auslegung oder Anwendung der Bestimmungen dieses Übereinkommens über die
wissenschaftliche Meeresforschung werden in Übereinstimmung mit Teil XV
Abschnitte 2 und 3 beigelegt.

Art. 265 Einstweilige Maßnahmen. Solange eine Streitigkeit nicht in
Übereinstimmung mit Teil XV Abschnitte 2 und 3 beigelegt ist, gestattet der
Staat oder die zuständige internationale Organisation, die zur Durchführung
eines Vorhabens der wissenschaftlichen Meeresforschung befugt sind, nicht,
daß Forschungstätigkeiten ohne ausdrückliche Zustimmung des betreffenden
Küstenstaats begonnen oder fortgeführt werden.

Teil XIV. Entwicklung und Weitergabe von Meerestechnologie

Abschnitt 1. Allgemeine Bestimmungen

**Art. 266 Förderung der Entwicklung und Weitergabe von Meeres-
technologie.** (1) Die Staaten arbeiten, soweit es ihnen möglich ist, unmittelbar oder im Rahmen der zuständigen internationalen Organisationen zusammen, um die Entwicklung und Weitergabe von meereswissenschaftlichen
Kenntnissen und von Meerestechnologie zu angemessenen und annehmbaren
Bedingungen aktiv zu fördern.

(2) Die Staaten fördern die Entwicklung der meereswissenschaftlichen und
technologischen Leistungsfähigkeit der Staaten, die technische Hilfe auf diesem Gebiet benötigen und um diese ersuchen, insbesondere der Entwicklungsstaaten einschließlich der Binnenstaaten und der geographisch benachteiligten Staaten, im Hinblick auf die Erforschung, Ausbeutung, Erhaltung und
Bewirtschaftung der Meeresressourcen, den Schutz und die Bewahrung der
Meeresumwelt, die wissenschaftliche Meeresforschung und sonstige Tätigkeiten in der Meeresumwelt, die mit diesem Übereinkommen vereinbar sind,
um den sozialen und wirtschaftlichen Fortschritt der Entwicklungsstaaten zu
beschleunigen.

(3) Die Staaten bemühen sich, günstige wirtschaftliche und rechtliche Bedingungen für die Weitergabe von Meerestechnologie zum Nutzen aller Beteiligten auf gerechter Grundlage zu fördern.

Art. 267 Schutz berechtigter Interessen. Die Staaten nehmen bei der Förderung der Zusammenarbeit nach Artikel 266 gebührend Rücksicht auf alle berechtigten Interessen, insbesondere auf die Rechte und Pflichten der Inhaber, Lieferer und Empfänger von Meerestechnologie.

Art. 268 Grundlegende Ziele. Die Staaten fördern unmittelbar oder im Rahmen der zuständigen internationalen Organisationen

a) den Erwerb, die Auswertung und die Verbreitung meerestechnologischer Kenntnisse und erleichtern den Zugang zu den entsprechenden Informationen und Daten;

b) die Entwicklung geeigneter Meerestechnologie;

c) die Entwicklung der notwendigen technologischen Infrastruktur zur Erleichterung der Weitergabe von Meerestechnologie;

d) die Erschließung des Arbeitskräftepotentials durch Schulung und Ausbildung von Angehörigen der Entwicklungsstaaten und -länder, insbesondere von Staatsangehörigen der am wenigsten entwickelten unter ihnen;

e) die internationale Zusammenarbeit auf allen Ebenen, insbesondere im regionalen, subregionalen und zweiseitigen Rahmen.

Art. 269 Maßnahmen zur Erreichung der grundlegenden Ziele. Um die in Artikel 268 genannten Ziele zu erreichen, bemühen sich die Staaten unmittelbar oder im Rahmen der zuständigen internationalen Organisationen unter anderem,

a) Programme der technischen Zusammenarbeit bei der wirksamen Weitergabe aller Arten von Meerestechnologie an Staaten aufzustellen, die technische Hilfe auf diesem Gebiet benötigen und um diese ersuchen, insbesondere Binnenstaaten und geographisch benachteiligte Staaten, die Entwicklungsstaaten sind, sowie an andere Entwicklungsstaaten, die nicht in der Lage waren, ihre eigene technologische Kapazität im Bereich der Meereeswissenschaft und der Erforschung und Ausbeutung der Meeresressourcen entweder zu schaffen oder auszubauen oder die Infrastruktur für eine solche Technologie zu entwickeln;

b) günstige Bedingungen für den Abschluß von Übereinkünften, Verträgen und anderen ähnlichen Vereinbarungen zu gerechten und annehmbaren Bedingungen zu fördern;

c) Konferenzen, Seminare und Symposien über wissenschaftliche und technologische Themen abzuhalten, insbesondere über Leitsätze und Methoden zur Weitergabe von Meerestechnologie;

d) den Austausch von Wissenschaftlern, Technologen und anderen Fachleuten zu fördern;

e) Vorhaben durchzuführen sowie gemeinschaftliche Unternehmungen und andere Formen der zweiseitigen und mehrseitigen Zusammenarbeit zu fördern.

Abschnitt 2. Internationale Zusammenarbeit

Art. 270 Formen der internationalen Zusammenarbeit. Die internationale Zusammenarbeit bei der Entwicklung und Weitergabe von Meerestechnologie wird, soweit durchführbar und angebracht, im Rahmen bestehender zweiseitiger, regionaler oder mehrseitiger und auch erweiterter und neuer Programme durchgeführt, um die wissenschaftliche Meeresforschung, die Weitergabe von Meerestechnologie insbesondere in neuen Bereichen sowie eine angemessene internationale Finanzierung der Erforschung und Erschließung der Meere zu erleichtern.

Art. 271 Richtlinien, Kriterien und Normen. Die Staaten fördern unmittelbar oder im Rahmen der zuständigen internationalen Organisationen die Festlegung allgemein anerkannter Richtlinien, Kriterien und Normen für die Weitergabe von Meerestechnologie auf zweiseitiger Grundlage oder im Rahmen internationaler Organisationen und anderer Gremien, wobei insbesondere den Interessen und Bedürfnissen der Entwicklungsstaaten Rechnung getragen wird.

Art. 272 Koordinierung internationaler Programme. Im Bereich der Weitergabe von Meerestechnologie bemühen sich die Staaten sicherzustellen, daß die zuständigen internationalen Organisationen ihre Tätigkeiten einschließlich regionaler oder weltweiter Programme koordinieren, wobei den Interessen und Bedürfnissen der Entwicklungsstaaten, insbesondere der Binnenstaaten und der geographisch benachteiligten Staaten, Rechnung getragen wird.

Art. 273 Zusammenarbeit mit internationalen Organisationen und der Behörde. Die Staaten arbeiten mit den zuständigen internationalen Organisationen und der Behörde aktiv zusammen, um die Weitergabe der sich auf Tätigkeiten im Gebiet beziehenden Fertigkeiten und Meerestechnologie an Entwicklungsstaaten und ihre Angehörigen und an das Unternehmen zu fördern und zu erleichtern.

Art. 274 Ziele der Behörde. Vorbehaltlich aller berechtigten Interessen, unter anderem der Rechte und Pflichten der Inhaber, Lieferer und Empfänger von Technologie, stellt die Behörde im Hinblick auf Tätigkeiten im Gebiet sicher,
a) daß Angehörige von Entwicklungsstaaten, ob Küsten- oder Binnenstaaten oder geographisch benachteiligte Staaten, nach dem Grundsatz einer gerechten geographischen Verteilung als Mitglieder des für ihre Unternehmungen eingestellten Führungs-, Forschungs- und Fachpersonals ausgebildet werden;
b) daß die Fachdokumentation über verwendete Ausrüstungen, Maschinen, Geräte und Verfahren allen Staaten, insbesondere Entwicklungsstaaten, die technische Hilfe in diesem Bereich benötigen und darum ersuchen, zur Verfügung gestellt wird;
c) daß sie angemessene Vorkehrungen trifft, um den Erwerb technischer Hilfe im Bereich der Meerestechnologie durch Staaten, die sie benötigen und darum ersuchen, insbesondere Entwicklungsstaaten, und den Erwerb der erforderlichen Fertigkeiten und Fachkenntnisse einschließlich einer Berufsausbildung durch ihre Angehörigen zu erleichtern;
d) daß den Staaten, die technische Hilfe in diesem Bereich benötigen und darum ersuchen, insbesondere Entwicklungsstaaten, im Rahmen der in diesem Übereinkommen vorgesehenen finanziellen Regelungen geholfen wird, die erforderlichen Ausrüstungen, Verfahren, Anlagen und technischen Fachkenntnisse zu erwerben.

Abschnitt 3. Nationale und regionale Zentren für Meereswissenschaft und -technologie

Art. 275 Errichtung nationaler Zentren. (1) Die Staaten fördern unmittelbar oder im Rahmen der zuständigen internationalen Organisationen und der Behörde die Errichtung nationaler meereswissenschaftlicher und technologischer Forschungszentren und die Stärkung bestehender nationaler Zentren, insbesondere in Küstenstaaten, die Entwicklungsstaaten sind, um die Durchführung wissenschaftlicher Meeresforschung durch diese Staaten anzuregen und voranzutreiben und ihre nationalen Fähigkeiten zur Nutzung und Bewahrung ihrer Meeresressourcen zu ihrem wirtschaftlichen Nutzen zu erhöhen.

(2) Die Staaten leisten im Rahmen der zuständigen internationalen Organisationen und der Behörde angemessene Unterstüzung, um die Errichtung und Stärkung dieser nationalen Zentren zu erleichtern, damit den Staaten, die solche Hilfe benötigen und darum ersuchen, die Möglichkeiten zur weiteren Ausbildung, die erforderlichen Ausrüstungen, Fertigkeiten und Fachkenntnisse sowie technische Fachleute zur Verfügung gestellt werden.

Art. 276 Errichtung regionaler Zentren. (1) Die Staaten erleichtern in Koordination mit den zuständigen internationalen Organisationen, der Behörde und nationalen meereswissenschaftlichen und -technologischen Forschungseinrichtungen die Errichtung regionaler Forschungszentren für Meereswissenschaft und -technologie, insbesondere in Entwicklungsstaaten, um die Durchführung wissenschaftlicher Meeresforschung durch Entwicklungsstaaten anzuregen und voranzutreiben und die Weitergabe von Meerestechnologie zu fördern.

(2) Alle Staaten derselben Region arbeiten mit den regionalen Zentren zusammen, um eine möglichst wirksame Erfüllung ihrer Ziele sicherzustellen.

Art. 277 Aufgaben der regionalen Zentren. Zu den Aufgaben solcher regionalen Zentren gehören unter anderem
a) Schulungs- und Ausbildungsprogramme auf allen Ebenen über verschiedene Aspekte der meereswissenschaftlichen und -technologischen Forschung, insbesondere der Meeresbiologie, einschließlich der Erhaltung und Bewirtschaftung der lebenden Ressourcen, der Ozeanographie, der Hydrographie, des Ingenieurwesens, der geologischen Erforschung des Meeresbodens, der Bergbau- und Entsalzungstechnologien;
b) Untersuchungen über die Bewirtschaftung;
c) Studienprogramme betreffend den Schutz und die Bewahrung der Meeresumwelt sowie die Verhütung, Verringerung und Überwachung der Verschmutzung;
d) Veranstaltung regionaler Konferenzen, Seminare und Symposien;
e) Sammlung und Verarbeitung meereswissenschaftlicher und -technologischer Daten und Informationen;
f) umgehende Verbreitung der Ergebnisse meereswissenschaftlicher und -technologischer Forschung in leicht zugänglichen Veröffentlichungen;
g) Verbreitung von Informationen über nationale Leitsätze hinsichtlich der Weitergabe von Meerestechnologie und systematische vergleichende Untersuchungen dieser Leitsätze;

h) Zusammenstellung und Systematisierung von Informationen über die Vermarktung von Technologie und über Verträge und sonstige Regelungen betreffend Patente;

i) technische Zusammenarbeit mit anderen Staaten der Region.

Abschnitt 4. Zusammenarbeit zwischen internationalen Organisationen

Art. 278 Zusammenarbeit zwischen internationalen Organisationen. Die in diesem Teil und in Teil XIII genannten zuständigen internationalen Organisationen ergreifen alle geeigneten Maßnahmen, um entweder unmittelbar oder in enger Zusammenarbeit untereinander die wirksame Wahrnehmung ihrer Aufgaben und Verantwortlichkeiten nach diesem Teil sicherzustellen.

Teil XV. Beilegung von Streitigkeiten

Abschnitt 1. Allgemeine Bestimmungen

Art. 279 Verpflichtung zur Beilegung von Streitigkeiten durch friedliche Mittel. Die Vertragsstaaten legen alle zwischen ihnen entstehenden Streitigkeiten über die Auslegung oder Anwendung dieses Übereinkommens durch friedliche Mittel in Übereinstimmung mit Artikel 2 Absatz 3 der Charta der Vereinten Nationen bei und bemühen sich zu diesem Zweck um eine Lösung durch die in Artikel 33 Absatz 1 der Charta genannten Mittel.

Art. 280 Beilegung von Streitigkeiten durch die von den Parteien gewählten friedlichen Mittel. Dieser Teil beeinträchtigt nicht das Recht der Vertragsstaaten, jederzeit zu vereinbaren, eine zwischen ihnen entstehende Streitigkeit über die Auslegung oder Anwendung dieses Übereinkommens durch friedliche Mittel eigener Wahl beizulegen.

Art. 281 Verfahren für den Fall, daß keine Beilegung durch die Parteien erzielt worden ist. (1) Haben Vertragsstaaten, die Parteien einer Streitigkeit über die Auslegung oder Anwendung dieses Übereinkommens sind, vereinbart, deren Beilegung durch ein friedliches Mittel eigener Wahl anzustreben, so finden die in diesem Teil vorgesehenen Verfahren nur Anwendung, wenn eine Beilegung durch dieses Mittel nicht erzielt worden ist und wenn die Vereinbarung zwischen den Parteien ein weiteres Verfahren nicht ausschließt.

(2) Haben die Parteien auch eine Frist vereinbart, so gilt Absatz 1 erst nach Ablauf dieser Frist.

Art. 282 Verpflichtungen aus allgemeinen, regionalen oder zweiseitigen Übereinkünften. Haben Vertragsstaaten, die Parteien einer Streitigkeit über die Auslegung oder Anwendung dieses Übereinkommens sind, im Rahmen einer allgemeinen, regionalen oder zweiseitigen Übereinkunft oder auf andere Weise vereinbart, eine solche Streitigkeit auf Antrag einer der Streitparteien einem Verfahren zu unterwerfen, das zu einer bindenden Entscheidung führt, so findet dieses Verfahren anstelle der in diesem Teil vorgesehenen Verfahren Anwendung, sofern die Streitparteien nichts anderes vereinbaren.

Art. 283 Verpflichtung zum Meinungsaustausch. (1) Entsteht zwischen Vertragstaaten eine Streitigkeit über die Auslegung oder Anwendung dieses Übereinkommens, so nehmen die Streitparteien umgehend einen Meinungsaustausch über die Beilegung der Streitigkeit durch Verhandlung oder andere friedliche Mittel auf.

(2) Die Parteien nehmen auch dann umgehend einen Meinungsaustausch auf, wenn ein Verfahren zur Beilegung einer solchen Streitigkeit ohne Beilegung beendet worden ist oder wenn eine Beilegung zwar erzielt worden ist, aber die Umstände Konsultationen über die Art ihrer Durchführung erforderlich machen.

Art. 284 Vergleich. (1) Jeder Vertragsstaat, der Partei einer Streitigkeit über die Auslegung oder Anwendung dieses Übereinkommens ist, kann die andere Partei oder die anderen Parteien auffordern, die Streitigkeit einem Vergleichsverfahren in Übereinstimmung mit Anlage V Abschnitt 1 oder einem anderen Vergleichsverfahren zu unterwerfen.

(2) Wird der Aufforderung entsprochen und einigen sich die Parteien über das anzuwendende Vergleichsverfahren, so kann jede Partei die Streitigkeit diesem Verfahren unterwerfen.

(3) Wird der Aufforderung nicht entsprochen oder einigen sich die Parteien nicht über das Verfahren, so gilt das Vergleichsverfahren als beendet.

(4) Ist eine Streitigkeit einem Vergleichsverfahren unterworfen worden, so kann dieses nur in Übereinstimmung mit dem vereinbarten Vergleichsverfahren beendet werden, sofern die Parteien nichts anderes vereinbaren.

Art. 285 Anwendung dieses Abschnitts auf nach Teil XI unterbreitete Steitigkeiten. Dieser Abschnitt findet auf jede Streitigkeit Anwendung, die aufgrund des Teiles XI Abschnitt 5 in Übereinstimmung mit den im vorliegenden Teil vorgesehenen Verfahren beizulegen ist. Ist ein Rechtsträger, der nicht Vertragsstaat ist, Partei einer solchen Streitigkeit, so findet der vorliegende Abschnitt sinngemäß Anwendung.

Abschnitt 2. Obligatorische Verfahren, die zu bindenden Entscheidungen führen

Art. 286 Anwendung der Verfahren nach diesem Abschnitt. Vorbehaltlich des Abschnitts 3 wird jede Streitigkeit über die Auslegung oder Anwendung dieses Übereinkommens, die nicht in Anwendung des Abschnitts 1 beigelegt worden ist, auf Antrag einer Streitpartei dem aufgrund des vorliegenden Abschnitts zuständigen Gerichtshof oder Gericht unterbreitet.

Art. 287 Wahl des Verfahrens. (1) Einem Staat steht es frei, wenn er dieses Übereinkommen unterzeichnet, ratifiziert oder ihm beitritt, oder zu jedem späteren Zeitpunkt, durch eine schriftliche Erklärung eines oder mehrere der folgenden Mittel zur Beilegung von Streitigkeiten über die Auslegung oder Anwendung des Übereinkommens zu wählen:

a) den in Übereinstimmung mit Anlage VI errichteten Internationalen Seegerichtshof;
b) den Internationalen Gerichtshof;
c) ein in Übereinstimmung mit Anlage VII gebildetes Schiedsgericht;
d) ein in Übereinstimmung mit Anlage VIII für eine oder mehrere der dort aufgeführten Arten von Streitigkeiten gebildetes besonderes Schiedsgericht.

(2) Eine nach Absatz 1 abgegebene Erklärung berührt nicht die Verpflichtung eines Vertragsstaats, die Zuständigkeit der Kammer für Meeresbodenstreitigkeiten des Internationalen Seegerichtshofs in dem Umfang und in der Art anzuerkennen, wie in Teil XI Abschnitt 5 vorgesehen, noch wird sie durch eine solche Verpflichtung berührt.

(3) Ist ein Vertragsstaat Partei einer nicht von einer gültigen Erklärung erfaßten Streitigkeit, so wird angenommen, daß er dem Schiedsverfahren in Übereinstimmung mit Anlage VII zugestimmt hat.

(4) Haben die Streitparteien demselben Verfahren zur Beilegung der Streitigkeit zugestimmt, so kann sie nur diesem Verfahren unterworfen werden, sofern die Parteien nichts anderes vereinbaren.

(5) Haben die Streitparteien nicht demselben Verfahren zur Beilegung der Streitigkeit zugestimmt, so kann sie nur einem Schiedsverfahren in Übereinstimmung mit Anlage VII unterworfen werden, sofern die Parteien nichts anderes vereinbaren.

(6) Eine nach Absatz 1 abgegebene Erklärung bleibt noch drei Monate in Kraft, nachdem eine Mitteilung des Widerrufs beim Generalsekretär der Vereinten Nationen hinterlegt worden ist.

(7) Eine neue Erklärung, eine Mitteilung des Widerrufs oder das Außerkrafttreten einer Erklärung berührt nicht das anhängige Verfahren vor einem Gerichtshof oder einem Gericht, die aufgrund dieses Artikels zuständig sind, sofern die Parteien nichts anderes vereinbaren.

(8) Die in diesem Artikel genannten Erklärungen und Mitteilungen werden beim Generalsekretär der Vereinten Nationen hinterlegt; dieser übermittelt den Vertragsstaaten Abschriften davon.

Art. 288 Zuständigkeit. (1) Ein Gerichtshof oder Gericht nach Artikel 287 ist für jede Streitigkeit über die Auslegung oder Anwendung dieses Übereinkommens zuständig, die ihm in Übereinstimmung mit diesem Teil unterbreitet wird.

(2) Ein Gerichtshof oder Gericht nach Artikel 287 ist auch für jede Streitigkeit zuständig, welche die Auslegung oder Anwendung einer mit den Zielen dieses Übereinkommens zusammenhängenden internationalen Übereinkunft betrifft und ihm in Übereinstimmung mit der Übereinkunft unterbreitet wird.

(3) Die Kammer für Meeresbodenstreitigkeiten des in Übereinstimmung mit Anlage VI errichteten Internationalen Seegerichtshofs und jede andere Kammer oder jedes andere Schiedsgericht nach Teil XI Abschnitt 5 sind für jede Angelegenheit zuständig, die ihnen in Übereinstimmung damit unterbreitet wird.

(4) Wird die Zuständigkeit eines Gerichtshofs oder Gerichts bestritten, so entscheidet der Gerichtshof oder das Gericht darüber.

Art. 289 Sachverständige. Bei einer Streitigkeit über wissenschaftliche oder technische Angelegenheiten kann ein Gerichtshof oder Gericht in Ausübung seiner Zuständigkeit nach diesem Abschnitt auf Antrag einer Partei oder von Amts wegen – in Konsultation mit den Parteien mindestens zwei wissenschaftliche oder technische Sachverständige vorzugsweise aus der maßgeblichen in Übereinstimmung mit Anlage VIII Artikel 2 aufgestellten Liste auswählen, die an der Verhandlung vor dem Gerichtshof oder Gericht ohne Stimmrecht teilnehmen.

Art. 290 Vorläufige Maßnahmen. (1) Ist ein Gerichtshof oder Gericht, dem eine Streitigkeit ordnungsgemäß unterbreitet worden ist, der Auffassung, aufgrund dieses Teiles oder des Teiles XI Abschnitt 5 prima facie (nach dem ersten Anschein) zuständig zu sein, so kann der Gerichtshof oder das Gericht die vorläufigen Maßnahmen anordnen, die sie unter den gegebenen Umständen für erforderlich halten, um bis zur endgültigen Entscheidung die Rechte jeder Streitpartei zu sichern oder schwere Schäden für die Meeresumwelt zu verhindern.

(2) Vorläufige Maßnahmen können geändert oder widerrufen werden, sobald die Umstände, die sie rechtfertigen, sich geändert haben oder nicht mehr bestehen.

(3) Vorläufige Maßnahmen können aufgrund dieses Artikels nur auf Antrag einer Streitpartei und nur, nachdem die Parteien Gelegenheit zur Anhörung erhalten haben, angeordnet, geändert oder widerrufen werden.

(4) Der Gerichtshof oder das Gericht teilt den Streitparteien und, wenn der Gerichtshof oder das Gericht dies für angebracht hält, anderen Vertragsstaaten umgehend die Anordnung, die Änderung oder den Widerruf vorläufiger Maßnahmen mit.

(5) Bis zur Bildung eines aufgrund dieses Abschnitts mit einer Streitigkeit befaßten Schiedsgerichts kann ein von den Parteien einvernehmlich bestimmter Gerichtshof oder ein so bestimmtes Gericht oder, falls ein solches Einvernehmen nicht binnen zwei Wochen nach dem Tag der Beantragung vorläufiger Maßnahmen zustande kommt, der Internationale Seegerichtshof oder – bei Tätigkeiten im Gebiet – die Kammer für Meeresbodenstreitigkeiten vorläufige Maßnahmen in Übereinstimmung mit diesem Artikel anordnen, ändern oder widerrufen, sofern sie der Auffassung sind, daß das zu bildende Gericht prima facie (nach dem ersten Anschein) zuständig wäre und die Dringlichkeit der Lage dies erfordert. Das Gericht, dem die Streitigkeit unterbreitet worden ist, kann nach seiner Bildung diese vorläufigen Maßnahmen im Einklang mit den Absätzen 1 bis 4 ändern, widerrufen oder bestätigen.

(6) Die Streitparteien befolgen umgehend die aufgrund dieses Artikels angeordneten vorläufigen Maßnahmen.

Art. 291 Zugang. (1) Den Vertragsstaaten stehen alle in diesem Teil aufgeführten Verfahren zur Beilegung von Streitigkeiten offen.

(2) Die in diesem Teil aufgeführten Verfahren zur Beilegung von Streitigkeiten stehen Rechtsträgern, die nicht Vertragsstaaten sind, nur so weit offen, wie in diesem Übereinkommen ausdrücklich vorgesehen.

Art. 292 Sofortige Freigabe von Schiffen und Besatzungen. (1) Haben die Behörden eines Vertragsstaats ein Schiff zurückgehalten, das die Flagge eines anderen Vertragsstaats führt, und wird behauptet, daß der zurückhaltende Staat die Bestimmungen dieses Übereinkommens über die sofortige Freigabe des Schiffes oder seiner Besatzung nach Hinterlegung einer angemessenen Kaution oder anderen finanziellen Sicherheit nicht eingehalten hat, so kann die Frage der Freigabe einem von den Parteien einvernehmlich bestimmten Gerichtshof oder Gericht unterbreitet werden; kommt binnen 10 Tagen nach dem Zeitpunkt des Zurückhaltens kein Einvernehmen zustande, so kann die Frage einem Gerichtshof oder einem Gericht, dem der zurückhaltende Staat nach Artikel 287 zugestimmt hat, oder dem Internationalen Seegerichtshof unterbreitet werden, sofern die Parteien nichts anderes vereinbaren.

(2) Der Antrag auf Freigabe kann nur vom Flaggenstaat des Schiffes oder im Namen dieses Staates gestellt werden.

(3) Der Antrag auf Freigabe wird von dem Gerichtshof oder Gericht unverzüglich behandelt, wobei nur die Frage der Freigabe behandelt wird; die Sache selbst, deren Gegenstand das Schiff, sein Eigentümer oder seine Besatzung ist, wird dadurch bezüglich des Verfahrens vor der zuständigen innerstaatlichen Instanz nicht berührt. Die Behörden des zurückhaltenden Staates bleiben befugt, das Schiff oder seine Besatzung jederzeit freizugeben.

(4) Nach Hinterlegung der von dem Gerichtshof oder Gericht bestimmten Kaution oder anderen finanziellen Sicherheit führen die Behörden des zurückhaltenden Staates sofort die Entscheidung des Gerichtshofs oder Gerichts über die Freigabe des Schiffes oder seiner Besatzung aus.

Art. 293 Anwendbares Recht. (1) Ein nach diesem Abschnitt zuständiger Gerichtshof oder ein so zuständiges Gericht wendet dieses Übereinkommen und sonstige mit dem Übereinkommen nicht unvereinbare Regeln des Völkerrechts an.

(2) Absatz 1 berührt nicht die Befugnis des aufgrund dieses Abschnitts zuständigen Gerichtshofs oder Gerichts, einen Fall ex aequo et bono zu entscheiden, sofern die Parteien dies vereinbaren.

Art. 294 Vorverfahren. (1) Ein Gerichtshof oder Gericht nach Artikel 287, bei dem wegen einer in Artikel 297 genannten Streitigkeit eine Klageschrift eingereicht wird, entscheidet auf Ersuchen einer Partei oder kann von Amts wegen entscheiden, ob das Begehren eine mißbräuchliche Inanspruchnahme des Rechtswegs darstellt oder ob es prima facie (nach dem ersten Anschein) begründet ist. Entscheidet der Gerichtshof oder das Gericht, daß das Begehren eine mißbräuchliche Inanspruchnahme des Rechtswegs darstellt oder prima facie (nach dem ersten Anschein) unbegründet ist, so wird der Fall von ihm nicht weiter behandelt.

(2) Nach Eingang der Klageschrift unterrichtet der Gerichtshof oder das Gericht die andere Partei oder die anderen Parteien sofort von der Klageschrift und setzt eine angemessene Frist, innerhalb deren sie den Gerichtshof oder das Gericht ersuchen können, eine Entscheidung in Übereinstimmung mit Absatz 1 zu treffen.

(3) Dieser Artikel berührt nicht das Recht einer Streitpartei, in Übereinstimmung mit den anwendbaren Verfahrensregeln prozeßhindernde Einreden geltend zu machen.

Art. 295 Erschöpfung der innerstaatlichen Rechtsmittel. Eine Streitigkeit zwischen Vertragsstaaten über die Auslegung oder Anwendung dieses Übereinkommens kann den in diesem Abschnitt vorgesehenen Verfahren nur dann unterworfen werden, wenn die innerstaatlichen Rechtsmittel entsprechend den Erfordernissen des Völkerrechts erschöpft sind.

Art. 296 Endgültigkeit und Verbindlichkeit der Entscheidungen.
(1) Jede Entscheidung, die von einem nach diesem Abschnitt zuständigen Gerichtshof oder Gericht getroffen wird, ist endgültig und wird von allen Streitparteien befolgt.

(2) Die Entscheidung ist nur für die Parteien und nur in bezug auf die betreffende Streitigkeit bindend.

Abschnitt 3. Grenzen und Ausnahmen der Anwendbarkeit des Abschnitts 2

Art. 297 Grenzen der Anwendbarkeit des Abschnitts 2. (1) Streitigkeiten über die Auslegung oder Anwendung dieses Übereinkommens hinsichtlich der Ausübung der in dem Übereinkommen vorgesehenen souveränen Rechte oder Hoheitsbefugnisse durch einen Küstenstaat werden in folgenden Fällen den in Abschnitt 2 vorgesehenen Verfahren unterworfen:
a) wenn behauptet wird, daß ein Küstenstaat gegen die Bestimmungen dieses Übereinkommens hinsichtlich der Freiheiten und der Rechte der Schifffahrt, des Überflugs oder der Verlegung unterseeischer Kabel und Rohrleitungen oder hinsichtlich anderer völkerrechtlich zulässiger Nutzungen des Meeres nach Artikel 58 verstoßen hat;
b) wenn behauptet wird, daß ein Staat in Ausübung der genannten Freiheiten, Rechte oder Nutzungen gegen dieses Übereinkommen oder gegen Gesetze oder sonstige Vorschriften des Küstenstaats verstoßen hat, die dieser im Einklang mit dem Übereinkommen und sonstigen mit dem Übereinkommen nicht unvereinbaren Regeln des Völkerrechts erlassen hat, oder
c) wenn behauptet wird, daß ein Küstenstaat gegen bestimmte auf ihn anwendbare internationale Regeln und Normen zum Schutz und zur Bewahrung der Meeresumwelt verstoßen hat, die durch dieses Übereinkommen oder durch eine zuständige internationale Organisation oder eine diplomatische Konferenz in Übereinstimmung mit dem Übereinkommen festgelegt worden sind.

(2) a) Streitigkeiten über die Auslegung oder Anwendung dieses Übereinkommens hinsichtlich der wissenschaftlichen Meeresforschung werden in Übereinstimmung mit Abschnitt 2 beigelegt; der Küstenstaat ist jedoch nicht verpflichtet, zuzustimmen, daß einer solchen Beilegung eine Streitigkeit unterworfen wird, die sich ergibt
i) aus der Ausübung eines Rechts oder des Ermessens in Übereinstimmung mit Artikel 246 durch den Küstenstaat oder
ii) aus einem Beschluß des Küstenstaats, die Unterbrechung oder Einstellung eines Forschungsvorhabens in Übereinstimmung mit Artikel 253 anzuordnen.
b) Eine Streitigkeit, die sich aus einer Behauptung des Forschungsstaats ergibt, daß der Küstenstaat bei einem bestimmten Vorhaben die ihm nach den Artikeln 246 und 253 zustehenden Rechte nicht in einer Weise ausübt, die

mit diesem Übereinkommen vereinbar ist, wird auf Antrag einer Partei dem Vergleichsverfahren nach Anlage V Abschnitt 2 unterworfen; jedoch darf die Vergleichskommission die Ausübung des Ermessens des Küstenstaats, nach Artikel 246 Absatz 6 bestimmte Gebiete zu bezeichnen oder in Übereinstimmung mit Artikel 246 Asatz 5 die Zustimmung zu versagen, nicht in Frage stellen.

(3) a) Streitigkeiten über die Auslegung oder Anwendung dieses Übereinkommens hinsichtlich der Fischerei werden in Übereinstimmung mit Abschnitt 2 beigelegt; der Küstenstaat ist jedoch nicht verpflichtet, zuzustimmen, daß einer solchen Beilegung eine Streitigkeit unterworfen wird, die seine souveränen Rechte oder deren Ausübung in bezug auf die lebenden Ressourcen seiner ausschließlichen Wirtschaftszone betrifft, einschließlich seiner Ermessensbefugnis, die zulässige Fangmenge, seine Fangkapazität, die Zuweisung von Überschüssen an andere Staaten sowie die in seinen Gesetzen und sonstigen Vorschriften über Erhaltung und Bewirtschaftung festgelegten Bedingungen zu bestimmen.

b) Falls eine Beilegung aufgrund des Abschnitts 1 nicht erzielt worden ist, wird eine Streitigkeit auf Antrag einer Streitpartei dem in Anlage V Abschnitt 2 vorgesehenen Vergleichsverfahren unterworfen, wenn behauptet wird,

    i) daß ein Küstenstaat seine Verpflichtungen in offenkundiger Weise nicht eingehalten hat, durch geeignete Erhaltungs- und Bewirtschaftungsmaßnahmen sicherzustellen, daß der Fortbestand der lebenden Ressourcen in der ausschließlichen Wirtschaftszone nicht ernsthaft gefährdet wird,

    ii) daß es ein Küstenstaat willkürlich abgelehnt hat, auf Ersuchen eines anderen Staates die zulässige Fangmenge und seine Kapazität zum Fang lebender Ressourcen in bezug auf Bestände festzulegen, an deren Fang dieser andere Staat interessiert ist, oder

    iii) daß es ein Küstenstaat willkürlich abgelehnt hat, nach den Artikeln 62, 69 und 70 und den von ihm im Einklang mit diesem Übereinkommen festgelegten Bedingungen einem anderen Staat den Überschuß, der nach seiner Erklärung vorhanden ist, ganz oder zum Teil zuzuweisen.

c) In keinem Fall ersetzt die Vergleichskommission das Ermessen des Küstenstaats durch ihr eigenes.

d) Der Bericht der Vergleichskommission wird den geeigneten internationalen Organisationen übermittelt.

e) Beim Aushandeln der in den Artikeln 69 und 70 vorgesehenen Übereinkünfte nehmen die Vertragsstaaten, sofern sie nichts anderes vereinbaren, eine Bestimmung über die von ihnen zu ergreifenden Maßnahmen auf, um die Möglichkeit von Meinungsverschiedenheiten über die Auslegung oder Anwendung der Übereinkunft auf ein Mindestmaß zu beschränken, sowie über das von ihnen einzuschlagende Verfahren, falls dennoch Meinungsverschiedenheiten entstehen.

Art. 298 Fakultative Ausnahmen der Anwendbarkeit des Abschnitts 2.

(1) Ein Staat kann unbeschadet der Verpflichtungen aus Abschnitt 1, wenn er dieses Übereinkommen unterzeichnet, ratifiziert oder ihm beitritt, oder zu jedem späteren Zeitpunkt schriftlich erklären, daß er einem oder mehreren der in Abschnitt 2 vorgesehenen Verfahren in bezug auf eine oder mehrere der folgenden Arten von Streitigkeiten nicht zustimmt:

a) i) Streitigkeiten über die Auslegung oder Anwendung der Artikel 15, 74 und 3 betreffend die Abgrenzung von Meeresgebieten oder über historische Buchten oder historische Rechtstitel; jedoch stimmt ein Staat, der die Erklärung abgegeben hat, beim Entstehen einer solchen Streitigkeit nach Inkrafttreten dieses Übereinkommens und wenn innerhalb einer angemessenen Frist in Verhandlungen zwischen den Parteien keine Einigung erzielt wird, auf Antrag einer Streitpartei der Unterwerfung der Angelegenheit unter ein Vergleichsverfahren nach Anlage V Abschnitt 2 zu; jede Streitigkeit, die notwendigerweise die gleichzeitige Prüfung einer nicht beigelegten Streitigkeit betreffend die Souveränität oder andere Rechte über ein Festland- oder Inselgebiet umfaßt, ist von dieser Unterwerfung ausgenommen;

   ii) nachdem die Vergleichskommission ihren Bericht vorgelegt hat, der mit Gründen zu versehen ist, handeln die Parteien auf seiner Grundlage eine Übereinkunft aus; führen diese Verhandlungen nicht zu einer Übereinkunft, so unterwerfen die Parteien die Frage im gegenseitigen Einvernehmen einem der in Abschnitt 2 vorgesehenen Verfahren, sofern sie nichts anderes vereinbaren;

  iii) der vorliegende Buchstabe bezieht sich nicht auf Streitigkeiten über die Abgrenzung von Meeresgebieten, die zwischen den Parteien durch eine Vereinbarung endgültig beigelegt worden sind, noch auf Streitigkeiten, die in Übereinstimmung mit einer zweiseitigen oder mehrseitigen, diese Parteien bindenden Übereinkunft beizulegen sind;

b) Streitigkeiten über militärische Handlungen, einschließlich militärischer Handlungen von Staatsschiffen und staatlichen Luftfahrzeugen, die anderen als Handelszwecken dienen, und Streitigkeiten über Vollstreckungshandlungen in Ausübung souveräner Rechte oder von Hoheitsbefugnissen, die nach Artikel 297 Absatz 2 oder 3 von der Gerichtsbarkeit eines Gerichtshofs oder Gerichts ausgenommen sind;

c) Streitigkeiten, bei denen der Sicherheitsrat der Vereinten Nationen die ihm durch die Charta der Vereinten Nationen übertragenen Aufgaben wahrnimmt, sofern der Sicherheitsrat nicht beschließt, den Gegenstand von seiner Tagesordnung abzusetzen, oder die Parteien auffordert, die Streitigkeit mit den in diesem Übereinkommen vorgesehenen Mitteln beizulegen.

(2) Ein Vertragsstaat, der eine Erklärung nach Absatz 1 abgegeben hat, kann diese jederzeit zurücknehmen oder sich damit einverstanden erklären, eine durch die Erklärung ausgenommene Streitigkeit einem Verfahren nach diesem Übereinkommen zu unterwerfen.

(3) Ein Vertragsstaat, der eine Erklärung nach Absatz 1 abgegeben hat, ist nicht berechtigt, eine Streitigkeit, die zu der Art der ausgenommenen Streitigkeiten gehört, im Verhältnis zu einem anderen Vertragsstaat ohne dessen Zustimmung einem Verfahren nach diesem Übereinkommen zu unterwerfen.

(4) Hat ein Vertragsstaat eine Erklärung nach Absatz 1 Buchstabe a abgegeben, so kann ein anderer Vertragsstaat eine Streitigkeit, die zu einer der ausgenommenen Arten gehört, im Verhältnis zu dem Vertragsstaat, der die Erklärung abgegeben hat, dem in der Erklärung angegebenen Verfahren unterwerfen.

(5) Eine neue Erklärung oder die Rücknahme einer Erklärung berührt nicht das vor einem Gerichtshof oder Gericht in Übereinstimmung mit die-

sem Artikel anhängige Verfahren, sofern die Parteien nichts anderes vereinbaren.

(6) Die in diesem Artikel vorgesehenen Erklärungen und Mitteilungen ihrer Rücknahme werden beim Generalsekretär der Vereinten Nationen hinterlegt; dieser übermittelt den Vertragsstaaten Abschriften davon.

Art. 299 Recht der Parteien auf Vereinbarung eines Verfahrens.
(1) Eine Streitigkeit, die nach Artikel 97 oder durch eine Erklärung nach Artikel 298 von den in Abschnitt 2 vorgesehenen Verfahren zur Beilegung von Streitigkeiten ausgenommen ist, kann diesen Verfahren nur durch Vereinbarung der Streitparteien unterworfen werden.

(2) Dieser Abschnitt beeinträchtigt nicht das Recht der Streitparteien, ein anderes Verfahren zur Beilegung der Streitigkeit zu vereinbaren oder diese gütlich beizulegen.

Teil XVI. Allgemeine Bestimmungen

Art. 300 Treu und Glauben und Rechtsmißbrauch. Die Vertragsstaaten erfüllen die aufgrund dieses Übereinkommens übernommenen Verpflichtungen nach Treu und Glauben und üben die in dem Übereinkommen anerkannten Rechte, Hoheitsbefugnisse und Freiheiten in einer Weise aus, die keinen Rechtsmißbrauch darstellt.

Art. 301 Friedliche Nutzung der Meere. Bei der Ausübung ihrer Rechte und in Erfüllung ihrer Pflichten aufgrund dieses Übereinkommens enthalten sich die Vertragsstaaten jeder Androhung oder Anwendung von Gewalt, die gegen die territoriale Unversehrtheit oder die politische Unabhängigkeit eines Staates gerichtet oder sonst mit den in der Charta der Vereinten Nationen niedergelegten Grundsätzen des Völkerrechts unvereinbar ist.

Art. 302 Preisgabe von Informationen. Unbeschadet des Rechts eines Vertragsstaats, die in diesem Übereinkommen vorgesehenen Verfahren zur Beilegung von Streitigkeiten anzuwenden, ist das Übereinkommen nicht so auszulegen, als habe ein Vertragsstaat in Erfüllung seiner Verpflichtungen aus dem Übereinkommen Informationen zu erteilen, deren Preisgabe seinen wesentlichen Sicherheitsinteressen entgegensteht.

Art. 303 Im Meer gefundene archäologische und historische Gegenstände. (1) Die Staaten haben die Pflicht, im Meer gefundene Gegenstände archäologischer oder historischer Art zu schützen, und arbeiten zu diesem Zweck zusammen.

(2) Um den Verkehr mit diesen Gegenständen zu kontrollieren, kann der Küstenstaat in Anwendung des Artikels 33 davon ausgehen, daß ihre ohne seine Einwilligung erfolgende Entfernung vom Meeresboden innerhalb der in jenem Artikel bezeichneten Zone zu einem Verstoß gegen die in jenem Artikel genannten Gesetze und sonstigen Vorschriften in seinem Hoheitsgebiet oder in seinem Küstenmeer führen würde.

(3) Dieser Artikel berührt nicht die Rechte feststellbarer Eigentümer, das Bergungsrecht oder sonstige seerechtliche Vorschriften sowie Gesetze und Verhaltensweisen auf dem Gebiet des Kulturaustausches.

(4) Dieser Artikel berührt nicht andere internationale Übereinkünfte und Regeln des Völkerrechts über den Schutz von Gegenständen archäologischer oder historischer Art.

Art. 304 Verantwortlichkeit und Haftung für Schäden. Die Bestimmungen dieses Übereinkommens über die Verantwortlichkeit und Haftung für Schäden berühren nicht die Anwendung geltender Regeln und die Entwicklung weiterer Regeln über die völkerrechtliche Verantwortlichkeit und Haftung.

Teil XVII. Schlußbestimmungen

Art. 305 Unterzeichnung. (1) Dieses Übereinkommen liegt zur Unterzeichnung auf
a) für alle Staaten;
b) für Namibia, vertreten durch den Rat der Vereinten Nationen für Namibia;
c) für alle assoziierten Staaten mit Selbstregierung, die diesen Status in einem von den Vereinten Nationen entsprechend der Resolution 1514 (XV) der Generalversammlung überwachten und gebilligten Akt der Selbstbestimmung gewählt haben und für die in diesem Übereinkommen geregelten Angelegenheiten zuständig sind, einschließlich der Zuständigkeit, Verträge über diese Angelegenheiten zu schließen;
d) für alle assoziierten Staaten mit Selbstregierung, die entsprechend ihren jeweiligen Assoziierungsurkunden für die in diesem Übereinkommen geregelten Angelegenheiten zuständig sind, einschließlich der Zuständigkeit, Verträge über diese Angelegenheiten zu schließen;
e) für alle Gebiete mit voller innerer Selbstregierung, die als solche von den Vereinten Nationen anerkannt sind, jedoch noch nicht die volle Unabhängigkeit im Einklang mit der Resolution 1514 (XV) der Generalversammlung erlangt haben, und die für die in diesem Übereinkommen geregelten Angelegenheiten zuständig sind, einschließlich der Zuständigkeit, Verträge über diese Angelegenheiten zu schließen;
f) für internationale Organisationen in Übereinstimmung mit Anlage IX.

(2) Dieses Übereinkommen liegt bis zum 9. Dezember 1984 im Ministerium für Auswärtige Angelegenheiten von Jamaika sowie vom 1. Juli 1983 bis zum 9. Dezember 1984 am Sitz der Vereinten Nationen in New York zur Unterzeichnung auf.

Art. 306 Ratifikation und förmliche Bestätigung. Dieses Übereinkommen bedarf der Ratifikation durch die Staaten und die anderen in Artikel 305 Absatz 1 Buchstaben b, c, d und e bezeichneten Rechtsträger und der förmlichen Bestätigung in Übereinstimmung mit Anlage IX durch die in Artikel 305 Absatz 1 Buchstabe f bezeichneten Rechtsträger. Die Ratifikationsurkunden und die Urkunden der förmlichen Bestätigung werden beim Generalsekretär der Vereinten Nationen hinterlegt.

Art. 307 Beitritt. Dieses Übereinkommen steht den Staaten und den anderen in Artikel 305 bezeichneten Rechtsträgern zum Beitritt offen. Der Beitritt durch die in Artikel 305 Absatz 1 Buchstabe f bezeichneten Rechtsträger erfolgt in Übereinstimmung mit Anlage IX. Die Beitrittsurkunden werden beim Generalsekretär der Vereinten Nationen hinterlegt.

Art. 308 Inkrafttreten. (1) Dieses Übereinkommen tritt 12 Monate nach Hinterlegung der sechzigsten Ratifikations- oder Beitrittsurkunde in Kraft.

(2) Für jeden Staat, der dieses Übereinkommen nach Hinterlegung der sechzigsten Ratifikations- oder Beitrittsurkunde ratifiziert oder ihm beitritt, tritt das Übereinkommen vorbehaltlich des Absatzes 1 am dreißigsten Tag nach Hinterlegung seiner eigenen Ratifikations- oder Beitrittsurkunde in Kraft.

(3) Die Versammlung der Behörde tritt am Tag des Inkrafttretens dieses Übereinkommens zusammen und wählt den Rat der Behörde. Der erste Rat setzt sich in einer Weise zusammen, die dem Zweck des Artikels 161 entspricht, sofern jener Artikel nicht genau angewendet werden kann.

(4) Die von der Vorbereitungskommission ausgearbeiteten Regeln, Vorschriften und Verfahren werden bis zu ihrer förmlichen Annahme durch die Behörde in Übereinstimmung mit Teil XI vorläufig angewendet.

(5) Die Behörde und ihre Organe handeln in Übereinstimmung mit der Resolution II der Dritten Seerechtskonferenz der Vereinten Nationen in bezug auf vorbereitende Investitionen und mit den von der Vorbereitungskommission entsprechend dieser Resolution gefaßten Beschlüssen.

Art. 309 Vorbehalte und Ausnahmen. Vorbehalte oder Ausnahmen zu diesem Übereinkommen sind nur zulässig, wenn sie ausdrücklich in anderen Artikeln des Übereinkommens vorgesehen sind.

Art. 310 Erklärungen. Artikel 309 schließt nicht aus, daß ein Staat bei der Unterzeichnung oder der Ratifikation dieses Übereinkommens oder bei seinem Beitritt Erklärungen gleich welchen Wortlauts oder welcher Bezeichnung abgibt, um unter anderem seine Gesetze und sonstigen Vorschriften mit den Bestimmungen des Übereinkommens in Einklang zu bringen, vorausgesetzt, daß diese Erklärungen nicht darauf abzielen, die Rechtswirkung der Bestimmungen des Übereinkommens in ihrer Anwendung auf diesen Staat auszuschließen oder zu ändern.

Art. 311 Verhältnis zu anderen Übereinkommen und internationalen Übereinkünften. (1) Dieses Übereinkommen hat zwischen den Vertragsstaaten Vorrang vor den Genfer Übereinkommen vom 29. April 1958 über das Seerecht.

(2) Dieses Übereinkommen ändert nicht die Rechte und Pflichten der Vertragsstaaten aus anderen Übereinkünften, die mit dem Übereinkommen vereinbar sind und andere Vertragsstaaten in dem Genuß ihrer Rechte oder in der Erfüllung ihrer Pflichten aus dem Übereinkommen nicht beeinträchtigen.

(3) Zwei oder mehr Vertragsstaaten können Übereinkünfte schließen, welche die Anwendung von Bestimmungen dieses Übereinkommens modifizieren oder suspendieren und nur auf die Beziehungen zwischen ihnen Anwen-

dung finden; diese Übereinkünfte dürfen sich jedoch nicht auf eine Bestimmung beziehen, von der abzuweichen mit der Verwirklichung von Ziel und Zweck des Übereinkommens unvereinbar ist; die Übereinkünfte dürfen ferner die Anwendung der in dem Übereinkommen enthaltenen wesentlichen Grundsätze nicht beeinträchtigen; die Bestimmungen der Übereinkünfte dürfen die anderen Vertragsstaaten in dem Genuß ihrer Rechte oder in der Erfüllung ihrer Pflichten aus dem Übereinkommen nicht beeinträchtigen.

(4) Vertragsstaaten, die eine Übereinkunft nach Absatz 3 schließen wollen, notifizieren den anderen Vertragsstaaten über den Verwahrer dieses Übereinkommens ihre Absicht, die Übereinkunft zu schließen, sowie die darin vorgesehene Modifikation oder Suspendierung.

(5) Dieser Artikel berührt nicht internationale Übereinkünfte, die durch andere Artikel dieses Übereinkommens ausdrücklich zugelassen oder gewahrt sind.

(6) Die Vertragsstaaten kommen überein, daß der in Artikel 136 niedergelegte wesentliche Grundsatz über das gemeinsame Erbe der Menschheit nicht geändert werden darf und daß sie nicht Vertagspartei einer Übereinkunft werden, die von diesem Grundsatz abweicht.

Art. 312 Änderung. (1) Nach Ablauf von 10 Jahren nach dem Tag, an dem dieses Übereinkommen in Kraft tritt, kann ein Vertragsstaat durch eine an den Generalsekretär der Vereinten Nationen gerichtete schriftliche Mitteilung bestimmte Änderungen des Übereinkommens vorschlagen, die sich nicht auf Tätigkeiten im Gebiet beziehen, und um die Einberufung einer Konferenz zur Prüfung der vorgeschlagenen Änderungen ersuchen. Der Generalsekretär leitet diese Mitteilung an alle Vertragsstaaten weiter. Befürwortet innerhalb von 12 Monaten nach Weiterleitung der Mitteilung mindestens die Hälfte der Vertragsstaaten das Ersuchen, so beruft der Generalsekretär die Konferenz ein.

(2) Auf der Änderungskonferenz wird das gleiche Verfahren zur Beschlußfassung angewendet wie auf der Dritten Seerechtskonferenz der Vereinten Nationen, sofern die Konferenz nichts anderes beschließt. Die Konferenz soll sich nach Kräften bemühen, Änderungen durch Konsens zu vereinbaren; es soll so lange nicht über Änderungen abgestimmt werden, bis alle Bemühungen um einen Konsens erschöpft sind.

Art. 313 Änderung durch vereinfachtes Verfahren. (1) Ein Vertragsstaat kann durch eine an den Generalsekretär der Vereinten Nationen gerichtete schriftliche Mitteilung eine Änderung dieses Übereinkommens vorschlagen, die sich nicht auf Tätigkeiten im Gebiet bezieht und ohne Einberufung einer Konferenz durch das in diesem Artikel festgelegte vereinfachte Verfahren angenommen werden soll. Der Generalsekretär leitet die Mitteilung an alle Vertragsstaaten weiter.

(2) Erhebt ein Vertragsstaat innerhalb von 12 Monaten nach dem Tag der Weiterleitung der Mitteilung Einspruch gegen die vorgeschlagene Änderung oder gegen den Vorschlag, sie durch vereinfachtes Verfahren anzunehmen, so gilt die Änderung als abgelehnt. Der Generalsekretär notifiziert dies umgehend allen Vertragsstaaten.

(3) Hat 12 Monate nach dem Tag der Weiterleitung der Mitteilung kein Vertragsstaat gegen die vorgeschlagene Änderung oder gegen den Vorschlag, sie durch vereinfachtes Verfahren anzunehmen, Einspruch erhoben, so gilt die vorgeschlagene Änderung als angenommen. Der Generalsekretär notifiziert allen Vertragsstaaten, daß die vorgeschlagene Änderung angenommen worden ist.

Art. 314 Änderungen der Bestimmungen dieses Übereinkommens, die sich ausschließlich auf Tätigkeiten im Gebiet beziehen. (1) Ein Vertragsstaat kann durch eine an den Generalsekretär der Behörde gerichtete schriftliche Mitteilung eine Änderung der Bestimmungen dieses Übereinkommens vorschlagen, die sich ausschließlich auf Tätigkeiten im Gebiet beziehen, darunter der Bestimmungen der Anlage VI Abschnitt 4. Der Generalsekretär leitet diese Mitteilung an alle Vertragsstaaten weiter. Ist die vorgeschlagene Änderung vom Rat genehmigt worden, so bedarf sie der Genehmigung durch die Versammlung. Die Vertreter der Vertragsstaaten in diesen Organen sind bevollmächtigt, die vorgeschlagene Änderung zu prüfen und zu genehmigen. Die vorgeschlagene Änderung gilt als angenommen, so wie sie von dem Rat und der Versammlung genehmigt wurde.

(2)[1] Vor der Genehmigung einer Änderung nach Absatz 1 tragen der Rat und die Versammlung dafür Sorge, daß die Änderung das System der Erforschung und Ausbeutung der Ressourcen des Gebiets bis zur Überprüfungskonferenz in Übereinstimmung mit Artikel 155 nicht beeinträchtigt.

Art. 315 Änderungen: Unterzeichnung, Ratifikation, Beitritt und verbindliche Wortlaute. (1) Die angenommenen Änderungen dieses Übereinkommens liegen für die Vertragsstaaten 12 Monate nach der Annahme am Sitz der Vereinten Nationen in New York zur Unterzeichnung auf, sofern in der Änderung selbst nichts anderes vorgesehen ist.

(2) Die Artikel 306, 307 und 320 finden auf alle Änderungen dieses Übereinkommens Anwendung.

Art. 316 Inkrafttreten von Änderungen. (1) Änderungen dieses Übereinkommens, mit Ausnahme der in Absatz 5 bezeichneten, treten für die Vertragsstaaten, die sie ratifizieren oder ihnen beitreten, am dreißigsten Tag nach Hinterlegung der Ratifikations- oder Beitrittsurkunden von zwei Dritteln der Vertragsstaaten oder von 60 Vertragsstaaten, je nachdem, welche Zahl größer ist, in Kraft. Solche Änderungen beeinträchtigen andere Vertragsstaaten nicht in dem Genuß ihrer Rechte oder in der Erfüllung ihrer Pflichten aus dem Übereinkommen.

(2) Eine Änderung kann für ihr Inkrafttreten eine größere als die nach diesem Artikel erforderliche Anzahl von Ratifikationen oder Beitritten vorsehen.

(3) Für jeden Vertragsstaat, der eine in Absatz 1 genannte Änderung nach Hinterlegung der erforderlichen Anzahl von Ratifikations- oder Beitrittsurkunden ratifiziert oder ihr beitritt, tritt die Änderung am dreißigsten Tag nach Hinterlegung seiner Ratifikations- oder Beitrittsurkunde in Kraft.

---

[1] Beachte Abschnitt 4 S. 2 der Anlage zum Durchführungsabkommen (Nr. 20 a).

(4) Ein Staat, der nach dem Inkrafttreten einer Änderung in Übereinstimmung mit Absatz 1 Vertragspartei dieses Übereinkommens wird, gilt, sofern er keine abweichende Absicht äußert,
a) als Vertragspartei des so geänderten Übereinkommens und
b) als Vertragspartei des nicht geänderten Übereinkommens gegenüber jedem Vertragsstaat, der durch die Änderung nicht gebunden ist.

(5) Eine Änderung, die sich ausschließlich auf Tätigkeiten im Gebiet bezieht, sowie eine Änderung der Anlage VI tritt für alle Vertragsstaaten ein Jahr nach Hinterlegung der Ratifikations- oder Beitrittsurkunden von drei Vierteln der Vertragsstaaten in Kraft.

(6) Ein Staat, der nach dem Inkrafttreten von Änderungen in Übereinstimmung mit Absatz 5 Vertragspartei dieses Übereinkommens wird, gilt als Vertragspartei des so geänderten Übereinkommens.

Art. 317 Kündigung. (1) Ein Vertragsstaat kann durch eine an den Generalsekretär der Vereinten Nationen gerichtete schriftliche Notifikation dieses Übereinkommen kündigen; er kann die Kündigung begründen. Das Fehlen einer Begründung berührt nicht die Gültigkeit der Kündigung. Die Kündigung wird ein Jahr nach Eingang der Notifikation wirksam, sofern in der Notifikation nicht ein späterer Zeitpunkt angegeben ist.

(2) Die Kündigung entbindet einen Staat nicht von den finanziellen und vertraglichen Verpflichtungen, die ihm als Vertragspartei dieses Übereinkommens erwachsen sind, noch berührt die Kündigung Rechte, Pflichten oder die Rechtslage, die sich für den betreffenden Staat aus der Durchführung des Übereinkommens ergeben, bevor es für ihn außer Kraft tritt.

(3) Die Kündigung berührt nicht die Pflicht eines Vertragsstaats, eine in diesem Übereinkommen enthaltene Verpflichtung zu erfüllen, der er nach dem Völkerrecht unabhängig von dem Übereinkommen unterworfen ist.

Art. 318 Status der Anlagen. Die Anlagen sind Bestandteil dieses Übereinkommens; sofern nicht ausdrücklich etwas anderes vorgesehen ist, schließt eine Bezugnahme auf das Übereinkommen oder auf einen seiner Teile auch eine Bezugnahme auf die betreffenden Anlagen ein.

Art. 319 Verwahrer. (1) Der Generalsekretär der Vereinten Nationen ist Verwahrer dieses Übereinkommens und seiner Änderungen.

(2) Neben seinen Aufgaben als Verwahrer wird der Generalsekretär wie folgt tätig:
a) Er berichtet allen Vertragsstaaten, der Behörde und den zuständigen internationalen Organisationen über Fragen allgemeiner Art, die in bezug auf dieses Übereinkommen entstanden sind;
b) er notifiziert der Behörde die Ratifikationen, förmlichen Bestätigungen und Beitritte betreffend dieses Übereinkommen und seine Änderungen sowie die Kündigungen des Übereinkommens;
c) er notifiziert den Vertragsstaaten die in Übereinstimmung mit Artikel 311 Absatz 4 geschlossenen Übereinkünfte;
d) er leitet die in Übereinstimmung mit diesem Übereinkommen angenommenen Änderungen an die Vertragsstaaten zur Ratifikation oder zum Beitritt weiter;

e) er beruft die notwendigen Tagungen der Vertragsstaaten in Übereinstimmung mit diesem Übereinkommen ein.

(3) a) Der Generalsekretär übermittelt ferner den in Artikel 156 genannten Beobachtern

  i) die in Absatz 2 Buchstabe a genannten Berichte;

  ii) die in Absatz 2 Buchstaben b und c genannten Notifikationen und

  iii) den Wortlaut der in Absatz 2 Buchstabe d genannten Änderungen zur Kenntnisnahme.

b) Der Generalsekretär lädt ferner diese Beobachter ein, an den in Absatz 2 Buchstabe e genannten Tagungen der Vertragsstaaten als Beobachter teilzunehmen.

Art. 320 Verbindliche Wortlaute. Die Urschrift dieses Übereinkommens, dessen arabischer, chinesischer, englischer, französischer, russischer und spanischer Wortlaut gleichermaßen verbindlich ist, wird im Einklang mit Artikel 305 Absatz 2 beim Generalsekretär der Vereinten Nationen hinterlegt.

Zu Urkund dessen haben die unterzeichneten, hierzu gehörig befugten Bevollmächtigten dieses Übereinkommen unterschrieben.

Geschehen zu Montego Bay am 10. Dezember 1982.

Anlage VI.[1] Statut des Internationalen Seegerichtshofs

Art. 1 Allgemeine Bestimmungen. (1) Der Internationale Seegerichtshof wird in Übereinstimmung mit diesem Übereinkommen und diesem Statut errichtet und nimmt seine Aufgaben nach diesen Bestimmungen wahr.

(2) Der Gerichtshof hat seinen Sitz in der Freien und Hansestadt Hamburg in der Bundesrepublik Deutschland.

(3) Der Gerichtshof kann an einem anderen Ort tagen und seine Aufgaben wahrnehmen, wenn er es für wünschenswert hält.

(4) Wird eine Streitigkeit dem Gerichtshof unterbreitet, so gelten hierfür die Bestimmungen der Teile XI und XV.

Abschnitt 1. Organisation des Gerichtshofs

Art. 2 Zusammensetzung. (1) Der Gerichtshof besteht aus 21 unabhängigen Mitgliedern; sie werden unter Personen ausgewählt, die wegen ihrer Unparteilichkeit und Ehrenhaftigkeit höchstes Ansehen genießen und anerkannte fachliche Eignung auf dem Gebiet des Seerechts besitzen.

(2) Bei der Zusammensetzung des Gerichtshofs sind eine Vertretung der hauptsächlichen Rechtssysteme der Welt und eine gerechte geographische Verteilung zu gewährleisten.

Art. 3 Mitglieder. (1) Nicht mehr als ein Mitglied des Gerichtshofs darf Angehöriger desselben Staates sein. Wer im Hinblick auf die Mitgliedschaft beim Gerichtshof als Angehöriger mehr als eines Staates angesehen werden kann, gilt als Angehöriger des Staates, in dem er gewöhnlich seine bürgerlichen und politischen Rechte ausübt.

(2) Jede von der Generalversammlung der Vereinten Nationen festgelegte geographische Gruppe muß durch mindestens drei Mitglieder vertreten sein.

Art. 4 Benennungen und Wahlen. (1) Jeder Vertragsstaat darf höchstens zwei Personen benennen, welche die in Artikel 2 dieser Anlage vorgeschriebenen Voraussetzungen erfüllen. Die Mitglieder des Gerichtshofs werden aus der Liste der so benannten Personen gewählt.

---

[1] Zu der Anlage 1–5 und 7–9 s. Fn. 3 zum Seerechtsübereinkommen.

(2) Mindestens drei Monate vor dem Tag der Wahl fordert im Fall der ersten Wahl der Generalsekretär der Vereinten Nationen und im Fall nachfolgender Wahlen der Kanzler des Gerichtshofs die Vertragsstaaten schriftlich auf, innerhalb von zwei Monaten die Kandidaten für den Gerichtshof zu benennen. Er stellt eine alphabetische Liste aller so benannten Personen unter Angabe der Vertragsstaaten auf, die sie benannt haben; er übermittelt die Liste den Vertragsstaaten vor dem siebenten Tag des letzten Monats vor dem Tag jeder Wahl.

(3) Die erste Wahl findet innerhalb von sechs Monaten nach dem Inkrafttreten dieses Übereinkommens statt.

(4) Die Mitglieder des Gerichtshofs werden in geheimer Abstimmung gewählt. Im Fall der ersten Wahl erfolgt die Wahl auf einer Sitzung der Vertragsstaaten, die vom Generalsekretär der Vereinten Nationen einberufen wird; im Fall nachfolgender Wahlen erfolgt sie nach einem von den Vertragsstaaten vereinbarten Verfahren. Auf der Sitzung ist Beschlußfähigkeit gegeben, wenn zwei Drittel der Vertragsstaaten vertreten sind. Es werden diejenigen Kandidaten zu Mitgliedern des Gerichtshofs gewählt, welche die meisten Stimmen und eine Zweidrittelmehrheit der anwesenden und abstimmenden Vertragsstaaten auf sich vereinen, wobei diese Mehrheit die Mehrheit der Vertragsstaaten einschließen muß.

Art. 5 Amtszeit. (1) Die Mitglieder des Gerichtshofs werden für die Dauer von neun Jahren gewählt und sind wiederwählbar; jedoch endet für die bei der ersten Wahl gewählten Mitglieder die Amtszeit von sieben Mitgliedern nach drei Jahren und von weiteren sieben nach sechs Jahren.

(2) Die Mitglieder der Gerichtshofs, deren Amtszeit nach Ablauf der genannten Anfangszeit von drei und sechs Jahren endet, werden vom Generalsekretär der Vereinten Nationen unmittelbar nach der ersten Wahl durch das Los bestimmt.

(3) Die Mitglieder des Gerichtshofs bleiben im Amt, bis ihre Sitze neu besetzt sind. Auch nachdem sie ersetzt sind, erledigen sie alle Fälle, mit denen sie vorher befaßt waren.

(4) Bei Rücktritt eines Mitglieds des Gerichtshofs ist das Rücktrittsschreiben an den Präsidenten des Gerichtshofs zu richten. Mit Eingang des Rücktrittsschreibens wird der Sitz frei.

Art. 6 Freigewordene Sitze. (1) Freigewordene Sitze werden nach dem für die erste Wahl vorgesehenen Verfahren besetzt, vorbehaltlich folgender Bestimmung: Der Kanzler läßt binnen einem Monat nach Freiwerden des Sitzes die in Artikel 4 dieser Anlage vorgesehenen Aufforderungen ergehen, und der Zeitpunkt der Wahl wird vom Präsidenten des Gerichtshofs nach Konsultation mit den Vertragsstaaten festgesetzt.

(2) Ein Mitglied des Gerichtshofs, das an Stelle eines Mitglieds gewählt wird, dessen Amtszeit noch nicht abgelaufen ist, übt sein Amt für die restliche Amtszeit seines Vorgängers aus.

Art. 7 Unvereinbare Tätigkeiten. (1) Ein Mitglied des Gerichtshofs darf weder ein politisches Amt noch ein Amt in der Verwaltung ausüben noch sich aktiv an den Arbeiten eines Unternehmens im Zusammenhang mit der Erforschung und Ausbeutung der Ressourcen des Meeres oder Meeresbodens oder einer sonstigen kommerziellen Nutzung des Meeres oder Meeresbodens beteiligen oder ein finanzielles Interesse daran haben.

(2) Ein Mitglied des Gerichtshofs darf nicht als Bevollmächtigter, Rechtsbeistand oder Anwalt in irgendeiner Sache tätig werden.

(3) Bestehen Zweifel in diesen Fragen, so entscheidet der Gerichtshof mit der Mehrheit der übrigen anwesenden Mitglieder.

Art. 8 Voraussetzungen für die Teilnahme der Mitglieder an einer bestimmten Sache. (1) Ein Mitglied des Gerichtshofs darf nicht an der Entscheidung einer Sache teilnehmen, an der es vorher als Bevollmächtigter, Rechtsbeistand oder Anwalt einer der Parteien, als Mitglied eines nationalen oder internationalen Gerichts oder Gerichtshof oder in anderer Eigenschaft beteiligt war.

(2) Ist ein Mitglied des Gerichtshofs der Auffassung, aus einem besonderen Grund an der Entscheidung einer bestimmten Sache nicht teilnehmen zu sollen, so macht es dem Präsidenten des Gerichtshofs davon Mitteilung.

(3) Ist der Präsident der Auffassung, daß ein Mitglied des Gerichtshofs aus einem besonderen Grund an der Verhandlung einer bestimmten Sache nicht mitwirken sollte, so setzt er es davon in Kenntnis.

(4) Bestehen Zweifel in diesen Fragen, so entscheidet der Gerichtshof mit der Mehrheit der übrigen anwesenden Mitglieder.

Art. 9 Folge des Wegfalls der erforderlichen Voraussetzungen. Erfüllt ein Mitglied nach einhelliger Meinung der übrigen Mitglieder des Gerichtshofs nicht mehr die erforderlichen Voraussetzungen, so erklärt der Präsident des Gerichtshofs den Sitz für frei.

Art. 10 Vorrechte und Immunitäten. Die Mitglieder des Gerichtshofs genießen bei der Ausübung ihres Amtes diplomatische Vorrechte und Immunitäten.

Art. 11 Feierliche Erklärung der Mitglieder. Jedes Mitglied des Gerichtshofs gibt vor Antritt seines Amtes in öffentlicher Sitzung die feierliche Erklärung ab, daß es seine Befugnisse unparteiisch und gewissenhaft ausüben wird.

Art. 12 Präsident, Vizepräsident und Kanzler. (1) Der Gerichtshof wählt seinen Präsidenten und seinen Vizepräsidenten für die Dauer von drei Jahren; sie können wiedergewählt werden.

(2) Der Gerichtshof ernennt seinen Kanzler und kann für die Ernennung der erforderlichen sonstigen Beamten sorgen.

(3) Der Präsident und der Kanzler wohnen am Sitz des Gerichtshofs.

Art. 13 Beschlußfähigkeit. (1) Alle verfügbaren Mitglieder des Gerichtshofs wirken an den Verhandlungen mit; der Gerichtshof ist beschlußfähig, wenn 11 gewählte Mitglieder anwesend sind.

(2) Vorbehaltlich des Artikels 17 dieser Anlage bestimmt der Gerichtshof, welche Mitglieder für die Bildung des Gerichtshofs zur Prüfung einer bestimmten Streitigkeit verfügbar sind, wobei die reibungslose Tätigkeit der Kammern nach den Artikeln 14 und 15 dieser Anlage zu berücksichtigen ist.

(3) Alle dem Gerichtshof unterbreiteten Streitigkeiten und Anträge werden vom Gerichtshof behandelt und entschieden, sofern nicht Artikel 14 dieser Anlage Anwendung findet oder die Parteien beantragen, daß in Übereinstimmung mit Artikel 15 dieser Anlage zu verfahren ist.

Art. 14 Kammer für Meeresbodenstreitigkeiten. In Übereinstimmung mit Abschnitt 4 dieser Anlage wird eine Kammer für Meeresbodenstreitigkeiten gebildet. Ihre Zuständigkeit, Befugnisse und Aufgaben sind in Teil XI Abschnitt 5 festgelegt.

Art. 15 Sonderkammern. (1) Der Gerichtshof kann aus drei oder mehr seiner gewählten Mitglieder bestehende Kammern bilden, wenn er dies zur Behandlung bestimmter Arten von Streitigkeiten für erforderlich hält.

(2) Der Gerichtshof bildet eine Kammer zur Behandlung einer bestimmten ihm unterbreiteten Streitigkeit, wenn die Parteien dies beantragen. Die Zusammensetzung einer solchen Kammer wird vom Gerichtshof mit Zustimmung der Parteien festgelegt.

(3) Zur raschen Erledigung der Geschäfte bildet der Gerichtshof jährlich eine Kammer aus fünf seiner gewählten Mitglieder, die im abgekürzten Verfahren Streitigkeiten behandeln und entscheiden kann. Zwei weitere Mitglieder werden ausgewählt, um diejenigen Mitglieder zu ersetzen, die an einem bestimmten Verfahren nicht teilnehmen können.

(4) Die in diesem Artikel vorgesehenen Kammern behandeln und entscheiden Streitigkeiten, wenn die Parteien dies beantragen.

(5) Jedes Urteil einer der in diesem Artikel und in Artikel 14 dieser Anlage vorgesehenen Kammern gilt als Urteil des Gerichtshofs.

Art. 16 Regeln des Gerichtshofs. Der Gerichtshof erläßt Regeln für die Wahrnehmung seiner Aufgaben. Er legt insbesondere seine Verfahrensordnung fest.

Art. 17 Staatsangehörigkeit der Mitglieder. (1) Mitglieder des Gerichtshofs, die Staatsangehörige einer der Streitparteien sind, behalten das Recht auf Mitwirkung als Mitglieder des Gerichtshofs.

(2) Gehört dem Gerichtshof, der eine Streitigkeit behandelt, ein Mitglied an, das Staatsangehöriger einer der Parteien ist, so kann jede andere Partei eine Person ihrer Wahl bestimmen, die als Mitglied des Gerichtshofs mitwirkt.

(3) Gehört dem Gerichtshof, der eine Streitigkeit behandelt, kein Mitglied an, das Staatsangehöriger einer der Parteien ist, so kann jede der Parteien eine Person ihrer Wahl bestimmen, die als Mitglied des Gerichtshofs mitwirkt.

(4) Dieser Artikel findet auf die in den Artikeln 14 und 15 dieser Anlage bezeichneten Kammern Anwendung. In diesen Fällen ersucht der Präsident in Konsultation mit den Parteien so viele der die Kammer bildenden Mitglieder des Gerichtshofs wie nötig, ihren Platz an diejenigen Mitglieder des Gerichtshofs, die Staatsangehörige der beteiligten Parteien sind, oder, in Ermangelung oder bei Verhinderung solcher Mitglieder, an die von den Parteien besonders bestimmten Mitglieder abzutreten.

(5) Bilden mehrere Parteien eine Streitgenossenschaft, so gelten sie für die Zwecke der vorstehenden Bestimmungen als nur eine Partei. Im Zweifelsfall entscheidet der Gerichtshof.

(6) Die in Übereinstimmung mit den Absätzen 2, 3 und 4 bestimmten Mitglieder müssen die Voraussetzungen der Artikel 2, 8 und 11 dieser Anlage erfüllen. Sie wirken völlig gleichberechtigt mit ihren Kollegen an der Entscheidung mit.

Art. 18 Vergütung der Mitglieder. (1) Jedes gewählte Mitglied des Gerichtshofs erhält ein Jahresgehalt und eine Sonderzulage für jeden Tag, an dem es seine Aufgaben wahrnimmt; jedoch darf die dem Mitglied als Sonderzulage ausgezahlte Gesamtsumme in einem Jahr nicht den Betrag des Jahresgehalts übersteigen.

(2) Der Präsident erhält eine besondere Jahreszulage.

(3) Der Vizepräsident erhält eine Sonderzulage für jeden Tag, an dem er das Amt des Präsidenten ausübt.

(4) Die nach Artikel 17 dieser Anlage bestimmten Mitglieder, die nicht gewählte Mitglieder des Gerichtshofs sind, erhalten eine Entschädigung für jeden Tag, an dem sie ihre Aufgaben wahrnehmen.

(5) Die Gehälter, Zulagen und Entschädigungen werden von Zeit zu Zeit auf Sitzungen der Vertragsstaaten unter Berücksichtigung des Arbeitsanfalls des Gerichtshofs festgesetzt. Sie dürfen während der Amtszeit nicht herabgesetzt werden.

(6) Das Gehalt des Kanzlers wird auf Vorschlag des Gerichtshofs auf Sitzungen der Vertragsstaaten festgesetzt.

(7) Auf Sitzungen der Vertragsstaaten beschlossene Regelungen bestimmen, unter welchen Voraussetzungen den Mitgliedern des Gerichtshofs und dem Kanzler ein Ruhegehalt gewährt wird und ihnen Reisekosten erstattet werden.

(8) Die Gehälter, Zulagen und Entschädigungen sind von jeder Steuer befreit.

Art. 19 Kosten des Gerichtshofs. (1) Die Kosten des Gerichtshofs werden zu den auf Sitzungen der Vertragsstaaten festgelegten Bedingungen und in der dort bestimmten Weise von den Vertragsstaaten und von der Behörde getragen.

(2) Ist ein Rechtsträger, der weder ein Vertragsstaat noch die Behörde ist, Partei einer beim Gerichtshof anhängigen Sache, so setzt der Gerichtshof den Beitrag dieser Partei zu den Kosten des Gerichtshofs fest.

Abschnitt 2. Zuständigkeit

Art. 20 Zugang zum Gerichtshof. (1) Der Gerichtshof steht den Vertragsstaaten offen.

(2) Der Gerichtshof steht Rechtsträgern, die nicht Vertragsstaaten sind, in allen Fällen offen, die in Teil XI ausdrücklich vorgesehen sind, oder für jede Streitigkeit, die aufgrund einer

sonstigen Übereinkunft unterbreitet wird, die dem Gerichtshof die von allen Parteien dieser Streitigkeit angenommene Zuständigkeit überträgt.

Art. 21 Zuständigkeit. Die Zuständigkeit des Gerichtshofs erstreckt sich auf alle ihm in Übereinstimmung mit diesem Übereinkommen unterbreiteten Streitigkeiten und Anträge sowie auf alle in einer sonstigen Übereinkunft, die dem Gerichtshof die Zuständigkeit überträgt, besonders vorgesehenen Angelegenheiten.

Art. 22 Unterbreitung von Streitigkeiten aufgrund sonstiger Übereinkünfte. Mit Zustimmung aller Parteien eines Vertrags oder einer sonstigen Übereinkunft, die bereits in Kraft sind und von dem vorliegenden Übereinkommen erfaßte Gegenstände behandeln, können Streitigkeiten über die Auslegung oder Anwendung des Vertrags oder der sonstigen Übereinkunft in Übereinstimmung mit einer solchen Übereinkunft dem Gerichtshof unterbreitet werden.

Art. 23 Anwendbares Recht. Der Gerichtshof entscheidet alle Streitigkeiten und Anträge in Übereinstimmung mit Artikel 293.

Abschnitt 3. Verfahren

Art. 24 Einleitung des Verfahrens. (1) Streitigkeiten werden dem Gerichtshof je nach Art des Falles entweder durch Notifikation einer besonderen Übereinkunft oder durch eine Klageschrift unterbreitet, die an den Kanzler zu richten sind. In beiden Fällen sind der Streitgegenstand und die Parteien anzugeben.

(2) Der Kanzler übermittelt die besondere Übereinkunft oder die Klageschrift umgehend allen Betroffenen.

(3) Der Kanzler unterrichtet auch alle Vertragsstaaten.

Art. 25 Vorläufige Maßnahmen. (1) Der Gerichtshof und seine Kammer für Meeresbodenstreitigkeiten sind in Übereinstimmung mit Artikel 290 befugt, vorläufige Maßnahmen anzuordnen.

(2) Tagt der Gerichtshof nicht oder sind nicht genügend Mitglieder für die Beschlußfähigkeit verfügbar, so werden die vorläufigen Maßnahmen von der Kammer für abgekürzte Verfahren angeordnet, die nach Artikel 15 Absatz 3 dieser Anlage gebildet wird. Ungeachtet des Absatzes 4 jenes Artikels können solche vorläufigen Maßnahmen auf Antrag einer Streitpartei beschlossen werden. Sie können vom Gerichtshof überprüft und geändert werden.

Art. 26 Verhandlungen. (1) Die Verhandlungen werden vom Präsidenten oder, wenn dieser verhindert ist, vom Vizepräsidenten geleitet. Sind beide verhindert, so übernimmt der dienstälteste anwesende Richter des Gerichtshofs den Vorsitz.

(2) Die mündliche Verhandlung ist öffentlich, sofern nicht der Gerichtshof etwas anderes beschließt oder die Parteien den Ausschluß der Öffentlichkeit beantragen.

Art. 27 Prozeßführung. Der Gerichtshof erläßt Verfügungen für die Führung des Prozesses, bestimmt die Form und die Fristen für die Einbringung der Schlußanträge durch jede Partei und trifft alle Maßnahmen, die sich auf die Beweisaufnahme beziehen.

Art. 28 Nichterscheinen. Erscheint eine der Parteien nicht vor dem Gerichtshof oder unterläßt sie es, sich zur Sache zu äußern, so kann die andere Partei den Gerichtshof ersuchen, das Verfahren fortzuführen und seine Entscheidung zu fällen. Abwesenheit oder Versäumnis einer Partei, sich zur Sache zu äußern, stellt kein Hindernis für das Verfahren dar. Bevor der Gerichtshof seine Entscheidung fällt, muß er sich nicht nur vergewissern, daß er für die Streitigkeit zuständig ist, sondern auch, daß das Begehren in tatsächlicher und rechtlicher Hinsicht begründet ist.

Art. 29 Mehrheit für die Entscheidung. (1) Die Entscheidungen des Gerichtshofs werden mit Stimmenmehrheit seiner anwesenden Mitglieder gefaßt.

(2) Bei Stimmengleichheit gibt die Stimme des Präsidenten oder des ihn vertretenden Mitglieds des Gerichtshofs den Ausschlag.

Art. 30 Urteil. (1) Das Urteil ist zu begründen.

(2) Es enthält die Namen der Mitglieder des Gerichtshofs, die an der Entscheidung teilgenommen haben.

(3) Bringt das Urteil im ganzen oder zum Teil nicht die übereinstimmende Meinung der Mitglieder des Gerichtshofs zum Ausdruck, so ist jedes Mitglied berechtigt, ihm eine Darlegung seiner persönlichen oder abweichenden Meinung beizufügen.

(4) Das Urteil wird vom Präsidenten und vom Kanzler unterzeichnet. Nach ordnungsgemäßer Benachrichtigung der Streitparteien wird es in öffentlicher Sitzung verlesen.

Art. 31 Antrag auf Beitritt. (1) Ist ein Vertragsstaat der Auffassung, ein rechtliches Interesse zu haben, das durch die Entscheidung einer Streitigkeit berührt werden könnte, so kann er beim Gerichtshof einen Antrag auf Beitritt zu dem Verfahren stellen.

(2) Der Gerichtshof entscheidet über diesen Antrag.

(3) Wird einem Antrag auf Beitritt stattgegeben, so ist die Entscheidung des Gerichtshofs über die Streitigkeit für den beitretenden Vertragsstaat nur in bezug auf die Sache bindend, derentwegen der Vertragsstaat dem Verfahren beigetreten ist.

Art. 32 Recht auf Beitritt in Fällen der Auslegung oder Anwendung. (1) Handelt es sich um die Auslegung oder Anwendung dieses Übereinkommens, so unterrichtet der Kanzler unverzüglich alle Vertragsstaaten.

(2) Handelt es sich nach Artikel 21 oder 22 dieser Anlage um die Auslegung oder Anwendung einer internationalen Übereinkunft, so unterrichtet der Kanzler alle Vertragsparteien der Übereinkunft.

(3) Jede der in den Absätzen 1 und 2 bezeichneten Vertragsparteien ist berechtigt, dem Verfahren beizutreten; macht sie von diesem Recht Gebrauch, so ist die in dem Urteil enthaltene Auslegung auch für sie bindend.

Art. 33 Endgültigkeit und Verbindlichkeit der Entscheidungen. (1) Die Entscheidung des Gerichtshofs ist endgültig und muß von allen Streitparteien befolgt werden.

(2) Die Entscheidung ist nur für die Parteien in bezug auf die Streitigkeit bindend, über die entschieden wurde.

(3) Bestehen Meinungsverschiedenheiten über Sinn oder Tragweite der Entscheidung, so obliegt es dem Gerichtshof, sie auf Antrag einer Partei auszulegen.

Art. 34 Kosten. Sofern der Gerichtshof nicht anders entscheidet, trägt jede Partei ihre eigenen Kosten.

Abschnitt 4. Kammer für Meeresbodenstreitigkeiten

Art. 35 Zusammensetzung. (1) Die in Artikel 14 dieser Anlage genannte Kammer für Meeresbodenstreitigkeiten besteht aus 11 Mitgliedern; sie werden von der Mehrheit der gewählten Mitglieder des Gerichtshofs aus deren Mitte ausgewählt.

(2) Bei der Auswahl der Mitglieder der Kammer sind eine Vertretung der hauptsächlichen Rechtssysteme der Welt und eine gerechte geographische Verteilung zu gewährleisten. Die Versammlung der Behörde kann Empfehlungen allgemeiner Art im Hinblick auf diese Vertretung und Verteilung annehmen.

(3) Die Mitglieder der Kammer werden alle drei Jahre ausgewählt; sie können für eine zweite Amtszeit ausgewählt werden.

(4) Die Kammer wählt aus ihren Mitgliedern ihren Präsidenten; er übt sein Amt für den Zeitraum aus, für den die Kammer ausgewählt wurde.

(5) Sind am Ende einer Drei-Jahre-Frist, für welche die Kammer ausgewählt wurde, noch Verfahren anhängig, so bringt sie die Kammer in ihrer ursprünglichen Zusammensetzung zum Abschluß.

(6) Wird ein Sitz in der Kammer frei, so wählt der Gerichtshof aus seinen gewählten Mitgliedern einen Nachfolger aus, der sein Amt für die restliche Amtszeit seines Vorgängers ausübt.

(7) Die Kammer ist beschlußfähig, wenn sieben der vom Gerichtshof ausgewählten Mitglieder anwesend sind.

Art. 36 Ad-hoc-Kammern. (1) Die Kammer für Meeresbodenstreitigkeiten bildet eine aus drei ihrer Mitglieder bestehende Ad-hoc-Kammer zur Behandlung einer bestimmten Streitigkeit, die ihr in Übereinstimmung mit Artikel 188 Absatz 1 Buchstabe b unterbreitet wurde. Die Zusammensetzung einer solchen Kammer wird von der Kammer für Meeresbodenstreitigkeiten mit Zustimmung der Parteien festgelegt.

(2) Stimmen die Parteien der Zusammensetzung einer Ad-hoc-Kammer nicht zu, so bestellt jede Streitpartei ein Mitglied, und das dritte Mitglied wird von den Parteien einvernehmlich bestellt. Können sich die Parteien nicht einigen oder unterläßt eine Partei die Bestellung, so nimmt der Präsident der Kammer für Meeresbodenstreitigkeiten nach Konsultation mit den Parteien unverzüglich die Bestellung oder Bestellungen unter den Mitgliedern dieser Kammer vor.

(3) Die Mitglieder der Ad-hoc-Kammer dürfen weder im Dienst einer Streitpartei stehen noch deren Staatsangehörige sein.

Art. 37 Zugang zur Kammer. Die Kammer steht den Vertragsstaaten, der Behörde und den sonstigen in Teil XI Abschnitt 5 bezeichneten Rechtsträgern offen.

Art. 38 Anwendbares Recht. Zusätzlich zu den Bestimmungen des Artikels 293 wendet die Kammer folgendes an:
a) die in Übereinstimmung mit diesem Übereinkommen angenommenen Regeln, Vorschriften und Verfahren der Behörde und
b) in den einen Vertrag betreffenden Fragen die Bestimmungen dieses Vertrags über Tätigkeiten im Gebiet.

Art. 39 Vollstreckung der Entscheidungen der Kammer. Die Entscheidungen der Kammer sind in den Hoheitsgebieten der Vertragsstaaten ebenso vollstreckbar wie Urteile oder Verfügungen des höchsten Gerichts des Vertragsstaats, in dessen Hoheitsgebiet die Vollstreckung angestrebt wird.

Art. 40 Anwendbarkeit anderer Abschnitte dieser Anlage. (1) Die anderen Abschnitte dieser Anlage, die mit diesem Abschnitt nicht unvereinbar sind, finden auf die Kammer Anwendung.

(2) Bei der Wahrnehmung ihrer Aufgaben im Zusammenhang mit Gutachten läßt sich die Kammer von den Bestimmungen dieser Anlage betreffend Verfahren vor dem Gerichtshof leiten, soweit sie deren Anwendbarkeit anerkennt.

Abschnitt 5. Änderungen

Art. 41 Änderungen. (1) Änderungen dieser Anlage mit Ausnahme von Änderungen des Abschnitts 4 dürfen nur in Übereinstimmung mit Artikel 313 oder durch Konsens auf einer in Übereinstimmung mit diesem Übereinkommen einberufenen Konferenz angenommen werden.

(2) Änderungen des Abschnitts 4 dürfen nur in Übereinstimmung mit Artikel 314 angenommen werden.

(3) Der Gerichtshof kann Änderungen dieses Statuts, die er für notwendig erachtet, durch schriftliche Mitteilung an die Vertragsstaaten zur Prüfung nach den Absätzen 1 und 2 vorschlagen.

20a. Übereinkommen zur Durchführung des Teiles XI des Seerechts-Übereinkommens der Vereinten Nationen[1)·2)]

(28. 7. 1994)

(Übersetzung)

Die Vertragsstaaten diese Übereinkommens –

in Anerkennung des bedeutenden Beitrags, den das Seerechtsübereinkommen der Vereinten Nationen vom 10. Dezember 1982 (im folgenden als „Seerechtsübereinkommen" bezeichnet) zur Erhaltung von Frieden, Gerechtigkeit und Fortschritt für alle Völker der Welt leistet;

erneut bekräftigend, daß der Meeresboden und der Meeresuntergrund jenseits der Grenzen des Bereichs nationaler Hoheitsbefugnisse (im folgenden als „Gebiet" bezeichnet) sowie die Ressourcen des Gebiets gemeinsames Erbe der Menschheit sind;

eingedenk der Bedeutung des Seerechtsübereinkommens für den Schutz und die Bewahrung der Meeresumwelt sowie der wachsenden Besorgnis um die globale Umwelt;

unter Berücksichtigung des Berichts des Generalsekretärs der Vereinten Nationen über die Ergebnisse der informellen Beratungen zwischen den Staaten, die von 1990 bis 1994 über offene Fragen betreffend Teil XI und damit zusammenhängende Bestimmungen des Seerechtsübereinkommens (im folgenden als „Teil XI" bezeichnet) stattgefunden haben;

im Hinblick auf die politischen und wirtschaftlichen Veränderungen, einschließlich marktorientierter Ansätze, die sich auf die Durchführung des Teiles XI auswirken;

in dem Wunsch, die weltweite Teilnahme am Seerechtsübereinkommen zu erleichtern;

in der Erwägung, daß ein Übereinkommen zur Durchführung des Teiles XI diesem Zweck am besten dienen würde –

haben folgendes vereinbart:

Art. 1 Durchführung des Teiles XI. (1) Die Vertragsstaaten dieses Übereinkommens verpflichten sich, Teil XI im Einklang mit diesem Übereinkommen durchzuführen.

(2) Die Anlage ist Bestandteil dieses Übereinkommens.

Art. 2 Verhältnis zwischen diesem Übereinkommen und Teil XI.
(1) Dieses Übereinkommen und Teil XI werden zusammen als eine Übereinkunft ausgelegt und angewendet. Im Fall eines Widerspruchs zwischen dem Übereinkommen und Teil XI ist das Übereinkommen maßgebend.

(2) Die Artikel 309 bis 319 des Seerechtsübereinkommens finden auf dieses Übereinkommen ebenso Anwendung wie auf das Seerechtsübereinkommen.

[1)] Aus BGBl. 1994 II S. 2566.
[2)] Internationale Quelle: ILM 33 (1994) p. 1309.

Art. 3 Unterzeichnung. Dieses Übereinkommen liegt nach seiner Annahme 12 Monate am Sitz der Vereinten Nationen zur Unterzeichnung durch die in Artikel 305 Absatz 1 Buchstaben a, c, d, e und f des Seerechtsübereinkommens genannten Staaten und Rechtsträger auf.

Art. 4 Zustimmung, gebunden zu sein. (1) Nach der Annahme dieses Übereinkommens stellt jede Ratifikations- oder Beitrittsurkunde zum Seerechtsübereinkommen oder jede Urkunde der förmlichen Bestätigung des Seerechtsübereinkommens auch die Zustimmung dar, durch das vorliegende Übereinkommen gebunden zu sein.

(2) Ein Staat oder Rechtsträger darf nicht seine Zustimmung bekunden, durch dieses Übereinkommen gebunden zu sein, wenn er nicht zuvor seine Zustimmung bekundet hat oder gleichzeitig bekundet, durch das Seerechtsübereinkommen gebunden zu sein.

(3) Ein in Artikel 3 bezeichneter Staat oder Rechtsträger kann seine Zustimmung erklären, durch dieses Übereinkommen gebunden zu sein.
a) indem er es ohne Vorbehalt der Ratifikation, der förmlichen Bestätigung oder des in Artikel 5 vorgesehenen Verfahrens unterzeichnet;
b) indem er es vorbehaltlich der Ratifikation oder förmlichen Bestätigung unterzeichnet und später ratifiziert oder förmlich bestätigt;
c) indem er es vorbehaltlich des in Artikel 5 vorgesehenen Verfahrens unterzeichnet oder
d) indem er ihm beitritt.

(4) Die förmliche Bestätigung durch die in Artikel 305 Absatz 1 Buchstabe f des Seerechtsübereinkommens bezeichneten Rechtsträger erfolgt in Übereinstimmung mit Anlage IX des Seerechtsübereinkommens.

(5) Die Ratifikationsurkunden, die Urkunden der förmlichen Bestätigung und die Beitrittsurkunden werden beim Generalsekretär der Vereinten Nationen hinterlegt.

Art. 5 Vereinfachtes Verfahren. (1) Hat ein Staat oder Rechtsträger vor dem Zeitpunkt der Annahme dieses Übereinkommens eine Ratifikationsurkunde, eine Urkunde der förmlichen Bestätigung oder eine Beitrittsurkunde zu dem Seerechtsübereinkommen hinterlegt und das vorliegende Übereinkommen nach Artikel 4 Absatz 3 Buchstabe c unterzeichnet, so gilt seine Zustimmung, durch das Übereinkommen gebunden zu sein, 12 Monate nach Annahme des Übereinkommens als bekundet, sofern dieser Staat oder Rechtsträger dem Verwahrer nicht vor diesem Zeitpunkt schriftlich notifiziert, daß er von dem in diesem Artikel vorgesehenen vereinfachten Verfahren keinen Gebrauch macht.

(2) Erfolgt eine solche Notifikation, so wird die Zustimmung, durch dieses Übereinkommen gebunden zu sein, nach Artikel 4 Absatz 3 Buchstabe b bekundet.

Art. 6 Inkrafttreten. (1) Dieses Übereinkommen tritt 30 Tage nach dem Zeitpunkt in Kraft, zu dem 40 Staaten in Übereinstimmung mit den Artikeln 4 und 5 ihre Zustimmung bekundet haben, gebunden zu sein; allerdings müssen sich darunter mindestens sieben der unter Nummer 1 Buchstabe a der Resolution II der Dritten Seerechtskonferenz der Vereinten Nationen (im folgenden als „Resolution II" bezeichnet) genannten Staaten befinden, von denen mindestens fünf entwickelte Staaten sein müssen. Sind diese Voraussetzungen vor dem 16. November 1994 erfüllt, so tritt das Übereinkommen am 16. November 1994 in Kraft.

(2) Für jeden Staat oder Rechtsträger, der seine Zustimmung bekundet, durch dieses Übereinkommen gebunden zu sein, nachdem die in Absatz 1 vorgesehenen Erfordernisse erfüllt sind, tritt das Übereinkommen am dreißigsten Tag nach dem Zeitpunkt in Kraft, zu dem er seine Zustimmung bekundet hat, gebunden zu sein.

Art. 7 Vorläufige Anwendung. (1) Ist dieses Übereinkommen am 16. November 1994 nicht in Kraft getreten, so wird es bis zu seinem Inkrafttreten vorläufig angewendet

a) von den Staaten, die in der Generalversammlung der Vereinten Nationen seiner Annahme zugestimmt haben; davon ausgenommen ist jeder Staat, der vor dem 16. November 1994 dem Verwahrer schriftlich notifiziert, daß er dieses Übereinkommen nicht vorläufig anwenden wird oder daß er einer solchen Anwendung nur nach einer späteren Unterzeichnung oder schriftlichen Notifikation zustimmen wird;

b) von den Staaten und Rechtsträgern, die das Übereinkommen unterzeichnen; davon ausgenommen ist jeder Staat, der dem Verwahrer bei der Unterzeichnung schriftlich notifiziert, daß er das Übereinkommen nicht vorläufig anwenden wird;

c) von den Staaten und Rechtsträgern, die der vorläufigen Anwendung dieses Übereinkommens durch schriftliche Notifikation an den Verwahrer zustimmen;

d) von den Staaten, die diesem Übereinkommen beitreten.

(2) Alle diese Staaten und Rechtsträger wenden dieses Übereinkommen in Übereinstimmung mit ihren innerstaatlichen oder internen Gesetzen und sonstigen Vorschriften mit Wirkung vom 16. November 1994 oder vom Tag der Unterzeichnung, der Notifikation der Zustimmung oder des Beitritts vorläufig an, falls diese später erfolgen.

(3) Die vorläufige Anwendung endet mit dem Inkrafttreten dieses Übereinkommens. In jedem Fall endet sie am 16. November 1998, sofern bis zu diesem Zeitpunkt das Erfordernis in Artikel 6 Absatz 1 nicht erfüllt ist, daß mindestens sieben der unter Nummer 1 Buchstabe a der Resolution II genannten Staaten (von denen mindestens fünf entwickelte Staaten sein müssen) ihre Zustimmung bekundet haben, durch das Übereinkommen gebunden zu sein.

Art. 8 Vertragsstaaten. (1) Im Sinne dieses Übereinkommens bedeutet „Vertragsstaaten" Staaten, die zugestimmt haben, durch das Übereinkommen gebunden zu sein, und für die es in Kraft ist.

(2) Dieses Übereinkommen gilt sinngemäß für die in Artikel 305 Absatz 1 Buchstabe c, d, e und f des Seerechtsübereinkommens bezeichneten Rechtsträger, die zu den jeweils für sie geltenden Bedingungen Vertragsparteien des vorliegenden Übereinkommens werden; insoweit bezieht sich der Begriff „Vertragsstaaten" auf diese Rechtsträger.

Art. 9 Verwahrer. Der Generalsekretär der Vereinten Nationen ist Verwahrer dieses Übereinkommens.

Art. 10 Verbindliche Wortlaute. Die Urschrift dieses Übereinkommens, dessen arabischer, chinesischer, englischer, französischer, russischer und spanischer Wortlaut gleichermaßen verbindlich ist, wird beim Generalsekretär der Vereinten Nationen hinterlegt.

Zu Urkund dessen haben die hierzu gehörig befugten Bevollmächtigten dieses Übereinkommens unterschrieben.

Geschehen zu New York am 28. Juli 1994.

Anlage

Abschnitt 1. Kosten für die Vertragsstaaten und institutionelle Vereinbarungen

(1) Die Internationale Meeresbodenbehörde (im folgenden als „Behörde" bezeichnet) ist die Organisation, durch welche die Vertragsstaaten des Seerechtsübereinkommens in Übereinstimmung mit der in Teil XI und diesem Übereinkommen festgelegten Ordnung für das Gebiet die Tätigkeiten im Gebiet organisieren und überwachen, insbesondere im Hinblick auf die Verwaltung der Ressourcen des Gebiets. Die Befugnisse und Aufgaben der Behörde sind diejenigen, die ihr durch das Seerechtsübereinkommen ausdrücklich übertragen sind. Sie hat die mit dem Seerechtsübereinkommen im Einklang stehenden Nebenbefugnisse, die mit der Wahrnehmung dieser Befugnisse und Aufgaben in bezug auf Tätigkeiten im Gebiet zusammenhängen und dafür erforderlich sind.

(2) Um die Kosten für die Vertragsstaaten auf ein Mindestmaß zu beschränken, müssen alle aufgrund des Seerechtsübereinkommens und dieses Übereinkommens zu bildenden Organe und Nebenorgane kostengünstig sein. Dieser Grundsatz gilt auch für die Häufigkeit, die Dauer und die zeitliche Festlegung von Sitzungen.

(3) Die Bildung und die Wahrnehmung der Aufgaben der Organe und Nebenorgane der Behörde erfolgen schrittweise, wobei die von den betreffenden Organen und Nebenorganen zu erfüllenden Aufgaben in Betracht gezogen werden, so daß sie ihre jeweiligen Verpflichtungen in den verschiedenen Entwicklungsstadien der Tätigkeiten im Gebiet reibungslos erfüllen können.

(4) Die der Behörde mit dem Inkrafttreten des Seerechtsübereinkommens obliegenden ersten Aufgaben werden von der Versammlung, dem Rat, dem Sekretariat, der Rechts- und Fachkommission und dem Finanzausschuß wahrgenommen. Die Aufgaben der Kommission für wirtschaftliche Planung werden von der Rechts- und Fachkommission so lange ausgeübt, bis der Rat etwas anderes beschließt oder bis der erste Arbeitsplan zur Ausbeutung bestätigt ist.

(5) Zwischen dem Inkrafttreten des Seerechtsübereinkommens und der Bestätigung des ersten Arbeitsplans zur Ausbeutung befaßt sich die Behörde in erster Linie mit folgendem:
a) Bearbeitung von Anträgen auf Bestätigung der Arbeitspläne für die Erforschung nach Teil XI und diesem Übereinkommen;
b) Durchführung der Beschlüsse der Vorbereitungskommission für die Internationale Meeresbodenbehörde und für den Internationalen Seegerichtshof (im folgenden als „Vorbereitungskommission" bezeichnet) in bezug auf die eingetragenen Pionierinvestoren und ihre bescheinigenden Staaten, einschließlich ihrer Rechte und Pflichten, nach Artikel 308 Absatz 5 des Seerechtsübereinkommens und der Resolution II Nummer 13;
c) Überwachung der Einhaltung der Arbeitspläne für die Erforschung, die in Form von Verträgen bestätigt worden sind;
d) Beobachtung und Überprüfung von Tendenzen und Entwicklungen im Zusammenhang mit Tätigkeiten im Tiefseebergbau, einschließlich der regelmäßigen Analyse der Bedingungen der Weltmetallmärkte sowie der Metallpreise, -tendenzen und -aussichten;
e) Untersuchung der möglichen Auswirkung der Mineralienproduktion im Gebiet auf die Wirtschaft der wahrscheinlich am schwersten betroffenen Entwicklungsstaaten mit Land-

produktion dieser Minerialien, um ihre Schwierigkeiten auf ein Mindestmaß zu beschränken und ihnen bei ihrer wirtschaftlichen Anpassung zu helfen; dabei soll die in diesem Zusammenhang von der Vorbereitungskommission geleistete Arbeit berücksichtigt werden;

f) Annahme der für die Durchführung von Tätigkeiten im Gebiet entsprechend ihrem Fortschritt erforderlichen Regeln, Vorschriften und Verfahren. Ungeachtet der Anlage III Artikel 17 Absatz 2 Buchstaben b und c des Seerechtsübereinkommens berücksichtigen diese Regeln, Vorschriften und Verfahren die Bestimmungen dieses Übereinkommens, die lange Verzögerung beim kommerziellen Tiefseebergbau und den mutmaßlichen Fortgang von Tätigkeiten im Gebiet;

g) Annahme von Regeln, Vorschriften und Verfahren, die anwendbare Normen für den Schutz und die Bewahrung der Meeresumwelt enthalten;

h) Förderung und Ermutigung der Durchführung wissenschaftlicher Meeresforschung im Hinblick auf Tätigkeiten im Gebiet sowie Sammlung und Verbreitung der Ergebnisse dieser Forschung und ihrer Auswertung, sobald sie verfügbar sind, unter besonderer Berücksichtigung der Forschung in bezug auf Umweltauswirkungen von Tätigkeiten im Gebiet;

i) Beschaffung wissenschaftlicher Erkenntnisse und der Beobachtung der Entwicklung der für Tätigkeiten im Gebiet in Betracht kommenden Meerestechnologie, insbesondere der Technologie zum Schutz und zur Bewahrung der Meeresumwelt;

j) Bewertung der verfügbaren Daten über die Prospektion und Erforschung;

k) rechtzeitige Ausarbeitung von Regeln, Vorschriften und Verfahren für die Ausbeutung, einschließlich derjenigen für den Schutz und die Bewahrung der Meeresumwelt.

(6) a) Der Rat prüft einen Antrag auf Bestätigung eines Arbeitsplans für die Erforschung, nachdem er von der Rechts- und Fachkommission eine Empfehlung dazu erhalten hat. Die Bearbeitung eines Antrags auf Bestätigung eines Arbeitsplans für die Erforschung erfolgt in Übereinstimmung mit dem Seerechtsübereinkommen einschließlich seiner Anlage III und dem vorliegenden Übereinkommen mit folgender Maßgabe:

i) Ein Arbeitsplan für die Erforschung, der im Namen eines unter Nummer 1 Buchstabe a Ziffer ii oder iii der Resolution II bezeichneten Staates oder Rechtsträgers oder eines an einem solchen Rechtsträger Beteiligten, die keine eingetragenen Pionierinvestoren sind, vorgelegt wird, welcher bereits vor Inkrafttreten des Seerechtsübereinkommens erhebliche Tätigkeiten im Gebiet durchgeführt hat, oder sein Rechtsnachfolger erfüllt die für die Bestätigung des Arbeitsplans notwendigen finanziellen und technischen Voraussetzungen, wenn der befürwortende Staat oder die befürwortenden Staaten bescheinigen, daß der Antragsteller einen Betrag in Höhe von mindestens 30 Millionen US-Dollar in Forschungs- und Erforschungstätigkeiten investiert hat, von denen mindestens zehn Prozent für die Auswahl, Untersuchung und Bewertung des im Arbeitsplan bezeichneten Feldes ausgegeben wurden. Erfüllt der Arbeitsplan im übrigen die Anforderungen des Seerechtsübereinkommens und aller in seinem Rahmen angenommenen Regeln, Vorschriften und Verfahren, so wird er vom Rat für einen Vertrag bestätigt. Abschnitt 3 Absatz 11 dieser Anlage wird entsprechend ausgelegt und angewendet;

ii) ungeachtet der Nummer 8 Buchstabe a der Resolution II kann ein eingetragener Pionierinvestor die Bestätigung eines Arbeitsplans für die Erforschung innerhalb von 36 Monaten nach Inkrafttreten des Seerechtsübereinkommens beantragen. Dieser Arbeitsplan besteht aus Unterlagen, Berichten und sonstigen Daten, die der Vorbereitungskommission sowohl vor als auch nach der Eintragung vorgelegt wurden; er ist mit einer von der Vorbereitungskommission in Übereinstimmung mit Nummer 11 Buchstabe a der Resolution II ausgestellten Bescheinigung über die Einhaltung ihrer Bestimmungen zu versehen, welche aus einem Tatsachenbericht besteht, der den Stand der Einhaltung der Verpflichtungen aufgrund der Regelungen für Pionierinvestoren beschreibt. Ein derartiger Arbeitsplan gilt als bestätigt. Er erhält die Form eines zwischen der Behörde und dem eingetragenen Pionierinvestor nach Teil XI und dem vorliegenden Übereinkommen geschlossenen Vertrags. Die aufgrund der Nummer 7 Buchstabe a der Resolution II gezahlte Gebühr in Höhe von 250 000 US-Dollar gilt als Gebühr für die Erforschungsphase nach Abschnitt 8 Absatz 3 dieser Anlage. Abschnitt 3 Absatz 11 dieser Anlage wird entsprechend ausgelegt und angewendet;

iii) nach dem Grundsatz der Nichtdiskriminierung muß ein Vertrag mit einem unter Ziffer i bezeichneten Staat, Rechtsträger oder einem an einem solchen Rechtsträger Beteiligten Vereinbarungen enthalten, die den mit einem unter Ziffer ii bezeichneten Staat, Rechtsträger oder einem an einem solchen Rechtsträger Beteiligten getroffenen Vereinbarungen ähnlich und nicht weniger günstig sind als diese. Werden mit einem der unter Ziffer i bezeichneten Staaten, Rechtsträger oder einem an einem solchen Rechtsträger Beteiligten günstigere Vereinbarungen getroffen, so trifft der Rat ähnliche und nicht weniger günstige Vereinbarungen hinsichtlich der von den unter Ziffer ii bezeichneten eingetragenen Pionierinvestoren übernommenen Rechte und Pflichten; diese Vereinbarungen dürfen jedoch die Interessen der Behörde weder berühren noch beeinträchtigen;

iv) ein Staat, der einen Antrag auf Bestätigung eines Arbeitsplans nach Ziffer i oder ii befürwortet, kann entweder ein Vertragsstaat oder ein Staat sein, der dieses Übereinkommen nach Artikel 7 vorläufig anwendet, oder ein Staat, der nach Absatz 12 Mitglied der Behörde auf vorläufiger Grundlage ist;

v) Nummer 8 Buchstabe c der Resolution II wird in Übereinstimmung mit Ziffer iv ausgelegt und angewendet.

b) Die Bestätigung eines Arbeitsplans für die Erforschung erfolgt nach Artikel 153 Absatz 3 des Seerechtsübereinkommens.

(7) Ein Antrag auf Bestätigung eines Arbeitsplans ist mit einer Einschätzung möglicher Folgen der vorgeschlagenen Tätigkeiten auf die Umwelt und mit einer Beschreibung eines Programms für ozeanographische und ökologische Bestandsuntersuchungen entsprechend den von der Behörde beschlossenen Regeln, Vorschriften und Verfahren zu versehen.

(8) Ein Antrag auf Bestätigung eines Arbeitsplans für die Erforschung wird vorbehaltlich des Absatzes 6 Buchstabe a Ziffer i oder ii nach den in Abschnitt 3 Absatz 11 dieser Anlage dargelegten Verfahren bearbeitet.

(9) Ein Arbeitsplan für die Erforschung wird für einen Zeitraum von 15 Jahren bestätigt. Nach Ablauf eines Arbeitsplans für die Erforschung beantragt der Vertragsnehmer einen Arbeitsplan für die Ausbeutung, sofern er dies nicht bereits getan oder eine Verlängerung des Arbeitsplans für die Erforschung erhalten hat. Die Vertragsnehmer können solche Verlängerungen um jeweils höchstens fünf Jahre beantragen. Die Verlängerungen werden genehmigt, wenn der Vertragsnehmer sich redlich bemüht hat, die Voraussetzungen des Arbeitsplans zu erfüllen, jedoch aus Gründen, auf die er keinen Einfluß hat, nicht in der Lage war, die erforderliche Vorbereitungsarbeit für den Übergang zum Ausbeutungsstadium zum Abschluß zu bringen, oder wenn die obwaltenden wirtschaftlichen Umstände den Übergang zum Ausbeutungsstadium nicht rechtfertigen.

(10) Die Bezeichnung eines reservierten Feldes für die Behörde nach Anlage III Artikel 8 des Seerechtsübereinkommens erfolgt im Zusammenhang mit der Bestätigung eines Arbeitsplans für die Erforschung oder eines Arbeitsplans für die Erforschung und Ausbeutung.

(11) Ungeachtet des Absatzes 9 wird ein bestätigter Arbeitsplan für die Erforschung, der von mindestens einem Staat befürwortet wird, welcher dieses Übereinkommen vorläufig anwendet, unwirksam, wenn dieser Staat die vorläufige Anwendung des Übereinkommens beendet und weder Mitglied auf vorläufiger Grundlage nach Absatz 12 noch Vertragsstaat geworden ist.

(12) Bei Inkrafttreten dieses Übereinkommens können die in Artikel 3 bezeichneten Staaten und Rechtsträger, die das Übereinkommen nach Artikel 7 vorläufig angewandt haben und für die es nicht in Kraft ist, weiterhin in Übereinstimmung mit dem Bestimmungen unter folgenden Buchstaben Mitglieder der Behörde auf vorläufiger Grundlage bleiben, bis es für sie in Kraft tritt:

a) Tritt dieses Übereinkommen vor dem 16. November 1996 in Kraft, so sind diese Staaten und Rechtsträger berechtigt, weiterhin auf vorläufiger Grundlage Mitglieder der Behörde zu bleiben, nachdem sie dem Verwahrer des Übereinkommens ihre Absicht der Teilnahme als Mitglied auf vorläufiger Grundlage notifiziert haben. Diese Mitgliedschaft endet am 16. November 1996 oder mit dem Inkrafttreten dieses Übereinkommens und des Seerechtsübereinkommens für das betreffende Mitglied, sofern dieser Zeitpunkt früher liegt. Der Rat kann auf Ersuchen des betreffenden Staates oder Rechtsträgers diese Mitgliedschaft über den 16. November 1996 hinaus um einen oder mehrere weitere Zeiträume von insgesamt höchstens zwei Jahren verlängern, sofern er überzeugt ist, daß der betreffende Staat oder Rechtsträger sich redlich bemüht hat, Vertragspartei des Übereinkommens und des Seerechtsübereinkommens zu werden;

b) tritt dieses Übereinkommen nach dem 15. November 1996 in Kraft, so können diese Staaten und Rechtsträger den Rat ersuchen, ihnen die weitere Mitgliedschaft in der Behörde auf vorläufiger Grundlage für einen oder mehrere Zeiträume, die nicht über den 16. November 1998 hinausreichen, zuzugestehen. Der Rat gewährt diese Mitgliedschaft mit Wirkung von dem Zeitpunkt des Ersuchens, sofern er überzeugt ist, daß der Staat oder Rechtsträger sich redlich bemüht hat, Vertragspartei des Übereinkommens und des Seerechtsübereinkommens zu werden;

c) Staaten und Rechtsträger, die nach Buchstabe a oder b Mitglieder der Behörde auf vorläufiger Grundlage sind, wenden Teil XI und dieses Übereinkommen im Einklang mit ihren innerstaatlichen oder internen Gesetzen, sonstigen Vorschriften und jährlich bereitgestellten Haushaltsmitteln vorläufig an; sie haben die gleichen Rechte und Pflichten wie andere Mitglieder, darunter

i) die Verpflichtung, zum Verwaltungshaushalt der Behörde entsprechend dem vereinbarten Beitragsschlüssel beizutragen;

ii) das Recht, einen Antrag auf Bestätigung eines Arbeitsplans für die Erforschung zu befürworten. Im Fall von Rechtsträgern, deren Beteiligte natürliche oder juristische Personen sind, welche die Staatsangehörigkeit von mehr als einem Staat besitzen, wird der Arbeitsplan für die Erforschung nur bestätigt, wenn alle Staaten, aus deren natürlichen oder juristischen Personen diese Rechtsträger bestehen, Vertragsstaaten oder Mitglieder auf vorläufiger Grundlage sind;

d) ungeachtet des Absatzes 9 wird ein bestätigter Arbeitsplan in Form eines Vertrags für die Erforschung, der nach Buchstabe c Ziffer ii von einem Staat befürwortet wurde, der Mitglied auf vorläufiger Grundlage war, unwirksam, wenn solche Mitgliedschaft endet und der Staat oder Rechtsträger nicht Vertragsstaat geworden ist;

e) hat ein solches Mitglied seine berechneten Beiträge nicht bezahlt oder ist es sonst seinen Verpflichtungen aus diesem Absatz nicht nachgekommen, so wird seine Mitgliedschaft auf vorläufiger Grundlage beendet.

(13) Der Hinweis in Anlage III Artikel 10 des Seerechtsübereinkommens auf eine nicht zufriedenstellende Ausführung des Arbeitsplans wird in dem Sinne ausgelegt, daß der Vertragsnehmer die Anforderungen eines bestätigten Arbeitsplans trotz entsprechender ein- oder mehrfacher schriftlicher Ermahnung des Vertragsnehmers durch die Behörde nicht erfüllt hat.

(14) Die Behörde hat einen eigenen Haushalt. Bis zum Ende des Jahres, das auf das Jahr folgt, in dem dieses Übereinkommen in Kraft tritt, werden die Verwaltungskosten der Behörde aus dem Haushalt der Vereinten Nationen bestritten. Danach werden die Verwaltungskosten der Behörde so lange durch die berechneten Beiträge ihrer Mitglieder, einschließlich etwaiger Mitglieder auf vorläufiger Grundlage, nach Artikel 171 Buchstabe a und Artikel 173 des Seerechtsübereinkommens und nach dem vorliegenden Übereinkommen bestritten, bis die Behörde genügend Mittel aus anderen Quellen besitzt, um diese Kosten zu bestreiten. Die Behörde übt die in Artikel 174 Absatz 1 des Seerechtsübereinkommens bezeichnete Befugnis, Kredite aufzunehmen, nicht zur Finanzierung ihres Verwaltungshaushalts aus.

(15) In Übereinstimmung mit Artikel 162 Absatz 2 Buchstabe o Ziffer ii des Seerechtsübereinkommens erarbeitet und beschließt die Behörde Regeln, Vorschriften und Verfahren, die auf den in den Abschnitten 2, 5, 6, 7 und 8 dieser Anlage enthaltenen Grundsätzen beruhen, sowie zusätzliche Regeln, Vorschriften und Verfahren, die zur Vereinfachung der Bestätigung von Arbeitsplänen zur Erforschung oder Ausbeutung notwendig sind, in Übereinstimmung mit den folgenden Bestimmungen:

a) Der Rat kann solche Regeln, Vorschriften und Verfahren jederzeit ausarbeiten, wenn er sie für die Durchführung von Tätigkeiten im Gebiet ganz oder teilweise für erforderlich hält oder wenn er feststellt, daß die kommerzielle Ausbeutung unmittelbar bevorsteht, oder auf Ersuchen eines Staates, dessen Angehöriger beabsichtigt, die Bestätigung eines Arbeitsplans für die Ausbeutung zu beantragen;

b) wird ein Ersuchen von einem unter Buchstabe a genannten Staat gestellt, so nimmt der Rat diese Regeln, Vorschriften und Verfahren innerhalb von zwei Jahren nach dem Ersuchen in Übereinstimmung mit Artikel 162 Absatz 2 Buchstabe o des Seerechtsübereinkommens an;

c) hat der Rat die Ausarbeitung der Regeln, Vorschriften und Verfahren für die Ausbeutung nicht innerhalb der vorgeschriebenen Zeit abgeschlossen und ist ein Antrag auf Bestätigung eines Arbeitsplans für die Ausbeutung anhängig, so prüft der Rat diesen Arbeitsplan dennoch und bestätigt ihn vorläufig auf der Grundlage der Bestimmungen des Seerechtsübereinkommens und aller Regeln, Vorschriften und Verfahren, die er gegebenenfalls vorläufig beschlossen hat, oder auf der Grundlage der im Seerechtsübereinkommen enthaltenen Normen und der in dieser Anlage enthaltenen Bedingungen und Grundsätze sowie des Grundsatzes der Nichtdiskriminierung zwischen Vertragsnehmern.

(16) Die Entwürfe der Regeln, Vorschriften und Verfahren sowie etwaige Empfehlungen zu Teil XI, die in den Berichten und Empfehlungen der Vorbereitungskommission enthalten sind, werden von der Behörde bei der Annahme von Regeln, Vorschriften und Verfahren nach Teil XI und diesem Übereinkommen berücksichtigt.

(17) Die einschlägigen Bestimmungen des Teiles XI Abschnitt 4 des Seerechtsübereinkommens werden im Einklang mit diesem Übereinkommen ausgelegt und angewendet.

Abschnitt 2. Das Unternehmen

(1) Das Sekretariat der Behörde nimmt die Aufgaben des Unternehmens so lange wahr, bis dieses unabhängig vom Sekretariat tätig wird. Der Generalsekretär der Behörde ernennt aus dem Personal der Behörde einen Generaldirektor ad interim, der die Wahrnehmung dieser Aufgaben durch das Personal des Sekretariats überwacht.
Diese Aufgaben sind folgende:
a) Beobachtung und Überprüfung von Tendenzen und Entwicklungen im Zusammenhang mit Tätigkeiten im Tiefseebergbau, einschließlich der regelmäßigen Analyse der Bedingungen der Weltmetallmärkte sowie der Metallpreise, -tendenzen und -aussichten;
b) Bewertung der Ergebnisse der wissenschaftlichen Meeresforschung hinsichtlich der Tätigkeiten im Gebiet unter besonderer Berücksichtigung der Forschung in bezug auf Umweltauswirkungen von Tätigkeiten im Gebiet;
c) Bewertung der verfügbaren Daten in bezug auf die Prospektion und Erforschung einschließlich der Kriterien für diese Tätigkeiten;
d) Bewertung der für Tätigkeiten im Gebiet maßgeblichen technischen Entwicklungen, insbesondere der Technologie in bezug auf den Schutz und die Bewahrung der Meeresumwelt;
e) Auswertung von Informationen und Daten über die für die Behörde reservierten Felder;
f) Bewertung von Möglichkeiten für gemeinschaftliche Unternehmungen;
g) Sammlung von Informationen über die Verfügbarkeit ausgebildeter Arbeitskräfte;
h) Untersuchung von Optionen für die Verwaltung des Unternehmens in den verschiedenen Stadien seiner Tätigkeit.

(2) Das Unternehmen führt seine ersten Tiefseebergbautätigkeiten im Rahmen gemeinschaftlicher Unternehmungen durch. Nachdem ein Arbeitsplan für die Ausbeutung für einen anderen Rechtsträger als das Unternehmen bestätigt wurde oder nachdem ein Antrag auf eine gemeinschaftliche Unternehmung mit dem Unternehmen beim Rat eingegangen ist, befaßt sich der Rat mit der Frage des vom Sekretariat der Behörde unabhängigen Tätigwerdens des Unternehmens. Sind gemeinschaftliche Unternehmungen mit dem Unternehmen mit vernünftigen kommerziellen Grundsätzen vereinbar, so erläßt der Rat eine Richtlinie nach Artikel 170 Absatz 2 des Seerechtsübereinkommens, die dieses unabhängige Tätigwerden vorsieht.

(3) Die in Anlage IV Artikel 11 Absatz 3 des Seerechtsübereinkommens vorgesehene Verpflichtung der Vertragsstaaten, eine Abbaustätte des Unternehmens zu finanzieren, gilt nicht, und die Vertragsstaaten sind nicht verpflichtet, irgendwelche Arbeiten an Abbaustätten des Unternehmens oder aufgrund von Vereinbarungen des Unternehmens über gemeinschaftliche Unternehmungen zu finanzieren.

(4) Die für die Vertragsnehmer geltenden Verpflichtungen gelten auch für das Unternehmen. Ungeachtet des Artikels 153 Absatz 3 und der Anlage III Artikel 3 Absatz 5 des Seerechtsübereinkommens erhält ein Arbeitsplan für das Unternehmen nach seiner Bestätigung die Form eines zwischen der Behörde und dem Unternehmen geschlossenen Vertrags.

(5) Ein Vertragsnehmer, welcher der Behörde ein bestimmtes Feld als reserviertes Feld überlassen hat, hat Anrecht auf das erste Angebot, mit dem Unternehmen eine Vereinbarung über eine gemeinschaftliche Unternehmung zur Erforschung und Ausbeutung dieses Feldes zu schließen. Legt das Unternehmen nicht innerhalb von fünfzehn Jahren nach seinem vom Sekretariat der Behörde unabhängigen Tätigwerden oder – sofern dies später ist – nicht innerhalb von fünfzehn Jahren nach dem Zeitpunkt, zu dem das Feld für die Behörde reserviert wurde, einen Antrag auf Bestätigung eines Arbeitsplans für Tätigkeiten in diesem reservierten Feld vor, so ist der Vertragsnehmer, der das Feld überlassen hat, berechtigt, einen Arbeitsplan für dieses Feld zu beantragen, sofern er nach Treu und Glauben anbietet, das Unternehmen als Partner in eine gemeinschaftliche Unternehmung einzubeziehen.

(6) Artikel 170 Absatz 4, Anlage IV und andere Bestimmungen des Seerechtsübereinkommens, die sich auf das Unternehmen beziehen, werden im Einklang mit diesem Abschnitt ausgelegt und angewendet.

Abschnitt 3. Beschlußfassung

(1) Die allgemeinen Leitsätze der Behörde werden von der Versammlung in Zusammenarbeit mit dem Rat festgelegt.

(2) Grundsätzlich soll die Beschlußfassung in den Organen der Behörde durch Konsens erfolgen.

(3) Sind alle Bemühungen, einen Beschluß durch Konsens zu fassen, erschöpft, so werden bei Abstimmungen in der Versammlung Beschlüsse über Verfahrensfragen mit der Mehrheit der anwesenden und abstimmenden Staaten und Beschlüsse über Sachfragen mit Zweidrittelmehrheit der anwesenden und abstimmenden Staaten gefaßt, wie in Artikel 159 Absatz 8 des Seerechtsübereinkommens vorgesehen.

(4) Beschlüsse der Versammlung über jede Angelegenheit, für die der Rat ebenfalls zuständig ist, oder über jede Verwaltungs-, Haushalts- oder Finanzfrage stützen sich auf Empfehlungen des Rates. Nimmt die Versammlung die Empfehlung des Rates zu einer Angelegenheit nicht an, so verweist sie diese zur weiteren Prüfung an den Rat zurück. Der Rat prüft die Angelegenheit erneut im Licht der von der Versammlung geäußerten Ansichten.

(5) Sind alle Bemühungen, einen Beschluß durch Konsens zu fassen, erschöpft, so werden bei Abstimmungen im Rat Beschlüsse über Verfahrensfragen mit der Mehrheit der anwesenden und abstimmenden Mitglieder und Beschlüsse über Sachfragen, soweit das Seerechtsübereinkommen nicht Beschlüsse durch Konsens im Rat vorsieht, mit Zweidrittelmehrheit der anwesenden und abstimmenden Mitglieder gefaßt, sofern solche Beschlüsse nicht von der Mehrheit in einer der in Absatz 9 genannten Kammern abgelehnt werden. Bei seiner Beschlußfassung bemüht sich der Rat, den Interessen aller Mitglieder der Behörde gerecht zu werden.

(6) Zur Erleichterung weiterer Verhandlungen kann der Rat eine Beschlußfassung vertagen, solange noch nicht alle Bemühungen um einen Konsens über eine Frage erschöpft zu sein scheinen.

(7) Beschlüsse der Versammlung oder des Rates, die sich auf die Finanzen oder den Haushalt auswirken, stützen sich auf Empfehlungen des Finanzausschusses.

(8) Artikel 161 Absatz 8 Buchstaben b und c des Seerechtsübereinkommens findet keine Anwendung.

(9) a) Jede nach Absatz 15 Buchstaben a bis c gewählte Staatengruppe wird für die Zwecke der Abstimmungen im Rat als eine Kammer behandelt. Die nach Absatz 15 Buchstaben d und e gewählten Entwicklungsstaaten werden für die Zwecke der Abstimmungen im Rat als eine einzige Kammer behandelt.

b) Vor der Wahl der Mitglieder des Rates erstellt die Versammlung Listen der Länder, welche die Kriterien für eine Mitgliedschaft in den Staatengruppen nach Absatz 15 Buchstaben a bis d erfüllen. Erfüllt ein Staat die Kriterien für eine Mitgliedschaft in mehr als einer Gruppe, so kann er nur von einer Gruppe zur Wahl in den Rat vorgeschlagen werden und darf bei Abstimmungen im Rat nur diese Gruppe vertreten.

(10) Jede in Absatz 15 Buchstaben a bis d vorgesehene Staatengruppe wird im Rat durch die von ihr vorgeschlagenen Mitglieder vertreten. Jede Gruppe schlägt nur so viele Kandida-

ten vor, wie sie Sitze zu besetzen hat. Übersteigt die Anzahl der möglichen Kandidaten in jeder der in Absatz 15 Buchstaben a bis e genannten Gruppen die Anzahl der in jeder dieser Gruppen zur Verfügung stehenden Sitze, so wird in der Regel das Rotationsprinzip angewendet. Die Staaten, die Mitglieder dieser Gruppen sind, bestimmen, wie dieses Prinzip in der jeweiligen Gruppe angewendet wird.

(11) a) Der Rat billigt eine Empfehlung der Rechts- und Fachkommission zur Bestätigung eines Arbeitsplans, sofern er nicht mit Zweidrittelmehrheit seiner anwesenden und abstimmenden Mitglieder, einschließlich der Mehrheit der anwesenden und abstimmenden Mitglieder in jeder der Kammern des Rates, beschließt, den Arbeitsplan abzulehnen. Unterläßt es der Rat, innerhalb einer vorgeschriebenen Frist über eine Empfehlung zur Bestätigung eines Arbeitsplans zu beschließen, so gilt die Empfehlung nach Ablauf dieser Frist als vom Rat gebilligt. Die vorgeschriebene Frist beträgt üblicherweise 60 Tage, sofern der Rat nicht beschließt, eine längere Frist vorzusehen. Empfiehlt die Kommission die Ablehnung eines Arbeitsplans oder gibt sie keine Empfehlung ab, so kann der Rat nach seiner Geschäftsordnung für die Beschlußfassung über Sachfragen den Arbeitsplan dennoch bestätigen.

b) Artikel 162 Absatz 2 Buchstabe j des Seerechtsübereinkommens findet keine Anwendung.

(12) Entsteht eine Streitigkeit über die Ablehnung eines Arbeitsplans, so wird sie dem im Seerechtsübereinkommen vorgesehenen Streitbeilegungsverfahren unterworfen.

(13) Beschlüsse durch Abstimmung in der Rechts- und Fachkommission werden mit der Mehrheit der anwesenden und abstimmenden Mitglieder gefaßt.

(14) Teil XI Abschnitt 4 Unterabschnitte B und C des Seerechtsübereinkommens wird in Übereinstimmung mit dem vorliegenden Abschnitt ausgelegt und angewendet.

(15) Der Rat besteht aus 36 Mitgliedern der Behörde, die von der Versammlung in folgender Reihenfolge gewählt werden:
a) vier Mitglieder aus den Vertragsstaaten, die während der letzten fünf Jahre, für die Statistiken vorliegen, entweder mehr als 2 Prozent des Wertes des gesamten Weltverbrauchs der Rohstoffe, die aus den Gebiet gewinnbaren Mineraliengruppen erzeugt werden, verbraucht oder Nettoeinfuhren von mehr als 2 Prozent des Wertes der gesamten Welteinfuhr dieser Rohstoffe vorgenommen haben; unter diesen vier Mitgliedern müssen sich ein Staat der osteuropäischen Region, der gemessen am Bruttosozialprodukt die größte Wirtschaft der Region aufweist, und der Staat befinden, der gemessen am Bruttosozialprodukt bei Inkrafttreten des Seerechtsübereinkommens die größte Wirtschaft aufweist, sofern diese Staaten in dieser Gruppe vertreten sein wollen;
b) vier Mitglieder aus den acht Vertragsstaaten, die unmittelbar oder durch ihre Staatsangehörigen die umfangreichsten Investitionen zur Vorbereitung und Durchführung von Tätigkeiten im Gebiet vorgenommen haben;
c) vier Mitglieder aus den Vertragsstaaten, die aufgrund der Produktion im Bereich ihrer Hoheitsbefugnisse die wichtigsten Nettoexporteure der aus dem Gebiet gewinnbaren Mineraliengruppen sind; darunter müssen sich mindestens zwei Entwicklungsstaaten befinden, deren Wirtschaft in hohem Maße von der Ausfuhr dieser Mineralien abhängig ist;
d) sechs Mitglieder aus Vertragsstaaten, die Entwicklungsstaaten sind und die besondere Interessen vertreten. Zu diesen zu vertretenden besonderen Interessen gehören die von Staaten mit großer Bevölkerung, von Binnenstaaten oder geographisch benachteiligten Staaten, von Inselstaaten, von Staaten, die wichtigste Importeure der aus dem Gebiet gewinnbaren Mineraliengruppen sind, von Staaten, die mögliche Erzeuger dieser Mineralien sind, und von am wenigsten entwickelten Staaten;
e) achtzehn Mitglieder, die nach dem Grundsatz der gerechten geographischen Verteilung der Gesamtheit der Sitze im Rat gewählt werden; aus jeder geographischen Region muß mindestens ein Mitglied nach diesem Buchstaben gewählt werden. Zu diesem Zweck gelten als geographische Regionen: Afrika, Asien, Osteuropa, Lateinamerika und die Karibik sowie Westeuropa und andere Staaten.

(16) Artikel 161 Absatz 1 des Seerechtsübereinkommens findet keine Anwendung.

Abschnitt 4. Überprüfungskonferenz

Die Bestimmungen in Artikel 155 Absätze 1, 3 und 4 des Seerechtsübereinkommens über die Überprüfungskonferenz finden keine Anwendung. Ungeachtet des Artikels 314 Absatz 2 des Seerechtsübereinkommens kann die Versammlung auf Empfehlung des Rates jederzeit eine Überprüfung der in Artikel 155 Absatz 1 des Seerechtsübereinkommens bezeichneten Angelegenheiten vornehmen. Änderungen, die sich auf das vorliegende Übereinkommen und Teil XI beziehen, unterliegen den in den Artikeln 314, 315 und 316 des Seerechtsübereinkommens vorgesehenen Verfahren; allerdings müssen die Grundsätze, die Ordnung und die anderen Bedingungen, die in Artikel 155 Absatz 2 des Seerechtsübereinkommens genannt sind, beibehalten werden und die in Absatz 5 jenes Artikels bezeichneten Rechte unberührt bleiben.

Abschnitt 5. Weitergabe von Technologie

(1) Weitergabe von Technologie für die Zwecke des Teiles XI wird durch Artikel 144 des Seerechtsübereinkommens sowie durch folgende Grundsätze geregelt:

a) Das Unternehmen und Entwicklungsstaaten, die Tiefseebergbautechnologie zu erhalten wünschen, bemühen sich, solche Technologie zu angemessenen und annehmbaren kommerziellen Bedingungen auf dem freien Markt oder durch Vereinbarungen über gemeinschaftliche Unternehmungen zu erhalten;

b) können das Unternehmen oder Entwicklungsstaaten Tiefseebergbautechnologie nicht erhalten, so kann die Behörde alle oder einzelne Vertragsnehmer und ihre jeweiligen befürwortenden Staaten auffordern, mit ihr zur Erleichterung des Erwerbs von Tiefseebergbautechnologie durch das Unternehmen oder seine gemeinschaftliche Unternehmung oder durch einen oder mehrere Entwicklungsstaaten, die sich um den Erwerb solcher Technologie zu angemessenen und annehmbaren kommerziellen Bedingungen im Einklang mit dem wirksamen Schutz der Rechte des geistigen Eigentums bemühen, zusammenzuarbeiten. Die Vertragsstaaten verpflichten sich, zu diesem Zweck uneingeschränkt und wirksam mit der Behörde zusammenzuarbeiten und dafür zu sorgen, daß die von ihnen befürworteten Vertragsnehmer ebenfalls uneingeschränkt mit der Behörde zusammenarbeiten;

c) in der Regel fördern die Vertragsstaaten die internationale technische und wissenschaftliche Zusammenarbeit in bezug auf Tätigkeiten im Gebiet zwischen den jeweils Beteiligten oder durch Ausarbeitung von Programmen zur Ausbildung, technischen Hilfe oder wissenschaftlichen Zusammenarbeit auf dem Gebiet der Meereswissenschaft und Meerestechnologie sowie des Schutzes und der Bewahrung der Meeresumwelt.

(2) Anlage III Artikel 5 des Seerechtsübereinkommens findet keine Anwendung.

Abschnitt 6. Produktionspolitik

(1) Die Produktionspolitik der Behörde beruht auf folgenden Grundsätzen:

a) Die Erschließung der Ressourcen des Gebiets erfolgt nach vernünftigen kommerziellen Grundsätzen;

b) das allgemeine Zoll- und Handelsabkommen, seine einschlägigen Kodizes und Folge- oder Ablöseübereinkünfte gelten für Tätigkeiten im Gebiet;

c) insbesondere dürfen Tätigkeiten im Gebiet nicht subventioniert werden, sofern dies nicht im Rahmen der unter Buchstabe b genannten Übereinkünfte erlaubt ist. Subventionierungen für die Zwecke dieser Grundsätze sind im Rahmen der unter Buchstabe b bezeichneten Übereinkünfte definiert;

d) eine Diskriminierung der aus dem Gebiet stammenden Mineralien gegenüber den aus anderen Vorkommen stammenden Mineralien ist verboten. Diesen Mineralien oder den Einfuhren von aus solchen Mineralien erzeugten Rohstoffen wird kein bevorzugter Zugang zu den Märkten gewährt, insbesondere

i) durch Anwendung von Zöllen oder nichttarifären Handelshemmnissen;

ii) seitens der Vertragsstaaten für solche Mineralien oder Rohstoffe, die von ihren staatlichen Unternehmen oder von natürlichen oder juristischen Personen ihrer Staatsangehörigkeit erzeugt wurden oder von ihnen oder ihren Staatsangehörigen kontrolliert werden;

e) der von der Behörde für jedes Abbaufeld bestätigte Arbeitsplan für die Ausbeutung muß einen im voraus erarbeiteten Produktionsplan enthalten, der die geschätzten Höchstmengen der Mineralien angibt, die jährlich im Rahmen des Arbeitsplans gefördert werden sollen;

f) für die Beilegung von Streitigkeiten über die Bestimmungen der unter Buchstabe b genannten Übereinkünfte gilt folgendes:
   i) Sind die Vertragsstaaten Vertragsparteien dieser Übereinkünfte, so nehmen sie die in diesen Übereinkünften vorgesehenen Streitbeilegungsverfahren in Anspruch;
   ii) sind eine oder mehrere der betreffenden Vertragsstaaten nicht Vertragsparteien dieser Übereinkünfte, so nehmen sie die im Seerechtsübereinkommen vorgesehenen Streitbeilegungsverfahren in Anspruch;
g) in Fällen, in denen aufgrund der unter Buchstabe b bezeichneten Übereinkünfte die Feststellung getroffen wird, daß ein Vertragsstaat eine Subventionierung vorgenommen hat, die verboten ist oder zu einer Schädigung der Interessen eines anderen Vertragsstaats geführt hat, und in denen von dem oder den betreffenden Vertragsstaaten geeignete Schritte nicht unternommen wurden, kann ein Vertragsstaat den Rat ersuchen, angemessene Maßnahmen zu ergreifen.

(2) Die in Absatz 1 enthaltenen Grundsätze lassen die Rechte und Pflichten aus den in Absatz 1 Buchstabe b genannten Übereinkünften sowie aus einschlägigen Freihandels- oder Zollunionsübereinkünften in den Beziehungen zwischen den Vertragsstaaten, die Vertragsparteien solcher Übereinkünfte sind, unberührt.

(3) Die Entgegennahme durch einen Vertragsnehmer von anderen als aufgrund der in Artikel 1 Buchstabe b bezeichneten Übereinkünfte erlaubten Subventionen stellt eine Verletzung der grundlegenden Bedingungen des Vertrags dar, der den Arbeitsplan zur Durchführung von Tätigkeiten im Gebiet bildet.

(4) Jeder Vertragsstaat, der Grund zu der Annahme hat, daß ein Verstoß gegen die Vorschriften des Absatzes 1 Buchstaben b bis d oder des Absatzes 3 vorliegt, kann nach Absatz 1 Buchstabe f oder g Streitbeilegungsverfahren einleiten.

(5) Ein Vertragsstaat kann den Rat jederzeit auf Tätigkeiten aufmerksam machen, die nach seiner Auffassung mit den Vorschriften des Absatzes 1 Buchstaben b bis d nicht vereinbar sind.

(6) Die Behörde erarbeitet Regeln, Vorschriften und Verfahren, welche die Durchführung dieses Abschnitts sicherstellen, einschließlich entsprechender Regeln, Vorschriften und Verfahren für die Bestätigung von Arbeitsplänen.

(7) Artikel 151 Absätze 1 bis 7 und 9, Artikel 162 Absatz 2 Buchstabe q, Artikel 165 Absatz 2 Buchstabe n sowie Anlage III Artikel 6 Absatz 5 und Anlage III Artikel 7 des Seerechtsübereinkommens finden keine Anwendung.

Abschnitt 7. Wirtschaftliche Hilfe

(1) Die Politik der Behörde in bezug auf Hilfe für Entwicklungsstaaten, die ernste nachteilige Auswirkungen auf ihre Ausfuhreinnahmen oder ihre Wirtschaft aus einem Rückgang des Preises für das betroffene Mineral oder der Ausfuhrmenge dieses Minerals erleiden, stützt sich, soweit ein solcher Rückgang auf Tätigkeiten im Gebiet zurückzuführen ist, auf folgende Grundsätze:
a) Die Behörde errichtet einen Fonds für wirtschaftliche Hilfe mit einem Anteil ihrer Mittel, die den zur Deckung ihrer Verwaltungskosten erforderlichen Betrag übersteigen. Der für diesen Zweck bereitgestellte Betrag wird auf Empfehlung des Finanzausschusses von Zeit zu Zeit vom Rat festgelegt. Für die Errichtung des Fonds für wirtschaftliche Hilfe werden lediglich Mittel aus Zahlungen von Vertragsnehmern einschließlich des Unternehmens sowie freiwillige Beiträge verwendet;
b) Entwicklungsstaaten mit Landproduktion, bei denen festgestellt wurde, daß ihre Wirtschaft durch den Abbau von Mineralien vom Tiefseeboden schwer betroffen ist, erhalten Hilfe aus dem Fonds für wirtschaftliche Hilfe der Behörde;
c) die Behörde stellt betroffenen Entwicklungsstaaten mit Landproduktion Hilfe aus dem Fonds zur Verfügung, gegebenenfalls in Zusammenarbeit mit bestehenden weltweiten oder regionalen Entwicklungseinrichtungen, welche über die zur Durchführung solcher Hilfsprogramme notwendige Infrastruktur und die erforderlichen Fachkenntnisse verfügen;
d) Umfang und Dauer der Hilfe werden in jedem Einzelfall festgelegt. Dabei werden Art und Tragweite der Probleme, denen die betroffenen Entwicklungsstaaten mit Landproduktion gegenüberstehen, angemessen berücksichtigt.

(2) Artikel 151 Absatz 10 des Seerechtsübereinkommens wird mit Hilfe der in Absatz 1 bezeichneten Maßnahmen der wirtschaftlichen Hilfe durchgeführt. Artikel 160 Absatz 2 Buchstabe l, Artikel 162 Absatz 2 Buchstabe n, Artikel 164 Absatz 2 Buchstabe d, Artikel 171 Buchstabe f und Artikel 173 Absatz 2 Buchstabe c des Seerechtsübereinkommens werden entsprechend ausgelegt.

Abschnitt 8. Finanzielle Bestimmungen der Verträge

(1) Folgende Grundsätze dienen als Grundlage zur Aufstellung von Regeln, Vorschriften und Verfahren für die finanziellen Bestimmungen der Verträge:

a) Das System der Zahlungen an die Behörde muß sowohl für den Vertragsnehmer als auch für die Behörde angemessen sein und ausreichende Mittel für die Feststellung vorsehen, daß der Vertragsnehmer dieses System einhält;

b) die Höhe der Zahlungen aufgrund dieses Systems muß sich im Rahmen der Zahlungen bewegen, die bei Abbau gleicher oder ähnlicher Mineralien an Land üblich sind, damit vermieden wird, daß die Unternehmer, die Tiefseebergbau betreiben, einen künstlichen Wettbewerbsvorteil erhalten oder ihnen ein Wettbewerbsnachteil auferlegt wird;

c) das System soll einfach sein und weder für die Behörde noch für den Vertragsnehmer größere Verwaltungskosten verursachen. Die Annahme eines Systems von Förderabgaben oder eines kombinierten Systems aus Förderabgaben und Gewinnbeteiligung soll geprüft werden. Werden alternative Systeme beschlossen, so hat der Vertragsnehmer das Recht, das auf seinen Vertrag anwendbare System zu wählen. Jede spätere Änderung in der Wahl zwischen alternativen Systemen erfolgt einvernehmlich zwischen der Behörde und dem Vertragsnehmer;

d) mit Aufnahme der kommerziellen Produktion ist eine feste Jahresgebühr zu zahlen. Diese Gebühr kann gegen andere fällige Zahlungen im Rahmen des nach Buchstabe c angenommenen Systems verrechnet werden. Die Höhe der Gebühr wird vom Rat festgelegt.

e) das System der Zahlungen kann regelmäßig im Licht veränderter Umstände überprüft werden. Änderungen dürfen nicht diskriminierend angewandt werden. Für bestehende Verträge können sie nur auf Wunsch des Vertragsnehmers gelten. Jede spätere Änderung in der Wahl zwischen alternativen Systemen erfolgt einvernehmlich zwischen der Behörde und dem Vertragsnehmer;

f) Streitigkeiten über die Auslegung oder Anwendung der auf diesen Grundsätzen beruhenden Regeln und Vorschriften unterliegen den im Seerechtsübereinkommen vorgesehenen Streitbeilegungsverfahren.

(2) Anlage III Artikel 13 Absätze 3 bis 10 des Seerechtsübereinkommens findet keine Anwendung.

(3) Im Hinblick auf die Durchführung der Anlage III Artikel 13 Absatz 2 des Seerechtsübereinkommens beträgt die Gebühr für die Bearbeitung von Anträgen auf Bestätigung eines Arbeitsplans, der auf eine Phase beschränkt ist, nämlich die Erforschungs- oder die Abbauphase, 250 000 US-Dollar.

Abschnitt 9. Der Finanzausschuß

(1) Hiermit wird ein Finanzausschuß gebildet. Der Ausschuß besteht aus 15 Mitgliedern, die über geeignete Fähigkeiten in finanziellen Angelegenheiten verfügen. Die Vertragsstaaten benennen Kandidaten, die ein Höchstmaß an fachlicher Eignung und Ehrenhaftigkeit besitzen.

(2) Nicht mehr als ein Mitglied des Finanzausschusses darf Staatsangehöriger desselben Vertragsstaats sein.

(3) Die Mitglieder des Finanzausschusses werden von der Versammlung gewählt, wobei die Notwendigkeit einer gerechten geographischen Verteilung und der Vertretung besonderer Interessen gebührend zu berücksichtigen ist. Jede in Abschnitt 3 Absatz 15 Buchstaben a, b, c und d genannte Staatengruppe ist mit mindestens einem Mitglied im Ausschuß vertreten. Bis die Behörde ausreichende andere Mittel als die berechneten Beiträge besitzt, um ihre Verwaltungskosten zu bestreiten, gehören zu den Mitgliedern des Ausschusses die Vertreter der fünf Staaten, welche die höchsten Beiträge zum Verwaltungshaushalt der Behörde entrichten. Danach erfolgt die Wahl eines Mitglieds aus jeder Gruppe auf der Grundlage der Benennung

durch die Mitglieder der betreffenden Gruppe, unbeschadet der Möglichkeit, weitere Mitglieder aus jeder dieser Gruppen zu wählen.

(4) Die Mitglieder des Ausschusses werden für fünf Jahre gewählt. Ihre einmalige Wiederwahl ist zulässig.

(5) Im Fall des Todes, der Arbeitsunfähigkeit oder des Rücktritts eines Mitglieds des Finanzausschusses vor Ablauf seiner Amtszeit wählt die Versammlung für den Rest der Amtszeit ein Mitglied aus derselben geographischen Region oder Staatengruppe.

(6) Die Mitglieder des Finanzausschusses dürfen kein finanzielles Interesse an einer Tätigkeit in Angelegenheiten haben, über die der Ausschuß Empfehlungen abzugeben hat. Sie dürfen auch nach Beendigung ihrer Tätigkeit vertrauliche Informationen nicht preisgeben, die ihnen aufgrund ihrer Aufgaben für die Behörde zur Kenntnis gelangen.

(7) Beschlüsse der Versammlung und des Rates über folgende Themen stützen sich auf Empfehlungen des Finanzausschusses:
a) die Entwürfe der Finanzregeln, -vorschriften und -verfahren für die Organe der Behörde sowie die Verwaltung der Finanzen und die innere Finanzverwaltung der Behörde;
b) die Berechnung der Beiträge der Mitglieder zum Verwaltungshaushalt der Behörde nach Artikel 160 Absatz 2 Buchstabe e des Seerechtsübereinkommens;
c) alle einschlägigen Finanzfragen einschließlich des vom Generalsekretär der Behörde nach Artikel 172 des Seerechtsübereinkommens ausgearbeiteten Entwurfs des jährlichen Haushalts sowie die finanziellen Aspekte der Durchführung des Arbeitsprogramms des Sekretariats;
d) der Verwaltungshaushalt;
e) die finanziellen Verpflichtungen der Vertragsstaaten aus der Durchführung dieses Übereinkommens und des Teiles XI sowie die Auswirkungen auf Verwaltung und Haushalt von Vorschlägen und Empfehlungen, die Ausgaben aus den Mitteln der Behörde zur Folge haben;
f) die Regeln, Vorschriften und Verfahren über die gerechte Verteilung der finanziellen und der sonstigen wirtschaftlichen Vorteile, die aus Tätigkeiten im Gebiet stammen, und die darüber zu fassenden Beschlüsse.

(8) Die Beschlüsse des Finanzausschusses über Verfahrensfragen bedürfen der Mehrheit der anwesenden und abstimmenden Mitglieder. Beschlüsse über Sachfragen werden durch Konsens gefaßt.

(9) Der Forderung des Artikels 162 Absatz 2 Buchstabe y des Seerechtsübereinkommens nach Bildung eines Nebenorgans, das sich mit finanziellen Angelegenheiten befaßt, ist durch die Bildung des Finanzausschusses in Übereinstimmung mit diesem Abschnitt Genüge getan.

21. Vereinbarung über den Durchflug im internationalen Fluglinienverkehr[1)·2)]

(7. 12. 1944)

Die Mitgliedstaaten der Internationalen Zivilluftfahrt-Organisation, welche diese Vereinbarung über den Durchflug im Internationalen Fluglinienverkehr unterzeichnen und annehmen, erklären folgendes:

Artikel I

Abschnitt 1

Jeder Vertragsstaat gewährt den anderen Vertragsstaaten im planmäßigen internationalen Fluglinienverkehr folgende Freiheiten der Luft:

1. das Recht, sein Hoheitsgebiet ohne Landung zu überfliegen;
2. das Recht, zu nicht-gewerblichen Zwecken zu landen.

Die in diesem Abschnitt gewährten Rechte finden keine Anwendung auf Flughäfen, die unter Ausschluß jedes planmäßigen internationalen Fluglinienverkehrs zu militärischen Zwecken benutzt werden. Die Ausübung dieser Rechte in Gebieten, in denen offene Feindseligkeiten stattfinden oder die militärisch besetzt sind, und in Kriegszeiten längs der Nachschubwege zu diesen Gebieten, ist von der Zustimmung der zuständigen militärischen Behörden abhängig.

Abschnitt 2

Die genannten Rechte werden in Übereinstimmung mit der Vorläufigen Vereinbarung über die Internationale Zivilluftfahrt und nach Inkrafttreten des Abkommens über die Internationale Zivilluftfahrt, beide am 7. Dezember 1944 in Chikago abgefaßt, in Übereinstimmung mit diesem ausgeübt.

Abschnitt 3

Ein Vertragsstaat, der den Luftverkehrsunternehmen eines anderen Vertragsstaats das Recht zu nicht-gewerblichen Landungen gewährt, kann von diesen Luftverkehrsunternehmen verlangen, daß sie an den Landungsorten angemessene gewerbliche Verkehrsdienste anbieten.

Ein solches Verlangen darf keine unterschiedliche Behandlung der die gleiche Strecke betreibenden Luftverkehrsunternehmen mit sich bringen, wird die Kapazität der Luftfahrzeuge berücksichtigen und derart ausgeübt werden, daß es den normalen Betrieb des betreffenden internationalen Fluglinienverkehrs sowie die Rechte und Verpflichtungen eines Vertragsstaats nicht benachteiligt.

[1)] Aus BGBl. 1956 II S. 442.
[2)] Internationale Quelle: UNTS Vol. 84 p. 389.

Abschnitt 4

Vorbehaltlich der Bestimmungen dieser Vereinbarung kann jeder Vertragsstaat

1. die Strecke bezeichnen, die innerhalb seines Hoheitsgebiets von jedem internationalen Fluglinienverkehr einzuhalten ist, sowie die Flughäfen, die von diesem benutzt werden dürfen;
2. einem Fluglinienverkehr gerechte und angemessene Gebühren für die Benutzung der Flughäfen und sonstigen Luftfahrteinrichtungen auferlegen oder ihre Auferlegung gestatten; diese Gebühren dürfen nicht höher sein als diejenigen, welche seine nationalen, in ähnlichem internationalen Fluglinienverkehr eingesetzten Luftfahrzeuge für die Benutzung dieser Flughäfen und Luftfahrteinrichtungen zu zahlen hätten. Diese Gebühren unterliegen jedoch auf Vorstellung eines beteiligten Vertragsstaats einer Nachprüfung durch den Rat der Internationalen Zivilluftfahrt-Organisation, die auf Grund des erwähnten Abkommens errichtet wird; der Rat erstattet einen Bericht und legt dem beteiligten Staat oder den beteiligten Staaten diesbezügliche Empfehlungen zu Erwägung vor.

Abschnitt 5

Jeder Vertragsstaat behält sich das Recht vor, einem Luftverkehrsunternehmen eines anderen Staates ein Zeugnis oder eine Genehmigung zu verweigern oder zu widerrufen, falls ihm nicht zur Genüge dargetan ist, daß ein wesentlicher Teil des Eigentums und die tatsächliche Kontrolle in den Händen von Staatsangehörigen eines Vertragsstaats liegen, oder falls ein solches Luftverkehrsunternehmen die Gesetze des Staates, über dessen Gebiet es Luftverkehr betreibt, nicht befolgt oder seine Verpflichtungen aus dieser Vereinbarung nicht erfüllt.

Artikel II

Abschnitt 1

Ist ein Vertragsstaat der Ansicht, daß Maßnahmen eines anderen Vertragsstaats auf Grund dieser Vereinbarung ihm Unrecht oder Härten zufügen, so kann er beim Rat beantragen, die Sachlage zu prüfen. Daraufhin untersucht der Rat die Angelegenheit und beruft die beteiligten Staaten zur Beratung ein. Gelingt es nicht, durch eine solche Beratung die Schwierigkeit zu beheben, so kann der Rat zweckdienliche Feststellungen treffen und den beteiligten Vertragsstaaten Empfehlungen erteilen. Unterläßt es danach ein beteiligter Vertragsstaat nach Ansicht des Rats ungerechtfertigterweise, geeignete Abhilfemaßnahmen zu treffen, so kann der Rat der Versammlung der erwähnten Organisationen empfehlen, die Rechte des Vertragsstaats aus dieser Vereinbarung so lange auszusetzen, bis Abhilfemaßnahmen getroffen worden sind. Die Versammlung kann diese Rechte mit einer Mehrheit von zwei Dritteln so lange aussetzen, wie es ihr angemessen erscheint oder bis der Rat feststellt, daß der Staat Abhilfemaßnahmen getroffen hat.

Abschnitt 2

Kann eine Meinungsverschiedenheit zwischen zwei oder mehr Vertragsstaaten über Auslegung oder Anwendung dieser Vereinbarung nicht durch

Verhandlung beigelegt werden, so finden die Bestimmungen des Kapitels XVIII des erwähnten Abkommens, die sich auf Meinungsverschiedenheiten über dessen Auslegung oder Anwendung beziehen, entsprechende Anwendung.

Artikel III

Diese Vereinbarung bleibt so lange in Kraft wie das erwähnte Abkommen; jedoch kann jeder Vertragsstaat, der Partei dieser Vereinbarung ist, sie mit einjähriger Frist durch Anzeige an die Regierung der Vereinigten Staaten von Amerika kündigen; diese unterrichtet alle anderen Vertragsstaaten unverzüglich von der Kündigung und dem Ausscheiden.

Artikel IV

Bis zum Inkrafttreten des erwähnten Abkommens gelten alle darauf bezüglichen Verweisungen, abgesehen von denen des Artikels II Abschnitt 2 und des Artikels V, als Verweisungen auf die am 7. Dezember 1944 in Chikago abgefaßte Vorläufige Vereinbarung über die Internationale Zivilluftfahrt, und Verweisungen auf die Internationale Zivilluftfahrt-Organisation, die Versammlung und den Rat gelten als Verweisungen auf die Vorläufige Internationale Zivilluftfahrt-Organisation, die Vorläufige Versammlung und den Vorläufigen Rat.

Artikel V

Im Sinne dieser Vereinbarung hat der Ausdruck „Hoheitsgebiet" die in Artikel 2 des erwähnten Abkommens festgelegte Bedeutung.

Artikel VI. Unterzeichnung und Annahme der Vereinbarung

Die unterzeichneten Delegierten der Internationalen Zivilluftfahrt-Konferenz, die in Chikago am 1. November 1944 zusammengetreten ist, haben ihre Unterschriften mit der Maßgabe unter diese Vereinbarung gesetzt, daß die Regierung der Vereinigten Staaten von Amerika sobald wie möglich von jeder Regierung, in deren Namen diese Vereinbarung unterzeichnet worden ist, darüber unterrichtet wird, ob diese Unterzeichnung eine Annahme der Vereinbarung durch die betreffende Regierung und eine für sie bindende Verpflichtung darstellt.

Jeder Mitgliedstaat der Internationalen Zivilluftfahrt-Organisation kann diese Vereinbarung als eine ihn bindende Verpflichtung annehmen, indem er der Regierung der Vereinigten Staaten die Annahme anzeigt; diese wird mit dem Tage des Eingangs der Anzeige bei der genannten Regierung wirksam.

Diese Vereinbarung tritt zwischen Vertragsstaaten mit ihrer Annahme durch einen jeden von ihnen in Kraft. Danach wird sie auch in bezug auf jeden weiteren Staat, welcher der Regierung der Vereinigten Staaten die Annahme anzeigt, mit dem Tage des Eingangs der Anzeige bei der genannten Regierung bindend. Die Regierung der Vereinigten Staaten unterrichtet alle Staaten, die diese Vereinbarung unterzeichnet und angenommen haben, über den Zeitpunkt jeder Annahme dieser Vereinbarung sowie über den Zeitpunkt des Inkrafttretens für jeden Staat, der die Vereinbarung angenommen hat.

ZU URKUND DESSEN unterschreiben die unterzeichneten, hierzu gehörig beglaubigten Bevollmächtigten diese Vereinbarung im Namen ihrer Regierungen an den neben ihren Unterschriften vermerkten Daten.

GESCHEHEN zu Chikago am 7. Dezember 1944 in englischer Sprache. Eine Fassung in Englisch, Französisch und Spanisch, die in jeder Sprache in gleicher Weise maßgebend ist, wird in Washington, D. C., zur Unterzeichnung aufgelegt. Beide Fassungen werden im Archiv der Regierung der Vereinigten Staaten von Amerika hinterlegt; diese Regierung übermittelt den Regierungen aller Staaten, die diese Vereinbarung unterzeichnen und annehmen, beglaubigte Ausfertigungen.

22. Vertrag über die Grundsätze zur Regelung der Tätigkeiten von Staaten bei der Erforschung und Nutzung des Weltraums einschließlich des Mondes und anderer Himmelskörper[1]·[2]

(27. 1. 1967)

DIE VERTRAGSSTAATEN

ANGESPORNT durch die großartigen Aussichten, die der Vorstoß des Menschen in den Weltraum der Menschheit eröffnet,

IN ANERKENNUNG des gemeinsamen Interesses der gesamten Menschheit an der fortschreitenden Erforschung und Nutzung des Weltraums zu friedlichen Zwecken,

IN DER ÜBERZEUGUNG, daß es wünschenswert ist, die Erforschung und Nutzung des Weltraums zum Wohle aller Völker ohne Ansehen ihres wirtschaftlichen und wissenschaftlichen Entwicklungsstandes fortzuführen,

IN DEM WUNSCH, sowohl in wissenschaftlicher wie in rechtlicher Hinsicht zu einer umfassenden internationalen Zusammenarbeit bei der Erforschung und Nutzung des Weltraums zu friedlichen Zwecken beizutragen,

IM VERTRAUEN DARAUF, daß eine solche Zusammenarbeit das gegenseitige Verständnis zwischen den Staaten und Völkern fördern und die freundschaftlichen Beziehungen zwischen ihnen verstärken wird,

EINGEDENK der von der Generalversammlung der Vereinten Nationen am 13. Dezember 1963 einstimmig als Entschließung Nr 1962 (XVIII) angenommen „Erklärung über die Rechtsgrundsätze zur Regelung der Tätigkeiten von Staaten bei der Erforschung und Nutzung des Weltraums",

EINGEDENK der von der Generalversammlung der Vereinten Nationen am 17. Oktober 1963 einstimmig angenommenen Entschließung Nr. 1884 (XVIII), in der die Staaten aufgefordert werden, weder Gegenstände mit Kernwaffen oder anderen Massenvernichtungswaffen in Erdumlaufbahnen zu bringen noch Himmelskörper mit derartigen Waffen zu bestücken,

UNTER BERÜCKSICHTIGUNG der Entschließung Nr. 110 (II) der Generalversammlung der Vereinten Nationen vom 3. November 1947, mit der jede Propaganda verurteilt wird, die dazu bestimmt oder geeignet ist, eine Bedrohung oder einen Bruch des Friedens oder eine Aggression hervorzurufen oder zu unterstützen, und in der Erwägung, daß diese Entschließung auch für den Weltraum gilt,

IN DER ÜBERZEUGUNG, daß ein Vertrag über die Grundsätze zur Regelung der Tätigkeiten von Staaten bei der Erforschung und Nutzung des Weltraums einschließlich des Mondes und anderer Himmelskörper die Ziele und Grundsätze der Charta der Vereinten Nationen fördern wird –

SIND wie folgt ÜBEREINGEKOMMEN:

---

[1] Aus BGBl. 1969 II S. 1969.
[2] Internationale Quelle: UNTS Vol. 610 p. 205.

Art. I. Die Erforschung und Nutzung des Weltraums einschließlich des Mondes und anderer Himmelskörper wird zum Vorteil und im Interesse aller Länder ohne Ansehen ihres wirtschaftlichen und wissenschaftlichen Entwicklungsstandes durchgeführt und ist Sache der gesamten Menschheit.

Allen Staaten steht es frei, den Weltraum einschließlich des Mondes und anderer Himmelskörper ohne jegliche Diskriminierung, gleichberechtigt und im Einklang mit dem Völkerrecht zu erforschen und zu nutzen; es besteht uneingeschränkter Zugang zu allen Gebieten auf Himmelskörpern.

Die wissenschaftliche Forschung im Weltraum einschließlich des Mondes und anderer Himmelskörper ist frei; die Staaten erleichtern und fördern die internationale Zusammenarbeit bei dieser Forschung.

Art. II. Der Weltraum einschließlich des Mondes und anderer Himmelskörper unterliegt keiner nationalen Aneignung durch Beanspruchung der Hoheitsgewalt, durch Benutzung oder Okkupation oder durch andere Mittel.

Art. III. Bei der Erforschung und Nutzung des Weltraums einschließlich des Mondes und anderer Himmelskörper üben die Vertragsstaaten ihre Tätigkeit in Übereinstimmung mit dem Völkerrecht einschließlich der Charta der Vereinten Nationen im Interesse der Erhaltung des Weltfriedens und der internationalen Sicherheit sowie der Förderung internationaler Zusammenarbeit und Verständigung aus.

Art. IV. Die Vertragsstaaten verpflichten sich, keine Gegenstände, die Kernwaffen oder andere Massenvernichtungswaffen tragen, in eine Erdumlaufbahn zu bringen und weder Himmelskörper mit derartigen Waffen zu bestücken noch solche Waffen im Weltraum zu stationieren.

Der Mond und die anderen Himmelskörper werden von allen Vertragsstaaten ausschließlich zu friedlichen Zwecken benutzt. Die Errichtung militärischer Stützpunkte, Anlagen und Befestigungen, das Erproben von Waffen jeglicher Art und die Durchführung militärischer Übungen auf Himmelskörpern sind verboten. Die Verwendung von Militärpersonal für die wissenschaftliche Forschung oder andere friedliche Zwecke ist nicht untersagt. Ebensowenig ist die Benutzung jeglicher für die friedliche Erforschung des Mondes und anderer Himmelskörper notwendiger Ausrüstungen oder Anlagen untersagt.

Art. V. Die Vertragsstaaten betrachten Raumfahrer als Boten der Menschheit im Weltraum und gewähren ihnen bei Unfall oder wenn in Not oder bei einer Notlandung oder -wasserung im Hoheitsgebiet eines anderen Vertragsstaats oder auf hoher See jede mögliche Hilfe. Nehmen Raumfahrer eine Notlandung oder -wasserung vor, so werden sie rasch und unbehelligt in den Staat zurückgeführt, in dem ihr Raumfahrzeug registriert ist.

Bei Tätigkeiten im Weltraum und auf Himmelskörpern gewähren die Raumfahrer eines Vertragsstaates den Raumfahrern anderer Vertragsstaaten jede mögliche Hilfe.

Jeder Vertragsstaat unterrichtet sofort die anderen Vertragsstaaten oder den Generalsekretär der Vereinten Nationen über alle von ihm im Weltraum einschließlich des Mondes und anderer Himmelskörper entdeckten Erscheinungen, die eine Gefahr für Leben oder Gesundheit von Raumfahrern darstellen könnten.

Art. VI. Die Vertragsstaaten sind völkerrechtlich verantwortlich für nationale Tätigkeiten im Weltraum einschließlich des Mondes und anderer Himmelskörper, gleichviel ob staatliche Stellen oder nichtstaatliche Rechtsträger dort tätig werden, und sorgen dafür, daß nationale Tätigkeiten nach Maßgabe dieses Vertrags durchgeführt werden. Tätigkeiten nichtstaatlicher Rechtsträger im Weltraum einschließlich des Mondes und anderer Himmelskörper bedürfen der Genehmigung und ständigen Aufsicht durch den zuständigen Vertragsstaat. Wird eine internationale Organisation im Weltraum einschließlich des Mondes und anderer Himmelskörper tätig, so sind sowohl die internationale Organisation als auch die dieser Organisation angehörenden Vertragsstaaten für die Befolgung dieses Vertrags verantwortlich.

Art. VII. Jeder Vertragsstaat, der einen Gegenstand in den Weltraum einschließlich des Mondes und anderer Himmelskörper startet oder starten läßt, sowie jeder Vertragsstaat, von dessen Hoheitsgebiet oder Anlagen aus ein Gegenstand gestartet wird, haftet völkerrechtlich für jeden Schaden, den ein solcher Gegenstand oder dessen Bestandteile einem anderen Vertragsstaat oder dessen natürlichen oder juristischen Personen auf der Erde, im Luftraum oder im Weltraum einschließlich des Mondes oder anderer Himmelskörper zufügen.

Art. VIII. Ein Vertragsstaat, in dem ein in den Weltraum gestarteter Gegenstand registriert ist, behält die Hoheitsgewalt und Kontrolle über diesen Gegenstand und dessen gesamte Besatzung, während sie sich im Weltraum oder auf einem Himmelskörper befinden. Das Eigentum an Gegenständen, die in den Weltraum gestartet werden, einschließlich der auf einem Himmelskörper gelandeten oder zusammengebauten Gegenstände, und an ihren Bestandteilen wird durch ihren Aufenthalt im Weltraum oder auf einem Himmelskörper oder durch ihre Rückkehr zur Erde nicht berührt. Werden solche Gegenstände oder Bestandteile davon außerhalb der Grenzen des Vertragsstaats aufgefunden, in dem sie registriert sind, so werden sie dem betreffenden Staat zurückgegeben; dieser teilt auf Ersuchen vor ihrer Rückgabe Erkennungsmerkmale mit.

Art. IX. Bei der Erforschung und Nutzung des Weltraums einschließlich des Mondes und anderer Himmelskörper lassen sich die Vertragsstaaten von dem Grundsatz der Zusammenarbeit und gegenseitigen Hilfe leiten und üben ihre gesamte Tätigkeit im Weltraum einschließlich des Mondes und anderer Himmelskörper mit gebührender Rücksichtnahme auf die entsprechenden Interessen aller anderen Vertragsstaaten aus. Die Vertragsstaaten führen die Untersuchung und Erforschung des Weltraums einschließlich des Mondes und anderer Himmelskörper so durch, daß deren Kontamination vermieden und in der irdischen Umwelt jede ungünstige Veränderung infolge des Einbringens außerirdischer Stoffe verhindert wird; zu diesem Zweck treffen sie, soweit erforderlich, geeignete Maßnahmen. Hat ein Vertragsstaat Grund zu der Annahme, daß ein von ihm oder seinen Staatsangehörigen geplantes Unternehmen oder Experiment im Weltraum einschließlich des Mondes und anderer Himmelskörper eine möglicherweise schädliche Beeinträchtigung von Tätigkeiten anderer Vertragsstaaten bei der friedlichen Erforschung und Nutzung des Weltraums einschließlich des Mondes und anderer Himmelskörper verursachen könnte, so leitet er geeignete internationale Konsultationen ein, bevor er das Unternehmen oder Experiment in Angriff nimmt. Hat ein Vertragsstaat Grund zu der Annahme, daß ein von einem anderen Vertragsstaat geplantes Unternehmen oder Experiment im Weltraum einschließlich des Mondes und anderer Himmelskörper eine möglicherweise schädliche Beeinträchtigung von Tätigkeiten bei der friedlichen Erforschung und Nutzung des Weltraums einschließlich des Mondes und anderer Himmelskörper verursachen könnte, so kann er Konsultationen über das Unternehmen oder Experiment verlangen.

Art. X. Um die internationale Zusammenarbeit bei der Erforschung und Nutzung des Weltraums einschließlich des Mondes und anderer Himmelskörper im Einklang mit den Zielen dieses Vertrages zu fördern, prüfen die Vertragsstaaten auf der Grundlage der Gleichberechtigung jegliches Ersuchen anderer Vertragsstaaten, ihnen Gelegenheit zur Beobachtung des Flugs von Weltraumgegenständen zu geben, die von jenen Staaten gestartet werden.

Die Art dieser Beobachtungsgelegenheit und die Bedingungen, zu denen sie gegebenenfalls gewährt wird, bedürfen der Festlegung durch Übereinkunft zwischen den betreffenden Staaten.

Art. XI. Um die internationale Zusammenarbeit bei der friedlichen Erforschung und Nutzung des Weltraums zu fördern, unterrichten die Vertragsstaaten, die im Weltraum einschließlich des Mondes und anderer Himmelskörper tätig sind, den Generalsekretär der Vereinten Nationen sowie die Öffentlichkeit und die wissenschaftliche Welt in größtmöglichem Umfang, soweit irgend tunlich, von der Art, der Durchführung, den Orten und den Ergebnissen dieser Tätigkeiten. Der Generalsekretär der Vereinten Nationen ist gehalten, diese Informationen unmittelbar nach ihrem Eingang wirksam weiterzuverbreiten.

Art. XII. Alle Stationen, Einrichtungen, Geräte und Raumfahrzeuge auf dem Mond und anderen Himmelskörpern sind Vertretern anderer Vertragsstaaten auf der Grundlage der Gegenseitigkeit zugänglich. Die Vertreter melden einen geplanten Besuch so rechtzeitig an, daß geeignete Konsultationen stattfinden und größtmögliche Vorsichtsmaßnahmen getroffen werden können, um in der zu besuchenden Anlage die Sicherheit zu gewährleisten und eine Beeinträchtigung des normalen Betriebs zu vermeiden.

Art. XIII. Dieser Vertrag findet Anwendung auf alle Tätigkeiten der Vertragsstaaten bei der Erforschung und Nutzung des Weltraums einschließlich des Mondes und anderer Himmelskörper, gleichviel ob sie von einem Vertragsstaat allein oder gemeinsam mit anderen Staaten durchgeführt werden; hierunter fallen auch Tätigkeiten im Rahmen zwischenstaatlicher Organisationen.

Treten in Verbindung mit Tätigkeiten zwischenstaatlicher Organisationen zur Erforschung und Nutzung des Weltraums einschließlich des Mondes und anderer Himmelskörper in der Praxis Fragen auf, so werden sie von den Vertragsstaaten entweder mit der zuständigen zwischenstaatlichen Organisation oder mit einem oder mehreren Mitgliedstaaten dieser Organisation geregelt, die Vertragsstaaten sind.

Art. XIV. (1) Dieser Vertrag liegt für alle Staaten zur Unterzeichnung auf. Jeder Staat, der ihn vor seinem Inkrafttreten nach Absatz 3 nicht unterzeichnet hat, kann ihm jederzeit beitreten.

(2) Dieser Vertrag bedarf der Ratifizierung durch die Unterzeichnerstaaten. Die Ratifikations- und Beitrittsurkunden sind bei den Regierungen der Union der Sozialistischen Sowjetrepubliken, des Vereinigten Königreichs Großbritannien und Nordirland sowie der Vereinigten Staaten von Amerika zu hinterlegen, die hiermit zu Verwahrregierungen bestimmt werden.

(3) Dieser Vertrag tritt in Kraft, sobald fünf Regierungen einschließlich der darin zu Verwahrregierungen bestimmten ihre Ratifikationsurkunden hinterlegt haben.

(4) Für Staaten, deren Ratifikations- oder Beitrittsurkunden nach dem Inkrafttreten dieses Vertrages hinterlegt werden, tritt er mit Hinterlegung ihrer Ratifikations- oder Beitrittsurkunden in Kraft.

(5) Die Verwahrregierungen unterrichten alsbald alle Unterzeichnerstaaten und alle beitretenden Staaten über den Zeitpunkt jeder Unterzeichnung und jeder Hinterlegung einer Ratifikations- oder Beitrittsurkunde zu diesem Vertrag, den Zeitpunkt seines Inkrafttretens und über sonstige Mitteilungen.

(6) Dieser Vertrag wird von den Verwahrregierungen nach Artikel 102 der Charta der Vereinten Nationen registriert.

Art. XV. Jeder Vertragsstaat kann Änderungen dieses Vertrags vorschlagen. Änderungen treten für jeden Vertragsstaat, der sie annimmt, in Kraft, sobald die Mehrheit der Vertragsstaaten sie angenommen hat; für jeden weiteren Vertragsstaat treten sie mit der Annahme durch diesen in Kraft.

Art. XVI. Jeder Vertragsstaat kann diesen Vertrag ein Jahr nach dessen Inkrafttreten durch eine schriftliche, an die Verwahrregierungen gerichtete Notifikation für sich kündigen. Die Kündigung wird ein Jahr nach Eingang dieser Notifikation wirksam.

Art. XVII. Dieser Vertrag, dessen chinesischer, englischer, französischer, russischer und spanischer Wortlaut gleichermaßen verbindlich ist, wird in den Archiven der Verwahrregierungen hinterlegt. Beglaubigte Abschriften dieses Vertrags werden den Regierungen der Staaten, die ihn unterzeichnen oder ihm beitreten, von den Verwahrregierungen zugeleitet.

ZU URKUND dessen haben die Unterzeichneten, hierzu gehörig befugt, diesen Vertrag unterschrieben.

GESCHEHEN zu London, Moskau und Washington am 27. Januar 1967 in drei Urschriften.

23. Übereinkommen
über die völkerrechtliche Haftung für Schäden durch Weltraumgegenstände[1] · [2]

(29. 3. 1972)

DIE VERTRAGSSTAATEN –

IN ANERKENNUNG des gemeinsamen Interesses der gesamten Menschheit an der Förderung der Erforschung und Nutzung des Weltraums zu friedlichen Zwecken;

EINGEDENK des Vertrags über die Grundsätze zur Regelung der Tätigkeiten von Staaten bei der Erforschung und Nutzung des Weltraums einschließlich des Mondes und anderer Himmelskörper;

UNTER BERÜCKSICHTIGUNG dessen, daß trotz der von den mit dem Start von Weltraumgegenständen befaßten Staaten und internationalen zwischenstaatlichen Organisationen zu treffenden Vorsichtsmaßnahmen gelegentlich Schäden durch derartige Gegenstände verursacht werden können;

IN ERKENNTNIS der Notwendigkeit, wirksame völkerrechtliche Regeln und Verfahren hinsichtlich der Haftung für durch Weltraumgegenstände verursachte Schäden zu erarbeiten und insbesondere die rasche Leistung eines vollständigen und angemessenen Schadensersatzes nach diesem Übereinkommen an die Geschädigten sicherzustellen;

IN DER ÜBERZEUGUNG, daß die Schaffung solcher Regeln und Verfahren zur Stärkung der internationalen Zusammenarbeit auf dem Gebiet der Erforschung und Nutzung des Weltraums zu friedlichen Zwecken beitragen wird –

SIND wie folgt ÜBEREINGEKOMMEN:

Art. I. Im Sinne dieses Übereinkommens

a) bedeutet der Ausdruck „Schaden" Tod, Körperverletzung oder sonstige Gesundheitsbeeinträchtigung sowie Verlust oder Schädigung des Vermögens eines Staates oder einer natürlichen oder juristischen Person oder des Vermögens einer internationalen zwischenstaatlichen Organisation;

b) umfaßt der Ausdruck „Start" den Startversuch;

c) bedeutet der Ausdruck „Startstaat"
   i) einen Staat, der einen Weltraumgegenstand startet oder dessen Start durchführen läßt,
   ii) einen Staat, von dessen Hoheitsgebiet oder Anlagen ein Weltraumgegenstand gestartet wird,

d) umfaßt der Ausdruck „Weltraumgegenstand" die Bestandteile eines Weltraumgegenstands sowie sein Trägerfahrzeug und dessen Teile.

Art. II. Ein Startstaat haftet unbedingt für die Leistung von Schadensersatz wegen eines von seinem Weltraumgegenstand auf der Erdoberfläche oder an Luftfahrzeugen im Flug verursachten Schadens.

---

[1] Aus BGBl. 1975 II S. 1210.
[2] Internationale Quelle: UNTS Vol. 961 p. 187.

Art. III. Verursacht ein Weltraumgegenstand eines Startstaates anderswo als auf der Erdoberfläche einen Schaden an einem Weltraumgegenstand eines anderen Startstaates oder einen Personen- oder Sachschaden an Bord eines solchen Weltraumgegenstandes, so haftet der erstgenannte Staat nur, wenn der Schaden von ihm oder von Personen verschuldet wurde, für die er verantwortlich ist.

Art. IV. (1) Verursacht ein Weltraumgegenstand eines Startstaates anderswo als auf der Erdoberfläche einen Schaden an einem Weltraumgegenstand eines anderen Startstaates oder einen Personen- oder Sachschaden an Bord eines solchen Weltraumgegenstands und entsteht dadurch einem dritten Staat oder dessen natürlichen oder juristischen Personen ein Schaden, so haften die beiden erstgenannten Staaten dem dritten Staat in folgendem Umfang als Gesamtschuldner:

a) ist der Schaden dem dritten Staat auf der Erdoberfläche oder an einem Luftfahrzeug im Flug entstanden, so haften sie dem dritten Staat unbedingt;

b) ist der Schaden an einem Weltraumgegenstand des dritten Staates oder ist der Personen- oder Sachschaden an Bord eines solchen Weltraumgegenstands anderswo als auf der Erdoberfläche entstanden, so haften sie dem dritten Staat bei Verschulden eines der beiden erstgenannten Staaten oder bei Verschulden von Personen, für die einer von ihnen verantwortlich ist.

(2) In allen Fällen der gesamtschuldnerischen Haftung im Sinne des Absatzes 1 wird die Schadensersatzlast zwischen den beiden erstgenannten Staaten entsprechend dem Ausmaß ihres jeweiligen Verschuldens aufgeteilt; kann das Ausmaß des Verschuldens jedes dieser Staaten nicht festgestellt werden, so haften sie zu gleichen Teilen. Diese Aufteilung läßt das Recht des dritten Staates unberührt, den gesamten Schadensersatz nach diesem Übereinkommen von einzelnen oder allen der gesamtschuldnerisch haftenden Startstaaten zu fordern.

Art. V. (1) Starten zwei oder mehr Staaten einen Weltraumgegenstand gemeinsam, so haften sie als Gesamtschuldner für jeden daraus entstehenden Schaden.

(2) Ein Startstaat, der Schadensersatz geleistet hat, hat einen Ausgleichsanspruch gegen die anderen Teilnehmer an dem gemeinsamen Start. Die Teilnehmer an einem gemeinsamen Start können über die Aufteilung der finanziellen Verpflichtung, für die sie als Gesamtschuldner haften, Übereinkünfte schließen. Solche Übereinkünfte lassen das Recht eines geschädigten Staates unberührt, den gesamten Schadensersatz nach diesem Übereinkommen von einzelnen oder allen der gesamtschuldnerisch haftenden Startstaaten zu fordern.

(3) Ein Staat, von dessen Hoheitsgebiet oder Anlagen ein Weltraumgegenstand gestartet wird, gilt als Teilnehmer an einem gemeinsamen Start.

Art. VI. (1) Vorbehaltlich des Absatzes 2 ist ein Startstaat von der unbedingten Haftung in dem Ausmaß befreit, in dem er nachweist, daß der Schaden ganz oder teilweise durch grobe Fahrlässigkeit oder durch eine mit Schädigungsvorsatz begangene Handlung oder Unterlassung eines anspruchstellenden Staates oder der von diesem vertretenen natürlichen oder juristischen Personen entstanden ist.

(2) Jede Befreiung ist ausgeschlossen in Fällen, in denen der Schaden aus Tätigkeiten eines Startstaats entstanden ist, die unvereinbar sind mit dem Völkerrecht, insbesondere der Charta der Vereinten Nationen und dem Vertrag über die Grundsätze zur Regelung der Tätigkeiten von Staaten bei der Erforschung und Nutzung des Weltraums einschließlich des Mondes und anderer Himmelskörper.

Art. VII. Dieses Übereinkommen findet keine Anwendung auf Schäden, die durch einen Weltraumgegenstand eines Startstaats folgenden Personen zugefügt werden:
a) Angehörigen dieses Startstaats;
b) Ausländern, während sie am Betrieb des Weltraumgegenstands zu irgendeiner Zeit zwischen seinem Start und seiner Landung beteiligt sind, oder während sie sich auf Grund einer Einladung des Startstaats in unmittelbarer Nähe eines vorgesehenen Start- oder Bergungsgebiets befinden.

Art. VIII. (1) Ein Staat, der einen Schaden erleidet oder dessen natürliche oder juristische Personen einen Schaden erleiden, kann gegen den Startstaat einen Anspruch auf Ersatz dieses Schadens geltend machen.

(2) Hat der Heimatstaat keinen Anspruch geltend gemacht, so kann ein anderer Staat wegen Schäden, die natürliche oder juristische Personen in seinem Hoheitsgebiet erlitten haben, gegen den Startstaat einen Anspruch geltend machen.

(3) Hat weder der Heimatstaat noch der Staat, in dessen Hoheitsgebiet der Schaden eingetreten ist, einen Anspruch geltend gemacht oder seine Absicht notifiziert, einen Anspruch geltend zu machen, so kann ein anderer Staat wegen Schäden, die Personen mit ständigem Aufenthalt in diesem Staat erlitten haben, gegen den Startstaat einen Anspruch geltend machen.

Art. IX. Schadensersatzansprüche gegen einen Startstaat sind auf diplomatischem Wege geltend zu machen. Unterhält ein Staat zu dem betreffenden Startstaat keine diplomatischen Beziehungen, so kann er einen anderen Staat ersuchen, seinen Anspruch gegen den betreffenden Startstaat geltend zu machen oder seine Interessen nach diesem Übereinkommen in sonstiger Weise zu vertreten. Er kann seinen Anspruch auch durch den Generalsekretär der Vereinten Nationen geltend machen, sofern sowohl der anspruchstellende Staat als auch der Startstaat Mitglied der Vereinten Nationen sind.

Art. X. (1) Ein Schadensersatzanspruch kann nur innerhalb eines Jahres nach Eintritt des Schadens oder nach Feststellung des haftpflichtigen Startstaats diesem gegenüber geltend gemacht werden.

(2) Ist einem Staat jedoch der Eintritt eines Schadens nicht bekannt oder war er nicht imstande, den haftpflichtigen Startstaat festzustellen, so kann er innerhalb eines Jahres, nachdem er von den genannten Tatsachen Kenntnis erlangt, einen Anspruch geltend machen; diese Frist darf jedoch ein Jahr seit dem Zeitpunkt, zu dem von dem Staat billigerweise erwartet werden konnte, daß er bei Anwendung der gebotenen Sorgfalt von den Tatsachen hätte Kenntnis erlangen können, nicht überschreiten.

(3) Die Fristen nach den Absätzen 1 und 2 gelten auch, wenn das volle Ausmaß des Schadens nicht bekannt ist. In diesem Fall ist jedoch der anspruchstellende Staat berechtigt, nach Ablauf der betreffenden Frist innerhalb eines Jahres nach Bekantwerten des vollen Ausmaßes des Schadens seinen Anspruch zu ändern und zusätzliche Unterlagen vorzulegen.

Art. XI. (1) Die Geltendmachung eines Schadensersatzanspruchs gegen einen Startstaat nach diesem Übereinkommen setzt nicht die Erschöpfung der innerstaatlichen Rechtsmittel voraus, die einem anspruchstellenden Staat oder den von ihm vertretenen natürlichen oder juristischen Personen zur Verfügung stehen.

(2) Dieses Übereinkommen hindert einen Staat oder eine von ihm vertretene natürliche oder juristische Person nicht daran, vor den Gerichten oder Verwaltungsbehörden eines Startstaats einen Anspruch zu verfolgen. Ein Staat ist jedoch nicht berechtigt, einen Anspruch nach diesem Übereinkommen wegen eines Schadens geltend zu machen, dessentwegen bereits vor den Gerichten oder Verwaltungsbehörden eines Startstaats oder nach einer anderen, die betreffenden Staaten bindenden internationalen Übereinkunft ein Anspruch verfolgt wird.

Art. XII. Die Höhe des Schadensersatzes, den der Startstaat nach diesem Übereinkommen zu leisten verpflichtet ist, wird in Übereinstimmung mit dem Völkerrecht und den Grundsätzen der Gerechtigkeit und Billigkeit so festgesetzt, daß durch die Ersatzleistung die natürliche oder juristische Person, der Staat oder die internationale Organisation, für die der Anspruch geltend gemacht wird, so gestellt wird, als sei der Schaden nicht eingetreten.

Art. XIII. Sofern nicht der anspruchstellende Staat und der Staat, der nach diesem Übereinkommen schadensersatzpflichtig ist, eine andere Art der Ersatzleistung vereinbaren, ist der Schadensersatz in der Währung des anspruchstellenden Staates oder auf dessen Verlangen in der Währung des schadensersatzpflichtigen Staates zu leisten.

Art. XIV. Kommt innerhalb eines Jahres, nachdem der anspruchstellende Staat dem Startstaat notifiziert hat, daß er die Unterlagen für seinen Anspruch vorgelegt hat, eine Regelung des Anspruchs durch diplomatische Verhandlungen nach Artikel IX nicht zustande, so setzen die beteiligten Parteien auf Antrag einer der Parteien eine Schadenskommission ein.

Art. XV. (1) Die Schadenskommission besteht aus drei Mitgliedern, und zwar aus einem von dem anspruchstellenden Staat bestellten Mitglied, einem von dem Startstaat bestellten Mitglied und dem von beiden Parteien gemeinsam bestimmten dritten Mitglied als Vorsitzendem. Jede Partei bestellt ihr Mitglied innerhalb von zwei Monaten nach dem Antrag auf Einsetzung der Schadenskommission.

(2) Kommt innerhalb von vier Monaten nach dem Antrag auf Einsetzung der Kommission eine Einigung über die Person des Vorsitzenden nicht zustande, so kann jede Partei den Generalsekretär der Vereinten Nationen ersuchen, den Vorsitzenden innerhalb einer weiteren Frist von zwei Monaten zu bestellen.

Art. XVI. (1) Bestellt eine Partei ihr Mitglied nicht innerhalb der vorgeschriebenen Frist, so besteht auf Antrag der anderen Partei die Schadenskommission nur aus dem Vorsitzenden.

(2) Wird ein Sitz in der Kommission aus irgendeinem Grunde frei, so wird er nach dem für die ursprüngliche Bestellung angewendeten Verfahren neu besetzt.

(3) Die Kommission regelt ihr Verfahren selbst.

(4) Die Kommission bestimmt den oder die Orte, an denen sie zusammentritt, und ordnet alle sonstigen Verwaltungsangelegenheiten.

(5) Entscheidungen und Sprüche der Kommission ergehen mit Stimmenmehrheit, es sei denn, daß die Kommission aus einem einzigen Mitglied besteht.

Art. XVII. Die Zahl der Mitglieder der Schadenskommission erhöht sich nicht dadurch, daß zwei oder mehr anspruchstellende Staaten oder zwei oder mehr Startstaaten an einem Verfahren vor der Kommission beteiligt sind. Die an einem solchen Verfahren beteiligten anspruchstellenden Staaten bestellen in derselben Weise und unter denselben Bedingungen, die für einen einzeln auftretenden anspruchstellenden Staat gelten, gemeinsam ein Kommissionsmitglied. Sind zwei oder mehr Startstaaten an einem solchen Verfahren beteiligt, so bestellen sie in derselben Weise gemeinsam ein Kommissionsmitglied. Bestellen die anspruchstellenden Staaten oder die Startstaaten ihr Mitglied nicht innerhalb der vorgeschriebenen Frist, so besteht die Kommission nur aus dem Vorsitzenden.

Art. XVIII. Die Schadenskommission entscheidet über den Schadensersatzanspruch dem Grunde nach und setzt gegebenenfalls die Höhe des zu leistenden Schadensersatzes fest.

Art. XIX. (1) Die Schadenskommission richtet sich bei ihrer Tätigkeit nach Artikel XII.

(2) Die Entscheidung der Kommission ist endgültig und bindend, falls die Parteien dies vereinbart haben; anderenfalls fällt die Kommission einen endgültigen Spruch empfehlenden Charakters, den die Parteien nach Treu und Glauben berücksichtigen. Die Kommission legt die Gründe für ihre Entscheidung oder ihren Spruch dar.

(3) Die Kommission fällt ihre Entscheidung oder ihren Spruch so rasch wie möglich, spätestens jedoch ein Jahr nach ihrer Einsetzung, sofern sie nicht eine Verlängerung dieser Frist für notwendig erachtet.

(4) Die Kommission veröffentlicht ihre Entscheidung oder ihren Spruch. Sie übermittelt jeder Partei und dem Generalsekretär der Vereinten Nationen eine beglaubigte Abschrift ihrer Entscheidung oder ihres Spruches.

Art. XX. Die Kosten der Schadenskommission werden von den Parteien zu gleichen Teilen getragen, sofern die Kommission nicht etwas anderes beschließt.

Art. XXI. Stellt der von einem Weltraumgegenstand verursachte Schaden eine Gefahr großen Ausmaßes für Menschenleben dar oder beeinträchtigt er ernsthaft die Lebensbedingungen der Bevölkerung oder das Funktionieren lebenswichtiger Zentren, so prüfen die Vertragsstaaten, insbesondere der Startstaat, die Möglichkeit, dem geschädigten Staat auf sein Ersuchen angemessene und rasche Hilfe zu leisten. Dieser Artikel berührt jedoch nicht die Rechte und Pflichten der Vertragsstaaten aus diesem Übereinkommen.

Art. XXII. (1) In diesem Übereinkommen, mit Ausnahme der Artikel XXIV bis XXVII, gelten Bezugnahmen auf Staaten als Bezugnahmen auf jede internationale zwischenstaatliche Organisation, die Tätigkeiten im Weltraum ausübt, sofern sie erklärt, daß sie die Rechte und Pflichten aus diesem Übereinkommen annimmt, und sofern die Mehrheit der Mitgliedstaaten der Organisation Vertragsstaaten dieses Übereinkommens und des Vertrags über die Grundsätze zur Regelung der Tätigkeiten von Staaten bei der Erforschung und Nutzung des Weltraums einschließlich des Mondes und anderer Himmelskörper sind.

(2) Mitgliedstaaten einer solchen Organisation, die Vertragsstaaten dieses Übereinkommens sind, unternehmen alle geeigneten Schritte, um sicherzustellen, daß die Organisation eine Erklärung nach Absatz 1 abgibt.

(3) Ist eine internationale zwischenstaatliche Organisation nach diesem Übereinkommen für einen Schaden haftbar, so haften die Organisationen und diejenigen ihrer Mitglieder, die Vertragsstaaten dieses Übereinkommens sind, als Gesamtschuldner, wobei jedoch
a) ein Anspruch auf Ersatz eines solchen Schadens zuerst gegen die Organisation geltend zu machen ist;
b) der anspruchstellende Staat diejenigen Mitglieder, die Vertragsstaaten dieses Übereinkommens sind, auf Zahlung dieses Betrags erst in Anspruch nehmen kann, wenn die Organisation innerhalb von sechs Monaten den als Schadensersatz vereinbarten oder festgesetzten Betrag nicht gezahlt hat.

(4) Schadensersatzansprüche nach diesem Übereinkommen wegen Schäden, die einer Organisation entstanden sind, die eine Erklärung nach Absatz 1 abgegeben hat, sind von einem Mitgliedstaat der Organisation geltend zu machen, der Vertragsstaat dieses Übereinkommens ist.

Art. XXIII. (1) Dieses Übereinkommen läßt andere in Kraft befindliche internationale Übereinkünfte insoweit unberührt, als es sich um die Beziehungen zwischen den Vertragsstaaten dieser Übereinkünfte handelt.

(2) Dieses Übereinkommen hindert Staaten nicht daran, internationale Übereinkünfte zu seiner Bestätigung, Ergänzung oder Erweiterung zu schließen.

Art. XXIV. (1) Dieses Übereinkommen liegt für alle Staaten zur Unterzeichnung auf. Jeder Staat, der es vor seinem Inkrafttreten nach Absatz 3 nicht unterzeichnet hat, kann ihm jederzeit beitreten.

(2) Dieses Übereinkommen bedarf der Ratifikation durch die Unterzeichnerstaaten. Die Ratifikations- und die Beitrittsurkunden sind bei den Regierungen der Union der Sozialistischen Sowjetrepubliken, des Vereinigten Königreichs Großbritannien und Nordirland sowie der Vereinigten Staaten von Amerika zu hinterlegen, die hiermit zu Verwahrregierungen bestimmt werden.

(3) Dieses Übereinkommen tritt mit Hinterlegung der fünften Ratifikationsurkunde in Kraft.

(4) Für Staaten, deren Ratifikations- oder Beitrittsurkunden nach dem Inkrafttreten dieses Übereinkommens hinterlegt werden, tritt es mit Hinterlegung ihrer Ratifikations- oder Beitrittsurkunden in Kraft.

(5) Die Verwahrregierungen unterrichten alsbald alle Unterzeichnerstaaten und alle beitretenden Staaten über den Zeitpunkt jeder Unterzeichnung und jeder Hinterlegung einer Ratifikations- oder Beitrittsurkunde zu diesem Übereinkommen, den Zeitpunkt seines Inkrafttretens und über sonstige Mitteilungen.

(6) Die Verwahrregierungen lassen dieses Übereinkommen nach Artikel 102 der Charta der Vereinten Nationen registrieren.

Art. XXV. Jeder Vertragsstaat kann Änderungen dieses Übereinkommens vorschlagen. Änderungen treten für jeden Vertragsstaat, der sie annimmt, in Kraft, sobald die Mehrheit der Vertragsstaaten sie angenommen hat; für jeden weiteren Vertragsstaat treten sie mit der Annahme durch diesen in Kraft.

Art. XXVI. Zehn Jahre nach Inkrafttreten dieses Übereinkommens wird die Frage der Überprüfung des Übereinkommens auf die vorläufige Tagesordnung der Generalversammlung der Vereinten Nationen gesetzt, um angesichts der Anwendung des Übereinkommens bis zu diesem Zeitpunkt zu prüfen, ob es einer Revision bedarf. Nachdem das Übereinkommen fünf Jahre in Kraft gewesen ist, wird jedoch auf Antrag eines Drittels der Vertragsstaaten und mit Zustimmung der Mehrheit der Vertragsstaaten eine Konferenz der Vertragsstaaten zur Überprüfung dieses Übereinkommens einberufen.

Art. XXVII. Jeder Vertragsstaat kann von diesem Übereinkommen ein Jahr nach dessen Inkrafttreten durch eine schriftliche, an die Verwahrregierungen gerichtete Notifikation zurücktreten. Der Rücktritt wird ein Jahr nach Eingang dieser Notifikation wirksam.

Art. XXVIII. Dieses Übereinkommen, dessen chinesischer, englischer, französischer, russischer und spanischer Wortlaut gleichermaßen verbindlich ist, wird in den Archiven der Verwahrregierungen hinterlegt. Beglaubigte Abschriften dieses Übereinkommens werden den Regierungen der Staaten, die es unterzeichnen oder ihm beitreten, von den Verwahrregierungen zugeleitet.

ZU URKUND DESSEN haben die hierzu gehörig befugten Unterzeichneten dieses Übereinkommen unterschrieben.

GESCHEHEN zu London, Moskau und Washington am 28. März 1972 in drei Urschriften.

VI. Umweltrecht

24. Übereinkommen
über weiträumige grenzüberschreitende Luftverunreinigung[1] · [2]

(13. 11. 1979)

Die Vertragsparteien dieses Übereinkommens –
gewillt, die Beziehungen und die Zusammenarbeit auf dem Gebiet des Umweltschutzes zu fördern;
im Bewußtsein der Bedeutung der Tätigkeiten der Wirtschaftskommission der Vereinten Nationen für Europa für die Verstärkung dieser Beziehungen und Zusammenarbeit, insbesondere auf dem Gebiet der Luftverunreinigung, einschließlich des weiträumigen Transports von luftverunreinigenden Stoffen;
in Anerkennung des Beitrags der Wirtschaftskommission für Europa zur mehrseitigen Durchführung der einschlägigen Bestimmungen der Schlußakte der Konferenz über Sicherheit und Zusammenarbeit in Europa;
in Kenntnis der Hinweise in dem der Umwelt gewidmeten Kapitel der Schlußakte der Konferenz über Sicherheit und Zusammenarbeit in Europa, in dem eine Zusammenarbeit bei der Bekämpfung der Luftverunreinigung und ihrer Auswirkungen, einschließlich des weiträumigen Transports von luftverunreinigenden Stoffen, und bei der Aufstellung eines umfassenden Programms zur Überwachung und Beurteilung des weiträumigen Transports von luftverunreinigenden Stoffen, beginnend mit Schwefeldioxid und möglicherweise später andere luftverunreinigende Stoffe einbeziehend, im Rahmen internationaler Zusammenarbeit gefordert wird;
im Hinblick auf die einschlägigen Bestimmungen der Erklärung der Konferenz der Vereinten Nationen über die Umwelt des Menschen, insbesondere auf den Grundsatz 21, in dem die allgemeine Überzeugung ausgedrückt wird, daß die Staaten nach der Charta der Vereinten Nationen und den Grundsätzen des Völkerrechts das souveräne Recht haben, ihre eigenen Naturschätze gemäß ihrer eigenen Umweltpolitik zu nutzen, sowie die Pflicht, dafür zu sorgen, daß durch Tätigkeiten, die innerhalb ihres Hoheitsbereichs oder unter ihrer Kontrolle ausgeübt werden, der Umwelt in anderen Staaten oder in Gebieten außerhalb der nationalen Hoheitsbereiche kein Schaden zugefügt wird;
in Anerkennung der Möglichkeit, daß die Luftverunreinigung, einschließlich der grenzüberschreitenden Luftverunreinigung, früher oder später schädliche Auswirkungen hat;
besorgt darüber, daß der voraussichtliche Anstieg des Emissionsniveaus von luftverunreinigenden Stoffen in der Region solche schädlichen Auswirkungen verstärken kann;

---

[1] Aus BGBl. 1982 II S. 374.
[2] Internationale Quelle: UNTS Vol. 1302 p. 218.

in Anerkennung der Notwendigkeit, die Folgen des weiträumigen Transports von luftverunreinigenden Stoffen zu untersuchen und sich um Lösungen für die aufgezeigten Probleme zu bemühen;

ihre Bereitschaft bekräftigend, die aktive internationale Zusammenarbeit zu verstärken, um eine angemessene nationale Politik zu entwickeln und durch den Austausch von Informationen, Konsultationen, Forschungs- und Überwachungsarbeiten die Maßnahmen der einzelnen Staaten zur Bekämpfung der Luftverunreinigung, einschließlich der weiträumigen grenzüberschreitenden Luftverunreinigung, zu koordinieren –

sind wie folgt übereingekommen:

Begriffsbestimmungen

Art. 1. Im Sinne dieses Übereinkommens

a) bedeutet „Luftverunreinigung" die unmittelbare oder mittelbare Zuführung von Stoffen oder Energie durch den Menschen in die Luft, aus der sich abträgliche Wirkungen wie eine Gefährdung der menschlichen Gesundheit, eine Schädigung der lebenden Schätze und der Ökosysteme sowie von Sachwerten und eine Beeinträchtigung der Annehmlichkeiten der Umwelt oder sonstiger rechtmäßiger Nutzungen der Umwelt ergeben; der Begriff „luftverunreinigende Stoffe" wird entsprechend ausgelegt;

b) bedeutet „weiträumige grenzüberschreitende Luftverunreinigung" Luftverunreinigung, deren physischer Ursprung sich ganz oder teilweise im Hoheitsbereich eines Staates befindet und die schädliche Auswirkungen im Hoheitsbereich eines anderen Staates in einer Entfernung hat, bei der es in der Regel nicht möglich ist, die Beiträge einzelner Emissionsquellen oder Gruppen von Quellen gegeneinander abzugrenzen.

Grundprinzipien

Art. 2. Unter gebührender Berücksichtigung der jeweiligen Gegebenheiten und Probleme sind die Vertragsparteien entschlossen, den Menschen und seine Umwelt gegen Luftverunreinigung zu schützen; sie bemühen sich, die Luftverunreinigung einschließlich der weiträumigen grenzüberschreitenden Luftverunreinigung einzudämmen und soweit wie möglich schrittweise zu verringern und zu verhindern.

Art. 3. Die Vertragsparteien entwickeln im Rahmen dieses Übereinkommens durch Informationsaustausch, Konsultationen, Forschungs- und Überwachungsarbeiten ohne ungebührliche Verzögerung Politiken und Strategien, die der Bekämpfung der Einleitung von luftverunreinigenden Stoffen dienen sollen; dabei werden die Bemühungen berücksichtigt, die bereits auf nationaler und internationaler Ebene unternommen worden sind.

Art. 4. Die Vertragsparteien tauschen Informationen aus und überprüfen ihre Politik, ihre wissenschaftlichen Tätigkeiten und technischen Maßnahmen, die darauf abzielen, die Einleitung von luftverunreinigenden Stoffen, die schädliche Auswirkungen haben können, soweit wie möglich zu bekämpfen und dadurch zur Verringerung der Luftverunreinigung, einschließlich der weiträumigen grenzüberschreitenden Luftverunreinigung, beizutragen.

Art. 5. Zwischen Vertragsparteien, die von einer weiträumigen grenzüberschreitenden Luftverunreinigung tatsächlich betroffen oder durch eine solche Verunreinigung erheblich gefährdet sind, und Vertragsparteien, in deren Hoheitsbereich durch Tätigkeiten, die dort durchgeführt oder in Aussicht genommen werden, ein wesentlicher Beitrag zur weiträumigen grenzüberschreitenden Luftverunreinigung seinen Ursprung nimmt oder nehmen könnte, werden auf entsprechendes Ersuchen frühzeitig Konsultationen abgehalten.

Maßnahmen der Luftreinhaltung

Art. 6. Unter Berücksichtigung der Artikel 2 bis 5, der laufenden Forschungsarbeiten, des Austausches von Informationen und der Überwachung und ihrer Ergebnisse, der Kosten und der Wirksamkeit örtlicher und sonstiger Abhilfemaßnahmen und zur Bekämpfung der Luftverunreinigung, insbesondere der aus neuen oder umgebauten Anlagen stammenden, verpflichtet sich jede Vertragspartei, die bestmöglichen Politiken und Strategien einschließlich der Systeme der Luftreinhaltung und der dazugehörigen Kontrollmaßnahmen zu erarbeiten, die mit einer ausgewogenen Entwicklung vereinbar sind, vor allem durch den Einsatz der besten verfügbaren und wirtschaftlich vertretbaren Technologie sowie abfallarmer und abfallfreier Technologien.

Forschung und Entwicklung

Art. 7. Die Vertragsparteien nehmen entsprechend ihrem Bedarf Forschungs- und/oder Entwicklungsarbeiten, bei denen sie zusammenarbeiten, in folgenden Bereichen auf:
a) bestehende und vorgeschlagene Technologien zur Verringerung der Emission von Schwefelverbindungen und sonstigen bedeutenden luftverunreinigenden Stoffen, einschließlich Untersuchungen über die technische und wirtschaftliche Durchführbarkeit und die Auswirkungen auf die Umwelt;
b) Instrumentierung und sonstige Techniken zur Überwachung und Messung der Emissionsraten und des Gehalts der Luft an verunreinigenden Stoffen;
c) verbesserte Modelle zum besseren Verständnis der Übertragung von luftverunreinigenden Stoffen über weite Räume und über die Grenzen hinweg;
d) Auswirkungen von Schwefelverbindungen und anderen bedeutenden luftverunreinigenden Stoffen auf die menschliche Gesundheit und auf die Umwelt, einschließlich Landwirtschaft, Forstwirtschaft, Materialien, aquatische und sonstige natürliche Ökosysteme sowie auf die Sichtverhältnisse, im Hinblick auf die Schaffung einer wissenschaftlichen Grundlage für Dosis-Wirkungs-Beziehungen zum Schutz der Umwelt;
e) wirtschaftliche, soziale und umweltbezogene Bewertung anderer Maßnahmen zur Erreichung der Umweltziele, einschließlich der Verringerung der weiträumigen grenzüberschreitenden Luftverunreinigung;

f) Bildungs- und Ausbildungsprogramme im Zusammenhang mit den Umweltaspekten der Verunreinigung durch Schwefelverbindungen und andere bedeutende luftverunreinigende Stoffe.

Informationsaustausch

Art. 8. Die Vertragsparteien tauschen im Rahmen des in Artikel 10 genannten Exekutivorgans oder auf zweiseitiger Ebene in gemeinsamem Interesse verfügbare Informationen aus

a) in einvernehmlich festzulegenden Zeitabständen über Daten betreffend Emissionen vereinbarter luftverunreinigender Stoffe, angefangen mit Schwefeldioxid, die aus Rastereinheiten vereinbarter Größe stammen, oder über den Fluß vereinbarter grenzüberschreitender luftverunreinigender Stoffe, angefangen mit Schwefeldioxid, über einvernehmlich festzulegende Entfernungen und Zeitabschnitte;

b) über größere Änderungen der Politik der einzelnen Staaten und der allgemeinen industriellen Entwicklung und ihre möglichen Auswirkungen, die erhebliche Änderungen der weiträumigen grenzüberschreitenden Luftverunreinigung verursachen könnten;

c) über Technologien zur Verringerung der Luftverunreinigung, die für die weiträumige grenzüberschreitende Luftverunreinigung von Bedeutung sind;

d) über die veranschlagten Kosten der Bekämpfung der Emission von Schwefelverbindungen und anderen bedeutenden luftverunreinigenden Stoffen auf nationaler Ebene;

e) über meteorologische und physikalisch-chemische Daten, welche die Übertragungsvorgänge betreffen;

f) über physikalisch-chemische und biologische Daten, welche die Auswirkungen der weiträumigen grenzüberschreitenden Luftverunreinigung und das Ausmaß des Schadens[1] betreffen, der auf Grund dieser Daten auf die weiträumige grenzüberschreitende Luftverunreinigung zurückzuführen ist;

g) über nationale, subregionale und regionale Politiken und Strategien zur Bekämpfung von Schwefelverbindungen und anderen bedeutenden luftverunreinigenden Stoffen.

Durchführung und Weiterentwicklung des Programms über die Zusammenarbeit bei der Messung und Bewertung der weiträumigen Übertragung von luftverunreinigenden Stoffen in Europa

Art. 9. Die Vertragsparteien betonen die Notwendigkeit der Durchführung des bestehenden „Programms über die Zusammenarbeit bei der Messung und Bewertung der weiträumigen Übertragung von luftverunreinigenden Stoffen in Europa" (im folgenden als „EMEP" bezeichnet); hinsichtlich der Weiterentwicklung dieses Programms betonen sie einvernehmlich folgendes:

---

[1] Dieses Übereinkommen enthält keine Bestimmung über die Haftung der Staaten im Zusammenhang mit Schäden. [Die Fußnote ist Bestandteil des Vertrages.]

a) Es ist erwünscht, dem EMEP, das sich zunächst auf die Messung von Schwefeldioxid und ähnlichen Stoffen bezieht, beizutreten und es voll anzuwenden;

b) es ist erforderlich, nach Möglichkeit bei der Messung vergleichbare oder vereinheitlichte Verfahren anzuwenden;

c) es ist erwünscht, das Meßprogramm sowohl auf nationale als auch auf internationale Programme zu stützen. Die Errichtung von Meßstationen und die Sammlung von Daten erfolgen unter der Hoheitsgewalt des Landes, in dem sich die Meßstationen befinden;

d) es ist erwünscht, einen Rahmen für ein Programm über die Zusammenarbeit der Umweltüberwachung zu erstellen, das auf den derzeitigen und künftigen nationalen, subregionalen, regionalen und sonstigen internationalen Programmen beruht und ihnen Rechnung trägt;

e) es ist erforderlich, in einvernehmlich festzulegenden Zeitabständen Daten über Emissionen vereinbarter luftverunreinigender Stoffe, angefangen mit Schwefeldioxid, auszutauschen, die aus Rastereinheiten vereinbarter Größe stammen, oder über den Fluß vereinbarter grenzüberschreitender luftverunreinigender Stoffe, angefangen mit Schwefeldioxid, über einvernehmlich festzulegende Entfernungen und Zeitabschnitte. Die zur Bestimmung des Flusses benutzte Methode einschließlich des Modells sowie die zur Bestimmung der Übertragung von luftverunreinigenden Stoffen – beruhend auf den Emissionen je Rastereinheit – benutzte Methode einschließlich des Modells werden zur Verfügung gestellt und regelmäßig überprüft, um die Methoden und die Modelle zu verbessern;

f) sie sind bereit, den Austausch und die regelmäßige Fortschreibung der nationalen Daten über Gesamtemissionen vereinbarter luftverunreinigender Stoffe, angefangen mit Schwefeldioxid, fortzuführen;

g) es ist erforderlich, meteorologische und physikalisch-chemische Daten zu liefern, welche die während der Übertragung ablaufenden Vorgänge betreffen;

h) es ist erforderlich, chemische Bestandteile in anderen Medien wie Wasser, Boden und Vegetation zu messen und ein ähnliches Meßprogramm zur Erfassung der Auswirkungen auf Gesundheit und Umwelt durchzuführen;

i) es ist erwünscht, die nationalen EMEP-Netze zu erweitern, damit sie für Bekämpfungs- und Überwachungszwecke benutzt werden können.

Exekutivorgan

Art. 10. (1) Die Vertreter der Vertragsparteien bilden im Rahmen der Berater der Regierungen der Wirtschaftskommission für Europa für Umweltfragen das Exekutivorgan dieses Übereinkommens; sie treten in dieser Eigenschaft mindestens einmal jährlich zusammen.

(2) Das Exekutivorgan

a) überprüft die Durchführung dieses Übereinkommens;

b) setzt nach Bedarf Arbeitsgruppen ein, um Angelegenheiten im Zusammenhang mit der Durchführung und Entwicklung dieses Übereinkommens zu prüfen und zu diesem Zweck geeignete Untersuchungen durchzuführen und sonstige Unterlagen zu erarbeiten sowie dem Exekutivorgan Empfehlungen zur Prüfung zu unterbreiten;

c) nimmt sonstige Aufgaben wahr, die auf Grund dieses Übereinkommens erforderlich werden könnten.

(3) Das Exekutivorgan nutzt die Dienste des Lenkungsorgans des EMEP, damit dieses eine wesentliche Rolle bei der Durchführung dieses Übereinkommens spielt, insbesondere im Hinblick auf die Sammlung von Daten und auf die wissenschaftliche Zusammenarbeit.

(4) Bei der Wahrnehmung seiner Aufgaben verwendet das Exekutivorgan nach Bedarf auch Informationen, die von anderen zuständigen internationalen Organisationen stammen.

Sekretariat

Art. 11. Der Exekutivsekretär der Wirtschaftkommission für Europa nimmt folgende Sekretariatsaufgaben für das Exekutivorgan wahr:
a) Einberufung und Vorbereitung der Sitzungen des Exekutivorgans;
b) Weiterleitung von Berichten und anderen Informationen, die nach Maßgabe dieses Übereinkommens eingegangen sind, an die Vertragsparteien;
c) Wahrnehmung sonstiger ihm vom Exekutivorgan übertragener Aufgaben.

Änderungen des Übereinkommens

Art. 12. (1) Jede Vertragspartei kann Änderungen dieses Übereinkommens vorschlagen.

(2) Der Wortlaut der vorgeschlagenen Änderungen wird dem Exekutivsekretär der Wirtschaftskommission für Europa schriftlich unterbreitet; dieser übermittelt ihn allen Vertragsparteien. Das Exekutivorgan erörtert die vorgeschlagenen Änderungen auf seiner nächsten jährlichen Sitzung, sofern die Vorschläge den Vertragsparteien vom Exekutivsekretär der Wirtschaftskommission für Europa mindestens neunzig Tage vorher mitgeteilt worden sind.

(3) Eine Änderung dieses Übereinkommens bedarf der einvernehmlichen Annahme durch die Vertreter der Vertragsparteien; sie tritt für die Vertragsparteien, die sie angenommen haben, am neunzigsten Tag nach dem Zeitpunkt in Kraft, an dem zwei Drittel der Vertragsparteien ihre Annahmeurkunde beim Verwahrer hinterlegt haben. Danach tritt die Änderung für jede andere Vertragspartei am neunzigsten Tag nach dem Zeitpunkt in Kraft, an dem die betreffende Vertragspartei ihre Urkunde über die Annahme der Änderung hinterlegt.

Beilegung von Streitigkeiten

Art. 13. Entsteht zwischen zwei oder mehr Vertragsparteien dieses Übereinkommens eine Streitigkeit über seine Auslegung oder Anwendung, so bemühen sich diese Vertragsparteien um eine Lösung durch Verhandlungen oder durch ein anderes Verfahren der Beilegung, das für die Streitparteien annehmbar ist.

Unterzeichnung

Art. 14. (1) Dieses Übereinkommen liegt anläßlich der hochrangigen Tagung im Rahmen der Wirtschaftskommission für Europa über den Umweltschutz vom 13. bis zum 16. November 1979 im Büro der Vereinten Nationen in Genf für die Mitgliedstaaten der Wirtschaftskommission für Europa, für Staaten, die in der Wirtschaftkommission für Europa nach Absatz 8 der Entschließung 36 (IV) des Wirtschafts- und Sozialrats vom 28. März 1947 beratenden Status haben, sowie für die Organisationen der regionalen Wirtschaftsintegration, die von den souveränen Staaten, die Mitglieder der Wirtschaftskommission für Europa sind, gebildet werden und für die Aushandlung, den Abschluß und die Anwendung internationaler Übereinkünfte über Angelegenheiten zuständig sind, die in den Geltungsbereich dieses Übereinkommens fallen, zur Unterzeichnung auf.

(2) Solche Organisationen der regionalen Wirtschaftsintegration üben in Angelegenheiten, die in ihren Zuständigkeitsbereich fallen, in ihrem eigenen Namen die Rechte aus und nehmen die Verantwortlichkeiten wahr, die dieses Übereinkommen den Mitgliedstaaten dieser Organisationen überträgt. In diesen Fällen sind die Mitgliedstaaten dieser Organisationen nicht berechtigt, solche Rechte einzeln auszuüben.

Ratifikation, Annahme, Genehmigung und Beitritt

Art. 15. (1) Dieses Übereinkommen bedarf der Ratifikation, Annahme oder Genehmigung.

(2) Dieses Übereinkommen steht vom 17. November 1979 an für die in Artikel 14 Absatz 1 genannten Staaten und Organisationen zum Beitritt offen.

(3) Die Ratifikations-, Annahme-, Genehmigungs- oder Beitrittsurkunden werden beim Generalsekretär der Vereinten Nationen hinterlegt; dieser erfüllt die Aufgaben des Verwahrers.

Inkrafttreten

Art. 16. (1) Dieses Übereinkommen tritt am neunzigsten Tag nach dem Zeitpunkt der Hinterlegung der vierundzwanzigsten Ratifikations-, Annahme-, Genehmigungs- oder Beitrittsurkunde in Kraft.

(2) Für jede Vertragspartei, die nach der Hinterlegung der vierundzwanzigsten Ratifikations-, Annahme-, Genehmigungs- oder Beitrittsurkunde dieses Übereinkommen ratifiziert, annimmt oder genehmigt oder ihm beitritt, tritt das Übereinkommen am neunzigsten Tag nach dem Zeitpunkt der Hinterlegung der Ratifikations-, Annahme-, Genehmigungs- oder Beitrittsurkunde durch die betreffende Vertragspartei in Kraft.

Rücktritt

Art. 17. Eine Vertragspartei kann jederzeit nach Ablauf von fünf Jahren nach dem Zeitpunkt, zu dem dieses Übereinkommen für sie in Kraft getreten ist, durch eine an den Verwahrer gerichtete schriftliche Notifikation von dem Übereinkommen zurücktreten. Der Rücktritt wird am neunzigsten Tag nach dem Eingang der Notifikation bei dem Verwahrer wirksam.

Verbindliche Wortlaute

Art. 18. Die Urschrift dieses Übereinkommens, dessen englischer, französischer und russischer Wortlaut gleichermaßen verbindlich ist, wird beim Generalsekretär der Vereinten Nationen hinterlegt.

Zu Urkund dessen haben die hierzu gehörig befugten Unterzeichneten dieses Übereinkommen unterschrieben.

Geschehen zu Genf am 13. November 1979.

24 a. Protokoll zu dem Übereinkommen von 1979 über weiträumige grenzüberschreitende Luftverunreinigung betreffend die Verringerung von Schwefelemissionen oder ihres grenzüberschreitenden Flusses um mindestens 30 vom Hundert[1] · [2]

(8. 7. 1985)

Die Vertragsparteien –

entschlossen, das Übereinkommen über weiträumige grenzüberschreitende Luftverunreinigung durchzuführen,

besorgt darüber, daß die derzeitigen Emissionen luftverunreinigender Stoffe in den exponierten Teilen Europas und Nordamerikas ausgedehnte Schäden an Naturschätzen von lebenswichtiger Bedeutung für Umwelt und Wirtschaft, z.B. Wäldern, Böden und Gewässern, sowie an Materialien (einschließlich historischer Denkmäler) verursachen und unter bestimmten Umständen schädliche Auswirkungen auf die menschliche Gesundheit haben,

in dem Bewußtsein, daß die Hauptquellen der Luftverunreinigung, die zur Versauerung der Umwelt beitragen, die Verbrennung fossiler Brennstoffe zur Energieerzeugung und die wichtigsten technischen Prozesse in den verschiedenen Industriezweigen sowie der Verkehr sind, die zu Emissionen von Schwefeldioxid, Stickstoffoxiden und anderen verunreinigenden Stoffen führen,

in der Erwägung, daß der Verringerung von Schwefelemissionen, die sich auf die Umwelt, die wirtschaftliche Gesamtlage und die menschliche Gesundheit günstig auswirken wird, hoher Vorrang eingeräumt werden sollte,

eingedenk des auf der neununddreißigsten Tagung der Wirtschaftskommission der Vereinten Nationen für Europa (ECE) gefaßten Beschlusses, der die Dringlichkeit der Intensivierung der Bemühungen um koordinierte nationale Strategie und Politiken in der ECE-Region zur wirksamen Verringerung von Schwefelemissionen auf nationaler Ebene unterstreicht,

eingedenk dessen, daß das Exekutivorgan für das Übereinkommen auf seiner ersten Tagung die Notwendigkeit anerkannt hat, die jährlichen Gesamtemissionen von Schwefelverbindungen oder ihren grenzüberschreitenden Fluß spätestens 1993 bis 1995 wirksam herabzusetzen, wobei zur Berechnung der Verringerungen das Niveau von 1980 zugrunde gelegt wird,

eingedenk dessen, daß die Multilaterale Konferenz über Ursachen und Verhinderung von Wald- und Gewässerschäden durch Luftverschmutzung in Europa (München, 24. bis 27. Juni 1984) gefordert hatte, daß das Exekutivorgan für das Übereinkommen mit höchster Priorität einen Vorschlag annimmt für eine spezifische Vereinbarung über die Verminderung der jährlichen nationalen Schwefelemissionen oder ihres grenzüberschreitenden Flusses bis spätestens 1993,

---

[1] Aus BGBl. 1986 II S. 1117.
[2] Internationale Quelle: ILM 27 (1988) p. 707.

in der Erkenntnis, daß eine Reihe von Vertragsparteien des Übereinkommens beschlossen haben, ihre jährlichen nationalen Schwefelemissionen oder ihren grenzüberschreitenden Fluß so bald wie möglich, spätestens jedoch bis 1993, um mindestens 30 v. H. zu verringern, wobei zur Berechnung der Verringerungen das Niveau von 1980 zugrunde gelegt wird,

andererseits in Anerkennung dessen, daß einige Vertragsparteien des Übereinkommens das vorliegende Protokoll zwar nicht unterzeichnen werden, wenn es zur Unterzeichnung aufgelegt wird, aber trotzdem in erheblichem Maße zur Verringerung der grenzüberschreitenden Luftverunreinigung beitragen oder sich weiterhin bemühen werden, die Schwefelemissionen zu verringern, wie dies in dem Bericht des Exekutivorgans über seine dritte Tagung beigefügten Dokument festgestellt wird –

sind wie folgt übereingekommen:

Art. 1 Begriffsbestimmungen. Im Sinne dieses Protokolls

1. bedeutet „Übereinkommen" das am 13. November 1979 in Genf angenommene Übereinkommen über weiträumige grenzüberschreitende Luftverunreinigung;

2. bedeutet „EMEP" das Programm über die Zusammenarbeit bei der Messung und Bewertung der weiträumigen Übertragung von luftverunreinigenden Stoffen in Europa;

3. bedeutet „Exekutivorgan" das nach Artikel 10 Absatz 1 des Übereinkommens gebildete Exekutivorgan für das Übereinkommen;

4. bedeutet „geographischer Anwendungsbereich des EMEP" das in Artikel 1 Absatz 4 des am 28. September 1984 in Genf angenommenen Protokolls zum Übereinkommen von 1979 über weiträumige grenzüberschreitende Luftverunreinigung betreffend die langfristige Finanzierung des Programms über die Zusammenarbeit bei der Messung und Bewertung der weiträumigen Übertragung von luftverunreinigenden Stoffen in Europa (EMEP) definierte Gebiet;

5. bedeutet „Vertragsparteien" die Vertragsparteien dieses Protokolls, soweit der Zusammenhang nichts anderes erfordert.

Art. 2 Grundlegende Bestimmung. Die Vertragsparteien verringern ihre nationalen jährlichen Schwefelemissionen oder ihren grenzüberschreitenden Fluß so bald wie möglich, spätestens jedoch bis 1993, um mindestens 30 v. H., wobei zur Berechnung der Verringerungen das Niveau von 1980 zugrunde gelegt wird.

Art. 3 Weitere Verringerungen. Die Vertragsparteien erkennen an, daß jede von ihnen auf nationaler Ebene überprüfen muß, ob weitere Verringerungen der Schwefelemissionen oder ihres grenzüberschreitenden Flusses über die in Artikel 2 genannten Verringerungen hinaus erforderlich sind, wenn die Umweltbedingungen dies rechtfertigen.

Art. 4 Berichterstattung über die jährlichen Emissionen. Jede Vertragspartei teilt dem Exekutivorgan jährlich das Niveau ihrer nationalen jährlichen Schwefelemissionen sowie die Grundlage, auf der sie berechnet wurden, mit.

Art. 5 Berechnung des grenzüberschreitenden Flusses. Das EMEP stellt dem Exekutivorgan rechtzeitig vor dessen jährlichen Sitzungen Berechnungen des Schwefelhaushalts sowie des grenzüberschreitenden Flusses und der Ablagerungen von Schwefelverbindungen für jedes vorhergehende Jahr im geographischen Anwendungsbereich des EMEP zur Verfügung, wobei geeignete Modelle verwendet werden. In Gebieten außerhalb des geographischen Anwendungsbereichs des EMEP werden Modelle verwendet, die im Hinblick auf die besonderen Verhältnisse der dort gelegenen Vertragsparteien geeignet sind.

Art. 6 Nationale Programme, Politiken und Strategien. Die Vertragsparteien stellen im Rahmen des Übereinkommens unverzüglich nationale Programme, Politiken und Strategien auf, die als Mittel dazu dienen, die Schwefelemissionen oder ihren grenzüberschreitenden Fluß so bald wie möglich, spätestens jedoch bis 1993, um mindestens 30 v. H. zu verringern, und berichten dem Exekutivorgan darüber sowie über die Fortschritte bei der Erreichung dieses Zieles.

Art. 7 Änderungen des Protokolls. (1) Jede Vertragspartei kann Änderungen dieses Protokolls vorschlagen.

(2) Die vorgeschlagenen Änderungen werden dem Exekutivsekretär der Wirtschaftskommission für Europa schriftlich unterbreitet; dieser übermittelt sie allen Vertragsparteien. Das Exekutivorgan erörtert die vorgeschlagenen Änderungen auf seiner nächsten jährlichen Sitzung, sofern die Vorschläge den Vertragsparteien vom Exekutivsekretär der Wirtschaftskommission für Europa mindestens neunzig Tage vorher mitgeteilt worden sind.

(3) Eine Änderung dieses Protokolls bedarf der einvernehmlichen Annahme durch die Vertreter der Vertragsparteien; sie tritt für die Vertragsparteien, die sie angenommen haben, am neunzigsten Tag nach dem Zeitpunkt in Kraft, an dem zwei Drittel der Vertragsparteien ihre Urkunde über die Annahme der Änderung hinterlegt haben. Die Änderung tritt für jede andere Vertragspartei am neunzigsten Tag nach dem Zeitpunkt in Kraft, an dem die betreffende Vertragspartei ihre Urkunde über die Annahme der Änderung hinterlegt.

Art. 8 Beilegung von Streitigkeiten. Entsteht zwischen zwei oder mehr Vertragsparteien eine Streitigkeit über die Auslegung oder Anwendung dieses Protokolls, so bemühen sich diese Vertragsparteien um eine Lösung durch Verhandlungen oder durch ein anderes Verfahren der Beilegung, das für die Streitparteien annehmbar ist.

Art. 9 Unterzeichnung. (1) Dieses Protokoll liegt vom 8. Juli 1985 bis zum 12. Juli 1985 in Helsinki (Finnland) für die Mitgliedstaaten der Wirtschaftskommission für Europa, für Staaten, die in der Wirtschaftskommission für Europa nach Absatz 8 der Entschließung 36 (IV) des Wirtschafts- und Sozialrats vom 28. März 1947 beratenden Status haben, sowie für die Organisationen der regionalen Wirtschaftsintegration, die von den souveränen Staaten, die Mitglieder der Wirtschaftskommission für Europa sind, gebildet werden und für die Aushandlung, den Abschluß und die Anwendung internationaler Übereinkünfte über Angelegenheiten zuständig sind, die in den Geltungsbereich dieses Protokolls fallen, zur Unterzeichnung auf, vorausgesetzt, daß die betreffenden Staaten und Organisationen Vertragsparteien des Übereinkommens sind.

(2) Solche Organisationen der regionalen Wirtschaftsintegration üben in Angelegenheiten, die in ihren Zuständigkeitsbereich fallen, in ihrem eigenen Namen die Rechte aus und nehmen die Verantwortlichkeiten wahr, die dieses Protokoll den Mitgliedstaaten dieser Organisationen überträgt. In diesen Fällen sind die Mitgliedstaaten dieser Organisationen nicht berechtigt, solche Rechte einzeln auszuüben.

Art. 10 Ratifikation, Annahme, Genehmigung und Beitritt. (1) Dieses Protokoll bedarf der Ratifikation, Annahme oder Genehmigung durch die Unterzeichner.

(2) Dieses Protokoll steht vom 13. Juli 1985 an für die in Artikel 9 Absatz 1 genannten Staaten und Organisationen zum Beitritt offen.

(3) Ein Staat oder eine Organisation, die diesem Protokoll nach seinem Inkrafttreten beitreten, führen Artikel 2 spätestens bis 1993 durch. Erfolgt der Beitritt zum Protokoll nach 1990, so kann Artikel 2 von der betreffenden Vertragspartei nach 1993 durchgeführt werden, jedoch nicht später als 1995, und eine solche Vertragspartei führt Artikel 6 entsprechend durch.

(4) Die Ratifikations-, Annahme-, Genehmigungs- oder Beitrittsurkunden werden beim Generalsekretär der Vereinten Nationen hinterlegt, dieser erfüllt die Aufgaben des Verwahrers.

Art. 11 Inkrafttreten. (1) Dieses Protokoll tritt am neunzigsten Tag nach dem Zeitpunkt der Hinterlegung der sechzehnten Ratifikations-, Annahme-, Genehmigungs- oder Beitrittsurkunde in Kraft.

(2) Für alle in Artikel 9 Absatz 1 bezeichneten Staaten und Organisationen, die nach der Hinterlegung der sechzehnten Ratifikations-, Annahme-, Genehmigungs- oder Beitrittsurkunde dieses Protokoll ratifizieren, annehmen oder genehmigen oder ihm beitreten, tritt das Protokoll am neunzigsten Tag nach dem Zeitpunkt der Hinterlegung der Ratifikations-, Annahme-, Genehmigungs- oder Beitrittsurkunde durch die betreffende Vertragspartei in Kraft.

Art. 12 Rücktritt. Eine Vertragspartei kann jederzeit nach Ablauf von fünf Jahren nach dem Zeitpunkt, zu dem dieses Protokoll für sie in Kraft getreten ist, durch eine an den Verwahrer gerichtete schriftliche Notifikation von dem Protokoll zurücktreten. Der Rücktritt wird am neunzigsten Tag nach dem Eingang der Notifikation bei dem Verwahrer wirksam.

Art. 13 Verbindliche Wortlaute. Die Urschrift dieses Protokolls, dessen englischer, französischer und russischer Wortlaut gleichermaßen verbindlich ist, wird beim Generalsekretär der Vereinten Nationen hinterlegt.

Zu Urkund dessen haben die hierzu gehörig befugten Unterzeichneten dieses Protokoll unterschrieben.

Geschehen zu Helsinki am 8. Juli 1985.

24 b. Protokoll zu dem Übereinkommen von 1979 über weiträumige grenzüberschreitende Luftverunreinigung betreffend die Bekämpfung von Emissionen von Stickstoffoxiden oder ihres grenzüberschreitenden Flusses[1] · [2]

(31. 10. 1988)

Die Vertragsparteien –

entschlossen, das Übereinkommen über weiträumige grenzüberschreitende Luftverunreinigung durchzuführen,

besorgt darüber, daß die derzeitigen Emissionen luftverunreinigender Stoffe in exponierten Teilen Europas und Nordamerikas Schäden an Naturschätzen von lebenswichtiger Bedeutung für Umwelt und Wirtschaft verursachen,

eingedenk dessen, daß das Exekutivorgan für das Übereinkommen auf seiner zweiten Tagung die Notwendigkeit anerkannt hat, die jährlichen Gesamtemissionen von Stickstoffoxiden aus ortsfesten und beweglichen Quellen oder ihren grenzüberschreitenden Fluß bis 1995 wirksam herabzusetzen, sowie die Notwendigkeit, daß Staaten, die bei der Verringerung dieser Emissionen bereits Fortschritte erzielt haben, ihre Emissionsgrenzwerte für Stickstoffoxide beibehalten und überprüfen,

unter Berücksichtigung vorhandener wissenschaftlicher und technischer Daten über Emissionen, Luftbewegungen und Auswirkungen von Stickstoffoxiden und deren Folgeprodukten auf die Umwelt sowie Daten über Technologien zur Bekämpfung von Emissionen,

im Bewußtsein, daß die schädlichen Auswirkungen von Emissionen von Stickstoffoxiden auf die Umwelt von Land zu Land unterschiedlich sind,

entschlossen, wirksame Maßnahmen zur Bekämpfung und Verringerung der jährlichen nationalen Emissionen von Stickstoffoxiden oder ihres grenzüberschreitenden Flusses zu ergreifen, insbesondere durch Anwendung geeigneter nationaler Emissionsgrenzwerte für neue bewegliche und neue größere ortsfeste Quellen sowie durch Nachrüstung bestehender größerer ortsfester Quellen,

in der Erkenntnis, daß sich die wissenschaftlichen und technischen Kenntnisse über diese Fragen weiterentwickeln und daß diese Entwicklung bei der Überprüfung der Anwendung dieses Protokolls und bei der Entscheidung über weitere Maßnahmen zu berücksichtigen ist,

in der Erkenntnis, daß die Ausarbeitung eines auf kritischen Belastungen beruhenden Lösungsansatzes die Erstellung einer wirkungsorientierten wissenschaftlichen Grundlage zum Ziel hat, die bei der Überprüfung der Anwendung dieses Protokolls und bei der Entscheidung über weitere international vereinbarte Maßnahmen zur Begrenzung und Verringerung von Emissionen von Stickstoffoxiden oder ihres grenzüberschreitenden Flusses zu berücksichtigen ist,

---

[1] Aus BGBl. 1990 II S. 1279.
[2] Internationale Quelle: ILM 28 (1989) p. 214.

in der Erkenntnis, daß die zügige Prüfung von Verfahren zur Schaffung günstigerer Voraussetzungen für einen Technologieaustausch zu einer wirksamen Verringerung der Emissionen von Stickstoffoxiden in der Region der Kommission beitragen wird,

mit Genugtuung zur Kenntnis nehmend, daß sich mehrere Staaten gegenseitig verpflichtet haben, ihre jährlichen nationalen Emissionen von Stickstoffoxiden unverzüglich und in erheblichem Umfang herabzusetzen,

eingedenk der von einigen Staaten bereits ergriffenen Maßnahmen, die eine Verringerung der Emissionen von Stickstoffoxiden bewirkt haben –

sind wie folgt übereingekommen:

Art. 1 Begriffsbestimmungen. Im Sinne dieses Protokolls

1. bedeutet „Übereinkommen" das am 13. November 1979 in Genf angenommene Übereinkommen über weiträumige grenzüberschreitende Luftverunreinigung;

2. bedeutet „EMEP" das Programm über die Zusammenarbeit bei der Messung und Bewertung der weiträumigen Übertragung von luftverunreinigenden Stoffen in Europa;

3. bedeutet „Exekutivorgan" das nach Artikel 10 Absatz 1 des Übereinkommens gebildete Exekutivorgan für das Übereinkommen;

4. bedeutet „geographischer Anwendungsbereich des EMEP" das in Artikel 1 Absatz 4 des am 28. September 1984 in Genf angenommenen Protokolls zum Übereinkommen von 1979 über weiträumige grenzüberschreitende Luftverunreinigung betreffend die langfristige Finanzierung des Programms über die Zusammenarbeit bei der Messung und Bewertung der weiträumigen Übertragung von luftverunreinigenden Stoffen in Europa (EMEP) definierte Gebiet;

5. bedeutet „Vertragsparteien" die Vertragsparteien dieses Protokolls, soweit der Zusammenhang nichts anderes erfordert;

6. bedeutet „Kommission" die Wirtschaftskommission der Vereinten Nationen für Europa;

7. bedeutet „kritische Belastung" eine quantitative Schätzung der Exposition gegenüber einem oder mehreren verunreinigenden Stoffen, unterhalb deren nach dem heutigen Wissenstand keine erheblichen schädlichen Auswirkungen auf bestimmte empfindliche Teile der Umwelt auftreten;

8. bedeutet „größere bestehende ortsfeste Quelle" jede bestehende ortsfeste Quelle, deren thermische Eingangsleistung mindestens 100 MW beträgt;

9. bedeutet „größere neue ortsfeste Quelle" jede neue ortsfeste Quelle, deren thermische Eingangsleistung mindestens 50 MW beträgt;

10. bedeutet „größere Kategorie von Quellen" jede Kategorie von Quellen, die luftverunreinigende Stoffe in Form von Stickstoffoxiden emittieren oder emittieren können, einschließlich der im Technischen Anhang beschriebenen Kategorien, und die mindestens 10 v. H. der gesamten jährlichen Emissionen von Stickstoffoxiden des Landes erzeugen, gemessen oder berechnet im ersten Kalenderjahr, das auf den Tag des Inkrafttretens dieses Protokolls folgt, und danach alle vier Jahre;

11. bedeutet „neue ortsfeste Quelle" jede ortsfeste Quelle, mit deren Bau oder mit deren wesentlicher Veränderung nach Ablauf von zwei Jahren nach dem Tag des Inkrafttretens dieses Protokolls begonnen wird;

12. bedeutet „neue bewegliche Quelle" ein Kraftfahrzeug oder eine sonstige bewegliche Quelle, die nach Ablauf von zwei Jahren nach dem Tag des Inkrafttretens dieses Protokolls hergestellt wird.

Art. 2 Grundlegende Verpflichtungen. (1) Die Vertragsparteien ergreifen so bald wie möglich als ersten Schritt wirksame Maßnahmen zur Begrenzung und/oder Verringerung ihrer jährlichen nationalen Emissionen von Stickstoffoxiden oder ihres grenzüberschreitenden Flusses, damit diese Emissionen spätestens am 31. Dezember 1994 nicht über den jeweiligen jährlichen nationalen Emissionen von Stickstoffoxiden oder deren grenzüberschreitendem Fluß während des Kalenderjahrs 1987 oder eines früheren Jahres liegen, das bei der Unterzeichnung des Protokolls oder dem Beitritt zum Protokoll anzugeben ist; dabei dürfen außerdem in bezug auf jede Vertragspartei, die ein solches früheres Jahr angibt, der durchschnittliche jährliche nationale grenzüberschreitende Fluß oder die durchschnittlichen jährlichen nationalen Emissionen von Stickstoffoxiden dieser Vertragspartei in der Zeit vom 1. Januar 1987 bis zum 1. Januar 1996 den grenzüberschreitenden Fluß oder die nationalen Emissionen im Kalenderjahr 1987 nicht übersteigen.

(2) Außerdem werden die Vertragsparteien spätestens zwei Jahre nach dem Tag des Inkrafttretens dieses Protokolls insbesondere
a) nationale Emissionsgrenzwerte auf größere neue ortsfeste Quellen und/oder Kategorien von Quellen sowie auf wesentlich veränderte ortsfeste Quellen in größeren Kategorien von Quellen anwenden, und zwar auf der Grundlage der besten verfügbaren Technologien, die wirtschaftlich vertretbar sind, und unter Berücksichtigung des Technischen Anhangs;
b) nationale Emissionsgrenzwerte auf neue bewegliche Quellen sämtlicher größerer Kategorien von Quellen anwenden, und zwar auf der Grundlage der besten verfügbaren Technologien, die wirtschaftlich vertretbar sind, und unter Berücksichtigung des Technischen Anhangs und der diesbezüglichen Beschlüsse, die im Rahmen des Binnenverkehrsausschusses der Kommission gefaßt werden, und
c) Maßnahmen zur Bekämpfung der Verunreinigung für größere bestehende ortsfeste Quellen einführen, wobei der Technische Anhang, die charakteristischen Merkmale der Anlage, ihr Alter und Nutzungsgrad sowie die Notwendigkeit zu berücksichtigen sind, unangemessene Unterbrechungen des Betriebs zu vermeiden.

(3) a) Als zweiten Schritt nehmen die Vertragsparteien spätestens sechs Monate nach dem Tag des Inkrafttretens dieses Protokolls Verhandlungen über weitere Schritte zur Verringerung der jährlichen nationalen Emissionen von Stickstoffoxiden oder ihres grenzüberschreitenden Flusses auf, wobei die besten verfügbaren wissenschaftlichen und technischen Entwicklungen, international anerkannte kritische Belastungen und andere Faktoren zu berücksichtigen sind, die sich aus dem nach Artikel 6 durchgeführten Arbeitsprogramm ergeben.
b) Zu diesem Zweck arbeiten die Vertragsparteien zusammen, um
 i) kritische Belastungen zu bestimmen;
 ii) die Verringerungen der jährlichen nationalen Emissionen von Stickstoffoxiden oder ihres grenzüberschreitenden Flusses zu bestimmen, die erforderlich sind, um auf kritischen Belastungen beruhende vereinbarte Ziele zu erreichen, und

iii) zur Erreichung dieser Verringerungen Maßnahmen und einen Zeitplan zu bestimmen, der spätestens am 1. Januar 1996 beginnt.

(4) Die Vertragsparteien können strengere als die in diesem Artikel geforderten Maßnahmen ergreifen.

Art. 3 Technologieaustausch. (1) Die Vertragsparteien erleichtern in Übereinstimmung mit ihren innerstaatlichen Gesetzen, sonstigen Vorschriften und Gepflogenheiten den Austausch von Technologien zur Verringerung der Emissionen von Stickstoffoxiden, insbesondere durch die Förderung
a) des kommerziellen Austausches verfügbarer Technologien,
b) direkter Kontakte und der Zusammenarbeit der Industrien, einschließlich Gemeinschaftsunternehmen,
c) des Austausches von Informationen und Erfahrungen und
d) der Gewährung technischer Unterstützung.

(2) Mit der Förderung der unter den Buchstaben a bis d bezeichneten Tätigkeiten schaffen die Vertragsparteien günstige Voraussetzungen, indem sie Kontakte und Zusammenarbeit zwischen geeigneten Organisationen und Personen des privaten und öffentlichen Sektors erleichtern, die Technologien, Planungs- und Konstruktionsdienste, Ausrüstung oder Finanzierung zur Verfügung stellen können.

(3) Die Vertragsparteien beginnen spätestens sechs Monate nach dem Tag des Inkrafttretens dieses Protokolls mit der Prüfung von Verfahren zur Schaffung günstigerer Voraussetzungen für den Austausch von Technologien zur Verringerung der Emissionen von Stickstoffoxiden.

Art. 4 Unverbleiter Kraftstoff. Die Vertragsparteien sorgen dafür, daß so bald wie möglich, spätestens jedoch zwei Jahre nach dem Tag des Inkrafttretens dieses Protokolls, unverbleiter Kraftstoff ausreichend zur Verfügung steht, in besonderen Fällen zumindest entlang den internationalen Haupttransitstrecken, um den Verkehr von mit Katalysatoren ausgestatteten Fahrzeugen zu erleichtern.

Art. 5 Überprüfungsverfahren. (1) Die Vertragsparteien überprüfen dieses Protokoll in regelmäßigen Abständen und tragen dabei den besten verfügbaren wissenschaftlichen Grundlagen und technischen Entwicklungen Rechnung.

(2) Die erste Überprüfung erfolgt spätestens ein Jahr nach dem Tag des Inkrafttretens dieses Protokolls.

Art. 6 Auszuführende Arbeiten. Die Vertragsparteien räumen solchen Forschungs- und Überwachungsaufgaben besonderen Vorrang ein, die mit der Entwicklung und Anwendung eines auf kritischen Belastungen beruhenden Lösungsansatzes in Zusammenhang stehen, um auf wissenschaftlicher Grundlage die erforderlichen Verringerungen der Emissionen von Stickstoffoxiden zu bestimmen. Die Vertragsparteien bemühen sich insbesondere durch nationale Forschungsprogramme, im Rahmen des Arbeitsplans des Exekutivorgans und durch andere Programme der Zusammenarbeit im Rahmen des Übereinkommens,

a) die Auswirkungen von Emissionen von Stickstoffoxiden auf Menschen, pflanzliches und tierisches Leben, Gewässer, Böden und Materialien festzustellen und zu quantifizieren, wobei die Wirkung von Stickstoffoxiden, die aus anderen Quellen als der Ablagerung aus der Luft stammen, zu berücksichtigen ist;

b) die geographische Verteilung empfindlicher Gebiete zu ermitteln;

c) Meßsysteme und Modelle einschließlich abgestimmter Verfahren zur Berechnung von Emissionen zu entwickeln, um den weiträumigen Transport von Stickstoffoxiden und ähnlichen verunreinigenden Stoffen zu quantifizieren;

d) Leistungs- und Kostenschätzungen von Technologien zur Bekämpfung von Emissionen von Stickstoffoxiden zu verfeinern und die Entwicklung verbesserter oder neuer Technologien aufzuzeichnen sowie

e) im Rahmen eines auf kritischen Belastungen beruhenden Lösungsansatzes Methoden zur Zusammenführung wissenschaftlicher, technischer und wirtschaftlicher Daten zu entwickeln, um geeignete Bekämpfungsstrategien bestimmen zu können.

Art. 7 Nationale Programme, Politiken und Strategien. Die Vertragsparteien stellen zur Erfüllung der Verpflichtungen aus diesem Protokoll unverzüglich nationale Programme, Politiken und Strategien auf, die als Mittel dazu dienen, die Emissionen von Stickstoffoxiden oder ihren grenzüberschreitenden Fluß zu begrenzen und zu verringern.

Art. 8 Informationsaustausch und jährliche Berichterstattung. (1) Die Vertragsparteien tauschen Informationen aus, indem sie dem Exekutivorgan die nationalen Programme, Politiken und Strategien mitteilen, die sie nach Artikel 7 aufstellen, und ihm über die Fortschritte im Rahmen dieser Programme, Politiken und Strategien sowie über Änderungen derselben jährlich berichten, insbesondere

a) über das Niveau der jährlichen nationalen Emissionen von Stickstoffoxiden sowie die Grundlage, auf der sie berechnet worden sind;

b) über Fortschritte bei der Anwendung der nach Artikel 2 Absatz 2 Buchstaben a und b vorgeschriebenen nationalen Emissionsgrenzwerte, über die angewendeten oder anzuwendenden nationalen Emissionsgrenzwerte sowie über die betroffenen Quellen und/oder Kategorien von Quellen;

c) über Fortschritte bei der Einführung der nach Artikel 2 Absatz 2 Buchstabe c vorgeschriebenen Maßnahmen zur Bekämpfung der Verunreinigung, über die betroffenen Quellen und die eingeführten oder einzuführenden Maßnahmen;

d) über Fortschritte bei der Bereitstellung unverbleiten Kraftstoffs;

e) über die zur Erleichterung des Technologieaustausches ergriffenen Maßnahmen und

f) über Fortschritte bei der Bestimmung kritischer Belastungen.

(2) Diese Informationen werden nach Möglichkeit entsprechend einem einheitlichen Berichtssystem übermittelt.

Art. 9 Berechnungen. Das EMEP stellt dem Exekutivorgan rechtzeitig vor dessen jährlichen Sitzungen Berechnungen des Stickstoffhaushalts sowie des grenzüberschreitenden Flusses und der Ablagerungen von Stickstoffoxiden im geographischen Anwendungsbereich des EMEP zur Verfügung, wobei geeignete Modelle verwendet werden. In Gebieten außerhalb des geographischen Anwendungsbereichs des EMEP werden Modelle verwendet, die im Hinblick auf die besonderen Verhältnisse der dort gelegenen Vertragsparteien geeignet sind.

Art. 10 Technischer Anhang[1]. Der Technische Anhang zu diesem Protokoll hat Empfehlungscharakter. Er ist Bestandteil des Protokolls.

Art. 11 Änderungen des Protokolls. (1) Jede Vertragspartei kann Änderungen dieses Protokolls vorschlagen.

(2) Die vorgeschlagenen Änderungen werden dem Exekutivsekretär der Kommission schriftlich unterbreitet; dieser übermittelt sie allen Vertragsparteien. Das Exekutivorgan erörtert die vorgeschlagenen Änderungen auf seiner nächsten jährlichen Sitzung, sofern die Vorschläge den Vertragsparteien vom Exekutivsekretär mindestens neunzig Tage vorher mitgeteilt worden sind.

(3) Änderungen des Protokolls, ausgenommen Änderungen des Technischen Anhangs, bedürfen der einvernehmlichen Annahme der auf einer Sitzung des Exkutivorgans vertretenen Vertragsparteien; sie treten für die Vertragsparteien, die sie angenommen haben, am neunzigsten Tag nach dem Zeitpunkt in Kraft, an dem zwei Drittel der Vertragsparteien ihre Urkunde über die Annahme der Änderungen hinterlegt haben. Die Änderungen treten für jede Vertragspartei, die sie angenommen hat, nachdem zwei Drittel der Vertragsparteien ihre Urkunde über die Annahme der Änderungen hinterlegt haben, am neunzigsten Tag nach dem Zeitpunkt in Kraft, an dem die betreffende Vertragspartei ihre Urkunde über die Annahme der Änderungen hinterlegt hat.

(4) Änderungen des Technischen Anhangs bedürfen der einvernehmlichen Annahme der auf einer Sitzung des Exekutivorgans vertretenen Vertragsparteien; sie treten dreißig Tage nach dem Zeitpunkt in Kraft, zu dem sie nach Absatz 5 mitgeteilt worden sind.

(5) Änderungen nach den Absätzen 3 und 4 werden vom Exekutivsekretär allen Vertragsparteien so bald wie möglich nach ihrer Annahme mitgeteilt.

Art. 12 Beilegung von Streitigkeiten. Entsteht zwischen zwei oder mehr Vertragsparteien eine Streitigkeit über die Auslegung oder Anwendung dieses Protokolls, so bemühen sich diese Vertragsparteien um eine Lösung durch Verhandlungen oder durch ein anderes Verfahren der Beilegung, das für die Streitparteien annehmbar ist.

Art. 13 Unterzeichnung. (1) Dieses Protokoll liegt vom 1. bis zum 4. November 1988 in Sofia und danach bis zum 5. Mai 1989 am Sitz der Vereinten Nationen in New York für die Mitgliedstaaten der Kommission, für Staaten, die in der Kommission nach Absatz 8 der Entschließung 36 (IV) des Wirtschafts- und Sozialrats vom 28. März 1947 beratenden Status haben, sowie für die Organisationen der regionalen Wirtschaftsintegration, die von den souveränen Staaten, die Mitglieder der Kommissionen sind, gebildet werden

---

[1] Siehe BGBl. 1990 II S. 1289 und BGBl. 1995 II S. 359. Vom Abdruck der Technischen Anhänge wurde abgesehen.

und für die Aushandlung, den Abschluß und die Anwendung internationaler Übereinkünfte über Angelegenheiten zuständig sind, die in den Geltungsbereich dieses Protokolls fallen, zur Unterzeichnung auf, vorausgesetzt, daß die betreffenden Staaten und Organisationen Vertragsparteien des Übereinkommens sind.

(2) Solche Organisationen der regionalen Wirtschaftsintegration üben in Angelegenheiten, die in ihren Zuständigkeitsbereich fallen, in ihrem eigenen Namen die Rechte aus und nehmen die Verantwortlichkeiten wahr, die dieses Protokoll den Mitgliedstaaten dieser Organisationen überträgt. In diesen Fällen sind die Mitgliedstaaten dieser Organisationen nicht berechtigt, solche Rechte einzeln auszuüben.

Art. 14 Ratifikation, Annahme, Genehmigung und Beitritt. (1) Dieses Protokoll bedarf der Ratifikation, Annahme oder Genehmigung durch die Unterzeichner.

(2) Dieses Protokoll steht vom 6. Mai 1989 an für die in Artikel 13 Absatz 1 genannten Staaten und Organisationen zum Beitritt offen.

(3) Ein Staat oder eine Organisation, die diesem Protokoll nach dem 31. Dezember 1993 beitreten, können die Artikel 2 und 4 spätestens bis zum 31. Dezember 1995 durchführen.

(4) Die Ratifikations-, Annahme-, Genehmigungs- oder Beitrittsurkunden werden beim Generalsekretär der Vereinten Nationen hinterlegt; dieser erfüllt die Aufgaben des Verwahrers.

Art. 15 Inkrafttreten. (1) Dieses Protokoll tritt am neunzigsten Tag nach dem Zeitpunkt der Hinterlegung der sechzehnten Ratifikations-, Annahme-, Genehmigungs- oder Beitrittsurkunde in Kraft.

(2) Für alle in Artikel 13 Absatz 1 bezeichneten Staaten und Organisationen, die nach der Hinterlegung der sechzehnten Ratifikations-, Annahme-, Genehmigungs- oder Beitrittsurkunde dieses Protokoll ratifizieren, annehmen oder genehmigen oder ihm beitreten, tritt das Protokoll am neunzigsten Tag nach dem Zeitpunkt der Hinterlegung der Ratifikations-, Annahme-, Genehmigungs- oder Beitrittsurkunde durch die betreffende Vertragspartei in Kraft.

Art. 16 Rücktritt. Eine Vertragspartei kann jederzeit nach Ablauf von fünf Jahren nach dem Zeitpunkt, zu dem dieses Protokoll für sie in Kraft getreten ist, durch eine an den Verwahrer gerichtete schriftliche Notifikation von dem Protokoll zurücktreten. Der Rücktritt wird am neunzigsten Tag nach dem Eingang der Notifikation bei dem Verwahrer oder zu einem in der Rücktrittsnotifikation angegebenen späteren Zeitpunkt wirksam.

Art. 17 Verbindliche Wortlaute. Die Urschrift dieses Protokolls, dessen englischer, französischer und russischer Wortlaut gleichermaßen verbindlich ist, wird beim Generalsekretär der Vereinten Nationen hinterlegt.

Zu Urkund dessen haben die hierzu gehörig befugten Unterzeichneten dieses Protokoll unterschrieben.

Geschehen zu Sofia am 31. Oktober 1988.

24 c. Protokoll zu dem Übereinkommen von 1979 über weiträumige grenzüberschreitende Luftverunreinigung betreffend die Bekämpfung von Emissionen flüchtiger organischer Verbindungen oder ihres grenzüberschreitenden Flusses[1] · [2] · [3]

(18. 11. 1991)

(Übersetzung)

Die Vertragsparteien –

entschlossen, das Übereinkommen über weiträumige grenzüberschreitende Luftverunreinigung durchzuführen,

besorgt darüber, daß die derzeitigen Emissionen flüchtiger organischer Verbindungen (VOCs) und die daraus entstehenden sekundären photochemischen Oxidantien in exponierten Teilen Europas und Nordamerikas Schäden an Naturschätzen von lebenswichtiger Bedeutung für Umwelt und Wirtschaft verursachen und unter bestimmten Expositionsbedingungen schädliche Auswirkungen auf die menschliche Gesundheit haben,

in Anbetracht dessen, daß aufgrund des am 31. Oktober 1988 in Sofia angenommenen Protokolls betreffend die Bekämpfung von Emissionen von Stickstoffoxiden oder ihres grenzüberschreitenden Flusses bereits Einvernehmen über die Verringerung der Emissionen von Stickstoffoxiden besteht,

in der Erkenntnis, daß flüchtige organische Verbindungen und Stickstoffoxide zur Bildung troposphärischen Ozons beitragen,

sowie in der Erkenntnis, daß flüchtige organische Verbindungen, Stickstoffoxide und das daraus entstehende Ozon über internationale Grenzen hinweg transportiert werden und so die Luftqualität in benachbarten Staaten beeinträchtigen,

in dem Bewußtsein, daß es aufgrund des Ablaufs der Bildung photochemischer Oxidantien erforderlich ist, die Emissionen flüchtiger organischer Verbindungen zu verringern, um das Auftreten photochemischer Oxidantien zu vermindern,

sowie in dem Bewußtsein, daß durch menschliche Tätigkeiten emittiertes Methan- und Kohlenmonoxid in der Luft über die ECE-Region in Hintergrundkonzentrationen vorhanden sind und zur Bildung episodischer Ozonspitzenwerte beitragen; daß außerdem ihre weltweit ablaufende Oxidation in Gegenwart von Stickstoffoxiden zur Bildung troposphärischen Ozons in Hintergrundkonzentrationen beiträgt, die von photochemischen Episoden

---

[1] Aus BGBl. 1994 II S. 2359 (dort unter Datum des 19. 11. 1991 geführt).
[2] Internationale Quelle: ILM 31 (1992) p. 573.
[3] Vom Abdruck der Anhänge, BGBl. 1994 II S. 2373 ff., mußte aus Platzgründen abgesehen werden. Anhang 1 (ab S. 2372) legt die Gebiete fest, in denen Maßnahmen zur Verminderung der troposphärischen Ozonkonzentrationen durchgeführt werden. Anhang 2 (ab S. 2373) enthält Orientierungshilfen für die Vertragsparteien, wie die Verpflichtungen aus dem Protokoll erfüllt werden können. Anhang 3 (ab S. 2402) betrifft Emissionen aus Straßenkraftfahrzeugen und Anhang 4 (ab S. 2413) klassifiziert flüchtige organische Verbindungen auf der Grundlage ihres photochemischen Ozonbildungspotentials.

überlagert werden, und daß Methan voraussichtlich Gegenstand von Bekämpfungsmaßnahmen in anderen Gremien werden wird,

eingedenk dessen, daß das Exekutivorgan für das Übereinkommen auf seiner sechsten Tagung die Notwendigkeit anerkannt hat, Emissionen flüchtiger organischer Verbindungen oder ihren grenzüberschreitenden Fluß und das Auftreten photochemischer Oxidantien zu bekämpfen, sowie die Notwendigkeit, daß Vertragsparteien, welche diese Emissionen bereits verringert haben, ihre Emissionsgrenzwerte für flüchtige organische Verbindungen beibehalten und überprüfen,

eingedenk der von einigen Vertragsparteien bereits ergriffenen Maßnahmen, die eine Verringerung ihrer jährlichen nationalen Emissionen von Stickstoffoxiden und flüchtigen organischen Verbindungen bewirkt haben,

in Anbetracht dessen, daß einige Vertragsparteien Luftqualitätsgrenzwerte und/oder -ziele für troposphärisches Ozon festgelegt haben und daß die Weltgesundheitsorganisation und andere zuständige Gremien Grenzwerte für Konzentrationen troposphärischen Ozons festgelegt haben,

entschlossen, wirksame Maßnahmen zur Bekämpfung und Verringerung der jährlichen nationalen Emissionen flüchtiger organischer Verbindungen oder des grenzüberschreitenden Flusses flüchtiger organischer Verbindungen und der daraus entstehenden sekundären photochemischen Oxidantien zu ergreifen, insbesondere durch die Anwendung geeigneter nationaler oder internationaler Emissionsgrenzwerte für neue bewegliche und neue ortsfeste Quellen und die Nachrüstung bestehender größerer und fester Quellen sowie durch die Begrenzung der Bestandteile, die flüchtige organische Verbindungen emittieren können, in Produkten für den industriellen oder häuslichen Gebrauch,

in dem Bewußtsein, daß sich flüchtige organische Verbindungen in ihrer Reaktivität und in ihrem Potential, troposphärisches Ozon und andere photochemische Oxidantien zu bilden, stark unterscheiden und daß dieses Potential bei jeder einzelnen Verbindung je nach den meteorologischen Bedingungen und anderen Faktoren von einem Zeitpunkt zum anderen und von einem Ort zum anderen schwanken kann,

in der Erkenntnis, daß solche Unterschiede und Schwankungen berücksichtigt werden müssen, damit die Maßnahmen zur Bekämpfung und Verringerung von Emissionen flüchtiger organischer Verbindungen und ihres grenzüberschreitenden Flusses so wirksam wie möglich sind und dazu führen, die Bildung troposphärischen Ozons und anderer photochemischer Oxidantien auf ein Mindestmaß zu beschränken,

unter Berücksichtigung vorhandener wissenschaftlicher und technischer Daten über Emissionen, Luftbewegungen und Auswirkungen flüchtiger organischer Verbindungen und photochemischer Oxidantien auf die Umwelt sowie Daten über Technologien zur Bekämpfung von Emissionen,

in der Erkenntnis, daß sich die wissenschaftlichen und technischen Kenntnisse über diese Fragen weiterentwickeln und daß diese Entwicklung bei der Überprüfung der Anwendung dieses Protokolls und bei der Entscheidung über weitere Maßnahmen zu berücksichtigen ist,

in der Erkenntnis, daß die Ausarbeitung eines auf kritischen Werten beruhenden Lösungsansatzes die Erstellung einer wirkungsorientierten wissenschaftlichen Grundlage zum Ziel hat, die bei der Überprüfung der Anwendung dieses Protokolls und bei der Entscheidung über weitere international vereinbarte Maßnahmen zur Begrenzung und Verringerung von Emissionen

flüchtiger organischer Verbindungen oder des grenzüberschreitenden Flusses flüchtiger organischer Verbindungen und photochemischer Oxidantien zu berücksichtigen ist –
sind wie folgt übereingekommen:

Art. 1 Begriffsbestimmungen. Im Sinne dieses Protokolls

1. bedeutet „Übereinkommen" das am 13. November 1979 in Genf angenommene Übereinkommen über weiträumige grenzüberschreitende Luftverunreinigung;

2. bedeutet „EMEP" das Programm über die Zusammenarbeit bei der Messung und Bewertung der weiträumigen Übertragung von luftverunreinigenden Stoffen in Europa;

3. bedeutet „Exekutivorgan" das nach Artikel 10 Absatz 1 des Übereinkommens gebildete Exekutivorgan für das Übereinkommen;

4. bedeutet „geographischer Anwendungsbereich des EMEP" das in Artikel 1 Absatz 4 des am 28. September 1984 in Genf angenommenen Protokolls zum Übereinkommen von 1979 über weiträumige grenzüberschreitende Luftverunreinigung betreffend die langfristige Finanzierung des Programms über die Zusammenarbeit bei der Messung und Bewertung der weiträumigen Übertragung von luftverunreinigenden Stoffen in Europa (EMEP) definierte Gebiet;

5. bedeutet „Gebiet, in dem Maßnahmen zur Verminderung der troposphärischen Ozonkonzentrationen durchgeführt werden (Tropospheric Ozone Management Area [TOMA])" ein in Anhang I unter den in Artikel 2 Absatz 2 Buchstabe b aufgestellten Bedingungen festgelegtes Gebiet;

6. bedeutet „Vertragsparteien" die Vertragsparteien dieses Protokolls, soweit der Zusammenhang nichts anderes erfordert;

7. bedeutet „Kommission" die Wirtschaftskommission der Vereinten Nationen für Europa;

8. bedeutet „kritische Werte" in der Atmosphäre während einer bestimmten Expositionszeit auftretende Konzentrationen luftverunreinigender Stoffe, unterhalb deren nach dem heutigen Wissensstand keine unmittelbaren schädlichen Auswirkungen auf Rezeptoren wie Menschen, Pflanzen, Ökosysteme oder Material auftreten;

9. bedeutet „flüchtige organische Verbindungen" oder „VOCs", sofern nichts anderes festgelegt ist, alle organischen Verbindungen anthropogener Art – außer Methan –, die in der Lage sind, durch Reaktionen mit Stickstoffoxiden in Gegenwart von Sonnenlicht photochemische Oxidantien zu erzeugen;

10. bedeutet „größere Kategorie von Quellen" jede Kategorie von Quellen, die luftverunreinigende Stoffe in Form flüchtiger organischer Verbindungen emittieren, einschließlich der in den Anhängen II und III beschriebenen Kategorien und die mindestens 1 v. H. zu den gesamten jährlichen Emissionen flüchtiger organischer Verbindungen des Landes beitragen, gemessen oder berechnet im ersten Kalenderjahr, das auf den Tag des Inkrafttretens dieses Protokolls folgt, und danach alle vier Jahre;

11. bedeutet „neue ortsfeste Quelle" jede ortsfeste Quelle, mit deren Bau oder mit deren wesentlicher Veränderung nach Ablauf von zwei Jahren nach dem Tag des Inkrafttretens dieses Protokolls begonnen wird;

12. bedeutet „neue bewegliche Quelle" jedes Straßenkraftfahrzeug, das nach Ablauf von zwei Jahren nach dem Tag des Inkrafttretens dieses Protokolls hergestellt wird;

13. bedeutet „photochemisches Ozonbildungspotential" (POCP) das Potential einer einzelnen flüchtigen organischen Verbindung, bezogen auf das anderer flüchtiger organischer Verbindungen, durch Reaktion mit Stickstoffoxiden in Gegenwart von Sonnenlicht Ozon zu bilden, wie in Anhang IV beschrieben.

Art. 2 Grundlegende Verpflichtungen. (1) Die Vertragsparteien begrenzen und verringern ihre Emissionen flüchtiger organischer Verbindungen, um den grenzüberschreitenden Fluß dieser flüchtigen organischen Verbindungen und den Fluß der aus diesen entstehenden sekundären photochemischen Oxidantien zu verringern mit dem Ziel, die menschliche Gesundheit und die Umwelt vor schädlichen Auswirkungen zu schützen.

(2) Um den Anforderungen des Absatzes 1 zu entsprechen, begrenzt und verringert jede Vertragspartei ihre jährlichen nationalen Emissionen flüchtiger organischer Verbindungen oder ihren grenzüberschreitenden Fluß auf eine der folgenden Arten, die bei der Unterzeichnung anzugeben ist:[*]

a) Sie ergreift so bald wie möglich als ersten Schritt wirksame Maßnahmen, um ihre jährlichen nationalen Emissionen flüchtiger organischer Verbindungen bis 1999 um mindestens 30 v. H. zu verringern, wobei sie das Niveau von 1988 oder das eines anderen Jahres in dem Zeitraum von 1984 bis 1990 zugrunde legt, das sie bei der Unterzeichnung dieses Protokolls oder dem Beitritt zum Protokoll angeben kann, oder

b) in den Fällen, in denen ihre jährlichen Emissionen zu troposphärischen Ozonkonzentrationen in Gebieten unter der Hoheitsgewalt einer oder mehrerer anderer Vertragsparteien beitragen und diese Emissionen ausschließlich aus Gebieten unter ihrer Hoheitsgewalt stammen, die in Anhang I als Gebiete, in denen Maßnahmen zur Verminderung der troposphärischen Ozonkonzentrationen durchgeführt werden, festgelegt sind, ergreift sie so bald wie möglich als ersten Schritt wirksame Maßnahmen,

   i) um ihre jährlichen Emissionen flüchtiger organischer Verbindungen aus den so bestimmten Gebieten bis zum Jahre 1999 um mindestens 30 v. H. zu verringern, wobei sie das Niveau von 1988 oder das eines anderen Jahres in dem Zeitraum von 1984 bis 1990 zugrunde legt, das sie bei der Unterzeichnung dieses Protokolls oder dem Beitritt zum Protokoll angeben kann, und

   ii) um sicherzustellen, daß die gesamten jährlichen Emissionen flüchtiger organischer Verbindungen des Landes bis 1999 das Niveau von 1988 nicht überschreiten, oder

c) in den Fällen, in denen ihre jährlichen nationalen Emissionen flüchtiger organischer Verbindungen 1988 geringer waren als 500 000 Tonnen und 20 kg/Einwohner und 5 Tonnen/km², ergreift sie so bald wie möglich als ersten Schritt wirksame Maßnahmen, um mindestens sicherzustellen, daß

---

[*] Siehe hierzu die Erklärungen folgender Staaten: Dänemark, Deutschland, Finnland, Frankreich, Italien, Liechtenstein, Luxemburg, Niederlande, Norwegen, Österreich, Schweden, Schweiz, Spanien, Tschechische Republik, Ungarn, Vereinigtes Königreich; BGBl. 1998 II S. 224.

ihre jährlichen nationalen Emissionen flüchtiger organischer Verbindungen spätestens 1999 das Niveau von 1988 nicht überschreiten.

(3) a) Außerdem wird jede Vertragspartei spätestens zwei Jahre nach dem Tag des Inkrafttretens dieses Protokolls

i) geeignete nationale oder internationele Emissionsgrenzwerte auf neue ortsfeste Quellen anwenden, und zwar auf der Grundlage der besten verfügbaren Technologien, die wirtschaftlich vertretbar sind, unter Berücksichtigung des Anhangs II;

ii) nationale oder internationale Maßnahmen auf Produkte anwenden, die Lösungsmittel enthalten, und die Verwendung von Produkten fördern, die arm an oder frei von flüchtigen organischen Verbindungen sind, unter Berücksichtigung des Anhangs II, einschließlich der Kennzeichnung der Produkte unter Angabe ihres Gehalts an flüchtigen organischen Verbindungen;

iii) geeignete nationale oder internationale Emissionsgrenzwerte auf neue bewegliche Quellen anwenden, und zwar auf der Grundlage der besten verfügbaren Technologien, die wirtschaftlich vertretbar sind, unter Berücksichtigung des Anhangs III, und

iv) die Beteiligung der Öffentlichkeit an den Emissionsbekämpfungsprogrammen durch öffentliche Bekanntmachungen verstärken und dabei die beste Nutzung der verschiedenen Verkehrsarten sowie verkehrslenkende und -planende Maßnahmen fördern.

b) In den Gebieten, in denen die nationalen oder internationalen Grenzwerte für troposphärisches Ozon überschritten werden oder aus denen grenzüberschreitende Flüsse kommen oder voraussichtlich kommen werden, wird jede Vertragspartei außerdem spätestens fünf Jahre nach dem Tag des Inkrafttretens dieses Protokolls

i) die besten verfügbaren Technologien, die wirtschaftlich vertretbar sind, auf bestehende ortsfeste Quellen in größeren Kategorien von Quellen anwenden unter Berücksichtigung des Anhangs II;

ii) technische Verfahren zur Verringerung der Emissionen flüchtiger organischer Verbindungen bei Benzinverteilungs- und Betankungsvorgängen und zur Verringerung der Flüchtigkeit des Benzins anwenden, unter Berücksichtigung der Anhänge II und III.

(4) Die Vertragsparteien werden aufgefordert, bei der Erfüllung ihrer Verpflichtungen aus diesem Artikel der Verringerung und Begrenzung von Emissionen von Stoffen mit dem größten photochemischen Ozonbildungspotential unter Berücksichtigung der in Anhang IV enthaltenen Informationen höchsten Vorrang einzuräumen.

(5) Die Vertragsparteien unternehmen geeignete Schritte, um bei der Durchführung dieses Protokolls und insbesondere bei allen Maßnahmen zum Ersatz bestimmter Produkte durch andere sicherzustellen, daß einzelne flüchtige organische Verbindungen nicht durch andere ersetzt werden, die toxisch oder karzinogen sind oder die stratosphärische Ozonschicht schädigen.

(6) Als zweiten Schritt nehmen die Vertragsparteien spätestens sechs Monate nach dem Tag des Inkrafttretens dieses Protokolls Verhandlungen über weitere Schritte zur Verringerung der jährlichen nationalen Emissionen flüchtiger organischer Verbindungen oder des grenzüberschreitenden Flusses solcher Emissionen und der daraus entstehenden sekundären photochemischen

Oxidantien auf, wobei die besten verfügbaren wissenschaftlichen und technischen Entwicklungen, wissenschaftlich bestimmte kritische Werte und international anerkannte Zielwerte, die Rolle der Stickstoffoxide bei der Bildung photochemischer Oxidantien und andere Faktoren zu berücksichtigen sind, die sich aus dem nach Artikel 5 durchgeführten Arbeitsprogramm ergeben.

(7) Zu diesem Zweck arbeiten die Vertragsparteien zusammen, um
a) genauere Informationen über die einzelnen flüchtigen organischen Verbindungen und ihr photochemisches Ozonbildungspotential zu gewinnen;
b) kritische Werte für photochemische Oxidantien zu bestimmen;
c) die Verringerungen der jährlichen nationalen Emissionen oder des grenzüberschreitenden Flusses flüchtiger organischer Verbindungen und der daraus entstehenden sekundären photochemischen Oxidantien zu bestimmen, insbesondere soweit sie erforderlich sind, um auf kritischen Werten beruhende vereinbarte Ziele zu erreichen;
d) Bekämpfungsstrategien, wie zum Beispiel ökonomische Instrumente, zu entwickeln, um bei der Erreichung der vereinbarten Ziele insgesamt Kostenwirksamkeit sicherzustellen;
e) zur Erreichung dieser Verringerungen Maßnahmen und einen Zeitplan zu bestimmen, der spätestens am 1. Januar 2000 beginnt.

(8) Im Verlauf dieser Verhandlungen prüfen die Vertragsparteien, ob es für die in Absatz 1 genannten Zwecke angebracht wäre, diese weiteren Schritte durch Maßnahmen zur Verringerung der Methanemissionen zu ergänzen.

Art. 3 Weitere Maßnahmen. (1) Die in diesem Protokoll geforderten Maßnahmen entbinden die Vertragsparteien nicht von ihren sonstigen Verpflichtungen, Maßnahmen zur Verringerung der gesamten gasförmigen Emissionen zu ergreifen, die wesentlich zu Klimaveränderungen, zur Bildung troposphärischen Hintergrundozons oder zum Abbau stratosphärischen Ozons beitragen oder die toxisch oder karzinogen sind.

(2) Die Vertragsparteien können strengere als die in diesem Protokoll geforderten Maßnahmen ergreifen.

(3) Die Vertragsparteien richten einen Mechanismus zur Überwachung der Einhaltung dieses Protokolls ein. Als ersten Schritt auf der Grundlage der nach Artikel 8 zur Verfügung gestellten Informationen oder anderer Informationen kann jede Vertragspartei, die Grund zu der Annahme hat, daß eine andere Vertragspartei in einer Weise handelt oder gehandelt hat, die mit ihren Verpflichtungen aus diesem Protokoll nicht vereinbar ist, das Exekutivorgan und gleichzeitig die betroffenen Vertragsparteien davon unterrichten. Auf Ersuchen einer Vertragspartei kann die Angelegenheit auf der nächsten Sitzung des Exekutivorgans behandelt werden.

Art. 4 Technologieaustausch. (1) Die Vertragsparteien erleichtern in Übereinstimmung mit ihren innerstaatlichen Gesetzen, sonstigen Vorschriften und Gepflogenheiten den Austausch von Technologien zur Verringerung der Emissionen flüchtiger organischer Verbindungen, insbesondere durch die Förderung
a) des kommerziellen Austausches verfügbarer Technologien;
b) direkter Kontakte und Zusammenarbeit der Industrien, einschließlich Gemeinschaftsunternehmen;

c) des Austausches von Informationen und Erfahrungen und
d) der Gewährung technischer Unterstützung.

(2) Bei der Förderung der in Absatz 1 bezeichneten Tätigkeiten schaffen die Vertragsparteien günstige Voraussetzungen, indem sie Kontakte und Zusammenarbeit zwischen geeigneten Organisationen und Personen des privaten und öffentlichen Sektors erleichtern, die Technologien, Planungs- und Konstruktionsdienste, Ausrüstung oder Finanzierung zur Verfügung stellen können.

(3) Die Vertragsparteien beginnen spätestens sechs Monate nach dem Tag des Inkrafttretens dieses Protokolls mit der Prüfung von Verfahren zur Schaffung günstigerer Voraussetzungen für den Austausch von Technologien zur Verringerung der Emissionen flüchtiger organischer Verbindungen.

Art. 5 Durchzuführende Forschungs- und Überwachungsaufgaben.

Die Vertragsparteien räumen solchen Forschungs- und Überwachungsaufgaben besonderen Vorrang ein, die mit der Entwicklung und Anwendung von Methoden zur Erreichung nationaler oder internationaler Grenzwerte für troposphärisches Ozon oder anderer Ziele zum Schutz der menschlichen Gesundheit und der Umwelt in Zusammenhang stehen. Die Vertragsparteien bemühen sich insbesondere durch nationale oder internationale Forschungsprogramme, innerhalb des Arbeitsplans des Exekutivorgans und durch andere Programme der Zusammenarbeit im Rahmen des Übereinkommens

a) die Auswirkungen sowohl anthropogener als auch biogener Emissionen flüchtiger organischer Verbindungen und photochemischer Oxidantien auf die menschliche Gesundheit, die Umwelt und Materialien festzustellen und zu quantifizieren;

b) die geographische Verteilung empfindlicher Gebiete zu ermitteln;

c) Überwachungssysteme und Modellrechnungen für Emissionen und Luftqualität, einschließlich Methoden zur Berechnung von Emissionen, zu entwickeln, wobei die verschiedenen Arten anthropogener und biogener flüchtiger organischer Verbindungen und ihre Reaktivität soweit wie möglich berücksichtigt werden, um den weiträumigen Transport anthropogener und biogener flüchtiger organischer Verbindungen und ähnlicher luftverunreinigender Stoffe, die bei der Bildung photochemischer Oxidantien eine Rolle spielen, zu quantifizieren;

d) Leistungs- und Kostenschätzungen von Technologien zur Bekämpfung von Emissionen flüchtiger organischer Verbindungen zu verfeinern und die Entwicklung verbesserter und neuer Technologien aufzuzeichnen;

e) im Rahmen eines auf kritischen Werten beruhenden Lösungsansatzes Methoden zur Zusammenführung wissenschaftlicher, technischer und wirtschaftlicher Daten zu entwickeln, um geeignete rationale Strategien zur Begrenzung der Emissionen flüchtiger organischer Verbindungen zu bestimmen und bei der Erreichung der vereinbarten Ziele insgesamt Kostenwirksamkeit sicherzustellen;

f) die Genauigkeit der Emissionskataster für anthropogene und biogene flüchtige organische Verbindungen zu verbessern und die entsprechenden Berechnungs- oder Schätzungsmethoden zu harmonisieren;

g) ihr Verständnis für die bei der Bildung photochemischer Oxidantien ablaufenden chemischen Prozesse zu verbessern;

h) mögliche Maßnahmen zur Verringerung der Emissionen von Methan zu bestimmen.

Art. 6 Überprüfungsverfahren. (1) Die Vertragsparteien überprüfen dieses Protokoll in regelmäßigen Abständen und tragen dabei den besten verfügbaren wissenschaftlichen Grundlagen und technischen Entwicklungen Rechnung.

(2) Die erste Überprüfung erfolgt spätestens ein Jahr nach dem Tag des Inkrafttretens dieses Protokolls.

Art. 7 Nationale Programme, Politiken und Strategien. Die Vertragsparteien stellen zur Erfüllung der Verpflichtungen aus diesem Protokoll unverzüglich nationale Programme, Politiken und Strategien auf, die als Mittel dazu dienen, die Emissionen flüchtiger organischer Verbindungen oder ihren grenzüberschreitenden Fluß zu begrenzen und zu verringern.

Art. 8 Informationsaustausch und jährliche Berichterstattung. (1) Die Vertragsparteien tauschen Informationen aus, indem sie dem Exekutivorgan die nationalen Programme, Politiken und Strategien mitteilen, die sie nach Artikel 7 aufstellen, und ihm über die Fortschritte im Rahmen dieser Programme, Politiken und Strategien sowie über Änderungen derselben berichten. Im ersten Jahr nach Inkrafttreten dieses Protokolls berichtet jede Vertragspartei über das Niveau der Emissionen flüchtiger organischer Verbindungen in ihrem Hoheitsgebiet und in jedem in ihrem Hoheitsgebiet gelegenen Gebiet, in dem Maßnahmen zur Verminderung der troposphärischen Ozonkonzentrationen durchgeführt werden, insgesamt und soweit möglich nach Herkunftssektoren und den einzelnen flüchtigen organischen Verbindungen entsprechend den vom Exekutivorgan festzulegenden Richtlinien für das Jahr 1988 oder für ein anderes für die Zwecke des Artikels 2 Absatz 2 zugrunde gelegtes Jahr sowie über die Grundlage, auf der diese Niveaus berechnet worden sind.

(2) Außerdem berichtet jede Vertragspartei jährlich
a) über die in Absatz 1 genannten Punkte für das vorausgehende Kalenderjahr und über jede sich als notwendig erweisende Überarbeitung der bereits für frühere Jahre erstatteten Berichte;
b) über Fortschritte bei der Anwendung nationaler oder internationaler Emissionsgrenzwerte und der in Artikel 2 Absatz 3 vorgeschriebenen Emissionsbekämpfungstechniken;
c) über die zur Erleichterung des Technologieaustausches ergriffenen Maßnahmen.

(3) Ferner übermitteln Vertragsparteien innerhalb des geographischen Anwendungsbereichs des EMEP in vom Exekutivorgan zu bestimmenden Zeitabständen Informationen über Emissionen flüchtiger organischer Verbindungen, aufgeschlüsselt nach Herkunftssektoren, mit einer vom Exekutivorgan zu bestimmenden räumlichen Auflösung, die sich für die modellhafte Darstellung der Bildung und des Transports sekundärer photochemischer Oxidantien eignen.

(4) Diese Informationen werden nach Möglichkeit entsprechend einem einheitlichen Berichtssystem übermittelt.

Art. 9 Berechnungen. Das EMEP stellt für die jährliche Sitzungen des Exekutivorgans einschlägige Informationen über den weiträumigen Transport von Ozon in Europa zur Verfügung, wobei geeignete Modelle und Messungen verwendet werden. In Gebieten außerhalb des geographischen Anwendungsbereichs des EMEP werden Modelle verwendet, die im Hinblick auf die besonderen Verhältnisse der dort gelegenen Vertragsparteien geeignet sind.

Art. 10 Anhänge. Die Anhänge zu diesem Protokoll sind Bestandteil des Protokolls. Anhang I ist verbindlich, die Anhänge II, III und IV haben Empfehlungscharakter.

Art. 11 Änderungen des Protokolls. (1) Jede Vertragspartei kann Änderungen dieses Protokolls vorschlagen.

(2) Die vorgeschlagenen Änderungen werden dem Exekutivsekretär der Kommission schriftlich unterbreitet; dieser übermittelt sie allen Vertragsparteien. Das Exekutivorgan erörtert die vorgeschlagenen Änderungen auf seiner nächsten jährlichen Sitzung, sofern die Vorschläge den Vertragsparteien vom Exekutivsekretär mindestens neunzig Tage vorher mitgeteilt worden sind.

(3) Änderungen des Protokolls, ausgenommen Änderungen der Anhänge, werden von den auf einer Sitzung des Exekutivorgans vertretenen Vertragsparteien durch Konsens beschlossen; sie treten für die Vertragsparteien, die sie angenommen haben, am neunzigsten Tag nach dem Zeitpunkt in Kraft, zu dem zwei Drittel der Vertragsparteien ihre Urkunde über die Annahme der Änderungen hinterlegt haben. Die Änderungen treten für jede Vertragspartei, die sie angenommen hat, nachdem zwei Drittel der Vertragsparteien ihre Urkunde über die Annahme der Änderungen hinterlegt haben, am neunzigsten Tag nach dem Zeitpunkt in Kraft, zu dem die betreffende Vertragspartei ihre Urkunde über die Annahme der Änderung hinterlegt hat.

(4) Änderungen der Anhänge werden von den auf einer Sitzung des Exekutivorgans vertretenen Vertragsparteien durch Konsens beschlossen; sie treten dreißig Tage nach dem Zeitpunkt in Kraft, zu dem sie nach Absatz 5 mitgeteilt worden sind.

(5) Änderungen nach den Absätzen 3 und 4 werden vom Exekutivsekretär allen Vertragsparteien so bald wie möglich nach der Beschlußfassung mitgeteilt.

Art. 12 Beilegung von Streitigkeiten. Entsteht zwischen zwei oder mehr Vertragsparteien eine Streitigkeit über die Auslegung oder Anwendung dieses Protokolls, so bemühen sich diese Vertragsparteien um eine Lösung durch Verhandlungen oder durch ein anderes Verfahren der Beilegung, das für die Streitparteien annehmbar ist.

Art. 13 Unterzeichnung. (1) Dieses Protokoll liegt vom 18. bis zum 22. November 1991 in Genf und danach bis zum 22. Mai 1992 am Sitz der Vereinten Nationen in New York für die Mitgliedstaaten der Kommission, für Staaten, die in der Kommission nach Absatz 8 der Entschließung 36 (IV) des Wirtschafts- und Sozialrats vom 28. März 1947 beratenden Status haben, sowie für die Organisationen der regionalen Wirtschaftsintegration, die von den souveränen Staaten, die Mitglieder der Kommission sind, gebildet werden und für die Aushandlung, den Abschluß und die Anwendung internationaler Übereinkünfte über Angelegenheiten zuständig sind, die in dem Geltungsbereich dieses Protokolls fallen, zur Unterzeichnung auf, vorausgesetzt, daß die betreffenden Staaten und Organisationen Vertragsparteien des Übereinkommens sind.

(2) Solche Organisationen der regionalen Wirtschaftsintegration üben in Angelegenheiten, die in ihren Zuständigkeitsbereich fallen, in ihrem eigenen Namen die Rechte aus und nehmen die Verantwortlichkeiten wahr, die dieses Protokoll den Mitgliedstaaten dieser Organisationen überträgt. In diesen Fällen sind die Mitgliedstaaten dieser Organisationen nicht berechtigt, solche Rechte einzeln auszuüben.

Art. 14 Ratifikation, Annahme, Genehmigung und Beitritt. (1) Dieses Protokoll bedarf der Ratifikation, Annahme oder Genehmigung durch die Unterzeichner.

(2) Dieses Protokoll steht vom 22. Mai 1992 an für die in Artikel 13 Absatz 1 genannten Staaten und Organisationen zum Beitritt offen.

Art. 15 Verwahrer. Die Ratifikations-, Annahme-, Genehmigungs- oder Beitrittsurkunden werden beim Generalsekretär der Vereinten Nationen hinterlegt; dieser erfüllt die Aufgaben des Verwahrers.

Art. 16 Inkrafttreten. (1) Dieses Protokoll tritt am neunzigsten Tag nach dem Zeitpunkt der Hinterlegung der sechzehnten Ratifikations-, Annahme-, Genehmigungs- oder Beitrittsurkunde in Kraft.

(2) Für alle in Artikel 13 Absatz 1 bezeichneten Staaten und Organisationen, die nach der Hinterlegung der sechzehnten Ratifikations-, Annahme-, Genehmigungs- oder Beitrittsurkunde dieses Protokoll ratifizieren, annehmen, genehmigen oder ihm beitreten, tritt das Protokoll am neunzigsten Tag nach dem Zeitpunkt der Hinterlegung der Ratifikations-, Annahme-, Genehmigungs- oder Beitrittsurkunde durch die betreffende Vertragspartei in Kraft.

Art. 17 Rücktritt. Eine Vertragspartei kann jederzeit nach Ablauf von fünf Jahren nach dem Zeitpunkt, zu dem dieses Protokoll für sie in Kraft getreten ist, durch eine an den Verwahrer gerichtete schriftliche Notifikation von dem Protokoll zurücktreten. Der Rücktritt wird am neunzigsten Tag nach dem Eingang der Notifikation bei dem Verwahrer oder zu einem in der Rücktrittsnotifikation angegebenen späteren Zeitpunkt wirksam.

Art. 18 Verbindliche Wortlaute. Die Urschrift dieses Protokolls, dessen englischer, französischer und russischer Wortlaut gleichermaßen verbindlich ist, wird beim Generalsekretär der Vereinten Nationen hinterlegt.

Zu Urkund dessen haben die hierzu gehörig befugten Unterzeichneten dieses Protokoll unterschrieben.

Geschehen zu Genf am 18. November 1991.

24 d. Protokoll zu dem Übereinkommen von 1979 über weiträumige grenzüberschreitende Luftverunreinigung betreffend die weitere Verringerung von Schwefelemissionen[1] · [2] · [3]

(13. 6. 1994)

Die Vertragsparteien –

entschlossen, das Übereinkommen über weiträumige grenzüberschreitende Luftverunreinigung durchzuführen,

besorgt darüber, daß Emissionen von Schwefel und anderen luftverunreinigenden Stoffen weiterhin über internationale Grenzen befördert werden und in exponierten Teilen Europas und Nordamerikas ausgedehnte Schäden an Naturschätzen von lebenswichtiger Bedeutung für Umwelt und Wirtschaft, z. B. Wäldern, Böden und Gewässern, sowie an Materialien, einschließlich historischer Denkmäler, verursachen und unter bestimmten Umständen schädliche Auswirkungen auf die menschliche Gesundheit haben,

in dem Entschluß, vorsorgende Maßnahmen zu treffen, um Emissionen luftverunreinigender Stoffe vorzubeugen, sie zu verhüten oder auf ein Mindestmaß zu beschränken und ihre nachteiligen Auswirkungen möglichst gering zu halten,

in der Überzeugung, daß bei drohenden schweren oder bleibenden Schäden die fehlende absolute wissenschaftliche Sicherheit nicht als Grund dafür dienen soll, entsprechende Maßnahmen aufzuschieben, wobei zu berücksichtigen ist, daß diese vorsorgenden Maßnahmen zur Bekämpfung der Emissionen luftverunreinigender Stoffe kosteneffizient sein sollen,

eingedenk dessen, daß Maßnahmen zur Bekämpfung von Schwefel und anderen luftverunreinigenden Stoffen auch zum Schutz der empfindlichen Umwelt der Arktis beitragen würden,

in der Erwägung, daß die Hauptquellen der Luftverunreinigung, die zur Versauerung der Umwelt beitragen, die Verbrennung fossiler Brennstoffe zur Energieerzeugung, die wichtigsten technischen Verfahren in den verschiedenen Industriesektoren sowie der Verkehr sind, die zu Emissionen von Schwefel, Stickstoffoxiden und anderen verunreinigenden Stoffen führen,

in dem Bewußtsein, daß ein kosteneffizienter, regionaler Lösungsansatz zur Bekämpfung der Luftverunreinigung notwendig ist, bei dem die Unterschiede zwischen den einzelnen Staaten bezüglich der Auswirkungen und der Kosten der Bekämpfung berücksichtigt werden,

---

[1] Aus BGBl. 1998 II S. 131.
[2] Internationale Quelle: ILM 33 (1994) p. 1540.
[3] Die Anhänge können aus räumlichen Gründen nicht mitabgedruckt werden. In Anhang 1 (S. 147) ist die kritische Schwefeldeposition bestimmt, in Anhang 2 (S. 150) ist die Emissionshöchstmenge zeitlich gestaffelt festgesetzt, Anhang 3 (S. 153) gibt ein bestimmtes Gebiet in Südost–Kanada als „SOMA" an, Anhang 4 (S. 154) enthält Leitlinien für die technologische Bewältigung von Emissionsreduzierungen und Anhang 5 (S. 169) bestimmt Grenzwerte für größere ortsfeste Verbrennungsanlagen und für den Schwefelgehalt in „Gasöl".

in dem Wunsch, weitere und wirksamere Maßnahmen zur Bekämpfung und Verringerung der Schwefelemissionen zu ergreifen,

in Kenntnis der Tatsache, daß jede Politik zur Bekämpfung der Schwefelemissionen, so kostenwirksam sie auf regionaler Ebene auch sein mag, eine relativ hohe wirtschaftliche Belastung für die Staaten verursachen wird, die sich im Übergang zur Marktwirtschaft befinden,

im Hinblick darauf, daß Maßnahmen zur Verringerung der Schwefelemissionen nicht als Mittel willkürlicher oder ungerechtfertigter Diskriminierung oder als verschleierte Einschränkung des internationalen Wettbewerbs und Handels dienen sollen,

unter Berücksichtigung der verfügbaren wissenschaftlichen und technischen Daten über Emissionen, Abläufe in der Atmosphäre und Auswirkungen der Schwefeloxide auf die Umwelt sowie über die Kosten für deren Bekämpfung,

in dem Bewußtsein, daß neben den Schwefelemissionen auch Emissionen von Stickstoffoxiden und Ammoniak zur Versauerung der Umwelt führen,

in Anbetracht dessen, daß aufgrund des am 9. Mai 1992 in New York angenommenen Rahmenübereinkommens der Vereinten Nationen über Klimaänderungen vereinbart wurde, nationale Politiken einzuführen und entsprechende Maßnahmen zur Bekämpfung der Klimaänderungen zu ergreifen, wodurch eine Verringerung der Schwefelemissionen herbeigeführt werden dürfte,

in Bekräftigung der Notwendigkeit, eine umweltverträgliche und nachhaltige Entwicklung sicherzustellen,

in Anerkennung der Notwendigkeit, die wissenschaftliche und technische Zusammenarbeit fortzusetzen, um den auf kritischen Einträgen und kritischen Werten beruhenden Lösungsansatz weiter auszuarbeiten, einschließlich der Bemühungen zur Bewertung verschiedener luftverunreinigender Stoffe und verschiedenartiger Auswirkungen auf die Umwelt, auf Materialien und auf die menschliche Gesundheit,

unter Hervorhebung der Tatsache, daß wissenschaftliche und technische Kenntnisse weiter fortschreiten und daß es notwendig sein wird, diese Entwicklungen zu berücksichtigen, wenn die Angemessenheit der aufgrund dieses Protokolls eingegangenen Verpflichtungen überprüft und über künftige Maßnahmen entschieden wird,

in Anerkennung des am 8. Juli 1985 in Helsinki angenommenen Protokolls betreffend die Verringerung von Schwefelemissionen oder ihres grenzüberschreitenden Flusses um mindestens 30 vom Hundert sowie der von zahlreichen Staaten bereits ergriffenen Maßnahmen, die eine Verringerung der Schwefelemissionen bewirkt haben –

sind wie folgt übereingekommen:

Art. 1 Begriffsbestimmungen. Im Sinne dieses Protokolls

1. bedeutet „Übereinkommen", das am 13. November 1979 in Genf angenommene Übereinkommen über weiträumige grenzüberschreitende Luftverunreinigung;

2. bedeutet „EMEP" das Programm über die Zusammenarbeit bei der Messung und Bewertung der weiträumigen Übertragung von luftverunreinigenden Stoffen in Europa;

3. bedeutet „Exekutivorgan" das nach Artikel 10 Absatz 1 des Übereinkommens gebildete Exekutivorgan für das Übereinkommen;

4. bedeutet „Kommission" die Wirtschaftskommission der Vereinten Nationen für Europa;

5. bedeutet „Vertragsparteien" die Vertragsparteien dieses Protokolls, soweit der Zusammenhang nichts anderes erfordert;

6. bedeutet „geographischer Anwendungsbereich des EMEP" das in Artikel 1 Absatz 4 des am 28. September 1984 in Genf angenommenen Protokolls zum Übereinkommen von 1979 über weiträumige grenzüberschreitende Luftverunreinigung betreffend die langfristige Finanzierung des Programms über die Zusammenarbeit bei der Messung und Bewertung der weiträumigen Übertragung von luftverunreinigenden Stoffen in Europa (EMEP) definierte Gebiet;

7. bedeutet „SOMA" ein in Anhang III unter den in Artikel 2 Absatz 3 festgelegten Bedingungen bestimmtes Gebiet, in dem Maßnahmen zur Verminderung der Schwefeloxide durchgeführt werden;

8. bedeutet „kritischer Eintrag" eine quantitative Schätzung der Exposition gegenüber einem oder mehreren verunreinigenden Stoffen, unterhalb deren nach dem heutigen Wissensstand keine signifikanten schädlichen Auswirkungen auf bestimmte empfindliche Teile der Umwelt auftreten;

9. bedeutet „kritischer Wert" die Konzentration verunreinigender Stoffe in der Atmosphäre, oberhalb deren nach dem heutigen Wissensstand unmittelbare schädliche Auswirkungen auf Rezeptoren wie Menschen, Pflanzen, Ökosysteme oder Materialien auftreten können;

10. bedeutet „kritische Schwefeldeposition" eine quantitative Schätzung der Exposition gegenüber oxidierten Schwefelverbindungen unter Berücksichtigung der durch Aufnahme und Deposition basischer Kationen verursachten Auswirkungen, unterhalb deren nach dem heutigen Wissensstand keine signifikanten schädlichen Auswirkungen auf bestimmte empfindliche Teile der Umwelt auftreten;

11. bedeutet „Emission" die Ableitung von Stoffen in die Atmosphäre;

12. bedeutet „Schwefelemissionen" sämtliche Emissionen von Schwefelverbindungen, ausgedrückt in Kilotonnen Schwefeldioxid (kt SO$_2$), in die Atmosphäre, die von anthropogenen Quellen mit Ausnahme von Schiffen im internationalen Verkehr außerhalb der Hoheitsgewässer ausgehen;

13. bedeutet „Brennstoff" jedes feste, flüssige oder gasförmige brennbare Material mit Ausnahme von Haushaltsabfällen und toxischen oder gefährlichen Abfällen;

14. bedeutet „ortsfeste Verbrennungsquelle" jede technische Einrichtung oder Gruppe von technischen Einrichtungen, die sich an einem gemeinsamen Standort befinden, die Abgase durch einen gemeinsamen Schornstein ableiten oder ableiten könnten und in denen zur Nutzung der erzeugten Wärme Brennstoffe oxidiert werden;

15. bedeutet „größere neue ortsfeste Verbrennungsquellen" jede ortsfeste Verbrennungsquelle, deren Bau oder wesentliche Veränderung nach dem 31. Dezember 1995 genehmigt wird und deren thermische Nennleistung mindestens 50 MW$_{th}$ beträgt. Die zuständigen nationalen Behörden entscheiden darüber, ob eine Veränderung wesentlich ist oder nicht, unter Berücksichtigung solcher Faktoren wie die Vorteile für die Umwelt infolge der Veränderung;

16. bedeutet „größere bestehende ortsfeste Verbrennungsquelle" jede bestehende ortsfeste Verbrennungsquelle, deren thermische Nennleistung mindestens 50 MW$_{th}$ beträgt;

17. bedeutet „Gasöl" jedes Erdölerzeugnis innerhalb von HS 2710 oder jedes Erdölerzeugnis, das aufgrund seines Destillationsbereichs in die Kategorie der Mitteldestillate fällt, die zur Verwendung als Brennstoff bestimmt sind und von denen mindestens 85 Volumenprozente einschließlich Destillationsverluste bei 350 °C destillieren;

18. bedeutet „Emissionsgrenzwert" die zulässige Konzentration von Schwefelverbindungen, ausgedrückt als Schwefeldioxid in den Abgasen aus einer ortsfesten Verbrennungsquelle, ausgedrückt als Masse pro Volumen der Abgase in mg SO_2/Nm^3, bezogen auf einen Volumenanteil an Sauerstoff im Abgas von 3 v. H. bei flüssigen und gasförmigen Brennstoffen und 6 v. H. bei festen Brennstoffen;

19. bedeutet „Emissionsbegrenzung" die zulässige Gesamtmenge an Schwefelverbindungen, ausgedrückt als Schwefeldioxid, die von einer Verbrennungsquelle oder einer Gruppe von Verbrennungsquellen herrühren, die sich entweder an einem gemeinsamen Standort oder innerhalb eines festgelegten geographischen Gebiets befinden, ausgedrückt in Kilotonnen pro Jahr;

20. bedeutet „Schwefelabscheidegrad" das Verhältnis der Schwefelmenge, die in einem bestimmten Zeitraum am Standort der Verbrennungsquelle abgeschieden wird, zu der Schwefelmenge in dem Brennstoff, der in die Verbrennungsanlagen eingebracht und im gleichen Zeitraum verbraucht wird;

21. bedeutet „Schwefelhaushalt" eine Matrix berechneter Beiträge von Emissionen aus bestimmten Gebieten zur Deposition oxidierter Schwefelverbindungen in Aufnahmegebieten.

Art. 2 Grundlegende Verpflichtungen. (1) Die Vertragsparteien begrenzen und verringern ihre Schwefelemissionen, um die Gesundheit des Menschen und die Umwelt vor nachteiligen Auswirkungen, insbesondere Auswirkungen durch Versauerung, zu schützen und um sicherzustellen, soweit möglich ohne unverhältnismäßig hohe Kosten zu verursachen, daß Depositionen von oxidierten Schwefelverbindungen, die nach dem heutigen wissenschaftlichen Kenntnisstand in Anhang I als kritische Schwefeldepositionen angegebenen kritischen Einträge langfristig nicht überschreiten.

(2) In einem ersten Schritt verringern die Vertragsparteien ihre jährlichen Schwefelemissionen zumindest entsprechend dem Zeitplan und den Werten, die in Anhang II festgelegt sind, und halten sie auf diesem Stand.

(3) Jede Vertragspartei,
a) deren gesamte Landfläche mehr als 2 000 000 Quadratkilometer beträgt;
b) die sich nach Absatz 2 zu einer Höchstmenge der nationalen Schwefelemissionen verpflichtet hat, die das Niveau ihrer Emissionen von 1990 oder ihre Verpflichtung im Rahmen des Protokolls von Helsinki von 1985 zur Verringerung von Schwefelemissionen oder ihres grenzüberschreitenden Flusses um mindestens 30 v. H. nicht übersteigt, sofern dieser Wert niedriger ist, wie in Anhang II angegeben;

c) deren jährliche Schwefelemissionen, die zur Versauerung in Gebieten unter der Hoheitsgewalt einer oder mehrerer anderer Vertragsparteien beitragen, ausschließlich aus Gebieten unter ihrer Hoheitsgewalt stammen, welche in Anhang III als SOMAs aufgeführt sind, und die hierüber entsprechende Unterlagen vorgelegt hat, und

d) die bei der Unterzeichnung dieses Protokolls oder beim Beitritt zu dem Protokoll ihre Absicht bekundet hat, in Übereinstimmung mit diesem Absatz zu handeln,

verringert darüber hinaus ihre jährlichen Schwefelemissionen in dem derart ausgewiesenen Gebiet zumindest entsprechend dem Zeitplan und den Werten, die in Anhang II festgelegt sind, und hält sie auf diesem Stand.

(4) Außerdem wenden die Vertragsparteien entsprechend den Leitlinien in Anhang IV die wirksamsten Maßnahmen, die unter den jeweiligen Umständen für sie angemessen sind, zur Verringerung der Schwefelemissionen auf neue und bestehende Quellen an; dazu gehören unter anderem

– Maßnahmen zur Erhöhung der Energieeffizienz;

– Maßnahmen zur Erhöhung der Verwendung erneuerbarer Energien;

– Maßnahmen zur Verringerung des Schwefelgehalts bestimmter Brennstoffe und zur Förderung der Verwendung von Brennstoffen mit niedrigem Schwefelgehalt, einschließlich der kombinierten Verwendung von hoch schwefelhaltigem mit schwefelarmem oder schwefelfreiem Brennstoff;

– Maßnahmen zur Anwendung der besten verfügbaren Technologien zur Emissionsbekämpfung, die keine unverhältnismäßig hohen Kosten verursachen.

(5) Mit Ausnahme der Vertragsparteien, die dem Abkommen über Luftqualität von 1991 zwischen den Vereinigten Staaten und Kanada unterliegen, wird jede Vertragspartei zumindest

a) Emissionsgrenzwerte auf alle größeren neuen ortsfesten Verbrennungsquellen anwenden, die mindestens so streng sind wie die in Anhang V festgelegten Werte;

b) bis spätestens 1. Juli 2004, soweit wie möglich ohne unverhältnismäßig hohe Kosten zu verursachen, Emissionsgrenzwerte, die mindestens so streng sind wie die in Anhang V festgelegten Werte, auf die größeren bestehenden ortsfesten Verbrennungsquellen, die eine thermische Nennleistung von mehr als 500 MW$_{th}$ haben, wobei die verbleibende Lebenszeit einer Anlage ab dem Zeitpunkt des Inkrafttretens dieses Protokolls berücksichtigt wird, oder gleichwertige Emissionsbegrenzungen oder sonstige geeignete Bestimmungen anwenden, sofern diese die in Anhang II festgelegten Obergrenzen für Schwefelemissionen erreichen und sich im Anschluß daran den in Anhang I aufgeführten kritischen Einträge nähern; bis spätestens 1. Juli 2004 Emissionsgrenzwerte oder Emissionsbegrenzungen auf die größeren bestehenden ortsfesten Verbrennungsquellen anwenden, deren thermische Nennleistung zwischen 50 und 500 MW$_{th}$ liegt, wobei Anhang V als Leitlinie dient;

c) spätestens zwei Jahre nach Inkrafttreten dieses Protokolls nationale Normen für den Schwefelgehalt im Gasöl anwenden, die mindestens so streng sind wie die in Anhang V festgelegten. In Fällen, in denen die Versorgung mit Gasöl anders nicht sichergestellt werden kann, kann ein Staat die in diesem Absatz festgelegte Frist bis auf 10 Jahre verlängern. In diesem Fall bekundet er in einer Erklärung, die zusammen mit der Ratifikations-, Annahme-,

Genehmigungs- oder Beitrittsurkunde hinterlegt wird, seine Absicht zur Verlängerung der Frist.

(6) Die Vertragsparteien können außerdem wirtschaftliche Instrumente anwenden, um die Annahme kostenwirksamer Lösungsansätze zur Verringerung der Schwefelemissionen zu fördern.

(7) Die Vertragsparteien dieses Protokolls können auf einer Tagung des Exekutivorgans entsprechend den Regeln und Bedingungen, die von diesem auszuarbeiten und anzunehmen sind, entscheiden, ob zwei oder mehr Vertragsparteien die in Anhang II enthaltenen Verpflichtungen gemeinsam erfüllen dürfen. Diese Regeln und Bedingungen müssen die Einhaltung der in Absatz 2 enthaltenen Verpflichtungen gewährleisten und auch die Erreichung der in Absatz 1 genannten Umweltziele fördern.

(8) Die Vertragsparteien beginnen vorbehaltlich des Ergebnisses der ersten Überprüfung nach Artikel 8 und spätestens ein Jahr nach Abschluß dieser ersten Überprüfung Verhandlungen über weitere Verpflichtungen zur Verringerung der Emissionen.

Art. 3 Technologieaustausch. (1) Die Vertragsparteien erleichtern in Übereinstimmung mit ihren innerstaatlichen Gesetzen, sonstigen Vorschriften und Gepflogenheiten den Austausch von Technologien und Techniken zur Verringerung von Schwefelemissionen, einschließlich solcher, welche die Energieeffizienz, die Verwendung erneuerbarer Energien und die Verwendung schwefelarmer Brennstoffe erhöhen, insbesondere durch die Förderung
a) des kommerziellen Austausches verfügbarer Technologien;
b) direkter Kontakte und Zusammenarbeit der Industrien, einschließlich Gemeinschaftsunternehmen;
c) des Austausches von Informationen und Erfahrungen und
d) der Gewährung technischer Unterstützung.

(2) Bei der Förderung der in Absatz 1 bezeichneten Tätigkeiten schaffen die Vertragsparteien günstige Voraussetzungen, indem sie Kontakte und Zusammenarbeit zwischen geeigneten Organisationen und Personen des privaten und öffentlichen Sektors erleichtern, die Technologien, Planungs- und Konstruktionsdienste, Ausrüstung oder Finanzierung zur Verfügung stellen können.

(3) Die Vertragsparteien beginnen spätestens sechs Monate nach Inkrafttreten dieses Protokolls mit der Prüfung von Verfahren zur Schaffung günstigerer Voraussetzungen für den Austausch von Technologien zur Verringerung der Schwefelemissionen.

Art. 4 Nationale Strategien, Politiken, Programme, Maßnahmen und Informationen. (1) Zur Erfüllung ihrer in Artikel 2 enthaltenen Verpflichtungen wird jede Vertragspartei
a) spätestens sechs Monate, nachdem dieses Protokoll für sie in Kraft getreten ist, nationale Strategien, Politiken und Programme verabschieden und
b) nationale Maßnahmen ergreifen und anwenden,
um ihre Schwefelemissionen zu begrenzen und zu verringern.

(2) Jede Vertragspartei sammelt und hält Informationen verfügbar über
a) das tatsächliche Niveau der Schwefelemissionen sowie der Immissionskonzentrationen und Depositionen von oxidiertem Schwefel und anderen

versauernden Verbindungen, wobei bei den Vertragsparteien innerhalb des geographischen Anwendungsbereichs des EMEP der EMEP-Arbeitsplan berücksichtigt wird, und

b) die durch Depositionen von oxidiertem Schwefel und anderen versauernden Verbindungen entstandenen Auswirkungen.

Art. 5 Berichterstattung. (1) Jede Vertragspartei übermittelt dem Exekutivorgan über den Exekutivsekretär der Kommission in vom Exekutivorgan festzulegenden regelmäßigen Abständen Informationen über

a) die Durchführung der in Artikel 4 Absatz 1 genannten nationalen Strategien, Politiken, Programme und Maßnahmen,

b) das Niveau der jährlichen nationalen Schwefelemissionen entsprechend den vom Exekutivorgan angenommenen Richtlinien unter Angabe der Emissionsdaten für alle einschlägigen Kategorien von Emissionsquellen und

c) die Durchführung sonstiger Verpflichtungen, die sie aufgrund dieses Protokolls übernommen hat,

im Einklang mit einem von den Vertragsparteien auf einer Tagung des Exekutivorgans gefaßten Beschluß über Form und Inhalt der Informationen. Die Bestimmungen dieses Beschlusses werden, falls erforderlich, überprüft, um zusätzliche Elemente bezüglich Form und/oder Inhalt der in den Bericht aufzunehmenden Informationen festzustellen.

(2) Jede Vertragspartei innerhalb des geographischen Anwendungsbereichs des EMEP übermittelt an EMEP über den Exekutivsekretär der Kommission in regelmäßigen Abständen, die vom EMEP-Lenkungsorgan festzulegen und von den Vertragsparteien auf einer Tagung des Exekutivorgans zu genehmigen sind, Informationen über das Niveau der Schwefelemissionen mit der vom EMEP-Lenkungsausschuß bestimmten zeitlichen und räumlichen Auflösung.

(3) Rechtzeitig vor jeder Jahrestagung des Exekutivorgans legt EMEP Informationen vor über

a) Immissionskonzentrationen und Deposition oxidierter Schwefelverbindungen und

b) Berechnungen der Schwefelhaushalte.

Die Vertragsparteien außerhalb des geographischen Anwendungsbereichs des EMEP stellen auf Anfrage des Exekutivorgans ähnliche Informationen zur Verfügung.

(4) Das Exekutivorgan veranlaßt nach Artikel 10 Absatz 2 Buchstabe b des Übereinkommens die Darlegung von Informationen über die Auswirkungen von Depositionen oxidierten Schwefels und anderer versauernder Verbindungen.

(5) Die Vertragsparteien sorgen dafür, daß auf den Tagungen des Exekutivorgans in regelmäßigen Abständen überarbeitete Informationen über berechnete und international optimierte Zuteilungen von Emissionsverringerungen für die Staaten innerhalb des geographischen Anwendungsbereichs des EMEP mit Hilfe integrierter Bewertungsmodelle vorgelegt werden, um im Sinne des Artikels 2 Absatz 1 dieses Protokolls den Unterschied zwischen den tatsächlichen Depositionen oxidierter Schwefelverbindungen und den kritischen Eintragswerten weiter zu verringern.

Art. 6 Forschung, Entwicklung und Überwachung. Die Vertragsparteien fördern die Forschung, Überwachung und Zusammenarbeit in bezug auf

a) die internationale Harmonisierung der Methoden zur Festlegung der kritischen Einträge und der kritischen Werte sowie die Ausarbeitung von Verfahren für eine derartige Harmonisierung;

b) die Verbesserung der Überwachungsmethoden und -systeme sowie der Modellierung von Transport, Konzentrationen und Depositionen von Schwefelverbindungen;

c) Strategien zur weiteren Verringerung der Schwefelemissionen auf der Grundlage der kritischen Einträge und der kritischen Werte sowie der technischen Entwicklungen und der Verbesserung integrierter Bewertungsmodelle zur Berechnung international optimierter Zuteilungen von Emissionsverringerungen unter Berücksichtigung einer ausgewogenen Verteilung der Kosten der Emissionsverringerungen;

d) das Verständnis für die weiterreichenden Auswirkungen von Schwefelemissionen auf die Gesundheit des Menschen, die Umwelt – insbesondere Versauerung – und auf Materialien, einschließlich historischer und kultureller Denkmäler, unter Berücksichtigung des Verhältnisses zwischen Schwefeloxiden, Stickstoffoxiden, Ammoniak, flüchtigen organischen Verbindungen und troposphärischem Ozon;

e) Technologien zur Emissionsbekämpfung und Technologien und Techniken zur Verbesserung der Energieeffizienz, der Energieeinsparung und der Verwendung erneuerbarer Energien;

f) die wirtschaftliche Bewertung der durch die Verringerung von Schwefelemissionen bewirkten Vorteile für die Umwelt und die Gesundheit des Menschen.

Art. 7 Einhaltung des Protokolls. (1) Hiermit wird ein Durchführungsausschuß eingesetzt, der die Durchführung dieses Protokolls und die Einhaltung der von den Vertragsparteien eingegangenen Verpflichtungen überprüft. Er erstattet den Vertragsparteien auf den Tagungen des Exekutivorgans Bericht und kann ihnen die von ihm für geeignet gehaltenen Empfehlungen erteilen.

(2) Nach Prüfung des Berichts und etwaiger vom Durchführungsausschuß erteilter Empfehlungen können die Vertragsparteien unter Berücksichtigung der Umstände eine Angelegenheit und entsprechend den Gepflogenheiten des Übereinkommens beschließen und verlangen, daß Maßnahmen getroffen werden, um die vollständige Einhaltung dieses Protokolls sicherzustellen, einschließlich Maßnahmen zur Unterstützung einer Vertragspartei bei der Einhaltung des Protokolls und zur Förderung der Ziele des Protokolls.

(3) Auf der ersten Tagung des Exekutivorgans nach Inkrafttreten dieses Protokolls fassen die Vertragsparteien einen Beschluß, durch den die Struktur und die Aufgaben des Durchführungsausschusses sowie die Verfahren festgelegt werden, die der Ausschuß bei der Überprüfung der Einhaltung des Protokolls zugrundelegt.

(4) Die Anwendung des Verfahrens zur Überprüfung der Einhaltung läßt Artikel 9 dieses Protokolls unberührt.

Art. 8 Überprüfungen durch die Vertragsparteien auf den Tagungen des Exekutivorgans. (1) Nach Artikel 10 Absatz 2 Buchstabe a des Übereinkommens überprüfen die Vertragsparteien auf den Tagungen des Exekutivorgans die von den Vertragsparteien und EMEP vorgelegten Informationen, die Daten über die Auswirkungen durch Schwefeldepositionen und Depositionen anderer versauernder Verbindungen sowie die in Artikel 7 Absatz 1 dieses Protokolls bezeichneten Berichte des Durchführungsausschusses.

(2) a) Auf den Tagungen des Exekutivorgans überprüfen die Vertragsparteien laufend die in diesem Protokoll aufgeführten Verpflichtungen, darunter

    i) ihre Verpflichtungen im Zusammenhang mit ihren berechneten und international optimierten Zuteilungen von Emissionsverringerungen, wie in Artikel 5 Absatz 5 vorgesehen, und

    ii) die Angemessenheit der Verpflichtungen und die Fortschritte, die zur Erreichung der in diesem Protokoll festgelegten Ziele gemacht wurden;

b) die Überprüfungen berücksichtigen die besten verfügbaren wissenschaftlichen Informationen über Versauerung, einschließlich der Bewertung der kritischen Einträge, der technologischen Entwicklungen, der sich ändernden wirtschaftlichen Bedingungen und der Erfüllung der Verpflichtungen hinsichtlich der Emissionswerte;

c) im Zusammenhang mit diesen Überprüfungen bemüht sich jede Vertragspartei, deren Verpflichtungen hinsichtlich der in Anhang II festgelegten Obergrenzen für Schwefelemissionen nicht mit den für sie berechneten und international optimierten Zuteilungen der Emissionsverringerungen, die zur Verringerung des Unterschieds um mindestens 60 v. H. zwischen den Schwefeldepositionen im Jahr 1990 und den kritischen Schwefeldepositionen innerhalb des geographischen Anwendungsbereichs des EMEP erforderlich sind, übereinstimmen, nach Kräften, den geänderten Verpflichtungen nachzukommen;

d) die Verfahren, Methoden und der Zeitplan für die Überprüfungen werden von den Vertragsparteien auf einer Tagung des Exekutivorgans festgelegt. Die erste Überprüfung dieser Art muß 1997 beendet sein.

Art. 9 Beilegung von Streitigkeiten. (1) Im Fall einer Streitigkeit zwischen zwei oder mehr Vertragsparteien über die Auslegung oder Anwendung dieses Protokolls bemühen sich die betroffenen Vertragsparteien um eine Beilegung der Streitigkeit durch Verhandlungen oder andere friedliche Mittel ihrer Wahl. Die Streitparteien unterrichten das Exekutivorgan über ihre Streitigkeit.

(2) Bei der Ratifikation, der Annahme oder der Genehmigung dieses Protokolls oder beim Beitritt zum Protokoll oder jederzeit danach kann eine Vertragspartei, die keine Organisation der regionalen Wirtschaftsintegration ist, in einer dem Verwahrer vorgelegten schriftlichen Urkunde erklären, daß sie in bezug auf jede Streitigkeit über die Auslegung oder Anwendung des Protokolls eines oder beide der folgenden Mittel der Streitbeilegung gegenüber jeder Vertragspartei, welche dieselbe Verpflichtung übernimmt, von Rechts wegen und ohne Übereinkunft als obligatorisch anerkennt:

a) Vorlage der Streitigkeit beim Internationalen Gerichtshof;

b) ein Schiedsverfahren in Übereinstimmung mit Verfahren, die von den Vertragsparteien so bald wie möglich in einem Anhang über ein Schiedsverfahren auf einer Tagung des Exekutivorgans beschlossen werden.

Eine Vertragspartei, die eine Organisation der regionalen Wirtschaftsintegration ist, kann in bezug auf ein Schiedsverfahren nach dem unter Buchstabe b vorgesehenen Verfahren eine Erklärung mit gleicher Wirkung abgeben.

(3) Eine nach Absatz 2 abgegebene Erklärung bleibt in Kraft, bis sie gemäß den darin enthaltenen Bestimmungen erlischt oder bis zum Ablauf von drei Monaten nach Hinterlegung einer schriftlichen Rücknahmenotifikation beim Verwahrer.

(4) Eine neue Erklärung, eine Rücknahmenotifikation oder das Erlöschen einer Erklärung berührt nicht die beim Internationalen Gerichtshof oder bei dem Schiedsgericht anhängigen Verfahren, sofern die Streitparteien nichts anderes vereinbaren.

(5) Außer in dem Fall, in dem die Streitparteien dasselbe Mittel der Streitbeilegung nach Absatz 2 angenommen haben, wird die Streitigkeit auf Ersuchen einer der Streitparteien einem Vergleichsverfahren unterworfen, wenn nach Ablauf von zwölf Monaten, nachdem eine Vertragspartei einer anderen notifiziert hat, daß eine Streitigkeit zwischen ihnen besteht, die betreffenden Vertragsparteien ihre Streitigkeit nicht durch die in Absatz 1 genannten Mittel beilegen konnten.

(6) Für die Zwecke des Absatzes 5 wird eine Vergleichskommission gebildet. Die Kommission besteht aus einer jeweils gleichen Anzahl von durch die betreffenden Parteien oder, falls mehrere Parteien des Vergleichsverfahrens eine Streitgenossenschaft bilden, durch die Gesamtheit dieser Parteien ernannten Mitgliedern sowie einem Vorsitzenden, der gemeinsam von den so ernannten Mitgliedern gewählt wird. Die Kommission fällt einen Spruch mit Empfehlungscharakter, den die Parteien nach Treu und Glauben prüfen.

Art. 10 Anhänge. Die Anhänge dieses Protokolls sind Bestandteil des Protokolls. Die Anhänge I und IV haben Empfehlungscharakter.

Art. 11 Änderungen und Anpassungen. (1) Jede Vertragspartei kann Änderungen dieses Protokolls vorschlagen. Jede Vertragspartei des Übereinkommens kann eine Anpassung in Anhang II des Protokolls vorschlagen, um ihren Namen zusammen mit Emissionswerten, Obergrenzen für Schwefelemissionen und dem Vomhundertsatz der Emissionsverringerungen einfügen zu lassen.

(2) Diese vorgeschlagenen Änderungen und Anpassungen werden dem Exekutivsekretär der Kommission schriftlich vorgelegt, der sie an alle Vertragsparteien weiterleitet. Die Vertragsparteien erörtern die vorgeschlagenen Änderungen und Anpassungen auf der nächsten Tagung des Exekutivorgans, sofern diese Vorschläge vom Exekutivsekretär den Vertragsparteien mindestens neunzig Tage im voraus übermittelt worden sind.

(3) Änderungen dieses Protokolls und seiner Anhänge II, III und V bedürfen der einvernehmlichen Annahme durch die auf einer Tagung des Exekutivorgans anwesenden Vertragsparteien; sie treten für die Vertragsparteien, die sie angenommen haben, am neunzigsten Tag nach dem Zeitpunkt in Kraft, zu dem zwei Drittel der Vertragsparteien ihre Urkunde über die Annahme der Änderungen hinterlegt haben. Die Änderungen treten für jede andere Vertragspartei am neunzigsten Tag nach dem Zeitpunkt in Kraft, zu dem die betreffende Vertragspartei ihre Urkunde über die Annahme der Änderungen hinterlegt hat.

(4) Änderungen der Anhänge dieses Protokolls, ausgenommen Änderungen der in Absatz 3 genannten Anhänge, bedürfen der einvernehmlichen Annahme durch die auf einer Tagung des Exekutivorgans anwesenden Vertragsparteien. Für die Vertragsparteien, die dem Verwahrer keine Notifikation nach Absatz 5 vorgelegt haben, wird eine Änderung eines dieser Anhänge nach Ablauf von neunzig Tagen nach dem Zeitpunkt wirksam, zu dem der Exekutivsekretär der Kommission sie übermittelt hat, sofern mindestens sechzehn Vertragsparteien keine solche Notifikation vorgelegt haben.

(5) Jede Vertragspartei, die eine Änderung eines Anhangs, ausgenommen einen in Absatz 3 aufgeführten Anhang, nicht genehmigen kann, notifiziert dies dem Verwahrer schriftlich innerhalb von neunzig Tagen, nachdem die Annahme der Änderung mitgeteilt wurde. Der Verwahrer unterrichtet alle Vertragsparteien unverzüglich über die erhaltene Notifikation. Eine Vertragspartei kann jederzeit ihre frühere Notifikation durch eine Annahme ersetzen; die Änderung des betreffenden Anhangs wird für die Vertragspartei mit Hinterlegung einer Annahmeurkunde beim Verwahrer wirksam.

(6) Anpassungen in Anhang II bedürfen der einvernehmlichen Annahme durch die auf einer Tagung des Exekutivorgans anwesenden Vertragsparteien; sie werden für alle Vertragsparteien dieses Protokolls am neunzigsten Tag nach dem Zeitpunkt wirksam, zu dem der Exekutivsekretär der Kommission den betreffenden Vertragsparteien die Annahme der Anpassung schriftlich notifiziert hat.

Art. 12 Unterzeichnung. (1) Dieses Protokoll liegt vom 13. bis zum 14. Juni 1994 in Oslo und danach bis zum 12. Dezember 1994 am Sitz der Vereinten Nationen in New York für die Mitgliedstaaten der Kommission, für Staaten, die in der Kommission nach Absatz 8 der Entschließung 36 (IV) des Wirtschafts- und Sozialrats vom 28. März 1947 beratenden Status haben, sowie für Organisationen der regionalen Wirtschaftsintegration, die von souveränen Staaten, die Mitglieder der Kommission sind, gebildet werden und für die Aushandlung, den Abschluß und die Anwendung internationaler Übereinkünfte in Angelegenheiten zuständig sind, die in den Geltungsbereich dieses Protokolls fallen, zur Unterzeichnung auf, vorausgesetzt, daß die betreffenden Staaten und Organisationen Vertragsparteien des Übereinkommens und in Anhang II aufgeführt sind.

(2) Solche Organisationen der regionalen Wirtschaftsintegration üben in Angelegenheiten, die in ihren Zuständigkeitsbereich fallen, in ihrem eigenen Namen die Rechte aus und nehmen die Pflichten wahr, die dieses Protokoll ihren Mitgliedstaaten überträgt. In diesen Fällen sind die Mitgliedstaaten dieser Organisationen nicht berechtigt, solche Rechte einzeln auszuüben.

Art. 13 Ratifikation, Annahme, Genehmigung und Beitritt. (1) Dieses Protokoll bedarf der Ratifikation, Annahme oder Genehmigung durch die Unterzeichner.

(2) Dieses Protokoll steht vom 12. Dezember 1994 an für die Staaten und Organisationen, welche die Voraussetzungen des Artikels 12 Absatz 1 erfüllen, zum Beitritt offen.

Art. 14 Verwahrer. Die Ratifikations-, Annahme-, Genehmigungs- oder Beitrittsurkunden werden beim Generalsekretär der Vereinten Nationen hinterlegt; dieser erfüllt die Aufgaben des Verwahrers.

Art. 15 Inkrafttreten. (1) Dieses Protokoll tritt am neunzigsten Tag nach dem Zeitpunkt der Hinterlegung der sechzehnten Ratifikations-, Annahme-, Genehmigungs- oder Beitrittsurkunde beim Verwahrer in Kraft.

(2) Für alle in Artikel 12 Absatz 1 bezeichneten Staaten und Organisationen, die nach der Hinterlegung der sechzehnten Ratifikations-, Annahme-, Genehmigungs- oder Beitrittsurkunde dieses Protokoll ratifizieren, annehmen, genehmigen oder ihm beitreten, tritt das Protokoll am neunzigsten Tag nach dem Zeitpunkt der Hinterlegung der Ratifikations-, Annahme-, Genehmigungs- oder Beitrittsurkunde durch die betreffende Vertragspartei in Kraft.

Art. 16 Rücktritt. Eine Vertragspartei kann jederzeit nach Ablauf von fünf Jahren nach dem Zeitpunkt, zu dem dieses Protokoll für sie in Kraft getreten ist, durch eine an den Verwahrer gerichtete schriftliche Notifikation von dem Protokoll zurücktreten. Der Rücktritt wird am neunzigsten Tag nach dem Eingang der Notifikation bei dem Verwahrer oder zu einem in der Rücktrittsnotifikation angegebenen späteren Zeitpunkt wirksam.

Art. 17 Verbindliche Wortlaute. Die Urschrift dieses Protokolls, dessen englischer, französischer und russischer Wortlaut gleichermaßen verbindlich ist, wird beim Generalsekretär der Vereinten Nationen hinterlegt.

Zu Urkund dessen haben die hierzu gehörig befugten Unterzeichneten dieses Protokoll unterschrieben.

Geschehen zu Oslo am 13. Juni 1994.

25. Wiener Übereinkommen zum Schutz der Ozonschicht[1] · [2]

(22. 3. 1985)

Präambel

Die Vertragsparteien dieses Übereinkommens –
im Bewußtsein der möglicherweise schädlichen Einwirkungen jeder Veränderung der Ozonschicht auf die menschliche Gesundheit und die Umwelt,
unter Hinweis auf die einschlägigen Bestimmungen der Erklärung der Konferenz der Vereinten Nationen über die Umwelt des Menschen, insbesondere auf den Grundsatz 21, der folgendes vorsieht: „Die Staaten haben nach der Charta der Vereinten Nationen und den Grundsätzen des Völkerrechts das souveräne Recht, ihre eigenen Naturschätze gemäß ihrer eigenen Umweltpolitik zu nutzen, sowie die Pflicht, dafür zu sorgen, daß durch Tätigkeiten, die innerhalb ihres Hoheitsbereichs oder unter ihrer Kontrolle ausgeübt werden, der Umwelt in anderen Staaten oder in Gebieten außerhalb der nationalen Hoheitsbereiche kein Schaden zugefügt wird",
unter Berücksichtigung der Gegebenheiten und besonderen Bedürfnisse der Entwicklungsländer,
eingedenk der im Rahmen sowohl internationaler als auch nationaler Organisationen durchgeführten Arbeiten und Untersuchungen und insbesondere des Weltaktionsplans für die Ozonschicht des Umweltprogramms der Vereinten Nationen
sowie eingedenk der auf nationaler und internationaler Ebene bereits getroffenen Vorsorgemaßnahmen zum Schutz der Ozonschicht,
im Bewußtsein, daß Maßnahmen zum Schutz der Ozonschicht vor Veränderungen infolge menschlicher Tätigkeiten internationale Zusammenarbeit und internationales Handeln erfordern und auf einschlägigen wissenschaftlichen und technischen Erwägungen beruhen sollten,
sowie im Bewußtsein der Notwendigkeit, weitere Forschungsarbeiten und systematische Beobachtungen durchzuführen, um die wissenschaftlichen Kenntnisse über die Ozonschicht und mögliche schädliche Auswirkungen einer Veränderung dieser Schicht zu vertiefen,
entschlossen, die menschliche Gesundheit und die Umwelt vor schädlichen Auswirkungen von Veränderungen der Ozonschicht zu schützen –
sind wie folgt übereingekommen:

Art. 1 Begriffsbestimmungen. Im Sinne dieses Übereinkommens

1. bedeutet „Ozonschicht" die Schicht atmosphärischen Ozons oberhalb der planetarischen Grenzschicht;
2. bedeutet „schädliche Auswirkungen" Änderung der belebten oder unbelebten Umwelt, einschließlich Klimaänderungen, die erhebliche abträgliche

---

[1] Aus BGBl. 1988 II S. 902.
[2] Internationale Quelle: ILM 26 (1987) p. 1529.

Wirkungen auf die menschliche Gesundheit oder auf die Zusammensetzung, Widerstandsfähigkeit und Produktivität naturbelassener und vom Menschen beeinflußter Ökosysteme oder auf Materialien haben, die für die Menschheit nützlich sind;

3. bedeutet „alternative Technologie oder Ausrüstung" Technologie oder Ausrüstung, deren Verwendung es möglich macht, Emissionen von Stoffen, die schädliche Auswirkungen auf die Ozonschicht haben oder wahrscheinlich haben, zu verringern oder wirksam auszuschließen;

4. bedeutet „alternative Stoffe" Stoffe, die schädliche Auswirkungen auf die Ozonschicht verringern, ausschließen oder vermeiden;

5. bedeutet „Vertragsparteien" Vertragsparteien dieses Übereinkommens, sofern sich aus dem Wortlaut nichts anderes ergibt;

6. bedeutet „Organisation der regionalen Wirtschaftsintegration" eine von souveränen Staaten einer bestimmten Region gebildete Organisation, die für die durch das Übereinkommen oder seine Protokolle erfaßten Angelegenheiten zuständig und im Einklang mit ihren internen Verfahren ordnungsgemäß ermächtigt ist, die betreffenden Übereinkünfte zu unterzeichnen, zu ratifizieren, anzunehmen, zu genehmigen oder ihnen beizutreten;

7. bedeutet „Protokolle" Protokolle zu diesem Übereinkommen.

Art. 2 Allgemeine Verpflichtungen. (1) Die Vertragsparteien treffen geeignete Maßnahmen im Einklang mit diesem Übereinkommen und denjenigen in Kraft befindlichen Protokollen, deren Vertragspartei sie sind, um die menschliche Gesundheit und die Umwelt vor schädlichen Auswirkungen zu schützen; die durch menschliche Tätigkeiten, welche die Ozonschicht verändern oder wahrscheinlich verändern, verursacht werden oder wahrscheinlich verursacht werden.

(2) Zu diesem Zweck werden die Vertragsparteien entsprechend den ihnen zur Verfügung stehenden Mitteln und ihren Möglichkeiten

a) durch systematische Beobachtungen, Forschung und Informationsaustausch zusammenarbeiten, um die Auswirkungen menschlicher Tätigkeiten auf die Ozonschicht und die Auswirkungen einer Veränderung der Ozonschicht auf die menschliche Gesundheit und die Umwelt besser zu verstehen und zu bewerten;

b) geeignete Gesetzgebungs- und Verwaltungsmaßnahmen treffen und bei der Angleichung der entsprechenden Politiken zur Regelung, Begrenzung, Verringerung oder Verhinderung menschlicher Tätigkeiten in ihrem Hoheitsbereich oder unter ihrer Kontrolle zusammenarbeiten, sofern es sich erweist, daß diese Tätigkeiten infolge einer tatsächlichen oder wahrscheinlichen Veränderung der Ozonschicht schädliche Auswirkungen haben oder wahrscheinlich haben;

c) bei der Ausarbeitung vereinbarter Maßnahmen, Verfahren und Normen zur Durchführung des Übereinkommens im Hinblick auf die Annahme von Protokollen und Anlagen zusammenarbeiten;

d) mit zuständigen internationalen Stellen zusammenarbeiten, um das Übereinkommen und die Protokolle, deren Vertragspartei sie sind, wirksam durchzuführen.

(3) Das Übereinkommen beeinträchtigt nicht das Recht der Vertragsparteien, im Einklang mit dem Völkerrecht innerstaatliche Maßnahmen zusätzlich

zu den in den Absätzen 1 und 2 genannten zu treffen; es beeinträchtigt auch nicht von einer Vertragspartei bereits getroffene zusätzliche innerstaatliche Maßnahmen, sofern diese mit den Verpflichtungen der betreffenden Vertragspartei aus dem Übereinkommen nicht unvereinbar sind.

(4) Die Anwendung dieses Artikels beruht auf einschlägigen wissenschaftlichen und technischen Erwägungen.

Art. 3 Forschung und systematische Beobachtungen. (1) Die Vertragsparteien verpflichten sich, soweit es angebracht ist, unmittelbar oder über zuständige internationale Stellen Forschungsarbeiten und wissenschaftliche Bewertungen in bezug auf folgende Bereiche einzuleiten und dabei zusammenzuarbeiten:

a) physikalische und chemische Vorgänge, welche die Ozonschicht beeinflussen können;

b) Auswirkungen auf die menschliche Gesundheit und andere biologische Auswirkungen, die durch Veränderungen der Ozonschicht bedingt sind, insbesondere solche, die durch Änderungen der Sonnenstrahlung im ultravioletten Bereich, die biologisch wirksam ist (UV-B), hervorgerufen werden;

c) klimatische Auswirkungen, die durch Veränderungen der Ozonschicht bedingt sind;

d) Auswirkungen von Veränderungen der Ozonschicht und der sich daraus ergebenden Änderung der UV-B-Strahlung auf natürliche und synthetische Materialien, die für die Menschheit nützlich sind;

e) Stoffe, Verhaltensweisen, Verfahren und Tätigkeiten, welche die Ozonschicht beeinflussen können, und ihre kumulativen Auswirkungen;

f) alternative Stoffe und Technologien;

g) damit zusammenhängende sozio-ökonomische Angelegenheiten,

und wie in den Anlagen I und II[1] näher ausgeführt.

(2) Die Vertragsparteien verpflichten sich, soweit es angebracht ist, unmittelbar oder über zuständige internationale Stellen unter voller Berücksichtigung innerstaatlicher Rechtsvorschriften und einschlägiger laufender Tätigkeiten auf nationaler und internationaler Ebene gemeinsame oder einander ergänzende Programme zur systematischen Beobachtung des Zustands der Ozonschicht und anderer einschlägiger Parameter, wie in Anlage I ausgeführt, zu fördern oder aufzustellen.

(3) Die Vertragsparteien verpflichten sich, unmittelbar oder über zuständige internationale Stellen zusammenzuarbeiten, um für die regelmäßige und rechtzeitige Sammlung, Bestätigung und Übermittlung von Forschungs- und Beobachtungsdaten durch geeignete Weltdatenzentren Sorge zu tragen.

Art. 4 Zusammenarbeit im rechtlichen, wissenschaftlichen und technischen Bereich. (1) Die Vertragsparteien erleichtern und fördern den Austausch wissenschaftlicher, technischer, sozio-ökonomischer, kommerzieller und rechtlicher Informationen, die für dieses Übereinkommen erheblich sind, wie in Anlage II näher ausgeführt. Diese Informationen werden den von den Vertragsparteien einvernehmlich festgelegten Stellen geliefert. Jede Stelle, die

---

[1] Siehe BGBl. 1988 II S. 916. Vom Abdruck der Anlagen wird aus Raumgründen Abstand genommen.

Informationen erhält, die von der liefernden Vertragspartei als vertraulich betrachtet werden, stellt sicher, daß diese Informationen nicht preisgegeben werden, und faßt sie zusammen, um ihre Vertraulichkeit zu schützen, bevor sie allen Vertragsparteien zur Verfügung gestellt werden.

(2) Die Vertragsparteien arbeiten im Einklang mit ihren innerstaatlichen Gesetzen, sonstigen Vorschriften und Gepflogenheiten sowie unter Berücksichtigung insbesondere der Bedürfnisse der Entwicklungsländer zusammen, um unmittelbar oder über zuständige internationale Stellen die Entwicklung und Weitergabe von Technologie und Kenntnissen zu fördern. Diese Zusammenarbeit erfolgt insbesondere durch

a) Erleichterung des Erwerbs alternativer Technologie durch andere Vertragsparteien;

b) Versorgung mit Informationen über alternative Technologie und Ausrüstung sowie mit besonderen Handbüchern oder Anleitungen dazu;

c) Versorgung mit Ausrüstung und Einrichtungen, die für die Forschung und systematische Beobachtungen erforderlich sind;

d) angemessene Ausbildung von wissenschaftlichem und technischem Personal.

Art. 5 Übermittlung von Informationen. Die Vertragsparteien übermitteln der nach Artikel 6 eingesetzten Konferenz der Vertragsparteien über das Sekretariat Informationen über die von ihnen zur Durchführung dieses Übereinkommens und der Protokolle, deren Vertragspartei sie sind, getroffene Maßnahmen in der Form und in den Zeitabständen, die auf den Tagungen der Vertragsparteien der jeweiligen Übereinkunft festgelegt werden.

Art. 6 Konferenz der Vertragsparteien. (1) Hiermit wird eine Konferenz der Vertragsparteien eingesetzt. Die erste Tagung der Konferenz der Vertragsparteien wird von dem nach Artikel 7 vorläufig bestimmten Sekretariat spätestens ein Jahr nach Inkrafttreten dieses Übereinkommens einberufen. Danach finden ordentliche Tagungen der Konferenz der Vertragsparteien in regelmäßigen Abständen statt, die von der Konferenz auf ihre erste Tagung festgelegt werden.

(2) Außerordentliche Tagungen der Konferenz der Vertragsparteien finden statt, wenn es die Konferenz für notwendig erachtet oder eine Vertragspartei schriftlich beantragt, sofern dieser Antrag innerhalb von sechs Monaten nach seiner Übermittlung durch das Sekretariat von mindestens einem Drittel der Vertragsparteien unterstützt wird.

(3) Die Konferenz der Vertragsparteien vereinbart und beschließt durch Konsens für sich selbst und für gegebenenfalls von ihr einzusetzende Nebenorgane eine Geschäftsordnung und eine Finanzordnung sowie die finanziellen Regelungen für die Arbeit des Sekretariats.

(4) Die Konferenz der Vertragsparteien prüft laufend die Durchführung des Übereinkommens; außerdem

a) legt sie die Form und die Zeitabstände für die Übermittlung der nach Artikel 5 vorzulegenden Informationen fest und prüft diese Informationen sowie die von Nebenorganen vorgelegten Berichte;

b) prüft sie die wissenschaftlichen Informationen über die Ozonschicht, über mögliche Veränderungen dieser Schicht und über mögliche Auswirkungen solcher Veränderungen;

c) fördert sie nach Artikel 2 die Angleichung geeigneter Politiken, Strategien und Maßnahmen zur Verringerung der Freisetzung von Stoffen, die eine Veränderung der Ozonschicht verursachen oder wahrscheinlich verursachen und gibt Empfehlungen zu anderen Maßnahmen im Zusammenhang mit dem Übereinkommen;

d) beschließt sie nach den Artikeln 3 und 4 Programme für Forschungsarbeiten, systematische Beobachtungen, wissenschaftliche und technologische Zusammenarbeit, Informationsaustausch und die Weitergabe von Technologie und Kenntnissen;

e) prüft sie und beschließt gegebenenfalls nach den Artikeln 9 und 10 Änderungen des Übereinkommens und seiner Anlagen;

f) prüft sie Änderungen von Protokollen sowie von Anlagen solcher Protokolle und empfiehlt, wenn sie sich dafür entscheidet, den Vertragsparteien des betreffenden Protokolls, die Änderungen zu beschließen;

g) prüft sie und beschließt gegebenenfalls nach Artikel 10 weitere Anlagen des Übereinkommens;

h) prüft sie und beschließt gegebenenfalls Protokolle nach Artikel 8;

i) setzt sie die zur Durchführung des Übereinkommens für notwendig erachteten Nebenorgane ein;

j) nimmt sie gegebenenfalls für wissenschaftliche Forschungsarbeiten, systematische Beobachtungen und andere mit den Zielen des Übereinkommens zusammenhängende Tätigkeiten die Dienste zuständiger internationaler Stellen und wissenschaftlicher Ausschüsse in Anspruch, insbesondere die der Weltorganisation für Meteorologie und der Weltgesundheitsorganisation sowie des Koordinierungsausschusses für die Ozonschicht, und verwendet, soweit es angebracht ist, Informationen, die von diesen Stellen und Ausschüssen stammen;

k) prüft sie und ergreift sie weitere Maßnahmen, die zur Erreichung der Zwecke des Übereinkommens erforderlich sind.

(5) Die Vereinten Nationen, ihre Sonderorganisationen und die Internationale Atomenergie-Organisation sowie jeder Staat, der nicht Vertragspartei des Übereinkommens ist, können sich auf den Tagungen der Konferenz der Vertragsparteien durch Beobachter vertreten lassen. Jede Stelle, national oder international, staatlich oder nichtstaatlich, die auf Gebieten im Zusammenhang mit dem Schutz der Ozonschicht fachlich befähigt ist und dem Sekretariat ihren Wunsch mitgeteilt hat, sich auf einer Tagung oder Konferenz der Vertragsparteien als Beobachter vertreten zu lassen, kann zugelassen werden, sofern nicht mindestens ein Drittel der anwesenden Vertragsparteien widerspricht. Die Zulassung und Teilnahme von Beobachtern unterliegen der von der Konferenz der Vertragsparteien beschlossenen Geschäftsordnung.

Art. 7 Sekretariat. (1) Das Sekretariat hat folgende Aufgaben:

a) Es veranstaltet die in den Artikeln 6, 8, 9 und 10 vorgesehenen Tagungen und stellt die entsprechenden Dienste bereit;

b) es erarbeitet und übermittelt Berichte aufgrund der nach den Artikeln 4 und 5 erhaltenen Informationen sowie der Informationen, die von den Tagungen der nach Artikel 6 eingesetzten Nebenorgane stammen;

c) es nimmt die ihm aufgrund eines Protokolls übertragenen Aufgaben wahr;

d) es erarbeitet Berichte über seine Tätigkeiten bei der Durchführung seiner Aufgaben im Rahmen dieses Übereinkommens und legt sie der Konferenz der Vertragsparteien vor;

e) es sorgt für die notwendige Koordinierung mit anderen einschlägigen internationalen Stellen und schließt insbesondere die für die wirksame Erfüllung seiner Aufgaben notwendigen verwaltungsmäßigen und vertraglichen Vereinbarungen;

f) es nimmt sonstige Aufgaben wahr, die von der Konferenz der Vertragsparteien bestimmt werden.

(2) Die Sekretariatsaufgaben werden bis zum Abschluß der ersten ordentlichen Tagung der Konferenz der Vertragsparteien, die nach Artikel 6 abgehalten wird, vorläufig vom Umweltprogramm der Vereinten Nationen wahrgenommen. Auf ihrer ersten ordentlichen Tagung bestimmt die Konferenz der Vertragsparteien das Sekretariat aus der Reihe der bestehenden zuständigen internationalen Organisationen, welche ihre Bereitschaft bekundet haben, die in dem Übereinkommen vorgesehenen Sekretariatsaufgaben wahrzunehmen.

Art. 8 Beschlußfassung über Protokolle. (1) Die Konferenz der Vertragsparteien kann auf einer Tagung Protokolle nach Artikel 2 beschließen.

(2) Der Wortlaut eines vorgeschlagenen Protokolls wird den Vertragsparteien mindestens sechs Monate vor der betreffenden Tagung vom Sekretariat übermittelt.

Art. 9 Änderung des Übereinkommens oder von Protokollen. (1) Jede Vertragspartei kann Änderungen dieses Übereinkommens oder eines Protokolls vorschlagen. In diesen Änderungen werden unter anderem einschlägige wissenschaftliche und technische Erwägungen gebührend berücksichtigt.

(2) Änderungen des Übereinkommens werden auf einer Tagung der Konferenz der Vertragsparteien beschlossen. Änderungen eines Protokolls werden auf einer Tagung der Vertragsparteien des betreffenden Protokolls beschlossen. Der Wortlaut einer vorgeschlagenen Änderung des Übereinkommens oder, sofern in einem Protokoll nichts anderes vorgesehen ist, des betreffenden Protokolls wird den Vertragsparteien mindestens sechs Monate vor der Tagung, auf der die Änderung zur Beschlußfassung vorgeschlagen wird, vom Sekretariat übermittelt. Das Sekretariat übermittelt vorgeschlagene Änderungen auch den Unterzeichnern des Übereinkommens zur Kenntnisnahme.

(3) Die Vertragsparteien bemühen sich nach Kräften um eine Einigung durch Konsens über eine vorgeschlagene Änderung des Übereinkommens. Sind alle Bemühungen um einen Konsens erschöpft und wird keine Einigung erzielt, so wird als letztes Mittel die Änderung mit Dreiviertelmehrheit der auf der Sitzung anwesenden und abstimmenden Vertragsparteien beschlossen und vom Verwahrer allen Vertragsparteien zur Ratifikation, Genehmigung oder Annahme vorgelegt.

(4) Das Verfahren nach Absatz 3 gilt für Änderungen von Protokollen; jedoch reicht für die Beschlußfassung darüber eine Zweidrittelmehrheit der auf der Sitzung anwesenden und abstimmenden Vertragsparteien des Protokolls aus.

(5) Die Ratifikation, Genehmigung oder Annahme von Änderungen wird dem Verwahrer schriftlich notifiziert. Nach Absatz 3 oder 4 beschlossene Änderungen treten zwischen den Vertragsparteien, die sie angenommen haben,

am neunzigsten Tag nach dem Zeitpunkt in Kraft, zu dem der Verwahrer die Notifikation der Ratifikation, Genehmigung oder Annahme durch mindestens drei Viertel der Vertragsparteien des Übereinkommens oder durch mindestens zwei Drittel der Vertragsparteien des betreffenden Protokolls, sofern in dem Protokoll nichts anderes vorgesehen ist, empfangen hat. Danach treten die Änderungen für jede andere Vertragspartei am neunzigsten Tag nach dem Zeitpunkt in Kraft, zu dem die betreffende Vertragspartei ihre Urkunde über die Ratifikation, Genehmigung oder Annahme der Änderungen hinterlegt hat.

(6) Im Sinne dieses Artikels bedeutet „anwesende und abstimmende Vertragsparteien" die anwesenden Vertragsparteien, die eine Ja-Stimme oder eine Nein-Stimme abgeben.

Art. 10 Beschlußfassung über Anlagen und Änderung von Anlagen.
(1) Die Anlagen dieses Übereinkommens oder eines Protokolls sind Bestandteil des Übereinkommens beziehungsweise des betreffenden Protokolls; sofern nicht ausdrücklich etwas anderes vorgesehen ist, stellt eine Bezugnahme auf das Übereinkommen oder seine Protokolle gleichzeitig eine Bezugnahme auf die Anlagen dar. Diese Anlagen beschränken sich auf wissenschaftliche, technische und verwaltungsmäßige Angelegenheiten.

(2) Sofern in einem Protokoll in bezug auf seine Anlagen nichts anderes vorgesehen ist, findet folgendes Verfahren auf den Vorschlag weiterer Anlagen des Übereinkommens oder von Anlagen eines Protokolls, die Beschlußfassung darüber und das Inkrafttreten derselben Anwendung:
a) Anlagen des Übereinkommens werden nach dem in Artikel 9 Absätze 2 und 3 festgelegten Verfahren vorgeschlagen und beschlossen; Anlagen eines Protokolls werden nach dem in Artikel 9 Absätze 2 und 4 festgelegten Verfahren vorgeschlagen und beschlossen;
b) eine Vertragspartei, die eine weitere Anlage des Übereinkommens oder eine Anlage eines Protokolls, dessen Vertragspartei sie ist, nicht zu genehmigen vermag, notifiziert dies schriftlich dem Verwahrer innerhalb von sechs Monaten nach dem Zeitpunkt, zu dem dieser mitgeteilt hat, daß die Anlage beschlossen worden ist. Der Verwahrer verständigt unverzüglich alle Vertragsparteien vom Empfang jeder derartigen Notifikation. Eine Vertragspartei kann jederzeit eine Anlage annehmen, gegen die sie zuvor Einspruch eingelegt hatte; diese Anlage tritt daraufhin für die betreffende Vertragspartei in Kraft;
c) nach Ablauf von sechs Monaten nach dem Zeitpunkt, zu dem der Verwahrer die Mitteilung versandt hat, wird die Anlage für alle Vertragsparteien des Übereinkommens oder des betreffenden Protokolls, die keine Notifikation nach Buchstabe b vorgelegt haben, wirksam.

(3) Der Vorschlag von Änderungen von Anlagen des Übereinkommens oder eines Protokolls, die Beschlußfassung darüber und das Inkrafttreten derselben unterliegen demselben Verfahren wie der Vorschlag von Anlagen des Übereinkommens oder von Anlagen eines Protokolls, die Beschlußfassung darüber und das Inkrafttreten derselben. In den Anlagen und ihren Änderungen werden unter anderem einschlägige wissenschaftliche und technische Erwägungen gebührend berücksichtigt.

(4) Hat eine weitere Anlage oder eine Änderung einer Anlage eine Änderung des Übereinkommens oder eines Protokolls zur Folge, so tritt die wei-

tere Anlage oder die geänderte Anlage erst in Kraft, wenn die Änderung des Übereinkommens oder des betreffenden Protokolls selbst in Kraft tritt.

Art. 11 Beilegung von Streitigkeiten. (1) Im Fall einer Streitigkeit zwischen Vertragsparteien über die Auslegung oder Anwendung dieses Übereinkommens bemühen sich die betroffenen Parteien um eine Lösung durch Verhandlungen.

(2) Können die betroffenen Parteien eine Einigung durch Verhandlungen nicht erreichen, so können sie gemeinsam die guten Dienste einer dritten Partei in Anspruch nehmen oder um deren Vermittlung ersuchen.

(3) Bei der Ratifikation, der Annahme oder der Genehmigung des Übereinkommens oder beim Beitritt zum Übereinkommen oder jederzeit danach können ein Staat oder eine Organisation der regionalen Wirtschaftsintegration gegenüber dem Verwahrer schriftlich erklären, daß sie für eine Streitigkeit, die nicht nach Absatz 1 oder 2 gelöst wird, eines der folgenden Mittel der Streitbeilegung oder beide als obligatorisch anerkennen;
a) ein Schiedsverfahren nach dem von der Konferenz der Vertragsparteien auf ihrer ersten ordentlichen Tagung anzunehmenden Verfahren;
b) Vorlage der Streitigkeit an den Internationalen Gerichtshof.

(4) Haben die Parteien nicht nach Absatz 3 demselben oder einem der Verfahren zugestimmt, so wird die Streitigkeit einem Vergleich nach Absatz 5 unterworfen, sofern die Parteien nichts anderes vereinbaren.

(5) Eine Vergleichskommission wird auf Antrag einer der Streitparteien gebildet. Die Kommission setzt sich aus einer gleichen Anzahl von durch jede der betroffenen Parteien bestellten und einem von den durch jede Partei bestellten Mitgliedern gemeinsam gewählten Vorsitzenden zusammen. Die Kommission fällt einen endgültigen Spruch mit empfehlender Wirkung, den die Parteien nach Treu und Glauben berücksichtigen.

(6) Dieser Artikel findet auf jedes Protokoll Anwendung, sofern in dem betreffenden Protokoll nichts anderes vorgesehen ist.

Art. 12 Unterzeichnung. Dieses Übereinkommen liegt für Staaten und für Organisationen der regionalen Wirtschaftsintegration vom 22. März 1985 bis zum 21. September 1985 im Bundesministerium für Auswärtige Angelegenheiten der Republik Österreich in Wien und vom 22. September 1985 bis 21. März 1986 am Sitz der Vereinten Nationen in New York zur Unterzeichnung auf.

Art. 13 Ratifikation, Annahme oder Genehmigung. (1) Dieses Übereinkommen und jedes Protokoll bedürfen der Ratifikation, Annahme oder Genehmigung durch die Staaten und durch die Organisationen der regionalen Wirtschaftsintegration. Die Ratifikations-, Annahme- oder Genehmigungsurkunden werden beim Verwahrer hinterlegt.

(2) Jede in Absatz 1 bezeichnete Organisation, die Vertragspartei des Übereinkommens oder eines Protokolls wird, ohne daß einer ihrer Mitgliedstaaten Vertragspartei ist, ist durch alle Verpflichtungen aus dem Übereinkommen beziehungsweise dem Protokoll gebunden. Sind ein oder mehrere Mitgliedstaaten einer solchen Organisation Vertragspartei des Übereinkommens oder des betreffenden Protokolls, so entscheiden die Organisation und ihre Mit-

gliedstaaten über ihre jeweiligen Verantwortlichkeiten hinsichtlich der Erfüllung ihrer Verpflichtungen aus dem Übereinkommen beziehungsweise dem Protokoll. In diesen Fällen sind die Organisation und die Mitgliedstaaten nicht berechtigt, die Rechte aufgrund des Übereinkommens oder des betreffenden Protokolls gleichzeitig auszuüben.

(3) In ihren Ratifikations-, Annahme- oder Genehmigungsurkunden erklären die in Absatz 1 bezeichneten Organisationen den Umfang ihrer Zuständigkeiten in bezug auf die durch das Übereinkommen oder das betreffende Protokoll erfaßten Angelegenheiten. Diese Organisationen teilen dem Verwahrer auch jede wesentliche Änderung des Umfangs ihrer Zuständigkeiten mit.

Art. 14 Beitritt. (1) Dieses Übereinkommen und jedes Protokoll stehen von dem Tag an, an dem sie nicht mehr zur Unterzeichnung aufliegen, Staaten und Organisationen der regionalen Wirtschaftsintegration zum Beitritt offen. Die Beitrittsurkunden werden beim Verwahrer hinterlegt.

(2) In ihren Beitrittsurkunden erklären die in Absatz 1 bezeichneten Organisationen den Umfang ihrer Zuständigkeiten in bezug auf die durch das Übereinkommen oder das betreffende Protokoll erfaßten Angelegenheiten. Diese Organisationen teilen dem Verwahrer auch jede wesentliche Änderung des Umfangs ihrer Zuständigkeiten mit.

(3) Artikel 13 Absatz 2 findet auf Organisationen der regionalen Wirtschaftsintegration, die dem Übereinkommen oder einem Protokoll beitreten, Anwendung.

Art. 15 Stimmrecht. (1) Jede Vertragspartei dieses Übereinkommens oder eines Protokolls hat eine Stimme.

(2) Unbeschadet des Absatzes 1 üben die Organisationen der regionalen Wirtschaftsintegration in Angelegenheiten ihrer Zuständigkeit ihr Stimmrecht mit der Anzahl von Stimmen aus, die der Anzahl ihrer Mitgliedstaaten entspricht, die Vertragsparteien des Übereinkommens oder des betreffenden Protokolls sind. Diese Organisationen üben ihr Stimmrecht nicht aus, wenn ihre Mitgliedstaaten ihr Stimmrecht ausüben, und umgekehrt.

Art. 16 Verhältnis zwischen dem Übereinkommen und seinen Protokollen. (1) Ein Staat oder eine Organisation der regionalen Wirtschaftsintegration kann nicht Vertragspartei eines Protokolls werden, ohne Vertragspartei des Übereinkommens zu sein oder gleichzeitig zu werden.

(2) Beschlüsse betreffend ein Protokoll werden nur von den Vertragsparteien dieses Protokolls gefaßt.

Art. 17 Inkrafttreten. (1) Dieses Übereinkommen tritt am neunzigsten Tag nach dem Zeitpunkt der Hinterlegung der zwanzigsten Ratifikations-, Annahme-, Genehmigungs- oder Beitrittsurkunde in Kraft.

(2) Jedes Protokoll tritt, sofern in dem Protokoll nichts anderes vorgesehen ist, am neunzigsten Tag nach dem Zeitpunkt der Hinterlegung der elften Urkunde über die Ratifikation, Annahme oder Genehmigung des Protokolls oder über den Beitritt dazu in Kraft.

(3) Für jede Vertragspartei, die nach der Hinterlegung der zwanzigsten Ratifikations-, Annahme-, Genehmigungs- oder Beitrittsurkunde das Übereinkommen ratifiziert, annimmt oder genehmigt oder ihm beitritt, tritt das Übereinkommen am neunzigsten Tag nach dem Zeitpunkt der Hinterlegung der Ratifikations-, Annahme-, Genehmigungs- oder Beitrittsurkunde durch die betreffende Vertragspartei in Kraft.

(4) Jedes Protokoll tritt, sofern in dem Protokoll nichts anderes vorgesehen ist, für eine Vertragspartei, die das Protokoll nach dem Inkrafttreten gemäß Absatz 2 ratifiziert, annimmt oder genehmigt oder ihm beitritt, am neunzigsten Tag nach dem Zeitpunkt in Kraft, zu dem diese Vertragspartei ihre Ratifikations-, Annahme-, Genehmigungs- oder Beitrittsurkunde hinterlegt, oder zu dem Zeitpunkt, zu dem das Übereinkommen für diese Vertragspartei in Kraft tritt, falls dies der spätere Zeitpunkt ist.

(5) Für die Zwecke der Absätze 1 und 2 zählt eine von einer Organisation der regionalen Wirtschaftsintegration hinterlegte Urkunde nicht als zusätzliche Urkunde zu den von den Mitgliedstaaten der betreffenden Organisation hinterlegten Urkunden.

Art. 18 Vorbehalte. Vorbehalte zu diesem Übereinkommen sind nicht zulässig.

Art. 19 Rücktritt. (1) Eine Vertragspartei kann jederzeit nach Ablauf von vier Jahren nach dem Zeitpunkt, zu dem dieses Übereinkommen für sie in Kraft getreten ist, durch eine an den Verwahrer gerichtete schriftliche Notifikation vom Übereinkommen zurücktreten.

(2) Sofern in einem Protokoll nichts anderes vorgesehen ist, kann eine Vertragspartei des Protokolls jederzeit nach Ablauf von vier Jahren nach dem Zeitpunkt, zu dem das Protokoll für sie in Kraft getreten ist, durch eine an den Verwahrer gerichtete schriftliche Notifkation vom Protokoll zurücktreten.

(3) Der Rücktritt wird nach Ablauf eines Jahres nach dem Eingang der Notifikation beim Verwahrer oder zu einem gegebenenfalls in der Rücktrittsnotifikation genannten späteren Zeitpunkt wirksam.

(4) Eine Vertragspartei, die vom Übereinkommen zurücktritt, gilt auch als von den Protokollen zurückgetreten, deren Vertragspartei sie ist.

Art. 20 Verwahrer. (1) Der Generalsekretär der Vereinten Nationen übernimmt die Aufgaben des Verwahrers dieses Übereinkommens und der Protokolle.

(2) Der Verwahrer unterrichtet die Vertragsparteien insbesondere
a) von der Unterzeichnung des Übereinkommens und jedes Protokolls sowie von der Hinterlegung der Ratifikations-, Annahme-, Genehmigungs- oder Beitrittsurkunden nach den Artikeln 13 und 14;
b) von dem Zeitpunkt, zu dem das Übereinkommen und jedes Protokoll nach Artikel 17 in Kraft treten;
c) von Rücktrittsnotifikationen nach Artikel 19;
d) von Änderungen, die in bezug auf das Übereinkommen oder ein Protokoll beschlossen worden sind, von ihrer Annahme durch die Vertragsparteien sowie vom Zeitpunkt ihres Inkrafttretens nach Artikel 9;

e) von allen Mitteilungen im Zusammenhang mit der Beschlußfassung über Anlagen, ihrer Genehmigung und ihrer Änderung nach Artikel 10;

f) von Notifikationen der Organisationen der regionalen Wirtschaftsintegration über den Umfang ihrer Zuständigkeiten in bezug auf Angelegenheiten, die durch das Übereinkommen und durch Protokolle erfaßt sind, sowie über jede Änderung dieses Umfangs;

g) von Erklärungen nach Artikel 11 Absatz 3.

Art. 21 Verbindliche Wortlaute. Die Urschrift dieses Übereinkommens, dessen arabischer, chinesischer, englischer, französischer, russischer und spanischer Wortlaut gleichermaßen verbindlich ist, wird beim Generalsekretär der Vereinten Nationen hinterlegt.

Zu Urkund dessen haben die hierzu gehörig befugten Unterzeichneten dieses Übereinkommens unterschrieben.

Geschehen zu Wien am 22. März 1985.

25 a. Montrealer Protokoll über Stoffe, die zu einem Abbau der Ozonschicht führen[1)·2)·3)]

(16. 9. 1987)

Die Vertragsparteien dieses Protokolls –
als Vertragsparteien des Wiener Übereinkommens zum Schutz der Ozonschicht,

eingedenk ihrer Verpflichtung aufgrund des Übereinkommens, geeignete Maßnahmen zu treffen, um die menschliche Gesundheit und die Umwelt vor schädlichen Auswirkungen zu schützen, die durch menschliche Tätigkeiten, welche die Ozonschicht verändern oder wahrscheinlich verändern, verursacht werden oder wahrscheinlich verursacht werden,

in der Erkenntnis, daß weltweite Emissionen bestimmter Stoffe zu einem erheblichen Abbau der Ozonschicht führen und sie auf andere Weise verändern können, was wahrscheinlich schädliche Auswirkungen auf die menschliche Gesundheit und die Umwelt zur Folge hat,

im Bewußtsein der möglichen klimatischen Auswirkungen von Emissionen dieser Stoffe,

im Bewußtsein, daß Maßnahmen, die zum Schutz der Ozonschicht vor einem Abbau getroffen werden, auf einschlägigen wissenschaftlichen Kenntnissen beruhen sollten, wobei technische und wirtschaftliche Erwägungen zu berücksichtigen sind,

entschlossen, die Ozonschicht durch Vorsorgemaßnahmen zur ausgewogenen Regelung der gesamten weltweiten Emissionen von Stoffen, die zu einem Abbau der Ozonschicht führen, zu schützen, mit dem Endziel, diese Stoffe auf der Grundlage der Entwicklung wissenschaftlicher Kenntnisse zu beseitigen, wobei technische und wirtschaftliche Erwägungen sowie die Entwicklungsbedürfnisse der Entwicklungsländer zu berücksichtigen sind,

in der Erkenntnis, daß besondere Vorkehrungen zur Deckung des Bedarfs der Entwicklungsländer notwendig sind, einschließlich der Bereitstellung zusätzlicher finanzieller Mittel und des Zugangs zu einschlägigen Technologien, wobei zu berücksichtigen ist, daß sich der Umfang der erforderlichen Mittel vorhersehen läßt und daß die Mittel die internationalen Möglichkeiten zur Behandlung des wissenschaftlich belegten Problems des Ozonabbaus und seiner schädlichen Auswirkungen erheblich verändern können,

im Hinblick auf die Vorsorgemaßnahmen zur Regelung der Emissionen bestimmter Fluorchlorkohlenwasserstoffe, die bereits auf nationaler und regionaler Ebene getroffen worden sind,

angesichts der Bedeutung der Förderung der internationalen Zusammenarbeit bei der Erforschung, Entwicklung und Weitergabe alternativer Techno-

---

[1)] Aus BGBl. 1988 II S. 1015, BGBl. 1991 II S. 1332 (Änderungen) und S. 1349 (Anpassungen), BGBl. 1993 II S. 2183 (Änderungen) und S. 2196 (Anpassungen), Bundesanzeiger 1996 S. 6650 (Anpassungen), BGBl. 1998 II S. 2733 (Anpassungen).
[2)] Die auf der Tagung vom 17. 9. 1997 in Montreal beschlossenen Änderungen (Quelle: BGBl. 1998 II S. 2691) sind noch nicht inkraft getreten.
[3)] Internationale Quelle: ILM 26 (1987) p. 1550, ILM 30 (1991) p. 541 (Änderungen) und p. 539 Anpassungen, ILM 32 (1993) p. 878 (Änderungen) und p. 875 (Anpassungen), UNEP/OzL. Pro. 7/12 (Anpassungen), UNEP/OzL. Pro. 9/12 (Anpassungen).

logien im Zusammenhang mit der Regelung und Verminderung der Emissionen von Stoffen, die zu einem Abbau der Ozonschicht führen, wobei die Bedürfnisse der Entwicklungsländer besonders zu berücksichtigen sind – sind wie folgt übereingekommen:

Art. 1 Begriffsbestimmungen. Im Sinne dieses Protokolls

1. bedeutet „Übereinkommen" das am 22. März 1985 angenommene Wiener Übereinkommen zum Schutz der Ozonschicht;

2. bedeutet „Vertragsparteien" die Vertragsparteien des Protokolls, sofern sich aus dem Wortlaut nichts anderes ergibt;

3. bedeutet „Sekretariat" das Sekretariat des Übereinkommens;

4. bedeutet „geregelter Stoff" einen in Anlage A, Anlage B, Anlage C oder Anlage E zu dem Protokoll aufgeführten Stoff, gleichviel ob er allein oder in einem Gemisch vorkommt. Der Ausdruck umfaßt die Isomere eines solchen Stoffes, sofern in der betreffenden Anlage nichts anderes bestimmt ist, nicht jedoch einen geregelten Stoff oder ein Gemisch, soweit sie in einem hergestellten Erzeugnis mit Ausnahme von Behältern für den Transport oder die Lagerung dieser Stoffe enthalten sind;

5. bedeutet „Produktion" die Menge der erzeugten geregelten Stoffe abzüglich der Menge, die durch von den Vertragsparteien zu genehmigende Verfahren vernichtet worden ist, und abzüglich der Menge, die zur Gänze als Ausgangsmaterial zur Herstellung anderer Chemikalien verwendet worden ist. Die wiederverwertete und wiederverwendete Menge ist nicht als „Produktion" anzusehen;

6. bedeutet „Verbrauch" die Produktion geregelter Stoffe zuzüglich der Einfuhren und abzüglich der Ausfuhren;

7. bedeutet „berechneter Umfang" der Produktion, der Einfuhren, der Ausfuhren und des Verbrauchs den in Übereinstimmung mit Artikel 3 bestimmten Umfang;

8. bedeutet „industrielle Rationalisierung" die Übertragung des gesamten oder eines Teiles des berechneten Umfangs der Produktion von einer Vertragspartei auf eine andere, um Wirtschaftlichkeit zu erreichen oder auf erwartete Versorgungsmängel aufgrund von Betriebsschließungen zu reagieren.

Art. 2 Regelungsmaßnahmen. (1) (*entfällt*) [jetzt Artikel 2A Absatz 1]

(2) (*entfällt*)

(3) (*entfällt*)

(4) (*entfällt*)

(5) Jede Vertragspartei kann für einen oder mehrere Regelungszeiträume einen beliebigen Teil des in den Artikeln 2A bis 2E und in Artikel 2H festgelegten berechneten Umfangs ihrer Produktion auf eine andere Vertragspartei übertragen, sofern der gesamte berechnete Umfang der zusammengefaßten Produktion der betreffenden Vertragsparteien für jede Gruppe geregelter Stoffe die in den genannten Artikeln für diese Gruppe festgelegten Produktionsgrenzen nicht übersteigt. Eine solche Übertragung der Produktion wird dem Sekretariat von jeder der betroffenen Vertragsparteien unter Angabe der Bedingungen der Übertragung und des Zeitraums, für den sie gelten soll, notifiziert.

(5bis) Jede nicht von Artikel 5 Absatz 1 erfaßte Vertragspartei kann für einen oder mehrere Regelungszeiträume einen beliebigen Teil des in Artikel 2F festgelegten berechneten Umfangs ihres Verbrauchs auf eine andere derartige Vertragspartei übertragen, sofern der berechnete Umfang des Verbrauchs der geregelten Stoffe in Gruppe I der Anlage A der Vertragspartei, die den Teil des berechneten Umfangs ihres Verbrauchs überträgt, im Jahr 1989 0,25 Kilogramm pro Kopf nicht übersteigt und sofern der gesamte berechnete Umfang des zusammengefaßten Verbrauchs der betreffenden Vertragsparteien die in Artikel 2F festgelegten Verbrauchsgrenzen nicht übersteigt. Eine solche Übertragung des Verbrauchs wird dem Sekretariat von jeder der betroffenen Vertragsparteien unter Angabe der Bedingungen der Übertragung und des Zeitraums, für den sie gelten soll, notifiziert.

(6) Jede nicht von Artikel 5 erfaßte Vertragspartei, die vor dem 16. September 1987 mit dem Bau von Anlagen zur Herstellung geregelter Stoffe in Anlage A oder Anlage B begonnen oder den Auftrag dafür erteilt und vor dem 1. Januar 1987 innerstaatliche Rechtsvorschriften dafür verabschiedet hat, kann die Produktion aus solchen Anlagen zu ihrer Produktion von 1986 hinzufügen, um den berechtigten Umfang ihrer Produktion für 1986 zu bestimmen, vorausgesetzt, daß diese Anlagen bis zum 31. Dezember 1990 fertiggestellt sind und die Produktion den jährlichen berechneten Umfang des Verbrauchs dieser Vertragspartei an geregelten Stoffen nicht über 0,5 kg pro Kopf steigen läßt.

(7) Jede Übertragung von Produktion nach Absatz 5 oder jede Hinzufügung von Produktion nach Absatz 6 wird dem Sekretariat spätestens zum Zeitpunkt der Übertragung oder der Hinzufügung notifiziert.

(8) a) Vertragsparteien, die Mitgliedstaaten einer Organisation der regionalen Wirtschaftsintegration im Sinne des Artikels 1 Absatz 6 des Übereinkommens sind, können vereinbaren, daß sie ihre Verpflichtungen bezüglich des Verbrauchs aufgrund dieses Artikels und der Artikel 2A bis 2H gemeinsam erfüllen werden; jedoch darf der gesamte berechnete Umfang ihres zusammengefaßten Verbrauchs den in diesem Artikel und den Artikeln 2A bis 2H vorgeschriebenen Umfang nicht übersteigen.

b) Die Vertragsparteien einer solchen Vereinbarung unterrichten das Sekretariat vor dem Tag der Verminderung des Verbrauchs, die Gegenstand der Vereinbarung ist, über die Bedingungen der Vereinbarung.

c) Eine solche Vereinbarung tritt nur in Kraft, wenn alle Mitgliedstaaten der Organisation der regionalen Wirtschaftsintegration und die betreffende Organisation Vertragsparteien des Protokolls sind und dem Sekretariat die Art der Durchführung notifiziert haben.

(9) a) auf der Grundlage der Bewertungen nach Artikel 6 können die Vertragsparteien beschließen,

i) ob Anpassungen der Ozonabbaupotentiale in Anlage A, Anlage B, Anlage C und/oder Anlage E vorgenommen werden sollen, und wenn ja, welche, und

ii) ob weitere Anpassungen und Verminderungen der Produktion oder des Verbrauchs der geregelten Stoffe vorgenommen werden sollen, und wenn ja, welcher Rahmen, welche Höhe und welcher Zeitplan für solche Anpassungen und Verminderungen gelten sollen.

b) Vorschläge zu solchen Anpassungen werden den Vertragsparteien mindestens sechs Monate vor der Tagung der Vertragsparteien, auf der sie zur Beschlußfassung vorgeschlagen werden, vom Sekretariat übermittelt.

c) Bei solchen Beschlüssen bemühen sich die Vertragsparteien nach Kräften um eine Einigung durch Konsens. Sind alle Bemühungen um einen Konsens erschöpft und wird keine Einigung erzielt, so werden als letztes Mittel solche Beschlüsse mit einer Zweidrittelmehrheit der anwesenden und abstimmenden Vertragsparteien angenommen, die eine Mehrheit der in Artikel 5 Absatz 1 bezeichneten anwesenden und abstimmenden Vertragsparteien und eine Mehrheit der nicht in jenem Artikel bezeichneten anwesenden und abstimmenden Vertragsparteien vertritt.

d) Die Beschlüsse, die für alle Vertragsparteien bindend sind, werden umgehend vom Verwahrer den Vertragsparteien mitgeteilt. Sofern in den Beschlüssen nichts anderes vorgesehen ist, treten sie nach Ablauf von sechs Monaten nach dem Tag der Absendung der Mitteilung durch den Verwahrer in Kraft.

(10) Auf der Grundlage der Bewertungen nach Artikel 6 des Protokolls und in Übereinstimmung mit dem Artikel 9 des Übereinkommens vorgesehenen Verfahren können die Vertragsparteien beschließen,

i) ob irgendwelche Stoffe und gegebenenfalls welche Stoffe in eine Anlage des Protokolls aufgenommen oder in einer Anlage gestrichen werden sollen,

ii) welches Verfahren, welcher Rahmen und welcher Zeitplan für Regelungsmaßnahmen für diese Stoffe gelten sollen.

(11) Ungeachtet der Bestimmungen dieses Artikels und der Artikel 2A bis 2H kann jede Vertragspartei strengere Maßnahmen als in diesem Artikel und den Artikeln 2A bis 2H vorgeschrieben treffen.

Art. 2A FCKW. (1) Jede Vertragspartei sorgt dafür, daß während des Zeitraums von zwölf Monaten, der am ersten Tag des siebten Monats nach Inkrafttreten dieses Protokolls beginnt, und in jedem Zwölfmonatszeitraum danach der berechnete Umfang ihres Verbrauchs der geregelten Stoffe in Gruppe I der Anlage A denjenigen von 1986 nicht übersteigt. Am Ende desselben Zeitraums sorgt jede Vertragspartei, die einen oder mehrere dieser Stoffe herstellt, dafür, daß der berechnete Umfang ihrer Produktion der Stoffe denjenigen von 1986 nicht übersteigt; jedoch kann dieser Umfang gegenüber demjenigen von 1986 um höchstens 10 v. H. zugenommen haben. Eine solche Zunahme ist nur zur Befriedigung der grundlegenden nationalen Bedürfnisse der in Artikel 5 bezeichneten Vertragsparteien und zum Zweck der industriellen Rationalisierung zwischen den Vertragsparteien zulässig.

(2) Jede Vertragspartei sorgt dafür, daß während des Zeitraums vom 1. Juli 1991 bis zum 31. Dezember 1992 der berechnete Umfang ihres Verbrauchs und ihrer Produktion der geregelten Stoffe in Gruppe I der Anlage A 150 v. H. desjenigen von 1986 nicht übersteigt; mit Wirkung vom 1. Januar 1993 läuft der Regelungszeitraum von zwölf Monaten für diese geregelten Stoffe vom 1. Januar bis 31. Dezember jedes Jahres.

(3) Jede Vertragspartei sorgt dafür, daß während des Zeitraums von zwölf Monaten, der am 1. Januar 1994 beginnt, und in jedem Zwölfmonatszeitraum danach der berechnete Umfang ihres Verbrauchs der geregelten Stoffe in Gruppe I der Anlage A jährlich 25 v. H. desjenigen von 1986 nicht übersteigt. Jede Vertragspartei, die einen oder mehrere dieser Stoffe herstellt, sorgt während derselben Zeiträume dafür, daß der berechnete Umfang ihrer Produktion dieser Stoffe jährlich 25 v. H. desjenigen von 1986 nicht übersteigt. Zur

Befriedigung der grundlegenden nationalen Bedürfnisse der in Artikel 5 Absatz 1 bezeichneten Vertragsparteien kann jedoch der berechnete Umfang ihrer Produktion diese Grenze um bis zu 10 v. H. desjenigen von 1986 übersteigen.

(4) Jede Vertragspartei sorgt dafür, daß während des Zeitraums von zwölf Monaten, der am 1. Januar 1996 beginnt, und in jedem Zwölfmonatszeitraum danach der berechnete Umfang ihres Verbrauchs der geregelten Stoffe in Gruppe I der Anlage A Null nicht übersteigt. Jede Vertragspartei, die einen oder mehrere dieser Stoffe herstellt, sorgt während derselben Zeiträume dafür, daß der berechnete Umfang ihrer Produktion dieser Stoffe Null nicht übersteigt. Zur Befriedigung der grundlegenden nationalen Bedürfnisse der in Artikel 5 Absatz 1 bezeichneten Vertragsparteien kann jedoch der berechnete Umfang ihrer Produktion diese Grenze um bis zu 15 v. H. desjenigen von 1986 übersteigen. Dieser Absatz findet Anwendung, soweit nicht die Vertragsparteien beschließen, den Umfang der Produktion oder des Verbrauchs zu gestatten, der zur Erfüllung von Zwecken notwendig ist, die von ihnen einvernehmlich als wesentlich erachtet werden.

Art. 2B Halone. (1) Jede Vertragspartei sorgt dafür, daß während des Zeitraums von zwölf Monaten, der am 1. Januar 1992 beginnt, und in jedem Zwölfmonatszeitraum danach der berechnete Umfang ihres Verbrauchs der geregelten Stoffe in Gruppe II der Anlage A jährlich denjenigen von 1986 nicht übersteigt. Jede Vertragspartei, die einen oder mehrere dieser Stoffe herstellt, sorgt während derselben Zeiträume dafür, daß der berechnete Umfang ihrer Produktion dieser Stoffe jährlich denjenigen von 1986 nicht übersteigt. Zur Befriedigung der grundlegenden nationalen Bedürfnisse der in Artikel 5 Absatz 1 bezeichneten Vertragsparteien kann jedoch der berechnete Umfang ihrer Produktion diese Grenze um bis zu 10 v. H. desjenigen von 1986 übersteigen.

(2) Jede Vertragspartei sorgt dafür, daß während des Zeitraums von zwölf Monaten, der am 1. Januar 1994 beginnt, und in jedem Zwölfmonatszeitraum danach der berechnete Umfang ihres Verbrauchs der geregelten Stoffe in Gruppe II der Anlage A Null nicht übersteigt. Jede Vertragspartei, die einen oder mehrere dieser Stoffe herstellt, sorgt während derselben Zeiträume dafür, daß der berechnete Umfang ihrer Produktion dieser Stoffe Null nicht übersteigt. Zur Befriedigung der grundlegenden nationalen Bedürfnisse der in Artikel 5 Absatz 1 bezeichneten Vertragsparteien kann jedoch der berechnete Umfang ihrer Produktion diese Grenze um bis zu 15 v. H. desjenigen von 1986 übersteigen. Dieser Absatz findet Anwendung, soweit nicht die Vertragsparteien beschließen, den Umfang der Produktion oder des Verbrauchs zu gestatten, der zur Erfüllung von Zwecken notwendig ist, die von ihnen einvernehmlich als wesentlich erachtet werden.

Art. 2C Sonstige vollständig halogenierte FCKW. (1) Jede Vertragspartei sorgt dafür, daß während des Zeitraums von zwölf Monaten, der am 1. Januar 1993 beginnt, und in jedem Zwölfmonatszeitraum danach der berechnete Umfang ihres Verbrauchs der geregelten Stoffe in Gruppe I der Anlage B jährlich 80 v. H. desjenigen von 1989 nicht übersteigt. Jede Vertragspartei, die einen oder mehrere dieser Stoffe herstellt, sorgt während derselben Zeiträume dafür, daß der berechnete Umfang ihrer Produktion dieser Stoffe jährlich 80 v. H. desjenigen von 1989 nicht übersteigt. Zur Befriedigung der grundlegenden nationalen Bedürfnisse der in Artikel 5 Absatz 1 bezeichneten Vertragsparteien kann jedoch der berechnete Umfang ihrer Produktion diese Grenze um bis zu 10 v. H. desjenigen von 1989 übersteigen.

(2) Jede Vertragspartei sorgt dafür, daß während des Zeitraums von zwölf Monaten, der am 1. Januar 1994 beginnt, und in jedem Zwölfmonatszeitraum danach der berechnete Umfang ihres Verbrauchs der geregelten Stoffe in Gruppe I der Anlage B jährlich 25 v. H. desjenigen von 1989 nicht übersteigt. Jede Vertragspartei, die einen oder mehrere dieser Stoffe herstellt, sorgt während derselben Zeiträume dafür, daß der berechnete Umfang ihrer Produktion dieser Stoffe jährlich 25 v. H. desjenigen von 1989 nicht übersteigt. Zur Befriedigung der grundlegenden nationalen Bedürfnisse der in Artikel 5 Absatz 1 bezeichneten Vertragsparteien kann jedoch der berechnete Umfang ihrer Produktion diese Grenze um bis zu 10 v. H. desjenigen von 1989 übersteigen.

(3) Jede Vertragspartei sorgt dafür, daß während des Zeitraums von zwölf Monaten, der am 1. Januar 1996 beginnt, und in jedem Zwölfmonatszeitraum danach der berechnete Umfang ihres Verbrauchs der geregelten Stoffe in Gruppe I der Anlage B Null nicht übersteigt. Jede Vertragspartei, die einen oder mehrere dieser Stoffe herstellt, sorgt während derselben Zeiträume dafür, daß der berechnete Umfang ihrer Produktion dieser Stoffe Null nicht übersteigt. Zur Befriedigung der grundlegenden nationalen Bedürfnisse der in Artikel 5 Absatz 1 bezeichneten Vertragsparteien kann jedoch der berechnete Umfang ihrer Produktion diese Grenze um bis zu 15 v. H. desjenigen von 1989 übersteigen. Dieser Absatz findet Anwendung, soweit nicht die Vertragsparteien beschließen, den Umfang der Produktion oder des Verbrauchs zu gestatten, der zur Erfüllung von Zwecken notwendig ist, die von ihnen einvernehmlich als wesentlich erachtet werden.

Art. 2D Tetrachlorkohlenstoff. (1) Jede Vertragspartei sorgt dafür, daß während des Zeitraums von zwölf Monaten, der am 1. Januar 1995 beginnt, und in jedem Zwölfmonatszeitraum danach der berechnete Umfang ihres Verbrauchs des geregelten Stoffes in Gruppe II der Anlage B jährlich 15 v. H. desjenigen von 1989 nicht übersteigt. Jede Vertragspartei, die diesen Stoff herstellt, sorgt während derselben Zeiträume dafür, daß der berechnete Umfang ihrer Produktion dieses Stoffes jährlich 15 v. H. desjenigen von 1989 nicht übersteigt. Zur Befriedigung der grundlegenden nationalen Bedürfnisse der in Artikel 5 Absatz 1 bezeichneten Vertragsparteien kann jedoch der berechnete Umfang ihrer Produktion diese Grenze um bis zu 10 v. H. desjenigen von 1989 übersteigen.

(2) Jede Vertragspartei sorgt dafür, daß während des Zeitraums von zwölf Monaten, der am 1. Januar 1996 beginnt, und in jedem Zwölfmonatszeitraum danach der berechnete Umfang ihres Verbrauchs des geregelten Stoffes in Gruppe II der Anlage B Null nicht übersteigt. Jede Vertragspartei, die diesen Stoff herstellt, sorgt während derselben Zeiträume dafür, daß der berechnete Umfang ihrer Produktion dieses Stoffes Null nicht übersteigt. Zur Befriedigung der grundlegenden nationalen Bedürfnisse der in Artikel 5 Absatz 1 bezeichneten Vertragsparteien kann jedoch der berechnete Umfang ihrer Produktion diese Grenze um bis zu 15 v. H. desjenigen von 1989 übersteigen. Dieser Absatz findet Anwendung, soweit nicht die Vertragsparteien beschlie-

ßen, den Umfang der Produktion oder des Verbrauchs zu gestatten, der zur Erfüllung von Zwecken notwendig ist, die von ihnen einvernehmlich als wesentlich erachtet werden.

Art. 2E 1, 1, 1-Trichlorethan (Methylchloroform). (1) Jede Vertragspartei sorgt dafür, daß während des Zeitraums von zwölf Monaten, der am 1. Januar 1993 beginnt, und in jedem Zwölfmonatszeitraum danach der berechnete Umfang ihres Verbrauchs des geregelten Stoffes in Gruppe III der Anlage B jährlich denjenigen von 1989 nicht übersteigt. Jede Vertragspartei, die diesen Stoff herstellt, sorgt während derselben Zeiträume dafür, daß der berechnete Umfang ihrer Produktion dieses Stoffes jährlich denjenigen von 1989 nicht übersteigt. Zur Befriedigung der grundlegenden nationalen Bedürfnisse der in Artikel 5 Absatz 1 bezeichneten Vertragsparteien kann jedoch der berechnete Umfang ihrer Produktion diese Grenze um bis zu 10 v. H. desjenigen von 1989 übersteigen.

(2) Jede Vertragspartei sorgt dafür, daß während des Zeitraums von zwölf Monaten, der am 1. Januar 1994 beginnt, und in jedem Zwölfmonatszeitraum danach der berechnete Umfang ihres Verbrauchs des geregelten Stoffes in Gruppe III der Anlage B jährlich 50 v. H. desjenigen von 1989 nicht übersteigt. Jede Vertragspartei, die diesen Stoff herstellt, sorgt während derselben Zeiträume dafür, daß der berechnete Umfang ihrer Produktion dieses Stoffes jährlich 50 v. H. desjenigen von 1989 nicht übersteigt. Zur Befriedigung der grundlegenden nationalen Bedürfnisse der in Artikel 5 Absatz 1 bezeichneten Vertragsparteien kann jedoch der berechnete Umfang ihrer Produktion diese Grenze um bis zu 10 v. H. desjenigen von 1989 übersteigen.

(3) Jede Vertragspartei sorgt dafür, daß während des Zeitraums von zwölf Monaten, der am 1. Januar 1996 beginnt, und in jedem Zwölfmonatszeitraum danach der berechnete Umfang ihres Verbrauchs des geregelten Stoffes in Gruppe III der Anlage B Null nicht übersteigt. Jede Vertragspartei, die diesen Stoff herstellt, sorgt während derselben Zeiträume dafür, daß der berechnete Umfang ihrer Produktion dieses Stoffes Null nicht übersteigt. Zur Befriedigung der grundlegenden nationalen Bedürfnisse der in Artikel 5 Absatz 1 bezeichneten Vertragsparteien kann jedoch der berechnete Umfang ihrer Produktion diese Grenze um bis zu 15 v. H. desjenigen von 1989 übersteigen. Dieser Absatz findet Anwendung, soweit nicht die Vertragsparteien beschließen, den Umfang der Produktion oder des Verbrauchs zu gestatten, der zur Erfüllung von Zwecken notwendig ist, die von ihnen einvernehmlich als wesentlich erachtet werden.

Art. 2F Teilhalogenierte Fluorchlorkohlenwasserstoffe. (1) Jede Vertragspartei sorgt dafür, daß während des Zeitraums von zwölf Monaten, der am 1. Januar 1996 beginnt, und in jedem Zwölfmonatszeitraum danach der berechnete Umfang ihres Verbrauchs der geregelten Stoffe in Gruppe I der Anlage C jährlich die Summe aus
a) 2,8 v. H. des berechneten Umfangs ihres Verbrauchs der geregelten Stoffe in Gruppe I der Anlage A von 1989 und
b) dem berechneten Umfang ihres Verbrauchs der geregelten Stoffe in Gruppe I der Anlage C von 1989
nicht übersteigt.

(2) Jede Vertragspartei sorgt dafür, daß während des Zeitraums von zwölf Monaten, der am 1. Januar 2004 beginnt, und in jedem Zwölfmonatszeitraum danach der berechnete Umfang ihres Verbrauchs der geregelten Stoffe in Gruppe I der Anlage C jährlich 65 v. H. der in Absatz I genannten Summe nicht übersteigt.

(3) Jede Vertragspartei sorgt dafür, daß während des Zeitraums von zwölf Monaten, der am 1. Januar 2010 beginnt, und in jedem Zwölfmonatszeitraum danach der berechnete Umfang ihres Verbrauchs der geregelten Stoffe in Gruppe I der Anlage C jährlich 35 v. H. der in Absatz 1 genannten Summe nicht übersteigt.

(4) Jede Vertragspartei sorgt dafür, daß während des Zeitraums von zwölf Monaten, der am 1. Januar 2015 beginnt, und in jedem Zwölfmonatszeitraum danach der berechnete Umfang ihres Verbrauchs der geregelten Stoffe in Gruppe I der Anlage C jährlich 10 v. H. der in Absatz 1 genannten Summe nicht übersteigt.

(5) Jede Vertragspartei sorgt dafür, daß während des Zeitraums von zwölf Monaten, der am 1. Januar 2020 beginnt, und in jedem Zwölfmonatszeitraum danach der berechnete Umfang ihres Verbrauchs der geregelten Stoffe in Gruppe I der Anlage C jährlich 0,5 v. H. der in Absatz 1 genannten Summe nicht übersteigt. Dieser Verbrauch ist jedoch auf die Wartungsarbeiten an den zu diesem Zeitpunkt bereits im Betrieb befindlichen Kälte- und Klimaanlagen zu beschränken.

(6) Jede Vertragspartei sorgt dafür, daß während des Zeitraums von zwölf Monaten, der am 1. Januar 2030 beginnt, und in jedem Zwölfmonatszeitraum danach der berechnete Umfang ihres Verbrauchs der geregelten Stoffe in Gruppe I der Anlage C Null nicht übersteigt.

(7) Vom 1. Januar 1996 an wird sich jede Vertragspartei bemühen, dafür zu sorgen,

a) daß die Verwendung geregelter Stoffe in Gruppe I der Anlage C auf diejenigen Anwendungen beschränkt wird, für die andere umweltverträgliche alternative Stoffe oder Verfahren nicht vorhanden sind;

b) daß die Verwendung geregelter Stoffe in Gruppe I der Anlage C nicht außerhalb der Anwendungsbereiche erfolgt, in denen gegenwärtig die geregelten Stoffe in den Anlagen A, B und C verwendet werden, außer in seltenen Fällen zum Schutz des menschlichen Lebens oder der menschlichen Gesundheit;

c) daß die geregelten Stoffe in Gruppe I der Anlage C im Hinblick auf ihre Verwendung so ausgewählt werden, daß sie nicht nur anderen Umwelt-, Sicherheits- und Wirtschaftsbelangen gerecht werden, sondern auch möglichst wenig zum Abbau der Ozonschicht beitragen.

Art. 2G Teilhalogenierte Fluorbromkohlenwasserstoffe. Jede Vertragspartei sorgt dafür, daß während des Zeitraums von zwölf Monaten, der am 1. Januar 1996 beginnt, und in jedem Zwölfmonatszeitraum danach der berechnete Umfang ihres Verbrauchs der geregelten Stoffe in Gruppe II der Anlage C Null nicht übersteigt. Jede Vertragspartei, welche die Stoffe herstellt, sorgt während derselben Zeiträume dafür, daß der berechnete Umfang ihrer Produktion der Stoffe Null nicht übersteigt. Dieser Absatz findet Anwendung, soweit nicht die Vertragsparteien beschließen, den Umfang der

Produktion oder des Verbrauchs zu gestatten, der zur Erfüllung von Zwecken notwendig ist, die von ihnen einvernehmlich als wesentlich erachtet werden.

Art. 2H Methylbromid. (1) Jede Vertragspartei sorgt dafür, das während des Zeitraums von zwölf Monaten, der am 1. Januar 1995 beginnt, und in jedem Zwölfmonatszeitraum danach der berechnete Umfang ihres Verbrauchs des geregelten Stoffes in Anlage E jährlich denjenigen von 1991 nicht übersteigt. Jede Vertragspartei, die den Stoff herstellt, sorgt während derselben Zeiträume dafür, daß der berechnete Umfang ihrer Produktion dieses Stoffes jährlich denjenigen von 1991 nicht übersteigt. Zur Befriedigung der grundlegenden nationalen Bedürfnisse der in Artikel 5 Absatz 1 bezeichneten Vertragsparteien kann jedoch der berechnete Umfang ihrer Produktion diese Grenze um bis zu 10 v. H. desjenigen von 1991 übersteigen.

(2) Jede Vertragspartei sorgt dafür, das während des Zeitraums von zwölf Monaten, der am 1. Januar 1999 beginnt, und in dem Zwölfmonatszeitraum danach der berechnete Umfang ihres Verbrauchs des geregelten Stoffes in Anlage E jährlich 75 v. H. desjenigen von 1991 nicht übersteigt. Jede Vertragspartei, die diesen Stoff herstellt, sorgt während derselben Zeiträume dafür, daß der berechnete Umfang ihrer Produktion dieses Stoffes jährlich 75 v. H. desjenigen von 1991 nicht übersteigt. Zur Befriedigung der grundlegenden nationalen Bedürfnisse der in Artikel 5 Absatz 1 bezeichneten Vertragsparteien kann jedoch der berechnete Umfang ihrer Produktion diese Grenze um bis zu 10 v. H. desjenigen von 1991 übersteigen.

(3) Jede Vertragspartei sorgt dafür, daß während des Zeitraums von zwölf Monaten, der am 1. Januar 2001 beginnt, und in dem Zwölfmonatszeitraum danach der berechnete Umfang ihres Verbrauchs des geregelten Stoffes in Anlage E jährlich 50 v. H. desjenigen von 1991 nicht übersteigt. Jede Vertragspartei, die diesen Stoff herstellt, sorgt während derselben Zeiträume dafür, daß der berechnete Umfang ihrer Produktion dieses Stoffes jährlich 50 v. H. desjenigen von 1991 nicht übersteigt. Zur Befriedigung der grundlegenden nationalen Bedürfnisse der in Artikel 5 Absatz 1 bezeichneten Vertragsparteien kann jedoch der berechnete Umfang ihrer Produktion diese Grenze um bis zu 10 v. H. desjenigen von 1991 übersteigen.

(4) Jede Vertragspartei sorgt dafür, daß während des Zeitraums von zwölf Monaten, der am 1. Januar 2003 beginnt, und in dem Zwölfmonatszeitraum danach der berechnete Umfang ihres Verbrauchs des geregelten Stoffes in Anlage E jährlich 30 v. H. desjenigen von 1991 nicht übersteigt. Jede Vertragspartei, die diesen Stoff herstellt, sorgt während derselben Zeiträume dafür, daß der berechnete Umfang ihrer Produktion dieses Stoffes jährlich 30 v. H. desjenigen von 1991 nicht übersteigt. Zur Befriedigung der grundlegenden nationalen Bedürfnisse der in Artikel 5 Absatz 1 bezeichneten Vertragsparteien kann jedoch der berechnete Umfang ihrer Produktion diese Grenze um bis zu 10 v. H. desjenigen von 1991 übersteigen.

(5) Jede Vertragspartei sorgt dafür, daß während des Zeitraums von zwölf Monaten, der am 1. Januar 2005 beginnt, und in jedem Zwölfmonatszeitraum danach der berechnete Umfang ihres Verbrauchs des geregelten Stoffes in Anlage E Null nicht übersteigt. Jede Vertragspartei, die diesen Stoff herstellt, sorgt während derselben Zeiträume dafür, daß der berechnete Umfang ihrer Produktion dieses Stoffes Null nicht übersteigt. Zur Befriedigung der grundlegenden nationalen Bedürfnisse der in Artikel 5 Absatz 1 bezeichneten Ver-

tragsparteien kann jedoch der berechnete Umfang ihrer Produktion diese Grenze um bis zu 15 v. H. desjenigen von 1991 übersteigen. Dieser Absatz findet Anwendung, soweit nicht die Vertragsparteien beschließen, den Umfang der Produktion oder des Verbrauchs zu gestatten, der zur Erfüllung von Zwecken notwendig ist, die von ihnen einvernehmlich als grundlegend wichtig erachtet werden.

(6) Der berechnete Umfang des Verbrauchs und der Produktion nach diesem Artikel schließt nicht die Mengen ein, die von der Vertragspartei in Quarantänefällen und vor einem Transport verwendet werden.

Art. 3 Berechnung der Grundlagen für Regelungen. Für die Zwecke der Artikel 2, 2A bis 2H und 5 bestimmt jede Vertragspartei für jede Gruppe von Stoffen in Anlage A, Anlage B, Anlage C oder Anlage E den berechneten Umfang
a) ihrer Produktion durch
   i) Multiplikation der jährlichen Produktion jedes geregelten Stoffes mit dem in Anlage A, Anlage B, Anlage C oder Anlage E für diesen Stoff festgelegten Ozonabbaupotential und
   ii) Addition der Ergebnisse für jede Gruppe;
b) ihrer Einfuhren und Ausfuhren durch sinngemäße Anwendung des unter Buchstabe a vorgesehenen Verfahrens;
c) ihres Verbrauchs durch Addition des berechneten Umfangs ihrer Produktion und ihrer Einfuhren und Substraktion des berechneten Umfangs ihrer Ausfuhren, bestimmt nach den Buchstaben a und b. Vom 1. Januar 1993 an werden jedoch Ausfuhren geregelter Stoffe an Nichtvertragsparteien bei der Berechnung des Umfangs des Verbrauchs der ausführenden Vertragspartei nicht abgezogen.

Art. 4 Regelung des Handels mit Nichtvertragsparteien. (1) Mit Wirkung vom 1. Januar 1990 verbietet jede Vertragspartei die Einfuhr der geregelten Stoffe in Anlage A aus jedem Staat, der nicht Vertragspartei des Protokolls ist.

(1bis) Innerhalb eines Jahres nach Inkrafttreten dieses Absatzes verbietet jede Vertragspartei die Einfuhr der geregelten Stoffe in Anlage B aus jedem Staat, der nicht Vertragspartei des Protokolls ist.

(1ter) Innerhalb eines Jahres nach Inkrafttreten dieses Absatzes verbietet jede Vertragspartei die Einfuhr aller geregelten Stoffe in Gruppe II der Anlage C aus jedem Staat, der nicht Vertragspartei des Protokolls ist.

(2) Mit Wirkung vom 1. Januar 1993 verbietet jede Vertragspartei die Ausfuhr aller geregelten Stoffe in Anlage A in jeden Staat, der nicht Vertragspartei des Protokolls ist.

(2bis) Vom Ablauf eines Jahres nach Inkrafttreten dieses Absatzes an verbietet jede Vertragspartei die Ausfuhr aller geregelten Stoffe in Anlage B in jeden Staat, der nicht Vertragspartei des Protokolls ist.

(2ter) Vom Ablauf eines Jahres nach Inkrafttreten dieses Absatzes an verbietet jede Vertragspartei die Ausfuhr aller geregelten Stoffe in Gruppe II der Anlage C in jeden Staat, der nicht Vertragspartei des Protokolls ist.

(3) Bis zum 1. Januar 1992 erarbeiten die Vertragsparteien nach den in Artikel 10 des Übereinkommens vorgesehenen Verfahren in einer Anlage eine

Liste der Erzeugnisse, die geregelte Stoffe in Anlage A enthalten. Vertragsparteien, die gegen die Anlage nicht Einspruch nach diesen Verfahren eingelegt haben, verbieten innerhalb eines Jahres nach Inkrafttreten der Anlage die Einfuhr dieser Erzeugnisse aus Staaten, die nicht Vertragsparteien des Protokolls sind.

(3bis) Innerhalb von drei Jahren nach Inkrafttreten dieses Absatzes erarbeiten die Vertragsparteien nach den in Artikel 10 des Übereinkommens vorgesehenen Verfahren in einer Anlage eine Liste der Erzeugnisse, die geregelte Stoffe in Anlage B enthalten. Vertragsparteien, die gegen die Anlage nicht Einspruch nach diesen Verfahren eingelegt haben, verbieten innerhalb eines Jahres nach Inkrafttreten der Anlage die Einfuhr dieser Erzeugnisse aus Staaten, die nicht Vertragsparteien des Protokolls sind.

(3ter) Innerhalb von drei Jahren nach Inkrafttreten dieses Absatzes erarbeiten die Vertragsparteien nach den in Artikel 10 des Übereinkommens vorgesehenen Verfahren in einer Anlage eine Liste der Erzeugnisse, die geregelte Stoffe in Gruppe II der Anlage C enthalten. Vertragsparteien, die gegen die Anlage nicht Einspruch nach diesen Verfahren eingelegt haben, verbieten innerhalb eines Jahres nach Inkrafttreten der Anlage die Einfuhr dieser Erzeugnisse aus Staaten, die nicht Vertragsparteien des Protokolls sind.

(4) Bis zum 1. Januar 1994 befinden die Vertragsparteien darüber, ob es durchführbar ist, die Einfuhr von Erzeugnissen, die mit geregelten Stoffen in Anlage A hergestellt werden, jedoch keine geregelten Stoffe in Anlage A enthalten, aus Staaten, die nicht Vertragsparteien des Protokolls sind, zu verbieten oder zu beschränken. Wenn dies für durchführbar befunden wird, erarbeiten die Vertragsparteien nach den in Artikel 10 des Übereinkommens vorgesehenen Verfahren in einer Anlage eine Liste solcher Erzeugnisse. Vertragsparteien, die gegen die Anlage nicht Einspruch nach diesen Verfahren eingelegt haben, verbieten oder beschränken innerhalb eines Jahres nach Inkrafttreten der Anlage die Einfuhr dieser Erzeugnisse aus Staaten, die nicht Vertragsparteien des Protokolls sind.

(4bis) Innerhalb von fünf Jahren nach Inkrafttreten dieses Absatzes befinden die Vertragsparteien darüber, ob es durchführbar ist, die Einfuhr von Erzeugnissen, die mit geregelten Stoffen in Anlage B hergestellt werden, jedoch keine geregelten Stoffe in Anlage B enthalten, aus Staaten, die nicht Vertragsparteien des Protokolls sind, zu verbieten oder zu beschränken. Wenn dies für durchführbar befunden wird, erarbeiten die Vertragsparteien nach den in Artikel 10 des Übereinkommens vorgesehenen Verfahren in einer Anlage eine Liste solcher Erzeugnisse. Vertragsparteien, die gegen die Anlage nicht Einspruch nach diesen Verfahren eingelegt haben, verbieten oder beschränken innerhalb eines Jahres nach Inkrafttreten der Anlage die Einfuhr dieser Erzeugnisse aus Staaten, die nicht Vertragsparteien des Protokolls sind.

(4ter) Innerhalb von fünf Jahren nach Inkrafttreten dieses Absatzes befinden die Vertragsparteien darüber, ob es durchführbar ist, die Einfuhr von Erzeugnissen, die mit geregelten Stoffen in Gruppe II der Anlage C hergestellt werden, jedoch keine solchen Stoffe in Anlage B enthalten, aus Staaten, die nicht Vertragsparteien des Protokolls sind, zu verbieten oder zu beschränken. Wenn dies für durchführbar befunden wird, erarbeiten die Vertragsparteien nach den in Artikel 10 des Übereinkommens vorgesehenen Verfahren in einer Anlage eine Liste solcher Erzeugnisse. Vertragsparteien, die gegen die Anlage nicht Einspruch nach diesen Verfahren eingelegt haben, verbieten oder beschränken innerhalb eines Jahres nach Inkrafttreten der Anlage die Einfuhr dieser Erzeugnisse aus Staaten, die nicht Vertragsparteien des Protokolls sind.

(5) Jede Vertragspartei wird nach besten Kräften bestrebt sein, der Ausfuhr von Technologie zur Herstellung und Verwendung geregelter Stoffe in den Anlagen A und B und in Gruppe II der Anlage C in Staaten, die nicht Vertragsparteien des Protokolls sind, entgegenzuwirken.

(6) Jede Vertragspartei sieht davon ab, neue Subventionen, Hilfen, Kredite, Garantien oder Versicherungsprogramme für die Ausfuhr von Erzeugnissen, Ausrüstung, Anlagen oder Technologien, welche die Herstellung geregelter Stoffe in den Anlagen A und B und in Gruppe II der Anlage C erleichtern, in Staaten zur Verfügung zu stellen, die nicht Vertragsparteien des Protokolls sind.

(7) Die Absätze 5 und 6 gelten nicht für Erzeugnisse, Ausrüstung, Anlagen oder Technologie, welche die Einkapselung, Rückgewinnung, Verwertung oder Vernichtung geregelter Stoffe in den Anlagen A und B und in Gruppe II der Anlage C verbessern, die Entwicklung alternativer Stoffe fördern oder sonst zur Verminderung der Emissionen geregelter Stoffe in den Anlagen A und B und in Gruppe II der Anlage C beitragen.

(8) Ungeachtet der Bestimmungen dieses Artikels können die in den Absätzen 1 bis 4ter bezeichneten Einfuhren aus jedem Staat, der nicht Vertragspartei des Protokolls ist, und die in den Absätzen 1 bis 4ter bezeichneten Ausfuhren in jeden Staat, der nicht Vertragspartei des Protokolls ist, erlaubt werden, wenn eine Tagung der Vertragsparteien feststellt, daß der betreffende Staat den Artikel 2, die Artikel 2A bis 2E, Artikel 2G und den vorliegenden Artikel voll einhält und diesbezügliche Daten nach Artikel 7 vorgelegt hat.

(9) Im Sinne dieses Artikels umfaßt der Begriff „Staat, der nicht Vertragspartei des Protokolls ist" im Hinblick auf einen bestimmten geregelten Stoff einen Staat oder eine Organisation der regionalen Wirtschaftsintegration, die nicht zugestimmt haben, durch die Regelungsmaßnahmen für diesen Stoff gebunden zu sein.

(10) Bis zum 1. Januar 1996 prüfen die Vertragsparteien, ob sie dieses Protokoll ändern sollen, um die in diesem Artikel genannten Maßnahmen auf den Handel mit geregelten Stoffen in Gruppe I der Anlage C und in Anlage E mit Staaten, die nicht Vertragsparteien des Protokolls sind, auszudehnen.

Art. 5 Besondere Lage der Entwicklungsländer. (1) Jede Vertragspartei, die ein Entwicklungsland ist und deren jährlicher berechneter Umfang des Verbrauchs der geregelten Stoffe in Anlage A am Tag des Inkrafttretens dieses Protokolls für diese Vertragspartei oder zu irgendeiner Zeit danach bis zum 1. Januar 1999 unter 0,3 kg pro Kopf liegt, kann die Erfüllung der in den Artikeln 2A bis 2E vorgesehenen Regelungsmaßnahmen um zehn Jahre verschieben, um ihre grundlegenden nationalen Bedürfnisse zu decken; jedoch findet jede weitere Änderung der Anpassungen oder der Änderung, die auf der zweiten Tagung der Vertragsparteien am 29. Juni 1990 in London angenommen wurden, auf die in diesem Absatz bezeichneten Vertragsparteien Anwendung, nachdem die in Absatz 8 vorgesehene Überprüfung stattgefunden hat, und gründet sich auf die Schlußfolgerungen dieser Überprüfung.

(1bis) Unter Berücksichtigung der Überprüfung nach Absatz 8 des vorliegenden Artikels, der Bewertungen nach Artikel 6 und aller zweckdienlichen

Informationen beschließen die Vertragsparteien bis zum 1. Januar 1996 nach dem in Artikel 2 Absatz 9 dargelegten Verfahren

a) in bezug auf Artikel 2F Absätze 1 bis 6 das Bezugsjahr, die Ausgangsmengen, die Regelungszeitpläne und die Auslauffristen für den Verbrauch der geregelten Stoffe in Gruppe I der Anlage C, die auf die in Absatz 1 des vorliegenden Artikels bezeichneten Vertragsparteien Anwendung finden;

b) in bezug auf Artikel 2G die Auslauffrist für die Produktion und den Verbrauch der geregelten Stoffe in Gruppe II der Anlage C, die auf die in Absatz 1 des vorliegenden Artikels bezeichneten Vertragsparteien Anwendung findet, und

c) in bezug auf Artikel 2H das Bezugsjahr, die Ausgangsmengen und die Regelungszeitpläne für die Produktion und den Verbrauch des geregelten Stoffes in Anlage E, die auf die in Absatz 1 des vorliegenden Artikels bezeichneten Vertragsparteien Anwendung finden.

(2) Eine in Absatz 1 bezeichnete Vertragspartei darf jedoch weder einen jährlichen berechneten Umfang des Verbrauchs der geregelten Stoffe in Anlage A von 0,3 kg pro Kopf noch einen jährlichen berechneten Umfang des Verbrauchs der geregelten Stoffe in Anlage B von 0,2 kg pro Kopf überschreiten.

(3) Bei der Durchführung der in den Artikeln 2A bis 2E festgelegten Regelungsmaßnahmen hat jede in Absatz 1 bezeichnete Vertragspartei das Recht,

a) für geregelte Stoffe nach Anlage A entweder den Durchschnitt des jährlichen berechneten Umfangs ihres Verbrauchs von 1995 bis 1997 oder einen berechneten Umfang des Verbrauchs von 0,3 kg pro Kopf als Grundlage für die Feststellung der Einhaltung der auf den Verbrauch bezogenen Regelungsmaßnahmen zu benutzen, wenn dieser Wert niedriger ist;

b) für geregelte Stoffe nach Anlage B den Durchschnitt des jährlichen berechneten Umfangs ihres Verbrauchs von 1998 bis 2000 oder einen berechneten Umfang des Verbrauchs von 0,2 kg pro Kopf als Grundlage für die Feststellung der Einhaltung der auf den Verbrauch bezogenen Regelungsmaßnahmen zu benutzen, wenn dieser Wert niedriger ist;

c) für geregelte Stoffe nach Anlage A entweder den Durchschnitt des jährlichen berechneten Umfangs ihrer Produktion von 1995 bis 1997 oder einen berechneten Umfang der Produktion von 0,3 kg pro Kopf als Grundlage für die Feststellung der Einhaltung der auf die Produktion bezogenen Regelungsmaßnahmen zu benutzen, wenn dieser Wert niedriger ist;

d) für geregelte Stoffe nach Anlage B entweder den Durchschnitt des jährlichen berechneten Umfangs ihrer Produktion von 1998 bis 2000 oder einen berechneten Umfang der Produktion von 0,2 kg pro Kopf als Grundlage für die Feststellung der Einhaltung der auf die Produktion bezogenen Regelungsmaßnahmen zu benutzen, wenn dieser Wert niedriger ist.

(4) Sieht sich eine in Absatz 1 bezeichnete Vertragspartei zu irgendeiner Zeit, bevor die in den Artikeln 2A bis 2H bezeichneten Verpflichtungen hinsichtlich der Regelungsmaßnahmen auf sie Anwendung finden, nicht in der Lage, eine ausreichende Versorgung mit geregelten Stoffen zu erlangen, so kann sie dies dem Sekretariat notifizieren. Das Sekretariat übermittelt eine Kopie dieser Notifikation umgehend den Vertragsparteien; diese beraten die Angelegenheit auf ihrer nächsten Tagung und beschließen angemessene Maßnahmen.

(5) Die Entwicklung der Fähigkeit der in Absatz 1 bezeichneten Vertragsparteien zur Erfüllung ihrer Verpflichtungen, die in den Artikeln 2A bis 2E bezeichneten Regelungsmaßnahmen und alle in den Artikeln 2F bis 2H genannten Verpflichtungen, die nach Absatz 1bis des vorliegenden Artikels beschlossen werden, einzuhalten, und die Umsetzung dieser Maßnahmen durch diese Vertragsparteien sind abhängig von der wirksamen Durchführung der in Artikel 10 vorgesehenen finanziellen Zusammenarbeit und der in Artikel 10A vorgesehenen Weitergabe von Technologie.

(6) Jede in Absatz 1 bezeichnete Vertragspartei kann dem Sekretariat jederzeit schriftlich notifizieren, daß sie, obwohl sie alle durchführbaren Schritte unternommen hat, aufgrund der unzureichenden Durchführung der Artikel 10 und 10A nicht in der Lage ist, einzelne oder alle in den Artikeln 2A bis 2E genannten Verpflichtungen oder einzelne oder alle in den Artikeln 2F bis 2H genannten Verpflichtungen, die nach Absatz 1bis des vorliegenden Artikels beschlossen werden, zu erfüllen. Das Sekretariat übermittelt eine Kopie der Notifikation umgehend den Vertragsparteien; diese beraten die Angelegenheit auf ihrer nächsten Tagung unter gebührender Berücksichtigung des Absatzes 5 und beschließen angemessene Maßnahmen.

(7) In der Zeit zwischen der Notifikation und der Tagung der Vertragsparteien, auf der die in Absatz 6 bezeichneten angemessenen Maßnahmen beschlossen werden sollen, oder während eines weiteren Zeitraums, wenn die Tagung der Vertragsparteien dies beschließt, werden die in Artikel 8 bezeichneten Verfahren bei Nichteinhaltung gegen die notifizierende Vertragspartei nicht angewendet.

(8) Eine Tagung der Vertragsparteien überprüft spätestens 1995 die Lage der in Absatz 1 bezeichneten Vertragsparteien, einschließlich der wirksamen Durchführung der finanziellen Zusammenarbeit und der Weitergabe von Technologie an diese Vertragsparteien, und beschließt die für notwendig befundenen Revisionen in bezug auf den für diese Vertragsparteien geltenden Zeitplan für die Regelungsmaßnahmen.

(8bis) Auf der Grundlage der aus der Überprüfung nach Absatz 8 gezogenen Schlußfolgerungen

a) kann eine in Absatz 1 bezeichnete Vertragspartei in bezug auf die in Anlage A geregelten Stoffe die Erfüllung der von der zweiten Tagung der Vertragsparteien am 29. Juni 1990 in London beschlossenen Regelungsmaßnahmen um zehn Jahre verschieben, um ihre grundlegenden nationalen Bedürfnisse zu decken; Bezugnahmen des Protokolls auf Artikel 2A und 2B sind entsprechend auszulegen.

b) kann eine in Absatz 1 bezeichnete Vertragspartei in bezug auf die in Anlage B geregelten Stoffe die Erfüllung der von der zweiten Tagung der Vertragsparteien am 29. Juni 1990 in London beschlossenen Regelungsmaßnahmen um zehn Jahre verschieben, um ihre grundlegenden nationalen Bedürfnisse zu decken; Bezugnahmen des Protokolls auf Artikel 2C und 2E sind entsprechend auszulegen

(8ter) Nach Absatz 1bis ist folgendes zu beachten:

a) Jede in Absatz 1 bezeichnete Vertragspartei sorgt dafür, daß während des Zeitraums von zwölf Monaten, der am 1. Januar 2016 beginnt, und in jedem Zwölfmonatszeitraum danach der berechnete Umfang ihres Verbrauchs der geregelten Stoffe in Gruppe I der Anlage C jährlich desjenigen von 2015 nicht übersteigt;

b) jede in Absatz 1 bezeichnete Vertragspartei sorgt dafür, daß während des Zeitraums von zwölf Monaten, der am 1. Januar 2040 beginnt, und in jedem Zwölfmonatszeitraum danach der berechnete Umfang ihres Verbrauchs der geregelten Stoffe in Gruppe I der Anlage C Null nicht übersteigt;

c) jede in Absatz 1 bezeichnete Vertragspartei erfüllt die Bestimmungen des Artikels 2 G;

d) in bezug auf den in Anlage E geregelten Stoff gilt folgendes:

   i) ab dem 1. Januar 2002 erfüllt jede in Absatz 1 bezeichnete Vertragspartei die in Artikel 2 H Absatz 1 aufgeführten Regelungsmaßnahmen und verwendet als Grundlage hierfür den Durchschnitt des jährlich berechneten Umfangs ihres Verbrauchs bzw. ihrer Produktion während des Zeitraums von 1995 bis einschließlich 1998;

   ii) Jede der in Absatz 1 bezeichneten Vertragsparteien sorgt dafür, daß während des Zeitraums von zwölf Monaten, der am 1. Januar 2005 beginnt, und in jedem Zwölfmonatszeitraum danach der berechnete Umfang ihres Verbrauchs und ihrer Produktion des geregelten Stoffes in Anlage E jährlich 80 v. H. des Durchschnitts des jährlich berechneten Umfangs ihres Verbrauchs beziehungsweise ihrer Produktion von 1995 bis 1998 nicht übersteigt;

   iii) Jede der in Absatz 1 bezeichneten Vertragsparteien sorgt dafür, daß während des Zeitraums von zwölf Monaten, der am 1. Januar 2015 beginnt, und in jedem Zwölfmonatszeitraum danach der berechnete Umfang ihres Verbrauchs und ihrer Produktion des geregelten Stoffes in Anlage E Null nicht übersteigt. Dieser Absatz findet Anwendung, soweit nicht die Vertragsparteien beschließen, den Umfang der Produktion oder des Verbrauchs zu gestatten, der zur Erfüllung von Zwecken notwendig ist, die von ihnen einvernehmlich als grundlegend wichtig erachtet werden;

   iv) der berechnete Umfang des Verbrauchs und der Produktion nach diesem Unterabsatz schließt nicht die Mengen ein, die von der Vertragspartei in Quarantänefälle und vor einem Transport verwendet werden.

(9) Die Beschlüsse der Vertragsparteien nach den Absätzen 4, 6 und 7 werden nach demselben Verfahren gefaßt, das für die Beschlußfassung nach Artikel 10 gilt.

Art. 6 Bewertung und Überprüfung der Regelungsmaßnahmen.
Erstmalig 1990 und danach mindestens alle vier Jahre bewerten die Vertragsparteien die in Artikel 2 und den Artikeln 2A bis 2H vorgesehenen Regelungsmaßnahmen auf der Grundlage verfügbarer wissenschaftlicher, umweltbezogener, technischer und wirtschaftlicher Informationen. Mindestens ein Jahr vor jeder Bewertung berufen die Vertragsparteien geeignete Gruppen von Sachverständigen ein, die auf den genannten Gebieten fachlich befähigt sind, und bestimmen die Zusammensetzung und die Aufgaben dieser Gruppen. Innerhalb eines Jahres nach der Einberufung teilen die Gruppen den Vertragsparteien über das Sekretariat ihre Schlußfolgerungen mit.

Art. 7 Datenberichterstattung. (1) Jede Vertragspartei übermittelt dem Sekretariat innerhalb von drei Monaten nach dem Tag, an dem sie Vertragspartei wird, statistische Daten über ihre Produktion, ihre Einfuhren und ihre Ausfuhren jedes der geregelten Stoffe in Anlage A für das Jahr 1986 oder, wenn solche Daten nicht vorliegen, bestmögliche Schätzungen.

(2) Jede Vertragspartei übermittelt dem Sekretariat spätestens drei Monate nach dem Tag, an dem die in dem Protokoll für die Stoffe in den Anlagen B, C beziehungsweise E festgelegten Bestimmungen für diese Vertragspartei in Kraft treten, statistische Daten über ihre Produktion, ihre Einfuhren und ihre Ausfuhren jedes der geregelten Stoffe
– in den Anlagen B und C für das Jahr 1989,
– in Anlage E für das Jahr 1991
oder, wenn solche Daten nicht vorliegen, bestmögliche Schätzungen.

(3) Jede Vertragspartei übermittelt dem Sekretariat statistische Daten über ihre jährliche Produktion (im Sinne des Artikels 1 Nummer 5) jedes der in den Anlagen A, B, C und E geregelten Stoffe sowie gesondert über jeden Stoff über
– Mengen, die als Ausgangsmaterial zur Herstellung anderer Stoffe verwendet wurden,
– Mengen, die durch von den Vertragsparteien genehmigte Verfahren vernichtet wurden,
– Einfuhren sowie Ausfuhren an Vertragsparteien und Nichtvertragsparteien für das Jahr, in dem die Bestimmungen betreffend der Stoffe in den Anlagen A, B, C beziehungsweise E für diese Vertragspartei in Kraft getreten sind, sowie für jedes darauffolgende Jahr. Die Daten werden spätestens neun Monate nach Ablauf des Jahres übermittelt, auf das sie sich beziehen.

(3bis) Jede Vertragspartei übermittelt dem Sekretariat gesonderte statistische Daten über ihre jährlichen Einfuhren und Ausfuhren jedes der in Gruppe II der Anlage A und in Gruppe I der Anlage C aufgeführten geregelten Stoffe, die wiederverwertet worden sind.

(4) Für die in Artikel 2 Absatz 8 Buchstabe a bezeichneten Vertragsparteien sind die Erfordernisse der Absätze 1, 2, 3 und 3bis des vorliegenden Artikels im Hinblick auf statistische Daten über Einfuhren und Ausfuhren erfüllt, wenn die betreffende Organisation der regionalen Wirtschaftsintegration Daten über Einfuhren und Ausfuhren zwischen der Organisation und Staaten, die nicht Mitglieder dieser Organisation sind, zur Verfügung stellt.

Art. 8 Nichteinhaltung. Die Vertragsparteien beraten und genehmigen auf ihrer ersten Tagung Verfahren und institutionelle Mechanismen für die Feststellung der Nichteinhaltung der Bestimmungen dieses Protokolls und das Vorgehen gegenüber Vertragsparteien, die das Protokoll nicht einhalten.

Art. 9 Forschung, Entwicklung, öffentliches Bewußtsein und Informationsaustausch. (1) Die Vertragsparteien arbeiten im Einklang mit ihren innerstaatlichen Gesetzen, sonstigen Vorschriften und Gepflogenheiten und unter Berücksichtigung insbesondere der Bedürfnisse der Entwicklungsländer zusammen, um unmittelbar oder über zuständige internationale Stellen Forschung, Entwicklung und Informationsaustausch in folgenden Bereichen zu fördern:
a) geeignetste Technologien zur Verbesserung der Einkapselung, Rückgewinnung, Verwertung oder Vernichtung von geregelten Stoffen oder zur sonstigen Verminderung der Emissionen solcher Stoffe;

b) mögliche Alternativen für geregelte Stoffe, für Erzeugnisse, die solche Stoffe enthalten, und für Erzeugnisse, die mit solchen Stoffen hergestellt werden;

c) Kosten und Nutzen einschlägiger Regelungsstrategien.

(2) Die Vertragsparteien arbeiten einzeln, gemeinsam oder über zuständige internationale Stellen zusammen bei der Förderung des öffentlichen Bewußtseins über die Auswirkungen der Emissionen geregelter und anderer zu einem Abbau der Ozonschicht führender Stoffe auf die Umwelt.

(3) Innerhalb von zwei Jahren nach Inkrafttreten dieses Protokolls und danach alle zwei Jahre legt jede Vertragspartei dem Sekretariat eine Zusammenfassung der nach diesem Artikel durchgeführten Tätigkeiten vor.

Art. 10 Finanzierungsmechanismus. (1) Die Vertragsparteien legen einen Mechanismus fest mit dem Ziel, den in Artikel 5 Absatz 1 bezeichneten Vertragsparteien finanzielle und technische Zusammenarbeit einschließlich der Weitergabe von Technologien zur Verfügung zu stellen, um ihnen die Einhaltung der in den Artikeln 2A bis 2E festgelegten Regelungsmaßnahmen sowie aller in den Artikeln 2F bis 2H festgelegten Regelungsmaßnahmen, die nach Artikel 5 Absatz 1bis beschlossen worden sind, zu ermöglichen. Der Mechanismus, der durch Beiträge gespeist wird, die zusätzlich zu anderen finanziellen Zuwendungen an die in dem genannten Absatz bezeichneten Vertragsparteien geleistet werden, dient zur Deckung aller vereinbarten Mehrkosten dieser Vertragsparteien, um ihnen die Einhaltung der Regelungsmaßnahmen des Protokolls zu ermöglichen. Eine als Anhaltspunkt dienende Liste der Kategorien von Mehrkosten wird von der Tagung der Vertragsparteien beschlossen.

(2) Der nach Absatz 1 festgelegte Mechanismus umfaßt einen Multilateralen Fonds. Er kann auch andere Arten der multilateralen, regionalen und bilateralen Zusammenarbeit einschließen.

(3) Der Multilaterale Fonds hat die Aufgabe,

a) die vereinbarten Mehrkosten durch Zuschüsse beziehungsweise Darlehen zu Vorzugsbedingungen nach Kriterien, die von den Vertragsparteien beschlossen werden, zu decken;

b) die Tätigkeit einer Verrechnungsstelle zu finanzieren, um

   i) den in Artikel 5 Absatz 1 bezeichneten Vertragsparteien durch landesspezifische Untersuchungen und sonstige technische Zusammenarbeit zu helfen, ihre Bedürfnisse im Hinblick auf die Zusammenarbeit zu ermitteln;

   ii) die technische Zusammenarbeit zu erleichtern, um diesen ermittelten Bedürfnissen gerecht zu werden;

   iii) nach Artikel 9 Informationen und einschlägige Materialien zu verteilen, Arbeits- und Schulungsseminare sowie sonstige verwandte Tätigkeiten zugunsten der Vertragsparteien, die Entwicklungsländer sind, durchzuführen und

   iv) sonstige multilaterale, regionale und bilaterale Zusammenarbeit für Vertragsparteien, die Entwicklungsländer sind, zu erleichtern und zu überwachen;

c) die Sekretariatsdienste des Multilateralen Fonds und damit verbundene begleitende Kosten zu finanzieren.

(4) Der Multilaterale Fonds untersteht den Vertragsparteien, die seine allgemeine Politik bestimmen.

(5) Die Vertragsparteien gründen einen Exekutivausschuß zur Planung und Überwachung der Durchführung bestimmter Arbeitsgrundsätze, Leitlinien und Verwaltungsregelungen, einschließlich der Vergabe von Geldmitteln, zu dem Zweck die Ziele des Multilateralen Fonds zu erreichen. Der Exekutivausschuß nimmt seine in seinem von den Vertragsparteien vereinbarten Mandat festgelegten Aufgaben und Verantwortlichkeiten unter Mitwirkung und mit Unterstützung der Internationalen Bank für Wiederaufbau und Entwicklung (Weltbank), des Umweltprogramms der Vereinten Nationen, des Entwicklungsprogramms der Vereinten Nationen oder anderer geeigneter Gremien entsprechend ihrem jeweiligen Fachgebiet wahr. Die Mitglieder des Exekutivausschusses, die auf der Grundlage einer ausgewogenen Vertretung der in Artikel 5 Absatz 1 bezeichneten Vertragsparteien und der nicht in jenem Absatz bezeichneten Vertragsparteien ausgewählt werden, werden von den Vertragsparteien bestätigt.

(6) Der Multilaterale Fonds wird aus Beiträgen der nicht in Artikel 5 Absatz 1 bezeichneten Vertragsparteien in konvertierbarer Währung oder unter bestimmten Umständen in Sachleistungen und/oder in der Landeswährung auf der Grundlage des Beitragsschlüssels der Vereinten Nationen finanziert. Andere Vertragsparteien werden zur Beitragsleistung ermutigt. Bilaterale und in durch Beschluß der Vertragsparteien vereinbarten besonderen Fällen regionale Zusammenarbeit können bis zu einem Prozentsatz und nach Kriterien, die durch Beschluß der Vertragsparteien festzulegen sind, als Beitrag zum Multilateralen Fonds angesehen werden, vorausgesetzt, daß zumindest folgende Bedingungen erfüllt sind:

a) Die Zusammenarbeit dient ausschließlich der Erfüllung der Bestimmung dieses Protokolls;

b) sie stellt zusätzliche Mittel zur Verfügung;

c) sie deckt die vereinbarten Mehrkosten.

(7) Die Vertragsparteien beschließen den Programmhaushalt des Multilateralen Fonds für jede Rechnungsperiode und den Beitragsanteil der einzelnen Vertragsparteien zu diesem Haushalt.

(8) Die Mittel des Multilateralen Fonds werden in Zusammenarbeit mit der begünstigten Vertragspartei vergeben.

(9) Beschlüsse der Vertragsparteien nach diesem Artikel werden, wenn möglich, durch Konsens gefaßt. Sind alle Bemühungen um einen Konsens erschöpft und wird keine Einigung erzielt, so werden die Beschlüsse mit einer Zweidrittelmehrheit der anwesenden und abstimmenden Vertragsparteien gefaßt, die eine Mehrheit der in Artikel 5 Absatz 1 bezeichneten anwesenden und abstimmenden Vertragsparteien und eine Mehrheit der nicht in jenem Absatz bezeichneten anwesenden und abstimmenden Vertragsparteien vertritt.

(10) Der in diesem Artikel vorgesehene Finanzierungsmechanismus läßt künftige Regelungen, die möglicherweise im Hinblick auf andere Umweltfragen entwickelt werden, unberührt.

Art. 10A Weitergabe von Technologie. Jede Vertragspartei unternimmt im Einklang mit den im Rahmen des Finanzierungsmechanismus geförderten Programmen alle durchführbaren Schritte, um sicherzustellen,

a) daß die besten verfügbaren umweltverträglichen Ersatzprodukte und damit zusammenhängenden Technologien rasch an die in Artikel 5 Absatz 1 bezeichneten Vertragsparteien weitergegeben werden und
b) daß die unter Buchstabe a vorgesehene Weitergabe unter gerechten und möglichst günstigen Bedingungen stattfindet.

Art. 11 Tagungen der Vertragsparteien. (1) Die Vertragsparteien halten in regelmäßigen Abständen Tagungen ab. Das Sekretariat beruft die erste Tagung der Vertragsparteien spätestens ein Jahr nach Inkrafttreten dieses Protokolls in Verbindung mit einer Tagung der Konferenz der Vertragsparteien des Übereinkommens ein, wenn eine Tagung der Konferenz innerhalb dieses Zeitraums geplant ist.

(2) Spätere ordentliche Tagungen der Vertragsparteien finden, wenn die Vertragsparteien nichts anderes beschließen, in Verbindung mit Tagungen der Konferenz der Vertragsparteien des Übereinkommens statt. Außerordentliche Tagungen der Vertragsparteien finden zu jeder anderen Zeit statt, wenn es die Tagung der Vertragsparteien für notwendig erachtet oder eine Vertragspartei schriftlich beantragt, sofern dieser Antrag innerhalb von sechs Monaten nach seiner Übermittlung durch das Sekretariat von mindestens einem Drittel der Vertragsparteien unterstützt wird.

(3) Auf ihrer ersten Tagung nehmen die Vertragsparteien folgende Aufgaben wahr:
a) Sie beschließen durch Konsens eine Geschäftsordnung für ihre Tagungen;
b) sie beschließen durch Konsens die in Artikel 13 Absatz 2 bezeichnete Finanzordnung;
c) sie setzen die in Artikel 7 bezeichneten Gruppen ein und bestimmen ihre Aufgaben;
d) sie beraten und beschließen die in Artikel 8 bezeichneten Verfahren und institutionellen Mechanismen;
e) sie beginnen mit der Ausarbeitung der Arbeitspläne nach Artikel 10 Absatz 3.

(4) Die Tagungen der Vertragsparteien haben folgende Aufgaben:
a) Sie überprüfen die Durchführung des Protokolls;
b) sie beschließen Anpassungen und Verminderungen nach Artikel 2 Absatz 9;
c) sie beschließen die Aufnahme, Eingliederung oder Streichung von Stoffen in einer Anlage und die damit zusammenhängenden Regelungsmaßnahmen nach Artikel 2 Absatz 10;
d) sie legen erforderlichenfalls Leitlinien und Verfahren für die Bereitstellung von Informationen nach Artikel 7 und Artikel 9 Absatz 3 fest;
e) sie überprüfen nach Artikel 10 Absatz 2 vorgelegte Anträge auf technische Unterstützung;
f) sie überprüfen die vom Sekretariat nach Artikel 12 Buchstabe c ausgearbeiteten Berichte;
g) sie bewerten nach Artikel 6 die Regelungsmaßnahmen;
h) sie beraten und beschließen nach Bedarf Änderungsvorschläge zu dem Protokoll oder einer Anlage oder Vorschläge für neue Anlagen;
i) sie beraten und beschließen den Haushalt für die Durchführung des Protokolls;
j) sie beraten und ergreifen weitere Maßnahmen, die zur Erreichung der Zwecke des Protokolls erforderlich sind.

(5) Die Vereinten Nationen, ihre Sonderorganisationen und die Internationale Atomenergie-Organisation sowie jeder Staat, der nicht Vertragspartei des Protokolls ist, können auf den Tagungen der Vertragsparteien als Beobachter vertreten sein. Jede Stelle, national oder international, staatlich oder nichtstaatlich, die auf Gebieten im Zusammenhang mit dem Schutz der Ozonschicht fachlich befähigt ist und dem Sekretariat ihren Wunsch mitgeteilt hat, auf einer Tagung der Vertragsparteien als Beobachter vertreten zu sein, kann zugelassen werden, sofern nicht mindestens ein Drittel der anwesenden Vertragsparteien widerspricht. Die Zulassung und Teilnahme von Beobachtern unterliegen der von den Vertragsparteien beschlossenen Geschäftsordnung.

Art. 12 Sekretariat. Für die Zwecke dieses Protokolls hat das Sekretariat folgende Aufgaben:
a) Es veranstaltet die in Artikel 11 vorgesehenen Tagungen der Vertragsparteien und stellt die entsprechenden Dienste bereit;
b) es nimmt die nach Artikel 7 bereitgestellten Daten entgegen und stellt sie einer Vertragspartei auf Ersuchen zur Verfügung;
c) es erarbeitet Berichte aufgrund von Informationen, die nach den Artikeln 7 und 9 eingehen, und verteilt sie regelmäßig an die Vertragsparteien;
d) es notifiziert den Vertragsparteien jeden nach Artikel 10 eingegangenen Antrag auf technische Unterstützung, um die Bereitstellung solcher Unterstützung zu erleichtern;
e) es ermutigt Nichtvertragsparteien, an den Tagungen der Vertragsparteien als Beobachter teilzunehmen und im Einklang mit den Bestimmungen des Protokolls zu handeln;
f) es stellt diesen als Beobachter teilnehmenden Nichtvertragsparteien, gegebenenfalls die unter den Buchstaben c und d bezeichneten Informationen und Anträge zur Verfügung;
g) es nimmt zur Erreichung der Zwecke des Protokolls sonstige Aufgaben wahr, die ihm von den Vertragsparteien übertragen werden.

Art. 13 Finanzielle Bestimmungen. (1) Die für die Durchführung dieses Protokolls erforderlichen Mittel einschließlich derjenigen für die Arbeit des Sekretariats im Zusammenhang mit dem Protokoll stammen ausschließlich aus Beiträgen der Vertragsparteien.

(2) Auf ihrer ersten Tagung beschließen die Vertragsparteien durch Konsens eine Finanzordnung für die Durchführung des Protokolls.

Art. 14 Verhältnis dieses Protokolls zum Übereinkommen. Sofern in diesem Protokoll nichts anderes vorgesehen ist, gelten die Bestimmungen des Übereinkommens, die sich auf seine Protokolle beziehen, für das Protokoll.

Art. 15 Unterzeichnung. Dieses Protokoll liegt für Staaten und für Organisationen der regionalen Wirtschaftsintegration am 16. September 1987 in Montreal, vom 17. September 1987 bis zum 16. Januar 1988 in Ottawa und vom 17. Januar 1988 bis zum 15. September 1988 am Sitz der Vereinten Nationen in New York zur Unterzeichnung auf.

Art. 16 Inkrafttreten. (1) Dieses Protokoll tritt am 1. Januar 1989 in Kraft, sofern mindestens elf Ratifikations-, Annahme-, Genehmigungs- oder Beitrittsurkunden zu dem Protokoll von Staaten oder Organisationen der regionalen Wirtschaftsintegration, die mindestens zwei Drittel des geschätzten weltweiten Verbrauchs der geregelten Stoffe im Jahr 1986 vertreten, hinterlegt und die Bestimmungen des Art. 17 Absatz 1 des Übereinkommens erfüllt sind. Sind diese Bedingungen bis zu dem genannten Tag nicht erfüllt, so tritt das Protokoll am neunzigsten Tag nach dem Zeitpunkt in Kraft, zu dem die Bedingungen erfüllt worden sind.

(2) Für die Zwecke des Absatzes 1 zählt eine von einer Organisation der regionalen Wirtschaftsintegration hinterlegte Urkunde nicht als zusätzliche Urkunde zu den von den Mitgliedstaaten der betreffenden Organisation hinterlegten Urkunden.

(3) Nach Inkrafttreten des Protokolls wird ein Staat oder eine Organisation der regionalen Wirtschaftsintegration am neunzigsten Tag nach dem Zeitpunkt der Hinterlegung der Ratifikations-, Annahme-, Genehmigungs- oder Beitrittsurkunde Vertragspartei des Protokolls.

Art. 17 Vertragsparteien, die nach dem Inkrafttreten beitreten. Vorbehaltlich des Artikels 5 erfüllt jeder Staat oder jede Organisation der regionalen Wirtschaftsintegration, die nach Inkrafttreten dieses Protokolls beitreten, sofort sämtliche in den Artikeln 2A bis 2H und 4 vorgesehenen Verpflichtungen, die zu dem betreffenden Zeitpunkt für die Staaten und Organisationen der regionalen Wirtschaftsintegration gelten, die an dem Tag Vertragsparteien wurden, an dem das Protokoll in Kraft trat.

Art. 18 Vorbehalte. Vorbehalte zu diesem Protokoll sind nicht zulässig.

Art. 19 Rücktritt. Jede Vertragspartei kann jederzeit nach Ablauf von vier Jahren nach dem Zeitpunkt, zu dem sie die in Artikel 2A Absatz 1 vorgesehenen Verpflichtungen übernommen hat, durch eine an den Verwahrer gerichtete schriftliche Notifikation von dem Protokoll zurücktreten. Der Rücktritt wird nach Ablauf eines Jahres nach dem Eingang der Notifikation beim Verwahrer oder zu einem gegebenenfalls in der Rücktrittsnotifikation genannten späteren Zeitpunkt wirksam.

Art. 20 Verbindliche Wortlaute. Die Urschrift dieses Protokolls, dessen arabischer, chinesischer, englischer, französischer, russischer und spanischer Wortlaut gleichermaßen verbindlich ist, wird beim Generalsekretär der Vereinten Nationen hinterlegt.

Zu Urkund dessen haben die hierzu gehörig befugten Unterzeichneten dieses Protokoll unterschrieben. Geschehen zu Montreal am 16. September 1987.

Anlage A
Geregelte Stoffe

Gruppe	Stoff	Ozonabbaupotential*)
Gruppe I	CCl_3F (R 11)	1,0
	CCl_2F_2 (R 12)	1,0
	$C_2Cl_3F_3$ (R 113)	0,8
	$C_2Cl_2F_4$ (R 114)	1,0
	C_2ClF_5 (R 115)	0,6
Gruppe II	$CBrClF_2$ (Halon 1211)	3,0
	$CBrF_3$ (Halon 1301)	10,0
	$C_2Br_2F_4$ (Halon 2402)	(noch zu bestimmen)

*) Diese Ozonabbaupotentiale sind Schätzungen aufgrund vorhandener Kenntnisse; sie werden regelmäßig überprüft und revidiert. [Die Fußnote ist Bestandteil des Vertrages.]

Anlage B
Geregelte Stoffe

Gruppe	Stoff	Ozonabbaupotential
Gruppe I	$CClF_3$ (R 13)	1,0
	C_2Cl_5F (R 111)	1,0
	$C_2Cl_4F_2$ (R 112)	1,0
	C_3Cl_7F (R 211)	1,0
	$C_3Cl_6F_2$ (R 212)	1,0
	$C_3Cl_5F_3$ (R 213)	1,0
	$C_3Cl_4F_4$ (R 214)	1,0
	$C_3Cl_3F_5$ (R 215)	1,0
	$C_3Cl_2F_6$ (R 216)	1,0
	C_3ClF_7 (R 217)	1,0
Gruppe II	CCl_4 Tetrachlorkohlenstoff	1,1
Gruppe III	$C_2H_3Cl_3$*) 1,1,1-Trichlorethan (Methylchloroform)	0,1

*) Diese Formel bezieht sich nicht auf 1,1,2-Trichlorethan. [Die Fußnote ist Bestandteil des Vertrages.]

446

Anlage C
Geregelte Stoffe

Gruppe	Stoff	Anzahl der Isomere	Ozonabbau-potential*)
Gruppe I			
	$CHFCl_2$ (R 21)**)	1	0,04
	CHF_2Cl (R 22)**)	1	0,055
	CH_2FCl (R 31)	1	0,02
	C_2HFCl_4 (R 121)	2	0,01–0,04
	$C_2HF_2Cl_3$ (R 122)	3	0,02–0,08
	$C_2HF_3Cl_2$ (R 123)	3	0,02–0,06
	$CHCl_2CF_3$ (R 123)**)	–	0,02
	C_2HF_4Cl (R 124)	2	0,02–0,04
	$CHFClCF_3$ (R 124)**)	–	0,022
	CH_2FCl_3 (R 131)	3	0,007–0,05
	$C_2H_2F_2Cl_2$ (R 132)	4	0,008–0,05
	$C_2H_2F_3Cl$ (R 133)	3	0,02–0,06
	$C_2H_3FCl_2$ (R 141)	3	0,005–0,07
	CH_3CFCl_2 (R 141 b)**)	–	0,11
	$C_2H_3F_2Cl$ (R 142)	3	0,008–0,07
	CH_3CF_2Cl (R 142 b)**)	–	0,065
	C_2H_4FCl (R 151)	2	0,003–0,005
	C_3HFCl_6 (R 221)	5	0,015–0,07
	$C_3HF_2Cl_5$ (R 222)	9	0,01–0,09
	$C_3HF_3Cl_4$	12	0,01–0,08

*) Ist für das Ozonabbaupotential ein Bereich angegeben, so wird der höchste Wert dieses Bereichs für die Zwecke des Protokolls verwendet. Die als Einzelwerte angegebenen Ozonabbaupotentiale wurden durch Berechnungen auf der Grundlage von Labormessungen ermittelt. Die als Bereich angegebenen Ozonabbaupotentiale beruhen auf Schätzungen und sind weniger genau. Der Bereich bezieht sich auf eine Gruppe von Isomeren. Der obere Wert ist eine Schätzung des Ozonabbaupotentials des Isomers mit dem höchsten Ozonabbaupotential, und der untere Wert ist eine Schätzung des Ozonabbaupotentials des Isomers mit dem geringsten Ozonabbaupotential. [Die Fußnote ist Bestandteil des Vertrages.]

**) Bezeichnet die wirtschaftlich bedeutendsten Stoffe samt Ozonabbaupotentialwerten, die für die Zwecke des Protokolls verwendet werden sollen. [Die Fußnote ist Bestandteil des Vertrages.]

Gruppe	Stoff	Anzahl der Isomere	Ozonabbau-potential[*)]
	(R 223)		
	$C_3HF_4Cl_3$	12	0,01–0,09
	(R 224)		
	$C_3HF_5Cl_2$	9	0,02–0,07
	(R 225)		
	$CF_3CF_2CHCl_2$	–	0,025
	(R 225ca)[**)]		
	CF_2ClCF_2CHClF	–	0,033
	(R 225cb)[**)]		
	C_3HF_6Cl	5	0,02–0,10
	(R 226)		
	$C_3H_2FCl_5$	9	0,05–0,09
	(R 231)		
	$C_3H_2F_2Cl_4$	16	0,008–0,10
	(R 232)		
	$C_3H_2F_3Cl_3$	18	0,007–0,23
	(R 233)		
	$C_3H_2F_4Cl_2$	16	0,01–0,28
	(R 234)		
	$C_3H_2F_5Cl$	9	0,03–0,52
	(R 235)		
	$C_3H_3FCl_4$	12	0,004–0,09
	(R 241)		
	$C_3H_3F_2Cl_3$	18	0,005–0,13
	(R 242)		
	$C_3H_3F_3Cl_2$	18	0,007–0,12
	(R 243)		
	$C_3H_3F_4Cl$	12	0,009–0,14
	(R 244)		
	$C_3H_4FCl_3$	12	0,001–0,01
	(R 251)		
	$C_3H_4F_2Cl_2$	16	0,005–0,04
	(R 252)		
	$C_3H_4F_3Cl$	12	0,003–0,03
	(R 253)		
	$C_3H_5FCl_2$	9	0,002–0,02
	(R 261)		
	$C_3H_5F_2Cl$	9	0,002–0,02
	(R 262)		
	C_3H_6FCl	5	0,001–0,03
	(R 271)		
Gruppe II			
	$CHFBr_2$	1	1,00
	CHF_2Br	1	0,74
	(R 22B1)		
	CH_2FBr	1	0,73
	C_2HFBr_4	2	0,3–0,8
	$C_2HF_2Br_3$	3	0,5–1,8
	$C_2HF_3Br_2$	3	0,4–1,6
	C_2HF_4Br	2	0,7–1,2
	$C_2H_2FBr_3$	3	0,1–1,1
	$C_2H_2F_2Br_2$	4	0,2–1,5
	$C_2H_2F_3Br$	3	0,7–1,6
	$C_2H_3FBr_2$	3	0,1–1,7
	$C_2H_3F_2Br$	3	0,2–1,1

Gruppe	Stoff	Anzahl der Isomere	Ozonabbau-potential*)
	C_2H_4FBr	2	0,07–0,1
	C_3HFBr_6	5	0,3–1,5
	$C_3HF_2Br_5$	9	0,2–1,9
	$C_3HF_3Br_4$	12	0,3–1,8
	$C_3HF_4Br_3$	12	0,5–2,2
	$C_3HF_5Br_2$	9	0,9–2,0
	C_3HF_6Br	5	0,7–3,3
	$C_3H_2FBr_5$	9	0,1–1,9
	$C_3H_2F_2Br_4$	16	0,2–2,1
	$C_3H_2F_3Br_3$	18	0,2–5,6
	$C_3H_2F_4Br_2$	16	0,3–7,5
	$C_3H_2F_5Br$	8	0,9–14
	$C_3H_3FBr_4$	12	0,08–1,9
	$C_3H_3F_2Br_3$	18	0,1–3,1
	$C_3H_3F_3Br_2$	18	0,1–2,5
	$C_3H_3F_4Br$	12	0,3–4,4
	$C_3H_4FBr_3$	12	0,03–0,3
	$C_3H_4F_2Br_2$	16	0,1–1,0
	$C_3H_4F_3Br$	12	0,07–0,8
	$C_3H_5FBr_2$	9	0,04–0,4
	$C_3H_5F_2Br$	9	0,07–0,8
	C_3H_6FBr	5	0,02–0,7

Anlage E
Geregelte Stoffe

Gruppe	Stoff	Ozonabbau-potential
Gruppe I		
	CH_3Br	0,6
	Methylbromid	

26. Rahmenübereinkommen der Vereinten Nationen über Klimaänderungen[1] · [2]

(9. 5. 1992)

(Übersetzung)

Die Vertragsparteien dieses Übereinkommens –

in der Erkenntnis, daß Änderungen des Erdklimas und ihre nachteiligen Auswirkungen die ganze Menschheit mit Sorge erfüllen,

besorgt darüber, daß menschliche Tätigkeiten zu einer wesentlichen Erhöhung der Konzentrationen von Treibhausgasen in der Atmosphäre geführt haben, daß diese Erhöhung den natürlichen Treibhauseffekt verstärkt und daß dies im Durchschnitt zu einer zusätzlichen Erwärmung der Erdoberfläche und der Atmosphäre führen wird und sich auf die natürlichen Ökosysteme und die Menschen nachteilig auswirken kann,

in Anbetracht dessen, daß der größte Teil der früheren und gegenwärtigen weltweiten Emissionen von Treibhausgasen aus den entwickelten Ländern stammt, daß die Pro-Kopf-Emissionen in den Entwicklungsländern noch verhältnismäßig gering sind und daß der Anteil der aus den Entwicklungsländern stammenden weltweiten Emissionen zunehmen wird, damit sie ihre sozialen und Entwicklungsbedürfnisse befriedigen können, im Bewußtsein der Rolle und der Bedeutung von Treibhausgassenken und -speichern in Land- und Meeresökosystemen,

in Anbetracht dessen, daß es viele Unsicherheiten bei der Vorhersage von Klimaänderungen gibt, vor allem in bezug auf den zeitlichen Ablauf, daß Ausmaß und die regionale Struktur dieser Änderungen,

in der Erkenntnis, daß angesichts des globalen Charakters der Klimaänderungen alle Länder aufgerufen sind, so umfassend wie möglich zusammenzuarbeiten und sich an einem wirksamen und angemessenen internationalen Handeln entsprechend ihren gemeinsamen, aber unterschiedlichen Verantwortlichkeiten, ihren jeweiligen Fähigkeiten sowie ihrer sozialen und wirtschaftlichen Lage zu beteiligen,

unter Hinweis auf die einschlägigen Bestimmungen der am 16. Juni 1972 in Stockholm angenommenen Erklärung der Konferenz der Vereinten Nationen über die Umwelt des Menschen,

sowie unter Hinweis darauf, daß die Staaten nach der Charta der Vereinten Nationen und den Grundsätzen des Völkerrechts das souveräne Recht haben, ihre eigenen Ressourcen gemäß ihrer eigenen Umwelt- und Entwicklungspolitik zu nutzen, sowie die Pflicht, dafür zu sorgen, daß durch Tätigkeiten, die innerhalb ihres Hoheitsbereichs oder unter ihrer Kontrolle ausgeübt werden, der Umwelt in anderen Staaten oder in Gebieten außerhalb der nationalen Hoheitsbereiche kein Schaden zugefügt wird,

in Bekräftigung des Grundsatzes der Souveränität der Staaten bei der internationalen Zusammenarbeit zur Bekämpfung von Klimaänderungen,

---

[1] Aus BGBl. 1993 II S. 1784.
[2] Internationale Quelle: ILM 31 (1992) p. 849.

in Anerkennung dessen, daß die Staaten wirksame Rechtsvorschriften im Bereich der Umwelt erlassen sollten, daß Normen, Verwaltungsziele und Prioritäten im Bereich der Umwelt die Umwelt- und Entwicklungsbedingungen widerspiegeln sollten, auf die sie sich beziehen, und daß die von einigen Staaten angewendeten Normen für andere Länder, insbesondere die Entwicklungsländer, unangemessen sein und zu nicht vertretbaren wirtschaftlichen und sozialen Kosten führen können,

unter Hinweis auf die Bestimmungen der Resolution 44/228 der Generalversammlung vom 22. Dezember 1989 über die Konferenz der Vereinten Nationen über Umwelt und Entwicklung sowie der Resolutionen 43/53 vom 6. Dezember 1988, 44/207 vom 22. Dezember 1989, 45/212 vom 21. Dezember 1990 und 46/169 vom 19. Dezember 1991 über den Schutz des Weltklimas für die heutigen und die kommenden Generationen,

sowie unter Hinweis auf die Bestimmungen der Resolution 44/206 der Generalversammlung vom 22. Dezember 1989 über die möglichen schädlichen Auswirkungen eines Ansteigens des Meeresspiegels auf Inseln und Küstengebiete, insbesondere tiefliegende Küstengebiete, sowie die einschlägigen Bestimmungen der Resolution 44/172 der Generalversammlung vom 19. Dezember 1989 über die Durchführung des Aktionsplans zur Bekämpfung der Wüstenbildung,

ferner unter Hinweis auf das Wiener Übereinkommen von 1985 zum Schutz der Ozonschicht sowie das Montrealer Protokoll von 1987 über Stoffe, die zu einem Abbau der Ozonschicht führen, in seiner am 29. Juni 1990 angepaßten und geänderten Fassung,

in Anbetracht der am 7. November 1990 angenommenen Ministererklärung der Zweiten Weltklimakonferenz,

im Bewußtsein der wertvollen analytischen Arbeit, die von vielen Staaten im Bereich der Klimaänderungen geleistet wird, der wichtigen Beiträge der Weltorganisation für Meteorologie, des Umweltprogramms der Vereinten Nationen und anderer Organe, Organisationen und Gremien der Vereinten Nationen sowie anderer internationaler und zwischenstaatlicher Gremien zum Austausch der Ergebnisse der wissenschaftlichen Forschung und zur Koordinierung der Forschung,

in der Erkenntnis, daß die für das Verständnis und die Behandlung des Problems der Klimaänderungen notwendigen Schritte für die Umwelt sowie sozial und wirtschaftlich am wirksamsten sind, wenn sie auf einschlägigen wissenschaftlichen, technischen und wirtschaftlichen Erwägungen beruhen und unter Berücksichtigung neuer Erkenntnisse in diesen Bereichen laufend neu bewertet werden,

in der Erkenntnis, daß verschiedene Maßnahmen zur Bewältigung der Klimaänderungen ihre wirtschaftliche Berechtigung in sich selbst haben und außerdem zur Lösung anderer Umweltprobleme beitragen können,

sowie in der Erkenntnis, daß die entwickelten Länder auf der Grundlage klarer Prioritäten in flexibler Weise Sofortmaßnahmen ergreifen müssen, die einen ersten Schritt in Richtung auf eine umfassende Bewältigungsstrategie auf weltweiter, nationaler und, sofern vereinbart, regionaler Ebene darstellen, die alle Treibhausgase berücksichtigt und ihrem jeweiligen Beitrag zur Verstärkung des Treibhauseffekts gebührend Rechnung trägt,

ferner in der Erkenntnis, daß tiefliegende und andere kleine Inselländer, Länder mit tiefliegenden Küsten-, Trocken- und Halbtrockengebieten oder Gebieten, die Überschwemmungen, Dürre und Wüstenbildung ausgesetzt sind, und Entwicklungsländer mit empfindlichen Gebirgsökosystemen besonders anfällig für die nachteiligen Auswirkungen der Klimaänderungen sind,

in der Erkenntnis, daß sich für diejenigen Länder, vor allem unter den Entwicklungsländern, deren Wirtschaft in besonderem Maß von der Gewinnung, Nutzung und Ausfuhr fossiler Brennstoffe abhängt, aus den Maßnahmen zur Begrenzung der Treibhausgasemissionen besondere Schwierigkeiten ergeben,

in Bestätigung dessen, daß Maßnahmen zur Bewältigung der Klimaänderungen eng mit der sozialen und wirtschaftlichen Entwicklung koordiniert werden sollten, damit nachteilige Auswirkungen auf diese Entwicklung vermieden werden, wobei die legitimen vorrangigen Bedürfnisse der Entwicklungsländer in bezug auf nachhaltiges Wirtschaftswachstum und die Beseitigung der Armut voll zu berücksichtigen sind,

in der Erkenntnis, daß alle Länder, insbesondere die Entwicklungsländer, Zugang zu Ressourcen haben müssen, die für eine nachhaltige soziale und wirtschaftliche Entwicklung notwendig sind, und daß die Entwicklungsländer, um dieses Ziel zu erreichen, ihren Energieverbrauch werden steigern müssen, allerdings unter Berücksichtigung der Möglichkeit, zu einer besseren Energieausnutzung zu gelangen und die Treibhausgasemissionen im allgemeinen in den Griff zu bekommen, unter anderem durch den Einsatz neuer Technologien zu wirtschaftlich und sozial vorteilhaften Bedingungen,

entschlossen, das Klimasystem für heutige und künftige Generationen zu schützen —

sind wie folgt übereingekommen:

Art. 1 Begriffsbestimmungen*). Im Sinne dieses Übereinkommens

1. bedeutet „nachteilige Auswirkungen der Klimaänderungen" die sich aus den Klimaänderungen ergebenden Veränderungen der belebten oder unbelebten Umwelt, die erhebliche schädliche Wirkungen auf die Zusammensetzung, Widerstandsfähigkeit oder Produktivität naturbelassener und vom Menschen beeinflußter Ökosysteme oder auf die Funktionsweise des sozio-ökonomischen Systems oder die Gesundheit und das Wohlergehen des Menschen haben;

2. bedeutet „Klimaänderungen" Änderungen des Klimas, die unmittelbar oder mittelbar auf menschliche Tätigkeiten zurückzuführen sind, welche die Zusammensetzung der Erdatmosphäre verändern, und die zu den über vergleichbare Zeiträume beobachteten natürlichen Klimaschwankungen hinzukommen;

3. bedeutet „Klimasystem" die Gesamtheit der Atmosphäre, Hydrosphäre, Biosphäre und Geosphäre sowie deren Wechselwirkungen;

4. bedeutet „Emissionen" die Freisetzung von Treibhausgasen oder deren Vorläufersubstanzen in die Atmosphäre über einem bestimmten Gebiet und in einem bestimmten Zeitraum;

5. bedeutet „Treibhausgase" sowohl die natürlichen als auch die anthropogenen gasförmigen Bestandteile der Atmosphäre, welche die infrarote Strahlung aufnehmen und wieder abgeben;

---

*) *Amtl. Anm.:* Die Überschriften der Artikel dienen lediglich zur Erleichterung der Lektüre.

6. bedeutet „Organisation der regionalen Wirtschaftsintegration" eine von souveränen Staaten einer bestimmten Region gebildete Organisation, die für die durch dieses Übereinkommen oder seine Protokolle erfaßten Angelegenheiten zuständig und im Einklang mit ihren internen Verfahren ordnungsgemäß ermächtigt ist, die betreffenden Übereinkünfte zu unterzeichnen, zu ratifizieren, anzunehmen, zu genehmigen oder ihnen beizutreten;

7. bedeutet „Speicher" einen oder mehrere Bestandteile des Klimasystems, in denen ein Treibhausgas oder eine Vorläufersubstanz eines Treibhausgases zurückgehalten wird;

8. bedeutet „Senke" einen Vorgang, eine Tätigkeit oder einen Mechanismus, durch die ein Treibhausgas, ein Aerosol oder eine Vorläufersubstanz eines Treibhausgases aus der Atmosphäre entfernt wird;

9. bedeutet „Quelle" einen Vorgang oder eine Tätigkeit, durch die ein Treibhausgas, ein Aerosol oder eine Vorläufersubstanz eines Treibhausgases in die Atmosphäre freigesetzt wird.

Art. 2 Ziel. Das Endziel dieses Übereinkommens und aller damit zusammenhängenden Rechtsinstrumente, welche die Konferenz der Vertragsparteien beschließt, ist es, in Übereinstimmung mit den einschlägigen Bestimmungen des Übereinkommens die Stabilisierung der Treibhausgaskonzentrationen in der Atmosphäre auf einem Niveau zu erreichen, auf dem eine gefährliche anthropogene Störung des Klimasystems verhindert wird. Ein solches Niveau sollte innerhalb eines Zeitraums erreicht werden, der ausreicht, damit sich die Ökosysteme auf natürliche Weise den Klimaänderungen anpassen können, die Nahrungsmittelerzeugung nicht bedroht wird und die wirtschaftliche Entwicklung auf nachhaltige Weise fortgeführt werden kann.

Art. 3 Grundsätze. Bei ihren Maßnahmen zur Verwirklichung des Zieles des Übereinkommens und zur Durchführung seiner Bestimmungen lassen sich die Vertragsparteien unter anderem von folgenden Grundsätzen leiten:

1. Die Vertragsparteien sollen auf der Grundlage der Gerechtigkeit und entsprechend ihren gemeinsamen, aber unterschiedlichen Verantwortlichkeiten und ihren jeweiligen Fähigkeiten das Klimasystem zum Wohl heutiger und künftiger Generationen schützen. Folglich sollen die Vertragsparteien, die entwickelte Länder sind, bei der Bekämpfung der Klimaänderungen und ihrer nachteiligen Auswirkungen die Führung übernehmen.

2. Die speziellen Bedürfnisse und besonderen Gegebenheiten der Vertragsparteien, die Entwicklungsländer sind, vor allem derjenigen, die besonders anfällig für die nachteiligen Auswirkungen der Klimaänderungen sind, sowie derjenigen Vertragsparteien, vor allem unter den Entwicklungsländern, die nach dem Übereinkommen eine unverhältnismäßige oder ungewöhnliche Last zu tragen hätten, sollen voll berücksichtigt werden.

3. Die Vertragsparteien sollen Vorsorgemaßnahmen treffen, um den Ursachen der Klimaänderungen vorzubeugen, sie zu verhindern oder so gering wie möglich zu halten und die nachteiligen Auswirkungen der Klimaänderungen abzuschwächen. In Fällen, in denen ernsthafte oder nicht wiedergutzumachende Schäden drohen, soll das Fehlen einer völligen wissenschaftlichen Gewißheit nicht als Grund für das Aufschieben solcher

Maßnahmen dienen, wobei zu berücksichtigen ist, daß Politiken und Maßnahmen zur Bewältigung der Klimaänderungen kostengünstig sein sollten, um weltweite Vorteile zu möglichst geringen Kosten zu gewährleisten. Zur Erreichung dieses Zweckes sollen die Politiken und Maßnahmen die unterschiedlichen sozio-ökonomischen Zusammenhänge berücksichtigen, umfassend sein, alle wichtigen Quellen, Senken und Speicher von Treibhausgasen und die Anpassungsmaßnahmen erfassen sowie alle Wirtschaftsbereiche einschließen. Bemühungen zur Bewältigung der Klimaänderungen können von interessierten Vertragsparteien gemeinsam unternommen werden.

4. Die Vertragsparteien haben das Recht, eine nachhaltige Entwicklung zu fördern, und sollten dies tun. Politiken und Maßnahmen zum Schutz des Klimasystems vor vom Menschen verursachten Veränderungen sollen den speziellen Verhältnissen jeder Vertragspartei angepaßt sein und in die nationalen Entwicklungsprogramme eingebunden werden, wobei zu berücksichtigen ist, daß wirtschaftliche Entwicklung eine wesentliche Voraussetzung für die Annahme von Maßnahmen zur Bekämpfung der Klimaänderungen ist.

5. Die Vertragsparteien sollen zusammenarbeiten, um ein tragfähiges und offenes internationales Wirtschaftssystem zu fördern, das zu nachhaltigem Wirtschaftswachstum und nachhaltiger Entwicklung in allen Vertragsparteien, insbesondere denjenigen, die Entwicklungsländer sind, führt und sie damit in die Lage versetzt, die Probleme der Klimaänderungen besser zu bewältigen. Maßnahmen zur Bekämpfung der Klimaänderungen, einschließlich einseitiger Maßnahmen, sollen weder ein Mittel willkürlicher oder ungerechtfertigter Diskriminierung noch eine verschleierte Beschränkung des internationalen Handels sein.

Art. 4 Verpflichtungen. (1) Alle Vertragsparteien werden unter Berücksichtigung ihrer gemeinsamen, aber unterschiedlichen Verantwortlichkeiten und ihrer speziellen nationalen und regionalen Entwicklungsprioritäten, Ziele und Gegebenheiten

a) nach Artikel 12 nationale Verzeichnisse erstellen, in regelmäßigen Abständen aktualisieren, veröffentlichen und der Konferenz der Vertragsparteien zur Verfügung stellen, in denen die anthropogenen Emissionen aller nicht durch das Montrealer Protokoll geregelten Treibhausgase aus Quellen und der Abbau solcher Gase durch Senken aufgeführt sind, wobei von der Konferenz der Vertragsparteien zu vereinbarende, vergleichbare Methoden anzuwenden sind;

b) nationale und gegebenenfalls regionale Programme erarbeiten, umsetzen, veröffentlichen und regelmäßig aktualisieren, in denen Maßnahmen zur Abschwächung der Klimaänderungen durch die Bekämpfung anthropogener Emissionen aller nicht durch das Montrealer Protokoll geregelten Treibhausgase aus Quellen und den Abbau solcher Gase durch Senken sowie Maßnahmen zur Erleichterung einer angemessenen Anpassung an die Klimaänderungen vorgesehen sind;

c) die Entwicklung, Anwendung und Verbreitung – einschließlich der Weitergabe – von Technologien, Methoden und Verfahren zur Bekämpfung, Verringerung oder Verhinderung anthropogener Emissionen von nicht durch das Montrealer Protokoll geregelten Treibhausgasen in allen wichtigen Bereichen, namentlich Energie, Verkehr, Industrie, Landwirtschaft, Forstwirtschaft und Abfallwirtschaft, fördern und dabei zusammenarbeiten;

d) die nachhaltige Bewirtschaftung fördern sowie die Erhaltung und gegebenenfalls Verbesserung von Senken und Speichern aller nicht durch das Montrealer Protokoll geregelten Treibhausgase, darunter Biomasse, Wälder und Meere sowie andere Ökosysteme auf dem Land, an der Küste und im Meer, fördern und dabei zusammenarbeiten;

e) bei der Vorbereitung auf die Anpassung an die Auswirkungen der Klimaänderungen zusammenarbeiten; angemessene integrierte Pläne für die Bewirtschaftung von Küstengebieten, für Wasservorräte und die Landwirtschaft sowie für den Schutz und die Wiederherstellung von Gebieten, die von Dürre und Wüstenbildung – vor allem in Afrika – sowie von Überschwemmungen betroffen sind, entwickeln und ausarbeiten;

f) in ihre einschlägigen Politiken und Maßnahmen in den Bereichen Soziales, Wirtschaft und Umwelt soweit wie möglich Überlegungen zu Klimaänderungen einbeziehen und geeignete Methoden, beispielsweise auf nationaler Ebene erarbeitete und festgelegte Verträglichkeitsprüfungen, anwenden, um die nachteiligen Auswirkungen der Vorhaben oder Maßnahmen, die sie zur Abschwächung der Klimaänderungen oder zur Anpassung daran durchführen, auf Wirtschaft, Volksgesundheit und Umweltqualität so gering wie möglich zu halten;

g) wissenschaftliche, technologische, technische, sozio-ökonomische und sonstige Forschungsarbeiten sowie die systematische Beobachtung und die Entwicklung von Datenarchiven, die sich mit dem Klimasystem befassen und dazu bestimmt sind, das Verständnis zu fördern und die verbleibenden Unsicherheiten in bezug auf Ursachen, Wirkungen, Ausmaß und zeitlichen Ablauf der Klimaänderungen sowie die wirtschaftlichen und sozialen Folgen verschiedener Bewältigungsstrategien zu verringern oder auszuschließen, fördern und dabei zusammenarbeiten;

h) den umfassenden, ungehinderten und umgehenden Austausch einschlägiger wissenschaftlicher, technologischer, technischer, sozio-ökonomischer und rechtlicher Informationen über das Klimasystem und die Klimaänderungen sowie über die wirtschaftlichen und sozialen Folgen verschiedener Bewältigungsstrategien fördern und dabei zusammenarbeiten;

i) Bildung, Ausbildung und öffentliches Bewußtsein auf dem Gebiet der Klimaänderungen fördern und dabei zusammenarbeiten sowie zu möglichst breiter Beteiligung an diesem Prozeß, auch von nichtstaatlichen Organisationen, ermutigen;

j) nach Artikel 12 der Konferenz der Vertragsparteien Informationen über die Durchführung des Übereinkommens zuleiten.

(2) Die Vertragsparteien, die entwickelte Länder sind, und die anderen in Anlage I aufgeführten Vertragsparteien übernehmen folgende spezifische Verpflichtungen:

a) jede dieser Vertragsparteien beschließt nationale[1] Politiken und ergreift entsprechende Maßnahmen zur Abschwächung der Klimaänderungen, indem sie ihre anthropogenen Emissionen von Treibhausgasen begrenzt und ihre Treibhausgassenken und -speicher schützt und erweitert. Diese Politi-

---

[1] Dies schließt die von Organisationen der regionalen Wirtschaftsintegration beschlossenen Politiken und Maßnahmen ein. [Die Fußnote ist Bestandteil des Vertrages.]

ken und Maßnahmen werden zeigen, daß die entwickelten Länder bei der Änderung der längerfristigen Trends bei anthropogenen Emissionen in Übereinstimmung mit dem Ziel des Übereinkommens die Führung übernehmen, und zwar in der Erkenntnis, daß eine Rückkehr zu einem früheren Niveau anthropogener Emissionen von Kohlendioxid und anderen nicht durch das Montrealer Protokoll geregelten Treibhausgasen bis zum Ende dieses Jahrzehnts zu einer solchen Änderung beitragen würde; sie berücksichtigen die unterschiedlichen Ausgangspositionen und Ansätze sowie die unterschiedlichen Wirtschaftsstrukturen und Ressourcen dieser Vertragsparteien und tragen der Notwendigkeit, ein starkes und nachhaltiges Wirtschaftswachstum aufrechtzuerhalten, den verfügbaren Technologien und anderen Einzelumständen sowie der Tatsache Rechnung, daß jede dieser Vertragsparteien zu dem weltweiten Bemühen um die Verwirklichung des Zieles gerechte und angemessene Beiträge leisten muß. Diese Vertragsparteien können solche Politiken und Maßnahmen gemeinsam mit anderen Vertragsparteien durchführen und können andere Vertragsparteien dabei unterstützen, zur Verwirklichung des Zieles des Übereinkommens und insbesondere dieses Buchstabens beizutragen;

b) um Fortschritte in dieser Richtung zu fördern, übermittelt jede dieser Vertragsparteien innerhalb von sechs Monaten nach Inkrafttreten des Übereinkommens für diese Vertragspartei und danach in regelmäßigen Abständen gemäß Artikel 12 ausführliche Angaben über ihre unter Buchstabe a vorgesehenen Politiken und Maßnahmen sowie über ihre sich daraus ergebenden voraussichtlichen anthropogenen Emissionen von nicht durch das Montrealer Protokoll geregelten Treibhausgasen aus Quellen und den Abbau solcher Gase durch Senken für den unter Buchstabe a genannten Zeitraum mit dem Ziel, einzeln oder gemeinsam die anthropogenen Emissionen von Kohlendioxid und anderen nicht durch das Montrealer Protokoll geregelten Treibhausgasen auf das Niveau von 1990 zurückzuführen. Diese Angaben werden von der Konferenz der Vertragsparteien auf ihrer ersten Tagung und danach in regelmäßigen Abständen gemäß Artikel 7 überprüft werden;

c) bei der Berechnung der Emissionen von Treibhausgasen aus Quellen und des Abbaus solcher Gase durch Senken für die Zwecke des Buchstabens b sollen die besten verfügbaren wissenschaftlichen Kenntnisse auch über die tatsächliche Kapazität von Senken und die jeweiligen Beiträge solcher Gase zu Klimaänderungen berücksichtigt werden. Die Konferenz der Vertragsparteien erörtert und vereinbart auf ihrer ersten Tagung die Methoden für diese Berechnung und überprüft sie danach in regelmäßigen Abständen;

d) die Konferenz der Vertragsparteien überprüft auf ihrer ersten Tagung, ob die Buchstaben a und b angemessen sind. Eine solche Überprüfung erfolgt unter Berücksichtigung der besten verfügbaren wissenschaftlichen Informationen und Beurteilungen betreffend Klimaänderungen und deren Auswirkungen sowie unter Berücksichtigung einschlägiger technischer, sozialer und wirtschaftlicher Informationen. Auf der Grundlage dieser Überprüfung ergreift die Konferenz der Vertragsparteien geeignete Maßnahmen, zu denen auch die Beschlußfassung über Änderungen der unter den Buchstaben a und b vorgesehenen Verpflichtungen gehören kann. Die Konferenz der Vertragsparteien entscheidet auf ihrer ersten Tagung auch über die Kriterien für eine gemeinsame Umsetzung im Sinne des Buchstabens a. Eine zweite Überprüfung der Buchstaben a und b findet bis zum 31. Dezember 1998 statt; danach erfolgen weitere Überprüfungen in von der Konferenz der Vertragsparteien festgelegten regelmäßigen Abständen, bis das Ziel des Übereinkommens verwirklicht ist;

e) jede dieser Vertragsparteien

    i) koordiniert, soweit dies angebracht ist, mit den anderen obengenannten Vertragsparteien einschlägige Wirtschafts- und Verwaltungsinstrumente, die im Hinblick auf die Verwirklichung des Zieles des Übereinkommens entwickelt wurden;

    ii) bestimmt und überprüft in regelmäßigen Abständen ihre eigenen Politiken und Praktiken, die zu Tätigkeiten ermutigen, die zu einem höheren Niveau der anthropogenen Emissionen von nicht durch das Montrealer Protokoll geregelten Treibhausgasen führen, als sonst entstünde;

f) die Konferenz der Vertragsparteien überprüft bis zum 31. Dezember 1998 die verfügbaren Informationen in der Absicht, mit Zustimmung der betroffenen Vertragspartei Beschlüsse über angebracht erscheinende Änderungen der in den Anlagen I und II enthaltenen Listen zu fassen;

g) jede nicht in Anlage I aufgeführte Vertragspartei kann in ihrer Ratifikations-, Annahme-, Genehmigungs- oder Beitrittsurkunde oder zu jedem späteren Zeitpunkt dem Verwahrer ihre Absicht notifizieren, durch die Buchstaben a und b gebunden zu sein. Der Verwahrer unterrichtet die anderen Unterzeichner und Vertragsparteien über jede derartige Notifikation.

(3) Die Vertragsparteien, die entwickelte Länder sind, und die anderen in Anlage II aufgeführten entwickelten Vertragsparteien stellen neue und zusätzliche finanzielle Mittel bereit, um die vereinbarten vollen Kosten zu tragen, die den Vertragsparteien, die Entwicklungsländer sind, bei der Erfüllung ihrer Verpflichtungen nach Artikel 12 Absatz 1 entstehen. Sie stellen auch finanzielle Mittel, einschließlich derjenigen für die Weitergabe von Technologie, bereit, soweit die Vertragsparteien, die Entwicklungsländer sind, sie benötigen, um die vereinbarten vollen Mehrkosten zu tragen, die bei der Durchführung der durch Absatz 1 erfaßten Maßnahmen entstehen, die zwischen einer Vertragspartei, die Entwicklungsland ist, und der oder den in Artikel 11 genannten internationalen Einrichtungen nach Artikel 11 vereinbart werden. Bei der Erfüllung dieser Verpflichtungen wird berücksichtigt, daß der Fluß der Finanzmittel angemessen und berechenbar sein muß und daß ein angemessener Lastenausgleich unter den Vertragsparteien, die entwickelte Länder sind, wichtig ist.

(4) Die Vertragsparteien, die entwickelte Länder sind, und die anderen in Anlage II aufgeführten entwickelten Vertragsparteien unterstützen die für die nachteiligen Auswirkungen der Klimaänderungen besonders anfälligen Vertragsparteien, die Entwicklungsländer sind, außerdem dabei, die durch die Anpassung an diese Auswirkungen entstehenden Kosten zu tragen.

(5) Die Vertragsparteien, die entwickelte Länder sind, und die anderen in Anlage II aufgeführten entwickelten Vertragsparteien ergreifen alle nur möglichen Maßnahmen, um die Weitergabe von umweltverträglichen Technologien und Know-how an andere Vertragsparteien, insbesondere solche, die Entwicklungsländer sind, oder den Zugang dazu, soweit dies angebracht ist, zu fördern, zu erleichtern und zu finanzieren, um es ihnen zu ermöglichen, die Bestimmungen des Übereinkommens durchzuführen. Dabei unterstützen die Vertragsparteien, die entwickelte Länder sind, die Entwicklung und Stärkung der im Land vorhandenen Fähigkeiten und Technologien der Vertrags-

parteien, die Entwicklungsländer sind. Andere Vertragsparteien und Organisationen, die dazu in der Lage sind, können auch zur Erleichterung der Weitergabe solcher Technologien beitragen.

(6) Die Konferenz der Vertragsparteien gewährt den in Anlage I aufgeführten Vertragsparteien, die sich im Übergang zur Marktwirtschaft befinden, ein gewisses Maß an Flexibilität bei der Erfüllung ihrer in Absatz 2 genannten Verpflichtungen, auch hinsichtlich des als Bezugsgröße gewählten früheren Niveaus der anthropogenen Emissionen von nicht durch das Montrealer Protokoll geregelten Treibhausgasen, um die Fähigkeit dieser Vertragsparteien zu stärken, das Problem der Klimaänderungen zu bewältigen.

(7) Der Umfang, in dem Vertragsparteien, die Entwicklungsländer sind, ihre Verpflichtungen aus dem Übereinkommen wirksam erfüllen, wird davon abhängen, inwieweit Vertragsparteien, die entwickelte Länder sind, ihre Verpflichtungen aus dem Übereinkommen betreffend finanzielle Mittel und die Weitergabe von Technologie wirksam erfüllen, wobei voll zu berücksichtigen ist, daß die wirtschaftliche und soziale Entwicklung sowie die Beseitigung der Armut für die Entwicklungsländer erste und dringlichste Anliegen sind.

(8) Bei der Erfüllung der in diesem Artikel vorgesehenen Verpflichtungen prüfen die Vertragsparteien eingehend, welche Maßnahmen nach dem Übereinkommen notwendig sind, auch hinsichtlich der Finanzierung, der Versicherung und der Weitergabe von Technologie, um den speziellen Bedürfnissen und Anliegen der Vertragsparteien, die Entwicklungsländer sind, zu entsprechen, die sich aus den nachteiligen Auswirkungen der Klimaänderungen oder der Durchführung von Gegenmaßnahmen ergeben, insbesondere

a) in kleinen Inselländern;
b) in Ländern mit tiefliegenden Küstengebieten;
c) in Ländern mit Trocken- und Halbtrockengebieten, Waldgebieten und Gebieten, die von Waldschäden betroffen sind,
d) in Ländern mit Gebieten, die häufig von Naturkatastrophen heimgesucht werden;
e) in Ländern mit Gebieten, die Dürre und Wüstenbildung ausgesetzt sind;
f) in Ländern mit Gebieten hoher Luftverschmutzung in den Städten;
g) in Ländern mit Gebieten, in denen sich empfindliche Ökosysteme einschließlich Gebirgsökosystemen befinden;
h) in Ländern, deren Wirtschaft in hohem Maß entweder von Einkünften, die durch die Gewinnung, Verarbeitung und Ausfuhr fossiler Brennstoffe und verwandter energieintensiver Produkte erzielt werden, oder vom Verbrauch solcher Brennstoffe und Produkte abhängt;
i) in Binnen- und Transitländern.
Darüber hinaus kann die Konferenz der Vertragsparteien gegebenenfalls Maßnahmen mit Bezug auf diesen Absatz ergreifen.

(9) Die Vertragsparteien tragen bei ihren Maßnahmen hinsichtlich der Finanzierung und der Weitergabe von Technologie den speziellen Bedürfnissen und der besonderen Lage der am wenigsten entwickelten Länder voll Rechnung.

(10) Die Vertragsparteien berücksichtigen nach Artikel 10 bei der Erfüllung der Verpflichtungen aus dem Übereinkommen die Lage derjenigen Vertragsparteien, insbesondere unter den Entwicklungsländern, deren Wirtschaft für die nachteiligen Auswirkungen der Durchführung von Maßnahmen zur Bekämpfung der Klimaänderungen anfällig ist. Dies gilt namentlich für Vertrags-

parteien, deren Wirtschaft in hohem Maß entweder von Einkünften, die durch die Gewinnung, Verarbeitung und Ausfuhr fossiler Brennstoffe und verwandter energieintensiver Produkte erzielt werden, oder vom Verbrauch solcher Brennstoffe und Produkte oder von der Verwendung fossiler Brennstoffe, die diese Vertragsparteien nur sehr schwer durch Alternativen ersetzen können, abhängt.

Art. 5 Forschung und systematische Beobachtung. Bei der Erfüllung ihrer Verpflichtungen nach Artikel 4 Absatz 1 Buchstabe g werden die Vertragsparteien

a) internationale und zwischenstaatliche Programme und Netze oder Organisationen unterstützen und gegebenenfalls weiterentwickeln, deren Ziel es ist, Forschung, Datensammlung und systematische Beobachtungen festzulegen, durchzuführen, zu bewerten und zu finanzieren, wobei Doppelarbeit soweit wie möglich vermieden werden sollte;

b) internationale und zwischenstaatliche Bemühungen unterstützen, um die systematische Beobachtung und die nationalen Möglichkeiten und Mittel der wissenschaftlichen und technischen Forschung, vor allem in den Entwicklungsländern, zu stärken und den Zugang zu Daten, die aus Gebieten außerhalb der nationalen Hoheitsbereiche stammen, und deren Analysen sowie den Austausch solcher Daten und Analysen zu fördern;

c) die speziellen Sorgen und Bedürfnisse der Entwicklungsländer berücksichtigen und an der Verbesserung ihrer im Land vorhandenen Möglichkeiten und Mittel zur Beteiligung an den unter den Buchstaben a und b genannten Bemühungen mitwirken.

Art. 6 Bildung, Ausbildung und öffentliches Bewußtsein. Bei der Erfüllung ihrer Verpflichtungen nach Artikel 4 Absatz 1 Buchstabe i werden die Vertragsparteien

a) auf nationaler und gegebenenfalls auf subregionaler und regionaler Ebene in Übereinstimmung mit den innerstaatlichen Gesetzen und sonstigen Vorschriften und im Rahmen ihrer Möglichkeiten folgendes fördern und erleichtern:

   i) die Entwicklung und Durchführung von Bildungsprogrammen und Programmen zur Förderung des öffentlichen Bewußtseins in bezug auf die Klimaänderungen und ihre Folgen;

   ii) den öffentlichen Zugang zu Informationen über die Klimaänderungen und ihre Folgen;

   iii) die Beteiligung der Öffentlichkeit an der Beschäftigung mit den Klimaänderungen und ihren Folgen sowie an der Entwicklung geeigneter Gegenmaßnahmen;

   iv) die Ausbildung wissenschaftlichen, technischen und leitenden Personals;

b) auf internationaler Ebene, gegebenenfalls unter Nutzung bestehender Gremien, bei folgenden Aufgaben zusammenarbeiten und sie unterstützen:

   i) Entwicklung und Austausch von Bildungsmaterial und Unterlagen zur Förderung des öffentlichen Bewußtseins in bezug auf die Klimaänderungen und ihre Folgen;

   ii) Entwicklung und Durchführung von Bildungs- und Ausbildungsprogrammen, unter anderem durch die Stärkung nationaler Institutionen und den Austausch oder die Entsendung von Personal zur Ausbildung

von Sachverständigen auf diesem Gebiet, vor allem für Entwicklungsländer.

Art. 7 Konferenz der Vertragsparteien. (1) Hiermit wird eine Konferenz
der Vertragsparteien eingesetzt.

(2) Die Konferenz der Vertragsparteien als oberstes Gremium dieses Übereinkommens überprüft in regelmäßigen Abständen die Durchführung des
Übereinkommens und aller damit zusammenhängenden Rechtsinstrumente,
die sie beschließt, und faßt im Rahmen ihres Auftrags die notwendigen Beschlüsse, um die wirksame Durchführung des Übereinkommens zu fördern.
Zu diesem Zweck wird sie wie folgt tätig:

a) Sie prüft anhand des Zieles des Übereinkommens, der bei seiner Durchführung gewonnenen Erfahrungen und der Weiterentwicklung der wissenschaftlichen und technologischen Kenntnisse in regelmäßigen Abständen die Verpflichtungen der Vertragsparteien und die institutionellen Regelungen aufgrund des Übereinkommens;

b) sie fördert und erleichtert den Austausch von Informationen über die von
den Vertragsparteien beschlossenen Maßnahmen zur Bekämpfung der
Klimaänderungen und ihrer Folgen unter Berücksichtigung der unterschiedlichen Gegebenheiten, Verantwortlichkeiten und Fähigkeiten der
Vertragsparteien und ihrer jeweiligen Verpflichtungen aus dem Übereinkommen;

c) auf Ersuchen von zwei oder mehr Vertragsparteien erleichtert sie die Koordinierung der von ihnen beschlossenen Maßnahmen zur Bekämpfung
der Klimaänderungen und ihrer Folgen unter Berücksichtigung der unterschiedlichen Gegebenheiten, Verantwortlichkeiten und Fähigkeiten der
Vertragsparteien und ihrer jeweiligen Verpflichtungen aus dem Übereinkommen;

d) sie fördert und leitet in Übereinstimmung mit dem Ziel und den Bestimmungen des Übereinkommens die Entwicklung und regelmäßige Verfei-
nerung vergleichbarer Methoden, die von der Konferenz der Vertragsparteien zu vereinbaren sind, unter anderem zur Aufstellung von Verzeich-
nissen der Emissionen von Treibhausgasen aus Quellen und des Abbaus
solcher Gase durch Senken und zur Beurteilung der Wirksamkeit der zur
Begrenzung der Emissionen und Förderung des Abbaus dieses Gase ergriffenen Maßnahmen;

e) auf der Grundlage aller ihr nach dem Übereinkommen zur Verfügung gestellten Informationen beurteilt sie die Durchführung des Übereinkommens durch die Vertragsparteien, die Gesamtwirkung der aufgrund des
Übereinkommens ergriffenen Maßnahmen, insbesondere die Auswirkungen auf die Umwelt, die Wirtschaft und den Sozialbereich sowie deren
kumulative Wirkung, und die bei der Verwirklichung des Zieles des
Übereinkommens erreichten Fortschritte;

f) sie prüft und beschließt regelmäßige Berichte über die Durchführung des
Übereinkommens und sorgt für deren Veröffentlichung;

g) sie gibt Empfehlungen zu allen für die Durchführung des Übereinkommens erforderlichen Angelegenheiten ab;

h) sie bemüht sich um die Aufbringung finanzieller Mittel nach Artikel 4
Absätze 3, 4 und 5 sowie Artikel 11;

i) sie setzt die zur Durchführung des Übereinkommens für notwendig erachteten Nebenorgane ein;

j) sie überprüft die ihr von ihren Nebenorganen vorgelegten Berichte und gibt ihnen Richtlinien vor,

k) sie vereinbart und beschließt durch Konsens für sich selbst und ihre Nebenorgane eine Geschäfts- und eine Finanzordnung;

l) sie bemüht sich um – und nutzt gegebenenfalls – die Dienste und Mitarbeit zuständiger internationaler Organisationen und zwischenstaatlicher und nichtstaatlicher Gremien sowie die von diesen zur Verfügung gestellten Informationen;

m) sie erfüllt die zur Verwirklichung des Zieles des Übereinkommens notwendigen sonstigen Aufgaben sowie alle anderen ihr aufgrund des Übereinkommens zugewiesenen Aufgaben.

(3) Die Konferenz der Vertragsparteien beschließt auf ihrer ersten Tagung für sich selbst und für die nach dem Übereinkommen eingesetzten Nebenorgane eine Geschäftsordnung, die das Beschlußverfahren in Angelegenheiten vorsieht, für die nicht bereits im Übereinkommen selbst entsprechende Verfahren vorgesehen sind. Diese Verfahren können auch die Mehrheiten für bestimmte Beschlußfassungen festlegen.

(4) Die erste Tagung der Konferenz der Vertragsparteien wird von dem in Artikel 21 vorgesehenen vorläufigen Sekretariat einberufen und findet spätestens ein Jahr nach Inkrafttreten des Übereinkommens statt. Danach finden ordentliche Tagungen der Konferenz der Vertragsparteien einmal jährlich statt, sofern nicht die Konferenz der Vertragsparteien etwas anderes beschließt.

(5) Außerordentliche Tagungen der Konferenz der Vertragsparteien finden statt, wenn es die Konferenz für notwendig erachtet oder eine Vertragspartei schriftlich beantragt, sofern dieser Antrag innerhalb von sechs Monaten nach seiner Übermittlung durch das Sekretariat von mindestens einem Drittel der Vertragsparteien unterstützt wird.

(6) Die Vereinten Nationen, ihre Sonderorganisationen und die Internationale Atomenergie-Organisation sowie jeder Mitgliedstaat einer solchen Organisation oder jeder Beobachter bei einer solchen Organisation, der nicht Vertragspartei des Übereinkommens ist, können auf den Tagungen der Konferenz der Vertragsparteien als Beobachter vertreten sein. Jede Stelle, national oder international, staatlich oder nichtstaatlich, die in vom Übereinkommen erfaßten Angelegenheiten fachlich befähigt ist und dem Sekretariat ihren Wunsch mitgeteilt hat, auf einer Tagung der Konferenz der Vertragsparteien als Beobachter vertreten zu sein, kann als solcher zugelassen werden, sofern nicht mindestens ein Drittel der anwesenden Vertragsparteien widerspricht. Die Zulassung und Teilnahme von Beobachtern unterliegen der von der Konferenz der Vertragsparteien beschlossenen Geschäftsordnung.

Art. 8 Sekretariat. (1) Hiermit wird ein Sekretariat eingesetzt.

(2) Das Sekretariat hat folgende Aufgaben:

a) Es veranstaltet die Tagungen der Konferenz der Vertragsparteien und ihrer aufgrund des Übereinkommens eingesetzten Nebenorgane und stellt die erforderlichen Dienste bereit;

b) es stellt die ihm vorgelegten Berichte zusammen und leitet sie weiter;

c) es unterstützt die Vertragsparteien, insbesondere diejenigen, die Entwicklungsländer sind, auf Ersuchen bei der Zusammenstellung und Weiterleitung der nach dem Übereinkommen erforderlichen Informationen;

d) es erarbeitet Berichte über seine Tätigkeit und legt sie der Konferenz der Vertragsparteien vor;

e) es sorgt für die notwendige Koordinierung mit den Sekretariaten anderer einschlägiger internationaler Stellen;

f) es trifft unter allgemeiner Aufsicht der Konferenz der Vertragsparteien die für die wirksame Erfüllung seiner Aufgaben notwendigen verwaltungsmäßigen und vertraglichen Vorkehrungen;

g) es nimmt die anderen im Übereinkommen und dessen Protokollen vorgesehenen Sekretariatsaufgaben sowie sonstige Aufgaben wahr, die ihm von der Konferenz der Vertragsparteien zugewiesen werden.

(3) Die Konferenz der Vertragsparteien bestimmt auf ihrer ersten Tagung ein ständiges Sekretariat und sorgt dafür, daß es ordnungsgemäß arbeiten kann.

Art. 9 Nebenorgan für wissenschaftliche und technologische Beratung. (1) Hiermit wird ein Nebenorgan für wissenschaftliche und technologische Beratung eingesetzt, das der Konferenz der Vertragsparteien und gegebenenfalls deren anderen Nebenorganen zu gegebener Zeit Informationen und Gutachten zu wissenschaftlichen und technologischen Fragen im Zusammenhang mit dem Übereinkommen zur Verfügung stellt. Dieses Organ steht allen Vertragsparteien zur Teilnahme offen; es ist fachübergreifend. Es umfaßt Regierungsvertreter, die in ihrem jeweiligen Zuständigkeitsgebiet fachlich befähigt sind. Es berichtet der Konferenz der Vertragsparteien regelmäßig über alle Aspekte seiner Arbeit.

(2) Unter Aufsicht der Konferenz der Vertragsparteien und unter Heranziehung bestehender zuständiger internationaler Gremien wird dieses Organ wie folgt tätig:

a) Es stellt Beurteilungen zum Stand der wissenschaftlichen Kenntnisse auf dem Gebiet der Klimaänderungen und ihrer Folgen zur Verfügung;

b) es verfaßt wissenschaftliche Beurteilungen über die Auswirkungen der zur Durchführung des Übereinkommens ergriffenen Maßnahmen;

c) es bestimmt innovative, leistungsfähige und dem Stand der Technik entsprechende Technologien und Know-how und zeigt Möglichkeiten zur Förderung der Entwicklung solcher Technologien und zu ihrer Weitergabe auf;

d) es gibt Gutachten zu wissenschaftlichen Programmen, zur internationalen Zusammenarbeit bei der Forschung und Entwicklung im Zusammenhang mit den Klimaänderungen und zu Möglichkeiten ab, den Aufbau der im Land vorhandenen Kapazitäten in den Entwicklungsländern zu unterstützen;

e) es beantwortet wissenschaftliche, technologische und methodologische Fragen, die ihm von der Konferenz der Vertragsparteien und ihren Nebenorganen vorgelegt werden.

(3) Die weiteren Einzelheiten der Aufgaben und des Mandats dieses Organs können von der Konferenz der Vertragsparteien festgelegt werden.

Art. 10 Nebenorgan für die Durchführung des Übereinkommens.
(1) Hiermit wird ein Nebenorgan für die Durchführung des Übereinkommens eingesetzt, das die Konferenz der Vertragsparteien bei der Beurteilung und Überprüfung der wirksamen Durchführung des Übereinkommens unter-

stützt. Dieses Organ steht allen Vertragsparteien zur Teilnahme offen; es umfaßt Regierungsvertreter, die Sachverständige auf dem Gebiet der Klimaänderungen sind. Es berichtet der Konferenz der Vertragsparteien regelmäßig über alle Aspekte seiner Arbeit.

(2) Unter Aufsicht der Konferenz der Vertragsparteien wird dieses Organ wie folgt tätig:

a) Es prüft die nach Artikel 12 Absatz 1 übermittelten Informationen, um die Gesamtwirkung der von den Vertragsparteien ergriffenen Maßnahmen anhand der neuesten wissenschaftlichen Beurteilungen der Klimaänderungen zu beurteilen;

b) es prüft die nach Artikel 12 Absatz 2 übermittelten Informationen, um die Konferenz der Vertragsparteien bei der Durchführung der Artikel 4 Absatz 2 Buchstabe d geforderten Überprüfung zu unterstützen;

c) es unterstützt die Konferenz der Vertragsparteien gegebenenfalls bei der Vorbereitung und Durchführung ihrer Beschlüsse.

Art. 11 Finanzierungsmechanismus. (1) Hiermit wird ein Mechanismus zur Bereitstellung finanzieller Mittel in Form unentgeltlicher Zuschüsse oder zu Vorzugsbedingungen, auch für die Weitergabe von Technologie, festgelegt. Er arbeitet unter Aufsicht der Konferenz der Vertragsparteien und ist dieser gegenüber verantwortlich; die Konferenz der Vertragsparteien entscheidet über seine Politiken, seine Programmprioritäten und seine Zuteilungskriterien im Zusammenhang mit dem Übereinkommen. Die Erfüllung seiner Aufgaben wird einer oder mehreren bestehenden internationalen Einrichtungen anvertraut.

(2) Der Finanzierungsmechanismus wird auf der Grundlage einer gerechten und ausgewogenen Vertretung aller Vertragsparteien mit einer transparenten Leitungsstruktur errichtet.

(3) Die Konferenz der Vertragsparteien und die Einrichtung oder Einrichtungen, denen die Erfüllung der Aufgaben des Finanzierungsmechanismus anvertraut ist, vereinbaren Vorkehrungen, durch die den obigen Absätzen Wirksamkeit verliehen wird, darunter folgendes:

a) Modalitäten, durch die sichergestellt wird, daß die finanzierten Vorhaben zur Bekämpfung der Klimaänderungen mit den von der Konferenz der Vertragsparteien aufgestellten Politiken, Programmprioritäten und Zuteilungskriterien im Einklang stehen;

b) Modalitäten, durch die ein bestimmter Finanzierungsbeschluß anhand dieser Politiken, Programmprioritäten und Zuteilungskriterien überprüft werden kann;

c) Erstattung regelmäßiger Berichte an die Konferenz der Vertragsparteien durch die Einrichtung oder Einrichtungen über deren Finanzierungstätigkeiten entsprechend der in Absatz 1 vorgesehenen Verantwortlichkeit;

d) Festlegung der Höhe des zur Durchführung dieses Übereinkommens erforderlichen und verfügbaren Betrags sowie der Bedingungen, unter denen dieser Betrag in regelmäßigen Abständen überprüft wird, in berechenbarer und nachvollziehbarer Weise.

(4) Die Konferenz der Vertragsparteien trifft auf ihrer ersten Tagung Vorkehrungen zur Durchführung der obigen Bestimmungen, wobei sie die in Artikel 21 Absatz 3 vorgesehenen vorläufigen Regelungen überprüft und berücksichtigt, und entscheidet, ob diese vorläufigen Regelungen beibehalten

werden sollen. Innerhalb der darauffolgenden vier Jahre überprüft die Konferenz der Vertragsparteien den Finanzierungsmechanismus und ergreift angemessene Maßnahmen.

(5) Die Vertragsparteien, die entwickelte Länder sind, können auch finanzielle Mittel im Zusammenhang mit der Durchführung des Übereinkommens auf bilateralem, regionalem oder multilateralem Weg zur Verfügung stellen, welche die Vertragsparteien, die Entwicklungsländer sind, in Anspruch nehmen können.

Art. 12 Weiterleitung von Informationen über die Durchführung des Übereinkommens. (1) Nach Artikel 4 Absatz 1 übermittelt jede Vertragspartei der Konferenz der Vertragsparteien über das Sekretariat folgende Informationen:

a) ein nationales Verzeichnis der anthropogenen Emissionen aller nicht durch das Montrealer Protokoll geregelten Treibhausgase aus Quellen und des Abbaus solcher Gase durch Senken, soweit es die ihr zur Verfügung stehenden Mittel erlauben, unter Verwendung vergleichbarer Methoden, die von der Konferenz der Vertragsparteien gefördert und vereinbart werden;

b) eine allgemeine Beschreibung der von der Vertragspartei ergriffenen oder geplanten Maßnahmen zur Durchführung des Übereinkommens;

c) alle sonstigen Informationen, die nach Auffassung der Vertragspartei für die Verwirklichung des Zieles des Übereinkommens wichtig und zur Aufnahme in ihre Mitteilung geeignet sind, darunter soweit möglich Material, das zur Berechnung globaler Emissionstrends von Bedeutung ist.

(2) Jede Vertragspartei, die ein entwickeltes Land ist, und jede andere in Anlage 1 aufgeführte Vertragspartei nimmt in ihre Mitteilung folgende Informationen auf:

a) eine genaue Beschreibung der Politiken und Maßnahmen, die sie zur Erfüllung ihrer Verpflichtungen nach Artikel 4 Absatz 2 Buchstaben a und b beschlossen hat;

b) eine genaue Schätzung der Auswirkungen, welche die unter Buchstabe a vorgesehenen Politiken und Maßnahmen auf die anthropogenen Emissionen von Treibhausgasen aus Quellen und den Abbau solcher Gase durch Senken innerhalb des in Artikel 4 Absatz 2 Buchstabe a genannten Zeitraums haben werden.

(3) Außerdem macht jede Vertragspartei, die ein entwickeltes Land ist, und jede andere in Anlage II aufgeführte entwickelte Vertragspartei Angaben über die nach Artikel 4 Absätze 3, 4 und 5 ergriffenen Maßnahmen.

(4) Die Vertragsparteien, die Entwicklungsländer sind, können auf freiwilliger Grundlage Vorhaben zur Finanzierung vorschlagen, unter Angabe der Technologien, Materialien, Ausrüstungen, Techniken oder Verfahren, die zur Durchführung solcher Vorhaben notwendig wären, und, wenn möglich, unter Vorlage einer Schätzung aller Mehrkosten, der Verringerung von Emissionen von Treibhausgasen und des zusätzlichen Abbaus solcher Gase sowie einer Schätzung der sich daraus ergebenden Vorteile.

(5) Jede Vertragspartei, die ein entwickeltes Land ist, und jede andere in Anlage I aufgeführte Vertragspartei übermittelt ihre erste Mitteilung innerhalb von sechs Monaten nach Inkrafttreten des Übereinkommens für diese Vertragspartei. Jede nicht darin aufgeführte Vertragspartei übermittelt ihre erste

Mitteilung innerhalb von drei Jahren nach Inkrafttreten des Übereinkommens für diese Vertragspartei oder nach der Bereitstellung finanzieller Mittel gemäß Artikel 4 Absatz 3. Vertragsparteien, die zu den am wenigsten entwickelten Ländern gehören, können ihre erste Mitteilung nach eigenem Ermessen übermitteln. Die Konferenz der Vertragsparteien bestimmt die Zeitabstände, in denen alle Vertragsparteien ihre späteren Mitteilungen zu übermitteln haben, wobei der in diesem Absatz dargelegte gestaffelte Zeitplan zu berücksichtigen ist.

(6) Die von den Vertragsparteien nach diesem Artikel übermittelten Angaben werden vom Sekretariat so schnell wie möglich an die Konferenz der Vertragsparteien und an alle betroffenen Nebenorgane weitergeleitet. Falls erforderlich, können die Verfahren zur Übermittlung von Informationen von der Konferenz der Vertragsparteien überarbeitet werden.

(7) Von ihrer ersten Tagung an sorgt die Konferenz der Vertragsparteien dafür, daß den Vertragsparteien, die Entwicklungsländer sind, auf Ersuchen technische und finanzielle Hilfe bei der Zusammenstellung und Übermittlung von Informationen nach diesem Artikel sowie bei der Bestimmung des technischen und finanziellen Bedarfs zur Durchführung der vorgeschlagenen Vorhaben und der Bekämpfungsmaßnahmen nach Artikel 4 gewährt wird. Solche Hilfe kann je nach Bedarf von anderen Vertragsparteien, von den zuständigen internationalen Organisationen und vom Sekretariat zur Verfügung gestellt werden.

(8) Jede Gruppe von Vertragsparteien kann vorbehaltlich der von der Konferenz der Vertragsparteien angenommenen Leitlinien und vorbehaltlich vorheriger Notifikation an die Konferenz der Vertragsparteien in Erfüllung ihrer Verpflichtungen nach diesem Artikel eine gemeinsame Mitteilung übermitteln, sofern diese Angaben über die Erfüllung der jeweiligen Einzelverpflichtungen aus dem Übereinkommen durch die einzelnen Vertragsparteien enthält.

(9) Alle beim Sekretariat eingehenden Informationen, die eine Vertragspartei im Einklang mit den von der Konferenz der Vertragsparteien festzulegenden Kriterien als vertraulich eingestuft hat, werden vom Sekretariat zusammengefaßt, um ihre Vertraulichkeit zu schützen, bevor sie einem der an der Weiterleitung und Überprüfung von Informationen beteiligten Gremien zur Verfügung gestellt werden.

(10) Vorbehaltlich des Absatzes 9 und unbeschadet des Rechts einer jeden Vertragspartei, ihre Mitteilung jederzeit zu veröffentlichen, macht das Sekretariat die von den Vertragsparteien nach diesem Artikel übermittelten Mitteilungen zu dem Zeitpunkt öffentlich verfügbar, zu dem sie der Konferenz der Vertragsparteien vorgelegt werden.

Art. 13 Lösung von Fragen der Durchführung des Übereinkommens. Die Konferenz der Vertragsparteien prüft auf ihrer ersten Tagung die Einführung eines mehrseitigen Beratungsverfahrens zur Lösung von Fragen der Durchführung des Übereinkommens, das den Vertragsparteien auf Ersuchen zur Verfügung steht.

Art. 14 Beilegung von Streitigkeiten. (1) Im Fall einer Streitigkeit zwischen zwei oder mehr Vertragsparteien über die Auslegung oder Anwendung des Übereinkommens bemühen sich die betroffenen Vertragsparteien um eine Beilegung der Streitigkeit durch Verhandlungen oder andere friedliche Mittel ihrer Wahl.

(2) Bei der Ratifikation, der Annahme oder der Genehmigung des Übereinkommens oder beim Beitritt zum Übereinkommen oder jederzeit danach kann eine Vertragspartei, die keine Organisation der regionalen Wirtschaftsintegration ist, in einer dem Verwahrer vorgelegten, schriftlichen Urkunde erklären, daß sie in bezug auf jede Streitigkeit über die Auslegung oder Anwendung des Übereinkommens folgende Verfahren gegenüber jeder Vertragspartei, welche dieselbe Verpflichtung übernimmt, von Rechts wegen und ohne besondere Übereinkunft als obligatorisch anerkennt:

a) Vorlage der Streitigkeit an den Internationalen Gerichtshof und/oder
b) ein Schiedsverfahren nach Verfahren, die von der Konferenz der Vertragsparteien so bald wie möglich in einer Anlage über ein Schiedsverfahren beschlossen werden.

Eine Vertragspartei, die eine Organisation der regionalen Wirtschaftsintegration ist, kann in bezug auf ein Schiedsverfahren nach dem unter Buchstabe b vorgesehenen Verfahren eine Erklärung mit gleicher Wirkung abgeben.

(3) Eine nach Absatz 2 abgegebene Erklärung bleibt in Kraft, bis sie gemäß den darin enthaltenen Bestimmungen erlischt, oder bis zum Ablauf von drei Monaten nach Hinterlegung einer schriftlichen Rücknahmenotifikation beim Verwahrer.

(4) Eine neue Erklärung, eine Rücknahmenotifikation oder das Erlöschen einer Erklärung berührt nicht die beim Internationalen Gerichtshof oder bei dem Schiedsgericht anhängigen Verfahren, sofern die Streitparteien nichts anderes vereinbaren.

(5) Vorbehaltlich des Absatzes 2 wird die Streitigkeit auf Ersuchen einer der Streitparteien einem Vergleichsverfahren unterworfen, wenn nach Ablauf von zwölf Monaten, nachdem eine Vertragspartei einer anderen notifiziert hat, daß eine Streitigkeit zwischen ihnen besteht, die betreffenden Vertragsparteien ihre Streitigkeit nicht durch die in Absatz 1 genannten Mittel beilegen konnten.

(6) Auf Ersuchen einer der Streitparteien wird eine Vergleichskommission gebildet. Die Kommission besteht aus einer jeweils gleichen Anzahl von durch die betreffenden Parteien ernannten Mitgliedern sowie einem Vorsitzenden, der gemeinsam von den durch die Parteien ernannten Mitgliedern gewählt wird. Die Kommission fällt einen Spruch mit Empfehlungscharakter, den die Parteien nach Treu und Glauben prüfen.

(7) Weitere Verfahren in Zusammenhang mit dem Vergleichsverfahren werden von der Konferenz der Vertragsparteien so bald wie möglich in einer Anlage über ein Vergleichsverfahren beschlossen.

(8) Dieser Artikel findet auf jedes mit dem Übereinkommen in Zusammenhang stehende Rechtsinstrument Anwendung, das die Konferenz der Vertragsparteien beschließt, sofern das Instrument nichts anderes bestimmt.

Art. 15 Änderungen des Übereinkommens. (1) Jede Vertragspartei kann Änderungen des Übereinkommens vorschlagen.

(2) Änderungen des Übereinkommens werden auf einer ordentlichen Tagung der Konferenz der Vertragsparteien beschlossen. Der Wortlaut einer

vorgeschlagenen Änderung des Übereinkommens wird den Vertragsparteien mindestens sechs Monate vor der Sitzung, auf der die Änderung zur Beschlußfassung vorgeschlagen wird, vom Sekretariat übermittelt. Das Sekretariat übermittelt vorgeschlagene Änderungen auch den Unterzeichnern des Übereinkommens und zur Kenntnisnahme dem Verwahrer.

(3) Die Vertragsparteien bemühen sich nach Kräften um eine Einigung durch Konsens über eine vorgeschlagene Änderung des Übereinkommens. Sind alle Bemühungen um einen Konsens erschöpft und wird keine Einigung erzielt, so wird als letztes Mittel die Änderung mit Dreiviertelmehrheit der auf der Sitzung anwesenden und abstimmenden Vertragsparteien beschlossen. Die beschlossene Änderung wird vom Sekretariat dem Verwahrer übermittelt, der sie an alle Vertragsparteien zur Annahme weiterleitet.

(4) Die Annahmeurkunden in bezug auf jede Änderung werden beim Verwahrer hinterlegt. Eine nach Absatz 3 beschlossene Änderung tritt für die Vertragsparteien, die sie angenommen haben, am neunzigsten Tag nach dem Zeitpunkt in Kraft, zu dem Annahmeurkunden von mindestens drei Vierteln der Vertragsparteien des Übereinkommens beim Verwahrer eingegangen sind.

(5) Für jede andere Vertragspartei tritt die Änderung am neunzigsten Tag nach dem Zeitpunkt in Kraft, zu dem diese Vertragspartei ihre Urkunde über die Annahme der betreffenden Änderung beim Verwahrer hinterlegt hat.

(6) Im Sinne dieses Artikels bedeutet „anwesende und abstimmende Vertragsparteien" die anwesenden Vertragsparteien, die eine Ja- oder eine Nein-Stimme abgeben.

Art. 16 Beschlußfassung über Anlagen und Änderung von Anlagen des Übereinkommens. (1) Die Anlagen des Übereinkommens sind Bestandteil des Übereinkommens; sofern nicht ausdrücklich etwas anderes vorgesehen ist, stellt eine Bezugnahme auf das Übereinkommen gleichzeitig eine Bezugnahme auf die Anlagen dar. Unbeschadet des Artikels 14 Absatz 2 Buchstabe b und Absatz 7 sind solche Anlagen auf Listen, Formblätter und andere erläuternde Materialien wissenschaftlicher, technischer, verfahrensmäßiger oder verwaltungstechnischer Art beschränkt.

(2) Anlagen des Übereinkommens werden nach dem in Artikel 15 Absätze 2, 3 und 4 festgelegten Verfahren vorgeschlagen und beschlossen.

(3) Eine Anlage, die nach Absatz 2 beschlossen worden ist, tritt für alle Vertragsparteien des Übereinkommens sechs Monate nach dem Zeitpunkt in Kraft, zu dem der Verwahrer diesen Vertragsparteien mitgeteilt hat, daß die Anlage beschlossen worden ist; ausgenommen sind die Vertragsparteien, die dem Verwahrer innerhalb dieses Zeitraums schriftlich notifiziert haben, daß sie die Anlage nicht annehmen. Für die Vertragsparteien, die ihre Notifikation über die Nichtannahme zurücknehmen, tritt die Anlage am neunzigsten Tag nach dem Zeitpunkt in Kraft, zu dem die Rücknahmenotifikation beim Verwahrer eingeht.

(4) Der Vorschlag von Änderungen von Anlagen des Übereinkommens, die Beschlußfassung darüber und das Inkrafttreten derselben unterliegen demselben Verfahren wie der Vorschlag von Anlagen des Übereinkommens, die Beschlußfassung darüber und das Inkrafttreten derselben nach den Absätzen 2 und 3.

(5) Hat die Beschlußfassung über eine Anlage oder eine Änderung einer Anlage eine Änderung des Übereinkommens zur Folge, so tritt diese Anlage oder diese Änderung einer Anlage erst in Kraft, wenn die Änderung des Übereinkommens selbst in Kraft tritt.

Art. 17 Protokolle. (1) Die Konferenz der Vertragsparteien kann auf jeder ordentlichen Tagung Protokolle des Übereinkommens beschließen.

(2) Der Wortlaut eines vorgeschlagenen Protokolls wird den Vertragsparteien mindestens sechs Monate vor der betreffenden Tagung vom Sekretariat übermittelt.

(3) Die Voraussetzungen für das Inkrafttreten eines Protokolls werden durch das Protokoll selbst festgelegt.

(4) Nur Vertragsparteien des Übereinkommens können Vertragsparteien eines Protokolls werden.

(5) Beschlüsse aufgrund eines Protokolls werden nur von den Vertragsparteien des betreffenden Protokolls gefaßt.

Art. 18 Stimmrecht. (1) Jede Vertragspartei des Übereinkommens hat eine Stimme, sofern nicht in Absatz 2 etwas anderes bestimmt ist.

(2) Organisationen der regionalen Wirtschaftsintegration üben in Angelegenheiten ihrer Zuständigkeit ihr Stimmrecht mit der Anzahl von Stimmen aus, die der Anzahl ihrer Mitgliedstaaten entspricht, die Vertragsparteien des Übereinkommens sind. Eine solche Organisation übt ihr Stimmrecht nicht aus, wenn einer ihrer Mitgliedstaaten sein Stimmrecht ausübt, und umgekehrt.

Art. 19 Verwahrer. Der Generealsekretär der Vereinten Nationen ist Verwahrer des Übereinkommens und der nach Artikel 17 beschlossenen Protokolle.

Art. 20 Unterzeichnung. Dieses Übereinkommen liegt während der Konferenz der Vereinten Nationen über Umwelt und Entwicklung in Rio de Janeiro und danach vom 20. Juni 1992 bis zum 19. Juni 1993 am Sitz der Vereinten Nationen in New York für die Mitgliedstaaten der Vereinten Nationen oder einer ihrer Sonderorganisationen oder für Vertragsstaaten des Statuts des Internationalen Gerichtshofs sowie für Organisationen der regionalen Wirtschaftsintegration zur Unterzeichnung auf.

Art. 21 Vorläufige Regelungen. (1) Bis zum Abschluß der ersten Tagung der Konferenz der Vertragsparteien werden die in Artikel 8 genannten Sekretariatsaufgaben vorläufig durch das von der Generalversammlung der Vereinten Nationen in ihrer Resolution 45/212 vom 21. Dezember 1990 eingesetzte Sekretariat übernommen.

(2) Der Leiter des in Absatz 1 genannten vorläufigen Sekretariats arbeitet eng mit der Zwischenstaatlichen Sachverständigengruppe über Klimaänderungen (Intergovernmental Panel on Climate Change) zusammen, um sicherzustellen, daß die Gruppe dem Bedarf an objektiver wissenschaftlicher und technischer Beratung entsprechen kann. Andere maßgebliche wissenschaftliche Gremien können auch befragt werden.

(3) Die Globale Umweltfazilität des Entwicklungsprogramms der Vereinten Nationen, des Umweltprogramms der Vereinten Nationen und der Internationalen Bank für Wiederaufbau und Entwicklung ist die internationale Einrichtung, der vorläufig die Erfüllung der Aufgaben des in Artikel 11 vorgesehenen Finanzierungsmechanismus anvertraut ist. Hierzu sollte die Globale Umweltfazilität angemessen umstrukturiert werden und allen Staaten offenstehen, damit sie den Anforderungen des Artikels 11 gerecht werden kann.

Art. 22 Ratifikation, Annahme, Genehmigung oder Beitritt. (1) Das Übereinkommen bedarf der Ratifikation, der Annahme, der Genehmigung oder des Beitritts durch die Staaten und durch die Organisationen der regionalen Wirtschaftsintegration. Es steht von dem Tag an, an dem es nicht mehr zur Unterzeichnung aufliegt, zum Beitritt offen. Die Ratifikations-, Annahme-, Genehmigungs- oder Beitrittsurkunden werden beim Verwahrer hinterlegt.

(2) Jede Organisation der regionalen Wirtschaftsintegration, die Vertragspartei des Übereinkommens wird, ohne daß einer ihrer Mitgliedstaaten Vertragspartei ist, ist durch alle Verpflichtungen aus dem Übereinkommen gebunden. Sind ein oder mehrere Mitgliedstaaten einer solchen Organisation Vertragspartei des Übereinkommens, so entscheiden die Organisation und ihre Mitgliedstaaten über ihre jeweiligen Verantwortlichkeiten hinsichtlich der Erfüllung ihrer Verpflichtungen aus dem Übereinkommen. In diesen Fällen sind die Organisation und die Mitgliedstaaten nicht berechtigt, die Rechte aufgrund des Übereinkommens gleichzeitig auszuüben.

(3) In ihren Ratifikations-, Annahme-, Genehmigungs- oder Beitrittsurkunden erklären die Organisationen der regionalen Wirtschaftsintegration den Umfang ihrer Zuständigkeiten in bezug auf die durch das Übereinkommen erfaßten Angelegenheiten. Diese Organisationen teilen auch jede wesentliche Änderung des Umfangs ihrer Zuständigkeiten dem Verwahrer mit, der seinerseits die Vertragsparteien unterrichtet.

Art. 23 Inkrafttreten. (1) Das Übereinkommen tritt am neunzigsten Tag nach dem Zeitpunkt der Hinterlegung der fünfzigsten Ratifikations-, Annahme-, Genehmigungs- oder Beitrittsurkunde in Kraft.

(2) Für jeden Staat oder für jede Organisation der regionalen Wirtschaftsintegration, die nach Hinterlegung der fünfzigsten Ratifikations-, Annahme-, Genehmigungs- oder Beitrittsurkunde das Übereinkommen ratifiziert, annimmt, genehmigt oder ihm beitritt, tritt das Übereinkommen am neunzigsten Tag nach dem Zeitpunkt der Hinterlegung der Ratifikations-, Annahme-, Genehmigungs- oder Beitrittsurkunde durch den Staat oder die Organisation der regionalen Wirtschaftsintegration in Kraft.

(3) Für die Zwecke der Absätze 1 und 2 zählt eine von einer Organisation der regionalen Wirtschaftsintegration hinterlegte Urkunde nicht als zusätzliche Urkunde zu den von den Mitgliedstaaten der Organisation hinterlegten Urkunden.

Art. 24 Vorbehalte. Vorbehalte zu dem Übereinkommen sind nicht zulässig.

Art. 25 Rücktritt. (1) Eine Vertragspartei kann jederzeit nach Ablauf von drei Jahren nach dem Zeitpunkt, zu dem das Übereinkommen für sie in Kraft getreten ist, durch eine an den Verwahrer gerichtete schriftliche Notifikation vom Übereinkommen zurücktreten.

(2) Der Rücktritt wird nach Ablauf eines Jahres nach dem Eingang der Rücktrittsnotifikation beim Verwahrer oder zu einem gegebenenfalls in der Rücktrittsnotifikation genannten späteren Zeitpunkt wirksam.

(3) Eine Vertragspartei, die vom Übereinkommen zurücktritt, gilt auch als von den Protokollen zurückgetreten, deren Vertragspartei sie ist.

Art. 26 Verbindliche Wortlaute. Die Urschrift dieses Übereinkommens, dessen arabischer, chinesischer, englischer, französischer, russischer und spanischer Wortlaut gleichermaßen verbindlich ist, wird beim Generalsekretär der Vereinten Nationen hinterlegt.

Zu Urkund dessen haben die hierzu gehörig befugten Unterzeichneten dieses Übereinkommen unterschrieben.

Geschehen zu New York am 9. Mai 1992

Anlage I

Australien
Belarus*)
Belgien
Bulgarien*)
Dänemark
Deutschland
Estland*)
Europäische Gemeinschaft
Finnland
Frankreich
Griechenland
Irland
Island
Italien
Japan
Kanada
Lettland*)
Litauen*)
Luxemburg
Neuseeland
Niederlande
Norwegen
Österreich
Polen*)
Portugal
Rumänien*)
Russische Föderation*)
Schweden
Schweiz
Spanien

---

*) Länder, die sich im Übergang zur Marktwirtschaft befinden. [Die Fußnote ist Bestandteil des Vertrages.]

Tschechoslowakei*⁾
Türkei
Ukraine*⁾
Ungarn*⁾
Vereinigte Staaten von Amerika
Vereinigtes Königreich Großbritannien und Nordirland

Anlage II

Australien
Belgien
Dänemark
Deutschland
Europäische Gemeinschaft
Finnland
Frankreich
Griechenland
Irland
Island
Italien
Japan
Kanada
Luxemburg
Neuseeland
Niederlande
Norwegen
Österreich
Portugal
Schweden
Schweiz
Spanien
Türkei
Vereinigte Staaten von Amerika
Vereinigtes Königreich Großbritannien und Nordirland

---

*⁾ Länder, die sich im Übergang zur Marktwirtschaft befinden. [Die Fußnote ist Bestandteil des Vertrages.]

27. Übereinkommen über die frühzeitige Benachrichtigung bei nuklearen Unfällen[1) · 2)]

(26. 9. 1986)

Die Vertragsstaaten dieses Übereinkommens –
in dem Bewußtsein, daß in einer Reihe von Staaten nukleare Tätigkeiten durchgeführt werden,
im Hinblick darauf, daß umfassende Maßnahmen getroffen wurden und werden, um bei nuklearen Tätigkeiten ein hohes Maß an Sicherheit zu gewährleisten und dadurch nukleare Unfälle zu verhüten sowie die Folgen allenfalls eintretender Unfälle auf ein Mindestmaß zu beschränken,
in dem Wunsch, die internationale Zusammenarbeit bei der sicheren Entwicklung und Nutzung der Kernenergie weiter zu verstärken,
überzeugt von der Notwendigkeit, daß die Staaten so früh wie möglich sachdienliche Informationen über nukleare Unfälle übermitteln, damit grenzüberschreitende radiologische Auswirkungen auf ein Mindestmaß beschränkt werden können,
im Hinblick auf die Nützlichkeit zweiseitiger und mehrseitiger Vereinbarungen über den Informationsaustausch in diesem Bereich –
haben folgendes vereinbart:

Art. 1 Anwendungsbereich. (1) Dieses Übereinkommen findet auf jeden Unfall Anwendung, der die in Absatz 2 genannten Anlagen oder Tätigkeiten eines Vertragsstaats oder seiner Hoheitsgewalt oder Kontrolle unterstehender natürlicher Personen oder anderer Rechtsträger betrifft, bei dem radioaktive Stoffe freigesetzt werden oder werden können und der zu einer internationalen grenzüberschreitenden Freisetzung geführt hat oder führen kann, die für die Sicherheit eines anderen Staates vor radiologischen Auswirkungen von Bedeutung sein könnte.

(2) Die in Absatz 1 genannten Anlagen und Tätigkeiten sind folgende:
a) jeder Kernreaktor, unabhängig von seinem Standort;
b) jede Anlage des Kernbrennstoffkreislaufs;
c) jede Anlage zur Behandlung radioaktiver Abfälle;
d) die Beförderung und Lagerung von Kernbrennstoffen oder radioaktiven Abfällen;
e) die Herstellung, Verwendung, Lagerung, Beseitigung und Beförderung von Radioisotopen für landwirtschaftliche, industrielle, medizinische sowie damit zusammenhängende wissenschaftliche Zwecke und Forschungszwecke und
f) die Verwendung von Radioisotopen für die Energiegewinnung in Weltraumgegenständen.

[1)] Aus BGBl. 1989 II S. 435.
[2)] Internationale Quelle: IAEA, Final Document, Resolutions and Conventions, Adopted by the First Special Session of the General Conference [Doc. GC (SPL. I)/RESOLUTIONS (1986)], 1986, p. 5.

Art. 2 Benachrichtigung und Informationen. Im Fall eines Unfalls nach Artikel 1 (im folgenden „nuklearer Unfall" genannt) wird der in jenem Artikel bezeichnete Vertragsstaat

a) sofort unmittelbar oder über die Internationale Atomenergie-Organisation (im folgenden „Organisation" genannt) die Staaten, die, wie in Artikel 1 ausgeführt, physisch betroffen sind oder sein können, sowie die Organisation von dem nuklearen Unfall, seiner Art, dem Zeitpunkt seines Eintretens und gegebenenfalls dem genauen Unfallort benachrichtigen und

b) umgehend den unter Buchstabe a bezeichneten Staaten unmittelbar oder über die Organisation sowie der Organisation die verfügbaren sachdienlichen Informationen nach Artikel 5 übermitteln, damit radiologische Auswirkungen in diesen Staaten auf ein Mindestmaß beschränkt werden.

Art. 3 Andere nukleare Unfälle. Um die radiologischen Auswirkungen auf ein Mindestmaß zu beschränken, können die Vertragsstaaten auch bei anderen als den in Artikel 1 bezeichneten nuklearen Unfällen eine Benachrichtigung vornehmen.

Art. 4 Aufgaben der Organisation. Die Organisation

a) informiert sofort die Vertragsstaaten, Mitgliedstaaten, anderen Staaten, die, wie in Artikel 1 ausgeführt, physisch betroffen sind oder sein können, und die in Betracht kommenden internationalen zwischenstaatlichen Organisationen (im folgenden „internationale Organisationen" genannt) über eine nach Artikel 2 Buchstabe a erhaltene Benachrichtigung und

b) übermittelt umgehend jedem Vertragsstaat, jedem Mitgliedstaat oder jeder in Betracht kommenden internationalen Organisation auf ersuchen die nach Artikel 2 Buchstabe b erhaltenen Informationen.

Art. 5 Zu übermittelnde Informationen. (1) Die nach Artikel 2 Buchstabe b zu übermittelnden Informationen umfassen folgende Angaben, soweit der benachrichtigende Vertragsstaat darüber verfügt:

a) den Zeitpunkt, gegebenenfalls den genauen Ort und die Art des nuklearen Unfalls;

b) die betroffene Anlage oder Tätigkeit;

c) die vermutete oder festgestellte Ursache und die vorhersehbare Entwicklung des nuklearen Unfalls in bezug auf die grenzüberschreitende Freisetzung radioaktiver Stoffe;

d) die allgemeinen Merkmale der radioaktiven Freisetzung einschließlich, soweit durchführbar und angemessen, der Art, wahrscheinlichen physikalischen und chemischen Form und der Menge, Zusammensetzung und effektiven Höhe der radioaktiven Freisetzung;

e) Informationen über die derzeitigen und vorhergesagten meteorologischen und hydrologischen Bedingungen, die zur Vorhersage der grenzüberschreitenden Freisetzung der radioaktiven Stoffe erforderlich sind;

f) die Ergebnisse der Umweltüberwachung in bezug auf die grenzüberschreitende Freisetzung der radioaktiven Stoffe;

g) die ergriffenen oder geplanten Schutzmaßnahmen außerhalb der betroffenen Anlage;

h) die Vorhersage über das Verhalten der radioaktiven Freisetzung im weiteren Verlauf.

(2) Diese Informationen werden in angemessenen Zeitabständen durch weitere sachdienliche Informationen über die Entwicklung der Notfallsituation einschließlich ihres vorhersehbaren oder tatsächlichen Endes ergänzt.

(3) Die nach Artikel 2 Buchstabe b erhaltenen Informationen dürfen uneingeschränkt verwendet werden, sofern der benachrichtigende Vertragsstaat sie nicht vertraulich übermittelt hat.

Art. 6 Konsultationen. Ein Vertragsstaat, der Informationen nach Artikel 2 Buchstabe b übermittelt, entspricht, soweit es vernünftigerweise durchführbar ist, umgehend einem Ersuchen eines betroffenen Vertragsstaats um weitere Informationen oder Konsultationen mit dem Ziel, die radiologischen Auswirkungen in diesem Staat auf ein Mindestmaß zu beschränken.

Art. 7 Zuständige Behörden und Kontaktstellen. (1) Jeder Vertragsstaat gibt der Organisation und den anderen Vertragsstaaten, unmittelbar oder über die Organisation, seine zuständigen Behörden und seine für die Übermittlung und Entgegennahme der in Artikel 2 bezeichneten Benachrichtigung und Informationen verantwortliche Kontaktstelle bekannt. Diese Kontaktstellen und eine Anlaufstelle in der Organisation sind ständig erreichbar.

(2) Jeder Vertragsstaat teilt der Organisation umgehend jede sich etwa ergebende Änderung der in Absatz 1 bezeichneten Informationen mit.

(3) Die Organisation führt ein auf dem neuesten Stand gehaltenes Verzeichnis dieser staatlichen Behörden und Kontaktstellen sowie der Kontaktstellen der in Betracht kommenden internationalen Organisationen und stellt es den Vertragsstaaten und Mitgliedstaaten sowie den in Betracht kommenden internationalen Organisationen zur Verfügung.

Art. 8 Hilfeleistung für Vertragsstaaten. Die Organisation untersucht in Übereinstimmung mit ihrer Satzung und auf Ersuchen eines Vertragsstaats, der selbst keine nuklearen Tätigkeiten ausübt und an einen Staat angrenzt, der ein aktives Nuklearprogramm hat, aber nicht Vertragsstaat ist, die Durchführbarkeit und Einrichtung eines geeigneten Systems zur Strahlungsüberwachung, um das Erreichen der Ziele dieses Übereinkommens zu erleichtern.

Art. 9 Zweiseitige und mehrseitige Vereinbarungen. Zur Förderung ihrer gegenseitigen Interessen können Vertragsstaaten, wenn es als zweckmäßig erachtet wird, den Abschluß zweiseitiger oder mehrseitiger Vereinbarungen in Erwägung ziehen, die den Gegenstand dieses Übereinkommens betreffen.

Art. 10 Verhältnis zu anderen internationalen Übereinkünften. Dieses Übereinkommen berührt nicht die gegenseitigen Rechte und Pflichten der Vertragsstaaten aus bestehenden internationalen Übereinkünften betreffend die durch das Übereinkommen erfaßten Angelegenheiten oder aus künftigen internationalen Übereinkünften, die in Übereinstimmung mit Ziel und Zweck des Übereinkommens geschlossen werden.

Art. 11 Beilegung von Streitigkeiten. (1) Im Fall einer Streitigkeit zwischen Vertragsstaaten oder zwischen einem Vertragsstaat und der Organisation über die Auslegung oder Anwendung dieses Übereinkommens konsultieren die Streitparteien einander mit dem Ziel, die Streitigkeit durch Verhandlungen oder durch jedes andere für sie annehmbare friedliche Mittel der Beilegung von Streitigkeiten beizulegen.

(2) Kann eine Streitigkeit dieser Art zwischen Vertragsstaaten nicht binnen eines Jahres nach dem in Absatz 1 vorgesehenen Ersuchen um Konsultation beigelegt werden, so wird sie auf Ersuchen einer der Streitparteien einem Schiedsverfahren unterworfen oder dem Internationalen Gerichtshof zur Entscheidung unterbreitet. Wird eine Streitigkeit einem Schiedsverfahren unterworfen und können sich die Streitparteien nicht binnen sechs Monaten nach dem Zeitpunkt des Ersuchens über die Ausgestaltung des Schiedsverfahrens einigen, so kann eine Partei den Präsidenten des Internationalen Gerichtshofs oder den Generalsekretär der Vereinten Nationen ersuchen, einen oder mehrere Schiedsrichter zu bestellen. Widersprechen Ersuchen der Streitparteien einander, so hat das an den Generalsekretär der Vereinten Nationen gerichtete Ersuchen Vorrang.

(3) Ein Staat kann bei der Unterzeichnung, Ratifikation, Annahme oder Genehmigung dieses Übereinkommens oder dem Beitritt zu diesem erklären, daß er sich durch eines oder durch beide der in Absatz 2 vorgesehenen Verfahren zur Beilegung von Streitigkeiten nicht als gebunden betrachtet. Die anderen Vertragsstaaten sind gegenüber einem Vertragsstaat, für den eine solche Erklärung in Kraft ist, durch ein in Absatz 2 vorgesehenes Verfahren zur Beilegung von Streitigkeiten nicht gebunden.

(4) Ein Vertragsstaat, der eine Erklärung nach Absatz 3 abgegeben hat, kann diese jederzeit durch eine an den Verwahrer gerichtete Notifikation zurücknehmen.

Art. 12 Inkrafttreten. (1) Dieses Übereinkommen liegt für alle Staaten und Namibia, vertreten durch den Rat der Vereinten Nationen für Namibia, vom 26. September 1986 am Sitz der Internationalen Atomenergie-Organisation in Wien und vom 6. Oktober 1986 am Sitz der Vereinten Nationen in New York bis zu seinem Inkrafttreten oder für die Dauer von zwölf Monaten, falls diese Zeitspanne länger ist, zur Unterzeichnung auf.

(2) Jeder Staat und Namibia, vertreten durch den Rat der Vereinten Nationen für Namibia, können ihre Zustimmung, durch dieses Übereinkommen gebunden zu sein, entweder durch Unterzeichnung oder durch Hinterlegung einer Ratifikations-, Annahme- oder Genehmigungsurkunde nach einer unter Vorbehalt der Ratifikation, Annahme oder Genehmigung erfolgten Unterzeichnung oder durch Hinterlegung einer Beitrittsurkunde zum Ausruck bringen. Die Ratifikations-, Annahme-, Genehmigungs- oder Beitrittsurkunden werden beim Verwahrer hinterlegt.

(3) Dieses Übereinkommen tritt dreißig Tage nach dem Zeitpunkt in Kraft, zu dem drei Staaten ihre Zustimmung, gebunden zu sein, zum Ausdruck gebracht haben.

(4) Für jeden Staat, der nach Inkrafttreten dieses Übereinkommens seine Zustimmung zum Ausdruck bringt, durch das Übereinkommen gebunden zu sein, tritt es dreißig Tage nach dem Zeitpunkt in Kraft, zu dem die Zustimmung zum Ausdruck gebracht wurde.

(5) a) Dieses Übereinkommen steht internationalen Organisationen und von souveränen Staaten gebildeten Organisationen der regionalen Integra-

tion, die für das Aushandeln, den Abschluß und die Anwendung internationaler Übereinkünfte betreffend die durch das Übereinkommen erfaßten Angelegenheiten zuständig sind, nach Maßgabe dieses Artikels zum Beitritt offen.

b) Bei Angelegenheiten, die in ihren Zuständigkeitsbereich fallen, handeln diese Organisationen bei Ausübung der Rechte und Erfüllung der Pflichten, die dieses Übereinkommen den Vertragsstaaten zuweist, in eigenem Namen.

c) Bei der Hinterlegung ihrer Beitrittsurkunde übermittelt eine solche Organisation dem Verwahrer eine Erklärung, in der sie den Umfang ihrer Zuständigkeit betreffend die durch dieses Übereinkommen erfaßten Angelegenheiten angibt.

d) Eine solche Organisation besitzt keine zusätzliche Stimme neben den Stimmen ihrer Mitgliedstaaten.

Art. 13 Vorläufige Anwendung. Ein Staat kann bei der Unterzeichnung oder zu einem späteren Zeitpunkt, bevor dieses Übereinkommen für ihn in Kraft tritt, erklären, daß er das Übereinkommen vorläufig anwenden wird.

Art. 14 Änderungen. (1) Ein Vertragsstaat kann Änderungen dieses Übereinkommens vorschlagen. Der Änderungsvorschlag wird dem Verwahrer vorgelegt, der ihn sofort an alle anderen Vertragsstaaten weiterleitet.

(2) Ersucht die Mehrheit der Vertragsstaaten den Verwahrer um Einberufung einer Konferenz zur Prüfung der Änderungsvorschläge, so lädt der Verwahrer alle Vertragsstaaten zur Teilnahme an dieser Konferenz ein, die frühestens dreißig Tage nach Versenden der Einladungen beginnt. Jede auf der Konferenz mit Zweidrittelmehrheit aller Vertragsstaaten angenommene Änderung wird in einem Protokoll festgehalten, das für alle Vertragsstaaten in Wien und New York zur Unterzeichnung aufliegt.

(3) Das Protokoll tritt dreißig Tage nach dem Zeitpunkt in Kraft, zu dem drei Staaten ihre Zustimmung zum Ausdruck gebracht haben, durch das Protokoll gebunden zu sein. Für jeden Staat, der nach Inkrafttreten des Protokolls seine Zustimmung zum Ausdruck bringt, durch das Protokoll gebunden zu sein, tritt es dreißig Tage nach dem Zeitpunkt in Kraft, zu dem die Zustimmung zum Ausdruck gebracht wurde.

Art. 15 Kündigung. (1) Ein Vertragsstaat kann dieses Übereinkommen durch eine an den Verwahrer gerichtete schriftliche Notifikation kündigen.

(2) Die Kündigung wird ein Jahr nach Empfang der Notifikation durch den Verwahrer wirksam.

Art. 16 Verwahrer. (1) Der Generaldirektor der Organisation ist der Verwahrer dieses Übereinkommens.

(2) Der Generaldirektor der Organisation notifiziert den Vertragsstaaten und allen anderen Staaten umgehend

a) jede Unterzeichnung dieses Übereinkommens oder eines Änderungsprotokolls;

b) jede Hinterlegung einer Ratifikations-, Annahme-, Genehmigungs- oder Beitrittsurkunde zu diesem Übereinkommen oder einem Änderungsprotokoll;

c) jede Erklärung oder Rücknahme einer Erklärung in Übereinstimmung mit Artikel 11;
d) jede Erklärung über die vorläufige Anwendung dieses Übereinkommens in Übereinstimmung mit Artikel 13;
e) das Inkrafttreten dieses Übereinkommens und jeder Änderung desselben und
f) jede Kündigung nach Artikel 15.

Art. 17 Verbindliche Wortlaute und beglaubigte Abschriften. Die Urschrift dieses Übereinkommens, dessen arabischer, chinesischer, englischer, französischer, russischer und spanischer Wortlaut gleichermaßen verbindlich ist, wird beim Generaldirektor der Internationalen Atomenergie-Organisation hinterlegt; dieser übermittelt den Vertragsstaaten und allen anderen Staaten beglaubigte Abschriften.

Zu Urkund dessen haben die gehörig befugten Unterzeichneten dieses Übereinkommen, das nach Artikel 12 Absatz 1 zur Unterzeichnung aufliegt, unterschrieben.

Angenommen von der Generalkonferenz der Internationalen Atomenergie-Organisation auf einer Sondertagung in Wien am 26. September 1986.

28. Übereinkommen über Hilfeleistung bei nuklearen Unfällen oder radiologischen Notfällen[1] · [2]

(26. 9. 1986)

Die Vertragsstaaten dieses Übereinkommens –

in dem Bewußtsein, daß in einer Reihe von Staaten nukleare Tätigkeiten durchgeführt werden,

im Hinblick darauf, daß umfassende Maßnahmen getroffen wurden und werden, um bei nuklearen Tätigkeiten ein hohes Maß an Sicherheit zu gewährleisten und dadurch nukleare Unfälle zu verhüten sowie die Folgen allenfalls eintretender Unfälle auf ein Mindestmaß zu beschränken,

in dem Wunsch, die internationale Zusammenarbeit bei der sicheren Entwicklung und Nutzung der Kernenergie weiter zu verstärken,

überzeugt von der Notwendigkeit, einen internationalen Rahmen zu schaffen, der die umgehende Leistung von Hilfe bei nuklearen Unfällen oder radiologischen Notfällen erleichtert, um so deren Folgen zu mildern,

im Hinblick auf die Nützlichkeit zweiseitiger und mehrseitiger Vereinbarungen über die gegenseitige Hilfeleistung in diesem Bereich,

im Hinblick auf das Wirken der Internationalen Atomenergie-Organisation bei der Ausarbeitung von Richtlinien über Vereinbarungen für dringliche gegenseitige Hilfeleistung bei nuklearen Unfällen oder radiologischen Notfällen –

haben folgendes vereinbart:

Art. 1 Allgemeine Bestimmungen. (1) Die Vertragsstaaten arbeiten untereinander und mit der Internationalen Atomenergie-Organisation (im folgenden „Organisation" genannt) in Übereinstimmung mit diesem Übereinkommen zusammen, um eine umgehende Hilfeleistung bei einem nuklearen Unfall oder radiologischen Notfall zu erleichtern, damit seine Folgen auf ein Mindestmaß beschränkt und Leben, Sachwerte und Umwelt vor den Auswirkungen radioaktiver Freisetzungen geschützt werden.

(2) Zur Erleichterung dieser Zusammenarbeit können die Vertragsstaaten zweiseitige oder mehrseitige oder gegebenenfalls kombinierte Vereinbarungen treffen, um Personen- und Sachschäden, die bei einem nuklearen Unfall oder radiologischen Notfall entstehen können, zu verhindern oder auf ein Mindestmaß zu beschränken.

(3) Die Vertragsstaaten ersuchen die Organisation, im Rahmen ihrer Satzung nach besten Kräften im Übereinstimmung mit diesem Übereinkommen die in dem Übereinkommen vorgesehene Zusammenarbeit zwischen den Vertragsstaaten zu fördern, zu erleichtern und zu unterstützen.

---

[1] Aus BGBl. 1989 II S. 441.
[2] Internationale Quelle: IAEA, Final Document, Resolutions and Conventions, Adopted by the First Special Session of the General Conference [Doc. GC (SPL. I)/RESOLUTIONS (1986)], 1986, p. 13.

Art. 2 Leistung von Hilfe. (1) Benötigt ein Vertragsstaat bei einem nuklearen Unfall oder radiologischen Notfall Hilfe, unabhängig davon, ob dieser Unfall oder Notfall seinen Ursprung im Hoheitsgebiet, unter der Hoheitsgewalt oder unter der Kontrolle dieses Vertragsstaats hat, so kann er jeden anderen Vertragsstaat unmittelbar oder über die Organisation sowie die Organisation oder gegebenenfalls andere internationale zwischenstaatliche Organisationen (im folgenden „internationale Organisationen" genannt) um die Leistung dieser Hilfe ersuchen.

(2) Ein um Hilfe ersuchender Vertragsstaat macht genaue Angaben über Umfang und Art der erforderlichen Hilfe und übermittelt, soweit durchführbar, der hilfeleistenden Partei die Informationen, die diese benötigt, um festzustellen, inwieweit sie dem Ersuchen entsprechen kann. Ist es dem ersuchenden Vertragsstaat nicht möglich, Umfang und Art der erforderlichen Hilfe genau anzugeben, so legen der ersuchende Vertragsstaat und die hilfeleistende Partei in Konsultationen Umfang und Art der erforderlichen Hilfe fest.

(3) Jeder Vertragsstaat, an den ein solches Hilfeersuchen ergeht, entscheidet umgehend, ob er in der Lage ist, die erbetene Hilfe zu leisten, und teilt dies sowie den Umfang und die Bedingungen der Hilfe, die geleistet werden könnte, dem ersuchenden Vertragsstaat unmittelbar oder über die Organisation mit.

(4) Die Vertragsstaaten bestimmen im Rahmen ihrer Möglichkeiten die Fachleute, Ausrüstungen und Materialien, die zur Hilfeleistung anderen Vertragsstaaten bei einem nuklearen Unfall oder radiologischen Notfall zur Verfügung gestellt werden könnten, sowie die, insbesondere finanziellen, Bedingungen, unter denen diese Hilfe geleistet werden könnte, und teilen dies der Organisation mit.

(5) Jeder Vertragsstaat kann im Hinblick auf die medizinische Behandlung oder die vorübergehende Unterbringung von einem nuklearen Unfall oder radiologischen Notfall betroffener Personen im Hoheitsgebiet eines anderen Vertragsstaats um Hilfe ersuchen.

(6) Die Organisation entspricht in Übereinstimmung mit ihrer Satzung und diesem Übereinkommen dem Hilfeersuchen eines Vertragsstaats oder Mitgliedstaats bei einem nuklearen Unfall oder radiologischen Notfall, indem sie
a) geeignete, für diesen Zweck bestimmte Mittel zur Verfügung stellt;
b) das Ersuchen umgehend an andere Staaten und internationale Organisationen weiterleitet, die nach den der Organisation vorliegenden Informationen über die erforderlichen Mittel verfügen könnten, und,
c) wenn der ersuchende Staat es wünscht, die auf diese Weise verfügbare Hilfe auf internationaler Ebene koordiniert.

Art. 3 Leitung und Kontrolle der Hilfeleistung. Sofern nichts anderes vereinbart ist,
a) obliegen dem ersuchenden Staat die Gesamtleitung, Kontrolle, Koordinierung und Überwachung der Hilfeleistung in seinem Hoheitsgebiet. Die hilfeleistende Partei soll, wenn die Hilfeleistung mit Einsatz von Personal verbunden ist, in Konsultation mit dem ersuchenden Staat die Person bestimmen, der die Verantwortung für das von der hilfeleistenden Partei zur Verfügung gestellte Personal und die Ausrüstungen übertragen ist und der die unmittelbare Aufsicht über deren Einsatz obliegt. Die bestimmte Per-

son soll diese Aufsicht in Zusammenarbeit mit den entsprechenden Behörden des ersuchenden Staates ausüben;

b) stellt der ersuchende Staat im Rahmen seiner Möglichkeiten örtliche Einrichtungen und Dienste für die zweckmäßige und wirksame Durchführung der Hilfe zur Verfügung. Er gewährleistet auch den Schutz von Personal, Ausrüstungen und Materialien, die zu diesem Zweck von der hilfeleistenden Partei oder für sie in sein Hoheitsgebiet gebracht wurden;

c) bleiben die Eigentumsrechte an Ausrüstungen und Materialien, die während der Hilfeleistung von der einen oder anderen Partei zur Verfügung gestellt werden, unberührt und ist deren Rückführung gewährleistet;

d) koordiniert ein Vertragsstaat, der auf ein Ersuchen nach Artikel 2 Absatz 5 Hilfe leistet, diese Hilfeleistung in seinem Hoheitsgebiet.

Art. 4 Zuständige Behörden und Kontaktstellen. (1) Jeder Vertragsstaat gibt der Organisation und den anderen Vertragsstaaten unmittelbar oder über die Organisation seine zuständigen Behörden und die Kontaktstelle bekannt, die befugt ist, Hilfeersuchen zu stellen und entgegenzunehmen und Hilfeleistungsangebote anzunehmen. Diese Kontaktstellen und eine Anlaufstelle in der Organisation sind ständig erreichbar.

(2) Jeder Vertragsstaat teilt der Organisation umgehend jede sich etwa ergebende Änderung der in Absatz 1 bezeichneten Informationen mit.

(3) Die Organisation übermittelt den Vertragsstaaten, Mitgliedstaaten und in Betracht kommenden internationalen Organisationen regelmäßig und rasch die in den Absätzen 1 und 2 bezeichneten Informationen.

Art. 5 Aufgaben der Organisation. Die Vertragsstaaten ersuchen die Organisation in Übereinstimmung mit Artikel 1 Absatz 3 unbeschadet anderer Bestimmungen dieses Übereinkommens,

a) Informationen über folgendes zu sammeln und an die Vertragsstaaten und Mitgliedstaaten zu verteilen:
   i) Fachleute, Ausrüstungen und Materialien, die bei nuklearen Unfällen oder radiologischen Notfällen zur Verfügung gestellt werden könnten;
   ii) Methoden, Verfahren und verfügbare Forschungsergebnisse, die sich auf Maßnahmen bei nuklearen Unfällen oder radiologischen Notfällen beziehen;

b) einen Vertragsstaat oder Mitgliedstaat auf Ersuchen in den folgenden oder anderen entsprechenden Angelegenheiten zu unterstützen:
   i) Ausarbeitung von Notfallplänen für nukleare Unfälle und radiologische Notfälle sowie der entsprechenden Rechtsvorschriften;
   ii) Entwicklung geeigneter Ausbildungsprogramme für Personal, das bei nuklearen Unfällen und radiologischen Notfällen tätig wird;
   iii) Weiterleitung von Ersuchen um Hilfe und sachdienliche Informationen bei einem nuklearen Unfall oder radiologischen Notfall;
   iv) Entwicklung geeigneter Programme, Verfahren und Normen der Strahlungsüberwachung;
   v) Durchführung von Untersuchungen über die Möglichkeit der Einrichtung geeigneter Systeme zur Strahlungsüberwachung;

c) einem Vertragsstaat oder Mitgliedstaat, der bei einem nuklearen Unfall oder radiologischen Notfall um Hilfe ersucht, geeignete Mittel zur Verfügung zu stellen, die für den Zweck einer Erstbeurteilung des Unfalls oder Notfalls bestimmt sind;

d) den Vertragsstaaten und Mitgliedstaaten bei einem nuklearen Unfall oder radiologischen Notfall ihre guten Dienste anzubieten;

e) mit in Betracht kommenden internationalen Organisationen Verbindung aufzunehmen und aufrechtzuerhalten, um sachdienliche Informationen und Daten einzuholen und auszutauschen und den Vertragsstaaten, Mitgliedstaaten und vorgenannten Organisationen ein Verzeichnis dieser Organisationen zur Verfügung zu stellen.

Art. 6 Vertraulichkeit und öffentliche Erklärungen. (1) Der ersuchende Staat und die hilfeleistende Partei wahren die Vertraulichkeit jeder vertraulichen Information, die ihnen im Zusammenhang mit der Hilfeleistung bei einen nuklearen Unfall oder radiologischen Notfall zugänglich wird. Solche Informationen werden ausschließlich für den Zweck der vereinbarten Hilfeleistung verwendet.

(2) Die hilfeleistende Partei unternimmt alle Anstrengungen, um sich mit dem ersuchenden Staat abzustimmen, bevor Informationen über die im Zusammenhang mit einem nuklearen Unfall oder radiologischen Notfall geleistete Hilfe veröffentlicht werden.

Art. 7 Erstattung der Kosten. (1) Eine hilfeleistende Partei kann dem ersuchenden Staat kostenlose Hilfe anbieten. Bei der Erwägung, ob Hilfe auf dieser Grundlage angeboten werden soll, berücksichtigt die hilfeleistende Partei

a) die Art des nuklearen Unfalls oder radiologischen Notfalls;

b) den Ort des Ursprungs des nuklearen Unfalls oder radiologischen Notfalls;

c) die Bedürfnisse von Entwicklungsländern;

d) die besonderen Bedürfnisse von Ländern ohne Kernanlagen und

e) andere in Betracht kommende Faktoren.

(2) Wird die Hilfe ganz oder teilweise auf der Grundlage der Kostenerstattung geleistet, so erstattet der ersuchende Staat der Hilfeleistenden Partei die angefallenen Kosten für Dienstleistungen, die von Personen oder Organisationen für sie erbracht werden, sowie alle Ausgaben im Zusammenhang mit der Hilfeleistung, soweit diese Ausgaben vom ersuchenden Staat nicht unmittelbar getragen werden. Sofern nichts anderes vereinbart ist, werden die Kosten umgehend erstattet, nachdem die hilfeleistende Partei den ersuchenden Staat zur Erstattung aufgefordert hat; die Erstattungsbeträge sind frei transferierbar, ausgenommen solche für örtlich entstandene Kosten.

(3) Ungeachtet Absatz 2 kann die hilfeleistende Partei jederzeit ganz oder teilweise auf die Erstattung verzichten oder einem Zahlungsaufschub zustimmen. Bei Erwägung eines solchen Verzichts oder Zahlungsaufschubs nehmen hilfeleistende Parteien auf die Bedürfnisse von Entwicklungsländern gebührend Rücksicht.

Art. 8 Vorrechte, Immunitäten und Erleichterungen. (1) Der ersuchende Staat gewährt dem Personal der hilfeleistenden Partei und dem für sie tätigen Personal die zur Durchführung seiner Hilfeleistungsaufgaben erforderlichen Vorrechte, Immunitäten und Erleichterungen.

(2) Der ersuchende Staat gewährt dem Personal der hilfeleistenden Partei oder dem für sie tätigen Personal, das dem ersuchenden Staat ordnungsgemäß

gemeldet und von ihm zugelassen worden ist, folgende Vorrechte und Immunitäten.

a) Immunität von Festnahme, Haft und Gerichtsbarkeit einschließlich Straf-, Zivil- und Verwaltungsgerichtsbarkeit, im ersuchenden Staat in bezug auf Handlungen oder Unterlassungen bei der Wahrnehmung seiner Aufgaben und

b) Befreiung von Steuern, Zöllen oder sonstigen Abgaben mit Ausnahme derjenigen, die normalerweise im Preis von Waren enthalten sind oder für Dienstleistungen gezahlt werden, in bezug auf die Durchführung seiner Hilfeleistungsaufgaben.

(3) Der ersuchende Staat

a) gewährt der hilfeleistenden Partei Befreiung von Steuern, Zöllen oder sonstigen Abgaben für Ausrüstungen und sonstige Sachwerte, die von der hilfeleistenden Partei zum Zweck der Hilfeleistung in das Hoheitsgebiet des ersuchenden Staates gebracht werden, und

b) gewährt Immunität von Beschlagnahme, Pfändung oder Einziehung dieser Ausrüstungen und Sachwerte.

(4) Der ersuchende Staat gewährleistet die Rückführung dieser Ausrüstungen und Sachwerte. Vor der Rückführung tritt der ersuchende Staat auf Ersuchen der hilfeleistenden Partei im Rahmen seiner Möglichkeiten Vorkehrungen für die erforderliche Dekontamination wiederverwendbarer Ausrüstungen, die zur Hilfeleistung bestimmt waren.

(5) Der ersuchende Staat erleichtert die Einreise und Einfuhr in sein Hoheitsgebiet, den Aufenthalt und Verbleib in seinem Hoheitsgebiet und die Ausreise und Ausfuhr aus seinem Hoheitsgebiet für das nach Absatz 2 gemeldete Personal sowie die für die Hilfeleistung bestimmten Ausrüstungen und sonstigen Sachwerte.

(6) Dieser Artikel verpflichtet den ersuchenden Staat nicht, seinen Staatsangehörigen oder den Personen mit ständigem Aufenthalt in diesem Staat, die in den vorstehenden Absätzen vorgesehenen Vorrechte und Immunitäten zu gewähren.

(7) Unbeschadet der Vorrechte und Immunitäten sind alle Personen, die aufgrund dieses Artikels solche Vorrechte und Immunitäten genießen, verpflichtet, die Gesetze und sonstigen Rechtsvorschriften des ersuchenden Staates zu beachten. Sie sind auch verpflichtet, sich nicht in die inneren Angelegenheiten des ersuchenden Staates einzumischen.

(8) Dieser Artikel beeinträchtigt nicht die Rechte und Pflichten in bezug auf Vorrechte und Immunitäten, die aufgrund anderer internationaler Übereinkünfte oder der Regeln des Völkergewohnheitsrechts gewährt werden.

(9) Ein Staat kann bei der Unterzeichnung, Ratifikation, Annahme oder Genehmigung dieses Übereinkommens oder dem Beitritt zu diesem erklären, daß er sich durch die Absätze 2 und 3 ganz oder teilweise nicht als gebunden betrachtet.

(10) Ein Vertragsstaat, der eine Erklärung nach Absatz 9 abgegeben hat, kann diese jederzeit durch eine an den Verwahrer gerichtete Notifikation zurücknehmen.

Art. 9 Durchreise von Personal und Durchfuhr von Ausrüstungen und sonstigen Sachwerten. Jeder Vertragsstaat bemüht sich auf Ersuchen des ersuchenden Staates oder der hilfeleistenden Partei, die Durchreise und Durchfuhr von Personal, Ausrüstungen und sonstigen Sachwerten, die ordnungsgemäß gemeldet und für die Hilfeleistung bestimmt sind, durch sein Hoheitsgebiet zu und von dem ersuchenden Staat zu erleichtern.

Art. 10 Ansprüche und Schadenersatz. (1) Die Vertragsstaaten arbeiten eng zusammen, um die Erledigung gerichtlicher Verfahren und von Ansprüchen nach diesem Artikel zu erleichtern.

(2) Sofern nichts anderes vereinbart ist, wird ein ersuchender Staat in bezug auf den Tod oder die Verletzung von Personen, die Beschädigung oder den Verlust von Sachwerten oder auf Umweltschäden, die in seinem Hoheitsgebiet oder einem anderen Gebiet unter seiner Hoheitsgewalt oder Kontrolle im Verlauf der angeforderten Hilfeleistung verursacht worden sind,

a) kein gerichtliches Verfahren gegen die hilfeleistende Partei oder gegen die für sie tätigen natürlichen Personen oder anderen Rechtsträger einleiten;

b) die Verantwortung im Zusammenhang mit gerichtlichen Verfahren und mit Ansprüchen übernehmen, die von Dritten gegen die hilfeleistende Partei oder gegen die für sie tätigen natürlichen Personen oder anderen Rechtsträger geltend gemacht werden;

c) die hilfeleistende Partei oder die für sie tätigen natürlichen Personen oder anderen Rechtsträger in bezug auf die unter Buchstabe b genannten gerichtlichen Verfahren und Ansprüche schadlos halten und

d) die hilfeleistende Partei oder die für sie tätigen natürlichen Personen oder anderen Rechtsträger entschädigen für

    i) Tod oder Verletzung von Personal der hilfeleistenden Partei oder für sie tätigen Personen;

    ii) Verlust oder Beschädigung unverbrauchbarer Ausrüstungen oder Materialien, die mit der Hilfeleistung im Zusammenhang stehen;

ausgenommen hiervon sind Fälle vorsätzlichen Fehlverhaltens der Personen, die den Tod, die Verletzung, den Verlust oder die Beschädigung verursacht haben.

(3) Dieser Artikel verhindert nicht Schadenersatzleistungen oder Entschädigungen aufgrund geltender internationaler Übereinkünfte oder innerstaatlichen Rechts eines Staates.

(4) Dieser Artikel verpflichtet den ersuchenden Staat nicht, Absatz 2 ganz oder teilweise auf seine Staatsangehörigen oder die Personen mit ständigem Aufenthalt in diesem Staat anzuwenden.

(5) Ein Staat kann bei der Unterzeichnung, Ratifikation, Annahme oder Genehmigung dieses Übereinkommens oder dem Beitritt zu diesem erklären,

a) daß er sich durch Absatz 2 ganz oder teilweise nicht als gebunden betrachtet;

b) daß er Absatz 2 ganz oder teilweise in Fällen grober Fahrlässigkeit der Personen, die den Tod, die Verletzung, den Verlust oder die Beschädigung verursacht haben, nicht anwenden wird.

(6) Ein Vertragsstaat, der eine Erklärung nach Absatz 5 abgegeben hat, kann diese jederzeit durch eine an den Verwahrer gerichtete Notifikation zurücknehmen.

Art. 11 Beendigung der Hilfeleistung. Der ersuchende Staat oder die hilfeleistende Partei kann jederzeit nach entsprechenden Konsultationen und durch schriftliche Notifikation um Beendigung der nach diesem Übereinkommen erhaltenen oder geleisteten Hilfe ersuchen. Sobald ein solches Ersuchen gestellt ist, konsultieren die beteiligten Parteien einander, um Vorkehrungen für den ordnungsgemäßen Abschluß der Hilfeleistung zu treffen.

Art. 12 Verhältnis zu anderen internationalen Übereinkünften. Dieses Übereinkommen berührt nicht die gegenseitigen Rechte und Pflichten der Vertragsstaaten aus bestehenden internationalen Übereinkünften betreffend die durch das Übereinkommen erfaßten Angelegenheiten oder aus künftigen internationalen Übereinkünften, die in Übereinstimmung mit Ziel und Zweck des Übereinkommens geschlossen werden.

Art. 13 Beilegung von Streitigkeiten. (1) Im Fall einer Streitigkeit zwischen Vertragsstaaten oder zwischen einem Vertragsstaat und der Organisation über die Auslegung oder Anwendung dieses Übereinkommens konsultieren die Streitparteien einander mit dem Ziel, die Streitigkeit durch Verhandlungen oder durch jedes andere für sie annehmbare friedliche Mittel der Beilegung von Streitigkeiten beizulegen.

(2) Kann eine Streitigkeit dieser Art zwischen Vertragsstaaten nicht binnen eines Jahres nach dem in Absatz 1 vorgesehenen Ersuchen um Konsultation beigelegt werden, so wird sie auf Ersuchen einer der Streitparteien einem Schiedsverfahren unterworfen oder dem Internationalen Gerichtshof zur Entscheidung unterbreitet. Wird eine Streitigkeit einem Schiedsverfahren unterworfen und können sich die Streitparteien nicht binnen sechs Monaten nach dem Zeitpunkt des Ersuchens über die Ausgestaltung des Schiedsverfahrens einigen, so kann eine Partei den Präsidenten des Internationalen Gerichtshofs oder den Generalsekretär der Vereinten Nationen ersuchen, einen oder mehrere Schiedsrichter zu bestellen. Widersprechen Ersuchen der Streitparteien einander, so hat das an den Generalsekretär der Vereinten Nationen gerichtete Ersuchen Vorrang.

(3) Ein Staat kann bei der Unterzeichnung, Ratifikation, Annahme oder Genehmigung dieses Übereinkommens oder dem Beitritt zu diesem erklären, daß er sich durch eines oder durch beide der in Absatz 2 vorgesehenen Verfahren zur Beilegung von Streitigkeiten nicht als gebunden betrachtet. Die anderen Vertragsstaaten sind gegenüber einem Vertragsstaat, für den eine solche Erklärung in Kraft ist, durch ein in Absatz 2 vorgesehenes Verfahren zur Beilegung von Streitigkeiten nicht gebunden.

(4) Ein Vertragsstaat, der eine Erklärung nach Absatz 3 abgegeben hat, kann diese jederzeit durch eine an den Verwahrer gerichtete Notifikation zurücknehmen.

Art. 14 Inkrafttreten. (1) Dieses Übereinkommen liegt für alle Staaten und Namibia, vertreten durch den Rat der Vereinten Nationen für Namibia, vom 26. September 1986 am Sitz der Internationalen Atomenergie-Organisation in Wien und vom 6. Oktober 1986 am Sitz der Vereinten Nationen in New York bis zu seinem Inkrafttreten oder für die Dauer von zwölf Monaten, falls diese Zeitspanne länger ist, zur Unterzeichnung auf.

(2) Jeder Staat und Namibia, vertreten durch den Rat der Vereinten Nationen für Namibia, können ihre Zustimmung, durch dieses Übereinkommen

gebunden zu sein, entweder durch Unterzeichnung oder durch Hinterlegung einer Ratifikations-, Annahme- oder Genehmigungsurkunde nach einer unter Vorbehalt der Ratifikation, Annahme oder Genehmigung erfolgten Unterzeichnung oder durch Hinterlegung einer Beitrittsurkunde zum Ausdruck bringen. Die Ratifikations-, Annahme-, Genehmigungs- oder Beitrittsurkunden werden beim Verwahrer hinterlegt.

(3) Dieses Übereinkommen tritt dreißig Tage nach dem Zeitpunkt in Kraft, zu dem drei Staaten ihre Zustimmung, gebunden zu sein, zum Ausdruck gebracht haben.

(4) Für jeden Staat, der nach Inkrafttreten dieses Übereinkommens seine Zustimmung zum Ausdruck bringt, durch das Übereinkommen gebunden zu sein, tritt es dreißig Tage nach dem Zeitpunkt in Kraft, zu dem die Zustimmung zum Ausruck gebracht wurde.

(5) a) Dieses Übereinkommen steht internationalen Organisationen und von souveränen Staaten gebildeten Organisationen der regionalen Integration, die für das Aushandeln, den Abschluß und die Anwendung internationaler Übereinkünfte betreffend die durch das Übereinkommen erfaßten Angelegenheiten zuständig sind, nach Maßgabe dieses Artikels zum Beitritt offen.

b) Bei Angelegenheiten, die in ihren Zuständigkeitsbereich fallen, handeln diese Organisationen bei Ausübung der Rechte und Erfüllung der Pflichten, die dieses Übereinkommen den Vertragsstaaten zuweist, in eigenem Namen.

c) Bei der Hinterlegung ihrer Beitrittsurkunde übermittelt eine solche Organisation dem Verwahrer eine Erklärung, in der sie den Umfang ihrer Zuständigkeit betreffend die durch dieses Übereinkommen erfaßten Angelegenheiten angibt.

d) Eine solche Organisation besitzt keine zusätzliche Stimme neben den Stimmen ihrer Mitgliedstaaten.

Art. 15 Vorläufige Anwendung. Ein Staat kann bei der Unterzeichnung oder zu einem späteren Zeitpunkt, bevor dieses Übereinkommen für ihn in Kraft tritt, erklären, daß er das Übereinkommen vorläufig anwenden wird.

Art. 16 Änderungen. (1) Ein Vertragsstaat kann Änderungen dieses Übereinkommens vorschlagen. Der Änderungsvorschlag wird dem Verwahrer vorgelegt, der ihn sofort an alle anderen Vertragsstaaten weiterleitet.

(2) Ersucht die Mehrheit der Vertragsstaaten den Verwahrer um Einberufung einer Konferenz zur Prüfung der Änderungsvorschläge, so lädt der Verwahrer alle Vertragsstaaten zur Teilnahme an dieser Konferenz ein, die frühestens dreißig Tage nach Versenden der Einladungen beginnt. Jede auf der Konferenz mit Zweidrittelmehrheit aller Vertragsstaaten angenommene Änderung wird in einem Protokoll festgehalten, das für alle Vertragsstaaten in Wien und New York zur Unterzeichnung aufliegt.

(3) Das Protokoll tritt dreißig Tage nach dem Zeitpunkt in Kraft, zu dem drei Staaten ihre Zustimmung zum Ausdruck gebracht haben, durch das Protokoll gebunden zu sein. Für jeden Staat, der nach Inkrafttreten des Protokolls seine Zustimmung zum Ausruck bringt, durch das Protokoll gebunden zu sein, tritt es dreißig Tage nach dem Zeitpunkt in Kraft, zu dem die Zustimmung zum Ausdruck gebracht wurde.

Art. 17 Kündigung. (1) Ein Vertragsstaat kann dieses Übereinkommen durch eine an den Verwahrer gerichtete schriftliche Notifikation kündigen.

(2) Die Kündigung wird ein Jahr nach Empfang der Notifikation durch den Verwahrer wirksam.

Art. 18 Verwahrer. (1) Der Generaldirektor der Organisation ist der Verwahrer dieses Übereinkommens.

(2) Der Generaldirektor der Organisation notifiziert den Vertragsstaaten und allen anderen Staaten umgehend

a) jede Unterzeichnung dieses Übereinkommens oder eines Änderungsprotokolls;

b) jede Hinterlegung einer Ratifikations-, Annahme-, Genehmigungs- oder Beitrittsurkunde zu diesem Übereinkommen oder einem Änderungsprotokoll;

c) jede Erklärung oder Rücknahme einer Erklärung in Übereinstimmung mit den Artikeln 8, 10 und 13;

d) jede Erklärung über die vorläufige Anwendung dieses Übereinkommens in Übereinstimmung mit Artikel 15;

e) das Inkrafttreten dieses Übereinkommens und jeder Änderung desselben und

f) jede Kündigung nach Artikel 17.

Art. 19 Verbindliche Wortlaute und beglaubigte Abschriften. Die Urschrift dieses Übereinkommens, dessen arabischer, chinesischer, englischer, französischer, russischer und spanischer Wortlaut gleichermaßen verbindlich ist, wird beim Generaldirektor der Internationalen Atomenergie-Organisation hinterlegt; dieser übermittelt den Vertragsstaaten und allen anderen Staaten beglaubigte Abschriften.

Zu Urkund dessen haben die gehörig befugten Unterzeichneten dieses Übereinkommen, das nach Artikel 14 Absatz 1 zur Unterzeichnung aufliegt, unterschrieben.

Angenommen von der Generalkonferenz der Internationalen Atomenergie-Organisation auf einer Sondertagung in Wien am 26. September 1986.

29. Vertrag über die Ächtung des Krieges (Kellogg-Pakt)[1] [2]

(27. 8. 1928)

Der Deutsche Reichspräsident, der Präsident der Vereinigten Staaten von Amerika, Seine Majestät der König der Belgier, der Präsident der Französischen Republik, Seine Majestät der König von Großbritannien, Irland und den Britischen Dominions in Übersee, Kaiser von Indien, Seine Majestät der König von Italien, Seine Majestät der Kaiser von Japan, der Präsident der Republik Polen, der Präsident der Tschechoslowakischen Republik,

tief durchdrungen von ihrer erhabenen Pflicht, die Wohlfahrt der Menschheit zu fördern,

in der Überzeugung, daß die Zeit gekommen ist, einen offenen Verzicht auf den Krieg als Werkzeug nationaler Politik auszusprechen, um die jetzt zwischen ihren Völkern bestehenden friedlichen und freundschaftlichen Beziehungen dauernd aufrechtzuerhalten,

in der Überzeugung, daß jede Veränderung in ihren gegenseitigen Beziehungen nur durch friedliche Mittel angestrebt werden und nur das Ergebnis eines friedlichen und geordneten Verfahrens sein sollte, und daß jede Signatarmacht, die in Zukunft danach strebt, ihre nationalen Interessen dadurch zu fördern, daß sie zum Kriege schreitet, dadurch der Vorteile, die dieser Vertrag gewährt, verlustig erklärt werden sollte,

in der Hoffnung, daß, durch ihr Beispiel ermutigt, alle anderen Nationen der Welt sich diesem im Interesse der Menschheit gelegenen Bestreben anschließen werden und durch ihren Beitritt zu diesem Vertrage, sobald er in Kraft tritt, ihre Völker an seinen segensreichen Bestimmungen teilnehmen lassen werden, und daß sich so die zivilisierten Nationen der Welt in dem gemeinsamen Verzicht auf den Krieg als Werkzeug ihrer nationalen Politik zusammenfinden werden,

haben beschlossen, einen Vertrag zu schließen, und zu diesem Zweck zu ihren Bevollmächtigten ernannt:

(es folgen die Namen der Bevollmächtigten für Deutschland, Vereinigte Staaten, Belgien, Frankreich, Großbritannien mit Irland, Indien und den britischen Dominions, Italien, Japan, Polen und Tschechoslowakei.)

die nach Austausch ihrer in guter und gehöriger Form befundenen Vollmachten die folgenden Artikel vereinbart haben:

Art. I. Die Hohen Vertragschließenden Parteien erklären feierlich im Namen ihrer Völker, daß sie den Krieg als Mittel für die Lösung internationaler Streitfälle verurteilen und auf ihn als Werkzeug nationaler Politik in ihren gegenseitigen Beziehungen verzichten.

---

[1] Aus RGBl. 1929 II S. 97.
[2] Internationale Quelle: LNTS Vol. 94 p. 57.

Art. II. Die Hohen Vertragschließenden Parteien vereinbaren, daß die Regelung und Entscheidung aller Streitigkeiten oder Konflikte, die zwischen ihnen entstehen könnten, welcher Art oder welchen Ursprungs sie auch sein mögen, niemals anders als durch friedliche Mittel angestrebt werden soll.

Art. III. Dieser Vertrag soll durch die in der Präambel genannten Hohen Vertragschließenden Parteien gemäß den Vorschriften ihrer Verfassungen ratifiziert werden und soll zwischen ihnen in Kraft treten, sobald alle Ratifikationsurkunden in Washington hinterlegt worden sind.

Dieser Vertrag soll, nachdem er gemäß dem vorhergehenden Absatz in Kraft getreten ist, solange als notwendig für den Beitritt aller anderen Mächte der Welt offenstehen. Jede Urkunde über den Beitritt einer Macht soll in Washington hinterlegt werden, und der Vertrag soll sofort nach der Hinterlegung zwischen der so beigetretenen Macht und den anderen an ihm beteiligten Mächten in Kraft treten.

Die Regierung der Vereinigten Staaten ist verpflichtet, jeder in der Präambel genannten und jeder später diesem Vertrage beitretenden Regierung eine beglaubigte Abschrift des Vertrages und jeder Ratifikationsurkunde oder Beitrittserklärung zu übermitteln. Die Regierung der Vereinigten Staaten ist ferner verpflichtet, diese Regierungen sofort telegraphisch von der bei ihr erfolgten Hinterlegung jeder Ratifikationsurkunde oder Beitrittserklärung in Kenntnis zu setzen.

Zu Urkund dessen haben die Bevollmächtigten diesen Vertrag in französischer und englischer Sprache, wobei beide Texte gleichwertig sind, unterzeichnet und ihre Siegel darunter gesetzt.

Geschehen in Paris, am siebenundzwanzigsten August im Jahre Eintausendneunhundertachtundzwanzig.

30. Abkommen zur friedlichen Erledigung internationaler Streitfälle (I. Haager Abkommen)[1] · [2]

(18. 10. 1907)

Seine Majestät der Deutsche Kaiser, König von Preußen,

(es folgen die Namen der weiteren Staatsoberhäupter)

von dem festen Willen beseelt, zur Aufrechterhaltung des allgemeinen Friedens mitzuwirken,

entschlossen, mit allen ihren Kräften die friedliche Erledigung internationaler Streitigkeiten zu begünstigen,

in Anerkennung der Solidarität, welche die Glieder der Gemeinschaft der zivilisierten Nationen verbindet,

gewillt, die Herrschaft des Rechtes auszubreiten und das Gefühl der internationalen Gerechtigkeit zu stärken,

überzeugt, daß die dauernde Einrichtung einer allen zugänglichen Schiedsgerichtsbarkeit im Schoße der unabhängigen Mächte wirksam zu diesem Ergebnis beitragen kann,

in Erwägung der Vorteile einer allgemeinen und regelmäßigen Einrichtung des Schiedsverfahrens,

mit dem Erlauchten Urheber der Internationalen Friedenskonferenz der Ansicht, daß es von Wichtigkeit ist, in einer internationalen Vereinbarung die Grundsätze der Billigkeit und des Rechtes festzulegen, auf denen die Sicherheit der Staaten und die Wohlfahrt der Völker beruhen,

von dem Wunsche erfüllt, zu diesem Zwecke größere Sicherheit für die praktische Betätigung der Untersuchungskommissionen und der Schiedsgerichte zu gewinnen und für Streitfragen, die ein abgekürztes Verfahren gestatten, die Anrufung der Schiedssprechung zu erleichtern,

haben für nötig befunden, das von der Ersten Friedenskonferenz hergestellte Werk zur friedlichen Erledigung internationaler Streitfälle in gewissen Punkten zu verbessern und zu ergänzen.

Die hohen vertragschließenden Teile haben beschlossen, zu diesem Ende ein neues Abkommen zu treffen, und haben zu Ihren Bevollmächtigten ernannt:

(Es folgen die Namen der einzelnen Bevollmächtigten)

welche, nachdem sie ihre Vollmachten hinterlegt und diese in guter und gehöriger Form befunden haben, über folgende Bestimmungen übereingekommen sind:

Erster Titel. Erhaltung des allgemeinen Friedens

Art. 1. Um in den Beziehungen zwischen den Staaten die Anrufung der Gewalt soweit wie möglich zu verhüten, erklären sich die Vertragsmächte

---

[1] Aus RGBl. 1910 S. 5.
[2] Internationale Quelle: Martens NRG 3e sér. Tome 3 p. 360.

einverstanden, alle ihre Bemühungen aufwenden zu wollen, um die friedliche Erledigung der internationalen Streitfragen zu sichern.

Zweiter Titel. Gute Dienste und Vermittelung

Art. 2. Die Vertragsmächte kommen überein, im Falle einer ernsten Meinungsverschiedenheit oder eines Streites, bevor sie zu den Waffen greifen, die guten Dienste oder die Vermittelung einer befreundeten Macht oder mehrerer befreundeter Mächte anzurufen, soweit dies die Umstände gestatten werden.

Art. 3. Unabhängig hiervon halten die Vertragsmächte es für nützlich und wünschenswert, daß eine Macht oder mehrere Mächte, die am Streite nicht beteiligt sind, aus eigenem Antriebe den im Streite befindlichen Staaten ihre guten Dienste oder ihre Vermittelung anbieten, soweit sich die Umstände hierfür eignen.

Das Recht, gute Dienste oder Vermittelung anzubieten, steht den am Streite nicht beteiligten Staaten auch während des Ganges der Feindseligkeiten zu.

Die Ausübung dieses Rechtes kann niemals von einem der streitenden Teile als unfreundliche Handlung angesehen werden.

Art. 4. Die Aufgabe des Vermittlers besteht darin, die einander entgegengesetzten Ansprüche auszugleichen und Verstimmungen zu beheben, die zwischen den im Streite befindlichen Staaten etwa entstanden sind.

Art. 5. Die Tätigkeit des Vermittlers hört auf, sobald, sei es durch einen der streitenden Teile, sei es durch den Vermittler selbst festgestellt wird, daß die von diesem vorgeschlagenen Mittel der Verständigung nicht angenommen werden.

Art. 6. Gute Dienste und Vermittelung, seien sie auf Anrufen der im Streite befindlichen Teile eingetreten oder aus dem Antriebe der am Streite nicht beteiligten Mächte hervorgegangen, haben ausschließlich die Bedeutung eines Rates und niemals verbindliche Kraft.

Art. 7. Die Annahme der Vermittelung kann, unbeschadet anderweitiger Vereinbarung, nicht die Wirkung haben, die Mobilmachung und andere den Krieg vorbereitende Maßnahmen zu unterbrechen, zu verzögern oder zu hemmen.

Erfolgt sie nach Eröffnung der Feindseligkeiten, so werden von ihr, unbeschadet anderweitiger Vereinbarung, die im Gange befindlichen militärischen Unternehmungen nicht unterbrochen.

Art. 8. Die Vertragsmächte sind einverstanden, unter Umständen, die dies gestatten, die Anwendung einer besonderen Vermittelung in folgender Form zu empfehlen:

Bei ernsten, den Frieden gefährdenden Streitfragen, wählt jeder der im Streite befindlichen Staaten eine Macht, die er mit der Aufgabe betraut, in unmittelbare Verbindung mit der von der anderen Seite gewählten Macht zu treten, um den Bruch der friedlichen Beziehungen zu verhüten.

Während der Dauer dieses Auftrags, die, unbeschadet anderweitiger Abrede, eine Frist von dreißig Tagen nicht überschreiten darf, stellen die streitenden Staaten jedes unmittelbare Benehmen über den Streit ein, welcher als ausschließlich den vermittelnden Mächten übertragen gilt. Diese sollen alle Bemühungen aufwenden, um die Streitfrage zu erledigen.

Kommt es zum wirklichen Bruche der friedlichen Beziehungen, so bleiben diese Mächte mit der gemeinsamen Aufgabe betraut, jede Gelegenheit zu benutzen, um den Frieden wiederherzustellen.

Dritter Titel. Internationale Untersuchungskommissionen

Art. 9. Bei internationalen Streitigkeiten, die weder die Ehre noch wesentliche Interessen berühren und einer verschiedenen Würdigung von Tatsachen entspringen, erachten die Vertragsmächte es für nützlich und wünschenswert, daß die Parteien, die sich auf diplomatischem Wege nicht haben einigen können, soweit es die Umstände gestatten, eine internationale Untersuchungskommission einsetzen mit dem Auftrage, die Lösung dieser Streitigkeiten zu erleichtern, indem sie durch eine unparteiische und gewissenhafte Prüfung die Tatfragen aufklären.

Art. 10. Die internationalen Untersuchungskommissionen werden durch besonderes Abkommen der streitenden Teile gebildet.

Das Untersuchungsabkommen gibt die zu untersuchenden Tatsachen an; es bestimmt die Art und die Frist, in denen die Kommission gebildet wird, sowie den Umfang der Befugnisse der Kommissare.

Es bestimmt im gegebenen Falle ferner den Sitz der Kommission und die Befugnis, ihn zu verlegen, die Sprache, deren die Kommission sich bedienen wird, und die Sprachen, deren Gebrauch vor ihr gestattet sein soll, den Tag, bis zu dem jede Partei ihre Darstellung des Tatbestandes einzureichen hat, sowie überhaupt alle Punkte, worüber die Parteien sich geeinigt haben.

Erachten die Parteien die Ernennung von Beisitzern für nötig, so bestimmt das Untersuchungsabkommen die Art ihrer Bestellung und den Umfang ihrer Befugnisse.

Art. 11. Hat das Untersuchungsabkommen den Sitz der Kommission nicht bezeichnet, so hat diese ihren Sitz im Haag.

Der einmal bestimmte Sitz kann von der Kommission nur mit Zustimmung der Parteien verlegt werden.

Hat das Untersuchungsabkommen die zu gebrauchenden Sprachen nicht bestimmt, so wird darüber von der Kommission entschieden.

Art. 12. Sofern nicht ein anderes verabredet ist, werden die Untersuchungskommissionen in der in den Artikeln 45, 57 dieses Abkommens bezeichneten Weise gebildet.

Art. 13. Im Falle des Todes, des Rücktritts oder der aus irgend einem Grunde stattfindenden Verhinderung eines Kommissars oder eines etwaigen Beisitzers erfolgt sein Ersatz in der für seine Ernennung vorgesehenen Weise.

Art. 14. Die Parteien haben das Recht, bei der Untersuchungskommission besondere Agenten zu bestellen mit der Aufgabe, sie zu vertreten und zwischen ihnen und der Kommission als Mittelspersonen zu dienen.

Sie sind außerdem berechtigt, Rechtsbeistände oder Anwälte, die sie ernennen, mit der Darlegung und Wahrnehmung ihrer Interessen vor der Kommission zu beauftragen.

Art. 15. Das Internationale Bureau des Ständigen Schiedshofs dient den Kommissionen, die ihren Sitz im Haag haben, für die Bureaugeschäfte und hat sein Geschäftslokal und seine Geschäftseinrichtung den Vertragsmächten für die Tätigkeit der Untersuchungskommission zur Verfügung zu stellen.

Art. 16. Hat die Kommission ihren Sitz anderswo als im Haag, so ernennt sie einen Generalsekretär, dessen Bureau ihr für die Bureaugeschäfte dient.

Dem Bureauvorstande liegt es ob, unter der Leitung des Vorsitzenden die äußeren Vorkehrungen für die Sitzungen der Kommission zu treffen, die Protokolle abzufassen und während der Dauer der Untersuchung das Archiv aufzubewahren, das später an das Internationale Bureau im Haag abzugeben ist.

Art. 17. Um die Einsetzung und die Tätigkeit der Untersuchungskommissionen zu erleichtern, empfehlen die Vertragsmächte die nachstehenden Regeln, die auf das Untersuchungsverfahren Anwendung finden, soweit die Parteien nicht andere Regeln angenommen haben.

Art. 18. Die Kommission soll die Einzelheiten des Verfahrens bestimmen, die weder in dem Untersuchungsabkommen noch in dem vorliegenden Abkommen geregelt sind; sie soll zu allen Förmlichkeiten schreiten, welche die Beweisaufnahme mit sich bringt.

Art. 19. Die Untersuchung erfolgt kontradiktorisch.

Zu den vorgesehenen Zeiten übermittelt jede Partei der Kommission und der Gegenpartei gegebenen Falles die Darlegungen über den Tatbestand und in jedem Falle die Akten, Schriftstücke und Urkunden, die sie zur Ermittlung der Wahrheit für nützlich erachtet, sowie eine Liste der Zeugen und Sachverständigen, deren Vernehmung sie wünscht.

Art. 20. Die Kommission ist befugt, mit Zustimmung der Parteien sich zeitweilig an Orte zu begeben, wo sie dieses Aufklärungsmittel anzuwenden für nützlich erachtet, oder dorthin eins oder mehrere ihrer Mitglieder abzuordnen. Die Erlaubnis des Staates, auf dessen Gebiete zu der Aufklärung geschritten werden soll, ist einzuholen.

Art. 21. Alle tatsächlichen Feststellungen und Augenscheinseinnahmen müssen in Gegenwart oder nach gehöriger Ladung der Agenten und Rechtsbeistände der Parteien erfolgen.

Art. 22. Die Kommission hat das Recht, von beiden Parteien alle Auskünfte oder Aufklärungen zu verlangen, die sie für nützlich erachtet.

Art. 23. Die Parteien verpflichten sich, der Untersuchungskommission in dem weitesten Umfange, den sie für möglich halten, alle zur vollständigen Kenntnis und genauen Würdigung der in Frage kommenden Tatsachen notwendigen Mittel und Erleichterungen zu gewähren.

Sie verpflichten sich, diejenigen Mittel, über welche sie nach ihrer inneren Gesetzgebung verfügen, anzuwenden, um das Erscheinen der vor die Kommission geladenen Zeugen und Sachverständigen, die sich auf ihrem Gebiete befinden, herbeizuführen.

Sie werden, wenn diese nicht vor der Kommission erscheinen können, deren Vernehmung durch ihre zuständigen Behörden veranlassen.

Art. 24. Die Kommission wird sich zur Bewirkung aller Zustellungen, die sie im Gebiet einer dritten Vertragsmacht herbeizuführen hat, unmittelbar an die Regierung dieser Macht wenden. Das gleiche gilt, wenn es sich um die Herbeiführung irgendwelcher Beweisaufnahmen an Ort und Stelle handelt.

Die zu diesem Zweck erlassenen Ersuchen sind nach Maßgabe derjenigen Mittel zu erledigen, über welche die ersuchte Macht nach ihrer inneren Gesetzgebung verfügt. Sie können nur abgelehnt werden, wenn diese Macht sie für geeignet hält, ihre Hoheitsrechte oder ihre Sicherheit zu gefährden.

Auch steht der Kommission stets frei, die Vermittelung der Macht in Anspruch zu nehmen, in deren Gebiete sie ihren Sitz hat.

Art. 25. Die Zeugen und die Sachverständigen werden durch die Kommission auf Antrag der Parteien oder von Amts wegen geladen, und zwar in allen Fällen durch Vermittelung der Regierung des Staates, in dem sie sich befinden.

Die Zeugen werden nacheinander und jeder für sich in Gegenwart der Agenten und Rechtsbeistände und in der von der Kommission bestimmten Reihenfolge vernommen.

Art. 26. Die Vernehmung der Zeugen erfolgt durch den Vorsitzenden.

Doch dürfen die Mitglieder der Kommission an jeden Zeugen die Fragen richten, die sie zur Erläuterung oder Ergänzung seiner Aussage oder zu ihrer Aufklärung über alle den Zeugen betreffenden Umstände für zweckdienlich erachten, soweit es zur Ermittelung der Wahrheit notwendig ist.

Die Agenten und die Rechtsbeistände der Parteien dürfen den Zeugen in seiner Aussage nicht unterbrechen, noch irgend eine unmittelbare Anfrage an ihn richten; sie können aber den Vorsitzenden bitten, ergänzende Fragen, die sie für nützlich halten, dem Zeugen vorzulegen.

Art. 27. Dem Zeugen ist es bei seiner Aussage nicht gestattet, einen geschriebenen Entwurf zu verlesen. Doch kann er von dem Vorsitzenden ermächtigt werden, Aufzeichnungen oder Urkunden zu benutzen, wenn die Natur der zu bekundenden Tatsachen eine solche Benutzung erheischt.

Art. 28. Über die Aussage des Zeugen wird während der Sitzung ein Protokoll aufgenommen, das dem Zeugen vorgelesen wird. Der Zeuge darf dazu die ihm gut scheinenden Änderungen und Zusätze machen, die am Schlusse seiner Aussage vermerkt werden.

Nachdem dem Zeugen seine ganze Aussage vorgelesen ist, wird er zur Unterzeichnung aufgefordert.

Art. 29. Die Agenten sind befugt, im Laufe oder am Schlusse der Untersuchung der Kommission und der Gegenpartei solche Ausführungen, Anträge oder Sachdarstellungen schriftlich vorzulegen, die sie zur Ermittelung der Wahrheit für nützlich halten.

Art. 30. Die Beratung der Kommission erfolgt nicht öffentlich und bleibt geheim.

Jede Entscheidung ergeht nach der Mehrheit der Mitglieder der Kommission.

Die Weigerung eines Mitglieds, an der Abstimmung teilzunehmen, muß im Protokolle festgestellt werden.

Art. 31. Die Sitzungen der Kommission sind nur öffentlich und die Protokolle und Urkunden der Untersuchung werden nur veröffentlicht auf Grund eines mit Zustimmung der Parteien gefaßten Kommissionsbeschlusses.

Art. 32. Nachdem die Parteien alle Aufklärungen und Beweise vorgetragen haben und nachdem alle Zeugen vernommen worden sind, spricht der Vorsitzende den Schluß der Untersuchung aus; die Kommission vertagt sich, um ihren Bericht zu beraten und abzufassen.

Art. 33. Der Bericht wird von allen Mitgliedern der Kommission unterzeichnet.

Verweigert ein Mitglied seine Unterschrift, so wird dies vermerkt; der Bericht bleibt gleichwohl gültig.

Art. 34. Der Bericht der Kommission wird in öffentlicher Sitzung in Gegenwart oder nach gehöriger Ladung der Agenten und Rechtsbeistände der Parteien verlesen.

Jeder Partei wird eine Ausfertigung des Berichts zugestellt.

Art. 35. Der Bericht der Kommission, der sich auf die Feststellung der Tatsachen beschränkt, hat in keiner Weise die Bedeutung eines Schiedsspruchs. Er läßt den Parteien volle Freiheit in Ansehung der Folge, die dieser Feststellung zu geben ist.

Art. 36. Jede Partei trägt ihre eigenen Kosten selbst und die Kosten der Kommission zu gleichem Anteile.

Vierter Titel. Internationale Schiedssprechung

Erstes Kapitel. Schiedswesen

Art. 37. Die internationale Schiedssprechung hat zum Gegenstande die Erledigung von Streitigkeiten zwischen den Staaten durch Richter ihrer Wahl auf Grund der Achtung vor dem Rechte.

Die Anrufung der Schiedssprechung schließt die Verpflichtung in sich, sich nach Treu und Glauben dem Schiedsspruche zu unterwerfen.

Art. 38. In Rechtsfragen und in erster Linie in Fragen der Auslegung oder der Anwendung internationaler Vereinbarungen wird die Schiedssprechung von den Vertragsmächten als das wirksamste und zugleich der Billigkeit am meisten entsprechende Mittel anerkannt, um die Streitigkeiten zu erledigen, die nicht auf diplomatischem Wege haben beseitigt werden können.

Demzufolge wäre es wünschenswert, daß bei Streitigkeiten über die vorerwähnten Fragen die Vertragsmächte eintretenden Falles die Schiedssprechung anrufen, soweit es die Umstände gestatten.

Art. 39. Schiedsabkommen werden für bereits entstandene oder für etwa entstehende Streitverhältnisse abgeschlossen.

Sie können sich auf alle Streitigkeiten oder nur auf Streitigkeiten einer bestimmten Art beziehen.

Art. 40. Unabhängig von den allgemeinen und besonderen Verträgen, die schon jetzt den Vertragsmächten die Verpflichtung zur Anrufung der Schiedssprechung auferlegen, behalten diese Mächte sich vor, neue allgemeine oder besondere Übereinkommen abzuschließen, um die obligatorische Schiedssprechung auf alle Fälle auszudehnen, die ihr nach ihrer Ansicht unterworfen werden können.

Zweites Kapitel. Ständiger Schiedshof

Art. 41. Um die unmittelbare Anrufung der Schiedssprechung für die internationalen Streitfragen zu erleichtern, die nicht auf diplomatischem Wege haben erledigt werden können, machen sich die Vertragsmächte anheischig, den Ständigen Schiedshof, der jederzeit zugänglich ist und, unbeschadet anderweitiger Abrede der Parteien, nach Maßgabe der in diesem Abkommen enthaltenen Bestimmungen über das Verfahren tätig wird, in der ihm von der Ersten Friedenskonferenz gegebenen Einrichtung zu erhalten.

Art. 42. Der Ständige Schiedshof ist für alle Schiedsfälle zuständig, sofern nicht zwischen den Parteien über die Einsetzung eines besonderen Schiedsgerichts Einverständnis besteht.

Art. 43. Der Ständige Schiedshof hat seinen Sitz im Haag.

Ein Internationales Bureau dient dem Schiedshofe für die Bureaugeschäfte. Es vermittelt die auf den Zusammentritt des Schiedshofs sich beziehenden Mitteilungen; es hat das Archiv unter seiner Obhut und besorgt alle Verwaltungsgeschäfte.

Die Vertragsmächte machen sich anheischig, dem Bureau möglichst bald beglaubigte Abschrift einer jeden zwischen ihnen getroffenen Schiedsabrede sowie eines jeden Schiedsspruchs mitzuteilen, der sie betrifft und durch besondere Schiedsgerichte erlassen ist.

Sie machen sich anheischig, dem Bureau ebenso die Gesetze, allgemeinen Anordnungen und Urkunden mitzuteilen, die gegebenen Falles die Vollziehung der von dem Schiedshof erlassenen Sprüche dartun.

Art. 44. Jede Vertragsmacht benennt höchstens vier Personen von anerkannter Sachkunde in Fragen des Völkerrechts, die sich der höchsten sittlichen Achtung erfreuen und bereit sind, ein Schiedsrichteramt zu übernehmen.

Die so benannten Personen sollen unter dem Titel von Mitgliedern des Schiedshofs in einer Liste eingetragen werden; diese soll allen Vertragsmächten durch das Bureau mitgeteilt werden.

Jede Änderung in der Liste der Schiedsrichter wird durch das Bureau zur Kenntnis der Vertragsmächte gebracht.

Zwei oder mehrere Mächte können sich über die gemeinschaftliche Benennung eines Mitglieds oder mehrerer Mitglieder verständigen.

Dieselbe Person kann von verschiedenen Mächten benannt werden.

Die Mitglieder des Schiedshofs werden für einen Zeitraum von sechs Jahren ernannt. Ihre Wiederernennung ist zulässig.

Im Falle des Todes oder des Ausscheidens eines Mitglieds des Schiedshofs erfolgt sein Ersatz in der für seine Ernennung vorgesehenen Weise und für einen neuen Zeitraum von sechs Jahren.

Art. 45. Wollen die Vertragsmächte sich zur Erledigung einer unter ihnen entstandenen Streitfrage an den Schiedshof wenden, so muß die Auswahl der Schiedsrichter, welche berufen sind, das für die Entscheidung dieser Streitfrage zuständige Schiedsgericht zu bilden, aus der Gesamtliste der Mitglieder des Schiedshofs erfolgen.

In Ermangelung einer Bildung des Schiedsgerichts mittels Verständigung der Parteien wird in folgender Weise verfahren:

Jede Partei ernennt zwei Schiedsrichter, von denen nur einer ihr Staatsangehöriger sein oder unter den von ihr benannten Mitgliedern des Ständigen Schiedshofs ausgewählt werden darf. Diese Schiedsrichter wählen gemeinschaftlich einen Obmann.

Bei Stimmengleichheit wird die Wahl des Obmanns einer dritten Macht anvertraut, über deren Bezeichnung sich die Parteien einigen.

Kommt eine Einigung hierüber nicht zu stande, so bezeichnet jede Partei eine andere Macht, und die Wahl des Obmanns erfolgt durch die so bezeichneten Mächte in Übereinstimmung.

Können sich diese beiden Mächte binnen zwei Monaten nicht einigen, so schlägt jede von ihnen zwei Personen vor, die aus der Liste der Mitglieder des Ständigen Schiedshofs, mit Ausnahme der von den Parteien benannten Mitglieder, genommen und nicht Staatsangehörige einer von ihnen sind. Das Los bestimmt, welche unter den so vorgeschlagenen Personen der Obmann sein soll.

Art. 46. Sobald das Schiedsgericht gebildet ist, teilen die Parteien dem Bureau ihren Entschluß, sich an den Schiedshof zu wenden, den Wortlaut ihres Schiedsvertrags und die Namen der Schiedsrichter mit.

Das Bureau gibt unverzüglich jedem Schiedsrichter den Schiedsvertrag und die Namen der übrigen Mitglieder des Schiedsgerichts bekannt.

Das Schiedsgericht tritt an dem von den Parteien festgesetzten Tage zusammen. Das Bureau sorgt für seine Unterbringung.

Die Mitglieder des Schiedsgerichts genießen während der Ausübung ihres Amtes und außerhalb ihres Heimatlandes die diplomatischen Vorrechte und Befreiungen.

Art. 47. Das Bureau ist ermächtigt, sein Geschäftslokal und seine Geschäftseinrichtung den Vertragsmächten für die Tätigkeit eines jeden besonderen Schiedsgerichts zur Verfügung zu stellen.

Die Schiedsgerichtbarkeit des Ständigen Schiedshofs kann unter den durch die allgemeinen Anordnungen festgesetzten Bedingungen auf Streitigkeiten zwischen anderen Mächten als Vertragsmächten oder zwischen Vertragsmächten und anderen Mächten erstreckt werden, wenn die Parteien übereingekommen sind, diese Schiedsgerichtsbarkeit anzurufen.

Art. 48. Die Vertragsmächte betrachten es als Pflicht, in dem Falle, wo ein ernsthafter Streit zwischen zwei oder mehreren von ihnen auszubrechen droht, diese daran zu erinnern, daß ihnen der Ständige Schiedshof offen steht.

Sie erklären demzufolge, daß die Handlung, womit den im Streite befindlichen Teilen die Bestimmungen dieses Abkommens in Erinnerung gebracht werden, und der im höheren Interesse des Friedens erteilte Rat, sich an den Ständigen Schiedshof zu wenden, immer nur als Betätigung guter Dienste angesehen werden dürfen.

Im Falle eines Streites zwischen zwei Mächten kann stets eine jede von ihnen an das Internationale Bureau eine Note richten, worin sie erklärt, daß sie bereit sei, den Streitfall einer Schiedssprechung zu unterbreiten.

Das Bureau hat die Erklärung sogleich zur Kenntnis der anderen Macht zu bringen.

Art. 49. Der Ständige Verwaltungsrat, der aus den im Haag beglaubigten diplomatischen Vertretern der Vertragsmächte und dem Niederländischen Minister der auswärtigen Angelegenheiten als Vorsitzenden besteht, hat das Internationale Bureau unter seiner Leitung und Aufsicht.

Der Verwaltungsrat erläßt seine Geschäftsordnung sowie alle sonst notwendigen allgemeinen Anordnungen.

Er entscheidet alle Verwaltungsfragen, die sich etwa in Beziehung auf den Geschäftsbetrieb des Schiedshofs erheben.

Er hat volle Befugnis, die Beamten und Angestellten des Bureaus zu ernennen, ihres Dienstes vorläufig zu entheben oder zu entlassen.

Er setzt die Gehälter und Löhne fest und beaufsichtigt das Kassenwesen.

Die Anwesenheit von neun Mitgliedern in den ordnungsmäßig berufenen Versammlungen genügt zur gültigen Beratung des Verwaltungsrats. Die Beschlußfassung erfolgt nach Stimmenmehrheit.

Der Verwaltungsrat teilt die von ihm genehmigten allgemeinen Anordnungen unverzüglich den Vertragsmächten mit. Er legt ihnen jährlich einen Bericht vor über die Arbeiten des Schiedshofs, über den Betrieb der Verwaltungsgeschäfte und über die Ausgaben. Der Bericht enthält ferner eine Zusammenstellung des wesentlichen Inhalts der dem Bureau von den Mächten auf Grund des Artikel 43 Abs. 3, 4 mitgeteilten Urkunden.

Art. 50. Die Kosten des Bureaus werden von den Vertragsmächten nach dem für das Internationale Bureau des Weltpostvereins festgestellten Verteilungsmaßstabe getragen.

Die Kosten, die den beitretenden Mächten zur Last fallen, werden von dem Tage an berechnet, wo ihr Beitritt wirksam wird.

Drittes Kapitel. Schiedsverfahren

Art. 51. Um die Entwicklung der Schiedssprechung zu fördern, haben die Vertragsmächte folgende Bestimmungen festgestellt, die auf das Schiedsverfahren Anwendung finden sollen, soweit nicht die Parteien über andere Bestimmungen übereingekommen sind.

Art. 52. Die Mächte, welche die Schiedssprechung anrufen, unterzeichnen einen Schiedsvertrag, worin der Streitgegenstand, die Frist für die Ernennung der Schiedsrichter, die Form, die Reihenfolge und die Fristen für die im Artikel 63 vorgesehenen Mitteilungen sowie die Höhe des von jeder Partei als Kostenvorschuß zu hinterlegenden Betrags bestimmt werden.

Der Schiedsvertrag bestimmt gegebenen Falles ferner die Art der Ernennung der Schiedsrichter, alle etwaigen besonderen Befugnisse des Schiedsgerichts, dessen Sitz, die Sprache, deren es sich bedienen wird, und die Sprachen, deren Gebrauch vor ihm gestattet sein soll, sowie überhaupt alle Punkte, worüber die Parteien sich geeinigt haben.

Art. 53. Der Ständige Schiedshof ist für die Feststellung des Schiedsvertrags zuständig, wenn die Parteien darin einig sind, sie ihm zu überlassen.

Er ist ferner auf Antrag auch nur einer der Parteien zuständig, wenn zuvor eine Verständigung auf diplomatischem Wege vergeblich versucht worden ist und es sich handelt:

1. um einen Streitfall, der unter ein nach dem Inkrafttreten dieses Abkommens abgeschlossenes oder erneuertes allgemeines Schiedsabkommen fällt, sofern letzteres für jeden einzelnen Streitfall einen Schiedsvertrag vorsieht und dessen Feststellung der Zuständigkeit des Schiedshofs weder ausdrücklich noch stillschweigend entzieht. Doch ist, wenn die Gegenpartei erklärt, daß nach ihrer Auffassung der Streitfall nicht zu den der obligatorischen Schiedssprechung unterliegenden Streitfällen gehört, die Anrufung des Schiedshofes nicht zulässig, es sei denn, daß das Schiedsabkommen dem Schiedsgerichte die Befugnis zur Entscheidung dieser Vorfrage überträgt;
2. um einen Streitfall, der aus den bei einer Macht von einer anderen Macht für deren Angehörige eingeforderten Vertragsschulden herrührt und für dessen Beilegung das Anerbieten schiedsgerichtlicher Erledigung angenommen worden ist. Diese Bestimmung findet keine Anwendung, wenn die Annahme unter der Bedingung erfolgt ist, daß der Schiedsvertrag auf einem anderen Wege festgestellt werden soll.

Art. 54. In den Fällen des vorstehenden Artikels erfolgt die Feststellung des Schiedsvertrags durch eine Kommission von fünf Mitgliedern, welche auf die im Artikel 45 Abs. 3 bis 6 angegebene Weise bestimmt werden.

Das fünfte Mitglied ist von Rechts wegen Vorsitzender der Kommission.

Art. 55. Das Schiedsrichteramt kann einem einzigen Schiedsrichter oder mehreren Schiedsrichtern übertragen werden, die von den Parteien nach ihrem Belieben ernannt oder von ihnen unter den Mitgliedern des durch dieses Abkommen festgesetzten Ständigen Schiedshofs gewählt werden.

In Ermangelung einer Bildung des Schiedsgerichts durch Verständigung der Parteien wird in der im Artikel 45 Abs. 3 bis 6 angegebenen Weise verfahren.

Art. 56. Wird ein Souverän oder ein sonstiges Staatsoberhaupt zum Schiedsrichter gewählt, so wird das Schiedsverfahren von ihm geregelt.

Art. 57. Der Obmann ist von Rechts wegen Vorsitzender des Schiedsgerichts.

Gehört dem Schiedsgericht kein Obmann an, so ernennt es selbst seinen Vorsitzenden.

Art. 58. Im Falle der Feststellung des Schiedsvertrags durch eine Kommission, so wie sie im Artikel 54 vorgesehen ist, soll, unbeschadet anderweitiger Abrede, die Kommission selbst das Schiedsgericht sein.

Art. 59. Im Falle des Todes, des Rücktritts oder der aus irgend einem Grunde stattfindenden Verhinderung eines der Schiedsrichter erfolgt sein Ersatz in der für seine Ernennung vorgesehenen Weise.

Art. 60. In Ermangelung einer Bestimmung durch die Parteien hat das Schiedsgericht seinen Sitz im Haag.

Das Schiedsgericht kann seinen Sitz auf dem Gebiet einer dritten Macht nur mit deren Zustimmung haben.

Der einmal bestimmte Sitz kann von dem Schiedsgerichte nur mit Zustimmung der Parteien verlegt werden.

Art. 61. Hat der Schiedsvertrag die zu gebrauchenden Sprachen nicht bestimmt, so wird darüber durch das Schiedsgericht entschieden.

Art. 62. Die Parteien haben das Recht, bei dem Schiedsgerichte besondere Agenten zu bestellen mit der Aufgabe, zwischen ihnen und dem Schiedsgericht als Mittelspersonen zu dienen.

Sie sind außerdem berechtigt, mit der Wahrnehmung ihrer Rechte und Interessen vor dem Schiedsgerichte Rechtsbeistände oder Anwälte zu betrauen, die zu diesem Zwecke von ihnen bestellt werden.

Die Mitglieder des Ständigen Schiedshofs dürfen als Agenten, Rechtsbeistände oder Anwälte nur zugunsten der Macht tätig sein, die sie zu Mitgliedern des Schiedshofs ernannt hat.

Art. 63. Das Schiedsverfahren zerfällt regelmäßig in zwei gesonderte Abschnitte: das schriftliche Vorverfahren und die Verhandlung.

Das schriftliche Vorverfahren besteht in der von den betreffenden Agenten an die Mitglieder des Schiedsgerichts und an die Gegenpartei zu machenden Mitteilung der Schriftsätze, der Gegenschriftsätze und der etwa weiter erforderlichen Rückäußerungen; die Parteien fügen alle in der Sache in Bezug genommenen Aktenstücke und Urkunden bei. Diese Mitteilungen erfolgen unmittelbar oder durch Vermittlung des Internationalen Bureaus in der Reihenfolge und in den Fristen, wie solche durch den Schiedsvertrag bestimmt sind.

Die im Schiedsvertrage festgesetzten Fristen können verlängert werden durch Übereinkommen der Parteien oder durch das Schiedsgericht, wenn dieses es für notwendig erachtet, um zu einer gerechten Entscheidung zu gelangen.

Die Verhandlung besteht in dem mündlichen Vortrage der Rechtsbehelfe der Parteien vor dem Schiedsgerichte.

Art. 64. Jedes von einer Partei vorgelegte Schriftstück muß der anderen Partei in beglaubigter Abschrift mitgeteilt werden.

Art. 65. Abgesehen von besonderen Umständen tritt das Schiedsgericht erst nach dem Schlusse des Vorverfahrens zusammen.

Art. 66. Die Verhandlung wird vom Vorsitzenden geleitet.

Sie erfolgt öffentlich nur, wenn ein Beschluß des Schiedsgerichts mit Zustimmung der Parteien dahin ergeht.

Über die Verhandlung wird ein Protokoll aufgenommen von Sekretären, die der Vorsitzende ernennt. Dieses Protokoll wird vom Vorsitzenden und einem der Sekretäre unterzeichnet; es hat allein öffentliche Beweiskraft.

Art. 67. Nach dem Schlusse des Vorverfahrens ist das Schiedsgericht befugt, alle neuen Aktenstücke oder Urkunden von der Verhandlung auszuschließen, die ihm etwa eine Partei ohne Einwilligung der anderen vorlegen will.

Art. 68. Dem Schiedsgerichte steht es jedoch frei, neue Aktenstücke oder Urkunden, auf welche etwa die Agenten oder Rechtsbeistände der Parteien seine Aufmerksamkeit lenken, in Betracht zu ziehen.

In diesem Falle ist das Schiedsgericht befugt, die Vorlegung dieser Aktenstücke oder Urkunden zu verlangen, unbeschadet der Verpflichtung, der Gegenpartei davon Kenntnis zu geben.

Art. 69. Das Schiedsgericht kann außerdem von den Agenten der Parteien die Vorlegung aller nötigen Aktenstücke verlangen und alle nötigen Aufklärungen erfordern. Im Falle der Verweigerung nimmt das Schiedsgericht von ihr Vermerk.

Art. 70. Die Agenten und die Rechtsbeistände der Parteien sind befugt, beim Schiedsgerichte mündlich alle Rechtsbehelfe vorzubringen, die sie zur Verteidigung ihrer Sache für nützlich halten.

Art. 71. Sie haben das Recht, Einreden sowie einen Zwischenstreit zu erheben. Die Entscheidungen des Schiedsgerichts über diese Punkte sind endgültig und können zu weiteren Erörterungen nicht Anlaß geben.

Art. 72. Die Mitglieder des Schiedsgerichts sind befugt, an die Agenten und die Rechtsbeistände der Parteien Fragen zu richten und von ihnen Aufklärungen über zweifelhafte Punkte zu erfordern.

Weder die gestellten Fragen noch die von Mitgliedern des Schiedsgerichts im Laufe der Verhandlung gemachten Bemerkungen dürfen als Ausdruck der Meinung des ganzen Schiedsgerichts oder seiner einzelnen Mitglieder angesehen werden.

Art. 73. Das Schiedsgericht ist befugt, seine Zuständigkeit zu bestimmen, indem es den Schiedsvertrag sowie die sonstigen Staatsverträge, die für den

Gegenstand angeführt werden können, auslegt und die Grundsätze des Rechtes anwendet.

Art. 74. Dem Schiedsgerichte steht es zu, auf das Verfahren sich beziehende Anordnungen zur Leitung der Streitsache zu erlassen, die Formen, die Reihenfolge und die Fristen zu bestimmen, in denen jede Partei ihre Schlußanträge zu stellen hat, und zu allen Förmlichkeiten zu schreiten, welche die Beweisaufnahme mit sich bringt.

Art. 75. Die Parteien verpflichten sich, dem Schiedsgericht in dem weitesten Umfange, den sie für möglich halten, alle für die Entscheidung der Streitigkeit notwendigen Mittel zu gewähren.

Art. 76. Das Schiedsgericht wird sich zur Bewirkung aller Zustellungen, die es im Gebiet einer dritten Vertragsmacht herbeizuführen hat, unmittelbar an die Regierung dieser Macht wenden. Das gleiche gilt, wenn es sich um die Herbeiführung irgendwelcher Beweisaufnahmen an Ort und Stelle handelt.

Die zu diesem Zwecke erlassenen Ersuchen sind nach Maßgabe derjenigen Mittel zu erledigen, über welche die ersuchte Macht nach ihrer inneren Gesetzgebung verfügt. Sie können nur abgelehnt werden, wenn diese Macht sie für geeignet hält, ihre Hoheitsrechte oder ihre Sicherheit zu gefährden.

Auch steht dem Schiedsgerichte stets frei, die Vermittelung der Macht in Anspruch zu nehmen, in deren Gebiet es seinen Sitz hat.

Art. 77. Nachdem die Agenten und die Rechtsbeistände der Parteien alle Aufklärungen und Beweise zugunsten ihrer Sache vorgetragen haben, spricht der Vorsitzende den Schluß der Verhandlung aus.

Art. 78. Die Beratung des Schiedsgerichts erfolgt nicht öffentlich und bleibt geheim.

Jede Entscheidung ergeht nach der Mehrheit der Mitglieder des Schiedsgerichts.

Art. 79. Der Schiedsspruch ist mit Gründen zu versehen. Er enthält die Namen der Schiedsrichter und wird von dem Vorsitzenden und dem Bureauvorstand oder dem dessen Tätigkeit wahrnehmenden Sekretär unterzeichnet.

Art. 80. Der Schiedsspruch wird in öffentlicher Sitzung des Schiedsgerichts in Gegenwart oder nach gehöriger Ladung der Agenten und Rechtsbeistände der Parteien verlesen.

Art. 81. Der gehörig verkündete und den Agenten der Parteien zugestellte Schiedsspruch entscheidet das Streitverhältnis endgültig und mit Ausschließung der Berufung.

Art. 82. Alle Streitfragen, die etwa zwischen den Parteien wegen der Auslegung und der Ausführung des Schiedsspruchs entstehen, unterliegen, unbeschadet anderweitiger Abrede, der Beurteilung des Schiedsgerichts, das den Spruch erlassen hat.

Art. 83. Die Parteien können sich im Schiedsvertrage vorbehalten, die Nachprüfung (Revision) des Schiedsspruchs zu beantragen.

Der Antrag muß in diesem Falle, unbeschadet anderweitiger Abrede, bei dem Schiedsgericht angebracht werden, das den Spruch erlassen hat. Er kann nur auf die Ermittelung einer neuen Tatsache gegründet werden, die einen entscheidenden Einfluß auf den Spruch auszuüben geeignet gewesen wäre und bei Schluß der Verhandlung dem Schiedsgerichte selbst und der Partei, welche die Nachprüfung beantragt hat, unbekannt war.

Das Nachprüfungsverfahren kann nur eröffnet werden durch einen Beschluß des Schiedsgerichts, der das Vorhandensein der neuen Tatsache ausdrücklich feststellt, ihr die im vorstehenden Absatze bezeichneten Merkmale zuerkennt und den Antrag insoweit für zulässig erklärt.

Der Schiedsvertrag bestimmt die Frist, innerhalb deren der Nachprüfungsantrag gestellt werden muß.

Art. 84. Der Schiedsspruch bindet nur die streitenden Parteien.

Wenn es sich um die Auslegung eines Abkommens handelt, an dem sich noch andere Mächte beteiligt haben, als die streitenden Teile, so benachrichtigen diese rechtzeitig alle Signatarmächte. Jede dieser Mächte hat das Recht, sich an der Streitsache zu beteiligen. Wenn eine oder mehrere von ihnen von dieser Berechtigung Gebrauch gemacht haben, so ist die in dem Schiedsspruch enthaltene Auslegung auch in Ansehung ihrer bindend.

Art. 85. Jede Partei trägt ihre eigenen Kosten selbst und die Kosten des Schiedsgerichts zu gleichem Anteile.

Viertes Kapitel. Abgekürztes Schiedsverfahren

Art. 86. Um die Betätigung des Schiedswesens bei Streitigkeiten zu erleichtern, die ihrer Natur nach ein abgekürztes Verfahren gestatten, stellen die Vertragsmächte die nachstehenden Regeln auf, die befolgt werden sollen, soweit nicht abweichende Abmachungen bestehen, und unter dem Vorbehalte, daß geeigneten Falles die nicht widersprechenden Bestimmungen des dritten Kapitels zur Anwendung kommen.

Art. 87. Jede der streitenden Parteien ernennt einen Schiedsrichter. Die beiden so bestellten Schiedsrichter wählen einen Obmann. Wenn sie sich hierüber nicht einigen, so schlägt jeder zwei Personen vor, die aus der allgemeinen Liste der Mitglieder des Ständigen Schiedshofs, mit Ausnahme der von den Parteien selbst benannten Mitglieder, genommen und nicht Staatsangehörige einer von ihnen sind; das Los bestimmt, welche unter den so vorgeschlagenen Personen der Obmann sein soll.

Der Obmann sitzt dem Schiedsgerichte vor, das seine Entscheidungen nach Stimmenmehrheit fällt.

Art. 88. In Ermangelung einer vorherigen Vereinbarung bestimmt das Schiedsgericht, sobald es gebildet ist, die Frist, binnen deren ihm die beiden Parteien ihre Schriftsätze einreichen müssen.

Art. 89. Jede Partei wird vor dem Schiedsgerichte durch einen Agenten vertreten; dieser dient als Mittelsperson zwischen dem Schiedsgericht und der Regierung, die ihn bestellt hat.

Art. 90. Das Verfahren ist ausschließlich schriftlich. Doch hat jede Partei das Recht, das Erscheinen von Zeugen und Sachverständigen zu verlangen. Das Schiedsgericht ist seinerseits befugt, von den Agenten der beiden Parteien sowie von den Sachverständigen und Zeugen, deren Erscheinen es für nützlich hält, mündliche Aufklärungen zu verlangen.

Fünfter Titel. Schlußbestimmungen

Art. 91. Dieses Abkommen tritt nach seiner Ratifikation für die Beziehungen zwischen den Vertragsmächten an die Stelle des Abkommens zur friedlichen Erledigung internationaler Streitfälle vom 29. Juli 1899.

Art. 92. Dieses Abkommen soll möglichst bald ratifiziert werden.

Die Ratifikationsurkunden sollen im Haag hinterlegt werden.

Die erste Hinterlegung von Ratifikationsurkunden wird durch ein Protokoll festgestellt, das von den Vertretern der daran teilnehmenden Mächte und von dem Niederländischen Minister der auswärtigen Angelegenheiten unterzeichnet wird.

Die späteren Hinterlegungen von Ratifikationsurkunden erfolgen mittels einer schriftlichen, an die Regierung der Niederlande gerichteten Anzeige, der die Ratifikationsurkunde beizufügen ist.

Beglaubigte Abschrift des Protokolls über die erste Hinterlegung von Ratifikationsurkunden, der im vorstehenden Absatz erwähnten Anzeigen sowie der Ratifikationsurkunden wird durch die Regierung der Niederlande den zur Zweiten Friedenskonferenz eingeladenen Mächten sowie den anderen Mächten, die dem Abkommen beigetreten sind, auf diplomatischem Wege mitgeteilt werden. In den Fällen des vorstehenden Absatzes wird die bezeichnete Regierung ihnen zugleich bekanntgeben, an welchem Tage sie die Anzeige erhalten hat.

Art. 93. Die Mächte, die zur Zweiten Friedenskonferenz eingeladen worden sind, dieses Abkommen aber nicht gezeichnet haben, können ihm später beitreten.

Die Macht, die beizutreten wünscht, hat ihre Absicht der Regierung der Niederlande schriftlich anzuzeigen und ihr dabei die Beitrittsurkunde zu übersenden, die im Archive der bezeichneten Regierung hinterlegt werden wird.

Diese Regierung wird unverzüglich allen anderen zur Zweiten Friedenskonferenz eingeladenen Mächten beglaubigte Abschrift der Anzeige wie der Beitrittsurkunde übersenden und zugleich angeben, an welchem Tage sie die Anzeige erhalten hat.

Art. 94. Die Bedingungen, unter denen die zur Zweiten Friedenskonferenz nicht eingeladenen Mächte diesem Abkommen beitreten können, sollen den Gegenstand einer späteren Verständigung zwischen den Vertragsmächten bilden.

Art. 95. Dieses Abkommen wird wirksam für die Mächte, die an der ersten Hinterlegung von Ratifikationsurkunden teilgenommen haben, sechzig Tage nach dem Tage, an dem das Protokoll über diese Hinterlegung aufgenommen ist, und für die später ratifizierenden oder beitretenden Mächte sechzig Tage, nachdem die Regierung der Niederlande die Anzeige von ihrer Ratifikation oder von ihrem Beitritt erhalten hat.

Art. 96. Sollte eine der Vertragsmächte dieses Abkommen kündigen wollen, so soll die Kündigung schriftlich der Regierung der Niederlande erklärt werden, die unverzüglich beglaubigte Abschrift der Erklärung allen anderen Mächten mitteilt und ihnen zugleich bekanntgibt, an welchem Tage sie die Erklärung erhalten hat.

Die Kündigung soll nur in Ansehung der Macht wirksam sein, die sie erklärt hat, und erst ein Jahr, nachdem die Erklärung bei der Regierung der Niederlande eingegangen ist.

Art. 97. Ein im Niederländischen Ministerium der auswärtigen Angelegenheiten geführtes Register soll den Tag der gemäß Artikel 92 Abs. 3, 4 erfolgten Hinterlegung von Ratifikationsurkunden angeben sowie den Tag, an dem die Anzeigen von dem Beitritt (Artikel 93 Abs. 2) oder von der Kündigung (Artikel 96 Abs. 1) eingegangen sind.

Jede Vertragsmacht hat das Recht, von diesem Register Kenntnis zu nehmen und beglaubigte Auszüge daraus zu verlangen.

Zu Urkund dessen haben die Bevollmächtigten dieses Abkommen mit ihren Unterschriften versehen.

Geschehen im Haag am achtzehnten Oktober neunzehnhundertsieben in einer einzigen Ausfertigung, die im Archive der Regierung der Niederlande hinterlegt bleiben soll und wovon beglaubigte Abschriften den Vertragsmächten auf diplomatischem Wege übergeben werden sollen.

31. Europäisches Übereinkommen zur friedlichen Beilegung von Streitigkeiten[1) · 2) · 3)]

(29.4.1957)

DIE UNTERZEICHNERREGIERUNGEN, MITGLIEDER DES EUROPARATS –

IN DER ERWÄGUNG, daß es das Ziel des Europarats ist, eine engere Verbindung zwischen seinen Mitgliedern herbeizuführen,

IN DER ÜBERZEUGUNG, daß die Festigung eines auf Gerechtigkeit beruhenden Friedens für die Erhaltung der menschlichen Gesellschaft und Zivilisation von lebenswichtiger Bedeutung ist,

ENTSCHLOSSEN, alle etwa zwischen ihnen entstehenden Streitigkeiten mit friedlichen Mitteln beizulegen –

SIND WIE FOLGT ÜBEREINGEKOMMEN:

Kapitel I. Gerichtliche Beilegung

Art. 1. Die Hohen Vertragschließenden Parteien werden alle zwischen ihnen entstehenden völkerrechtlichen Streitigkeiten dem Internationalen Gerichtshof zur Entscheidung vorlegen, insbesondere Streitigkeiten über

a) die Auslegung eines Vertrags;
b) eine Frage des Völkerrechts;
c) das Bestehen einer Tatsache, die, wenn sie bewiesen wäre, die Verletzung einer internationalen Verpflichtung bedeuten würde;
d) Art und Umfang der wegen Verletzung einer internationalen Verpflichtung geschuldeten Wiedergutmachung.

Art. 2. (1) Artikel 1 läßt die Verpflichtungen unberührt, durch welche die Hohen Vertragsschließenden Parteien die Gerichtsbarkeit des Internationalen Gerichtshofs zur Beilegung anderer als der in Artikel 1 erwähnten Streitigkeiten anerkannt haben oder anerkennen werden.

(2) Die an einer Streitigkeit beteiligten Parteien können vereinbaren, der gerichtlichen Beilegung ein Vergleichsverfahren vorausgehen zu lassen.

Art. 3. Die Hohen Vertragschließenden Parteien, welche nicht Parteien des Statuts des Internationalen Gerichtshofs sind, treffen die erforderlichen Maßnahmen, um Zutritt zum Internationalen Gerichtshof zu erhalten.

[1)] Aus BGBl. 1961 II S. 82.
[2)] Internationale Quelle: UNTS Vol. 320 p. 243.
[3)] Vertragsparteien sind: Belgien, Dänemark, Deutschland, Italien, Liechtenstein, Luxemburg, Malta, Niederlande, Norwegen, Österreich, Schweden, Schweiz, Vereinigtes Königreich.

Kapitel II. Vergleichsverfahren

Art. 4. (1) Die Hohen Vertragschließenden Parteien werden alle zwischen ihnen entstehenden Streitigkeiten, die nicht unter Artikel 1 fallen, einem Vergleichsverfahren unterwerfen.

(2) Die an einer im vorliegenden Artikel bezeichneten Streitigkeit beteiligten Parteien können jedoch vereinbaren, die Streitigkeit ohne vorausgehendes Vergleichsverfahren einem Schiedsgericht vorzulegen.

Art. 5. Entsteht eine Streitigkeit der in Artikel 4 bezeichneten Art, so wird sie einer in der Sache zuständigen Ständigen Vergleichskommission vorgelegt, sofern eine solche bereits von den beteiligten Parteien eingesetzt worden ist. Vereinbaren die Parteien, diese Kommission nicht anzurufen, oder besteht eine solche nicht, so wird die Streitigkeit einer Besonderen Vergleichskommission vorgelegt, welche die Parteien innerhalb von drei Monaten, nachdem eine Partei bei der anderen einen entsprechenden Antrag gestellt hat, zu bilden haben.

Art. 6. Sofern die beteiligten Parteien nicht anderes vereinbaren, wird die Besondere Vergleichskommission wie folgt gebildet:

Die Kommission besteht aus fünf Mitgliedern. Jede Partei ernennt ein Mitglied, das sie unter ihren Staatsangehörigen auswählen kann. Die drei anderen Mitglieder einschließlich des Vorsitzenden werden im gegenseitigen Einvernehmen unter den Angehörigen dritter Staaten ausgewählt. Diese drei Kommissionsmitglieder müssen verschiedenen Staaten angehören und dürfen weder ihren gewöhnlichen Aufenthalt im Hoheitsgebiet der beteiligten Parteien haben, noch in deren Diensten stehen.

Art. 7. Erfolgt die Ernennung der gemeinsam zu bestellenden Kommisssionsmitglieder nicht innerhalb der in Artikel 5 vorgesehenen Frist, so wird die Regierung eines dritten Staates, die von den Parteien im gegenseitigen Einvernehmen auszuwählen ist oder, wenn ein Einvernehmen nicht binnen drei Monaten zustande kommt, der Präsident des Internationalen Gerichtshofs mit der Vornahme der erforderlichen Ernennungen betraut. Besitzt dieser die Staatsangehörigkeit einer am Streit beteiligten Partei, so wird diese Aufgabe dem Vizepräsidenten oder dem dienstältesten Richter des Gerichtshofs übertragen, der nicht Staatsangehöriger einer am Streit beteiligten Partei ist.

Art. 8. Sitze, die durch Todesfall, Rücktritt oder sonstige Verhinderung frei werden, sind in kürzester Frist nach dem für die Ernennung vorgesehenen Verfahren wieder zu besetzen.

Art. 9. (1) Streitigkeiten werden der Besonderen Vergleichskommission durch einen Antrag vorgelegt, der von den beiden Parteien im gegenseitigen Einvernehmen oder, in Ermangelung eines solchen, von einer der beiden Parteien an den Vorsitzenden gerichtet wird.

(2) Der Antrag enthält eine kurze Darstellung des Streitgegenstandes und das Ersuchen an die Kommission, alle Maßnahmen zu treffen, die geeignet sind, zu einem Vergleich zu führen.

(3) Geht der Antrag nur von einer Partei aus, so hat diese ihn unverzüglich der Gegenpartei zu notifizieren.

Art. 10. (1) Die Besondere Vergleichskommission tritt, sofern die Parteien nichts anderes vereinbaren, am Sitz des Europarats oder an einem anderen von ihrem Vorsitzenden bestimmten Ort zusammen.

(2) Die Kommission kann jederzeit den Generalsekretär des Europarats um seine Unterstützung ersuchen.

Art. 11. Die Sitzungen der Besonderen Vergleichskommission sind nur dann öffentlich, wenn die Kommission dies mit Zustimmung der Parteien beschließt.

Art. 12. (1) Sofern die Parteien nichts anderes vereinbaren, setzt die Besondere Vergleichskommission selbst ihr Verfahren fest, das den Grundsatz des beiderseitigen Gehörs vorsehen muß. Für die Untersuchung hat sich die Kommission, vorbehaltlich der Bestimmungen dieses Übereinkommens, an den Dritten Titel des Haager Übereinkommens vom 18. Oktober 1907 zur friedlichen Erledigung internationaler Streitfälle zu halten, es sei denn, daß sie hierüber einen gegenteiligen Beschluß faßt.

(2) Die Parteien werden bei der Vergleichskommission durch Bevollmächtigte vertreten, deren Aufgabe es ist, als Mittelspersonen zwischen ihnen und der Kommission zu handeln; die Parteien können außerdem Rechtsbeistände und Sachverständige, die sie zu diesem Zweck ernennen, hinzuziehen sowie die Vernehmung aller Personen beantragen, deren Aussage ihnen sachdienlich erscheint.

(3) Die Kommission ist ihrerseits berechtigt, von den Bevollmächtigten, Rechtsbeiständen und Sachverständigen beider Parteien sowie von allen Personen, die mit Zustimmung ihrer Regierung vorzuladen sie für sachdienlich hält, mündliche Auskünfte zu verlangen.

Art. 13. Sofern die Parteien nichts anderes vereinbaren, werden die Beschlüsse der Besonderen Vergleichskommission mit Stimmenmehrheit gefaßt; außer in Verfahrensfragen ist die Kommission nur dann beschlußfähig, wenn alle Mitglieder anwesend sind.

Art. 14. Die Parteien erleichtern die Arbeiten der Besonderen Vergleichskommission und lassen ihr insbesondere in größtmöglichem Ausmaße alle sachdienlichen Urkunden und Auskünfte zukommen. Sie werden alle ihnen zu Gebote stehenden Mittel einsetzen, um in ihrem Hoheitsgebiet entsprechend ihren Rechtsvorschriften der Vergleichskommission die Vorladung und Vernehmung von Zeugen und Sachverständigen sowie die Vornahme des Augenscheins zu ermöglichen.

Art. 15. (1) Der Besonderen Vergleichskommission obliegt es, die streitigen Fragen zu klären, zu diesem Zweck im Wege der Untersuchung oder auf andere Weise alle sachdienlichen Auskünfte zu sammeln und sich zu bemühen, einen Vergleich zwischen den Parteien herbeizuführen. Sie kann nach Prüfung des Falles den Parteien die Bedingungen der ihr angemessen erscheinenden Regelung bekanntgeben und ihnen eine Frist zur Abgabe einer Erklärung setzen.

(2) Zum Abschluß ihrer Arbeiten setzt die Kommission ein Protokoll auf, das je nach Lage des Falles feststellt, daß sich die Parteien verständigt haben und gegebenenfalls unter welchen Bedingungen diese Verständigung zustande gekommen ist, oder aber, daß eine Einigung zwischen den Parteien nicht erzielt werden konnte. In dem Protokoll wird nicht erwähnt, ob die Kommission ihre Beschlüsse einstimmig oder mit Stimmenmehrheit gefaßt hat.

(3) Die Arbeiten der Kommission müssen, sofern die Parteien nichts anderes vereinbaren, binnen sechs Monaten nach dem Tage beendet sein, an dem die Kommission mit der Streitigkeit befaßt worden ist.

Art. 16. Das Protokoll der Kommission ist den Parteien unverzüglich zur Kenntnis zu bringen. Es darf nur mit ihrer Zustimmung veröffentlicht werden.

Art. 17. (1) Für die Dauer seiner Tätigkeit erhält jedes Kommissionsmitglied eine Vergütung, deren Höhe die Parteien im gegenseitigen Einvernehmen festsetzen und zu gleichen Teilen tragen.

(2) Die bei der Tätigkeit der Kommission entstehenden allgemeinen Kosten werden in der gleichen Weise aufgeteilt.

Art. 18. Bei Streitigkeiten, die sowohl im Vergleichsverfahren zu regelnde Fragen als auch gerichtlich beizulegende Fragen umfassen, ist jede am Streit beteiligte Partei berechtigt zu verlangen, daß die gerichtliche Entscheidung über die Rechtsfragen dem Vergleichsverfahren vorausgeht.

Kapitel III. Schiedsverfahren

Art. 19. Die Hohen Vertragschließenden Parteien unterwerfen dem Schiedsverfahren mit Ausnahme der in Artikel 1 bezeichneten alle zwischen ihnen entstehenden Streitigkeiten, über die deshalb kein Vergleich zustande gekommen ist, weil die Parteien vereinbart haben, ein vorausgehendes Vergleichsverfahren nicht in Anspruch zu nehmen, oder weil ein solches Verfahren erfolglos geblieben ist.

Art. 20. (1) Die antragstellende Partei gibt der anderen Partei den Anspruch, den sie im Schiedsverfahren geltend zu machen beabsichtigt, die Gründe, auf die sie ihren Anspruch stützt, sowie den Namen des von ihr ernannten Schiedsrichters bekannt.

(2) Sofern die beteiligten Parteien nichts anderes vereinbaren, wird das Schiedsgericht wie folgt gebildet: Das Schiedsgericht besteht aus fünf Mitgliedern. Jede Partei ernennt ein Mitglied, das sie unter ihren Staatsangehörigen auswählen kann. Die drei anderen Schiedsrichter einschließlich des Vorsitzenden werden im gegenseitigen Einvernehmen unter den Angehörigen dritter Staaten ausgewählt. Sie müssen verschiedenen Staaten angehören und dürfen weder ihren gewöhnlichen Aufenthalt im Hoheitsgebiet der beteiligten Parteien haben noch in deren Diensten stehen.

Art. 21. Erfolgt die Ernennung der Mitglieder des Schiedsgerichts nicht binnen drei Monaten, nachdem die eine Partei an die andere das Ersuchen gerichtet hat, ein Schiedsgericht zu bestellen, so wird die von den Parteien gemeinsam bezeichnete Regierung eines dritten Staats oder, wenn eine Einigung nicht binnen drei Monaten zustande kommt, der Präsident des Internationalen Gerichtshofs mit der Vornahme der erforderlichen Ernennungen betraut. Besitzt dieser die Staatsangehörigkeit einer am Streit beteiligten Partei, so wird diese Aufgabe dem Vizepräsidenten oder dem dienstältesten Richter des Gerichtshofs übertragen, der nicht Staatsangehöriger einer am Streit beteiligten Partei ist.

Art. 22. Sitze, die durch Todesfall, Rücktritt oder sonstige Verhinderung frei werden, sind in kürzester Frist nach dem für die Ernennung vorgesehenen Verfahren wieder zu besetzen.

Art. 23. Die Parteien schließen einen Schiedsvertrag, in dem sie den Streitgegenstand und das Verfahren festlegen.

Art. 24. Enthält der Schiedsvertrag bezüglich der in Artikel 23 bezeichneten Punkte keine hinreichend genauen Angaben, so finden nach Möglichkeit die Bestimmungen des Vierten Titels des Haager Übereinkommens vom 18. Oktober 1907 zur friedlichen Erledigung internationaler Streitfälle Anwendung.

Art. 25. Kommt ein Schiedsvertrag nicht binnen drei Monaten nach der Bestellung des Schiedsgerichts zustande, so wird das Schiedsgericht auf Antrag einer der beiden Parteien mit der Angelegenheit befaßt.

Art. 26. Falls der Schiedsvertrag keine entsprechenden Bestimmungen enthält oder ein Schiedsvertrag nicht besteht, entscheidet das Schiedsgericht ex aequo et bono unter Berücksichtigung der allgemeinen Grundsätze des Völkerrechts vorbehaltlich der für die Parteien verbindlichen vertraglichen Verpflichtungen und endgültigen Entscheidungen internationaler Gerichte.

Kapitel IV. Allgemeine Bestimmungen

Art. 27. Dieses Übereinkommen findet keine Anwendung
a) auf Streitigkeiten, die Tatsachen oder Verhältnisse aus der Zeit vor dem Inkrafttreten dieses Übereinkommens zwischen den am Streit beteiligten Parteien betreffen;
b) auf Streitigkeiten über Fragen, die nach Völkerrecht in die ausschließlich innerstaatliche Zuständigkeit fallen.

Art. 28. (1) Dieses Übereinkommen findet keine Anwendung auf Streitigkeiten, die auf Grund einer zwischen den Parteien getroffenen oder in der Folge zu treffenden Vereinbarung einem anderen Verfahren zur friedlichen Beilegung zu unterwerfen sind. Hinsichtlich der in Artikel 1 bezeichneten Streitigkeiten verzichten jedoch die Hohen Vertragschließenden Parteien darauf, sich untereinander auf Vereinbarungen zu berufen, die kein zu einer verbindlichen Entscheidung führendes Verfahren vorsehen.

(2) Durch dieses Übereinkommen wird die Anwendung der am 4. November 1950 unterzeichneten Konvention zum Schutze der Menschenrechte und Grundfreiheiten und des am 20. März 1952 unterzeichneten Zusatzprotokolls zu dieser Konvention nicht berührt.

Art. 29. (1) Fällt der Gegenstand einer Streitigkeit nach dem innerstaatlichen Recht einer Partei in die Zuständigkeit ihrer Gerichts- oder Verwaltungsbehörden, so kann diese Partei Widerspruch dagegen erheben, daß die Streitigkeit einem in diesem Übereinkommen vorgesehenen Verfahren unterworfen wird, bevor die zuständige Behörde innerhalb einer angemessenen Frist eine endgültige Entscheidung getroffen hat.

(2) Ist eine endgültige Entscheidung im innerstaatlichen Rechtsbereich ergangen, so ist es mit Ablauf von fünf Jahren nach dieser Entscheidung nicht mehr zulässig, die in diesem Übereinkommen vorgesehenen Verfahren in Anspruch zu nehmen.

Art. 30. Steht der Durchführung einer gerichtlichen Entscheidung oder eines Schiedsspruchs eine von einem Gericht oder einer anderen Behörde einer am Streit beteiligten Partei getroffene Entscheidung oder Verfügung entgegen und können nach dem innerstaatlichen Recht dieser Partei die Folgen dieser Entscheidung oder Verfügung nicht oder nur unvollkommen beseitigt werden, so hat der Internationale Gerichtshof oder das Schiedsgericht nötigenfalls der geschädigten Partei eine angemessene Genugtuung zuzuerkennen.

Art. 31. (1) In allen Fällen, in denen die Streitigkeit Gegenstand eines Gerichts- oder Schiedsgerichtsverfahrens ist, insbesondere, wenn die zwischen den Parteien streitige Frage aus bereits vollzogenen oder unmittelbar bevorstehenden Handlungen herrührt, ordnet der Internationale Gerichtshof gemäß Artikel 41 seines Statuts oder das Schiedsgericht so schnell wie möglich an, welche vorläufigen Maßnahmen zu treffen sind. Die am Streit beteiligten Parteien sind verpflichtet, diese Anordnung zu befolgen.

(2) Ist eine Vergleichskommission mit der Streitigkeit befaßt, so kann sie den Parteien diejenigen vorläufigen Maßnahmen empfehlen, die sie für zweckdienlich hält.

(3) Die Parteien enthalten sich jeder Maßnahme, die eine nachteilige Rückwirkung auf die Durchführung der gerichtlichen Entscheidung oder des Schiedsspruchs oder auf die von der Vergleichskommission vorgeschlagene Regelung haben könnte und nehmen keinerlei Handlungen vor, die geeignet sind, die Streitigkeit zu verschärfen oder auszudehnen.

Art. 32. (1) Dieses Übereinkommen findet zwischen den Parteien auch dann Anwendung, wenn ein dritter Staat, gleichgültig, ob er Vertragspartei des Übereinkommens ist oder nicht, an der Streitigkeit ein Interesse hat.

(2) Im Vergleichsverfahren können die Parteien im gegenseitigen Einvernehmen einen dritten Staat zur Teilnahme auffordern.

Art. 33. (1) Hat beim Gerichts- oder Schiedsverfahren ein dritter Staat nach seiner Auffassung ein berechtigtes Interesse an einer Streitigkeit, so kann er beim Internationalen Gerichtshof oder beim Schiedsgericht beantragen, seinen Beitritt zum Verfahren zuzulassen.

(2) Über diesen Antrag entscheidet der Internationale Gerichtshof oder das Schiedsgericht.

Art. 34. (1) Jede der Hohen Vertragschließenden Parteien kann bei Hinterlegung ihrer Ratifikationsurkunde erklären, daß sie
a) das Kapitel III über das Schiedsverfahren oder
b) die Kapitel II und III über das Vergleichs- und das Schiedsverfahren nicht anwenden wird.

(2) Eine Hohe Vertragschließende Partei kann sich nur auf diejenigen Bestimmungen dieses Übereinkommens berufen, die sie selbst angenommen hat.

Art. 35. (1) Die Hohen Vertragschließenden Parteien können nur solche Vorbehalte erklären, die darauf abzielen, diejenigen Streitigkeiten von der Anwendung dieses Übereinkommens auszuschließen, die sich auf bestimmte Einzelfälle oder besondere, genau bezeichnete Materien wie zum Beispiel den Gebietsstand beziehen oder in genau umschriebene Kategorien fallen. Hat eine Hohe Vertragschließende Partei einen Vorbehalt gemacht, so können sich die anderen Parteien ihr gegenüber auf den gleichen Vorbehalt berufen.

(2) Ein von einer Partei gemachter Vorbehalt ist, sofern nicht ausdrücklich etwas anderes erklärt wird, so zu verstehen, daß er sich nicht auf das Vergleichsverfahren erstreckt.

(3) Mit Ausnahme des in Absatz (4) vorgesehenen Falls ist jeder Vorbehalt anläßlich der Hinterlegung der Ratifikationsurkunde zu diesem Übereinkommen zu erklären.

(4) Erkennt eine Hohe Vertragschließende Partei die obligatorische Gerichtsbarkeit des Internationalen Gerichtshofs gemäß Artikel 36 Absatz 2 seines Statuts unter Vorbehalten an oder ändert sie diese Vorbehalte, so kann diese Hohe Vertragschließende Partei durch eine einfache Erklärung, vorbehaltlich der Absätze (1) und (2) des vorliegenden Artikels, dieselben Vorbehalte zu diesem Übereinkommen machen. Diese Vorbehalte entbinden die betreffende Hohe Vertragschließende Partei nicht von den Verpflichtungen aus diesem Übereinkommen in bezug auf Streitigkeiten, die Tatsachen oder Verhältnisse betreffen, welche vor dem Zeitpunkt der Erklärung dieser Vorbehalte entstanden sind. Diese Streitigkeiten müssen jedoch innerhalb eines Jahres nach dem genannten Zeitpunkt einer Behandlung nach einem gemäß diesem Übereinkommen anwendbaren Verfahren unterworfen werden.

Art. 36. Eine Hohe Vertragschließende Partei, die dieses Übereinkommen nur teilweise oder unter Vorbehalten angenommen hat, kann jederzeit durch eine einfache Erklärung den Umfang ihrer Verpflichtung erweitern oder ihre Vorbehalte ganz oder teilweise zurücknehmen.

Art. 37. Die in Artikel 35 Absatz (4) und in Artikel 36 vorgesehenen Erklärungen sind an den Generalsekretär des Europarats zu richten, der den Hohen Vertragschließenden Parteien Abschriften übermittelt.

Art. 38. (1) Streitigkeiten über die Auslegung oder Anwendung dieses Übereinkommens einschließlich solcher über die Einordnung der Streitigkeiten und die Tragweite etwaiger Vorbehalte sind dem Internationalen Gerichthof vorzulegen. Jedoch kann der Einwand, eine Hohe Vertragschließende Partei sei in einem bestimmten Fall nicht verpflichtet, eine Streitigkeit dem Schiedsverfahren zu unterwerfen, dem Internationalen Gerichtshof nur binnen drei Monaten nach dem Zeitpunkt zur Entscheidung vorgelegt werden, zu dem die eine Partei der anderen ihre Absicht notifiziert hat, das Schiedsverfahren in Anspruch zu nehmen. Nach Ablauf dieser Frist ist das Schiedsgericht für die Entscheidung über diesen Einwand zuständig. Die Entscheidung des Internationalen Gerichtshofs ist für die mit der Streitigkeit befaßten Stellen bindend.

(2) Wird der Internationale Gerichtshof gemäß Absatz (1) angerufen, so tritt bis zu seiner Entscheidung eine Unterbrechung des betreffenden Vergleichs- oder Schiedsverfahrens ein.

Art. 39. (1) Die Hohen Vertragschließenden Parteien werden der Entscheidung des Internationalen Gerichtshofs oder dem Schiedsspruch des Schiedsgerichts in jeder Streitigkeit, an der sie beteiligt sind, nachkommen.

(2) Erfüllt eine an einer Streitigkeit beteiligte Partei nicht die Verpflichtungen, die sich für sie aus einer Entscheidung des Internationalen Gerichtshofs oder einem Schiedsspruch des Schiedsgerichts ergeben, so kann sich die andere Partei an das Ministerkomitee des Europarats wenden; dieses kann, soweit es dies für erforderlich erachtet, mit Zweidrittelmehrheit der zur Teilnahme an seinen Sitzungen berechtigten Vertreter Empfehlungen aussprechen, um die Durchführung der Entscheidung oder des Schiedsspruchs sicherzustellen.

Art. 40. (1) Eine Hohe Vertragschließende Partei kann dieses Übereinkommen erst nach Ablauf von fünf Jahren nach dem Zeitpunkt, in dem es für sie in Kraft tritt, und unter Einhaltung einer Kündigungsfrist von sechs Monaten durch eine an den Generalsekretär des Europarats gerichtete Mitteilung kündigen; dieser setzt die anderen Hohen Vertragschließenden Parteien davon in Kenntnis.

(2) Die Kündigung entbindet die betreffende Hohe Vertragschließende Partei nicht von den Verpflichtungen aus diesem Übereinkommen in bezug auf Streitigkeiten, die Tatsachen oder Verhältnisse betreffen, welche vor dem Zeitpunkt der Mitteilung der Kündigung gemäß Absatz (1) entstanden sind. Diese Streitigkeiten müssen jedoch innerhalb eines Jahres nach dem genannten Zeitpunkt einer Behandlung nach einem gemäß diesem Übereinkommen anwendbaren Verfahren unterworfen werden.

(3) Mit der gleichen Maßgabe hört jede Hohe Vertragschließende Partei, deren Mitgliedschaft beim Europarat endet, ein Jahr nach dem genannten Zeitpunkt auf, Vertragspartei dieses Übereinkommens zu sein.

Art. 41. (1) Dieses Übereinkommen liegt zur Unterzeichnung durch die Mitglieder des Europarats auf. Es bedarf der Ratifizierung. Die Ratifikationsurkunden werden beim Generalsekretär des Europarats hinterlegt.

(2) Dieses Übereinkommen tritt mit dem Tage der Hinterlegung der zweiten Ratifikationsurkunde in Kraft.

(3) Für jede Unterzeichnerregierung, die das Übereinkommen zu einem späteren Zeitpunkt ratifiziert, tritt es mit dem Tag der Hinterlegung ihrer Ratifikationsurkunde in Kraft.

(4) Der Generalsekretär des Europarats notifiziert allen Mitgliedern des Europarats das Inkrafttreten des Übereinkommens, die Namen der Hohen Vertragschließenden Parteien, die es ratifiziert haben, sowie jede später erfolgende Hinterlegung einer Ratifikationsurkunde.

ZU URKUND DESSEN haben die hierzu gehörig befugten Unterzeichneten dieses Übereinkommen mit ihrer Unterschrift versehen.

GESCHEHEN zu Straßburg am 29. April 1957 in englischer und französischer Sprache, wobei jeder Wortlaut gleichermaßen verbindlich ist, in einer Urschrift, die im Archiv des Europarats hinterlegt wird. Der Generalsekretär übermittelt jeder Unterzeichnerregierung eine beglaubigte Abschrift.

32. Statut des Internationalen Gerichtshofs[1] · [2]

(26. 6. 1945)

Art. 1 [Errichtung] Der durch die Charta der Vereinten Nationen als Hauptrechtsprechungsorgan der Vereinten Nationen eingesetzte Internationale Gerichtshof wird nach Maßgabe dieses Statuts errichtet und nimmt seine Aufgaben nach Maßgabe seiner Bestimmungen wahr.

Kapitel I. Organisation des Gerichtshofs

Art. 2 [Unabhängigkeit der Richter] Der Gerichtshof besteht aus unabhängigen Richtern, die ohne Rücksicht auf ihre Staatsangehörigkeit unter Personen von hohem sittlichen Ansehen ausgewählt werden, welche die in ihrem Staat für die höchsten richterlichen Ämter erforderlichen Voraussetzungen erfüllen oder Völkerrechtsgelehrte von anerkanntem Ruf sind.

Art. 3 [Richter aus verschiedenen Staaten] (1) Der Gerichtshof besteht aus fünfzehn Mitgliedern, von denen nicht mehr als eines Angehöriger desselben Staates sein darf.

(2) Wer im Hinblick auf die Mitgliedschaft beim Gerichtshof als Angehöriger mehr als eines Staates angesehen werden kann, gilt als Angehöriger des Staates, in dem er gewöhnlich seine bürgerlichen und politischen Rechte ausübt.

Art. 4 [Richterwahl] (1) Die Mitglieder des Gerichtshofs werden von der Generalversammlung und vom Sicherheitsrat auf Grund einer Liste von Personen, die von den nationalen Gruppen des Ständigen Schiedshofs benannt worden sind, nach Maßgabe der folgenden Bestimmungen gewählt.

(2) Im Falle der im Ständigen Schiedshof nicht vertretenen Mitglieder der Vereinten Nationen werden die Bewerber von nationalen Gruppen benannt, die zu diesem Zweck von ihren Regierungen unter den gleichen Bedingungen bestimmt werden, wie sie Artikel 44 des Haager Abkommens von 1907 zur friedlichen Erledigung internationaler Streitfälle für die Mitglieder des Ständigen Schiedshofs vorschreibt.

(3) Die Bedingungen, unter denen ein Staat, der Vertragspartei dieses Statuts, aber nicht Mitglied der Vereinten Nationen ist, an der Wahl der Mitglieder des Gerichtshofs teilnehmen kann, werden in Ermangelung einer besonderen Übereinkunft auf Empfehlung des Sicherheitsrats von der Generalversammlung festgelegt.

Art. 5 [Vorschläge] (1) Mindestens drei Monate vor dem Tag der Wahl fordert der Generalsekretär der Vereinten Nationen die Mitglieder des Ständi-

---

[1] Aus BGBl. 1973 II S. 505.
[2] Internationale Quelle: UNCIO Vol. 15 p. 355.

gen Schiedshofs, die den Vertragsstaaten dieses Statuts angehören, sowie die Mitglieder der nach Artikel 4 Absatz 2 bestimmten nationalen Gruppen auf, innerhalb einer bestimmten Frist nach nationalen Gruppen Personen zu benennen, die in der Lage sind, das Amt eines Mitglieds des Gerichtshofs wahrzunehmen.

(2) Eine Gruppe darf nicht mehr als vier Personen benennen, davon höchstens zwei ihrer eigenen Staatsangehörigkeit. Die Zahl der von einer Gruppe benannten Bewerber darf nicht größer sein als die doppelte Zahl der zu besetzenden Sitze.

Art. 6 [Einholung von Referenzen] Jeder nationalen Gruppe wird empfohlen, vor diesen Benennungen ihren obersten Gerichtshof, ihre rechtswissenschaftlichen Fakultäten und Rechtsschulen sowie ihre dem Rechtsstudium gewidmeten nationalen Akademien und nationalen Abteilungen internationaler Akademien zu konsultieren.

Art. 7 [Kandidatenliste] (1) Der Generalsekretär stellt eine alphabetische Liste aller so benannten Personen auf. Sofern nicht in Artikel 12 Absatz 2 etwas anderes bestimmt ist, sind nur diese Personen wählbar.

(2) Der Generalsekretär legt diese Liste der Generalversammlung und dem Sicherheitsrat vor.

Art. 8 [Wahl durch Generalversammlung und Sicherheitsrat] Die Generalversammlung und der Sicherheitsrat nehmen unabhängig voneinander die Wahl der Mitglieder des Gerichtshofs vor.

Art. 9 [Wahrhaft internationale Zusammensetzung] Bei jeder Wahl haben die Wähler darauf zu achten, daß jede einzelne der zu wählenden Personen die erforderliche Befähigung besitzt und daß diese Personen in ihrer Gesamtheit eine Vertretung der großen Kulturkreise und der hauptsächlichen Rechtssysteme der Welt gewährleisten.

Art. 10 [Wahlverfahren] (1) Diejenigen Bewerber, die in der Generalversammlung und im Sicherheitsrat die absolute Mehrheit der Stimmen erhalten, sind gewählt.

(2) Abstimmungen im Sicherheitsrat bei der Wahl der Richter und bei der Benennung der Mitglieder der in Artikel 12 vorgesehenen Kommission erfolgen ohne Unterscheidung zwischen ständigen und nichtständigen Mitgliedern des Sicherheitsrats.

(3) Erhält mehr als ein Angehöriger desselben Staates sowohl in der Generalversammlung als auch im Sicherheitsrat die absolute Mehrheit der Stimmen, so gilt nur der älteste von ihnen als gewählt.

Art. 11 [Weitere Wahlgänge] Bleiben nach dem ersten Wahlgang noch Sitze frei, so findet in derselben Weise ein zweiter und erforderlichenfalls ein dritter Wahlgang statt.

Art. 12 [Vermittlungsausschuß] (1) Bleiben nach dem dritten Wahlgang noch Sitze frei, so kann jederzeit auf Antrag der Generalversammlung oder des Sicherheitsrats eine aus sechs Mitgliedern bestehende Vermittlungskommission gebildet werden, wobei drei Mitglieder von der Generalversammlung und drei vom Sicherheitsrat ernannt werden; die Kommission hat mit absoluter Stimmenmehrheit für jeden noch freien Sitz einen Namen auszuwählen, welcher der Generalversammlung und dem Sicherheitsrat getrennt zur Annahme vorgelegt wird.

(2) Die Vermittlungskommission kann auf ihre Liste den Namen jeder Person setzen, auf welche sie sich einstimmig geeinigt hat und welche die erforderlichen Voraussetzungen erfüllt, auch wenn sie nicht in der in Artikel 7 genannten Vorschlagsliste aufgeführt war.

(3) Stellt die Vermittlungskommission fest, daß es ihr nicht gelingt, die Wahl durchzuführen, so besetzen die bereits gewählten Mitglieder des Gerichtshofs innerhalb einer vom Sicherheitsrat festzusetzenden Frist die freien Sitze durch eine Auswahl unter denjenigen Bewerbern, die in der Generalversammlung oder im Sicherheitsrat Stimmen erhalten haben.

(4) Bei Stimmengleichheit unter den Richtern gibt die Stimme des ältesten Richters den Ausschlag.

Art. 13 [Neunjährige Amtsdauer] (1) Die Mitglieder des Gerichtshofs werden für die Dauer von neun Jahren gewählt und sind wiederwählbar; jedoch endet für fünf bei der ersten Wahl gewählte Richter die Amtszeit nach drei Jahren und für weitere fünf nach sechs Jahren.

(2) Die Richter, deren Amtszeit nach Ablauf der genannten Anfangszeit von drei und sechs Jahren endet, werden vom Generalsekretär unmittelbar nach Abschluß der ersten Wahl durch das Los bestimmt.

(3) Die Mitglieder des Gerichtshofs bleiben bis zu ihrer Ablösung im Amt. Danach erledigen sie alle Fälle, mit denen sie bereits befaßt sind.

(4) Bei Rücktritt eines Mitglieds des Gerichtshofs ist das Rücktrittsschreiben an den Präsidenten des Gerichtshofs zur Weiterleitung an den Generalsekretär zu richten. Mit der Benachrichtigung des letzteren wird der Sitz frei.

Art. 14 [Nachwahl] Freigewordene Sitze werden nach dem für die erste Wahl vorgesehenen Verfahren besetzt, vorbehaltlich folgender Bestimmung: Der Generalsekretär läßt binnen einem Monat nach Freiwerden des Sitzes die in Artikel 5 vorgesehenen Aufforderungen ergehen, und der Zeitpunkt der Wahl wird vom Sicherheitsrat festgesetzt.

Art. 15 [Nachwahl nur für die Amtsperiode des Vorgängers] Ein Mitglied des Gerichtshofs, das an Stelle eines Mitglieds gewählt ist, dessen Amtszeit noch nicht abgelaufen ist, beendet die Amtszeit seines Vorgängers.

Art. 16 [Keine Nebenbeschäftigung der Richter] (1) Ein Mitglied des Gerichtshofs darf weder ein politisches Amt noch ein Amt in der Verwaltung ausüben noch sich einer anderen Beschäftigung beruflicher Art widmen.

(2) Im Zweifelsfall entscheidet der Gerichtshof.

Art. 17 [Keine Rechtsberatung durch Richter] (1) Ein Mitglied des Gerichtshofs darf nicht als Bevollmächtigter, Beistand oder Anwalt in irgendeiner Sache tätig werden.

(2) Ein Mitglied darf nicht an der Erledigung einer Sache teilnehmen, in der es vorher als Bevollmächtigter, Beistand oder Anwalt einer der Parteien, als Mitglied eines nationalen oder internationalen Gerichts, einer Untersuchungskommission oder in anderer Eigenschaft berufen war.

(3) Im Zweifelsfall entscheidet der Gerichtshof.

Art. 18 [Richter grundsätzlich unabsetzbar] (1) Ein Mitglied des Gerichtshofs kann seines Amtes nur dann enthoben werden, wenn es nach einstimmiger Auffassung der übrigen Mitglieder nicht mehr die erforderlichen Voraussetzungen erfüllt.

(2) Dies wird dem Generalsekretär förmlich durch den Kanzler notifiziert.

(3) Mit dieser Notifikation wird der Sitz frei.

Art. 19 [Diplomatische Vorrechte] Die Mitglieder des Gerichtshofs genießen bei der Wahrnehmung ihres Amtes diplomatische Vorrechte und Immunitäten.

Art. 20 [Feierliche Verpflichtung] Jedes Mitglied des Gerichtshofs hat vor Antritt seines Amtes in öffentlicher Sitzung die feierliche Erklärung abzugeben, daß es seine Befugnisse unparteiisch und gewissenhaft ausüben wird.

Art. 21 [Präsident, Kanzler] (1) Der Gerichtshof wählt seinen Präsidenten und seinen Vizepräsidenten für die Dauer von drei Jahren; Wiederwahl ist zulässig.

(2) Der Gerichtshof ernennt seinen Kanzler und kann für die Ernennung der erforderlichen sonstigen Bediensteten sorgen.

Art. 22 [Sitz Haag] (1) Sitz des Gerichtshofs ist Den Haag. Der Gerichtshof kann jedoch anderswo tagen und seine Tätigkeit ausüben, wenn er es für wünschenswert hält.

(2) Der Präsident und der Kanzler wohnen am Sitz des Gerichtshofs.

Art. 23 [Tagungen, Urlaub, Krankheit] (1) Der Gerichtshof tagt ständig außer während der Gerichtsferien, deren Zeitpunkt und Dauer er festsetzt.

(2) Die Mitglieder des Gerichtshofs haben Anspruch auf regelmäßigen Urlaub, dessen Zeitpunkt und Dauer der Gerichtshof unter Berücksichtigung der Entfernung zwischen Den Haag und dem Heimatort der einzelnen Richter festsetzt.

(3) Die Mitglieder des Gerichtshofs sind verpflichtet, dem Gerichtshof jederzeit zur Verfügung zu stehen, sofern sie sich nicht im Urlaub befinden oder durch Krankheit oder sonstige dem Präsidenten ordnungsgemäß darzulegende schwerwiegende Gründe verhindert sind.

Art. 24 [Befangenheit] (1) Glaubt ein Mitglied des Gerichtshofs, bei der Entscheidung einer bestimmten Sache aus einem besonderen Grund nicht mitwirken zu sollen, so macht es davon dem Präsidenten Mitteilung.

(2) Hält der Präsident die Teilnahme eines Mitglieds des Gerichtshofs an der Verhandlung einer bestimmten Sache aus einem besonderen Grund für unangebracht, so setzt er das Mitglied hiervon in Kenntnis.

(3) Besteht in einem solchen Fall Unstimmigkeit zwischen dem Mitglied des Gerichtshofs und dem Präsidenten, so entscheidet der Gerichtshof.

Art. 25 [Plenarsitzungen; Quorum 9 Richter] (1) Sofern nicht in diesem Statut ausdrücklich etwas anderes vorgesehen ist, tagt der Gerichtshof in Vollsitzungen.

(2) Die Verfahrensordnung des Gerichtshofs kann vorsehen, daß je nach den Umständen abwechselnd ein oder mehrere Richter von der Teilnahme an der Verhandlung befreit werden können, jedoch mit der Maßgabe, daß die Zahl der Richter, die zur Bildung des Gerichtshofs zur Verfügung stehen, nicht unter elf sinkt.

(3) Der Gerichtshof ist beschlußfähig, wenn neun Richter anwesend sind.

Art. 26 [Bildung von Kammern] (1) Der Gerichtshof kann jederzeit eine oder mehrere Kammern bilden, die je nach Beschluß des Gerichtshofs aus drei oder mehr Richtern bestehen, um bestimmte Arten von Rechtssachen zu entscheiden, beispielsweise Fälle aus dem Bereich des Arbeitsrechts, des Durchfuhr- und des Verkehrsrechts.

(2) Der Gerichtshof kann jederzeit eine Kammer zur Entscheidung einer bestimmten Sache bilden. Die Anzahl der Richter dieser Kammer wird vom Gerichtshof mit Zustimmung der Parteien festgesetzt.

(3) Die in diesem Artikel vorgesehenen Kammern verhandeln und entscheiden, wenn die Parteien dies beantragen.

Art. 27 [Kammerentscheidungen] Jedes Urteil, das von einer der in den Artikeln 26 und 29 vorgesehenen Kammern erlassen wird, gilt als Urteil des Gerichtshofs.

Art. 28 [Kammerntagungen außerhalb von Haag] Die in den Artikeln 26 und 29 vorgesehenen Kammern können mit Zustimmung der Parteien anderswo als in Den Haag tagen und ihre Tätigkeit ausüben.

Art. 29 [Kammer für abgekürztes Verfahren] Zur raschen Erledigung der Fälle bildet der Gerichtshof jährlich eine Kammer aus fünf Richtern, die auf Antrag der Parteien im abgekürzten Verfahren verhandeln und entscheiden können. Zusätzlich werden zwei Richter ausgewählt, um diejenigen Richter zu ersetzen, die an den Sitzungen nicht teilnehmen können.

Art. 30 [Geschäftsordnung] (1) Der Gerichtshof erläßt Vorschriften für die Wahrnehmung seiner Aufgaben. Er legt insbesondere seine Verfahrensordnung fest.

(2) Die Verfahrensordnung des Gerichtshofs kann Beisitzer vorsehen, die ohne Stimmrecht an den Sitzungen des Gerichtshofs oder seiner Kammern teilnehmen.

Art. 31 [Richter ad hoc] (1) Richter, die Staatsangehörige der Parteien sind, behalten das Recht, an den Sitzungen über die vor dem Gerichtshof anhängige Sache teilzunehmen.

(2) Gehört dem Gerichtshof ein Richter an, der Staatsangehöriger einer der Parteien ist, so kann jede andere Partei eine Person ihrer Wahl bestimmen, die als Richter an den Sitzungen teilnimmt. Sie ist vorzugsweise unter den Personen auszuwählen, die nach den Artikeln 4 und 5 als Bewerber benannt worden sind.

(3) Gehört dem Gerichtshof kein Richter an, der Staatsangehöriger einer der Parteien ist, so kann jede der Parteien auf die in Absatz 2 vorgesehene Weise einen Richter bestimmen.

(4) Dieser Artikel findet auf die in den Artikeln 26 und 29 vorgesehenen Fälle Anwendung. In diesen Fällen ersucht der Präsident ein oder erforderlichenfalls zwei Mitglieder des Gerichtshofs, welche die Kammer bilden, ihren Platz an die Mitglieder des Gerichtshofs, welche Staatsangehörige der beteiligten Parteien sind, oder, in Ermangelung oder bei Verhinderung solcher Mitglieder, an die von den Parteien besonders bestimmten Richter abzutreten.

(5) Bilden mehrere Parteien eine Streitgenossenschaft, so gelten sie für die Zwecke der vorstehenden Bestimmungen als eine Partei. Im Zweifelsfall entscheidet der Gerichtshof.

(6) Die nach den Absätzen 2, 3 und 4 bestimmten Richter müssen die Voraussetzungen der Artikel 2, 17 Absatz 2, 20 und 24 erfüllen. Sie wirken völlig gleichberechtigt mit ihren Kollegen an der Entscheidung mit.

Art. 32 [Gehälter] (1) Die Mitglieder des Gerichtshofs erhalten ein Jahresgehalt.

(2) Der Präsident erhält eine besondere Jahreszulage.

(3) Der Vizepräsident erhält eine Sonderzulage für jeden Tag, an dem er das Amt des Präsidenten wahrnimmt.

(4) Die nach Artikel 31 bestimmten Richter mit Ausnahme der Mitglieder des Gerichtshofs erhalten eine Entschädigung für jeden Tag, an dem sie ihre Tätigkeit ausüben.

(5) Die Gehälter, Zulagen und Entschädigungen werden von der Generalversammlung festgesetzt. Sie dürfen während der Amtszeit nicht herabgesetzt werden.

(6) Das Gehalt des Kanzlers wird auf Vorschlag des Gerichtshofs von der Generalversammlung festgesetzt.

(7) Eine von der Generalversammlung beschlossene Regelung setzt die Voraussetzungen fest, unter denen den Mitgliedern des Gerichtshofs und dem Kanzler ein Ruhegehalt gewährt wird, sowie die Voraussetzungen, unter denen den Mitgliedern des Gerichtshofs und dem Kanzler Reisekosten erstattet werden.

(8) Die Gehälter, Zulagen und Entschädigungen sind von jeder Besteuerung befreit.

Art. 33 [Gerichtskosten] Die Kosten des Gerichtshofs werden in der von der Generalversammlung bestimmten Weise von den Vereinten Nationen getragen.

Kapitel II. Zuständigkeit des Gerichtshofs

Art. 34 [Parteifähigkeit] (1) Nur Staaten sind berechtigt, als Parteien vor dem Gerichtshof aufzutreten.

(2) Der Gerichtshof kann nach Maßgabe seiner Verfahrensordnung öffentlich-rechtliche internationale Organisationen um Auskünfte betreffend bei ihm anhängige Rechtssachen ersuchen; er nimmt auch derartige Auskünfte entgegen, wenn diese Organisationen sie ihm von sich aus erteilen.

(3) Steht die Auslegung der Gründungsurkunde einer öffentlich-rechtlichen internationalen Organisation oder die Auslegung einer auf Grund dieser Urkunde angenommenen internationalen Übereinkunft in einer vor dem Gerichtshof anhängigen Rechtssache in Frage, so notifiziert der Kanzler dies der betreffenden Organisation und übermittelt ihr Abschriften des gesamten schriftlichen Verfahrens.

Art. 35 [Mitglieder und Nichtmitglieder der VN] (1) Der Zugang zum Gerichtshof steht den Staaten offen, die Vertragsparteien dieses Statuts sind.

(2) Die Bedingungen, unter denen der Zugang zum Gerichtshof anderen Staaten offensteht, werden vorbehaltlich der besonderen Bestimmungen geltender Verträge vom Sicherheitsrat festgelegt; daraus darf für die Parteien keine Ungleichheit vor dem Gerichtshof entstehen.

(3) Ist ein Staat, der nicht Mitglied der Vereinten Nationen ist, Streitpartei, so setzt der Gerichtshof den Beitrag dieser Partei zu den Kosten des Gerichtshofs fest. Dies gilt nicht, wenn sich der Staat an den Kosten des Gerichtshofs beteiligt.

Art. 36 [Zuständigkeit, Fakultativklausel] (1) Die Zuständigkeit des Gerichtshofs erstreckt sich auf alle ihm von den Parteien unterbreiteten Rechtssachen sowie auf alle in der Charta der Vereinten Nationen oder in geltenden Verträgen und Übereinkommen besonders vorgesehenen Angelegenheiten.

(2) Die Vertragsstaaten dieses Statuts können jederzeit erklären, daß sie die Zuständigkeit des Gerichtshofs von Rechts wegen und ohne besondere Übereinkunft gegenüber jedem anderen Staat, der dieselbe Verpflichtung übernimmt, für alle Rechtsstreitigkeiten über folgende Gegenstände als obligatorisch anerkennen:
a) die Auslegung eines Vertrags;
b) jede Frage des Völkerrechts;
c) das Bestehen jeder Tatsache, die, wäre sie bewiesen, die Verletzung einer internationalen Verpflichtung darstellt;
d) Art oder Umfang der wegen Verletzung einer internationalen Verpflichtung geschuldeten Wiedergutmachung.

(3) Die oben bezeichnete Erklärung kann vorbehaltlos oder vorbehaltlich einer entsprechenden Verpflichtung mehrerer oder einzelner Staaten oder für einen bestimmten Zeitabschnitt abgegeben werden.

(4) Die Erklärungen sind beim Generalsekretär der Vereinten Nationen zu hinterlegen; dieser übermittelt den Vertragsparteien dieses Statuts und dem Kanzler des Gerichtshofs eine Abschrift.

(5) Nach Artikel 36 des Statuts des Ständigen Internationalen Gerichtshofs abgegebene Erklärungen, deren Geltungsdauer noch nicht abgelaufen ist, gelten nach Maßgabe ihrer Bedingungen für ihre restliche Geltungsdauer im Verhältnis zwischen den Vertragsparteien dieses Statuts als Annahme der obligatorischen Gerichtsbarkeit des Internationalen Gerichtshofs.

(6) Wird die Zuständigkeit des Gerichtshofs bestritten, so entscheidet dieser.

Art. 37 [Eintritt in die Zuständigkeit des Ständigen Internationalen Gerichtshofes] Ist in einem geltenden Vertrag oder Übereinkommen die Verweisung einer Sache an ein vom Völkerbund einzusetzendes Gericht oder an den Ständigen Internationalen Gerichtshof vorgesehen, so wird die Sache im Verhältnis zwischen den Vertragsparteien dieses Statuts an den Internationalen Gerichtshof verwiesen.

Art. 38 [Anzuwendende Rechtssätze] (1) Der Gerichtshof, dessen Aufgabe es ist, die ihm unterbreiteten Streitigkeiten nach dem Völkerrecht zu entscheiden, wendet an
a) internationale Übereinkünfte allgemeiner oder besonderer Natur, in denen von den streitenden Staaten ausdrücklich anerkannte Regeln festgelegt sind;
b) das internationale Gewohnheitsrecht als Ausdruck einer allgemeinen, als Recht anerkannten Übung;
c) die von den Kulturvölkern anerkannten allgemeinen Rechtsgrundsätze;
d) vorbehaltlich des Artikels 59 richterliche Entscheidungen und die Lehrmeinung der fähigsten Völkerrechtler der verschiedenen Nationen als Hilfsmittel zur Feststellung von Rechtsnormen.

(2) Diese Bestimmung läßt die Befugnis des Gerichtshofs unberührt, mit Zustimmung der Parteien ex aequo et bono zu entscheiden.

Kapitel III. Verfahren

Art. 39 [Gerichtssprache] (1) Die Amtssprachen des Gerichtshofs sind Französisch und Englisch. Kommen die Parteien überein, das gesamte Verfahren in französischer Sprache zu führen, so wird das Urteil in dieser Sprache gefällt. Kommen die Parteien überein, das gesamte Verfahren in englischer Sprache zu führen, so wird das Urteil in dieser Sprache gefällt.

(2) In Ermangelung einer Vereinbarung über die anzuwendende Sprache kann sich jede Partei bei ihren Vorträgen nach Belieben einer der beiden Sprachen bedienen; das Urteil des Gerichtshofs ergeht alsdann in französischer und englischer Sprache. In diesem Fall hat der Gerichtshof gleichzeitig zu bestimmen, welcher der beiden Wortlaute maßgebend ist.

(3) Auf Antrag einer Partei gestattet ihr der Gerichtshof die Benutzung einer anderen Sprache als der französischen oder englischen.

Art. 40 [Klageerhebung] (1) Die Rechtssachen werden beim Gerichtshof je nach Art des Falles durch Notifizierung des Schiedsvertrags oder durch eine Klageschrift anhängig gemacht, die an den Kanzler zu richten sind. In beiden Fällen sind der Streitgegenstand und die Parteien anzugeben.

(2) Der Kanzler übermittelt die Klageschrift umgehend allen Beteiligten.

(3) Er unterrichtet auch die Mitglieder der Vereinten Nationen über den Generalsekretär sowie alle sonstigen zum Gerichtshof zugelassenen Staaten.

Art. 41 [Vorsorgliche Maßnahmen] (1) Der Gerichtshof ist befugt, wenn er es nach den Umständen für erforderlich hält, diejenigen vorsorglichen Maßnahmen zu bezeichnen, die zur Sicherung der Rechte der Parteien getroffen werden müssen.

(2) Vorbehaltlich der endgültigen Entscheidung werden diese Maßnahmen den Parteien und dem Sicherheitsrat umgehend angezeigt.

Art. 42 [Prozeßbevollmächtigte und Rechtsbeistände] (1) Die Parteien werden durch Bevollmächtigte vertreten.

(2) Sie können sich vor dem Gerichtshof der Hilfe von Beiständen oder Anwälten bedienen.

(3) Die Bevollmächtigten, Beistände und Anwälte der Parteien vor dem Gerichtshof genießen die zur unabhängigen Wahrnehmung ihrer Aufgaben erforderlichen Vorrechte und Immunitäten.

Art. 43 [Verfahren] (1) Das Verfahren gliedert sich in ein schriftliches und ein mündliches Verfahren.

(2) Das schriftliche Verfahren umfaßt die Übermittlung der Schriftsätze, Gegenschriftsätze und gegebenenfalls der Repliken sowie aller zur Unterstützung vorgelegten Schriftstücke und Urkunden an die Richter und die Parteien.

(3) Die Übermittlung erfolgt durch den Kanzler in der Reihenfolge und innerhalb der Fristen, die der Gerichtshof bestimmt.

(4) Jedes von einer Partei vorgelegte Schriftstück ist der anderen Partei in beglaubigter Abschrift zu übermitteln.

(5) Das mündliche Verfahren besteht in der Anhörung der Zeugen, Sachverständigen, Bevollmächtigten, Beistände und Anwälte durch den Gerichtshof.

Art. 44 [Zustellungen] (1) Für alle Zustellungen an andere Personen als die Bevollmächtigten, Beistände und Anwälte wendet sich der Gerichtshof unmittelbar an die Regierung des Staates, in dessen Hoheitsgebiet die Zustellung erfolgen soll.

(2) Das gleiche gilt, wenn an Ort und Stelle Beweis erhoben werden soll.

Art. 45 [Mündliche Verhandlung] Die Verhandlungen werden vom Präsidenten oder, wenn dieser verhindert ist, vom Vizepräsidenten geleitet; sind beide verhindert, so übernimmt der dienstälteste anwesende Richter den Vorsitz.

Art. 46 [Öffentlichkeit] Die mündliche Verhandlung ist öffentlich, sofern nicht der Gerichtshof etwas anderes beschließt oder die Parteien den Ausschluß der Öffentlichkeit beantragen.

Art. 47 [Protokoll] (1) Über jede mündliche Verhandlung wird ein Protokoll aufgenommen, das vom Kanzler und vom Präsidenten unterschrieben wird.

(2) Dieses Protokoll allein ist maßgebend.

Art. 48 [Prozeßleitende Verfügungen] Der Gerichtshof erläßt Verfügungen für die Führung des Verfahrens, bestimmt die Form und die Fristen für die Einbringung der Schlußanträge durch jede Partei und trifft alle auf die Beweisaufnahme bezüglichen Maßnahmen.

Art. 49 [Dokumente und Auskünfte] Der Gerichtshof kann schon vor Beginn der Verhandlung von den Bevollmächtigten die Vorlage aller Urkunden und die Erteilung aller Auskünfte verlangen. Im Fall einer Weigerung stellt der Gerichtshof diese ausdrücklich fest.

Art. 50 [Gutachten] Der Gerichtshof kann jederzeit Personen, Personengemeinschaften, Dienststellen, Kommissionen oder sonstige Einrichtungen seiner Wahl mit der Vornahme einer Untersuchung oder der Abgabe eines Gutachtens beauftragen.

Art. 51 [Zeugen und Sachverständige] Während der Verhandlung werden den Zeugen und Sachverständigen alle zweckdienlichen Fragen unter den Bedingungen vorgelegt, die der Gerichtshof in der in Artikel 30 vorgesehenen Verfahrensordnung festsetzt.

Art. 52 [Zurückweisung von Beweismitteln] Nachdem der Gerichtshof innerhalb der hierfür festgesetzten Fristen die Beweismittel und Zeugenaussagen erhalten hat, kann er alle weiteren mündlichen oder schriftlichen Beweismittel zurückweisen, die ihm eine Partei ohne Zustimmung der anderen vorzulegen wünscht.

Art. 53 [Nichterscheinen einer Partei] (1) Erscheint eine der Parteien nicht vor dem Gerichtshof oder verzichtet sie darauf, sich zur Sache zu äußern, so kann die andere Partei den Gerichtshof ersuchen, im Sinne ihrer Anträge zu entscheiden.

(2) Bevor der Gerichtshof diesem Ersuchen stattgibt, muß er sich nicht nur vergewissern, daß er nach den Artikeln 36 und 37 zuständig ist, sondern auch, daß die Anträge tatsächlich und rechtlich begründet sind.

Art. 54 [Beratung] (1) Sobald die Bevollmächtigten, Beistände und Anwälte unter Aufsicht des Gerichtshofs ihr Vorbringen abgeschlossen haben, erklärt der Präsident die Verhandlung für geschlossen.

(2) Der Gerichtshof zieht sich zur Beratung zurück.

(3) Die Beratungen des Gerichtshofs sind und bleiben geheim.

Art. 55 [Abstimmung] (1) Die Entscheidungen des Gerichtshofs werden mit Stimmenmehrheit der anwesenden Richter gefaßt.

(2) Bei Stimmengleichheit gibt die Stimme des Präsidenten oder des ihn vertretenden Richters den Ausschlag.

Art. 56 [Gründe] (1) Das Urteil ist mit Gründen zu versehen.

(2) Es enthält die Namen der Richter, die bei der Entscheidung mitgewirkt haben.

Art. 57 [Sondervotum] Bringt das Urteil im ganzen oder in einzelnen Teilen nicht die übereinstimmende Ansicht der Richter zum Ausdruck, so ist jeder Richter berechtigt, ihm eine Darlegung seiner persönlichen Ansicht beizufügen.

Art. 58 [Unterzeichnung, Verkündigung] Das Urteil wird vom Präsidenten und vom Kanzler unterschrieben. Nach ordnungsgemäßer Benachrichtigung der Bevollmächtigten wird es in öffentlicher Sitzung verlesen.

Art. 59 [Wirkung inter partes] Die Entscheidung des Gerichtshofs ist nur für die Streitparteien und nur in bezug auf die Sache bindend, in der entschieden wurde.

Art. 60 [Formelle Rechtskraft] Das Urteil ist endgültig und unterliegt keinem Rechtsmittel. Bestehen Meinungsverschiedenheiten über Sinn oder Tragweite des Urteils, so obliegt es dem Gerichtshof, es auf Antrag einer Partei auszulegen.

Art. 61 [Wiederaufnahme des Verfahrens] (1) Die Wiederaufnahme des Verfahrens kann nur beantragt werden, wenn eine Tatsache von entscheidender Bedeutung bekannt wird, die vor Verkündung des Urteils dem Gerichtshof und auch der die Wiederaufnahme beantragenden Partei unbekannt war, sofern diese Unkenntnis nicht schuldhaft war.

(2) Das Wiederaufnahmeverfahren wird durch einen Beschluß des Gerichtshofs eröffnet, der das Vorliegen der neuen Tatsache ausdrücklich feststellt, ihr die für die Eröffnung des Wiederaufnahmeverfahrens erforderlichen Merkmale zuerkennt und deshalb den Antrag für zulässig erklärt.

(3) Der Gerichtshof kann die Eröffnung des Wiederaufnahmeverfahrens von der vorherigen Vollstreckung des Urteils abhängig machen.

(4) Der Wiederaufnahmeantrag ist binnen sechs Monaten nach Bekanntwerden der neuen Tatsache zu stellen.

(5) Nach Ablauf von zehn Jahren nach Erlaß des Urteils kann kein Wiederaufnahmeantrag mehr gestellt werden.

Art. 62 [Nebenintervention] (1) Glaubt ein Staat, ein rechtliches Interesse zu haben, das durch die Entscheidung der Sache berührt werden könnte, so kann er beim Gerichtshof einen Antrag auf Beitritt zu dem Verfahren stellen.

(2) Der Gerichtshof entscheidet über diesen Antrag.

Art. 63 [Beiladung, Beitritt] (1) Handelt es sich um die Auslegung einer Übereinkunft, an der andere Staaten als die Streitparteien beteiligt sind, so unterrichtet der Kanzler unverzüglich diese Staaten.

(2) Jeder dieser Staaten ist berechtigt, dem Verfahren beizutreten; macht er von diesem Recht Gebrauch, so ist die in dem Urteil enthaltene Auslegung auch für ihn bindend.

Art. 64 [Parteikosten] Sofern der Gerichtshof nicht etwas anderes beschließt, trägt jede Partei ihre eigenen Kosten.

Kapitel IV. Gutachten

Art. 65 [Antrag] (1) Der Gerichtshof kann ein Gutachten zu jeder Rechtsfrage auf Antrag jeder Einrichtung abgeben, die durch die Charta der Vereinten Nationen oder im Einklang mit ihren Bestimmungen zur Einholung eines solchen Gutachtens ermächtigt ist.

(2) Die Fragen, zu denen das Gutachten des Gerichtshofs eingeholt wird, werden diesem in einem schriftlichen Antrag vorgelegt, der eine genaue Darstellung der Frage enthält, zu der das Gutachten angefordert wird, und dem alle Urkunden beigefügt werden, die zur Klärung der Frage dienen können.

Art. 66 [Verfahren] (1) Der Kanzler setzt alle Staaten, die vor dem Gerichtshof auftreten können, umgehend von dem Antrag auf ein Gutachten in Kenntnis.

(2) Der Kanzler setzt ferner jeden Staat, der vor dem Gerichtshof auftreten kann, und jede internationale Organisation, die nach Ansicht des Gerichtshofs oder, wenn dieser nicht tagt, nach Ansicht seines Präsidenten über die Frage Auskunft geben können, durch eine besondere und direkte Mitteilung davon in Kenntnis, daß der Gerichtshof bereit ist, innerhalb einer vom Präsidenten festzusetzenden Frist schriftliche Darstellungen entgegenzunehmen oder während einer zu diesem Zweck anberaumten öffentlichen Sitzung mündliche Darstellungen zu hören.

(3) Hat einer der Staaten, die vor dem Gerichtshof auftreten können, die in Absatz 2 vorgesehene besondere Mitteilung nicht erhalten, so kann er den Wunsch äußern, eine schriftliche Darstellung vorzulegen oder gehört zu werden; der Gerichtshof entscheidet darüber.

(4) Staaten und Organisationen, die schriftliche oder mündliche Darstellungen abgegeben haben, sind berechtigt, zu den von anderen Staaten oder Organisationen abgegebenen Darstellungen in der Form, in dem Umfang und innerhalb der Fristen Stellung zu nehmen, die der Gerichtshof oder, wenn er nicht tagt, der Präsident im Einzelfall festsetzt. Dazu übermittelt der Kanzler die schriftlichen Darstellungen zu gegebener Zeit den Staaten und Organisationen, die selbst solche Darstellungen vorgelegt haben.

Art. 67 [Verkündung] Der Gerichtshof gibt seine Gutachten in öffentlicher Sitzung ab, nachdem der Generalsekretär und die Vertreter der Mitglieder der Vereinten Nationen sowie der sonstigen Staaten und internationalen Organisationen, die unmittelbar beteiligt sind, benachrichtigt wurden.

Art. 68 [Anwendbarkeit der Vorschriften für das Streitverfahren] Bei der Ausübung seiner gutachterlichen Tätigkeit läßt sich der Gerichtshof außerdem von den Bestimmungen dieses Statuts leiten, die auf Streitsachen Anwendung finden, soweit er sie für anwendbar hält.

Kapitel V. Änderungen

Art. 69 [Abänderungen wie Satzungsänderungen der VN] Änderungen dieses Statuts werden nach dem gleichen Verfahren durchgeführt, das für Änderungen der Charta der Vereinten Nationen vorgesehen ist, jedoch vorbehaltlich der Bestimmungen, welche die Generalversammlung auf Empfehlung des Sicherheitsrats für die Beteiligung der Staaten beschließt, die Vertragsparteien dieses Statuts, aber nicht Mitglieder der Vereinten Nationen sind.

Art. 70 [Vorschlagsrecht des Gerichtshofes] Der Gerichtshof kann Änderungen dieses Statuts, die er für nötig erachtet, durch schriftliche Mitteilung an den Generalsekretär zur Prüfung nach Artikel 69 vorschlagen.

33. Vertrag über das Verbot von Kernwaffenversuchen in der Atmosphäre, im Weltraum und unter Wasser (Moskauer Atomteststopabkommen)[1) · 2) · 3)]

(5. 8. 1963)

Die Regierungen der Union der Sozialistischen Sowjetrepubliken[*)], des Vereinigten Königreichs Großbritannien und Nordirland und der Vereinigten Staaten von Amerika, im folgenden als „ursprüngliche Vertragsparteien" bezeichnet –

in Bekundung ihres Hauptziels, das im möglichst baldigen Abschluß einer Übereinkunft über eine allgemeine und vollständige, unter strenger internationaler Kontrolle stehende und den Zielen der Vereinten Nationen entsprechende Abrüstung besteht, die dem Wettrüsten ein Ende setzen und den Anreiz zur Herstellung und Erprobung von Waffen jeder Art einschließlich der Kernwaffen beseitigen würde,

in dem Bestreben, die Einstellung aller Versuchsexplosionen von Kernwaffen für alle Zeiten herbeizuführen, entschlossen, die auf dieses Ziel gerichteten Verhandlungen fortzusetzen, und in dem Wunsch, der Verseuchung der Umwelt des Menschen durch radioaktive Stoffe ein Ende zu bereiten –

sind wie folgt übereingekommen:

Art. I. (1) Jede Vertragspartei verpflichtet sich, Versuchsexplosionen von Kernwaffen und andere nukleare Explosionen zu verbieten, zu verhindern und nicht durchzuführen, und zwar an jedem ihrer Hoheitsgewalt oder Kontrolle unterstehenden Ort

a) in der Atmosphäre; jenseits der Atmosphäre einschließlich des Weltraums; sowie unter Wasser einschließlich der Hoheitsgewässer und der Hohen See;

b) in jedem anderen Bereich, wenn eine solche Explosion das Vorhandensein radioaktiven Schuttes außerhalb der Hoheitsgrenzen des Staates verursacht, unter dessen Hoheitsgewalt oder Kontrolle die Explosion durchgeführt wird. Hierbei gilt als vereinbart, daß die Bestimmungen dieses Buchstabens nicht den Abschluß eines Vertrags präjudizieren, der zum ständigen Verbot aller nuklearen Versuchsexplosionen einschließlich aller derartigen unterirdischen Explosionen führt, den die Vertragsparteien anstreben, wie sie in der Präambel dieses Vertrags festgestellt haben.

[1)] Aus BGBl. 1964 II S. 907.
[2)] Internationale Quelle: UNTS Vol. 480 p. 43.
[3)] Der Vertrag vom 24. 9. 1996 über das umfassende Verbot von Nuklearversuchen (siehe BGBl. 1998 II S. 1211) ist noch nicht in Kraft getreten.
[*)] Zum Problem der Fortgeltung bezüglich der Nachfolgestaaten siehe Alma Ata-Deklaration vom 21. 12. 1991, nach welcher die Mitglieder der GUS die Erfüllung der internationalen Verpflichtungen, die sich aus den Verträgen und Vereinbarungen der früheren UdSSR ergeben, garantieren (vgl. BGBl. II, Fundstellennachweis B 1998, S. 140).

(2) Jede Vertragspartei verpflichtet sich ferner, die Durchführung von Versuchsexplosionen von Kernwaffen sowie anderer nuklearer Explosionen, die in einem der in Absatz 1 erwähnten Bereiche stattfinden oder die in dem genannten Absatz bezeichnete Wirkung haben würden, weder zu veranlassen noch zu fördern noch sich in irgendeiner Weise daran zu beteiligen, an welchem Ort es auch immer sei.

Art. II. (1) Jede Vertragspartei kann Änderungen zu diesem Vertrag vorschlagen. Der Wortlaut eines Änderungsvorschlags wird den Verwahrregierungen übermittelt, die ihn allen Vertragsparteien zuleiten. Danach berufen die Verwahrregierungen auf Antrag von mindestens einem Drittel der Vertragsparteien eine Konferenz ein, zu der alle Vertragsparteien eingeladen werden, um die Änderung zu prüfen.

(2) Jede Änderung dieses Vertrags bedarf der Zustimmung durch die Mehrheit der Stimmen aller Vertragsparteien einschließlich aller ursprünglichen Vertragsparteien. Die Änderung tritt für alle Vertragsparteien in Kraft, sobald von der Mehrheit aller Vertragsparteien, einschließlich aller ursprünglichen Vertragsparteien, Ratifikationsurkunden hinterlegt worden sind.

Art. III. (1) Dieser Vertrag liegt für alle Staaten zur Unterzeichnung auf. Jeder Staat, der den Vertrag nicht vor seinem nach Absatz 3 erfolgenden Inkrafttreten unterzeichnet, kann ihm jederzeit beitreten.

(2) Dieser Vertrag bedarf der Ratifikation durch die Unterzeichnerstaaten. Die Ratifikations- und die Beitrittsurkunden sind bei den Regierungen der ursprünglichen Vertragsparteien – Union der Sozialistischen Sowjetrepubliken, Vereinigtes Königreich Großbritannien und Nordirland sowie Vereinigte Staaten von Amerika – zu hinterlegen; diese werden hiermit zu Verwahrregierungen bestimmt.

(3) Dieser Vertrag tritt nach seiner Ratifikation durch alle ursprünglichen Vertragsparteien und der Hinterlegung ihrer Ratifikationsurkunden in Kraft.

(4) Für Staaten, deren Ratifikations- oder Beitrittsurkunden nach dem Inkrafttreten dieses Vertrags hinterlegt werden, tritt er am Tag der Hinterlegung ihrer Ratifikations- oder Beitrittsurkunden in Kraft.

(5) Die Verwahrregierungen unterrichten alle Unterzeichnerstaaten und beitretenden Staaten sogleich vom Zeitpunkt jeder Unterzeichnung und jeder Hinterlegung einer Ratifikations- oder Beitrittsurkunde zu diesem Vertrag, vom Zeitpunkt seines Inkrafttretens und vom Zeitpunkt des Eingangs von Anträgen auf Einberufung einer Konferenz oder sonstiger Mitteilungen.

(6) Dieser Vertrag wird von den Verwahrregierungen gemäß Artikel 102 der Charta der Vereinten Nationen registriert.

Art. IV. Dieser Vertrag hat unbegrenzte Geltungsdauer.

Jede Vertragspartei ist in Ausübung ihrer nationalen Souveränität berechtigt, von dem Vertrag zurückzutreten, wenn sie feststellt, daß durch außergewöhnliche, den Gegenstand dieses Vertrags berührende Ereignisse eine Gefährdung der lebenswichtigen Interessen ihres Landes eingetreten ist. Sie zeigt diesen Rücktritt allen anderen Vertragsparteien drei Monate im voraus an.

Art. V. Dieser Vertrag, dessen englischer und russischer Wortlaut gleichermaßen verbindlich ist, wird in den Archiven der Verwahrregierungen hinterlegt. Die Verwahrregierungen übermitteln den Regierungen der Unterzeichnerstaaten und beitretenden Staaten beglaubigte Abschriften.

ZU URKUND DESSEN haben die hierzu gehörig befugten Unterzeichneten diesen Vertrag unterschrieben.

GESCHEHEN in der Stadt Moskau am 5. August 1963 in drei Urschriften.

34. Vertrag über die Nichtverbreitung von Kernwaffen[1) · 2)]

(1. 7. 1968)

Die diesen Vertrag schließenden Staaten, im folgenden als „Vertragsparteien" bezeichnet, –

in Anbetracht der Verwüstung, die ein Atomkrieg über die ganze Menschheit bringen würde, und angesichts der hieraus folgenden Notwendigkeit, alle Anstrengungen zur Abwendung der Gefahr eines solchen Krieges zu unternehmen und Maßnahmen zur Gewährleistung der Sicherheit der Völker zu ergreifen,

von der Auffassung geleitet, daß die Verbreitung von Kernwaffen die Gefahr eines Atomkrieges ernstlich erhöhen würde,

im Einklang mit Entschließungen der Generalversammlung der Vereinten Nationen, worin der Abschluß einer Übereinkunft zur Verhinderung der weiteren Verbreitung von Kernwaffen gefordert wird,

unter Übernahme der Verpflichtung, zusammenzuarbeiten, um die Anwendung der Sicherungsmaßnahmen der Internationalen Atomenergie-Organisation auf friedliche nukleare Tätigkeiten zu erleichtern,

in dem Willen, Forschung, Entwicklung und sonstige Bemühungen zu unterstützen, die darauf gerichtet sind, im Rahmen des Sicherungssystems der Internationalen Atomenergie-Organisation die Anwendung des Grundsatzes einer wirksamen Sicherungsüberwachung des Flusses von Ausgangs- und besonderem spaltbarem Material zu fördern, und zwar durch Verwendung von Instrumenten und andere technische Verfahren an bestimmten strategischen Punkten,

in Bekräftigung des Grundsatzes, daß die Vorteile der friedlichen Anwendung der Kerntechnik einschließlich aller technologischen Nebenprodukte, die Kernwaffenstaaten gegebenenfalls bei der Entwicklung von Kernsprengkörpern gewinnen, allen Vertragsparteien, gleichviel ob Kernwaffenstaaten oder Nichtkernwaffenstaaten, für friedliche Zwecke zugänglich sein sollen,

in der Überzeugung, daß im Verfolg dieses Grundsatzes alle Vertragsparteien berechtigt sind, an dem weitestmöglichen Austausch wissenschaftlicher Informationen zur Weiterentwicklung der Anwendung der Kernenergie für friedliche Zwecke teilzunehmen und allein oder in Zusammenarbeit mit anderen Staaten zu dieser Weiterentwicklung beizutragen,

in der Absicht, zum frühestmöglichen Zeitpunkt die Beendigung des nuklearen Wettrüstens herbeizuführen und auf die nukleare Abrüstung gerichtete wirksame Maßnahmen zu ergreifen,

mit der eindringlichen Empfehlung einer Zusammenarbeit aller Staaten zur Verwirklichung dieses Zieles,

eingedenk der in der Präambel des Vertrags von 1963 über das Verbot von Kernwaffenversuchen in der Atmosphäre, im Weltraum und unter Wasser durch dessen Vertragsparteien bekundeten Entschlossenheit, darauf hinzuwir-

---

[1)] Aus BGBl. 1974 II S. 786.
[2)] Internationale Quelle: UNTS Vol. 729 p. 161.

ken, daß alle Versuchsexplosionen von Kernwaffen für alle Zeiten eingestellt werden, und auf dieses Ziel gerichtete Verhandlungen fortzusetzen,

in dem Wunsch, die internationale Entspannung zu fördern und das Vertrauen zwischen den Staaten zu stärken, damit die Einstellung der Produktion von Kernwaffen, die Auflösung aller vorhandenen Vorräte an solchen Waffen und die Entfernung der Kernwaffen und ihrer Einsatzmittel aus den nationalen Waffenbeständen auf Grund eines Vertrags über allgemeine und vollständige Abrüstung unter strenger und wirksamer internationaler Kontrolle erleichtert wird,

eingedenk dessen, daß die Staaten im Einklang mit der Charta der Vereinten Nationen in ihren internationalen Beziehungen jede gegen die territoriale Unversehrtheit oder die politische Unabhängigkeit eines Staates gerichtete oder sonst mit den Zielen der Vereinten Nationen unvereinbare Androhung oder Anwendung von Gewalt unterlassen müssen und daß die Herstellung und Wahrung des Weltfriedens und der internationalen Sicherheit unter möglichst geringer Abzweigung menschlicher und wirtschaftlicher Hilfsquellen der Welt für Rüstungszwecke zu fördern ist –

sind wie folgt übereingekommen:

Art. I. Jeder Kernwaffenstaat, der Vertragspartei ist, verpflichtet sich, Kernwaffen und sonstige Kernsprengkörper oder die Verfügungsgewalt darüber an niemanden unmittelbar oder mittelbar weiterzugeben und einen Nichtkernwaffenstaat weder zu unterstützen noch zu ermutigen noch zu veranlassen, Kernwaffen oder sonstige Kernsprengkörper herzustellen oder sonstwie zu erwerben oder die Verfügungsgewalt darüber zu erlangen.

Art. II. Jeder Nichtkernwaffenstaat, der Vertragspartei ist, verpflichtet sich, Kernwaffen und sonstige Kernsprengkörper oder die Verfügungsgewalt darüber von niemandem unmittelbar oder mittelbar anzunehmen, Kernwaffen oder sonstige Kernsprengkörper weder herzustellen noch sonstwie zu erwerben und keine Unterstützung zur Herstellung von Kernwaffen oder sonstigen Kernsprengkörpern zu suchen oder anzunehmen.

Art. III. (1) Jeder Nichtkernwaffenstaat, der Vertragspartei ist, verpflichtet sich, Sicherungsmaßnahmen anzunehmen, wie sie in einer mit der Internationalen Atomenergie-Organisation nach Maßgabe ihrer Satzung und ihres Sicherungssystems auszuhandelnden und zu schließenden Übereinkunft festgelegt werden, wobei diese Sicherungsmaßnahmen ausschließlich dazu dienen, die Erfüllung seiner Verpflichtungen aus diesem Vertrag nachzuprüfen, damit verhindert wird, daß Kernenergie von der friedlichen Nutzung abgezweigt und für Kernwaffen oder sonstige Kernsprengkörper verwendet wird. Die Verfahren für die nach diesem Artikel erforderlichen Sicherungsmaßnahmen werden in bezug auf Ausgangs- und besonderes spaltbares Material durchgeführt, gleichviel ob es in einer Hauptkernanlage hergestellt, verarbeitet oder verwendet wird oder sich außerhalb einer solchen Anlage befindet. Die nach diesem Artikel erforderlichen Sicherungsmaßnahmen finden Anwendung auf alles Ausgangs- und besondere spaltbare Material bei allen friedlichen Nuklearen Tätigkeiten, die im Hoheitsgebiet dieses Staates, unter seiner Hoheitsgewalt oder unter seiner Kontrolle an irgendeinem Ort durchgeführt werden.

(2) Jeder Staat, der Vertragspartei ist, verpflichtet sich a) Ausgangs- und besonderes spaltbares Material oder b) Ausrüstungen und Materialien, die eigens für die Verarbeitung, Verwendung oder Herstellung von besonderem spaltbarem Material vorgesehen oder hergerichtet sind, einem Nichtkernwaffenstaat für friedliche Zwecke nur dann zur Verfügung zu stellen, wenn das Ausgangs- oder besondere spaltbare Material den nach diesem Artikel erforderlichen Sicherungsmaßnahmen unterliegt.

(3) Die nach diesem Artikel erforderlichen Sicherungsmaßnahmen werden so durchgeführt, daß sie mit Artikel IV in Einklang stehen und keine Behinderung darstellen für die wirtschaftliche und technologische Entwicklung der Vertragsparteien oder für die internationale Zusammenarbeit auf dem Gebiet friedlicher nuklearer Tätigkeiten, einschließlich des internationalen Austausches von Kernmaterial und Ausrüstungen für die Verarbeitung, Verwendung oder Herstellung von Kernmaterial für friedliche Zwecke in Übereinstimmung mit diesem Artikel und dem in der Präambel niedergelegten Grundsatz der Sicherungsüberwachung.

(4) Nichtkernwaffenstaaten, die Vertragspartei sind, schließen entweder einzeln oder gemeinsam mit anderen Staaten nach Maßgabe der Satzung der Internationalen Atomenergie-Organisation Übereinkünfte mit dieser, um den Erfordernissen dieses Artikels nachzukommen. Verhandlungen über derartige Übereinkünfte werden binnen 180 Tagen nach dem ursprünglichen Inkrafttreten dieses Vertrags aufgenommen. Staaten, die ihre Ratifikations- und Beitrittsurkunde nach Ablauf der Frist von 180 Tagen hinterlegen, nehmen Verhandlungen über derartige Übereinkünfte spätestens am Tag der Hinterlegung auf. Diese Übereinkünfte treten spätestens achtzehn Monate nach dem Tag des Verhandlungsbeginns in Kraft.

Art. IV. (1) Dieser Vertrag ist nicht so auszulegen, als werde dadurch das unveräußerliche Recht aller Vertragsparteien beeinträchtigt, unter Wahrung der Gleichbehandlung und in Übereinstimmung mit den Artikeln I und II die Erforschung, Erzeugung und Verwendung der Kernenergie für friedliche Zwecke zu entwickeln.

(2) Alle Vertragsparteien verpflichten sich, den weitestmöglichen Austausch von Ausrüstungen, Material und wissenschaftlichen und technologischen Informationen zur friedlichen Nutzung der Kernenergie zu erleichtern, und sind berechtigt, daran teilzunehmen. Vertragsparteien, die hierzu in der Lage sind, arbeiten ferner zusammen, um allein oder gemeinsam mit anderen Staaten oder internationalen Organisationen zur Weiterentwicklung der Anwendung der Kernenergie für friedliche Zwecke, besonders im Hoheitsgebiet von Nichtkernwaffenstaaten, die Vertragspartei sind, unter gebührender Berücksichtigung der Bedürfnisse der Entwicklungsgebiete der Welt beizutragen.

Art. V. Jede Vertragspartei verpflichtet sich, geeignete Maßnahmen zu treffen, um sicherzustellen, daß im Einklang mit diesem Vertrag unter geeigneter internationaler Beobachtung und durch geeignete internationale Verfahren die möglichen Vorteile aus jeglicher friedlichen Anwendung von Kernsprengungen Nichtkernwaffenstaaten, die Vertragspartei sind, auf der Grundlage der Gleichbehandlung zugänglich gemacht werden und daß die diesen Vertragsparteien für die verwendeten Sprengkörper berechneten Gebühren so niedrig wie möglich sind und keine Kosten für Forschung und Entwicklung enthalten. Nichtkernwaffenstaaten, die Vertragspartei sind, können diese Vorteile auf Grund einer oder mehrerer internationaler Sonderübereinkünfte durch eine geeignete internationale Organisation erlangen, in der Nichtkernwaffenstaaten angemessen vertreten sind. Verhandlungen hierüber werden so bald wie möglich nach Inkrafttreten dieses Vertrags aufgenommen. Nichtkernwaffenstaaten, die Vertragspartei sind, können diese Vorteile, wenn sie es wünschen, auch auf Grund zweiseitiger Übereinkünfte erlangen.

Art. VI. Jede Vertragspartei verpflichtet sich, in redlicher Absicht Verhandlungen zu führen über wirksame Maßnahmen zur Beendigung des nuklearen Wettrüstens in naher Zukunft und zur nuklearen Abrüstung sowie über einen Vertrag zur allgemeinen und vollständigen Abrüstung unter strenger und wirksamer internationaler Kontrolle.

Art. VII. Dieser Vertrag beeinträchtigt nicht das Recht einer Gruppe von Staaten, regionale Verträge zu schließen, um sicherzustellen, daß ihre Hoheitsgebiete völlig frei von Kernwaffen sind.

Art. VIII. (1) Jede Vertragspartei kann Änderungen dieses Vertrags vorschlagen. Der Wortlaut jedes Änderungsvorschlags wird den Verwahrregierungen übermittelt, die ihn allen Vertragsparteien zuleiten. Daraufhin berufen die Verwahrregierungen auf Antrag von mindestens einem Drittel der Vertragsparteien zur Prüfung des Änderungsvorschlags eine Konferenz ein, zu der sie alle Vertragsparteien einladen.

(2) Jede Änderung dieses Vertrags bedarf der Genehmigung durch Stimmenmehrheit aller Vertragsparteien einschließlich der Stimmen aller Kernwaffenstaaten, die Vertragspartei sind, und aller sonstigen Vertragsparteien, die im Zeitpunkt der Zuleitung des Änderungsvorschlags Mitglied des Gouverneursrats der Internationalen Atomenergie-Organisation sind. Die Änderung tritt für jede Vertragspartei, die ihre Ratifikationsurkunde zu der Änderung hinterlegt hat, in Kraft mit der Hinterlegung von Ratifikationsurkunden durch die Mehrheit aller Vertragsparteien einschließlich der Ratifikationsurkunden aller Kernwaffenstaaten, die Vertragspartei sind, und aller sonstigen Vertragsparteien, die im Zeitpunkt der Zuleitung des Änderungsvorschlags Mitglied des Gouverneurrats der Internationalen Atomenergie-Organisation sind. Danach tritt die Änderung für jede weitere Vertragspartei mit der Hinterlegung ihrer Ratifikationsurkunde zu der Änderung in Kraft.

(3) Fünf Jahre nach dem Inkrafttreten dieses Vertrags wird in Genf, Schweiz, eine Konferenz der Vertragsparteien zu dem Zweck abgehalten, die Wirkungsweise dieses Vertrags zu überprüfen, um sicherzustellen, daß die Ziele der Präambel und die Bestimmungen des Vertrags verwirklicht werden. Danach kann eine Mehrheit der Vertragsparteien in Abständen von je fünf Jahren die Einberufung weiterer Konferenzen mit demselben Ziel der Überprüfung der Wirkungsweise des Vertrags erreichen, indem sie den Verwahrregierungen einen diesbezüglichen Vorschlag unterbreitet.

Art. IX. (1) Dieser Vertrag liegt für alle Staaten zur Unterzeichnung auf. Jeder Staat, der den Vertrag nicht vor seinem nach Absatz 3 erfolgten Inkrafttreten unterzeichnet, kann ihm jederzeit beitreten.

(2) Dieser Vertrag bedarf der Ratifikation durch die Unterzeichnerstaaten. Die Ratifikations- und die Beitrittsurkunden sind bei den Regierungen der Union der Sozialistischen Sowjetrepubliken, des Vereinigten Königreichs Großbritannien und Nordirland sowie der Vereinigten Staaten von Amerika zu hinterlegen; diese werden hiermit zu Verwahrregierungen bestimmt.

(3) Dieser Vertrag tritt in Kraft, sobald die Staaten, deren Regierungen zu Verwahrern des Vertrags bestimmt worden sind, und vierzig sonstige Unterzeichnerstaaten ihn ratifiziert und ihre Ratifikationsurkunden hinterlegt haben. Für die Zwecke dieses Vertrags gilt als Kernwaffenstaat jeder Staat, der vor dem 1. Januar 1967 eine Kernwaffe oder einen sonstigen Kernsprengkörper hergestellt und gezündet hat.

(4) Für Staaten, deren Ratifikations- oder Beitrittsurkunde nach dem Inkrafttreten dieses Vertrags hinterlegt wird, tritt er am Tag der Hinterlegung ihrer Ratifikations- oder Beitrittsurkunde in Kraft.

(5) Die Verwahrregierungen unterrichten alle Unterzeichnerstaaten und beitretenden Staaten sogleich vom Zeitpunkt jeder Unterzeichnung und jeder Hinterlegung einer Ratifikations- oder Beitrittsurkunde, vom Zeitpunkt des Inkrafttretens dieses Vertrags und vom Zeitpunkt des Eingangs von Anträgen auf Einberufung einer Konferenz oder von sonstigen Mitteilungen.

(6) Dieser Vertrag wird von den Verwahrregierungen nach Artikel 102 der Charta der Vereinten Nationen registriert.

Art. X. (1) Jede Vertragspartei ist in Ausübung ihrer staatlichen Souveränität berechtigt, von diesem Vertrag zurückzutreten, wenn sie entscheidet, daß durch außergewöhnliche, mit dem Inhalt dieses Vertrags zusammenhängende Ereignisse eine Gefährdung der höchsten Interessen ihres Landes eingetreten ist. Sie teilt diesen Rücktritt allen anderen Vertragsparteien sowie dem Sicherheitsrat der Vereinten Nationen drei Monate im voraus mit. Diese Mitteilung hat eine Darlegung der außergewöhnlichen Ereignisse zu enthalten, durch die ihrer Ansicht nach eine Gefährdung ihrer höchsten Interessen eingetreten ist.

(2) Fünfundzwanzig Jahre nach Inkrafttreten dieses Vertrags wird eine Konferenz einberufen, die beschließen soll, ob der Vertrag auf unbegrenzte Zeit in Kraft bleibt oder um eine oder mehrere bestimmte Frist oder Fristen verlängert wird. Dieser Beschluß bedarf der Mehrheit der Vertragsparteien.[*)

Art. XI. Dieser Vertrag, dessen chinesischer, englischer, französischer, russischer und spanischer Wortlaut gleichermaßen verbindlich ist, wird in den Archiven der Verwahrregierungen hinterlegt. Diese übermitteln den Regierungen der Unterzeichnerstaaten und der beitretenden Staaten gehörig beglaubigte Abschriften.

ZU URKUND DESSEN haben die hierzu gehörig befugten Unterzeichneten diesen Vertrag unterschrieben.

GESCHEHEN in drei Urschriften zu London, Moskau und Washington am 1. Juli 1968.

---

*) Die Vertragsparteien haben am 11. 5. 1995 ohne Abstimmung im Konsens entschieden, daß der Vertrag auf unbegrenzte Zeit in Kraft bleibt; Bekanntmachung vom 13. Oktober 1995, BGBl. 1995 II S. 984.

35. Abkommen zur Verhütung von Atomkriegen[1]·[2]
(22. 6. 1973)

Die Vereinigten Staaten von Amerika und die Union der Sozialistischen Sowjetrepubliken[*], im weiteren als die Vertragsparteien bezeichnet, sind
geleitet von dem Ziel der Festigung des Weltfriedens und der internationalen Sicherheit;
in dem Bewußtsein, daß ein Atomkrieg verheerende Folgen für die Menschheit haben würde;
von dem Wunsche beseelt, Bedingungen zu schaffen, unter denen die Gefahr des Ausbruchs eines Atomkrieges überall in der Welt verringert und letztlich beseitigt wird;
eingedenk ihrer Verpflichtungen unter der Charta der Vereinten Nationen bezüglich der Erhaltung des Friedens, des Verzichts auf Androhung und Anwendung von Gewalt und der Vermeidung eines Krieges sowie im Einklang mit den von jeder der beiden Vertragsparteien unterzeichneten Abkommen;
ausgehend von den am 29. Mai 1972 in Moskau unterzeichneten Grundprinzipien für die Beziehungen zwischen den Vereinigten Staaten von Amerika und der Union der Sozialistischen Sowjetrepubliken;
unter Bekräftigung der Tatsache, daß die Entfaltung der Beziehungen zwischen den Vereinigten Staaten von Amerika und der Union der Sozialistischen Sowjetrepubliken sich nicht gegen andere Länder und deren Interessen richtet,
wie folgt übereingekommen:

Art. I. Die Vereinigten Staaten und die Sowjetunion stimmen darin überein, daß es ein Ziel ihrer Politik ist, die Gefahr eines Atomkrieges und der Anwendung von Kernwaffen zu beseitigen.
Dementsprechend vereinbaren die Vertragsparteien, sich so zu verhalten, daß die Entstehung von Situationen, die eine gefährliche Verschlechterung ihrer Beziehungen verursachen könnten, verhindert wird, daß militärische Konfrontationen vermieden werden und daß der Ausbruch eines Atomkrieges zwischen ihnen sowie zwischen jeder der beiden Vertragsparteien und anderen Ländern ausgeschlossen ist.

Art. II. Die Vertragsparteien vereinbaren, im Einklang mit Artikel I und zur Verwirklichung des in diesem Artikel erklärten Zieles von der Voraussetzung auszugehen, daß jede Vertragspartei sich in Situationen, die den Weltfrieden und die internationale Sicherheit gefährden könnten, der Androhung und Anwendung von Gewalt gegenüber der anderen Vertragspartei, gegenüber den Verbündeten der anderen Vertragspartei und gegenüber sonstigen Ländern enthalten wird. Die Vertragsparteien vereinbaren, daß sie sich bei der

---

[1] Aus Europa-Archiv 1973, D 418.
[2] Internationale Quelle: UST Vol. 24, part 2, p. 1478; TIAS 7654.
[*] Zum Problem der Fortgeltung bezüglich der Nachfolgestaaten: Siehe Anmerkung zu dem Moskauer Atomteststopabkommen (Nr. 33).

Festlegung ihrer Außenpolitik sowie bei ihren Maßnahmen auf dem Gebiet der internationalen Beziehungen von diesen Erwägungen leiten lassen werden.

Art. III. Die Vertragsparteien verpflichten sich, ihre Beziehungen zueinander und zu anderen Ländern in einer Weise zu entwickeln, die mit den Zielsetzungen dieses Abkommens im Einklang steht.

Art. IV. Wenn zu irgendeinem Zeitpunkt die Beziehungen zwischen den Vertragsparteien oder zwischen einer der beiden Vertragsparteien und anderen Ländern das Risiko eines nuklearen Konflikts heraufzubeschwören scheinen oder wenn die Beziehungen zwischen Ländern, die nicht Vertragsparteien dieses Abkommens sind, das Risiko eines Atomkrieges zwischen den Vereinigten Staaten von Amerika und der Union der Sozialistischen Sowjetrepubliken heraufzubeschwören scheinen, werden die Vereinigten Staaten und die Sowjetunion im Einklang mit den Bestimmungen dieses Abkommens sofort in dringende Konsultationen miteinander eintreten und alles unternehmen, um ein solches Risiko abzuwenden.

Art. V. Jeder Vertragspartei steht es frei, den Sicherheitsrat der Vereinten Nationen, den Generalsekretär der Vereinten Nationen sowie die Regierungen verbündeter oder anderer Länder über den Verlauf und das Ergebnis von Konsultationen, die nach Artikel IV dieses Abkommens aufgenommen worden sind, zu unterrichten.

Art. VI. Nichts in diesem Abkommen berührt oder beeinträchtigt
a) das unveräußerliche Recht auf individuelle oder kollektive Selbstverteidigung gemäß Artikel 51 der Charta der Vereinten Nationen;
b) die Bestimmungen der Charta der Vereinten Nationen, einschließlich derjenigen, welche die Erhaltung oder Wiederherstellung des Weltfriedens und der internationalen Sicherheit betreffen, und
c) die von jeder der beiden Vertragsparteien gegenüber ihren Verbündeten oder anderen Ländern in Verträgen, Abkommen und anderen entsprechenden Dokumenten eingegangenen Verpflichtungen.

Art. VII. Dieses Abkommen ist von unbegrenzter Dauer.

Art. VIII. Dieses Abkommen tritt mit seiner Unterzeichnung in Kraft.
Gegeben in Washington am 22. Juni 1973 in zweifacher Ausfertigung in englischer und russischer Sprache, wobei beide Texte gleichermaßen authentisch sind.

36. Vertrag über Konventionelle Streitkräfte in Europa[1]

(19. 11. 1990)

Das Königreich Belgien, die Republik Bulgarien, das Königreich Dänemark, die Bundesrepublik Deutschland, die Französische Republik, die Griechische Republik, die Republik Island, die Italienische Republik, Kanada, das Großherzogtum Luxemburg, das Königreich der Niederlande, das Königreich Norwegen, die Republik Polen, die Portugiesische Republik, Rumänien, das Königreich Spanien, die Tschechische und Slowakische Föderative Republik[2], die Republik Türkei, die Republik Ungarn, die Union der Sozialistischen Sowjetrepubliken[2], das Vereinigte Königreich Großbritannien und Nordirland und die Vereinigten Staaten von Amerika, im folgenden als Vertragsstaaten bezeichnet –

GELEITET von dem Mandat vom 10. Januar 1989 für Verhandlungen über konventionelle Streitkräfte in Europa, die sie seit dem 9. März 1989 in Wien geführt haben,

GELEITET von den Zielen und Zwecken der Konferenz über Sicherheit und Zusammenarbeit in Europa, in deren Rahmen die Verhandlungen über diesen Vertrag geführt wurden,

EINGEDENK ihrer Verpflichtung, in ihren gegenseitigen Beziehungen sowie allgemein in ihren internationalen Beziehungen jede gegen die territoriale Unversehrtheit oder die politische Unabhängigkeit eines Staates gerichtete oder sonst mit den Zielen und Grundsätzen der Charta der Vereinten Nationen unvereinbare Androhung oder Anwendung von Gewalt zu unterlassen,

IM BEWUSSTSEIN der Notwendigkeit, jeden militärischen Konflikt in Europa zu verhindern,

IM BEWUSSTSEIN der gemeinsamen Verantwortung, die sie alle für das Streben nach Erreichung größerer Stabilität und Sicherheit in Europa tragen,

BESTREBT, militärische Konfrontation durch eine neue, auf friedliche Zusammenarbeit gegründete Struktur der Sicherheitsbeziehungen zwischen allen Vertragsstaaten zu ersetzen und dadurch zur Überwindung der Teilung Europas beizutragen,

DEN ZIELEN VERPFLICHTET, in Europa ein sicheres und stabiles Gleichgewicht der konventionellen Streitkräfte auf niedrigerem Niveau als bisher zu schaffen, Ungleichgewichte, die für Stabilität und Sicherheit nachteilig sind, zu beseitigen und – besonders vorrangig – die Fähigkeit zur Aus-

---

[1] Aus BGBl. 1991 II S. 1155. Protokoll über die vorläufige Anwendung, BGBl. 1991 II S. 1297.
[2] Zum Problem der Fortgeltung bezüglich der Nachfolgestaaten: siehe Vorwort sowie die Erklärung der Tschechischen und Slowakischen Republik, BGBl. 1998 II S. 2581; bezüglich der Anpassung des Vertrages an die durch das Auseinanderbrechen der UdSSR entstandene Situation siehe das Schlußdokument der Außerordentlichen Konferenz der Vertragsstaaten des Vertrages über konventionelle Streitkräfte in Europa, unterzeichnet am 5. Juni 1992 in Oslo, BGBl. 1992 II S. 1037 und das Dokument vom 31. 5. 1996 (Flankenvereinbarung), BGBl. 1996 II S. 2732, in Kraft getreten am 15. 5. 1997.

lösung von Überraschungsangriffen und zur Einleitung großangelegter Offensivhandlungen in Europa zu beseitigen,

EINGEDENK dessen, daß sie den Brüsseler Vertrag von 1948, den Washingtoner Vertrag von 1949 oder den Warschauer Vertrag von 1955 unterzeichnet haben oder diesen Verträgen beigetreten sind, und daß sie das Recht haben, Vertragspartei eines Bündnisses zu sein oder nicht zu sein,

DEM ZIEL VERPFLICHTET, dafür Sorge zu tragen, daß die Zahl der durch den Vertrag begrenzten Waffen und Ausrüstungen im Anwendungsgebiet des Vertrags 40 000 Kampfpanzer, 60 000 gepanzerte Kampffahrzeuge, 40 000 Artilleriewaffen, 13 600 Kampfflugzeuge und 4 000 Angriffshubschrauber nicht übersteigt,

IN BEKRÄFTIGUNG dessen, daß dieser Vertrag die Sicherheitsinteressen irgendeines Staates nicht beeinträchtigen soll,

IN BEKRÄFTIGUNG ihrer Verpflichtung, den Prozeß der konventionellen Rüstungskontrolle einschließlich Verhandlungen weiterzuführen und dabei künftigen Erfordernissen für die europäische Stabilität und Sicherheit im Lichte politischer Entwicklungen in Europa Rechnung zu tragen –

SIND wie folgt ÜBEREINGEKOMMEN:

Art. I. 1. Jeder Vertragsstaat erfüllt die in diesem Vertrag festgelegten Verpflichtungen im Einklang mit dessen Bestimmungen, darunter diejenigen Verpflichtungen, die sich auf die folgenden fünf Kategorien von konventionellen Streitkräften beziehen: Kampfpanzer, gepanzerte Kampffahrzeuge, Artillerie, Kampfflugzeuge und Kampfhubschrauber.

2. Jeder Vertragsstaat führt auch die in diesem Vertrag festgelegten sonstigen Maßnahmen durch, die darauf gerichtet sind, Sicherheit und Stabilität sowohl während des Zeitraums der Reduzierung konventioneller Streitkräfte als auch nach Abschluß der Reduzierung zu gewährleisten.

3. Dieser Vertrag schließt das Protokoll über vorhandene Typen konventioneller Waffen und Ausrüstungen, im folgenden als Protokoll über vorhandene Typen bezeichnet, einschließlich einer Anlage, das Protokoll über Verfahren zur Reklassifizierung bestimmter Modelle oder Versionen kampffähiger Schulflugzeuge als unbewaffnete Schulflugzeuge, im folgenden als Protokoll über die Reklassifizierung von Flugzeugen bezeichnet, das Protokoll über Verfahren zur Reduzierung von durch den Vertrag über Konventionelle Streitkräfte in Europa begrenzten konventionellen Waffen und Ausrüstungen, im folgenden als Reduzierungsprotokoll bezeichnet, das Protokoll über Verfahren zur Kategorisierung von Kampfhubschraubern und zur Rekategorisierung von Mehrzweck-Angriffshubschraubern, im folgenden als Protokoll über die Rekategorisierung von Hubschraubern bezeichnet, das Protokoll über Notifikationen und Informationsaustausch, im folgenden als Protokoll über Informationsaustausch bezeichnet, einschließlich einer Anlage über das Format für den Austausch von Informationen, im folgenden als Anlage über das Format bezeichnet, das Inspektionsprotokoll, das Protokoll über die Gemeinsame Beratungsgruppe und das Protokoll über die vorläufige Anwendung einiger Bestimmungen des Vertrags über Konventionelle Streitkräfte in Europa, im folgenden als Protokoll über die vorläufige Anwendung bezeichnet, ein. Jedes dieser Dokumente ist Bestandteil des Vertrags.[1]

---

[1] Siehe Bulletin der BReg. Nr. 138, 1990, S. 1435. Vom Abdruck dieser Dokumente wurde aus Raumgründen abgesehen.

Art. II. 1. Für die Zwecke dieses Vertrags gilt folgendes:

(A) Der Begriff „Gruppe von Vertragsstaaten" bezeichnet die Gruppe von Vertragsstaaten, die den Warschauer Vertrag[*] von 1955 unterzeichnet haben, und die sich aus der Republik Bulgarien, der Republik Polen, Rumänien, der Tschechischen und Slowakischen Föderativen Republik, der Republik Ungarn und der Union der Sozialistischen Sowjetrepubliken zusammensetzt, oder die Gruppe von Vertragsstaaten, die den Vertrag von Brüssel[**] von 1948 oder den Vertrag von Washington[***] von 1949 unterzeichnet haben oder diesen Verträgen beigetreten sind, und die sich aus dem Königreich Belgien, dem Königreich Dänemark, der Bundesrepublik Deutschland, der Französischen Republik, der Griechischen Republik, der Republik Island, der Italienischen Republik, Kanada, dem Großherzogtum Luxemburg, dem Königreich der Niederlande, dem Königreich Norwegen, der Portugiesischen Republik, dem Königreich Spanien, der Republik Türkei, dem Vereinigten Königreich Großbritannien und Nordirland und den Vereinigten Staaten von Amerika zusammensetzt.

(B) Der Begriff „Anwendungsgebiet" bezeichnet das gesamte Landgebiet der Vertragsstaaten in Europa vom Atlantischen Ozean bis zum Uralgebirge, einschließlich aller europäischen Inseln der Vertragsstaaten, darunter die Färöer-Inseln des Königreichs Dänemark, Svalbard einschließlich der Bäreninsel des Königreichs Norwegen, die Azoren und Madeira der Portugiesischen Republik, die Kanarischen Inseln des Königreichs Spanien sowie das Franz-Josef-Land und Nowaja Semlja der Union der Sozialistischen Sowjetrepubliken. Im Fall der Union der Sozialistischen Sowjetrepubliken umfaßt das Anwendungsgebiet das gesamte Hoheitsgebiet westlich des Uralflusses und des Kaspischen Meeres. Im Fall der Republik Türkei umfaßt das Anwendungsgebiet das Hoheitsgebiet der Republik Türkei nördlich und westlich einer Linie, die sich vom Schnittpunkt der türkischen Grenze mit dem 39. Breitengrad bis Muradiye, Patnos, Karayazi, Tekman, Kemaliye, Feke, Ceyhan, Dogankent, Gözne und von dort zum Meer erstreckt.

(C) Der Begriff „Kampfpanzer" bezeichnet ein gepanzertes Kampffahrzeug mit Eigenantrieb und hoher Feuerkraft – in erster Linie aus einer zur Bekämpfung von gepanzerten und anderen Zielen erforderlichen Panzerkanone mit hoher Mündungsgeschwindigkeit zum Schießen im direkten Richten –, das über eine große Geländegängigkeit und einen hohen Grad an Selbstschutz verfügt und das nicht in erster Linie für den Transport von Kampftruppen konstruiert und ausgerüstet ist. Solche gepanzerten Fahrzeuge dienen als Hauptwaffensysteme von Panzer- und sonstigen gepanzerten Truppen der Landstreitkräfte.

Kampfpanzer sind gepanzerte Kettenkampffahrzeuge, deren Leergewicht mindestens 16,5 metrische Tonnen beträgt und die mit einer um 360 Grad seitlich schwenkbaren Kanone mit einem Mindestkaliber von 75 Millimetern ausgerüstet sind. Außerdem gelten alle gepanzerten Radkampffahrzeuge, die in Dienst gestellt werden und alle anderen oben genannten Kriterien erfüllen, ebenfalls als Kampfpanzer.

---

[*] Der am 14. Mai 1955 in Warschau unterzeichnete Vertrag über Freundschaft, Zusammenarbeit und gegenseitigen Beistand.

[**] Der am 17. März 1948 in Brüssel unterzeichnete Vertrag über wirtschaftliche, soziale und kulturelle Zusammenarbeit und über kollektive Selbstverteidigung.

[***] Der am 4. April 1949 in Washington unterzeichnete Nordatlantikvertrag.

(D) Der Begriff „gepanzertes Kampffahrzeug" bezeichnet ein geländegängiges Fahrzeug mit Eigenantrieb und Panzerschutz. Zu den gepanzerten Kampffahrzeugen gehören gepanzerte Mannschaftstransportwagen, Schützenpanzer und Kampffahrzeuge mit schwerer Bewaffnung.

Der Begriff „gepanzerter Mannschaftstransportwagen (MTW)" bezeichnet ein gepanzertes Kampffahrzeug, das für den Transport einer Infanteriegruppe konstruiert und ausgerüstet und in der Regel mit einer integrierten oder organischen Waffe von weniger als 20 Millimetern Kaliber ausgerüstet ist.

Der Begriff „Schützenpanzer (SPz)" bezeichnet ein gepanzertes Kampffahrzeug, das in erster Linie für den Transport einer Infanteriegruppe konstruiert und ausgerüstet ist, es den Soldaten normalerweise ermöglicht, geschützt durch die Panzerung aus dem Fahrzeug heraus zu schießen und mit einer integrierten oder organischen Kanone von mindestens 20 Millimetern Kaliber sowie gelegentlich mit einem Abschußgerät für Panzerabwehrflugkörper bewaffnet ist.

Die Schützenpanzer dienen als Hauptwaffensystem von gepanzerten, mechanisierten oder motorisierten Infanterietruppenteilen und Truppenteilen der Landstreitkräfte.

Der Begriff „Kampffahrzeug mit schwerer Bewaffnung" bezeichnet ein gepanzertes Kampffahrzeug mit einer integrierten oder organischen Kanone von mindestens 75 Millimetern Kaliber zum Schießen im direkten Richten, dessen Leergewicht mindestens 6,0 metrische Tonnen beträgt und das nicht unter die Begriffsbestimmungen gepanzerter Mannschaftstransportwagen, Schützenpanzer oder Kampfpanzer fällt.

(E) Der Begriff „Leergewicht" bezeichnet das Gewicht eines Fahrzeugs ohne das Gewicht von Munition, Treibstoff, Öl und Schmiermitteln, abnehmbarer reaktiver Panzerung, Ersatzteilen, Werkzeugen und Zubehörteilen, abnehmbarer Schnorchelausrüstung, Besatzung und ihrer persönlichen Ausrüstung.

(F) Der Begriff „Artillerie" bezeichnet großkalibrige Systeme, die Bodenziele in erster Linie durch Schießen im indirekten Richten bekämpfen können. Solche Artilleriesysteme bieten Truppenteilen der verbundenen Waffen die unerläßliche Unterstützung durch Feuer im indirekten Richten.

Großkalibrige Artilleriesysteme sind Kanonen, Haubitzen sowie Artilleriewaffen, welche die Eigenschaften von Kanonen und Haubitzen miteinander verbinden, und Mörser sowie Mehrfachraketenwerfersysteme mit einem Kaliber von 100 Millimetern und darüber. Außerdem fallen alle künftigen großkalibrigen Systeme zum Schießen im direkten Richten, wenn sie sekundär zum Schießen im indirekten Richten geeignet sind, unter die Artillerieobergrenzen.

(G) Der Begriff „stationierte konventionelle Streitkräfte" bezeichnet konventionelle Streitkräfte eines Vertragsstaats, die innerhalb des Anwendungsgebiets im Hoheitsgebiet eines anderen Vertragsstaats stationiert sind.

(H) Der Begriff „ausgewiesene ständige Lagerungsstätte" bezeichnet eine Örtlichkeit mit einer eindeutigen baulichen Begrenzung, in der durch den Vertrag begrenzte konventionelle Waffen und Ausrüstungen vorhanden sind, die unter die Gesamtobergrenzen fallen, jedoch nicht den Begrenzungen für konventionelle Waffen und Ausrüstungen in aktiven Truppenteilen unterliegen.

(I) Der Begriff „Brückenlegepanzer" bezeichnet ein gepanzertes Transport- und Verlegefahrzeug mit Eigenantrieb, das eine Brückenkonstruktion mitführen und durch eingebaute Mechanismen auslegen und wiedereinholen kann. Ein solches Fahrzeug mit Brückenkonstruktion arbeitet als integriertes System.

(J) Der Begriff „durch den Vertrag begrenzte konventionelle Waffen und Ausrüstungen" bezeichnet Kampfpanzer, gepanzerte Kampffahrzeuge, Artilleriewaffen, Kampfflugzeuge und Angriffshubschrauber, die den zahlenmäßigen Begrenzungen nach den Artikeln IV, V und VI unterliegen.

(K) Der Begriff „Kampfflugzeug" bezeichnet ein Starrflügel- oder Schwenkflügelflugzeug, das für die Bekämpfung von Zielen durch den Einsatz von gelenkten Flugkörpern, ungelenkten Raketen, Bomben, Bordmaschinengewehren, Bordkanonen oder anderen Zerstörungswaffen bewaffnet und ausgerüstet ist, sowie jedes Modell oder jede Version eines solchen Flugzeugs, das andere militärische Aufgaben wie z.B. Aufklärung oder elektronische Kampfführung wahrnimmt. Der Begriff „Kampfflugzeug" schließt primäre Schulflugzeuge nicht ein.

(L) Der Begriff „Kampfhubschrauber" bezeichnet ein Drehflügelluftfahrzeug, das zur Bekämpfung von Zielen bewaffnet und ausgerüstet ist oder das zur Wahrnehmung anderer militärischer Aufgaben ausgerüstet ist. Der Begriff „Kampfhubschrauber" schließt Angriffshubschrauber und Kampfunterstützungshubschrauber ein. Der Begriff „Kampfhubschrauber" schließt unbewaffnete Transporthubschrauber nicht ein.

(M) Der Begriff „Angriffshubschrauber" bezeichnet einen Kampfhubschrauber, der für den Einsatz von panzerbrechenden Lenkwaffen, Luft-Boden-Lenkwaffen oder Luft-Luft-Lenkwaffen sowie mit einem integrierten Feuerleit- und Zielsystem für diese Waffen ausgerüstet ist. Der Begriff „Angriffshubschrauber" schließt Spezial-Angriffshubschrauber und Mehrzweck-Angriffshubschrauber ein.

(N) Der Begriff „Spezial-Angriffshubschrauber" bezeichnet einen Angriffshubschrauber, der in erster Linie für den Einsatz von Lenkwaffen konzipiert ist.

(O) Der Begriff „Mehrzweck-Angriffshubschrauber" bezeichnet einen Angriffshubschrauber, der für die Wahrnehmung mehrerer militärischer Aufgaben konzipiert und für den Einsatz von Lenkwaffen ausgerüstet ist.

(P) Der Begriff „Kampfunterstützungshubschrauber" bezeichnet einen Kampfhubschrauber, der nicht die Kriterien für Angriffshubschrauber erfüllt, aber der mit einer Reihe von Selbstverteidigungs- und Streuwaffen, wie z.B. Bordmaschinengewehren, Bordkanonen und ungelenkten Raketen, Bomben oder Streubomben, ausgerüstet sein kann oder der für die Wahrnehmung anderer militärischer Aufgaben ausgerüstet ist.

(Q) Der Begriff „vom Vertrag erfaßte konventionelle Waffen und Ausrüstungen" bezeichnet Kampfpanzer, gepanzerte Kampffahrzeuge, Artilleriewaffen, Kampfflugzeuge, primäre Schulflugzeuge, unbewaffnete Schulflugzeuge, Kampfhubschrauber, unbewaffnete Transporthubschrauber, Brückenlegepanzer, gepanzerte MTW-ähnliche Fahrzeuge und SPz-ähnliche Fahrzeuge, die dem Informationsaustausch in Übereinstimmung mit dem Protokoll über Informationsaustausch unterliegen.

(R) Der Begriff „in Dienst gestellt" bezeichnet, auf konventionelle Streitkräfte und konventionelle Waffen und Ausrüstungen angewendet, Kampfpanzer, gepanzerte Kampffahrzeuge, Artilleriewaffen, Kampfflugzeuge, primäre Schulflugzeuge, unbewaffnete Schulflugzeuge, Kampfhubschrauber, unbewaffnete Transporthubschrauber, Brückenlegepanzer, gepanzerte MTW-ähnliche Fahrzeuge und SPz-ähnliche Fahrzeuge, die sich innerhalb des Anwendungsgebiets befinden, mit Ausnahme derjenigen, die zu Gliederungen gehören, welche ihre Aufgabe und Struktur nach in Friedenszeiten Funktionen der inneren Sicherheit wahrnehmen oder eine der Ausnahmen in Artikel III erfüllen.

(S) Die Begriffe „gepanzertes MTW-ähnliches Fahrzeug" und „SPz-ähnliches Fahrzeug" bezeichnen ein gepanzertes Fahrzeug, welches das gleiche Fahrwerk und ein ähnliches Äußeres aufweist wie ein gepanzerter Mannschaftstransportwagen beziehungsweise ein Schützenpanzer, jedoch nicht mit einer Kanone oder einem Geschütz des Kalibers 20 mm und darüber ausgestattet ist und welches so gebaut oder verändert wurde, daß keine Infanteriegruppe damit transportiert werden kann. Im Lichte des Genfer Abkommens vom 12. August 1949 zur Verbesserung des Loses der Verwundeten und Kranken der Streitkräfte im Felde, das Sanitätsfahrzeugen einen Sonderstatus einräumt, gelten gepanzerte Sanitäts-MTW nicht als gepanzerte Kampffahrzeuge oder gepanzerte MTW-ähnliche Fahrzeuge.

(T) Der Begriff „Reduzierungsstätte" bezeichnet eine Örtlichkeit mit einer eindeutigen baulichen Begrenzung, an der die Reduzierung von durch den Vertrag begrenzten konventionellen Waffen und Ausrüstungen in Übereinstimmung mit Artikel VIII stattfindet.

(U) Der Begriff „Reduzierungsverpflichtung" bezeichnet die Anzahl in jeder Kategorie der durch den Vertrag begrenzten konventionellen Waffen und Ausrüstungen, zu deren Reduzierung während der 40 Monate nach Inkrafttreten des Vertrags sich jeder Vertragsstaat verpflichtet, um die Bestimmungen des Artikels VII einzuhalten.

2. Vorhandene Typen vom Vertrag erfaßter konventioneller Waffen und Ausrüstungen sind im Protokoll über vorhandene Typen aufgeführt. Die Listen vorhandener Typen werden in Übereinstimmung mit Artikel XVI Absatz 2 Buchstabe D und Abschnitt IV des Protokolls über vorhandene Typen periodisch fortgeschrieben. Solche Fortschreibungen der Listen vorhandener Typen gelten nicht als Änderungen des Vertrags.

3. Die in dem Protokoll über vorhandene Typen aufgeführten vorhandenen Typen von Kampfhubschraubern werden in Übereinstimmung mit Abschnitt I des Protokolls über die Rekategorisierung von Hubschraubern kategorisiert.

Art. III. 1. Für die Zwecke dieses Vertrags wenden die Vertragsstaaten folgende Zählregeln an:

Alle in Artikel II definierten Kampfpanzer, gepanzerten Kampffahrzeuge, Artilleriewaffen, Kampfflugzeuge und Angriffshubschrauber innerhalb des Anwendungsgebiets unterliegen den zahlenmäßigen Begrenzungen und anderen Bestimmungen, die in den Artikeln IV, V und VI festgelegt sind, mit Ausnahme derjenigen, die in Übereinstimmung mit den Gepflogenheiten der Vertragsstaaten

(A) sich im Prozeß der Herstellung befinden, einschließlich der Erprobung im Zusammenhang mit der Herstellung;

(B) ausschließlich für Forschungs- und Entwicklungszwecke benutzt werden;

(C) historischen Sammlungen gehören;

(D) zur weiteren Verwertung anstehen, nachdem sie nach Artikel IX außer Dienst gestellt wurden;

(E) für die Ausfuhr oder Wiederausfuhr bereitstehen oder überholt werden und sich vorübergehend im Anwendungsgebiet befinden. Solche Kampfpanzer, gepanzerten Kampffahrzeuge, Artilleriewaffen, Kampfflugzeuge und Angriffshubschrauber werden an anderen als an den nach Abschnitt V des Protokolls über Informationsaustausch gemeldeten Inspektionsstätten disloziert oder an höchstens zehn dieser gemeldeten Inspektionsstätten, welche bereits im jährlichen Informationsaustausch des vorhergehenden Jahres notifiziert wurden. Im letzteren Fall müssen sie von durch den Vertrag begrenzten konventionellen Waffen und Ausrüstungen klar zu unterscheiden sein;

(F) zu Gliederungen gehören, welche ihrer Aufgabe und Struktur nach in Friedenszeiten Funktionen der inneren Sicherheit wahrnehmen, falls es sich um gepanzerte Mannschaftstransportwagen, Schützenpanzer, Kampffahrzeuge mit schwerer Bewaffnung oder Mehrzweck-Angriffshuberschrauber handelt;

(G) die von einem Ort außerhalb des Anwendungsgebiets zu einem endgültigen Zielort außerhalb des Anwendungsgebiets durch das Anwendungsgebeit hindurch befördert werden und sich nicht länger als sieben Tage im Anwendungsgebiet befinden.

2. Notifiziert ein Vertragsstaat in bezug auf solche Kampfpanzer, gepanzerten Kampffahrzeuge, Artilleriewaffen, Kampfflugzeuge oder Angriffshubschrauber, die nach Abschnitt IV des Protokolls über Informationsaustausch der Notifikation unterliegen, eine ungewöhnlich hohe Anzahl im Rahmen des Informationsaustausches in mehr als zwei aufeinanderfolgenden Jahren, so erläutert er in der Gemeinsamen Beratungsgruppe auf Ersuchen die Gründe hierfür.

Art. IV. 1. Innerhalb des Anwendungsgebiets, wie es in Artikel II definiert ist, begrenzt jeder Vertragsstaat seine Kampfpanzer, gepanzerten Kampffahrzeuge, Artilleriewaffen, Kampfflugzeuge und Angriffshubschrauber und reduziert sie erforderlichenfalls, so daß 40 Monate nach Inkrafttreten dieses Vertrags und danach die Gesamtzahl für die in Artikel II definierte Gruppe von Vertragsstaaten, der er angehört, nicht größer ist als:

(A) 20 000 Kampfpanzer, davon nicht mehr als 16 500 in aktiven Truppenteilen;

(B) 30 000 gepanzerte Kampffahrzeuge, davon nicht mehr als 27 300 in aktiven Truppenteilen. Von den 30 000 gepanzerten Kampffahrzeugen sind nicht mehr als 18 000 Schützenpanzer und Kampffahrzeuge mit schwerer Bewaffnung; und Kampffahrzeugen mit schwerer Bewaffnung sind nicht mehr als 1 500 Kampffahrzeuge mit schwerer Bewaffnung;

(C) 20 000 Artilleriewaffen, davon nicht mehr als 17 000 in aktiven Truppenteilen;

(D) 6 800 Kampfflugzeuge; und

(E) 2 000 Angriffshubschrauber.

Kampfpanzer, gepanzerte Kampffahrzeuge und Artielleriewaffen, die sich nicht in aktiven Truppenteilen befinden, werden in ausgewiesenen ständigen Lagerungsstätten, wie sie in Artikel II definiert sind, untergebracht und nur in dem in Absatz 2 beschriebenen Gebiet disloziert. Solche ausgewiesenen ständigen Lagerungsstätten können sich auch in dem Teil des Hoheitsgebiets der Union der Sozialistischen Sowjetrepubliken befinden, der den Militärbezirk Odessa und den südlichen Teil des Militärbezirks Leningrad umfaßt. Im Militärbezirk Odessa werden höchstens 400 Kampfpanzer und höchstens 500 Artilleriewaffen auf diese Weise gelagert. Im südlichen Teil des Militärbezirks Leningrad dürfen höchstens 600 Kampfpanzer, höchstens 800 gepanzerte Kampffahrzeuge, darunter höchstens 300 gepanzerte Kampffahrzeuge eines beliebigen Typs, wobei sich die verbleibende Anzahl aus gepanzerten Mannschaftstransportwagen zusammensetzt, sowie höchstens 400 Artilleriewaffen auf diese Weise gelagert werden. Unter dem südlichen Teil des Militärbezirks Leningrad wird das Gebiet dieses Militärbezirks südlich der in Ost-West-Richtung verlaufenden Linie von 60 Grad 15 Minuten nördlicher Breite verstanden.

2. Innerhalb des Gebiets, das aus dem gesamten Landgebiet in Europa, einschließlich aller europäischen Inseln, des Königreichs Belgien, des Königreichs Dänemark mit den Färöer-Inseln, der Bundesrepublik Deutschland, der Französischen Republik, der Italienischen Republik, des Großherzogtums Luxemburg, des Königreichs der Niederlande, der Republik Polen, der Portugiesischen Republik mit den Azoren und Madeira, des Königreichs Spanien mit den Kanarischen Inseln, der Tschechischen und Slowakischen Föderativen Republik, der Republik Ungarn, des Vereinigten Königreichs Großbritannien und Nordirland und des Teils des Hoheitsgebiets der Union der Sozialistischen Sowjetrepubliken westlich des Uralgebirge, der die Militärbezirke Baltikum, Weißrußland, Karpaten, Kiew, Moskau und Wolga-Ural umfaßt, besteht, begrenzt jeder Vertragsstaat seine Kampfpanzer, gepanzerten Kampffahrzeuge und Artilleriewaffen und reduziert sie erforderlichenfalls, so daß 40 Monate nach Inkrafttreten des Vertrags und danach die Gesamtzahl für die Gruppe von Vertragsstaaten, den er angehört, nicht größer ist als:

(A) 15 300 Kampfpanzer, davon nicht mehr als 11 800 in aktiven Truppenteilen;

(B) 24 100 gepanzerte Kampffahrzeuge, davon nicht mehr als 21 400 in aktiven Truppenteilen;

(C) 14 000 Artilleriewaffen, davon nicht mehr als 11 000 in aktiven Truppenteilen.

3. Innerhalb des Gebiets, das aus dem gesamten Landgebiet in Europa, einschließlich aller europäischen Inseln, des Königreichs Belgien, des Königreichs Dänemark mit den Färöer-Inseln, der Bundesrepublik Deutschland, der Französischen Republik, der Italienischen Republik, des Großherzogtums Luxemburg, des Königreichs der Niederlande, der Republik Polen, der Tschechischen und Slowakischen Föderativen Republik, der Republik Ungarn, des Vereinigten Königreichs Großbritannien und Nordirland und des Teils des Hoheitsgebiets der Union der Sozialistischen Sowjetrepubliken, der die Militärbezirke Baltikum, Weißrußland, Karpaten und Kiew umfaßt, besteht, begrenzt jeder Vertragsstaat seine Kampfpanzer, gepanzerten Kampffahrzeuge und Artilleriewaffen und reduziert sie erforderlichenfalls, so daß 40 Monate nach Inkrafttreten des Vertrags und danach die Gesamtzahl für die Gruppe von Vertragsstaaten, der er angehört, in aktiven Truppenteilen nicht größer ist als:

(A) 10 300 Kampfpanzer;

(B) 19 260 gepanzerte Kampffahrzeuge;

(C) 9 100 Artilleriewaffen, und

(D) im Militärbezirk Kiew darf die Gesamtzahl in aktiven Truppenteilen und ausgewiesenen ständigen Lagerungsstätten insgesamt nicht höher sein als:

(1) 2 250 Kampfpanzer;
(2) 2 500 gepanzerte Kampffahrzeuge und
(3) 1 500 Artilleriewaffen.

4. Innerhalb des Gebiets, das aus dem gesamten Landgebiet in Europa, einschließlich aller europäischen Inseln, des Königreichs Belgien, der Bundesrepublik Deutschland, des Großherzogtums Luxemburg, des Königreichs der Niederlande, der Republik Polen, der Tschechischen und Slowakischen Föderativen Republik und der Republik Ungarn besteht, begrenzt jeder Vertragsstaat seine Kampfpanzer, gepanzerten Kampffahrzeuge und Artilleriewaffen und reduziert sie erforderlichenfalls, so daß 40 Monate nach Inkrafttreten des Vertrags und danach die Gesamtzahl für die Gruppe von Vertragsstaaten, der er angehört, in aktiven Truppenteilen nicht größer ist als:

(A) 7 500 Kampfpanzer;
(B) 11 250 gepanzerte Kampffahrzeuge;
(C) 5 000 Artilleriewaffen.

5. Vertragsstaaten, die der gleichen Gruppe von Vertragsstaaten angehören, dürfen Kampfpanzer, gepanzerte Kampffahrzeuge und Artilleriewaffen in aktiven Einheiten in jedem der in diesem Artikel und in Artikel V Absatz 1 Buchstabe A beschriebenen Gebiete bis zur Höhe der zahlenmäßigen Begrenzungen dislozieren, die für dieses Gebiet gelten, und zwar im Einklang mit den nach Artikel VII notifizierten Anteilshöchstgrenzen, und vorausgesetzt, daß kein Vertragsstaat konventionelle Streitkräfte im Hoheitsgebiet eines anderen Vertragsstaats ohne die Zustimmung dieses Vertragsstaats stationiert.

6. Falls die Gesamtzahl der Kampfpanzer, gepanzerten Kampffahrzeuge und Artilleriewaffen in aktiven Truppenteilen einer Gruppe von Vertragsstaaten innerhalb des in Absatz 4 beschriebenen Gebiets kleiner ist als die in Absatz 4 festgelegten zahlenmäßigen Begrenzungen und vorausgesetzt, daß kein Vertragsstaat hierdurch daran gehindert wird, seine in Übereinstimmung mit Artikel VII Absätze 2, 3 und 5 notifizierten Anteilshöchstgrenzen zu erreichen, so kann die Zahl, die die Differenz zwischen der Gesamtzahl in jeder der Kategorien von Kampfpanzern, gepanzerten Kampffahrzeugen und Artilleriewaffen und den für dieses Gebiet festgelegten zahlenmäßigen Begrenzungen entspricht, von Vertragsstaaten, die dieser Gruppe von Vertragsstaaten angehören, im Einklang mit den in Absatz 3 genannten zahlenmäßigen Begrenzungen in dem in Absatz 3 beschriebenen Gebiet disloziert werden.

Art. V. 1. Um zu gewährleisten, daß die Sicherheit jedes Vertragsstaats in keiner Phase beeinträchtigt wird:

(A) Innerhalb des Gebiets, das aus dem gesamten Landgebiet in Europa, einschließlich aller europäischen Inseln, der Republik Bulgarien, der Griechischen Republik, der Republik Island, des Königreichs Norwegen, Rumäniens, des Teils der Republik Türkei, der sich im Anwendungsgebiet befindet, und des Teils der Union der Sozialistischen Sowjetrepubliken, der die Militärbezirke Leningrad, Odessa, Transkaukasus und Nordkaukasus umfaßt, besteht, begrenzt jeder Vertragsstaat seine Kampfpanzer, gepanzerten Kampffahrzeuge und Artilleriewaffen und reduziert sie erforderlichenfalls, so daß 40 Monate nach Inkrafttreten des Vertrags und danach die Gesamtzahl für die Gruppe von Vertragsstaaten, der er angehört, in aktiven Truppenteilen nicht größer ist als die Differenz zwischen den in Artikel IV Absatz 1 festgelegten

zahlenmäßigen Gesamtbegrenzungen und den in Artikel IV Absatz 2 festgelegten Begrenzungen, nämlich:
(1) 4 700 Kampfpanzer;
(2) 5 900 gepanzerte Kampffahrzeuge und
(3) 6 000 Artilleriewaffen.

(B) Ungeachtet der in Buchstabe A festgelegten zahlenmäßigen Begrenzungen darf ein Vertragsstaat oder dürfen Vertragsstaaten im Hoheitsgebiet der Mitglieder der gleichen Gruppe von Vertragsstaaten innerhalb des in Buchstabe A beschriebenen Gebiets vorübergehend eine zusätzliche Gesamtzahl in aktiven Truppenteilen dislozieren, die für jede Gruppe von Vertragsstaaten nicht höher sein darf als:
(1) 459 Kampfpanzer;
(2) 723 gepanzerte Kampffahrzeuge und
(3) 420 Artilleriewaffen und

(C) vorausgesetzt, daß für jede Gruppe von Vertragsstaaten nicht mehr als ein Drittel jeder dieser Gesamtzahlen in einem Vertragsstaat, mit Hoheitsgebiet in dem in Buchstabe A beschriebenen Gebiet disloziert wird, nämlich:
(1) 153 Kampfpanzer;
(2) 241 gepanzerte Kampffahrzeuge und
(3) 140 Artilleriewaffen.

2. Der oder die Vertragsstaaten, der oder die die Dislozierung durchgeführt oder durchführen und der aufnehmende oder die aufnehmenden Vertragsstaaten notifizieren allen anderen Vertragsstaaten spätestens bei Beginn der Dislozierung die Gesamtzahl in jeder Kategorie von zu dislozierenden Kampfpanzern, Artilleriewaffen und gepanzerten Kampffahrzeugen. Der oder die Vertragsstaaten, der oder die die Dislozierung durchgeführt oder durchführen und der aufnehmende oder die aufnehmenden Vertragsstaaten notifizieren ferner allen anderen Vertragsstaaten innerhalb von 30 Tagen nach dem Abzug die Kampfpanzer, gepanzerten Kampffahrzeuge und Artilleriewaffen, die vorübergehend disloziert wurden.

Art. VI. Mit dem Ziel sicherzustellen, daß kein einzelner Vertragsstaat mehr als ungefähr ein Drittel der durch den Vertrag begrenzten konventionellen Waffen und Ausrüstungen innerhalb des Anwendungsgebiets besitzt, begrenzt jeder Vertragsstaat seine Kampfpanzer, gepanzerten Kampffahrzeuge, Artilleriewaffen, Kampfflugzeuge und Kampfhubschrauber und reduziert sie erforderlichenfalls, so daß 40 Monate nach Inkrafttreten des Vertrags und danach die Gesamtzahl innerhalb des Anwendungsgebiets für diesen Vertragsstaat nicht größer ist als:
(A) 13 300 Kampfpanzer;
(B) 20 000 gepanzerte Kampffahrzeuge;
(C) 13 700 Artilleriewaffen;
(D) 5 150 Kampfflugzeuge und
(E) 1 500 Angriffshubschrauber.

Art. VII. 1. Um die in den Artikeln IV, V und VI festgelegten Begrenzungen nicht zu überschreiten, darf ein Vertragsstaat nach Ablauf von 40 Monaten nach Inkrafttreten dieses Vertrags die Anteilshöchstgrenzen für seine durch den Vertrag begrenzten konventionellen Waffen und Ausrüstungen, welche er zuvor innerhalb seiner Gruppe von Vertragsstaaten im Einklang mit Absatz 7 vereinbart und über die er nach diesem Artikel eine Notifikation übermittelt hat, nicht überschreiten.

2. Jeder Vertragsstaat notifiziert bei Unterzeichnung des Vertrags allen anderen Vertragsstaaten die Anteilshöchstgrenzen für seine durch den Vertrag begrenzten konventionellen Waffen und Ausrüstungen. Die von jedem Vertragsstaat bei der Unterzeichnung des Vertrags übermittelte Notifikation betreffend die Anteilshöchstgrenzen für durch den Vertrag begrenzte Waffen und Ausrüstungen bleibt bis zu dem in einer späteren Notifikation nach Absatz 3 genannten Datum gültig.

3. In Übereinstimmung mit den in den Artikeln IV, V und VI festgelegten Begrenzungen hat jeder Vertragsstaat das Recht, die Anteilshöchstgrenzen für seine durch den Vertrag begrenzten konventionellen Waffen und Ausrüstungen zu ändern. Jede Änderung der Anteilshöchstgrenzen eines Vertragsstaats wird von diesem Vertragsstaat allen anderen Vertragsstaaten spätestens 90 Tage vor dem in der Notifikation genannten Datum, an dem eine solche Änderung wirksam wird, notifiziert. Damit keine der in den Artikeln IV und V festgelegten Begrenzungen überschritten wird, muß jeder Erhöhung der Anteilshöchstgrenzen eines Vertragsstaats, durch die ansonsten diese Begrenzungen überschritten würden, eine entsprechende Reduzierung der zuvor notifizierten Anteilshöchstgrenzen für durch den Vertrag begrenzte konventionelle Waffen und Ausrüstungen eines oder mehrerer Staaten, die der gleichen Gruppe von Vertragsstaaten angehören, vorausgehen oder gleichzeitig mit einer solchen Erhöhung erfolgen. Die Notifikation über eine Änderung der Anteilshöchstgrenzen bleibt von dem in der Notifikation genannten Datum bis zu dem in einer späteren Notifikation über Änderungen nach diesem Absatz genannten Datum gültig.

4. Jede nach Absatz 2 oder 3 erforderliche Notifikation in bezug auf gepanzerte Kampffahrzeuge umfaßt auch Anteilshöchstgrenzen für Schützenpanzer und Kampffahrzeuge mit schwerer Bewaffnung des notifizierenden Vertragsstaats.

5. Neunzig Tage vor Ablauf der in Artikel VIII festgelegten Reduzierungsphase von 40 Monaten und bei jeder späteren Notifikation über eine Änderung nach Absatz 3 notifiziert jeder Vertragsstaat seine Anteilshöchstgrenzen für Kampfpanzer, gepanzerte Kampffahrzeuge und Artilleriewaffen in bezug auf jedes der in Artikel IV Absätze 2 bis 4 und in Artikel V Absatz 1 Buchstabe A beschriebenen Gebiete.

6. Eine Verringerung der Anzahl der durch den Vertrag begrenzten konventionellen Waffen und Ausrüstungen, die sich im Besitz eines Vertragsstaats befinden und der Notifikation nach dem Protokoll und Informationsaustausch unterliegen, berechtigt als solche einen anderen Vertragsstaat nicht, seine Anteilshöchstgrenzen, die der Notifikation nach diesem Artikel unterliegen, zu erhöhen.

7. Jeder der Vertragsstaaten ist allein dafür verantwortlich sicherzustellen, daß seine nach diesem Artikel notifizierten Anteilshöchstgrenzen nicht überschritten werden. Vertragsstaaten, die derselben Gruppe von Vertragsstaaten angehören, führen Konsultationen, um zu gewährleisten, daß die nach diesem Artikel notifizierten Anteilshöchstgrenzen, jeweils zusammengefaßt, die in den Artikeln IV, V und VI festgelegten Begrenzungen nicht überschreiten.

Art. VIII. 1. Die in Artikel IV, V und VI festgelegten zahlenmäßigen Begrenzungen dürfen nur durch Reduzierung im Einklang mit dem Reduzierungsprotokoll, dem Protokoll über die Rekategorisierung von Hubschraubern, dem Protokoll über die Reklassifizierung von Flugzeugen, der Fußnote in Abschnitt I Absatz 2 Buchstabe A des Protokolls über vorhandene Typen und dem Inspektionsprotokoll erreicht werden.

2. Die Kategorien der durch den Vertrag begrenzten konventionellen Waffen und Ausrüstungen, die der Reduzierung unterliegen, umfassen Kampfpanzer, gepanzerte Kampffahrzeuge, Artilleriewaffen, Kampfflugzeuge und Angriffshubschrauber. Die einzelnen Typen sind im Protokoll über vorhandene Typen aufgeführt.

(A) Kampfpanzer und gepanzerte Kampffahrzeuge werden durch Zerstörung, Konversion für nichtmilitärische Zwecke, ortsfeste Ausstellung oder die Verwendung als Bodenziele reduziert oder, im Fall von gepanzerten Mannschaftstransportwagen, durch Modifikation in Übereinstimmung mit der Fußnote in Abschnitt I Absatz 2 Buchstabe A des Protokolls über vorhandene Typen;

(B) Artilleriewaffen werden durch Zerstörung oder ortsfeste Ausstellung oder, wenn es sich um Panzerartilleriewaffen handelt, durch Verwendung als Bodenziele reduziert;

(C) Kampfflugzeuge werden durch Zerstörung, ortsfeste Ausstellung oder die Verwendung zu Ausbildungszwecken am Boden reduziert oder, im Fall von bestimmten Modellen oder Versionen kampffähiger Schulflugzeuge, durch Reklassifizierung als unbewaffnete Schulflugzeuge;

(D) Spezial-Angriffshubschrauber werden durch Zerstörung, ortsfeste Ausstellung oder durch Verwendung zu Ausbildungszwecken am Boden reduziert;

(E) Mehrzweck-Angriffshubschrauber werden durch Zerstörung, ortsfeste Ausstellung, Verwendung zu Ausbildungszwecken am Boden oder durch Rekategorisierung reduziert.

3. Durch den Vertrag begrenzte konventionelle Waffen und Ausrüstungen gelten als reduziert, wenn die in den in Absatz 1 genannten Protokollen aufgeführten Verfahren durchgeführt sind und die nach diesen Protokollen erforderliche Notifikation erfolgt ist. Auf diese Weise reduzierte konventionelle Waffen und Ausrüstungen werden nicht mehr auf die in den Artikel IV, V und VI festgelegten Obergrenzen angerechnet.

4. Reduzierungen werden in drei Phasen durchgeführt und spätestens 40 Monate nach Inkrafttreten des Vertrags abgeschlossen, so daß:

(A) bis zum Ende der ersten Reduzierungsphase, also spätestens 16 Monate nach Inkrafttreten des Vertrags, jeder Vertragsstaat sichergestellt hat, daß mindestens 25 Prozent seiner gesamten Reduzierungsverpflichtung in jeder der Kategorien der durch den Vertrag begrenzten konventionellen Waffen und Ausrüstungen erfüllt sind;

(B) bis zum Ende der zweiten Reduzierungsphase, also spätestens 28 Monate nach Inkrafttreten des Vertrags, jeder Vertragsstaat sichergestellt hat, daß mindestens 60 Prozent seiner gesamten Reduzierungsverpflichtung in jeder der Kategorien der durch den Vertrag begrenzten konventionellen Waffen und Ausrüstungen erfüllt sind;

(C) bis zum Ende der letzten Reduzierungsphase, also spätestens 40 Monate nach Inkrafttreten des Vertrags, jeder Vertragsstaat seine gesamte Reduzierungsverpflichtung in jeder der Kategorien der durch den Vertrag begrenzten konventionellen Waffen und Ausrüstungen erfüllt hat. Vertragsstaaten, die eine Konversion für nichtmilitärische Zwecke durchführen, müssen sichergestellt haben, daß die Konversion aller Kampfpanzer in Übereinstimmung mit Abschnitt VIII des Reduzierungsprotokolls bis zum Ende der dritten Reduzierungsphase abgeschlossen ist;

(D) gepanzerte Kampffahrzeuge, die aufgrund ihrer teilweisen Zerstörung in Übereinstimmung mit Abschnitt VIII Absatz VI des Reduzierungsprotokolls als reduziert eingestuft werden, müssen spätestens 64 Monate nach Inkrafttreten des Vertrags vollständig für nichtmilitärische Zwecke konvertiert oder nach Abschnitt IV des Reduzierungsprotokolls zerstört worden sein.

5. Durch den Vertrag begrenzte konventionelle Waffen und Ausrüstungen, die zu reduzieren sind, müssen in dem Informationsaustausch bei Unterzeichnung des Vertrags als im Anwendungsgebiet vorhanden deklariert sein.

6. Spätestens 30 Tage nach Inkrafttreten des Vertrags notifiziert jeder Vertragsstaat allen anderen Vertragsstaaten seine Reduzierungsverpflichtung.

7. Soweit in Absatz 8 nichts anderes vorgesehen ist, darf die Reduzierungsverpflichtung eines Vertragsstaats in jeder Kategorie nicht geringer sein als die Differenz zwischen seinen nach dem Protokoll über Informationsaustausch bei Unterzeichnung oder Inkrafttreten des Vertrags notifizierten Beständen − die höhere Zahl ist maßgeblich − und den nach Artikel VII notifizierten Anteilshöchstgrenzen.

8. Jede spätere Änderung der nach dem Protokoll über Informationsaustausch übermittelten Notifikationen eines Vertragsstaats oder seiner nach Artikel VII notifizierten Anteilshöchstgrenzen muß sich in einer notifizierten Berichtigung seiner Reduzierungsverpflichtung niederschlagen. Jeder Notifikation über eine Verringerung der Reduzierungsverpflichtung einer Vertragspartei geht entweder eine Notifikation über eine entsprechende Erhöhung der Anteilshöchstgrenzen, welche die von einem oder mehreren Vertragsstaaten, die der gleichen Gruppe von Vertragsstaaten angehören, nach Artikel VII notifizierten Anteilshöchstgrenzen nicht übersteigt, oder eine Notifikation über eine entsprechende Erhöhung der Reduzierungsverpflichtung eines oder mehrerer dieser Vertragsstaaten voraus oder erfolgt gleichzeitig mit dieser Notifikation.

9. Bei Inkrafttreten des Vertrags notifiziert jeder Vertragsstaat allen anderen Vertragsstaaten in Übereinstimmung mit dem Protokoll über Informationsaustausch die Orte, an denen sich seine Reduzierungsstätten befinden, einschließlich der Stätten, an denen die endgültige Konversion von Kampfpanzern und gepanzerten Kampffahrzeugen für nichtmilitärische Zwecke durchgeführt wird.

10. Jeder Vertragsstaat hat das Recht, beliebig viele Reduzierungsstätten zu benennen, die Benennung dieser Stätten ohne Einschränkung zu ändern und Zerstörungen sowie Reduzierungen und endgültige Konversion an höchstens 20 Stätten gleichzeitig durchzuführen. Die Vertragsstaaten haben das Recht, im gegenseitigen Einvernehmen Reduzierungsstätten gemeinsam zu nutzen oder zusammenzulegen.

11. Ungeachtet des Absatzes 10 werden Reduzierungen während der Evaluierungsphase für Ausgangsdaten, also während des Zeitraums vom Inkrafttreten des Vertrags bis zum Ablauf von 120 Tagen nach Inkrafttreten des

Vertrags, an höchstens zwei Reduzierungsstätten für jeden Vertragsstaat gleichzeitig durchgeführt.

12. Die Reduzierung von durch den Vertrag begrenzten konventionellen Waffen und Ausrüstungen erfolgt an Reduzierungsstätten innerhalb des Anwendungsgebiets, soweit in den in Absatz 1 aufgeführten Protokollen nichts anderes vorgesehen ist.

13. Der Reduzierungsprozeß, einschließlich der Ergebnisse der Konversion von konventionellen Waffen und Ausrüstungen für nichtmilitärische Zwecke sowohl während der Reduzierungsphase als auch während der 24 Monate, die auf die Reduzierungsphase folgen, unterliegt der Inspektion im Einklang mit dem Inspektionsprotokoll ohne Ablehnungsrecht.

Art. IX. 1. Abgesehen von den Bestimmungen nach Artikel VIII werden Kampfpanzer, gepanzerte Kampffahrzeuge, Artilleriewaffen, Kampfflugzeuge und Angriffshubschrauber innerhalb des Anwendungsgebiets durch Außerdienststellung nur dann aus den Streitkräften abgezogen, wenn:

(A) solche durch den Vertrag begrenzten konventionellen Waffen und Ausrüstungen an höchstens acht Stätten, die in Übereinstimmung mit dem Protokoll über Informationsaustausch als gemeldete Inspektionsstätten notifiziert und in diesen Notifikationen als Lagerbereiche für außer Dienst gestellte durch den Vertrag begrenzte konventionelle Waffen und Ausrüstungen bezeichnet werden, außer Dienst gestellt und zur Verwertung bereitgehalten werden; sind an Stätten, an denen sich außer Dienst gestellte durch den Vertrag begrenzte konventionelle Waffen und Ausrüstungen befinden, auch andere dem Vertrag unterliegende konventionelle Waffen und Ausrüstungen vorhanden, so müssen die außer Dienst gestellten durch den Vertrag begrenzten konventionellen Waffen und Ausrüstungen deutlich als solche zu erkennen sein; und

(B) für jeden einzelnen Vertragsstaat die Anzahl dieser außer Dienst gestellten durch den Vertrag begrenzten konventionellen Waffen und Ausrüstungen ein Prozent seiner notifizierten Bestände an durch den Vertrag begrenzten konventionellen Waffen und Ausrüstungen oder die Gesamtzahl von 250 Stück nicht übersteigt – die größere Zahl ist maßgeblich –, von denen höchstens 200 Kampfpanzer, gepanzerte Kampffahrzeuge und Artilleriewaffen und höchstens 50 Angriffshubschrauber und Kampfflugzeuge sein dürfen.

2. Die Notifikation der Außerdienststellung enthält Anzahl und Typ der außer Dienst gestellten durch den Vertrag begrenzten konventionellen Waffen und Ausrüstungen und den Ort der Außerdienststellung und wird allen anderen Vertragsstaaten in Übereinstimmung mit Abschnitt IX Absatz 1 Buchstabe B des Protokolls über Informationsaustausch übermittelt.

Art. X. 1. Ausgewiesene ständige Lagerungsstätten werden in Übereinstimmung mit dem Protokoll über Informationsaustausch allen anderen Vertragsstaaten von dem Vertragsstaat, welchem die durch den Vertrag begrenzten konventionellen Waffen und Ausrüstungen in ausgewiesenen ständigen Lagerungsstätten gehören, notifiziert. Die Notifikation enthält die Bezeichnung und den Ort der ausgewiesenen ständigen Lagerungsstätte, einschließlich der geographischen Koordinaten, sowie die nach Typen aufgeschlüsselte Anzahl jeder Kategorie seiner durch den Vertrag begrenzten Waffen und Ausrüstungen an jeder dieser Lagerungsstätten.

2. Ausgewiesene ständige Lagerungsstätten enthalten nur Einrichtungen, die für die Lagerung und Instandhaltung von Waffen und Ausrüstungen geeignet sind (z. B. Lagerhäuser, Garagen, Werkstätten und dazugehörige Lager sowie sonstige Unterstützungseinrichtungen). Zu den ausgewiesenen ständigen Lagerungsstätten dürfen keine Schieß- oder Übungsplätze für durch den Vertrag begrenzte konventionelle Waffen und Ausrüstungen gehören. Ausgewiesene ständige Lagerungsstätten dürfen nur Waffen und Ausrüstungen enthalten, die den konventionellen Streitkräften eines Vertragsstaats gehören.

3. Jede ausgewiesene ständige Lagerungsstätte muß über eine eindeutige bauliche Begrenzung verfügen, die aus einem ununterbrochenen Außenzaun von mindestens 1,5 Meter Höhe besteht. Der Außenzaun darf höchstens drei Tore als einzige Zu- und Ausgänge für Waffen und Ausrüstungen aufweisen.

4. Durch den Vertrag begrenzte konventionelle Waffen und Ausrüstungen innerhalb einer ausgewiesenen ständigen Lagerungsstätte zählen zu den durch den Vertrag begrenzten konventionellen Waffen und Ausrüstungen, die sich nicht in aktiven Truppenteilen befinden, auch wenn sie in Übereinstimmung mit den Absätzen VII, VIII, IX und X vorübergehend abgezogen wurden. Durch den Vertrag begrenzte konventionelle Waffen und Ausrüstungen, die an anderen Orten als in ausgewiesenen ständigen Lagerungsstätten gelagert sind, gelten als durch den Vertrag begrenzte konventionelle Waffen und Ausrüstungen in aktiven Truppenteilen.

5. Aktive Truppenteile dürfen nicht innerhalb ausgewiesener ständiger Lagerungsstätten disloziert werden, sofern in Absatz 6 nichts anderes vorgesehen ist.

6. Nur das mit der Sicherheit oder dem Betrieb der ausgewiesenen ständigen Lagerungsstätten oder der Instandhaltung der dort gelagerten Waffen und Ausrüstungen betraute Personal darf innerhalb der ausgewiesenen ständigen Lagerungsstätten untergebracht sein.

7. Zum Zweck der Instandhaltung, Instandsetzung oder Modifikation durch den Vertrag begrenzter konventioneller Waffen und Ausrüstungen, die sich innerhalb ausgewiesener ständiger Lagerungsstätten befinden, hat jeder Vertragsstaat das Recht, ohne Vorankündigung gleichzeitig bis zu zehn Prozent − auf die nächste gerade Zahl aufgerundet − der notifizierten Bestände in jeder Kategorie der durch den Vertrag begrenzten konventionellen Waffen und Ausrüstungen in jeder ausgewiesenen ständigen Lagerungsstätte oder zehn solcher konventioneller Waffensysteme und Ausrüstungsgegenstände jeder Kategorie in jeder ausgewiesenen ständigen Lagerungsstätte aus ausgewiesenen ständigen Lagerungsstätten abzuziehen und außerhalb von ihnen unterzubringen, wobei die kleinere Zahl maßgeblich ist.

8. Soweit in Absatz 7 nichts anderes vorgesehen ist, darf ein Vertragsstaat durch den Vertrag begrenzte konventionelle Waffen und Ausrüstungen aus ausgewiesenen ständigen Lagerungsstätten nur abziehen, wenn er dies allen anderen Vertragsstaaten spätestens 42 Tage im voraus notifiziert hat. Die Notifikation erfolgt durch den Vertragsstaat, dem die durch den Vertrag begrenzten konventionellen Waffen und Ausrüstungen gehören. Diese Notifikation enthält folgende Angaben:

(A) den Ort der ausgewiesenen ständigen Lagerungsstätte, aus der durch den Vertrag begrenzte konventionelle Waffen und Ausrüstungen abgezogen werden sollen, sowie die nach Typen aufgeschlüsselte Anzahl der durch den

Vertrag begrenzten konventionellen Waffen und Ausrüstungen jeder Kategorie, die abgezogen werden sollen;

(B) die Daten der Entfernung und der Rückführung der durch den Vertrag begrenzten konventionellen Waffen und Ausrüstungen;

(C) den vorgesehenen Dislozierungsort und die beabsichtigte Verwendung der durch den Vertrag begrenzten konventionellen Waffen und Ausrüstungen während der Zeit, in der sie sich außerhalb der ausgewiesenen ständigen Lagerungsstätte befinden.

9. Soweit in Absatz 7 nichts anderes vorgesehen ist, darf die Gesamtzahl durch den Vertrag begrenzter konventioneller Waffen und Ausrüstungen, die von den Vertragsstaaten, die der gleichen Gruppe von Vertragsstaaten angehören, aus ausgewiesenen ständigen Lagerungsstätten abgezogen und außerhalb von ihnen untergebracht worden sind, zu keinem Zeitpunkt höher sein als:

(A) 550 Kampfpanzer;
(B) 1 000 gepanzerte Kampffahrzeuge;
(C) 300 Artilleriewaffen.

10. Nach den Absätzen 8 und 9 aus ausgewiesenen ständigen Lagerungsstätten abgezogene durch den Vertrag begrenzte konventionelle Waffen und Ausrüstungen werden spätestens 42 Tage nach ihrem Abzug in ausgewiesene ständige Lagerungsstätten zurückgeführt, ausgenommen diejenigen durch den Vertrag begrenzten konventionellen Waffensysteme und Ausrüstungsgegenstände, die zum Zweck der industriellen Grundüberholung abgezogen werden; letztere werden unmittelbar nach Beendigung der Grundüberholung in ausgewiesene ständige Lagerungsstätten zurückgeführt.

11. Jeder Vertragsstaat hat das Recht, durch den Vertrag begrenzte konventionelle Waffen und Ausrüstungen, die sich in ausgewiesenen ständigen Lagerungsstätten befinden, auszutauschen. Jeder Vertragsstaat notifiziert allen anderen Vertragsstaaten bei Beginn des Austausches Anzahl, Dislozierungsort, Typ und Verbleib der durch den Vertrag begrenzten konventionellen Waffen und Ausrüstungen, die ausgetauscht werden.

Art. XI. 1. Jeder Vertragsstaat begrenzt die Anzahl seiner Brückenlegepanzer, so daß 40 Monate nach Inkrafttreten dieses Vertrags und danach für die Gruppe von Vertragsstaaten, der er angehört, die Gesamtzahl der Brückenlegepanzer in aktiven Truppenteilen innerhalb des Anwendungsgebiets 740 nicht übersteigt.

2. Alle Brückenlegepanzer innerhalb des Anwendungsgebiets, welche die in Absatz 1 festgelegte Gesamtzahl für jede Gruppe von Vertragsstaaten übersteigen, werden in ausgewiesenen ständigen Lagerungsstätten untergebracht, wie sie in Artikel II definiert sind. Wenn Brückenlegepanzer in einer ausgewiesenen ständigen Lagerungsstätte untergebracht werden, sei es gesondert oder zusammen mit durch den Vertrag begrenzten konventionellen Waffen und Ausrüstungen, so gilt Artikel X Absätze 1 bis 6 für Brückenlegepanzer sowie für durch den Vertrag begrenzte konventionelle Waffen und Ausrüstungen. In ausgewiesenen ständigen Lagerungsstätten untergebrachte Brückenlegepanzer gelten nicht als Brückenlegepanzer in aktiven Truppenteilen.

3. Soweit in Absatz 6 nichts anderes vorgesehen ist, dürfen Brückenlegepanzer vorbehaltlich der Absätze 4 und 5 aus ausgewiesenen ständigen Lage-

rungsstätten nur abgezogen werden, wenn dies allen anderen Vertragsstaaten spätestens 42 Tage im voraus notifiziert wurde. Diese Notifikation enthält folgende Angaben:

(A) den Ort der ausgewiesenen ständigen Lagerungsstätten, aus denen Brückenlegepanzer abgezogen werden sollen, sowie die Anzahl der aus jeder Lagerungsstätte abzuziehenden Brückenlegepanzer,

(B) die Daten des Abzugs der Brückenlegepanzer aus ausgewiesenen ständigen Lagerungsstätten und ihrer Rückführung dorthin sowie

(C) die beabsichtigte Verwendung der Brückenlegepanzer während des Zeitraums ihrer Abwesenheit aus ausgewiesenen ständigen Lagerungsstätten.

4. Soweit in Absatz 6 nichts anderes vorgesehen ist, werden aus ausgewiesenen ständigen Lagerungsstätten abgezogene Brückenlegepanzer spätestens 42 Tage nach dem tatsächlichen Zeitpunkt ihres Abzugs dorthin zurückgeführt.

5. Die Gesamtzahl der von jeder Gruppe von Vertragsstaaten aus ausgewiesenen ständigen Lagerungsstätten abgezogenen und außerhalb von ihnen untergebrachten Brückenlegepanzer darf zu keiner Zeit 50 übersteigen.

6. Vertragsstaaten haben das Recht, zum Zweck der Instandhaltung oder Modifikation gleichzeitig bis zu zehn Prozent – auf die nächste gerade Zahl aufgerundet – ihrer notifizierten Bestände an Brückenlegepanzern in jeder ausgewiesenen ständigen Lagerungsstätte oder zehn Stück aus jeder ausgewiesenen ständigen Lagerungsstätte abzuziehen und außerhalb von ihnen unterzubringen, wobei die kleinere Zahl maßgeblich ist.

7. Im Fall von Naturkatastrophen, bei denen es zu Überschwemmungen oder Schäden an feststehenden Brücken kommt, haben die Vertragsstaaten das Recht, Brückenlegepanzer aus ausgewiesenen ständigen Lagerungsstätten abzuziehen. Ein solcher Abzug wird allen anderen Vertragsstaaten zum Zeitpunkt des Abzugs notifiziert.

Art. XII. 1. Schützenpanzer, die zu Gliederungen eines Vertragsstaats gehören, die ihrer Aufgabe und Struktur nach in Friedenszeiten Funktionen der inneren Sicherheit wahrnehmen und ihrer Struktur und Organisationsform nach nicht für den Erdkampf gegen einen äußeren Feind geeignet sind, unterliegen nicht den Begrenzungen nach diesem Vertrag. Ungeachtet dessen und um diesen Vertrag besser durchzuführen sowie sicherzustellen, daß die Anzahl dieser Waffen bei solchen Gliederungen nicht zur Umgehung von Vertragsbestimmungen benutzt wird, gelten diese Waffen als Teil der zulässigen Zahlen gemäß Artikel IV, V und VI, soweit die Gesamtzahl der Schützenpanzer 1000 übersteigt, die von einem Vertragsstaat Gliederungen zugeordnet werden, welche ihrer Aufgabe und Struktur nach in Friedenszeiten Funktionen der inneren Sicherheit wahrnehmen. Höchstens 600 solcher Schützenpanzer eines Vertragsstaats, die solchen Gliederungen zugeordnet sind, dürfen in dem in Artikel V Absatz 1 Buchstabe A beschriebenen Teil des Anwendungsgebiets disloziert werden. Jeder Vertragsstaat stellt ferner sicher, daß solche Gliederungen keine Gefechtskapazitäten erwerben, die über das Maß hinausgehen, welches für die Wahrnehmung innerstaatlicher Sicherheitsaufgaben erforderlich ist.

2. Ein Vertragsstaat, der beabsichtigt, Kampfpanzer, Schützenpanzer, Artilleriewaffen, Kampfflugzeuge, Angriffshubschrauber und Brückenlegepanzer, die bei seinen konventionellen Streitkräften in Dienst gestellt sind, einer zu

diesem Vertragsstaat gehörenden Gliederung zuzuordnen, die nicht Teil seiner konventionellen Streitkräfte ist, notifiziert dies allen anderen Vertragsstaaten spätestens zu dem Zeitpunkt, in dem diese Zuordnung wirksam wird.
Diese Notifikation enthält den Zeitpunkt, in dem die Zuordnung wirksam
wird, den Tag, an dem das Gerät tatsächlich übergeben wird, sowie die nach
Typen aufgeschlüsselte Anzahl der durch den Vertrag begrenzten konventionellen Waffen und Ausrüstungen, die auf diese Weise zugeordnet werden.

Art. XIII. 1. In Übereinstimmung mit dem Protokoll über Informationsaustausch übermittelt jeder Vertragsstaat Notifikationen und tauscht Informationen aus, welche seine konventionellen Streitkräfte und Ausrüstungen betreffen, um die Verifikation der Einhaltung dieses Vertrags zu gewährleisten.

2. Diese Notifikationen und der Austausch von Informationen erfolgen in
Übereinstimmung mit Artikel XVII.

3. Jeder Vertragsstaat ist für seine eigenen Informationen verantwortlich;
der Eingang dieser Informationen und Notifikationen ist nicht gleichbedeu-
tend mit der Bestätigung der Richtigkeit oder Anerkennung der übermittelten Informationen.

Art. XIV. 1. Jeder Vertragsstaat hat in Übereinstimmung mit dem Inspektionsprotokoll das Recht, innerhalb des Anwendungsgebiets Inspektionen
durchzuführen, und die Pflicht, solche Inspektionen zuzulassen, um die Verifikation der Einhaltung dieses Vertrags zu gewährleisten.

2. Zweck dieser Inspektionen ist es:
(A) auf der Grundlage der nach dem Protokoll über Informationsaustausch
zur Verfügung gestellten Informationen die Einhaltung der in den Artikeln
IV, V und VI festgelegten zahlenmäßigen Begrenzungen durch die Vertrags-
staaten zu verifizieren;
(B) den Prozeß der Reduzierung von Kampfpanzern, gepanzerten Kampf-
fahrzeugen, Artilleriewaffen, Kampfflugzeugen und Angriffshubschraubern,
der in Übereinstimmung mit Artikel VIII und dem Reduzierungsprotokoll an
Reduzierungsstätten durchgeführt wird, zu überwachen; und
(C) die Zertifikation rekategorisierter Mehrzweck-Angriffshubschrauber
und reklassifizierter kampffähiger Schulflugzeuge zu überwachen, die in
Übereinstimmung mit dem Protokoll über die Rekategorisierung von Hub-
schraubern beziehungsweise dem Protokoll über die Reklassifizierung von
Flugzeugen durchgeführt wird.

3. Kein Vertragsstaat übt die in den Absätzen 1 und 2 festgelegten Rechte
in bezug auf Vertragsstaaten aus, die seiner Gruppe von Vertragsstaaten angehören, um die Ziele des Verifikationsregimes zu unterlaufen.

4. Wird eine Inspektion von mehreren Vertragsstaaten gemeinsam durchgeführt, so ist einer von ihnen für die Ausführung der Bestimmungen des
Vertrags verantwortlich.

5. Die Anzahl der Inspektionen nach den Abschnitten VII und VIII des
Inspektionsprotokolls, die jeder Vertragsstaat während jeder bestimmten Phase
durchzuführen berechtigt und zuzulassen verpflichtet ist, wird in Übereinstimmung mit Abschnitt II dieses Protokolls festgelegt.

6. Nach Ablauf der 120tägigen Evaluierungsphase für Reststärken hat jeder
Vertragsstaat das Recht, eine vereinbarte Anzahl von Inspektionen aus der

Luft innerhalb des Anwendungsgebiets durchzuführen, und jeder Vertragsstaat mit Hoheitsgebiet im Anwendungsgebiet hat die Pflicht, solche Inspektionen zuzulassen. Die zu vereinbarenden Zahlen und andere einschlägigen Bestimmungen werden während der in Artikel XVIII genannten Verhandlungen ausgearbeitet.

Art. XV. 1. Um die Verifikation der Einhaltung dieses Vertrags zu gewährleisten, hat jeder Vertragsstaat das Recht, zusätzlich zu den in Artikel XIV enthaltenen Verfahren die ihm zur Verfügung stehenden nationalen oder multinationalen technischen Mittel der Verifikation in einer Weise einzusetzen, die mit den allgemein anerkannten Grundsätzen des Völkerrechts im Einklang steht.

2. Ein Vertragsstaat darf in die nationalen oder multinationalen technischen Mittel der Verifikation eines anderen Vertragsstaats, die gemäß Absatz 1 angewandt werden, nicht störend eingreifen.

3. Ein Vertragsstaat darf keine Verschleierungsmaßnahmen anwenden, welche die Verifikation der Einhaltung dieses Vertrags durch einen anderen Vertragsstaat mit den nationalen oder multinationalen technischen Mitteln der Verifikation, die gemäß Absatz 1 angewandt werden, behindern. Diese Verpflichtung findet keine Anwendung auf Tarn- oder Verschleierungsmaßnahmen, die mit der üblichen Ausbildung von Personal, der Instandhaltung oder dem Einsatz der durch den Vertrag begrenzten Waffen und Ausrüstungen zusammenhängen.

Art. XVI. 1. Um die Ziele dieses Vertrags und seine Durchführung zu fördern, setzen die Vertragsstaaten hiermit eine Gemeinsame Beratungsgruppe ein.

2. Im Rahmen der Gemeinsamen Beratungsgruppe werden die Vertragsstaaten:

(A) Fragen behandeln, welche die Einhaltung oder die mögliche Umgehung des Vertrags betreffen;

(B) sich bemühen, Unklarheiten und Auslegungsunterschiede auszuräumen, die hinsichtlich der Art der Durchführung des Vertrags zu Tage treten können;

(C) Maßnahmen prüfen und, falls möglich, vereinbaren, welche die Funktionsfähigkeit und Wirksamkeit des Vertrags verbessern;

(D) die in dem Protokoll über vorhandene Typen enthaltenen Listen fortschreiben, wie in Artikel II Absatz 2 vorgeschrieben;

(E) technische Fragen klären, um unter den Vertragsstaaten eine gemeinsame Handhabung für die Art der Durchführung des Vertrags anzustreben;

(F) erforderlichenfalls eine Geschäftsordnung, die Arbeitsmethoden und den Schlüssel für die Verteilung der Kosten für die Gemeinsamen Beratungsgruppe und der auf Grund des Vertrags einberufenen Konferenzen sowie die Verteilung der Kosten für Inspektionen zwischen beziehungsweise unter den Vertragsstaaten ausarbeiten oder ändern;

(G) geeignete Maßnahmen erwägen und ausarbeiten, um sicherzustellen, daß durch Informationsaustausch zwischen den Vertragsstaaten oder auf Grund von Inspektionen nach diesem Vertrag gewonnene Informationen ausschließlich für die Zwecke dieses Vertrags verwendet werden, und zwar unter Berücksichtigung der besonderen Bedürfnisse jedes Vertragsstaats in bezug auf den Schutz von Informationen, die dieser Vertragsstaat als sensitiv bezeichnet;

(H) auf Ersuchen eines Vertragsstaats jede Angelegenheit prüfen, die ein Vertragsstaat einer in Übereinstimmung mit Artikel XXI einzuberufenden Konferenz zur Prüfung zu unterbreiten wünscht; durch eine solche Prüfung bleibt das Recht eines Vertragsstaats, die in Artikel XXI niedergelegten Verfahren in Anspruch zu nehmen, unberührt;

(I) Streitigkeiten behandeln, die sich aus der Durchführung des Vertrags ergeben.

3. Jeder Vertragsstaat hat das Recht, in der Gemeinsamen Beratungsgruppe jeder Frage zur Sprache zu bringen und auf die Tagesordnung setzen zu lassen, die sich auf diesen Vertrag bezieht.

4. Die Gemeinsame Beratungsgruppe faßt Beschlüsse oder gibt Empfehlungen durch Konsens. Unter Konsens ist zu verstehen, daß kein Vertreter eines Vertragsstaats gegen das Fassen eines Beschlusses oder die Abgabe einer Empfehlung Einspruch erhebt.

5. Die Gemeinsame Beratungsgruppe kann Änderungen dieses Vertrags zur Prüfung und Bestätigung nach Artikel XX vorschlagen. Die Gemeinsame Beratungsgruppe kann ferner Verbesserungen der Funktionsfähigkeit und Wirksamkeit dieses Vertrags im Einklang mit seinen Bestimmungen vereinbaren. Sofern solche Verbesserungen nicht nur geringfügige Angelegenheiten verwaltungsbezogener oder technischer Natur betreffen, bedürfen sie der Prüfung und Bestätigung nach Artikel XX, bevor sie wirksam werden können.

6. Dieser Artikel ist nicht so auszulegen, als untersage er einem Vertragsstaat oder hindere ihn daran, auf anderen Wegen oder in anderen Gremien als der Gemeinsamen Beratungsgruppe von anderen Vertragsstaaten Informationen zu erbitten oder mit diesen Konsultationen über Fragen aufzunehmen, die diesen Vertrag und seine Durchführung betreffen.

7. Die Gemeinsame Beratungsgruppe wendet die im Protokoll über die Gemeinsame Beratungsgruppe niedergelegten Verfahren an.

Art. XVII. Die Vertragsstaaten übermitteln die nach diesem Vertrag erforderlichen Informationen und Notifikationen in schriftlicher Form. Sie bedienen sich des diplomatischen Weges oder anderer von ihnen bezeichneter amtlicher Kanäle, darunter insbesondere eines durch eine gesonderte Vereinbarung zu schaffenden Kommunikationsnetzes.

Art. XVIII. 1. Nach Unterzeichnung dieses Vertrags setzen die Vertragsstaaten die Verhandlungen über konventionelle Streitkräfte mit dem gleichen Mandat und mit dem Ziel, auf diesem Vertrag aufzubauen, fort.

2. Ziel dieser Verhandlungen wird sein, ein Übereinkommen über zusätzliche Maßnahmen zur weiteren Stärkung von Sicherheit und Stabilität in Europa zu schließen, darunter Maßnahmen, die gemäß dem Mandat auf die Begrenzung der Personalstärke ihrer konventionellen Streitkräfte innerhalb des Anwendungsgebiets abzielen.

3. Die Vertragsstaaten sind bestrebt, diese Verhandlungen spätestens bis zum Folgetreffen der Konferenz über Sicherheit und Zusammenarbeit in Europa, das 1992 in Helsinki stattfindet, abzuschließen.

Art. XIX. 1. Dieser Vertrag wird auf unbegrenzte Zeit geschlossen. Er kann durch einen weiteren Vertrag ergänzt werden.

2. Jeder Vertragsstaat hat in Ausübung seiner staatlichen Souveränität das Recht, von diesem Vertrag zurückzutreten, wenn er zu der Auffassung gelangt, daß außergewöhnliche Ereignisse in bezug auf den Gegenstand des Vertrags seine höchsten Interessen gefährden. Ein Vertragsstaat, der von dem Vertrag zurückzutreten beabsichtigt, notifiziert dem Verwahrer und allen anderen Vertragsstaaten seine diesbezügliche Entscheidung. Die Rücktrittsanzeige erfolgt spätestens 150 Tage vor dem beabsichtigten Rücktritt von dem Vertrag. Sie enthält eine Erläuterung der außergewöhnlichen Ereignisse, die nach Auffassung des Vertragsstaats seine höchsten Interessen gefährden.

3. Jeder Vertragsstaat hat insbesondere in Ausübung seiner staatlichen Souveränität das Recht, von dem Vertrag zurückzutreten, wenn ein anderer Vertragsstaat seine Bestände an Artikel II definierten Kampfpanzern, Artilleriewaffen, gepanzerten Kampffahrzeugen, Kampfflugzeugen oder Angriffshubschraubern, die von dem Bereich der Begrenzungen des Vertrags nicht erfaßt sind, in einem Umfang erhöht, der das Kräftegleichgewicht im Anwendungsgebiet offensichtlich gefährdet.

Art. XX. 1. Jeder Vertragsstaat kann Änderungen dieses Vertrags vorschlagen. Der Wortlaut des Änderungsvorschlags wird bei dem Verwahrer eingereicht, der ihn allen Vertragsparteien übermittelt.

2. Wird eine Änderung von allen Vertragsstaaten genehmigt, so tritt sie in Übereinstimmung mit den in Artikel XXII für das Inkrafttreten des Vertrags vorgesehenen Verfahren in Kraft.

Art. XXI. 1. Sechsundvierzig Monate nach Inkrafttreten dieses Vertrags und danach in Abständen von jeweils fünf Jahren beruft der Verwahrer eine Konferenz der Vertragsstaaten zur Überprüfung der Wirkungsweise des Vertrags ein.

2. Der Verwahrer beruft eine außerordentliche Konferenz der Vertragsstaaten ein, wenn ein Vertragsstaat, der die Auffassung vertritt, daß außergewöhnliche Umstände im Zusammenhang mit diesem Vertrag eingetreten sind, darum ersucht, insbesondere dann, wenn ein Vertragsstaat seine Absicht angekündigt hat, seine Gruppe von Vertragsstaaten zu verlassen oder der anderen Gruppe von Vertragsstaaten, wie sie in Artikel II Absatz 1 Buchstabe A definiert sind, beizutreten. Um den anderen Vertragsstaaten die Vorbereitung auf diese Konferenz zu ermöglichen, enthält das Ersuchen die Begründung dafür, warum der Vertragsstaat eine außerordentliche Konferenz für erforderlich hält. Die Konferenz prüft die in dem Ersuchen genannten Umstände und ihre Auswirkungen auf die Wirkungsweise des Vertrags. Die Konferenz beginnt spätestens 15 Tage nach Eingang des Ersuchens und dauert höchstens drei Wochen, sofern sie nichts anderes beschließt.

3. Der Verwahrer beruft eine Konferenz der Vertragsstaaten zur Prüfung eines Änderungsvorschlags nach Artikel XX ein, wenn drei oder mehr Vertragsstaaten ihn darum ersuchen. Die Konferenz beginnt spätestens 21 Tage nach Eingang der erforderlichen Ersuchen.

4. Notifiziert ein Vertragsstaat seine Entscheidung, nach Artikel XIX von diesem Vertrag zurückzutreten, so beruft der Verwahrer eine Konferenz der

Vertragsstaaten ein, um Fragen im Zusammenhang mit dem Rücktritt von dem Vertrag zu prüfen, die spätestens 21 Tage nach Eingang der Rücktrittsanzeige beginnt.

Art. XXII. 1. Dieser Vertrag bedarf der Ratifikation durch jeden Vertragsstaat nach Maßgabe seiner verfassungsrechtlichen Verfahren. Die Ratifikationsurkunden werden bei der Regierung des Königreichs der Niederlande hinterlegt, die hiermit zum Verwahrer bestimmt wird.

2. Dieser Vertrag tritt zehn Tage nach Hinterlegung der Ratifikationsurkunden aller in der Präambel genannten Vertragsstaaten in Kraft.

3. Der Verwahrer teilt allen Vertragsstaaten umgehend folgendes mit:

(A) jede Hinterlegung einer Ratifikationsurkunde;

(B) das Inkrafttreten dieses Vertrags;

(C) jeden Rücktritt nach Artikel XIX und den Tag seines Wirksamwerdens;

(D) den Wortlaut jeder nach Artikel XX vorgeschlagenen Änderung;

(E) das Inkrafttreten jeder Änderung dieses Vertrags;

(F) jedes Ersuchen um Einberufung einer Konferenz nach Artikel XXI;

(G) die Einberufung einer Konferenz auf Grund des Artikels XXI;

(H) jede sonstige Angelegenheit, über die der Verwahrer die Vertragsstaaten nach diesem Vertrag zu unterrichten hat.

4. Dieser Vertrag wird vom Verwahrer nach Artikel 102 der Charta der Vereinten Nationen registriert.

Art. XXIII. Die Urschrift dieses Vertrags, dessen deutscher, englischer, französischer, italienischer, russischer und spanischer Wortlaut gleichermaßen verbindlich ist, wird im Archiv des Verwahrers hinterlegt. Dieser übermittelt allen Vertragsstaaten gehörig beglaubigte Abschriften des Vertrags.

(Es folgen die in Art. I Absatz 3 genannten Protokolle.)

ZU URKUND DESSEN haben die hierzu gehörig befugten Unterzeichneten diesen Vertrag unterschrieben.

GESCHEHEN zu Paris am 19. November 1990

(Es folgen die Unterschriften der Vertreter der 22 Vertragsstaaten.)

37. Abkommen,
betreffend die Gesetze und Gebräuche
des Landkriegs
(IV. Haager Abkommen)[1] · [2]

(18. 10. 1907)

Seine Majestät der Deutsche Kaiser, König von Preußen,

(es folgen die Namen der weiteren Staatsoberhäupter)

in der Erwägung, daß bei allem Bemühen, Mittel zu suchen, um den Frieden zu sichern und bewaffnete Streitigkeiten zwischen den Völkern zu verhüten, es doch von Wichtigkeit ist, auch den Fall ins Auge zu fassen, wo ein Ruf zu den Waffen durch Ereignisse herbeigeführt wird, die ihre Fürsorge nicht hat abwenden können,

von dem Wunsche beseelt, selbst in diesem äußersten Falle den Interessen der Menschlichkeit und den sich immer steigernden Forderungen der Zivilisation zu dienen,

in der Meinung, daß es zu diesem Zwecke von Bedeutung ist, die allgemeinen Gesetze und Gebräuche des Krieges einer Durchsicht zu unterziehen, sei es, um sie näher zu bestimmen, sei es, um ihnen gewisse Grenzen zu ziehen, damit sie soviel wie möglich von ihrer Schärfe verlieren,

haben eine Vervollständigung und in gewissen Punkten eine bestimmtere Fassung des Werkes der Ersten Friedenskonferenz für nötig befunden, die im Anschluß an die Brüsseler Konferenz von 1874, ausgehend von den durch eine weise und hochherzige Fürsorge eingegebenen Gedanken, Bestimmungen zur Feststellung und Regelung der Gebräuche des Landkriegs angenommen hat.

Nach der Auffassung der hohen vertragschließenden Teile sollen diese Bestimmungen, deren Abfassung durch den Wunsch angeregt wurde, die Leiden des Krieges zu mildern, soweit es die militärischen Interessen gestatten, den Kriegführenden als allgemeine Richtschnur für ihr Verhalten in den Beziehungen untereinander und mit der Bevölkerung dienen.

Es war indessen nicht möglich, sich schon jetzt über Bestimmungen zu einigen, die sich auf alle in der Praxis vorkommenden Fälle erstrecken.

Andererseits konnte es nicht in der Absicht der hohen vertragschließenden Teile liegen, daß die nicht vorgesehenen Fälle in Ermangelung einer schriftlichen Abrede der willkürlichen Beurteilung der militärischen Befehlshaber überlassen bleiben.

Solange, bis ein vollständigeres Kriegsgesetzbuch festgestellt werden kann, halten es die hohen vertragschließenden Teile für zweckmäßig, festzusetzen,

---

[1] Aus RGBl. 1910 S. 107.
[2] Internationale Quelle: Martens NRG 3e sér. Tome 3 p. 461.

daß in den Fällen, die in den Bestimmungen der von ihnen angenommenen Ordnung nicht einbegriffen sind, die Bevölkerung und die Kriegführenden unter dem Schutze und der Herrschaft der Grundsätze des Völkerrechts bleiben, wie sie sich ergeben aus den unter gesitteten Völkern feststehenden Gebräuchen, aus den Gesetzen der Menschlichkeit und aus den Forderungen des öffentlichen Gewissens.

Sie erklären, daß namentlich die Artikel 1 und 2 der angenommenen Ordnung in diesem Sinne zu verstehen sind.

Die hohen vertragschließenden Teile, die hierüber ein neues Abkommen abzuschließen wünschen, haben zu Ihren Bevollmächtigten ernannt:

(Es folgen die Namen der einzelnen Bevollmächtigten)

welche, nachdem sie ihre Vollmachten hinterlegt und diese in guter und gehöriger Form befunden haben, über folgende Bestimmungen übereingekommen sind:

Art. 1 [Beachtung der Haager Landkriegsordnung] Die Vertragsmächte werden ihren Landheeren Verhaltungsmaßregeln geben, welche der dem vorliegenden Abkommen beigefügten Ordnung der Gesetze und Gebräuche des Landkriegs entsprechen.

Art. 2 [Anwendung nur unter Vertragsparteien] Die Bestimmungen der im Artikel 1 angeführten Ordnung sowie die vorliegenden Abkommens finden nur zwischen den Vertragsmächten Anwendung und nur dann, wenn die Kriegführenden sämtlich Vertragsparteien sind.

Art. 3 [Verantwortlichkeit der Kriegspartei] Die Kriegspartei, welche die Bestimmungen der bezeichneten Ordnung verletzen sollte, ist gegebenen Falles zum Schadensersatze verpflichtet. Sie ist für alle Handlungen verantwortlich, die von den zu ihrer bewaffneten Macht gehörenden Personen begangen werden.

Art. 4 [Ersetzung des früheren Abkommens] Dieses Abkommen tritt nach seiner Ratifikation für die Beziehungen zwischen den Vertragsmächten an die Stelle des Abkommens vom 29. Juli 1899, betreffend die Gesetze und Gebräuche des Landkriegs.

Das Abkommen von 1899 bleibt in Kraft für die Beziehungen zwischen den Mächten, die es unterzeichnet haben, die aber das vorliegende Abkommen nicht gleichermaßen ratifizieren sollten.

Art. 5 [Ratifikation; Hinterlegung der Urkunden] Dieses Abkommen soll möglichst bald ratifiziert werden.

Die Ratifikationsurkunden sollen im Haag hinterlegt werden.

Die erste Hinterlegung von Ratifikationsurkunden wird durch ein Protokoll festgestellt, das von den Vertretern der daran teilnehmenden Mächte und von dem Niederländischen Minister der auswärtigen Angelegenheiten unterzeichnet wird.

Die späteren Hinterlegungen von Ratifikationsurkunden erfolgen mittels einer schriftlichen, an die Regierung der Niederlande gerichteten Anzeige, der die Ratifikationsurkunde beizufügen ist.

Beglaubigte Abschrift des Protokolls über die erste Hinterlegung von Ratifikationsurkunden, der im vorstehenden Absatz erwähnten Anzeigen sowie der Ratifikationsurkunden wird durch die Regierung der Niederlande den zur Zweiten Friedenskonferenz eingeladenen Mächten sowie den anderen Mächten, die dem Abkommen beigetreten sind, auf diplomatischem Wege mitgeteilt werden. In den Fällen des vorstehenden Absatzes wird die bezeichnete Regierung ihnen zugleich bekanntgeben, an welchem Tage sie die Anzeige erhalten hat.

Art. 6 [Beitritt anderer Mächte] Die Mächte, die nicht unterzeichnet haben, können diesem Abkommen später beitreten.

Die Macht, die beizutreten wünscht, hat ihre Absicht der Regierung der Niederlande schriftlich anzuzeigen und ihr dabei die Beitrittsurkunde zu übersenden, die im Archive der bezeichneten Regierung hinterlegt werden wird.

Diese Regierung wird unverzüglich allen anderen Mächten beglaubigte Abschrift der Anzeige wie der Beitrittsurkunde übersenden und zugleich angeben, an welchem Tage sie die Anzeige erhalten hat.

Art. 7 [Inkrafttreten] Dieses Abkommen wird wirksam für die Mächte, die an der ersten Hinterlegung von Ratifikationsurkunden teilgenommen haben, sechzig Tage nach dem Tage, an dem das Protokoll über diese Hinterlegung aufgenommen ist, und für die später ratifizierenden oder beitretenden Mächte sechzig Tage, nachdem die Regierung der Niederlande die Anzeige von ihrer Ratifikation oder von ihrem Beitritt erhalten hat.

Art. 8 [Kündigung] Sollte eine der Vertragsmächte dieses Abkommen kündigen wollen, so soll die Kündigung schriftlich der Regierung der Niederlande erklärt werden, die unverzüglich beglaubigte Abschrift der Erklärung allen anderen Mächten mitteilt und ihnen zugleich bekanntgibt, an welchem Tage sie die Erklärung erhalten hat.

Die Kündigung soll nur in Ansehung der Macht wirksam sein, die sie erklärt hat, und erst ein Jahr, nachdem die Erklärung bei der Regierung der Niederlande eingegangen ist.

Art. 9 [Register über Vertragsmächte] Ein im Niederländischen Ministerium der auswärtigen Angelegenheiten geführtes Register soll den Tag der gemäß Artikel 5 Abs. 3, 4 erfolgten Hinterlegung von Ratifikationsurkunden angeben sowie den Tag, an dem die Anzeigen von dem Beitritt (Artikel 6 Abs. 2) oder von der Kündigung (Artikel 8 Abs. 1) eingegangen sind.

Jede Vertragsmacht hat das Recht, von diesem Register Kenntnis zu nehmen und beglaubigte Auszüge daraus zu verlangen.

Zu Urkund dessen haben die Bevollmächtigten dieses Abkommen mit ihren Unterschriften versehen.

Geschehen im Haag am achtzehnten Oktober neunzehnhundertsieben in einer einzigen Ausfertigung, die im Archive der Regierung der Niederlande hinterlegt bleiben soll und wovon beglaubigte Abschriften den zu der Zweiten Friedenskonferenz eingeladenen Mächten auf diplomatischem Wege übergeben werden sollen.

(Es folgen die Unterschriften der Bevollmächtigten.)

Anlage zum Abkommen
Ordnung der Gesetze und Gebräuche des Landkriegs

Inhaltsübersicht

Erster Abschnitt. Kriegführende

Erstes Kapitel. Begriff der Kriegführenden

Art. 1 [Begriff des „Heeres"] Die Gesetze, die Rechte und die Pflichten des Krieges gelten nicht nur für das Heer, sondern auch für die Milizen und Freiwilligen-Korps, wenn sie folgende Bedingungen in sich vereinigen:

1. daß jemand an ihrer Spitze steht, der für seine Untergebenen verantwortlich ist,

2. daß sie ein bestimmtes aus der Ferne erkennbares Abzeichen tragen,

3. daß sie die Waffen offen führen und

4. daß sie bei ihren Unternehmungen die Gesetze und Gebräuche des Krieges beobachten.

In den Ländern, in denen Milizen oder Freiwilligen-Korps das Heer oder einen Bestandteil des Heeres bilden, sind diese unter der Bezeichnung „Heer" einbegriffen.

Art. 2 [Kämpfende Bevölkerung] Die Bevölkerung eines nicht besetzten Gebiets, die beim Herannahen des Feindes aus eigenem Antriebe zu den Waffen greift, um die eindringenden Truppen zu bekämpfen, ohne Zeit gehabt zu haben, sich nach Artikel 1 zu organisieren, wird als kriegführend betrachtet, wenn sie die Waffen offen führt und die Gesetze und Gebräuche des Krieges beobachtet.

Art. 3 [Kombattanten und Nichtkombattanten] Die bewaffnete Macht der Kriegsparteien kann sich zusammensetzen aus Kombattanten und Nichtkombattanten. Im Falle der Gefangennahme durch den Feind haben die einen wie die anderen Anspruch auf Behandlung als Kriegsgefangene.

Zweites Kapitel. Kriegsgefangene[1]

---

[1] Aus Raumgründen wird auf den Abdruck des zweiten Kapitels (Art. 4–20), das durch die umfangreiche Regelung des III. Genfer Abkommens vom 12. 8. 1949 über die Behandlung der Kriegsgefangenen (BGBl. 1954 II S. 838) überholt ist, verzichtet.

Drittes Kapitel. Kranke und Verwundete

Art. 21. Die Pflichten der Kriegführenden in Ansehung der Behandlung von Kranken und Verwundeten bestimmen sich nach dem Genfer Abkommen.[1]

Zweiter Abschnitt. Feindseligkeiten[2]

Erstes Kapitel. Mittel zur Schädigung des Feindes, Belagerungen und Beschießungen

Art. 22 [Mittel zur Schädigung des Feindes] Die Kriegführenden haben kein unbeschränktes Recht in der Wahl der Mittel zur Schädigung des Feindes.

Art. 23 [Verbote] Abgesehen von den durch Sonderverträge aufgestellten Verboten, ist namentlich untersagt:

a) die Verwendung von Gift oder vergifteten Waffen,

b) die meuchlerische Tötung oder Verwundung von Angehörigen des feindlichen Volkes oder Heeres,

c) die Tötung oder Verwundung eines die Waffen streckenden oder wehrlosen Feindes, der sich auf Gnade und Ungnade ergeben hat,

d) die Erklärung, daß kein Pardon gegeben wird,

e) der Gebrauch von Waffen, Geschossen oder Stoffen, die geeignet sind, unnötig Leiden zu verursachen,

f) der Mißbrauch der Parlamentärflagge, der Nationalflagge oder der militärischen Abzeichen oder der Uniform des Feindes sowie der besonderen Abzeichen des Genfer Abkommens,

g) die Zerstörung oder Wegnahme feindlichen Eigentums außer in den Fällen, wo diese Zerstörung oder Wegnahme durch die Erfordernisse des Krieges dringend erheischt wird,

h) die Aufhebung oder zeitweilige Außerkraftsetzung der Rechte und Forderungen von Angehörigen der Gegenpartei oder die Ausschließung ihrer Klagbarkeit.

Den Kriegführenden ist ebenfalls untersagt, Angehörige der Gegenpartei zur Teilnahme an den Kriegsunternehmungen gegen ihr Land zu zwingen; dies gilt auch für den Fall, daß sie vor Ausbruch des Krieges angeworben waren.

Art. 24 [Kriegslisten; Nachrichtenverschaffung] Kriegslisten und die Anwendung der notwendigen Mittel, um sich Nachrichten über den Gegner und das Gelände zu verschaffen, sind erlaubt.

Art. 25 [Unverteidigte Stätten] Es ist untersagt, unverteidigte Städte, Dörfer, Wohnstätten oder Gebäude, mit welchen Mitteln es auch sei, anzugreifen oder zu beschießen.

Art. 26 [Warnung vor Beschießungen] Der Befehlshaber einer angreifenden Truppe soll vor Beginn der Beschießung, den Fall eines Sturmangriffs ausgenommen, alles was an ihm liegt tun, um die Behörden davon zu benachrichtigen.

Art. 27 [Belagerungen und Beschießungen] Bei Belagerungen und Beschießungen sollen alle erforderlichen Vorkehrungen getroffen werden, um die dem Gottesdienste, der Kunst, der Wissenschaft und der Wohltätigkeit gewidmeten Gebäude, die geschichtlichen Denkmäler, die Hospitäler und Sammelplätze für Kranke und Verwundete soviel wie möglich zu schonen, vorausgesetzt, daß sie nicht gleichzeitig zu einem militärischen Zwecke Verwendung finden.

Pflicht der Belagerten ist es, diese Gebäude oder Sammelplätze mit deutlichen besonderen Zeichen zu versehen und diese dem Belagerer vorher bekanntzugeben.

---

[1] Beachte hierzu I. Genfer Abkommen vom 12. 8. 1949 zur Verbesserung des Loses der Verwundeten und Kranken der Streitkräfte im Felde (BGBl. 1954 II S. 783) – und II. Genfer Abkommen vom 12. 8. 1949 zur Verbesserung des Loses der Verwundeten, Kranken und Schiffbrüchigen der Streitkräfte zur See (BGBl. 1954 II S. 813).

[2] Der Zweite und Dritte Abschnitt der Haager Landkriegsordnung wird ergänzt durch das IV. Genfer Abkommen vom 12. 8. 1949 zum Schutze von Zivilpersonen in Kriegszeiten (BGBl. 1954 II S. 917).

Art. 28 [Plünderungsverbot] Es ist untersagt, Städte oder Ansiedelungen, selbst wenn sie im Sturme genommen sind, der Plünderung preiszugeben.

Zweites Kapitel. Spione

Art. 29 [Begriff des Spions] Als Spion gilt nur, wer heimlich oder unter falschem Vorwand in dem Operationsgebiet eines Kriegführenden Nachrichten einzieht oder einzuziehen sucht in der Absicht, sie der Gegenpartei mitzuteilen.

Demgemäß sind Militärpersonen in Uniform, die in das Operationsgebiet des feindlichen Heeres eingedrungen sind, um sich Nachrichten zu verschaffen, nicht als Spione zu betrachten. Desgleichen gelten nicht als Spione: Militärpersonen und Nichtmilitärpersonen, die den ihnen erteilten Auftrag, Mitteilungen an ihr eigenes oder an das feindliche Heer zu überbringen, offen ausführen. Dahin gehören ebenfalls Personen, die in Luftschiffen befördert werden, um Mitteilungen zu überbringen oder um überhaupt Verbindungen zwischen den verschiedenen Teilen eines Heeres oder eines Gebiets aufrechtzuerhalten.

Art. 30 [Bestrafung nur nach Urteil] Der auf der Tat ertappte Spion kann nicht ohne vorausgegangenes Urteil bestraft werden.

Art. 31 [Früherer Spion in Kriegsgefangenschaft] Ein Spion, welcher zu dem Heere, dem er angehört, zurückgekehrt ist und später vom Feinde gefangengenommen wird, ist als Kriegsgefangener zu behandeln und kann für früher begangene Spionage nicht verantwortlich gemacht werden.

Drittes Kapitel. Parlamentäre

Art. 32 [Begriff und Stellung des Parlamentärs] Als Parlamentär gilt, wer von einem der Kriegführenden bevollmächtigt ist, mit dem anderen in Unterhandlungen zu treten, und sich mit der weißen Fahne zeigt. Er hat Anspruch auf Unverletzlichkeit, ebenso der ihn begleitende Trompeter, Hornist oder Trommler, Fahnenträger und Dolmetscher.

Art. 33 [Empfang und Maßnahmen des Gegners] Der Befehlshaber, zu dem ein Parlamentär gesandt wird, ist nicht verpflichtet, ihn unter allen Umständen zu empfangen.

Er kann alle erforderlichen Maßregeln ergreifen, um den Parlamentär zu verhindern, seine Sendung zur Einziehung von Nachrichten zu benutzen.

Er ist berechtigt, bei vorkommendem Mißbrauche den Parlamentär zeitweilig zurückzuhalten.

Art. 34 [Verrat des Parlamentärs] Der Parlamentär verliert seinen Anspruch auf Unverletzlichkeit, wenn der bestimmte, unwiderlegbare Beweis vorliegt, daß er seine bevorrechtigte Stellung dazu benutzt hat, um Verrat zu üben oder dazu anzustiften.

Viertes Kapitel. Kapitulationen

Art. 35. Die zwischen den abschließenden Parteien vereinbarten Kapitulationen sollen den Forderungen der militärischen ehre Rechnung tragen.

Einmal abgeschlossen, sollen sie von beiden Parteien gewissenhaft beobachtet werden.

Fünftes Kapitel. Waffenstillstand

Art. 36 [Folgen des Waffenstillstandes; Aufnahme der Kampfhandlungen] Der Waffenstillstand unterbricht die Kriegsunternehmungen kraft eines wechselseitigen Übereinkommens der Kriegsparteien. ist eine bestimmte Dauer nicht vereinbart worden, so können die Kriegsparteien jederzeit die Feindseligkeiten wieder aufnehmen, doch nur unter der Voraussetzung, daß der Feind, gemäß den Bedingungen des Waffenstillstandes, rechtzeitig benachrichtigt wird.

Art. 37 [Allgemeiner und örtlicher Waffenstillstand] Der Waffenstillstand kann ein allgemeiner oder ein örtlich begrenzter sein. Der erstere unterbricht die Kriegsunternehmungen der kriegführenden Staaten allenthalben, der letztere nur für bestimmte Teile der kriegführenden Herre und innerhalb eines bestimmten Bereichs.

Art. 38 [Bekanntmachung] Der Waffenstillstand muß in aller Form und rechtzeitig den zuständigen Behörden und den Truppen bekanntgemacht werden. Die Feindseligkeiten sind sofort nach der Bekanntmachung oder zu dem festgesetzten Zeitpunkt einzustellen.

Art. 39 [Beziehungen zur Bevölkerung und zum Gegner] Es ist Sache der abschließenden Parteien, in den Bedingungen des Waffenstillstandes festzusetzen, welche Beziehungen etwa auf dem Kriegsschauplatze mit der Bevölkerung und untereinander statthaft sind.

Art. 40 [Verletzung des Waffenstillstandes] Jede schwere Verletzung des Waffenstillstandes durch eine der Parteien gibt der anderen das Recht, ihn zu kündigen und in dringenden Fällen sogar die Feindseligkeiten unverzüglich wieder aufzunehmen.

Art. 41 [Verletzung durch Privatpersonen] Die Verletzung der Bedingungen des Waffenstillstandes durch Privatpersonen, die aus eigenem Antriebe handeln, gibt nur das Recht, die Bestrafung der Schuldigen und gegebenen Falles einen Ersatz für den erlittenen Schaden zu fordern.

Dritter Abschnitt.

Militärische Gewalt auf besetztem feindlichem Gebiete[1]

Art. 42 [Begriff der „Besetzung"] Ein Gebiet gilt als besetzt, wenn es sich tatsächlich in der Gewalt des feindlichen Heeres befindet.

Die Besetzung erstreckt sich nur auf die Gebiete, wo diese Gewalt hergestellt ist und ausgeübt werden kann.

Art. 43 [Wiederherstellung der öffentlichen Ordnung] Nachdem die gesetzmäßige Gewalt tatsächlich in die Hände des Besetzenden übergegangen ist, hat dieser alle von ihm abhängenden Vorkehrungen zu treffen, um nach Möglichkeit die öffentliche Ordnung und das öffentliche Leben wiederherzustellen und aufrechtzuerhalten, und zwar, soweit kein zwingendes Hindernis besteht, unter Beachtung der Landesgesetze.

Art. 44 [Verbot des Auskunftzwanges] Einem Kriegführenden ist es untersagt, die Bevölkerung eines besetzten Gebiets zu zwingen, Auskünfte über das Heer des anderen kriegführenden oder über dessen Verteidigungsmittel zu geben.

Art. 45 [Verbot des Zwanges zum Treueid] Es ist untersagt, die Bevölkerung eines besetzten Gebiets zu zwingen, der feindlichen Macht den Treueid zu leisten.

Art. 46 [Schutz des einzelnen und des Privateigentums] Die Ehre und die Rechte der Familie, das Leben der Bürger und das Privateigentum sowie die religiösen Überzeugungen und gottesdienstlichen Handlungen sollen geachtet werden.

Das Privateigentum darf nicht eingezogen werden.

Art. 47 [Plünderungsverbot] Die Plünderung ist ausdrücklich untersagt.

Art. 48 [Erhebung von Abgaben] Erhebt der Besetzende in dem besetzten Gebiete die zugunsten des Staates bestehenden Abgaben, Zölle und Gebühren, so soll er es möglichst nach Maßgabe der für die Ansetzung und Verteilung geltenden Vorschriften tun; es erwächst damit für ihn die Verpflichtung, die Kosten der Verwaltung des besetzten Gebiets in dem Umfange zu tragen, wie die gesetzmäßige Regierung hierzu verpflichtet war.

---

[1] Der Zweite und Dritte Abschnitt der Haager Landkriegsordnung wird ergänzt durch das IV. Genfer Abkommen vom 12.8. 1949 zum Schutz von Zivilpersonen in Kriegszeiten (BGBl. 1954 II S. 917).

Art. 49 [Erhebung von anderen Auflagen] Erhebt der Besetzende in dem besetzten Gebiet außer den im vorstehenden Artikel bezeichneten Abgaben andere Auflagen in Geld, so darf dies nur zur Deckung der Bedürfnisse des Heeres oder der Verwaltung dieses Gebiets geschehen.

Art. 50 [Strafen wegen Handlungen einzelner] Keine Strafe in Geld oder anderer Art darf über eine ganze Bevölkerung wegen der Handlungen einzelner verhängt werden, für welche die Bevölkerung nicht als mitverantwortlich angesehen werden kann.

Art. 51 [Zwangsauflagen] Zwangsauflagen können nur auf Grund eines schriftlichen Befehls und unter Verantwortlichkeit eines selbständig kommandierenden Generals erhoben werden.

Die Erhebung soll so viel wie möglich nach den Vorschriften über die Ansetzung und Verteilung der bestehenden Abgaben erfolgen.

Über jede auferlegte Leistung wird den Leistungspflichtigen eine Empfangsbestätigung erteilt.

Art. 52 [Natural- und Dienstleistungen] Naturalleistungen und Dienstleistungen können von Gemeinden oder Einwohnern nur für die Bedürfnisse des Besetzungsheers gefordert werden. sie müssen im Verhältnis zu den Hilfsquellen des Landes stehen und solcher Art sein, daß sie nicht für die Bevölkerung die Verpflichtung enthalten, an Kriegsunternehmungen gegen ihr Vaterland teilzunehmen.

Derartige Natural- und Dienstleistungen können nur mit Ermächtigung des Befehlshabers der besetzten Örtlichkeit gefordert werden.

Die Naturalleistungen sind so viel wie möglich bar zu bezahlen. Anderenfalls sind dafür Empfangsbestätigungen auszustellen; die Zahlung der geschuldeten Summen soll möglichst bald bewirkt werden.

Art. 53 [Sachen, die der Beschlagnahme unterliegen können] Das ein Gebiet besetzende Heer kann nur mit Beschlag belegen: das bare Geld und die Wertbestände des Staates sowie die dem Staate zustehenden eintreibbaren Forderungen, die Waffenniederlagen, Beförderungsmittel, Vorratshäuser und Lebensmittelvorräte sowie überhaupt alles bewegliche Eigentum des Staates, das geeignet ist, den Kriegsunternehmungen zu dienen.

Alle Mittel, die zu Lande, zu Wasser und in der Luft zur Weitergabe von Nachrichten und zur Beförderung von Personen oder Sachen dienen, mit Ausnahme der durch das Seerecht geregelten Fälle, sowie die Waffenniederlagen und überhaupt jede Art von Kriegsvorräten können, selbst wenn sie Privatpersonen gehören, mit Beschlag belegt werden. Beim Friedensschlusse müssen sie aber zurückgegeben und die Entschädigungen geregelt werden.

Art. 54 [Seekabel] Die unterseeischen Kabel, die ein besetztes Gebiet mit einem neutralen Gebiete verbinden, dürfen nur im Falle unbedingter Notwendigkeit mit Beschlag belegt oder zerstört werden. Beim Friedensschlusse müssen sie gleichfalls zurückgegeben und die Entschädigungen geregelt werden.

Art. 55 [Besetzerstaat als Verwalter und Nutznießer] Der besetzende Staat hat sich nur als Verwalter und Nutznießer der öffentlichen Gebäude, Liegenschaften, Wälder und landwirtschaftlichen Betriebe zu betrachten, die dem feindlichen Staate gehören und sich in dem besetzten Gebiete befinden. Er soll den Bestand dieser Güter erhalten und sie nach den Regeln des Nießbrauchs verwalten.

Art. 56 [Gemeindeeigentum; öffentliche Anstalten] Das Eigentum der Gemeinden und der dem Gottesdienste, der Wohltätigkeit, dem Unterrichte, der Kunst und der Wissenschaft gewidmeten Anstalten, auch wenn diese dem Staate gehören, ist als Privateigentum zu behandeln.

Jede Beschlagnahme, jede absichtliche Zerstörung oder Beschädigung von derartigen Anlagen, von geschichtlichen Denkmälern oder von Werken der Kunst und Wissenschaft ist untersagt und soll geahndet werden.

38. Genfer Protokoll über das Verbot der Verwendung von erstickenden, giftigen oder ähnlichen Gasen sowie von bakteriologischen Mitteln im Kriege[1] · [2] · [3]

(17. 6. 1925)

In der Erwägung, daß die Verwendung von erstickenden, giftigen oder gleichartigen Gasen sowie allen ähnlichen Flüssigkeiten, Stoffen oder Verfahrensarten im Kriege mit Recht in der allgemeinen Meinung der zivilisierten Welt verurteilt worden ist,

In der Erwägung, daß das Verbot dieser Verwendung in den Verträgen ausgesprochen worden ist, an denen die meisten Mächte der Welt beteiligt sind,

In der Absicht, eine allgemeine Anerkennung dieses Verbots, das in gleicher Weise eine Auflage für das Gewissen wie für das Handeln der Völker bildet, als eines Bestandteils des internationalen Rechts zu erreichen,

Erklären die unterzeichneten Bevollmächtigten im Namen ihrer Regierungen:

Die Hohen Vertragschließenden Parteien erkennen, soweit sie nicht schon Verträge geschlossen haben, die diese Verwendung untersagen, dieses Verbot an. Sie sind damit einverstanden, daß dieses Verbot auch auf die bakteriologischen Kriegsmittel ausgedehnt wird, und kommen überein, sich untereinander an die Bestimmungen dieser Erklärung gebunden zu betrachten.

Die Hohen Vertragschließenden Parteien werden sich nach besten Kräften bemühen, die anderen Staaten zum Beitritt zu dem vorliegenden Protokoll zu veranlassen. Dieser Beitritt wird der Regierung der Französischen Republik und sodann durch diese allen Signatar- und beitretenden Mächten angezeigt werden. Er erlangt mit dem Tage Wirksamkeit, an dem er durch die Regierung der Französischen Republik angezeigt wird.

Das vorliegende Protokoll, dessen französischer und englischer Text maßgebend sind, soll sobald wie möglich ratifiziert werden. Es trägt das Datum des heutigen Tages.

Die Ratifikationsurkunden des vorliegenden Protokolls werden der Regierung der Französischen Republik übermittelt; diese teilt die Hinterlegung jeder der Signatar- oder beitretenden Mächte mit.

Die Ratifikations- oder Beitrittsurkunden bleiben in den Archiven der Regierung der Französischen Republik hinterlegt.

Das vorliegende Protokoll tritt für jede Signatarmacht mit dem Tage der Hinterlegung ihrer Ratifikationsurkunde in Kraft; von diesem Zeitpunkt an ist diese Macht gegenüber den anderen Mächten, die bereits Ratifikationsurkunden hinterlegt haben, gebunden.

---

[1] Aus RGBl. 1929 II S. 174.
[2] Internationale Quelle: LNTS Vol 94 p. 65.
[3] Das Wort „Genfer" im Titel des Protokolls ist eine Hinzufügung des Herausgebers.

Zu Urkund dessen haben die Bevollmächtigten das vorliegende Protokoll unterzeichnet.

Geschehen zu Genf, in einer einzigen Ausfertigung, am siebzehnten Juni Neunzehnhundertfünfundzwanzig.

39. Zusatzprotokoll
zu den Genfer Abkommen vom
12. August 1949 über den Schutz der Opfer
internationaler bewaffneter Konflikte
(Protokoll I)[1)·2)]

(8. 6. 1977)[3)]

Präambel

Die Hohen Vertragsparteien –
den ernsthaften Wunsch bekundend, daß unter den Völkern Friede herrschen möge,

eingedenk dessen, daß jeder Staat im Einklang mit der Charta der Vereinten Nationen die Pflicht hat, in seinen internationalen Beziehungen jede gegen die Souveränität, die territoriale Unversehrtheit oder die politische Unabhängigkeit eines Staates gerichtete oder sonst mit den Zielen der Vereinten
Nationen unvereinbare Androhung oder Anwendung von Gewalt zu unterlassen,

jedoch im Bewußtsein der Notwendigkeit, die Bestimmungen zum Schutz
der Opfer bewaffneter Konflikte neu zu bestätigen und weiterzuentwickeln
und die Maßnahmen zu ergänzen, die ihre Anwendung stärken sollen,

ihrer Überzeugung Ausdruck verleihend, daß weder dieses Protokoll noch
die Genfer Abkommen vom 12. August 1949 so auszulegen sind, als rechtfer-
tigten oder erlaubten sie eine Angriffshandlung oder sonstige mit der Charta
der Vereinten Nationen unvereinbare Anwendung von Gewalt,

und erneut bekräftigend, daß die Bestimmungen der Genfer Abkommen
vom 12. August 1949 und dieses Protokolls unter allen Umständen uneingeschränkt auf alle durch diese Übereinkünfte geschützten Personen anzuwenden sind, und zwar ohne jede nachteilige Unterscheidung, die auf Art oder
Ursprung des bewaffneten Konflikts oder auf Beweggründen beruht, die von
den am Konflikt beteiligten Parteien vertreten oder ihnen zugeschrieben werden –

sind wie folgt übereingekommen:

Teil I. Allgemeine Bestimmungen

Art. 1 Allgemeine Grundsätze und Anwendungsbereich. (1) Die Hohen Vertragsparteien verpflichten sich, dieses Protokoll unter allen Umständen
einzuhalten und seine Einhaltung durchzusetzen.

[1)] Aus BGBl. 1990 II S. 1551.
[2)] Internationale Quelle: UNTS Vol. 1125, p. 3.
[3)] Das Datum bezeichnet den Zeitpunkt der Unterzeichnung der Schlußakte der Genfer
„Diplomatischen Konferenz über die Neubestätigung und Weiterentwicklung des in bewaffneten Konflikten anwendbaren humanitären Völkerrechts".

(2) In Fällen, die von diesem Protokoll oder anderen internationalen Übereinkünften nicht erfaßt sind, verbleiben Zivilpersonen und Kombattanten unter dem Schutz und der Herrschaft der Grundsätze des Völkerrechts, wie sie sich aus feststehenden Gebräuchen, aus den Grundsätzen der Menschlichkeit und aus den Forderungen des öffentlichen Gewissens ergeben.

(3) Dieses Protokoll, das die Genfer Abkommen vom 12. August 1949 zum Schutz der Kriegsopfer ergänzt, findet in den Situationen Anwendung, die in dem diesen Abkommen gemeinsamen Artikel 2 bezeichnet sind.

(4) Zu den in Absatz 3 genannten Situationen gehören auch bewaffnete Konflikte, in denen Völker gegen Kolonialherrschaft und fremde Besetzung sowie gegen rassistische Regimes in Ausübung ihres Rechts auf Selbstbestimmung kämpfen, wie es in der Charta der Vereinten Nationen und in der Erklärung über Grundsätze des Völkerrechts betreffend freundschaftliche Beziehungen und Zusammenarbeit zwischen den Staaten im Einklang mit der Charta der Vereinten Nationen niedergelegt ist.

Art. 2 Begriffsbestimmungen. Im Sinne dieses Protokolls

a) bedeutet „I. Abkommen", „II. Abkommen", „III. Abkommen" und „IV. Abkommen" jeweils das Genfer Abkommen vom 12. August 1949 zur Verbesserung des Loses der Verwundeten und Kranken der bewaffneten Kräfte im Felde, das Genfer Abkommen vom 12. August 1949 zur Verbesserung des Loses der Verwundeten, Kranken und Schiffbrüchigen der bewaffneten Kräfte zur See, das Genfer Abkommen vom 12. August 1949 über die Behandlung der Kriegsgefangenen und das Genfer Abkommen vom 12. August 1949 über den Schutz von Zivilpersonen in Kriegszeiten; „die Abkommen" bedeutet die vier Genfer Abkommen vom 12. August 1949 zum Schutz der Kriegsopfer;

b) bedeutet „Regeln des in bewaffneten Konflikten anwendbaren Völkerrechts" die in bewaffneten Konflikten anwendbaren Regeln, die in internationalen Übereinkünften verankert sind, denen die am Konflikt beteiligten Parteien als Vertragsparteien angehören, sowie die allgemein anerkannten Grundsätze und Regeln des Völkerrechts, die auf bewaffnete Konflikte anwendbar sind;

c) bedeutet „Schutzmacht" einen neutralen oder anderen nicht am Konflikt beteiligten Staat, der von einer am Konflikt beteiligten Partei benannt, von der gegnerischen Partei anerkannt und bereit ist, die in den Abkommen und diesem Protokoll einer Schutzmacht übertragenen Aufgaben wahrzunehmen;

d) bedeutet „Ersatzschutzmacht" eine Organisation, die anstelle einer Schutzmacht nach Artikel 5 tätig wird.

Art. 3 Beginn und Ende der Anwendung. Unbeschadet der Bestimmungen, die jederzeit anwendbar sind,

a) werden die Abkommen und dieses Protokoll angewendet, sobald eine in Artikel 1 dieses Protokolls genannte Situation eintritt;

b) endet die Anwendung der Abkommen und dieses Protokolls im Hoheitsgebiet der am Konflikt beteiligten Parteien mit der allgemeinen Beendigung der Kriegshandlungen und im Fall besetzter Gebiete mit der Beendigung der Besetzung; in beiden Fällen gilt dies jedoch nicht für Personen, deren endgültige Freilassung, deren Heimschaffung oder Niederlassung zu einem späteren Zeitpunkt erfolgt. Diese Personen genießen bis zu ihrer endgültigen Freilassung, ihrer Heimschaffung oder Niederlassung weiterhin den Schutz der einschlägigen Bestimmungen der Abkommen und dieses Protokolls.

Art. 4 Rechtsstellung der am Konflikt beteiligten Parteien. Die Anwendung der Abkommen und dieses Protokolls sowie der Abschluß der darin vorgesehenen Übereinkünfte berühren nicht die Rechtsstellung der am Konflikt beteiligten Parteien. Die Besetzung eines Gebiets und die Anwendung der Abkommen und dieses Protokolls berühren nicht die Rechtsstellung des betreffenden Gebiets.

Art. 5 Benennung von Schutzmächten und von Ersatzschutzmächten. (1) Die an einem Konflikt beteiligten Parteien sind verpflichtet, vom Beginn des Konflikts an die Einhaltung der Abkommen und dieses Protokolls und deren Überwachung durch Anwendung des Schutzmächtesystems sicherzustellen; dazu gehören insbesondere die Benennung und Anerkennung dieser Mächte nach Maßgabe der folgenden Absätze. Die Schutzmächte haben die Aufgabe, die Interessen der am Konflikt beteiligten Parteien wahrzunehmen.

(2) Tritt eine in Artikel 1 genannte Situation ein, so benennt jede am Konflikt beteiligte Partei unverzüglich eine Schutzmacht zu dem Zweck, die Abkommen und dieses Protokoll anzuwenden; sie läßt ebenfalls unverzüglich und zu demselben Zweck die Tätigkeit einer Schutzmacht zu, die sie selbst nach Benennung durch die gegnerische Partei als solche anerkannt hat.

(3) Ist beim Eintritt einer Situation nach Artikel 1 keine Schutzmacht benannt oder anerkannt worden, so bietet das Internationale Komitee vom Roten Kreuz, unbeschadet des Rechts jeder anderen unparteiischen humanitären Organisation, das gleiche zu tun, den am Konflikt beteiligten Parteien seine guten Dienste mit dem Ziel an, unverzüglich eine Schutzmacht zu benennen, mit der die am Konflikt beteiligten Parteien einverstanden sind. Zu diesem Zweck kann das Komitee insbesondere jede Partei auffordern, ihm eine Liste von mindestens fünf Staaten vorzulegen, die sie für annehmbar hält, um für sie als Schutzmacht gegenüber einer gegnerischen Partei tätig zu werden, und jede gegnerische Partei auffordern, eine Liste von mindestens fünf Staaten vorzulegen, die sie als Schutzmacht der anderen Partei anerkennen würde; diese Listen sind dem Komitee binnen zwei Wochen nach Eingang der Aufforderung zu übermitteln; das Komitee vergleicht sie und ersucht einen auf beiden Listen aufgeführten Staat um Zustimmung.

(4) Ist trotz der vorstehenden Bestimmungen keine Schutzmacht vorhanden, so nehmen die am Konflikt beteiligten Parteien unverzüglich ein gegebenenfalls vom Internationalen Komitee vom Roten Kreuz oder von einer anderen alle Garantien für Unparteilichkeit und Wirksamkeit bietenden Organisation nach angemessener Konsultierung der betroffenen Parteien und unter Berücksichtigung der Konsultationsergebnisse unterbreitetes Angebot an, als Ersatzschutzmacht tätig zu werden. Zur Durchführung ihrer Aufgaben bedarf die Ersatzschutzmacht der Zustimmung der am Konflikt beteiligten Parteien; diese sind in jeder Weise bemüht, der Ersatzschutzmacht die Wahrnehmung ihrer Aufgaben im Rahmen der Abkommen und dieses Protokolls zu erleichtern.

(5) In Übereinstimmung mit Artikel 4 berühren die Benennung und die Anerkennung von Schutzmächten zum Zweck der Anwendung der Abkommen und dieses Protokolls nicht die Rechtsstellung der am Konflikt beteiligten Parteien oder irgendeines Hoheitsgebiets, einschließlich eines besetzten Gebiets.

(6) Die Aufrechterhaltung diplomatischer Beziehungen zwischen den am Konflikt beteiligten Parteien oder die Übertragung des Schutzes der Interessen einer Partei oder ihrer Staatsangehörigen auf einen dritten Staat im Einklang mit den Regeln des Völkerrechts über diplomatische Beziehungen steht der Benennung von Schutzmächten zum Zweck der Anwendung der Abkommen und dieses Protokolls nicht entgegen.

(7) Jede spätere Erwähnung einer Schutzmacht in diesem Protokoll bezieht sich auch auf eine Ersatzschutzmacht.

Art. 6 Fachpersonal. (1) Die Hohen Vertragsparteien bemühen sich bereits in Friedenszeiten mit Unterstützung der nationalen Gesellschaften des Roten Kreuzes (Roten Halbmonds, Roten Löwen mit Roter Sonne), Fachpersonal auszubilden, um die Anwendung der Abkommen und dieses Protokolls und insbesondere die Tätigkeit der Schutzmächte zu erleichtern.

(2) Für die Einstellung und Ausbildung dieses Personals sind die einzelnen Staaten zuständig.

(3) Das Internationale Komitee vom Roten Kreuz hält für die Hohen Vertragsparteien Listen der so ausgebildeten Personen bereit, soweit sie von den Hohen Vertragsparteien aufgestellt und ihm zu diesem Zweck übermittelt worden sind.

(4) Die Bedingungen für den Einsatz dieses Personals außerhalb des eigenen Hoheitsgebiets sind in jedem Fall Gegenstand besonderer Vereinbarungen zwischen den betroffenen Parteien.

Art. 7 Tagungen. Der Verwahrer dieses Protokolls beruft eine Tagung der Hohen Vertragsparteien zur Erörterung allgemeiner die Anwendung der Abkommen und des Protokolls betreffender Fragen ein, wenn eine oder mehrere Hohe Vertragsparteien darum ersuchen und die Mehrheit dieser Parteien damit einverstanden ist.

Teil II. Verwundete, Kranke und Schiffbrüchige

Abschnitt I. Allgemeiner Schutz

Art. 8 Terminologie. Im Sinne dieses Protokolls
a) bedeutet „Verwundete" und „Kranke" Militär- und Zivilpersonen, die wegen Verwundung, Erkrankung oder anderer körperlicher oder geistiger Störungen oder Gebrechen medizinischer Hilfe oder Pflege bedürfen und die jede feindselige Handlung unterlassen. Als solche gelten auch Wöchnerinnen, Neugeborene und andere Personen, die sofortiger medizinischer Hilfe oder Pflege bedürfen, wie beispielsweise Gebrechliche und Schwangere, und die jede feindselige Handlung unterlassen;
b) bedeutet „Schiffbrüchige" Militär- und Zivilpersonen, die sich auf See oder in einem anderen Gewässer infolge eines Unglücks, das sie selbst oder

das sie befördernde Wasser- oder Luftfahrzeug betroffen hat, in Gefahr befinden und die jede feindselige Handlung unterlassen. Diese Personen gelten während ihrer Rettung, falls sie auch weiterhin jede feindselige Handlung unterlassen, so lange als Schiffbrüchige, bis sie auf Grund der Abkommen oder dieses Protokolls einen anderen Status erlangen;

c) bedeutet „Sanitätspersonal" Personen, die von einer am Konflikt beteiligten Partei ausschließlich den unter Buchstabe e genannten sanitätsdienstlichen Zwecken, der Verwaltung von Sanitätseinheiten oder dem Betrieb oder der Verwaltung von Sanitätstransportmitteln zugewiesen sind. Ihre Zuweisung kann ständig oder nichtständig sein. Der Begriff umfaßt

i) das militärische oder zivile Sanitätspersonal einer am Konflikt beteiligten Partei, darunter das im I. und II. Abkommen erwähnte sowie das den Zivilschutzorganisationen zugewiesene Sanitätspersonal;

ii) das Sanitätspersonal der nationalen Gesellschaften des Roten Kreuzes (Roten Halbmonds, Roten Löwen mit Roter Sonne) und anderer freiwilliger nationaler Hilfsgesellschaften, die von einer am Konflikt beteiligten Partei ordnungsgemäß anerkannt und ermächtigt sind;

iii) das Sanitätspersonal der in Artikel 9 Absatz 2 genannten Sanitätseinheiten oder Sanitätstransportmittel;

d) bedeutet „Seelsorgepersonal" Militär- oder Zivilpersonen, wie beispielsweise Feldgeistliche, die ausschließlich ihr geistliches Amt ausüben und

i) den Streitkräften einer am Konflikt beteiligten Partei,

ii) Sanitätseinheiten oder Sanitätstransportmitteln einer am Konflikt beteiligten Partei,

iii) Sanitätseinheiten oder Sanitätstransportmitteln nach Artikel 9 Absatz 2 oder

iv) Zivilschutzorganisationen einer am Konflikt beteiligten Partei zugeteilt sind.

Die Zuweisung des Seelsorgepersonals kann ständig oder nichtständig sein; die einschlägigen Bestimmungen des Buchstabens k finden auf dieses Personal Anwendung;

e) bedeutet „Sanitätseinheiten" militärische oder zivile Einrichtungen und sonstige Einheiten, die zu sanitätsdienstlichen Zwecken gebildet worden sind, nämlich zum Aufsuchen, zur Bergung, Beförderung, Untersuchung oder Behandlung – einschließlich erster Hilfe – der Verwundeten, Kranken und Schiffbrüchigen sowie zur Verhütung von Krankheiten. Der Begriff umfaßt unter anderem Lazarette und ähnliche Einheiten, Blutspendedienste, medizinische Vorsorgezentren und -institute, medizinische Depots sowie medizinische und pharmazeutische Vorratslager dieser Einheiten. Die Sanitätseinheiten können ortsfest oder beweglich, ständig oder nichtständig sein;

f) bedeutet „Sanitätstransport" die Beförderung zu Land, zu Wasser oder in der Luft von Verwundeten, Kranken und Schiffbrüchigen, von Sanitäts- und Seelsorgepersonal sowie von Sanitätsmaterial, welche durch die Abkommen und dieses Protokoll geschützt sind;

g) bedeutet „Sanitätstransportmittel" jedes militärische oder zivile, ständige oder nichtständige Transportmittel, das ausschließlich dem Sanitätstransport zugewiesen ist und einer zuständigen Dienststelle einer am Konflikt beteiligten Partei untersteht;

h) bedeutet „Sanitätsfahrzeug" ein Sanitätstransportmittel zu Land;

i) bedeutet „Sanitätsschiffe und sonstige Sanitätswasserfahrzeuge" Sanitätstransportmittel zu Wasser;

j) bedeutet „Sanitätsluftfahrzeug" ein Sanitätstransportmittel in der Luft;

k) gelten Sanitätspersonal, Sanitätseinheiten und Sanitätstransportmittel als „ständig", wenn sie auf unbestimmte Zeit ausschließlich sanitätsdienstlichen Zwecken zugewiesen sind. Sanitätspersonal, Sanitätseinheiten und Sanitätstransportmittel gelten als „nichtständig", wenn sie für begrenzte Zeit während der gesamten Dauer derselben ausschließlich zu sanitätsdienstlichen Zwecken eingesetzt werden. Sofern nichts anderes bestimmt ist, umfassen die Begriffe „Sanitätspersonal", „Sanitätseinheiten" und Sanitätstransportmittel" sowohl die ständigen als auch die nichtständigen;

l) bedeutet „Schutzzeichen" das Schutzzeichen des Roten Kreuzes, des Roten Halbmonds oder des Roten Löwen mit Roter Sonne auf weißem Grund, das zum Schutz von Sanitätseinheiten und -transportmitteln oder von Sanitäts- und Seelsorgepersonal oder Sanitätsmaterial verwendet wird;

m) bedeutet „Erkennungssignal" jedes Mittel, das in Kapitel III des Anhangs I dieses Protokolls ausschließlich zur Kennzeichnung von Sanitätseinheiten oder -transportmitteln bestimmt ist.

Art. 9 Anwendungsbereich. (1) Dieser Teil, dessen Bestimmungen das Los der Verwundeten, Kranken und Schiffbrüchigen verbessern sollen, findet auf alle von einer in Artikel 1 genannten Situation Betroffenen Anwendung, ohne jede auf Rasse, Hautfarbe, Geschlecht, Sprache, Religion oder Glauben, politischen oder sonstigen Anschauungen, nationaler oder sozialer Herkunft, Vermögen, Geburt oder sonstiger Stellung oder auf irgendeinem anderen ähnliche Unterscheidungsmerkmal beruhende nachteilige Unterscheidung.

(2) Die einschlägigen Bestimmungen der Artikel 27 und 32 des I. Abkommens finden auf ständige Sanitätseinheiten und -transportmittel (ausgenommen Lazarettschiffe, für die Artikel 25 des II. Abkommens gilt) und ihr Personal Anwendung, die einer am Konflikt beteiligten Partei zu humanitären Zwecken

a) von einem neutralen oder einem anderen nicht am Konflikt beteiligten Staat,

b) von einer anerkannten und ermächtigten Hilfsgesellschaft eines solchen Staates,

c) von einer unparteiischen internationalen humanitären Organisation zur Verfügung gestellt wurden.

Art. 10 Schutz und Pflege. (1) Alle Verwundeten, Kranken und Schiffbrüchigen, gleichviel welcher Partei sie angehören, werden geschont und geschützt.

(2) Sie werden unter allen Umständen mit Menschlichkeit behandelt und erhalten so umfassend und so schnell wie möglich die für ihren Zustand erforderliche medizinische Pflege und Betreuung. Aus anderen als medizinischen Gründen darf kein Unterschied zwischen ihnen gemacht werden.

Art. 11 Schutz von Personen. (1) Die körperliche oder geistige Gesundheit und Unversehrtheit von Personen, die sich in der Gewalt der gegnerischen Partei befinden, die infolge einer in Artikel 1 genannten Situation interniert oder in Haft gehalten sind oder denen anderweitig die Freiheit entzogen ist, dürfen nicht durch ungerechtfertigte Handlungen oder Unterlassungen gefährdet werden. Es ist daher verboten, die in diesem Artikel genannten Personen einem medizinischen Verfahren zu unterziehen, das nicht durch ihren Gesundheitszustand geboten ist und das nicht mit den allgemein anerkannten medizinischen Grundsätzen im Einklang steht, die unter entsprechenden medizinischen Umständen auf Staatsangehörige der das Verfahren durchführenden Partei angewandt würden, denen die Freiheit nicht entzogen ist.

(2) Es ist insbesondere verboten, an diesen Personen, selbst mit ihrer Zustimmung,

a) körperliche Verstümmelungen vorzunehmen,

b) medizinische oder wissenschaftliche Versuche vorzunehmen,

c) Gewebe oder Organe für Übertragungen zu entfernen,

soweit diese Maßnahmen nicht gemäß den Voraussetzungen nach Absatz 1 gerechtfertigt sind.

(3) Ausnahmen von dem in Absatz 2 Buchstabe c bezeichneten Verbot sind nur bei der Entnahme von Blut oder Haut für Übertragungen zulässig, sofern die Einwilligung freiwillig und ohne Zwang oder Überredung und der Eingriff nur zu therapeutischen Zwecken und unter Bedingungen erfolgt, die mit den allgemein anerkannten medizinischen Grundsätzen im Einklang stehen und Kontrollen unterliegen, die dem Wohl sowohl des Spenders als auch des Empfängers dienen.

(4) Eine vorsätzliche Handlung oder Unterlassung, welche die körperliche oder geistige Gesundheit oder Unversehrtheit einer Person erheblich gefährdet, die sich in der Gewalt einer anderen Partei als derjenigen befindet, zu der sie gehört, und die entweder gegen eines der Verbote der Absätze 1 und 2 verstößt oder nicht den Bedingungen des Absatzes 3 entspricht, stellt eine schwere Verletzung dieses Protokolls dar.

(5) Die in Absatz 1 bezeichneten Personen haben das Recht, jeden chirurgischen Eingriff abzulehnen. Im Fall einer Ablehnung hat sich das Sanitätspersonal um eine entsprechende schriftliche, vom Patienten unterzeichnete oder anerkannte Erklärung zu bemühen.

(6) Jede am Konflikt beteiligte Partei führt medizinische Unterlagen über die einzelnen Entnahmen von Blut und Haut für Übertragungen, die von den in Absatz 1 genannten Personen stammen, sofern die Entnahmen unter der Verantwortung dieser Partei erfolgen. Ferner ist jede am Konflikt beteiligte Partei bemüht, Unterlagen über alle medizinischen Verfahren betreffend Personen zu führen, die infolge einer in Artikel 1 genannten Situation interniert oder in Haft gehalten sind oder denen anderweitig ihre Freiheit entzogen ist. Diese Unterlagen müssen der Schutzmacht jederzeit zur Einsicht zur Verfügung stehen.

Art. 12 Schutz von Sanitätseinheiten. (1) Sanitätseinheiten werden jederzeit geschont und geschützt und dürfen nicht angegriffen werden.

(2) Absatz 1 findet auf zivile Sanitätseinheiten Anwendung, sofern sie

a) zu einer am Konflikt beteiligten Partei gehören,

b) von der zuständigen Behörde einer am Konflikt beteiligten Partei anerkannt und ermächtigt sind oder

c) nach Maßgabe des Artikels 9 Absatz 2 dieses Protokolls oder des Artikels 27 des I. Abkommens ermächtigt sind.

(3) Die am Konflikt beteiligten Parteien sind aufgefordert, einander mitzuteilen, wo sich ihre ortsfesten Sanitätseinheiten befinden. Unterbleibt eine solche Mitteilung, so entbebt dies keine der Parteien der Verpflichtung, die Bestimmungen des Absatzes 1 zu beachten.

(4) Sanitätseinheiten dürfen unter keinen Umständen für den Versuch benutzt werden, militärische Ziele vor Angriffen abzuschirmen. Die am Konflikt beteiligten Parteien sorgen wann immer möglich dafür, daß die Sanitätseinheiten so gelegt werden, daß sie durch Angriffe auf militärische Ziele nicht gefährdet werden können.

Art. 13 Ende des Schutzes ziviler Sanitätseinheiten. (1) Der den zivilen Sanitätseinheiten gebührende Schutz darf nur dann enden, wenn diese außerhalb ihrer humanitären Bestimmung zu Handlungen verwendet werden, die den Feind schädigen. Jedoch endet der Schutz erst, nachdem eine Warnung, die möglichst eine angemessene Frist setzt, unbeachtet geblieben ist.

(2) Als Handlung, die den Feind schädigt, gilt nicht
a) die Tatsache, daß das Personal der Einheit zu seiner eigenen Verteidigung oder zur Verteidigung der ihm anvertrauten Verwundeten und Kranken mit leichten Handfeuerwaffen ausgerüstet ist;
b) die Tatsache, daß die Einheit von einer Wache, durch Posten oder von einem Geleittrupp geschützt wird;
c) die Tatsache, daß in der Einheit Handwaffen und Munition vorgefunden werden, die den Verwundeten und Kranken abgenommen, der zuständigen Dienststelle aber noch nicht abgeliefert worden sind;
d) die Tatsache, daß sich Mitglieder der Streitkräfte oder andere Kombattanten aus medizinischen Gründen bei der Einheit befinden.

Art. 14 Beschränkung der Inanspruchnahme ziviler Sanitätseinheiten. (1) Die Besatzungsmacht hat dafür zu sorgen, daß die medizinische Versorgung der Zivilbevölkerung in den besetzten Gebieten gesichert bleibt.

(2) Die Besatzungsmacht darf deshalb zivile Sanitätseinheiten, ihre Ausrüstung, ihr Material oder ihr Personal so lange nicht in Anspruch nehmen, wie diese Mittel zur angemessenen medizinischen Versorgung der Zivilbevölkerung und zur weiteren Pflege der bereits betreuten Verwundeten und Kranken benötigt werden.

(3) Sofern die allgemeine Vorschrift des Absatzes 2 weiterhin beachtet wird, kann die Besatzungsmacht die genannten Mittel unter den folgenden besonderen Bedingungen in Anspruch nehmen:
a) daß die Mittel zur sofortigen angemessenen medizinischen Behandlung der verwundeten und kranken Angehörigen der Streitkräfte der Besatzungsmacht oder von Kriegsgefangenen benötigt werden;
b) daß die Mittel nur solange in Anspruch genommen werden, wie dies notwendig ist;
c) daß sofortige Vorkehrungen getroffen werden, um die medizinische Versorgung der Zivilbevölkerung sowie der bereits betreuten Verwundeten und Kranken, die von der Inanspruchnahme betroffen sind, weiterhin gesichert bleibt.

Art. 15 Schutz des zivilen Sanitäts- und Seelsorgepersonals. (1) Das zivile Sanitätspersonal wird geschont und geschützt.

(2) Soweit erforderlich, wird dem zivilen Sanitätspersonal in einem Gebiet, in dem die zivilen Sanitätsdienste infolge der Kampftätigkeit erheblich eingeschränkt sind, jede mögliche Hilfe gewährt.

(3) Die Besatzungsmacht gewährt dem zivilen Sanitätspersonal in besetzten Gebieten jede Hilfe, um es ihm zu ermöglichen, seine humanitären Aufgaben nach besten Kräften wahrzunehmen. Die Besatzungsmacht darf nicht verlangen, daß das Personal in Wahrnehmung seiner Aufgaben bestimmte Personen bevorzugt behandelt, es sei denn aus medizinischen Gründen. Das Personal darf nicht gezwungen werden, Aufgaben zu übernehmen, die mit seinem humanitären Auftrag unvereinbar sind.

(4) Das zivile Sanitätspersonal hat Zugang zu allen Orten, an denen seine Dienste unerläßlich sind, vorbehaltlich der Kontroll- und Sicherheitsmaßnahmen, welche die betreffende am Konflikt beteiligte Partei für notwendig hält.

(5) Das zivile Seelsorgepersonal wird geschont und geschützt. Die Bestimmungen der Abkommen und dieses Protokolls über den Schutz und die Kennzeichnung des Sanitätspersonals finden auch auf diese Personen Anwendung.

Art. 16 Allgemeiner Schutz der ärztlichen Aufgabe. (1) Niemand darf bestraft werden, weil er eine ärztliche Tätigkeit ausgeübt hat, die mit dem ärztlichen Ehrenkodex im Einklang steht, gleichviel unter welchen Umständen und zu wessen Nutzen sie ausgeübt worden ist.

(2) Wer eine ärztliche Tätigkeit ausübt, darf nicht gezwungen werden, Handlungen vorzunehmen oder Arbeiten zu verrichten, die mit den Regeln des ärztlichen Ehrenkodexes, mit sonstigen dem Wohl der Verwundeten und Kranken dienenden medizinischen Regeln oder mit den Bestimmungen der Abkommen oder dieses Protokolls unvereinbar sind, oder Handlungen oder Arbeiten zu unterlassen, die auf Grund dieser Regeln und Bestimmungen geboten sind.

(3) Wer eine ärztliche Tätigkeit ausübt, darf nicht gezwungen werden, Angehörigen einer gegnerischen Partei oder der eigenen Partei – es sei denn in den nach dem Recht der letztgenannten Partei vorgesehenen Fällen – Auskünfte über die jetzt oder früher von ihm betreuten Verwundeten und Kranken zu erteilen, sofern diese Auskünfte nach seiner Auffassung den betreffenden Patienten oder ihren Familien schaden würden. Die Vorschriften über die Meldepflicht bei ansteckenden Krankheiten sind jedoch einzuhalten.

Art. 17 Rolle der Zivilbevölkerung und der Hilfsgesellschaften.
(1) Die Zivilbevölkerung hat die Verwundeten, Kranken und Schiffbrüchigen, auch wenn sie der gegnerischen Partei angehören, zu schonen und darf keine Gewalttaten gegen sie verüben. Der Zivilbevölkerung und den Hilfsgesellschaften, wie beispielsweise den nationalen Gesellschaften des Roten Kreuzes (Roten Halbmonds, Roten Löwen mit Roter Sonne) ist es gestattet, auch von sich aus und auch in Invasions- oder besetzten Gebieten die Verwundeten, Kranken und Schiffbrüchigen zu bergen und zu pflegen. Niemand darf wegen solcher humanitärer Handlungen behelligt, verfolgt, verurteilt oder bestraft werden.

(2) Die am Konflikt beteiligten Parteien können die Zivilbevölkerung und die in Absatz 1 bezeichneten Hilfsgesellschaften auffordern, die Verwundeten, Kranken und Schiffbrüchigen zu bergen und zu pflegen sowie nach Toten zu suchen und den Ort zu melden, an dem sie gefunden wurden; sie gewähren denjenigen, die diesem Aufruf Folge leisten, sowohl Schutz als auch die erforderlichen Erleichterungen. Bringt die gegnerische Partei das Gebiet erstmalig oder erneut unter ihre Kontrolle, so gewährt sie den gleichen Schutz und die gleichen Erleichterungen, solange dies erforderlich ist.

Art. 18 Kennzeichnung. (1) Jede am Konflikt beteiligte Partei bemüht sich sicherzustellen, daß das Sanitäts- und Seelsorgepersonal sowie die Sanitätseinheiten und -transportmittel als solche erkennbar sind.

(2) Jede am Konflikt beteiligte Partei ist ferner bemüht, Methoden und Verfahren einzuführen und anzuwenden, die es ermöglichen, Sanitätseinheiten und -transportmittel zu erkennen, welche das Schutzzeichen führen und die Erkennungssignale verwenden.

(3) In besetzten Gebieten und in Gebieten, in denen tatsächlich oder voraussichtlich Kampfhandlungen stattfinden, sollen das zivile Sanitätspersonal und das zivile Seelsorgepersonal durch das Schutzzeichen und einen Ausweis, der ihren Status bescheinigt, erkennbar sein.

(4) Mit Zustimmung der zuständigen Dienststelle werden Sanitätseinheiten und -transportmittel mit dem Schutzzeichen gekennzeichnet. Die in Artikel 22 dieses Protokolls bezeichneten Schiffe und sonstigen Wasserfahrzeuge werden nach Maßgabe des II. Abkommens gekennzeichnet.

(5) Eine am Konflikt beteiligte Partei kann im Einklang mit Kapitel III des Anhangs I dieses Protokolls gestatten, daß neben dem Schutzzeichen auch Erkennungssignale zur Kennzeichnung von Sanitätseinheiten und -transportmitteln verwendet werden. In den in jenem Kapitel vorgesehenen besonderen Fällen können Sanitätstransportmittel ausnahmsweise Erkennungssignale verwenden, ohne das Schutzzeichen zu führen.

(6) Die Anwendung der Absätze 1 bis 5 wird durch die Kapitel I bis III des Anhangs I dieses Protokolls geregelt. Soweit in Kapitel III dieses Anhangs nichts anderes bestimmt ist, dürfen die dort zur ausschließlichen Verwendung durch Sanitätseinheiten und -transportmittel bestimmten Signale nur zur Kennzeichnung der in jenem Kapitel genannten Sanitätseinheiten und -transportmittel verwendet werden.

(7) Dieser Artikel ermächtigt nicht zu einer weiteren Verwendung des Schutzzeichens in Friedenszeiten als in Artikel 44 des I. Abkommens vorgesehen.

(8) Die Bestimmungen der Abkommen und dieses Protokolls betreffend die Überwachung der Verwendung des Schutzzeichens sowie die Verhinderung und Ahndung seines Mißbrauchs finden auch auf die Erkennungssignale Anwendung.

Art. 19 Neutrale und andere nicht am Konflikt beteiligte Staaten.
Neutrale und andere nicht am Konflikt beteiligte Staaten wenden die einschlägigen Bestimmungen dieses Protokolls auf die durch diesen Teil geschützten Personen an, die in ihr Hoheitsgebiet aufgenommen oder dort in-

terniert werden, sowie auf die von ihnen geborgenen Toten der am Konflikt beteiligten Parteien.

Art. 20 Verbot von Repressalien. Repressalien gegen die durch diesen Teil geschützten Personen und Objekte sind verboten.

Abschnitt II. Sanitätstransporte

Art. 21 Sanitätsfahrzeuge. Sanitätsfahrzeuge werden in gleicher Weise wie bewegliche Sanitätseinheiten nach Maßgabe der Abkommen und dieses Protokolls geschont und geschützt.

Art. 22 Lazarettschiffe und Küstenrettungsfahrzeuge. (1) Die Bestimmungen der Abkommen über
a) die in den Artikeln 22, 24, 25 und 27 des II. Abkommens beschriebenen Schiffe,
b) ihre Rettungsboote und kleinen Wasserfahrzeuge,
c) ihr Personal und ihre Besatzung sowie
d) die an Bord befindlichen Verwundeten, Kranken und Schiffbrüchigen
finden auch dann Anwendung, wenn diese Wasserfahrzeuge verwundete, kranke und schiffbrüchige Zivilpersonen befördern, die zu keiner der in Artikel 13 des II. Abkommens genannten Kategorien gehören. Diese Zivilpersonen dürfen jedoch nicht dem Gewahrsam einer anderen Partei als ihrer eigenen übergeben oder auf See gefangen genommen werden. Befinden sie sich in der Gewalt einer am Konflikt beteiligten Partei, die nicht ihre eigene ist, so finden das IV. Abkommen und dieses Protokoll auf sie Anwendung.

(2) Der Schutz, der den in Artikel 25 des II. Abkommens beschriebenen Schiffen gewährt wird, erstreckt sich auch auf Lazarettschiffe, die einer am Konflikt beteiligten Partei zu humanitären Zwecken
a) von einem neutralen oder einem anderen nicht am Konflikt beteiligten Staat oder
b) von einer unparteiischen internationalen humanitären Organisation
zur Verfügung gestellt werden, sofern in beiden Fällen die in jenem Artikel genannten Voraussetzungen erfüllt sind.

(3) Die in Artikel 27 des II. Abkommens beschriebenen kleinen Wasserfahrzeuge werden auch dann geschützt, wenn die in jenem Artikel vorgesehene Mitteilung nicht erfolgt ist. Die am Konflikt beteiligten Parteien sind jedoch aufgefordert, einander Einzelheiten über diese Fahrzeuge mitzuteilen, die deren Kennzeichung und Erkennung erleichtern.

Art. 23 Andere Sanitätsschiffe und sonstige Sanitätswasserfahrzeuge. (1) Andere als die in Artikel 22 dieses Protokolls und in Artikel 38 des II. Abkommens genannten Sanitätsschiffe und sonstigen Sanitätswasserfahrzeuge werden auf See oder in anderen Gewässern ebenso geschont und geschützt wie bewegliche Sanitätseinheiten nach den Abkommen und diesem Protokoll. Da dieser Schutz nur wirksam sein kann, wenn die Sanitätsschiffe oder sonstigen Sanitätswasserfahrzeuge als solche gekennzeichnet und erkennbar sind, sollen sie mit dem Schutzzeichen kenntlich gemacht werden und nach Möglichkeit die Bestimmungen des Artikels 43 Abs. 2 des II. Abkommens befolgen.

(2) Die in Absatz 1 bezeichneten Schiffe und sonstigen Wasserfahrzeuge unterliegen weiterhin dem Kriegsrecht. Ein über Wasser fahrendes Kriegsschiff, das in der Lage ist, seine Weisungen sofort durchzusetzen, kann sie anweisen, anzuhalten, abzudrehen oder einen bestimmten Kurs einzuhalten; einer solchen Weisung muß Folge geleistet werden. Im übrigen dürfen sie ihrem sanitätsdienstlichen Auftrag nicht entzogen werden, solange sie für die an Bord befindlichen Verwundeten, Kranken und Schiffbrüchigen benötigt werden.

(3) Der in Absatz 1 vorgesehene Schutz endet nur unter den in den Artikeln 34 und 35 des II. Abkommens genannten Voraussetzungen. Eine eindeutige Weigerung, einer Weisung nach Absatz 2 Folge zu leisten, stellt eine den Feind schädigende Handlung im Sinne des Artikels 34 des II. Abkommens dar.

(4) Eine am Konflikt beteiligte Partei kann einer gegnerischen Partei so früh wie möglich vor dem Auslaufen den Namen, die Merkmale, die voraussichtliche Abfahrtszeit, den Kurs und die geschätzte Geschwindigkeit der Sanitätsfahrzeuge oder sonstigen Sanitätswasserfahrzeuge mitteilen, insbesondere bei Schiffen mit einem Bruttoraumgehalt von mehr als 2000 Registertonnen; sie kann auch weitere Angaben machen, welche die Kennzeichnung und Erkennung erleichtern würden. Die gegnerische Partei bestätigt den Empfang dieser Angaben.

(5) Artikel 37 des II. Abkommens findet auf das Sanitäts- und Seelsorgepersonal an Bord solcher Schiffe und sonstigen Wasserfahrzeuge Anwendung.

(6) Das II. Abkommen findet auf die Verwundeten, Kranken und Schiffbrüchigen Anwendung, die zu den in Artikel 13 des II. Abkommens und in Artikel 44 dieses Protokolls genannten Kategorien gehören und sich an Bord solcher Sanitätsschiffe und sonstigen Sanitätswasserfahrzeuge befinden. Verwundete, kranke und schiffbrüchige Zivilpersonen, die nicht zu einer der in Artikel 13 des II. Abkommens genannten Kategorien gehören, dürfen auf See weder einer Partei, der sie nicht angehören, übergeben noch zum Verlassen des Schiffes oder sonstigen Wasserfahrzeugs gezwungen werden; befinden sie sich jedoch in der Gewalt einer anderen am Konflikt beteiligten Partei als ihrer eigenen, so finden das IV. Abkommen und dieses Protokoll auf sie Anwendung.

Art. 24 Schutz von Sanitätsluftfahrzeugen. Sanitätsluftfahrzeuge werden nach Maßgabe dieses Teiles geschont und geschützt.

Art. 25 Sanitätsluftfahrzeuge in Gebieten, die nicht von einer gegnerischen Partei beherrscht werden. In oder über Landgebieten, die von eigenen oder befreundeten Streitkräften tatsächlich beherrscht werden, oder in oder über Seegebieten, die nicht tatsächlich von einer gegnerischen Partei beherrscht werden, bedarf es zur Schonung und zum Schutz von Sanitätsluftfahrzeugen einer am Konflikt beteiligten Partei keiner Vereinbarung mit einer gegnerischen Partei. Eine am Konflikt beteiligte Partei, die ihre Sanitätsluftfahrzeuge in diesen Gebieten einsetzt, kann jedoch zwecks größerer Sicherheit der gegnerischen Partei entsprechend Artikel 29 Mitteilung machen, insbesondere, wenn diese Luftfahrzeuge Flüge durchführen, die sie in die Reichweite von Boden-Luft-Waffensystemen der gegnerischen Partei bringen.

Art. **26** Sanitätsluftfahrzeuge in Kontakt- oder ähnlichen Zonen.

(1) In oder über den tatsächlich von eigenen oder befreundeten Streitkräften beherrschten Teilen der Kontaktzone und in oder über Gebieten, bei denen nicht eindeutig feststeht, wer sie tatsächlich beherrscht, kann der Schutz der Sanitätsluftfahrzeuge nur dann voll wirksam sein, wenn vorher zwischen den zuständigen militärischen Dienststellen der am Konflikt beteiligten Parteien eine Vereinbarung entsprechend Artikel 29 getroffen worden ist. In Ermangelung einer solchen Vereinbarung operieren die Sanitätsluftfahrzeuge auf eigene Gefahr; sie werden aber dennoch geschont, sobald sie als solche erkannt worden sind.

(2) Der Ausdruck „Kontaktzone" bezeichnet jedes Landgebiet, in dem die vorderen Teile gegnerischer Kräfte miteinander in Berührung kommen; dies ist insbesondere dort der Fall, wo sie einem direkten Beschuß vom Boden aus ausgesetzt sind.

Art. **27** Sanitätsluftfahrzeuge in Gebieten, die von einer gegnerischen Partei beherrscht werden.

(1) Die Sanitätsluftfahrzeuge einer am Konflikt beteiligten Partei bleiben auch dann geschützt, wenn sie von einer gegnerischen Partei tatsächlich beherrschte Land- oder Seegebiete überfliegen, sofern die zuständige Dienststelle der gegnerischen Partei zuvor ihr Einverständnis zu diesen Flügen erteilt hat.

(2) Überfliegt ein Sanitätsluftfahrzeug infolge eines Navigationsfehlers oder infolge einer Notlage, welche die Sicherheit des Fluges beeinträchtigt, ohne das in Absatz 1 vorgesehene Einverständnis oder in Abweichung von den dabei festgelegten Bedingungen ein von einer gegnerischen Partei tatsächlich beherrschtes Gebiet, so unternimmt es alle Anstrengungen, um sich zu erkennen zu geben und die gegnerische Partei von den Umständen in Kenntnis zu setzen. Sobald die gegnerische Partei das Sanitätsluftfahrzeug erkannt hat, unternimmt sie alle zumutbaren Anstrengungen, um die Weisung zum Landen oder Wassern nach Artikel 30 Absatz 1 zu erteilen oder um andere Maßnahmen zur Wahrung ihrer eigenen Interessen zu treffen und um in beiden Fällen dem Luftfahrzeug Zeit zur Befolgung der Weisung zu lassen, bevor es angegriffen werden kann.

Art. **28** Beschränkungen für den Einsatz von Sanitätsluftfahrzeugen.

(1) Den am Konflikt beteiligten Parteien ist es verboten, ihre Sanitätsluftfahrzeuge zu dem Versuch zu benutzen, militärische Vorteile gegenüber der gegnerischen Partei zu erlangen. Die Anwesenheit von Sanitätsluftfahrzeugen darf nicht zu dem Versuch benutzt werden, Angriffe von militärischen Zielen fernzuhalten.

(2) Sanitätsluftfahrzeuge dürfen nicht zur Gewinnung oder Übermittlung nachrichtendienstlicher militärischer Erkenntnisse benutzt werden, und sie dürfen keine Ausrüstung mitführen, die solchen Zwecken dient. Es ist ihnen verboten, Personen oder Ladung zu befördern, die nicht unter die Begriffsbestimmung des Artikels 8 Buchstabe f fallen. Das Mitführen persönlicher Habe der Insassen oder von Ausrüstung, die allein dazu dient, die Navigation, den Nachrichtenverkehr oder die Kennzeichnung zu erleichtern, gilt nicht als verboten.

(3) Sanitätsluftfahrzeuge dürfen keine Waffen befördern mit Ausnahme von Handwaffen und Munition, die den an Bord befindlichen Verwundeten, Kranken und Schiffbrüchigen abgenommen und der zuständigen Stelle noch nicht abgeliefert worden sind, sowie von leichten Handfeuerwaffen, die das an Bord befindliche Sanitätspersonal zur eigenen Verteidigung oder zur Verteidigung der ihm anvertrauten Verwundeten, Kranken und Schiffbrüchigen benötigt.

(4) Auf den in den Artikeln 26 und 27 bezeichneten Flügen dürfen Sanitätsluftfahrzeuge nur nach vorherigem Einverständnis der gegnerischen Partei zur Suche nach Verwundeten, Kranken und Schiffbrüchigen verwendet werden.

Art. 29 Mitteilungen und Vereinbarungen betreffend Sanitätsluftfahrzeuge. (1) Mitteilungen nach Artikel 25 oder Ersuchen um vorheriges Einverständnis nach den Artikeln 26, 27, 28 Absatz 4 oder Artikel 31 müssen die voraussichtliche Anzahl der Sanitätsluftfahrzeuge, ihre Flugpläne und ihre Kennzeichnung angeben; sie sind dahin zu verstehen, daß jeder Flug im Einklang mit Artikel 28 durchgeführt wird.

(2) Die Partei, die eine Mitteilung nach Artikel 25 erhält, bestätigt sofort deren Eingang.

(3) Die Partei, die ein Ersuchen um vorheriges Einverständnis nach den Artikeln 26, 27, 28 Absatz 4 oder Artikel 31 erhält, wird der ersuchenden Partei so bald wie möglich

a) mitteilen, daß dem Ersuchen zugestimmt wird,

b) mitteilen, daß das Ersuchen abgelehnt wird, oder

c) angemessene Gegenvorschläge übermitteln. Sie kann auch vorschlagen, während der betreffenden Zeit andere Flüge in dem Gebiet zu verbieten oder einzuschränken. Nimmt die Partei, die das Ersuchen gestellt hat, die Gegenvorschläge an, so teilt sie dies der anderen Partei mit.

(4) Die Parteien treffen die notwendigen Maßnahmen, damit die Mitteilungen schnell erfolgen und die Vereinbarungen schnell getroffen werden können.

(5) Die Parteien treffen ferner die notwendigen Maßnahmen, damit der Inhalt der Mitteilungen und Vereinbarungen den betreffenden militärischen Einheiten schnell bekanntgegeben wird und damit diesen Einheiten schnell mitgeteilt wird, welche Mittel der Kenntlichmachung von den in Betracht kommenden Sanitätsluftfahrzeugen verwendet werden.

Art. 30 Landung und Untersuchung von Sanitätsluftfahrzeugen.

(1) Beim Überfliegen von Gebieten, die von der gegnerischen Partei tatsächlich beherrscht werden, oder von Gebieten, bei denen nicht eindeutig feststeht, wer sie tatsächlich beherrscht, können Sanitätsluftfahrzeuge angewiesen werden, zu landen beziehungsweise zu wassern, damit sie nach Maßgabe der folgenden Absätze untersucht werden können. Die Sanitätsluftfahrzeuge haben eine solche Anweisung zu befolgen.

(2) Landet oder wassert ein solches Luftfahrzeug auf Grund einer derartigen Anweisung oder aus anderen Gründen, so darf es nur zur Klärung der in den Absätzen 3 und 4 aufgeführten Fragen untersucht werden. Die Untersuchung hat unverzüglich zu beginnen und ist zügig durchzuführen. Die untersuchen-

de Partei darf nicht verlangen, daß die Verwundeten und Kranken von Bord gebracht werden, sofern dies nicht für die Untersuchung unerläßlich ist. Die Partei trägt auf jeden Fall dafür Sorge, daß sich der Zustand der Verwundeten und Kranken durch die Untersuchung oder dadurch, daß sie von Bord gebracht werden, nicht verschlechtert.

(3) Ergibt die Untersuchung, daß das Luftfahrzeug
a) ein Sanitätsluftfahrzeug im Sinne des Artikels 8 Buchstabe j ist,
b) nicht gegen die in Artikel 28 vorgeschriebenen Bedingungen verstößt und
c) den Flug nicht ohne eine etwa erforderliche vorherige Vereinbarung oder unter Verletzung einer solchen Vereinbarung durchgeführt hat,
so wird dem Luftfahrzeug und denjenigen Insassen, die einer gegnerischen Partei, einem neutralen oder einem anderen nicht am Konflikt beteiligten Staat angehören, gestattet, den Flug unverzüglich fortzusetzen.

(4) Ergibt die Untersuchung, daß das Luftfahrzeug
a) kein Sanitätsluftfahrzeug im Sinne des Artikels 8 Buchstabe j ist,
b) gegen die in Artikel 28 vorgeschriebenen Bedingungen verstößt oder
c) den Flug ohne eine etwa erforderliche vorherige Vereinbarung oder unter Verletzung einer solchen Vereinbarung durchgeführt hat,
so kann das Luftfahrzeug beschlagnahmt werden. Seine Insassen werden nach den einschlägigen Bestimmungen der Abkommen und dieses Protokolls behandelt. Ein Luftfahrzeug, das zum ständigen Sanitätsluftfahrzeug bestimmt war, darf nach seiner Beschlagnahmung nur als Sanitätsluftfahrzeug verwendet werden.

Art. 31 Neutrale oder andere nicht am Konflikt beteiligte Staaten.
(1) Sanitätsluftfahrzeuge dürfen das Hoheitsgebiet eines neutralen oder eines anderen nicht am Konflikt beteiligten Staates nur auf Grund einer vorherigen Vereinbarung überfliegen oder dort landen oder wassern. Besteht eine solche Vereinbarung, so werden sie während des gesamten Fluges sowie für die Dauer einer etwaigen Zwischenlandung oder -wasserung geschont. Sie haben indessen jeder Weisung, zu landen beziehungsweise zu wassern, Folge zu leisten.

(2) Überfliegt ein Sanitätsluftfahrzeug infolge eines Navigationsfehlers oder infolge einer Notlage, welche die Sicherheit des Fluges beeinträchtigt, ohne Einverständnis oder in Abweichung von den dabei festgelegten Bedingungen das Hoheitsgebiet eines neutralen oder eines anderen nicht am Konflikt beteiligten Staates, so unternimmt es alle Anstrengungen, um seinen Flug bekanntzugeben und um sich zu erkennen zu geben. Sobald dieser Staat das Sanitätsluftfahrzeug erkannt hat, unternimmt er alle zumutbaren Anstrengungen, um die Weisung zum Landen oder Wassern nach Artikel 30 Absatz 1 zu erteilen oder um andere Maßnahmen zur Wahrung seiner eigenen Interessen zu treffen und um in beiden Fällen dem Luftfahrzeug Zeit zur Befolgung der Weisung zu lassen, bevor es angegriffen werden kann.

(3) Landet oder wassert ein Sanitätsluftfahrzeug nach Vereinbarung oder unter den in Absatz 2 genannten Umständen auf Grund einer Weisung oder aus anderen Gründen im Hoheitsgebiet eines neutralen oder eines anderen nicht am Konflikt beteiligten Staates, so darf es untersucht werden, damit festgestellt wird, ob es sich tatsächlich um ein Sanitätsluftfahrzeug handelt. Die Untersuchung hat unverzüglich zu beginnen und ist zügig durchzuführen. Die untersuchende Partei darf nicht verlangen, daß die Verwundeten und

Kranken der das Luftfahrzeug betreibenden Partei von Bord gebracht werden, sofern dies nicht für die Untersuchung unerläßlich ist. Die untersuchende Partei trägt auf jeden Fall dafür Sorge, daß sich der Zustand der Verwundeten und Kranken durch die Untersuchung oder dadurch, daß sie von Bord gebracht werden, nicht verschlechtert. Ergibt die Untersuchung, daß es sich tatsächlich um ein Sanitätsluftfahrzeug handelt, so wird dem Luftfahrzeug und seinen Insassen mit Ausnahme derjenigen, die nach den Regeln des in bewaffneten Konflikten anwendbaren Völkerrechts in Gewahrsam gehalten werden müssen, gestattet, seinen Flug fortzusetzen, wobei ihm angemessene Erleichterungen gewährt werden. Ergibt die Untersuchung, daß es sich nicht um ein Sanitätsluftfahrzeug handelt, so wird es beschlagnahmt, und seine Insassen werden entsprechend Absatz 4 behandelt.

(4) Die mit Zustimmung der örtlichen Behörden im Hoheitsgebiet eines neutralen oder eines anderen nicht am Konflikt beteiligten Staates nicht nur vorübergehend von einem Sanitätsluftfahrzeug abgesetzten Verwundeten, Kranken und Schiffbrüchigen werden in Ermangelung einer anders lautenden Abmachung zwischen diesem Staat und den am Konflikt beteiligten Parteien, wenn die Regeln des in bewaffneten Konflikten anwendbaren Völkerrechts es erfordern, so in Gewahrsam gehalten, daß sie nicht mehr an Feinseligkeiten teilnehmen können. Die Krankenhaus- und Internierungskosten gehen zu Lasten des Staates, dem diese Personen angehören.

(5) Neutrale oder andere nicht am Konflikt beteiligte Staaten wenden etwaige Bedingungen und Beschränkungen für das Überfliegen ihres Hoheitsgebiets durch Sanitätsluftfahrzeuge oder für deren Landung oder Wasserung in ihrem Hoheitsgebiet auf alle am Konflikt beteiligten Parteien in gleicher Weise an.

Abschnitt III. Vermißte und Tote

Art. 32 Allgemeiner Grundsatz. Bei der Anwendung dieses Abschnitts wird die Tätigkeit der Hohen Vertragsparteien, der am Konflikt beteiligten Parteien und der in den Abkommen und in diesem Protokoll erwähnten internationalen humanitären Organisationen in erster Linie durch das Recht der Familien bestimmt, das Schicksal ihrer Angehörigen zu erfahren.

Art. 33 Vermißte. (1) Sobald die Umstände es zulassen, spätestens jedoch nach Beendigung der aktiven Feindseligkeiten, forscht jede am Konflikt beteiligte Partei nach dem Verbleib der Personen, die von einer gegnerischen Partei als vermißt gemeldet worden sind. Die gegnerische Partei erteilt alle zweckdienlichen Auskünfte über diese Personen, um die Suche zu erleichtern.

(2) Um die Beschaffung der Auskünfte nach Absatz 1 zu erleichtern, hat jede am Konflikt beteiligte Partei für Personen, die nicht aufgrund der Abkommen und dieses Protokolls eine günstigere Behandlung erfahren würden,
a) die in Artikel 138 des IV. Abkommens genannten Auskünfte über Personen zu registrieren, die infolge von Feindseligkeiten oder Besetzung festgenommen, in Haft gehalten oder anderweitig mehr als zwei Wochen gefangengehalten worden sind oder die während eines Freiheitsentzugs verstorben sind;

b) soweit irgend möglich die Beschaffung und Registrierung von Auskünften über solche Personen zu erleichtern und erforderlichenfalls selbst durchzuführen, wenn sie unter anderen Umständen infolge von Feindseligkeiten oder Besetzung verstorben sind.

(3) Auskünfte über die nach Absatz 1 als vermißt gemeldeten Personen sowie Ersuchen um Erteilung solcher Auskünfte werden entweder unmittelbar oder über die Schutzmacht oder den Zentralen Suchdienst des Internationalen Komitees vom Roten Kreuz oder die nationalen Gesellschaften des Roten Kreuzes (Roten Halbmonds, Roten Löwen mit Roter Sonne) geleitet. Werden die Auskünfte nicht über das Internationale Komitee vom Roten Kreuz und seinen Zentralen Suchdienst geleitet, so trägt jede am Konflikt beteiligte Partei dafür Sorge, daß die Auskünfte auch dem Zentralen Suchdienst übermittelt werden.

(4) Die am Konflikt beteiligten Parteien bemühen sich, Regelungen zu vereinbaren, die es Gruppen ermöglichen, im Kampfgebiet nach Toten zu suchen, sie zu identifizieren und zu bergen; diese Regelungen können vorsehen, daß diese Gruppen von Personal der gegnerischen Partei begleitet werden, wenn sie ihren Auftrag in den von dieser Partei kontrollierten Gebieten ausführen. Die Mitglieder dieser Gruppen werden geschont und geschützt, solange sie sich ausschließlich diesem Auftrag widmen.

Art. 34 Sterbliche Überreste. (1) Sterbliche Überreste von Personen, die im Zusammenhang mit einer Besetzung oder während eines durch Besetzung oder Feindseligkeiten verursachten Freiheitsentzugs verstorben sind, und von Personen, die keine Angehörigen des Staates waren, in dem sie infolge von Feindseligkeiten verstorben sind, werden geachtet; auch die Grabstätten aller dieser Personen werden nach Artikel 130 des IV. Abkommens geachtet, instandgehalten und gekennzeichnet, soweit die Überreste oder Grabstätten nicht auf Grund der Abkommen und dieses Protokolls eine günstigere Behandlung erfahren würden.

(2) Sobald die Umstände und die Beziehungen zwischen den gegnerischen Parteien es gestatten, treffen die Hohen Vertragsparteien, in deren Hoheitsgebiet Gräber beziehungsweise andere Stätten gelegen sind, in denen sich die sterblichen Überreste der infolge von Feindseligkeiten oder während einer Besetzung oder eines Freiheitsentzugs Verstorbenen befinden, Vereinbarungen,
a) um den Hinterbliebenen und den Vertretern amtlicher Gräberregistrierungsdienste den Zugang zu den Grabstätten zu erleichtern und Vorschriften über die praktische Durchführung betreffend diesen Zugang zu erlassen;
b) um die dauernde Achtung und Instandhaltung der Grabstätten sicherzustellen;
c) um die Überführung der sterblichen Überreste und der persönlichen Habe des Verstorbenen in sein Heimatland auf dessen Antrag oder, sofern dieses Land keinen Einwand erhebt, auf Antrag der Hinterbliebenen zu erleichtern.

(3) Sind keine Vereinbarungen nach Absatz 2 Buchstabe b oder c getroffen und ist das Heimatland des Verstorbenen nicht bereit, auf eigene Kosten für die Instandhaltung der Grabstätten zu sorgen, so kann die Hohe Vertragspartei, in deren Hoheitsgebiet die Grabstätten gelegen sind, anbieten, die Über-

führung der sterblichen Überreste in das Heimatland zu erleichtern. Wird ein solches Angebot innerhalb von fünf Jahren nicht angenommen, so kann die Hohe Vertragspartei nach gebührender Unterrichtung des Heimatlands ihre eigenen Rechtsvorschriften betreffend Friedhöfe und Grabstätten anwenden.

(4) Die Hohe Vertragspartei, in deren Hoheitsgebiet die in diesem Artikel bezeichneten Grabstätten gelegen sind, ist zur Exhumierung der sterblichen Überreste nur berechtigt,

a) wenn die Exhumierung nach Maßgabe der Absätze 2 Buchstabe c und 3 erfolgt oder

b) wenn die Exhumierung im zwingenden öffentlichen Interesse geboten ist, unter anderem aus Gründen der Gesundheitsvorsorge und zum Zweck der Nachforschung; in diesem Fall behandelt die Hohe Vertragspartei die Überreste jederzeit mit Achtung; sie setzt das Heimatland von der beabsichtigten Exhumierung in Kenntnis und teilt ihm Einzelheiten über den für die Wiederbestattung vorgesehenen Ort mit.

Teil III. Methoden und Mittel der Kriegführung Kombattanten- und Kriegsgefangenenstatus

Abschnitt I. Methoden und Mittel der Kriegführung

Art. 35 Grundregeln. (1) In einem bewaffneten Konflikt haben die am Konflikt beteiligten Parteien kein unbeschränktes Recht in der Wahl der Methoden und Mittel der Kriegführung.

(2) Es ist verboten, Waffen, Geschosse und Material sowie Methoden der Kriegführung zu verwenden, die geeignet sind, überflüssige Verletzungen oder unnötige Leiden zu verursachen.

(3) Es ist verboten, Methoden oder Mittel der Kriegführung zu verwenden, die dazu bestimmt sind oder von denen erwartet werden kann, daß sie ausgedehnte, langanhaltende und schwere Schäden der natürlichen Umwelt verursachen.

Art. 36 Neue Waffen. Jede Hohe Vertragspartei ist verpflichtet, bei der Prüfung, Entwicklung, Beschaffung oder Einführung neuer Waffen oder neuer Mittel oder Methoden der Kriegführung festzustellen, ob ihre Verwendung stets oder unter bestimmten Umständen durch dieses Protokoll oder durch eine andere auf die Hohe Vertragspartei anwendbare Regel des Völkerrechts verboten wäre.

Art. 37 Verbot der Heimtücke. (1) Es ist verboten, einen Gegner unter Anwendung von Heimtücke zu töten, zu verwunden oder gefangenzunehmen. Als Heimtücke gelten Handlungen, durch die ein Gegner in der Absicht, sein Vertrauen zu mißbrauchen, verleitet wird, darauf zu vertrauen, daß er nach den Regeln des in bewaffneten Konflikten anwendbaren Völkerrechts Anspruch auf Schutz hat oder verpflichtet ist, Schutz zu gewähren. Folgende Handlungen sind Beispiele für Heimtücke:

a) das Vortäuschen der Absicht, unter einer Parlamentärflagge zu verhandeln oder sich zu ergeben;

b) das Vortäuschen von Kampfunfähigkeit infolge Verwundung oder Krankheit;
c) das Vortäuschen eines zivilen oder Nichtkombattantenstatus;
d) das Vortäuschen eines geschützten Status durch Benutzung von Abzeichen, Emblemen oder Uniformen der Vereinten Nationen oder neutraler oder anderer nicht am Konflikt beteiligter Staaten.

(2) Kriegslisten sind nicht verboten. Kriegslisten sind Handlungen, die einen Gegner irreführen oder ihn zu unvorsichtigem Handeln veranlassen sollen, die aber keine Regel des in bewaffneten Konflikten anwendbaren Völkerrechts verletzen und nicht heimtückisch sind, weil sie den Gegner nicht verleiten sollen, auf den sich aus diesem Recht ergebenden Schutz zu vertrauen. Folgende Handlungen sind Beispiele für Kriegslisten: Tarnung, Scheinstellungen, Scheinoperationen und irreführende Informationen.

Art. 38 Anerkannte Kennzeichen. (1) Es ist verboten, das Schutzzeichen des Roten Kreuzes, des Roten Halbmonds oder des Roten Löwen mit Roter Sonne oder andere in den Abkommen oder in diesem Protokoll vorgesehene Zeichen, Kennzeichen oder Signale zu mißbrauchen. Es ist ferner verboten, in einem bewaffneten Konflikt andere Schutz verleihende international anerkannte Kennzeichen, Abzeichen oder Signale, einschließlich der Parlamentärflagge und des Schutzzeichens für Kulturgut, vorsätzlich zu mißbrauchen.

(2) Es ist verboten, das Emblem der Vereinten Nationen zu verwenden, sofern die Organisation dies nicht gestattet hat.

Art. 39 Nationalitätszeichen. (1) Es ist verboten, in einem bewaffneten Konflikt Flaggen oder militärische Kennzeichen, Abzeichen oder Uniformen neutraler oder anderer nicht am Konflikt beteiligter Staaten zu verwenden.

(2) Es ist verboten, Flaggen oder militärische Kennzeichen, Abzeichen oder Uniformen gegnerischer Parteien während eines Angriffs oder zu dem Zweck zu verwenden, Kriegshandlungen zu decken, zu erleichtern, zu schützen oder zu behindern.

(3) Dieser Artikel oder Artikel 37 Absatz 1 Buchstabe d berührt nicht die bestehenden allgemein anerkannten Regeln des Völkerrechts, die auf Spionage oder auf den Gebrauch von Flaggen in der Seekriegsführung anzuwenden sind.

Art. 40 Pardon. Es ist verboten, den Befehl zu erteilen, niemanden am Leben zu lassen, dies dem Gegner anzudrohen oder die Feindseligkeiten in diesem Sinne zu führen.

Art. 41 Schutz eines außer Gefecht befindlichen Gegners. (1) Wer als außer Gefecht befindlich erkannt wird oder unter den gegebenen Umständen als solcher erkannt werden sollte, darf nicht angegriffen werden.

(2) Außer Gefecht befindlich ist,
a) wer sich in der Gewalt einer gegnerischen Partei befindet,
b) wer unmißverständlich seine Absicht bekundet, sich zu ergeben, oder
c) wer bewußtlos oder anderweitig durch Verwundung oder Krankheit kampfunfähig und daher nicht in der Lage ist, sich zu verteidigen,
sofern er in allen diesen Fällen jede feindselige Handlung unterläßt und nicht zu entkommen versucht.

(3) Sind Personen, die Anspruch auf Schutz als Kriegsgefangene haben, unter ungewöhnlichen Kampfbedingungen, die ihre Wegschaffung nach Teil III Abschnitt I des III. Abkommens nicht zulassen, in die Gewalt einer gegnerischen Partei geraten, so werden sie freigelassen, und es werden alle praktisch möglichen Vorkehrungen für ihre Sicherheit getroffen.

Art. 42 Insassen von Luftfahrzeugen. (1) Wer mit dem Fallschirm aus einem Luftfahrzeug abspringt, das sich in Not befindet, darf während des Absprungs nicht angegriffen werden.

(2) Wer mit dem Fallschirm aus einem Luftfahrzeug abgesprungen ist, das sich in Not befand, erhält, sobald er den Boden eines von einer gegnerischen Partei kontrollierten Gebiets berührt, Gelegenheit, sich zu ergeben, bevor er angegriffen wird, es sei denn, er begeht offensichtlich eine feindselige Handlung.

(3) Luftlandetruppen werden durch diesen Artikel nicht geschützt.

Abschnitt II. Kombattanten- und Kriegsgefangenenstatus

Art. 43 Streitkräfte. (1) Die Streitkräfte einer am Konflikt beteiligten Partei bestehen aus der Gesamtheit der organisierten bewaffneten Verbände, Gruppen und Einheiten, die einer Führung unterstehen, welche dieser Partei für das Verhalten ihrer Untergebenen verantwortlich ist; dies gilt auch dann, wenn diese Partei durch eine Regierung oder ein Organ vertreten ist, die von einer gegnerischen Partei nicht anerkannt werden. Diese Streitkräfte unterliegen einem internen Disziplinarsystem, das unter anderem die Einhaltung der Regeln des in bewaffneten Konflikten anwendbaren Völkerrechts gewährleistet.

(2) Die Angehörigen der Streitkräfte einer am Konflikt beteiligten Partei (mit Ausnahme des in Artikel 33 des III. Abkommens bezeichneten Sanitäts- und Seelsorgepersonals) sind Kombattanten, das heißt, sie sind berechtigt, unmittelbar an Feindseligkeiten teilzunehmen.

(3) Nimmt eine am Konflikt beteiligte Partei paramilitärische oder bewaffnete Vollzugsorgane in ihre Streitkräfte auf, so teilt sie dies den anderen am Konflikt beteiligten Parteien mit.

Art. 44 Kombattanten und Kriegsgefangene. (1) Ein Kombattant im Sinne des Artikels 43, der in die Gewalt einer gegnerischen Partei gerät, ist Kriegsgefangener.

(2) Obwohl alle Kombattanten verpflichtet sind, die Regeln des in bewaffneten Konflikten anwendbaren Völkerrechts einzuhalten, verwirkt ein Kombattant bei Verletzung dieser Regeln nicht das Recht, als Kombattant, oder, wenn er in die Gewalt einer gegnerischen Partei gerät, als Kriegsgefangener zu gelten, ausgenommen in den in den Absätzen 3 und 4 bezeichneten Fällen.

(3) Um den Schutz der Zivilbevölkerung vor den Auswirkungen von Feindseligkeiten zu verstärken, sind die Kombattanten verpflichtet, sich von der Zivilbevölkerung zu unterscheiden, solange sie an einem Angriff oder an einer Kriegshandlung zur Vorbereitung eines Angriffs beteiligt sind. Da es jedoch in bewaffneten Konflikten Situationen gibt, in denen sich ein bewaffneter Kombattant wegen der Art der Feindseligkeiten nicht von der Zivilbe-

völkerung unterscheiden kann, behält er den Kombattantenstatus, vorausgesetzt, daß er in solchen Fällen

a) während jedes militärischen Einsatzes seine Waffen offen trägt und

b) während eines militärischen Aufmarsches vor Beginn eines Angriffs, an dem er teilnehmen soll, seine Waffen so lange offen trägt, wie er für den Gegner sichtbar ist. Handlungen, die den in diesem Absatz genannten Voraussetzungen entsprechen, gelten nicht als heimtückisch im Sinne des Artikels 37 Absatz 1 Buchstabe c.

(4) Ein Kombattant, der in die Gewalt einer gegnerischen Partei gerät und die in Absatz 3 Satz 2 genannten Voraussetzungen nicht erfüllt, verwirkt sein Recht, als Kriegsgefangener zu gelten; er genießt jedoch in jeder Hinsicht den Schutz, der dem den Kriegsgefangenen durch das III. Abkommen und dieses Protokoll gewährten entspricht. Hierzu gehört auch der Schutz, der dem den Kriegsgefangenen durch das III. Abkommen gewährten Schutz entspricht, wenn eine solche Person wegen einer von ihr begangenen Straftat vor Gericht gestellt und bestraft wird.

(5) Ein Kombattant, der in die Gewalt einer gegnerischen Partei gerät, während er nicht an einem Angriff oder an einer Kriegshandlung zur Vorbereitung eines Angriffs beteiligt ist, verwirkt wegen seiner früheren Tätigkeit nicht sein Recht, als Kombattant und Kriegsgefangener zu gelten.

(6) Dieser Artikel berührt nicht das Recht einer Person, nach Artikel 4 des III. Abkommens als Kriegsgefangener zu gelten.

(7) Dieser Artikel bezweckt nicht, die allgemein anerkannte Staatenpraxis in bezug auf das Tragen von Uniformen durch Kombattanten zu ändern, die den regulären, uniformierten bewaffneten Einheiten einer am Konflikt beteiligten Partei angehören.

(8) Außer den in Artikel 13 des I. und II. Abkommens genannten Kategorien von Personen haben alle in Artikel 43 dieses Protokolls bezeichneten Mitglieder der Streitkräfte einer am Konflikt beteiligten Partei Anspruch auf Schutz nach den genannten Abkommen, wenn sie verwundet oder krank oder – im Fall des II. Abkommens – auf See oder in anderen Gewässern schiffbrüchig sind.

Art. 45 Schutz von Personen, die an Feindseligkeiten teilgenommen haben. (1) Es wird vermutet, daß derjenige, der an Feindseligkeiten teilnimmt und in die Gewalt einer gegnerischen Partei gerät, Kriegsgefangener und daher durch das III. Abkommen geschützt ist, wenn er den Kriegsgefangenenstatus beansprucht, wenn er Anspruch darauf zu haben scheint oder wenn die Partei, der er angehört, in einer Mitteilung an die Gewahrsamsmacht oder die Schutzmacht diesen Status für ihn beansprucht. Bestehen Zweifel, ob eine solche Person Anspruch auf den Kriegsgefangenenstatus hat, so genießt sie weiterhin so lange diesen Status und damit den Schutz des III. Abkommens und dieses Protokolls, bis ein zuständiges Gericht über ihren Status entschieden hat.

(2) Wer in die Gewalt einer gegnerischen Partei geraten ist, nicht als Kriegsgefangener in Gewahrsam gehalten wird und von dieser Partei wegen einer im Zusammenhang mit den Feindseligkeiten begangenen Straftat gerichtlich verfolgt werden soll, ist berechtigt, sich vor einem Gericht auf seinen Status als Kriegsgefangener zu berufen und eine diesbezügliche Entscheidung

des Gerichts herbeizuführen. Sofern das anwendbare Verfahren es zuläßt, ist diese Entscheidung zu fällen, bevor über die Straftat verhandelt wird. Die Vertreter der Schutzmacht sind berechtigt, den Verhandlungen über die Entscheidung dieser Frage beizuwohnen, sofern nicht im Interesse der Staatssicherheit ausnahmsweise unter Ausschluß der Öffentlichkeit verhandelt wird. In diesem Fall hat die Gewahrsamsmacht die Schutzmacht entsprechend zu benachrichtigen.

(3) Wer an Feindseligkeiten teilgenommen hat, keinen Anspruch auf den Status eines Kriegsgefangenen hat und keine günstigere Behandlung nach dem IV. Abkommen genießt, hat jederzeit Anspruch auf den Schutz nach Artikel 75 dieses Protokolls. In besetztem Gebiet hat eine solche Person, sofern sie nicht als Spion in Gewahrsam gehalten wird, ungeachtet des Artikels 5 des IV. Abkommens außerdem die in dem Abkommen vorgesehenen Rechte auf Verbindung mit der Außenwelt.

Art. 46 Spione. (1) Ungeachtet anderslautender Bestimmungen der Abkommen oder dieses Protokolls hat ein Angehöriger der Streitkräfte einer am Konflikt beteiligten Partei, der bei Ausübung von Spionage in die Gewalt einer gegnerischen Partei gerät, keinen Anspruch auf den Status eines Kriegsgefangenen und kann als Spion behandelt werden.

(2) Wenn sich ein Angehöriger der Streitkräfte einer am Konflikt beteiligten Partei für diese Partei in einem von einer gegnerischen Partei kontrollierten Gebiet Informationen beschafft oder zu beschaffen versucht, so gilt dies nicht als Spionage, wenn er dabei die Uniform seiner Streitkräfte trägt.

(3) Wenn sich ein Angehöriger der Streitkräfte einer am Konflikt beteiligten Partei, der in einem von einer gegnerischen Partei besetzten Gebiet ansässig ist und für die Partei, der er angehört, in diesem Gebiet Informationen von militärischem Wert beschafft oder zu beschaffen versucht, so gilt dies nicht als Spionage, sofern er nicht unter Vorspiegelung falscher Tatsachen oder bewußt heimlich tätig wird. Ferner verliert eine solche Person nur dann ihren Anspruch auf den Status eines Kriegsgefangenen und darf nur dann als Spion behandelt werden, wenn sie bei einer Spionagetätigkeit gefangengenommen wird

(4) Ein Angehöriger der Streitkräfte einer am Konflikt beteiligten Partei, der in einem von einer gegnerischen Partei besetzten Gebiet nicht ansässig ist und dort Spionage betrieben hat, verliert nur dann seinen Anspruch auf den Status eines Kriegsgefangenen und darf nur dann als Spion behandelt werden, wenn er gefangengenommen wird, bevor er zu den Streitkräften, zu denen er gehört, zurückgekehrt ist.

Art. 47 Söldner. (1) Ein Söldner hat keinen Anspruch auf den Status eines Kombattanten oder eines Kriegsgefangenen.

(2) Als Söldner gilt,

a) wer im Inland oder Ausland zu dem besonderen Zweck angeworben ist, in einem bewaffneten Konflikt zu kämpfen,

b) wer tatsächlich unmittelbar an Feindseligkeiten teilnimmt,

c) wer an Feindseligkeiten vor allem aus Streben nach persönlichem Gewinn teilnimmt und wer von oder im Namen einer am Konflikt beteiligten Partei tatsächlich die Zusage einer materiellen Vergütung erhalten hat, die wesentlich höher ist als die den Kombattanten der Streitkräfte dieser Partei in vergleichbarem Rang und mit ähnlichen Aufgaben zugesagte oder gezahlte Vergütung,

d) wer weder Staatsangehöriger einer am Konflikt beteiligten Partei ist noch in einem von einer am Konflikt beteiligten Partei kontrollierten Gebiet ansässig ist,

e) wer nicht Angehöriger der Streitkräfte einer am Konflikt beteiligten Partei ist und

f) wer nicht von einem nicht am Konflikt beteiligten Staat in amtlichem Auftrag als Angehöriger seiner Streitkräfte entsandt worden ist.

Teil IV. Zivilbevölkerung

Abschnitt I. Allgemeiner Schutz vor den Auswirkungen von Feindseligkeiten

Kapitel I. Grundregel und Anwendungsbereich

Art. 48 Grundregel. Um Schonung und Schutz der Zivilbevölkerung und ziviler Objekte zu gewährleisten, unterscheiden die am Konflikt beteiligten Parteien jederzeit zwischen der Zivilbevölkerung und Kombattanten sowie zwischen zivilen Objekten und militärischen Zielen; sie dürfen daher ihre Kriegshandlungen nur gegen militärische Ziele richten.

Art. 49 Bestimmung des Begriffs ,,Angriffe'' und Anwendungsbereich. (1) Der Begriff ,,Angriffe'' bezeichnet sowohl eine offensive als auch eine defensive Gewaltanwendung gegen den Gegner.

(2) Die Bestimmungen dieses Protokolls, die Angriffe betreffen, finden auf jeden Angriff Anwendung, gleichviel in welchem Gebiet er stattfindet, einschließlich des Hoheitsgebiets einer am Konflikt beteiligten Partei, das der Kontrolle einer gegnerischen Partei unterliegt.

(3) Dieser Abschnitt findet auf jede Kriegführung zu Land, in der Luft oder auf See Anwendung, welche die Zivilbevölkerung, Zivilpersonen oder zivile Objekte auf dem Land in Mitleidenschaft ziehen kann. Er findet ferner auf jeden von See oder aus der Luft gegen Ziele auf dem Land geführten Angriff Anwendung, läßt aber im übrigen die Regeln des in bewaffneten Konflikten auf See oder in der Luft anwendbaren Völkerrechts unberührt.

(4) Dieser Abschnitt ergänzt die im IV. Abkommen, insbesondere in dessen Teil II, und in anderen die Hohen Vertragsparteien bindenden internationalen Übereinkünften enthaltenen Vorschriften über humanitären Schutz sowie sonstige Regeln des Völkerrechts, die den Schutz von Zivilpersonen und zivilen Objekten zu Land, auf See oder in der Luft vor den Auswirkungen von Feindseligkeiten betreffen.

Kapitel II. Zivilpersonen und Zivilbevölkerung

Art. 50 Bestimmung der Begriffe Zivilpersonen und Zivilbevölkerung. (1) Zivilperson ist jede Person, die keiner der in Artikel 4 Buchstabe A. Absätze 1, 2, 3 und 6 des III. Abkommens und in Artikel 43 dieses Protokolls bezeichneten Kategorien angehört. Im Zweifelsfall gilt die betreffende Person als Zivilperson.

(2) Die Zivilbevölkerung umfaßt alle Zivilpersonen.

(3) Die Zivilbevölkerung bleibt auch dann Zivilbevölkerung, wenn sich unter ihr einzelne Personen befinden, die nicht Zivilpersonen im Sinne dieser Begriffsbestimmung sind.

Art. 51 Schutz der Zivilbevölkerung. (1) Die Zivilbevölkerung und einzelne Zivilpersonen genießen allgemeinen Schutz vor den von Kriegshandlungen ausgehenden Gefahren. Um diesem Schutz Wirksamkeit zu verleihen, sind neben den sonstigen Regeln des anwendbaren Völkerrechts folgende Vorschriften unter allen Umständen zu beachten.

(2) Weder die Zivilbevölkerung als solche noch einzelne Zivilpersonen dürfen das Ziel von Angriffen sein. Die Anwendung oder Androhung von Gewalt mit dem hauptsächlichen Ziel, Schrecken unter der Zivilbevölkerung zu verbreiten, ist verboten.

(3) Zivilpersonen genießen den durch diesen Abschnitt gewährten Schutz, sofern und solange sie nicht unmittelbar an Feindseligkeiten teilnehmen.

(4) Unterschiedslose Angriffe sind verboten. Unterschiedslose Angriffe sind
a) Angriffe, die nicht gegen ein bestimmtes militärisches Ziel gerichtet werden,
b) Angriffe, bei denen Kampfmethoden oder -mittel angewendet werden, die nicht gegen ein bestimmtes militärisches Ziel gerichtet werden können, oder
c) Angriffe, bei denen Kampfmethoden oder -mittel angewendet werden, deren Wirkungen nicht entsprechend den Vorschriften dieses Protokolls begrenzt werden können
und die daher in jedem dieser Fälle militärische Ziele und Zivilpersonen oder zivile Objekte unterschiedslos treffen können.

(5) Unter anderem sind folgende Angriffsarten als unterschiedslos anzusehen:
a) ein Angriff durch Bombardierung – gleichviel mit welchen Methoden oder Mitteln – bei dem mehrere deutlich voneinander getrennte militärische Einzelziele in einer Stadt, einem Dorf oder einem sonstigen Gebiet, in dem Zivilpersonen oder zivile Objekte ähnlich stark konzentriert sind, wie ein einziges militärisches Ziel behandelt werden, und
b) ein Angriff, bei dem damit zu rechnen ist, daß er auch Verluste an Menschenleben unter der Zivilbevölkerung, die Verwundung von Zivilpersonen, die Beschädigung ziviler Objekte oder mehrere derartige Folgen zusammen verursacht, die in keinem Verhältnis zum erwarteten konkreten und unmittelbaren militärischen Vorteil stehen.

(6) Angriffe gegen die Zivilbevölkerung oder gegen Zivilpersonen als Repressalie sind verboten.

(7) Die Anwesenheit oder Bewegungen der Zivilbevölkerung oder einzelner Zivilpersonen dürfen nicht dazu benutzt werden, Kriegshandlungen von bestimmten Punkten oder Gebieten fernzuhalten, insbesondere durch Versuche, militärische Ziele vor Angriffen abzuschirmen oder Kriegshandlungen zu decken, zu begünstigen oder zu behindern. Die am Konflikt beteiligten Parteien dürfen Bewegungen der Zivilbevölkerung oder einzelner Zivilpersonen

nicht zu dem Zweck lenken, militärische Ziele vor Angriffen abzuschirmen oder Kriegshandlungen zu decken.

(8) Eine Verletzung dieser Verbote enthebt die am Konflikt beteiligten Parteien nicht ihrer rechtlichen Verpflichtungen gegenüber der Zivilbevölkerung und Zivilpersonen, einschließlich der Verpflichtung, die in Artikel 57 vorgesehenen vorsorglichen Maßnahmen zu treffen.

Kapitel III. Zivile Objekte

Art. 52 Allgemeiner Schutz ziviler Objekte. (1) Zivile Objekte dürfen weder angegriffen noch zum Gegenstand von Repressalien gemacht werden. Zivile Objekte sind alle Objekte, die nicht militärische Ziele im Sinne des Absatzes 2 sind.

(2) Angriffe sind streng auf militärische Ziele zu beschränken. Soweit es sich um Objekte handelt, gelten als militärische Ziele nur solche Objekte, die auf Grund ihrer Beschaffenheit, ihres Standorts, ihrer Zweckbestimmung oder ihrer Verwendung wirksam zu militärischen Handlungen beitragen und deren gänzliche oder teilweise Zerstörung, deren Inbesitznahme oder Neutralisierung unter den in dem betreffenden Zeitpunkt gegebenen Umständen einen eindeutigen militärischen Vorteil darstellt.

(3) Im Zweifelsfall wird vermutet, daß ein in der Regel für zivile Zwecke bestimmtes Objekt, wie beispielsweise eine Kultstätte, ein Haus, eine sonstige Wohnstätte oder eine Schule, nicht dazu verwendet wird, wirksam zu militärischen Handlungen beizutragen.

Art. 53 Schutz von Kulturgut und Kultstätten. Unbeschadet der Bestimmungen der Haager Konvention vom 14. Mai 1954 zum Schutz von Kulturgut bei bewaffneten Konflikten und anderer einschlägiger internationaler Übereinkünfte ist es verboten,

a) feindselige Handlungen gegen geschichtliche Denkmäler, Kunstwerke oder Kultstätten zu begehen, die zum kulturellen oder geistigen Erbe der Völker gehören,

b) solche Objekte zur Unterstützung des militärischen Einsatzes zu verwenden oder

c) solche Objekte zum Gegenstand von Repressalien zu machen.

Art. 54 Schutz der für die Zivilbevölkerung lebensnotwendigen Objekte. (1) Das Aushungern von Zivilpersonen als Mittel der Kriegführung ist verboten.

(2) Es ist verboten, für die Zivilbevölkerung lebensnotwendige Objekte wie Nahrungsmittel, zur Erzeugung von Nahrungsmitteln genutzte landwirtschaftliche Gebiete, Ernte- und Viehbestände, Trinkwasserversorgungsanlagen und -vorräte sowie Bewässerungsanlagen anzugreifen, zu zerstören, zu entfernen oder unbrauchbar zu machen, um sie wegen ihrer Bedeutung für den Lebensunterhalt der Zivilbevölkerung oder der gegnerischen Partei vorzuenthalten, gleichviel ob Zivilpersonen ausgehungert oder zum Fortziehen veranlaßt werden sollen oder ob andere Gründe maßgebend sind.

(3) Die in Absatz 2 vorgesehenen Verbote finden keine Anwendung, wenn die aufgeführten Objekte von einer gegnerischen Partei

a) ausschließlich zur Versorgung der Angehörigen ihrer Streitkräfte benutzt werden,

b) zwar nicht zur Versorgung, aber zur unmittelbaren Unterstützung einer militärischen Handlung benutzt werden; jedoch darf gegen diese Objekte keinesfalls so vorgegangen werden, daß eine unzureichende Versorgung der Zivilbevölkerung mit Lebensmitteln oder Wasser zu erwarten wäre, durch die sie einer Hungersnot ausgesetzt oder zum Weggang gezwungen würde.

(4) Diese Objekte dürfen nicht zum Gegenstand von Repressalien gemacht werden.

(5) In Anbetracht der lebenswichtigen Erfordernisse jeder am Konflikt beteiligten Partei bei der Verteidigung ihres Hoheitsgebiets gegen eine Invasion sind einer am Konflikt beteiligten Partei in diesem Gebiet, soweit es ihrer Kontrolle unterliegt, Abweichungen von den Verboten des Absatzes 2 gestattet, wenn eine zwingende militärische Notwendigkeit dies erfordert.

Art. 55 Schutz der natürlichen Umwelt. (1) Bei der Kriegführung ist darauf zu achten, daß die natürliche Umwelt vor ausgedehnten, langanhaltenden und schweren Schäden geschützt wird. Dieser Schutz schließt das Verbot der Anwendung von Methoden oder Mitteln der Kriegführung ein, die dazu bestimmt sind oder von denen erwartet werden kann, daß sie derartige Schäden der natürlichen Umwelt verursachen und dadurch Gesundheit oder Überleben der Bevölkerung gefährden.

(2) Angriffe gegen die natürliche Umwelt als Repressalie sind verboten.

Art. 56 Schutz von Anlagen und Einrichtungen, die gefährliche Kräfte enthalten. (1) Anlagen oder Einrichtungen, die gefährliche Kräfte enthalten, nämlich Staudämme, Deiche und Kernkraftwerke, dürfen auch dann nicht angegriffen werden, wenn sie militärische Ziele darstellen, sofern ein solcher Angriff gefährliche Kräfte freisetzen und dadurch schwere Verluste unter der Zivilbevölkerung verursachen kann. Andere militärische Ziele, die sich an diesen Anlagen oder Einrichtungen oder in deren Nähe befinden, dürfen nicht angegriffen werden, wenn ein solcher Angriff gefährliche Kräfte freisetzen und dadurch schwere Verluste unter der Zivilbevölkerung verursachen kann.

(2) Der in Absatz 1 vorgesehene besondere Schutz vor Angriffen endet

a) bei Staudämmen oder Deichen nur dann, wenn sie zu anderen als ihren gewöhnlichen Zwecken und zur regelmäßigen, bedeutenden und unmittelbaren Unterstützung von Kriegshandlungen benutzt werden und wenn ein solcher Angriff das einzige praktisch mögliche Mittel ist, um diese Unterstützung zu beenden;

b) bei Kernkraftwerken nur dann, wenn sie elektrischen Strom zur regelmäßigen, bedeutenden und unmittelbaren Unterstützung von Kriegshandlungen liefern und wenn ein solcher Angriff das einzige praktisch mögliche Mittel ist, um diese Unterstützung zu beenden;

c) bei anderen militärischen Zielen, die sich an Anlagen oder Einrichtungen oder in deren Nähe befinden, nur dann, wenn sie zur regelmäßigen, bedeutenden und unmittelbaren Unterstützung von Kriegshandlungen benutzt werden, und wenn ein solcher Angriff das einzige praktisch mögliche Mittel ist, um die Unterstützung zu beenden.

(3) In allen Fällen haben die Zivilbevölkerung und die einzelnen Zivilpersonen weiterhin Anspruch auf jeden ihnen durch das Völkerrecht gewährten Schutz, einschließlich der in Artikel 57 vorgesehenen vorsorglichen Maßnahmen. Endet der Schutz und werden Anlagen, Einrichtungen oder militärische Ziele der in Absatz 1 genannten Art angegriffen, so sind alle praktisch möglichen Vorsichtsmaßnahmen zu treffen, um das Freisetzen gefährlicher Kräfte zu verhindern.

(4) Es ist verboten, Anlagen, Einrichtungen oder militärische Ziele der in Absatz 1 genannten Art zum Gegenstand von Repressalien zu machen.

(5) Die am Konflikt beteiligten Parteien bemühen sich, in der Nähe der in Absatz 1 genannten Anlagen oder Einrichtungen keine militärischen Ziele anzulegen. Einrichtungen, die nur zu dem Zweck erstellt wurden, geschützte Anlagen oder Einrichtungen gegen Angriffe zu verteidigen, sind jedoch erlaubt und dürfen selbst nicht angegriffen werden, sofern sie bei Feindseligkeiten nur für Verteidigungsmaßnahmen benutzt werden, die zur Erwiderung von Angriffen auf die geschützten Anlagen und Einrichtungen erforderlich sind, und sofern die Waffen, mit denen sie ausgerüstet sind, lediglich zur Abwehr einer feindlichen Handlung gegen die geschützten Anlagen oder Einrichtungen dienen können.

(6) Die Hohen Vertragsparteien und die am Konflikt beteiligten Parteien werden dringend aufgefordert, untereinander weitere Übereinkünfte für den zusätzlichen Schutz von Objekten zu schließen, die gefährliche Kräfte enthalten.

(7) Um das Erkennen der durch diesen Artikel geschützten Objekte zu erleichtern, können die am Konflikt beteiligten Parteien sie mit einem besonderen Kennzeichen versehen, das entsprechend Artikel 16 des Anhangs I dieses Protokolls aus einer Gruppe von drei in Linie angeordneten, leuchtend orangefarbenen Kreisen besteht. Das Fehlen einer solchen Kennzeichnung enthebt die am Konflikt beteiligten Parteien in keiner Weise ihrer Verpflichtungen aus dem vorliegenden Artikel.

Kapitel IV. Vorsorgliche Maßnahmen

Art. 57 Vorsichtsmaßnahmen beim Angriff. (1) Bei Kriegshandlungen ist stets darauf zu achten, daß die Zivilbevölkerung, Zivilpersonen und zivile Objekte verschont bleiben.

(2) Im Zusammenhang mit Angriffen sind folgende Vorsichtsmaßnahmen zu treffen:
a) Wer einen Angriff plant oder beschließt,
  i) hat alles praktisch Mögliche zu tun, um sicherzugehen, daß die Angriffsziele weder Zivilpersonen noch zivile Objekte sind und nicht unter besonderem Schutz stehen, sondern militärische Ziele im Sinne des Artikels 52 Absatz 2 sind und daß der Angriff nicht nach diesem Protokoll verboten ist;
  ii) hat bei der Wahl der Angriffsmittel und -methoden alle praktisch möglichen Vorsichtsmaßnahmen zu treffen, um Verluste unter der Zivilbevölkerung, die Verwundung von Zivilpersonen und die Beschädigung ziviler Objekte, die dadurch mit verursacht werden könnten, zu vermeiden und in jedem Fall auf ein Mindestmaß zu beschränken;

iii) hat von jedem Angriff Abstand zu nehmen, bei dem damit zu rechnen ist, daß er auch Verluste unter der Zivilbevölkerung, die Verwundung von Zivilpersonen, die Beschädigung ziviler Objekte oder mehrere derartige Folgen zusammen verursacht, die in keinem Verhältnis zum erwarteten konkreten und unmittelbaren militärischen Vorteil stehen;

b) ein Angriff ist endgültig oder vorläufig einzustellen, wenn sich erweist, daß sein Ziel nicht militärischer Art ist, daß es unter besonderem Schutz steht oder daß damit zu rechnen ist, daß der Angriff auch Verluste unter der Zivilbevölkerung, die Verwundung von Zivilpersonen, die Beschädigung ziviler Objekte oder mehrere derartige Folgen zusammen verursacht, die in keinem Verhältnis zum erwarteten konkreten und unmittelbaren militärischen Vorteil stehen;

c) Angriffen, durch welche die Zivilbevölkerung in Mitleidenschaft gezogen werden kann, muß eine wirksame Warnung vorausgehen, es sei denn, die gegebenen Umstände erlaubten dies nicht.

(3) Ist eine Wahl zwischen mehreren militärischen Zielen möglich, um einen vergleichbaren militärischen Vorteil zu erringen, so ist dasjenige Ziel zu wählen, dessen Bekämpfung Zivilpersonen und zivile Objekte voraussichtlich am wenigsten gefährden wird.

(4) Bei Kriegshandlungen auf See oder in der Luft hat jede am Konflikt beteiligte Partei im Einklang mit den Rechten und Pflichten, die sich aus den Regeln des in bewaffneten Konflikten anwendbaren Völkerrechts für sie ergeben, alle angemessenen Vorsichtsmaßnahmen zu treffen, um Verluste unter der Zivilbevölkerung und die Beschädigung ziviler Objekte zu vermeiden.

(5) Die Bestimmungen dieses Artikels sind nicht so auszulegen, als erlaubten sie Angriffe auf die Zivilbevölkerung, Zivilpersonen oder zivile Objekte.

Art. 58 Vorsichtsmaßnahmen gegen die Wirkungen von Angriffen. Soweit dies praktisch irgend möglich ist, werden die am Konflikt beteiligten Parteien

a) sich unbeschadet des Artikels 49 des IV. Abkommens bemühen, die Zivilbevölkerung, einzelne Zivilpersonen und zivile Objekte, die ihrer Herrschaft unterstehen, aus der Umgebung militärischer Ziele zu entfernen;

b) es vermeiden, innerhalb oder in der Nähe dicht bevölkerter Gebiete militärische Ziele anzulegen;

c) weitere notwendige Vorsichtsmaßnahmen treffen, um die Zivilbevölkerung, einzelne Zivilpersonen und zivile Objekte, die ihrer Herrschaft unterstehen, vor den mit Kriegshandlungen verbundenen Gefahren zu schützen.

Kapitel V. Orte und Zonen unter besonderem Schutz

Art. 59 Unverteidigte Orte. (1) Unverteidigte Orte dürfen – gleichviel mit welchen Mitteln – von den am Konflikt beteiligten Parteien nicht angegriffen werden.

(2) Die zuständigen Behörden einer am Konflikt beteiligten Partei können jeden der gegnerischen Partei zur Besetzung offenstehenden bewohnten Ort in der Nähe oder innerhalb einer Zone, in der Streitkräfte miteinander in Berührung gekommen sind, zum unverteidigten Ort erklären. Ein solcher Ort muß folgende Voraussetzungen erfüllen:

a) Alle Kombattanten sowie die beweglichen Waffen und die bewegliche militärische Ausrüstung müssen verlegt worden sein,
b) ortsfeste militärische Anlagen oder Einrichtungen dürfen nicht zu feindseligen Handlungen benutzt werden,
c) Behörden und Bevölkerung dürfen keine feindseligen Handlungen begehen und
d) es darf nichts zur Unterstützung von Kriegshandlungen unternommen werden.

(3) Die Voraussetzungen des Absatzes 2 sind auch dann erfüllt, wenn sich an diesem Ort Personen befinden, die durch die Abkommen und dieses Protokoll besonders geschützt sind, oder wenn dort Polizeikräfte zu dem alleinigen Zweck verblieben sind, die öffentliche Ordnung aufrechtzuerhalten.

(4) Die Erklärung nach Absatz 2 wird an die gegnerische Partei gerichtet; darin sind die Grenzen des unverteidigten Ortes so genau wie möglich festzulegen und zu beschreiben. Die am Konflikt beteiligte Partei, an welche die Erklärung gerichtet ist, bestätigt den Empfang und behandelt den Ort als unverteidigten Ort, es sei denn, daß die Voraussetzungen des Absatzes 2 nicht tatsächlich erfüllt sind; in diesem Fall hat sie die Partei, welche die Erklärung abgegeben hat, unverzüglich davon zu unterrichten. Selbst wenn die Voraussetzungen des Absatzes 2 nicht erfüllt sind, steht der Ort weiterhin unter dem Schutz der anderen Bestimmungen dieses Protokolls und der sonstigen Regeln des in bewaffneten Konflikten anwendbaren Völkerrechts.

(5) Die am Konflikt beteiligten Parteien können die Schaffung unverteidigter Orte vereinbaren, selbst wenn diese Orte nicht die Voraussetzungen des Absatzes 2 erfüllen. In der Vereinbarung sollen die Grenzen des unverteidigten Ortes so genau wie möglich festgelegt und beschrieben werden; falls erforderlich, können darin Überwachungsmethoden vorgesehen werden.

(6) Die Partei, in deren Gewalt sich ein von einer solchen Vereinbarung erfaßter Ort befindet, macht diesen nach Möglichkeit durch mit der anderen Partei zu vereinbarende Zeichen kenntlich; sie sind an Stellen anzubringen, wo sie deutlich sichtbar sind, insbesondere an den Ortsenden und Außengrenzen und an den Hauptstraßen.

(7) Ein Ort verliert seinen Status als unverteidigter Ort, wenn er die Voraussetzungen des Absatzes 2 oder der Vereinbarung nach Absatz 5 nicht mehr erfüllt. In einem solchen Fall steht der Ort weiterhin unter dem Schutz der anderen Bestimmungen dieses Protokolls und der sonstigen Regeln des in bewaffneten Konflikten anwendbaren Völkerrechts.

Art. 60 Entmilitarisierte Zonen. (1) Den am Konflikt beteiligten Parteien ist es verboten, ihre Kriegshandlungen auf Zonen auszudehnen, denen sie durch eine Vereinbarung den Status einer entmilitarisierten Zone zuerkannt haben, wenn diese Ausdehnung den Bestimmungen der betreffenden Vereinbarung zuwiderläuft.

(2) Es bedarf einer ausdrücklichen Vereinbarung; sie kann mündlich oder schriftlich, unmittelbar oder durch Vermittlung einer Schutzmacht oder einer unparteiischen humanitären Organisation getroffen werden und aus gegenseitigen übereinstimmenden Erklärungen bestehen. Die Vereinbarung kann sowohl in Friedenszeiten als auch nach Beginn der Feindseligkeiten getroffen werden; darin sollen die Grenzen der entmilitarisierten Zone so genau wie

möglich festgelegt und beschrieben werden; falls erforderlich, werden darin Überwachungsmethoden vorgesehen.

(3) Gegenstand einer solchen Vereinbarung ist in der Regel eine Zone, die folgende Voraussetzungen erfüllt:

a) alle Kombattanten sowie die beweglichen Waffen und die bewegliche militärische Ausrüstung müssen verlegt worden sein,

b) ortsfeste militärische Anlagen oder Einrichtungen dürfen nicht zu feindseligen Handlungen benutzt werden,

c) Behörden und Bevölkerung dürfen keine feindseligen Handlungen begehen und

d) jede mit militärischen Anstrengungen im Zusammenhang stehende Tätigkeit muß eingestellt worden sein.

Die am Konflikt beteiligten Parteien verständigen sich darüber, wie Buchstabe d auszulegen ist und welche Personen sich außer den in Absatz 4 genannten in der entmilitarisierten Zone aufhalten dürfen.

(4) Die Voraussetzungen des Absatzes 3 sind auch dann erfüllt, wenn sich in dieser Zone Personen befinden, die durch die Abkommen und dieses Protokoll besonders geschützt sind, oder wenn dort Polizeikräfte zu dem alleinigen Zweck verblieben sind, die öffentliche Ordnung aufrechtzuerhalten.

(5) Die Partei, in deren Gewalt sich eine solche Zone befindet, macht diese nach Möglichkeit durch mit der anderen Partei zu vereinbarende Zeichen kenntlich; sie sind an Stellen anzubringen, wo sie deutlich sichtbar sind, insbesondere an den Ortsenden, den Grenzen der Zone und an den Hauptstraßen.

(6) Nähern sich die Kämpfe einer entmilitarisierten Zone und haben die am Konflikt beteiligten Parteien eine entsprechende Vereinbarung getroffen, so darf keine von ihnen diese Zone für Zwecke benutzen, die mit Kriegshandlungen im Zusammenhang stehen, oder den Status der Zone einseitig aufheben.

(7) Verletzt eine am Konflikt beteiligte Partei erheblich die Bestimmungen des Absatzes 3 oder 6, so ist die andere Partei ihrer Verpflichtungen aus der Vereinbarung enthoben, die der Zone den Status einer entmilitarisierten Zone zuerkennt. In einem solchen Fall verliert die Zone zwar ihren Status, steht aber weiterhin unter dem Schutz der anderen Bestimmungen dieses Protokolls und der sonstigen Regeln des in bewaffneten Konflikten anwendbaren Völkerrechts.

Kapitel VI. Zivilschutz

Art. 61 Begriffsbestimmungen und Anwendungsbereich. Im Sinne dieses Protokolls

a) bedeutet „Zivilschutz" die Erfüllung aller oder einzelner der nachstehend genannten humanitären Aufgaben zum Schutz der Zivilbevölkerung vor den Gefahren und zur Überwindung der unmittelbaren Auswirkungen von Feindseligkeiten oder Katastrophen sowie zur Schaffung der für ihr Überleben notwendigen Voraussetzungen. Diese Aufgaben sind

  i) Warndienst;

  ii) Evakuierung;

  iii) Bereitstellung und Verwaltung von Schutzräumen;

  iv) Durchführung von Verdunkelungsmaßnahmen;

v) Bergung;
vi) medizinische Versorgung einschließlich erster Hilfe und geistlichen Beistands;
vii) Brandbekämpfung;
viii) Aufspüren und Kennzeichnung von Gefahrenzonen;
ix) Dekontaminierung und ähnliche Schutzmaßnahmen;
x) Bereitstellung von Notunterkünften und -verpflegungsgütern;
xi) Notdienst zur Wiederherstellung und Aufrechterhaltung der Ordnung in notleidenden Gebieten;
xii) Notinstandsetzung unentbehrlicher öffentlicher Versorgungseinrichtungen;
xiii) Bestattungsnotdienst;
xiv) Hilfsdienste bei der Erhaltung lebensnotwendiger Objekte;
xv) zur Wahrnehmung jeder dieser Aufgaben erforderliche zusätzliche Tätigkeiten, zu denen auch Planung und Organisation gehören;
b) bedeutet „Zivilschutzorganisationen" die von den zuständigen Behörden einer am Konflikt beteiligten Partei zur Wahrnehmung einer der unter Buchstabe a genannten Aufgaben geschaffenen oder zugelassenen Einrichtungen und anderen Einheiten, die ausschließlich diesen Aufgaben zugewiesen und ausschließlich dafür eingesetzt werden;
c) bedeutet „Personal" der Zivilschutzorganisationen die Personen, die eine am Konflikt beteiligte Partei ausschließlich der Wahrnehmung der unter Buchstabe a genannten Aufgaben zuweist, darunter das Personal, das von der zuständigen Behörde dieser Partei ausschließlich der Verwaltung dieser Organisationen zugewiesen wird;
d) bedeutet „Material" der Zivilschutzorganisationen die Ausrüstung, Vorräte und Transportmittel, welche diese Organisationen zur Wahrnehmung der unter Buchstabe a genannten Aufgaben verwenden.

Art. 62 Allgemeiner Schutz.   (1) Die zivilen Zivilschutzorganisationen und ihr Personal werden nach Maßgabe der Bestimmungen dieses Protokolls und insbesondere dieses Abschnitts geschont und geschützt. Außer im Fall zwingender militärischer Notwendigkeit sind sie berechtigt, ihre Zivilschutzaufgaben wahrzunehmen.

(2) Absatz 1 findet auch auf Zivilpersonen Anwendung, die den zivilen Zivilschutzorganisationen nicht angehören, aber einem Aufruf der zuständigen Behörden Folge leisten und unter deren Leitung Zivilschutzaufgaben wahrnehmen.

(3) Gebäude und Material, die zu Zivilschutzzwecken benutzt werden, sowie Schutzbauten für die Zivilbevölkerung fallen unter Artikel 52. Zu Zivilschutzzwecken benutzte Objekte dürfen nur von der Partei, der sie gehören, zerstört oder zweckentfremdet werden.

Art. 63 Zivilschutz in besetzten Gebieten. (1) In besetzten Gebieten werden den zivilen Zivilschutzorganisationen von den Behörden die zur Wahrnehmung ihrer Aufgaben erforderlichen Erleichterungen gewährt. Ihr Personal darf unter keinen Umständen zu Tätigkeiten gezwungen werden, welche die ordnungsgemäße Wahrnehmung dieser Aufgaben behindern würden. Die Besatzungsmacht darf die Struktur oder die personelle Besetzung dieser Organisation nicht in einer Weise ändern, welche die wirksame Erfüllung ihres Auftrags beeinträchtigen könnte. Von diesen Organisationen darf nicht verlangt werden, den Staatsangehörigen oder Interessen dieser Macht Vorrang einzuräumen.

(2) Die Besatzungsmacht darf die zivilen Zivilschutzorganisationen nicht verpflichten, zwingen oder anhalten, ihre Aufgaben in irgendeiner für die Zivilbevölkerung abträglichen Weise wahrzunehmen.

(3) Die Besatzungsmacht kann aus Sicherheitsgründen das Zivilschutzpersonal entwaffnen.

(4) Die Besatzungsmacht darf Gebäude oder Material, die Zivilschutzorganisationen gehören oder von diesen benutzt werden, nicht zweckentfremden oder in Anspruch nehmen, wenn diese Zweckentfremdung oder Inanspruchnahme der Zivilbevölkerung zum Nachteil gereicht.

(5) Sofern die allgemeine Vorschrift des Absatzes 4 weiterhin beachtet wird, kann die Besatzungsmacht diese Mittel unter folgenden besonderen Bedingungen in Anspruch nehmen oder zweckentfremden:
a) Die Gebäude oder das Material werden für andere Bedürfnisse der Zivilbevölkerung benötigt und
b) die Inanspruchnahme oder Zweckentfremdung dauert nur so lange, wie diese Notwendigkeit besteht.

(6) Die Besatzungsmacht darf Schutzbauten, die der Zivilbevölkerung zur Verfügung stehen oder von ihr benötigt werden, nicht zweckentfremden oder in Anspruch nehmen.

Art. 64 Zivile Zivilschutzorganisationen neutraler oder anderer nicht am Konflikt beteiligter Staaten und internationaler Koordinierungsorganisationen. (1) Die Artikel 62, 63, 65 und 66 finden auch auf Personal und Material ziviler Zivilschutzorganisationen neutraler oder anderer nicht am Konflikt beteiligter Staaten Anwendung, die im Hoheitsgebiet einer am Konflikt beteiligten Partei mit Zustimmung und unter der Leitung dieser Partei Zivilschutzaufgaben nach Artikel 61 wahrnehmen. Einer betroffenen gegnerischen Partei wird so bald wie möglich von dieser Hilfe Mitteilung gemacht. Diese Tätigkeit darf unter keinen Umständen als Einmischung in den Konflikt angesehen werden. Sie soll jedoch unter gebührender Berücksichtigung der Sicherheitsinteressen der betroffenen am Konflikt beteiligten Parteien ausgeübt werden.

(2) Am Konflikt beteiligte Parteien, welche die in Absatz 1 genannte Hilfe erhalten, und die Hohen Vertragsparteien, die sie gewähren, sollen gegebenenfalls die internationale Koordinierung dieser Zivilschutzmaßnahmen erleichtern. In diesem Fall findet dieses Kapitel auf die zuständigen internationalen Organisationen Anwendung.

(3) In besetzten Gebieten darf die Besatzungsmacht die Tätigkeit ziviler Zivilschutzorganisationen neutraler oder anderer nicht am Konflikt beteiligter Staaten sowie internationaler Koordinierungsorganisationen nur dann ausschließen oder einschränken, wenn sie die angemessene Wahrnehmung der Zivilschutzaufgaben mit eigenen Mitteln oder den Mitteln des besetzten Gebiets sicherstellen kann.

Art. 65 Ende des Schutzes. (1) Der Schutz, auf den zivile Zivilschutzorganisationen, ihr Personal, ihre Gebäude, ihre Schutzbauten und ihr Material

Anspruch haben, darf nur dann enden, wenn sie außer ihren eigentlichen Aufgaben den Feind schädigende Handlungen begehen oder dazu verwendet werden. Jedoch endet der Schutz erst, nachdem eine Warnung, die möglichst eine angemessene Frist setzt, unbeachtet geblieben ist.

(2) Es gilt nicht als eine den Feind schädigende Handlung,
a) wenn Zivilschutzaufgaben unter der Weisung oder Aufsicht militärischer Dienststellen durchgeführt werden;
b) wenn ziviles Zivilschutzpersonal mit Militärpersonal bei der Wahrnehmung von Zivilschutzaufgaben zusammenarbeitet oder wenn einige Militärpersonen zivilen Zivilschutzorganisationen zugeteilt sind;
c) wenn die Wahrnehmung von Zivilschutzaufgaben auch militärischen Konfliktopfern, insbesondere den außer Gefecht befindlichen, zugute kommt.

(3) Es gilt auch nicht als eine den Feind schädigende Handlung, wenn das zivile Zivilschutzpersonal leichte Handfeuerwaffen trägt, um die Ordnung aufrechtzuerhalten oder sich selbst zu verteidigen. In Gebieten, in denen Kämpfe zu Land stattfinden oder wahrscheinlich stattfinden werden, treffen die am Konflikt beteiligten Parteien jedoch geeignete Vorkehrungen, um diese Waffen auf Faustfeuerwaffen wie Pistolen oder Revolver zu beschränken, damit zwischen Zivilschutzpersonal und Kombattanten leichter unterschieden werden kann. Auch wenn das Zivilschutzpersonal in diesen Gebieten andere leichte Handfeuerwaffen trägt, wird es geschont und geschützt, sobald es als solches erkannt ist.

(4) Sind zivile Zivilschutzorganisationen in militärischer Weise organisiert oder ist ihr Personal dienstverpflichtet, so verlieren sie auch dadurch nicht den in diesem Kapitel gewährten Schutz.

Art. 66 Kennzeichnung. (1) Jede am Konflikt beteiligte Partei ist bemüht, sicherzustellen, daß ihre Zivilschutzorganisationen, deren Personal, Gebäude und Material erkennbar sind, solange sie ausschließlich zur Wahrnehmung von Zivilschutzaufgaben eingesetzt sind. Schutzbauten, die der Zivilbevölkerung zur Verfügung stehen, sollen in ähnlicher Weise erkennbar sein.

(2) Jede am Konflikt beteiligte Partei ist ferner bemüht, Methoden und Verfahren einzuführen und anzuwenden, die das Erkennen ziviler Schutzbauten sowie des Personals, der Gebäude und des Materials des Zivilschutzes ermöglichen, welche das internationale Schutzzeichen des Zivilschutzes tragen.

(3) In besetzten Gebieten und in Gebieten, in denen tatsächlich oder voraussichtlich Kampfhandlungen stattfinden, soll das Zivilpersonal des Zivilschutzes durch das internationale Schutzzeichen des Zivilschutzes und durch einen Ausweis, der seinen Status bescheinigt, erkennbar sein.

(4) Das internationale Schutzzeichen des Zivilschutzes besteht aus einem gleichseitigen blauen Dreieck auf orangefarbenem Grund, das zum Schutz von Zivilschutzorganisationen, ihres Personals, ihrer Gebäude und ihres Materials oder zum Schutz ziviler Schutzbauten verwendet wird.

(5) Neben dem Schutzzeichen können die am Konflikt beteiligten Parteien Erkennungssignale zur Kennzeichnung der Zivilschutzdienste vereinbaren.

(6) Die Anwendung der Absätze 1 bis 4 wird in Kapitel V des Anhangs I dieses Protokolls geregelt.

(7) In Friedenszeiten kann das in Absatz 4 beschriebene Zeichen mit Zustimmung der zuständigen nationalen Behörden zur Kennzeichnung der Zivilschutzdienste verwendet werden.

(8) Die Hohen Vertragsparteien und die am Konflikt beteiligten Parteien treffen die erforderlichen Maßnahmen, um die Verwendung des internationalen Schutzzeichens des Zivilschutzes zu überwachen und um seinen Mißbrauch zu verhüten und zu ahnden.

(9) Für die Kennzeichnung des Sanitäts- und Seelsorgepersonals sowie der Sanitätseinheiten und -transportmittel des Zivilschutzes gilt Artikel 18 ebenfalls.

Art. 67 Den Zivilschutzorganisationen zugeteilte Angehörige der Streitkräfte und militärische Einheiten. (1) Angehörige der Streitkräfte und militärische Einheiten, die den Zivilschutzorganisationen zugeteilt sind, werden geschont und geschützt,

a) wenn dieses Personal und diese Einheiten ständig für die Wahrnehmung einer der in Artikel 61 bezeichneten Aufgaben zugewiesen und ausschließlich dafür eingesetzt sind;

b) wenn das diesen Aufgaben zugewiesene Personal für die Dauer des Konflikts keine anderen militärischen Aufgaben wahrnimmt;

c) wenn dieses Personal sich deutlich von anderen Angehörigen der Streitkräfte durch auffälliges Tragen des ausreichend großen internationalen Schutzzeichens des Zivilschutzes unterscheidet und wenn es den in Kapitel V des Anhangs I dieses Protokolls bezeichneten Ausweis besitzt, der seinen Status bescheinigt;

d) wenn dieses Personal und diese Einheiten nur mit leichten Handfeuerwaffen ausgerüstet sind, um diese Ordnung aufrechtzuerhalten oder sich selbst zu verteidigen. Artikel 65 Absatz 3 findet auch auf diesen Fall Anwendung;

e) wenn dieses Personal nicht unmittelbar an den Feindseligkeiten teilnimmt und neben seinen Zivilschutzaufgaben keine die gegnerische Partei schädigenden Handlungen begeht oder nicht für solche eingesetzt wird;

f) wenn dieses Personal und diese Einheiten ihre Zivilschutzaufgaben nur im Hoheitsgebiet ihrer Partei wahrnehmen.

Die Nichtbeachtung der Vorschriften des Buchstabens e durch einen Angehörigen der Streitkräfte, der durch die Vorschriften der Buchstaben a und b gebunden ist, ist verboten.

(2) Angehörige des in Zivilschutzorganisationen Dienst tuenden Militärpersonals, die in die Gewalt einer gegnerischen Partei geraten, werden Kriegsgefangene. In besetztem Gebiet können sie, jedoch nur im Interesse der Zivilbevölkerung dieses Gebiets, zu Zivilschutzaufgaben herangezogen werden, soweit dies erforderlich ist; wenn diese Arbeit gefährlich ist, müssen sie sich jedoch freiwillig gemeldet haben.

(3) Die Gebäude und größeren Ausrüstungsgegenstände und Transportmittel der militärischen Einheiten, die Zivilschutzorganisationen zugeteilt sind, müssen deutlich mit dem internationalen Schutzzeichen des Zivilschutzes gekennzeichnetsein. Dieses Zeichen muß eine angemessene Größe besitzen.

(4) Die Gebäude und das Material der militärischen Einheiten, die Zivilschutzorganisationen ständig zugeteilt sind und ausschließlich für die Wahr-

nehmung von Zivilschutzaufgaben eingesetzt werden, unterliegen, wenn sie in die Gewalt einer gegnerischen Partei geraten, weiterhin dem Kriegsrecht. Außer im Fall zwingender militärischer Notwendigkeit dürfen sie jedoch ihrer Bestimmung nicht entzogen werden, solange sie zur Wahrnehmung von Zivilschutzaufgaben benötigt werden, sofern nicht vorher Maßnahmen getroffen wurden, um den Bedürfnissen der Zivilbevölkerung in angemessener Weise zu genügen.

Abschnitt II. Hilfsmaßnahmen zugunsten der Zivilbevölkerung

Art. 68 Anwendungsbereich. Dieser Abschnitt findet auf die Zivilbevölkerung im Sinne dieses Protokolls Anwendung und ergänzt die Artikel 23, 55, 59, 60, 61 und 62 sowie die anderen einschlägigen Bestimmungen des IV. Abkommens.

Art. 69 Wesentliche Bedürfnisse in besetzten Gebieten. (1) Über die in Artikel 55 des IV. Abkommens bezeichneten Verpflichtungen betreffend die Versorgung mit Lebens- und Arzneimitteln hinaus sorgt die Besatzungsmacht im Rahmen aller ihr zur Verfügung stehenden Mittel und ohne jede nachteilige Unterscheidung auch für die Bereitstellung von Kleidung, Material für die Übernachtung, Notunterkünften, anderen für das Überleben der Zivilbevölkerung des besetzten Gebiets wesentlichen Versorgungsgütern und Kultgegenständen.

(2) Hilfsaktionen zugunsten der Zivilbevölkerung besetzter Gebiete werden durch die Artikel 59, 60, 61, 62, 108, 109, 110 und 111 des IV. Abkommens sowie durch Artikel 71 dieses Protokolls geregelt; sie werden unverzüglich durchgeführt.

Art. 70 Hilfsaktionen. (1) Ist die Zivilbevölkerung eines der Kontrolle einer am Konflikt beteiligten Partei unterliegenden Gebiets, das kein besetztes Gebiet ist, nicht ausreichend mit den in Artikel 69 genannten Versorgungsgütern versehen, so sind ohne jede nachteilige Unterscheidung unparteiische humanitäre Hilfsaktionen durchzuführen, sofern die davon betroffenen Parteien zustimmen. Hilfsangebote, welche die genannten Bedingungen erfüllen, gelten weder als Einmischung in den bewaffneten Konflikt noch als unfreundlicher Akt. Bei der Verteilung der Hilfssendungen werden zuerst Personen berücksichtigt, denen nach dem IV. Abkommen oder nach diesem Protokoll Vorzugsbehandlung oder besonderer Schutz zu gewähren ist, wie beispielsweise Kinder, schwangere Frauen, Wöchnerinnen und stillende Mütter.

(2) Die am Konflikt beteiligten Parteien und jede Hohe Vertragspartei genehmigen und erleichtern den schnellen und ungehinderten Durchlaß von Hilfssendungen, -ausrüstungen und -personal, die nach diesem Abschnitt bereitgestellt werden, auch wenn die Hilfe für die Zivilbevölkerung der gegnerischen Partei bestimmt ist.

(3) Die am Konflikt beteiligten Parteien und jede Hohe Vertragspartei, die den Durchlaß von Hilfssendungen, -ausrüstung und -personal nach Absatz 2 genehmigen,
a) haben das Recht, die technischen Einzelheiten für einen solchen Durchlaß, einschließlich einer Durchsuchung, festzulegen;

b) können ihre Genehmigung davon abhängig machen, daß die Verteilung der Hilfsgüter unter der örtlichen Aufsicht einer Schutzmacht erfolgt;

c) dürfen Hilfssendungen keiner anderen als ihrer ursprünglichen Bestimmung zuführen noch ihre Beförderung verzögern, ausgenommen in Fällen dringender Notwendigkeit im Interesse der betroffenen Zivilbevölkerung.

(4) Die am Konflikt beteiligten Parteien gewährleisten den Schutz der Hilfssendungen und erleichtern ihre schnelle Verteilung.

(5) Die am Konflikt beteiligten Parteien und jede betroffene Hohe Vertragspartei fördern und erleichtern eine wirksame internationale Koordinierung der in Absatz 1 genannten Hilfsaktionen.

Art. 71 An Hilfsaktionen beteiligtes Personal. (1) Im Bedarfsfall kann die bei einer Hilfsaktion geleistete Hilfe auch Hilfspersonal umfassen, namentlich für die Beförderung und Verteilung von Hilfssendungen; die Beteiligung dieses Personals bedarf der Zustimmung der Partei, in deren Hoheitsgebiet es seine Tätigkeit ausüben soll.

(2) Dieses Personal wird geschont und geschützt.

(3) Jede Partei, die Hilfssendungen empfängt, unterstützt soweit irgend möglich das in Absatz 1 genannte Personal bei der Erfüllung seines Hilfsauftrags. Nur im Fall zwingender militärischer Notwendigkeit darf die Tätigkeit des Hilfspersonals begrenzt oder seine Bewegungsfreiheit vorübergehend eingeschränkt werden.

(4) Das Hilfspersonal darf seinen Auftrag im Sinne dieses Protokolls unter keinen Umständen überschreiten. Es hat insbesondere die Sicherheitsbedürfnisse der Partei zu berücksichtigen, in deren Hoheitsgebiet es seine Aufgaben durchführt. Der Auftrag jedes Mitglieds des Hilfspersonals, das diese Bedingungen nicht beachtet, kann beendet werden.

Abschnitt III. Behandlung von Personen, die sich in der Gewalt einer am Konflikt beteiligten Partei befinden

Kapitel I. Anwendungsbereich und Schutz von Personen und Objekten

Art. 72 Anwendungsbereich. Die Bestimmungen dieses Abschnitts ergänzen die im IV. Abkommen, insbesondere in dessen Teilen I und III, enthaltenen Vorschriften über den humanitären Schutz von Zivilpersonen und zivilen Objekten, die sich in der Gewalt einer am Konflikt beteiligten Partei befinden, sowie die sonstigen anwendbaren Regeln des Völkerrechts über den Schutz grundlegender Menschenrechte in einem internationalen bewaffneten Konflikt.

Art. 73 Flüchtlinge und Staatenlose. Personen, die vor Beginn der Feindseligkeiten als Staatenlose oder Flüchtlinge im Sinne der einschlägigen, von den beteiligten Parteien angenommenen internationalen Übereinkünfte oder der innerstaatlichen Rechtsvorschriften des Aufnahme- oder Aufenthaltsstaats angesehen werden, sind unter allen Umständen und ohne jede nachteilige Unterscheidung geschützte Personen im Sinne der Teile I und III des IV. Abkommens.

Art. 74 Familienzusammenführung. Die Hohen Vertragsparteien und die am Konflikt beteiligten Parteien erleichtern in jeder möglichen Weise die Zusammenführung von Familien, die infolge bewaffneter Konflikte getrennt worden sind; sie fördern insbesondere im Einklang mit den Abkommen und diesem Protokoll und in Übereinstimmung mit ihren jeweiligen Sicherheitsbestimmungen die Tätigkeit humanitärer Organisationen, die sich dieser Aufgabe widmen.

Art. 75 Grundlegende Garantien. (1) Soweit Personen von einer in Artikel 1 genannten Situation betroffen sind, werden sie, wenn sie sich in der Gewalt einer am Konflikt beteiligten Partei befinden und nicht auf Grund der Abkommen oder dieses Protokolls eine günstigere Behandlung genießen, unter allen Umständen mit Menschlichkeit behandelt und genießen zumindest den in diesem Artikel vorgesehenen Schutz, ohne jede nachteilige Unterscheidung auf Grund von Rasse, Hautfarbe, Geschlecht, Sprache, Religion oder Glauben, politischer oder sonstiger Anschauung, nationaler oder sozialer Herkunft, Vermögen, Geburt oder einer sonstigen Stellung oder anderer ähnlicher Unterscheidungsmerkmale. Jede Partei achtet die Person, die Ehre, die Überzeugungen und die religiösen Gepflogenheiten aller dieser Personen.

(2) Folgende Handlungen sind und bleiben jederzeit und überall verboten, gleichviel ob sie durch zivile Bedienstete oder durch Militärpersonen begangen werden:
a) Angriffe auf das Leben, die Gesundheit oder das körperliche oder geistige Wohlbefinden von Personen, insbesondere
  i) vorsätzliche Tötung,
  ii) Folter jeder Art, gleichviel ob körperlich oder seelisch,
  iii) körperliche Züchtigung und
  iv) Verstümmelung;
b) Beeinträchtigung der persönlichen Würde, insbesondere entwürdigende und erniedrigende Behandlung, Nötigung zur Prostitution und unzüchtige Handlungen jeder Art,
c) Geiselnahme,
d) Kollektivstrafen und
e) die Androhung einer dieser Handlungen.

(3) Jede wegen Handlungen im Zusammenhang mit dem bewaffneten Konflikt festgenommene, in Haft gehaltene oder internierte Person wird unverzüglich in einer ihr verständlichen Sprache über die Gründe dieser Maßnahme unterrichtet. Außer bei Festnahme oder Haft wegen einer Straftat wird eine solche Person so schnell wie irgend möglich, auf jeden Fall aber dann freigelassen, sobald die Umstände, welche die Festnahme, Haft oder Internierung rechtfertigen, nicht mehr gegeben sind.

(4) Gegen eine Person, die für schuldig befunden wurde, im Zusammenhang mit dem bewaffneten Konflikt eine Straftat begangen zu haben, darf eine Verurteilung nur in einem Urteil ausgesprochen und nur auf Grund eines Urteils eine Strafe vollstreckt werden; dieses Urteil muß von einem unparteiischen, ordnungsgemäß zusammengesetzten Gericht gefällt werden, welches die allgemein anerkannten Grundsätze eines ordentlichen Gerichtsverfahrens beachtet; dazu gehören folgende Garantien:
a) Das Verfahren sieht vor, daß der Beschuldigte unverzüglich über die Einzelheiten der ihm zur Last gelegten Straftat unterrichtet werden muß, und

gewährt ihm während der Hauptverhandlung und davor alle zu seiner Verteidigung erforderlichen Rechte und Mittel;

b) niemand darf wegen einer Straftat verurteilt werden, für die er nicht selbst strafrechtlich verantwortlich ist;

c) niemand darf wegen einer Handlung oder Unterlassung angeklagt oder verurteilt werden, die nach dem zur Zeit ihrer Begehung für ihn geltenden innerstaatlichen oder internationalen Recht nicht strafbar war; ebenso darf keine schwerere Strafe als die im Zeitpunkt der Begehung der Straftat angedrohte verhängt werden; wird nach Begehung der Straftat durch Gesetz eine mildere Strafe eingeführt, so kommt dies dem Täter zugute;

d) bis zum gesetzlichen Nachweis seiner Schuld wird vermutet, daß der wegen einer Straftat Angeklagte unschuldig ist;

e) jeder wegen einer Straftat Angeklagte hat das Recht, bei der Hauptverhandlung anwesend zu sein;

f) niemand darf gezwungen werden, gegen sich selbst als Zeuge auszusagen oder sich schuldig zu bekennen;

g) jeder wegen einer Straftat Angeklagte hat das Recht, Fragen an die Belastungszeugen zu stellen oder stellen zu lassen und das Erscheinen und die Vernehmung von Entlastungszeugen unter den für die Belastungszeugen geltenden Bedingungen zu erwirken;

h) niemand darf wegen einer Straftat, derentwegen er bereits nach demselben Recht und demselben Verfahren rechtskräftig freigesprochen oder verurteilt worden ist, erneut von derselben Partei verfolgt oder bestraft werden;

i) jeder wegen einer Straftat Angeklagte hat das Recht auf öffentliche Urteilsverkündung;

j) jeder Verurteilte wird bei seiner Verurteilung über sein Recht, gerichtliche und andere Rechtsmittel oder Rechtsbehelfe einzulegen, sowie über die hierfür festgesetzten Fristen unterrichtet.

(5) Frauen, denen aus Gründen im Zusammenhang mit dem bewaffneten Konflikt die Freiheit entzogen ist, werden in Räumlichkeiten untergebracht, die von denen der Männer getrennt sind. Sie unterstehen der unmittelbaren Überwachung durch Frauen. Werden jedoch Familien festgenommen, in Haft gehalten oder interniert, so bleibt die Einheit der Familien bei ihrer Unterbringung nach Möglichkeit erhalten.

(6) Personen, die aus Gründen im Zusammenhang mit dem bewaffneten Konflikt festgenommen, in Haft gehalten oder interniert werden, wird auch nach Beendigung des Konflikts bis zu ihrer endgültigen Freilassung, ihrer Heimschaffung oder Niederlassung der in diesem Artikel vorgesehene Schutz gewährt.

(7) Zur Ausschaltung jedes Zweifels hinsichtlich der Verfolgung und des Gerichtsverfahrens in bezug auf Personen, die der Begehung von Kriegsverbrechen oder von Verbrechen gegen die Menschlichkeit beschuldigt werden, sind folgende Grundsätze anzuwenden:

a) Personen, die solcher Verbrechen beschuldigt werden, sollen in Übereinstimmung mit den anwendbaren Regeln des Völkerrechts verfolgt und vor Gericht gestellt zu werden, und

b) allen Personen, die nicht auf Grund der Abkommen oder dieses Protokolls eine günstigere Behandlung genießen, wird die in diesem Artikel vorgesehene Behandlung zuteil, gleichviel ob die Verbrechen, deren sie beschuldigt werden, schwere Verletzungen der Abkommen oder dieses Protokolls darstellen oder nicht.

(8) Die Bestimmungen dieses Artikels sind nicht so auszulegen, als beschränkten oder beeinträchtigten sie eine andere günstigere Bestimmung, die auf Grund der Regeln des anwendbaren Völkerrechts den unter Absatz 1 fallenden Personen größeren Schutz gewährt.

Kapitel II. Maßnahmen zugunsten von Frauen und Kindern

Art. 76 Schutz von Frauen. (1) Frauen werden besonders geschont; sie werden namentlich vor Vergewaltigung, Nötigung zur Prostitution und jeder anderen unzüchtigen Handlung geschützt.

(2) Fälle von schwangeren Frauen und Müttern kleiner von ihnen abhängiger Kinder, die aus Gründen im Zusammenhang mit dem bewaffneten Konflikt festgenommen, in Haft gehalten oder interniert sind, werden vor allen anderen Fällen behandelt.

(3) Die am Konflikt beteiligten Parteien bemühen sich soweit irgend möglich, zu vermeiden, daß gegen schwangere Frauen oder Mütter kleiner von ihnen abhängiger Kinder für eine im Zusammenhang mit dem bewaffneten Konflikt begangene Straftat die Todesstrafe verhängt wird. Ein wegen einer solchen Straftat gegen diese Frauen verhängtes Todesurteil darf nicht vollstreckt werden.

Art. 77 Schutz von Kindern. (1) Kinder werden besonders geschont; sie werden vor jeder unzüchtigen Handlung geschützt. Die am Konflikt beteiligten Parteien lassen ihnen jede Pflege und Hilfe zuteil werden, deren sie wegen ihres Alters oder aus einem anderen Grund bedürfen.

(2) Die am Konflikt beteiligten Parteien treffen alle praktisch durchführbaren Maßnahmen, damit Kinder unter fünfzehn Jahren nicht unmittelbar an Feindseligkeiten teilnehmen; sie sehen insbesondere davon ab, sie in ihre Streitkräfte einzugliedern. Wenn die am Konflikt beteiligten Parteien Personen einziehen, die bereits das fünfzehnte, aber noch nicht das achtzehnte Lebensjahr vollendet haben, bemühen sie sich, zuerst die Ältesten heranzuziehen.

(3) Wenn in Ausnahmefällen trotz der Bestimmungen des Absatzes 2 Kinder, die noch nicht das fünfzehnte Lebensjahr vollendet haben, unmittelbar an Feindseligkeiten teilnehmen und in die Gewalt einer gegnerischen Partei geraten, wird ihnen weiterhin der besondere in diesem Artikel vorgesehene Schutz gewährt, gleichviel ob sie Kriegsgefangene sind oder nicht.

(4) Werden Kinder aus Gründen im Zusammenhang mit dem bewaffneten Konflikt festgenommen, in Haft gehalten oder interniert, so werden sie in Räumlichkeiten untergebracht, die von denen der Erwachsenen getrennt sind, ausgenommen Fälle, in denen nach Artikel 75 Absatz 5 Familien so untergebracht werden, daß ihre Einheit erhalten bleibt.

(5) Ein Todesurteil, das wegen einer im Zusammenhang mit dem bewaffneten Konflikt begangenen Straftat verhängt wurde, darf an Personen, die zum Zeitpunkt der Straftat noch nicht das achtzehnte Lebensjahr vollendet hatten, nicht vollstreckt werden.

Art. 78 Evakuierung von Kindern. (1) Eine am Konflikt beteiligte Partei darf Kinder, die nicht ihre eigenen Staatsangehörigen sind, nicht in ein fremdes Land evakuieren, es sei denn, es handle sich um eine vorübergehende Evakuierung, die durch zwingende Gründe der Gesundheit, der medizinischen Behandlung oder – außer in besetztem Gebiet – der Sicherheit der Kinder erforderlich wird. Sind Eltern oder andere Sorgeberechtigte erreichbar, so ist deren schriftliches Einverständnis mit der Evakuierung erforderlich. Sind sie nicht erreichbar, so darf die Evakuierung nur mit schriftlicher Zustimmung der Personen vorgenommen werden, die nach Gesetz oder Brauch in erster Linie für die Kinder zu sorgen haben. Die Schutzmacht überwacht jede derartige Evakuierung im Einvernehmen mit den betreffenden Parteien, d. h. der die Evakuierung vornehmenden Partei, der die Kinder aufnehmenden Partei und jeder Partei, deren Staatsangehörige evakuiert werden. In jedem Fall treffen alle am Konflikt beteiligten Parteien alle praktisch durchführbaren Vorsichtsmaßnahmen, um eine Gefährdung der Evakuierung zu vermeiden.

(2) Wird eine Evakuierung nach Absatz 1 vorgenommen, so wird für die Erziehung jedes evakuierten Kindes, einschließlich seiner dem Wunsch der Eltern entsprechenden religiösen und sittlichen Erziehung unter Wahrung größtmöglicher Kontinuität gesorgt.

(3) Um die Rückkehr der nach diesem Artikel evakuierten Kinder zu ihren Familien und in ihr Land zu erleichtern, stellen die Behörden der Partei, welche die Evakuierung vornimmt, und gegebenenfalls die Behörden des Aufnahmelands für jedes Kind eine mit Lichtbildern versehene Karte aus und übermitteln sie dem Zentralen Suchdienst des Internationalen Komitees vom Roten Kreuz. Jede Karte enthält, soweit möglich und soweit dem Kind dadurch kein Schaden entstehen kann, folgende Angaben:

a) Name(n) des Kindes;
b) Vorname(n) des Kindes;
c) Geschlecht des Kindes;
d) Geburtsort und -datum (oder ungefähres Alter, wenn das Datum nicht bekannt ist);
e) Name und Vorname des Vaters;
f) Name, Vorname und gegebenenfalls Mädchenname der Mutter;
g) nächste Angehörige des Kindes;
h) Staatsangehörigkeit des Kindes;
i) Muttersprache des Kindes sowie alle weiteren Sprachen, die es spricht;
j) Anschrift der Familie des Kindes;
k) eine etwaige Kennummer des Kindes;
l) Gesundheitszustand des Kindes;
m) Blutgruppe des Kindes;
n) etwaige besondere Kennzeichen;
o) Datum und Ort der Auffindung des Kindes;
p) das Datum, an dem, und der Ort, von dem aus das Kind sein Land verlassen hat;
q) gegebenenfalls Religion des Kindes;
r) gegenwärtige Anschrift des Kindes im Aufnahmeland;
s) falls das Kind vor seiner Rückkehr stirbt, Datum, Ort und Umstände des Todes sowie Bestattungsort.

Kapitel III. Journalisten

Art. 79 Maßnahmen zum Schutz von Journalisten. (1) Journalisten, die in Gebieten eines bewaffneten Konflikts gefährliche berufliche Aufträge ausführen, gelten als Zivilpersonen im Sinne des Artikels 50 Absatz 1.

(2) Sie sind als solche nach den Abkommen und diesem Protokoll geschützt, sofern sie nichts unternehmen, was ihren Status als Zivilpersonen beeinträchtigt; sind sie aber bei den Streitkräften als Kriegsberichterstatter akkreditiert, so bleibt der Anspruch auf den nach Artikel 4 Buchstabe A. Absatz 4 des III. Abkommens vorgesehenen Status unberührt.

(3) Sie können einen dem Muster in Anhang II dieses Protokolls entsprechenden Ausweis erhalten. Dieser Ausweis, der von der Regierung des Staates ausgestellt wird, dessen Angehörige sie sind, in dem sie ansässig sind oder in dem sich das Nachrichtenorgan befindet, bei dem sie beschäftigt sind, bestätigt den Status des Inhabers als Journalist.

Teil V. Durchführung der Abkommen und dieses Protokolls

Abschnitt I. Allgemeine Bestimmungen

Art. 80 Durchführungsmaßnahmen. (1) Die Hohen Vertragsparteien und die am Konflikt beteiligten Parteien treffen unverzüglich alle notwendigen Maßnahmen, um ihre Verpflichtungen aus den Abkommen und diesem Protokoll zu erfüllen.

(2) Die Hohen Vertragsparteien und die am Konflikt beteiligten Parteien erteilen Weisungen und Anordnungen, um die Einhaltung der Abkommen und dieses Protokolls zu gewährleisten, und überwachen deren Durchführung.

Art. 81 Tätigkeit des Roten Kreuzes und anderer humanitärer Organisationen. (1) Die am Konflikt beteiligten Parteien gewähren dem Internationalen Komitee vom Roten Kreuz alle ihnen zu Gebote stehenden Erleichterungen, damit es die humanitären Aufgaben wahrnehmen kann, die ihm durch die Abkommen und dieses Protokoll übertragen sind, um für den Schutz und die Unterstützung der Opfer von Konflikten zu sorgen; das Internationale Komitee vom Roten Kreuz kann auch vorbehaltlich der Zustimmung der betroffenen am Konflikt beteiligten Parteien alle anderen humanitären Tätigkeiten zugunsten dieser Opfer ausüben.

(2) Die am Konflikt beteiligten Parteien gewähren ihren jeweiligen Organisationen des Roten Kreuzes (Roten Halbmonds, Roten Löwen mit Roter Sonne) die Erleichterungen, die sie benötigen, um ihre humanitäre Tätigkeit zugunsten der Opfer des Konflikts im Einklang mit den Abkommen und diesem Protokoll und mit den von den Internationalen Rotkreuzkonferenzen formulierten Grundprinzipien des Roten Kreuzes auszuüben.

(3) Die Hohen Vertragsparteien und die am Konflikt beteiligten Parteien erleichtern in jeder möglichen Weise die Hilfe, die die Organisationen des Roten Kreuzes (Roten Halbmonds, Roten Löwen mit Roter Sonne) und die Liga der Rotkreuzgesellschaften den Opfern von Konflikten im Einklang mit den

Abkommen und diesem Protokoll und den von den internationalen Rot-kreuzkonferenzen formulierten Grundprinzipien des Roten Kreuzes zuteil werden lassen.

(4) Die Hohen Vertragsparteien und die am Konflikt beteiligten Parteien räumen soweit möglich ähnliche Erleichterungen wie die in den Absätzen 2 und 3 genannten auch den anderen in den Abkommen und diesem Protokoll bezeichneten humanitären Organisationen ein, die von den jeweiligen am Konflikt beteiligten Parteien ordnungsgemäß ermächtigt sind und ihre humanitäre Tätigkeit im Einklang mit den Abkommen und diesem Protokoll aus-üben.

Art. 82 Rechtsberater in den Streitkräften. Die Hohen Vertragsparteien werden jederzeit und die am Konflikt beteiligten Parteien werden in Zeiten eines bewaffneten Konflikts dafür Sorge tragen, daß Rechtsberater bei Bedarf verfügbar sind, um die militärischen Führer der zuständigen Befehlsebenen hinsichtlich der Anwendung der Abkommen und dieses Protokolls sowie der geeigneten Unterweisungen zu beraten, die den Streitkräften auf diesem Ge-biet zu erteilen sind.

Art. 83 Verbreitung. (1) Die Hohen Vertragsparteien verpflichten sich, in Friedenszeiten wie in Zeiten eines bewaffneten Konflikts die Abkommen und dieses Protokoll in ihren Ländern so weit wie möglich zu verbreiten, insbe-sondere ihr Studium in die militärischen Ausbildungsprogramme aufzuneh-men und die Zivilbevölkerung zu ihrem Studium anzuregen, so daß diese Übereinkünfte den Streitkräften und der Zivilbevölkerung bekannt werden.

(2) Die militärischen oder zivilen Dienststellen, die in Zeiten eines bewaff-neten Konflikts Verantwortlichkeiten bei der Anwendung der Abkommen und dieses Protokolls zu übernehmen haben, müssen mit ihrem Wortlaut voll und ganz vertraut sein.

Art. 84 Anwendungsvorschriften. Die Hohen Vertragsparteien übermit-teln einander so bald wie möglich durch den Verwahrer und gegebenenfalls durch die Schutzmächte ihre amtlichen Übersetzungen dieses Protokolls so-wie die Gesetze und sonstigen Vorschriften, die sie erlassen, um seine An-wendung zu gewährleisten.

Abschnitt II. Ahndung von Verletzungen der Abkommen und dieses Protokolls

Art. 85 Ahndung von Verletzungen dieses Protokolls. (1) Die Bestim-mungen der Abkommen über die Ahndung von Verletzungen und schweren Verletzungen, ergänzt durch die Bestimmungen dieses Abschnitts, finden auch auf die Ahndung von Verletzungen und schweren Verletzungen dieses Proto-kolls Anwendung.

(2) Die in den Abkommen als schwere Verletzungen bezeichneten Hand-lungen stellen schwere Verletzungen dieses Protokolls dar, wenn sie gegen Personen, die sich in der Gewalt einer gegnerischen Partei befinden und durch die Artikel 44, 45 und 73 des Protokolls geschützt sind, oder gegen Verwundete, Kranke und Schiffbrüchige der gegnerischen Partei, die durch dieses Protokoll geschützt sind, oder gegen dasjenige Sanitäts- oder Seelsorge-

personal oder die Sanitätseinheiten oder Sanitätstransportmittel begangen werden, die der gegnerischen Partei unterstehen und durch dieses Protokoll geschützt sind.

(3) Als schwere Verletzungen dieses Protokolls gelten außer den in Artikel 11 bezeichneten schweren Verletzungen folgende Handlungen, wenn sie vorsätzlich unter Verletzung der einschlägigen Bestimmungen des Protokolls begangen werden und den Tod oder eine schwere Beeinträchtigung der körperlichen Unversehrtheit oder der Gesundheit zur Folge haben:

a) gegen die Zivilbevölkerung oder einzelne Zivilpersonen gerichtete Angriffe;

b) Führen eines unterschiedslos wirkenden, die Zivilbevölkerung oder zivile Objekte in Mitleidenschaft ziehenden Angriffs in Kenntnis davon, daß der Angriff Verluste an Menschenleben, die Verwundung von Zivilpersonen oder die Beschädigung ziviler Objekte zur Folge haben wird, die im Sinne des Artikels 57 Absatz 2 Buchstabe a Ziffer iii unverhältnismäßig sind;

c) Führen eines Angriffs gegen gefährliche Kräfte enthaltende Anlagen oder Einrichtungen in Kenntnis davon, daß der Angriff Verluste an Menschenleben, die Verwundung von Zivilpersonen oder die Beschädigung ziviler Objekte zur Folge haben wird, die im Sinne des Artikels 57 Absatz 2 Buchstabe a Ziffer iii unverhältnismäßig sind;

d) gegen unverteidigte Orte und entmilitarisierte Zonen gerichtete Angriffe;

e) gegen eine Person gerichtete Angriffe in Kenntnis davon, daß die Person außer Gefecht befindlich ist;

f) heimtückische gegen Artikel 37 verstoßende Benutzung des Schutzzeichens des Roten Kreuzes, des Roten Halbmonds oder des Roten Löwen mit Roter Sonne oder anderer durch die Abkommen oder dieses Protokoll anerkannter Schutzzeichen.

(4) Als schwere Verletzungen dieses Protokolls gelten außer den in den vorstehenden Absätzen und in den Abkommen bezeichneten schweren Verletzungen folgende Handlungen, wenn sie vorsätzlich und unter Verletzung der Abkommen oder des Protokolls begangen werden:

a) die von der Besatzungsmacht durchgeführte Überführung eines Teiles ihrer eigenen Zivilbevölkerung in das von ihr besetzte Gebiet oder die Verschleppung oder Überführung der Gesamtheit oder eines Teiles der Bevölkerung des besetzten Gebiets innerhalb desselben oder aus demselben unter Verletzung des Artikels 49 des IV. Abkommens;

b) ungerechtfertigte Verzögerung bei der Heimschaffung von Kriegsgefangenen oder Zivilpersonen;

c) Praktiken der Apartheid und andere auf Rassendiskriminierung beruhende unmenschliche und erniedrigende Praktiken, die eine grobe Verletzung der persönlichen Würde einschließen;

d) weitgehende Zerstörungen verursachende Angriffe, die gegen eindeutig erkannte geschichtliche Denkmäler, Kunstwerke oder Kultstätten gerichtet sind, welche zum kulturellen oder geistigen Erbe der Völker gehören und denen auf Grund einer besonderen Vereinbarung, zum Beispiel im Rahmen einer zuständigen internationalen Organisation, besonderer Schutz gewährt wurde, wenn keine Anzeichen dafür vorliegen, daß die gegnerische Partei Artikel 53 Buchstabe b verletzt hat und wenn die betreffenden geschichtlichen Denkmäler, Kunstwerke und Kultstätten nicht in unmittelbarer Nähe militärischer Ziele gelegen sind;

e) Maßnahmen, durch die einer durch die Abkommen geschützten oder in Absatz 2 genannten Person ihr Recht auf ein unparteiisches ordentliches Gerichtsverfahren entzogen wird.

(5) Unbeschadet der Anwendung der Abkommen und dieses Protokolls gelten schwere Verletzungen dieser Übereinkünfte als Kriegsverbrechen.

Art. 86 Unterlassungen. (1) Die Hohen Vertragsparteien und die am Konflikt beteiligten Parteien ahnden schwere Verletzungen und treffen die erforderlichen Maßnahmen, um alle sonstigen Verletzungen der Abkommen oder dieses Protokolls zu unterbinden, die sich aus einer Unterlassung ergeben, wenn eine Rechtspflicht zum Handeln besteht.

(2) Wurde eine Verletzung der Abkommen oder dieses Protokolls von einem Untergebenen begangen, so enthebt dies seine Vorgesetzten nicht ihrer strafrechtlichen beziehungsweise disziplinarrechtlichen Verantwortlichkeit, wenn sie wußten oder unter den gegebenen Umständen auf Grund der ihnen vorliegenden Information darauf schließen konnten, daß der Untergebene eine solche Verletzung beging oder begehen würde, und wenn sie nicht alle in ihrer Macht stehenden, praktisch möglichen Maßnahmen getroffen haben, um die Verletzung zu verhindern oder zu ahnden.

Art. 87 Pflichten der militärischen Führer. (1) Die Hohen Vertragsparteien und die am Konflikt beteiligten Parteien verlangen von den militärischen Führern im Hinblick auf die ihrem Befehl unterstellten Angehörigen der Streitkräfte und die übrigen Personen in ihrem Befehlsbereich, Verletzungen der Abkommen und dieses Protokolls zu verhindern, sie erforderlichenfalls zu unterbinden und den zuständigen Behörden anzuzeigen.

(2) Um Verletzungen zu verhindern und zu unterbinden, verlangen die Hohen Vertragsparteien und die am Konflikt beteiligten Parteien von den militärischen Führern, in ihrem jeweiligen Verantwortungsbereich sicherzustellen, daß die ihrem Befehl unterstellten Angehörigen der Streitkräfte ihre Verpflichtungen aus den Abkommen und diesem Protokoll kennen.

(3) Die Hohen Vertragsparteien und die am Konflikt beteiligten Parteien verlangen von jedem militärischen Führer, der erfahren hat, daß Untergebene oder andere ihm unterstellte Personen eine Verletzung der Abkommen oder dieses Protokolls begehen werden oder begangen haben, daß er die erforderlichen Maßnahmen zur Verhinderung derartiger Verletzungen anordnet und gegebenenfalls ein Disziplinar- oder Strafverfahren gegen die Täter einleitet.

Art. 88 Rechtshilfe in Strafsachen. (1) Die Hohen Vertragsparteien gewähren einander die weitestgehende Hilfe im Zusammenhang mit Verfahren, die in bezug auf schwere Verletzungen der Abkommen oder dieses Protokolls eingeleitet werden.

(2) Vorbehaltlich der durch die Abkommen und durch Artikel 85 Absatz 1 dieses Protokolls festgelegten Rechte und Pflichten arbeiten die Hohen Vertragsparteien, sofern die Umstände dies erlauben, auf dem Gebiet der Auslieferung zusammen. Das Ersuchen des Staates, in dessen Hoheitsgebiet die behauptete Verletzung stattgefunden hat, wird von ihnen gebührend geprüft.

(3) In allen Fällen findet das Recht der ersuchten Hohen Vertragspartei Anwendung. Die vorstehenden Absätze berühren jedoch nicht die Ver-

pflichtungen aus anderen zwei- oder mehrseitigen Verträgen, die das Gebiet der Rechtshilfe in Strafsachen ganz oder teilweise regeln oder regeln werden.

Art. 89 Zusammenarbeit. Bei erheblichen Verstößen gegen die Abkommen oder dieses Protokoll verpflichten sich die Hohen Vertragsparteien, sowohl gemeinsam als auch einzeln in Zusammenarbeit mit den Vereinten Nationen und im Einklang mit der Charta der Vereinten Nationen tätig zu werden.

Art. 90 Internationale Ermittlungskommission. (1) a) Es wird eine internationale Ermittlungskommission (im folgenden als „Kommission" bezeichnet) gebildet; sie besteht aus fünfzehn Mitgliedern von hohem sittlichen Ansehen und anerkannter Unparteilichkeit.

b) Sind mindestens zwanzig Hohe Vertragsparteien übereingekommen, die Zuständigkeit der Kommission nach Absatz 2 anzuerkennen, so beruft der Verwahrer zu diesem Zeitpunkt und danach in Abständen von fünf Jahren eine Sitzung von Vertretern dieser Hohen Vertragsparteien ein, um die Mitglieder der Kommission zu wählen. Auf der Sitzung werden die Mitglieder der Kommission in geheimer Wahl aus einer Liste von Personen gewählt, für die jede Hohe Vertragspartei einen Namen vorschlagen kann.

c) Die Mitglieder der Kommission sind in persönlicher Eigenschaft tätig und üben ihr Amt bis zur Wahl der neuen Mitglieder auf der darauffolgenden Sitzung aus.

d) Bei der Wahl vergewissern sich die Hohen Vertragsparteien, daß jede der in die Kommission zu wählenden Personen die erforderliche Eignung besitzt, und tragen dafür Sorge, daß eine gerechte geographische Vertretung in der Kommission insgesamt sichergestellt ist.

e) Wird ein Sitz vorzeitig frei, so wird er von der Kommission unter gebührender Berücksichtigung der Buchstaben a bis d besetzt.

f) Der Verwahrer stellt der Kommission die zur Wahrnehmung ihrer Aufgaben erforderlichen Verwaltungsdienste zur Verfügung.

(2) a) Die Hohen Vertragsparteien können bei der Unterzeichnung oder der Ratifikation des Protokolls oder bei ihrem Beitritt oder jederzeit danach erklären, daß sie gegenüber jeder anderen Hohen Vertragspartei, welche dieselbe Verpflichtung übernimmt, die Zuständigkeit der Kommission zur Untersuchung der Behauptungen einer solchen anderen Partei, wie in diesem Artikel vorgesehen, von Rechts wegen und ohne besondere Übereinkunft anerkennen.

b) Die obengenannten Erklärungen werden beim Verwahrer hinterlegt; dieser leitet Abschriften an die Hohen Vertragsparteien weiter.

c) Die Kommission ist zuständig,

   i) alle Tatsachen zu untersuchen, von denen behauptet wird, daß sie eine schwere Verletzung im Sinne der Abkommen und dieses Protokolls oder einen anderen erheblichen Verstoß gegen die Abkommen oder das Protokoll darstellen;

   ii) dazu beizutragen, daß die Abkommen und dieses Protokoll wieder eingehalten werden, indem sie ihre guten Dienste zur Verfügung stellt.

d) In anderen Fällen nimmt die Kommission Ermittlungen auf Antrag einer am Konflikt beteiligten Partei nur mit Zustimmung der anderen beteiligten Partei oder Parteien auf.

e) Vorbehaltlich der obigen Bestimmungen werden Artikel 52 des I. Abkommens, Artikel 53 des II. Abkommens, Artikel 132 des III. Abkommens und Artikel 149 des IV. Abkommens weiterhin auf jeden behaupteten Verstoß gegen die Abkommen angewandt und finden auch auf jeden behaupteten Verstoß gegen dieses Protokoll Anwendung.

(3) a) Sofern die beteiligten Parteien nichts anderes vereinbaren, werden alle Ermittlungen von einer Kammer durchgeführt, die aus sieben wie folgt ernannten Mitgliedern besteht:

    i) fünf Mitglieder der Kommission, die nicht Staatsangehörige einer am Konflikt beteiligten Partei sein dürfen, werden nach Konsultierung der am Konflikt beteiligten Parteien vom Vorsitzenden der Kommission auf der Grundlage einer gerechten Vertretung der geographischen Gebiete ernannt;

    ii) zwei Ad-hoc-Mitglieder, die nicht Staatsangehörige einer am Konflikt beteiligten Partei sein dürfen, werden jeweils von einer von ihnen ernannt.

b) Bei Eingang eines Ermittlungsantrags setzt der Vorsitzende der Kommission eine angemessene Frist zur Bildung einer Kammer fest. Wird ein Ad-hoc-Mitglied nicht innerhalb der festgesetzten Frist ernannt, so nimmt der Vorsitzende alsbald jede weitere Ernennung vor, die zur Vervollständigung der Mitgliederzahl der Kammer erforderlich ist.

(4) a) Die nach Absatz 3 zur Durchführung von Ermittlungen gebildete Kammer fordert die am Konflikt beteiligten Parteien auf, sie zu unterstützen und Beweise vorzulegen. Sie kann auch andere Beweise einholen, die sie für zweckdienlich hält, und eine Untersuchung an Ort und Stelle durchführen.

b) Alle Beweismittel werden den beteiligten Parteien vollständig zur Kenntnis gebracht; diese sind berechtigt, sich gegenüber der Kommission dazu zu äußern.

c) Jede Partei ist berechtigt, diese Beweise in Zweifel zu ziehen.

(5) a) Die Kommission legt den Parteien einen Bericht über die Ergebnisse der Ermittlungen der Kammer mit den Empfehlungen vor, die sie für angebracht hält.

b) Ist es der Kammer nicht möglich, ausreichende Beweise für eine sachliche und unparteiische Tatsachenfeststellung zu beschaffen, so gibt die Kommission die Gründe für dieses Unvermögen bekannt.

c) Die Kommission teilt ihre Tatsachenfeststellung nicht öffentlich mit, es sei denn, alle am Konflikt beteiligten Parteien hätten sie dazu aufgefordert.

(6) Die Kommission gibt sich eine Geschäftsordnung einschließlich der Vorschriften über den Vorsitz der Kommission und der Kammer. Diese Geschäftsordnung sieht vor, daß das Amt des Vorsitzenden der Kommission jederzeit ausgeübt wird und daß es im Fall von Ermittlungen von einer Person ausgeübt wird, die nicht Staatsangehörige einer am Konflikt beteiligten Partei ist.

(7) Die Verwaltungsausgaben der Kommission werden durch Beiträge der Hohen Vertragsparteien, die Erklärungen nach Absatz 2 abgegeben haben,

und durch freiwillige Beiträge gedeckt. Am Konflikt beteiligte Parteien, die Ermittlungen beantragen, strecken die nötigen Mittel zur Deckung der einer Kammer entstehenden Kosten vor und erhalten von der Partei oder den Parteien, gegen die sich die Behauptungen richten, einen Betrag in Höhe von 50 vom Hundert der Kosten der Kammer zurück. Werden der Kammer Gegendarstellungen vorgetragen, so streckt jede Partei 50 vom Hundert der erforderlichen Mittel vor.

Art. 91 Haftung. Eine am Konflikt beteiligte Partei, welche die Abkommen oder dieses Protokoll verletzt, ist gegebenenfalls zum Schadenersatz verpflichtet. Sie ist für alle Handlungen verantwortlich, die von den zu ihren Streitkräften gehörenden Personen begangen werden.

Teil VI. Schlußbestimmungen

Art. 92 Unterzeichnung. Dieses Protokoll wird für die Vertragsparteien der Abkommen sechs Monate nach Unterzeichnung der Schlußakte zur Unterzeichnung aufgelegt; es liegt für einen Zeitabschnitt von zwölf Monaten zur Unterzeichnung auf.

Art. 93 Ratifikation. Dieses Protokoll wird so bald wie möglich ratifiziert. Die Ratifikationsurkunden werden beim Schweizerischen Bundesrat, dem Verwahrer der Abkommen, hinterlegt.

Art. 94 Beitritt. Dieses Protokoll steht für jede Vertragspartei der Abkommen, die es nicht unterzeichnet hat, zum Beitritt offen. Die Beitrittsurkunden werden beim Verwahrer hinterlegt.

Art. 95 Inkrafttreten. (1) Dieses Protokoll tritt sechs Monate nach der Hinterlegung von zwei Ratifikations- oder Beitrittsurkunden in Kraft.

(2) Für jede Vertragspartei der Abkommen, die zu einem späteren Zeitpunkt dieses Protokoll ratifiziert oder ihm beitritt, tritt es sechs Monate nach Hinterlegung ihrer eigenen Ratifikations- oder Beitrittsurkunde in Kraft.

Art. 96 Vertragsbeziehungen beim Inkrafttreten dieses Protokolls.
(1) Sind die Vertragsparteien der Abkommen auch Vertragsparteien dieses Protokolls, so finden die Abkommen so Anwendung, wie sie durch das Protokoll ergänzt sind.

(2) Ist eine der am Konflikt beteiligten Parteien nicht durch dieses Protokoll gebunden, so bleiben dessen Vertragsparteien in ihren gegenseitigen Beziehungen durch das Protokoll gebunden. Sie sind durch das Protokoll auch gegenüber jeder nicht durch das Protokoll gebundenen Partei gebunden, wenn diese dessen Bestimmungen annimmt und anwendet.

(3) Das Organ, das ein Volk vertritt, welches in einen gegen eine Hohe Vertragspartei gerichteten bewaffneten Konflikt der in Artikel 1 Absatz 4 erwähnten Art verwickelt ist, kann sich verpflichten, die Abkommen und dieses Protokoll in bezug auf diesen Konflikt anzuwenden, indem es eine einseitige Erklärung an den Verwahrer richtet. Nach Eingang beim Verwahrer hat diese Erklärung im Zusammenhang mit dem Konflikt folgende Wirkungen:

a) Die Abkommen und dieses Protokoll werden für das genannte Organ in seiner Eigenschaft als am Konflikt beteiligte Partei unmittelbar wirksam,
b) das genannte Organ übernimmt die gleichen Rechte und Pflichten wie eine Hohe Vertragspartei der Abkommen und dieses Protokolls und
c) die Abkommen und dieses Protokoll binden alle am Konflikt beteiligten Parteien in gleicher Weise.

Art. 97 Änderung. (1) Jede Hohe Vertragspartei kann Änderungen dieses Protokolls vorschlagen. Der Wortlaut jedes Änderungsvorschlags wird dem Depositar mitgeteilt; dieser beschließt nach Konsultierung aller Hohen Vertragsparteien und des Internationalen Komitees vom Roten Kreuz, ob eine Konferenz zur Prüfung des Änderungsvorschlags einberufen werden soll.

(2) Der Verwahrer lädt zu dieser Konferenz alle Hohen Vertragsparteien sowie die Vertragsparteien der Abkommen ein, gleichviel ob sie dieses Protokoll unterzeichnet haben oder nicht.

Art. 98 Revision des Anhangs I. (1) Spätestens vier Jahre nach Inkrafttreten dieses Protokolls und danach in Abständen von mindestens vier Jahren konsultiert das Internationale Komitee vom Roten Kreuz die Hohen Vertragsparteien in bezug auf den Anhang I des Protokolls und kann, wenn es dies für erforderlich hält, eine Tagung von Sachverständigen zur Überprüfung des Anhangs I und zur Unterbreitung der wünschenswert erscheinenden Änderungen vorschlagen. Sofern nicht innerhalb von sechs Monaten nach Übermittlung eines diesbezüglichen Vorschlags an die Hohen Vertragsparteien ein Drittel derselben dagegen Einspruch erhebt, beruft das Internationale Komitee vom Roten Kreuz die Tagung ein, zu der es auch Beobachter der in Betracht kommenden internationalen Organisationen einlädt. Eine solche Tagung wird vom Internationalen Komitee vom Roten Kreuz auch jederzeit auf Antrag eines Drittels der Hohen Vertragsparteien einberufen.

(2) Der Verwahrer beruft eine Konferenz der Hohen Vertragsparteien und der Vertragsparteien der Abkommen ein, um die von der Tagung der Sachverständigen vorgeschlagenen Änderungen zu prüfen, sofern nach dieser Tagung das Internationale Komitee vom Roten Kreuz oder ein Drittel der Hohen Vertragsparteien darum ersucht.

(3) Änderungen des Anhangs I können von dieser Konferenz mit einer Mehrheit von zwei Dritteln der anwesenden und abstimmenden Hohen Vertragsparteien beschlossen werden.

(4) Der Verwahrer teilt den Hohen Vertragsparteien und den Vertragsparteien der Abkommen jede auf diese Weise beschlossene Änderung mit. Die Änderung gilt nach Ablauf eines Jahres nach dem Zeitpunkt der Mitteilung als angenommen, sofern nicht mindestens ein Drittel der Hohen Vertragsparteien dem Verwahrer innerhalb dieses Zeitabschnitts eine Erklärung über die Nichtannahme der Änderung übermittelt.

(5) Eine nach Absatz 4 als angenommen geltende Änderung tritt drei Monate nach ihrer Annahme für alle Hohen Vertragsparteien mit Ausnahme derjenigen in Kraft, die nach jenem Absatz eine Erklärung über die Nichtannahme abgegeben haben. Jede Vertragspartei, die eine solche Erklärung abgibt, kann sie jederzeit zurücknehmen; in diesem Fall tritt die Änderung für diese Vertragspartei drei Monate nach der Rücknahme in Kraft.

(6) Der Verwahrer notifiziert den Hohen Vertragsparteien und den Vertragsparteien der Abkommen das Inkrafttreten jeder Änderung sowie die durch die Änderung gebundenen Vertragsparteien, den Zeitpunkt ihres Inkrafttretens für jede Vertragspartei und die nach Absatz 4 abgegebenen Erklärungen über die Nichtannahme und die Rücknahme solcher Erklärungen.

Art. 99 Kündigung. (1) Kündigt eine Hohe Vertragspartei dieses Protokoll, so wird die Kündigung erst ein Jahr nach Eingang der Kündigungsurkunde wirksam. Ist jedoch bei Ablauf dieses Jahres für die kündigende Partei eine in Artikel 1 genannte Situation eingetreten, so bleibt die Kündigung bis zum Ende des bewaffneten Konflikts oder der Besetzung, in jedem Fall aber so lange unwirksam, bis die mit dem endgültigen Freilassung, der Heimschaffung oder der Niederlassung der durch die Abkommen oder dieses Protokoll geschützten Personen im Zusammenhang stehenden Maßnahmen abgeschlossen sind.

(2) Die Kündigung wird dem Verwahrer schriftlich notifiziert; dieser übermittelt sie allen Hohen Vertragsparteien.

(3) Die Kündigung wird nur in bezug auf die kündigende Vertragspartei wirksam.

(4) Eine Kündigung nach Absatz 1 berührt nicht die wegen des bewaffneten Konflikts von der kündigenden Vertragspartei nach diesem Protokoll bereits eingegangenen Verpflichtungen in bezug auf eine vor dem Wirksamwerden der Kündigung begangene Handlung.

Art. 100 Notifikationen. Der Verwahrer unterrichtet die Hohen Vertragsparteien sowie die Vertragsparteien der Abkommen, gleichviel ob sie dieses Protokoll unterzeichnet haben oder nicht,
a) von den Unterzeichnungen dieses Protokolls und der Hinterlegung von Ratifikations- und Beitrittsurkunden nach den Artikeln 93 und 94,
b) vom Zeitpunkt des Inkrafttretens dieses Protokolls nach Artikel 95,
c) von den nach den Artikeln 84, 90 und 97 eingegangenen Mitteilungen und Erklärungen,
d) von den nach Artikel 96 Absatz 3 eingegangenen Erklärungen, die auf schnellstem Weg übermittelt werden, und
e) von den Kündigungen nach Artikel 99.

Art. 101 Registrierung. (1) Nach seinem Inkrafttreten wird dieses Protokoll vom Verwahrer dem Sekretariat der Vereinten Nationen zur Registrierung und Veröffentlichung gemäß Artikel 102 der Charta der Vereinten Nationen übermittelt.

(2) Der Verwahrer setzt das Sekretariat der Vereinten Nationen auch von allen Ratifikationen, Beitritten und Kündigungen in Kenntnis, die er in bezug auf dieses Protokoll erhält.

Art. 102 Authentische Texte. Die Urschrift dieses Protokolls, dessen arabischer, chinesischer, englischer, französischer, russischer und spanischer Wortlaut gleichermaßen verbindlich ist, wird beim Verwahrer hinterlegt; dieser übermittelt allen Vertragsparteien der Abkommen beglaubigte Abschriften.

(Vom Abdruck der Anhänge wird aus Raumgründen Abstand genommen.)

40. Zusatzprotokoll
zu den Genfer Abkommen vom
12. August 1949 über den Schutz der Opfer
nicht internationaler bewaffneter Konflikte
(Protokoll II)[1) · 2)]

(8. 6. 1977)[3)]

Präambel

Die Hohen Vertragsparteien –
eingedenk dessen, daß die humanitären Grundsätze, die in dem den Genfer Abkommen vom 12. August 1949 gemeinsamen Artikel 3 niedergelegt sind, die Grundlage für die Achtung der menschlichen Person im Fall eines nicht internationalen bewaffneten Konflikts darstellen,

sowie eingedenk dessen, daß die internationalen Übereinkünfte über die Menschenrechte der menschlichen Person einen grundlegenden Schutz bieten,

unter Betonung der Notwendigkeit, den Opfern dieser bewaffneten Konflikte einen besseren Schutz zu sichern,

eingedenk dessen, daß die menschliche Person in den vom geltenden Recht nicht erfaßten Fällen unter dem Schutz der Grundsätze der Menschlichkeit und der Forderungen des öffentlichen Gewissens verbleibt –

sind wie folgt, übereingekommen:

Teil I. Geltungsbereich dieses Protokolls

Art. 1 Sachlicher Anwendungsbereich. (1) Dieses Protokoll, das den den Genfer Abkommen vom 12. August 1949 gemeinsamen Artikel 3 weiterentwickelt und ergänzt, ohne die bestehenden Voraussetzungen für seine Anwendung zu ändern, findet auf alle bewaffneten Konflikte Anwendung, die von Artikel 1 des Zusatzprotokolls zu den Genfer Abkommen vom 12. August 1949 über den Schutz der Opfer internationaler bewaffneter Konflikte (Protokoll I) nicht erfaßt sind und die im Hoheitsgebiet einer Hohen Vertragspartei zwischen deren Streitkräften und abtrünnigen Streitkräften oder anderen organisierten bewaffneten Gruppen stattfinden, die unter einer verantwortlichen Führung eine solche Kontrolle über einen Teil des Hoheitsgebiets der Hohen Vertragspartei ausüben, daß sie anhaltende, koordinierte Kampfhandlungen durchführen und dieses Protokoll anzuwenden vermögen.

[1)] Aus BGBl. 1990 II S. 1637.
[2)] Internationale Quelle: UNTS Vol. 1125, p. 609.
[3)] Das Datum bezeichnet den Zeitpunkt der Unterzeichnung der Schlußakte der Genfer „Diplomatischen Konferenz über die Neubestätigung und Weiterentwicklung des in bewaffneten Konflikten anwendbaren humanitären Völkerrechts".

(2) Dieses Protokoll findet nicht auf Fälle innerer Unruhen und Spannungen wie Tumulte, vereinzelt auftretende Gewalttaten und andere ähnliche Handlungen Anwendung, die nicht als bewaffnete Konflikte gelten.

Art. 2 Persönlicher Anwendungsbereich. (1) Dieses Protokoll findet ohne jede auf Rasse, Hautfarbe, Geschlecht, Sprache, Religion oder Glauben, politischen oder sonstigen Anschauungen, nationaler oder sozialer Herkunft, Vermögen, Geburt oder sonstiger Stellung oder auf irgendeinem anderen ähnlichen Unterscheidungsmerkmal beruhende nachteilige Unterscheidung (im folgenden als „nachteilige Unterscheidung" bezeichnet) auf alle Personen Anwendung, die von einem bewaffneten Konflikt im Sinne des Artikels 1 betroffen sind.

(2) Mit Beendigung des bewaffneten Konflikts genießen alle Personen, die aus Gründen im Zusammenhang mit dem Konflikt einem Entzug oder einer Beschränkung ihrer Freiheit unterworfen waren, sowie alle Personen, die nach dem Konflikt aus den gleichen Gründen derartigen Maßnahmen unterworfen sind, bis zu deren Beendigung den Schutz nach den Artikeln 5 und 6.

Art. 3 Nichteinmischung. (1) Dieses Protokoll darf nicht zur Beeinträchtigung der Souveränität eines Staates oder der Verantwortung der Regierung herangezogen werden, mit allen rechtmäßigen Mitteln die öffentliche Ordnung im Staat aufrechtzuerhalten oder wiederherzustellen oder die nationale Einheit und territoriale Unversehrtheit des Staates zu verteidigen.

(2) Dieses Protokoll darf nicht zur Rechtfertigung einer wie immer begründeten unmittelbaren oder mittelbaren Einmischung in den bewaffneten Konflikt oder in die inneren oder äußeren Angelegenheiten der Hohen Vertragspartei herangezogen werden, in deren Hoheitsgebiet dieser Konflikt stattfindet.

Teil II. Menschliche Behandlung

Art. 4 Grundlegende Garantien. (1) Alle Personen, die nicht unmittelbar oder nicht mehr an Feindseligkeiten teilnehmen, haben, gleichviel ob ihnen die Freiheit entzogen ist oder nicht, Anspruch auf Achtung ihrer Person, ihrer Ehre, ihrer Überzeugungen und ihrer religiösen Gepflogenheiten. Sie werden unter allen Umständen mit Menschlichkeit und ohne jede nachteilige Unterscheidung behandelt. Es ist verboten, den Befehl zu erteilen, niemanden am Leben zu lassen.

(2) Unbeschadet der allgemeinen Gültigkeit der vorstehenden Bestimmungen sind und bleiben in bezug auf die in Absatz 1 genannten Personen jederzeit und überall verboten
a) Angriffe auf das Leben, die Gesundheit und das körperliche oder geistige Wohlbefinden von Personen, insbesondere vorsätzliche Tötung und grausame Behandlung wie Folter, Verstümmelung oder jede Art von körperlicher Züchtigung;
b) Kollektivstrafen;
c) Geiselnahme;

d) terroristische Handlungen;
e) Beeinträchtigung der persönlichen Würde, insbesondere entwürdigende und erniedrigende Behandlung, Vergewaltigung, Nötigung zur Prostitution und unzüchtige Handlungen jeder Art;
f) Sklaverei und Sklavenhandel in allen ihren Formen;
g) Plünderung;
h) die Androhung einer dieser Handlungen.

(3) Kindern wird die Pflege und Hilfe zuteil, deren sie bedürfen, insbesondere
a) erhalten sie die Erziehung, einschließlich der religiösen und sittlichen Erziehung, die den Wünschen ihrer Eltern oder – bei deren Fehlen – der Personen entspricht, die für sie zu sorgen haben;
b) werden alle geeigneten Maßnahmen getroffen, um die Zusammenführung von vorübergehend getrennten Familien zu erleichtern;
c) dürfen Kinder unter fünfzehn Jahren weder in Streitkräfte oder bewaffnete Gruppen eingegliedert werden noch darf ihnen die Teilnahme an Feindseligkeiten erlaubt werden;
d) gilt der in diesem Artikel für Kinder unter fünfzehn Jahren vorgesehene besondere Schutz auch dann für sie, wenn sie trotz der Bestimmungen des Buchstabens c unmittelbar an Feindseligkeiten teilnehmen und gefangengenommen werden;
e) werden bei Bedarf Maßnahmen getroffen – nach Möglichkeit mit Zustimmung der Eltern oder der Personen, die nach Gesetz oder Brauch in erster Linie für die Kinder zu sorgen haben –, um diese vorübergehend aus dem Gebiet, in dem Feindseligkeiten stattfinden, in ein sichereres Gebiet des Landes zu evakuieren und ihnen die für ihre Sicherheit und ihr Wohlergehen verantwortlichen Personen mitzugeben.

Art. 5 Personen, denen die Freiheit entzogen ist. (1) Außer den Bestimmungen des Artikels 4 werden mindestens folgende Bestimmungen in bezug auf Personen befolgt, denen aus Gründen im Zusammenhang mit dem bewaffneten Konflikt die Freiheit entzogen ist, gleichviel ob sie interniert oder in Haft gehalten sind:
a) Verwundete und Kranke werden nach Maßgabe des Artikels 7 behandelt;
b) die in diesem Absatz genannten Personen werden im gleichen Umfang wie die örtliche Zivilbevölkerung mit Lebensmitteln und Trinkwasser versorgt; ihnen werden Gesundheitsfürsorge und Hygiene sowie Schutz vor den Unbilden der Witterung und den Gefahren des bewaffneten Konflikts gewährleistet;
c) sie sind befugt, Einzel- oder Sammelhilfe zu erhalten;
d) sie dürfen ihre Religion ausüben und auf Wunsch und soweit angemessen geistlichen Beistand von Personen empfangen, die seelsorgerisch tätig sind, wie z.B. von Feldgeistlichen;
e) falls sie zur Arbeit herangezogen werden, haben sie Anspruch auf vergleichbare Arbeitsbedingungen und Sicherheitsvorkehrungen wie die örtliche Zivilbevölkerung.

(2) Die für die Internierung oder Haft der in Absatz 1 genannten Personen Verantwortlichen befolgen im Rahmen ihrer Möglichkeiten nachstehende Bestimmungen in bezug auf diese Personen:
a) außer in Fällen, in denen Männer und Frauen derselben Familie zusammen untergebracht sind, werden Frauen in Räumlichkeiten untergebracht, die

von denen der Männer getrennt sind, und unterstehen der unmittelbaren Überwachung durch Frauen;

b) sie sind befugt, Briefe und Postkarten abzuschicken und zu empfangen; deren Anzahl kann von der zuständigen Behörde beschränkt werden, wenn sie es für erforderlich hält;

c) die Orte der Internierung und Haft dürfen nicht in der Nähe der Kampfzone liegen. Werden sie aus dem bewaffneten Konflikt erwachsenden Gefahren besonders stark ausgesetzt, so werden die in Absatz 1 genannten Personen evakuiert, sofern ihre Sicherheit dabei ausreichend gewährleistet werden kann;

d) es ist ihnen Gelegenheit zu geben, sich ärztlich untersuchen zu lassen;

e) ihre körperliche oder geistige Gesundheit und Unversehrtheit dürfen durch keine ungerechtfertigte Handlung oder Unterlassung gefährdet werden. Es ist daher verboten, die in diesem Artikel genannten Personen einem medizinischen Verfahren zu unterziehen, das nicht durch ihren Gesundheitszustand geboten ist und das nicht mit den allgemein anerkannten und unter entsprechenden medizinischen Umständen auf freie Personen angewandten medizinischen Grundsätzen im Einklang steht.

(3) Personen, die von Absatz 1 nicht erfaßt sind, deren Freiheit jedoch aus Gründen im Zusammenhang mit dem bewaffneten Konflikt in irgendeiner Weise eingeschränkt ist, werden nach Artikel 4 sowie nach Absatz 1 Buchstaben a, c und d und Absatz 2 Buchstabe b des vorliegenden Artikels mit Menschlichkeit behandelt.

(4) Wird beschlossen, Personen freizulassen, denen die Freiheit entzogen wurde, so treffen diejenigen, die den entsprechenden Beschluß fassen, die notwendigen Maßnahmen, um die Sicherheit dieser Personen zu gewährleisten.

Art. 6 Strafverfolgung. (1) Dieser Artikel findet auf die Verfolgung und Bestrafung solcher Straftaten Anwendung, die mit dem bewaffneten Konflikt im Zusammenhang stehen.

(2) Gegen eine Person, die für schuldig befunden wurde, eine Straftat begangen zu haben, darf eine Verurteilung nur in einem Urteil ausgesprochen und nur auf Grund eines Urteils eine Strafe vollstreckt werden; dieses Urteil muß von einem Gericht gefällt werden, das die wesentlichen Garantien der Unabhängigkeit und Unparteilichkeit aufweist. Insbesondere gilt folgendes:

a) Das Verfahren sieht vor, daß der Beschuldigte unverzüglich über die Einzelheiten der ihm zur Last gelegten Straftat unterrichtet werden muß, und gewährt ihm während der Hauptverhandlung und davor alle zu seiner Verteidigung erforderlichen Rechte und Mittel;

b) niemand darf wegen einer Straftat verurteilt werden, für die er nicht selbst strafrechtlich verantwortlich ist;

c) niemand darf wegen einer Handlung oder Unterlassung verurteilt werden, die nach dem zur Zeit ihrer Begehung geltenden Recht nicht strafbar war; ebenso darf keine schwerere Strafe als die im Zeitpunkt der Begehung der Straftat angedrohte verhängt werden; wird nach Begehung der Straftat durch Gesetz eine mildere Strafe eingeführt, so kommt dies dem Täter zugute;

d) bis zum gesetzlichen Nachweis seiner Schuld wird vermutet, daß der wegen einer Straftat Angeklagte unschuldig ist;

e) jeder wegen einer Straftat Angeklagte hat das Recht, bei der Hauptverhandlung anwesend zu sein;

f) niemand darf gezwungen werden, gegen sich selbst als Zeuge auszusagen
oder sich schuldig zu bekennen.

(3) Jeder Verurteilte wird bei seiner Verurteilung über sein Recht, gerichtliche und andere Rechtsmittel oder Rechtsbehelfe einzulegen, sowie über die
hierfür festgesetzten Fristen unterrichtet.

(4) Die Todesstrafe darf nicht gegen Personen ausgesprochen werden, die
bei Begehung der Straftat noch nicht achtzehn Jahre alt waren; sie darf nicht
an schwangeren Frauen und Müttern kleiner Kinder vollstreckt werden.

(5) Bei Beendigung der Feindseligkeiten bemühen sich die an der Macht
befindlichen Stellen, denjenigen Personen eine möglichst weitgehende
Amnestie zu gewähren, die am bewaffneten Konflikt teilgenommen haben
oder denen aus Gründen im Zusammenhang mit dem Konflikt die Freiheit
entzogen wurde, gleichviel ob sie interniert oder in Haft gehalten sind.

Teil III. Verwundete, Kranke und Schiffbrüchige

Art. 7 Schutz und Pflege. (1) Alle Verwundeten, Kranken und Schiffbrüchigen werden geschont und geschützt, gleichviel ob sie am bewaffneten
Konflikt teilgenommen haben oder nicht.

(2) Sie werden unter allen Umständen mit Menschlichkeit behandelt und
erhalten so umfassend und so schnell wie möglich die für ihren Zustand erforderliche medizinische Pflege und Betreuung. Aus anderen als medizinischen
Gründen darf kein Unterschied zwischen ihnen gemacht werden.

Art. 8 Suche. Sobald die Umstände es zulassen, insbesondere aber nach einem Gefecht, werden unverzüglich alle durchführbaren Maßnahmen getroffen, um die Verwundeten, Kranken und Schiffbrüchigen zu suchen und zu
bergen, sie vor Plünderung und Mißhandlung zu schützen und für ihre angemessene Pflege zu sorgen sowie um die Toten zu suchen, ihre Beraubung
zu verhindern und sie würdig zu bestatten.

Art. 9 Schutz des Sanitäts- und Seelsorgepersonals. (1) Das Sanitäts-
und Seelsorgepersonal wird geschont und geschützt und erhält alle verfügbare
Hilfe zur Wahrnehmung seiner Aufgaben. Es darf nicht gezwungen werden,
Aufgaben zu übernehmen, die mit seinem humanitären Auftrag unvereinbar
sind.

(2) Vom Sanitätspersonal darf nicht verlangt werden, bei der Wahrnehmung seiner Aufgaben bestimmte Personen aus anderen als medizinischen
Gründen zu bevorzugen.

Art. 10 Allgemeiner Schutz der ärztlichen Aufgabe. (1) Niemand darf
bestraft werden, weil er eine ärztliche Tätigkeit ausgeübt hat, die mit dem
ärztlichen Ehrenkodex im Einklang steht, gleichviel unter welchen Umständen und zu wessen Nutzen sie ausgeübt worden ist.

(2) Wer eine ärztliche Tätigkeit ausübt, darf nicht gezwungen werden,
Handlungen vorzunehmen oder Arbeiten zu verrichten, die mit den Regeln

des ärztlichen Ehrenkodexes, mit sonstigen dem Wohl der Verwundeten und Kranken dienenden Regeln oder mit den Bestimmungen dieses Protokolls unvereinbar sind, oder Handlungen zu unterlassen, die auf Grund dieser Regeln oder Bestimmungen geboten sind.

(3) Die Standespflichten der ärztliche Tätigkeiten ausübenden Personen hinsichtlich der Auskünfte, die sie möglicherweise über von ihnen betreute Verwundete und Kranke erhalten, müssen vorbehaltlich des innerstaatlichen Rechts beachtet werden.

(4) Vorbehaltlich des innerstaatlichen Rechts darf niemand, der eine ärztliche Tätigkeit ausübt, in irgendeiner Weise bestraft werden, weil er sich weigert oder es unterläßt, Auskunft über Verwundete und Kranke zu geben, die er betreut oder betreut hat.

Art. 11 Schutz von Sanitätseinheiten und -transportmitteln. (1) Sanitätseinheiten und -transportmittel werden jederzeit geschont und geschützt und dürfen nicht angegriffen werden.

(2) Der Sanitätseinheiten und -transportmitteln gebührende Schutz darf nur dann enden, wenn diese außerhalb ihrer humanitären Bestimmung zu feindlichen Handlungen verwendet werden. Jedoch endet der Schutz erst, nachdem eine Warnung, die möglichst eine angemessene Frist setzt, unbeachtet geblieben ist.

Art. 12 Schutzzeichen. Unter Aufsicht der betreffenden zuständigen Behörde führen Sanitäts- und Seelsorgepersonal sowie Sanitätseinheiten und -transportmittel das Schutzzeichen des Roten Kreuzes, des Roten Halbmonds oder des Roten Löwen mit Roter Sonne auf weißem Grund. Es ist unter allen Umständen zu achten. Es darf nicht mißbräuchlich verwendet werden.

Teil IV. Zivilbevölkerung

Art. 13 Schutz der Zivilbevölkerung. (1) Die Zivilbevölkerung und einzelne Zivilpersonen genießen allgemeinen Schutz vor den von Kampfhandlungen ausgehenden Gefahren. Um diesem Schutz Wirksamkeit zu verleihen, sind folgende Vorschriften unter allen Umständen zu beachten.

(2) Weder die Zivilbevölkerung als solche noch einzelne Zivilpersonen dürfen das Ziel von Angriffen sein. Die Anwendung oder Androhung von Gewalt mit dem hauptsächlichen Ziel, Schrecken unter der Zivilbevölkerung zu verbreiten, ist verboten.

(3) Zivilpersonen genießen den durch diesen Teil gewährten Schutz, sofern und solange sie nicht unmittelbar an Feindseligkeiten teilnehmen.

Art. 14 Schutz der für die Zivilbevölkerung lebensnotwendigen Objekte. Das Aushungern von Zivilpersonen als Mittel der Kriegführung ist verboten. Es ist daher verboten, für die Zivilbevölkerung lebensnotwendige Objekte wie Nahrungsmittel, zur Erzeugung von Nahrungsmitteln genutzte landwirtschaftliche Gebiete, Ernte- und Viehbestände, Trinkwasserversorgungsanlagen und -vorräte sowie Bewässerungsanlagen zu diesem Zweck anzugreifen, zu zerstören, zu entfernen oder unbrauchbar zu machen.

Art. 15 Schutz von Anlagen und Einrichtungen, die gefährliche Kräfte enthalten. Anlagen oder Einrichtungen, die gefährliche Kräfte enthalten, nämlich Staudämme, Deiche und Kernkraftwerke, dürfen auch dann nicht angegriffen werden, wenn sie militärische Ziele darstellen, sofern ein solcher Angriff gefährliche Kräfte freisetzen und dadurch schwere Verluste unter der Zivilbevölkerung verursachen kann.

Art. 16 Schutz von Kulturgut und Kultstätten. Unbeschadet der Bestimmungen der Haager Konvention vom 14. Mai 1954 zum Schutz von Kulturgut bei bewaffneten Konflikten ist es verboten, feindselige Handlungen gegen geschichtliche Denkmäler, Kunstwerke oder Kultstätten zu begehen, die zum kulturellen oder geistigen Erbe der Völker gehören, und sie zur Unterstützung des militärischen Einsatzes zu verwenden.

Art. 17 Verbot von Zwangsverlegungen. (1) Die Verlegung der Zivilbevölkerung darf nicht aus Gründen im Zusammenhang mit dem Konflikt angeordnet werden, sofern dies nicht im Hinblick auf die Sicherheit der betreffenden Zivilpersonen oder aus zwingenden militärischen Gründen geboten ist. Muß eine solche Verlegung vorgenommen werden, so sind alle durchführbaren Maßnahmen zu treffen, damit die Zivilbevölkerung am Aufnahmeort befriedigende Bedingungen in bezug auf Unterbringung, Hygiene, Gesundheit, Sicherheit und Ernährung vorfindet.

(2) Zivilpersonen dürfen nicht gezwungen werden, ihr eigenes Gebiet aus Gründen zu verlassen, die mit dem Konflikt im Zusammenhang stehen.

Art. 18 Hilfsgesellschaften und Hilfsaktionen. (1) Die im Hoheitsgebiet der Hohen Vertragspartei gelegenen Hilfsgesellschaften, wie die Organisationen des Roten Kreuzes (Roten Halbmonds, Roten Löwen mit Roter Sonne) können ihre Dienste anbieten, um ihre herkömmlichen Aufgaben gegenüber den Opfern des bewaffneten Konflikts zu erfüllen. Die Zivilbevölkerung kann auch von sich aus ihre Bereitschaft erklären, Verwundete, Kranke und Schiffbrüchige zu bergen und zu pflegen.

(2) Erleidet die Zivilbevölkerung übermäßige Entbehrungen infolge eines Mangels an lebensnotwendigen Versorgungsgütern wie Lebensmitteln und Sanitätsmaterial, so sind mit Zustimmung der betroffenen Hohen Vertragspartei Hilfsaktionen rein humanitärer unparteiischer Art zugunsten der Zivilbevölkerung ohne jede nachteilige Unterscheidung durchzuführen.

Teil V. Schlußbestimmungen

Art. 19 Verbreitung. Dieses Protokoll wird so weit wie möglich verbreitet.

Art. 20 Unterzeichnung. Dieses Protokoll wird für die Vertragsparteien der Abkommen sechs Monate nach Unterzeichnung der Schlußakte zur Unterzeichnung aufgelegt; es liegt für einen Zeitabschnitt von zwölf Monaten zur Unterzeichnung auf.

Art. 21 Ratifikation. Dieses Protokoll wird so bald wie möglich ratifiziert. Die Ratifikationsurkunden werden beim Schweizerischen Bundesrat, dem Verwahrer der Abkommen, hinterlegt.

Art. 22 Beitritt. Dieses Protokoll steht für jede Vertragspartei der Abkommen, die es nicht unterzeichnet hat, zum Beitritt offen. Die Beitrittsurkunden werden beim Verwahrer hinterlegt.

Art. 23 Inkrafttreten. (1) Dieses Protokoll tritt sechs Monate nach der Hinterlegung von zwei Ratifikations- oder Beitrittsurkunden in Kraft.

(2) Für jede Vertragspartei der Abkommen, die zu einem späteren Zeitpunkt dieses Protokoll ratifiziert oder ihm beitritt, tritt es sechs Monate nach Hinterlegung ihrer eigenen Ratifikations- oder Beitrittsurkunde in Kraft.

Art. 24 Änderung. (1) Jede Hohe Vertragspartei kann Änderungen dieses Protokolls vorschlagen. Der Wortlaut jedes Änderungsvorschlags wird dem Verwahrer mitgeteilt; dieser beschließt nach Konsultierung aller Hohen Vertragsparteien und des Internationalen Komitees vom Roten Kreuz, ob eine Konferenz zur Prüfung des Änderungsvorschlags einberufen werden soll.

(2) Der Verwahrer lädt zu dieser Konferenz alle Hohen Vertragsparteien sowie die Vertragsparteien der Abkommen ein, gleichviel ob sie dieses Protokoll unterzeichnet haben oder nicht.

Art. 25 Kündigung. (1) Kündigt eine Hohe Vertragspartei dieses Protokoll, so wird die Kündigung erst sechs Monate nach Eingang der Kündigungsurkunde wirksam. Ist jedoch bei Ablauf der sechs Monate für die kündigende Partei die in Artikel 1 genannte Situation eingetreten, so wird die Kündigung erst bei Beendigung des bewaffneten Konflikts wirksam. Personen, die aus Gründen im Zusammenhang mit dem Konflikt einem Freiheitsentzug oder einer Freiheitsbeschränkung unterworfen waren, genießen jedoch bis zu ihrer endgültigen Freilassung weiterhin den Schutz dieses Protokolls.

(2) Die Kündigung wird dem Verwahrer schriftlich notifiziert; dieser übermittelt sie allen Hohen Vertragsparteien.

Art. 26 Notifikationen. Der Verwahrer unterrichtet die Hohen Vertragsparteien sowie die Vertragsparteien der Abkommen, gleichviel ob sie dieses Protokoll unterzeichnet haben oder nicht,
a) von den Unterzeichnungen dieses Protokolls und der Hinterlegung von Ratifikations- und Beitrittsurkunden nach den Artikeln 21 und 22,
b) vom Zeitpunkt des Inkrafttretens dieses Protokolls nach Artikel 23 und
c) von den nach Artikel 24 eingegangenen Mitteilungen und Erklärungen.

Art. 27 Registrierung. (1) Nach seinem Inkrafttreten wird dieses Protokoll vom Verwahrer dem Sekretariat der Vereinten Nationen zur Registrierung und Veröffentlichung gemäß Artikel 102 der Charta der Vereinten Nationen übermittelt.

(2) Der Verwahrer setzt das Sekretariat der Vereinten Nationen auch von allen Ratifikationen und Beitritten in Kenntnis, die er in bezug auf dieses Protokoll erhält.

Art. 28 Authentische Texte. Die Urschrift dieses Protokolls, dessen arabischer, chinesischer, englischer, französischer, russischer und spanischer Wortlaut gleichermaßen verbindlich ist, wird beim Verwahrer hinterlegt; dieser übermittelt allen Vertragsparteien der Abkommen beglaubigte Abschriften.

Buchanzeigen

INTERNATIONALES RECHT im __dtv__

Textausgaben:

EuR · Europa-Recht

Verträge und Erklärungen zur Gründung der Europäischen Gemeinschaften, Vertrag über die Europäische Union, Abkommen über gemeinsame Organe, Satzung des Europarates, Verfahrensordnungen, Menschenrechtskonvention, Einheitliche Europäische Akte, Europäischer Wirtschaftsraum, Europawahl-Gesetz, Europaabgeordnetengesetz.
(dtv-Band 5014, Beck-Texte)

Völkerrechtliche Verträge

Vereinte Nationen, Beistandspakte, Menschenrechte, See-, Luft- und Weltraumrecht, Umweltrecht, Kriegsverhütungsrecht.
(dtv-Band 5031, Beck-Texte)

Menschenrechte – Ihr internationaler Schutz

Menschenrechtspakte der Vereinten Nationen, Europäische Menschenrechtskonvention, Europäische Sozialcharta, Amerikanische Menschenrechtskonvention, Afrikanische Menschenrechtskonvention. Übereinkommen gegen Frauen- und Rassendiskriminierung, gegen Folter und Todesstrafe, über die Rechte des Kindes, Sklaverei und Zwangsarbeit, die Rechtsstellung der Flüchtlinge und Staatenlosen, Erklärung des Eur. Parlaments über Grundrechte und Grundfreiheiten, Gemeinschaftscharta der sozialen Grundrechte, EG-Gleichbehandlungsrichtlinie, Europ. Datenschutzkonvention, KSZE-Schlußakte und Schlußdokumente der Folgetreffen, Verfahrensordnungen.
(dtv-Band 5531, Beck-Texte)

Die Verfassungen der EG-Mitgliedstaaten

Belgien, Dänemark, Deutschland, Finnland, Frankreich, Griechenland, Irland, Italien, Luxemburg, Niederlande, Österreich, Portugal, Schweden, Spanien, Vereinigtes Königreich.
(dtv-Band 5554, Beck-Texte)

EUV Europäischer Unionsvertrag

Vertrag über die Europäische Union (Maastricht-Vertrag) mit sämtlichen Protokollen und Erklärungen; Vertrag zur Gründung der Europäischen Gemeinschaft (EG-Vertrag); Deutsches Recht zur Verwirklichung der Europäischen Union.
(dtv-Band 5572, Beck-Texte)

Rechtsberater:

von Borries (Hrsg.) Europarecht von A–Z

Europäischer Binnenmarkt – Europäische Gemeinschaft – Europäische Union.
(dtv-Band 5056, Beck-Rechtsberater)

Unser · Die UNO

Aufgaben und Strukturen der Vereinten Nationen.
(dtv-Band 5254, Beck/dtv)

Schraepler · Taschenbuch der Internationalen Organisationen

Daten, Aufbau, Ziele, Entstehung und Mitglieder der wichtigsten Europäischen und Internationalen Zusammenschlüsse.
(dtv-Band 5641, Beck/dtv)

Handelsrecht

Textausgaben:

HGB · Handelsgesetzbuch
(dtv-Band 5002, Beck-Texte)

KaufR · Kaufrecht
(dtv-Band 5590, Beck-Texte)

Wirtschaftsberater:

Käßl · Das Wechsel-ABC

Praktischer Ratgeber in allen Wechselfragen
(dtv-Band 5800, Beck-Wirtschaftsberater)

Deutscher Taschenbuch Verlag

A 5294